© Olimpio Fantuz/Sime/Photononstop

Portugal
2022/2023

Cofondateurs : Philippe GLOAGUEN et Michel DUVAL

Directeur de collection et auteur
Philippe GLOAGUEN

Secrétaire général
Gavin's CLEMENTE-RUIZ

Rédacteurs en chef
Amanda KERAVEL (France)
Benoît LUCCHINI (Étranger)

Directrice administrative
Bénédicte GLOAGUEN

Conseiller à la rédaction
Pierre JOSSE

Responsable voyages
Carole BORDES

Direction éditoriale
Élise ERNEST

Rédaction
Isabelle AL SUBAIHI
Emmanuelle BAUQUIS
Mathilde de BOISGROLLIER
Marie BURIN des ROZIERS
Camille CAMPET
Diane CAPRON
Véronique de CHARDON
Laura CHARLIER
Florence CHARMETANT
Fiona DEBRABANDER
Géraldine LEMAUF-BEAUVOIS
Alain PALLIER
Anne POINSOT
Alexia POULAIN

hachette

TABLE DES MATIÈRES

PRÉAMBULE

COMMENT Y ALLER ? 36

PORTO, LE MINHO ET LA COSTA VERDE 465

LE NORD-EST 571

HOMMES, CULTURE, ENVIRONNEMENT 593

Important : dernière minute

Entre deux parutions du *Routard,* des événements fortuits (conditions sanitaines, catastrophes naturelles mais aussi formalités, taux de change, conditions d'accès aux sites, fermetures inopinées, etc.) peuvent modifier vos projets de voyage. Pour éviter les déconvenues, nous vous recommandons de consulter la rubrique « Guide » par pays de notre site • **routard.com** • et plus particulièrement les dernières ***Actus voyageurs.***

☎ **112 :** c'est le numéro d'urgence commun à la France et à tous les pays de l'UE, à composer en cas d'accident, d'agression ou de détresse. Il permet de se faire localiser et aider en français, tout en améliorant les délais d'intervention des services de secours.

Vue depuis la tour de Belém

Pour les cartes détaillées des régions, voir les chapitres concernés.
NORD
PORTO, LE MINHO ET LA COSTA VERDE p. 465
NORD-EST p. 571
CENTRE p. 379
LISBONNE ET SES ENVIRONS p. 66
ALENTEJO p. 224
ALGARVE p. 307
OCÉAN ATLANTIQUE
ESPAGNE
Valença do Minho
Lindoso
Bravães
Caminha
Ponte de Lima
Viana do Castelo
PARQUE NAC. DA PENADA-GERÊS
Ponte da Barca
Barcelos
Braga
Bom Jesus
Guimarães
Verin
Bragança
Chaves
TRÁS OS MONTES
Miranda do Douro
Mirandela
Vila do Conde
PORTO
Amarante
Vila Real
Mateus
HAUT-DOURO
Douro
Espinho
Pinhão
Lamego
Vila Nova de Foz Côa
Vallée du Côa
Aveiro
Viseu
Pinhel
PARQUE DE BUÇACO
Guarda
Serra da Estrela
Coimbra
Figueira da Foz
Covilhã
Conimbriga
A 13
Leiria
Batalha
Nazaré
Fátima
Castelo Branco
São Martinho
Tomar
Alcobaça
Peniche
Óbidos
Almourol
Abrantes
Castelo de Vide
Santarém
Marvão
RIBATEJO
Ericeira
Portalegre
Mafra
Tejo
Sintra
Campo Maior
Cascais
LISBOA (LISBONNE)
Estremoz
Elvas
Arraiolos
Borba
Badajoz
Cabo Espichel
Setúbal
Montemor-o-Novo
Vila Viçosa
Évora
Alcácer do Sal
Viana do Alentejo
Monsaraz
Sines
Moura
Santiago do Cacém
Beja
Vila Nova de Milfontes
Serpa
Odemira
Castro Verde
Ourique
Odeceixe
Mértola
Parque Nat. do Sudoeste alentejano e da Costa Vicentina
Serra de Monchique
Silves
Cabo de São Vicente
Sagres
Lagos
Portimão
Albufeira
Faro
Tavira
Vila Real de Santo António
Olhão
50 km
Sites inscrits au Patrimoine mondial de l'Unesco
Pas de côté

LE PORTUGAL

LA RÉDACTION DU ROUTARD

(sans oublier nos 50 enquêteurs, aussi sur le terrain)

© R. Delalande et E. Dessons

Benoît, Anne, Alain, Gavin's, Géraldine, Fiona, Mathilde, Camille, Véronique, Isabelle, Alexia, Laura, Diane, Bénédicte, Florence, Jean-Sébastien, Carole, Philippe, Amanda, Marie, Emmanuelle

La saga du Routard : en 1971, 2 étudiants, Philippe et Michel, avaient une furieuse envie de découvrir le monde. De retour du Népal germe l'idée d'un guide différent qui regrouperait tuyaux malins et itinéraires sympas, destiné aux jeunes fauchés en quête de liberté. 1973. Après 19 refus d'éditeurs et la faillite de leur 1re maison d'édition, l'aventure commence vraiment avec Hachette. Aujourd'hui, le *Routard,* c'est plus d'une cinquantaine d'enquêteurs impliqués et sincères. Ils parcourent le monde toute l'année dans l'anonymat et s'acharnent à restituer leurs coups de cœur en toute indépendance.

Merci à tous les Routards qui sont solidaires de nos convictions : liberté et indépendance d'esprit ; découverte et partage ; sincérité, tolérance et respect des autres.

NOS SPÉCIALISTES PORTUGAL

Gavin's Clemente-Ruiz : né en 1978, belgo-hispano-normand, il vadrouille pour le *Routard* depuis 1999. Logique avec un tel pedigree ! Son plaisir : l'adresse introuvable dénichée en fin de journée. Et garder le contact avec les personnes croisées. Son défaut : ne quitte jamais son téléphone portable (« Bon, c'est pour le Facebook et l'Instagram du *Routard* ! »).

Claude Hervé-Bazin : passionné d'îles perdues et de nature très sauvage, il décline le voyage et l'écrit depuis l'âge de 17 ans. Un métier ? Non, une pulsion qui pousse à additionner les heures de vol, les *road trips* et les formules de politesse (dans toutes les langues) pour vérifier si l'herbe est plus verte ailleurs, si les couettes sont plus douillettes et les hommes plus heureux.

UN GRAND MERCI À NOS AMI(E)S SUR PLACE ET EN FRANCE

Pour cette nouvelle édition, nous remercions particulièrement :

- **Jean-Pierre Pinheiro et Rui Manuel Amaro,** de l'office de tourisme du Portugal à Paris.
- **Anne Typhagne,** pour sa « veille » et le non moins talentieux **Nuno** !

Pictogrammes du Routard

Établissements

- Hôtel, auberge, chambre d'hôtes
- Camping
- Restaurant
- Spécial Burger
- Terrasse
- Pizzeria
- Boulangerie, sandwicherie
- Pâtisserie
- Glacier
- Café, salon de thé
- Café, bar
- Bar musical
- Club, boîte de nuit
- Salle de spectacle
- Boutique, magasin, marché

Infos pratiques

- Office de tourisme
- Poste
- Accès Internet
- Hôpital, urgences
- Adapté aux personnes handicapées

Sites

- Présente un intérêt touristique
- Point de vue
- Plage
- Spot de surf
- Site de plongée
- Recommandé pour les enfants
- Inscrit au Patrimoine mondial de l'Unesco
- Pas de côté

Transports

- Aéroport
- Gare ferroviaire
- Gare routière, arrêt de bus
- Station de métro
- Station de tramway
- Parking
- Taxi
- Taxi collectif
- Bateau
- Bateau fluvial
- Piste cyclable, parcours à vélo

« OSONS LE PAS DE CÔTÉ »

Le surtourisme ? Tous concernés. Et pourtant, à l'écart des grands flux touristiques, il existe plein de pépites méconnues, souvent oubliées des circuits trop encombrés. Ici un site ignoré ; là un quartier secret ; plus loin un village caché au charme discret, avec un troquet d'une autre époque. Il existe une infinité de lieux peinards que l'on a envie de mettre en avant avec ce pictogramme. Un vagabondage enfin calme favorisé aussi par les **visites aux heures creuses**. Vive le *slow trip* !

#osonslepasdecote

Le *Routard* est imprimé sur un papier issu de forêts gérées.

I.S.B.N. 978-2-01-717212-3

Quartier de l'Alfama, Lisbonne

« Quand la tempête se lève,
certains construisent des murs
et d'autres des moulins. »
Proverbe portugais

Sous une apparence trompeusement méditerranéenne, alors qu'il ne possède aucune ouverture vers la Mare Nostrum, le Portugal s'est forgé au confluent de la terre et de l'océan, entre les arpents rocailleux griffés par l'araire des paysans et la houle atlantique défiant les marins. Les 1ers ont nourri le pays, les 2ds ont étendu l'écho de sa volonté loin au-delà, construisant un **empire qui régna un temps aux 4 coins du globe.**

Dans ce monde d'entre 2 mondes, la nation a développé une identité particulière, très différente de celle du voisin espagnol – ce qu'on a appelé la « **singulière spécificité portugaise** ». L'architecture en garde notamment l'empreinte avec les cordages noués du style manuélin. Mais si les fantômes du passé et le mythe du Portugal souverain des mers hantent encore (un peu) l'imaginaire national, les Lusitaniens savent, désormais, qu'ils habitent un petit pays (1/6e de la France).

Bravant solidement les vents dominants de l'histoire, **à la proue de l'Europe,** le Portugal déploie aujourd'hui son arsenal de beautés préservées comme peu de territoires en gardent dans leurs soutes. L'attachante Lisbonne, la royale Sintra, le sauvage Alentejo, la radieuse Algarve balnéaire, la studieuse Coimbra, Porto si bonne vivante… Le catalogue s'étoffe à chaque regard et le cœur palpite devant l'immensité des plages (parfois désertes) et le bonheur simple et convivial d'un repas de sardines grillées dans une ruelle ombragée.

Alors, cap sur le Portugal, entre **riche héritage culturel** et **doux soleil océanique !**

Port de Porto

© Grant Rooney/Agefotostock

NOS COUPS DE CŒUR

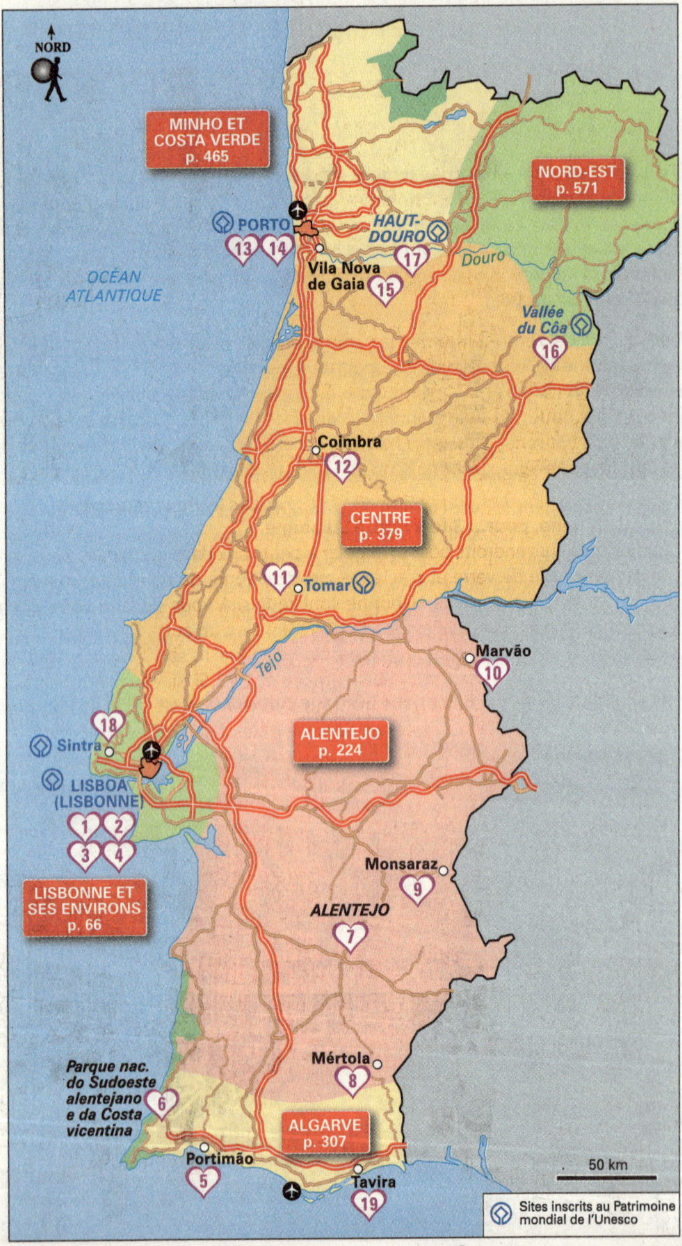

1. Prendre un petit déj au comptoir de l'un des nombreux cafés où se pressent les Lisboètes le matin et s'imprégner de l'atmosphère.

On se croirait dans un film, ou dans un livre de Pessoa. Et pourtant, c'est bien réel. Ambiance au comptoir, où les fidèles se livrent les dernières nouvelles de la ville. *p. 97*

2. Goûter plusieurs plats de chefs réputés dans le vieux mercado da Ribeira, pour… 3 fois rien, à Lisbonne.

L'un des meilleurs endroits pour se régaler à petits prix dans la capitale. Sous une somptueuse halle de verre et d'acier, le *mercado* abrite de nombreux stands où tous les chefs prestigieux de Lisbonne sont réunis. À vous de faire votre choix entre un plat d'Henrique Sa Pessoa, chef de l'Alma, ou un autre d'Alexandre Silva, Marlene Vieira ou Kiko Martins… Plus besoin de courir ! Ils sont tous là, la quarantaine rayonnante, proposant des plats entre 10 et 18 €. Si, si, vous avez bien lu… Viandes, fruits de mer, charcuterie, fromages, pâtisserie, tout y passe. Après, on s'installe sur les grandes tablées et on déguste dans un joyeux brouhaha. L'un de nos endroits préférés à Lisbonne ! *p. 94, 101*

***Bon à savoir :** avenida 24 de Julho. Tlj 10h-minuit (2h jeu-sam). Possible aussi de rapporter quelques victuailles et même des livres.*

3 **Faire une pause dans le jardin São Pedro de Alcântara pour admirer le panorama sur les toits de la Baixa et le castelo São Jorge, dans le Bairro Alto à Lisbonne.**

Lisbonne ne se révèle qu'à ceux qui font un effort pour l'approcher. Prenez de bonnes chaussures et filez vers les *miradouros,* ces spectaculaires belvédères où l'on peut humer l'air du large. Celui de São Pedro de Alcântara livre une magnifique échappée sur la ville basse, la colline du château Saint-Georges et le Tage. Un lieu qui a retrouvé tout son charme, après une sérieuse rénovation. *p. 105*

© Borgese Maurizio/hemis.fr

4 **S'offrir 2 *pastéis de nata* encore tièdes et saupoudrés de cannelle, à la célèbre *Antiga Confeitaria* de Belém, près de Lisbonne.**

Rien de tel qu'une petite balade dominicale dans Belém pour découvrir le quartier qui fut au départ de tous les rêves portugais. Arrêt obligatoire dans cette vieille fabrique aux murs couverts d'*azulejos* du XVIIe s, pour goûter ces petits flans crémeux lovés dans une pâte feuilletée, servis tièdes et saupoudrés de cannelle et de sucre glace. Plus de 15 000 de ces délicieuses gâteries s'écoulent ici les jours d'affluence ! *p. 162*

Bon à savoir : *pour se rendre à Belém, prendre le tramway n° 15 depuis la praça da Figueira.* • *pasteisdebelem.pt* •

5 **Découvrir l'Algarve autrement que par ses plages, et visiter le musée consacré aux métiers de la mer à Portimão.**

L'Algarve offre d'autres visages au sud du Portugal que son lot de stations balnéaires : les villes fortifiées aux cheminées ouvragées évoquent l'Andalousie, les petits ports nichés dans des criques rappellent quelque île méditerranéenne. Dans les hauteurs de Faro, on se promènera entre chênes-lièges, amandiers et caroubiers jusqu'au joli Musée ethnographique de São Brás de Alportel. *p. 347*

6 Sillonner le littoral préservé du parc naturel du Sud-Ouest alentejan et de la côte vicentine.

Ce parc s'étend de la pointe ouest de l'Algarve jusqu'à mi-hauteur de la façade atlantique de l'Alentejo. Ses paysages préservés sont un véritable bonheur : anses protégées par des falaises aux tons ocre, garrigues filant jusqu'aux à-pics, petites vallées menant à de belles plages, parfois ourlées de cordons de dunes. Un coin encore sauvage où l'on profitera des villages comme Odeceixe, Aljezur ou Vila Nova de Milfontes à l'écart des foules. *p. 364*

7 S'émerveiller du printemps dans l'Alentejo, en comparant les couleurs des prairies en fleurs à une toile impressionniste.

L'Alentejo, c'est le cœur rural et le grenier à blé du Portugal. La plus grande province du pays est un gigantesque océan de plaines ponctué d'ondoyantes collines qui se couvrent au printemps d'un tapis de fleurs multicolores, composant un superbe tableau impressionniste. Avec ses paysages changeants, ses vignes, ses oliviers, ses élevages, l'Alentejo se prête à merveille au tourisme gastronomique et rural. *p. 224*

8 Monter jusqu'au château de Mértola pour admirer, depuis l'éperon rocheux, les méandres du fleuve Guadiana.

Perchée sur un éperon rocheux au confluent des *rios* Guadiana et Oeiras, Mértola est une vraie ville-musée, qui permet de replonger d'un coup dans l'histoire de cette région marquée par l'éternelle rivalité entre Maures et chrétiens. De l'imposant château fort, remanié par les Arabes au temps de l'invasion, puis investi par les chrétiens et finalement abandonné au XVIIIe s, la vue est imprenable sur les ruelles qui dévalent la colline et la région alentour. p. 247

© Gräfenhain Günter/Sime/Photononstop

9 Emprunter les chemins de randonnée autour de la cité fortifiée de Monsaraz, à la recherche de l'Europe mégalithique.

Proche de la frontière espagnole, la vieille citadelle de Monsaraz se dresse, bien mignonne, avec son église, son musée religieux et ses maisons du XVIe s. La région semble avoir inspiré nos ancêtres des temps préhistoriques : plusieurs menhirs et pierres levées ont été découverts aux alentours, créant une attractivité nouvelle autour de cette jolie cité. p. 261

© Blanchot Philippe/hemis.fr

10 Parcourir la serra de São Mamede et s'enivrer de l'odeur suave des cistes en fleur, ponctuant ses promenades de Marvão à Castelo de Vide.

Traversé par quelques routes sinueuses, ce massif montagneux offre un résumé bucolique de la faune et de la flore alentejanes : les petites prairies alternent avec des forêts de chênes-lièges, d'eucalyptus, d'oliviers, de châtaigniers et d'amandiers. La meilleure façon de découvrir la région reste d'entreprendre une randonnée au départ de Marvão, véritable nid d'aigle perché à quelque 900 m d'altitude. *p. 297*

(11) Admirer béatement une fenêtre du convento do Cristo à Tomar, en se disant que c'est la plus belle au monde.

En surplomb de la ville se dresse l'un des édifices les plus emblématiques du Portugal, ensemble architectural constitué de greffons et de rajouts sur une base médiévale. La fameuse « fenêtre de Tomar » est la plus fascinante des sculptures manuélines du pays, une dentelle de pierre tout en symboles qui reflète à elle seule le désir de conquête des Portugais au XVe s. Ce site, classé au Patrimoine mondial de l'Unesco, est un enchantement permanent ! *p. 415*

© Michael Howard/4Corners/Sime/Photononstop

(12) À l'ombre des vieux murs de Coimbra, verser sa petite larme en fredonnant un fado multiséculaire avec les étudiants affranchis.

C'est à sa vieille université que Coimbra doit sa renommée. 1 habitant sur 3 étant un étudiant, autant dire que la ville fourmille d'adresses pour se restaurer ou boire un canon… en chansons. Plus littéraire que son cousin lisboète, le fado de Coimbra est intimement lié à la tradition universitaire et est exclusivement interprété par des hommes. On dit que les *fadistas* remercient ainsi Coimbra, personnifiée par une femme, de les avoir accueillis à bras ouverts pendant leurs années d'études. *p. 418*

© Johanna Huber/Sime/Photononstop

© Rabouan Jean-Baptiste/hemis.fr

13 **Gravir hardiment les pentes du vieux Porto dans un tramway des années 1920, en se la jouant poinçonneur des Lilas !**

Étagée sur la rive escarpée du Douro, la 2e ville du Portugal a gardé une taille humaine. On la découvre aisément à pied, en flânant au hasard de ses ruelles pittoresques… mais un peu casse-mollets ! Lorsque vos jambes n'en pourront plus, grimpez à bord d'un antique tramway : 3 lignes parcourent la ville au rythme couinant de ces engins tout droit sortis des Années folles. *p. 475*

Bon à savoir : *• portotramcitytour.pt •*

(14) **Mirer l'ombre des poutrelles du pont Luís I, qui se projette sur les eaux vertes du Douro, à Porto.**

Sur les rives du Douro, la mémoire maritime de la ville semble presque palpable avec ces nombreux *rabelos*, gabares utilisées jadis pour le transport du porto. Pour se rendre sur la rive opposée, emprunter le spectaculaire pont Luís I, réalisé par un ancien collaborateur d'Eiffel. L'ombre portée de ses structures métalliques sur le fleuve est superbe vue d'en haut. p. 500

15 **Respirer l'odeur enivrante des caves à porto de Vila Nova de Gaia.**
Le porto n'est pas produit à Porto, mais à Vila Nova de Gaia, dans les chais situés de l'autre côté du Douro. Une quinzaine de caves ouvrent leurs portes pour des visites guidées, suivies d'une dégustation bienvenue. C'est ici que l'on approchera au mieux la production du porto : si les vignes se trouvent à une centaine de kilomètres en amont, c'est à Vila Nova de Gaia qu'a lieu la magie de l'élevage du divin nectar. *p. 513*

16 **Imprégner sa mémoire de 20 000 ans d'histoire en admirant un site unique au monde : les gravures rupestres du Paléolithique de la vallée du Côa.**
Ce site préhistorique majeur fut découvert il y a 20 ans lors de la construction d'un barrage. Une nouvelle qu'on tenta de cacher à l'époque, pour ne pas retarder les travaux ! La visite, en compagnie de guides efficaces et compétents, est une fabuleuse balade dans le temps, à la rencontre d'aurochs, de cervidés, d'équidés et de poissons venus de la nuit des temps. *p. 591*
Bon à savoir : en été, le coin est une fournaise qui peut atteindre les 50 °C à l'ombre (sauf qu'il n'y a pas d'ombre !) ; préférer le printemps ou l'automne. • arte-coa.pt •

17 Dans la vallée du Haut-Douro, déguster des yeux les paysages inouïs des vignes en terrasses.

Depuis 2 000 ans, la vigne pousse dans cette vallée pentue. Près de 25 000 viticulteurs cultivent ici une vingtaine de cépages, sur une terre aride et calcinée l'été par le soleil, conférant au porto des qualités exceptionnelles et uniques. L'implantation des vignes, en terrasses, fait la splendeur du paysage : un vrai travail d'orfèvre qui a d'ailleurs valu à la région d'être classée au Patrimoine mondial de l'Unesco ! *p. 561*

©Jon Arnold Images/hemis.fr

18 Tirer la langue dans les escaliers et les ruelles pentues de Sintra, en gardant un œil sur le phare dominant du palais de la Pena.

Zone de villégiature depuis 400 ans, Sintra, amarrée à ses collines, a vu passer au fil des siècles aristocrates, rois, rentiers et industriels. Ils ont bâti là, dans la forêt, une foule de quintas à l'architecture souvent débridée, entourées de jardins foisonnants aux plantes exotiques. *p. 183*

Bon à savoir : *il faut prévoir au moins 2 j. (et même 3) pour bien profiter de Sintra.*

19 Goûter à la *cataplana*, façon merveilleuse et très parfumée de préparer le poisson, héritage culinaire direct des Maures.

Ce délicieux plat du Sud emprunte son nom à une sorte de tajine typique en cuivre, composé d'un plat incurvé et d'un couvercle symétrique. Il permet de cuire lentement à l'étouffée, avec des épices, donnant ainsi un goût divin aux fruits de mer, morceaux de poisson, viandes et légumes cuits dedans. *p. 598*

Bon à savoir : *les locaux vous diront que la région de Tavira est l'une des meilleures du pays pour le poisson, où il est servi pour un prix fixe, jusqu'à satiété !*

20 Craquer pour une nuit romantique dans une *pousada*, de préférence chargée d'histoire.

Une *pousada* est un établissement chic (géré par l'État) installé soit dans un monument historique (ancien monastère, château, etc.), soit dans une construction récente mais valorisée par son site exceptionnel. Pour une nuit de rêve, mieux vaut réserver très longtemps à l'avance… *p. 56*

Bon à savoir : possibilité de rêver sur • *pousadas.pt* •, *qui recense l'ensemble des* pousadas *du pays.*

© Jon Arnold Images-hemis.fr

Parc naturel, région de l'Algarve

ITINÉRAIRES CONSEILLÉS

Idée week-end (2-3 jours) à Lisbonne

➢ Vols directs depuis Paris et d'autres capitales régionales françaises.

Les inévitables : la praça Dom Pedro IV, la praça do Comércio, le quartier du **Chiado** pour l'architecture, le **Bairro Alto** pour les folles nuits lisboètes, l'**Alfama** et toute l'âme portugaise. Également le nord de la ville pour le musée Calouste-Gulbenkian, le parc des Nations pour son aquarium et le pont Vasco da Gama, sans oublier **Belém,** le **mosteiro dos Jerónimos** et le **MAAT.**

Extensions possibles sur **Cascais, Sintra** et **Estoril** (voir l'itinéraire « Lisbonne et la serra de Sintra »).

Idée week-end (2-3 jours) à Porto

➢ Idem : vols directs depuis Paris et plusieurs villes de province.

Les indispensables : le **centre historique de Porto,** classé au Patrimoine mondial de l'Unesco (1996), la cathédrale (Sé), l'église São Francisco, la gare de São Bento pour ses *azulejos,* le palais de la Bourse, une balade dans les ruelles de la Ribeira avant d'aller prendre un verre sur le quai, l'observation des ponts et des ouvrages d'architecture tous différents, les caves de porto à **Vila Nova de Gaia** et les balades en bateau sur le Douro.

De 5 jours à 1 semaine

Le Minho et la région viticole du Haut-Douro : les origines du vin de Porto

Un chouette itinéraire ouest-est pour devenir incollable sur la fabrication du doux breuvage, de l'embouchure du Douro aux confins du Trás-os-Montes.

Porto (**1** ; 3 j.) en 1er lieu (voir plus haut), puis **Guimarães** (**2** ; 2 j.) pour son centre historique classé au Patrimoine mondial de l'Unesco – extension possible au nord, avec **Ponte de Lima** (**3** ; 1 j.) et ses belles demeures dans des ruelles assoupies. Non loin, pour les marcheurs, le **parc national de Peneda-Gerês** (**4** ; 2-3 j.). Inévitable, **Braga** (**5** ; 1-2 j.), la 3e ville du pays, d'une étonnante jeunesse et vitalité, non loin du **santuário de Bom Jesus (6).** Plus au sud, la **région du Haut-Douro** (2 j.) avec ses superbes panoramas sur les cultures et le fleuve : un vrai travail d'orfèvre ! Très vert. On visite les *quintas* fabricantes. Et **Pinhão (7),** terminus ! Sublime, au milieu des vertes vallées. Puis le **solar de Mateus (8)** et son architecture baroque. On peut pousser plus à l'est vers le **parc archéologique de la vallée du Côa** (**9** ; 1 j.), célèbre pour ses gravures rupestres vieilles de 20 000 ans. Au nord-est, vers l'Espagne, où le paysage est aride, **Chaves (10), Bragança** (**11** ; 2 j.), le **parc de Montesinho** (**12** ; 2 j.) pour faire des randos. Montagnes et terres nues, sensation de bout du monde…

Le Centre, entre histoire et religion

Les fans d'histoire et de monastères s'en donneront à cœur joie, entre les fortifications à **Peniche (13)** et **Óbidos** (**14** ; 3 j. pour les 2), les sites romains comme celui de **Conimbriga** (**19** ; 1 j.), les monastères d'**Alcobaça (15)** et de **Batalha** (**16** ; 2 j.), les couvents et synagogues à **Tomar** (**18** ; 2 j.) et les lieux de culte que sont **Fátima (17)** et **Buçaco (21).** Achever la visite par l'une des plus grandes universités du monde, **Coimbra** (**20** ; 3 j.). Le tout ponctué de pauses plage à volonté, la mer n'étant jamais très éloignée.

Lisbonne et la serra de Sintra

On reprend Lisbonne (voir plus haut), en approfondissant les quartiers de Madragoa et de Lapa.

On ira flamber au casino d'**Estoril (22)** un soir, et faire trempette à **Cascais** (**23** ; sans y dormir nécessairement). À **Sintra** (**24** ; 2 j.), arrêt obligatoire au Palácio naciónal et à la quinta da Regaleira. Belles promenades dans les environs, vers **Pena** notamment, ou **Mafra** (**25** ; 1 j. chaque).

De 8 à 15 jours et plus

L'Alentejo, remparts et citadelles

Ce coin de Portugal très nature alterne vallées et collines moutonnantes, forêts de pins et de chênes-lièges aux abords des côtes, vignes (AOC Alentejo), oliviers (huile de Moura), élevage (fromages) et champs de blé dans les terres. Et partout : des cigognes !

3 pôles d'exploration : si l'on vient du nord, on rejoint facilement **Portalegre** (**28**, 1 j.), **Castelo de Vide** (**26** ; 1 j.), jolie cité médiévale avec son quartier juif, et **Marvão** (**27** ; 1 j.), l'un des plus beaux villages de l'Alentejo.

Autre pôle pour ceux qui arrivent de Lisbonne : **Évora** (**29** ; 3 j.), classée au Patrimoine mondial de l'Unesco, avec son plan de rues en toile d'araignée. Cathédrale, galeries, musées, églises… **Estremoz** (**30** ; ½ journée), avec sa belle place centrale, le village viticole de **Borba (31)** et **Vila Viçosa** (**32** ; ½ journée), avec le palais ducal. Puis **Elvas** (**33** ; 2 j.), ville de garnison frontalière inscrite au Patrimoine mondial de l'Unesco en 2012, ses remparts et son étonnant musée d'Art moderne.

Enfin, dernier pôle vers le sud pour ceux qui le combinent avec un séjour plage dans l'Algarve : **Beja** (**34** ; 1 j.) et son vieux centre-ville, **Serpa** (**35** ; 1 j.) et son dédale de ruelles blanchies à la chaux, et l'Alentejo des citadelles avec **Monsaraz** (**36** ; 1 j.) et **Mértola** (**37** ; 1 j.).

Le Sud : plages et parc naturel

➢ Vols directs depuis la France jusqu'à Faro, c'est bien pratique.

Farniente, sports de glisse et randonnées côtières à souhait ! C'est l'Algarve.

Faro (**38** ; 2 j. d'arrêt) ! Ville phare et villages des alentours se conjuguent bien, comme celui de São Brás de Alportel. Vers l'est, **Olhão** (**39** ; 2 j.) avec les **îles de Culatra et Armora,** les plages de **Tavira** (**40** ; 2 j.) et **Vila Real de Santo António** (**41** ; 1 j.) pour passer la frontière avec l'Espagne ! De Faro vers l'ouest, l'arrière-pays au nord de **Loulé** (**42** ; 1 j.), **Albufeira** (**43** ; 1 j. de plage ou carrément passer son chemin), station balnéaire la plus touristique de l'Algarve. **Portimão** (**44** ; 1 j.), port « sardinier », et ses plages voisines sont une halte agréable. **Lagos** (**45** ; 2 j.), douceur de vivre, balades côtières, plage. Un conseil : n'hésitez pas à partir à l'intérieur des terres, vers **Silves** et **Monchique** (**46** ; 2 j.). Enfin, le parc naturel du Sud-Ouest alentejan et de la côte vicentine avec **Sagres** (**47** ; 1 j.), une visite pour son cap et sa forteresse d'où partit Henri le Navigateur ; puis **Odeceixe (48), Zambujeira do Mar (49)** et **Vila Nova de Milfontes** (**50** ; 1-3 j., voire plus pour les surfeurs), plages ouvertes et randonnées en perspective, un coin encore sauvage, entre mer et falaises.

La rue Santo António, Faro

Castelo dos Mouros, péninsule de Sintra

Interview #experienceroutard

Par la rédaction du *Routard*

Pourquoi partir au Portugal ?

On y mange bien, il fait beau, et on trouve un bon mélange de culture – avec de sublimes monuments religieux et des musées épatants – des endroits sympas pour faire la fête, et la plage pour les activités de bord de mer comme le kitesurf Mais surtout, les Portugais donnent envie de revenir le plus vite possible. En plus, un grand nombre d'entre eux parle le français.

Un moment à partager ?

Une soirée fado. On reste complètement sous le charme de ces intonations mélancoliques et chaleureuses. Un vrai voyage !

Une activité à faire absolument ?

S'allonger sur les plages de sable. Il en existe quelques-unes au large de Sesimbra, totalement désertes ! Sublimes. Bon, faut juste aimer le vent...

Une expérience à vivre au Portugal ?

La tournée des caves de vins de Porto en enfilade à Vila Nova de Gaia pour découvrir les mille et une nuances de ce vin assez mal connu en France. Ce n'est pas qu'un apéritif ou un digestif ! On peut même faire un repas avec, de A à Z.

Un livre à emporter avec soi ?

Vous n'aurez que l'embarras du choix entre ceux écrits par deux écrivains remarquables : Fernando Pessoa ou José Saramago.

La spécialité locale à goûter absolument ?

Sans aucun doute les *pastéis de nata*, ces petits flans crémeux dans une pâte feuilletée, encore tièdes et saupoudrés de cannelle. Le nec plus ultra : le petit café bien serré qui va avec au comptoir de n'importe quelle *pasteleria*.

Une musique à écouter ?

Du fado, encore, toujours. Il y a les classiques, Amália Rodrigues ou Mariza en tête. Mais on trouve chaque année plein de nouveaux artistes qui s'essaient à cette musique chaleureusement triste.

Un souvenir à rapporter chez soi ?

Des carreaux de céramique, les fameux *azulejos* (prononcer « azoulèges »), les conserves de poissons souvent joliment décorées, des bouteilles de porto – car on trouve un vaste choix à différents prix –, des parfums et des savons typiquement portugais de la marque Claus Porto (depuis 1887).

LES QUESTIONS QU'ON SE POSE AVANT LE DÉPART

➢ Quels sont les papiers nécessaires pour aller au Portugal ?

Pour les ressortissants de l'Union européenne et de la Suisse, carte nationale d'identité ou passeport en cours de validité. Pour les ressortissants canadiens, passeport valide. Pour les mineurs non accompagnés, une carte nationale d'identité est suffisante.

➢ Quelle est la meilleure période pour aller au Portugal ?

Le climat du Portugal est agréable en toute saison. Le littoral est toujours aéré, même aux heures les plus chaudes de l'été. Le printemps et l'automne sont les périodes idéales pour visiter l'intérieur et le Sud. Dans le Nord, les hivers sont humides avec pas mal de brouillard.

➢ Quel budget prévoir ?

Pour l'hébergement, le coût de la vie est plutôt moins élevé qu'en France, d'autant que les promos sont fréquentes. Pour la restauration et les transports, il reste nettement inférieur. Voir le chapitre « Portugal utile ».

➢ Partir un week-end, n'est-ce pas trop court ?

Non, Lisbonne ou Porto et leurs environs peuvent être d'agréables lieux d'évasion et de dépaysement pour un week-end prolongé (voir « Itinéraires conseillés »).

➢ Est-il facile de se déplacer dans le pays ?

Oui. Pour les automobilistes, l'état des grands axes qui traversent le pays est excellent, mais la conduite sportive. Pour les non-motorisés, les nombreuses compagnies de bus permettent de se déplacer partout. Le train reste une option sensiblement plus économique et sûre entre Porto, Lisbonne et Faro, mais les liaisons sont moins fréquentes.

➢ Y a-t-il des problèmes de sécurité ?

Les précautions d'usage sont à prendre. Se méfier des pickpockets dans les trams à Lisbonne, et ne rien laisser d'apparent dans les voitures, qui peuvent très rapidement être visitées.

➢ Peut-on y aller avec des enfants ?

Bien sûr, et ils seront fort bien accueillis. Plages, aires de jeux, balades découvertes tendent les bras à vos chérubins, petits et grands. Repérez nos meilleurs sites grâce au symbole 👪. À Lisbonne et à Porto, en revanche, sachez-le, ça monte et ça descend !

➢ Les cartes de paiement sont-elles acceptées partout ?

Le paiement par carte est assez bien développé, sauf dans les lieux d'hébergement modestes et les petits restos, où les espèces sont à privilégier.

➢ Peut-on facilement se faire comprendre ?

Le français est souvent parlé et compris par les classes aisées, les plus de 40 ans, ainsi que dans le nord/nord-est du pays, région d'émigration importante vers la France. L'anglais, 1re langue apprise désormais à l'école, est plus répandu chez les jeunes. Quant à l'espagnol, langue voisine étymologiquement et géographiquement, il peut être utile.

➢ Quels types d'hébergement trouve-t-on ?

Du camping aux *pousadas* (hébergements très chics, souvent dans des monuments historiques) en passant par les AJ publiques et privées (certaines tournées vers les surfeurs), les pensions, les hôtels et les chambres d'hôtes de charme dans de belles propriétés (*montes, solares* et *quintas*), tous les goûts seront satisfaits.

➢ Est-il facile d'y aller avec des animaux ?

Un certificat de bonne santé récent et un passeport attestant de la vaccination contre la rage (chien et chat) sont demandés. Mais à part en location, il est assez difficile de faire accepter Médor.

➢ Les prises de courant sont-elles les mêmes qu'en France ?

Oui, les prises sont de type européen continental, et le courant est en 220 V. Pour nos amis canadiens, un adaptateur sera nécessaire.

➢ Doit-on laisser un pourboire ?

Pas nécessairement, mais il est le bienvenu !

➢ Y a-t-il vraiment 365 façons de préparer la morue ?

On ne les a pas toutes goûtées ! Il semblerait qu'il y en ait même davantage... mais ce sont souvent les mêmes recettes qui reviennent à la carte !

➢ Le fado fait-il toujours pleurer ?

Plus que jamais ! Si la célèbre *fadista* Amália Rodrigues n'est plus, une kyrielle de jeunes assurent déjà la relève, comme Mariza, Mísia ou Cristina Branco. Toujours des petites adresses sympa, notamment à Lisbonne, pour en écouter.

COMMENT Y ALLER ?

EN AVION

Les compagnies régulières

▲ **AIR FRANCE**
– Rens et résas au ☎ 09-69-39-36-54 (appel non surtaxé ; tlj 8h-20h), sur ● airfrance.fr ● et en agences de voyages. Également à votre écoute tlj et 24h/24 sur Messenger, Facebook et Twitter.
➢ Au départ de Paris-Roissy-Charles-de-Gaulle, Air France propose jusqu'à 5 vols directs/j. pour ***Lisbonne*** et jusqu'à 2 vols directs/j. sur ***Porto.***
Air France propose à tous des tarifs attractifs toute l'année. Pour consulter les meilleures offres du moment sur Internet, allez directement sur la page « Nos meilleures offres » sur *● airfrance.fr ● Flying Blue,* le programme de fidélité gratuit d'Air France-KLM, permet de gagner des miles en voyageant sur les vols Air France, KLM, Transavia et avec de nombreux partenaires aériens et non aériens. Les *miles* peuvent ensuite être échangés contre des billets d'avion ou des services (surclassement, bagage supplémentaire...), ainsi qu'auprès des partenaires. Pour en savoir plus, rendez-vous sur *● flyingblue.com ●*

▲ **IBERIA**
– Paris : Orly-Ouest, hall 1. ☎ 0825-800-965 (0,15 €/mn, tlj 9h-20h). ● iberia.com ●
➢ Vols quotidiens depuis les principales villes françaises : Bordeaux, Lyon, Marseille, Nantes, Nice, Paris, Rennes, Toulouse et Strasbourg (env 2 vols/sem) vers ***Lisbonne*** et ***Porto*** avec changement à Madrid ou à Barcelone.

▲ **BRUSSELS AIRLINES**
Rens et résas : ☎ 01-73-23-10-71 depuis la France et ☎ 0902-51-600 (0,75 €/mn) depuis la Belgique. ● brusselsairlines.com ●
➢ Vols réguliers au départ de Bruxelles, Lyon, Marseille, Nice, Strasbourg et Toulouse pour ***Faro, Lisbonne*** et ***Porto.***

▲ **SWISS**
● swiss.com ●
– Genève : à l'aéroport, ☎ 0892-232-501 (0,34 €/mn, 24h/24). Tlj 5h-20h.
– Zurich : Bahnhofstrasse 25. ☎ 041-848-700-700. Lun-ven 10h-17h.
➢ SWISS assure des liaisons saisonnières entre Zurich, ***Lisbonne*** et ***Porto*** avec correspondances à Paris, Nice ou Lyon.

▲ **EASYJET**
Service clientèle : ☎ 0806-141-141 (tlj 8h-20h). ● easyjet.com ●
➢ Vols quotidiens depuis Bordeaux, Bâle-Mulhouse, Lyon, Nice, Paris, Toulouse et Genève pour ***Lisbonne, Faro*** et ***Porto.***

▲ **TRANSAVIA**
☎ 0892-05-88-88 (0,50 €/min). ● transavia.com ● Plusieurs vols par jour vers Lisbonne, Porto et Faro.

▲ **VUELING**
Résas : ☎ 0899-232-400 (1,34 € l'appel puis 0,34 €/mn) ou service clients : ☎ 01-84-88-69-48 (prix d'un appel local, tlj 9h-22h). ● vueling.com ●
➢ Vols depuis Paris pour ***Lisbonne*** et ***Porto,*** directs ou avec correspondance à Barcelone.

LES ORGANISMES DE VOYAGES

– Ne pas croire que les vols à tarif réduit sont tous au même prix pour une même destination à une même époque : loin de là. On a déjà vu, dans un même avion partagé par 2 organismes, des passagers qui avaient payé 40 % plus cher que les autres... De plus, une agence bon marché ne l'est

pas forcément toute l'année (elle peut n'être compétitive qu'à certaines dates bien précises). Donc, contactez tous les organismes et jugez vous-même.
– Les organismes cités sont classés par ordre alphabétique, pour éviter les jalousies et les grincements de dents.

En France

▲ CERCLE DES VOYAGES

– Paris : 31 avenue de l'Opéra, 75001. ☎ 01-40-15-15-01. • cercledesvoyages.com • Ⓜ Pyramides ou Opéra. Lun-ven 9h-20h, sam 10h-18h30.

Destination proche, charmante, et dépaysante, le Portugal est une destination séduisante. Parcouru de rivières, et bordé par l'océan Atlantique et la Méditerranée, l'eau y est omniprésente. Du nord au sud, les ambiances et les paysages varient pour votre plus grand plaisir de découverte ! Découvrez Porto, Lisbonne, l'Algarve, mais aussi Madère et les Açores. Contactez nos conseillers pour élaborer ensemble un voyage sur-mesure au Portugal qui vous ressemble.

▲ COMPTOIR DES VOYAGES

• comptoir.fr • Lun-sam 9h30-18h30.
– Paris : 2-18, rue Saint-Victor, 75005. ☎ 01-53-10-30-15.
– Bordeaux : 26, cours du Chapeau-Rouge, 33000. ☎ 05-35-54-31-40.
– Lille : 76, rue Nationale, 59800. ☎ 03-28-04-68-20.
– Lyon : 10, quai Tilsitt, 69002. ☎ 04-72-44-13-40.
– Marseille : 12, rue Breteuil, 13001. ☎ 04-84-25-21-80.
– Toulouse : 43, rue Peyrolières, 31000. ☎ 05-62-30-15-00.
– Nice : 62, rue Gioffredo, 06000. ☎ 04-97-03-64-80.

En plus de 30 ans, Comptoir des Voyages s'est imposé comme la référence incontournable du voyage sur mesure en immersion, avec plus de 90 destinations couvrant les 5 continents. Nos conseillers-spécialistes construisent des voyages uniques en s'adaptant à votre budget, vos goûts et vos envies. Pour favoriser les rencontres et l'immersion dans la vie locale, ils privilégient des hébergements typiques et des expériences authentiques. Sur place, nos Welcome Hosts francophones partagent avec vous conseils et bonnes adresses le temps d'un café. Sur votre smartphone, notre application mobile Luciole vous informe sur le déroulé de votre voyage, vous suggère des lieux de visite et vous guide grâce à un GPS hors connexion. Comptoir des Voyages est membre d'Agir pour un tourisme responsable depuis 2009. Notre labellisation ATR a été renouvelée par Ecocert Environnement cette année.

▲ NOMADE AVENTURE

• nomade-aventure.com •
– Paris : 40, rue de la Montagne-Sainte-Geneviève, 75005. ☎ 01-46-33-71-71. Ⓜ Maubert-Mutualité. Lun-sam 9h30-18h30.
– Lyon : 10, quai Tilsitt, 69002. ☎ 04-72-44-13-50. Lun-sam 9h30-18h30 (parfois 17h). Résa conseillée.
– Marseille : 12, rue Breteuil, 13001. ☎ 04-84-25-21-86. Lun-sam 9h30-18h30.
– Toulouse : 43, rue Peyrolières, 31000. ☎ 05-62-30-10-77. Lun-sam 9h30-18h30.

Nomade Aventure propose des circuits inédits partout dans le monde, à réaliser en famille, entre amis, avec ou sans guide. Également la possibilité d'organiser, hors de groupes constitués, un séjour libre en toute autonomie et sur mesure. Spécialiste de l'aventure avec plus de 600 itinéraires (de niveau tranquille, dynamique, sportif ou sportif +) faits d'échanges et de rencontres avec les habitants, Nomade Aventure donne la priorité aux expériences authentiques à pied, à VTT, à cheval, à dos de chameau, en bateau ou en 4x4.

▲ LA ROUTE DES VOYAGES

☎ 078-400-83-94. Rdv par tél. • laroutedesvoyages.com •
– Paris : 10, rue Choron, 75009. ☎ 01-55-31-98-80. Ⓜ Notre-Dame-de-Lorette.
– Angers : 6, rue Corneille, 49000. ☎ 02-41-43-26-65.
– Annecy : 4 bis, av. d'Aléry, 74000. ☎ 04-50-45-60-20.
– Bordeaux : 19, rue des Frères-Bonie, 33000. ☎ 05-56-90-11-20.
– Lorient : 42, av. de la Perriere, 56100. ☎ 06-15-48-82-69. Sur rdv lun-mer.

bsp-auto.com
+33 1 86 26 90 80
7j/7
DES PRIX FOUS NÉGOCIÉS POUR VOTRE LOCATION DE VOITURE AU PORTUGAL !
SIXT
Hertz
dollar.
Thrifty
Budget
Enterprise
AVIS
Europcar
REMISE DE 5% SUR TOUTES VOS RÉSERVATIONS AVEC LE CODE ROUTARD22
0€
J-5
KILOMÈTRES ILLIMITÉS
ASSURANCES INCLUSES
ANNULATION GRATUITE
PAYEZ 5 JOURS AVANT LE DÉPART
'ZÉRO FRANCHISE' À PETIT PRIX

– Lyon : 59, rue Franklin, 69002. ☎ 04-78-42-53-58.
– Toulouse : 27, rue Perchepinte, 31000. ☎ 05-62-27-00-68.
25 ans d'expérience de voyage sur mesure sur les 5 continents ! 15 pays en Europe complètent à présent leur offre. Cette équipe de voyageurs passionnés a développé un vrai savoir-faire du voyage personnalisé : écoute, conseils, voyages de repérage réguliers et des correspondants sur place soigneusement sélectionnés avec qui ils travaillent en direct. Son engagement à promouvoir un tourisme responsable se traduit par des possibilités de séjours solidaires à insérer dans les itinéraires de découverte individuelle. Elle a aussi créé un programme de compensation solidaire qui permet de financer des projets de développement locaux.

▲ VOYAGEURS EN ESPAGNE ET AU PORTUGAL
☎ 01-42-86-17-20. • voyageursdu monde.fr •
– Paris : La Cité des Voyageurs, 55, rue Sainte-Anne, 75002. ☎ 01-42-86-16-00. Ⓜ Opéra ou Pyramides. Lun-sam 9h30-19h. Avec une librairie spécialisée sur les voyages.
Également des agences à Bordeaux, Grenoble, Lille, Lyon, Marseille, Montpellier, Nantes, Nice, Rennes, Rouen, Strasbourg et Toulouse. Ainsi qu'à Bruxelles, Montréal, Québec et Genève.
Parce que chaque voyageur est différent, que chacun a ses rêves et ses idées pour les réaliser, Voyageurs du Monde conçoit, depuis plus de 30 ans, des projets sur mesure. Les séjours proposés sur 120 destinations sont élaborés par leurs 180 conseillers voyageurs. Spécialistes par pays, et même par région, ils vous aideront à personnaliser les voyages présentés à travers une trentaine de brochures d'un nouveau type et sur le site internet où vous pourrez également découvrir les hébergements exclusifs et consulter votre espace personnalisé. Au cours de votre séjour, vous bénéficiez des services personnalisés Voyageurs du Monde, dont la possibilité de modifier à tout moment votre voyage, l'assistance d'un concierge local, la mise en place de rencontres et de visites privées et l'accès à votre carnet de voyage via une application iPhone et Androïd. Voyageurs du Monde est membre de l'association ATR (Agir pour un tourisme responsable) et bénéficie de la certification Tourisme responsable AFAQ AFNOR.

Voir aussi au sein de chaque ville les agences locales que nous avons sélectionnées.

Comment aller à Roissy et à Orly ?
Toutes les infos sur notre site *• routard.com •* à l'adresse suivante : *• www.routard.com/dossier-pratique-sur-le-voyage/cid136112-aeroports-de-paris.html?page=3 •*

En Belgique

▲ CONTINENTS INSOLITES
• continents-insolites.com •
– Bruxelles : rue César-Franck, 44 A, 1050. ☎ 02-880-55-41. Lun-ven 10h-18h ; sam 10h-16h sur rdv.
Continents Insolites, organisateur de voyages lointains sans intermédiaire, propose une gamme étendue de formules de voyages détaillées sur leur site internet.
– *Voyages découverte sur mesure :* à partir de 2 personnes. Un grand choix d'hébergements soigneusement sélectionnés : du petit hôtel simple à l'établissement luxueux et de charme.
– *Circuits découverte en minigroupes :* de la grande expédition au circuit accessible à tous. Des circuits à dates fixes dans plus de 60 pays en petits groupes francophones de 7 à 12 personnes. Avant chaque départ, une réunion est organisée. Voyages encadrés par des guides francophones, spécialistes des régions visitées.

▲ SENS INVERSE ÉCOTOURISME PORTUGAL
– 18, cours de Valduc, 1348 Ottignies-Louvain-La-Neuve. ☎ 476-830-570. • sensinverse.be •

Agence de voyages écotouristique qui propose des voyages accompagnés de guides locaux passionnés, et axés sur la découverte de l'environnement naturel, culturel, rural et humain de différentes régions de France comme à l'étranger, notamment au Portugal. L'équipe est très engagée dans la protection de la nature et la sauvegarde du patrimoine et des cultures. Tous leurs voyages ont comme point commun la marche à pied à un rythme modéré et en petit groupe.

▲ VOYAGEURS DU MONDE
– Bruxelles : 23, chaussée de Charleroi, 1060. ☎ 02-543-95-50. • voyageursdumonde.com •
Le spécialiste du voyage en individuel sur mesure.
Voir le texte dans la partie « En France ».

En Suisse

▲ LA ROUTE DES VOYAGES
☎ 078-400-83-94. Rdv par tél. • laroutedesvoyages.com •
Voir le texte dans la partie « En France ».

▲ VOYAGEURS DU MONDE
– Genève : 19, rue de la Rôtisserie, 1204. ☎ 022-519-12-10. • voyageursdumonde.com • Lun-ven 9h30-19h, sam 9h30-18h30.
– Lausanne : rue du Bourg, 6 (2e étage), 1003. Lun-ven 9h-18h30, sam sur rdv.
Le spécialiste du voyage en individuel sur mesure.
Voir le texte dans la partie « En France ».

Au Québec

▲ TOURS CHANTECLERC
• tourschanteclerc.com •
Tours Chanteclerc est un tour-opérateur qui publie différentes brochures de voyages : Europe, Amérique du Nord, Amérique du Sud, Asie et Pacifique sud, Afrique et Bassin méditerranéen en circuits ou en séjours. Il s'adresse aux voyageurs indépendants qui réservent un billet d'avion, un hébergement (dans toute l'Europe), des excursions ou une location de voiture. Également spécialiste de Paris, le tour-opérateur offre une vaste sélection d'hôtels et d'appartements dans la capitale française.

EN TRAIN

➢ ***Au départ de Paris, gare Montparnasse :*** un TGV part chaque jour vers 12h30 pour Irún (Espagne) ; de là, correspondance autour de 18h45 avec un train de nuit pour Lisbonne ; arrivée le lendemain vers 7h30.

Pour voyager au meilleur prix

Avec les ***Pass InterRail,*** les résidents européens peuvent voyager dans 33 pays d'Europe, dont le Portugal. Plusieurs formules et autant de tarifs, en fonction de la destination et de l'âge. À noter que le *Pass InterRail* n'est pas valable dans votre pays de résidence (cependant l'*InterRail Global Pass* offre une réduction de 50 % de votre point de départ jusqu'au point frontière en France). *• interrail.eu •*

– Pour les grands voyageurs, le ***Pass InterRail*** est valable dans l'ensemble des 33 pays européens concernés, intéressant si vous comptez parcourir plusieurs pays au cours du même périple. Il se présente sous 7 formes au choix.

5 formules flexibles : utilisables 4, 5 ou 7 j. sur une période de validité d'un mois (185-251 € selon formule en version jeune 12-27 ans) ou utilisables 10 ou 15 j. sur une période de validité de 2 mois (301-370 € selon formule en version jeune 12-27 ans).

5 formules « continues » : *pass* 15 j., 22 j. ou 1, 2 et 3 mois (443-902 € selon âge et formule).

Ces formules existent aussi en version 1re classe (mais ce n'est pas le même prix, bien sûr !).

Les voyageurs de plus de 60 ans bénéficient d'une réduction sur le tarif de l'*InterRail Global Pass* en 1re et 2de classes (tarif senior). Également des tarifs enfants 4-11 ans et adulte 28 ans et +.

– Si vous ne parcourez que le Portugal, le ***Pass Interrail Un Pays*** vous suffira.

D'une période de validité de 1 mois et utilisable, selon les formules, 3, 4, 5, 6 ou 8 j. en discontinu : tarif selon pays et formule. Là encore, ces formules se déclinent en version 1re classe. Pour voyager dans 2 pays, vous pouvez combiner 2 ***Pass Interrail Un Pays.*** Au-delà, il est préférable de prendre le *Pass InterRail Global.*

InterRail offre également la possibilité d'obtenir des réductions ou des avantages à travers toute l'Europe avec ses partenaires bonus (musées, chemins de fer privés, hôtels, etc.).

Tous ces prix ne sont qu'indicatifs.

Pour plus de renseignements, adressez-vous à la gare ou boutique SNCF la plus proche de chez vous.

EN VOITURE

Avant de partir, on vous conseille de lire la rubrique « Transports intérieurs » dans le chapitre « Portugal utile », afin de connaître le système des autoroutes à péage électronique.

Grosso modo, on compte un peu moins de 1 800 km entre Paris et Lisbonne. Les habitués vous diront qu'il leur faut moins de 20h pour effectuer ce trajet. Surtout si, prudents, on roule à plusieurs en se relayant au volant. De Paris à la frontière espagnole, l'itinéraire le plus commode est l'autoroute jusqu'en Espagne ; puis les autoroutes du Pays basque jusqu'à Béhobie (810 km ; 780 km par la route nationale classique N 10) ; de là, un peu moins de 600 km vous séparent encore du Portugal (Vilar Formoso, par Burgos et Salamanque).

Les aires de repos sont bien équipées au Portugal (toilettes, supérettes, cafèt').

● *tolltickets.com* ● est un site où les automobilistes peuvent acheter en ligne les vignettes autoroutières, les *passes*, etc., pour un certain nombre de pays européens. Renseignements également sur les tunnels, les ferries et autres portions payantes du réseau routier.

Et pour la France, carte avec le coût de tous les tronçons autoroutiers de l'Hexagone sur ● *autoroutes.fr* ●

D'Irún à Lisbonne par Burgos, Salamanque et Vilar Formoso (940 km environ)

C'est l'itinéraire généralement choisi par les habitués : on vous le recommande donc.

Après Saint-Sébastien, que l'on contourne par l'autoroute, la N 1 escalade les monts de Guipúzcoa pour atteindre la plaine d'Álava : une déviation contourne Vitoria, l'une des villes importantes du nord de la péninsule Ibérique. De Saint-Sébastien, il est aussi possible de gagner cette région en empruntant l'autoroute par Bilbao (assez chère).

Ensuite, on s'engage dans le défilé de Pancorbo, au-delà duquel se profile Burgos. Puis on file droit à travers la Meseta jusqu'à Valladolid (369 km) avec l'E 80, Tordesillas, Salamanque, puis Ciudad Rodrigo, avant de gagner le lendemain Vilar Formoso. Ensuite, IP 5 et A 23, et enfin IP 1.

Pour rejoindre directement Lisbonne, de Salamanque, on peut aussi continuer vers Cáceres, Badajoz et Elvas (Portugal). La route Elvas-Estremoz-Lisbonne est excellente.

Du col du Perthus (Pyrénées-Orientales) à Lisbonne par Madrid et Saragosse (itinéraire conseillé, 1 400 km)

Du col du Perthus à Lisbonne par Saragosse, Madrid, Cáceres et Badajoz : cet itinéraire concerne surtout nos lecteurs venant par le sud-est de la France.

EN BUS

Qu'à cela ne tienne, il n'y a pas que l'avion ou le train pour voyager. À condition d'y mettre le temps, on peut aussi se déplacer en bus. Bien

sûr, les trajets sont longs (24h pour le Portugal...) et les horaires élastiques. À bord, on peut faire sa toilette, et les bus affrétés par les compagnies sont assez confortables : AC, dossier inclinable (demander des précisions avant le départ). Et, en principe, des arrêts toutes les 3 ou 4h permettent de ne pas arriver en piteux état.
Cela dit, de nombreux lecteurs se sont plaints de conditions de voyage parfois assez pénibles (confort limite, mauvaise gestion des arrêts, retards...).
N'oubliez pas, pour positiver un peu, qu'avec un long trajet en avion on se déplace ; en bus, on voyage.

Organismes de bus

▲ CLUB ALLIANCE
– Paris : 33, rue de Fleurus, 75006. ☎ 01-45-48-89-53. • cluballiancevoyages.com • Ⓜ Notre-Dame-des-Champs. Lun-sam 11h (14h sam)-19h. Ce voyagiste propose plusieurs formules à destination du Portugal.

▲ EUROLINES
☎ 08-92-89-90-91 (0,35 €/mn + prix appel), tlj 8h-21h (dim 10h-18h). • eurolines.fr • N° d'urgence : ☎ 01-49-72-51-57. Agences à Paris et dans tte la France. Vous trouverez également les services d'Eurolines sur *• routard.com •* Eurolines propose 10 % de réduction pour les jeunes (12-25 ans) et les seniors. 2 bagages gratuits par personne en Europe.
1re *low cost* par bus en Europe, Eurolines permet de voyager vers plus de 600 destinations en Europe et au Maroc avec des départs quotidiens depuis 90 villes françaises. Eurolines propose également des hébergements à petits prix sur les destinations desservies.
Pass Europe : pour un prix fixe valable 15 ou 30 jours, vous voyagez autant que vous le désirez sur le réseau entre 51 villes européennes. Également un *minipass* pour visiter 2 capitales européennes (7 combinés possibles).

PORTUGAL UTILE

ABC du Portugal

- ***Population :*** 10 263 850 hab.
- ***Superficie :*** 92 090 km², soit grosso modo 1/5 de sa voisine, l'Espagne.
- ***Capitale :*** Lisbonne.
- ***Langue :*** le portugais. Le français est fréquemment utilisé dans tout le pays, et plus particulièrement dans la région du Minho, par des personnes ayant vécu en France. En Algarve, l'anglais est également pratiqué.
- ***Régime :*** république parlementaire.
- ***Chef de l'État :*** Marcelo Rebelo de Sousa, depuis mars 2016, réélu en 2021.
- ***1er ministre :*** António Luís Santos da Costa, depuis 2015.
- ***Le Portugal continental compte 18 districts, équivalents des départements français :*** Viana do Castelo, Braga, Porto, Vila Real, Bragança, Aveiro, Viseu, Guarda, Coimbra, Leiria, Castelo Branco, Lisboa, Santarém, Portalegre, Setúbal, Évora, Beja et Faro.
- ***Territoires autonomes :*** les Açores, à 1 200 km au large de Lisbonne, archipel volcanique de 9 îles et quelques îlots, capitale : Ponta Delgada sur l'île de São Miguel ; Madère, à 980 km vers le sud-ouest, au large de l'Afrique, capitale : Funchal.
- ***Indice de développement humain :*** 0,860. Rang : 38/189 (2019).

AVANT LE DÉPART

Adresses utiles

En France

Office national de tourisme portugais : *• info@visitportugal.com •* Documents et brochures à télécharger sur le site : *• visitportugal.com •* Pour toute question, aller sur le chat du site internet, réponse sous 24h. L'idéal aussi pour toutes les questions liées aux déplacements entre la France et le Portugal et les dernières décisions gouvernementales sur la Covid-19.

Consulat : *6-8, rue Georges-Berger, 75017 Paris. Permanence téléphonique : ☎ 01-56-33-81-00 (lun-ven 9h-12h30, 14h-16h). • consuladoportugalparis.org • Ⓜ Monceau.* Pour toute information, téléphoner ou consulter le site.

Ambassade du Portugal : *1, rue de Noisiel, 75116 Paris. ☎ 01-47-27-35-29 (lun-ven 9h30-13h, 14h-17h30). • paris.embaixadaportugal.mne.pt • Ⓜ Porte-Dauphine.*

Fondation Calouste-Gulbenkian : *54, bd Raspail, 75006 Paris. ☎ 01-40-48-63-68. • gulbenkian.pt/paris • Ⓜ Sèvres-Babylone, Rennes ou Saint-Placide. Pour la bibliothèque : lun-ven 10h-17h à la Maison du Portugal, 7P, bd Jourdan 75014.* La fondation d'un homme riche et célèbre tombé amoureux du Portugal, de sa langue et de sa culture (voir le somptueux musée homonyme de Lisbonne). Manifestations culturelles, concerts, conférences, expos et bibliothèque.

■ ***Centro Cultural Camões :*** *6, passage Dombasle, 75015 Paris.* ☎ *01-53-92-01-00.* ● *ccp-paris@camoes.mne.pt* ● *instituto-camoes.pt* ● Ⓜ *Convention. Lun-ven 10h-14h.* Dispense des cours de portugais le soir, du lundi au samedi.

■ ***Librairie portugaise et brésilienne :*** *19-21, rue des Fossés-Saint-Jacques/pl. de l'Estrapade, 75005 Paris.* ☎ *01-43-36-34-37.* ● *librairie portugaise.fr* ● Ⓜ *Place-Monge ou Cardinal-Lemoine. Tlj 11h-13h, 14h-19h sauf dim.* Une librairie fondée par Michel Chandeigne, un passionné du Portugal et du Brésil, également éditeur courageux et exigeant. Tous les classiques de la littérature portugaise, et les ouvrages les plus récents (romans, essais, histoire).

En Belgique

ℹ ***Office de tourisme :*** ● *info@visit portugal.com* ● Les renseignements ne sont plus donnés que par chat, réponse sous 24h.

■ ***Ambassade du Portugal :*** *12, av. de Cortenbergh, Bruxelles 1040.* ☎ *02-286-43-35.* ● *ambassade@ambassade-portugal.be* ● *bruxelas.embaixadaportugal.mne.pt* ● *Lun-ven 8h-12h30, 13h30-15h.*

En Suisse

ℹ ***Informations touristiques (consulat) :*** *Zeltweg, 13, 8032 Zurich.* ☎ *044-200-30-40 (commande de brochures).* ● *consulado.zurique@mne.pt* ● *Lun-ven 8h30-15h30.*

■ ***Ambassade du Portugal :*** *Weltpoststrasse, 20, 3015 Berne.* ☎ *41-31-352-86-68 ou 351-17-73 (section consulaire).* ● *sconsular.berna@mne.pt* ● *Pour les visas, lun-ven 8h30-14h30.*

Au Canada

ℹ ***Bureau du tourisme du Portugal :*** *à Toronto,* ● *info@visitportugal.com* ● Les renseignements ne sont plus donnés que par chat sur le site, réponse sous 24h.

■ ***Ambassade du Portugal :*** *645 Island Park Dr, Ottawa (Ontario) K1Y 0B8.* ☎ *(613) 729-29-22 ou 08-83.* ● *embportugal@embportugal-ottawa.org* ● *ottawa@mne.pt* ● *Lun-ven 9h-13h.*

Formalités

Pour les ressortissants de l'Union européenne et de la Suisse, carte nationale d'identité ou passeport en cours de validité. Pour les ressortissants canadiens, passeport valide. Pour les mineurs non accompagnés, une carte nationale d'identité est suffisante. Permis de conduire modèle de la Communauté européenne ou permis international. Carte verte d'assurance. Pour tout véhicule prêté, carte grise, bien sûr, et autorisation écrite du propriétaire.

Les ***mineurs*** doivent être munis de leur propre pièce d'identité (carte d'identité ou passeport). Pour l'autorisation de sortie de territoire lorsque les enfants ne sont pas accompagnés par un de leurs parents, chaque pays a mis en place sa propre régulation. Ainsi, pour les ***mineurs français,*** une loi entrée en vigueur en janvier 2017 a ***rétabli l'autorisation de sortie du territoire.*** Pour voyager à l'étranger, ils doivent être munis d'une pièce d'identité (carte d'identité ou passeport), d'un formulaire signé par l'un des parents titulaires de l'autorité parentale et de la photocopie de la pièce d'identité du parent signataire. Renseignements auprès des services de votre commune et sur ● *service-public.fr* ●

Avant de partir, pensez à scanner passeport, visa, carte bancaire, billets d'avion et *vouchers* d'hôtel. Ensuite, adressez-les-vous par mail, en pièces jointes. En cas de perte ou de vol, rien de plus facile pour les récupérer. Les démarches administratives seront bien plus rapides. Merci tonton *Routard* !

Avoir un passeport européen, ça peut être utile !

L'Union européenne a organisé une assistance consulaire mutuelle pour les ressortissants de l'UE en cas de problème en voyage.
Vous pouvez y faire appel lorsque la France (c'est rare) ou la Belgique (c'est plus fréquent) ne disposent pas d'une représentation dans le pays où vous vous trouvez. Concrètement, cette assistance vous permet de demander de l'aide à l'ambassade ou au consulat (pas à un consulat honoraire) de n'importe quel État membre de l'UE. Leurs services vous indiqueront s'ils peuvent directement vous aider, ou vous préciseront ce qu'il faut faire.
Leur assistance est, bien entendu, limitée aux situations d'urgence : décès, accidents ayant entraîné des blessures ou des lésions, maladie grave, rapatriement pour raison médicale, arrestation ou détention. En cas de ***perte*** ou de ***vol de votre passeport,*** ils pourront également vous procurer un ***document provisoire de voyage.***
Cette entraide consulaire entre les États membres de l'UE ne peut vous garantir un accueil dans votre langue. En général, une langue européenne courante sera pratiquée.

Assurances voyage

■ ***Routard Assurance par AVI International :*** enrichie au fil des années par les retours des lecteurs, Routard Assurance reste l'assurance voyage référence des globe-trotters. Tout y est inclus, même la Covid-19 : frais médicaux, assistance rapatriement, bagages, responsabilité civile... Avant votre départ, contactez AVI pour un conseil personnalisé. Besoin d'une attestation Covid-19, d'un avis médical, d'une prise en charge dans un hôpital ? Téléchargez l'appli mobile AVI International pour garder le contact avec AVI Assistance et disposer d'un vaste réseau médical à travers le monde. AVI Assistance est disponible H24 pour une réponse en temps réel. De simples frais de santé en voyage ? Envoyez les factures à AVI dès votre retour : ils vous remboursent sous une semaine.
– AVI International : 10, av. de l'Arche, 92400 Courbevoie. ☎ 01-44-63-51-00. Pour tte demande d'information : • routard@avi-international.com • avi-international.com •

■ ***AVA assurance Voyages et assistance :*** *25, rue de Maubeuge, 75009 Paris. ☎ 01-53-20-44-20. • ava.fr • Ⓜ Cadet.* Un autre courtier fiable pour ceux qui souhaitent s'assurer en cas de décès-invalidité-accident lors d'un voyage à l'étranger mais surtout pour bénéficier d'une assistance rapatriement, perte de bagages et annulation. Attention, franchises pour leurs contrats d'assurance voyage.

■ ***Pixel Assur :*** *18, rue des Plantes, BP 35, 78601 Maisons-Laffitte. ☎ 01-39-62-28-63. • pixel-assur.com • RER A : Maisons-Laffitte.* Assurance de matériel photo et vidéo tous risques (casse, vol, immersion) dans le monde entier. Devis en ligne basé sur le prix d'achat de votre matériel. Avantage : garantie à l'année.

Ariane, pour votre sécurité, restez connecté

Ayez les bons réflexes sur le site du ministère de l'Europe et des Affaires étrangères.
– Consultez les conseils aux voyageurs : préparez soigneusement votre voyage (risques liés à la sécurité, formalités de séjour, conseils et obligations sanitaires...) en vous connectant sur *• diplomatie.gouv.fr •* ou via l'application mobile.
– Inscrivez-vous sur Ariane : en quelques clics, créez votre compte sur *• diplomatie.gouv.fr •* pour recevoir par e-mail ou sms des alertes et des consignes de sécurité, en cas de nécessité.

Carte d'adhésion internationale aux auberges de jeunesse (carte FUAJ)

Cette carte vous ouvre les portes des 4 000 auberges de jeunesse du réseau *HI-Hostelling International* en France et dans le monde. Vous pouvez ainsi loger dans plus de 80 pays à des prix avantageux et bénéficier de tarifs préférentiels avec les partenaires des auberges de jeunesse *HI.* Enfin, vous intégrez une communauté mondiale de voyageurs partageant les mêmes valeurs : plaisir de la rencontre, respect des différences et échange dans un esprit convivial. Il n'y a pas de limite d'âge pour séjourner en auberge de jeunesse. Il faut simplement être adhérent.

Renseignements et inscriptions
– ***En France :*** ● *hifrance.org* ●
– ***En Belgique :*** ● *lesaubergesdejeunesse.be* ●
– ***En Suisse :*** ● *youthhostel.ch* ●
– ***Au Canada :*** ● *hihostels.ca* ●
Si vous prévoyez un séjour itinérant, vous pouvez réserver plusieurs auberges en une seule fois en France et dans le monde : ● *hihostels.com* ●

Carte internationale d'étudiant (carte ISIC)

Elle prouve le statut d'étudiant dans le monde entier et permet de bénéficier d'avantages, services et réductions dans les domaines du transport, de l'hébergement, de la culture, des loisirs, du shopping...
La carte ISIC permet aussi d'accéder à des avantages exclusifs (billets d'avion spécial étudiants, hôtels et auberges de jeunesse, assurances, cartes SIM internationales, location de voitures...).

Renseignements et inscriptions
– ***En France :*** ● *isic.fr* ●.
– ***En Belgique :*** ● *isic.be* ●
– ***En Suisse :*** ● *isic.ch* ●
– ***Au Canada :*** ● *isiccanada.com* ●

ARGENT, BANQUES, CHANGE

La monnaie du Portugal est l'***euro.*** Taux de change : 1 € = 1,02 Fs = 1,38 $Ca.

Les banques

Elles sont ouvertes du lundi au vendredi de 8h30 à 15h (certaines jusqu'à 18h).

Les cartes de paiement

Avertissement

Si vous comptez effectuer des retraits d'argent aux distributeurs, il est très vivement conseillé d'avertir votre banque avant votre départ (pays visités et dates). En effet, votre carte peut être bloquée dès le 1er retrait pour suspicion de fraude. C'est de plus en plus fréquent. Bonjour les tracasseries administratives pour faire rentrer les choses dans l'ordre, et on se retrouve vite dans l'embarras !

Un conseil : ***ayez toujours de l'argent liquide avec vous.*** De nombreux petits établissements n'acceptent pas encore les cartes de paiement. Parfois, ils n'acceptent que les cartes portugaises « MB » (pour *Multibanco*). Faites attention avant d'entrer dans un resto, notamment.
Afin d'éviter les frais lors de chaque paiement ou retrait en dehors de la zone euro, certaines banques offrent la gratuité des retraits dans leurs propres distributeurs (DAB) dans le monde entier (comme HSBC, pour ses clients) ou dans les banques avec qui elles ont un accord selon les pays (se renseigner avant le départ). Les néo-banques, comme Max, My French Bank, Revolut ou N26, proposent des cartes gratuites qui ne facturent aucune commission pour les paiements et retraits. Les banques en ligne, Boursorama et Fortuneo, proposent elles aussi ce type de cartes gratuites (carte Ultim et carte Fosfo) permettant à la fois de payer en devises et d'en retirer sans frais. *Rens sur le site internet de chaque banque.*
Quand vous partez à l'étranger, pensez à téléphoner à votre banque pour relever le plafond de retrait aux distributeurs et pour les paiements par carte, quitte à le faire rebaisser à votre retour.
Avant de partir, notez bien le numéro d'opposition propre à votre banque (il figure souvent au dos des tickets de retrait, sur votre contrat ou à côté des distributeurs de billets), ainsi que le numéro à 16 chiffres de votre carte. Bien entendu, conservez ces informations en lieu sûr et séparément de votre carte.
Par ailleurs, l'assistance médicale se limite aux 90 premiers jours du voyage et l'assistance véhicule aux cartes haut de gamme (renseignez-vous auprès de votre banque). Et surtout, n'oubliez pas aussi de ***VÉRIFIER LA DATE D'EXPIRATION DE VOTRE CARTE DE PAIEMENT*** avant votre départ !
En zone euro, pas de frais bancaires sur les paiements par carte. Les retraits sont soumis aux mêmes conditions tarifaires que ceux effectués en France (gratuits pour la plupart des cartes).
Une carte perdue ou volée peut être rapidement remplacée. En appelant sa banque, un système d'opposition, d'avance d'argent et de remplacement pourra être mis en place afin de poursuivre son séjour en toute quiétude.
En cas de perte ou de vol, quelle que soit la carte que vous possédez, chaque banque gère elle-même le processus d'opposition et le numéro de téléphone correspondant. Le plus simple est de faire opposition en ligne via le site de votre agence bancaire ou son application mobile, ou en l'appelant directement. Sinon, voici les numéros des centres d'assistance des différentes cartes.
Le plus simple est de faire opposition en ligne via le site de votre agence bancaire ou leur application mobile, ou en les appelant directement. Sinon, voici les numéros des centres d'assistance des différentes cartes.

– ***Carte Visa :*** *n° d'urgence (Europe Assistance), ☎ (00-33) 1-41-85-85-85 (24h/24).* • *visa.fr* •
– ***Carte MasterCard :*** *n° d'urgence : ☎ 800-8-11-272.* • *mastercard.fr* •
– ***Carte American Express :*** *n° d'urgence : ☎ (00-33) 1-47-77-72-00 (24h/24).* • *americanexpress.fr* •
Il existe un serveur interbancaire d'opposition qui, en cas de perte ou de vol, vous met en contact avec le centre d'opposition de votre banque : *en France, ☎ 0892-705-705 (prix d'un appel + 0,35 /mn) ; depuis l'étranger, ☎ (00-33)442-605-303.*
Il existe aussi un serveur interbancaire d'opposition qui, en cas de perte ou de vol, vous met en contact avec le centre d'opposition de votre banque : *depuis la France, ☎ 0892-705-705 (prix d'un appel + 0,35 €/mn) ; depuis l'étranger, ☎ + 33-442-605-303.*

Petite mesure de précaution : si vous retirez de l'argent dans un distributeur, utilisez de préférence les distributeurs attenants à une agence bancaire. En cas de pépin avec votre carte (carte avalée, erreurs de code secret...), vous aurez un interlocuteur dans l'agence pendant les heures ouvrables.

Besoin urgent d'argent liquide

Vous pouvez être dépanné en quelques minutes grâce au système ***Western Union Money Transfer.*** L'argent vous est transféré en moins de 1h. La commission, assez élevée, est payée par l'expéditeur. Possibilité d'effectuer un transfert auprès d'un des bureaux *Western Union* ou, plus rapide, en ligne, 24h/24 par carte de paiement (*Visa* ou *MasterCard*).
Même principe avec d'autres organismes de transfert d'argent liquide comme ***MoneyGram, PayTop*** ou ***Azimo.*** Transfert en ligne sécurisé, en moins de 1h.
Dans tous les cas, se munir d'une pièce d'identité. Toutefois, en cas de perte/vol de papiers, certains organismes permettent de convenir d'une question/réponse-type pour pouvoir récupérer votre argent. Chacun de ces organismes possède aussi des applications disponibles sur téléphone portable. Consulter les sites internet pour connaître les pays concernés, les conditions tarifaires (frais, commission) et trouver le correspondant local le plus proche : ● *westernunion.com* ● *moneygram.fr* ● *paytop.com* ● *azimo.com/fr* ●
– Autre solution, envoyer de l'argent par la ***Poste*** : le bénéficiaire, muni de sa pièce d'identité, peut retirer les fonds dans n'importe quel bureau du réseau local. Le transfert s'effectue avec un mandat ordinaire international (jusqu'à 3 500 €) et la transaction prend 4-5 jours en Europe (8-10 jours pour l'international). *Infos :* ● *labanquepostale.fr* ●

ACHATS

La plupart des magasins ferment le week-end à partir du samedi 13h, à l'exception de certaines chaînes de supermarchés, comme *Pingo Doce* et *Minipreço,* qui sont ouverts tous les jours jusqu'à 21h. À noter encore que les *Intermarché, Continente, Leclerc, Corte Inglés, Lidl, Auchan, Modelo, Spar* et autres restent ouverts le dimanche en saison touristique. Quant aux boutiques en ville, elles ouvrent généralement du lundi au vendredi de 9h à 19h, avec une pause pour le déjeuner, et le samedi de 9h à 13h.
L'artisanat du Portugal est riche, avec en vedette les éternels ***azulejos,*** fameux carreaux de céramique assemblés en fresque murale. Toujours très populaires, y compris pour habiller les murs des constructions neuves, ils peuvent être commandés auprès d'artisans, en fournissant le modèle, mais attention à la facture ! Et gare aux délais d'attente ; néanmoins, certains ateliers expédient à l'étranger.
Vous craquerez peut-être pour du linge de maison en dentelle (confectionné au crochet ou au fuseau), l'une des autres spécialités nationales, ou encore pour les ***céramiques,*** la ***vannerie,*** le ***cuir,*** etc. Il y en a pour tous les goûts.
Au rayon papilles, quelques spécialités de ***charcuterie,*** de ***fromages*** locaux et des boissons alcoolisées bien sûr. Impossible de revenir sans une bouteille de ***porto,*** mais vous pourrez aussi faire bien plus original en vous approvisionnant en ***vinho licoroso*** (vin liquoreux), ***amêndoa amarga*** ou ***amarguinha*** (liqueur à l'amande), ***ginja*** (apéro à base de griottes), ***aguardente***

ET LE FAMEUX COQ DE BARCELOS DANS TOUT ÇA ?

Il ne s'agit pas vraiment d'un symbole du pays, mais plutôt du succès commercial d'une légende : pour clouer le bec à ses juges, un homme condamné à tort avait prédit qu'un coq chanterait lorsqu'il serait pendu. Ce qui, bien sûr, se produisit. Vous trouverez des répliques du gallinacé noir, rouge et jaune absolument partout dans le pays, aux formats poupées russes, de la microfigurine à la taille réelle.

(eau-de-vie), ***faváios*** (le meilleur est à Óbidos ou à Setúbal), ***absinto*** (absinthe) même, pour les plus fouineurs, sans oublier les très nombreux et excellents vins du Portugal (lire la rubrique « Boissons » dans le chapitre « Hommes, culture, environnement »).

BUDGET

Recommandation à ceux qui souhaitent profiter des réductions et avantages proposés dans le *Routard* par les hôteliers et les restaurateurs

À l'hôtel, pensez à les demander au moment de la réservation ou, si vous n'avez pas réservé, **à l'arrivée.** Ils ne sont valables que pour les réservations en direct et ne sont pas cumulables avec d'autres offres promotionnelles (notamment sur Internet). Au restaurant, parlez-en **au moment** de la commande et surtout **avant** que l'addition ne soit établie. Poser votre *Routard* sur la table ne suffit pas : le personnel de salle n'est pas toujours au courant et une fois le ticket de caisse imprimé, il est souvent difficile de modifier le total. En cas de doute, montrez la notice relative à l'établissement dans le *Routard* de l'année et, bien sûr, ne manquez pas de nous faire part de toute difficulté rencontrée.

Hébergement (prix pour 2 personnes, petit déj inclus le plus souvent)

En saison (à Pâques et de juin à octobre), les prix peuvent grimper de 30 à 50 %.
- ***Très bon marché*** (campings et lit en dortoir dans les AJ, la plupart privées) ***:*** de 15 à 25 €. Pour les campings, nous indiquons le prix de l'emplacement pour 2, tente et véhicule inclus.
- ***Bon marché*** (certaines chambres chez l'habitant et pensions) ***:*** de 25 à 45 €.
- ***Prix moyens*** (incluant les chambres privées des AJ) ***:*** de 45 à 70 €.
- ***Plus chic :*** de 70 à 95 €.
- ***Beaucoup plus chic :*** de 95 à 150 €.
- ***Très chic :*** au-delà de 150 €.

Repas (prix par personne)

Attention aux amuse-gueules ***(petiscos)*** que l'on vous apporte d'office avant le repas, comme le fromage, les olives, la charcuterie, etc. On ne vous les offre pas car vous avez l'air sympathique : ils vous seront facturés (leur prix est théoriquement mentionné sur la carte), sauf si vous les refusez expressément ; dans ce cas, le serveur les retire de la table. Idem pour le pain et le beurre. Le principe, c'est que l'on ne paie que ce que l'on consomme. À noter que l'IVA (équivalent de notre TVA) est de 23 % !
- ***Très bon marché :*** moins de 10 €.
- ***Bon marché :*** de 10 à 15 €.
- ***Prix moyens :*** de 15 à 25 €.
- ***Plus chic :*** de 25 à 45 €.
- ***Beaucoup plus chic :*** au-delà de 45 €.

Quelques prix de produits courants

- Un litre d'essence sans plomb : en moyenne 2 €.
- Un litre de gasoil : environ 1,90 €.
- Un café dans un bar : 0,60-0,80 €.
- Un litre d'eau minérale : environ 0,20-0,50 €.
- Un timbre (carte postale vers l'Europe) : 0,86 €.

Visites, musées

Dans les grandes villes (Lisbonne, Porto), des cartes de réduction sont souvent disponibles, offrant les transports illimités et les entrées de musées. Lire la rubrique « Musées » plus loin.

CLIMAT

La présence de l'Atlantique apporte au pays à la fois douceur et humidité quasiment toute l'année. Toutefois, d'importants décalages se font sentir entre le Nord et le Sud, et entre le littoral et l'intérieur, ce dernier étant aussi froid en hiver qu'il est chaud en été (environ 40 °C). Les frileux choisiront les plages du Sud, surtout hors saison. La température de l'eau est en moyenne de 15 °C sur la côte ouest (il est quasiment impossible de se baigner entre Porto et Lisbonne) et de 21 °C en Algarve. En ce qui nous concerne, nous préférons les couleurs de la nature au printemps et à l'automne.
Dans le Sud, il n'est pas rare que des précipitations – raisonnables – sévissent en avril et mai. Pensez à emporter un imperméable et quelques petites laines.
Attention : hôtels et appartements ne sont pas toujours équipés de chauffage pour l'hiver, et les Français habitués à un certain confort peuvent souffrir du froid.

DANGERS ET ENQUIQUINEMENTS

☎ **112 :** c'est le numéro d'urgence commun à la France et à tous les pays de l'UE, à composer en cas d'accident, d'agression ou de détresse. Il permet de se faire localiser et aider en français, tout en améliorant les délais d'intervention des services de secours.

- ***Perte ou vol de votre carte d'identité ou de votre passeport :*** allez directement au bureau de gendarmerie du district où l'incident a eu lieu *(Guarda Naciónal Republicana – GNR)* et déclarez le vol ou la perte de papiers, en payant sur place un timbre fiscal *(selon fiscal)* de 10 €, à la suite de quoi on vous délivrera un certificat. C'est ce document officiel, et uniquement celui-ci, qui servira pour l'assurance, ou pour faire établir un document de voyage temporaire à l'ambassade.
- Dans les villes, on observe souvent la présence de ***gardiens de voitures.*** Il s'agit la plupart du temps de marginaux ou SDF qui essaient de glaner quelques euros sous le prétexte que votre voiture peut être abîmée sans surveillance.
- ***Ne laissez rien dans votre voiture,*** en particulier aux abords des plages en été.
- Pas mal de lecteurs nous demandent d'insister sur la ***conduite dangereuse*** au Portugal. Non-respect des panneaux routiers et des limitations de vitesse, doublement intempestif sans visibilité... Attention aussi aux passages piétons, devant lesquels les automobilistes portugais s'arrêtent bien plus civiquement que chez nous. Du coup, les piétons sont assez imprudents et traversent souvent de manière assurée ou sans regarder...

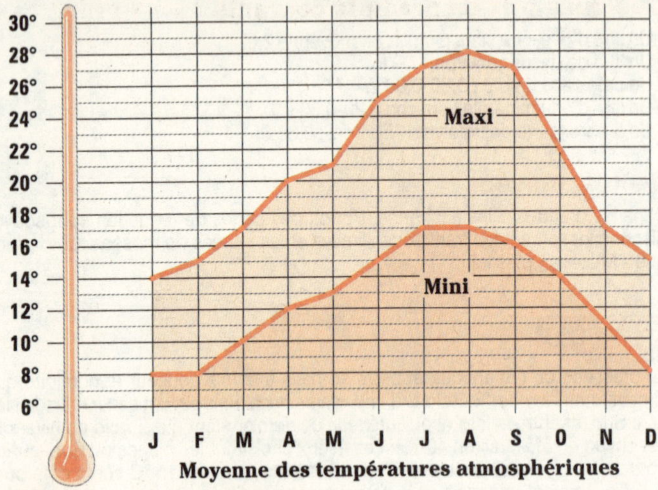

Moyenne des températures atmosphériques

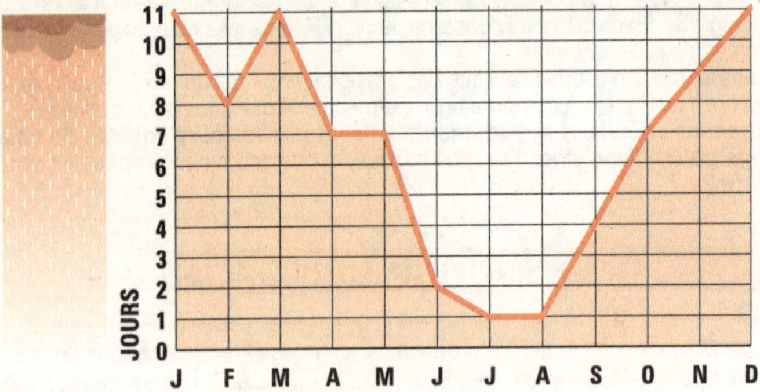

Nombre de jours de pluie

LISBONNE

– L'addition ne reflète pas le repas ? La chambre de l'hôtel diffère de celle convenue lors de la réservation ? Et le personnel n'est pas disposé à vous satisfaire ? Une seule solution : « *Quero fazer uma reclamação.* » Depuis janvier 2006, le ***livre de réclamations*** est obligatoire dans tous les établissements fournissant biens ou services au public ; en plus des cafés et restaurants, on peut désormais y avoir accès dans tout commerce, établissement touristique, lieu de spectacle ou parking gardé. En cas de problème lors de la prestation d'un service ou de l'achat d'un bien, n'hésitez pas à rédiger une réclamation en triple exemplaire comportant vos nom, adresse et numéro de pièce d'identité, ainsi que le motif de la plainte. Un des exemplaires vous sera remis. Et au cas où l'accès au *livro das reclamações* vous serait refusé, appelez la police... et profitez-en pour vous plaindre également de ce refus !

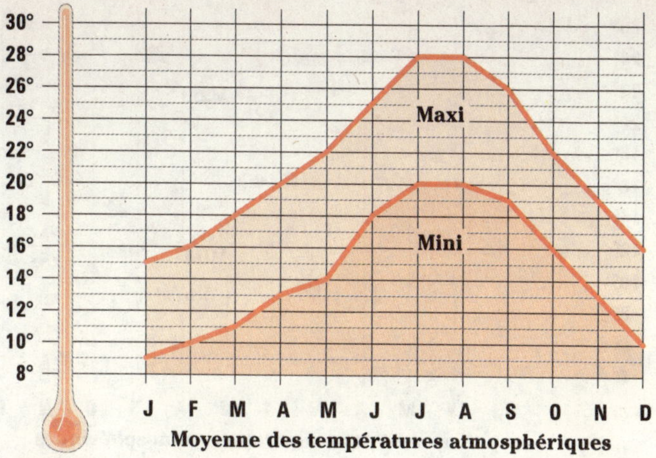

Moyenne des températures atmosphériques

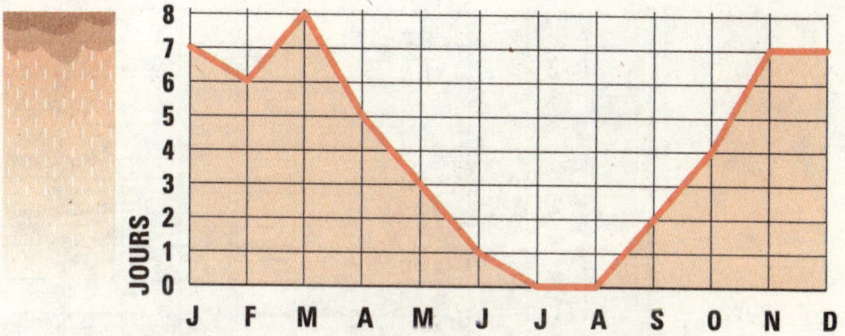

Nombre de jours de pluie

PORTUGAL (Faro)

DÉCALAGE HORAIRE

Il y a 1h de décalage entre le Portugal et la France : quand il est 12h à Paris, il est 11h à Lisbonne ou Porto été comme hiver.

ÉLECTRICITÉ

Le courant est du 220 V. Les prises sont de type européen continental, comme en France ; en revanche, dans certains campings, un adaptateur est nécessaire pour se relier aux bornes électriques.

FÊTES ET JOURS FÉRIÉS

– *1er janvier :* Jour de l'an.
– *De mi-février à début mars :* Mardi gras (2 février 2021).
– *2 avril-4 avril 2021 :* Vendredi saint et Pâques. Tout est fermé ou presque.
– *25 avril :* fête de la Révolution des Œillets (fête de la Liberté).
– *1er mai :* fête du Travail.

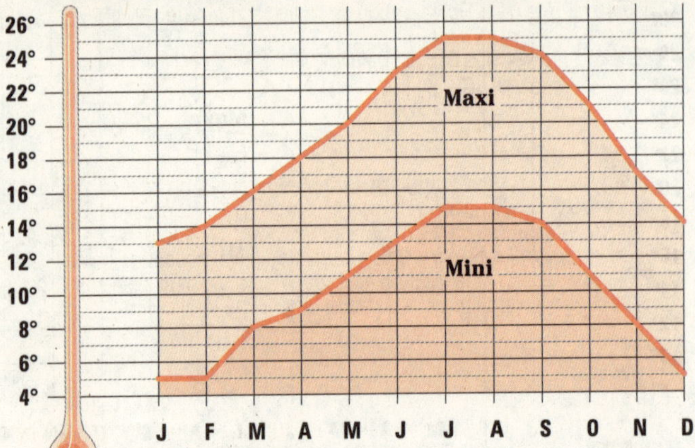

Moyenne des températures atmosphériques

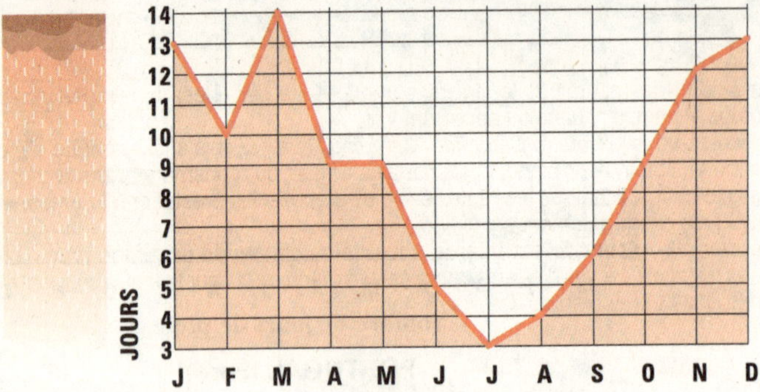

Nombre de jours de pluie

PORTUGAL (Porto)

– *Juin (date variable) :* Fête-Dieu (16 juin 2022).
– *10 juin :* fête nationale, décès du poète Luís de Camões.
– *13 juin :* férié à Lisbonne seulement, pour la fête du saint patron de la ville, *santo António.*
– *24 juin :* fête municipale à Porto et mémorable célébration de la Saint-Jean.
– *15 août :* Assomption.
– *5 octobre :* fête de la République.
– *1er novembre :* fête de la Toussaint.

SAINT ANTOINE DE... LISBONNE !

Il a beau être mort à Padoue, en Italie – ville qui lui a donné son nom –, il reste le saint le plus populaire de Lisbonne, sa ville natale. Il est toujours sollicité en cas de perte d'objets. Et, le jour de sa fête (le 13 juin), les enfants vendent, comme des petits pains, les pãozinhos de santo António. *Les amoureux s'offrent alors un pot de basilic porte-bonheur.*

– *1er décembre :* fête de la Restauration de l'indépendance (en 1640).
– *8 décembre :* fête de la Vierge.
– *25 décembre :* Noël (vous l'auriez deviné !).

HÉBERGEMENT

Le parc hôtelier portugais (tous types d'hébergement confondus) présente un rapport qualité-prix-soin-accueil-propreté tout à fait exceptionnel ! La classification officielle distingue tout un tas de typologies d'hébergement, allant des *parques de campismo e de caravanismo* aux très chics *pousadas* en passant par le *turismo de habitação* et le *turismo no espaço rural.* Le petit déjeuner *(pequeno almoço)* est très souvent inclus, y compris en AJ.

Les campings

Le Portugal dispose d'un bon réseau de campings, situés pour les trois quarts d'entre eux près du littoral – en été, ils se remplissent vite, mieux vaut réserver bien à l'avance. Les municipaux ne sont pas toujours très beaux, mais ils sont corrects et pas trop chers. Ceux de la chaîne ***Orbitur*** *(• orbitur.pt/fr •)* sont plus chers mais, en général, mieux organisés et mieux tenus. Une réduction y est accordée aux moins de 35 ans et aux plus de 55 ans, ainsi qu'aux détenteurs de la carte *Orbitur Camping Club (16 € ; valable 1 an ; offre plein de réduc dans différents endroits : voir le site internet).*
La plupart des campings louent tipis (micro-abris basiques), caravanes, mobile homes et parfois chalets ou appartements.
Procurez-vous le *Roteiro Campista, Camping Portugal,* mis à jour chaque année. Vendu en librairie sur place, dans certains offices de tourisme et dans la plupart des campings, il indique les tarifs, les voies d'accès, les prestations fournies, etc. Quelques infos également sur le site *• roteiro-campista.pt •*
Le ***camping sauvage*** est interdit sous peine d'amende (la police municipale veille !), et cela est valable tant pour planter sa tente que pour le stationnement des ***camping-cars*** en dehors des zones habilitées.

Les auberges de jeunesse

Il y a les ***pousadas da juventude*** institutionnelles et, parallèlement, un nombre sans cesse croissant d'***AJ privées,*** notamment destinées aux surfeurs. Les 1res sont pratiques et de prix raisonnable, mais souvent pas très seyantes ni festives... Les 2des sont tout le contraire : occupant souvent villas et demeures anciennes, elles sont parfois vraiment jolies et presque toujours conviviales. Elles proposent presque toujours dortoirs confortables et chambres privées, sans et/ou avec salle de bains individuelle. Le confort y est meilleur, avec casier et lumière personnelle pour chaque lit, et souvent aussi une prise individuelle pour recharger ses appareils (bien pratique). Mais si la carte des AJ n'y est pas demandée, les prix sont quand même plus élevés. *• pousadasjuventude.pt •*
Dans les AJ institutionnelles, on peut acquitter un droit à la nuitée (2 € par personne) qui se transforme en carte annuelle au bout de 6 nuits. Infos sur le site : *• pousadasjuventude.pt •*
Lire aussi en début de chapitre la rubrique « Avant le départ. Carte d'adhésion internationale aux auberges de jeunesse (carte FUAJ) ».

Les chambres chez l'habitant

On en trouve quasiment partout. Soit des panneaux vous annoncent *alugam-se quartos* ou *rooms,* soit les offices de tourisme régionaux vous en fournissent la liste. Relativement bon marché. Consultez aussi les sites de *Roots Travel* (*• rootstravel.com •* ; Lisbonne seulement) et de *BedyCasa* (voir ci-dessous).

Les hôtels et appartements

Au bas de l'échelle figurent les *alojamentos locales (AL),* autrement dit de petits hôtels souvent très simples, parfois un peu moins ; certains ont la clim, d'autres non. Outre les hôtels classiques, il y a aussi les hôtels-apparts, les appartements de plein droit (du studio au T2 le plus souvent) et les complexes *(resorts),* généralement balnéaires.

Turismo rural et *turismo de habitação*

Le terme recouvre plusieurs réalités : les petits hôtels ruraux qui ne se distinguent guère des autres (on les trouve aussi bien en pleine campagne que dans les villages et petites villes) ; les *casas de campo* occupant souvent des bâtiments historiques ou anciens s'inscrivant dans un cadre rural préservé ; et l'*agroturismo* proprement dit, dans des exploitations agricoles.
La ***quinta*** (« ferme » en français), belle propriété de maître, est une sorte de manoir rural, gouvernant généralement un vaste domaine agricole, vignoble ou parc. On trouve aussi l'appellation *quinta* en Alentejo et en Algarve, terme sans doute plus « vendeur » sur le plan touristique quand une grosse maison se transforme en chambres chez l'habitant à la campagne... Un ***solar*** est un manoir. Enfin, un ***monte*** est un long corps de ferme tout blanc (un peu cousin de l'*hacienda* espagnole) d'une exploitation agricole et/ou d'élevage, généralement perché sur une colline en Alentejo et dans l'hinterland de l'Algarve.
Dans la moitié nord du Portugal (et surtout dans le Minho), principalement, certains propriétaires de *quintas* et de *solares* ont ouvert des chambres d'hôtes de charme et de prestige, désignées sous le nom de *turismo de habitação.* Chic donc, mais moins cher que la *pousada.* L'occasion d'un vrai contact avec les propriétaires, souvent issus de vieilles familles. Une association, incontournable, regroupe la plupart de ces établissements : *Solares de Portugal.*

■ ***Solares de Portugal :*** *Praça da República, 4990-062* **Ponte de Lima.** ☎ 258-741-672. • solaresdeportugal.pt •

Les *pousadas*

La ***pousada,*** c'est l'équivalent portugais du *parador* espagnol : un établissement chic (géré par l'État), installé soit dans un monument historique (ancien monastère, château, etc.), soit dans une construction récente mais valorisée par son site exceptionnel. Le site • pousadas.pt • recense l'ensemble des *pousadas* du pays. Les prix varient sensiblement selon la catégorie de l'établissement et la saison. Réserver le plus longtemps possible à l'avance.
À noter que, avec la crise, certaines *pousadas* ont dernièrement fermé leurs portes ou pris quelques rides...

LANGUE

Peu de soucis pour le voyageur : beaucoup de Portugais parlent bien, voire très bien le français, et quand ce n'est pas le cas ils causent anglais ou comprennent (plus ou moins) l'espagnol. Pour vous aider à communiquer, n'oubliez pas notre ***Guide de conversation du Routard*** en portugais. Pour info, « ão » se prononce « aou », « nh » se prononce « gne » et le « o » se prononce « ou ». Cela peut aider !

KESKIDI ?

L'huître portugaise a inspiré nos zélés argotiers parigots qui lui trouvaient une forme d'oreille. D'où l'origine de l'expression : « Avoir les portugaises ensablées » !

Quelques mots et formules qui vous seront utiles

Politesse

oui, non	*sim, não*
s'il vous plaît	*por favor / faz favor*
merci (par un homme)	*obrigado*
merci (par une femme)	*obrigada*
pardon !	*desculpe !*
bonjour (le matin)	*bom dia*
bonjour (l'après-midi)	*boa tarde*
bonsoir, bonne nuit	*boa noite*
au revoir	*adeus*

Expressions courantes

je m'appelle	*meu nome é / chamo me*
je ne comprends pas	*não entendo / não compreendo*

Vie pratique

où se trouve... ?	*onde está... ?*
appelez un médecin	*chame um médico*
je suis malade	*estou doente*

Transports

gare	*estação*
train	*comboio*
wagon	*carruagem*
car	*camioneta*
autobus	*autocarro*
tramway	*eléctrico*
à gauche	*a esquerda*
à droite	*a direita*
tout droit	*em frente*

Argent

combien coûte... ?	*quanto custa... ?*
puis-je payer avec la carte Visa ?	*posso pagar com cartão Visa ?*
quel est le prix... ?	*qual é o preço... ? / quanto é ?*

À l'hôtel et au restaurant

nous voudrions une chambre	*queriamos um quarto*
puis-je voir la chambre ?	*posso ver o quarto ?*
j'ai réservé...	*tenho reservado...*
toilettes, salle de bains	*casa de banho*
une douche	*um duche*
lavabo	*lavatório*
petit déjeuner	*pequeno almoço*
le déjeuner	*o almoço*
le dîner	*o jantar*
le plat du jour	*o prato do dia*
menu	*carta, ementa*
l'addition	*a conta*
chaud / froid	*quente / frio*
eau / vin	*água / vinho*

Jours de la semaine

lundi	*segunda-feira*
mardi	*terça-feira*

mercredi	*quarta-feira*
jeudi	*quinta-feira*
vendredi	*sexta-feira*
samedi	*sábado*
dimanche	*domingo*

Nombres

1	*um*
2	*dois*
3	*três*
4	*quatro*
5	*cinco*
6	*seis*
7	*sete*
8	*oito*
9	*nove*
10	*dez*

LIVRES DE ROUTE

Romans, fictions

– ***Mystères de Lisbonne*** (1854), de Camillo Castelo Branco, Michel Lafon Poche, (2018, 742 p.). Un grand roman épique, centré sur le jeune João, orphelin, mis sur la piste de ses origines par l'étrange père Dinis, un ancien aristocrate libertin. Aventures, épopées des 2 côtés de l'Atlantique, et une vision du Lisbonne du XIXe s très romanesque. Mis à l'écran par Raul Ruiz.
– ***Lisbonne, voyage imaginaire*** (2002), de Nicolas de Crécy et Raphaël Meltz, Casterman (2019, 128 p.). Album illustré où l'auteur (Raphaël Meltz) raconte le voyage à Lisbonne qu'il n'a pas fait. Ce texte plein d'humour construit de citations d'auteurs portugais, de carnets de voyage, d'articles de journaux et de rapports nous apprend plein d'anecdotes sur la réputation de Lisbonne dans les siècles passés.
– ***Ode maritime*** (1915), de Fernando Pessoa, Éditions de La Différence (2009, 84 p., bilingue). Monologue signé Alvaro de Campos, l'un des nombreux doubles littéraires de Pessoa, ce poème philosophique met en relation l'interrogation sur l'identité, l'existence du moi, avec la mer elle-même, ses légendes, son histoire, sa cruauté, son caractère perpétuellement mouvant.
– ***Les Maia*** (1888), d'Eça de Queiroz, éd. Chandeigne (2000, 816 p.). LE chef-d'œuvre du roman portugais. Une sulfureuse histoire d'amour, la vision d'une société bourgeoise décadente, l'ironie constante de l'auteur sont les principaux ingrédients de cette saga familiale qui a immortalisé Lisbonne dans la littérature.
– Les romans d'***António Lobo Antunes,*** publiés aux éditions Christian Bourgois, Métailié et en collection « Points Seuil », donnent un éclairage sans complaisance sur la ville de Lisbonne et sur le passé colonial du Portugal. Un de ses traducteurs en France, Carlos Batista, a publié ***Poulailler*** (Albin Michel), qui raconte la vie d'un immigré portugais en France, et donne quelques visions originales de Fátima et du cimetière des Plaisirs de Lisbonne.
– Pour vous changer les idées, ***Train de nuit pour Lisbonne,*** de Pascal Mercier (10/18, 2008), magistrale évocation de la ville sous Salazar ; ***Requiem,*** d'Antonio Tabucchi (Gallimard, coll. « Folio », 2006), où l'auteur déambule dans la ville et rencontre des vivants et des morts, dont Pessoa ; ***Electrico W,*** d'Hervé Le Tellier (Jean-Claude Lattès, 2011), roman à suspense sur l'amour, la séduction, le désir qui relient plusieurs personnages et dont les scènes se déroulent en particulier autour du Bairro Alto.

– Pour saisir l'âme de Porto et de la vallée du Douro, reportez-vous aux ouvrages, tous publiés aux éditions Métailié, d'***Agustina Bessa-Luís,*** surnommée la « Marguerite Yourcenar portugaise ». Quant à l'âme de Lisbonne, plongez-vous dans l'étrange roman ***Lisbonne : dans la ville noire,*** de Jean-Yves Loude (Actes Sud/ Aventure, 2003). Il nous fait découvrir une ville métissée, tout en musique et en odeurs.
– ***Contes de la montagne, édition intégrale,*** éd. Chandeigne (2017, 384 p.). Le chef-d'œuvre de Miguel Torga (1908-1995), décrivant comme nul autre la vie des paysans portugais du Nord.
– Et pourquoi ne pas vous lancer dans les ouvrages du Prix Nobel de Littérature en 1998, José Saramago ? Les férus de romans historiques et de récits amoureux opteront pour l'***Histoire du siège de Lisbonne*** (1989 ; Seuil, coll. « Points », n° 619, 1999, 342 p.) ; ceux qui aiment les romans « à réflexion » choisiront ***L'Aveuglement*** (Seuil, coll. « Cadre vert », 1997, 304 p.) ou, un bijou, ***Pérégrinations portugaises*** (1994 ; Seuil, coll. « Cadre vert », 2003, 448 p.).
– ***La Reine morte*** (1942), d'Henry de Montherlant (Gallimard, coll. « Folio théâtre », n° 100, 2006, 240 p.). Un classique de notre enfance qui relate l'histoire de Pedro, fils d'Alphonse IV, roi du Portugal, qu'on chercha à écarter de sa jeune maîtresse Inès. Une histoire que vous revivrez à Alcobaça !

Histoire, récits de voyage, documents

– ***Les Lusiades*** (*Os Lusíadas* ; XVIe s), de Luís de Camões, Robert Laffont, coll. « Bouquins bilingues » (2013, 640 p.). Chronique épique et poétique narrant les grandes heures de l'histoire du Portugal et les hauts faits d'armes des Lusitaniens sur toutes les mers du monde.
– ***Le Tremblement de terre de Lisbonne,*** de Jean-Paul Poirier, éd. Odile Jacob (2005, 288 p.). Un livre clair et précis sur ce séisme de 1755 qui demeure un traumatisme national.
– ***Mythologie de la Saudade. Essais sur la mélancolie portugaise,*** d'Eduardo Lourenço, éd. Chandeigne (1998, 208 p.). Pour les méandres de l'âme lusitanienne.
– ***Idées reçues sur les grandes découvertes, XVe-XVIe siècles :*** éd. Chandeigne (2019, 252 p.). Pour découvrir... les découvertes portugaises !
– ***Histoire de Lisbonne,*** de Dejanirah Couto, Fayard (2000, 382 p.). Voilà un livre de fond sur cette « reine du Tage » qui fut la clé de la puissance maritime du Portugal. Très belles pages sur la fondation de Lisbonne, la rencontre des 3 cultures – chrétienne, juive et arabe –, les origines du fado et le tremblement de terre de 1755.
– ***Femme de Porto Pim et autres histoires,*** d'Antonio Tabucchi, Gallimard, coll. Du monde entier (2019, 128 p.). L'auteur voyage dans l'archipel portugais de l'Atlantique, à la recherche des baleines et des derniers baleiniers.
– ***Lisbonne, livre de bord. Voix, regards, ressouvenances,*** de José Cardoso Pires, Gallimard, coll. « Arcades » (1998, 104 p.). L'auteur fait revivre, au cours de pérégrinations personnelles dans Lisbonne, ses souvenirs d'enfance, ses lectures et auteurs favoris dont on peut presque entendre les voix et les pas. Magique !
– ***Saveurs de Porto,*** collectif, L'Escampette (2003, 160 p.). Une anthologie de textes d'écrivains, illustrés de photographies, qui nous fait découvrir la « capitale du Nord ».

MUSÉES

– En général, les ***musées nationaux*** (IMC) sont ***FERMÉS LE LUNDI*** et certains jours fériés (1er janvier, dimanche de Pâques, 1er mai et les 24-25 décembre notamment). Ils sont souvent gratuits pour les moins de 12 ans et parfois aussi, pour tous, le 1er dimanche du mois. À Lisbonne, l'accès à certains musées est également gratuit les 16 et 18 mai, lors de la *Journée internationale des musées* et la *Nuit européenne des musées*.

– La carte *Jeune* (● *cartaojovem.pt* ● ; disponible en ligne ou dans les bureaux de poste) permet des réductions souvent plus intéressantes (60 % pour les musées nationaux). La carte internationale d'étudiant ISIC offre le demi-tarif dans presque tous les musées, mais il faut le demander.

– Les personnes de plus de 65 ans et les handicapés paient demi-tarif dans les musées nationaux, parfois rien dans d'autres privés ou publics.

– Enfin, des cartes comme la *Lisboa Card* (● *lisboacard.org/fr/* ●) ou la *Porto Card* (● *porto.fr/carte-porto-card* ●) permettent des réductions importantes, voire la gratuité dans certains musées, y compris dans certaines villes alentour. Elles permettent aussi de ne pas faire la queue à l'entrée des sites.

Pour les horaires et les tarifs, consultez : ● *museusportugal.org* ●

POSTE

Les boîtes aux lettres portugaises doivent figurer parmi les plus visibles du monde ! Des minitours de contrôle rouge pompier (courrier ordinaire) ou bleu marine (courrier express), avec inscrit « ***Correios*** » dessus. Immanquable, même en y mettant de la mauvaise volonté. Pour un courrier vers l'Europe, compter 0,86 € en courrier ordinaire. « Timbre » se dit ***selo.***

POURBOIRE

Il n'est pas obligatoire, mais il est bienvenu.

SANTÉ

– ***Urgences :*** ☎ *112.*

– Pensez à vous procurer la ***carte européenne d'assurance maladie.*** Elle permet de bénéficier de la prise en charge des soins médicalement nécessaires par les services publics. Pour l'obtenir, contacter votre centre de Sécurité sociale, qui vous enverra sous 15 jours votre carte plastifiée bleue, valable 2 ans, gratuite et personnelle (chaque membre de la famille doit avoir la sienne). Elle fonctionne dans tous les pays membres de l'UE ainsi qu'en Islande, au Liechtenstein, en Norvège et en Suisse.

Une consultation coûte entre 25 et 35 €. Pour être remboursé, il faut se faire soigner à l'hôpital... généralement bondé, et parfois attendre son tour une journée entière (voire plus !) pour avoir une chance d'être reçu, perdant ainsi un temps fou. Alors on vous souhaite d'être en bonne santé.

En cas d'urgence, dirigez-vous vers les centres SAP/CATUS, qui sont des « Services d'assistance permanents ». Toutes les municipalités en possèdent au moins un, et dans les grandes villes il y en a plusieurs. Ils sont signalés par une croix rouge.

TÉLÉPHONE ET TÉLÉCOMS

– ***France → Portugal :*** 00 + 351 + numéro du correspondant. Que l'on téléphone de France ou à l'intérieur du pays, le numéro est le même.

– ***Portugal → France :*** 00 + 33 (indicatif de la France) + numéro du correspondant sans le 0. Pour la Suisse, 00 + 41, et pour la Belgique, 00 + 32, et tout pareil ensuite !

– ***Pour appeler en PCV*** (demander « *Pagar no destino* ») **:** ☎ *171 en Europe ; ou* ☎ *800-800-330 – nº gratuit depuis une cabine – qui donne accès à un opérateur en France.*

Les appels vers les numéros débutant par 707 ou 808 sont au tarif local. Les numéros en 800 sont gratuits.

Portables

Les principaux réseaux de téléphone portable sont *Vodafone, Optimus* et *TMN*. Comme les numéros de fixes, un numéro de téléphone portable compte 9 chiffres.

Urgence : en cas de perte ou de vol de votre téléphone portable

Suspendre aussitôt sa ligne permet d'éviter de douloureuses surprises au retour du voyage ! Voici les numéros des 4 opérateurs français, accessibles depuis la France et l'étranger.

- ***Free :*** *depuis la France, ☎ 3244 ; depuis l'étranger, ☎ + 33-1-78-56-95-60.*
- ***Orange :*** *depuis la France, ☎ 0800-100-740 ; depuis l'étranger, ☎ + 33-969-36-39-10.*
- ***SFR :*** *depuis la France, ☎ 1023 ; depuis l'étranger, 📱 + 33-6-1000-1023.*
- ***Bouygues Télécom :*** *depuis la France, ☎ 1064 ; depuis l'étranger, 📱 + 33-6-60-61-46-14.*

Vous pouvez aussi demander la suspension de votre ligne depuis le site internet de votre opérateur.
Avant de partir, notez (ailleurs que dans votre téléphone portable !) votre numéro IMEI, utile pour bloquer à distance l'accès à votre téléphone en cas de perte ou de vol. Pour avoir ce numéro, il suffit de taper sur votre clavier *#06#.

Le téléphone portable en voyage

Au Portugal, presque tous les hôtels et beaucoup de restos, de bars, et même certains espaces publics disposent du ***wifi gratuit.*** Mieux que la connexion 3G et 4G qui peut entraîner des frais en usage intensif, le wifi permet aussi de profiter d'un débit parfois supérieur et, pour ceux qui ont des connaissances ou de la famille en dehors de l'Europe, d'accéder à toutes les applications de la ***téléphonie par Internet*** (*WhatsApp, Messenger, FaceTime, Viber* et *Skype*) pour appeler, envoyer des messages, des photos et des vidéos aux 4 coins de la planète, sans aucun frais. Il suffit de télécharger – gratuitement – l'une de ces applis sur votre smartphone ; celle-ci se synchronise avec votre liste de contacts et détecte ceux qui utilisent la même appli.

TRANSPORTS INTÉRIEURS

Routes

Le réseau routier est en bon état et on circule parfaitement bien dans l'ensemble du pays. Attention, la police veille : certains de nos lecteurs ont dû payer une très grosse amende (et si l'on ne paie pas, le véhicule est saisi !).
Voici quelques repères routiers.
- ***Taux d'alcoolémie : 0,5 g/l.***
- Ceintures de sécurité obligatoires à l'avant et à l'arrière. Gilet de sécurité fluorescent et triangle de présignalisation obligatoires à bord du véhicule.
- Les ***limitations de vitesse*** n'offrent guère de surprise : 120 km/h sur les autoroutes, 100 km/h sur les routes principales (symbolisées ***IP*** ou ***IC***), 90 km/h sur les nationales classiques et 50 km/h en ville et dans les agglomérations. Les agglomérations se couvrent de feux tricolores, qui passent au rouge à votre approche dès que vous dépassez la vitesse autorisée.

– En cas de panne ou d'accident sur les autoroutes, le numéro d'***urgence*** est le ☎ *808-508-508* ou le ☎ *112.*
– Les cartes Michelin les plus précises sont au 1/300 000. Elles couvrent le pays en 3 cartes, avec index des noms de lieux et plans des principales villes.
– Applications smartphone et tablettes : • *Maps.me* • *OutDoors GPS France IGN* • *OsmAnd* • Cartes précises du monde embarquées sans connexion mais à télécharger avant le départ. • *Google Maps* • *Waze* • Cartes embarquées avec connexion, mais application à télécharger avant le départ. Indique en temps réel la qualité du réseau, les points radar, les limitations de vitesse et autres incidents sur le réseau routier.

Péages

Les autoroutes sont payantes. À noter que les véhicules dont l'essieu mesure plus de 1,30 m paient plus du double des voitures ordinaires.
On rencontre 2 types de péages. Le 1er est le ***péage traditionnel*** où l'on prend un ticket à la barrière, puis le paiement se fait à la sortie. Mais, de plus en plus, les autoroutes sont équipées du ***paiement exclusivement électronique*** *(« electronic toll only »),* sans possibilité de paiement manuel... Dans ce cas, au niveau des portiques, des caméras identifient les plaques d'immatriculation des véhicules, ou un système reconnaît un boîtier électronique spécifique installé à bord.
Et pour vous ? Si vous arrivez d'Espagne, cap sur la file réservée aux véhicules étrangers... Là, vos coordonnées bancaires seront enregistrées par le terminal de paiement et associées à votre plaque d'immatriculation ; gardez bien le ticket qui vous est délivré, il sert de justificatif. Il est valable 30 jours ; en cas de voyage prolongé, il faudra s'enregistrer de nouveau...
Sinon, il est possible d'acheter des titres de passage prépayés à activer via SMS, ou de louer un boîtier électronique pour en équiper votre véhicule (voir • *goto portugal.eu/en/toll-roads-in-portugal/* •). Et on peut aussi régler ses passages à la Poste dès les 5 jours qui suivent.
Si vous circulez avec un véhicule de location, la plupart des loueurs fournissent d'office le dispositif électronique. À l'aéroport de Porto, il est carrément obligatoire pour se rendre au centre-ville. Les frais sont ensuite débités sur votre carte de paiement (on reçoit la facture 2 semaines après avoir rendu la voiture). ***Lorsque vous signez le contrat, vérifiez bien la date de prise du véhicule,*** afin que l'on ne vous fasse pas payer l'utilisation autoroutière du prédécesseur ! Si le dispositif n'est pas fourni, vous devrez régler la section de péage électronique empruntée entre 48h et 5 jours au plus tard dans un bureau de poste.
Attention : le ticket d'autoroute n'est valable que 12h !

Location de voitures

Toutes les compagnies de location comme *Avis* ou *Budget* sont disponibles depuis la France et au Portugal. De nombreuses agences exigent une carte de crédit et non de débit. Bien vérifier avec votre banque et la compagnie de location

■ ***BSP Auto :*** ☎ *01-86-26-90-74 (tlj 9h-21h30, le w-e 20h).* • *bsp-auto.com* • Les prix proposés sont attractifs et comprennent le kilométrage illimité et les assurances. *BSP Auto* propose exclusivement les grandes compagnies de location sur place, assurant un très bon niveau de service. Les plus : vous ne payez votre location que 5 jours avant le départ. Remise spéciale de 5 % aux lecteurs de ce guide avec le code « ROUTARD22 ».

Essence

L'essence se dit « *gasolina* », sans plomb « *sem chumbo 95* » ou « *98 octanes* », le diesel se dit « *diesel* » ou « *gasóleo* ».

Le train *(comboio)*

On prend surtout le train pour se déplacer aux environs de Lisbonne, ou pour relier la capitale à Coimbra-Guarda, Porto ou Faro. Il existe plusieurs catégories de trains : les ***Intercidades*** (les plus rapides), les ***Regionais/Urbano*** *(Regional),* qui constituent le réseau le plus étendu, et les ***Inter-Regionais*** (omnibus). Mentionnons aussi l'***Alfa Pendular,*** la crème de la crème, qui relie l'extrême Sud (Faro) à l'extrême Nord (Braga) en passant par Lisbonne, Coimbra et Porto (entre autres).
Pour l'*Alfa Pendular* et les *Intercidades,* **la réservation est obligatoire.** Les billets sont vendus dans les gares, les agences de voyages, les distributeurs *Multibanco* et sur Internet. On choisit entre 1re classe *(conforto)* et 2de classe *(turística).* Vérifiez toujours les horaires à l'avance sur le site : les préavis de grève y figurent. Et pensez à réserver suffisamment tôt : les trains portugais sont bondés à certaines périodes.

– ***Infos complètes sur les trains :*** *pour tt le Portugal, sur • cp.pt • ou au ☎ 808-109-110 (en portugais ; 0,10 €/mn depuis un fixe, 0,25 €/mn depuis un portable).*

➢ ***Lignes internationales :*** compter une vingtaine d'heures en train entre Paris et Lisbonne, et une bonne nuit entre Madrid et Lisbonne. Départs tlj. Également des trains au départ de Porto vers Vigo, en Galice ; durée : 2h15.

– ***Spécial étudiants :*** de nombreuses réductions avec votre carte d'étudiant !

– ***Pour les séniors*** (65 ans et +), des réductions extrêmement avantageuses sur l'ensemble du territoire, très souvent moitié prix !

Distances en km	AVEIRO	COIMBRA	ELVAS	ÉVORA	FARO	LAGOS	LEIRIA	LISBONNE	NAZARÉ	PORTALEGRE	PORTIMÃO	PORTO	TOMAR	VIANA DO CASTELO	VISEU
AVEIRO		60	300	300	483	500	120	250	160	240	480	70	138	145	90
COIMBRA	60		240	250	435	450	72	200	112	183	435	115	82	190	83
ELVAS	300	240		86	311	327	217	210	240	60	310	353	173	427	318
ÉVORA	300	250	86		227	244	190	135	204	100	226	354	182	428	334
FARO	483	435	311	227		82	375	277	386	328	65	538	366	612	518
LAGOS	500	450	327	244	82		390	293	400	345	20	555	382	628	534
LEIRIA	120	72	217	190	375	390		140	37	160	375	176	47	250	156
LISBONNE	250	200	210	135	277	293	140		120	220	276	305	133	379	285
NAZARÉ	160	112	240	204	386	400	37	120		183	385	216	85	290	196
PORTALEGRE	240	183	60	100	328	345	160	220	183		327	295	116	370	260
PORTIMÃO	480	435	310	226	65	20	375	276	385	327		537	365	610	517
PORTO	70	115	353	354	538	555	176	305	216	295	537		195	76	131
TOMAR	138	82	173	182	366	382	47	133	85	116	365	195		268	157
VIANA DO CASTELO	145	190	427	428	612	628	250	379	290	370	610	76	268		205
VISEU	90	83	318	334	518	534	156	285	196	260	517	131	157	205	

L'autocar *(autocarro)*

Le Portugal possède un réseau de bus dense, desservi par de grands autocars confortables (*Pullman* avec AC pour les longs trajets). Ils sont plus fréquents que les trains, mais aussi souvent plus chers. Il est nécessaire de réserver plusieurs jours à l'avance en haute saison et au moins la veille en mi-saison. Réductions fréquentes pour les étudiants.
La compagnie nationale ***Rede Expressos*** (☎ *217-524-524 ;* • *rede-expressos.pt* •) est de loin la plus répandue, d'autant qu'elle rachète peu à peu nombre de ses concurrents, tels ***Renex, Citi Express, Eva, Transdev,*** même si ces filiales gardent leurs noms. Mais d'autres compagnies (régionales ou locales) desservent aussi pas mal de destinations intérieures : ***Rodonorte, Internorte.*** À cela s'ajoutent naturellement des liaisons internationales (***Flixbus,*** • *flixbus.fr* •) de/vers Madrid, Paris, Bruxelles, Genève... en direction de Lisbonne, Porto, Faro et une vingtaine d'autres villes. Réductions pour les étudiants et les seniors.

L'auto-stop

Les auto-stoppeurs en seront pour leurs frais, l'auto-stop est très peu pratiqué et assez difficile.

URGENCES

– ***Urgences (santé) ou pompiers :*** ☎ *112 ou 115 (plusieurs langues).* Pour demander l'hôpital, dites « *O hospital* ».

– ***Numéro d'urgence pour les touristes :*** ☎ *800-296-296.*

– ***En cas de panne ou d'accident sur les autoroutes :*** ☎ *808-508-508.*

RÉSEAU FERROVIAIRE DU PORTUGAL

LISBONNE ET SES ENVIRONS

« Je suis au ciel car nous approchons de la fameuse Lisbonne. »

Cervantès

Campée sur la rive droite de l'estuaire du Tage, Lisbonne est avant tout un site d'une incomparable beauté ; beauté parfois déroutante, certes, mais qui a su remarquablement traverser le temps. S'il est une capitale qui s'acharne à bluffer ses visiteurs, c'est bien cette cité incroyable, que d'éternels travaux continuent de mettre à mal avant de lui faire le plus grand bien, pour parodier dom Francisco Manuel de Melo : « Un mal dont on jouit, un bien dont on souffre. » Au XVIIe s, l'écrivain portugais qualifiait ainsi la saudade, sentiment de nostalgie supposé envahir tout Lisboète à la vue du Tage, cette « mer de Paille » aux reflets dorés, porteuse des rêves de voyage de tout un peuple.

Une nostalgie qui n'est plus ce qu'elle était, rassurez-vous ! Lisbonne n'est pas triste (sauf en hiver, peut-être, car le froid chargé d'humidité est pénétrant), elle ne vit pas chaque instant qui passe dans le souvenir de ses heures glorieuses. Bien au contraire ! Ne vous fiez pas pour autant à ces images montrant la nuit lisboète comme une fête perpétuelle se déroulant sous les étoiles, au bord du Tage, sur les anciens docks ou dans le Bairro Alto : le mal de vivre n'a pas engendré une fureur de vivre ; non, ici, les 2 coexistent simplement.

Les artisans des vieux quartiers côtoient sereinement des boutiques à la mode ou de design, les restaurants où l'on décline la morue de dizaines de façons différentes (on dit qu'il existe 365 recettes possibles !) s'alignent à côté des bars tendance. Et n'hésitez pas à entamer la conversation, en français, en anglais, avec les gestes, ou avec votre *Guide de conversation du Routard* en portugais !

LISBONNE

• Pour se repérer, voir le plan détachable en fin de guide.

INFOS PRATIQUES SUR PLACE

Arrivée à Lisbonne

En avion

✈ ***Aéroport Humberto Delgado de Lisbonne*** *(hors plan d'ensemble détachable par E1) :* *alameda das Comunidades Portuguesas.* ☎ *218-413-500.* • *aeroportolisboa.pt* • *À 8 km au nord du centre historique.*

Ⓜ *Aeroporto.* Change, distributeurs, loueurs de voitures... ***Important :*** les vols *low-cost* sont opérés depuis le terminal 2, accessible en navette gratuite depuis le terminal 1 (ttes les 3 mn).

Office de tourisme Ask Me Lisboa : *hall des arrivées. ☎ 218-450-660. Tlj 7h-22h (minuit haute saison).* Vente de la *Lisboa Card* (voir « Informations pratiques et adresses utiles »).

Comment rejoindre le centre-ville depuis l'aéroport ?

Il est très simple de rejoindre le centre-ville en transports en commun.

➢ ***En métro :*** la ***ligne rouge*** (juste à la sortie du terminal 1) relie l'aéroport à la station ***São Sebastião,*** avec correspondances vers les lignes verte (à Alameda), jaune (à Saldanha) et bleue (à São Sebastião). C'est le moins cher et le plus pratique. *Tlj 6h30-1h. Billet : 1,50 € ; carte 24h : 6,40 €. • metrolisboa.pt •*

➢ ***Avec l'Aero-Bus n° 1 :*** *à la sortie du hall des arrivées. • aerobus.pt • ☎ 218-503-225. Tlj 8h-21h dans les 2 sens, ttes les 20 mn. Aller simple : 4 € ; A/R : 6 € ; Pass 48h : 8 € ; vendu à bord.* Même compagnie que les bus touristiques *Yellowbus.* ***Une autre bonne option pour rejoindre le centre-ville,*** via l'avenida da Liberdade, Restauradores, Rossio et Baxia. Compter 40 mn de trajet pour rejoindre le terminus à Cais do Sodré. ATTENTION, rotations réduites/suspendues durant l'épidémie de covid.

➢ ***Avec l'Aero-Bus n° 2 :*** *même lieu de départ. Tlj 8h-19h depuis l'aéroport, 8h30-19h30 depuis la gare routière de Sete Rios, ttes les 1h (trajet : 25 mn). Prix identiques à l'Aero-Bus n° 1.* Dessert le nord-ouest de Lisbonne sans passer par le centre historique. Utile uniquement si vous résidez dans le coin.

➢ ***En bus (classiques) :*** *• carris.pt/en •* En sortant de l'aéroport, les abribus se trouvent juste à droite de l'arrêt des Aero-Bus. Moins cher (2 €), le ***n° 744*** suit un itinéraire proche de celui de l'Aero-Bus, avec terminus à Restauradores. Le ***n° 705*** dessert la gare d'Oriente, le ***n° 722*** Portela et Areeiro via Encarnação (peu utile), le ***n° 783*** rejoint Amoreiras (juste au nord-ouest de Rato) par Marquês de Pombal et le ***bus de nuit n° 208*** relie Cais do Sodré à la gare do Oriente via l'aéroport. Attention, certains chauffeurs n'acceptent pas les voyageurs avec des gros sacs. Le règlement n'autorise théoriquement qu'un bagage à main.

➢ ***En taxi :*** plutôt bon marché à Lisbonne. ***La course se fait au compteur*** (compter 15-20 € pour rejoindre le centre-ville), avec un supplément de 2 € pour les bagages. On peut aussi faire appel à ***Uber,*** moins cher et plus fiable que les taxis classiques depuis l'aéroport. Il suffit de télécharger l'application sur son smartphone. Pour rejoindre le centre-ville, compter alors 10-13 €.

En train

• Carte Réseau train (environs de Lisbonne) *p. 69*

Estação do Oriente *(hors plan d'ensemble détachable par N7 et plan Parque das Nações) : av. Dom João II.* Ⓜ *Oriente.* Bien desservie par le métro et les bus, elle reçoit les trains venant du nord du Tage. Consigne automatique au sous-sol *(ouv 8h-minuit)* ; c'est la porte à droite du poste de police (difficile à trouver : aucune indication).

Estação Santa Apolónia *(plan d'ensemble détachable, M8) : av. Infante Dom Henrique.* Ⓜ *Santa Apolónia.* Bien desservie par le métro et les bus, elle accueille des trains en provenance de Coimbra, Faro et l'Algarve, Vigo, Valence et Madrid. Sur place : consignes, distributeurs, agence *Europcar*, comptoir de l'***Office de tourisme Ask Me Lisboa*** dans le hall *(☎ 218-821-606 ; tlj 7h30-9h ; vente de la Lisboa Card).*

En bus

Pour info, les bus *Eurolines* passent par les 2 gares routières.

Terminal Rodoviário de Sete Rios *(gare routière ; plan d'ensemble détachable, D-E1) : Praça Marechal Humberto Delgado. ☎ 217-524-524. • rede-expressos.pt • (appli smartphone aussi disponible).* Contre *la gare de banlieue de Sete Rios. Ⓜ Jardim Zoológico (ligne bleue). Aussi notamment avec les bus nos* **716** *(Alameda),* **746** *(Marquês de Pombal),* **758** *(Cais do Sodré et Rato) et* **768** *(Cidade Universitária), plus le bus de nuit no 202 (Cais do Sodré et Rato). Guichets 5h30-22h30 (1h lun, jeu, ven, dim). Infos lun-sam 9h-13h, 14h-18h ; dim 10h-14h, 15h-19h.* En entrant dans la gare ferroviaire, prendre tout de suite à gauche l'escalator grimpant au *terminal rodoviário.* D'ici partent des bus nationaux (Aveiro, Braga, Evora, Faro, Lagos, Nazaré, Peniche...) et internationaux. Consigne au niveau des *encomiendas (lun-ven 7h-19h) ; distributeurs.*

– Les bus **TST** *(Transportes Sul do Tejo ; • tsuldotejo.pt •)* desservant Setúbal (nos 561, 563) et Sesimbra (no 207) partent de devant la gare ferroviaire, juste à droite des bus urbains.

Estação do Oriente *(hors plan d'ensemble détachable par N7 et plan Parque das Nações) : av. Dom João II, au pied de la gare ferroviaire do Oriente.* Ⓜ *Oriente.* Cette gare accueille aussi des bus internationaux. Sur place : change, distributeurs, pharmacie, loueurs de voiture *(Avis/Budget, Europcar...).* La billetterie se trouve au niveau supérieur.

En voiture

➢ ***Par le nord :*** autoroute A1, puis voie rapide 2a *Circular.* Les heures de pointe sont très étendues sur cet axe.

➢ ***Par l'ouest :*** l'*IC19* qui vient de Sintra est l'une des voies rapides les plus encombrées du pays ; évitez donc le début de matinée et la fin d'après-midi.

➢ ***Par le sud et l'est : ponte 25 de Abril*** *(1,9 €),* souvent embouteillé, ou ***ponte Vasco da Gama*** *(2,9 €),* en général moins chargé *(• lusoponte.pt •).* Dans les 2 cas, on paye pour entrer en ville, pas pour en sortir.

Attention aux départs et retours de week-ends et de vacances ! Évitez d'arriver aux heures de pointe (à partir de 17h en semaine, un peu plus tôt le vendredi).

Se garer à Lisbonne est difficile. Pour éviter les amendes et la fourrière, le plus sûr est d'utiliser les parkings gardés (bien indiqués mais pas donnés).

S'orienter

Le découpage de Lisbonne utilisé dans le guide procède à la fois d'une cohérence géographique et historique, et d'une homogénéité sociale. On part du centre pour explorer ensuite un peu plus loin vers l'ouest et le nord, puis terminer par l'est où se trouvent les quartiers les plus anciens... Cela dit, comme tout découpage, il est arbitraire et certains lieux à visiter auraient pu tout aussi bien être rattachés à un autre quartier limitrophe...

Comment lire une adresse ?

Dans l'ordre, une adresse comporte le nom de la rue suivi du numéro. Le cas échéant, un 2d numéro pour préciser l'étage avec « o » en exposant. Puis une ou plusieurs lettres pour positionner la porte d'entrée par rapport à l'escalier. Par exemple, *1o Dto* ou *1o D* signifie : 1er étage à droite. On indique *Esq* ou *E* pour *esquerdo* (à gauche), *Fte* ou *F* pour *frente* (face à l'escalier).

Orientation et mode d'emploi de la ville

Lisbonne s'ouvre sur le Tage et s'étend de ***Belém*** (à l'ouest) au ***parc des Nations*** (à l'est). L'axe qui s'étire par l'avenida da Liberdade depuis la praça Marquês de Pombal jusqu'à la praça do Comércio, via le quartier quadrillé de ***Baixa,*** semble couper la ville en 2. À l'est, s'étendent les vieux quartiers populaires : ***Castelo de Saõ Jorge, Alfama*** et ***Graça.*** À l'ouest : ***Chiado, Bairro Alto*** et ***Madragoa*** déroulent leurs bars et leurs restos dans des rues où la nuit est parfois plus animée que le jour (Bairro Alto). Toujours à l'ouest, on se rapprochant du Tage, on atteint le quartier des ***Docas*** (docks). Au nord de l'avenida da Liberdade, l'urbanisme est plus récent, noyant

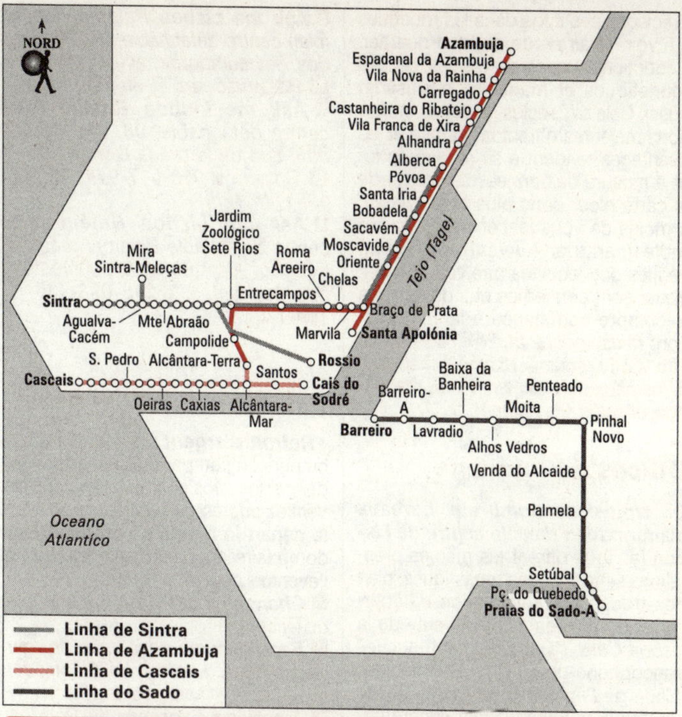

RÉSEAU TRAIN (environs de Lisbonne)

quelques *quintas* et anciens couvents au milieu des immeubles de bureaux et centres commerciaux des quartiers de ***Saldanha, Campo Grande*** ou ***Sete Rios.***

Les quartiers incontournables… et les autres

– ***Les incontournables :*** Belém, Alfama et *bairro do castelo,* Chiado, Bairro Alto, Baixa, Rossio.

– ***Les secteurs à voir dans un second temps :*** Graça, Madragoa, LX Factory, parque das Nações (parc des Nations) et le quartier autour du musée Calouste-Gulbenkian.

– ***Un lieu peu connu que les routards découvrent avec ravissement :*** les anciens faubourgs, des hauteurs de Graça à la gare de Santa Apolónia.

– ***Les secteurs qu'on peut zapper si on n'a pas le temps :*** Lavra, Rato, Campo de Ourique.

Informations pratiques et adresses utiles

Lisboa Card

• *lisboacard.org/fr* •

Cette carte propose la ***libre circulation dans les transports urbains*** (métro, bus, trams, funiculaires et trains des lignes de Sintra et Cascais), la ***gratuité pour une vingtaine de musées et monuments de Lisbonne (plus d'autres dans la région) et des réductions sur le prix d'entrée de 10 à 50 % pour certains autres.*** Nous précisons ces infos dans les rubriques « À voir. À faire » de chaque quartier. Réductions sur des spectacles, circuits touristiques et magasins d'artisanat aussi. Cela dit, seules quelques attractions majeures offrent la gratuité et les avantages tendent à se réduire au fur et à mesure des années... L'intérêt de la carte n'est donc plus trop évident, à moins de vous lancer dans un véritable marathon ! Avant son achat, vérifiez que les sites que vous désirez visiter sont concernés et... ouverts. Le décompte commence à la 1re utilisation. *Tarifs : pour 24h, 20 € ; 48h, 34 € ; 72h, 42 € ; réduc 4-15 ans. Achat dans ts les offices de tourisme* (Ask me Lisboa) *et sur le site internet.*

Offices de tourisme

On trouve de nombreux bureaux d'information dans le centre de Lisbonne. Tous offrent les mêmes prestations : informations touristiques, plan des transports, réservation d'hébergements, agenda culturel, vente de la *Lisboa Card...* Généralement, accueil francophone de qualité. Attention, en raison de l'épidémie de Covid-19, de nombreux bureaux étaient encore fermés à l'été 2021 : seuls fonctionnaient alors ceux de l'aéroport, de *Lisboa Story* et du terminal fluvial de Terreiro do Paço • *visitlisboa.com* •

i *Ligne générale Infolisboa :* *☎ 800-500-503 ou, depuis l'étranger, ☎ (351) 210-079-357 (lun-ven 7h-22h).*

i *Ask me Lisboa Story Centre* (*plan centre détachable, K10,* ***364***) *: praça do Comércio, 78-81. 📱 211-941-099. Ⓜ Terreiro do Paço. Tlj 10h-19h.*

i *Ask me Lisboa Centro Tejo* (*plan centre détachable, K10,* ***5***) *: dans le terminal fluvial de Terreiro do Paço. ☎ 211-163-426. Ⓜ Terreiro do Paço. Tlj 10h-19h.* Mini-expo gratuite consacrée à l'estuaire du Tage avec plan 3D, infos sur l'écosystème et les municipalités riveraines.

i *Ask me Lisboa Terreiro do Paço* (*plan centre détachable, J10,* ***1***) *: praça do Comércio. ☎ 210-312-810. Ⓜ Baixa-Chiado ou Terreiro do Paço. Sous les arches, côté ouest de la place. Tlj 9h-20h.*

i *Ask me Lisboa Palácio da Foz* (*plan centre détachable, I8,* ***2***) *: praça dos Restauradores. ☎ 213-463-314. Ⓜ Restauradores. Tlj 9h-20h.*

i *Ask me Lisboa Rossio* (*plan centre détachable, J8,* ***4***) *: kiosque côté sud de la praça Dom Pedro IV. Ⓜ Rossio. 📱 910-517-914. Tlj 10h-13h, 14h-18h.*

i *Ask me Lisboa Belém* (*plan centre détachable Belém*) *: praça do Império, kiosque face au mosteiro dos Jerónimos. 📱 213-658-435. Tlj 10h-18h.*

Argent, banque, change

– ***Retrait d'argent :*** nombreux distributeurs un peu partout. Se laisser guider par les infos en français ou anglais. Vérifiez auprès de votre banque avant le départ le montant maximum hebdomadaire auquel vous avez droit et l'éventuel coût d'un retrait.

■ ***Change :*** *à l'aéroport ou à la gare do Oriente.*

■ ***Banques :*** *les principales se trouvent à Baixa. Lun-ven 8h30-15h ; certaines ouvrent sam pour le change.*

■ ***American Express :*** *au Portugal, ☎ 707-50-40-50 (tlj 24h/24).*

Police touristique

■ ***Policia de Segurança Pública*** (*plan centre détachable, I8,* ***2***) *: palácio Foz, praça dos Restauradores. ☎ 213-421-623 ou ☎ 112. Même bâtiment que l'office de tourisme* Ask me Lisboa Palácio Foz *(voir plus haut). Ouv 24h/24.* Pour les déclarations de perte, de vol, d'agression, d'escroquerie ou d'arnaque, c'est ici qu'il faut s'adresser. On y parle le français. Excellent accueil. ***Attention, durant l'épidémie de Covid-19, le bureau est transféré à Santa Apolónia*** *(plan d'ensemble détachable, M8 ; ☎ 218-804-030 ; tlj 10h-18h).*

■ ***Pour les objets trouvés*** (*central de achados ; hors plan d'ensemble*) *: pr. Cidade Salazar, Lt 180. ☎ 218-535-403 (en portugais seulement). Tlj sauf w-e et j. fériés 9h-12h30 et 14h-16h.* Tous les objets perdus dans les transports en commun sont centralisés au poste de police d'Olivais (à l'ouest du Parc des Nations).

Représentations diplomatiques

■ ***Consulat et ambassade de France*** *(plan centre détachable, F10,* ***16****) : rua Santos-o-Velho, 5. ☎ 213-939-100 ou 966-160-701 en cas d'urgence grave. • pt.ambafrance.org • Gare : Santos. Bus nos 713, 714, 727 ou 774. T nº 25e. Sur rdv uniquement.*

■ ***Ambassade de Belgique*** (plan centre détachable, G5-6, **17**) *: rua Castilho, 75 ; 4° Dto. ☎ 213-170-510. 919-810-031 (portable d'urgence 24h/24). • lisbon@diplobel.fed.be • portugal.diplomatie.belgium.be • Consulat lun-ven 9h-13h ; sur rdv l'ap-m et durant tte la crise de la Covid-19.*

■ ***Ambassade de Suisse*** *(plan d'ensemble détachable, E8) : travessa do Jardim, 17. ☎ 213-944-090. • eda.admin.ch/lisbon • À côté du jardin da Estrela. Consulat lun-ven 9h-12h.*

■ ***Ambassade et consulat du Canada*** *(plan centre détachable, I6,* ***18****) : edificio Victória, av. da Liberdade, 196-200 ; 3°. ☎ 213-164-600. • lsbon@international.gc.ca • canadainternational.gc.ca/portugal/ • Lun-ven 9h-12h.*

Médecins parlant le français

■ ***Dr Louis Arthur Da Silva :*** *rua Castilho, 13D ; 6° E. 936-805-874. • drluisdasilva@sapo.pt •*

■ ***Dr Louis Teulières :*** *Clinica Médica Internacional de Lisboa (CMIL) ; av. Sidónio Pais, 14. ☎ 213-513-310. 925-700-826.*

■ ***Dr Gabrielle Celin ou Dr Dominique Langin :*** *Centre médical Alegria, pr. Da Alegria 66, 3°. ☎ 211-452-289. • info@alegriamed.com •*

Compagnies aériennes

Toutes sont présentes à l'aéroport.

■ ***Air France :*** *☎ 213-164-027 (lun-ven 8h-20h). • airfrance.pt •*

■ ***Iberia :*** *☎ 707-200-000 (tlj 8h-19h). • iberia.com/pt •*

■ ***Swiss :*** *☎ 808-200-487 (lun-ven 9h-17h). • swiss.com/portugal •*

■ ***Tap Air Portugal :*** *☎ 211-234-400 (tlj 8h-minuit). • flytap.com •*

■ ***Vueling :*** *☎ 210-020-080 (tlj 9h-22h). • vueling.pt •*

■ ***Easyjet :*** *☎ 211-222-210 (lun-ven 9h-17h). • easyjet.com/pt •*

Culture, francophonie

■ ***Alliance française*** *(plan d'ensemble détachable, H3) : av. Concelheiro Fernando de Sousa, 21A. ☎ 212-400-086. • alliancefr.pt/lisboa/fr/ • M Parque ou Marquês de Pombal. Lun-ven 9h-13h, 14h-19h.*

■ ***Institut français du Portugal*** *(plan centre détachable, F10,* ***16****) : rua Santos-o-Velho, 11. ☎ 213-939-270. • ifp-lisboa.com • Médiathèque ouv mar, mer et ven 14h-19h, plus sam 10h-13h.* Spectacles, expos, conférences, fêtes du cinéma et de la francophonie...

■ ***Tabacaria Monaco*** *(plan centre détachable, J8,* ***10****) : praça Dom Pedro IV, 21. Lun-ven 9h30-19h, sam 9h-13h.* Superbe Maison de la presse 1900, vestige du vieux Lisbonne. La petite échoppe, tout en longueur, aligne étagères en bois foncé et ciel semé d'oiseaux ! Presse internationale (dont française).

Librairies

■ ***Livraria Ferin*** *(plan centre détachable, J9,* ***19****) : rua Nova do Almada, 72. ☎ 213-424-422. • ferin.pt • Tlj sauf dim 10h-20h (19h sam).* Dans le Chiado, l'une des plus vieilles librairies de Lisbonne. Accueil anglophone mais bon choix de livres en français.

■ ***Fnac*** *(plan centre détachable, J9,* ***9****) : rua do Carmo, 2. ☎ 707-313-435. • fnac.pt • Tlj 9h-21h. Dans le centre commercial Armazém do Chiado.* Bon choix de musique portugaise et brésilienne.

Magazines

– ***Follow me Lisboa :*** mensuel culturel gratuit édité par la municipalité, en français. Spectacles, expos, musées, boutiques, excursions... Disponible

LISBONNE ET SES ENVIRONS

dans les offices de tourisme *(Ask me Lisboa)* et dans certains musées et hôtels. Téléchargeable en ligne sur ● *visitlisboa.com* ●
– ***Lisboa ConVida :*** petits guides disponibles dans les bars et les boutiques. Infos sommaires sur les visites et carnets d'adresses (très commerciales) dans les différents quartiers de la ville. À retrouver aussi sur : ● *lisboa.convida.pt* ●

Comment se déplacer ?

Lisbonne dispose d'un bon réseau de transports en commun, cumulant ***métros, bus, trams, funiculaires*** et ***ascenseurs.***

Sans carte de transport

Ticket aller simple à bord : ***métro*** 1,50 €, ***tramway*** 3 €, ***bus*** 2 €, ***funiculaire*** 3,80 € A/R, ***elevador de Santa Justa*** 5,15 € A/R. Moins cher avec une carte.

Les cartes de transport

– ***Cartão Viva Viagem (7 Colinas) :*** cette carte de transport magnétique, essentielle à tout déplacement, est vendue aux guichets ou dans les automates du métro, dans les points de vente de la Carris (les transports en commun lisboètes) ou aux guichets de la CP (*Comboios de Portugal*, l'équivalent de la SNCF, pour les trains). *Tarif : 0,50 €.* ***Attention,*** chacun doit avoir sa propre carte, enfants inclus, et chaque carte n'est valide que 24h – à moins, petite astuce, de demander à la recharger aux guichets (en machine, il faut en racheter une nouvelle chaque jour) ! Autre spécificité : on ne peut la (re)charger qu'avec un seul type de tarif/forfait ou d'opérateur, ce qui revient à dire qu'il faut une carte pour le métro/bus/trams et une autre pour le train, même pour aller seulement jusqu'à Belém. Métro ou train, elles se ressemblent comme 2 gouttes d'eau, mais ne sont pas interchangeables ; d'ailleurs, si vous regardez bien, le numéro de série de la carte achetée pour circuler en train commence par un C *(Comboios)* et celle pour le métro commence par un M...

Sur cette carte, on peut charger :

➢ un voyage à l'unité CARRIS/METRO *(1,50 €)* valable sur tous les moyens de transport de la *Carris* pendant 1h maximum (métro, bus, tramways, elevador de Santa Justa et funiculaires) ; les ferries *Transtejo (1,25-2,80 €)* ; ou les trains de la compagnie *CP (Comboios de Portugal)* sur 1-4 zones *(1,35-2,25 €).* Compte tenu du prix élevé des trams et funiculaires si on prend le billet à bord, il est essentiel d'avoir une carte CARRIS/METRO chargée au préalable : vous ferez ainsi de substantielles économies.

➢ Un forfait 1 jour (Day ticket) CARRIS/METRO, valide 24h à partir de la 1re validation. *Tarif : 6,40 € ; réduc ; gratuit moins de 4 ans.* Pour prendre en plus les ferries sur le Tage, il faut acheter le forfait spécial CARRIS/METRO/Transtejo à 9,55 €, et pour le train, le CARRIS/METRO/CP à 10,60 €. Nombre de voyages illimité.

➢ L'option « Zapping » permet d'utiliser tous les moyens de transports de la *Carris*. *On charge la carte avec des sommes d'argent (3 €, 5 €, 10 €, 15 €, 20 €, 25 €, 30 €, 35 € ou 40 €),* et à chaque passage elle est débitée. Le prix à l'unité du ticket revient alors moins cher : 1,34 € au lieu de 1,50 €. On gagne aussi quelques centimes sur les ferries et trains.

– Le plus simple est de payer par carte (sans contact). Sinon, les distributeurs acceptent théoriquement les billets de 10, 20 et 50 €.

– ***Lisboa Card :*** cette carte offre la libre circulation sur les transports urbains (métro, trams, *elevadores,* funiculaires, bus), ainsi que sur les trains de la compagnie *CP* pour Cascais et Sintra et *Fertagus* vers Setúbal. Pour plus d'infos, voir plus haut « Informations pratiques et adresses utiles ».

– Enfin, on rappelle que le billet de l'***Aero-Bus*** est valable 24h (voir plus haut « Arrivée à Lisbonne »).

– « Aller-retour » se dit ***« ida e volta ».***

Le métro

• Pour le plan du métro, se reporter au plan détachable en fin de guide.

– ***Infos :*** *☎ 217-980-600. • metro lisboa.pt •*
Le métro circule de 6h30 à 1h (dernier départ de chaque terminus). Inauguré en 1959, il compte juste 4 lignes – bleue, jaune, verte et rouge –, mais elles mènent à l'essentiel rapidement. Petit bonus, les ***stations ont été conçues comme des lieux d'expression de l'art portugais*** – et plus spécifiquement des *azulejos.*

Les bus (*autocarros ou bus*)

Les très nombreux bus et les trams, gérés par *Carris,* desservent pratiquement toute la ville.

■ ***Carris :*** *☎ 213-613-000. • carris.pt •*
■ ***Points de vente et d'information Carris en ville :*** *av. Duque de Ávila, 12 (plan d'ensemble détachable, I3, **7** ; lun-ven 8h-19h), près du métro Saldanha ; ou rua 1° de Maio, 103, à LX Factory (plan d'ensemble détachable, B11, **7** ; lun-ven 8h-19h). Également un kiosque à Cais do Sodré (plan centre détachable, I10, **7** ; lun-ven 8h-18h).* Les bus circulent de 5h30 à 1h-3h selon les lignes, sans oublier les services de nuit de la *rede de madrugada* (dont les numéros commencent par 200), desservant quelques axes essentiels. Les horaires sont indiqués à chaque arrêt *(paragem)* et, à bord, le prochain arrêt est aussi indiqué sur un écran défilant... mais parfois avec quelques dizaines de secondes de retard, alors soyez aux aguets pour ne pas rater le vôtre ! Attention encore, le circuit n'est pas affiché à l'intérieur du bus.

Le tram (eléctrico)

• Pour le tracé des tramways, se reporter au plan détachable en fin de guide.

Tramways traditionnels

En 1901, les Lisboètes inaugurèrent le 1er *eléctrico* reliant Cais do Sodré à Algés. Appartenant à la mémoire de la ville, il en reste quelques-uns, vieux trams jaunes en tôle et en bois clair, à l'aspect de boîtes de conserve un rien cabossées, aux frontons desquels s'affichent un chiffre et une destination. Pour avoir une chance d'être assis, mieux vaut éviter les heures de pointe ! Et ne faites pas comme ces touristes, toujours pressés de monter et doublant tout le monde, sous le regard noir des Lisboètes...

– ***Un tramway mythique :*** le ***n° 28*** traverse les quartiers historiques les plus intéressants (Bairro Alto, Alfama, Graça), de Campo de Ourique (à l'ouest) au largo de Martim Moniz (à l'est). La balade, inoubliable, offre des plongées éperdues offrant des points de vue flamboyants sur la ville. Ne vous fiez pas aux horaires indiqués aux arrêts, ils ne sont qu'indicatifs et rarement respectés. ***Souvent pris d'assaut, même hors saison !***

– Le ***n° 12*** fait le tour des collines du *castelo* et de l'Alfama, sans s'écarter beaucoup du trajet du n° 28 sur la fin (départ praça da Figueira ou largo do Martim Moniz). Le ***n° 25*** circule entre la praça Figueira et Campo de Ourique mais, contrairement au n° 28, traverse Lapa et Madragoa, via la gare de Santos. Le ***n° 24*** part de la praça Luis Camões (Chiado), passe par le mirador de São Pedro de Alcântara, la praça do Principe Real et file vers Rato. Pour aller à Belém (depuis la praça Figueira ou Cais do Sodré), montez à bord du tram moderne ***n° 15*** et, pour rejoindre le palácio da Ajuda, sautez dans le ***n° 18*** à Cais do Sodré.

ATTENTION, prenez garde aux voleurs et aux pickpockets, qui profitent de votre distraction, surtout dans le n° 28 et dans le n° 15, lorsque le tram est bondé, ou qui, en petits groupes, jouent aux touristes dans les files d'attente... La police veille et arrive souvent à l'improviste, mais ces bandes sont bien organisées ! Il arrive même que l'un d'eux crie « au voleur » pour permettre à ses complices de voir où les mains des voyageurs se portent illico – vieux réflexe – pour vérifier si papiers et argent sont bien en place. Si vous n'y faites pas gaffe, c'est vous-même qui ferez votre malheur !

Tramways et bus touristiques

Pour échapper aux trams historiques bondés, certains routards privilégient le ***tram touristique,*** avec une chance de s'asseoir... et de voir quelque chose, sans trop attendre. Il existe 1 circuit en tram début XXe s entre Alfama, Graça et Mouraria, et 2 en bus à étage, l'un dessinant une grande boucle vers l'est jusqu'au Parque das Nações, l'autre vers l'ouest jusqu'à Belém et au-delà. • *yellowbustours.com* • Compter 17-20 € (2 € 4-10 ans) ; possibilité de forfaits cumulés.

Les funiculaires *(ascensores)* et les ascenseurs *(elevadores)*

Miniaturisés, désuets, ils ressemblent à des jouets pour enfant sage du début du XXe s ! Ils sont utiles aux Lisboètes et aux touristes pour rejoindre leur pension perchée sur les hauteurs. On aime ! Compter 3,80 € l'A/R (obligatoire) si vous n'avez pas chargé votre carte *Viva Viagem* au préalable.

– ***Ascensor do Lavra*** *(plan centre détachable, I-J7)* **:** *tlj 7h50 (9h w-e)-19h55 ; ttes les 15 mn.* Le plus ancien (1884) et pourtant le moins connu, il relie les abords de l'avenida da Liberdade aux vieux quartiers à l'est de Restauradores. Il permet surtout d'accéder au jardim do Torrel. Pente à 23 % !

– ***Ascensor da Glória*** *(plan centre détachable, I8)* **:** *lun-ven 7h15-23h55 (0h25 ven), sam 8h45-0h25, dim et j. fériés 9h15-23h55.* Frère jumeau du funiculaire do Lavra (1885), il conduit de Restauradores au Bairro Alto, près du miradouro São Pedro de Alcântara. ***Méfiez-vous des pickpockets*** et des voleurs à la tire à la sortie de ce funiculaire très fréquenté.

– ***Ascensor da Bica Duarte Belo*** *(plan centre détachable, H-I9)* **:** *tlj 7h (9h dim et j. fériés)-21h.* Le plus beau (classé Monument national), ouvert en 1892 et électrifié en 1914. À la différence des 2 autres, il trace son sillon dans une rue animée et pleine de restos, entre la rua de São Paulo et le Bairro Alto. Côté São Paulo, il part dans un passage couvert, au nº 234.

– ***Elevadores par l'Alfama*** *(plan centre détachable, K8-9)* **:** *tlj 8h-21h.* Derniers-nés de la ville, ces 2 ascenseurs ***gratuits*** permettent de grimper plus vite vers le château ! Le 1er mène du nos 174-176 de la rua dos Franqueiros (Baixa) – une belle bâtisse recouverte d'*azulejos* bleus et jaunes – vers le nº 149 de la rua da Madalena. L'autre ascenseur, dans le prolongement ou presque, sa cache derrière le largo A. Amaro da Costa. En sortant du 1er, prenez à gauche, puis à droite sur le largo do Chão do Loureiro ; il se trouve au fond, à l'intérieur du supermarché *Pingo Doce.* Et vous voilà (presque) à 2 pas du château !

– ***Elevador de Santa Justa*** *(plan centre détachable, J8-9,* ***367****)* **:** *tlj 7h30-23h (21h nov-avr). Billet : 5,15 € A/R ; réduc ; gratuit avec le forfait « 1 jour » CARRIS/METRO de la carte* Viva Viagem *et avec la* Lisboa Card. *Supplément 1,50 € pour le point de vue. FONCTIONNEMENT SUSPENDU pendant la pandémie.* Ne manquez pas ce monument insolite, haut de 45 m ! Inauguré en 1902 pour faciliter l'accès à l'église du Carmo, dans le Chiado, depuis la ville basse, l'elevador de Santa Justa est un chef-d'œuvre d'architecture néogothique en fer forgé, typique de l'époque Eiffel – dont la silhouette se découpe dans l'axe de la rua de Santa Justa. Il est surmonté d'un belvédère offrant un point de vue magnifique, surtout la nuit. Voir aussi la rubrique « À voir. À faire » dans les quartiers du Carmo et du Chiado.

– Sinon, ***pour rejoindre le quartier du Chiado depuis Baixa,*** descendez dans la station de métro Baixa et remontez par l'un des 5 escalators qui vous feront déboucher directement sur le largo do Chiado *(GRATUIT).* Voilà une belle grimpette évitée !

En trottinette électrique

Si on ne vous conseille pas la *trotinete elétrica* dans le centre, compte tenu des dénivelés et de l'état des chaussées (pavés, rails des trams...), elle peut s'avérer bien pratique pour visiter les quartiers périphériques – notamment Belém ou le Parque das Nações. Pas moins de 4 compagnies se font concurrence : ***Lime*** *(• li.me •),*

Bolt, Link et ***Bird.*** Les 2 premières sont mieux implantées mais un peu plus chères *(15-20 c/mn).*

Le taxi

La plupart des taxis sont peints en vert et noir, d'autres en beige clair ; ils disposent tous d'un compteur. Prévoir 5 à 8 € pour une petite course dans le centre-ville. Supplément bagages : 2 € minimum, quel que soit le nombre de valises. Plusieurs compagnies dont : ***Cooptáxis*** *(☎ 217-932-756),* ***Rádio Táxis de Lisboa*** *(☎ 218-119-000)* et ***Teletáxis*** *(☎ 218-111-100).* Contrairement aux taxis venant de l'aéroport, qui s'arrangent presque toujours pour gonfler la note, les problèmes sont rares en ville. Beaucoup de Lisboètes utilisent les ***Uber,*** plus nombreux et moins chers, mais qui s'égarent plus souvent en chemin... Téléchargez l'application sur votre smartphone.

Les trains de banlieue

Gérés pour la plupart par la *CP (Comboios de Portugal),* ils permettent de se déplacer facilement (liaisons fréquentes) et à très bon prix dans les environs de Lisbonne. Pour Estoril et Cascais, on part de la gare de Cais de Sodré, avec arrêt à Belém ; pour Queluz et Sintra (5 € A/R !), départ de la gare du Rossio. Les tarifs varient en fonction d'un découpage en 4 zones tarifaires. Pour les *CP,* il faut une carte *Viva Viagem* similaire mais différente de celle que vous utiliserez dans les transports urbains ! Comme pour l'autre, vous pourrez la réutiliser en allant aux guichets, mais ne le pourrez pas si vous la rechargez dans un automate. Voyage gratuit avec la *Lisboa Card. Infos : • cp.pt • pour les trains et • scotturb.com • pour les bus Sintra-Cascais (nº 403).*

Estação central do Rossio *(plan d'ensemble détachable et plan centre détachable, I-J8) :* Ⓜ *Restauradores ou Rossio.* C'est le terminal des trains pour Queluz et Sintra. Départs ttes les 15-20 mn (30 mn w-e) ; trajet 17-40 mn. Billetterie en haut de l'escalator. Sur place : consignes, distributeurs.

Estação do Cais do Sodré *(plan d'ensemble détachable et plan centre détachable, I10) : à 800 m à l'ouest de la pr. do Comércio.* Ⓜ *Cais do Sodré.* Trains ttes les 20-30 mn, tlj 5h30-1h30, pour la station balnéaire de Cascais *(40 mn ; 4,50 € A/R),* par Estoril. Idéal pour une journée à la plage et pratique aussi pour rejoindre les hauts lieux de la nuit lisboète (Alcântara, Docas) et Belém *(7 mn ; 1,35 €).*

Les trains de la compagnie *Fertagus* desservant ***Setúbal*** et les villes au sud du Tage partent de l'***Estação de Roma-Areeiro*** *(Ⓜ Areeiro ou Roma ; assez éloignés),* avec arrêts ensuite dans les gares d'***Entrecampos*** *(Ⓜ Entre Campos ou Campo Pequeno),* de ***Sete Rios*** *(Ⓜ Jardim Zoológico)* et de ***Campolide*** *(Ⓜ Praça de Espanha).* Privilégiez celles d'Entrecampos ou de Sete Rios, les plus pratiques.

Les gares fluviales

Plusieurs embarcadères desservent la rive sud du Tage *(Outra Banda* ou *Outro Lado),* où la plupart des Lisboètes ont leurs pénates (loyers moins chers). Sympa pour une croisière à prix (très) modique ! *Infos : ☎ 808-203-050. • ttsl.pt •*

Estação fluvial do Cais do Sodré *(plan centre détachable, I10) : caché derrière la gare ferroviaire.*

➢ ***Cacilhas :*** départ ttes les 7-40 mn, 5h35-1h40.

➢ ***Seixal :*** départ ttes les 20 mn-1h30, 6h35-23h15 (ttes les 1h-2h le w-e : 7h30-22h sam, 8h30-21h30 dim).

➢ ***Montijo :*** départ ttes les 30 mn-1h, 6h30-23h15 (ttes les 2h-3h le w-e : 7h-22h sam, 8h40-21h30 dim). Trajet : 25 mn.

Estação fluvial do Terreiro do Paço *(plan centre détachable, K10) : à côté de la praça do Comércio.*

➢ ***Barreiro*** (joli hall décoré d'*azulejos*) *:* départ ttes les 10 mn-1h, 5h30 (5h45 w-e et j. fériés)-2h.

Estação fluvial de Belém *(plan détachable Belém).*

➢ ***Trafaria et Porto Brandão :*** env 1 départ/h, 6h30-22h lun-ven, 7h-21h30 sam, 8h-21h30 dim.

Les bateaux touristiques

■ ***Cruzeiros Tejo :*** ☎ *213-468-303.* • *cruzeirostejo.com* • *Prix et lieux de départ très variables selon circuit, type d'embarcation et nombre de passagers ; réduc.* D'avril à octobre, des bateaux touristiques (à voile ou à moteur) parcourent le fleuve en offrant des vues inédites sur Lisbonne et ses collines. Service hop-on hop-off vers Belém, liaisons vers Sesimbra et Cascais...

■ ***Nosso Tejo :*** 📱 *910-501-012. Départ de Cais do Sodré. Excursions 45 mn-2h, 15-35 € ; réduc.* Croisières sur de superbes bateaux à voile traditionnels, pouvant accueillir jusqu'à 50 passagers. La croisière la plus chère, au coucher du soleil, réserve de bien belles lumières sur la ville !

Le vélo

La topographie de la ville aux 7 collines ne se prête guère au cyclisme, sans compter que les pavés d'un grand nombre de rues rendent la circulation inconfortable, notamment s'il a plu. Des pistes cyclables ont été aménagées le long du Tage à partir de Cais do Sodré et dans le parque das Nações. Pour les locations de vélos, se renseigner auprès des offices de tourisme.

La voiture

Évitez de rouler en voiture en ville ! Sont fous ces Lisboètes, mais ils savent où stationner sans avoir de PV. Gare, sinon, vous êtes bon pour le *reboque* (fourrière), ou au moins pour le sabot ! Pour les irréductibles, sachez que les horodateurs peuvent être approvisionnés pour 2h ou 3h max, et que les parkings en centre-ville peuvent coûter jusqu'à 40 € pour 24h ! Pour ne pas vous ruiner, privilégiez les parkings proches du Parque das Nações et celui situé tout en haut du Parque Eduardo VII (3 €/j.) ; c'est excentré, oui, mais le métro n'est pas loin !

La voiture s'avère en revanche pratique pour sillonner les alentours, mais pas obligatoire.

Les principaux loueurs de voitures sont présents à l'intérieur de l'aéroport, à droite du hall d'arrivée.

■ ***BSP Auto :*** ☎ *01-86-26-90-74 (tlj 9h-21h30, le w-e 20h).* • *bsp-auto.com* • Les prix proposés sont attractifs et comprennent le kilométrage illimité et les assurances. *BSP Auto* propose exclusivement les grandes compagnies de location sur place, assurant un très bon niveau de service. Les plus : vous ne payez votre location que 5 jours avant le départ. Remise spéciale de 5 % aux lecteurs de ce guide avec le code « ROUTARD22 ».

Découvrir Lisbonne autrement

■ ***Lisbonne à pied :*** 📱 *961-164-296.* • *info@lisbonneapied.com* • *lisbonneapied.com* • *Compter 115-125 € par famille (2 adultes + 3 enfants). Réduc de 10 € sur présentation de ce guide.* Cette association de guides français amoureux de Lisbonne propose des visites guidées individualisées dans les quartiers les plus intéressants de la ville : les ruelles pittoresques de l'Alfama, le quartier animé du Chiado et celui de Baixa. Ces balades hors des sentiers battus permettent de vous imprégner de l'ambiance lisboète. Visite de 3h30 environ, émaillée d'anecdotes surprenantes pour mieux connaître Lisbonne et les Portugais.

■ ***Monlisbonne :*** 📱 *912-126-548 ou 966-199-793 (Whatsapp).* • *info@monlisbonne.com* • *monlisbonne.com* • *Compter 125 € pour 4h (jusqu'à 3 pers).* Elliot et ses acolytes francophones ont voulu déconstruire le principe des visites guidées classiques, en adaptant les trajets aux goûts et centres d'intérêt de chacun (architecture, street art, artisanat, histoire, gastronomie, parcours pour les enfants...). Du sur-mesure, à pied. Le dynamisme de cette jeune et sympathique équipe promet une découverte de la ville aussi passionnante que pétillante !

■ ***Lisbonne Âme Secrets :*** *résa nécessaire au* 📱 *963-967-967.* • *resa@lisbonne-ame-secrets.com* • *lisbonne-ame-secrets.com* • Promenades guidées (en français) d'environ 3h30-4h *(25 €/pers ; réduc moins de 26 ans)* dans les quartiers de l'Alfama et de Mouraria, de Graça, d'Intendente et de Sant'Anna, ainsi que de Belém.

Groupes de 8 personnes maximum. Visite des vieux quartiers très bien faite, pour apprécier et comprendre la vie locale. Visites privées sur demande.

■ ***Lisbon Walker*** *(zoom Alfama, **12**) : rua do Jardim do Tabaco, 126. 963-575-635. ☎ 218-861-840. • info@lisbonwalker.com • lisbonwalker.com • Tarif : 20 € ; réduc.* Cette association lisboète organise des visites guidées à pied. Pour les francophones, nécessité de constituer un groupe de 2 personnes minimum et de réserver à l'avance. Thèmes très variés et promenades faciles (2h-3h). Départs de l'angle nord-ouest de la praça do Comércio, sous les arcades.

■ ***En tuk-tuk :*** *rua dos Douradores, 16. 910-802-000. ☎ 211-450-252. • reservations@boostportugal.com • ecotuktours.com • Compter env 55 €/h ou 75-290 € pour des excursions de 2h-5h (3-6 pers).* Très nombreux à Lisbonne depuis quelques années, les *tuk-tuk* proposent des visites guidées dans ces triporteurs à la mode asiatique, pouvant accueillir jusqu'à 6 passagers (trajets simples interdits). D'autres compagnies ne manqueront pas de vous solliciter, mais on aime bien celle-ci pour ses véhicules équipés d'un moteur électrique. Mieux vaut s'assurer en tout cas d'avoir de bons amortisseurs !

LISBONNE QUARTIER PAR QUARTIER

C'est au cœur de la Ville blanche que commence la balade, par les quartiers les plus réputés : d'abord Baixa et Rossio, en bas, puis Chiado et le très festif Bairro Alto, en haut, pour de 1ers panoramas imprenables. Il sera temps, ensuite, de remonter l'avenida da Liberdade, puis de grimper les rues de Mouraria et de l'Alfama jusqu'au pied du *castelo* pour voir Lisbonne d'en haut dans ses plus beaux atours.

BAIXA ET ROSSIO

La Baixa, c'est un peu la vallée de Lisbonne, rare parenthèse plate au creux des collines du Chiado (à l'ouest), de Sant'Ana et du *castelo* (à l'est). Pièce centrale sur la carte de la ville, la Baixa est limitée au nord par le quartier du Rossio (gare) et au sud par le Tage, fleuve mythique se jetant dans l'océan Atlantique. Inhabituellement, la Baixa forme un grand rectangle urbain au plan quadrillé, fruit de la reconstruction de la ville par le marquis de Pombal après le terrible tremblement de terre de 1755. Sur le flanc des grandes places aérées et le long des rues bien parallèles et perpendiculaires, se mêlent immeubles résidentiels, bureaux et petits commerces historiques. Pour le voyageur, c'est un quartier de choix pour poser son sac dans l'un des nombreux *hostels,* pensions bon marché et hôtels de qualité.

Où dormir ?

De très bon marché à prix moyens

Certaines des adresses suivantes offrent 2 types d'hébergement : des lits en dortoir dans la catégorie « Très bon marché » à « Bon marché » et des chambres doubles de « Bon marché » à « Prix moyens ».

Auberges de jeunesse et hostels

⌂ ***Yes Lisbon Hostel*** *(plan centre détachable, J9, **31**) : rua de São Julião,*

148. ☎ 213-427-171. • infolisbon@yeshostels.com • yeshostels.com • Ⓜ Baixa-Chiado. Dortoirs (4-8 lits) 12-30 €/pers ; 1 double 45-120 €. Proche du musée du Design et du Tage, cette excellente AJ est arrangée de façon fonctionnelle et design, avec un grand bar en U à la réception. À la centaine de lits répartis dans des dortoirs avec sanitaires privés, ou communs sur le palier, s'ajoute une unique chambre double pour plus d'intimité. Repas possible sur place, cuisine à dispo, sorties organisées à Lisbonne ou dans les environs. Toujours beaucoup de monde, pensez donc à réserver. Accueil dynamique.

Living Lounge Hostel *(plan centre détachable, J9,* ***32****) : rua do Crucifixo, 116 ; 2°. ☎ 213-461-078. • info@livingloungehostel.com • livingloungehostel.com • Ⓜ Baixa-Chiado. Dortoirs (4-8 lits) 16-30 €/pers ; doubles 50-75 € ; petit déj généralement inclus.* Un de nos coups de cœur ! Les chambres et les dortoirs, climatisés, se partagent les salles de bains, mais on apprécie la déco particulière à chacun, façon traces d'une scène de crime, caravelle ailée ou hommage à la chanteuse de fado Amélia Rodrigues ! Salon commun agréable avec son mobilier de récup bien choisi et sa table pour le petit déj. Belle cuisine à dispo ou repas fait maison (payant) tous les soirs – idéal pour faire connaissance. Excellent accueil, jovial.

Lisbon Lounge Hostel *(plan centre détachable, J9,* ***33****) : rua de São Nicolau, 41 ; 1°. ☎ 213-462-061. • info@lisbonloungehostel.com • lisbonloungehostel.com • Ⓜ Baixa-Chiado. Dortoirs (3-8 lits) 12-30 €/pers ; doubles 44-84 €. Petit déj inclus.* Mêmes propriétaires que le *Living Lounge Hostel*. Ambiance jeune et agréable. Grand salon pour surfer ou écouter de la musique lounge (ah, c'est ça le nom !). Sur plusieurs étages, une soixantaine de lits répartis dans des chambres et dortoirs – avec ou sans salle de bains – gentiment décorés, propres et fonctionnels. Cuisine à dispo. Repas *(12 €)* mijoté le soir par le cuisinier de la maison. On va vous chouchouter !

Lisbon Destination Hostel *(plan centre détachable, I-J8,* ***57****) : largo do Duque do Cadaval, 17 ; estação do Rossio ; 2°. ☎ 213-466-457. • lisbon@destinationhostels.com • destinationhostels.com • Ⓜ Restauradores. Face aux quais de la gare ! Dortoirs (4-10 lits) 23-35 €/pers ; doubles 50-180 €.* Les chambres et les dortoirs (avec ou sans salle de bains) sont répartis autour d'un grand patio, sous une verrière baignée de soleil à midi – lieu de convivialité et d'échanges où l'on trouve quelques hamacs et poufs pour se prélasser, un billard et une table de ping-pong. Le mot d'ordre : *chill.* Déco plaisante dans les chambres (avec salle de bains) et les dortoirs, dans un style frais et moderne. Cuisine à l'allure new-yorkaise (dîner certains soirs). Sorties et visites de la ville (payantes). Accueil aimable.

Travellers House *(plan centre détachable, J9,* ***34****) : rua Augusta, 89 ; 1°. ☎ 210-115-922. • info@travellershouse.com • travellershouse.com • Ⓜ Baixa-Chiado. Dortoirs (4-6 lits) 20-32 €/pers ; doubles 30-50 €.* Une AJ privée centrale, pimpante à souhait avec ses parquets lustrés, musique cool et salon avec poufs pour se reposer. Les dortoirs sont impeccables, tous climatisés et équipés de coffres individuels. Quant aux 4 doubles, avec clim et salle de bains privée, elles ont toutes une déco différente et soignée. Petite terrasse sur le toit et jolie cuisine à dispo. Une adresse jeune qui ne manque pas de charme, et on espère qu'elle rouvrira après l'épidémie de Covid !

Home Lisbon Hostel *(plan centre détachable, K9,* ***37****) : rua de São Nicolau, 13 ; 2°. ☎ 218-885-312. • info@homelisbonhostel.com • homelisbonhostel.com • Ⓜ Baixa-Chiado. Dortoirs (4-8 lits) 22-26 €/pers ; doubles 90-160 €.* Ambiance définitivement routarde pour cette adresse qui cumule amabilité et décontraction. Plus d'une centaine de lits répartis dans des dortoirs avec sanitaires communs, plus des chambres avec salle de bains privée. Nickel ! Cuisine à dispo avec petite terrasse en prime, repas chaque soir, jolie réception-bar, salle TV avec grande collection

LISBONNE ET SES ENVIRONS

de DVDs, machines à laver... Accueil jovial. Bref, une autre belle adresse à vivre.

Rodamón Lisboa Hostel *(plan centre détachable, J8, **38**) : rua dos Fanqueiros, 300. ☎ 218-873-552. • lisboa@rodamonhostels.com • rodamonhostels.com • Ⓜ Rossio. Dortoirs (4-8 lits) 14-20 €/pers ; doubles 51-65 €. Petit déj buffet 5,50 €.* Cette petite chaîne d'AJ barcelonaise s'est implantée à Lisbonne, à 2 pas de la praça da Figueira, en pleine crise de la Covid ! Le confort est au rendez-vous : bel espace salon-bar contemporain autour de l'accueil, chambres à l'avenant, assez minimalistes, insonorisées, avec parquet et/ou *azulejos,* dortoirs (notamment pour filles) équipés de bons matelas, lumières et prises individuelles, tous avec salle de bains, etc. Pas un *party hostel,* c'est sûr. Attention, ni cuisine ni laverie.

We Love F. Tourists *(plan centre détachable, J8, **30**) : rua dos Fanqueiros, 267 ; 4°. ☎ 218-871-327. • info@weloveftourists.com • weloveftourists.com • Ⓜ Rossio ou Baixa-Chiado. Dortoirs (4-6 lits) 20-60 €/pers ; doubles 70-95 €. Petit déj en supplément.* Des murs blancs et du parquet en sapin, une déco et des aménagements simples mais plaisants. Cette petite AJ privée conviviale dispose d'une cinquantaine de lits distribués entre chambres (avec machine Nespresso !) et dortoirs – tous avec salle de bains sur le palier. Salon bien cool sous les combles et cuisinette dans les communs. Accueil jeune et diligent. Repas, excursions, sorties...

Hôtels et pensions

Lisbon Story Guesthouse *(plan centre détachable, J8, **35**) : largo de São Domingos, 18 S/L ; 1°. ☎ 218-879-392. • info@lisbonstoryguesthouse.com • lisbonstoryguesthouse.com • Ⓜ Rossio. Doubles 70-110 €, petit déj inclus.* Une dizaine de chambres toutes différentes, certaines plus petites que d'autres, sans clim mais avec salle de bains. Les moins chères, sous les toits, sont accessibles par un escalier raide. Déco plaisante et chaleureuse, objets chinés et peintures murales soignées et originales. Salon commun assez cosy et élégant. Aussi 2 appartements (2-6 personnes) du même tonneau, avec cuisine. Une adresse avec un bon esprit.

Pensão Praça da Figueira *(plan centre détachable, J8, **39**) : travessa nova de São Domingos, 9 ; 2°. ☎ 213-426-757. • reservas@pensaopracadafigueira.com • pensaopracadafigueira.com • Ⓜ Rossio. Doubles 55-100 € ; familiales. Petit déj inclus.* Cette pension n'a pas grand charme, mais ses 32 chambres sont propres et fonctionnelles, avec clim, vue sur la praça da Figueira ou sur la rue piétonne à l'arrière (moins lumineux mais plus calme). Celles avec salle de bains privée ont en plus bouilloire et petit frigo ; elles sont un peu inégales : parfois avec juste une douche cabine posée là, parfois avec une vraie belle salle de bains. Petite cuisine simple et salon à 3 des 4 étages. Accueil charmant.

Pensão Estação Central *(plan centre détachable, J8, **56**) : calçada do Carmo, 17 ; 1-3°. ☎ 213-423-308. • pensaoestacaocentral@clix.pt • Ⓜ Restauradore. Doubles 40-95 € ; pas de petit déj.* À côté de la gare du Rossio, ce fut l'une des 1res pensions de la ville (1927). Les chambres, fonctionnelles mais pour certaines vraiment riquiquis, sont peu à peu rénovées (un gros tiers, déjà) ; demandez celles-là, plutôt agréables, avec parquet flottant et douche vitrée. Certaine ont l'AC ; pour le chauffage, l'hiver, c'est radiateur sur roulette ! Propre et calme malgré sa situation on ne peut plus centrale.

De plus chic à très chic

Certaines des adresses de cette catégorie peuvent offrir des prix doux en basse saison ou lors de promo sur Internet.

Tesouro da Baixa by Shiadu *(plan centre détachable, J8, **41**) : rua Dom Duarte, 3. 📱 914-176-969. • info@shiadu.com • shiadu.com • Ⓜ Rossio. Doubles 60-200 € ;*

familiales. Réception au 3e étage. On a un gros faible pour cette *guesthouse* de charme, installée dans une bâtisse du XIXe s de style pombalin, avec balcons en fer forgé. Une grosse trentaine de belles chambres tout confort (lits de 160 ou 180 cm de large), de tailles différentes, décorées avec des meubles et des objets chinés, ou dans un style plus « scandinave ». Certaines ont un balcon avec belles vues sur la ville. Immense salle commune pour le petit déj, avec canapés Chesterfield et le parquet qui craque juste ce qu'il faut. Ambiance cosy. Accueil francophone, attentif et cordial. C'est sûr, on reviendra !

My Story Hotel Tejo *(plan centre détachable, J8,* ***45****) : rua dos Condes de Monsanto, 2. ☎ 218-866-182. • guestservice@mystoryhotels.com • mystoryhotels.com • ♿ Ⓜ Rossio. Doubles 70-180 €.* Emplacement idéal pour cet hôtel installé dans une ancienne bâtisse avec des voûtes en pierre. Rénové avec soin dans un style contemporain, mais en conservant certains éléments anciens, il dispose de chambres spacieuses et confortables, avec vue sur le château d'un côté, le Carmo de l'autre, ou la rue (peu bruyante). Un bon rapport qualité-prix-accueil (adorable et disponible).

Lisboa Prata Boutique Hotel *(plan centre détachable, J9,* ***42****) : rua da Prata, 116. ☎ 218-805-020. • reservations@lpboutiquehotel.com • lpboutiquehotel.com • Ⓜ Baixa-Chiado. Doubles 95-230 €.* Stratégiquement situé dans une belle bâtisse du XVIIIe s, voici des chambres à l'allure sobre et raffinée, les plus chères avec balcon. Les moins onéreuses (« *classic rooms* ») sont petites, mais toutes offrent un bon niveau confort – si l'on excepte l'insonorisation un peu légère. Petit salon cosy, avec sol vitré sur les fortifications romaines. Personnel avenant. Petit déj sur commande la veille.

Esqina Cosmopolitan Lodge *(plan centre détachable, K8,* ***44****) : rua da Madalena, 195. ☎ 210-522-735. • info.cosmopolitanlodge@esqina.com • esqinacosmopolitanlodge.com • Ⓜ Rossio ou Baixa-Chiado. Doubles 75-150 €.* Situé à la limite de la Baixa, de la Mouraria et de l'Alfama, ce petit hôtel inauguré en 2019 aligne 35 chambres jolies et confortables (AC, thé ou café), plus ou moins chères en fonction de leur taille (certaines sont étroites) et de la vue qu'elles offrent. Beaux parquets modernes, douche vitrée, balcons pour certaines et, pour la *Tiles Room* (très demandée !), des *azulejos* d'origine et l'alcôve de la vieille cheminée !

158 Lisbon Art Stay *(plan centre détachable, J9,* ***43****) : rua dos Sapateiros, 158. ☎ 211-931-646. • info@lisbonartstay.com • lisbonartstay.com • Ⓜ Baixa-Chiado. Studios (2 pers) 120-155 € ; apparts (5-7 pers) 165-220 €. Petits déj 10-13 €.* Derrière la façade ornée de plantes vertes de cet immeuble très central se cachent des studios et appartements indépendants, tous décorés différemment : béton ciré pour certains, couleurs pétaradantes ou douces, peintures d'artistes... Kitchenette simple mais suffisante. Terrasse sur le toit avec vue sur l'*elevador,* le château et le Tage. Une belle adresse dans une rue calme.

My Story Hotel Rossio *(plan centre détachable, J8,* ***36****) : praça Dom Pedro IV, 59. ☎ 213-400-380. • rossio@mystoryhotels.com • mystoryhotels.com • Ⓜ Rossio. Doubles 110-210 €.* On entre dans un tout petit *lobby,* mais les chambres s'avèrent hyper confortables, bien insonorisées, dotées d'une déco actuelle et chaleureuse. Une adresse plaisante, d'autant que l'accueil y est excellent.

Internacional Design Hotel *(plan centre détachable, J8,* ***46****) : rua da Betesga, 3. ☎ 213-240-990. • book@idesignhotel.com • idesignhotel.com • ♿ Ⓜ Rossio. Doubles 70-270 €.* Plusieurs ambiances pour cet hôtel design et confortable : *urban,* zen, tribal, pop, avec déco, sons et odeurs adaptés à chaque étage ! Attention, certaines chambres sont assez étroites. Belle vue sur la place du Figuier pour certaines (avec double vitrage).

Où manger ?

De très bon marché à bon marché

🍴 ⛱ ***Floresta das Escadinhas*** *(plan centre détachable, J-K8,* ***120****)* **:** *rua de Santa Justa, 3. ☎ 218-872-052. Tlj 12h-16h sauf dim. Plats 7-11 €.* Un petit resto portugais servant une bonne cuisine traditionnelle à prix canon, dans un cadre agréable, à quelques marches de la praça da Figueira ? Le défi est relevé. La carte est courte (sardines, poulpe, morue, côte de veau, *ribs*...), mais les assiettes sont copieuses et bien présentées. En bonus : quelques tables dans l'escalier. Il y a aussi des planches de viandes et poissons, un peu plus chères.

🍴 ⛱ ***Nicolau*** *(plan centre détachable, K9,* ***37****)* **:** *rua de São Nicolau, 17. ☎ 218-860-312. • info@ilovenicolau.com • Tlj 8h30-22h. Plats 5-11 € ; brunch 15 €.* Ce café couleur vert d'eau propose un brunch toute la journée, des petits déj bons et bien costauds (toasts épais, pancakes, jus *healthy*), mais aussi salades, toasts, burgers, *bowls*, omelettes et œufs. Agréable petite terrasse vite prise d'assaut. Ne désemplit pas (l'attente peut être très/trop longue) ! 2 autres adresses à Lisbonne : ***Basílio Lisboa*** *(rua dos Bacalhoeiros, 11 ; tlj 9h-22h)* et ***Amélia Lisboa*** *(rua Ferreira Borges, 101, à Campo de Ourique ; tlj 8h30-22h).*

🍴 ☕ ***Frutaria*** *(plan centre détachable, J8,* ***125****)* **:** *rua dos Fanqueiros, 269. ☎ 218-870-414. • info@frutaria.net • Lun-ven 12h-20h, sam 12h-15h, fermé dim. Plats 4-8,50 €. Brunch 15-16 €.* La chemise jaune à motifs avocats du serveur donne le ton ! Ici, on mange frais et sain, sur fond de pop cool. Assiette de fruits et pancakes pour bien se réveiller, œufs, salades, sandwichs, burgers ou *bowls* copieux le midi servis dans une belle vaisselle en céramique, smoothies et superbes cocktails de jus rehaussés de gingembre (ou non) à toute heure : on recommande. Le brunch existe même en version végane. Seul bémol : mieux vaut ne pas être trop pressé.

🍴 ***A Merendinha do Arco*** *(plan centre détachable, J8,* ***127****)* **:** *rua dos Sapateiros, 230-232. ☎ 213-425-135. • merendinha.arco@gmail.com • Lun-ven 12h-20h, sam 12h-15h. Fermé dim. Plats 9-14 €.* Sa devise ? « Hygiène, honnêteté, rapidité. » À quelques pas de la praça da Figueira et juste au pied de l'arc, voilà un bon resto traditionnel dans son jus, sans chichis, où l'on mange à touche-touche avec les habitués. Poissons en vedette, mais aussi des viandes grillées, omelettes et soupes ; tout y est ! Une adresse authentique.

🍴 ***Buffet do Leão*** *(plan centre détachable, J8,* ***123****)* **:** *rua 1° de Dezembro, 97. ☎ 213-428-195. • leao_douro@sapo.pt • Tlj 12h-22h30. Buffet 8-9 €.* « Mangez autant que vous voulez », tel est le slogan de ce resto-buffet à volonté ; annexe *low-cost* de la célèbre brasserie chic attenante (voir plus loin). Rien de bien raffiné ici, mais efficace pour caler son touriste affamé !

De bon marché à prix moyens

🍴 ⛱ ***O Cocas*** *(plan centre détachable, J8,* ***129****)* **:** *rua dos Correeiros, 177. ☎ 213-460-550. 📱 926-856-879. Tlj 14h-23h. Petiscos 4-12,50 €, plats jusqu'à 16 €.* La terrasse sur la rue piétonne est bien agréable, et la panoplie de petits plats à partager et plats du jour tient la route. Du classique, un poil cher mais bien fait et bien présenté, façon steak de thon frais, moules marinées ou morue grillée.

O Arco *(plan centre détachable, J9, **124**) : rua do Sapateiros, 161-163. ☎ 213-463-280. Tlj 12h-15h, 19h-22h30, fermé mer. Plats 12-35 €. CB refusées.* Pas d'*azulejos* ici, mais du bois punaisé de billets de banque et des lustres colorés un peu kitsch ! Dans l'assiette, spécialités de marmites – souvent pour 2 personnes – mijotant avec goût fruits de mer ou viandes, pour le plus grand plaisir de nos papilles. On se régale dans un gentil brouhaha touristique. Accueil qui se déride vite.

Leão d'Ouro *(plan centre détachable, J8, **132**) : rua 1° de Dezembro, 105. ☎ 213-426-195. • leao_douro@sapo.pt • Tlj 12h-23h. Plats 12-25 €.* Ouverte en 1842, cette grande brasserie – bien connue des Lisboètes – mitonne de bonnes spécialités de poisson et de fruits de mer, à choisir sur la glace ou dans le vivier à l'entrée. Valent-elles leur prix ? Telle est la question. Excellentes charcuteries pour les aficionados. Grande salle haute de plafond avec tables en bois et *azulejos* sur les murs.

LISBONNE ET SES ENVIRONS

Petit déj, pâtisseries, glaces, cafés et salons de thé

Confeitaria Nacional *(plan centre détachable, J8, **250**) : praça da Figueira, 18 B. ☎ 213-424-470. • info@confeitarianacional.com • Tlj 8h30-19h30.* Fondée en 1829, cette institution lisboète s'affiche comme une jolie bonbonnière « à l'ancienne » en laque crème, avec des formes arrondies, des miroirs courbes et des serveuses en tenue classique. On y engloutit dès le petit déj toutes sortes de pâtisseries (très sucrées dans l'ensemble) et, à 16h, les *torradas*, ces grosses tranches de pain de mie servies grillées et tartinées au beurre salé, qu'on accompagne d'un chocolat chaud ou d'un thé. Également des repas à midi. Accueil irrégulier.

Penta Café *(plan centre détachable, J9, **252**) : rua Áurea, 115-117. 912-593-776. • cafepenta@gmail.com • Tlj, sauf dim, 7h30 (10h30 sam)-20h.* Jus très frais, gâteaux, *tostas* et sandwichs au mètre (!), soupes au litre (!) : l'escale est tout indiquée quand la pause s'impose. On choisit soi-même les ingrédients de son sandwich. Prix serrés et accueil sympa.

Manteigaria *(plan centre détachable, J9, **253**) : rua Augusta, 195-197. ☎ 213-471-492. • info@manteigaria.com • Tlj 8h-minuit.* Notre fabrique de *pastéis de nata* préférée du Chiado (voir plus loin) a ouvert une nouvelle antenne dans la Baixa. Une jolie boutique, avec une devanture rétro en bois sculpté !

Casa Chinesa *(plan centre détachable, J8, **251**) : rua Áurea, 274-278. ☎ 213-423-680. Tlj 7h (dim 8h)-minuit.* Depuis 1866, cette pâtisserie torréfie les meilleurs cafés d'Afrique et du Brésil, qu'on vient déguster debout, accoudé au zinc rutilant, ou acheter par kilos entiers ! À agrémenter éventuellement d'un *bolo de mel da Madeira* (très sucré et assez étouffe-bougre) ou d'une autre pâtisserie. Spécialité de *folar*, fourré à la viande, aussi. On ne s'extasiera pas sur l'accueil.

Forno da Nataria Nacional *(plan centre détachable, J8, **255**) : rua Áurea, 255. ☎ 210-187-125. Tlj 8h-22h.* Vous y trouverez les excellentes glaces Nannarella sans avoir besoin de vous déplacer jusque dans le quartier de Madragoa. Mais aussi : *pastéis de nata*, *bolas de Berlim* et... pain au *chouriço* !

Gelato Therapy *(plan centre détachable, K9, **258**) : rua da Madalena, 83. ☎ 218-860-831. Tlj 12h-minuit (19h en hiver).* Essayez la star de la maison : la glace citron-miel-romarin. Et s'il y en a, la figues-noix et vieux porto. Miam.

Où boire un verre ?

Ginjinhas, buvettes

Pour avaler prestement une liqueur aux cerises macérées ou une infusion de plantes, petits remontants indispensables à la vie des Lisboètes, rendez-vous selon votre humeur ***largo São Domingos*** *(plan centre détachable,*

J8), ***rua das Portas de Santo Antão*** *(plan centre détachable, I7-J8)*, ***rua Barros Queirós*** *(plan centre détachable, J8)* et ***rua da Mouraria*** *(plan centre détachable, K8)*. On y boit debout dans les buvettes ou sur le trottoir, façon station-service, pour recharger les batteries !

A Ginjinha *(plan centre détachable, J8,* ***270****)* **:** *largo São Domingos, 8. Tlj 9h-22h.* Admirez les peintures sur les contrevents de la buvette, dans le style savoureux de la Belle Époque : homme à panama, femmes à la tête couverte, bouteille en main. Pas la peine de parler portugais, le geste suffit pour se faire remplir un peu plus qu'un dé à coudre de liqueur, avec 1 ou 2 petites cerises. À boire sur le trottoir (qui colle !) avec les habitués.

Ginginha do Carmo *(plan centre détachable, J8,* ***121****)* **:** *calçada do Carmo, 37 A. 211-911-898. • adorei@ginginha.carmo.pt • Au pied des marches de l'escalier menant du largo do Carmo vers le Rossio. Tlj 12h-minuit (2h ven-sam).* De quoi se donner du cœur avant ou après l'escalier ! À siroter debout au comptoir de ce micro-local.

Cafés historiques

Martinho da Arcada *(plan centre détachable, K9,* ***273****)* **:** *praça do Comércio, 3. ☎ 218-879-259. • martinhodaarcada@sapo.pt • Tlj 12h-15h, 19h-22h.* L'écrivain Fernando Pessoa avait ses habitudes dans ce monument historique datant de 1782, partagé entre un bar-cantine et une grande salle aux boiseries anciennes, tables de marbre, nappes blanches et photos d'écrivains (dont Pessoa, bien sûr). Le prix Nobel José Saramago et le Brésilien Jorge Amado y sont aussi venus pour des causeries litté
a passé (n'y
Terrasse sou

Café Nico *(*
J8, ***274****)* **:** *p*
☎ 213-46
cola@gma
au XVIIIe s, ce g
tout 1ers de Lisbonne, con
le nom de *Botequim do Nicola* (un
lien). Fréquenté par artistes, écrivains et politiques, il a été refait en 1929 avec façade Art nouveau et intérieurs Art déco. Dans la salle du fond trône la statue de Barbosa du Bocage, un poète portugais d'origine française, habitué des lieux. N'y mangez pas : la qualité n'est pas du tout à la hauteur des tarifs pratiqués.

Bars design et dansants

Rooftop Bar de l'Hotel Mundial *(plan centre détachable, J8,* ***291****)* **:** *praça Martim Moniz, 2. ☎ 218-842-000. • info@hotel-mundial.pt • En été, tlj 15h30-23h30.* Sur le toit de l'*Hotel Mundial*, on boit un verre devant un panorama d'exception ! Bons cocktails (pas donnés) sur fond de musique lounge. Petite carte – tapas et burgers – histoire de mettre un peu de solide dans le liquide.

Ministerium *(plan centre détachable, K9,* ***272****)* **:** *praça do Comércio, 72. ☎ 218-888-454. • comercial@ministerium.pt • ministerium.pt •* Pourquoi *Ministerium* ? Parce qu'il y avait et il y a encore des bureaux des ministères dans les bâtiments au-dessus des arcades de cette belle praça do Comércio. La salle de ce bar-club super réputé est définitivement design, la terrasse agréable et les jus de fruits sont naturels. Pour le reste : bouffe médiocre, service lent et videurs patibulaires (tarifs à la gueule du client)...

Achats

À boire et à manger

Portologia *(la maison des Porto ; plan centre détachable, K9,* ***338****)* **:** *rua São Julião, 34-36. ☎ 210-179-313. • lisboa@portologia.com • Tlj Jeu-dim 15h-20h.* Cette belle boutique voûtée tenue par une petite équipe francophone (la maison mère est à Paris) se double d'un bar de dégustations commentées des vins de Porto. Le choix est énorme – près de 200 étiquettes, dont o – toutes issues de petits urs indépendants. Petite tapas (charcuterie et fromages ntiellement) pour accompagner verres. Bref, une adresse unique nctionnant sur un excellent concept ! Soirées fado.

Napoleão *(plan centre détachable, K9,* ***330****) : rua dos Fanqueiros, 70. ☎ 218-872-042. • wine@napoleao.eu • Tlj 10h-14h, 15h-19h, sauf dim.* Non, ce n'est pas un musée à la gloire de Napoléon mais bien 2 belles boutiques-œnothèques spécialisées dans les élixirs portugais, qui se font face de part et d'autre de la rue Conceição. Très grande variété de crus et beau choix de portos. Les prix sont bien affichés. Demandez conseil ou participez à une dégustation (vin et huiles d'olive) !

Manuel Tavares *(plan centre détachable, J8,* ***331****) : rua da Betesga, 1 A-B. ☎ 213-424-209. • info@manueltavares.com • Tlj, sauf dim, 9h30-19h30 (13h30 sam).* Une charcuterie de la Baixa qui a fêté ses 150 ans en 2010 ! Sorte de caverne d'Ali Baba où vous trouverez aussi bien du chorizo de l'Alentejo que du jambon, des fromages de pays, sans oublier les vins, les portos, la fameuse gelée de coings et même des dragées maison...

Mundo Fantástico da Sardinha Portuguesa *(plan centre détachable, J8,* ***322****) : praça Dom Pedro IV, 39-41. ☎ 211-349-044. • store@comur.com • Tlj 10h (9h30 w-e)-21h.* Des sardines en boîte par milliers dans un cadre de fête foraine avec grande roue miniature, théâtre et manège ! Le must : repartir avec la boîte de son année de naissance...

De la tête aux pieds

A Outra Face da Lua *(plan centre détachable, J8-9,* ***329****) : rua da Assunção, 22. ☎ 218-863-430. • baixa@aoutrafacedalua.com • Tlj 10h-18h sauf dim.* Un magasin de vêtements et accessoires vintage plutôt haut de gamme, bien classés par genres et... par couleurs ! Large choix.

Typographia *(plan centre détachable, J9,* ***332****) : rua Augusta, 93. Tlj 10h-14h, 15h-19h.* La crème des designers portugais s'est amusée à créer de beaux tee-shirts (également en vente dans les boutiques de certains musées). Un souvenir coloré et à porter illico !

Chapelaria Azevedo Rua *(plan centre détachable, J8,* ***333****) : praça Dom Pedro IV, 69, 72-73. ☎ 213-427-511. • azevedorua@sapo.pt • Tlj, sauf dim, 9h30 (10h sam)-19h.* Depuis 1886, toutes les têtes bien nées ou bien faites de Lisbonne sont passées par là ! Du borsalino au panama en passant par la voilette ou le chapeau à plumes, il y en a pour tous les goûts.

À voir. À faire

Le quartier du Rossio

Praça Dom Pedro IV *(plan centre détachable, J8)* : plus communément appelée le ***Rossio,*** elle marquait déjà le cœur de la ville au Moyen Âge, site des fêtes et des autodafés. Bordée de grands cafés à terrasses et du Théâtre national, elle reste aujourd'hui le cœur battant de la vie lisboète et le point de ralliement des manifestations politiques. C'est sur cette place qu'un fleuriste aurait offert un bouquet

ATTENTION, UN ROI PEUT EN CACHER UN AUTRE !

Avez-vous vu la statue de Dom Pedro IV qui est au cœur du Rossio ? En fait, l'artiste français chargé de sculpter le roi en bronze s'est contenté d'envoyer à sa place une statue de Maximilien, l'empereur du Mexique, qui devait traîner dans son atelier. Il faut dire que le règne de Maximilien fut court : il a été fusillé au bout d'à peine 3 ans.

d'œillets à un soldat, le 25 avril 1974. Ce geste s'est vite répété dans la foule en liesse, donnant son nom à la révolution des Œillets.
– ***Teatro nacional Dona Maria II*** *(théâtre national Dona Maria II ; plan centre détachable, J8)* **:** *sur la place.* ☎ *800-213-250 (billetterie).* • *tndm.pt* • Il a été inauguré en 1846 en lieu et place d'un ancien palais royal, dans le but « d'élever et d'améliorer la moralité de la nation » !
– Au n° 24, le *Café Nicola,* l'un des cafés historiques de Lisbonne, précédé d'une vaste terrasse (voir « Où boire un verre ? »).
– Au n° 73, vieux magasin de chapeaux, la *Chapelaria Azevedo Rua* (voir plus haut « Achats »).

Juste à l'ouest du théâtre, l'importante ***gare du Rossio,*** aux allures de palais, offre une curieuse façade, avec 2 portes en forme de fer à cheval, pastiche du style manuélin.

Igreja do convento de São Domingos *(église Saint-Dominique ; plan centre détachable, J8)* **:** *rua João de Freitas Branco, 12.* • *igrejasaodomingos.com* • *Tlj 8h-19h.* Son histoire agitée est plus intéressante que son architecture. Fondée en 1242 par dom Sancho II, siège des dominicains, elle vit aussi œuvrer l'Inquisition, qui y a tenu plusieurs de ses sinistres autodafés. Reconstruite après le grand tremblement de terre de 1755, puis après un grand incendie en 1959, elle s'appuie sur des piliers grignotés par les stigmates de l'Histoire... Interdits de réunions publiques par les autorités, les Africains de Lisbonne s'y réunissaient au sein d'une confrérie réservée aux Noirs, dite de Notre-Dame-du-Rosaire-des-Hommes-Noirs *(Nossa Senhora do Rosario dos Homens Pretos).* Un prêtre africain officia au temps jadis dans l'église. Depuis, la place voisine est devenue le lieu de rendez-vous de nombreux Africains des anciennes colonies.

Praça da Figueira *(place du Figuier ; plan centre détachable, J8)* **:** moins élégante que sa voisine, on y trouve une statue de dom João I et la vieille *Confeitaria Nacional* (voir plus haut la rubrique « Pâtisseries, cafés et salons de thé »).

Hospital de Bonecas *(hôpital des Poupées ; plan centre détachable, J8,* ***360****)* **:** *praça da Figueira, 7.* ☎ *213-428-574.* • *hosptitaldebonecas.com* • Au rez-de-chaussée, la boutique *(tlj, sauf dim, 10h-19h ; sam 10h-18h)* et à l'étage, l'hôpital-musée *(tlj, sauf dim, 10h30-12h30, 15h30-17h ; entrée 2,50 €).* Un endroit surréaliste, tout petit, où l'on vient déposer ses joujoux abîmés. Numéro de lit, chirurgie esthétique, salle des traumatisés... comme dans un « vrai » hôpital !

Le quartier de la Baixa
(plan centre détachable, J-K8-9)

Au sud du Rossio, la Baixa, dévastée par le séisme de 1755, a hérité d'un plan quadrillé millimétré, avec rues se coupant à angle droit. Le marquis de Pombal, en avance sur son temps, adopta des normes antisismiques : la Baixa repose ainsi sur une structure de bois debout !

> **DA BAIXA CODE**
>
> *Dans le plan de la Baixa, le chiffre 3, symbole de la Raison chez les francs-maçons, se retrouve un peu partout : 3 grandes rues relient la praça do Comércio au Rossio. D'est en ouest, 9 rues parallèles coupent le quartier... Chacune porte le nom de métaux précieux ou de corporations d'artisans : Áurea (ou d'Ouro, « de l'Or »), da Prata (« de l'Argent »), dos Correeiros (« des Selliers »), dos Sapateiros (« des Cordonniers »), etc.*

Le grand magasin Pollux *(plan centre détachable, J8,* ***361****)* **:** *rua dos Fanqueiros, 276.* • *pollux.pt* • *Tlj 12h-22h30 sauf dim.* Envie d'une jolie vue sur

Lisbonne ? Vous l'aurez en grimpant au 8e étage de ce petit *BHV* local qui abrite un bar-resto avec terrasse et vue sur les toits de la ville basse. Dans l'axe, l'*elevador* de Santa Justa.

Núcleo arqueológico da rua dos Correeiros *(base archéologique de la rua dos Correeiros ; plan centre détachable, J9,* ***362****) : rua dos Correeiros, 21. ☎ 211-131-004. Fermé pour travaux. Sinon, tlj 10h-12h, 14h-17h, sauf dim et j. fériés. Visite guidée gratuite sur résa (par tél ou sur place) ; durée : env 1h. GRATUIT.* Dans le sous-sol d'une agence bancaire, on peut observer des vestiges (pans de mur) de la période romaine, du temps où Lisbonne s'appelait *Olisippo Felicitas Julia.* Rien de grandiose, mais le site est soigneusement mis en valeur.

MUDE – museu do Design e da Moda *(plan centre détachable, J9,* ***363****) : rua Augusta, 24. ☎ 218-171-892.* • *mude.pt* • ***En travaux pour rénovation.*** Installé dans une ancienne banque, ce musée est consacré au design et à la mode. Les collections riches et précieuses – des années 1914 à nos jours – méritent certainement une visite...

Arco da rua Augusta *(plan centre détachable, J9) : rua Augusta, 2. Tlj 10h-19h (dernière entrée 15 mn avt). Entrée : 3 € ; billet combiné avec le* Lisboa Story Centre *8 € ; gratuit jusqu'à 5 ans et avec la* Lisboa Card. Prenez de l'altitude pour admirer la Baixa et la belle praça do Comércio depuis le sommet de cet arc de triomphe construit pour commémorer le tremblement de terre de 1755. Vue panoramique spectaculaire à plus de 30 m du sol (par ascenseur, ouf !). Au passage, on apprécie le fonctionnement de l'horloge fabriquée en 1941 au Portugal.

Praça do Comércio *(place du Commerce ; Terreiro do Paço ; plan centre détachable, J-K9-10) :* voilà l'une des plus belles (et des plus vastes !) places d'Europe. Les Lisboètes l'appellent aussi Terreiro do Paço. Bordée d'harmonieux édifices avec galeries à arcades, dans l'axe de l'arc de triomphe de la rua Augusta et du Tage, elle demeure le siège des principaux ministères. Rendue aux promeneurs après avoir fait office de parking, elle abrite aussi le principal office de tourisme de la ville, situé près de l'endroit où le roi Carlos et son fils aîné furent assassinés en 1908... Nombre de trams et de bus se croisent ici, filant vers tous les coins de la capitale.

Lisboa Story Centre *(plan centre détachable, K10,* ***364****) : praça do Comércio, 78-81. ☎ 211-941-027.* • *lisboastorycentre.pt* • *Tlj 10h-19h (dernière entrée à 18h). Billet : 6,50 € ; billet combiné avec l'*Arco da rua Augusta *8 €, avec le* Centre d'interprétation de l'histoire de la morue *9 € ; les 3 : 11,50 € ; réduc ; gratuit jusqu'à 5 ans et avec la* Lisboa Card.
S'il ne présente aucune pièce ancienne, ce musée situé sous les arcades du Terreiro do Paço (aile est) évoque avec dynamisme l'histoire de Lisbonne – et, par extension, du Portugal. On chemine à travers le temps, d'une scène évocatrice à une autre, l'audioguide se déclenchant automatiquement au fur et à mesure de l'avancée. L'audiovisuel, les techniques digitales (3D), la musique et le cinéma sont utilisés avec adresse et pédagogie, réactivant l'histoire de la ville pour la rendre attrayante. À l'étape 8, par exemple, une sorte d'oiseau géant suspendu au plafond emporte le père jésuite Bartolomeo Gusmão dans les airs... évocation de la 1re tentative de vol (supposée !) en 1709 au Terreiro do Paço. Les néophytes y trouveront leur compte, mais les historiens resteront sans doute un peu sur leur faim. Le parcours est entrecoupé d'un film tendance hollywoodienne retraçant en 7 mn le terrible tremblement de terre de 1755. Suivi d'un tsunami, il détruisit le centre de Lisbonne, faisant de 6 000 à 8 000 morts et d'innombrables blessés. On termine avec la reconstruction, qui a permis de moderniser toute une partie de la capitale portugaise.
À l'étage : expos temporaires et écrans tactiles pour découvrir gravures, peintures et photos anciennes.

Centro Interpretativo da História do Bacalhau *(Centre d'interprétation de l'histoire de la morue ; plan centre détachable, K10,* ***385****) : praça do Comércio, 85-86. Tlj 10h-19h, dernière entrée 30 mn avt. Billet : 4 € ; réduc. Billet combiné avec le Lisboa Story Centre : 9 € ; avec l'Arco da rua Augusta : 11,50 €.* L'un des trésors de la gastronomie portugaise a désormais son musée à Lisbonne – réalisé dans le même esprit que le *Lisboa Story Centre* voisin. Saviez-vous que les Portugais consomment à eux seuls environ 20 % de la morue mondiale, aujourd'hui essentiellement pêchée en Norvège et en Islande ? Le rez-de-chaussée retrace l'épopée de cette pêche qui a commencé dès le XVIe s au large de Terre-Neuve, à grand renfort d'écrans et de témoignages d'anciens marins. On découvre les techniques de pêche, le froid, la solitude, les tempêtes... L'étage présente le rôle majeur de la morue dans la cuisine portugaise, ainsi que les nombreuses façons de la préparer. Vous pouvez même proposer vos propres recettes ! Sur place, restaurant *Terra Nova*.

LA MORUE AU SERVICE DE L'HISTOIRE

En 1500, l'explorateur portugais Gaspar Corte-Real, parti des Açores, découvre le Groenland, puis le Labrador et Terre-Neuve (à l'est du Canada actuel). Il s'intéresse à la pêche à la morue et constate que ce poisson, une fois séché et salé, se conserve très bien. Il suffit de la réhydrater pour pouvoir le manger. La morue devient ainsi l'aliment de base des marins portugais sur les caravelles à l'époque des grandes découvertes (XVIe s).

Museu da Cerveja *(musée de la Bière ; plan centre détachable, K9,* ***365****) : praça do Comércio, 62-65. ☎ 210-987-656. • museudacerveja.pt • Tlj 12h-21h. Entrée : 5 € (visite guidée avec dégustation) ; réduc ; gratuit pour ceux qui mangent sur place.* Couplé à un restaurant, ce musée très commercial, financé par des fabricants de bière, se penche sur l'histoire du divin breuvage, des origines à nos jours, avec un angle portugais. On passe de la brasserie monastique « reconstituée » aux grosses cuves en cuivre des brasseurs industriels. Malgré le progrès, la méthode reste la même depuis des siècles : il faut de l'orge (et de la bonne !), de l'eau (et de la pure !) et du houblon.

Vinhos de Portugal *(plan centre détachable, J10,* ***366****) : praça do Comércio. ☎ 213-420-690. • viniportugal.pt • Tlj 12h-20h.* Les curieux, gourmands, œnologues en herbe ou confirmés peuvent venir découvrir ici un millier de vins du Portugal ! Quelques vins sont disponibles à l'achat. Accueil extra.

Promenade piétonne le long du Tage *(plan centre détachable, I-J10) :* passé la praça do Comércio, une promenade se déroule le long du Tage jusqu'aux abords de la gare de Cais do Sodré. On parlait jadis de la Ribeira das Naus : c'est là qu'accostaient les caravelles cinglant vers l'inconnu. Idéal pour une pause en contemplant la mer de Paille étincelante, en regardant défiler les nombreux joggeurs, cyclistes et piétons...

Croisières sur le Tage *(cruzeiros Tejo ; plan centre détachable, K10) : terminal fluvial do Terreiro do Paço, juste au sud-est de la praça do Comércio.* Voir « Infos pratiques sur place. Comment se déplacer ? Les gares fluviales ».

BAIRRO ALTO, CHIADO ET CAIS DO SODRÉ

Au cœur de la vieille ville, le vieux quartier populaire du Bairro Alto, aux façades usées et parfois taguées, est un vrai caméléon qui change de peau

et d'humeur selon les heures de la journée. Assoupi en matinée, il s'éveille doucement dans l'après-midi. Il y règne alors comme une ambiance de village paisible, où le flâneur s'égare dans les ruelles, découvrant avec un peu de chance, si les portes sont déjà ouvertes, nombre de petites boutiques originales et de galeries – notamment du côté de la rua do Norte. Des cigales qui ne durent parfois que le temps d'un été... Mais attention, quand le soleil décline, les façades lézardées, couvertes ici et là de tags, s'ouvrent et dévoilent une multitude de restos tendance, de cafés et de bars, dont on ne soupçonnait même pas l'existence quelques heures auparavant ! Les couche-tôt devront revoir leurs habitudes. Ici, on papillonne d'un lieu à un autre, entre « boîtes à fado » touristiques et bars à cocktails – largement concentrés dans la rua da Atalaia et ses voisines proches, dans lesquelles il devient difficile de circuler à partir de 23h.
Du haut du Bairro Alto, on pourrait oublier que Lisbonne est un port, avec sa mythologie de marins soiffards et bagarreurs. D'eux, la nuit lisboète a hérité les ruas de São Paulo et Nova do Carvalho (la Pink Street, au revêtement rose !), honteusement glissées sous le pont de la rua do Alecrim, à l'approche de la froide ordonnance de la gare ferroviaire et maritime de Cais do Sodré. Mais on ne peut décidément lutter contre la mode qui veut que les anciens lieux « chauds » ne soient plus aujourd'hui que des lieux « shows », aux bars désormais plus lounges que louches... Un espace de liberté unique au Portugal, où toutes les tendances, toutes les nationalités et tous les appétits osent s'afficher sans complexe et se mélanger aussi bien sur les sonorités des années 1970 que sur du heavy metal...
À mi-hauteur, entre Bairro Alto et Baixa, le Chiado, nommé en mémoire du moine-poète António Ribeiro (dont c'était le surnom), est un quartier de théâtres, autrement plus sage, autrement bien mis, historiquement réputé pour le shopping, tant vestimentaire que littéraire. Fernando Pessoa y avait ses habitudes au superbe café *A Brasileira*, qui a conservé ses atours 1900. Les romantiques ne peuvent ignorer, ici, les ruines à ciel ouvert de l'église des Carmes.

Où dormir ?

Dans le Bairro Alto et à Princípe Real

De très bon marché à prix moyens

The Independente Hostel & Suites *(plan centre détachable, I8, **49**) : rua de São Pedro de Alcântara, 81. 912-495-998. • reservations@thecollective.pt • theindependente.pt • Ⓜ Restauradores ou Baixa-Chiado. Dortoirs (6-12 lits) 12-40 €/pers ; doubles 60-180 €.* Cette AJ occupe l'ancienne résidence de l'ambassadeur de Suisse, avec grand escalier d'apparat (!). Elle regroupe des dortoirs bien équipés avec sanitaires partagés et 4 chambres spacieuses avec balcon et salle de bains privée, dont l'allure laisse deviner les fastes du passé. À cela s'ajoutent 18 petites chambres privées dans l'édifice voisin (les moins chères). Déco de caractère avec objets et mobilier vintage. Les dortoirs ont des lits superposés à 3 étages : fêtards de retour tardif, attention à la chute ! D'ailleurs, c'est un peu bruyant... Bon resto au rez-de-chaussée et bar sur le toit (*The Insólito* ; voir « Où boire un verre ? Où sortir ? Bars branchés »). Superbe lounge au plafond à moulures, *beergarten*, cuisine, machine à laver. Accueil courtois et pro.

Lookout Lisbon Hostel *(plan centre détachable, I8, **55**) : rua São Pedro de Alcântara, 63 ; 1° Esq. ☎ 211-340-775. • lookoutlisbon@gmail.com • lookoutlisbonhostel.com • Ⓜ Restauradores. Dortoirs (6-12 lits) 24-40 €/pers.* Centrale et bien située, dans une maison ancienne aux hauts plafonds, une AJ où tout est fait pour passer un bon séjour. Le dynamisme et la gentillesse de l'équipe d'abord, un espace commun pas immense mais convivial, puis toutes sortes d'activités pour faire des rencontres (visites organisées, soirées, dîners, tournée des bars, etc.). Dortoirs impeccables, avec lits superposés sur 3 étages disposant chacun d'un rideau, casier, prise et lampe. Sanitaires bien équipés à partager, cuisine, vélos à louer. Une adresse économique où règne la bonne humeur !

Hub New Lisbon Hostel *(plan centre détachable, H8,* ***62****) : rue de O Século, 150. ☎ 213-471-506 • newlisbon@hostelshub.com • hostelshub.com • Ⓜ Restauradores. Dortoirs (4-12 pers) avec ou sans sdb 12-20 €/nuit. Doubles avec ou sans sdb 40-85 €.* Dans un ancien bâtiment du XVIIIe s refait à neuf avec *azulejos* d'origine aux murs, meubles vintage et parquets. Ambiance chaleureuse et conviviale. Chambres doubles ou dortoirs mixtes ou réservés aux filles, assez grands, très colorés, très propres aussi (draps, serviettes dans les doubles). Visite de la ville et activités. Cuisine, bar, salle commune, baby-foot, PS4 à dispo et même... une piscine à balles ! Bravo au jeune patron français !

De prix moyens à plus chic

Hotel Anjo Azul *(plan centre détachable, I8,* ***60****) : rua Luz Soriano, 75. ☎ 213-478-069. • lxhotel@gmail.com • anjoazul.com • Ⓜ Restauradores. Doubles 55-90 €.* Derrière sa façade pimpante nappée d'*azulejos*, en plein cœur du quartier gay, l'« Ange Bleu » abrite une vingtaine de chambres très propres et pimpantes, vraiment exiguës pour les moins chères mais globalement d'un bon confort (AC, minifrigo, bouilloire), certaines dotées d'une petite terrasse ou d'une kitchenette. Un p'tit clin d'œil qui nous a évidemment beaucoup plu : dans les chambres 102 et 104, les plaques émaillées du *Routard* s'affichent en guise de déco, depuis 1995 ! Autre gros plus, devenu rare : les prix identiques toute l'année. Accueil cordial et honnête. Clientèle gay mais pas exclusivement.

Inn Bairro Alto Bed & Breakfast *(plan centre détachable, H9,* ***47****) : travessa das Mercês, 52. 📱 925-164-334. • reservas@innbairroalto.com • innbairroalto.com • Ⓜ Baixa-Chiado (assez loin). Doubles 50-130 €, sans ou avec sdb privée.* En fait de *B & B*, il s'agit plutôt d'un petit hôtel familial, situé à portée immédiate de l'animation du Bairro Alto, mais suffisamment en retrait pour garder (à peu près) son calme... Le petit déj n'est d'ailleurs pas forcément inclus (ça dépend du tarif). Parquets, papiers peints, déco soignée, les chambres sont globalement agréables, mais sans clim (colonne d'aération fournie) et certaines sont assez peu lumineuses – notamment dans les étages bas. Les 3 moins chères ont des sanitaires communs.

De plus chic à beaucoup plus chic

Casa do Jasmim Boutique Guesthouse by Shiadu *(plan centre détachable, H8,* ***103****) : rua do Jasmim, 19. 📱 918-517-146. • casadojasmim@shiadu.pt • shiadu.com • Ⓜ Rato, Restauradores (les 2 assez loin). Doubles 64-150 €.* Une de nos adresses fétiches, dans une rue calme en surplomb de la ville, un peu à l'écart. Déco simple et vintage d'un kitsch assumé par endroits, pour une vingtaine de chambres confortables. Nos préférées se trouvent au dernier étage, avec petit balcon et vue sur le Tage ou la végétation ; on aime moins celles du rez-de-chaussée. Également une dizaine de studios du même tonneau dans une maison mitoyenne, avec kitchenette. Excellent petit déj maison et accueil au top.

A Casa das Janelas com Vista *(plan centre détachable, H8,* ***63****) : rua Nova do Loureiro, 35. ☎ 213-429-110. 📱 969-630-351. • info@janelascomvista.com • casadasjanelascomvista.com • Ⓜ Restauradores. Doubles 70-140 €.* Dans une ruelle calme et pourtant au cœur de la ville, on débarque dans un *lobby* étonnant aux allures de boutique de déco tendance, industrielle et vintage. Une douzaine de chambres douillettes (plusieurs petites), au mobilier sobre et de bon goût, certaines offrant une jolie vue. Petite terrasse aux beaux jours pour le petit déj. Cuisine à dispo. Accueil charmant.

Coup de folie

Casa Balthazar *(plan centre détachable, I-J8,* ***66****) : rua do Duque, 26. 917-085-568. • reservas@casabalthazarlisbon.com • casabalthazarlisbon.com • N'accepte pas les enfants de moins de 16 ans. Doubles 120-380 €, petit déj inclus.* Pourquoi séjourner ailleurs quand on en a les moyens ? Cachée derrière de hauts murs, dans une ruelle où prolifèrent les restos populaires, cette maison d'hôtes (datant de 1829), propriété du fondateur de la célèbre *Confeiteria Nacional,* offre un contraste saisissant avec son jardin au gazon impeccable où s'alanguit une piscine dominant la ville basse et toisant le château sur sa colline jumelle. Les 20 chambres, douillettes, ont conservé leurs beaux parquets d'origine et se sont refait une beauté sur des notes Art déco affirmées. Quelques-unes sont un poil biscornues et moins lumineuses, mais les plus belles, exceptionnelles, s'avancent face au panorama, avec jacuzzi sur terrasse privée et lit dans l'alignement ! Le matin, le petit déj arrive directement de la *Confeiteria Nacional.* En bonus, encore : un spa (compris) et 4 places de parking *(sur résa).* Accueil très pro. Les amoureux ont trouvé leur nid.

Hotel Memmo Príncipe Real *(plan centre détachable, H8,* ***65****) : rua Dom Pedro V, 56 J. ☎ 219-016-800. • preal@memmohotels.com • memmohotels.com • En contrebas d'un passage couvert, juste après le* Lost'In. *Doubles 185-340 €.* Membre des *Design Hotels,* ce bel écrin contemporain de verre, de pierre et de bois, affichant 5 étoiles au compteur, se perche face à la ville basse, avec le château dans un (re)coin de l'œil. Superbe hall d'accueil avec tapis, canapés et luminaires spectaculaires. Certaines des 41 chambres tout confort, élégantes et sobres, bénéficient de vues splendides. Nos préférées ont même une terrasse privée. D'autres, en revanche, donnent sur les côtés. Plein de petites attentions – dont un transfert en Tesla inclus depuis l'aéroport ! Resto-bar à cocktails et piscinette.

Du côté de Cais do Sodré

De très bon marché à prix moyens

Lost Inn Hostel *(plan centre détachable, I9,* ***52****) : beco dos Apóstolos, 8. ☎ 213-470-755. • info@lostinnlisbon.com • lostinnlisbon.com • Ⓜ Cais do Sodré. Dortoirs (4-10 lits) 14-28 €/pers ; doubles 50-80 €.* Située dans une paisible impasse à 2 pas de l'animation du quartier, cette charmante maison ancienne – avec voûtes en pierre et *azulejos* – abrite une petite centaine de lits distribués dans des dortoirs et quelques chambres doubles, le tout climatisé, impeccable, avec salles de bains à partager. Cuisine à dispo (dîners payants) et joli salon en mezzanine, sous les voûtes, juste au-dessus de la réception.

Sunset Destination Hostel *(plan centre détachable, I10,* ***40****) : praça do Duque de Terceira, à l'intérieur de la gare de Cais do Sodré ; 1°. ☎ 218-883-127. • sunset@destinationhostels.com • destinationhostels.com • Ⓜ Cais do Sodré. Accès par la porte à gauche de l'entrée principale de la gare. Dortoirs (4-10 pers) 17-40 €/pers ; doubles 40-120 €.* L'ensemble pourrait être un peu mieux tenu, mais cet *hostel* a 2 arguments de poids : sa très grande terrasse avec vue sur le Tage (avec bar et, *yes,* petite piscine) et sa situation au pied même des trains menant aux plages. Atmosphère festive ! Pour le reste : chambres et dortoirs (mixtes ou pour filles) assez confortables mais décorés de bric et de broc, BBQ et cuisine (dîner possible), machine à laver. On peut utiliser les parties communes jusqu'au soir, après le check-out. Un autre bémol : le bracelet en papier qu'il faut porter au poignet...

Lisb'on Hostel *(plan centre détachable, I9, **48**) : rua do Ataíde, 7 A. ☎ 213-467-413. • info@lisb-onhostel.com • lisb-onhostel.com • ♿. Ⓜ Cais do Sodré. Dortoirs (4-10 lits) 16-30 €/pers ; doubles avec ou sans sdb 60-75 €. Petit déj inclus.* Installé dans un palais du XIXe s, cet *hostel* d'une centaine de lits propose des chambres (roses !) et des dortoirs fonctionnels et confortables (clim), accessibles par ascenseur. Vue formidable sur le Tage pour certains et depuis l'immense terrasse prolongée par un jardin. Spacieuses et belles pièces communes occupant les anciens salons de réception hauts de plafonds (moulurés), avec TV, billard, baby-foot... Cuisine au top. Accueil attentionné. Une excellente adresse à 2 pas de l'animation, qui plaira notamment aux plus jeunes. Ça va être dur de décoller !

De plus chic à beaucoup plus chic

Lost Lisbon Cais House *(plan centre détachable, I10, **59**) : travessa do Corpo Santo, 10 ; 2° D. 📱 936-954-426. • info@lostlisbon.com • lostlisbon.com • Ⓜ Cais do Sodré. Doubles 70-100 €.* Même concept et tout autant de charme que sa grande sœur *Chiado House* (voir ci-après), en version un peu plus jeune et plus contemporaine côté déco, mais avec salles de bains à partager pour toutes les chambres – d'où des prix plus doux. Évitez autant que possible les chambres côté avenue, très passante. Bon accueil, attentif et chaleureux.

Monte Belvedere Boutique Hotel by Shiadu *(plan centre détachable, H9, **61**) : rua de Santa Catarina, 17. 📱 913-308-794. • info@shiadu.com • shiadu.com • Doubles 80-220 €.* Dans les Années Folles, il y avait ici une fabrique de parfums français ! Perché sur l'alto de Santa Catarina, à côté du belvédère, avec vue dominante sur le Tage, le bâtiment a conservé au mieux certains éléments d'époque – et ses particularités qui donnent à certaines chambres un plan un peu biscornu. Mais les plafonds sont hauts, les lits confortables et le savoir-accueillir *Shiadu* au rendez-vous. On vous conseille aussi *Madame Petisca*, le bar panoramique en *rooftop* (voir « Où boire un verre ? Où sortir ? ») – où le petit déj est servi chaque matin.

Dans le Chiado

De plus chic à très chic

Dream Chiado *(plan centre détachable, J9, **50**) : rua Nova do Almada, 64 ; 2°E. 📱 935-667-399. • dreamchiado@gmail.com • dreamchiadoapartments.com • Ⓜ Baixa-Chiado. Studios et appartements 50-150 €.* Difficile de trouver un meilleur rapport qualité-prix ! Les 15 appartements de Nathalie, une Portugaise née en Afrique du Sud (anglais parfait !), sont cosy et super *confy*, relativement spacieux, bien équipés (kitchenette, AC, thé et café à dispo) et avec de beaux parquets en bois récents. Il y en a un plus grand pour 4 personnes. On aime beaucoup les intérieurs, un peu moins lumineux mais parfaitement calmes. Ascenseur, portes à codes, tout est moderne ! Accueil pro et ménage quotidien.

Lost Lisbon Chiado House *(plan centre détachable, J9, **58**) : rua Ivens, 51 ; 1°. 📱 936-954-426. • info@lostlisbon.com • lostlisbon.com • Ⓜ Baixa-Chiado. Doubles 140-180 €.* Une adresse truffée de charme, où on a plutôt l'impression de partager une belle maison bourgeoise avec les autres hôtes. Dans les vastes espaces communs, la déco mélange allègrement les styles, les *azulejos* d'origine copinent avec les graffs, le mobilier vintage avec le contemporain... Les chambres (sans TV) sont assez différentes, les moins chères avec salle de bains privée mais sur le palier, d'autres plus cossues, avec jolis meubles et tableaux anciens. Concept rigolo pour le petit déj : tout est copieux et à disposition, mais chacun se débrouille pour se faire son omelette, par exemple. Cuisine en libre accès. Belle adresse et bon esprit.

Où manger ?

Dans le Bairro Alto et à Princípe Real

De très bon marché à bon marché

Alto Minho *(plan centre détachable, H-I9, **140**) : rua da Bica Duarte Belo, 61. ☎ 213-468-183. Dans la rue du funiculaire da Bica. Lun-sam 11h-22h, fermé dim. Congés : juil. Plats 6-9 €.* Les habitués de la Bica le connaissent sous le nom de son propriétaire : *Chez João.* Depuis longtemps, ledit João réussit le tour de force de concocter de bons petits plats traditionnels copieux – étalés sur l'ardoise – à des prix populaires. Toute la faune de ce quartier bigarré s'y donne rendez-vous à midi. Le soir, il redevient plus paisible avec des célibataires hypnotisés par l'inévitable télé. Accueil avenant.

A Primavera do Jerónimo *(plan centre détachable, I9, **139**) : travessa da Espera, 34. 966-476-529. • primaverabairroalto@gmail.com • Tlj 19h30-minuit. Plats 9-14 €.* Cette petite taverne de quartier toute simple, avec *azulejos* et nappes bien mises sert grillades (côtelettes, poissons), calamars farcis *(lulas recheadas)* et *bacalhau à Brás,* soigneusement mijotés et copieusement servis. Simple mais efficace.

Artis Wine Bar *(plan centre détachable, I8, **150**) : rua do Diário de Notícias, 95. ☎ 213-424-795. • artiswinebar@gmail.com • Tlj, sauf lun, 17h30-2h (3h ven-sam). Résa conseillée. Repas 10-15 €. CB refusées.* Dans une petite salle décorée d'objets glanés de-ci de-là, on vient s'éduquer aux vins portugais en épongeant avec quelques *petiscos.* Boudin de Seia, *pata negra,* saucisse *linguiça* épicée de Valpaços, *chouriço* flambé à l'eau-de-vie, mais aussi fromages portugais et açoriens, il y a du choix et les portions sont plutôt consistantes.

Tascardoso *(plan centre détachable, H8, **134**) : rua de O Século, 242. ☎ 213-427-578. Tlj 12h-15h30, 19h-23h30, sauf dim. Plats 8-16 €.* Ce petit resto fidèle à sa déco rustique, sa petite vitrine réfrigérée et ses serveurs en chemise blanche bien repassée n'a que faire des effets de mode. Les propositions pour carnivores ne manquent pas, mais on vient surtout pour le poisson, d'une fraîcheur irréprochable et cuisiné dans les règles de la tradition portugaise. Pour patienter, goûtez au *queijo amanteigado,* ce fromage de brebis fondant à souhait, un délice. Service attentionné qui vous aidera à traduire la carte.

De bon marché à prix moyens

A Nossa Casa *(plan centre détachable, I8-9, **130**) : rua da Atalaia, 31. ☎ 213-420-484. • anossacasa.ba@gmail.com • Mer-dim 18h30-22h30. Petiscos 8-12,50 €.* Sous des abords modestes (une jolie petite salle lumineuse à la déco vintage), le chef, naviguant entre Portugal et Brésil, signe une cuisine inventive à prix modique, qui étonnerait même dans un étoilé. Le *cozido deconstruído* ? Un « pot-au-feu » réinventé en galette de légumes, tranches fines de carottes marinées pour l'acidité et boulette de viandes au sommet... Tout est à l'avenant, très joliment présenté et dument expliqué. La carte change souvent, selon l'inspiration. C'est bon, c'est beau et on en redemande (comptez 2 petits plats par personne). Musique trendy et cocktails.

Rosa da Rua *(plan centre détachable, I8, **135**) : rua da Rosa, 265. ☎ 213-432-195. • rosadarua@gmail.com • Tlj 12h-23h sauf dim. Plats 10-17 €. Buffet le midi 12-15 €.* Ils ne sont pas si nombreux, les restos (recommandables) ouverts le midi dans la Bairro Alto. Celui-ci propose un petit buffet de qualité, comprenant au moins une viande et un poisson, plus différentes entrées. À la carte, le portugais côtoie les influences d'ailleurs, du *bacalhau à Brás* au curry de légumes de Goa.

Cadre simple mais plaisant, musique douce (façon *bossa nova*) et accueil très gentil.

Casa da Índia *(plan centre détachable, I9, **136**) : rua do Loreto, 49-51. ☎ 213-423-661. Tlj 12h-1h sauf dim. Plats 8-17 €.* Malgré son nom, ce resto n'a rien d'indien : il est même typiquement portugais ! On s'installe au bar ou sur l'une des tables de la salle en longueur bordée d'*azulejos*. Cuisine simple d'un bon rapport qualité-prix, spécialisée dans les viandes et poissons, cuits au gril et servis copieusement (½ portion possible). Parfait pour se rassasier, moins pour un dîner en amoureux !

Versículo d'O Faia *(plan centre détachable, I9, **138**) : rua da Barroca, 60A. 963-999-678. • info@versiculo.pt • Tlj sauf dim, le soir. Plats 14,50-20 €. CB refusées.* Dans un coin un poil plus calme du Bairro Alto, ce joli petit resto aux 2 salles étroites, prolongé d'une terrasse sur rue, se veut inhabituellement chic pour le secteur. La carte, assez courte, ne quitte pas les classiques portugais, bien faits et bien présentés, et le service est assurément attentionné. Le poulpe est spectaculaire ! Une douzaine de vins au verre.

Alfaia Garrafeira *(plan centre détachable, I8, **143**) : rua Diário de Notícias, 125. ☎ 213-433-079. • garrafeiraalfaia@hotmail.com • Tlj 15h (16h w-e)-1h. Tapas et plats 3-20 €.* C'est un bar à vins installé dans une vieille maison du XIXe s, avec belle façade tout en *azulejos*. On peut y acheter toutes sortes de vins portugais et portos, mais aussi s'asseoir à l'intérieur ou en terrasse dans la ruelle pour une dégustation accompagnée de charcuteries, fromages ou autres *pastéis de bacalhau*. Fait aussi resto en face.

Fidalgo *(plan centre détachable, I9, **152**) : rua da Barroca, 27. ☎ 213-422-900. Tlj Mar-sam 17h-minuit. Plats 10-20 €.* Il y a la salle avec ses 2 murs de bouteille et le bout de terrasse tranquille dans la ruelle, avec ses tables un peu de guingois. On y savoure une cuisine portugaise qui tient la route, façon *cantina* améliorée, servie copieusement. On aimerait un sourire plus marqué, mais le patron parle un peu français et la carte des vins ne manque pas d'attraits (15 choix au verre).

Atalho Real *(plan centre détachable, H7, **148**) : calçada da Patriarcal, 40. ☎ 213-460-311. • reservas@grupoatalho.pt • Tlj 12h-minuit (2h ven-sam). Plats 8-16,50 €. Parking gratuit.* À l'arrière du centre commercial *Embaixada,* occupant un ancien palais d'inspiration mauresque aux multiples salles, ce resto ouvert par la meilleure boucherie de la ville (au mercado de Campo Ourique) est dans tous les carnets d'adresse des carnivores lisboètes ! La viande de bœuf y est reine. On choisit son morceau (à la carte ou à la cuisine !), accompagné de délicieuses frites et servi au choix à l'assiette ou... en sandwich. Autre option à prix très démocratiques : les burgers (avec même une version végétarienne). Immenses et agréables terrasses à l'orée du Jardin botanique.

Mercearia do Século *(plan centre détachable, H8, **198**) : rua de O Século, 145. ☎ 216-062-070. • merceariadoseculo@gmail.com • Lun-ven midi et soir ; fermé le w-e. Résa conseillée. Petiscos 3,50-13 € ; plats 12-25 €.* Ce mignon petit resto élabore une délicieuse cuisine de marché, inspirée des anciennes recettes portugaises. La carte est assez courte : poissons, viandes, plats végétariens, mitonnés avec délicatesse et créativité. Également d'alléchants desserts, tous sans gluten ! Accueil chaleureux et francophone.

De prix moyens à plus chic

Boubou's *(plan centre détachable, H7, **137**) : rua do Monte Olivete, 32. ☎ 213-470-804. • hello@boubous.com • Lun-ven 18h30-22h30 ; fermé w-e. Résa conseillée. Plats 12-25 €. Menu dégustation (9 plats) 65 €.* Derrière une mignonne façade, recouverte d'un mur végétal, se cache l'une de nos adresses préférées dans le quartier. Direction le patio, charmant avec ses fauteuils en rotin, ses tables en marbre, plantes vertes et même des bananiers ! Cela dit, on peut aussi s'installer au bar pour suivre l'effervescence en cuisine, rondement menée

LISBONNE ET SES ENVIRONS

par une jeune chef franco-portugaise très talentueuse et fort bien inspirée. Cuisine fraîche, inventive, aux notes de fusion, tout est délicieux, parfois surprenant mais jamais hasardeux.

A Cevicheria *(plan centre détachable, H8,* ***160****) : rua Dom Pedro V, 129. ☎ 218-038-815. • acevicheria@comeromundo.pt • Tlj 12h-23h. Menu dégustation (6 plats) 48 € ; plats 12-21 €.* Derrière le bar en U surmonté d'un lustre-poulpe géant, l'équipe du talentueux Kiko Martins s'affaire autour de *ceviches* passablement réinterprétés. Oubliez le Pérou, les recettes maison sont originales – parfois très bonnes, parfois plus aventureuses... Pas de réservation, il faut donc arriver tôt pour pouvoir s'asseoir sur les quelques tables, ou se contenter de la miniterrasse sur rue (passante). À accompagner d'un bon verre de vin blanc ou d'un *pisco sour...* si vous avez des euros en trop.

Tapisco *(plan centre détachable, H8,* ***279****) : rua Dom Pedro V, 81. ☎ 213-420-681. • tapisco@tapisco.pt • Tlj 12h-22h30. Résa conseillée. Tapiscos (petiscos) 12-18 €, plats 19-37 €.* Née de l'imagination du chef star Henrique Sá Pessoa, voilà une brasserie moderne dans une salle lumineuse, flanquée d'un bar en marbre. Parfait pour s'y accouder ! On vient ici déguster une *bacalhau à Brás* au jaune d'œuf confit, un poisson grillé et son aïoli, un magret de canard avec sa purée céleri-bacon, ou piocher dans la catégorie *tachinhos (pots & pans),* d'où émerge par exemple un porc alentejano à basse température...

De plus chic à très chic

100 Maneiras *(plan centre détachable, I8,* ***161****) : rua do Teixeira, 39. 📱 910-918-181. • info@100maneiras.com • Tlj 19h-2h. Résa conseillée. Menus dégustation 95-125 €.* Une belle découverte. Le talentueux et opiniâtre chef bosniaque, récemment étoilé, s'approprie les produits portugais au gré du marché et les réinvente à l'aune de sa terre natale et de son expérience. Pas de carte, mais uniquement un menu dégustation, qui voit défiler jusqu'à 17 petits plats ! Rien que l'intitulé – annoncé par une escouade de serveurs – fait sourire. C'est original et délicieux ; et le tout s'accorde merveilleusement bien, grâce aux vins sélectionnés par le sommelier maison.

Du côté de Cais do Sodré

De bon marché à prix moyens

Time Out Market *(Mercado da Ribeira, plan centre détachable, H-I10) : av. 24 de Julho. ☎ 213-951-274. • infolisboa@timeoutmarket.com • Dans l'enceinte du Mercado da Ribeira. Tlj 10h-minuit.* Voilà un lieu qui tombe à pic : sous la grande halle, inspirée des *foodcourts* à l'américaine, sont réunis des dizaines de stands de nourriture, dont plusieurs représentants de la fine fleur de la gastronomie portugaise – Henrique Sá Pessoa, Alexandre Silva, Marlene Vieira, Miguel Castro e Silva... Plus besoin de courir ! Ils proposent ici des plats abordables, entre 10 et 18 €. Un vrai challenge ! Également plein d'autres comptoirs où commander *petiscos,* viandes, fruits de mer, burgers, charcuterie, pâtisseries... Tout y passe. Il y a même une antenne de la fabrique de pastéis de nata *Manteigaria.* Avec son petit plateau, on tente de trouver une place sur les grandes tablées, dans un joyeux brouhaha musical. Possibilité aussi de rapporter victuailles (voir la rubrique « Achats ») et livres.

AO26 Vegan Food Project *(plan centre détachable, I9,* ***142****) : rua Vitor Cordon, 26. 📱 967-989-184. • ao26veganfoodproject@gmail.com • Tlj 12h30 (10h w-e)-18h, 19h-22h. Salades et sandwichs 5-9 €, plats 12-16 €.* Pas végétarien ? Pas grave. Ici, la cuisine n'est pas qu'une affaire de choix, c'est aussi une question de gastronomie. « Poulpe », « sardines », « morue », « bœuf », tout est concocté à partir d'orge, de légumes, de tofu, de champignons... et c'est bon, très bon même ! Pour ne rien gâcher, le cadre est canon, avec une salle voutée chaleureuse, des lampadaires design, des couleurs pétulantes et la cuisine ouverte. Service gentil.

Lisboa é linda *(plan centre détachable, I10, **146**) : travessa de São Paulo, 9. ☎ 210-534-554. • reservas.lisboalinda@gmail.com • Tlj 12h-15h, 19h-22h30, sauf lun-mar. Petiscos 3-12 €, plats 14-19 €.* Les produits arrivent en droite ligne du mercado da Ribeira, situé à quelques pas. On choisit parmi la liste des *petiscos* à partager, ou parmi les poissons et viandes explorant le meilleur des traditions portugaises. Et si on mangeait un risotto de calamars à l'encre, ou un cabri rôti au tamarin, pour changer ? Bon choix de vins au verre et service très pro.

De prix moyens à plus chic

Mesón Andaluz *(plan centre détachable, I9, **155**) : travessa do Alecrim, 4. ☎ 214-600-659. • geral@mesonandaluzlisboa.com • Tlj 12h-23h (cuisines 22h), sauf dim midi. Résa conseillée. Tapas et plats 5-22 €. Menus 25-52 €.* On s'installe entre 2 séries de marches, sur une petite terrasse aux tonneaux transformés en tables, ou dans la belle salle voûtée en brique aux accents baroques un peu clinquants. Mais l'essentiel est dans l'assiette : une cuisine espagnole réalisée avec des produits de qualité. Impec' aussi pour boire un verre accompagné de quelques tapas.

Dans le Chiado

De très bon marché à bon marché

Organi Chiado *(plan centre détachable, J9, **133**) : calçada Nova de São Francisco, 2. ☎ 216-065-121. • info@organi.pt • Tlj, sauf dim, 12h-15h30, 19h-22h (minuit ven-sam). Plats 9-12 €.* Une terrasse posée dans une ruelle tout en marches ou une salle toute mignonne, dédiées aux végans qui feront ici le plein de vitamines autour d'assiettes colorées, goûteuses et bien remplies. Simple, bio, bien frais et bien fait, notamment les burgers et les desserts (sans sucre ajouté).

Super Mário *(plan centre détachable, J8, **147**) : rua do Duque, 9. ☎ 213-479-437. • geral@sacolinha.pt • Tlj 12h-15h, 19h15-22h15 sauf dim. Plats 8-12 €.* Il n'est pas plombier italien, mais restaurateur portugais, ce Mário-là ! Amical, voire jovial, il distribue à la ronde les poissons grillés, tout en trinquant avec les habitués ou dispensant un cours de portugais... Pas de chichis ici, pas de cuisine élaborée, mais de l'authentique et des portions qui tiennent au corps (une *dose* suffit pour 2). Dans le même genre *cantina* portugaise à prix canon, il y a **O Fernandinho,** à 15 m *(rua do Duque, 15 ; plan centre détachable, J8, **147**)* et **O Caçador da Oliveira,** dans la rue parallèle *(rua da Oliveira ão Carmo, 73 ; plan centre détachable, J8, **151**),* avec quelques tables dans la ruelle et un large choix de poissons.

El Rei D'Frango *(plan centre détachable, J8, **121**) : calçada do Duque, 5. ☎ 215-817-942. • elreidomfrango@gmail.com • Mar-sam 12h-15h, 19h-23h ; dim 18h-23h ; fermé lun. Plats 8-14 €. Apéro, café ou digestif offert sur présentation de ce guide.* Grande comme un mouchoir de poche, avec cuisine ouverte, cette adresse ne désemplit pas et on comprend pourquoi ! Prix contenus pour des plats sans chichis, du genre poulet-frites, sardines grillées, burgers, etc. ; histoire de vite se repaître, au coude à coude avec son voisin de tablée.

Faca & Garfo *(plan centre détachable, J8, **149**) : rua da Condessa, 2-4. ☎ 213-468-068. Tlj 10h-23h sauf dim. Fermé : 2de quinzaine de janv. Plats 7,50-12,5 €.* D'un côté la petite salle aux murs ocre tapissés d'*azulejos*, de l'autre une minuscule terrasse triangulaire avec 3 tables. Pas de la grande gastronomie, mais des plats traditionnels simples, copieux et bon marché, genre steak de thon, poulpe ou *bife a casa*.

Jardim das Cerejas *(plan centre détachable, J9, **144**) : calçada do Sacramento, 36. ☎ 213-469-308. • jardimcerejas@gmail.com • Tlj 12h-15h sauf dim. Buffet : 8,50 €, hors boissons.* Buffet végan à prix doux, dans une salle voûtée sans charme mais proprette. Accueil aimable.

Prix moyens

🍴 ☂ ***Oficina do Duque*** *(plan centre détachable, I8, **131**) : calçada do Duque, 43 A. ☎ 210-996-354. • info@oficinadoduque.pt • Tlj 17h-22h. Plats 10-15 €.* Presque en haut des marches, les tables en terrasse précèdent un intérieur chaleureux à la déco originale et assez design composée... d'une multitude d'ustensiles de cuisine anciens ! On y mitonne une cuisine portugaise moderne, originale et goûteuse, qui ne manque pas de créativité (notes de fusion). Le chef a fait ses classes dans de nombreux restos au Brésil, chez Ferran Adrià à Barcelone, et même chez l'un des meilleurs chocolatiers du monde ! Les plats végétariens sont moins réussis. Bon accueil.

🍴 ***Ofício Lisboa*** *(plan centre détachable, I8, **153**) : rua Nova da Trindade, 11K. 📱 910-456-440. • hello@oficiolisboa.pt • Tlj 12h30-22h sauf dim-lun. Petiscos 2,50-15 €, plats 10,50-18 €.* La maison, nichée sous les voûtes d'un ancien couvent médiéval disparu, se définit comme « *tasca atípica* ». La carte est assez courte et, pourtant, il y en a pour tous les goûts : crabe farci de l'Algarve, moules à l'escabèche, cous de morues, plateaux de fromages ou viandes froides, côte de bœuf Angus de 1,2 kilos à partager (78 € quand même), sans oublier quelques (très) jolis desserts. Du portugais, mais atypique, superbement présenté et goûteux. Mission remplie.

🍴 ☂ ***Café Buenos Aires*** *(plan centre détachable, I8, **156**) : calçada do Duque, 31B. ☎ 213-420-739. Tlj 18h-1h. Résa conseillée. Tapas et plats 5-18 €. CB refusées.* Le boss est argentin, sa femme portugaise, et la carte reflète ces 2 identités : des viandes délicieuses, mais aussi des tapas, des tartines, plein de salades et une belle sélection de plats de poisson assez imaginatifs, genre *ceviche* ou crevettes panées au sésame. À dévorer dans une petite salle un peu de guingois, à l'éclairage intimiste et aux murs patinés, ou en terrasse, entre les marches. Accueil aimable (et francophone de madame).

De prix moyens à beaucoup plus chic

🍴 **Palácio Chiado** *(plan centre détachable, I9, **215**) : rua do Alecrim, 70. ☎ 210-101-184. • geral@palaciochiado.pt • Tlj 12h30-minuit (2h ven-sam). Plats 16-34 €. Lun-ven midi, menu 14 €, boisson incluse.* L'ancien palais Quintela, somptueux édifice du XVIIIe s avec peintures et vitraux, a fait peau neuve. Il retrouve l'esprit de fête qui y régnait autrefois. Désormais, plusieurs espaces restos et bars se partagent l'espace. Grimpez à l'étage par le prestigieux escalier d'apparat pour découvrir un bar splendide (voir « Où boire un verre ? ») et 2 salles aux très hauts plafonds, peintes à fresque. Difficile de faire plus grandiose ! Dans l'assiette, une cuisine de qualité pour une sortie en duo, mais l'essentiel reste le cadre. Service précis.

🍴 ☂ ***Bairro do Avillez*** *(plan centre détachable, I8, **157**) : rua Nova da Trindade, 18 ☎ 215-830-290 (Páteo) ou 211-305-393 (Mini Bar). • bairrodoavillez.pt • Taverne tlj 12h-minuit ; petiscos 3-17 €. Patio tlj 12h30-15h, 19h-minuit ; plats 16-42 €. Mini Bar tlj 19h-1h ; menus 55-65 € en 16 « bouchées ».* À la tête de plusieurs restaurants dans la capitale (et à Dubaï !), le chef José Avillez, ambassadeur de la nouvelle cuisine portugaise, a encore sévi. Pas moins de 4 espaces se regroupent ici. La *Taverna,* autour du bar, avec ses jambons appétissants suspendus pour partager un très grand choix de *petiscos* ; le grand *Páteo* (patio) sous verrière lumineuse, où sont servis des plats plus élaborés orientés vers la mer (chers...). Derrière une fausse bibliothèque se cache l'élégant et coloré *Mini Bar,* entre *speakeasy* américain et alcôve de maison close, le plus fréquentable de tous à notre avis, à condition d'y mettre le prix. Ajoutons encore la *Pizzaria Lisboa (menu lun-ven midi 15 €)* et, pour mémoire, les spectacles de cabaret burlesque, suspendus depuis la crise de la Covid.

🍴 **Alma** *(plan centre détachable, J9, **126**) : rua da Anchieta, 15. ☎ 213-470-650. • alma@almalisboa.pt • Tlj sauf lun 12h30-15h30, 19h-23h. Menu*

145 € (servi jusqu'à 13h30 et 21h30) ; plats 28-42 €. Attention, les enfants de moins de 10 ans ne sont pas acceptés ! Voilà une des plus belles tables de la nouvelle gastronomie portugaise, menée avec brio par Henrique Sá Pessoa. Le cadre est superbe avec ses voûtes, ses lampes en cuivre, sièges chinois et tapis ouzbeks. Les plats sont aussi beaux à regarder que délicieux à savourer. Pas donné, certes, mais remarquable de créativité et d'élégance si vous avez une tirelire à casser !

Pâtisseries, glaces, cafés et salons de thé

Manteigaria *(plan centre détachable, I9, **254**) : rua do Loreto, 2. ☎ 213-471-492. • info@manteigaria.com • Tlj 8h-20h.* Tout simplement les meilleurs *pastéis de nata* de la ville ; et Dieu sait qu'on en a testé pas mal ! À déguster debout sur un étroit et long comptoir, avec un café. Autre adresse à Baixa.

Landeau *(plan centre détachable, I9, **259**) : rua das Flores, 70. 911-810-801. • chocolate@landeau.pt •* Un des meilleurs gâteaux au chocolat au monde – dans un cadre charmant et reposant, entre fauteuils et canapé. Une couche de moelleux, une couche de mousse, le tout saupoudré de cacao amer, un délice !

Padaria do Bairro *(plan centre détachable, I9, **257**) : rua da Misericórdia, 13-17. ☎ 218-489-476. Lun-ven 7h-20h. Sandwichs 2-4 €, formules sandwich-soupe-jus du jour dès 5,50 €.* Cette boulangerie-cafét' de chaîne à la salle lumineuse est pratique pour un petit déj ou un repas rapide. Plusieurs autres adresses en ville.

Trindade Sete *(plan centre détachable, I-J9, **263**) : rua da Trindade, 7. ☎ 210-196-586. • lisboadoce2015@gmail.com • Tlj 8h30-16h30 sauf dim.* Une halte bienvenue pour prendre un petit déj ou déguster des *pastéis de nata* au goûter. On peut même se faire un plat du jour, un burger végan, un sandwich, des toasts, une salade... Grandes tablées, belles voûtes de pierre, le tout au frais. Bon accueil.

Sacolinha *(plan centre détachable, I9, **264**) : rua Paiva de Andrada, 4-12. ☎ 214-653-230. • geral@sacolinha.pt • Tlj 8h-20h. Plats 4-10 €.* En plein cœur de Lisbonne, une antenne de cette fameuse boulangerie-pâtisserie-snack de Cascais. Quelques tables dans une salle moderne pour dévorer quiche du jour, friands, sandwiches et autres pâtisseries. La spécialité de la maison, c'est la *bola de Berlim*, un beignet fourré à la crème (ou pas). Excellent jus d'orange tout juste pressé.

Le Petit Prince Culture Cafe *(plan centre détachable, H8, **265**) : rua Cecílio de Sousa, 1 A. ☎ 213-471-607. Tlj 8h30-16h. Tartine env 7 €. CB refusées.* Ce mini « café culture », avec banc de métro parisien des années 1920 et vieux pupitres d'école, jongle entre atmosphère vintage, livres et en-cas – brunch, muesli, jus de légumes et de fruits, tartines froides ou chaudes, etc. On y lit le *Petit Prince* en plusieurs langues !

Sorbettino *(plan centre détachable, I9, **257**) : rua da Misericórdia, 23. 917-753-405. Tlj 12h-22h30.* Au programme : un comptoir en céramique menthe à l'eau, quelques tables pastel et d'excellentes glaces très crémeuses. On a notamment bien aimé celle au spéculoos !

Cafés historiques

Disons les choses clairement : les prix y sont en général bien plus élevés qu'ailleurs pour une qualité de service moindre. Mais comment résister à ces décors patinés ?

A Brasileira *(plan centre détachable, I9, **266**) : rua Garrett, 120-122. ☎ 213-469-541. • geral@abrasileira.pt • Tlj 8h-22h.* La maison a été ouverte en 1905 par un importateur de café de retour du Brésil. Croyez-le ou non, le breuvage, considéré trop amer, n'avait alors pas la côte auprès des consommateurs ! Il fallait donc leur montrer qu'il pouvait être bon... Bientôt, toute l'intelligentsia lisboète s'y retrouva, fomentant révolutions politiques et culturelles. Qu'en reste-t-il ? L'intégralité du décor d'époque, avec son comptoir tout en longueur se reflétant dans une série de miroirs piqués, la série de peintures modernistes et, au fond, l'horloge en bois monumentale. Au milieu fusent des serveurs en tenue noire et blanche, cravate au col. Pour ne pas vous ruiner, prenez un *bica* (expresso) et un *pastel de nata.*

Pastelaria Bénard *(plan centre détachable, I9,* ***266****) : rua Garrett, 104.* ☎ *213-473-133. Tlj 8h-23h sauf dim. CB refusées.* Voisin du précédent, ce bel établissement fondé en 1868 par un boulanger-entrepreneur français garde sa façade de 1904, veillant sur une grande terrasse aux beaux jours. Toute la bonne société s'y donnait jadis rendez-vous devant un « pain français » (croissant). Petite restauration, très bons cafés, mais aussi pâtisseries, glaces... Bien aussi juste pour boire un verre.

Où boire un verre ? Où sortir ?

Jusqu'au début des années 1990, la ***rua da Atalaia*** et ses voisines, au cœur du Bairro Alto, avaient le monopole de la vie nocturne lisboète : une des plus fortes concentrations d'Europe ! Dans les années 2000, ce sont les entrepôts transformés en mégaboîtes chics et technologiques de l'***avenida 24 de Julho,*** le long du Tage, qui ont eu la cote, fortement concurrencés par la zone des ***Docas,*** près des bassins à flot de l'Alcântara. Mais la crise du covid est passée par là, redonnant un coup de fouet au Bairro Alto – où les bars foisonnent, souvent très similaires – et aux anciennes venelles chaudes de ***Cais do Sodré,*** où s'étire la (courte) *Pink Street* (rua Nova do Carvalho), rendez-vous décomplexé de tous les styles de vie. Le parcours noctambule commence dans l'un ou l'autre endroit par un cabotage de bar en bar – du local à cocktails bon enfant au *rooftop* le plus snob. *Attention,* les lieux restent étrangement déserts avant 23h. *Attention bis :* dans le coin, on vous proposera parfois de la drogue. Passez tranquillement votre chemin. Les dealers ne sont pas particulièrement agressifs, mais 1 routard averti en vaut 2.

Bars en tous genres

Pavilhão Chinês Bar *(plan centre détachable, H8,* ***279****) : rua Dom Pedro V, 89-91.* ☎ *213-424-729.* ● *barpavilhaochines@gmail.com* ● *Tlj 17h ou 18h (21h dim)-2h.* Imaginez un collectionneur fou à qui l'on aurait confié les salons douillets d'un club anglais pour y exposer ses objets. Pas un centimètre carré de mur qui ne soit exploité dans l'enfilade des salles ! Le tout avec la méthodologie d'un musée : les poupées en céramique, les soldats de plomb, les maquettes de bombardiers, les grenouilles en faïence, les statues de Chinois... Le lieu lui-même est bizarre, comme si les fauteuils 1900, la moquette élimée, les lampes tamisées et le billard ancien avaient appartenu à un baron excentrique ! Carte des délicieux cocktails longue comme le bras. Plus qu'un bar, c'est une institution ! D'ailleurs, l'ex-premier ministre anglais Tony Blair y a ses habitudes...

Sol e Pesca *(plan centre détachable, I10,* ***280****) : rua Nova do Carvalho, 44.* ☎ *213-467-203.* ● *solepesca@gmail.com* ● *Tlj 12h-2h (3h jeu-sam).*

Dans la *Pink Street* bien connue des fêtards, au sol peint... en rose, ce minuscule bar décoré de cannes à pêche, de boîtes de sardines et de meubles de récup' débite bonne ambiance et tapas de poisson en conserve.

🍸 ***Livraria Bar Menina e Moça*** *(plan centre détachable, I10,* ***280****) : rua Nova do Carvalho, 40-42. ☎ 218-272-331. • geralmeninaemoca@outlook.com • Tlj, sauf lun, 16h (14h w-e)-minuit.* Juste à côté du précédent, les étagères remplies de bouquins intriguent... Est-ce un bar ? Est-ce une librairie ? Les 2, mon commandant. Parfait pour siroter un cocktail ou une jarre de sangria en révisant votre Pessoa (en V.O.).

🍸 ***Mojito Compay Tasca Cubana*** *(plan centre détachable, I8,* ***310****) : travessa da Queimada, 4. ☎ 213-465-792. • mojito_compay01@hotmail.com • Tlj sauf dim 18h-2h.* On espère qu'il va rouvrir, ce petit bar qui ne paie pas de mine, avec ses voûtes et son vieux comptoir. Fonseca, le patron, sait mettre l'ambiance avec ses mojitos bien servis et une musique endiablée. Et surtout, chaque client doit dessiner Fonseca, qui prend la pose.

Bars branchés

🍸 ⛱ ***Park Bar*** *(plan centre détachable, H9,* ***301****) : calçada do Combro, 58 ; 7°. ☎ 215-914-011. Tlj 13h-2h (20h dim).* Une de nos adresses les mieux cachées... sur le toit d'un parking ! Si l'ascenseur ne vous donne pas confiance, il ne vous restera qu'à vous enquiller les 6 étages à pied... Là-haut, vue superbe sur les toits de la ville, l'église Santa Catarina et le Tage au loin. DJs (notamment le vendredi soir), quelques coins noyés dans la verdure, belle carte de cocktails et burgers à grignoter.

🍸 ⛱ ***Madame Petisca*** *(plan centre détachable, H9,* ***61****) : rua de Santa Catarina, 17 ; 3°. 📱 915-150-860. • lisboa@madamepetisca.pt • Sur le toit du Shiadu Monte Belvedere Hotel. Tlj 12h-minuit.* Un lieu sympa pour apprécier le coucher du soleil sur Lisbonne, un verre en main, en musique, dans une ambiance souvent enfiévrée. Vite pris d'assaut. Attention, les cocktails ne sont pas donnés !

🍸 ***Cinco Lounge*** *(plan centre détachable, H8,* ***271****) : rua Ruben A Leitão, 17A. Tlj 21h-2h (actuellement mer-dim 17h-minuit).* En contrebas de la praça do Príncipe Real, ce bar se cache derrière une porte noire anonyme. À l'intérieur : déco vintage et colorée, tables basses incorporant pièces de monnaie ou bonbons et... une carte de cocktails à tomber. Flashez le QR code ou demandez conseil au barman, un vrai pro – sympathique par-dessus le marché. Bon, pas donné donné...

🍸 ⛱ ***Pharmacia*** *(plan centre détachable, H9,* ***276****) : rua Marechal Saldanha, 1. ☎ 213-462-146. • pharmacia@chef-felicidade.pt • Tlj 12h-1h. Plats 10-20 €.* Pour boire sur ordonnance, il y a cet ancien hôpital du XVIIIe s devenu musée de la Pharmacie et son bar-resto bordé d'une pelouse synthétique, en vis-à-vis du mirador de Santa Catarina. Si le resto est oubliable, les cocktails attirent leur lot de fêtards. Prendrez-vous un cardiotonique, un antidote ou... un antivirus ?

🍸 ⛱ ***The Insólito*** *(plan centre détachable, I8,* ***49****) : rua de São Pedro de Alcântara, 83. ☎ 213-461-381. • reservas@theinsolito.pt • Mar-sam 17h-22h.* C'est le *rooftop* bar de l'AJ privée *The Independente Hostel*, bien connu pour sa superbe vue sur toute la ville et son ambiance jeune et branchée. On attend avec impatience qu'il rouvre !

🍸 🍽 ***Palácio Chiado*** *(plan centre détachable, I9,* ***215****) : rua do Alecrim, 70. ☎ 210-101-184. • geral@palaciochiado.pt • Tlj 12h-minuit (2h ven-sam).* Le somptueux palais Quintela (XVIIIe s) a retrouvé l'esprit de fête qui y régnait autrefois. On y trouve désormais un restaurant (voir « Où manger ? ») et 2 bars. Autant celui du rez-de-chaussée est évitable, autant celui de l'étage est splendide, avec son îlot central enveloppé de hauts plafonds et de fresques anciennes dépeignant l'enlèvement des Sabines ! Un cadre génial pour s'offrir un bon cocktail, une ginja ou un porto de 20 ans d'âge. Service pro et amical.

By the Wine *(plan centre détachable, I9, **275**)* **:** *rua das Flores, 41-43. ☎ 213-420-319. • bythe wine@bythewine.pt • Tlj 18h30-minuit (ou 1h).* On aime beaucoup ce bar monumental dont le plafond voûté est entièrement tapissé de bouteilles de vin ! Immense comptoir idéal pour grignoter du jambon bellota, quelques fromages ou des plats plus typiques. Et boire un délicieux porto ou un verre de moscatel de Setúbal !

Bars musicaux et bars de nuit

Jam Club *(plan centre détachable, H-I8, **278**)* **:** *travessa dos Inglesinhos, 49. 910-455-138. • jamsessions1147@gmail.com • Tlj 16h (17h w-e)-22h.* Ce n'est pas une boîte, contrairement à ce que son nom pourrait laisser supposer, mais un sympathique bar de quartier, légèrement en marge du brouhaha de la rua da Atalaia, où des musicos viennent se produire sur la placette, au pied de l'église – leurs photos sont épinglées à l'intérieur. On y picore des tapas copieux d'un bon rapport qualité-prix, humidifiés d'une bière pas chère ou d'un cocktail. Excellents accueil et ambiance.

ZDB *(**Zé Dos Bois** ; plan centre détachable, I9, **282**)* **:** *rua da Barroca, 59. ☎ 213-430-205. • reservas@zedosbois.org • zedosbois.bol.pt • Tlj 18h-2h sauf dim.* Ce lieu alternatif dynamique, très fréquenté par les 18-30 ans, regroupe une galerie d'art contemporain, une librairie et 2 bars. On préfère celui de l'étage avec *rooftop,* planqué à l'arrière, au-dessus d'un carré de verdure, où ont lieu des concerts à prix raisonnables *(8-12 €, parfois gratuit).* Programmation éclectique.

Portas Largas *(plan centre détachable, I8, **287**)* **:** *rua da Atalaia, 105. ☎ 213-466-379. Tlj 20h-2h (3h ven-sam).* Un repaire d'oiseaux de nuit au plumage arc-en-ciel. Plus de garçons que de filles, vous comprendrez vite pourquoi ! En temps normal, c'est toujours plein à craquer et ça déborde allègrement sur le trottoir le samedi soir. Déco oscillant entre rustique et rétro.

Clandestino Bar *(plan centre détachable, I8, **300**)* **:** *rua da Barroca, 99 (pas d'enseigne). Tlj, sauf dim, 22h-2h (4h ven-sam et j. fériés).* Récemment encore fermé, ce minuscule petit bar de nuit, dont les 2 petites salles en enfilade sont décorées de tags par les clients, du sol au plafond, est un incontournable du Bairro Alto. Loin du tout-venant : bonne musique rock, 60s et 90s dans une ambiance animée. Accueil jovial et sangria réputée.

Lost'In Bar *(plan centre détachable, I8, **281**)* **:** *rua Dom Pedro V, 56 D. 917-759-282. • lostin.esplanada@gmail.com • Tlj 12h30 (16h mar)-minuit.* Au fond d'un passage couvert où se terre un *cannabis shop*, on déboule sur une immense et belle terrasse – couverte ou en plein air – dominant la ville. On y sirote un spritz, un margarita à la pêche ou une mule japonaise dans une ambiance bien cool et très colorée, tendance bollywoodienne. En temps normal, des musiciens se produisent entre 18h et 20h. Fait aussi resto.

Esplanada Café *(plan centre détachable, H7, **284**)* **:** *praça do Príncipe Real, 23. ☎ 211-569-349. Tlj 9h-23h (minuit en été).* Ce joli pavillon-verrière en demi-lune posé dans cet agréable square verdoyant, avec tables et chaises à l'ombre des magnolias, est parfait pour boire sagement un café ou un verre... et plus encore les vendredis soir d'été pour les sessions de musique *live*. On y brunche et on y mange aussi.

Où écouter du fado ?

Ne demandez pas où l'on peut encore trouver des adresses qui ne soient pas touristiques, ça fait rire les fadistes !

♩ |●| ***Fado ao Carmo*** *(plan centre détachable, I8,* ***295****) : rua da Condessa, 52. ☐ 912-115-677. ● info@fadoaocarmo.pt ● Tlj 19h30-2h sauf mar. Réserver ou venir avt 20h. Menu 35 €.* Les amateurs le décrivent comme l'un des lieux les plus authentiques de Lisbonne pour écouter du fado de qualité en mangeant une vraie bonne cuisine 100 % portugaise. Un oiseau rare ! Pas de carte, mais un menu offrant un large choix ; on vous conseille la morue ou la joue de porc.

♩ |●| ***Duque da Rua*** *(plan centre détachable, I8,* ***299****) : rua do Duque, 23. ☐ 917-216-761. ● info@duquedarua.pt ● Mar-sam 20h-1h (actuellement jeu-sam dès 19h). Résa conseillée. Tapas 9 €, conso 4,50-12 €.* On aime beaucoup ce petit bar chaleureux et discret pour sa simplicité, la qualité des artistes qui se succèdent avec sérieux et l'ambiance toute consacrée au fado. On sirote un verre en grignotant quelques tapas assez basiques (fromage, jambon), puis on se laisse délicieusement envahir par l'émotion du fado.

♩ |●| ***Café Luso*** *(plan centre détachable, I8,* ***310****) : travessa da Queimada, 10. ☎ 213-422-281. ● cafeluso@fadoandfood.pt ● Tlj 19h30-2h. Conso min 27 € à partir de 19h, 17 € après 21h30 ; plats 27-33 €.* Sous de magnifiques voûtes en pierre du XIIe s, dans les anciennes écuries et caves du palais São Roque. On vient ici pour le cadre et écouter du fado, plus que pour la qualité de la cuisine. Et vous ne serez pas seul dans ce lieu hyper touristique ! Mieux vaut éviter le 1er service, lorsque débarquent les groupes.

Où danser ?

Music Box *(plan centre détachable, I10,* ***313****) : rua Nova do Carvalho, 24 (entrée sous l'arche). ☎ 213-473-188. ● office@musicboxlisboa.com ● Mer-sam à partir de minuit. Entrée : 7-20 €.* Au cœur de la Pink Street, quand les bars s'endorment, la boîte 3e partie de soirée s'éveille !

Achats

À boire et à manger

A Mercearia do Pai Júlio *(plan centre, I9,* ***348****) : rua do Diário de Notícias, 45. ☎ 218-092-926. ● mercearia@paijulio.pt ● Tlj 8h-20h, sauf dim.* Huiles d'olive, conserves, portos, vins, liqueurs, pâtisseries... Claudia vous guidera dans vos choix, en français. On peut y acheter de quoi confectionner son pique-nique.

Mercado da Ribeira *(plan centre détachable, H-I10) : av. 24 de Julho. ☎ 213-244-980. ● mercado.ribeira@cm-lisboa.pt ● Marché tlj sauf dim 6h-14h ; restos tlj 10h-minuit (2h jeu-sam).* Un marché traditionnel (fruits, légumes, fleurs et poissons) doublé d'une vaste aire de restauration de qualité (voir *Time Out Market* dans « Où manger ? »).

Garrafeira Internacional *(plan centre détachable, H7,* ***336****) : rua da Escola Politécnica, 15-17. ☎ 213-476-292. ● geral@garrafeirainternacional.com ● Tlj 10h-19h sauf dim.* Bon choix de vins portugais, parfois de régions trop peu connues. Une bonne occasion de les découvrir ! Bons conseils.

De la tête aux pieds

Paris em Lisboa *(plan centre détachable, I9,* ***337****) : rua Garrett, 77. ☎ 213-468-885. ● info@parisemlisboa.pt ● Tlj 10h-19h sauf dim.* Du beau linge, en vitrine comme sur les rayons, on peut le dire ! C'est à Torres Novas (100 km) qu'on fabrique les *turcos* (tissu éponge) les plus réputés du pays. Serviettes de toilette douces au toucher dans une gamme de coloris variés.

Burel *(plan centre détachable, I9, **349**) : rua Serpa Pinto, 15B. ☎ 212-456-910. • burelchiado@burelfactory.com • Tlj, sauf dim, 10h-20h (hors été : 11h-19h).* L'usine textile Burel tisse la laine depuis les années 1950. Du tissu d'ameublement aux plaids, en passant par les écharpes et les sacs, tout est fait à la main, les motifs sont très variés et les couleurs superbes.

Les ruas Dom Pedro V et da Escola Politécnica rivalisent en termes de *concept stores* de fringues, bijoux, objets design, meubles, gadgets, chaussures, etc. Le plus spectaculaire est ***Embaixada*** *(plan centre détachable, H7, **339**)*, au n° 26, en face de la praça do Príncipe Real, installé dans un palais néo-mauresque du XIXe s *(lun-sam 12h-20h, dim 11h-19h).* Un bar s'est installé dans le patio à colonnades et, côté pile, se trouve le restaurant *Atalho Real*, avec ses terrasses donnant sur le Jardin botanique (voir « Où manger ? »).

Artisanat, art

Dans le haut de la ***rua da Rosa*** *(plan centre détachable, I8)*, quelques ***galeries d'art*** et boutiques de ***créateurs de vêtements et d'accessoires*** ont survécu à la crise de la Covid, comme ***Poise*** au n° 197 *(lun-sam 11h-19h).* Signalons aussi la boutique de fringues vintage ***Charade***, au n° 212.

A Vida Portuguesa *(plan centre détachable, J9, **340**) : rua Anchieta, 11. ☎ 213-465-073. • lojachiado@avidaportuguesa.com • Tlj de 10h ou 11h à 19h ou 20h.* Installée dans une ancienne fabrique de cosmétiques, cette vieille boutique vend « l'âme portugaise » ! Superbe sélection de produits qui ont marqué la mémoire nationale : cosmétiques, parfums, savons, huiles d'olive, conserves de sardines, nappes brodées, jouets pour enfants, bibelots... Une foultitude de petits souvenirs aux packagings rétro très réussis. D'autres boutiques en ville (voir la rubrique « Achats » dans le quartier de Graça).

Vista Alegre *(plan centre détachable, I9, **341**) : largo do Chiado, 20-23. ☎ 234-320-401. • geral@vistaalegre.com • Tlj 10h-20h.* La plus réputée des fabriques de porcelaine portugaises, fondée en 1824 (peut se visiter près d'Aveiro). Du très classique, tendance chic, mais aussi toute une gamme d'objets de déco et arts ménagers. On n'est pas obligé d'acheter un service complet !

Cerâmicas na Linha *(plan centre détachable, J9, **335**) : rua Capelo, 16. ☎ 215-984-813. • lojachiado@ceramicasnalinha.pt • Lun-sam 10h-20h, dim 11h-19h.* Ici, on achète sa céramique au poids (7,80 €/kilo !), en piochant sur les étagères aux pièces souvent colorées.

Claus Porto *(plan centre détachable, I8, **323**) : rua da Misericórdia, 135. 📱 917-215-855. • support@clausporto.com • Mar-sam 10h-19h.* Une marque mythique de savons et de soins germano-portugaise, née en 1887. Superbes emballages d'inspiration Belle Époque.

Luvaria Ulisses *(plan centre détachable, J8, **356**) : rua do Carmo, 87 A. ☎ 213-420-295. • info@luvariaulisses.com • Tlj 10h-19h sauf dim.* Cette toute petite boutique de 1925 au mobilier Empire et à la façade néoclassique ne vend que des gants en cuir. Rien ne semble avoir changé depuis l'ouverture ! Comptoir sur l'extérieur, on pose sa main sur un coussin et l'on vous gante. Compter minimum 55 €. Emballage soigné.

Azulejos

Sant'Anna *(plan centre détachable, I9, **342**) : rua do Alecrim, 95. ☎ 213-422-537. • info@santanna.com.pt • Tlj 9h30-19h sauf dim.* La fabrique Sant'Anna fut fondée en 1741 ! *Azulejos*, céramiques, vaisselle diverse, etc.

Azulejos Dorey Antiguidades *(plan centre détachable, I9, **334**) : rua do Alecrim, 68. ☎ 213-430-232. • geral@doreytiles.pt • Tlj 10h-19h sauf dim.* Cet antiquaire est spécialisé dans les *azulejos*, du simple carreau au panneau entier. Prévoyez la remorque pour rapporter votre achat !

Solar *(plan centre détachable, H-I8,* ***343****) : rua Dom Pedro V, 70. ☎ 213-465-522. • solar@mail.telepac.pt • Tlj, sauf dim, 10h-19h (13h sam). Fermé sam en juil-août.* C'est le plus important antiquaire du Portugal spécialisé dans la vente d'*azulejos* anciens. Prix corrects compte tenu de la qualité.

Disques

Louie Louie *(plan centre détachable, J9,* ***324****) : escadinhas do Santo Espírito da Pedreira, 3. ☎ 213-472-232. • louielouie.lisboa@gmail.com • Tlj 11h (15h dim)-19h30.* Des milliers de vinyles et CD en stock, neufs ou d'occasion, du fado au hard rock, du jazz à la musique brésilienne.

À voir. À faire

Les quartiers du Carmo et du Chiado

Le 25 août 1988, le cœur de Lisbonne brûle : un incendie s'est déclaré dans le grand magasin *Grandela,* au bas de la place du Rossio. Le feu se propage très vite, les pompiers accèdent difficilement aux immeubles. Les rues do Carmo, Nova do Almada, Assunção et do Crucifixo sont les plus touchées. Cet incendie a infligé à ce quartier historique ses plus graves dommages depuis le tremblement de terre de 1755. Pour la reconstruction, l'architecte Álvaro Siza Vieira a tenu à préserver le style du quartier au charme années 1930.

Aujourd'hui, boutiques de luxe et immeubles de standing donnent le ton. Le soir venu, l'animation quitte peu à peu le Chiado pour se glisser dans les ruelles du Bairro Alto voisin.

Le saviez-vous ? António Ribeiro Chiado était un moine poète du XVIe s. Trop bon vivant, il préféra abandonner son froc. Si on le vénère moins pour ses vers gouailleurs que Pessoa, qui est assis pour l'éternité à quelques pas de lui devant le café *A Brasileira,* c'est quand même lui qui a eu le dernier mot : un quartier à son nom, si vivant que tout Lisbonne passe et repasse.

Il est une manière royale d'aborder le quartier depuis la Baixa : le fameux ***elevador de Santa Justa*** *(plan centre détachable, J8-9,* ***367****) : payant – voir plus haut « Infos pratiques sur place. Comment se déplacer ? Les funiculaires* (ascensores) *et les ascenseurs* (elevadores) *».* Du sommet, agrémenté d'une plateforme panoramique, on découvre la machinerie, mais surtout la colline du *castelo* et les alignements de la Baixa. À faire en début de matinée de préférence, car il y a moins de monde.

UNE MACHINE À VISITER LA LUNE

Jusqu'en 1907, l'elevador de Santa Justa fonctionnait grâce à la vapeur, puis il fut électrifié. On imagine bien les nuages de vapeur jaillissant de cette mécanique julesvernesque. « Une machine à visiter la Lune », proclama l'écrivain Valery Larbaud ! Et ne dites pas qu'il fut construit par Eiffel : c'est l'un de ses élèves, Raoul Mesnier du Ponsard, qui s'attela à la tâche.

Astuce : on peut accéder gratuitement au belvédère depuis le largo do Carmo, en prenant la ruelle juste à droite du *Museu arqueológico do Carmo* et la passerelle qui la prolonge !

Convento-museu do Carmo – Museu arqueológico do Carmo (MAC *; plan centre détachable, J8,* ***368****) : largo do Carmo. ☎ 213-478-629. • museuarqueologicodocarmo.pt • Tlj, sauf dim, 10h-18h (19h mai-sept). Entrée : 5 € ; réduc. Gratuit jusqu'à 13 ans.*

LISBONNE ET SES ENVIRONS

Cette église gothique du XIVe s, l'une des plus grandes de la ville, est restée dans l'état où l'a laissée le tremblement de terre de 1755 : nef éventrée, toit envolé. Une atmosphère romantique y règne, entre pierres tombales blasonnées, chapiteaux, fonts baptismaux et autres éléments lapidaires exposés sur les bas-côtés. On y découvre même un gisant de chevalier du XVIe s reposant sous un élégant arc de style manuélin.
Au fond, le chœur reconstruit et ses 4 chapelles rayonnantes, de part et d'autre, abritent un remarquable Musée archéologique – le plus ancien du pays. Il déroule l'histoire en commençant par le fond à droite *(salle 1)*, consacré à la préhistoire, avec une étonnante collection de poids en terre cuite gravés de l'Âge du Cuivre (chalcolithique). *Salle 2,* on remarquera le superbe sarcophage romain dit « des Muses » (IIIe-IVe s) et les piliers sculptés d'influence wisigothe. La *Salle 3* (chœur) est écrasée par le tombeau monumental de la reine Maria Ana de Austria, reposant sur 2 lions de pierre (dans un style rappelant celui des tombeaux des Habsbourg à Vienne) ! On y trouve également plusieurs gisants et sarcophages sculptés – dont celui du roi Fernando I (1382) –, un très beau buste de monarque du XIIIe s et... un bas-relief hindou de toute beauté, qu'il fallait bien caser ! La *salle 4,* chapelle-bibliothèque, renferme quant à elle une momie égyptienne, 2 momies d'enfants chancay (péruviennes) et diverses céramiques précolombiennes... On finit par la *salle 5,* aux splendides bas-reliefs anglais en albâtre du XVe s, puis, au fond, l'ancienne *sacristie* avec son film consacré au lieu.

LISBONNE ET SES ENVIRONS

★★ *Museu et igreja São Roque* *(plan centre détachable, I8,* ***369****)* **:** *largo Trindade Coelho. ☎ 213-235-444. • mais.scml.pt/museu-saoroque • ♿ Lun 14h-18h (19h avr-sept), mar-dim 10h-18h (19h avr-sept ; 20h jeu avr-sept). Horaires Covid adaptés : tlj 10h-18h sauf lun. Entrée : 2,50 € ; réduc, notamment avec la* Lisboa Card. *Gratuit jusqu'à 14 ans et pour ts dim 10h-14h. Petite brochure en français.*
Le musée abrite une riche collection d'art sacré, allant du XVIe au XVIIIe s, en provenance de plusieurs pays d'Europe et d'anciennes colonies. L'une des sections les plus intéressantes, à l'étage, regroupe justement un ensemble d'objets d'art et liturgiques confectionnés par des artisans indiens et japonais pour le Portugal. Parmi eux plusieurs reliquaires, dont le coffre en argent finement travaillé de saint François Xavier, un autre en écaille de tortue, un délicat reliquaire du Japon (fin XVIe s) en bois laqué, nacre, poudre d'or et d'argent, mais aussi un très beau christ en croix de Ceylan en ivoire et une croix d'autel palestinienne en bois incrusté de nacre. Suit un important ensemble d'objets d'art sacré baroque en vermeil, commandé à Rome par la cour portugaise au XVIIIe s. Ça briiiille ! Parmi les pièces exposées : le reliquaire de saint Valentin et une paire de chandeliers gigantesques, dont chacun pèse plus de 350 kg ! Mentionnons encore quelques belles huiles sur bois (dont une superbe *Annonciation* sans doute flamande des XVIe-XVIIe s), une tapisserie bruxelloise dépeignant la guerre de Troie et... des saints-marionnettes qui étaient habillés pour les processions !
Suit la visite de ***l'église,*** qui date du XVIe s mais dont la façade fut relevée après le séisme de 1755. Sous l'immense plafond en bois peint, on découvre une succession de chapelles latérales baroques ou néoclassiques. Plusieurs révèlent une profusion de marqueterie en marbre polychrome, très fine, notamment celles de *Notre-Dame-de-la-Doctrine* (1re à droite), du *Très-Saint-Sacrement* (4e à droite) et, plus encore, de *Saint-Jean-Baptiste* (4e à gauche). Cette dernière, commissionnée par le roi João V, fut réalisée à Rome, puis transportée par 3 bateaux pour être remontée ici ! Même les « tableaux » sont en marqueterie de marbre. Impossible, à côté, de ne pas voir la profusion d'angelots de la chapelle *Notre-Dame-de-la-Piété* (3e à gauche) et, de part et d'autre du maître-autel, les vitrines contenant une impressionnante collection de reliquaires !

★★ *Museu nacional de Arte contemporânea do Chiado* (*MNAC* *; plan centre détachable, J9,* ***370****)* **:** *rua Serpa Pinto, 4. ☎ 213-432-148. • museuartecontemporanea.gov.pt • Tlj, sauf lun et j. fériés, 10h-18h (dernière entrée 30 mn avt).*

Entrée : 4,50 € ; réduc. Le musée d'Art contemporain du Chiado présente des œuvres de son fonds permanent lors d'expos temporaires qui changent tous les 3 à 6 mois. Beaucoup d'installations, ainsi que des œuvres exclusivement portugaises. C'est l'architecte français Jean-Michel Wilmotte qui supervisa la rénovation du bâtiment. L'espace intérieur mérite à lui seul une visite pour sa conception et la mise en valeur du site autant que des œuvres.

Largo de São Carlos *(plan centre détachable, I9)* **:** sur cette petite place ensoleillée se dresse un immeuble couleur pastel (au rez-de-chaussée, magasin *Godiva*) où est né l'écrivain Fernando Pessoa (1888-1935). Au pied, une sculpture surréaliste de l'auteur avec un livre à la place de la tête.

Le Bairro Alto

Au nord-est du quartier, le grand ***miradouro São Pedro de Alcântara*** *(belvédère São Pedro de Alcântara ; plan centre détachable, I8),* qui surplombe un petit jardin en terrasse planté de rosiers, livre une magnifique échappée sur la ville basse, la colline du castelo de São Jorge et le Tage.

Convento de São Pedro de Alcântara *(plan centre détachable, I8,* ***371****)* **:** *rua Luísa Todi, 1. ☎ 213-243-930. Avr-sept, tlj, sauf dim de Pâques et 1er mai, 10h (14h lun)-19h (20h jeu) ; oct-mars, tlj sauf Noël et 1er janv, 10h (14h lun)-18h. Horaires Covid : fermé lun. GRATUIT. Visite guidée ven à 11h30 en français et à 15h en anglais (2,50 €).* Ce couvent du XVIIe s renferme la jolie chapelle des Lencastres, en marbre marqueté inspiré du style italien. Dans l'église (1681), on verra des peintures du XVIIIe s, comme le *Couronnement de la Vierge,* et les murs de la nef recouverts de beaux *azulejos* de l'époque baroque – représentant des scènes de la vie de saint Pierre d'Alcântara.

La praça do Príncipe Real *(plan centre détachable, H7-8)* **:** les enfants y font de la patinette ou filent vers l'aire de jeux, tandis que les plus âgés préfèrent l'ombre prodiguée par le parasol naturel des magnolias ou d'un gigantesque cyprès. Sous la fontaine se cache le *reservatório da Patriarcal,* un réservoir souterrain octogonal (appelé « musée de l'Eau »), aux voûtes d'une dizaine de mètres de hauteur *(visite w-e seulement, sauf j. fériés, 10h-17h30 ; entrée : 2 €).* Le samedi matin, marché d'artisanat et de petits producteurs.

Museu da Ciência et museu da História natural *(musée de la Science et musée d'Histoire naturelle ; plan centre détachable, H7,* ***380****)* **:** *rua da Escola Politécnica, 56-58. ☎ 213-921-808. • museus.ulisboa.pt • Tlj, sauf lun, 10h-17h (11h-18h w-e et j. fériés) ; dernier accès 30 mn avt. Entrée : 5 € ; billet jumelé avec le* Jardim Botânico *6 € ; réduc notamment avec la* Lisboa Card *; billet famille (2 adultes + 2 enfants) 12,50 € ; gratuit moins de 10 ans et le dim 10h-13h.* Les 2 musées s'entremêlent, révélant, au fil de salles, des collections de minéraux, d'animaux naturalisés, œufs, fossiles, cires de malformations humaines et autres moulages de squelettes de dinosaures. Tout cela date, mais on aime bien le vieux labo de chimie dans son jus, avec son amphithéâtre attenant. Explications surtout en portugais.

Jardim Botânico *(plan centre détachable, H7)* **:** *rua da Escola Politécnica, 54. Tlj 10h-20h (17h oct-mars et j. fériés). Entrée : 3 € ; réduc. Gratuit dim 10h-13h. QR code à l'entrée pour scanner le plan du jardin.* Épousant la pente sur 4 ha, ce charmant jardin botanique bercé par le chant des oiseaux et doté de 2 petits plans d'eau dessine une divine oasis en pleine ville. On s'y balade entre les parterres d'agapanthes et d'hortensias, sous les frondaisons de quelques très grands arbres ramenés d'Amérique et d'ailleurs par les navigateurs portugais – *ceiba* (fromager), *tipuana tipu,* cyprès des marais mexicain, *Chrysophyllum impériale* offert par l'empereur du Brésil...

Au sud-ouest de la praça do Príncipe Real, on redescend vers la petite ***praça das Flores*** *(plan centre détachable, G8)*, entièrement ombragée par des arbres aux hautes frondaisons – grands magnolias, platanes, tilleuls... Une oasis urbaine, où l'on s'offre volontiers une pause à l'inévitable *quiosquo.*

Au sud-ouest du Bairro Alto, par la rua Saldanha, on rejoint le ***miradouro de Santa Catarina*** *(plan centre détachable, H9, **372**)*, qui déroule sa terrasse panoramique face au Tage et aux quais de Cais do Sodré. Ce n'est pas la plus belle vue de la ville, mais le lieu offre une pause bienvenue, sous la surveillance du monstre Adamastor, personnage mythique des *Lusiades* de Camões. Ne traînez pas trop une fois la nuit tombée.

Comment remonter vers le Bairro Alto sans se fatiguer ? Par l'***ascensor da Bica,*** pardi ! *(plan centre détachable, H-I9)* : *payant – voir plus haut « Infos pratiques sur place. Comment se déplacer ? Les funiculaires* (ascensores) *et les ascenseurs* (elevadores) *».* Inauguré en 1892, il fonctionna d'abord grâce à un système de contrepoids à eau, avant de passer à la vapeur, puis d'être électrifié en 1914. C'est LE funiculaire des cartes postales lisboètes, jaune et blanc, qui chemine (sur 283 m !) entre 2 trottoirs, avec le Tage en toile de fond. Clic, clac.

MADRAGOA, LAPA, CAMPO DE OURIQUE, SANTOS, DOCAS (LES DOCKS) ET LX FACTORY

À l'ouest de Cais do Sodré, du Bairro Alto et de Príncipe Real s'étend un trio de quartiers résidentiels accrochés à la pente : Madragoa, Lapa puis Campo de Ourique, où la bourgeoisie portugaise a fait son nid, à l'approche du grand cimetière de Prazeres. Quelques adresses de charme invitent à s'oublier là, en retrait de l'agitation frénétique du centre, rejointes sans trop de peine par le mythique tramway n° 28.

Ici comme ailleurs, les rues et les escaliers dévalent naturellement vers le Tage. À Madragoa, 2 grands musées rappellent le lien à la mer et aux expéditions lointaines qui ont jadis fait la fortune et la gloire du pays : le museu de Arte antigua (étatique) et le museu do Oriente (privé), 2 hauts lieux de la culture qu'il ne faut pas manquer. Tout près, les anciens docks (Santos, Docas) ont connu une mue spectaculaire, réinvestis par des entreprises, des restos trendy avec vue et des boîtes de nuit – fortement mis à mal par la crise du covid. Et en poussant plus à l'ouest, du côté d'Alcântara, on atteint la LX Factory. Au menu : restos à la mode, cafés branchés et boutiques alternatives installés dans une ancienne friche industrielle qui continue sa mue.

Où dormir ?

De prix moyens à beaucoup plus chic

Casa do Bairro Boutique Guesthouse *(plan centre détachable, H9, **70**) : beco da Caldeira, 1. 913-136-320. • casadobairro@shiadu.pt • shiadu.com • Ⓣ nos 25 ou 28. Doubles 50-135 € ; familiales.* Cette maison d'hôtes de charme, parmi les plus belles de la capitale, se trouve dans un étroit passage accessible à pied (attention, ça grimpe sec !). La maison ancienne et bien restaurée abrite une dizaine de grandes et belles chambres, aménagées avec soin (clim), d'un très bon rapport qualité-prix. Demandez-en une avec vue sur les toits et le fleuve. Petit déj servi dans le patio. Accueil en portugais et en français. *Shiadu* possède 6 autres maisons d'hôtes tout aussi charmantes à Lisbonne, toutes d'excellentes adresses !

Casa do Patio Boutique Guesthouse & Apartments *(plan centre détachable, H9, **71**) : travessa do Caldeira, 19. 913-136-320. • casadopatio@shiadu.pt • shiadu.com • T nos 25 ou 28. Doubles 50-100 € ; familiales.* Notre coup de cœur dans le quartier ! À 3 mn à pied de la *Casa do Bairro,* dans le quartier de Santa Catarina, voici une pension de charme très originale. Un passage discret *(pátio das Parreiras)* débouche dans une grande cour intérieure calme et ensoleillée, décorée d'un mobilier coloré, où se prend le petit déj. Chambres doubles, suites familiales et apparts (de 2 à 4 personnes), tous confortables, avec accès direct au patio, occupent des maisonnettes blanches adorables, toutes restaurées et aménagées avec le même charme. Pour les appartements, pas de petit déj mais cuisine à dispo. Et surtout, vue sur le Tage ! Accueil adorable et sensation agréable de partager une tranche de vie lisboète.

Toctoctoc *(plan centre détachable, G8, **69**) : rua de Santo Amaro, 27. (33) 6-75-93-30-36. • welcome@toctoctoclisboa.com • toctoctoclisboa.com • M Rato (puis bus n° 727 ou à pied). Bus n° 706 depuis Cais do Sodré. Doubles 80-150 €, petit déj inclus. Parking sur résa (3 places seulement).* Entrepreneurs et globe-trotteurs, Olivier et Pascale ont laissé derrière eux Singapour et une activité de design d'intérieur pour ouvrir cette maison d'hôtes à Lisbonne, un peu au-dessus du palais de São Bento (Assemblée). De la rue, on ne soupçonne pas le charme incandescent du petit jardin suspendu au figuier penché, où a été installé un *honor bar* (aux tarifs canon), ni le caractère cosy et douillet des 10 chambres. Elles sont toutes assez spacieuses et superbement décorées, dans des styles variés, gardant pour points communs des sols en béton lavé et de grandes douches vitrées. Au 1er étage, 2 ouvrent sur leur propre patio-jardinet avec treille, privatisable pour les familles !

The House Boutique B & B *(plan centre détachable, F8, **82**) : travessa do Pinheiro, 11 ; 4°. ☎ 215-947-949. • thehouselisboa@gmail.com • thehouse.pt • M Rato. Doubles 95-145 €, petit déj inclus.* Étonnante adresse... Vous voilà devant un immeuble lambda dans un quartier résidentiel paisible mais sans grand intérêt. Et après ? Après on monte dans les étages pour découvrir, tout en haut, un triplex de 640 m² abritant 8 chambres d'hôtes confortables (clim) et soignées ! Cerise sur le gâteau : un toit-terrasse avec vue superbe sur Lisbonne et le Tage ! Accueil aimable de Francisco.

House São Bento Guesthouse *(plan centre détachable, F8, **67**) : rua de Borges Carneiro, 38 ; R/C Esq. 914-997-247. • housesaobento@gmail.com • housesaobento.com • Tram n° 28. Doubles 42-200 € ; pas de petit déj.* Dans un quartier tranquille assez excentré, entre Madragoa et Lapa, voilà une quinzaine de chambres, plus grandes ou plus petites, mélangeant joliment moderne et vintage. Chacune a sa personnalité, avec ou sans salle de bains (surtout), certaines dotées d'un balcon. Cuisine à dispo. Accueil plein de gentillesse.

De beaucoup plus chic à très chic

York House *(plan centre détachable, F10, **72**) : rua das Janelas Verdes, 32. ☎ 213-962-435. • reservations@yorkhouselisboa.com • yorkhouselisboa.com • À 2 pas du museu nacional de Arte antiga. De Cais do Sodré, T nos 25, 15 ou 18 et bus n° 714. Doubles 90-200 € ; petit déj 15 €.* Une volée de marches se hisse jusqu'à l'ancien monastère du XVIe s transformé en hôtel de charme, où ont séjourné en leur temps Graham Greene et John Le Carré, Catherine Deneuve et Marcello Mastroianni. Commence le festival : escaliers sculptés, dallages d'origine en terre cuite, plafonds à caissons... Les chambres, avec salles de bains en marbre, se partagent entre style classique et sobriété un peu plus actuelle. Elles sont toutes élégantes, quoique certaines commencent à prendre de l'âge et peuvent se montrer bruyantes (évitez le côté rue). On aime le délicieux jardin intérieur avec palmiers et bougainvillées pour prendre un verre au calme, le petit déjeuner ou le dîner (certes, pas donnés) – à moins de préférer la salle à manger installée dans l'ancien réfectoire des moines.

As Janelas Verdes *(plan centre détachable, F10, **73**) : rua das Janelas Verdes, 47. ☎ 213-968-143. • reservations@heritage.pt • lisbonheritagehotels.com • Doubles 120-240 € ; petit déj 14 €. Parking 15 €.* À côté du *museu nacional de Arte antiga*, voilà une charmante petite maison bourgeoise du XVIIIe s tout droit sortie d'un roman, où la gouvernante vous accueille avec le sourire et en français. Atmosphère romantique aussi bien dans les salons que dans la trentaine de chambres, délicieusement désuètes mais aux éléments de confort bien actuels. Objets d'art, livres, tableaux, souvenirs évoquent déjà un autre temps, et la vue sur le Tage depuis la belle bibliothèque-terrasse laisse rêveur. Petite cuisine attenante où se préparer un thé. Cour très verdoyante pour prendre le petit déj en saison. Conseils excellents.

Où manger ?

De très bon marché à prix moyens

Mercado de Campo de Ourique *(plan d'ensemble détachable, D7-8) : rua Coelho da Rocha, 106. ☎ 211-323-701. Ⓣ nos 25 et 28. Marché ouv tlj dès 6h, stands tlj, sauf dim, 10h-23h (1h ven-sam).* Super pour manger bon marché des produits frais, cuisinés sous vos yeux : viande, poisson, soupes, fruits, pâtisseries, etc. Tables au centre pour une ambiance chaleureuse. Un de nos spots préférés.

Heim Café *(plan centre détachable, F10, **166**) : rua de Santos-O-Velho, 2-4. ☎ 212-480-763. • heim.lisbon@gmail.com • Tlj 9h-18h. Petits plats 5,50-9 €; brunch 14 €.* Les étudiants et les jeunes touristes affluent en nombre vers ce petit café simple mais tout joli, avec béton brut au sol et mobilier vintage scandinave. Au menu : des salades, des sandwichs, des gaufres, des pancakes, de la limonade maison... le tout bien dans l'air du temps. Bout de terrasse sur rue.

La Boulangerie *(plan centre détachable, F10, **163**) : rua do Olival, 42. ☎ 213-951-208. • laboulangerielisboa@gmail.com • Tlj, sauf mar-mer, 7h30-21h (19h sam-dim). Sandwichs 5-8 € ; petits déj 8-14 €.* En surplomb d'une fontaine, une terrasse au calme. À l'intérieur, ambiance campagnarde jeune et moderne. L'escale est pratique pour ceux qui vont au *museu de Arte antiga* ou en sortent. On vous le conseille surtout pour un petit déj (bonnes viennoiseries) ou un burger (cuisson à la demande), les brunchs et planches de charcuterie et fromages étant vraiment trop chères. Service (généralement) sympa.

Ohlinda *(plan centre détachable, F8, **145**) : calçada da Estrela, 177-179. 📱 936-430-714. • ohlinda@ohlinda.pt • Tlj 10h-19h sauf mer. Compter 5-8 €.* L'endroit doit son nom à l'une des principales villes productrices de tapioca dans le Nordeste brésilien, Olinda. Et pour cause : le tapioca est ici roi ! Il sert à confectionner de délicieuses crêpes, moelleuses, cuites devant vous et fourrées au choix de bons produits salés ou sucrés – morue, crevettes, champignons, mais aussi bananes-coco-cannelle, pommes-granola-beurre de cacahuètes, etc. Pour faire glisser le tout : d'excellents jus frais et smoothies.

O Tachadas *(plan centre détachable, F9-10, **122**) : rua da Esperança, 176. ☎ 213-976-689. • tachadas@live.com.pt • Tlj 12h-15h, 19h-23h, sauf lun. Plats 5,50-19,50 €. Menu lun-ven midi 7 €.* Proche du consulat de France, en plein quartier de Santos, il s'agit d'un modeste mais bon restaurant portugais, sans prétention, sans tralala. Les plats, servis en 2 tailles (*dose* et ½ *dose*) sont invariablement copieux. Menu en français.

Osteria *(plan centre détachable, G9, **167**) : rua das Madres, 52. ☎ 213-960-584. • osteria.lx@gmail.com • Lun 19h30-1h, mar-sam 12h30-16h et*

19h30-1h (2h ven-sam), dim 12h30-1h. Repas complet 20-25 €. Apéro offert sur présentation de ce guide. Ce discret petit resto, aménagé dans une ancienne épicerie d'une ruelle typique du vieux Lisbonne, avec linge aux fenêtres, fait la part belle aux produits italiens : risottos, lasagnes, tiramisù... La boss, Chiara, prépare tout à la minute. On apprécie aussi le service souriant, les bons conseils et la déco rétro, avec chaises dépareillées, tables en formica et vieilles affiches des héros italiens d'autrefois. Une *osteria* où l'on se sent bien.

I●I ***Picanha*** *(plan centre détachable, F10,* ***169****) : rua das Janelas Verdes, 96. ☎ 213-975-401. • bruno.silva.davi@hotmail.com • Derrière le* museu nacional de Arte antiga. *Tlj 12h30-15h30, 20h-23h, sauf dim soir. Plats 8-22 €.* La rencontre d'une vieille petite épicerie patinée et du Brésil : un cadre beau comme une boutique oubliée des colonies, aux murs décorés d'*azulejos* d'où émerge la figure bienveillante de santo Antão. On y déguste une cuisine portugaise aux accents sud-américains, notamment de bonnes viandes. La *picanha* est une sorte de rumsteck uruguayen grillé avec sa couche de graisse.

Plus chic

I●I ***Tasca da Esquina*** *(plan d'ensemble détachable, E8,* ***171****) : rua Domingos Sequeira, 41 C. 📱 919-837-255. • info@tascadaesquina.com • Tlj 12h30-15h30, 19h30-22h. Réserver. Petiscos 12-16 €, plats 19-33 €.* Le chef Vitor Sobral a ouvert cette petite table discrète mais riche de ses trouvailles. Dans l'assiette : une cuisine gastronomique portugaise à prix encore abordables, pour un voyage gustatif aux belles saveurs. 2 salles, l'une avec ses chaises hautes et vue directe sur la cuisine ouverte, l'autre plus cosy sous la verrière. Service jeune et dynamique. Vin au verre (sommelier parfait).

I●I ***Café de São Bento*** *(plan centre détachable, G8,* ***154****) : rua de São Bento, 212. ☎ 213-952-911. • cafesaobento@cafesaobento.com • Lun-ven 12h30-14h30 et tlj 19h-1h30. Réserver. Plats 16,50-25 €.* Pile poil en face de l'Assemblée, cette belle brasserie intime et surannée, toute de boiseries et de velours rouge, a vu défiler son lot de parlementaires depuis plus de 35 ans. La star, ici, c'est le steak à la portugaise, frit dans l'huile d'olive avec ail et laurier, ou servi avec une sauce maison à la crème, selon une recette du XVIIIe s. La carte, très courte, leur additionne une morue, un plat végétarien, un sandwich au steak et quelques jolis desserts. Petit plus : il y a même une carte en français.

I●I ☂ ***Peixaria da Esquina*** *(plan d'ensemble détachable, D7,* ***172****) : rua Correia Teles, 56. 📱 912-946-155. Tlj, sauf lun, 19h-23h30, plus sam et dim midi (Covid : take-away seulement). Petiscos 11,50-15 €, plats 13,50-32 €.* Vitor Sobral a ouvert une autre bonne table à Campo de Ourique, à la déco de bois brut, grand comptoir et tables hautes avec tabourets. Ici sont servies des spécialités de poissons ou fruits de mer ; une expérience pour les papilles, où saveurs, condiments, aromates et épices se télescopent. Service avenant et terrasse aux beaux jours. Inutile pour autant de traverser la ville pour venir jusque-là.

I●I ***Espaço Lisboa*** *(plan d'ensemble détachable, C10,* ***173****) : rua da Cozinha Económica, 16. ☎ 213-610-212. • reservas@espacolisboa.pt • Tlj 19h30-minuit. Repas 30-35 €.* Récemment encore fermé en raison des restrictions liées à la crise de la Covid (vérifiez !), ce resto situé sur le chemin de LX Factory a investi une ancienne fonderie. On y découvre un superbe espace cuisine où grillent les spécialités de cabri et de cochon de lait dans les étonnants fours d'origine, un *lounge* avec fauteuils club côté bar, un coin épicerie fine joliment aménagé autour de la table de présentation des desserts, sans oublier fontaine et oliviers à l'entrée, et une hauteur sous plafond conférant à l'espace une dimension aérienne ! Le volume n'a certes rien d'intimiste (plus de 200 couverts...), mais le résultat est moderne et chaleureux. La cuisine, sans génie, est néanmoins tout à fait correcte. Personnel charmant.

Où manger les meilleures glaces de la ville ?

Nannarella *(plan centre détachable, G8, **262**) : rua Nova da Piedade, 64. 926-878-553. Tlj 12h-22h.* La file d'attente aux beaux jours ne trompe pas. Pour beaucoup, il s'agit des meilleures glaces (à l'italienne) de Lisbonne, aux parfums classiques ou plus exotiques : sabayon au porto, basilic-crème, melon, pastèque et *pastel de nata* en été, etc. Un régal ! Et un square juste en face pour les déguster tranquille.

Où boire un verre ? Où grignoter ?

Le Chat *(plan d'ensemble détachable, E10, **288**) : jardim 9 de Abril, 18-20. ☎ 213-963-668. Tlj 12h30-22h30 • geral@lechat.pt • Juste à l'ouest du museu nacional de Arte antiga. Petiscos et salades 7-12 €, plats 11-22 €.* On aime la belle terrasse, avec vue extra sur le Tage. Parfait pour siroter un verre accompagné de quelques grignotages. Jeudi et vendredi soir, un DJ débarque à 18h pour les *sunset sessions*.

Foxtrot *(plan centre détachable, G8, **283**) : travessa de Santa Teresa, 28. ☎ 213-952-697. • barfoxtrot@gmail.com • Tlj 18h-2h (3h ven-sam).* Prêts pour une plongée dans le passé ? Quelque part entre Lapa et Príncipe Real, ce bar réputé, fidèle à son nom, s'est installé au milieu d'une déco boudoir années 1920, avec une succession de salles et une terrasse couverte au fond (avec écran géant). Velours rouge, bois patinés, lumières tamisées, canapé face cheminée... Les cocktails et bières sont un peu chers, mais le cadre le vaut bien. Personnel sympa.

Où sortir ? Où danser ?

La communauté capverdienne s'est installée dans le quartier de Madragoa et autour de la rua São Bento. Notes de musique langoureuse et douces odeurs d'épices s'échappent des boutiques et des fenêtres. Profitez-en pour tester aussi les *vinhos* des vieilles *tascas* (tavernes) du coin... L'avenida 24 de Julho était l'un des pôles de la nuit lisboète, en particulier autour de la station ferroviaire de Santos (trains jusqu'à 1h30-2h) et, un peu plus à l'ouest, aux docks (Docas). Reste à voir si la résurrection tant espérée s'opérera ou non.

A Barraca *(plan centre détachable, G10, **289**) : largo de Santos, 2. ☎ 213-965-360. • abarracateatro.com • Au 1er étage d'un ancien cinéma à l'architecture paquebot. Tlj, sauf lun, 10h-18h (23h mar).* Ce petit centre culturel, établi dans un ancien entrepôt de bananes et de morue (!) devenu tremplin pour les jeunes artistes, joue les cafés-théâtres (en portugais), accueille des concerts au bar (jazz, musique latino, impros...) et parfois aussi des spectacles de mime et des lectures de poésie. Cours de tango le dimanche soir *(compter 5 € de participation).*

Plateau *(plan centre détachable, F10, **316**) : escadinhas da Praia, 7. ☎ 213-965-116. Mer et ven-sam 23h45-6h. Cover : 8-16 €.* La 1re boîte du quartier. Décor rococo-baroque avec des fresques de Pompéi. Atmosphère musicale de style pop-rock, acide et house. Inutile de venir avant 1h à 2h du mat'.

Achats

Mercado de Campo de Ourique *(plan d'ensemble détachable, D7-8) : rua Coelho da Rocha, 106. Ⓣ nos 25 et 28. Marché ouv tlj dès 6h.* C'est un des plus vieux marchés traditionnels de Lisbonne, beaucoup moins touristique

que celui de Cais do Sodré (mercado da Ribeira). Dès l'aube, les habitants du quartier s'affairent pour choisir fruits, fleurs, légumes, viandes, poissons... On peut aussi y manger au comptoir de l'un des nombreux stands et y goûter les produits, cuisinés ou non.

Depósito da Marinha Grande (plan centre détachable, G8, **345**) : *rua de São Bento, 234-236 et 418-420. Lun-ven 9h-19h, sam 9h-13h.* Créée à l'initiative du marquis de Pombal, la *Real Fábrica de Vidros da Marinha Grande* existe depuis 1769. Au 1er de ces magasins, vous trouverez tout ce qu'on peut imaginer qui soit en verre : bouteilles, flacons, fioles, carafes, vases, verres de lampes, bocaux... Plus haut dans la rue, la 2de boutique est davantage axée sur la décoration intérieure, avec des pièces maousses et souvent très colorées !

Companhia Portugueza do Chá (plan centre détachable, G9, **357**) : *rua do Poço dos Negros, 105. ☎ 213-951-614. Lun-sam 10h-19h.* Un temple pour les amateurs de thé dans un décor de pharmacie d'antan. Le proprio saura vous conseiller et transmettre sa passion des feuilles rares dénichées à travers le monde.

Torrefacção Flor da Selva (plan centre détachable, G9, **344**) : *travessa do Pasteleiro, 32. ☎ 213-965-384. • flordaselva.com • Lun-ven 9h-18h, fermé le w-e.* Le jovial Jorge Monteiro (francophone) et son fils Francisco importent des cafés des 4 coins du monde (même du Blue Mountains jamaïcain !) et les torréfient de façon traditionnelle, au feu de bois, sans aucun additif chimique. Les arômes d'origine ne sont pas dénaturés mais restitués dans leur authenticité. On peut assister au processus les lundi et mercredi matin. Francisco se rend d'ailleurs lui-même au Brésil. Dégustation possible *(gratuite)* et possibilité d'acheter du café en grains ou moulu, à des prix sages. Comptez à partir de 2 € le sac de 250 g et... bien plus pour un mélange personnalisé en fonction de vos goûts.

À voir. À faire

De Lapa à Campo de Ourique

Fundação Amália Rodrigues (plan centre détachable, G8, **374**) : *rua de São Bento, 193. 961-293-682. ☎ 213-971-896. • amaliarodrigues.pt • Ⓜ Rato. Bus : nos 706 ou 727. Tlj 10h-18h sauf lun. Visite guidée (en français notamment) : 7 €. Durée : 30-40 mn. Concerts de fado le sam ap-m (20 €).* Amália Rodrigues (1920-1999), la chanteuse portugaise de fado la plus célèbre de tous les temps, a vécu 44 ans dans cette maison. On visite ses appartements ayant conservé leurs objets, meubles, tableaux des XVIIIe-XIXe s, sa chambre à coucher et son salon. Nombreuses tenues de scène, bijoux, accessoires et de beaux portraits d'elle à tous les âges. Elle fut bardée de décorations, dont la Légion d'honneur, remise par François Mitterrand. Ses cendres reposent depuis 2001 au Panthéon national.

Jardim et basílica da Estrela (plan centre détachable, F8, **375**) : *av. Infante Santo. Ⓣ nos 25 et 28. Ⓜ Rato, puis bus no 720 (ou à pied). Basilique ouv tlj 7h30 (9h w-e)-13h, 15h-19h45.* Quel gros gâteau néoclassique ! Inaugurée l'année de la Révolution Française, la grandiloquente et réfrigérante *Basílica do Sagrado Coração de Jesus* a été voulue par la reine Maria Ire en remerciement de la naissance d'un héritier mâle (elle s'y fit ensuite inhumer). On peut grimper jusqu'au dôme *(tlj 10h-18h [18h40 l'été] ; 4 €)* d'où l'on survole le joli parc à l'anglaise attenant. Fondé en 1842, il témoigne, une fois encore, du souci que Lisbonne a toujours accordé à la beauté de ses jardins, avec ses arbres exotiques, ses 2 petits plans d'eau, ses kiosques rétro et café, ses jeux pour enfants sages (ou pas). L'occasion d'observer les Lisboètes au quotidien.

Casa Fernando Pessoa (plan d'ensemble détachable, E7, **376**) : *rua Coelho da Rocha, 16-18. ☎ 213-913-270. • casafernandopessoa.pt • Ⓣ nos 25 et 28. ♿ De l'angle nord-ouest du jardim da Estrela, remonter la rua da Estrela jusqu'au* *rond-point, puis prendre la 2e à gauche. Tlj 10h-18h sauf lun et j. fériés. Entrée : 5 € ; réduc. Visite guidée à 11h (16h mar-mer) 6 €.* L'auteur du *Livre de l'intranquillité* y louait une chambre pourtant bien paisible. Il y passa les 15 dernières années de sa vie (1920-1935). La maison a été transformée en centre d'études de son œuvre, doublé d'une exposition permanente racontant son histoire en trois « chapitres ». Le 3e niveau est consacré aux *Hétéronymes,* ces alter ego de Pessoa sous les pseudonymes desquels il publia de nombreuses œuvres, le 2e conserve les 1 200 ouvrages de sa bibliothèque aux nombreux livres en anglais (il passa l'essentiel de son enfance en Afrique du Sud) et le 1er quelques meubles de l'appartement (lit, commode) et souvenirs personnels. Parmi eux, des instruments de barbier... ce sont ceux du voisin d'en face, dont l'échoppe était si petite qu'il installait régulièrement quelques clients chez Pessoa...

SCHIZOPHRÈNE, PESSOA ?

À 5 ans, Fernando Pessoa perd son père et, avec lui, la vie privilégiée d'un fils de notable. Quelques mois plus tard, son jeune frère décède à son tour. C'en est trop pour lui : il se crée un double, sorte d'ami imaginaire, qu'il désigne sous le nom français de chevalier de Pas et signe ainsi son 1er poème. L'année suivante, sa mère se remarie et l'emmène en Afrique du Sud. Nouvelle rupture. Temps et tragédies passant, Pessoa s'invente d'autres mondes, d'autres peaux – 72 en tout ! Il devient notamment Alvaro de Campos, moderniste et pessimiste ; le terrien Alberto Caeiro, à la sagesse païenne ; l'épicurien Ricardo Reis... il écrit et publie sous leurs noms. À chacun son identité, à chacun sa biographie complète et méticuleuse !

Cemitério dos Prazeres *(cimetière des Plaisirs ; plan d'ensemble détachable, C-D8-9) :* Ⓣ *nos 25 et 28 (terminus). Ferme à 18h (17h en hiver). Plan à la réception avec emplacement des tombes des personnalités.* Au Portugal, la mort n'inquiète pas ; on la respecte et on la côtoie. Certains caveaux montrent ostensiblement les cercueils à travers les vitres et leurs petits rideaux. Dans le cimetière, chacun flâne entre les caveaux familiaux et les petites chapelles, parfois insolites, manière étonnante d'aménager l'ultime séjour. Prazeres est vaste, propre, sillonné d'allées ombragées par des pins ; très peu de tombes sont abandonnées. Au nord, le mausolée des ducs de Palmela, en forme de pyramide avec fronton de temple grec n'est ni plus ni moins que le plus grand d'Europe ! Le plus « révolutionnaire » est celui du capitaine Galvão, juste à droite en entrant ; on le remarque à sa colonne torsadée et la paroi de Plexiglas qui abrite un caveau orné du drapeau national. Dans la partie sud du cimetière, très belle vue sur le Tage et le ponte 25 de Abril.

À Madragoa

Au-delà du palais de São Bento (siège de l'Assemblée nationale), à l'ouest de l'avenida D. Carlos, les marcheurs urbains impénitents découvriront ce quartier attachant et son lacis de ruelles populaires et escaliers propices à la balade – notamment autour des ruas Vicente Borga, das Trinas et do Meio da Lapa. Au bout, il y a le merveilleux musée d'Art ancien...

Museu da Marioneta *(musée de la Marionnette ; plan centre détachable, G9,* ***378****) : rua da Esperança, 146. ☎ 213-942-810. • museudamarioneta.pt • Dans l'ancien convento das Bernardas. Tlj 10h-18h sauf lun et j. fériés (dernière entrée 30 mn avt). Entrée : 5 € ; gratuit moins de 12 ans.* On n'en attend pas grand-chose et, pourtant, loin des greniers poussiéreux, ce musée met superbement en valeur toutes les traditions de marionnettistes du monde, du théâtre sur l'eau vietnamien au Guignol français, en passant par de superbes masques de cérémonie zoomorphes africains et la nostalgie des *Robertos* – les théâtres de marionnettes itinérants portugais, disparus dans les années 1980. Quelques écrans présentent de vrais spectacles.

Museu nacional de Arte antiga *(MNAA ; plan centre détachable, F10)* **:** *rua das Janelas Verdes. ☎ 213-912-800. • museudearteantiga.pt • Bus nos 713, 714, 727, 728, 732 et 760 ; Ⓣ nos 15 et 18 (arrêt Cais da Rocha). Tlj 10h-18h sauf lun et j. fériés. Entrée : 6 € ; réduc ; gratuit avec la Lisboa Card (collection permanente) et moins de 12 ans. Expo temporaire 5 € (les 2 : 8 €). Demandez un plan à l'entrée, très pratique !*

Son nom est un peu trompeur : ce musée d'art n'est pas consacré à l'Antiquité, mais à l'art européen du Moyen Âge au début du XXe s et à l'art né dans les colonies portugaises d'outre-mer. Il occupe un palais du XVIIe s racheté par le marquis de Pombal au comte d'Alvor, contraint de vendre ses biens pour avoir supposément participé à une tentative d'assassinat du roi...

1er niveau (piso 1)

On y trouve le gros des collections de peintures et d'arts décoratifs européens, dont la chronologie n'est pas reflétée par la numérotation des salles... En haut du grand escalier, nous vous conseillons de prendre à droite pour commencer par la peinture italienne, celles espagnole puis hollandaise des XIVe et XVe s (salles 65-64), d'où émergent notamment une *Vierge à l'Enfant* d'Hans Memling et des Vierges en albâtre anglaises. Passé les flamands (salle 62), on découvre, salle 61, l'un des joyaux du musée : un triptyque de ***Jérôme Bosch,*** *La Tentation de saint Antoine,* réalisé vers 1500. L'artiste, au summum de son imagination, a représenté les tentations sous forme de scènes hallucinatoires et cauchemardesques, mêlant visions farfelues, grotesques et proprement diaboliques. Dans la même salle sont exposés le *Saint Jérôme* de ***Dürer,*** une fort belle *Vierge à l'Enfant entourée de saints* d'***Holbein l'Ancien*** et une non moins superbe *Salomé* de ***Cranach l'Ancien*** présentant la tête de saint Jean-Baptiste sur un plateau. Suivent Van Dyck (60), une série d'apôtres très expressifs de Zurbarán (58), Murillo (57), ***Brueghel le Jeune*** (*Œuvres de miséricorde,* salle 56), etc. Le temps s'écoule ensuite très vite, passant de Fragonard et Tiepolo (52) à l'*Homme à la pipe* de ***Courbet*** et le très beau *Pierre* de ***Rodin.*** Salle 66 a été intégralement reconstitué un salon baroque autrichien (1630). Les salles 36 à 43 sont consacrées au mobilier portugais.

2e niveau (piso 2)

Ici, les sections les plus intéressantes concernent l'***art indo-portugais.*** On y voit du mobilier remarquable (en teck, ébène et ivoire) venant de Goa et une riche collection d'orfèvrerie. L'***art afro-portugais*** est notamment représenté par des trompettes de chasse. À côté, l'***art namban,*** issu de la rencontre entre le Portugal et le Japon, comprend des œuvres superbes comme ces grands paravents *(biombos)* peints et laqués (dominante de couleurs noir et or) représentant l'arrivée des Portugais au XVIe s dans le sud du Japon, en costume bouffant, portant la moustache et affublés d'un long nez. Un vrai choc des cultures !

– Au 2e niveau toujours, salles 19-25, impressionnante collection de faïences portugaises (du XVIIe s jusqu'à aujourd'hui).

– Dans les salles consacrées à l'orfèvrerie religieuse en or et argent, enrichies par la confiscation des biens des ordres religieux en 1834, se trouve l'autre joyau du musée, la ***Custódia de Belém,*** un magnifique ostensoir commandé par Manuel Ier en 1506, symbolisant les mondes céleste et terrestre. En or massif et émaux, richement ornementé, il porte les armes royales et de minuscules escargots sculptés (sphères armillaires), symboles du roi Manuel. Les 12 apôtres en prière forment un cercle autour d'une petite boîte en verre destinée à exposer l'hostie sacrée.

Au 3e niveau (piso 3)

L'étage entier est consacré à la peinture et à la sculpture du Portugal. Les plus anciennes œuvres remontent au XIVe s ; toutes, ou presque, sont religieuses jusqu'à l'époque baroque. On découvrira notamment sur le palier une inhabituelle statue de Vierge enceinte (XIVe s) et une foisonnante représentation de l'Enfer et de ses tortures (salle 5). Mais l'essentiel, ici, est bien le polyptyque de ***L'Adoration de saint Vincent,*** actuellement présenté en cours de restauration, salle 2 (face escalier). Réalisé vers 1470 par Nuno Gonçalves (peintre du roi Afonso V), il livre un témoignage exceptionnel sur la société de l'époque. Près de 60 personnages y sont représentés autour de la double figure de saint Vincent : le roi, les grands, les religieux, les chevaliers, le peuple, les artisans. Inspirateur de la conquête militaire du Maghreb sous la dynastie des Avis, le vénéré saint Vincent est 2 fois présent sur les panneaux : côté gauche, il tient un livre ouvert ; côté droit, il porte un sceptre. Sur sa droite, l'homme au visage austère coiffé d'une sorte de grand couvre-chef noir serait le roi Henri le Navigateur. Un tableau d'autant plus important qu'il s'agit du 1er portrait collectif de l'histoire de l'art européen.

Resto-cafétéria *MNAA,* avec belvédère donnant sur le port (voir la rubrique « Où boire un verre ? Où grignoter ? »). Petit jardin très agréable devant le musée.

Docas (les docks)

Accès : tram no 15 (départ praça de Figueira ; arrêt Alcântara Mar) ou train Lisbonne-Cascais depuis la gare de Cais do Sodré jusqu'à Alcantâra Mar (passage souterrain pour les piétons). QG des principaux restos branchés et boîtes de nuit de la ville, installés dans d'anciens entrepôts en bois et brique rouge reconvertis. Face à un ancien bassin à flot devenu port de plaisance, les docks ont pris un sérieux coup dans l'aile avec la crise de la Covid. En attendant que les noctambules n'en retrouvent le chemin, n'y manquez pas le fort intéressant *Museu do Oriente.*

Museu do Oriente *(musée de l'Orient ; plan d'ensemble détachable, C-D11) : doca de Alcântara (Norte), av. Brasília, 1350. ☎ 213-585-200. • museu dooriente.pt • Tlj sauf lun et j. fériés 10h-18h (20h ven). Entrée : 6 € ; réduc avec la Lisboa Card ; gratuit ven 18h-20h. Parking à proximité.*

Un vaste entrepôt frigorifique a été spécialement reconverti pour abriter ce *musée de l'Orient* (de l'Extrême-Orient, en fait), destiné à offrir un témoignage de la présence portugaise en Asie et des trésors artistiques ramenés de ces contrées lointaines ou issus de la rencontre entre les conquérants européens et les artistes traditionnels asiatiques. Ils sont superbement mis en valeur ! Le rez-de-chaussée est réservé aux expos temporaires, les niveaux 1 et 2 abritent les collections permanentes.

Portugal-Japon : le choc des cultures

Les Portugais ont été les 1ers Européens à atteindre le Japon et à essayer de l'évangéliser au XVIe s. L'apothicaire et diplomate Tomé Pires mentionne en 1513 pour la 1re fois le nom « Jampon » (« pays du Soleil levant » en malais) dans un récit de voyage, mais il n'y a pas mis les pieds. Les 1ers Portugais débarquent sur l'île de Tanegashima (sud de Kyushu) en 1542 ou 1543. Ce sont des marins et des pères jésuites venus de Macao : Antonio da Mota, Antonio Peixoto et Francisco Zeimoto. Ils sont sidérés par ce qu'ils découvrent : la culture japonaise est si différente de la Chine, encore plus du reste du monde ! En 1547, Jorge Alvarez voyage à travers l'archipel nippon et rédige à la demande de saint François Xavier (1506-1552) un

UNE AUTRE PLANÈTE

1er « japonologue » européen, le jésuite portugais Luís Fróis raconte que les Japonais avaient l'habitude, au XVIe s, de broyer les perles pour en faire des médicaments, d'arracher les dents avec un arc et une flèche attachée à la dent du patient, de manger des singes, des chats, des chiens et du goémon cru... Les Japonaises étaient plus libres et alphabétisées qu'en Europe. Quant aux enfants, ils portaient un sabre dès 12 ans !

rapport sur ce pays méconnu, décrivant notamment une cérémonie shinto. La 1re carte du Japon, publiée vers 1550, est elle aussi l'œuvre d'un Portugais.
En 1563, le jésuite portugais Luís Fróis atteint à son tour le Japon, où il restera jusqu'à sa mort, en 1597. Il apprend le japonais pour mieux diffuser le christianisme et, fin observateur, prend des notes sur les mœurs nippones. Son récit *Traité de Luís Fróis sur les contradictions de mœurs entre Européens et Japonais* est publié en 1585. Le « siècle chrétien » du Japon correspond à la période 1543-1640, au cours de laquelle les jésuites portugais ont eu le monopole de l'évangélisation. En 1641, le shogun ferme le pays aux étrangers et met tout le monde dehors, sauf quelques marchands hollandais autorisés à faire du commerce à Deshima (Nagasaki), seul et unique port ouvert aux Européens. Le Japon se referme ensuite sur lui-même comme une huître pendant près de 2 siècles... jusqu'à la réouverture en 1853-1868.

Visite du musée

– ***1er étage** (« **Présence portugaise en Asie** »)* : plus que la présence portugaise en Asie, c'est en fait l'interaction entre les Portugais, les pays asiatiques et les terres situées sur la route des Indes (Afrique incluse) qui est ici explorée, révélée par l'apparition de formes d'art syncrétiques mêlant les techniques, les goûts et les thèmes. La collection est tout simplement fantastique : crucifix Bakongo (Congo) en bronze, splendides coffrets et écritoires ceylanais en ivoire ou en cèdre, cabinets laqués témoignant notamment de l'émergence au XVIe s au Japon de l'***art namban,*** merveilleux *biombo* (paravent) peint, laqué, incrusté d'or et d'argent, illustrant la rencontre entre les Portugais et les Japonais, splendides armes et olifants d'origine africaine, poudrière moghole, aquamanile dragon en argent. On en oublie !

– Les pièces exposées autour de l'escalier ramènent surtout à la ***présence portugaise à Macao*** avec, là aussi, de superbes *biombos,* un impressionnant ensemble de céramiques destinées au marché européen et une surprenante collection d'éventails.

L'ÉVENTAIL ARRIVE PAR LA MER

La reine Catherine du Portugal (épouse de João III) est à l'origine de l'introduction des éventails en Europe. En 1564, elle en fit faire 178 à Goa (Inde) pour les offrir aux dames de la Cour !

– La salle du fond est en majorité dédiée à l'***art chinois,*** depuis ses origines. On peut ainsi y découvrir de belles figurines de terre cuite vernissée provenant de tombeaux tangs, une représentation en bois peint du bodhisattva Manjushri (XIIIe s) et la *collection Manuel Teixera Gomes* (président du Portugal 1923-1925), constituée d'une rare série de 165 tabatières en verre ou en porcelaine. Dans la même salle, on trouve une petite section « *Bouddhisme et taoïsme* » et une autre consacrée au ***Timor oriental*** (ex-colonie portugaise) comprenant notamment de splendides statuettes, cuillères et portes en bois sculpté. Plus rigolo : une « statue » de cavalier en bois de rose fort naïve. On termine, au fond, avec la ***section japonaise*** proprement dite, avec 3 armures de samouraï d'un raffinement fou, constituées d'une douzaine de matériaux, et une superbe collection de *tsuba* (gardes de sabres) et d'*inro* (petites boîtes portatives qui remplaçaient les poches que les kimonos n'avaient pas).

– ***Au 2e étage,*** la riche *collection Kwok On*, présentée par thèmes et par roulement, est dédiée aux ***arts de la scène asiatiques.***

*LX Factory (plan d'ensemble détachable, B10-11, **314**)*

➢ Train depuis Cais do Sodré (ttes les 20-30 mn, 5h30-1h30, 4 mn de trajet), arrêt Alcântara Mar, puis marche ; ou trams n° 15 (depuis la praça da Figueira) ou n° 18 (de Cais do Sodré). Juste en dessous du ponte 25 de Abril, réoccupant

d'anciennes usines de vêtements désaffectées, des graphistes, designers et autres créatifs ont donné vie au « Lisbon Art District ». Dans cette enceinte pas-comme-les-autres, nombre de boutiques rigolotes, bars, restos, galeries et une immense librairie se sont depuis installés le long d'une ruelle pavée. Le commercialisme pointe peu à peu son nez, et la mue n'est pas achevée : un hôtel devrait bientôt y voir le jour. Pour info : LX est l'abréviation branchée pour dire Lisbonne et se prononce « elchiche » !

Landeau : *rua Rodrigues Faria, 103.* *917-278-939.* • *chocolate@landeau.pt* • *Dans l'enceinte de* LX Factory, *à droite. Tlj 11h-20h. Compter moins de 4 € la part.* Difficile de résister. Le gâteau au chocolat de *Landeau* est l'un des meilleurs du monde – et on en a goûté beaucoup ! Accompagnez-le d'un grand jus d'orange frais, d'un verre de porto ou de madère... le pied. Autre adresse dans le Chiado.

The Therapist : *rua Rodrigues Faria, 103.* *913-648-993.* • *lxfactory@thetherapist.pt* • *Dans l'enceinte de* LX Factory, *au fond. Tlj 9h30-21h (22h jeu-dim). Plats 6-11 €.* Scannez le QR code sur la table pour avoir le menu... Décidément mode, l'endroit jongle entre limonade betterave-açai et salade de kalé et de miso, *bowls,* burger rose et tofu grillé mariné au paprika... On aime ou on n'aime pas, c'est selon. Ce qu'on aimerait, c'est un peu plus d'attention de la part des serveuses.

1300 Taberna : *rua Rodrigues Faria, 103.* ☎ *213-649-170.* • *1300taberna@gmail.com* • *Dans l'enceinte de* LX Factory, *sur le côté, à droite, dans la 2e ruelle. Tlj 12h30-22h30 sauf lun. Plats 14-22 €.* C'est sans hésitation ce qui se fait de mieux à LX. D'abord, il y a le cadre : une immense halle industrielle réinventée en resto d'aujourd'hui, à la déco léchée, avec les cuisines grandes ouvertes où s'affairent les marmitons au fond et, en bonus, une belle terrasse en bois surélevée derrière une rangée de petits tilleuls. Et puis il y a la cuisine : portugaise mais originale, goûteuse, appuyée sur des produits frais de saison. Et si on essayait un millefeuille de lapin ?

À voir. À faire un peu plus loin

Berardo – Museu Arte Deco *(B-MAD ; plan d'ensemble détachable, B11,* ***373****) : rua 1° de Maiao, 28.* ☎ *212-198-071.* • *lojabmad@bacalhoa.pt* • *bmad.pt* • *Tlj 10h-19h sauf j. fériés ; visites guidées seulement (intéressantes !), à 10h, 11h, 14h30, 15h30 et 17h (la dernière en anglais, sous réserve). Entrée payante, dégustation de vin incluse.* Inauguré au printemps 2021, le dernier né des grands musées de la ville, émanation du *Museu Coleção Berardo* de Belém, occupe l'ancienne résidence d'été XVIIIe s du marquis d'Abrantes, coincée sous le pont du 25 avril... L'édifice, largement modifié dans les années 1920 par un célèbre architecte d'alors, semblait tout destiné à accueillir ses collections Art nouveau et Art déco de haut vol. Les pièces exposées ne manquent ni d'allure ni d'importance : vase hibou de Picasso, table de Louis Majorelle, mobilier et vases Gallé, verres de Murano, créations de René Lalique et Jean Prouvé... On découvre au passage le goût portugais pour les motifs exotiques et géométriques empruntés notamment aux tribus amérindiennes. La visite guidée, d'excellente qualité, permet de remettre ces 2 courants dans leur contexte et de retracer leur évolution.

Ponte 25 de Abril *(pont du 25 avril ; plan d'ensemble détachable, B10-12)* **:** orgueil du régime salazariste, terminé en 1966, il porta d'abord le nom de Salazar, comme la moitié des rues du pays, avant d'être débaptisé au profit de la date rappelant le début de la révolution des Œillets. Cette merveille eut, bien sûr, son heure de gloire et quelques records (hauteur des pylônes et travée centrale), mais le temps file et jeunesse se passe. Comparé au pont Vasco da Gama, il n'attire plus autant les regards. Le soir, lorsqu'il brille de tous ses feux, le spectacle est pourtant saisissant. Les férus d'architecture n'y manqueront pas l'***Experiência***

Pilar 7 *(av da Índia, tlj 10h-20h – 18h oct-avr ; entrée 5 €, réduc, gratuit moins de 6 ans et avec la Lisboa Card)*, petit centre d'interprétation présentant – dans une pile du pont – l'histoire de sa construction et les technologies utilisées. On accède ensuite à une terrasse panoramique à 80 m de haut pour une vue exceptionnelle sur le pont, le Tage et la ville.

L'AVENIDA DA LIBERDADE, SANT'ANA ET RATO

La grande avenida da Liberdade, partant au nord du Rossio et menant aux quartiers modernes, est bordée de compagnies d'assurances, de banques et de sièges sociaux, de magasins et d'hôtels-restaurants très chics jusqu'à la place Marquês de Pombal. Percée en 1882, large de 90 m et longue de 1,5 km, elle est, dit-on, aux Lisboètes ce que les Champs-Élysées sont aux Parisiens ! Fontaines, cascades, sculptures se cachent sous les arbres et, dans les contre-allées, plusieurs terrasses pour boire un verre.
Si une ambiance chic règne sur l'*avenida* et les quartiers qui la bordent à l'ouest, celle-ci redevient populaire dans les petites rues et les quartiers situés plus à l'est, notamment celui de Sant'Ana, qui prolonge la Baixa par le nord.

Où dormir ?

Surtout des adresses chics (voire très chics !) dans cette partie de la ville, mais aussi quelques AJ et hébergements plus abordables.

Autour de l'avenida da Liberdade

De bon marché à prix moyens

Good Morning Hostel *(plan centre détachable, J8, **64**) : praça dos Restauradores, 65 ; 2°. ☎ 213-421-128. • bookings@goodmorninghostel.com • goodmorninghostel.com • Ⓜ Restauradores. Dortoirs (4-10 lits) 20-50 € ; doubles 70-100 €.* Avec son entrée bien cachée au fond d'une petite boutique de souvenirs, voici l'une de nos adresses préférées à Lisbonne, à la fois super confortable (entièrement climatisée), nickel, joliment décorée et chaleureuse. Pour preuve, le salon où tout le monde se retrouve autour d'une bière ou d'une sangria (offerte !) à l'apéro, la salle TV avec DVDs et instruments de musique à dispo et la belle cuisine. Mignons dortoirs (pour filles notamment) avec rideau à chaque lit, coffre individuel, sanitaires modernes et bien équipés. Chambres charmantes elles aussi, avec ou sans salle de bains. Dîner bon et pas cher. Visite de la ville gratuite (pourboires bienvenus) et location de vélos. Accueil sympa. Vraiment top !

Lisboa Central Hostel *(plan centre détachable, H6, **75**) : rua Rodrigues Sampaio, 160. ☎ 309-881-038. • global@lisboacentralhostel.com • lisboacentralhostel.com • Ⓜ Marquês de Pombal. Dortoirs (4-10 lits) 15-34 € ; doubles 50-100 €. Petit déj inclus.* Au cœur d'un quartier résidentiel paisible et un peu excentré, vous trouverez ici des dortoirs climatisés (dont 2 pour filles), décorés sobrement mais plus spacieux que la moyenne, avec bons matelas et salles de bains sur le palier. À chaque lit ses rideaux, casier, lampe, prise et ventilo ! Les petites chambres doubles sont aménagées simplement mais propres, avec ou sans sanitaires. Cuisine très bien équipée à dispo. Accueil jeune et souriant. Organise des visites gratuites de la ville, *pub crawls* et cours de surf.

De prix moyens à plus chic

Casa do Torel (plan centre détachable, I6, **76**) : rua Esperança do Cardal, 24. (33) 6-64-30-72-02 • casadotorel@gmail.com • casadotorel.com • Ⓜ Avenida. Studios 50-95 € (familial 110 €). Benoît a plaqué sa vie d'assureur français pour rénover, durant 3 ans, ce petit immeuble à la façade bleu ciel engageante. Planchers arrachés et reconstruits, il en a tiré 8 studios mignons comme tout, pas bien grands mais efficacement pensés et cosy, tous avec parquets en pin, clim, kitchenette (turquoise !), machine à laver et tiroir avec 2d matelas sous le lit pour un enfant. Il a même rédigé un petit guide à l'intention de ses locataires ! Il propose aussi un loft au dernier étage (sans ascenseur) et un 3-pièces au rez-de-chaussée.

Hotel Gat Rossio (plan centre détachable, J8, **83**) : rua Jardim do Regedor, 27-35. ☎ 213-478-300. • hotelgatrossio@gatrooms.com • hotelgatrrossio.com • Ⓜ Restauradores. Doubles 60-140 €. La localisation est hyper centrale, les chambres fonctionnelles et piquées de petits détails de déco amusants. Cela dit, les moins chères sont vraiment minuscules et l'insonorisation pêche... Préférez les « supérieures » ou les « suites » si vous êtes en fonds. Grandes tablées pour le généreux petit déj et agréable terrasse.

De plus chic à très chic

Hotel Alegria (plan centre détachable, I7, **77**) : praça da Alegria, 12. ☎ 213-220-670. • info@hotelalegria.pt • hotelalegria.pt • Ⓜ Avenida. Doubles 80-235 €. D'un jaune franc, l'hôtel s'élève à l'angle d'une gentille place calme, plantée d'arbres et d'un kiosque charmant. Rénové en 2016, il abrite des chambres spacieuses et élégantes, déclinant grands lits, parquets, *azulejos* et meubles traditionnels, sans oublier AC, doubles vitrages, douche pluie, peignoirs et autres bienfaits actuels. Un excellent compromis confort/calme/identité. En prime : un excellent petit déj avec fruits frais notamment.

Lisbon Wine Hotel (plan centre détachable, J7, **79**) : rua das Portas de Santo Antão, 88. ☎ 211-451-240. • reservations@lisbonwinehotel.com • lisbonwinehotel.com • Ⓜ Restauradores. Doubles 95-200 €. La façade lie-de-vin de ce pimpant petit hôtel cache des chambres d'un excellent confort déclinant des tonalités de terre et du bois rappelant les tonneaux... Aucun doute, le vin est bien le thème central ici ! Parquets, lits douillets, douches vitrées... même les standards sont agréables, quoiqu'un peu plus petites. Les terrasses colonisant la place, préférez une des chambres bien calmes sur l'arrière – où donne aussi un patio ombragé par un néflier du Japon. Hors covid, des dégustations de vin sont organisées. Loue également 2 suites, au nº 76, sur la place (pour les familles).

Quinta Colina Boutique Guesthouse by Shiadu (plan centre détachable, J7, **78**) : calçada de Santana, 200. ☎ 216-089-529. • quintacolina@shiadu.com • shiadu.com • Ⓜ Avenida ou Restauradores, puis ascensor do Lavra. Doubles 50-90 €. Au cœur d'un quartier authentique et hors du flux touristique, cet ancien palais-monastère livre une trentaine de chambres confortables, accessibles par un dédale d'escaliers et de couloirs. Les standards sont petites mais joliment arrangées sur une note sobre et vintage. Les plus chères sont spacieuses et dotées de balcons ou de fenêtres avec vue pour certaines. Agréable terrasse panoramique. Accueil pro et sympa.

Inspira Liberdade Boutique Hotel (plan centre détachable, I6, **87**) : rua de Santa Marta, 48. ☎ 210-440-900. • reservas.ismh@inspirahotels.com • inspirahotels.com • ♿ Ⓜ Marquês de Pombal. Doubles 170-300 € ; familiale. Parking gratuit. Le bâtiment a, paraît-il, été conçu dans l'esprit du feng shui. De grands puits de lumière inondent ainsi le haut et vaste hall central, sur lequel donnent les couloirs aux parois de verre accédant aux chambres. Celles-ci, en revanche, semblent plus standards. Confortables, assez spacieuses, avec douche pluie le plus souvent, mais avec un lino qui jure... dommage. Calme garanti. Spa inclus *(8h-22h)*, salle de jeux avec billard et resto de cuisine méditerranéenne. Accueil sympa et pro.

Coup de folie

Torel Palace *(plan centre détachable, J7,* ***107****) : rua Câmara Pestana, 23. ☎ 218-290-810. ● info@torelpalacelisbon.com ● torelpalace.com ● Ⓜ Avenida ou Restauradores, puis ascensor do Lavra. Doubles 155-380 €.* On ne séjourne pas tous les jours dans un palais lisboète. Ici, il y en a carrément 3, un rose et un bleu datant de 1902 et surplombant la ville ; puis un 3e, adossé à une tour romantique. N'imaginez pas pour autant un palace : l'endroit a débuté comme simple *B & B*, en 2008 ! Chambres tout confort, spacieuses, toutes différentes mais globalement décorées dans un style classique assez chic, inspirées des rois et reines portugais. Jolie terrasse avec arbres odoriférants, piscine et bar extérieur. Plein de petites attentions pour rendre votre séjour paisible et douillet. Excellent petit déj. Accueil pro et sympa en français.

Hotel Britânia *(plan centre détachable, I6,* ***85****) : rua Rodrigues Sampaio, 17. ☎ 213-155-016. ● britania.hotel@heritage.pt ● lisbonheritagehotels.com ● Ⓜ Avenida. Doubles 186-350 €.* Dans une rue paisible parallèle à l'avenida da Liberdade, cet hôtel des années 1940, refuge discret, calme et luxueux, a été restauré dans son style d'origine. Il abrite une trentaine de chambres élégantes, spacieuses et confortables. Les plus belles demeurent celles du 6e étage (désolés, ce sont aussi les plus chères !) : plus design dans la déco, ces petits nids d'amour jouissent d'une jolie terrasse. Attenant à la réception, beau salon-bar, ainsi que l'ancienne boutique du coiffeur conservée en l'état, du temps où l'hôtel s'appelait encore l'*Hotel do Imperio*, en 1942. Original !

Heritage Av Liberdade Hotel *(plan centre détachable, I7,* ***86****) : av. da Liberdade, 28. ☎ 213-404-040. ● avliberdade@heritage.pt ● lisbonheritagehotels.com ● ♿ Ⓜ Avenida. Doubles 170-250 €.* L'espace réception-salle de petit déjeuner en met plein la vue avec ses hauts murs entièrement tapissés d'*azulejos* anciens. Les chambres jouent dans le registre classique et confortable, certaines bien lumineuses avec leurs 2 fenêtres, d'autres plus sombres et donnant sur une petite cour. Ascenseur étonnant, coin salon-bibliothèque en mezzanine. Piscinette couverte.

Dans le quartier de Rato

De plus chic à très chic

Lisbon Dreams Guesthouse *(plan centre détachable, G6,* ***74****) : rua Rodrigo da Fonseca, 29 ; 1°. ☎ 213-872-393. ● reservations@lisbondreams.com ● lisbondreamsguesthouse.com ● Ⓜ Rato. Doubles 70-120 €. Min 3 nuits.* Vous trouverez ici 3 chambres joliment décorées partageant des sanitaires communs – avec un peignoir à disposition pour vous promener dans les couloirs à l'heure des ablutions... Elles sont plus petites à l'arrière, mais plus calmes car donnant sur un gentil patio. Cuisine à dispo. Tout est clair, gai, nickel, charmant et accueillant ! Propose aussi des suites et des appartements tout équipés ailleurs en ville.

Casa Amora Guesthouse *(plan centre détachable, G6,* ***80****) : rua de João Penha, 13. ☎ 211-923-234. ● reservas@casaamora.com ● casaamora.com ● Ⓜ Rato. Doubles et studios 80-200 € avec petit déj. Min 2 nuits ; réduc de 10 % au-delà de 4 nuits.* Cette adorable maison a été transformée en petit hôtel de charme. Les quelques chambres soigneusement décorées rendent chacune hommage à un artiste différent. Également des studios tout aussi jolis ; on a bien aimé ceux en duplex dans la petite maison indépendante. Petit déj servi sur une charmante terrasse dans la cour-jardin, du côté du bar Procópio. Excellent accueil. Un vrai coup de cœur !

Où manger ?

Dans le quartier de Sant'Ana

De très bon marché à prix moyens

|●| ***A Provinciana*** *(plan centre détachable, J8, **158**) : travessa do Forno, 23-25. ☎ 213-464-704. Tlj 12h-15h30, 19h-22h, sauf dim. Plats 4,50-7 €.* Bon, local et pas cher (du tout) ? Bingo. Depuis 1988, le patron, Américo, sert la *bacalhau* à toutes les sauces, sardines et omelettes à des prix datant de Salazar ! Les plats du jour (6-7 choix) sont imbattables. Et pour ne rien gâcher : des jambons au-dessus du comptoir et une folle collection de 43 horloges aux murs, souvent greffées sur des couvercles de tonneaux... Moins fun côté déco, similaire côté carte, le ***O Marques,*** au nº 11 de la même ruelle (horaires identiques), ne démérite pas. Rien de très fin, mais le patron a ajouté une « saucisse végétarienne » au menu pour les zétrangers !

|●| ***Casa do Alentejo*** *(plan centre détachable, J8, **183**) : rua Portas de Santo Antão, 58. ☎ 213-405-140. • geral@casadoalentejo.pt • Resto tlj 10h-15h et 19h-22h, taverne 12h-22h30. Plats 3-8 € (taverne) et 10,50-15 € (resto).* C'est la maison régionale de l'Alentejo (littéralement, « au-delà du Tage »). Passé le porche anonyme, on monte un escalier et on pénètre dans un palais néo-mauresque reconstruit à l'identique de celui qui se tenait là avant le séisme de 1755. Au 1er étage se trouvent une salle de bal avec un minuscule théâtre baroque et des salles de resto décorées d'*azulejos* illustrant les travaux des champs. Au rez-de-chaussée, taverne sympa avec tables dans un petit patio planté d'un olivier. Une adresse surannée, où l'on vient plus pour le cadre (visite libre) que pour la cuisine traditionnelle – qu'un vin maison fait très bien passer !

De prix moyens à plus chic

|●| ***Solar 31*** *(plan centre détachable, J8, **177**) : calçada do Garcia, 31. ☎ 218-863-374. 📱 925-491-807. • novagera caosolar31@gmail.com • Tlj 10h-19h sauf dim (fermé sam juil-août). Résa impérative. Plats 10-30 €.* Le resto ne paie pas de mine avec sa porte vitrée et ses petites salles bien mises mais étroites, pourtant on ne regrette pas d'y être entré pour déguster du poisson ultra-frais, que vous présente le patron avant de le cuisiner avec soin. Spécialité de poulpe à l'ail et aux crevettes (1 pour 2 suffit !) et *perceves* (pouces-pieds) pour les amateurs. Également des huîtres et 2 viandes pour les irréductibles.

Autour de l'avenida da Liberdade

De très bon marché à bon marché

|●| ***O Cantinho de São José*** *(plan centre détachable, I7, **182**) : rua de São José, 94. ☎ 213-427-866. Tlj sauf ven soir-sam. Fermé 2de quinzaine d'août. Plats 6,50-10 €.* Dans la lignée de ces cantines d'où l'on ressort repu, avec des plats du jour à oublier son régime ! L'endroit est plein comme un œuf le midi malgré sa déco froide de carreaux blancs, sa TV de rigueur et son menu écrit à la main sur une nappe en papier. Ici palpite le cœur populaire de Lisbonne ! Service sans chichis et super accueil.

|●| ***Cartaxinho*** *(plan centre détachable, I6, **180**) : rua de Santa Marta, 20B. ☎ 213-562-971. Tlj 12h-23h30 sauf sam. Plats 5,50-12,50 €.* Un petit bistrot tout simple qui ne désemplit pas, où les habitués se régalent d'une brochette de viande, d'un poisson grillé ou de saucisses de volaille *(alheira)*. De ces petites adresses sans esbroufe qui font le charme de Lisbonne.

|●| ☕ ☂ ***Brooklyn*** *(plan centre détachable, I7, **174**) : praça da Alegria, 36. ☎ 213-460-201. • brooklyn.lisboa@gmail.com • Tlj 9h-18h sauf dim. Plats 5-10 € ; menus 7,90-8,80 € ; brunchs 12-15 €.* Petit resto bon marché où les habitués du quartier se retrouvent entre toiles de jute transformées en coussins, souvenirs musicaux et tables en bois. Petit déj et grand comptoir avec pâtisseries du jour, mais on y engloutit aussi salades, soupes, burgers,

sandwichs, toasts et plats du jour souvent inspirés par le Cap-Vert (*cachupa* le vendredi). Service sympa.

De bon marché à prix moyens

Floresta do Salitre *(plan centre détachable, H7, **216**) : rua do Salitre, 42 D. ☎ 213-547-605. Tlj sauf sam midi et dim, 12h-15h, 19h-22h. Plats 8,50-16,50 €.* Grande salle tout en longueur, nappes sur les tables et plats traditionnels de viandes et poissons grillés (façon *arroz de garoupa* et *leitão*), servis avec légumes et pommes de terre. Simple, bon et rapide. Bons desserts.

Devagar Devagarinho *(plan centre détachable, I6, **181**) : travessa Larga, 15. ☎ 210-137-982. • info@devagardevagarinho.com • Lun-ven 12h-15h, plus mer-ven 19h-2h. Plats 9-15 €.* On n'y vient pas vraiment pour les grillades au feu de bois, mais pour la bonne ambiance familiale, la pincée de coquetterie et les soirées fado davantage fréquentées par les Lisboètes que par les touristes. Serveurs, proprios, tout le monde chante, ou presque ! Service attentionné.

Dans le quartier de Rato

De bon marché à prix moyens

Rodas *(plan centre détachable, G7, **179**) : largo do Rato, 10A. ☎ 213-858-455. Tlj 11h30-23h. Plats 7,50-25 €.* Une de ces adresses qui ne paient pas de mine, mais impeccable pour un repas typique quand on se trouve dans le coin. Nappes en papier, murs carrelés et la TV qui attire l'œil... voilà pour le décor. Cuisine familiale bien mijotée, comme le *cozido a portuguesa* (le mardi), une variante locale de notre potée, ou le cochon de lait (mercredi). Les plats sont proposés en 2 tailles. Accueil chaleureux.

De plus chic à très chic

K.O.B by Olivier *(plan centre détachable, G7, **217**) : rua do Salitre, 169. 📱 934-000-949. • kob@olivier.pt • Tlj sauf sam midi et dim midi, 12h30-15h, 19h30-minuit (23h dim et j. fériés). Plats 18-190 € !* K.O.B est le spécialiste de la viande maturée. Son nom signifie d'ailleurs *Knowledge Of Beef* ! Il en vient des 4 coins du monde. On y trouve notamment le fameux Black Angus version portugaise et le *wagyu* du Japon, persillé, considéré comme le meilleur mais carrément inabordable ! La version australienne est 3 fois moins chère... Bonjour l'empreinte carbone et, attention, les accompagnements et les sauces se paient à part... il abuse le chef Olivier. Cadre élégant, avec le cuivre et les miroirs du décor, le béton brut des sols et le bleu pétrole des murs. Petite musique jazzy.

Entre Lavra et la colline de Graça

De prix moyens à plus chic

Cervejaria Ramiro *(plan centre détachable, K7, **184**) : av. Almirante Reis, 1 H. ☎ 969-839-472. • geral@cervejariaramiro.pt • Tlj 12h-22h30. Repas 20-50 €.* Fondée en 1956, cette brasserie très populaire auprès des Lisboètes propose un large choix de coquillages, crustacés et mollusques pêchés sur les côtes portugaises : langoustines géantes de l'Atlantique, gambas d'Algarve, tourteau, araignée de mer, huîtres *(2,45 € l'unité !)*, pouces-pieds, homard... Fraîcheur garantie, service stylé – quoique pressé – et carte des vins à la hauteur du lieu, mais attention, tout ou presque est vendu au kilo (le reste est riquiqui) et l'attente peut s'avérer longue.

Où boire un bon café ?
Où manger un *pastel de nata* ?

Fabrica Coffee Roasters *(plan centre détachable, I-J7, **256**) : rua Portas de Santo Antão, 136. ☎ 211-399-261. • info@fabricacoffeeroasters.com • Tlj*

LISBONNE ET SES ENVIRONS

8h-17h. Une brûlerie de café pour déguster son breuvage préféré, accompagné d'une viennoiserie ou d'une pâtisserie, dans une grande salle tout en longueur à la déco industrielle. Musique tendance.

Fábrica da Nata *(plan centre détachable, J8,* ***267****) : praça Dos Restauradores, 62-68. ☎ 211-325-435. • geral@primefood.pt • Tlj 8h-22h.* Le cadre, aéré et lumineux, est vraiment top, avec un beau panneau d'*azulejos* représentant la tour de Belém (et une caravelle) dans la salle principale et une large terrasse tranquille en bandoulière. Touristique ? Oui, bien sûr, mais les *pastéis de nata* sont bons – un poil gras comparé à d'autres, mais moins sucrés et superbement feuilletés.

Où boire un verre ?

Ginjinha

Ginjinha Sem Rival *(plan centre détachable, J8,* ***290****) : rua das Portas de Santo Antão, 7. 938-738-855. • ginjasemrival@gmail.com • Tlj 8h (9h w-e)-minuit.* Notre petite *ginjinha* préférée se résume à quelques étagères remplies de bouteilles, un bar en bois et un homme jovial derrière son comptoir. Clientèle masculine, parfois haute en couleur ! On sirote debout (dehors ou dedans) la liqueur *Eduardino,* faite à base de plantes, ou la liqueur de cerise (sorte de guignolet local).

Bar à vins, bar à bières

Procópio Bar *(plan centre détachable, G6,* ***292****) : alto de São Francisco, 21 A. ☎ 213-852-851. • info@barprocopio.com • Tlj, sauf dim, 18h (21h sam)-2h ou 3h.* Ce serait le plus vieux bar de Lisbonne ! Pour vivre heureux, vivons cachés : le *Procópio* est si secret, si discret, au fond de sa petite impasse patinée par le temps, au sommet d'une volée de marches... L'ambiance aristocratique de velours rouge et de bois ancien attire une clientèle sage et respectable. Musique douce, propre à favoriser les échanges intimes autour d'une bière étrangère ou d'un cocktail. Assez chic mais accueillant.

Achats

Mistura de Estilos *(plan centre détachable, I7,* ***346****) : rua de São José, 21. • misturaestilos@gmail.com • Lun-ven 15h-20h, fermé le w-e.* Grand choix d'*azulejos* fabriqués à la main. Propose aussi des cours, pour ceux qui veulent peindre eux-mêmes leurs carreaux... et surtout qui en ont le temps !

À voir. À faire

Du quartier de Sant'Ana à Lavra

Perché juste au nord de la Baixa, le quartier de Sant'Ana prend racine sur les flancs des places du Rossio et dos Restauradores pour s'élever rapidement en un lacis de ruelles populaires avec ses gargotes, ses apostrophes entre voisins et son linge aux fenêtres. Côté ouest, la ***rua das Portas de Santo Antão,*** encore plane et d'abord piétonne, collectionne les jolis édifices : énorme ***Coliseu dos Recreios*** (n°s 92-98), ex-opéra comique ouvert en 1890 sur les plans des ingénieurs français Goulard et Bauer, devenu salle de concerts *(• coliseulisboa.com •)* ; ***Sociedade de geografia de Lisboa*** (n° 100) fondée en 1875 *(• socgeografialisboa.pt • ; musée ouv lun-ven 10h-12h30, 14h-16h ; entrée : 5 €),* avec son grand tableau de Vasco de Gama dans le hall d'entrée et sa statue représentant Cabral, le découvreur du Brésil ; ***Teatro Politeama*** (n° 113), avec sa façade stuquée et sa grande verrière en anse de panier.

LISBONNE ET SES ENVIRONS

Un peu avant, le charmant vieux ***funiculaire de Lavra*** permet de se hisser sans peine vers ce quartier résidentiel tranquille, où foisonnent les fières demeures et les palais d'antan. En débarquant, descendez les marches de la calçada côté gauche, puis prenez à droite la travessa da Cruz do Torel. Vous atteindrez rapidement le ***Jardim do Torel*** *(plan centre détachable, I-J7),* au balcon perché en vigie au-dessus de l'avenida da Liberdade – vers laquelle ramènent des escaliers. Certains plans de la ville l'ignorent carrément !
En continuant par la rua de Julio de Andrade, on débouche vite sur le *campo dos Mártires da Pátria,* un petit parc où coqs et canards s'ébattent en liberté. Aux avant-postes, face à la Faculté des Sciences médicales, se dresse la statue étonnamment vénérée du brave *senhor doutor Sousa Martins,* le médecin des pauvres, aux pieds duquel s'empilent les ex-voto en marbre... entre foi et médecine ! Mais, est-ce un hasard, tout près se trouvent la morgue, l'institut médico-légal et la plus grande concentration d'entreprises de pompes funèbres de la ville...

Aux abords de l'avenida da Liberdade

Praça dos Restauradores *(place des Restaurateurs ; plan centre détachable, I-J7-8)* **:** au centre de cette grande place se dresse un monument commémorant la guerre de Restauration qui débuta en 1640 ; il a été érigé en 1886. En vis-à-vis, visez le monumental ***Cineteatro Éden,*** typiquement Art déco.

Casa-museu da Fundação Medeiros e Almeida *(plan centre détachable, H6)* **:** *rua Rosa Araújo, 41.* ☎ *213-547-892.* • *casa-museumedeirosealmeida.pt* • *Tlj, sauf dim et j. fériés, 10h-17h (dernière entrée à 16h30). Entrée : 5 € ; réduc, notamment avec la* Lisboa Card *; gratuit moins de 18 ans et pour ts sam 10h-13h. Infos en anglais dans chaque salle.*
Ce musée occupe la demeure de l'homme d'affaires António Medeiros e Almeida (1895-1986), devenue fondation après sa mort. On y pénètre un peu comme si on était invité chez lui... Les salles, à admirer du sol au plafond, sont celles de riches intérieurs foisonnant d'objets d'arts décoratifs superbement mis en valeur – avec une place de choix pour le mobilier français du XVIIIe s. On s'approche d'ailleurs inhabituellement près des objets...
– ***Au rez-de-chaussée,*** spectaculaire salle-chapelle présentant des objets d'art sacré, avec retable en *talha dourada,* chœur garni d'*azulejos* et chaire indo-portugaise du XVIIIe s soutenue par 6 *naghis* (les sirènes hindoues). Ne manquez pas non plus le très beau crucifix en émaux de Limoges (XIIIe s) et les bas-reliefs en albâtre anglais du XIVe s (Nottingham). Juste après, dans l'atrium, voisinent une porte moghole, des pièces de mobilier Nouille de l'Expo 1900 et la chaise d'enfant du duc de Wellington !
– ***Au 1er étage,*** la *galeria Nova* aligne tapisseries de Beauvais, bureaux Boulle et toiles de Boucher. Puis on découvre dans la *Sala do Piano* un ***autoportrait de Rembrandt,*** récemment attribué à son atelier plutôt qu'au maître lui-même (dommage !). La *sala Louis XIV* est ornée de panneaux de bois rachetés à Paris. Suit une chambre d'aristocrate français recréée, avec, de part et d'autre du lit à baldaquin, un insolite bidet en porcelaine de Chine aux armes royales de France (une rareté !) et un pot de chambre de voyage anglais du XIXe s ! Dans le *corredor D. Catarina de Bragança,* ne pas rater cette remarquable et unique ***horloge de nuit*** du XVIIe s en état de fonctionnement. Fonctionnant à l'huile, elle pouvait s'enflammer facilement... Puis on débouche dans le *grand salon,* que l'on visite en 2 temps (avant et après le 2e étage) : portrait par Delacroix près de la cheminée, cabinet laqué et paravents chinois et, au fond, 2 ***Brueghel*** (celui de Pieter montre la collecte de la dîme).
– ***Le 2e étage,*** constitué par les appartements privés du couple, restés en l'état, est moins intéressant... à moins de vouloir voir l'un des 1ers appareils de fitness

importé au Portugal ! Ne manquez pas, toutefois, la belle collection d'éventails du XVIIIe au XXe s. L'un d'eux a même des trous pour les yeux !
– De ***retour au 1er étage,*** on enchaîne avec la *sala de Pratas,* exposant argenterie et insolite collection de porte cure-dents ; la *salle à manger* où le prince Rainier et Grace de Monaco ont dîné en compagnie d'Amália Rodriguez en 1964 ; le bureau ; puis, de l'autre côté du grand salon, la magnifique ***sala do lago*** – disponible pour vos réceptions – avec sa monumentale fontaine en marbre au centre et ses plafonds peints représentant les 4 continents. Le même thème est repris sur les panneaux d'*azulejos,* qui illustrent également les 4 continents. Les vitrines autour contiennent une collection de bijoux et de tabatières.
– De ***retour au rez-de-chaussée,*** *sala dos relogions,* on admire une fabuleuse ***collection de montres et d'horloges*** de styles et d'origines variés (la grande passion d'António Medeiros) : réveil à bougie, horloge japonaise à cadran vertical du XVIIIe s (les aiguilles se déplacent de haut en bas !), vitrine consacrée aux montres Breguet, grand sablier en ambre fabriqué à Gdansk au XVIIe s, etc. Terres cuites et porcelaine chinoise également, dont quelques figures funéraires tangs (VIIe-Xe s).

Dans le quartier de Rato

Praça das Amoreiras *(place des Mûriers ; plan centre détachable, F-G6)* **:** des centaines de mûriers y furent plantés au XVIIIe s pour alimenter la fabrique royale de soie. Ils ne sont plus là, mais cette adorable place ombragée, calme, loin de l'agitation urbaine, demeure une délicieuse oasis de verdure – le long de laquelle court l'*aqueduto* (aqueduc) *das Águas Livres.* Construit entre 1732 et 1748, celui-ci était destiné à alimenter en eau les fontaines de Lisbonne depuis Belas, à près de 60 km de là. Ponctué de tourelles caractéristiques baptisées « sources », il enjambe notamment la vallée de l'Alcântara grâce à 35 arcs d'une longueur totale de 940 m ; le plus haut culmine à 65 m. Il est si solide qu'il a résisté au tremblement de terre de 1755 !

Museu da Água – Reservatório de Mãe d'Água das Amoreiras *(plan centre détachable, G6)* **:** *praça das Amoreiras, 10. ☎ 218-100-215. • epal.pt • La citerne (Mãe d'Água) se visite tlj, sauf lun et j. fériés, 10h-16h (14h w-e). Entrée : 4 € ; réduc. Billet couplé avec l'aqueduc (visite calçada da Quintinha 6, à 1,2 km au nord-ouest ; plan d'ensemble détachable, D-E5 ; tlj 10h-17h30 sauf lun) : 6 €.*
L'eau transportée par l'*aqueduc des Eaux Libres* arrive dans la *Mãe d'Água,* une citerne qui peut stocker jusqu'à 5 millions de litres sous d'imposantes voûtes en pierre. Elle s'y écoule le long d'une cascade de mousse et de calcaire dans un bassin de 7 m de profondeur. Mis en valeur par un éclairage subtil, ce lieu distille à juste titre une atmosphère particulièrement paisible et rafraîchissante. On peut grimper au sommet sur une terrasse splendide qui donne sur l'aqueduc et la place voisine.
Récemment, les ***spectacles audiovisuels Immersivus*** *(• lisboa.immersivus.com • ; 1 spectacle 15 €, les 2 : 22,50 € ; réduc ; billet famille 10 €/show, 15 € les 2 ; représentations ttes les 1h, en alternance, commençant 30 mn après la fermeture du musée ; durée 30 mn)* se sont implantés à l'intérieur même de la citerne. Ils proposent 2 shows différents dédiés à de grands artistes (dernièrement Michel-Ange et Léonard de Vinci, ou Monet et Klimt). Le principe ? Projeter sur les voûtes et les murs des images de leurs œuvres, sur 360° et profiter de l'effet miroir du bassin. Honnêtement, on trouve le spectacle bien cher !

Fundação Arpad Szenes – Vieira da Silva *(plan centre détachable, G6,* ***381****)* **:** *praça das Amoreiras, 56. ☎ 213-880-044. • fasvs.pt • ♿ Tlj 10h-18h sauf lun-mar et j. fériés. Entrée : 5 € ; réduc, notamment avec la* Lisboa Card *; gratuit moins de 12 ans.* Dans une annexe de l'ancienne manufacture de soieries, le musée présente des peintures des années 1930 aux années 1970 de ce célèbre couple d'artistes de la mouvance cubiste, appartenant à l'École de Paris – lui hongrois,

elle portugaise, naturalisés français. Fréquentant Giacometti, Delaunay, Miró, Max Ernst, Nicolas de Staël ou encore René Char, ils sont à l'origine d'une œuvre riche, entre abstrait et semi-figuratif, exposée par roulements, aux côtés de toiles réalisées par des peintres qu'ils ont influencés ou qui se sont inspirés d'eux. L'œuvre de Maria Helena Vieira da Silva, considérée comme une des plus grandes peintres modernes d'origine portugaise, est emplie de lignes qui s'enchevêtrent, se nouent et se dénouent, créant des espaces aux multiples points de fuite. On parle de *paysagisme abstrait.* Arpad Szenes se révèle lui plus contemplatif, plus porté à l'harmonie, dans une sorte de réalité ondoyante.
– La ***station de métro Cidade Universitária*** (ligne jaune) a été décorée par Maria Helena Vieira da Silva !

ALFAMA, CASTELO DE SÃO JORGE, MOURARIA ET GRAÇA

- Pour le plan de l'Alfama, se reporter au plan détachable en fin de guide.

Sur les pentes de la colline du castelo de São Jorge, autour de laquelle s'est formée Lisbonne, s'étagent et s'égarent les plus vieux quartiers de la ville : célèbre Alfama tourné vers le soleil du sud, en direction du Tage, Mouraria sur les flancs ouest et nord. Tout ici n'est que ruelles tortueuses et venelles étroites, formant un dédale qui ravira le promeneur. Autant le 1er est très touristique, avec ses boîtes à fado, autant le 2d reste en marge des mouvements de foule. Avis aux trekkeurs urbains ! Plus au nord, le quartier de Graça, naviguant entre souvenirs de grandeur et âme populaire, s'amarre sur la plus haute colline de la ville, offrant un point de vue privilégié sur le château, la Mouraria et le fleuve. Les plus beaux panoramas, c'est ici.

UN ALLER SIMPLE POUR L'ALFAMA

Prenez place dans le fameux ***tramway nº 28,*** il vous emporte, tout bringuebalant – par-delà le temps – le long des rues pentues, jusqu'au cœur de l'Alfama, le seul quartier populaire de Lisbonne ayant survécu au tremblement de terre de 1755. Lorsque le wattman actionne la cloche, commence alors un voyage mémorable. La mécanique file droit sur ses rails avant d'aborder des virages en épingle parfois spectaculaires, frôlant à quelques centimètres près les étals des magasins et les piétons qui doivent jouer aux toreros entre les voitures stationnées ! Profitez des arrêts forcés, destinés à laisser un livreur décharger sa marchandise, pour admirer les devantures et les façades. Toute l'âme et le ventre de Lisbonne sont là, sous vos yeux.

L'ÂME DE LISBONNE

L'Alfama, c'est ***l'âme de Lisbonne !*** Le quartier le plus ancien et le plus connu de la capitale, son emblème, son étendard, agrandi autour d'un monument phare : la Sé (cathédrale). Longtemps habité par les pêcheurs et les marins, il est resté populaire malgré l'invasion touristique qui menace chaque année davantage.
Les Wisigoths l'habitèrent avant les Arabes, qui lui donnèrent son nom : Alfama, déformation d'*alhama,* mot évoquant d'anciennes fontaines sur la colline. D'eux aussi, les habitants ont hérité un réseau inextricable de ruelles tortueuses, volées de marches, venelles et culs-de-sac ne menant nulle part *(becos),* passages

voûtés, cours intérieures et minuscules patios, bordés de mille maisons enchevêtrées, agglutinées, présentant autant de styles différents. ***On se déplace à pied, exclusivement,*** admirant ici quelques belles façades en encorbellement délavées par les ans, là des balcons en fer forgé ou sculptés dissimulés par les draps qui claquent au vent. Au fil de la promenade, de temps en temps apparaît le Tage, cette mer de Paille qui surgit tel un miroir bleu étincelant au débouché d'une ruelle, entre 2 vieux immeubles presque collés ou 2 échafaudages.

SAUDADE PARTY

Le soir, il se dégage de l'Alfama une atmosphère presque moyen-orientale, qui tient de la casbah et du théâtre de rue. C'est ici qu'on vient pour découvrir le fado, ce rythme de la rue, langoureux, lancinant, autour duquel les hommes et les femmes du quartier se retrouvent encore pour chanter leur ville, leur vie, leur souffrance, leur pauvreté. C'est, au mieux, un fado des amateurs, à entendre dans une *tasca* pas trop corrompue, plutôt que dans un des multiples restos à touristes du secteur, où les artistes, de talents inégaux, défilent plus vite que les plats (médiocres et largement surévalués)... La quête est ardue.

LA FÊTE DE SANTO ANTÓNIO

Chaque 13 juin, l'Alfama célèbre saint Antoine, enfant du quartier qui a eu l'idée malheureuse d'aller finir ses jours à Padoue... Considéré par beaucoup, ici, comme le saint patron de Lisbonne, en concurrence avec São Vicente, il n'est en fait que celui de la Sé et, par extension, de l'Alfama. C'est lui, naturellement, qui mène la procession à travers les ruelles et les places, dans un grand moment de communion populaire, à partager. Chaque rue, dans un fiévreux esprit de compétition, tente alors de se montrer plus colorée, plus lumineuse que sa voisine... Les cuisines, les tables sont de sortie, on grille des sardines un peu partout, le *vinho verde* coule à flots ; l'Alfama vit alors dans la rue, dans une atmosphère de kermesse indescriptible. Profitez-en pour offrir à l'élu(e) de votre cœur un petit pot de basilic porte-bonheur !

Visiter l'Alfama

➢ ***Pour gagner l'Alfama,*** on emprunte le fameux ***tram nº 28,*** qui traverse toute la ville depuis Campo de Ourique jusqu'à Graça, via le Chiado et la *rua da Conceição* dans la Baixa, effleurant au passage le Bairro Alto. Autre classique, le ***tram nº 12*** décrit une large boucle autour de la colline du château, passant par *la praça da Figueira, les rua dos Fanqueiros ou Conceição (Baixa)* et la Sé (cathédrale). Moins sexy, le ***bus nº 737*** grimpe au *castelo de São Jorge* depuis la *praça Figueira.* ***Attention :*** on vous le redit, ne laissez pas vos sacs ni vos affaires sans surveillance ; le charme insolite du tram nº 28 est souvent gâché par les pickpockets qui montent depuis la Baixa ou la station Martim Moniz...
Ajoutons un bon plan : depuis le flanc est de la Baixa, ***2 ascenseurs modernes*** *(plan centre détachable, K9 ; GRATUIT)* permettent de grimper presque jusqu'au pied du château (voir plus haut « Infos pratiques sur place. Comment se déplacer ? Les funiculaires *(ascensores)* et les ascenseurs *(elevadores)* ».

– ***Les miradouros*** (ou belvédères) ***:*** s'y rendre au coucher du soleil pour la beauté du paysage. Plusieurs miradors possèdent un kiosque où l'on peut siroter un verre en admirant le panorama.

➢ ***Visites guidées :*** voir plus haut « Infos pratiques sur place. Comment se déplacer ? Découvrir Lisbonne autrement » pour des contacts de guides spécialisés proposant des balades à pied dans le quartier. Les *tuk-tuk* ont aussi le vent en poupe, mais ils ne laissent guère le temps de digérer les choses !

Où dormir ?

De bon marché à prix moyens

This is Lisbon *(plan centre détachable, K8,* ***92****) : escadinhas Marquês de Ponte do Lima, 1. ☎ 218-014-549. • info@thisislisbonhostel.com • thisislisbonhostel.com • Ⓜ Martim-Moniz. Dortoirs (4-8 lits) 14-23 €/pers ; doubles 45-90 €.* Cet *hostel* occupe le rez-de-chaussée d'une maison rose. Intérieurs soignés avec parquets d'antan, dortoirs et quelques doubles, avec ou sans salles de bains (rutilantes). Nos préférés donnent sur la grande terrasse commune avec vue sur Lisbonne. Cuisine. Bon accueil pro. Une excellente adresse, si l'on excepte le manque d'insonorisation (comme partout...).

Inn Possible Lisbon Hostel *(plan centre détachable, K8,* ***93****) : rua Regedor, 3. ☎ 218-861-465. • booking@innpossible.pt • innpossiblelisbon.com • Ⓜ Rossio ou Baixa-Chiado. Dortoirs (4-10 lits) 11-30 €/pers ; doubles 92-110 €.* Dans un quartier en plein renouveau, entre les 2 ascenseurs qui montent de Baixa vers le château, cette grande bâtisse ancienne à la façade rouge abrite une quarantaine de lits répartis dans des dortoirs aux lits superposés costauds (prise et lumière individuelles), avec sanitaires extérieurs pour la plupart. Les 4 doubles avec salle de bains, mais sans clim, sont à notre avis trop chères. Déco simple et moderne, avec vieux parquets. Sous les toits, bar, cuisine et chaleureuse salle télé.

Hostel Petit Lusa *(zoom détachable Alfama,* ***105****) : largo do Chafariz de Dentro, 24. ☎ 218-872-773. 📱 964-024-110. • info@hostelpetitlusa.com • hostelpetitlusa.com • Ⓜ Terreiro do Paço. Dortoir (10 lits) env 25 €/pers ; doubles 58-125 €. Petit déj inclus pour tous.* En plein cœur de l'Alfama, 7 petites doubles avec clim, salle de bains et graffs d'artistes locaux en guise de têtes de lit (sur le thème de l'Alfama) ; la salle de bains de la moins chère est privée mais sur le palier. Également un grand dortoir. Accueil souriant (une dame parle bien français).

De plus chic à beaucoup plus chic

Tings Lisbon *(plan centre détachable, K7,* ***109****) : rua da Senhora do Monte, 41. 📱 925-333-811. • tingslisbon@gmail.com • tingslisbon.com • Ⓜ Martim-Moniz ; Ⓣ nº 28. Doubles 65-155 €, petit déj inclus. Digestif offert sur présentation de ce guide.* Son slogan ? « Le meilleur hôtel 1* de Lisbonne ». Nichée dans un coin tranquille de Graça, la maison livre – dans ses étages (escaliers raides) – une quinzaine de chambres soigneusement décorées, toutes différentes, avec ventilo et terrasse privée pour les plus chères. Cuisine à dispo, salon avec cheminée, joli jardin-terrasse semé de verdure. Bref, une adresse d'un certain charme, mais sans tous les conforts des établissements plus étoilés.

Hotel Convento do Salvador *(zoom détachable Alfama,* ***94****) : rua do Salvador, 2B. ☎ 218-872-565. • hotel@conventosalvador.pt • conventosalvador.pt • Ⓜ Terreiro do Paço ; Ⓣ nº 28. Doubles 80-200 €.* En plein Alfama, cet ancien couvent a été rénové dans un style contemporain bien trempé. L'essentiel des 43 chambres, confortables et épurées, donne sur le grand patio saupoudré de plantes vertes. Accueil pro. Une adresse bien tenue, au calme.

Hotel Riverside Alfama *(plan centre détachable, K9,* ***91****) : rua dos Bacalhoeiros, 12. • info@hotelriversidealfama.com • hotelriversidealfama.com • Ⓜ Terreiro do Paço ; Ⓣ nº 28. Min 3 nuits. Doubles 78-180 €.* Dans une maison du XVIIIe s modernisée. Si les espaces communs manquent un peu d'âme, les chambres, en revanche, se révèlent vraiment charmantes et confortables (clim et minibar), avec leur déco soignée et leurs salles de bains contemporaines. Certaines offrent une vue sur le Tage. Évitez cependant les standards (sans aucune vue) et celles donnant sur la place, bruyante. Accueil cordial.

Hotel Senhora do Monte *(plan centre détachable, K7,* ***98****) : calçada do*

Monte, 39. ☎ 218-866-002. • senhoradomonte@hotmail.com • hotelsenhoradomonte.com • Ⓜ Martim-Moniz ; Ⓣ n° 28. Doubles 80-130 €. Petit déj offert sur présentation de ce guide. Situé au miradouro da Nossa Senhora do Monte, dans un quartier résidentiel ancien et charmant, cet hôtel fonctionnel vaut principalement par sa position et la vue panoramique dont jouissent la plupart des chambres – tout comme la salle de petit déj. Le confort et l'entretien sont plus que corrects, mais l'ensemble commence à dater.

Très chic

1908 Lisboa Hotel *(plan centre détachable, K7, **97**) : largo do Intendente Pina Manique, 6. ☎ 218-804-000. • info@1908lisboahotel.com • 1908lisboahotel.com • Ⓜ Intendente. Doubles 120-200 €.* À sa construction en 1908, d'où son nom, il reçut un prix d'architecture. Rénové de fond en comble, modernisé, il affiche désormais un style radicalement contemporain, mariant le street art (à voir de l'ascenseur vitré notamment) avec les superbes éléments Art nouveau d'origine. Chambres aux tonalités douces, d'un confort parfait (clim), avec plein de petits plus comme des *pastéis de nata* et du porto de bienvenue, des peignoirs, des chaussons... Joli bar avec terrasse sur la place tranquille et élégant resto (l'*Infame* !) installé dans la superbe rotonde où est servi le petit déj. Séduisant !

Solar do Castelo *(plan centre détachable, K8, **100**) : rua das Cozinhas, 2. ☎ 218-806-050. • solar.castelo@heritage.pt • lisbonheritagehotels.com • Ⓜ Baixa-Chiado, puis ascenseur. Doubles 170-310 €.* Face aux murs d'enceinte du castelo de São Jorge et sur le site auparavant occupé par les cuisines du palais d'Alcáçova, on découvre cette belle demeure du XVIIIe s flanquée d'une annexe moderne à l'architecture fonctionnelle discutable. Belle entrée, charmant patio avec fontaine, salon avec canapés en cuir et chaises en fer forgé... Les 24 chambres, tout confort, sont très classiques dans leur allure. Au sous-sol, dans l'ancienne citerne, petit musée exposant *in situ* quelques vestiges archéologiques. Accueil charmant et pro.

Hotel Memmo Alfama *(zoom détachable Alfama, **101**) : travessa das Merceeiras, 27. ☎ 210-495-660. • alfama@memmohotels.com • memmohotels.com/alfama • Ⓜ Terreiro do Paço ; Ⓣ n° 28. Doubles 120-260 €.* Un boutique-hôtel design niché au bout d'une rue pavée, dans un ensemble de vieux bâtiments qui abritaient naguère une usine de cirage, un four de boulangerie et l'atelier d'un photographe ! Des chambres tout confort, à la déco sobre et soignée, dotée d'un mobilier aux lignes scandinaves. Vue panoramique ahurissante depuis la terrasse du bar, avec piscinette à débordement : vous aurez l'étrange impression de faire trempette au-dessus des toits de l'Alfama ; spectaculaire ! Accueil au top.

Hotel Santiago de Alfama *(zoom détachable Alfama, **96**) : rua de Santiago, 10-14. ☎ 213-941-616. • rservations@santiagodealfama.com • santiagodealfama.com • Ⓣ n° 28. Doubles 190-410 €.* Bordé par une rue tranquille, sur les hauteurs de l'Alfama, ce luxueux hôtel-palace propose des chambres hyper confortables (lits ultra-douillets), aux aménagements sobres et un rien design. Certaines disposent d'une terrasse privée, avec ou sans vue sur le Tage. *Beauty bar* et resto sur place. Accueil charmant et pro.

Où manger ?

Dans ces quartiers populaires, les petites tavernes typiques ne manquent pas – même si, dans l'Alfama, les touristes y sont souvent plus nombreux que les locaux, et les prix plus élevés qu'ailleurs... On peut aussi décider de s'arrêter au hasard, quand une bonne odeur vient titiller les narines. Idéal pour sentir battre le cœur fatigué de la vieille ville, de jour comme de nuit.

Dans l'Alfama

De très bon marché à bon marché

As Bifanas do Afonso *(plan centre détachable, K9, **159**) : rua da Madalena, 146. Lun-ven 7h30-21h, sam 7h-13h, fermé dim. Sandwichs 2,20 €.* La *bifana,* c'est quoi déjà ? Un sandwich à l'escalope de porc mariné dans un petit pain rond moelleux, si incontournable au Portugal que McDo y a inventé le McBifana (viande de porc à l'ail !) ! On trouve ici certains des meilleurs de la ville à très bon prix, ainsi qu'une foultitude d'autres sandwichs tout aussi abordables. On ne s'assied pas : on commande au comptoir et on file.

Lisboa Tu & Eu *(zoom détachable Alfama, **190**) : rua da Adiça, 58. 939-927-339. • mariadocarmo.vieira88@gmail.com • Tlj 12h30-23h (cuisine 22h30). Petiscos et tablas 5,50-13,50 €.* Perché hors des sentiers touristiques, « Toi et Moi » est un minuscule local aux murs couverts de graffitis, signés par des clients enthousiastes ! Devant : une terrasse sous une treille, sur une adorable placette de guingois. À l'ardoise : des planches de *chouriço* ou de fromages, et des tapas pour 1 ou 2 – avec de bons produits frais. Une excellente adresse, abordable. On s'est régalés !

Estrela do Minho *(plan centre détachable, K9, **162**) : rua dos Bacalhoeiros, 137. ☎ 218-869-626. Tlj 7h-18h sauf dim. Plats 8-11 €.* Cette étoile du Minho ne brille pas par son apparence, mais propose une bonne cuisine de *cantina* à prix serrés, servie avec gentillesse (et quelques mots d'anglais). Tous les classiques : poissons grillés du jour, poulpe, cochon de lait, morue *à Brás* ou avec ses inséparables pommes de terre...

Maruto *(plan centre détachable, L9, **200**) : rua do Cais de Santarém, 30. ☎ 215-940-993. • marutoalfama@gmail.com • Tlj 16h-23h sauf mar. Tapas et plats 4-14,50 €.* La salle voûtée, longue et plutôt chaleureuse, donne malheureusement sur un bout de parking, mais on apprécie les tapas, toasts, sandwichs et salades à bon prix, réalisés avec des produits frais et servis avec gentillesse (la patronne parle français). Pour accompagner le tout, de sérieux cocktails et toute une palanquée de bières du cru artisanales.

Prix moyens

Restaurante São Miguel *(zoom détachable Alfama, **220**) : largo de São Miguel, 1-2. ☎ 218-861-891 et 914-440-771. • saomiguelgrandescantorias@sapo.pt • Tlj 11h-22h. Plats 6,50-15 € ; menus 10 € le midi, 20 € le soir.* Sur une place, face à l'église de São Miguel, ce restaurant sert une cuisine portugaise classique, franche et fraîche, avec quelques spécialités de l'Alentejo (le patron en vient) et de bonnes sardines en saison. On apprécie l'accueil attentionné et la terrasse tranquille. Soirées fado les jeudi et vendredi, en général (19h-23h).

Velha Gaiteira *(plan centre détachable, K9, **196**) : rua das Pedras Negras, 17. ☎ 218-865-046. • velhagaiteira.reservas@gmail.com • Tlj 13h-17h, 19h-23h, sauf dim. Fermé 1 sem en nov et 1 sem autour de Noël. Plats 8-15 €. Menu du jour 10 € ; autre menu 16 €. Digestif offert sur présentation de ce guide.* Grand choix de tapas et cuisine généreuse à base de produits essentiellement locaux, comme le bon petit vin de la maison. Les viandards s'offriront la *parrilhada* à partager, mais il y a aussi des salades et plats végétariens. À déguster installé dans un décor hétéroclite au mobilier chiné, pour une ambiance un rien bohème. Accueil souriant.

Duetos da Sé *(plan centre détachable, K9, **206**) : travessa do Almargem, 1 B/C. ☎ 218-850-041. • geral@duetosdase.com • Tlj 16h-minuit, sauf mar-mer. Plats 8-17 €. Menu lun-ven midi 12,30 €. Entrée concert : 5 €.* Dans une ruelle en contrebas de la cathédrale (la Sé), ce café-resto est un bon endroit pour dîner en musique. Dans une salle voûtée à la déco soignée, élégante, avec un grand piano au centre, on découvre une cuisine portugaise assez fine – avec même quelques pointes d'originalité. Bons desserts, bonne carte des vins et excellents chanteurs de fado. Ce n'est pas bon marché mais, au final, l'expérience reste d'un rapport qualité-prix meilleur que dans beaucoup d'autres boîtes à fado !

Plus chic

Maria Catita *(plan centre détachable, K9,* ***207****) : rua dos Bacalhoeiros, 30. ☎ 211-331-313. • reservas@mariacatita.pt • Tlj 12h-15h30, 19h-23h. Plats 10,50-21,50 €. Menus (pour 2) 32-59 €.* Une salle un brin rustique, aux murs en pierre brute nappés de bouteilles de vin. Au choix : soit on partage quelques *petiscos* (surtout marins) préparés de façon originale ; soit on choisit un plat, avec quelques savoureuses incursions de spécialités des Açores. Belle carte des vins, notamment au verre. Service au top. Pas donné quand même !

Dans la Mouraria

De très bon marché à bon marché

O Velho Eurico *(plan centre détachable, K8,* ***191****) : largo São Cristovão, 3-4. ☎ 218-861-815. • ovelhoeurico@gmail.com • Tlj 12h30-15h, 20h-23h, sauf lun et dim soir. Plats 6-10 €.* Derrière les murs de ce resto de quartier se retrouve, le midi, la ruche bourdonnante des employés de la chambre de commerce voisine. Le soir, ça déborde allégrement sur le bout de terrasse niché au coin de 2 ruelles. Dans l'assiette, une bonne cuisine familiale, simple, authentique et bien tournée, où poisson et viande arrivent ex æquo – des incontournables poulpe ou *bacalhau à Brás* aux croquettes d'agneau.

The Food Temple *(plan centre détachable, K8,* ***194****) : beco do Jasmim, 18. ☎ 218-874-397. • thefoodtemple@gmail.com • Tlj 18h-23h sauf lun-mar. Plats 6-12 €.* Quelle surprise de trouver cette cantine végane tendance... cachée sur une placette au cœur de la Mouraria labyrinthique (attention, le nom de la ruelle est arraché : tournez à la hauteur du *Café Parreirinha*) ! À la carte, très courte, un ou deux bons petits plats du jour et 3 tapas pour accompagner les canons. À engloutir dans la petite salle avec grosses tables en pin, ou assis sur les marches de l'escalier à l'extérieur – où les patrons installent de drôles de petites tables à une seule patte !

De prix moyens à plus chic

Zé da Mouraria *(plan centre détachable, K8,* ***201****) : rua João do Outeiro, 24. ☎ 218-865-436. Tlj sauf dim et j. fériés 12h-16h. Résa conseillée. Plats 22,50-32,50 €.* Bien planqué dans une ruelle, ce resto populaire, bruyant et toujours bondé, affiche les photos des amis venus ripailler ici. L'accueil ne s'encombre pas de salamalecs, on attend sagement son tour sans broncher avant de se caler au coude-à-coude avec ses voisins. Longue liste de spécialités, toutes servies en version pantagruélique – un plat pour 2, voire 3 devrait faire l'affaire –, mais on vous recommande vivement la star de la maison, la *bacalhau,* servie presque confite... une merveille ! Attention, les accompagnements se payent à part. Une adresse à ne pas manquer.

O Corvo *(plan centre détachable, K8,* ***208****) : largo dos Trigueiros, 15A-B. ☎ 218-860-545. • ocorvocafe@gmail.com • Tlj 9h-23h (minuit w-e). Petiscos 3-14,50 € ; plats 10-28 €.* Une adorable terrasse ensoleillée vite prise d'assaut en été, un grand comptoir et plein de coins et de recoins : voilà un cadre parfait pour partager un bon moment convivial entre amis ou en famille. Au menu : des petits déj, des brunchs, des salades, des petits plats à partager, une sélection de burgers, poulpe, morue et bœuf des Açores. Service souriant.

Chapitô A Mesa *(plan centre détachable, K9,* ***211****) : rua Costa do Castelo, 7. ☎ 218-875-077. • reservas@chapitoamesa.pt • Terrasse ouv le soir lun-ven, midi et soir le w-e ; resto tlj 12h-23h. Plats 11-20 € à la Terrasse, 19-21 € au resto.* Cet intéressant petit complexe culturel abrite – dans un dédale d'escaliers et de terrasses – une petite école de cirque créée par la 1re femme clown portugaise pour faciliter l'intégration de jeunes et d'enfants en situation précaire, un chapiteau pour des spectacles, un bar musical de nuit (récemment fermé) et 2 restaurants aidant à financer le projet. La *Terrasse*, qui fait aussi cantine pour les enfants le midi, propose surtout des grillades et quelques plats simples. Le restaurant perché juste au-dessus, dans son nid d'aigle atteint par un escalier en colimaçon, sert une cuisine portugaise plus travaillée, avec une carte très courte de produits frais. Ceux qui y mangent auront droit à une des plus belles vues qui soient sur les poésies de toits roux de l'Alfama et le Tage. Service aimable et diligent.

Tentações de Goa *(plan centre détachable, J-K8,* ***193****) : rua São Pedro Mártir, 23. ☎ 218-875-824. • tentacaosdegoa@gmail.com • Tlj sauf dim et lun midi 12h-16h, 19h-minuit. Plats 8-15 €.* Comme l'Angola, le Mozambique ou la Guinée, l'Inde a sa place dans la Mouraria ! Dans une paisible venelle, ce petit resto discret et coloré est tenu par des dames aimables qui connaissent Goa. La cuisine fait revivre avec une belle subtilité les saveurs indiennes douces ou (très) épicées, avec quelques spécialités végétariennes. *Goa é boa !*

Dans le bairro do castelo de São Jorge

De très bon marché à prix moyens

Quase Café *(plan centre détachable, L8,* ***209****) : rua do Salvador, 14. 929-326-800. • quaseumcafe@gmail.com • Tlj 8h30-16h. Petit déj et plats 3-8,50 €, brunch (7 options) 11,50-15,50 €.* Le local est croquignolet et les choix de petits déj et de brunchs abondent ; il y en a pour tous les goûts et à tous les prix, composés d'ingrédients sains et savoureux. Aussi des *tostas*, des œufs, des crêpes, des gaufres, des pancakes, histoire d'agrémenter une pause gourmande en journée. Une bonne adresse tenue par des filles avenantes (et francophones). On aime !

Claras em Castelo *(plan centre détachable, K8,* ***164****) : rua Bartolomeu de Gusmão, 31. ☎ 218-853-071. • clarasemcastelo31@gmail.com • Tlj 10h30-23h sauf mer. Petiscos et plats 8-16 €.* Plantant son point sur le « i » d'une salle tout en longueur, la charmante micro-terrasse s'amarre sur le flanc de la rue grimpant vers le château, juste au-dessus. Dans ce secteur hautement touristique, l'escale est la bienvenue avec son pâté de sardines maison et ses quelques plats du jour mettant en valeur les classiques portugais avec une touche personnelle. Madame est aux fourneaux, Monsieur (francophone) en salle.

Mercearia Castello *(plan centre détachable, K8,* ***199****) : rua das Flores de Santa Cruz, 2. ☎ 218-876-111. • cafemc@gmail.com • Tlj 10h-20h. Fermé : janv. Plats 8-10 €.* Une pause s'impose ? Arrêtez-vous dans ce bistrot de poche posé à l'écart de l'agitation, au pied même des murs d'enceinte du château. Un p'tit plat (salades, toasts...), un café, une pâtisserie, et ça repart ! Parfait pour une dînette rapide que l'on prend en terrasse sur la charmante placette. Bon accueil.

À Graça

De très bon marché à bon marché

A Penalva da Graça (*plan centre détachable, L6-7,* **165**) : *rua da Graça, 26. ☎ 218-872-755. Tlj 9h-22h sauf lun. Plats 7-11 €. CB refusées.* Voilà une adresse comme on les aime : authentique. *Penalva da Graça,* c'est le bar des amis, avec une brochette de vétérans vissés au comptoir, bière en main, et une ribambelle d'habitués attablés devant de grosses sardines, un pot-au-feu de poisson ou des gambas. Le menu, écrit à la main et placardé en vitrine, change en fonction des arrivages.

Joséphine Bistrô-Bar (*plan centre détachable, K7,* **176**) : *largo do Intendente Pina Manique, 59 (rua da Palma, 318). ☎ 218-208-044. • josephinebistro@gmail.com • Tlj 14h30-21h45. Plats 5-10 €. CB refusées.* Bistrot sans prétention pour faire une pause au calme et en terrasse aux beaux jours, sur cette place piétonne cosmopolite qui prend vie en soirée – le lieu s'anime même férocement certains soirs de match. À l'ardoise, choix réduit de burgers, quiche-salade, planches de fromages et charcuterie, etc. Pas mal, mais mieux vaut avoir le temps.

De prix moyens à plus chic

A Taberna do Mar (*plan centre détachable, L8,* **168**) : *calçada da Graça, 20B. ☎ 210-939-360. • info@atabernadomar.pt • Mar-sam à partir de 19h. Petits plats 4-10 €. Menu dégustation (10 miniplats) 25 €. CB refusées.* Voilà une de ces adresses que l'on est ravis de découvrir et d'essayer ! Grand comme un mouchoir de poche, côté salle comme côté terrasse, ce resto tenu par 3 jeunes chefs voyageurs se distingue par son crédo très réussi d'une fusion asiatico-portugaise. Équipé au choix de couverts ou de baguettes, on savoure une succession de petites assiettes follement inventives et esthétiques, entre sushis de sardines grillées présentés sur des galets, soupe au chinchard et coriandre (dans son bol en bois) ou *dim sum* de porc et poisson. Le must : la farandole de 10 bouchées du menu, à déguster au bar, face à la cuisine ouverte.

O Pitéu (*plan centre détachable, L7,* **214**) : *largo da Graça, 95-96. ☎ 218-871-067. • opiteu@hotmail.com • Tlj 12h-15h, 19h-22h, sauf sam soir et dim. Plats 9-20 €.* On est là dans le solide, le traditionnel, loin des modes et de la déco, la fidélité à des recettes simples et bien faites, avec suffisamment de choix pour satisfaire à peu près tous les goûts. Service efficace assuré par une escouade de serveurs taciturnes mais professionnels.

Où manger une bonne glace ? Où prendre un petit déj ou un encas ?

Casa São Miguel (*zoom détachable Alfama,* **268**) : *rua de São Miguel, 5. ☎ 211-324-093. • geral@casasaomiguel.pt • Tlj 13h-19h sauf lun.* Tout petit, tout mignon, tout rétro avec sa devanture turquoise, son banc semé de coussins et sa petite table calée sur les pavés en pente, ce local de carte postale est parfait pour un shot de caféine accompagné d'un bon *pastel de nata,* une *empada* (minitourte) ou un *travesseiro* (traversin !) – un délicat feuilleté. Le patron parle bien français.

Augusto Lisboa (*plan centre détachable, L8,* **261**) : *rua de Santa Marinha, 26. 📱 962-625-552. • augusto-lisboa@hotmail.com • Tlj (sauf mer en basse saison) 9h-16h. Fermé de mi-déc à mi-janv.* Tenu par une Française, Laura, cet accueillant café-galerie très looké propose une petite restauration fraîche et de saison, ainsi que de délicieux brunchs, jus de fruits frais, milkshakes, smoothies et quelques glaces. Tout est maison à part le pain et les yaourts. Impeccable pour recharger les batteries, entre la dernière descente et la prochaine montée !

O Ninho (*plan centre détachable, K8,* **248**) : *rua de São Cristóvão,*

17-19. ☎ 211-361-664. • contact@oninho.com • Tlj 9h-17h (petit déj 9h-11h, brunch jusqu'à 15h). Tenu par le même patron allemand que le proche resto *O Corvo,* ce tout petit local baignant dans une gentille ambiance de quartier propose juste 3 types de petit déj (dont un santé avec fruits et muesli), 3 options de brunch, des tartines, soupe, et plat du jour bon marché (les 2 à 10 € !). La surprise : une brochette de petites tables cachées sur un long balcon à l'arrière. Bon accueil. À 2 pas, aux n°s 27-29, vente d'*empanadas* maison, plats végétariens ou végans, jus de gingembre et de citronnelle *(tlj 10h-minuit).*

Maria Limão *(plan centre détachable, L7, **249**) : rua da Verónica, 122. Lun-ven 9h30-16h30, w-e 10h-18h. Petit déj 3-7 €, brunch 11,50-15 €.* À 2 mn du largo da Graça, mais à l'écart de l'agitation, ce micro-local sans prétention sert des petits déj et des brunchs canon à très bon prix. Pancakes surmontés de fruits frais et graines, crêpes salées et sucrées, *bowls,* jus tout juste pressés, difficile de se tromper, tout est bon pour la santé !

Insano Gelato e Pizza *(plan centre détachable, L8, **247**) : rua das Escolas Gerais, 124. 912-178-777. • claudio.nasser@gmail.com • Tlj 12h-22h.* Le charmant Claudio, brésilien volontairement loquace, vous propose de goûter à une glace avant de faire votre choix, puis vous sert trèèès généreusement. Quelques tables et chaises pour s'asseoir.

Où boire un verre ?

Pour la vue

Café da Garagem *(plan centre détachable, K8, **302**) : dans l'enceinte du Teatro Taborda, Costa do Castelo, 75. 924-213-570. • geral@teatrodogaragem.com • Tlj 13h-23h ou minuit.* N'hésitez pas à pousser la porte du théâtre ! En contrebas de l'entrée se cache ce café-bar néo-vintage redécoré par la designer tendance Joana Astolfi, offrant une vue splendide sur la ville. Étudiants branchés et voyageurs de passage y picorent tartines un peu créatives, crêpes ou assiette de fromages ou de charcuterie avec un verre de vin, sur fond de musique jazzy. DJs et musique live épisodiques.

Quiosque Portas do Sol *(zoom détachable Alfama, **297**) : largo Portas do Sol. ☎ 218-851-299. Tlj 10h (ou 12h) jusqu'au crépuscule (jusqu'à 1h en été).* La vaste terrasse, parmi les plus prisées de la ville, surplombe les toits et les clochers de l'Alfama, avec le Tage qui miroite en contrebas. Certes, les tuk-tuks vrombissent à quelques pas, l'accueil est rarement enthousiaste et les prix surgonflés, mais l'endroit est indéniablement agréable, de l'aube au couchant.

Quiosque do largo da Graça *(plan centre détachable, L7, **298**) : sur le belvédère qui jouxte l'église Nossa Senhora da Graça. Tlj 10h-23h (voire plus tard).* De tous les kiosques de toutes les places de Lisbonne, c'est à notre avis celui qui offre la plus belle vue. La charmante terrasse panoramique s'étend sous les pins, face à la ville, le château et le ponte 25 de Abril au loin. Idéal pour boire un verre en amoureux puis regagner doucement son hôtel, main dans la main.

Topo *(plan centre détachable, K7, **303**) : pl. Martim Moniz, de la sortie du métro, entrer par le centre commercial et prendre l'ascenseur jusqu'au 6ᵉ étage. ☎ 213-420-626. • geral@topo-lisboa.pt • Théoriquement tlj 12h30 (12h mer, jeu, sam, 11h dim)-minuit (22h30 lun, 2h jeu-sam).* Dans la collection des *rooftops* (celui-ci semi-couvert par des claies), celui-ci offre une vue imprenable sur la colline du château. Cocktails à se rouler par terre. Fait aussi resto. Jeux d'arcades, DJs.

Bars à vin (et à bière)

Graça do Vinho *(plan centre détachable, L8, **304**) : calçada da Graça, 10A/B. ☎ 210-118-041. Tlj 18h-minuit sauf dim.* En grimpant ou redescendant de Graça, pourquoi ne pas déguster

LISBONNE ET SES ENVIRONS

un *moscatel* de Setúbal ou un *Argilla*, un vin élevé en amphore, comme dans l'Antiquité (ça ne se sent pas au goût !) ? Dans cette épicerie réinventée en bar à vins, il n'y a que des nectars portugais – du porto, aussi, et du Murganheira, ce mousseux local largement méconnu sous nos latitudes. Quelques snacks et fromages (tapas) sont proposés pour éponger.

Madame Bacchus *(plan centre détachable, K9,* ***286****) : rua de São Mamede, 30. ☎ 218-862-764. • madamebacchus@gmail.com • Tlj, sauf lun, 11h30 à tard (2h max). Congés : 8 janv-5 fév.* Tenu par des Français, ce petit bar à vins au décor simple s'épanche sans timidité sur la place voisine. On y découvre les breuvages portugais, notamment ceux de petits producteurs, à déguster avec quelques tapas, rillettes de sardine, quiche, charcuterie et fromages locaux.

Outro Lado *(plan centre détachable, K9,* ***305****) : beco do Arco Escuro, 1. • shop@outrolado.beer • Tlj 16h-22h (plus tard le w-e).* Avis aux zytophiles ! Dissimulé dans une ruelle en cul-de-sac, juste derrière le largo José Saramago, ce bar à bière déroule un coin canapé bien cosy, face à un grand écran, pour s'attaquer à la quinzaine de blondes, brunes et autres IPA offertes à la pression. Et n'oublions pas la large collection de bouteilles du monde. Minicourette planquée à l'arrière.

Ginjinha

Ginja d'Alfama *(zoom détachable Alfama,* ***306****) : rua de São Pedro, 12. 936-207-958. Tlj 10h-minuit, sauf mar.* L'échoppe est si petite qu'on pourrait presque passer devant sans l'apercevoir ! On y teste la *ginja,* alcool de cerise fait maison par le jovial propriétaire, à siroter tranquillou avec quelques grignotages.

Où sortir ? Où danser ? Où écouter de la musique ?

Tejo Bar *(plan centre détachable, L8,* ***293****) : Beco do Vigário, 1A. 961-416-180. • makereservations.tejobar@gmail.com • Horaires à confirmer : théoriquement tlj 17h/18h-2h.* Notre chouchou dans l'Alfama ! Avec sa dizaine de tables et ses guitares accrochées au mur, ce petit troquet intimiste et pas prétentieux voit son ambiance changer tous les soirs, au gré des musiciens de passage. Madonna, aujourd'hui lisboète, y aurait trouvé l'inspiration pour son dernier album... De la folk aux musiques africaines, de la bossa nova au flamenco, il y en a pour tous les goûts !

Boutique Taberna *(plan centre détachable, K8,* ***294****) : escadinhas de São Cristóvão, 8. 927-139-005. • newboutiquebar@gmail.com • Tlj 15h-minuit.* Récemment repris par 2 frères, Valter et Hele (d'origine angolaise), dans une déco oscillant entre grunge et bar de quartier, voilà un endroit festif pour trinquer en écoutant de la bonne musique. Pas rare que quelqu'un gratte sa guitare sur les marches, peu à peu colonisées par le soiffard d'un soir. Accueil enthousiaste.

Chapitô A Mesa *(plan centre détachable, K9,* ***211****) : rua Costa do Castelo, 7. ☎ 218-855-550. • chapito.org • Voir plus haut « Où manger ? ».* En plus de 2 restos, ce lieu atypique abrite aussi un bar musical et un ***chapiteau de cirque*** sous lequel se produisent fréquemment les élèves de l'école et des troupes extérieures. Un *Festival des femmes clowns* est même organisé chaque année ! Depuis la Covid, le programme est en suspens, renseignez-vous donc avant de venir.

LuxFrágil *(hors plan d'ensemble détachable par N7,* ***296****) : av. Infante Dom Henrique, armazém A, Cais da Pedra à Santa Apolónia. ☎ 218-820-890. • lux@luxfragil.com • luxfragil.com • Jeu-sam dès 18h depuis la Covid, normalement 22h-6h. Entrée libre mais verres hors de prix !* On vous l'indique plus qu'on vous le conseille. Référence de la nuit lisboète, cette grande boîte de 2 000 m² sur plusieurs niveaux est le rendez-vous de la fine fleur de la nuit et du spectacle, QG des plus grands DJs internationaux venus mixer dans un décor assez hallucinant de vidéos graphiques, de metal (hurlant) et de lasers. C'est à 4-5h du matin, habituellement, qu'on voit la queue se former à l'entrée ! Cela étant dit, les videurs sont des brutes épaisses qui, plus que jamais, trient à la gueule du client – et les Français s'en tirent rarement bien. Venez smart et looké ou ne venez pas.

Les maisons de fado *(casas de fado)*

Le fado est né ici, dans les tavernes miteuses de l'Alfama, au XIXe s (voir un peu plus loin : le museu do Fado). Rien à voir avec les usines à touristes que les tour-opérateurs investissent aujourd'hui. Fuyez si vous ne « sentez » pas les lieux ! Vous y perdriez de précieux euros et, surtout, vous rateriez votre rencontre avec ce blues portugais. Quelques lieux plus authentiques (et néanmoins touristiques) existent encore, mais on hésite à les livrer, car ceux qu'on aimait bien il y a peu tendent très vite à se laisser aller à la facilité : une participation est demandée si vous ne dînez pas, la cuisine devient médiocre et hors de prix et, quoi que l'on fasse, on s'en sort rarement pour moins de 30-50 €... et parfois beaucoup plus. Vous voilà prévenus.

Casa de Linhares *(plan centre détachable, L9, **318**) : beco dos Armazéns do Linho, 2. 910-188-118. • info@casadelinhares.com • Tlj 19h30-2h. Menu 40 € ; plats 25-29 € ; plus taxe de spectacle 15 €/pers.* Dans un décor plutôt chic et soigné, grande salle voûtée et haute de plafond du XVIIe s. Spectacles de fado traditionnel de qualité dans une ambiance tamisée. Et, comble du bonheur, une cuisine portugaise qui se tient bien ! Évidemment, au final, tout cela a un prix...

Parreirinha de Alfama *(zoom détachable Alfama, **307**) : beco do Espirito Santo, 1. ☎ 218-868-209. • booking@parreirinhadealfama.com • Tlj 20h-1h sauf lun. Menu 45 € (min exigé : 40 €/pers).* Au fond d'une courette, on descend quelques marches pour entrer dans une salle basse feutrée et intimiste décorée d'*azulejos*. Fondée en 1939, cette *casa de fado* est devenue touristique, mais d'excellents guitaristes et chanteuses y passent encore.

A Pulga *(zoom détachable Alfama, **308**) : rua Regueira, 4-4A. 933-279-486. Tlj 20h-minuit, sauf mar-mer. Plats 15-17 € ; min 20 €/pers.* Un tout petit local carrelé où des artistes amateurs vous concoctent un excellent fado artisanal et authentique, pendant que vous dînez de bons petits plats du jour griffonnés sur une feuille de papier. Le tout sous la tendre férule de la charmante et sémillante patronne.

Esquina de Alfama Casa de Fado *(zoom détachable Alfama, **312**) : rua de São Pedro, 4. ☎ 218-870-590. • esquina.de.alfama@gmail.com • Tlj 20h-minuit. Plats 12-19 € (1 plat/pers exigé).* Resto familial, où l'on mange à touche-touche des spécialités régionales copieuses et sans chichis pour pouvoir entendre, chaque soir de la semaine à 20h, les chanteurs de fado qui se relaient sous les voûtes de pierre... Au final, pour une boîte à fado, le rapport qualité-prix n'est pas si mauvais !

Clube de Fado *(plan centre détachable, L9, **317**) : rua de São João da Praça, 86-94. ☎ 218-852-704. • clubedefado@fadoandfood.pt • Tlj 20h-2h. Plats 25-35 €. Taxe de spectacle : 7,50 € (pas toujours appliquée).* S'il figure parmi les maisons de fado les plus réputées de Lisbonne, passant des artistes professionnels de haut niveau, le Clube de Fado a depuis quelque temps tendance à se reposer sur ses lauriers : prestations un peu courtes et cuisine au rapport qualité-prix décevant. Un dernier choix plus qu'un 1er !

Achats

Artisanat, art

A Vida Portuguesa *(plan centre détachable, K6, **353**) : largo do Intendente Pina Manique, 23. ☎ 211-974-512. • lojaintendente@avidaportuguesa.com • Tlj 11h30-19h.* Dans une ancienne fabrique de céramiques à la superbe

LISBONNE ET SES ENVIRONS

façade, une superbe sélection de produits fabriqués au Portugal et qui ont marqué la mémoire nationale : vaisselle, épicerie fine, linge de maison, jouets, bijoux, céramiques, produits de beauté... Une véritable caverne d'Ali Baba ! D'autres boutiques en ville (voir la rubrique « Achats » dans le quartier de Bairro Alto).

Écocommerce

Garbags *(plan centre détachable, L8,* ***350****) : calçada da Graça, 16A. 937-981-772. • info@garbags.com • Tlj, sauf mer, 11h (12h sam, 10h dim)-19h (20h ven).* Voici la 1re écoboutique de Lisbonne qui récupère des déchets urbains pour en faire des objets utiles. Ou comment un paquet de café peut devenir un porte-monnaie, un tube de dentifrice un étui, un emballage de croquettes pour chien, un sac à main, etc.

Conserverie de poissons

Conserveira de Lisboa *(plan centre détachable, K9,* ***351****) : rua dos Bacalhoeiros, 34. ☎ 218-864-009. • info@conserveiradelisboa.pt • Tlj 10h-13h, 14h-19h, sauf dim.* Depuis 1930 que ça dure ! Du sol au plafond – dans les vieux rayonnages en bois – s'alignent des boîtes de conserve à l'ancienne, vendues dans un emballage rétro qui plaira beaucoup à vos amis ou à votre famille. Produits raffinés de qualité.

Azulejos et céramique

Santa Rúfina Azulejos *(plan centre détachable, K9,* ***352****) : calçada do Conde de Penafiel, 9A/B. ☎ 218-876-018. • santarufina@hotmail.com • santarufina.pt • Lun-ven.* Cette petite fabrique dirigée par Cristina Lopes ne met guère d'éclat dans son souci d'attirer le chaland. C'est davantage au curieux qu'elle ouvre sa vieille porte vitrée pour lui permettre de découvrir un panneau en cours de réalisation ou un passionné courbé sur son pinceau, occupé à peindre une céramique. Ici, tout est réalisé de A à Z, de la fabrication du biscuit – le carreau de terre de 14 x 14 cm – à la cuisson de l'*azulejo,* en passant par le savant geste qui consiste à enduire une face de poudre de verre liquide. Pour voir, pour acheter, pour apprendre aussi. Créations originales et contemporaines, copies d'anciens, etc.

Caulino *(plan centre détachable, K9,* ***354****) : rua de São Mamede, 28. 917-296-439. • caulinoceramics@gmail.com • Lun-sam 11h-18h (21h lun, 14h sam).* Ce lumineux atelier-boutique abrite la créativité de 4 céramistes. Objets utilitaires ou purement décoratifs, les formes et les couleurs se côtoient sur les étagères, au gré de l'inspiration. On peut prendre des cours (2h) et faire émailler ses pièces !

À voir. À faire

Dans l'Alfama

Igreja Nossa Senhora da Conceição Velha *(église de Notre-Dame de la Vieille-Conception ; plan centre détachable, K9,* ***403****) : rua da Alfandega, 108. Tlj 8h-13h, 15h-19h.* La très belle façade manuéline est l'unique vestige de l'église d'origine, largement détruite par le tremblement de terre de 1755. Le pilier central de ce portail supporte une curieuse statue de saint Michel, qui tient une épée dans une main et une balance dans l'autre. Le plus étrange réside dans sa tenue, car il porte un vêtement de femme ; autrement dit il s'expose comme un travesti ! En outre, il a une calotte sur la tête... Selon les historiens, cela signifie que l'église a été bâtie à l'emplacement d'une ancienne synagogue. Cette statue de saint travesti signifierait le « travestissement » de la religion juive en religion chrétienne (ouf, on respire !). L'intérieur, néoclassique, n'a pas grand intérêt.

Casa dos Bicos *(plan centre détachable, K9,* ***404****) : rua dos Bacalhoeiros, 10. ☎ 218-802-040. • josesaramago.org • Tlj, sauf dim, 10h-18h et 13 juin (dernière*

entrée à 17h30). Entrée de la Fondation Saramago *: 3 € ; réduc, notamment avec la* Lisboa Card. *Accès libre au rdc (vestiges archéologiques).*
Inspirée par le palais des Diamants à Ferrare (Italie), la casa dos Bicos fut construite en 1523 pour le vice-roi des Indes portugaises, le puissant Afonso de Albuquerque. Il s'agit de l'un des rares monuments rescapés du tremblement de terre de 1755. Sa façade est hérissée de dizaines de pierres taillées en forme de pointes de diamant, symboles de luxe et de richesse. Selon la rumeur historique, Albuquerque voulait incruster un vrai diamant dans chaque pierre. Mais le roi Manuel s'y opposa, ne voulant pas d'un palais plus somptueux que le sien ! Une légende raconte aussi qu'une reine africaine y aurait caché un trésor de diamants...
Au rez-de-chaussée, on peut voir les maigres vestiges archéologiques du ***Conjunto Cerca Velha*** et, dans les étages la ***Fondation José-Saramago*** (1922-2010), le 1er auteur portugais ayant obtenu le prix Nobel de littérature (1998). À l'intérieur, souvenirs, objets, livres évoquant la vie et l'œuvre de Saramago. Expos temporaires, bibliothèque au calme et boutique.

LISBONNE ET SES ENVIRONS

★★ ***Museu do Fado*** *(musée du Fado ; plan centre détachable, L9 et zoom détachable Alfama,* ***405****) : largo do Chafariz de Dentro, 1. ☎ 218-823-470. • museudofado.pt • Tlj sauf lun et j. fériés 10h-18h (dernière entrée à 17h30). Entrée : 5 € ; réduc. Audioguide en français inclus (1h).*
Installé dans une vieille station de pompage et de distribution d'eau à la tendre façade rose, ce musée – fort agréable – propose une divagation dans l'imaginaire lyrique et mélancolique du fado (des fados, devrait-on dire), de leurs auteurs et de leurs textes. L'audioguide distille des explications et des musiques chantées à mesure qu'on se déplace devant les grands murs d'images et de photos de la grande famille des fadistes. Tout commence là, face à cette histoire et à ces visages expressifs et émouvants...

LE FADO BAILLONNÉ

Sous la dictature, un décret, en mars 1927, obligea tous les textes des chansons de fado à être soumis à la censure. Les plus révoltés ou audacieux étaient interdits et aucune improvisation n'était possible ! La censure imposait aussi aux artistes d'avoir une carte professionnelle et une tenue spéciale...

Comme le tango argentin, le fado est né dans les bas-fonds et les bordels de la capitale – ce que rappelle une maquette de maison close réalisée par le chanteur Alfredo Marceneiro ! Il parle du quotidien des gens, de leurs inquiétudes, de leurs amours – souvent déçues. Pressé sur disque pour la 1re fois en 1904, ce chant populaire s'élargit graduellement au reste de la société, avant de prendre le statut de mythe identitaire. La dictature le fige dans sa superbe (voir la vitrine consacrée à la censure), puis, inimaginable, il passe de mode après la révolution des Œillets (1974), qui l'assimile à un art d'ancien régime ! Heureusement, dès 1976, il se trouve réhabilité grâce à Carlos do Carmo, qui chante le fado à l'Eurovision pour le Portugal !
Pour mieux s'imprégner de fado, on peut s'installer dans l'un des 3 fauteuils de la salle d'écoute, visionner les films projetés au cours de la visite, ou admirer la belle collection de guitares portugaises à 6 cordes doubles – aux formes plus arrondies que la classique, elle est en fait d'origine anglaise ! Expos temporaires au sous-sol.
La ***boutique*** du musée dispose d'un large choix de CDs et même cassettes, à écouter avant d'acheter.

★★ ***Sé Patriarcal*** *(cathédrale ; plan centre détachable, K9) : largo da Sé. ☎ 218-866-752. Tlj sauf dim 10h-18h30 (dernière entrée 30 mn avt). Entrée : 4 € ; réduc.* ***Cloître en travaux jusqu'en 2022.*** De son vrai nom « igreja Santa de Maria Maior », elle fut construite au XIIe s à la place de la grande mosquée maure pour signifier le triomphe de la Reconquête. Malgré de nombreuses restaurations, elle a gardé une allure de forteresse, avec ses 2 tours jumelles et crénelées. Des fouilles ont montré qu'au-dessous passait jadis une rue romaine ! Style roman et influences gothiques s'entremêlent sans heurt dans la grande nef sombre, aux ouvertures étroites. Dans le déambulatoire, voyez la belle grille romane de la chapelle de Santa Maria Menor (XIVe s) et le beau sarcophage de Lopo Fernandes Pacheco (1349) avec son chien à ses pieds (pierre patinée par les caresses !). En face, celui de son épouse, D. Maria Vilalobos, qui lit un livre de prières, est bien plus austère. Juste avant la sortie, voyez aussi le baptistère dans sa niche couverte d'*azulejos*.

***Tesouro** (Trésor de la Sé) : à l'étage.* Regroupant principalement des pièces des XVIIe et XVIIIe s, dont beaucoup de vêtements sacerdotaux, il conserve aussi quelques objets plus rares et étonnants. Parmi eux, plusieurs reliquaires : ceux de saint Aleixo et de saint Grégoire de Nazianze en forme de bras, celui abritant la main de São Vicente (le vrai saint patron de Lisbonne) dans une cassette en vermeil. De la salle du chapitre, décorée d'*azulejos* et de panneaux de bois peint, s'offre une vue superbe sur le Tage. Là, un trône liturgique du XVIIIe s, encadré de grands éventails en plumes d'autruche, semble attendre l'arrivée d'un prince de l'Église...

La pièce la plus précieuse du trésor est ici, enfermée dans un solide coffre métallique, lui-même protégé par une robuste vitre incassable, d'épaisses grilles en fer et 2 très larges volets en bois ! Il s'agit du joyau du Trésor : un ostensoir en or de 17,2 kg, datant de 1748, haut de 94 cm et incrusté de 4 120 pierres précieuses ! Il a été offert à la Sé par le roi dom José I. Divisé en 7 parties, il contient de nombreux et beaux symboles de la religion catholique, notamment un pélican qui surgit parmi 4 anges pour nourrir ses petits. L'ostensoir était jadis promené dans la rue lors des processions ; désormais, il ne quitte plus la cathédrale – et encore, sous la protection de 5 policiers !

*– **Claustro** (cloître) : accès par le fond de la nef, par la galerie de droite. **Fermé jusqu'en 2022.*** Construit aux XIIIe-XIVe s avec des colonnes ornées de beaux chapiteaux romans. Au centre, un chantier de fouilles archéologiques a révélé des pans de mur, des restes d'une ruelle romaine (Ier s apr. J.-C.), une citerne médiévale et quelques vestiges de maisons d'époque maure.

*⚲ **Museu do Aljube Resistencîa e Liberdade** (plan centre détachable, K9, **408**) : rua de Augusto Rosa, 42. ☎ 215-818-535. • museudoaljube.pt • Tlj, sauf lun et j. fériés, 10h-18h (dernière entrée 30 mn avt). Entrée : 3 € ; réduc. Gratuit jusqu'à 12 ans.* « Sans mémoire, pas de futur. » Pour ne pas oublier, justement, ce musée s'est installé dans une ancienne prison ecclésiastique devenue prison politique de la PIDE au temps de Salazar. L'expo permanente tente de faire comprendre (en anglais) les ravages du nationalisme en général – et portugais en particulier –, avec l'exemple du régime salazariste aussi bien au Portugal que dans ses anciennes colonies. L'occasion d'apprendre qu'il y eut aussi, à cette sombre époque, un camp de concentration au Portugal, délocalisé dans l'archipel du Cap-Vert... On découvre aussi une fidèle reconstitution de 3 des cellules des opposants au régime, avec une muséographie permettant de se rendre compte, en image et en son, des horreurs et des souffrances.

*⚲ **Igreja Santo António** (église Saint-Antoine ; plan centre détachable, K9, **407**) : largo de Santo António da Sé. Tlj 9h-18h (19h w-e).* Elle a été élevée au XVIIIe s à l'emplacement de la maison natale de Fernando de Bulhões, alias saint Antoine de Padoue, un Portugais du XIIe s devenu le saint patron de la Sé et de l'Alfama, mais aussi de tous ceux qui ont perdu un objet et des femmes en quête de mari ! L'église est le point de départ, le 13 juin, jour de la Santo António, de grandes processions dans l'Alfama – précédant feux d'artifice et corrida.

LA FIN DES INDULGENCES

Sur l'église, face à la cathédrale, une plaque rappelle la proclamation de la reine Marie Ire et du pape Pie VI annonçant la fin des indulgences. Désormais, pour être absous de ses péchés mortels, plus besoin d'argent. Il suffit d'être baptisé et de pénétrer dans l'église Santo António, et toc !

LISBONNE ET SES ENVIRONS

L'intérieur, dans les tons saumon et de style baroque, n'est pas inoubliable. La crypte serait tout ce qu'il reste du lieu de naissance de saint Antoine. Un fragment d'un os dudit saint y est conservé.

Museu de Lisboa – Santo António *(plan centre détachable, K9, **407**)* **:** *largo de Santo António da Sé, 22. ☎ 218-860-447. • museudelisboa.pt • Sur la gauche du porche de l'église Santo António. Tlj 10h-18h sauf lun et j. fériés. Entrée : 3 €.* Ce petit musée présente le destin foudroyant de saint Antoine de Padoue. Probablement né le 15 août 1191 (ou en 1195) à Lisbonne, sous le nom de Fernando de Bulhões, il entre chez les Franciscains en 1200, rencontre bientôt saint François à Assise, puis part combattre l'hérésie albigeoise dans le sud de la France. Théologien, il enseigne et prêche à Montpellier, Toulouse, Le Puy et Arles, fonde un monastère à Brive, puis retourne en Italie où il meurt d'épuisement en 1231, à l'âge de 36 ans. L'année suivante, il est canonisé par le pape Grégoire IX – très impressionné par sa connaissance remarquable des Saintes Écritures. La tradition affirme que, alors, toutes les cloches de Lisbonne se mirent à sonner d'elles-mêmes ! Statuettes, *azulejos,* objets de culte, peintures, gravures, livres... avec le temps, un culte « antoniste » et une « industrie des images » sont apparus à Lisbonne.

Museu de Lisboa – Teatro romano *(plan centre détachable, K9, **406**)* **:** *rua de São Mamede, 3A. ☎ 215-818-530. • museudelisboa.pt • ♿ Tlj 10h-18h sauf lun (dernière entrée 17h30). Entrée : 3 € ; réduc. Gratuit moins de 12 ans. Dépliant-plan en français.* Dans ce grand bâtiment baigné de lumière, on découvre quelques vestiges romains (éléments lapidaires, céramiques et statues) et, à l'étage, une belle vue sur le Tage, fleuve que Pline l'Ancien mentionnait déjà dans son *Historia Naturalis.* De l'autre côté de la rue, sous un affreux auvent métallique, se cachent les restes du ***théâtre romain d'Olissipo,*** construit près du forum entre 14 et 27 apr. J.-C. et redécouvert en 1798 à l'occasion de travaux de construction.

Miradouro de Santa Luzia *(belvédère de Santa Luzia ; plan centre détachable, L9 et zoom détachable Alfama)* **:** *largo de Santa Luzia. Ascenseur pour monter gratuitement rua Norberto de Araújo (7h-21h, w-e 9h-20h) ; sinon, à pied, par la rua Augusto Rosa.* Au pied de l'église de Santa Luzia s'épanche un charmant petit jardin explosant de bougainvillées. Sous les arcades, amoureux, familles en promenade et touristes viennent s'en mettre plein les mirettes ! Depuis la terrasse s'appuyant sur d'anciennes murailles arabes, on bénéficie en effet d'un très beau point de vue sur les toits de l'Alfama et sur le Tage. Petit bar *Santa Luzija* pour prendre un verre et l'air du temps.

Museu de Artes decorativas portuguesas – Fundação Ricardo Espírito Santo Silva *(musée et école des Arts décoratifs ; plan Centre détachable, L8 et zoom détachable Alfama, **410**)* **:** *largo das Portas do Sol, 2. ☎ 218-814-640. • fress.pt • Tlj 10h-17h sauf mar et j. fériés. Entrée : 4 € ; visite des ateliers (sur résa) : 10 € ; ateliers + musée : 15 € ; réduc.*
On le classe dans la catégorie des musées d'arts décoratifs, mais c'est bien plus qu'un musée ! Installé dans le palais Azurara, une ancienne demeure du XVIIe s, non loin de l'église Santa Luzia, il appartient à la Fondation Espírito Santo, dédiée à la protection du patrimoine et des arts. Malgré son nom, qui évoque une œuvre religieuse charitable, il s'agit en fait d'une fondation privée, créée par Ricardo Espírito Santo (1900-1954), le bien nommé, riche banquier, collectionneur et mécène de la 1re moitié du XXe s. Ses descendants dirigent aujourd'hui l'une des plus grandes banques du Portugal, dans le même esprit, espérons-le.
Au rez-de-chaussée du musée, beau carrosse à l'entrée, intéressantes collections de mobilier portugais et colonial des XVIIe-XVIIIe s, argenterie, tapis d'Arraiolos, peintures anciennes, faïence, *azulejos,* etc., recréent l'atmosphère d'une jolie demeure aristocratique de l'époque. Observez les meubles de style indo-portugais, les porcelaines de Chine, les meubles en bois tropical du Brésil

(salle XVIIIe s) et les étonnants caparaçons en velours et argent. ***À l'étage,*** oratoire portable, peinture sur cuivre très rare, représentant la Sainte Famille dans le style luso-japonais, dit « art namban ». Belle collection de meubles miniatures.
Les locaux attenants au bâtiment principal abritent ***18 ateliers*** d'ébénisterie, de travail du métal, de peinture décorative, de reliure de livres, etc. Des ateliers d'arts et métiers où les maîtres fabriquent de remarquables copies de meubles anciens, si réputées que la Maison-Blanche achète ici son mobilier d'État ! La fondation gère, en outre, dans Lisbonne, l'École supérieure des arts décoratifs et l'Institut des arts et métiers.
IOI 🍸 ***Cafétéria du musée :*** dans le patio où il fait bon se poser au calme, près de la margelle d'un vieux puits. Peu de choix, mais produits frais. Très sympa. Accès possible même en dehors de la visite du musée.

🎖🎖 👪 ⇚ **Castelo de São Jorge** *(château Saint-Georges ; plan centre détachable, K8)* **:** *rua de Santa Cruz do Castelo. ☎ 218-800-620. • castelodesaojorge.pt • Tlj, sauf j. fériés, 9h-21h (18h nov-fév ; dernière entrée 30 mn avt fermeture). Entrée : 10 € ; réduc, notamment avec la* Lisboa Card *; gratuit moins de 12 ans. Audioguides en portugais, espagnol ou anglais (pas de français). Attention, surveillez bien les jeunes enfants, car les garde-corps sont quasi inexistants ou très rudimentaires.* Construit sur la plus haute colline de Lisbonne et sur les vestiges de la 1re forteresse connue (datée de 138 av. J.-C.), le *castelo* domine le vieux quartier de l'Alfama, sentinelle aux murs crénelés, entourée d'une belle ceinture d'arbres et de paisibles jardins – d'où se révèle une vue splendide sur la ville. Phéniciens, Romains, Wisigoths et Maures ont occupé le site au fil des siècles, abandonnant quelques vestiges témoignant de leur présence. Après la reconquête de Lisbonne par les croisés et l'expulsion des Maures en 1147, les rois chrétiens rebaptisèrent le château du nom de saint Georges, vénéré par les croisés. Ils n'en firent pas une résidence, mais une caserne destinée à abriter la garnison. Le secteur médiéval de Santa Cruz, englobé dans l'enceinte extérieure, constitue le plus vieux quartier de Lisbonne.
– Au-dessus des terrasses plantées de vieux oliviers, au milieu desquelles se baladent librement des paons, une petite ***exposition permanente*** *(brochure en français)* présente le résultat des fouilles réalisées sur place : surtout des tessons de poterie et des monnaies d'argent remontant au califat de Cordoue. Rigolo : à cette époque, elles étaient coupées en fragments représentant un pourcentage de leur valeur !
– On accède ensuite au ***château*** proprement dit, qui se résume surtout à de hauts murs et de grandes cours plantées de quelques arbres. Aucun panneau de reconstitution ou explication ne permet de s'imaginer l'activité qui y régnait. Un peu décevant, donc... Le ***chemin de ronde,*** entrecoupé de bastions crénelés, est toutefois accessible, offrant une succession de panoramas plongeants. Il donne accès à la *tour d'Ulysse* – fondateur légendaire de la cité –, ou a été installée une ***Camera obscura*** *(tlj 10h-17h20 ; présentations en anglais, espagnol et portugais, ttes les 1h quand la lumière est suffisante).* Cet instrument d'optique permet de zoomer en temps réel sur certains secteurs de Lisbonne.

🎖🎖🎖 **Mosteiro de São Vicente de Fora** *(monastère et cloître de Saint-Vincent-hors-les-Murs ; plan centre détachable, L8)* **:** *largo de São Vicente. ☎ 218-810-559. • mosteirodesaovicentedefora.com • Tlj, sauf lun et j. fériés, 10h-18h (dernière entrée 17h). Entrée : 5 € ; réduc ; gratuit moins de 12 ans.* Dominant la colline de l'Alfama depuis près de 9 siècles, ce monastère a été fondé en 1147 par Afonso Henriques, qui en avait fait le vœu s'il parvenait à reprendre Lisbonne aux Maures. Le bâtiment a été largement remanié au XVIe s sous le règne du roi d'Espagne Philippe II, l'église y gagnant pour sa part une façade maniériste austère puis un autel à baldaquin d'une lourdeur baroque incroyable. Le monastère est plus intéressant, notamment pour ses omniprésents *azulejos* du XVIIIe s, qui embellissent chaque cloître, chaque palier, chaque flanc d'escalier. Au total, il y a 220 panneaux composés de plus de 100 000 carreaux !

– Juste après l'entrée, on peut admirer l'impressionnante citerne souterraine datant de l'époque des Maures (avant le XIIe s).

– En haut des marches, la ***Porteria*** (hall d'entrée) ne manque pas de prestance avec ses superbes panneaux d'*azulejos* narrant la prise de Lisbonne aux Arabes (vers 1710) dus au grand maître Manuel dos Santos. Le plafond en trompe l'œil a été réalisé par un peintre italien sous le patronage de João V.

INDIEN... VAUT MIEUX QUE 2 TU L'AURAS !

Jean de La Fontaine le reconnaissait : c'est dans Khalila et Dimna *(Albin Michel, 2006), un recueil de fables indiennes du VIe s où évoluaient des animaux, qu'il puisa pour créer ses fameuses fables. Vous en reconnaîtrez certaines !*

– Le ***musée*** du monastère présente de fort belles pièces : croix de procession des XVe-XVIe s, ciboire très finement ouvragé de 1509, christs en ivoire, ostensoir en vermeil et topazes... Honnêtement, c'est plus intéressant qu'au trésor de la Sé !

– Les 2 ***cloîtres*** du XVIe s, dans le prolongement l'un de l'autre, sont d'une grande sobriété. Entre les 2, la ***sacristie,*** en style baroque très riche, allie plafonds peints et murs tapissés de marqueterie en marbre. Les archéologues y ont découvert des tombes de croisés (des chevaliers teutoniques) venus aider dom Afonso Henriques lors de la reconquête de Lisbonne.

– Au fond à gauche du 2e cloître, dans l'ancien réfectoire du monastère, le ***mausolée de la dynastie des Bragance*** renferme 48 sarcophages sans AUCUNE fioriture (décevant...). Au centre de la salle se trouvent 4 tombeaux, dont celui de la *reine Amélie* (dona Amelia d'Orléans e Bragança), française de naissance, fille du comte de Paris. Ayant échappé aux balles qui tuèrent son époux, le roi Carlos I^ro, en 1908, la dernière reine du Portugal mourut en exil au Chesnay, près de Versailles, comme le rappelle une plaque commémorative posée au pied de son tombeau.

– Il faut ensuite monter à l'étage pour découvrir une ***collection unique d'azulejos illustrant 38 fables de La Fontaine*** ! Ces panneaux du cloître, peu conformes aux canons de l'Église, furent cachés sous des couches de plâtre et de peinture avant d'être redécouvert et restaurés. La présentation est réussie et les explications en français bien faites. Ainsi découvre-t-on des fables oubliées et peu connues comme *L'Ours et l'Amateur de jardins, L'Avantage de la Science, Le Gland et la Citrouille, Le Loup et la Cigogne, L'Astrologue qui se laisse tomber dans le puits...* Un superbe livre en français, en vente à la librairie, leur est consacré.

– S'il vous reste un peu de forces, n'hésitez pas à grimper au sommet pour apprécier Lisbonne depuis le ***toit-terrasse.*** Vue à 360° à couper le souffle (au sens propre comme au figuré !).

À l'est de l'Alfama

Igreja de Santa Engrácia – Panteão nacional *(église Santa Engrácia – Panthéon national ; plan d'ensemble détachable, M8,* ***414****)* **:** *campo de Santa Clara.* ☎ *218-854-820. Tlj 10h-13h, 14h-17h, sauf lun et j. fériés ; dernière entrée 20 mn avt. Entrée : 4 € ; réduc ; gratuit moins de 12 ans et avec la* Lisboa Card. *Billet jumelé avec le* museu des Azulejos *7 € ; en ajoutant le* museu de Arte antiga *15 €.*
C'est le monument imposant tout à côté de l'église São Vicente, qui rappelle à tout un chacun que « tout vient à point à qui sait attendre » – traduction non littérale de l'expression « *obras de Santa Engrácia* », utilisée à Lisbonne quand on commence une chose et qu'on ne la finit pas ! Cette étonnante église figure en effet au *Guinness Book des records* : commencée au XVIIe s, elle a été achevée seulement en 1966... La décision avait déjà été prise d'y installer le Panthéon national des grands portugais : Vasco de Gama, Henri le Navigateur, Afonso Albuquerque, Luis

de Camões, etc. Ils sont une vingtaine, pas plus, dont une seule femme, la chanteuse de fado Amália Rodrigues. Rien que du symbole : ils sont inhumés ailleurs. D'en haut (181 marches), la vue est encore une fois très belle !

Museu militar *(Musée militaire ; plan d'ensemble détachable, M8,* ***415****) : largo dos Caminhos de Ferro. ☎ 218-842-569. En face de la gare Santa Apolónia. Tlj 10h-17h sauf lun (dernière admission 16h). Entrée : 3 € ; réduc, notamment avec la* Lisboa Card. *Gratuit dim mat.* Installé dans l'ancien arsenal royal de l'armée datant du XVIIIe s, avec des murs revêtus d'*azulejos* et ornés de peintures, riches témoins de leur temps. Toute l'histoire du pays racontée à travers ces collections d'armes présentées dans un cadre qui ne craint pas les télescopages historiques. Remarquable collection de canons.

Feira da Ladra *(foire de la Voleuse, appelée couramment marché aux puces ; plan d'ensemble détachable, M7-8,* ***413****) : campo de Santa Clara, mar et sam jusqu'à 17h. Passer sous l'arche à gauche de São Vicente da Fora. Belle vue sur le Tage.* Beaucoup de fripes, bibelots, vieux jouets, vêtements et meubles dans la rue longeant le jardim de Santa Clara, coin des antiquaires, marché de produits locaux... On y vient pour l'ambiance, surtout si le soleil est de la partie. Ne manquez pas, aux n°s 124-126 de la placer, la superbe façade réalisée par le célèbre céramiste de la fin du XIXe s, Luís Ferreira das Tabuletas.

Museu da Água *(musée de l'Eau ; plan d'ensemble détachable, N7,* ***417****) : rua do Alviela, 12. ☎ 218-100-215. Tlj sauf lun 10h-17h30. Entrée : 4 € ; billet combiné avec le reservatório da Patriarcal, le reservatório Mãe d'Água et l'aqueduto Águas Livres (voir la rubrique « À voir. À faire » dans les quartiers de Rato, de l'avenida da Liberdade et de Sant'Ana) : 12 € ; réduc, notamment avec la* Lisboa Card. Installé dans une ancienne station de pompage, ce musée raconte l'histoire de la distribution de l'eau à Lisbonne... en portugais. La salle des machines occupant le bâtiment voisin, superbement restaurée, abrite la gigantesque pompe à vapeur de la fin du XIXe s qui servait à distribuer l'eau à travers la ville – un bel exemple de patrimoine industriel. Pour les (rares ?) mordus du sujet...

Museu nacional do Azulejo – convento da Madre de Deus *(MNA ; hors plan d'ensemble détachable par N7,* ***416****) : rua da Madre de Deus, 4. ☎ 218-100-340. • museudoazulejo.gov.pt • À 1 km au nord-est du* Museu da Água, *dans le quartier de Xabregas. Bus n° 759 depuis la gare de Santa Apolónia. Tlj 10h-18h sauf lun et j. fériés (dernière entrée 30 mn avt). Entrée : 5 € ; réduc ; gratuit moins de 12 ans et avec la* Lisboa Card.
Ce musée à ne pas manquer (malgré son éloignement) occupe un ancien couvent fondé en 1509 par la reine Leonor et ultérieurement modifié. Devant prospère un charmant fouillis de vénérables bougainvillées, palmiers et caoutchoucs !

Rez-de-chaussée
La visite débute par le ***grand cloître*** du XVIe s, autour duquel sont exposés les *azulejos* les plus anciens (XVe-XVIIe s). Commence alors un voyage plus onirique que technique dans l'univers de ces carreaux de faïence peu à peu utilisés pour illustrer tous les thèmes, ou presque : guerre, chasse, portraits, végétaux, mythologie, animaux, légendes... et même Mickey Mouse (regardez à l'entrée du cloître à gauche !). Si *azulejo* vient de « *al zulaicha* », « pierre polie » en arabe, c'est à l'influence des peintres maniéristes italiens et flamands, puis à l'essor de la faïence hollandaise concurrente que les carreaux portugais – d'abord décorés individuellement de motifs surtout floraux et géométriques – doivent d'avoir évolué vers des panneaux restituant de grandes scènes. On en voit de beaux exemples *salle 5* (grand retable haut de 4 m) puis *salle 6* (adorable panneau d'autel illustré de 2 biches, d'un cerf et d'un palmier).
– L'***église,*** à laquelle on accède par la salle du *bas-chœur,* au fond du cloître, est un bel exemple de l'art religieux baroque avec sa voûte en coque de

bateau renversé incrustée de grandes toiles, ses panneaux d'*azulejos* hollandais bleu et blanc du XVIIe s et ses autels très riches en *talhas douradas* (bois sculptés dorés), qui confèrent une belle dominante bleu et or au sanctuaire. Du côté opposé, la *salle D. Manuel* est ornée de panneaux représentant des scènes de la vie de saint François d'Assise, dues au maître ès-*azulejos* Manuel dos Santos.

– La ***capela D. Leonor,*** juste à droite avant d'entrer dans l'église, possède un remarquable plafond mozarabe, une grande vue de Jérusalem de 1517 de l'école flamande et des médaillons en faïence de l'Italien Della Robbia. Cette reine Leonor (1458-1525), surnommée « la parfaite reine », est la fondatrice du couvent.

– Sur le côté, quelques marches mènent alors au fameux ***claustrim,*** charmant cloître manuélin du XVIe s sur 2 étages, bordé d'*azulejos* du XVIIe s et dont la galerie est soutenue par de fines et élégantes colonnes...

1er étage

Ici sont exposés des *azulejos* des XVIIe au XXe s. Ne manquez pas, dans la galerie haute du *claustrim,* le panneau satirique et burlesque intitulé *Macacaria, casamento da Galinha,* « la singerie, noces d'une poule »..., où des animaux à l'air stupide personnifient les humains et leurs tares ! D'autres, similaires, leur tiennent compagnie. Voyez aussi les scènes de chasse récupérées dans un palais de Belém (dans la *salle 8*).

– On accède ensuite à la riche ***chapelle de Saint-Antoine,*** où est exposée une grande crèche en terre cuite du XVIIIe s. Le superbe plancher est en bois exotique : jacaranda du Brésil.

– Suit le ***Coro alto*** *(Haut-chœur),* avec des stalles en bois et une vingtaine de vitrines dorées abritant des reliques – et, toujours, cette profusion de dorures baroques et de toiles religieuses portugaises. De la balustrade, on domine l'église et sa nef.

– Le reste du 1er étage est consacré aux *azulejos* modernes et contemporains et aux expos temporaires.

2e étage

On termine par ce qui est peut-être la pièce la plus remarquable du musée : la ***Vista panorâmica de Lisboa,*** immense panneau d'*azulejos* de 23 m de long (sur 1,15 m de haut) montrant 14 km du littoral de Lisbonne avant le tremblement de terre de 1755. Réalisé vers 1700, il provient de l'ancien palais des comtes de Tentúgal. C'est un miracle de l'avoir conservé ! On a compté 23 couvents, 15 églises, 5 chapelles, 8 palais et 4 *quintas* (domaines des familles riches à la campagne). On reconnaît nettement la tour de Belém (à son emplacement d'origine jusqu'au tremblement de terre, soit au milieu du fleuve), le monastère dos Jerónimos, la colline du *castelo...*

I●I *Cafétéria du musée :* elle donne sur le vaste patio qui abrite un jardin intérieur (avec tables). Fond de décor d'*azulejos* pour des petits plats simples : quiches, salades, crêpes, à prix aussi sages que le lieu *(7-9 €).*

Le quartier de la Mouraria
(plan d'ensemble détachable, K8)

Étendu sur le versant nord-ouest de la colline du castelo de São Jorge, prolongation naturelle de l'Alfama, ce quartier aux lacis de ruelles tortueuses s'étale tout en pente entre la Baixa (à l'ouest) et Graça (au nord-est). La Mouraria commence sur la place Martim Moniz, que les Lisboètes ont longtemps appelé « le trou » ! *Becos, escadinhas, calçadas...* ses impasses, ses escaliers sinueux et ses ruelles étroites dessinent un étrange labyrinthe bordé de pauvres maisons longtemps habitées par la misère.

Un peu d'histoire

Vu d'en haut, on dirait que le quartier s'enroule en écharpe autour de la colline. Une forme de turban ? Un clin d'œil de ses 1ers habitants : les Maures ? Après la reconquête de Lisbonne en 1147, les croisés venus prêter main forte au roi Afonso Ier se livrent à des massacres : le pillage et la capture des prisonniers contre rançon font partie de l'accord. Même l'évêque mozarabe de Lisbonne est tué... Les musulmans survivants sont regroupés dans un quartier hors les murs, sur le versant ouest de la colline du château : la Mouraria (le quartier maure). Dans ce périmètre fermé par 3 portes, soumis à des règles strictes, ils subissent une ségrégation à la fois raciale et religieuse.

LE CROISSANT ET L'ÉTOILE

Au Moyen Âge, les Maures de la Mouraria devaient porter un signe distinctif : un croissant (symbole de l'islam). Le pouvoir royal les obligeait à s'habiller avec un turban et un burnous, à la façon nord-africaine. Dans la Judiaria, plus au sud, les juifs étaient contraints de porter une étoile... rouge. Déjà !

Sept siècles plus tard, la Mouraria, refuge des pauvres gens, des bars louches, des mauvais garçons, des prostituées et des ivrognes – mais aussi des artistes inspirés –, ne vit encore que de ses cabarets bourrés de marins et chahutés par des rixes parfois sanglantes, et de ses hôtels borgnes abritant des amours clandestines ou interdites. De ce cloaque s'élèvent des chants de désespoir... les notes du ***fado*** s'élèvent autant à la Mouraria que dans l'Alfama. La plus célèbre et la 1re de ses voix, Maria Severa Onofriana, dite « la Severa » (voir plus loin), y habite. Ancienne prostituée, devenue la maîtresse du comte Dom Francisco de Paula Portugal e Castro, elle meurt de tuberculose à 26 ans... Aboutissement d'une longue période de déclin, dans les années 1960 la basse Mouraria est un quartier saccagé, délabré, négligé, abandonné par les pouvoirs publics. Les immigrants venus des anciennes colonies africaines, d'Inde, du Bangladesh, s'y installent, à quelques pas seulement de la Baixa...

Le renouveau d'un quartier oublié

Dans les années 2010, pour arrêter la paupérisation de la Mouraria, la mairie de Lisbonne, dirigée par le socialiste António Costa, « le Gandhi de Lisbonne » (il a des origines indiennes de Goa), lance un ambitieux programme de réhabilitation, soutenu par plusieurs associations. « *A Mouraria vai mudar para melhor* » (la Mouraria va changer pour le meilleur), tel est le slogan de ce grand projet. Pour donner l'exemple, Costa installe en 2012 son bureau et ses équipes au cœur de ce quartier défavorisé qui connaît alors les mêmes maux que nos banlieues. Maisons et monuments sont rénovés, des équipements sociaux et éducatifs créés, de nouveaux commerçants et investisseurs attirés. Et ça marche ! Une décennie plus tard, une bonne partie du sud du quartier a retrouvé un visage avenant, presque pimpant, sans avoir perdu son âme populaire. À vrai dire, on trouve que c'est aujourd'hui un des plus sympathiques coins de Lisbonne.

Largo dos Trigueiros *(plan centre détachable, K8)* **:** avec ses pavés patinés par le temps, son arbre solitaire, sa fontaine, son lampadaire, ses façades couvertes de céramiques, sa cabine de téléphone rouge (sans téléphone), cette petite et charmante place de la Mouraria est bien révélatrice de la métamorphose du quartier. D'ailleurs, de nouvelles adresses pour manger ont fleuri ici et aux environs immédiats (voir « Où manger ? »). Juste au sud, la *rua das Farinhas* est aussi toute mignonne.

Plus au nord, la ***rua do Capelão*** s'enfonce plus que jamais dans le Lisbonne populaire et multiethnique. Au Moyen Âge, la grande mosquée de Lisbonne se situait au-dessus de cette rue qui s'élève en direction du château (*capelão* signifie « imam »). D'autres sympathiques restos sont établis dans le secteur. Au nº 2 du ***largo Severa,*** sur lequel elle débouche, une plaque sur le mur d'une maison blanche (fenêtres à l'anglaise) rappelle la mémoire de Maria Severa Onofriana, la « Severa », légendaire chanteuse de fado, morte à 26 ans (1846). Elle y vécut une partie de sa brève vie romantique que nous évoquons dans la rubrique « Fado » du chapitre « Hommes, culture, environnement » en fin de guide. En face, *au n° 1 B,* la maison où vécut un autre grand interprète du fado : Fernando Maurício, né en 1933.

Les jeunes et les plus en forme rejoindront ensuite la colline de Graça par l'escalier du ***caracol*** (voir ci-dessous). On n'a pas compté les marches, mais il y en a beaucoup !

Le quartier de Graça

Au nord-est du centre, Graça s'amarre à sa propre colline, toisant avec superbe celle du château, en vis-à-vis. C'est bien pour cela, avant tout, que l'on vient : pour bénéficier de ce qui est, à notre avis, le plus beau panorama de Lisbonne, depuis la terrasse ombragée de pins cachée derrière l'*igreja da Graça.* Cela n'interdit pas, en plus, une balade autour de la place et dans les ruelles voisines, où les trekkeurs urbains découvriront quelques exemples surprenants d'urbanisme des années 1900. Pour venir, rien de plus simple : il suffit de sauter dans le ***mythique tram n° 28,*** ou de se coltiner, à pied, les rues grimpant depuis le nord de l'Alfama. Ou l'épuisant escalier du ***caracol da Graça,*** qui se hisse spectaculairement jusque-là depuis le quartier de la Mouraria. Les graffeurs s'en sont donnés à cœur joie.

LES ANGES NOIRS DE SAINT VINCENT

São Vicente, représenté un peu partout avec une palme dans une main et une caravelle dans l'autre, est aussi accompagné de 2 corbeaux qui ont permis (au XIIe s) de rapporter sa dépouille en bateau jusqu'ici. Depuis, ces adorables volatiles sont devenus les anges protecteurs de tout un peuple. Bateau et corbeaux figurent sur les armes de la ville. Il faut être un chat impie pour oser chasser un de leurs descendants.

Miradouro da Nossa Senhora do Monte *(plan centre détachable, K7)* **:** on vous le disait, c'est pour nous le plus beau des belvédères de Lisbonne. D'abord il y a la blanche *igreja da Graça* (voir ci-après) et, puis, sur son parvis très large, cette terrasse plantée de pins qui surplombe la ville, où s'installe un kiosque l'été venu (voir « Où boire un verre ? »). La vue, très étendue, va des quartiers nord de la ville au *castelo* et à la colline de l'Alfama avec, au loin, le Tage et le ponte 25 de Abril. C'est aussi beau à l'aube qu'au coucher du soleil, de jour que de nuit. Vraiment, on aime y voir la Ville blanche rosir de plaisir ! Au bord de la placette se tient la chapelle Nossa Senhora do Monte, modeste et mignonne, avec ses murs blancs.

FEMMES ENCEINTES, NE PAS S'ABSTENIR

À droite de l'entrée de la chapelle de Nossa Senhora do Monte, demandez (si possible) à ce qu'on vous ouvre la petite porte de la « Cadeira de São Gens ». Elle cache un étrange siège en marbre poli par le temps. La mère de São Gens, évêque de Lisbonne vers 300 apr. J.-C., serait morte en couches. Les femmes qui voulaient avoir une grossesse sereine venaient donc s'asseoir sur le fameux siège de São Gens le miraculé.

Igreja da Graça *(plan centre détachable, L7-8)* **:** largo da Graça. Tlj 9h (9h30 w-e)-12h30, 14h-17h (20h w-e). Accès libre. L'écrivain Fernando Pessoa voyait en elle l'une des plus belles églises de la ville. À l'origine, il n'y avait ici qu'un petit oratoire, édifié lorsque l'armée s'installa sur la colline, après la reconquête de Lisbonne en 1147 par dom Afonso Henriques. L'église fut édifiée en 1556, détruite par le tremblement de terre de 1755, puis reconstruite dans le style baroque. Sa nef, surplombée par des loges nobles dignes de celles d'un théâtre royal, est bardée d'autels latéraux. Sur le côté gauche après la porte d'entrée, une salle abrite 3 ***sarcophages*** : celui du célèbre conquistador Afonso de Albuquerque (1453-1515), 4 vice-rois des Indes, et de 2 membres de sa famille. Après sa mort, sa dépouille fut ramenée de Goa (Inde) à Lisbonne. De là, on accède à la grande ***salle capitulaire*** flanquée d'*azulejos* bleus superbes, puis au ***cloître,*** à la galerie soutenue par des colonnes massives.

Balade architecturale autour du largo da Graça *(plan centre détachable, L6-7)* **:** juste à l'est de l'esplanade, la travessa Pereira descend vers la ***Vila Berta*** (côté gauche), une rue étonnante bordée d'un bel ensemble de villas avec jardinets et terrasses suspendues en fer, réalisées à la Belle Époque par un fils d'émigrants portugais (architecte et industriel) de retour du Brésil pour héberger sa vaste famille ! À l'origine, il y avait une porte cochère à chaque extrémité. L'ensemble a été récemment restauré. Ensuite, du largo da Graça, remontez la rua da Graça vers le nord. *Au nº 98,* un supermarché s'abrite dans un vieux cinéma Art déco. Plus inhabituel, par la rua Josefa Maria (parallèle, à l'ouest), on accède, rua Virgínia Rosalina, au ***bairro Estrela d'Ouro,*** une petite cité ouvrière édifiée en 1908, comme en témoigne un grand panneau en *azulejos.* Ses jolies maisonnettes à balcons aux escaliers métalliques extérieurs hébergeaient les employés d'une grande *confeitaria.*

LISBONNE, TOUJOURS PLUS LOIN

À L'EST, LE PARQUE DAS NAÇÕES (PARC DES NATIONS)

• Plan *p. 147*

On quitte définitivement le centre-ville (au sens le plus large du terme) pour aborder le nouveau visage que Lisbonne a voulu se donner à l'orée du XXIᵉ s : le parc des Nations, quartier futuriste s'il en est. Le métro vous dépose directement à la station Oriente, à quelques pas de ce vaste ensemble conçu pour accueillir l'Expo universelle de 1998. Difficile de croire qu'avant il n'y avait là qu'un ramassis de raffineries désaffectées, d'aires de stockage de matériel militaire rapporté des colonies et d'entrepôts abandonnés !

Sur ces 300 ha et ces 5 km de rive ont poussé plusieurs pavillons, le grand Océanorium, un casino et le gigantesque bâtiment du FIL (Foire internationale de Lisbonne), entrecoupés de quelques jardins taillés au cordeau et flanqués d'une longue promenade plantée épousant les rives du Tage. Autour se sont développé bureaux et immeubles de logements, sans oublier le vaste centre commercial *Vasco de Gama,* situé au débouché même du métro. À défaut d'âme, le quartier y a gagné une certaine dynamique. S'il ne figure généralement pas sur la liste prioritaire des visites, le Parque das Nações est apprécié des Lisboètes, qui viennent y faire du jogging ou s'y promènent en famille, y trouvant enfin un terrain plat pour laisser leurs enfants s'essayer au patin à roulettes...

– Infos générales sur • *portaldasnacoes.pt* •

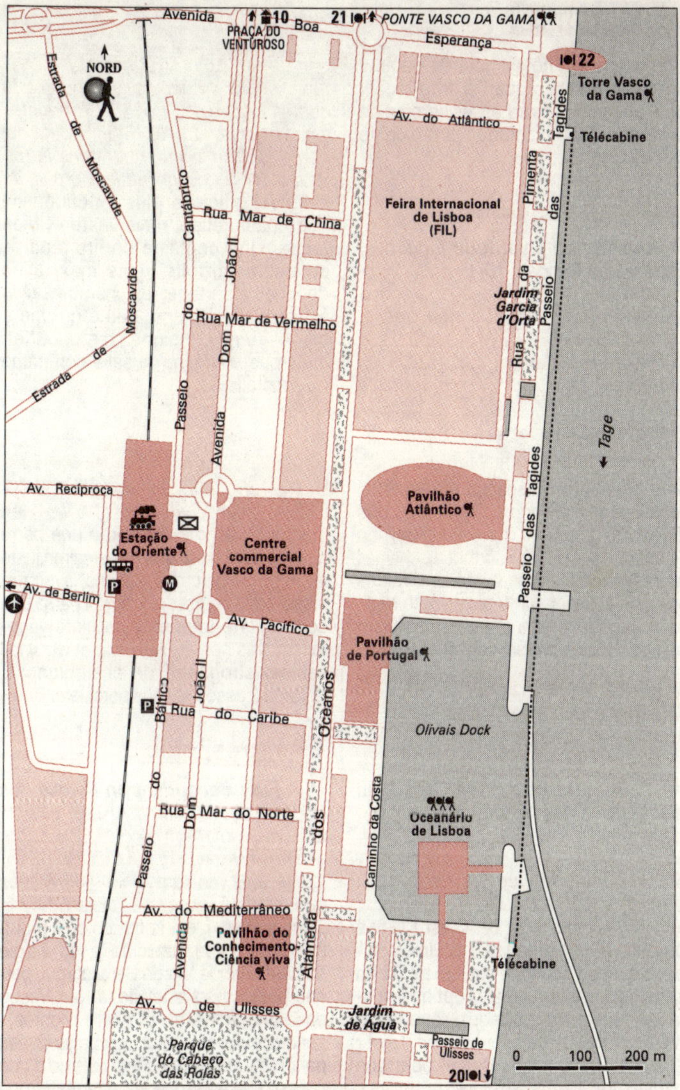

PARQUE DAS NAÇÕES (Parc des Nations)

Où dormir ?

10 Pousada de juventude (hors plan)

Où manger ?

20 Grupeto Bike Shop Café (hors plan)
21 Oasis Vegetariano (hors plan)
22 Fifty Seconds

Où dormir ?

Une poignée d'hôtels haut de gamme ont fleuri dans ce quartier trop récent pour accueillir des adresses comme on les aime. Seul avantage : la proximité de l'aéroport.

Auberge de jeunesse

Pousada de juventude *(hors plan Parque das Nações,* ***10****) : rua de Moscavide, 47. ☎ 218-951-006. • lisboaparque@movijovem.pt • pousadasjuventude.pt • ♿ Ⓜ Moscavide ou, plus simple, Oriente (puis 1,2 km en remontant l'av. Dom João II) ; entrée par l'*Instituto português da juventude*. Bus n° 44 depuis l'aéroport ou le centre. Lits en dortoir 18-21 €, doubles (avec douche et w-c) 46-58 €, petit déj compris. Parking (gratuit) dans la rue devant, ou parking Saúde à proximité (3 €).* AJ officielle plus fonctionnelle que chaleureuse, mais vaste et bien tenue. Une centaine de lits répartis en petits dortoirs (4 lits max) avec douches à partager, ou chambres *twin* avec salle de bains. Petite cuisine à disposition, consigne, resto buffet, mais pas vraiment de salle commune où s'installer.

Où manger ?

Une brochette de snacks et restos se regroupe sur le flanc de l'alameda dos Oceanos, de part et d'autre du Pavilhão Atlântico, mais il s'agit surtout de chaînes (dont *Honorato,* bons burgers). D'autres restos s'alignent sur le passeio de Neptuno, face à la marina, à environ 400 m au sud. On leur préfère ces adresses :

De très bon marché à bon marché

Grupeto Bike Shop Café *(hors plan Parque das Nações,* ***20****) : passeio do Adamastor, loja 11. 📱 911-871-834. • grupetocafe@gmail.com • À env 300 m au sud du Parc des Nations, avt la marina. Tlj sauf lun 9h-17h (18h mar et jeu). Petits plats 3,50-9 €.* C'est à la fois un petit TO qui organise des virées guidées à vélo (locations également) et un café proposant brunchs (3 options), *tostas* en tous genres, salades, sandwichs, *wraps,* burger végétarien, quiche du jour et autres *panquecas.* Parfait pour une pause rapide sans se ruiner.

Oasis Vegetariano *(hors plan Parque das Nações,* ***21****) : rua do Cais das Naus, 12A. ☎ 215-876-997. 📱 927-123-111. Tlj 12h-15h, 19h30-23h, sauf dim. Plats 8,50-11 €. Lun-ven menus 9,50-11 €.* Au pied d'une barre d'immeuble, dans une ruelle calme juste au nord du parc des Nations, avec terrasse, vous pourrez piocher ici parmi une courte carte tournante de plats végétariens très honorables : tofu et légumes sautés, stroganoff de champignons, *feijoada* (cassoulet sans porc), etc.

Très (très) chic

Fifty Seconds *(plan Parque das Nações,* ***22****) : rua Cais das Naus. ☎ 211-525-380. • info@fiftyseconds.pt • À côté de l'hôtel* Myriad. *Tlj (sauf dim-lun) 19h-22h30, plus ven-sam 12h30-15h. Menus dégustation 160-190 €, plats 68-85 €.* 50 secondes, c'est le temps qu'il faut à l'ascenseur pour atteindre le nid d'aigle du chef basque Martín Berasategui, perché près du sommet de la tour Vasco da Gama, à 120 m. Et quelle montée... spectaculaire ! Là-haut, aux baies vitrées panoramiques répond une cuisine d'une finesse rare, presque aussi terrestre que marine, explorant le meilleur des produits portugais et du monde. Une escapade de (très) haut vol, en 7 ou 11 escales.

À voir. À faire

Espace reconstruit de toutes pièces, le Parque das Nações préfigure une ville du futur, avec ses vastes espaces ventilés, son ouverture retrouvée sur le fleuve, la priorité accordée aux piétons et aux transports « propres », l'insertion d'espaces verts et de jardins. L'aspect écologique est important puisque le site, avare en ressources, est alimenté en eau chaude à partir d'une unique centrale et les déchets collectés de manière pneumatique ! Ce nouveau quartier s'affirme ainsi en laboratoire et en symbole de la réflexion sur les enjeux futurs de l'urbanisation à Lisbonne. Le *jardim de Água,* le *jardim Garcia d'Orta* et, plus au nord, le *parque do Tejo,* apportent des touches de verdure bienvenues. Et à défaut d'une âme, l'animation ne manque pas dès que le soleil se fait généreux, surtout autour de l'*Océanorium...*

– ***Télécabine*** *(plan Parque das Nações)* **:** longue de 1,23 km, elle relie le nord au sud du parc, à 30 m de haut, en 8 à 12 mn... de quoi éviter une belle trotte ! *Fonctionne tlj 11h-18h (19h juin-début juil et de mi-sept à fin oct ; 20h de début juil à mi-sept). Horaires réduits en partie autour de Noël et du 1er janv. A/R 6,50 € (4,50 € aller simple) ; réduc ; gratuit moins de 4 ans.*
– **Parking** *(parque)* **:** *le moins cher consiste à se garer le long du passeio do Báltico (1,60 €/2h, 3,20 €/4h). On y trouve aussi un parking souterrain (face à la rua do Caribe), mais il est plus cher – et celui de l'av. de Berlim encore un peu plus.*

Le métro débouche dans l'***estação do Oriente*** *(gare d'Orient ; plan Parque das Nações),* à la conception futuriste, due à l'architecte espagnol Santiago Calatrava. Principale gare de triage de la ville, elle a aussi été inaugurée pour l'Expo 98. Sa couverture de verre évoque une palmeraie cristalline.

Pavilhão Atlântico *(plan Parque das Nações)* **:** elliptique, ce gigantesque coquillage retourné face au Tage est devenu la salle de spectacle polyvalente de Lisbonne et accueille concerts, événements sportifs et autres manifestations d'envergure.

Pavilhão de Portugal *(plan Parque das Nações)* **:** cet édifice de béton anguleux est prolongé par une surprenante dalle en béton incurvée à l'apparence de voile, longue de 65 m et large de 50 m. C'est Álvaro de Siza Vieira (auteur de la reconstruction du Chiado) qui en est le concepteur.

Oceanário de Lisboa *(Océanorium ; plan Parque das Nações)* **:** *☎ 218-917-000. • oceanario.pt • Tlj 10h-20h (19h en hiver) ; dernière entrée 1h avt. Entrée : 19 € ; billet famille (avec 2 enfants de moins de 12 ans 47 € ; 53 € avec 3 enfants) ; réduc ; gratuit moins de 4 ans. Audioguide en français 2 €. Venez dès l'ouverture, vous serez plus tranquille.*
Posé sur l'eau dans l'ancien bassin des Olivais, ce monumental navire de béton à la couverture de verre ondulé suggérant les flots a été conçu par l'architecte américain Peter Chermayeff, auteur de plusieurs autres aquariums à travers le monde. Son rôle premier : accentuer le message de l'Expo 98, dont un des thèmes phares était consacré à la sauvegarde des océans. Même s'il commence à dater un peu comparé aux nouveaux géants asiatiques, il reste le 2e plus grand aquarium d'Europe en volume après celui de Gênes, avec quelque 500 espèces représentées ! Rejoint par une passerelle couverte, il s'organise autour d'un grand bassin central aux vitres bombées contenant l'équivalent de 4 piscines olympiques, baptisé « One ». Y pataugent toutes sortes de requins, différentes espèces de raies, des barracudas, des carangues, des bancs de poisson et une étrange « face de lune », le mola-mola (môle), poisson « aplati » dépassant la tonne, venu du fond des âges plus encore que des océans... Le parcours est conçu de telle sorte que, en tournant peu à peu autour de One, on traverse simultanément 4 espaces dédiés à 4 écosystèmes différents – en associant, sur 2 niveaux, l'espace terrestre et aérien et le milieu marin correspondant. Ainsi passe-t-on de l'Atlantique nord (avec quelques macareux) à l'Antarctique (pingouins de Magellan et sternes incas), puis du Pacifique nord (loutres et anémones de mer) à l'océan Indien. Au niveau inférieur – le plus impressionnant –, on peut même observer d'étonnantes créatures qui évoluent au milieu de tout ce petit monde avec des bouteilles de

plongée sur le dos... balayette ou suceuse en main ! En ressortant, vous pourrez encore voir l'exposition temporaire à l'étage du bâtiment de l'accueil et un film consacré au milieu marin, généralement très intéressant.

Pavilhão do Conhecimento – Centro Ciência viva *(pavillon de la Connaissance – Centre des Sciences vivantes ; plan Parque das Nações)* **:** *alameda dos Oceanos. ☎ 218-917-100. • pavconhecimento.pt • Tlj (sauf lun sept-mai) 10h-18h (19h w-e). Entrée : 10 € ; billet famille 25 € ; réduc, notamment , avec la carte Jeune et la Lisboa Card. Entrée gratuite 16 mai, 25 juil et 24 nov.* Gravité, magnétisme, corps humain, robotique... ce mini-palais de la Découverte en version locale explore certains phénomènes scientifiques au gré de manipulations bien présentées et dont le fonctionnement peut vous être expliqué par un animateur. Il est particulièrement adapté aux enfants jusqu'à 12 ans, d'autant qu'il y a aussi des ateliers créatifs et un espace de jeux. Expos temporaires intéressantes (affluence en fin de journée et le week-end).

Torre Vasco da Gama *(plan Parque das Nações)* **:** *dans la partie nord du parc.* Culminant à 145 m, c'est la construction la plus haute du Portugal (145 m). Accotée à un hôtel de luxe, elle est constituée d'une structure métallique évoquant la voile d'une caravelle avec, au sommet, une nacelle panoramique où s'est installé le restaurant *Fifty Seconds* (voir « Où manger ? »).

Ponte Vasco da Gama *(hors plan Parque das Nações)* **:** long de 17 km, dont 12,3 km au-dessus des flots, c'est le 2e plus grand pont d'Europe. Ses fondations s'enfoncent à 95 m sous le niveau de la mer. Cette jolie prouesse technique a toutefois eu un coût : près d'une dizaine de vies humaines. Reste l'admirable tablier haubané brillant le soir sous les feux du soleil couchant. Conçu pour résister à un tremblement de terre 4,5 fois plus puissant que celui de 1755, le pont est construit en plusieurs parties, ce qui lui procure une flexibilité maximale. Autrement dit, en cas de secousses prolongées, le tablier suspendu par les haubans bougera aussi bien en longueur qu'en largeur (imaginez la balançoire !), mais avec un astucieux système de sécurité pour éviter le télescopage des autres parties.

AU NORD DE L'AVENIDA DA LIBERDADE, AUTOUR DU MUSÉE GULBENKIAN ET CAMPO GRANDE

Au nord du centre de Lisbonne, au-delà de la place Marquês de Pombal (qui « coiffe » l'avenida da Liberdade), les grandes artères délimitent quartiers résidentiels et quartier d'affaires – pas si affairé –, entrecoupés de quelques grands parcs et jardins offrant autant de respirations.
Le secteur, bien desservi par les transports en commun, mérite le détour pour au moins 3 bonnes raisons. Star du secteur, le très riche musée d'art Gulbenkian vous occupera une bonne demi-journée, surtout si vous rejoignez ensuite le proche parc Eduardo VII et ses séduisantes serres à la foisonnante végétation semi-tropicale.
Dans un 2d temps, le métro permet de rejoindre, plus au nord encore, de curieux musées, installés pour certains dans de nobles *quintas* bâties comme demeures d'été par l'aristocratie portugaise – palácio Pimenta à Campo Grande, musées du Costume et du théâtre à Lumiar, et surtout palácio Fronteira, au-delà du zoo, autre vestige d'une gloire passée perdu aux portes d'un quartier qui a aujourd'hui un stade et des grandes surfaces pour le faire passer à la postérité : Benfica. Dans tous les cas, de précieux jardins accompagnent la visite.

Où dormir ?

En marge des nombreux hôtels pour hommes et femmes d'affaires, voici une offre hétéroclite bien plus abordable.

Camping

Lisboa Camping & Bungalows de Monsanto *(hors plan d'ensemble détachable par A5) : dans l'immense parc de Monsanto, à l'ouest de la ville, à 5 km du centre. ☎ 217-628-200. • info@lisboacamping.com • lisboacamping.com • Bus n° 714 de la praça da Figueira (qui passe par Santos et Belém) et n° 750 de la gare d'Oriente ; demander l'arrêt « parque de campismo ». Entrée par l'estrada da Circunvalação, sur le bord ouest du parc. Nuit 24-33 € pour 2 selon période avec petite tente et voiture ; bungalows 2 pers 50-100 €/nuit, plus 9 €/pers supplémentaire (max 6 pers) ; 3 nuits min en hte saison.* Occupant un vaste terrain en terrasses de 38 ha, sous les pins, ce camping est très fréquenté en haute saison et invariablement bruyant en raison de la circulation sur les autoroutes environnantes ! Autres bémols : emplacements non délimités et pas très plats, entretien limite, surtout côté sanitaires. Épicerie, distributeur automatique, piscine, minigolf, laverie et cafet'. Si vous n'êtes pas motorisé, préférez une petite adresse dans le centre de Lisbonne. Les quelques économies réalisées sur l'hébergement seront vite grignotées par le coût et la durée des transports (comptez une bonne demi-heure pour rejoindre le centre).

De bon marché à prix moyens

Hub Lisbon Patio Hostel *(plan d'ensemble détachable, H4, **68**) : R. Tomás Ribeiro, 8. ☎ 212-697-759. • lisbonpatio@hostelshub.com • hostelshub.com • Ⓜ Parque. Dortoirs (4-10 pers, mixtes ou non, avec ou sans sdb) 13,50-23 €. Doubles 37-65 € avec ou sans sdb et même 1 familiale avec lits en hauteur pour les enfants.* Une adresse économique pour se poser sans se ruiner. Chambres privatives et la majorité des dortoirs sont climatisés, fonctionnels et bien décorés. Parties communes plutôt agréables, hamac suspendu... au-dessus des convives, poufs pour regarder les films, barbecue, cuisine équipée à dispo. Un vrai lieu de vie ! Mais loin du centre...

Plus chic

Whatever Art B & B *(plan d'ensemble détachable, I2, **110**) : av. dos Defensores de Chaves, 58 R/C, esq. av. Novas. 914-808-481. • info@whateverabb.com • whateverabb.com • Ⓜ Campo Pequeno. Doubles 90-135 €. Attention, en hte saison, 2 nuits min exigées.* Carlos, francophone, vous accueille dans ses 5 chambres d'hôtes, toutes différentes, décorées avec les luminaires qu'il a lui-même créés. Les salles de bains sont communes et nettoyées quotidiennement. Tout a été arrangé avec goût : les parquets, les tapis, le linge de maison élégants. Petit déj maison, terrasse et jardinet pour respirer. Atelier et boutique de l'artiste sur place. Pas rare d'avoir la visite des paons du palais Galveias voisin ! Bon accueil.

Où manger ? Où boire un verre ?

De bon marché à prix moyens

Linha d'Água *(plan d'ensemble détachable, G4, **185**) : jardim Amália Rodrigues, juste au nord du Parque Eduardo VII. ☎ 213-814-327. • geral@linhadeagua.pt • Tlj 9h-21h. Snacks, plats et formules 5,50-10,50 €.* Planté dans un carré de verdure dominant le nord de la ville, face à un grand bassin, cette cafét' tout en vitre propose quelques plats et snacks simples (quiches, *wraps*, salades, pâtisseries, jus de fruits frais), à avaler tranquillement sur la terrasse.

Très plaisant, d'ailleurs les Lisboètes y viennent en nombre le week-end.

🍽 🍸 **Maria Peixeira** *(plan d'ensemble détachable, G-H3, **175**) : av. Miguel Bombarda, 133B. ☎ 211-507-566. Tlj sauf dim soir. Plats 10-23 €.* À proximité du musée Gulbenkian, ce resto de poisson et fruits de mer allie savoir-faire, service attentionné, assiettes copieuses et salle moderne pimpante. Que diriez-vous d'un dos de thon, d'un risotto noir aux crevettes ou de sa version avec palourdes, coquilles et couteaux ? Pour attendre, vous pourrez déchiffrer les dictons populaires du set de table... *Entre marido e mulher, ninguém mete o peixe...* Pour une table sur le (large) trottoir, mieux vaut réserver.

De plus chic à très chic

🍽 🍸 ***O Talho*** *(plan d'ensemble détachable, G4, **178**) : rua Carlos Testa 1B. ☎ 213-154-105. • otalho@comeromundo.pt • Tlj 12h30-minuit. Plats 24-115 €. Menu dégustation 68 €.* *O Talho,* c'est « le boucher ». Une des multiples adresses trendy du chef Kiko. Et bing, à peine la porte franchie, on tombe sur des viandes maturées exposées comme dans une bijouterie ! Dans la foulée, le *butcher shop* fournit les gourmets soucieux de ramener de bons produits à la maison. À droite, c'est la salle de resto : élégante, sombre, feutrée, déclinant mur de bouteilles et fresques, où l'on s'installe pour déguster une « viande du monde » cuite *al gusto* (et fort joliment présentée). Le bœuf de Kobe est inabordable, mais la *picanha* uruguayenne en brochette est très bien ! En attendant, on vous propose un cocktail. Excellent, mais pas donné, attention !

À voir. À faire

Autour du musée Gulbenkian

🚶 **Parque Eduardo VII** *(plan d'ensemble détachable, F-G-H4-5) :* Ⓜ *Marquês de Pombal ou Parque.* En haut de l'avenida da Liberdade, ce parc tout en pente doit son nom au roi d'Angleterre Edouard VII, venu à Lisbonne en visite au début du XXᵉ s. C'est le plus vaste espace vert à 2 pas du centre, avec 26 ha de pelouses et jardins ; idéal pour un pique-nique ou un somme au soleil sur les talus latéraux. Au centre, sur la droite en montant, le ***pavilhão Carlos Lopes*** ne se visite pas, mais les *azulejos* de sa façade méritent un coup d'œil. Ils illustrent les exploits de la nation portugaise contre ses ennemis maures et espagnols. Perché au-delà, vers le nord, le ***jardim Amália Rodrigues*** *(plan d'ensemble détachable, G4),* assez déplumé, domine la ville moderne (voir ci-dessus « Où manger ? »).

🚶🚶 👨‍👧 **Estufa Fria** *(serre froide ; plan d'ensemble détachable, G4-5 et plan centre détachable, G5, **383**) : dans le parque Eduardo VII. ☎ 218-170-996. • estufafria.cm-lisboa.pt • Tlj 9h-17h (10h-19h en été) ; dernier accès 30 mn avt. Entrée : 3,10 € ; réduc ; gratuit moins de 6 ans, avec la* Lisboa Card *et pour ts les dim et j. fériés avt 14h.* On déboule d'emblée dans la plus belle des 3 serres, l'*estufa fria* (la serre froide), la plus grande, semée de petits bassins, dans laquelle prospère une véritable petite jungle dont les essences – certaines rares – proviennent des 4 coins du monde. Philodendrons, fougères arborescentes, palmiers... superbe ! Protégée par une sorte de toit de claies, elle n'est pour autant pas fermée, donc pas chauffée, contrairement à l'*estufa quente* (serre chaude), au-dessus, où croissent encore d'autres plantes tropicales (bananiers, papyrus, caoutchoucs...). Quant à l'*estufa doce,* la plus petite, c'est la maison des cactées, avec des spécimens de 6-7 m. Un bien agréable moment, au calme.

🚶🚶🚶 **Museu Calouste Gulbenkian** *(plan d'ensemble détachable, G2-3) : av. de Berna, 45 A. ☎ 217-823-000. • gulbenkian.pt/museu •* Ⓜ *São Sebastião ou Praça de Espanha (pas toujours bien fréquentée). Tlj, sauf mar et j. fériés, 10h-18h (21h ven-sam). Entrée : 14 € pour les 2 collections et les expos temporaires ;*

collections permanentes seulement : 10 € ; réduc, entre autres avec la Lisboa Card *; gratuit moins de 12 ans et dim à partir de 14h. Audioguide en français.*
Construits au début des années 1960 selon les principes architecturaux de Frank Lloyd Wright, les 2 édifices du musée Gulbenkian s'insèrent harmonieusement dans le joli parc de Palhavã, aux diffuses influences japonaises – passerelles et petits plans d'eau servant d'écrin aux sculptures contemporaines.
On distingue la ***collection permanente du fondateur,*** avec tous ses chefs-d'œuvre, installée dans le bâtiment principal hébergeant aussi salle de concerts, bibliothèque et bureaux de la fondation Gulbenkian et, de l'autre côté du parc, la ***collection d'art moderne*** (moins intéressante), en travaux jusqu'en 2022.

Fondation Calouste-Gulbenkian

Le multimilliardaire arménien et collectionneur Calouste Gulbenkian a 73 ans quand il s'installe à Lisbonne en 1942. Il y arrive en Rolls Royce avec sa femme et sa suite, son cuisinier oriental, son masseur et sa douzaine de chats... Il ne quittera plus cette ville au bord du Tage qui lui rappelle le Bosphore de son enfance. Il loge dans un luxueux palace aujourd'hui remplacé par le *Sheraton,* sort peu, reçoit peu et gère sa fortune à distance. Ses immenses collections d'œuvres d'art restées à Paris et à Londres intéressent les Américains, mais Gulbenkian préfère le Portugal. ***Il meurt à Lisbonne en 1955.*** Dans son testament, il donna une partie de l'héritage à ses enfants (quelques disputes) et la majeure partie à l'État portugais, en demandant que ses collections soient réunies dans un seul et même lieu. Vœu exaucé.
Créée en ***1956,*** la Fondation Gulbenkian possède à son actif près de 3 milliards d'euros et un budget annuel de 100 millions d'euros. C'est énorme ! Cela en fait ***l'une des 10 plus riches fondations d'Europe.*** Environ ¼ de sa fortune est constituée par des intérêts pétroliers issus de concessions toujours actives, notamment dans les pays du Golfe. Aucun des fonds de la fondation Gulbenkian ne provient de sources étatiques ou publiques, billetterie exceptée. L'arrière-petit-fils de Calouste Gulbenkian, Martin Essayan, est actuellement administrateur de la fondation, son aïeul ayant demandé qu'il y ait toujours un membre arménien de la famille à la direction.
Pour beaucoup de Portugais, aujourd'hui encore, la Fondation Gulbenkian apparaît comme un « ministère bis » de la Culture du Portugal ! La fondation fonctionne à l'américaine, employant environ 500 personnes. ***Science, art, éducation et bienfaisance, tels sont ses objectifs.*** Elle se positionne comme mécène numéro 1 au Portugal, organise de grandes expositions, des spectacles, des concerts, des manifestations culturelles comme « Jazz em Agosto » (tous les ans). Elle accorde aussi chaque année des bourses d'études. Le rôle remarquable que joue la Fondation Gulbenkian dans ce pays est indiscutable.

Calouste Gulbenkian

Le destin étonnant de Calouste Gulbenkian (1869-1955) mérite un livre à lui tout seul. Notre petit résumé dans la rubrique « Personnages » du chapitre « Hommes, culture, environnement » vous donnera un aperçu de cet homme exceptionnel qui a su utiliser sa fortune à bon escient. Son père possédait déjà des concessions pétrolières dans l'Empire ottoman. Très jeune, Calouste achetait des pièces de monnaie anciennes au marché et chez les antiquaires ; la ***numismatique*** fut sa 1re passion. Il fut citoyen de l'Empire ottoman jusqu'en 1919, et en même temps citoyen britannique (depuis 1902). Il avait aussi un passeport arménien et un autre de la Perse (Iran actuel).
« Seul le meilleur est assez bon pour moi », disait Calouste Gulbenkian. Fortune constituée, il collectionna avidement, tous azimuts (d'où l'invraisemblable portée du musée), mais il aida aussi généreusement la diaspora arménienne à travers le monde. Il finança des hôpitaux arméniens, des écoles, des centres culturels, des églises, des œuvres sociales, en Syrie, en Jordanie, au Liban. Dans l'est de ce pays, il acheta des terres pour réinstaller les réfugiés arméniens du Sandjak d'Iskenderun. La majeure partie des œuvres arméniennes de sa collection a été léguée par Gulbenkian au patriarcat de Jérusalem, vous ne verrez donc ici que quelques rares pièces.

Visite de la collection du fondateur

La collectionnite dont était atteinte Gulbenkian l'a poussé à accumuler des œuvres de toutes sortes et de toutes époques. Certains ensembles sont fascinants de rareté, de beauté et de qualité. D'autres sont plus anecdotiques, même si la plupart des objets exposés sont individuellement dignes d'intérêt.

– ***Arte egípcia*** *(art égyptien)* **:** on commence par une des sections les moins riches, si l'on ose dire ! Au menu : une barque solaire, une chatte et son chaton et une superbe statuette de femme de 60 cm en bronze, un masque funéraire en argent doré.

– ***Arte greco-romana*** *(art gréco-romain)* **:** de superbes bijoux en or ciselé, une collection de monnaies et médailles en or, une belle tête de satyre en marbre du IIe s. Dans la foulée, l'unique pièce mésopotamienne : un exceptionnel bas-relief en albâtre provenant du palais d'Assurbanipal à Nimrud (IXe s av. J.-C.).

– ***Arte do Oriente islâmico*** *(art de l'Orient islamique)* **:** là, ça devient sérieux ! Cette grande section met en valeur la très belle collection de tapis des XVIIe et XVIIIe s pour lesquels Gulbenkian avait une affection particulière, peut-être parce que ses parents en faisaient le commerce à Istanbul. En contrepoint : des céramiques et des enluminures principalement persanes et turques, du XIIe au XVIe s, témoignant de cette période où l'art oriental ne s'interdisait pas les représentations animales ni même humaines. Noter aussi les étonnantes lampes de mosquée du XIVe s, offertes aux sanctuaires par de riches familles, dont la flamme disséminait les prières. Elles sont exposées devant un petit jardin fermé – représentation, dans la religion musulmane, du paradis. Tout au fond de la salle, quelques pièces arméniennes et géorgiennes témoignent de l'enracinement très ancien du christianisme dans ces régions (remarquable évangéliaire sur vélin du XVIIe s).

– ***Arte do Extremo-Oriente*** *(art d'Extrême-Orient)* **:** dans cette section un peu plus disparate ont été rassemblés des porcelaines chinoises et un ensemble d'*inro,* ces boîtes laquées japonaises que l'on accrochait à la ceinture – initialement utilisées par les médecins pour pallier l'absence de poches des kimonos, avant de devenir à la mode au milieu du XIXe s comme tabatières et même... coffret à pique-nique Une autre très belle pièce est le « *biombo* de Coromandel », un grand paravent chinois de la fin du XVIIe s, probablement commandé par l'empereur de Chine.

– ***Arte europeia*** *(art européen)* **:** on commence par un très bel ensemble de diptyques et triptyques français en ivoire très finement ciselés et de manuscrits enluminés médiévaux – dont un appartint à Marguerite de Clèves ! Suit la collection de toiles : école flamande du XVe s, puis écoles italienne et hollandaise. Citons Carpaccio, un beau *Portrait de jeune fille* par Ghirlandaio (1490), un autre d'homme par Van Dyck, les *Amours de centaures* et *Hélène Fourment* de Rubens (et d'autres toiles), un superbe *Portrait d'un vieillard* de Rembrandt, en clair-obscur, etc.

– ***Artes decorativas*** *(arts décoratifs, France, XVIIIe s)* **:** dans le prolongement de la précédente, cette salle abrite des pièces rares achetées par Gulbenkian au musée de l'Ermitage à Saint-Pétersbourg. Après la révolution de 1917, la situation économique de la Russie communiste était si désastreuse que, pour renflouer les caisses de l'État, Lénine permit à la Banque centrale de vendre des œuvres du musée... Gulbenkian acheta la *Diane* de Houdon, 2 Rembrandt, 1 Watteau, 1 Rubens ainsi que

« SEUL LE MEILLEUR EST ASSEZ BON POUR MOI ! »

Après la révolution de 1917, Gulbenkian avait prévenu la Banque centrale de l'URSS : « Ne vendez pas, gardez vos trésors, mais si toutefois vous les vendez, j'insiste pour que vous me donniez la priorité... » Et le génial collectionneur arménien fut exaucé. Certaines pièces de la collection portent d'ailleurs toujours le blason de la famille impériale de Russie !

l'argenterie française de François-Thomas Germain qui avait appartenu à Catherine II de Russie. Notez aussi l'horloge astronomique et l'armoire aux panneaux noir et or, signées Boulle, et le grand portrait en pied du maréchal de Richelieu.
– ***Ourivesaria*** *(orfèvrerie)* **:** pièces en vermeil réalisées par la famille Germain et œuvres de Biennais, l'orfèvre de Napoléon, dont un service à thé en de style Empire (gros samovar). Juste après : une très belle *Diane chasseresse* de Houdon.
– ***Peinture et sculpture*** *(France, Angleterre et Italie, XIXe s)* **:** si l'éclairage était meilleur, on ne profiterait que mieux de la profusion de chefs-d'œuvre illustrant l'entrée de la peinture dans la modernité. Il en vient de partout. D'Angleterre : Gainsborough (grand portrait de femme) et Turner, avec l'*Embouchure de la Seine à Quillebeuf* et le splendide *Naufrage d'un cargo.* On est là au cœur de la tourmente : c'est le style Turner, qui partait en mer les jours de tempête, se faisant attacher au mât des bateaux pour mieux observer la mer déchaînée ! D'Italie : *Venises* de Guardi (Gulbenkian le préférait à Canaletto). De France, surtout : un arc-en-ciel de Millet et surtout, son grand *Hiver* ; un *Portrait de Madame Monet* par Renoir ; *Le Dégel* et des bateaux de Monet ; l'Américain John Singer Sargent, proche des impressionnistes, en invité ; un splendide *Autoportrait saluant* de Degas ; et, de Manet, ces *Garçon aux cerises* et *Garçon faisant des bulles...* Dire qu'il s'agissait d'une collection privée ! En contrepoint s'offrent des sculptures et des bustes de nos plus grands sculpteurs. De Rodin : 5-6 œuvres, dont un des *Bourgeois de Calais* et *l'Éternel printemps* (le baiser). Quant à *La Tête* de Legros, elle fut achetée directement à Rodin par Gulbenkian en novembre 1910. Quand il aimait une œuvre, plus rien ne comptait pour lui.
– ***Œuvres de René Lalique* :** c'est ici que se trouve rassemblée la plus importante collection d'œuvres de Lalique, forte de plus de 200 pièces, élégantes, souvent insolites et parfois étranges. Le maître verrier, ami proche de Gulbenkian a notamment réalisé des bijoux de scène pour la comédienne Sarah Bernhardt, à laquelle Gulbenkian aurait prêté sa parure de femme-libellule.

FEMME-LIBELLULE

Dans une vitrine centrale de la collection Lalique, un bijou pectoral représente une femme au visage de déesse orientale sur un corps de libellule. Les ailes bougent vers le haut, ou vers le bas, selon le galbe de la femme.

– Un immense ***auditorium*** accueille, avec une belle programmation tout au long de l'année, des concerts de musique classique (de l'orchestre Gulbenkian et récitals de grands maîtres internationaux), des projections de films et un festival de jazz au mois d'août. Programme et résas sur • *gulbenkian.pt* •
|●| 3 cafétérias donnent sur le parc. Mieux vaut arriver tôt car il y a souvent beaucoup de monde.

Centro de Arte moderna
De l'autre côté du parc de la Fondation, le Centre d'art moderne de la Fondation Gulbenkian abrite les œuvres majeures de l'art moderne portugais depuis 1910, ainsi qu'une collection d'art moderne britannique. **Il est fermé pour travaux jusqu'en 2022.**

|●| ***Praça dos Touros*** *(plan d'ensemble détachable, I1)* **:** *à l'angle de l'av. da República.* Ⓜ *Campo Pequeno.* En brique rouge, avec des portes de style mauresque et des bulbes byzantins sur le toit, le monument est une réhabilitation des belles et curieuses arènes construites en 1892. Dans la galerie qui les entoure, plusieurs boutiques, cafés et restos.

Autour de Campo Grande

Pourquoi faut-il aller si loin pour en apprendre de belles sur la vie et sur la ville telle qu'elle était autrefois ? Si vous passez peu de temps à Lisbonne, vous n'irez pas jusqu'à Campo Grande. Et encore moins jusqu'au métro Lumiar, où 2 autres musées hors du temps vous attendent, dans un cadre charmant. Dommage... La visite de ces musées, perdus aujourd'hui au milieu de tours de béton et de routes à grande circulation, permet d'imaginer ce qu'a dû être autrefois la vie dans un noble *retiro.*

Museu de Lisboa – Palácio Pimenta *(hors plan d'ensemble détachable par H1) : Campo Grande, 245. ☎ 217-513-200. • museudelisboa.pt • Ⓜ Campo Grande. En sortant du métro, c'est en face (juste derrière le pont), le petit palais blanc qui fait l'angle. Ou éventuellement bus nº 736 depuis Cais do Sodré, Restauradores ou l'av. da Liberdade. Tlj 10h-18h sauf lun et j. fériés ; dernière entrée 30 mn avt. Entrée : 3 € ; réduc ; gratuit les 18 mai et 13 juin. Accès aux jardins toujours gratuit.*
Datant de la 1re moitié du XVIIIe s, le palácio Pimenta est un ancien *retiro* royal flanqué d'un beau jardin où batifole une foultitude de paons. Un *retiro* ? Une belle demeure, proche de la ville, où il faisait bon « se retirer » pour faire la fête durant l'été. Une partie des salles a conservé ses *azulejos* d'époque.
Le musée, très traditionnel (mais avec explications en anglais) retrace l'histoire de Lisbonne depuis les origines. On commence par les outils en pierre taillée du paléolithique pour terminer avec le rayonnement maximal de la ville au XVIIIe s. Entre les 2 : pas mal de tessons, des armes de la Ville frappées d'une caravelle, de vieux coffres, quelques gravures, la jolie fontaine en calcaire de *La Samaritaine* (pas le magasin !), du XVIe s, plus quelques jolies cheminées Renaissance. Le plus intéressant est sans doute la grande maquette montrant Lisbonne juste avant le séisme de 1755 (interactive). On termine par les anciennes cuisines (panneau d'*azulejos* montrant une cuisinière à l'œuvre !), une collection de faïences et de peintures de Lisbonne.

À vrai dire, ce qu'on préfère, ici, c'est le ***jardin.*** Malgré le bruit de fond de la circulation, le 1er est charmant avec son bassin bordé d'un kiosque, ses eucalyptus odorants et ses filaos. Mieux encore, un 2d jardin, clos, se cache sur le côté, avec ses buis taillés à la française et ses rosiers, d'où émerge tout un monde féerique en céramique : 2 guêpes géantes guettent, des singes pendent des branches de l'arbre des pagodes pleureur, des grenouilles pataugent dans une fontaine sans eau, des champignons sortent de terre et des escargots se traînent sur le sol. L'un court sur un mur, un autre s'attaque à une façade... Poétique ! Les pavillons *Branco* et *Preto,* au fond du parc, accueillent régulièrement des expositions temporaires.

Museu Bordalo Pinheiro *(hors plan d'ensemble détachable par H1) : Campo Grande, 382. ☎ 215-818-540. • museubordalopinheiro.pt • Ⓜ Campo Grande. En face du museu de Lisboa, de l'autre côté du Jardim do Campo Grande (très apprécié des Lisboètes le w-e), dans une petite maison blanche. Bus nº 736 depuis le centre. Tlj 10h-18h sauf lun. Entrée : 3 € ; gratuit dim jusqu'à 14h et le 18 mai.* Fondé il y a plus d'un siècle, le musée expose l'œuvre de Rafael Bordalo Pinheiro, le plus grand caricaturiste de la société portugaise de la fin du XIXe s – une sorte de Daumier lisboète. Créateur du personnage de Zé Povinho, allégorie du peuple *(povo)* portugais, au coup de crayon remarquable, il est aussi l'auteur de pièces de céramique (on a un faible pour les théières !), aujourd'hui très recherchées – on peut en acheter des reproductions. Également une galerie pour les expositions temporaires.

Museu Nacional do Traje *(musée national du Costume ; hors plan d'ensemble détachable par H1) : largo Júlio de Castilho, Lumiar. ☎ 217-567-620. • museudotraje.gov.pt • Ⓜ Lumiar (ligne jaune), puis 10 mn à pied jusqu'au musée (sortie Paraguai, passer sous le grand pont, rejoindre l'avenue filant vers le nord de la ville, puis suivre les panneaux aux feux, sur la gauche). Tlj sauf lun et j. fériés 10h-13h, 14h-18h (dernière entrée 30 mn avt pour le musée, 1h pour le parc). Entrée : 4 € (6 € avec le musée national du Théâtre et le parc de Monteiro Mor) ; parc seul : 3 € ; gratuit pour les moins de 12 ans ; réduc.* À l'entrée du parc de Monteiro Mor, cette heureuse survivance du passé séduira les amoureux des vieilles demeures pétries par le temps ayant su garder leur charme, leurs dépendances, leur jardin. Installé dans le palais de Angeja-Palmela, ce musée réunit une belle collection de costumes et d'accessoires, portugais et étrangers, du XVIIIe s jusqu'aux années 1980. Ou comment passer de la crinoline au jean et au blouson noir avec, en chemin, un regard indiscret sur les dessous des temps passés !

Faites ensuite un tour dans le magnifique ***parc de Monteiro-Mor,*** conçu en terrasses, avec bassins, statues et très vieux arbres. À l'origine étendu sur 11 ha, il en conserve 2 ha. Profitez de la sérénité des lieux, puis rejoignez directement le *musée national du Théâtre* (il suffit de suivre les flèches).

Museu nacional do Teatro e da Dança *(musée national du Théâtre et de la Danse ; hors plan d'ensemble détachable par H1) : estrada do Lumiar, 10. ☎ 217-567-410. • museudoteatroedanca.gov.pt • À 150 m du musée national du Costume (même accès) ; allez de l'un à l'autre par le parc. Tlj 10h-18h sauf lun et j. fériés. Entrée : 4 € (6 € avec le musée national du Costume et de la Mode et le parc Monteiro Mor) ; réduc.* Cet autre musée intimiste ne déplace pas les foules, mais le cadre est charmant (un petit palais du XVIIIe s) et les amoureux du théâtre et de la danse adoreront, même sans comprendre un seul mot de portugais, la collection de costumes, accessoires, maquettes, affiches et autres photos, constituant une archive foisonnante des arts de la scène portugaise (quelque 250 000 pièces !).

Profitez, s'il a rouvert, du bar-resto du musée, parfait pour boire un verre ou déjeuner simplement, sans se ruiner.

Autour du Jardin zoologique

Jardim zoológico *(plan d'ensemble détachable, C-D1) : praça Marechal Humberto Delgado, estrada de Benfica, 158-160. ☎ 217-232-900. • zoo.pt • Ⓜ Jardim Zoológico. Tlj 10h-20h (18h, du 21 sept au 20 mars). Entrée : 22,50 € ; 14,50 € 3-12 ans ; réduc. Billetterie au fond à gauche de la zone non payante, à côté du McDo ; achat possible en ligne pour éviter les queues le w-e. Attention, certaines attractions restent fermées depuis la crise de la Covid.* Dans le vaste parc d'une ancienne *quinta,* où le chic kitsch du XIXe s s'estompe peu à peu, rôdent désormais éléphants, lions, tigres, ours, singes, lynx ibériques, okapis, rhinocéros indiens et autres fourmiliers... Le billet d'entrée permet l'accès à toutes les attractions : télécabine, reptilarium, delphinarium, spectacles de dauphins et d'oiseaux en vol libre (plusieurs fois par jour), alimentation de certains animaux à heures fixes. Seul le petit train n'est pas compris *(1,50 €).* Petite restauration sur place (avant l'entrée proprement dite).

Palácio Fronteira *(plan d'ensemble détachable, B2) : largo São Domingos de Benfica, 1. ☎ 217-782-023. • fronteira-alorna.pt • Ⓜ Jardim Zoológico, puis bus n° 770, ttes les 35 mn en journée, à prendre à l'arrêt situé près de l'entrée du zoo, mais pas juste devant, sur un bout de rue perpendiculaire à l'avenue ; c'est le 7e arrêt, Palácio Marquês de Fronteira. À pied, c'est faisable mais compliqué (env 20 mn depuis le métro). Visites guidées seulement (généralement possibles en français) : tlj sauf dim et j. fériés à 11h et 12h ; voir si d'autres visites sont rajoutées (en matinée aussi) après la crise de la Covid. Pas de résas jusqu'à nouvel ordre (un projet est en cours) : 1er arrivé 1er servi. Jardin ouv tlj sauf sam ap-m, dim et j. fériés 10h-17h (13h sam). Entrée : 13 € ; pour le jardin seulement : 5 € (avec option audioguide en français à 3 € en plus) ; gratuit moins de 12 ans.*
« Cette maison ne m'appartient pas, j'appartiens à cette maison » : telle est la conception philosophique de dom Fernando Mascarenhas, 12e marquis de Fronteira, 10e marquis d'Alorna et 13e comte de Torre (rien que ça !). Tout aristocrate qu'il fût, ce grand démocrate et humaniste participa à la révolution des Œillets en permettant

LISBONNE ET SES ENVIRONS

des réunions d'opposants à la dictature dans sa propriété. Un marquis « rouge », en somme, professeur de philosophie et d'histoire, adepte selon certains d'un élégant et pacifique « marquisme-léninisme ». Grâce à lui, ce palais de 1670 fut l'un des rares endroits à échapper à une reconversion en administration après 1974. La direction en est assurée par une fondation privée *(fundaçâo das Casas de Fronteira e Alorna),* modèle de conservation du patrimoine, souvent citée en exemple au Portugal et en Europe – qui a obtenu plusieurs récompenses et prix internationaux. La fondation organise aussi des expositions culturelles, des concerts et des rencontres.

Le palácio

Cette *quinta,* superbe exemple de demeure noble du XVIIe s, était une résidence de campagne, sorte de « palais secondaire » d'une famille de la haute aristocratie qui possédait sa résidence principale en ville. À 3h à cheval, c'était déjà la brousse, à l'époque ! Cette campagne ayant été depuis envahie par des banlieues plantées d'immeubles, il faut faire un petit effort d'imagination pour restituer le paysage bucolique de l'époque (et faire abstraction du bruit de fond de la circulation). Mais le reste est superbement intact – notamment les *azulejos* ornant une grande partie des murs intérieurs et extérieurs, destinés à éblouir les invités du marquis. Le palais a même échappé au séisme de 1755, ce qui permit à la famille de s'y réfugier et, petit à petit, de le modifier, en faisant notamment fermer les vérandas.
– Étonnante entrée ! Le ***double escalier*** enserre une grande fontaine. L'essentiel des pièces accessibles à la visite se trouve à l'étage, les descendants habitant encore sur place. On commence par la superbe ***bibliothèque-véranda*** qui domine le jardin à la française (5 000 livres du XVIe s à aujourd'hui) pour enchaîner par un salon-véranda et la ***Salle de Junon,*** dont les fresques étaient récemment en cours de restauration. Parmi les élégantes pièces de mobilier, figurent de jolis petits écritoires indo-portugais en marqueterie d'ivoire et une petite desserte aux pieds galbés qui aurait été offerte à une ancêtre par Marie-Antoinette ! Au fond : un petit salon avec cheminée et panneaux peints. Un tableau montre un marquis d'Alorna qui fut vice-roi des Indes.
– Vient la pièce de résistance : la vaste ***salle des batailles,*** aux murs couverts de 8 panneaux d'*azulejos* du XVIIe s représentant les grandes victoires de la guerre de Restauration opposant le Portugal à l'Espagne (elle dura 27 ans). C'est l'un des aïeux de dom Fernando, le Conde da Torre, qui la mena à son terme, face à don Juan d'Autriche (les Habsbourgs d'Espagne), permettant au Portugal de retrouver son indépendance après 60 ans d'annexion (1580-1640). Il est représenté seul, brandissant une épée, face à une armée entière ! Remarquez que l'artiste a aussi nommé de nombreux officiers présents sur le champ de bataille.
– Après la salle des batailles, la belle ***salle à manger,*** alias « salle des panneaux », est décorée d'*azulejos* de Delft (du XVIIIe s), les seuls du palais qui ne soient pas portugais. Ils mêlent scènes mythologiques, de chasse et de la vie quotidienne.
– On ressort du palais par les ***terrasses,*** ornées de 7 statues de divinités antiques et de 7 panneaux d'*azulejos* représentant les arts dits libéraux (poésie, astronomie, géométrie, etc.). Quelques-uns sont carrément burlesques : les humains aux comportements déviants y sont représentés sous forme de singes ou de chats. Un thème que l'on retrouve à d'autres endroits du parc.

Les jardins

Sortant du palais, au terme de la visite, on débouche sur une sorte de petit temple baroque décoré de tessons de céramique et de verre, de coquillages et de cailloux, à la manière d'un Facteur Cheval oublié. C'est la *Maison de la fraîcheur,* où le thermomètre affiche toujours 10°C de moins qu'à l'extérieur. Reste à plonger dans les jardins, poétiquement enserrés dans des murs bleu Majorelle. Des parterres fournis d'agapanthes et de rosiers croissent à l'ombre d'un araucaria colossal. Une pergola enrobée de chèvrefeuille et quelques chaises en fer forgé invitent à s'asseoir. Et respirer. En contrebas, des statues émergent de la verdure, des fontaines gargouillent. Là, sur le flanc du jardin à la française, un grand bassin s'étire, surmonté par les bustes riquiqui de la ***galerie des Rois*** et celle des chevaliers, à leurs pieds, mais hauts de 3 m, eux. Une allusion, peut-être, à leur rôle essentiel à la pérennité de la royauté ? Surviennent encore d'autres décors d'*azulejos*, représentant aussi bien des scènes mythologiques, poétiques, historiques et allégoriques que des scènes de la vie quotidienne, parfois burlesques ou grotesques. Vous aurez compris, Fronteira, on adore !

– Pour en savoir plus, lire le très bel ouvrage de Pascal Quignard : *La Frontière, azulejos du palais Fronteira,* aux éditions Chandeigne. Un ouvrage réédité avec les reproductions des scènes de la vie quotidienne qui ont fourni à l'auteur le point de départ pour sa brillante et amusante fable.

Parque florestal de Monsanto *(plan d'ensemble détachable, A4)* **:** *juste à l'ouest du palácio Fronteira. Bus nos 770 (Sete Rios) pour la partie nord, 711 (Baixa) pour la partie sud, ou 729 (Belém et Ajuda).* Ce vaste parc forestier aménagé autour d'une ancienne carrière – dont les pierres ont recouvert bien des trottoirs de la ville – est le principal poumon vert de Lisbonne, étalé sur 900 ha de collines et de pinèdes. C'est le domaine des marcheurs, joggeurs, cyclistes, pique-niqueurs... Activités sportives et pour les bambins, parfois payantes, et zones de pique-nique, notamment au ***parque recreativo do Alto da Serafina*** *(plan d'ensemble détachable, B3,* ***390*** *; tlj avr-sept 9h-20h, oct-mars 9h-18h ; entrée gratuite).*

Museu Nacional da Música *(hors plan d'ensemble détachable par C1)* **:** *dans la station de métro Alto dos Moinhos ! ☎ 217-710-990. • museunacionaldamusica.gov.pt • Tlj 10h-17h sauf dim et j. fériés. Entrée : 3 € ; réduc ; gratuit jusqu'à 11 ans et avec la* Lisboa Card. Étrange localisation ! Il faut vraiment avoir parcouru Lisbonne en tous sens pour, finalement, venir jusque-là. Le musée présente une petite collection d'instruments du XVIe s à nos jours – principalement européens, mais aussi d'Afrique et d'Asie. Un souffle de fantaisie côté vents, avec un cor en porcelaine et 2 trombones à tête de serpent. Et puis il y a aussi cette machine à écrire... les notes ! Pour le reste, on a vu mieux, ailleurs. À réserver aux passionnés, donc...

BELÉM ET AJUDA

• Pour le plan de Belém, se reporter au plan détachable en fin de guide.

Belém, un nom qui chante à toutes les oreilles ! Le mot signifie « Bethléem » en portugais. C'est en appareillant d'ici, le 8 juillet 1497, que Vasco de Gama découvrit les Indes, ouvrant ainsi la route vers la Chine et le Japon. L'effervescence des découvertes y a laissé une concentration impressionnante de monuments, dont le plus beau de Lisbonne : le monastère dos Jerónimos, emblème du style manuélin. En 1940, Salazar a mis en scène, sur la vaste esplanade qui lui fait face, l'Exposition du monde portugais. Les agréables jardins et le nom de *praça do Império* sont restés, alors que tous les bâtiments, construits à la hâte pour l'occasion, ont été démontés. Seul le monument des Découvertes, reconstruit en dur en 1960, conserve la mémoire de cette manifestation.

Au milieu de tout cela a surgi en 1992, à 2 pas du Tage, l'énorme *Centro cultural de Belém,* qui a contribué à redynamiser le quartier avec ses manifestations de prestige. Il abrite le *museu Coleção Berardo,* superbe musée d'art moderne et contemporain parmi les plus visités du Portugal. Un peu plus loin, le *MAAT,* installé dans une ancienne centrale électrique, s'est offert une impressionnante extension futuriste. Mais Belém n'a pas pour autant renoncé aux fastes du passé : on y découvre aussi, dans un flash-back extravagant, les barges royales du *Museu de Marinha* et les carrosses du *Museu nacional dos Coches.*

• visitbelem.pt •

UN DIMANCHE MATIN À BELÉM

Bon à savoir : les plus pressés commenceront par le mosteiro dos Jerónimos en achetant leur billet – COUPE-FILE – à l'office de tourisme *Ask me Lisboa Belém* ; malin ! ATTENTION : seuls les billets sans réduction sont vendus ici.

Rien de tel qu'une petite balade dominicale dans Belém pour découvrir le quartier qui fut au départ de tous les rêves portugais. Venez le plus tôt possible, car il y a foule aux beaux jours et pendant les vacances. ***Torre de Belém,*** quel joli nom pour un rêve ! Ici, tout le monde se souvient de ce temps où le Portugal régnait sur la moitié des mers du monde. Comment éviter la nostalgie en regardant cette tour d'où Vasco de Gama partit pour les Indes en 1498 ? Et puis il y eut Magellan, l'un des plus grands navigateurs portugais de l'Histoire. Certes, c'est au nom du roi d'Espagne que son expédition accomplit le 1er tour du monde, en 1519-1522 (lui n'en revint pas, tué aux Philippines)...
Un dimanche à Belém, pour les Lisboètes, c'est tout un programme, avec au moins 2 incontournables : la messe à l'***église*** du monastère-nécropole dos Jerónimos, d'abord *(à 9h, 10h30, 12h et 19h),* puis l'escale immanquable à l'***Antiga Confeitaria de Belém.*** Certains font la queue devant les comptoirs, tandis que d'autres essaient de trouver une place assise pour goûter les fameux ***pastéis de nata*** qui ont fait la réputation – justifiée – de cette fameuse pâtisserie (voir « Pâtisserie et salon de thé »). Le 3e dimanche du mois, s'ajoute la ***relève de la garde,*** à 11h tapantes, devant le palais présidentiel : du grand spectacle gratuit comme on n'en fait plus, avec cavalerie, parade, uniformes bien lustrés et épées en bandoulière ! Le reste dépend de chacun : musées, ***balade sur les larges berges du Tage*** jusqu'à la Torre de Belém, puis pique-nique en musique sur les pelouses qui lui font face...
– ***Attention :*** redoublez de vigilance dans les files d'attente et dans le tram, des pickpockets œuvrent sans agressivité. *Mode opératoire :* petite bousculade suivie d'un sympathique sourire pour effacer les soupçons. Ils opèrent souvent à 2. Gardez vos sacs sur le ventre, attention aux poches pantalon et poches poitrine, ils sont très doués. 1 routard averti en vaut 2.

Arriver – Quitter

➢ ***En tramway :*** n° 15, au départ de la *praça da Figueira.* Durée : 30-40 mn. Compter 3 €. Nous vous conseillons de prendre le tram depuis son départ pour avoir une place assise et ainsi vous éviterez tout contact avec d'éventuels pickpockets. *Attention,* c'est un tram moderne sans le charme des vieilles guimbardes !

➢ ***En bus :*** nos 714, 760 ou 728 depuis *Cais do Sodré, praça da Figueira* ou *do Comércio.*

➢ ***En train :*** depuis la *gare Cais do Sodré.* Le moyen de transport le plus rapide et pratique (8 mn). Départ ttes les 10-30 mn, 5h30-1h30 (fréquences réduites le w-e). Compter 1,50 €.

➢ ***À pied :*** compter 1h30 de marche depuis Lisbonne.

Adresses utiles

Office de tourisme Ask me Lisboa Belém (plan détachable Belém) **:** *praça do Império. 910-517-981. ● visitlisboa.com ● Kiosque à l'orée des jardins, face au mosteiro dos Jerónimos. Tlj (sauf 1er et 3e dim de chaque mois) 9h-18h.* ***Plan malin :*** vente de billets coupe-file (sauf pour les billets avec réductions) pour visiter le monastère, foncez !

■ ***Polícia Belém*** (plan détachable Belém, **8**) **:** *praça Afonso de Albuquerque, juste avt le palais présidentiel. ☎ 213-619-626. Ouv 24h/24.* Ils vous aident dans vos démarches en cas de pépin avec les pickpockets. À côté (n° 17) se trouve la ***poste,*** avec distributeur de timbres à l'extérieur.

Où dormir ?

De prix moyens à plus chic

Residencial Setubalense *(plan détachable Belém,* ***90****) : rua de Belém, 28. ☎ 213-636-639. • geral@setubalense.pt • setubalense.pt • Résa conseillée. Doubles 65-110 € ; pas de petit déj. Réduc de 10 % sur présentation de ce guide.* Au bord de la rue commerçante et animée de Belém, un dédale de couloirs mène à une centaine de chambres fonctionnelles (clim) et bien tenues, au mobilier standardisé. Certaines ont été rénovées ces dernières années, d'autres pas, c'est un peu la loterie... Choisir celles sur l'arrière (côté jardin botanique), nettement plus calmes. Attention, celles côté rue sont très bruyantes.

Geronimo Guest House Belém *(plan détachable Belém,* ***89****) : rua 2, nº 3. 961-630-981. • geronimo@cruzdestaque.pt • geronimoguesthouse.com • Doubles 65-180 € ; pas de petit déj.* Difficile de trouver meilleure localisation : ce *B & B* est amarré au calme, juste au-dessus du monastère des Hiéronymites. Enfin, au calme... manière de parler, car on y est généralement réveillé par les coqs de la ferme pédagogique voisine ! Cette maison de ville, donnant sur un bout de jardin avec coin canapé et petit jacuzzi, abrite 5 chambres de très bon confort. Si la *Porto* est plus petite et donne sur l'arrière, la *Macau* est spacieuse et fort belle avec son mobilier ancien ; quant à la *Benguela*, à thème africain, avec « lit de vierge » des années 1800, elle s'ouvre sur un super balcon surplombant le jardin ! En prime : service hôtelier, chats et... lapin (Gordo).

Où manger ?

De très bon marché à bon marché

Afonso dos Leitões *(plan détachable Belém,* ***188****) : rua da Junqueira, 486. ☎ 213-620-931. • belem@leitoesdenegrais.pt • Tlj 10h30-20h30. Sandwich-chips 5 €, plat env 10 €.* Attention, l'entrée est cachée derrière un arrêt de bus ! Face au *musée des Carrosses*, l'adresse est parfaite pour avaler un sandwich ou un plat de cochon de lait accompagné de chips. D'ailleurs, tout tourne autour du porc, aussi rôti et servi de travers... Et il y a des accras de morue *(à 1 €)*.

Loja-cafétaria do Museu de Marinha *(plan détachable Belém,* ***393****) : praça do Imperio. ☎ 210-977-387. • cafeteria.museumarinha@gmail.com • Face à l'entrée du musée. Tlj 10h-18h. Snacks 2-4 €, plats 4-9,50 €.* Comme à la cantine, on passe avec son plateau devant des plats simples (portions copieuses) et quelques douceurs sucrées. Et on dévore le tout au frais sur des tables recouvertes de cartes maritimes bien sûr ! Rapport qualité-prix correct et cadre plaisant.

Honorato *(plan détachable Belém,* ***186****) : rua de Belém, 116-118. ☎ 213-620-938. Tlj 12h-16h, 19h-22h30 ; service en continu le w-e. Burgers 6-11,50 €.* Cette petite chaîne locale propose de bons burgers confectionnés avec des produits frais de qualité (une quinzaine d'options). Ils sont proposés en 2 tailles. Rien d'inoubliable, mais pratique et rapide.

De bon marché à prix moyens

O Caniço *(plan détachable Belém,* ***141****) : rua Vieira Portuense, 30-32. ☎ 213-630-593. • restbelemcanico@gmail.com • Tlj 10h-19h sauf lun. Plats 9,50-14 €.* Parmi les restos touristiques alignés dans cette agréable ruelle piétonne donnant sur un coin de verdure, celui-ci se démarque par la qualité constante de ses produits et la grande fraîcheur de ses poissons – parfaitement cuits. Les habitués optent pour les sardines, le calamar ou le poulpe grillés. Faites comme eux : c'est tout simple mais délicieux !

🍴 **O Prado** (plan détachable Belém, **192**) **:** *rua da Junqueira, 474.* ☎ *213-642-412.* • *restauranteoprado@gmail.com* • *Tlj 9h-minuit. Plats 6,50-16 €.* Gentille salle voûtée aux murs enrobés d'*azulejos*. Dans l'assiette, du traditionnel portugais, simple mais bien mené et copieux. Une bonne adresse d'habitués, volontiers gouailleurs au comptoir.

🍴 **Belém 2 a 8** (plan détachable Belém, **187**) **:** *rua de Belém, 2-8.* ☎ *213-639-055.* • *belem2a8@gmail.com* • *Tlj 12h-15h30, 19h-22h30. Petiscos et plats 3-16 €.* Une bonne petite table à l'ambiance bistro concoctant une cuisine traditionnelle de qualité, copieuse, à prix encore raisonnables – spécialités de morue, *cataplana*, etc. Aussi des *petiscos* tout aussi goûteux. Petite terrasse, mais la rue est très passante !

Plus chic

🍴 🍸 ☕ ⛱ **Darwin's Café** (hors plan détachable Belém, **189**) **:** *av. Brasília, ala B.* ☎ *210-480-222.* • *info@darwincafe.com* • *Dans le Champalimaud Centre, env 500 m après la torre de Belém. Repas servis 12h30-15h30, 19h-22h30 ; salon de thé-snack 16h30-18h. Plats 11-22,50 €.* Il faut se traîner jusque-là, mais la superbe terrasse suspendue au bord du Tage vient en récompense – avec, en toile de fond, la *torre de Belém* ! L'immense salle de resto est une réussite esthétique, brillant mélange de sobriété et de design contemporain. Dans l'assiette, une cuisine soignée, elle aussi bien dans l'air du temps. On peut aussi juste boire un verre ou prendre le thé.

Pâtisserie et salon de thé

☕ ***Antiga Confeitaria de Belém – Pastéis de Belém*** (plan détachable Belém, **260**) **:** *rua de Belém, 84-92.* ☎ *213-637-423.* • *pasteisdebelem@pasteisdebelem.pt* • *Tlj 8h-21h (voire plus tard en été).* La maison est réputée depuis 1837 pour sa succulente spécialité : les *pastéis de nata* ou *pastéis de Belém*, ces petits flans ronds lovés dans une délicieuse pâte feuilletée, saupoudrés de cannelle et de sucre glace selon les goûts de chacun. Plus de 15 000 de ces délicieuses gâteries s'écoulent les jours d'affluence ! On peut assister à la fabrication, derrière une vitre. En revanche, seuls 3 pâtissiers connaissent la recette exacte confectionnée dans l'*oficina do segredo* (l'atelier du secret !). Admirez au passage les *azulejos* du XVIIe s, superbes de naïveté, qui courent sur tous les murs des différentes salles, jusque dans les toilettes. ***Conseil :*** pour éviter la longue file d'attente qui s'étire parfois longuement sur le trottoir, s'asseoir en salle et commander directement à la serveuse vos *pastéis* à emporter !

À voir. À faire

Belém, côté ville

◎ ★★★ ***Mosteiro dos Jerónimos*** (monastère des Hiéronymites ; plan détachable Belém) **:** *praça do Império.* ☎ *213-620-000.* • *mosteirojeronimos.pt* • *Tlj, sauf lun et j. fériés, 10h-17h30 (18h30 mai-sept) ; église : 10h-17h (18h mai-sept) ; dernière entrée 45 mn et 15 mn avt, respectivement. Église : entrée gratuite ; cloître et tribune de l'église (accès par le cloître) : 10 € ; réduc ; billet combiné avec le museu nacional de Arqueologia : 12 € ; gratuit jusqu'à 12 ans et avec la Lisboa Card. Toujours beaucoup de monde, notamment le dim.* ***Attention, les billets s'achètent à l'entrée du Musée archéologique. BON PLAN :*** *achetez un billet coupe-file (sauf si vous bénéficiez d'une réduc) au kiosque de l'office de tourisme, juste en face.*

Classé au Patrimoine mondial de l'Unesco en même temps que la tour de Belém, l'exceptionnel monastère des Hiéronymites a été miraculeusement épargné par le tremblement de terre de 1755. Sa construction, décidée par le roi Manuel Ier en 1496, s'est étalée sur près d'un siècle. Elle a bénéficié du voyage aux Indes de Vasco de Gama et de l'afflux subséquent de prodigieuses richesses. Le monastère a d'ailleurs été élevé à l'emplacement même de l'ermitage de Restelo, où l'explorateur et ses hommes se recueillirent avant leur départ ! Son nom provient de l'ordre monastique de saint Jérôme, dont l'une des missions était de veiller au bien-être et à la foi des marins.

L'IMPASSE DU SOL-SALÉ

Une colonne oubliée se dresse dans le réduit du Beco do Chão Salgado, planqué entre les nos 116 et 124 de la rua de Belém. C'est le seul témoignage de l'existence de la demeure de la vieille famille des Távora, rasée pour son implication dans un attentat manqué contre le roi Joseph Ier. Le sol fut alors couvert de sel, les propriétaires exécutés sur la place publique et leurs biens confisqués, sur ordre d'un certain ministre du nom de Carvalho. Les rois n'oublient pas ce genre de service et, quelques années plus tard, ce dernier fut fait marquis de Pombal !

L'église (igreja dos Jerónimos)

Elle peut, à juste titre et avec le monastère de Tomar, être qualifiée de chef-d'œuvre de l'art manuélin ! Encadré de 2 magnifiques fenêtres, le portail sud – foisonnement végétal et orgie de niches ouvragées garnies de statues – est un chef-d'œuvre dû à Boytac. Admirez notamment les représentations de l'archange saint Michel (en haut), de la Vierge de Belém (au centre) et d'Henri le Navigateur (en bas). Le superbe portail principal, à l'ouest, est en partie caché par le long édifice ajouté au XIXe s dans un pastiche laborieux de l'église. Dans la multitude de détails gothiques, on distingue, de part et d'autre de la porte en accolade, le roi Manuel et son épouse.

– Passé le porche, on est accueilli par 2 illustres Portugais. À droite, le ***tombeau de Luís de Camões*** (1524-1580), le grand poète qui chanta les exploits des navigateurs au bout du monde dans *Les Lusiades* ; à gauche, celui de ***Vasco de Gama*** (1460-1524), le 1er explorateur à avoir défriché la route maritime des Indes en 1498 par le cap de Bonne-Espérance. Les 2 datent de la fin du XIXe s. Notez les sculptures sur le coffre de marbre, représentant des cordages enlacés, un beau symbole.

– L'***admirable nef,*** d'une grande audace architecturale, est soutenue par de très belles colonnes aux nervures en palmier, à l'encontre de toutes les techniques en pratique en Europe à l'époque. Elles résistèrent au séisme de 1755. Admirez leur décoration, elle aussi très inhabituelle. Les couleurs des vitraux sont d'une richesse surprenante. Dans la *capela sul do transepto* (chapelle sud du transept), de style maniériste, se trouvent les tombeaux des enfants du roi João III. Dans la chapelle nord, en contrepoint, reposent les 5 fils du roi Manuel.

Le cloître

On accède à son niveau supérieur par le portail attenant à l'église. Cour de palais plutôt que cloître, c'est l'un des plus riches du monde, superbement aérien, à l'ornementation aussi exubérante que profuse en détails, mêlant motifs d'inspiration végétale, religieuse et royale ! La rénovation a restitué la superbe couleur sable de la pierre d'Alcântara, ce qui permet d'apprécier d'autant mieux la finesse du travail sur les colonnettes, les arcs et les gargouilles. Du cloître haut, on accède à la tribune de l'église (stalles Renaissance), puis on redescend vers le cloître bas, avec sa douzaine de confessionnaux nichés dans les murs latéraux (superbes encadrements de portes). Côté est, on accède à l'impressionnante ***salle du chapitre,*** abritant le tombeau monumental d'Alexandre Herculano, écrivain et poète du XIXe s, chantre de la culture et de l'histoire portugaises. Sur le mur nord, un simple bloc de granit signale la pierre tombale de Fernando Pessoa. Côté ouest, enfin, le ***réfectoire*** a conservé ses *azulejos* du XVIIIe s illustrant des scènes bibliques.

Museu nacional de Arqueologia *(plan détachable Belém)* **:** *praça do Império. ☎ 213-620-000. • museunacionalarqueologia.gov.pt • Tlj sauf lun et j. fériés 9h30-12j30, 14h-17h30 (dernière entrée 30 mn avt). Entrée : 5 € ; billet combiné avec le mosteiro dos Jerónimos : 12 € ; réduc ; gratuit jusqu'à 12 ans et avec la* Lisboa Card. Installé dans l'aile du monastère qui servait de dortoir, ce musée pas-très-bien-foutu se résume à 3 sections permanentes et une expo temporaire de longue durée. On avale vite fait la minisalle d'antiquités égyptiennes, pour filer, presque au bout du couloir, aux *Tesouros da Arqueologia portuguesa.* Là, sous l'œil d'un garde, sont regroupés de nombreux bracelets, colliers, torques, boucles d'oreille et autres diadèmes en or et en argent remontant à l'âge du cuivre, l'âge du bronze et la culture des *castros.* La plus importante section, *Religiões da Lusitania,* présente toutes sortes d'éléments lapidaires, dont quelques idoles de sangliers et guerriers en granit mal conservés des Ier-IIe s, des statues romaines de 2e ordre, 2 sarcophages, 2 statuettes de Minerve de meilleure facture et, bien planquée, une toute petite amulette phallique !

Museu de Marinha *(plan détachable Belém)* **:** *praça do Império. ☎ 213-620-019. • ccm.marinha.pt • Juste à l'ouest du monastère. Tlj, sauf j. fériés, 10h-18h (17h oct-avr) ; dernière entrée 30 mn avt. Entrée : 6,50 € ; gratuit jusqu'à 12 ans et pour ts le 20 mai ; réduc, notamment avec* la Lisboa Card.

SECRETS BIEN GARDÉS

Le roi Manuel le Fortuné avait ordonné d'exécuter par pendaison les capitaines qui osaient communiquer à une puissance étrangère leurs secrets géographiques et cartographiques sur les routes maritimes récemment ouvertes. Pas étonnant que le Portugal ait longtemps gardé le monopole de ses découvertes !

Ouvert en 1863, ce musée rappelle que le Portugal fut une grande puissance maritime aux XVe et XVIe s. Bien avant les autres nations européennes, le pays lança des expéditions sur des mers inexplorées, découvrant des contrées jusqu'alors inconnues... ce que se chargent de rappeler les 1res salles, avec leurs statues, fac-similés d'anciennes cartes marines, instruments de navigation, armes, armures, maquettes de bateaux et superbe globe terrestre de 1645. On peut même voir le grand coffre sculpté des frères Gama et un archange saint Raphaël qui voyagea jusqu'aux Indes avec eux ! Suivent plusieurs salles consacrées aux grandes batailles navales, à la marine marchande et militaire (jusqu'à nos jours), puis à la pêche, où se multiplient les maquettes, en contrepoint de figures de proue, canons, tableaux et autres uniformes. Tout au fond ont été installées les cabines en bois du yacht royal *Amelia* (1900) : d'un côté, celle du roi, de l'autre, celle de la reine. Et, en face : leur vaisselle, rutilante. De l'autre côté de la cour, changement d'échelle ! Sous un immense hangar à bateaux a été regroupée une vingtaine d'embarcations anciennes, dont plusieurs ***galères royales*** d'apparat. La plus ancienne date de 1728 et la plus belle (1778) a conservé ses 80 rames. Les 1ers hydravions et une *moto de agua* (jet-ski) un peu incongrue ici leur tiennent compagnie.
Si vous en avez le temps, traversez le Tage en ferry pour visiter, amarré à un quai de Cacilhas, le superbe ***trois-mâts Don Fernando II,*** restauré et ouvert au public (voir plus loin à Cacilhas dans « Les environs de Lisbonne. Au sud du Tage... »).

Centro cultural de Belém *(plan détachable Belém)* **:** *praça do Império, entre le Tage et le monastère dos Jerónimos.* Dessiné en 1993 par les architectes Vittorio Gregotti et Manuel Salgado, cet énorme centre, conçu pour doter le Portugal d'un outil culturel performant, abrite salles de congrès et auditoriums pour concerts et spectacles vivants. Il accueille aussi de grandes expos, mais c'est surtout l'occasion de découvrir l'intéressant ***museu Coleção Berardo*** (voir ci-après) !

Museu Coleção Berardo *(plan détachable Belém)* **:** *praça do Império.* ☎ *213-612-878.* ● *museuberardo.pt* ● *À l'intérieur du Centro cultural de Belém. Tlj 10h-19h sauf Noël (dernière entrée 30 mn avt). Entrée : 5 € ; réduc ; gratuit moins de 7 ans.*

Le vaste musée Berardo abrite la plus importante collection d'art du XXe s du Portugal. Né à Madère en 1944, l'enfant pauvre qui collectionnait les timbres et les boîtes d'allumettes s'est mué en un important homme d'affaires érigeant sa fortune dans les mines d'or en Afrique du Sud, en spéculant auprès des banques, puis en rachetant des vignobles, de prestigieux hôtels et des entreprises à travers le monde. Fin amateur d'art, José Berardo s'offrit de nombreuses œuvres : Modigliani, Picasso, Miró, Bacon, Dalí, Man Ray, Arp, Magritte, Dubuffet, Ernst, César, Léger, Soulages, Moore, de Chirico, Vasarely, Poliakoff, Mondrian, Pollock, le groupe CoBrA, Warhol et Lichtenstein, sans oublier les Portugaises Vieira da Silva et Paula Rego... Le fonds du musée regroupe plus d'un millier d'œuvres, présentées par roulement.

UN CHEF-D'ŒUVRE IGNORÉ

Sylvester Stallone proposa un jour au collectionneur José Berardo de passer chez lui pour lui montrer une « petite toile » d'un artiste méconnu « plutôt moche » que sa femme avait achetée... Quelle ne fut pas la surprise de Berardo en découvrant l'immense toile expressionniste Œdipe et le Sphinx d'après Ingres du peintre anglais Francis Bacon ! Une chance pour le collectionneur portugais, qui l'acheta immédiatement.

La visite débute au ***niveau 2 (de 1900 à 1960),*** de loin l'étage le plus intéressant, consacré à la période s'étendant « des 1ers modernistes à la nouvelle avant-garde ». Un vrai cours de peinture moderne, qui n'omet aucun mouvement, aucun artiste ou presque, présentés de manière globalement chronologique. Beaucoup mieux qu'un cours théorique pour vos ados ! Ils adoreront forcément le téléphone-langouste de Dalí (nous aussi)...

Le ***niveau -1 (de 1960 à nos jours)*** expose les collections contemporaines de Berardo, progressivement enrichies d'œuvres photo et vidéo. Le ***niveau 0*** est dédié aux expos temporaires.

Jardim botânico tropical *(Jardin tropical ; plan détachable Belém)* **:** *largo dos Jerónimos. Tlj 10h-20h (17h oct-mars) ; dernière entrée 30 mn avt. Fermé 1er janv et 25 oct. Entrée : 4 € ; réduc ; gratuit moins de 12 ans.* Sur 6,7 ha, l'ancien *jardim do Ultramar,* fondé au XVIIIe s, présente quelque 600 espèces végétales acclimatées des anciennes colonies portugaises : Brésil, Angola, Mozambique, Cap-Vert, Macao... Peu de grands arbres à part quelques ficus vraiment géants, mais le cadre est sympa, avec canards et oies en liberté !

Museu da Presidencia da República *(plan détachable Belém,* ***396****)* **:** *praça Afonso de Albuquerque ;* ☎ *213-614-660 ;* ● *museu.presidencia.pt* ● *Tlj sauf lun et j. fériés 10h-18h (16h30 sam) ; dernière admission 30 mn avt ; attention, w-e, fermé 13h-14h. Entrée : 2,50 € ; réduc.* À l'orée de l'*ancien palais royal,* devenu résidence du président de la République, ce petit musée entrepose tous les cadeaux officiels qui n'ont pas trouvé place dans les salons de la présidence ! Amusant si on n'en abuse pas. En prime : les portraits de tous les présidents depuis 1911, dictateurs inclus ; celui de Mário Soares (1986-1996) est autrement plus jovial que tous les autres réunis.

Ne manquez pas le spectacle assez incroyable de la ***relève de la garde nationale républicaine,*** le 3e dimanche de chaque mois à 11h, mettant en scène quelque 160 soldats. Même les chiens sortent en musique, accompagnant la garde descendante, tandis qu'une fanfare donne envie d'applaudir à tout rompre, au passage des chevaux, des casques dorés et des 28 musiciens à cheval, imperturbables ! Cette fanfare à cheval est fière d'être la seule au monde à exécuter des morceaux de musique au galop... Quant aux chevaux, ce sont pour la plupart de magnifiques alezans, de race lusitanienne.

Museu nacional dos Coches *(musée des Carrosses ; plan détachable Belém)* **:** *av. da India, 136.* ☎ *210-492-400.* • *museudoscoches.gov.pt* • *Tlj, sauf lun et j. fériés, 10h-18h (dernière entrée à 17h30). Entrée : 8 € ; réduc ; gratuit jusqu'à 12 ans et avec la* Lisboa Card.

Ce musée est né de l'initiative de la reine Amélie du Portugal, française d'origine. Épouse de Carlos Ier, elle échappa à l'attentat de 1908 et s'exila au Chesnay, près de Versailles, après la chute de la monarchie en 1910. Elle demanda que le 1er catalogue des carrosses soit rédigé en français, langue internationale à l'époque.

RENCONTRES BIEN CARROSSÉES

Un curieux carrosse, appelé coche da mesa, *renferme une table ronde dans un luxueux habitacle tapissé de velours carmin et orné de rideaux pourpres. Aux XVIIe et XVIIIe s, il se rendait souvent à la frontière du Portugal et de l'Espagne pour échanger les épouses entre les 2 royaumes rivaux et parfois ennemis. Les négociations se tenaient autour de la table. Ces noces arrangées servaient la diplomatie et évitaient parfois les guerres...*

Désormais installé dans le massif *Novo Edificio,* le musée présente près de 70 carrosses, coches, berlines, malles postales et autres chaises à porteurs du XVIe au XIXe s. Le ***carrosse du roi Philippe II*** d'Espagne, qu'il utilisa pour venir de Madrid en 1619 à une époque où le grand voisin avait annexé le Portugal, est le plus vieux de la collection (XVIe s) ! Il voisine avec les 2 carrosses de Marie-Françoise de Savoie, offerts par Louis XIV à sa cousine pour son mariage avec Afonso VI en 1666. Tout aussi remarquables : le carrosse de João Ier, avec son aigle aux airs de gros poulet fatigué et celui de la reine Ana Maria, sœur de Joseph Ier d'Autriche et épouse de Jõao V. Impressionnants ? Regardez donc les 3 ***carrosses en baroque italien*** du XVIIIe s ayant appartenu au colossal cortège diplomatique (315 voitures !) envoyé par João V au pape Clément XI en 1716... Ils sont décorés comme des retables d'église, ornés de sculptures dorées évoquant notamment la rencontre de l'océan Indien et de l'Atlantique ! Et si vous regardez de près, vous verrez que les 12 signes du zodiaque sont ciselés sur les roues arrière. Plus avant, on remarque une ***chaise à hublots,*** étrange attelage comportant 2 rideaux de cuir à fenêtres rondes. L'occupant pouvait ainsi conduire sa calèche à l'abri de la pluie... C'est dans un semblable véhicule que le roi José Ier, en 1758, échappa à une tentative d'assassinat. Citons aussi la berline carcérale et la « dormeuse », une berline-lit pour les longs trajets !

Museu nacional de Etnologia (hors plan détachable Belém) **:** *av. Ilha da Madeira.* ☎ *213-041-160.* • *mnetnologia.wordpress.com* • *Juste au-dessus du stade, à env 10 mn du monastère des Hiéronymites, en montée. Tlj, sauf lun et j. fériés, 10h (14h mar)-18h. Entrée : 3 € ; réduc ; gratuit avec la* Lisboa Card. *Visites guidées de la galerie amazonienne sur résa.* Peu connu, ce beau musée mérite une visite pour la qualité de ses collections, bien mises en valeur (explications en anglais).

Le ***rez-de-chaussée*** regroupe les collections permanentes et les expos temporaires. Les 1res déclinent des thèmes intéressants et variés, très joliment présentés, mais qui sautent un peu du coq à l'âne : théâtre wayang de Bali, poupées rituelles du sud-ouest de l'Angola, instruments de musique populaire du Portugal, attributs capillaires africains, collection de couvercles de pot du Cabinda (Angola), ou encore une remarquable collection de masques et marionnettes zoomorphes maliens. On est accueilli dans la galerie par un bœuf sarcophage géant balinais !

Au ***sous-sol,*** la galerie amazonienne (sur résa, donc), présente de nombreux objets rapportés du Mato Grosso (Brésil) et d'Amazonie, notamment des parures amérindiennes en plumes multicolores du Xingu, des ornements en paille et fibres végétales, hamacs, poteries, vaisselle, armes, lances, arcs et flèches, nasses de pêche, instruments de musique...

Capela do Restelo *(chapelle du Restelo ; hors plan détachable Belém)* **:** *praça de Itália ; à 600 m à l'ouest du musée d'Ethnologie.* Faites un saut dans le Restelo pour admirer la chapelle dos Jerónimos du XVIe s, jadis plantée dans le domaine du monastère. C'est le même Boytac qui a œuvré, mais ici l'austérité domine, renforçant encore l'impression de volume. On ne peut malheureusement pas y entrer, mais le belvédère offre une vue dominante sur la tour de Belém. Le week-end, les habitués aiment bien venir y pique-niquer.

Belém, côté Tage

Monumento das Descobertas *(plan détachable Belém)* **:** *av. Brasília. ☎ 213-031-950. • padraodosdescobrimentos.pt • Tlj, sauf j. fériés, 10h-19h (18h nov-fév et fermé lun) ; dernière entrée 30 mn avt. Entrée : 6 € ; gratuit jusqu'à 12 ans ; réduc, notamment avec la Lisboa Card.* Avançant sur le Tage tel une lourde proue de caravelle, le monument, élevé en 1960 pour le 500e anniversaire de la mort d'Henri le Navigateur, reprend la construction provisoire qui trônait à la même place lors de l'Exposition de 1940. Derrière l'infant, futur Henri le Navigateur, sont représentés tous les grands personnages de l'histoire portugaise liés aux découvertes maritimes. On peut accéder au sommet par un ascenseur, à 50 m d'altitude, mais la ***vue sur le Tage*** et le quartier n'a rien d'inoubliable. Sur l'esplanade, une marqueterie de marbre polychrome de 50 m de diamètre dessine une rose des vents ; au centre, un planisphère dresse l'inventaire des découvertes portugaises, cadeau de l'Union sud-africaine en commémoration du franchissement du cap de Bonne-Espérance.

POUSSEZ PAS DERRIÈRE !

C'est l'ancien dictateur Salazar qui commanda, sur la berge du Tage, le célèbre « monument aux Découvertes ». Certains Lisboètes réfractaires à l'esthétique de l'époque l'ont baptisé, non sans humour, « Poussez pas derrière » : il représente une file de héros aux noms célèbres s'avançant à la queue leu leu vers le fleuve, derrière l'infant, futur Henri le Navigateur.

Torre de Belém *(hors plan détachable Belém)* **:** *av. Brasília. ☎ 213-620-034. • torrebelem.pt • Sinon, tlj sauf lun et j. fériés 10h-17h30 (18h30 avr-sept) ; dernière entrée 30 mn avt. Entrée : 6 € ; réduc ; gratuit jusqu'à 12 ans et pour ts les 18 avr et 18 mai. Attention : escalier en colimaçon raide.*
Monument emblématique du patrimoine portugais, édifié en 1515 par le roi Manuel, la tour de Belém a servi de tour de contrôle maritime pendant des siècles, surveillant les navires croisant à l'embouchure du Tage, le retour des caravelles et des galions chargés de marchandises précieuses et enregistrant tous ces mouvements. À elle seule, cette petite tour est le plus beau symbole de l'épopée portugaise sur les mers du globe ! Notez les très belles croix lusitaniennes aux créneaux et les ornementations d'inspiration mauresque qui couronnent les tours d'angle. L'intérieur se visite, sur 4 étages de salles voûtées d'ogives ou d'arêtes. De la terrasse supérieure, belle vue sur le Tage. Bon, cela dit, on en a vite fait le tour, de cette tour... et vu l'attente aux beaux jours, on peut éventuellement s'abstenir.

SECOUEZ-MOI...

Aujourd'hui, cette élégante tour s'amarre quasiment sur le bord du Tage, mais autrefois elle trônait au beau milieu du fleuve. Pourquoi ? C'est le séisme de 1755 qui a déplacé son lit !

Museu de Arte, Arquitetura e Tecnologia (MAAT *; hors plan détachable Belém)* **:** *av. Brasília. ☎ 210-028-130. • maat.pt • Tlj sauf mar et j. fériés 11h-19h*

LISBONNE ET SES ENVIRONS

(22h ven-sam juin-sept). Billet combiné ancienne centrale électrique et MAAT 9 € ; réduc ; gratuit moins de 12 ans et 1er dim du mois. À côté de l'ancienne centrale électrique, méticuleusement restaurée, a été créé le MAAT, hébergé dans un bâtiment ultra-contemporain de 190 m de long en forme de vague, s'avançant vers le Tage. La lumière et le fleuve viennent s'y refléter sur 15 000 tuiles qui rappellent les *azulejos* portugais. Ne manquez pas le point de vue sublime sur le Tage depuis la terrasse ! Les expos temporaires sont distribuées à la fois dans le nouvel édifice et dans l'ancienne centrale, dont les énormes chaudières et les turbines sont toujours en place (belle ambiance de début de l'ère industrielle). Elles s'intéressent aux nombreuses facettes du savoir, de la science à l'art, en passant par l'architecture et la technologie.

Ajuda

Au nord-est de Belém, ce quartier populaire et résidentiel, agrippé à l'une des 7 collines de Lisbonne, se glisse entre le parc de Monsanto et LX Factory, qu'annonce au loin le ponte 25 de Abril. Seuls les trekkeurs dans l'âme et les passionnés d'architecture urbaine viendront jusqu'ici, en quête des derniers *páteos* de Lisbonne – ces micro-quartiers ouvriers ou artisans nés dans la 2de moitié du XIXe s de l'exode rural, autour d'une cour ou d'une ruelle cachés des regards par une grille ou une porte close.

Palácio nacional da Ajuda **(hors plan détachable Belém, 402) :** *largo da Ajuda. ☎ 213-620-264. • palacioajuda.gov.pt • Tram n° 18 (depuis Cais do Sodré ou Alcântara) ; bus nos 760 (itinéraire similaire) ou 742 (de Campo de Ourique et LX Factory). Tlj, sauf jeu et j. fériés, 10h-18h (dernière entrée à 17h30). Entrée : 5 € ; réduc ; gratuit moins de 14 ans.* Dans la 2de moitié du XVIIIe s, le roi José Ier fait édifier sur le haut de la colline d'Ajuda une résidence en bois, vite surnommée la « baraque royale »... Détruite par un incendie, elle laisse péniblement place, dans la 1re moitié du XIXe s, au vaste et massif palais néoclassique qui s'y trouve toujours. Dernière résidence de la famille royale de Bragança à partir de 1861, il palpite durant un demi-siècle au centre du pouvoir, jusqu'à l'avènement de la République en 1910. Devenu musée – bien que la présidence y organise encore à l'occasion des cérémonies officielles –, il offre d'intéressants témoignages sur la vie quotidienne de la cour, avec photos de famille, mobilier, objets d'arts décoratifs et tableaux (Géricault, Greuze, El Greco...) des XVe au XIXe s. Des expos consacrées à la famille royale y sont organisées. Concerts en saison.

Páteo Alfacinha **(hors plan détachable Belém, 401) :** *rua do Guarda Jóias, 44. ☎ 213-642-171. • pateoalfacinha.com • Dans la rue qui descend de l'angle sud-est du largo da Ajuda.* Créé en 1981, il s'agit d'une reconstitution commerciale d'un *páteo* traditionnel. Le lieu est réservé à divers événements, mais on peut parfois s'y balader librement, à condition qu'il ne soit pas privatisé pour un mariage ou autre festivité. Des bureaux et des ateliers y voisinent aujourd'hui avec 2 restaurants (pour groupes), une galerie d'art et la petite chapelle de « Saint-Antoine-le-Fatigué »... On y découvre une belle vue sur le ponte 25 de Abril.

Plage

Oubliez tout ce qui se disait dans les années 1990 encore sur les plages de Lisbonne : polluées, surpeuplées, sales. Lisbonne a non seulement le rare privilège d'avoir les pieds dans l'eau, mais des travaux importants ont permis au fil des années de réaménager entièrement le front de mer, de créer des promenades... ***La plage la plus proche est à quelques stations de train du centre, au départ de la gare de Cais do Sodré.***

Carcavelos (moins de 30 mn) : *prendre le train, destination São Pedro ; sortir à Carcavelos, du côté du terminal rodoviário ; au rond-point, prendre à gauche, direction Marginal ; accès à la plage par le souterrain.* 2 km de sable, à 700 m de la gare. Pas d'arbres, pas d'ombre !

➢ ***Passeio marítimo de Oeiras :*** 3 km de promenade entre la plage de Santo Amaro et le fort de São Julião da Barra (limite sud de la plage de Carcavelos). Accessible en train (Santo Amaro).

LES ENVIRONS DE LISBONNE

Si vous avez peu de temps à passer autour de Lisbonne, vous pouvez pratiquement tout voir en utilisant les transports en commun (train et bus) au départ de la gare du Rossio ou de celle de Cais do Sodré. En revanche, une voiture s'impose si vous comptez butiner au long de la côte, avant de découvrir Sintra et sa belle serra – où l'odeur des pins chauds fait écho au sable blond des plages proches, battues par l'Atlantique.

CAP À L'OUEST

• Carte *p. 170-171*

QUELUZ

(2745) 28 000 hab.

À 10 km à l'ouest de la capitale, cette petite ville de banlieue, très urbanisée, se visite facilement au départ de Lisbonne, en prenant le train à la gare du Rossio. On n'y vient que pour une raison : son palais royal, inspiré en toute modestie du château de Versailles.

Arriver – Quitter

➢ ***De/vers Lisbonne :*** trains de la gare du Rossio, direction Sintra, ttes les 10-30 mn 5h40-1h *(• cp.pt •)*. Durée du trajet : 17 mn. À la sortie, prendre à droite, descendre par le 1er escalator jusqu'à une placette, puis, presque en face, les escaliers de la rue Maria I. Au 2e carrefour (pont), vous verrez légèrement sur votre droite le jardin public. Traversez-le sur toute sa longueur (env 800 m) jusqu'au palais. Plusieurs cafés et snacks sur votre chemin, si nécessaire.

Où dormir ? Où manger ?

Très chic

Pousada de Dona Maria I : *largo do Palácio Nacional.* ☎ *214-356-158.* *• pousadas.pt • Doubles 130-220 € selon période, durée du séjour, formule et promo (consulter leur site). Menu env 35 € ; carte 30-60 €.* Face au palais, la tour de l'Horloge, aux murs rose bonbon, fut autrefois garde-meuble royal, maison de gardes, puis école. Elle abrite aujourd'hui un membre des *Historic Hotels*

Où camper ? Où dormir ?

10 Orbitur Parque de Campismo Guincho
11 Convento de São Saturnino

of Europe, alignant 26 chambres (dont 2 suites luxueuses et 3 supérieures) hautes de plafond et bien confortables malgré leur déco un poil désuète (moquette). Il y a même un petit théâtre privé ! Les anciennes cuisines du château, derrière la statue, prêtent leur cadre élégant à un resto de prestige, le *Cozinha Velha.* Bon, si le service est bien, on paie quand même surtout le décor...

À voir

Palácio real de Queluz : *largo do Palácio Nacional. ☎ 219-237-300. • parquesdesintra.pt • Tlj 9h-18h ; dernière entrée 1h avt. Fermé 1er janv et Noël. Entrée : 10 € (réduc après 15h30) ; 5 € jardins seuls ; réduc. Possibilité de billets groupés avec d'autres sites. Audioguide (3 €) ou application (2 €) en français.*

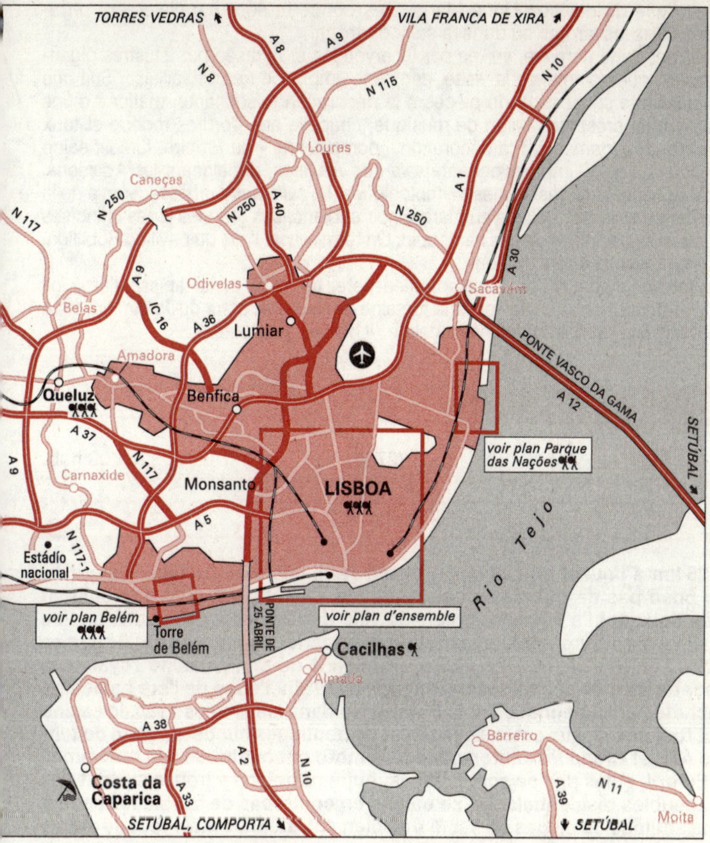

L'OUEST DE LISBONNE ET LA SERRA DE SINTRA

Où manger chic sur la côte ?

20 Furnas do Guincho
21 Monte Mar
22 Restaurante Piscina Azenhas do Mar

Construit à partir de 1747 comme ***palais d'été*** autour d'une ancienne *quinta,* cet élégant édifice aux apports rococo servit d'écrin à la décadence de la cour royale portugaise. La reine Maria Ire, qui y résida régulièrement pendant les 38 années de son règne (1777-1815), y sombra doucement dans la folie, au rythme des fêtes galantes et des goûters princiers organisés entre les jardins à la française et le vaste parc boisé – semé de bassins, statues et *azulejos.* Après l'incendie du palais d'Ajuda en 1794, le prince régent et son épouse Carlota Joaquina, vite surnommée « la mégère de Queluz », s'y installèrent ; il fallut alors ajouter un étage pour leurs 9 enfants.
L'occupation française du Portugal par les troupes de Napoléon marqua le départ précipité de la famille royale au Brésil en 1807 ; Junot fit du palais sa résidence jusqu'en 1810. La Cour revint en 1821, mais le cœur n'était plus à la fête... Aujourd'hui, les chefs d'État étrangers en visite officielle sont accueillis

dans l'aile du pavillon Dona Maria. Des concerts sont parallèlement organisés dans les jardins ou dans la salle du trône.
C'est par cette dernière, veillée par 8 caryatides et écrasée par 2 lustres gigantesques, que commence la visite, dans une ambiance très versaillaise. Suit une éblouissante succession de pièces à la décoration foisonnante, matinée d'une patine bien présente : salon de musique, chapelle aux dorures rococo et faux marbre, appartements à la décoration « pompéienne » ou Empire, fumoir, salon de café, jusqu'à l'impressionnante *sala dos Azulejos*, dépeignant les 4 saisons, les 4 continents et des scènes mythologiques. La *salle des Ambassadeurs* a de la prestance avec son dallage en marbre noir et blanc, ses grandes jarres chinoises et ses trônes surélevés sous baldaquin. On termine par l'aile du pavillon Robillion, plus typiquement néoclassique.
Les ***jardins*** manquent un peu d'entretien. Jetez un œil au canal tapissé d'*azulejos* et, éventuellement, au secteur de la fontaine de Neptune, cœur du Jardim novo. Le côté opposé est nettement moins calme : il borde l'autoroute.

ESTORIL

(2765) 26 400 hab.

• Plan *p. 173*

À 25 km à l'ouest de Lisbonne, passé l'embouchure du Tage, Estoril ne se pose pas de questions existentielles. Bénéficiant d'un microclimat très doux qui l'a vu surnommer « la ville des 2 printemps », voilà un lieu où il fait bon vivre – et même mourir, pour parler comme le père de James Bond, qui participa à sa gloire en faisant de son « casino royale » la vedette d'un de ses romans. Inauguré en 1931 à l'aube de l'ère balnéaire, racheté par le magnat chinois Stanley Ho dans les années 1980, le casino est toujours là, aux côtés d'un golf et de boutiques huppées. Open de tennis ATP et Grand Prix automobile puis moto ont contribué à la renommée d'Estoril, et les prix se sont envolés. Aujourd'hui, on y trouve surtout des immeubles résidentiels. On se baigne en contrebas de la voie ferrée, sur une enfilade de plages de sable très bien entretenues mais tout de même bien urbaines.

UN PEU D'HISTOIRE

Au début du XXe s, de riches Anglais, en quête de douceur hivernale, découvrirent Estoril et s'installèrent dans des villas cossues, aujourd'hui propriétés des grandes familles portugaises. Inventeur du personnage de James Bond 007, Fleming s'inspira du casino de la station pour écrire *Casino Royale*, porté à l'écran en 1967, puis à nouveau en 2006. Un autre James Bond, *Au service de Sa Majesté*, fut tourné en partie à Estoril. La ville servit aussi de lieu d'exil et de séjour pour pas mal de têtes couronnées comme Juan Carlos d'Espagne ou le comte de Paris, héritier des rois de France.

NID D'ESPIONS

Pendant la Seconde Guerre mondiale, la neutralité portugaise vit Estoril transformée en rendez-vous des agents secrets. Ils séjournaient tous au Palácio, alors truffé de micros. Parmi eux : le yougoslave Dušan « Duško » Popov, qui ne se déplaçait qu'avec une jolie créature à chaque bras... Ian Fleming s'en inspira pour créer James Bond quand il vint à Estoril en 1941.

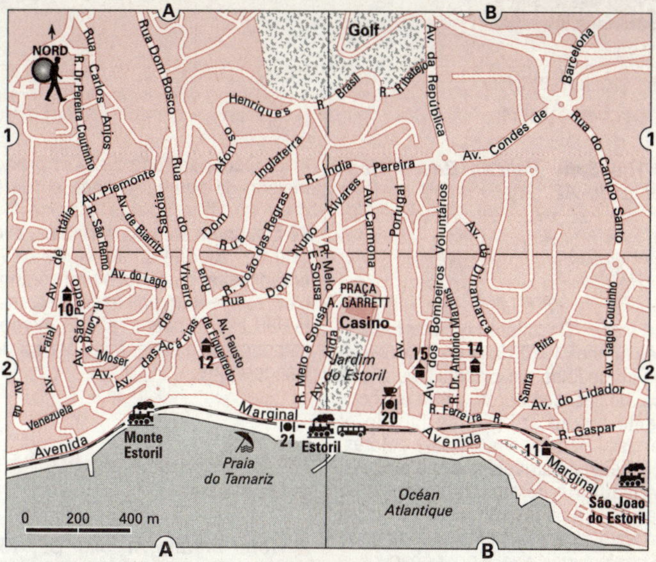

ESTORIL

- **Adresses utiles**
  - Gare ferroviaire (A-B2)
  - Gare routière (B2)
- **Où dormir ?**
  - 10 The Salty Pelican Beach Hostel (A2)
  - 12 Casa Londres (A2)
  - 14 Hotel Smart (B2)
  - 15 Hotel Inglaterra (B2)
- **Où manger ?**
  - 20 Garrett (B2)
  - 21 Villa Tamariz (A2)

Quant à Salazar, il habita le fort d'Estoril. Difficile d'être mieux protégé de la foule. Il y règne encore aujourd'hui une ambiance délicieusement rétro, un peu anglaise. Le week-end, les plages de la station sont prises d'assaut, dur d'y poser sa serviette.

Arriver – Quitter

Gare ferroviaire *(plan A-B2)* **:** *près de la mer, en contrebas du casino, au centre-ville.* • *cp.pt* • Pour Lisbonne (gare Cais do Sodré), ttes les 12-30 mn 5h30-1h30 ; compter 35 mn de trajet et 2,25 € l'aller. Pour Cascais (4 mn) : idem. Cascais n'est qu'à seulement 25 mn à pied en longeant les plages. *Tourist TravelCard* à charger sur la carte Viva Viagem (0,50 €) valable 1 à 3 j., 6-13,50 €. Pour Sintra, il faut repasser à Lisbonne ; privilégiez le bus (30 mn). 2 autres stations : Monte Estoril à l'ouest *(plan A2)*, et São Joao do Estoril à l'est *(plan B2)*. Plus pratiques selon vos hébergements.

Gare routière *(plan B2)* **:** *à côté de la gare ferroviaire.* • *scotturb.com* • Pour Sintra, bus nº 418 ttes les 30 mn à 1h40, lun-ven 6h30-22h45, sam 6h20-23h30, dim 7h15-21h.

Où dormir ?

De bon marché à prix moyens

🏠 ***The Salty Pelican Beach Hostel*** *(plan A2,* ***10****)* **:** *rua de Madrid, 6. ☎ 218-073-259. 📱 932-560-960. • hello@saltypelican-cascais.com • saltypelican-cascais.com •. Dortoirs 4-8 lits 15-60 €/pers selon taille et saison, doubles 45-120 €, petit déj inclus.* Occupant une jolie maison des années 1920 dans un quartier où les immeubles remplacent peu à peu les vieilles demeures, cette AJ pimpante arbore *azulejos* en façade et terrasse herbeuse aux poufs colorés. À l'intérieur, parquets anciens rénovés, carreaux de céramique d'origine et baignoire à pattes contrastent avec les dortoirs récents aux lits solides (tiroir et lumière individuelle pour chacun), la déco *trendy* et l'unique chambre cosy. Le dortoir du bas est frais mais sombre. Organise des tas d'activités (avec forfaits à la clé) et, fréquemment, des soirées barbecue ou pizza.

🏠 ***Casa Londres*** *(plan A2,* ***12****)* **:** *av. Fausto de Figueiredo, 143. ☎ 214-682-383. • reservas@casalondres.com • casalondres.com • À 300 m de la plage. Doubles 40-90 € selon saison et vue, petit déj (léger) inclus.* Cette petite villa abrite une dizaine de chambres claires et sobres, au confort variable, avec douche (petite) et TV (pas d'AC). Demandez à visiter si possible. Notre préférée : la nº 202, avec 3 fenêtres, la terrasse et ses *azulejos*. Bon accueil. Petit jardin.

De prix moyens à beaucoup plus chic

🏠 ***Hotel Smart*** *(plan B2,* ***14****)* **:** *rua Maestro Lacerda, 6. ☎ 214-682-164. • reservas@hotel-smart.net • hotel-smart.net • ♿ Doubles 50-100 € selon saison, petit déj inclus. Parking.* Occupant une belle et grande maison de couleur orange entourée d'un jardin et d'une piscine, les 26 chambres sont confortables, avec grande douche pluie vitrée, TV à écran plat et carrelages brun-orange. L'adresse est un poil excentrée, mais le lieu est au calme (si l'on excepte l'insonorisation intérieure) et l'accueil francophone.

De beaucoup plus chic à très chic

🏠 ***Hotel Inglaterra*** *(plan B2,* ***15****)* **:** *rua do Porto, 1. ☎ 214-684-461. • geral@hotelinglaterra.com.pt • hotelinglaterra.com.pt • Juste à l'est du casino, au centre-ville. Doubles 100-250 € selon catégorie et saison (voir offres spéciales sur le site).* Un ancien palace victorien perché sur son tertre, devenu hôtel 4 étoiles. On y distingue 2 catégories de chambres : celles du bâtiment historique, qui commencent à dater (avec moquette), et celles de l'aile contemporaine *(twin superiors)*, nettement mieux, plus spacieuses et lumineuses, avec belle douche pluie et balcon vitré. Elles épousent le flanc de la superbe piscine noire en terrasse. Œuvres d'art contemporain autour et sur la façade de l'hôtel (cherchez bien !). Profitez des promos sur Internet ! Quelques places de parking gratuites *(sinon 7,80 €/j.)*, location de vélos et réduction de 15 % au spa du proche *Banyan Tree*.

Où manger ?

🍽 ☕ ***Garrett*** *(plan B2,* ***20****)* **:** *av. de Nice, 54. ☎ 214-680-365. À côté de la poste. Tlj 8h-19h sauf mar.* Dans cette pâtisserie-salon de thé assez chic, on croise de jeunes mamies venues papoter, des couples bien mis, des hommes d'affaires... Côté déco, on est plus proche de la brasserie branchée que du tea-room anglais. Bons petits plats chauds, mais on vient ici surtout pour la partie sucrée, et notamment pour le *quadrado moka,* un gâteau à la crème et au café. Bons petits déj également, des jus de fruits frais et des milk-shakes.

Villa Tamariz *(plan A2, **21**) : praia Tamariz. 910-127-990 et ☎ 219-249-011. Tlj (sauf le soir lun et mar en basse saison) 10h-18h, 19h-22h30. Plats 10-30 €.* Aucun doute : on est ici en plein balnéaire chic. Juché au-dessus de la plage, le bâtiment blanc dresse sa tourelle comme un phare appelant à profiter de sa vaste terrasse lounge ou de la très belle salle intérieure aux grandes baies vitrées tournées vers la mer. Le poisson est la star de la carte, mais elle se complète d'un choix de salades, *wraps* et burgers assez abordables.

CASCAIS

(2750) 214 130 hab.

• Plan *p. 177*

Posée à la proue du Portugal, Cascais (à prononcer « cache-cahich ») a vu cingler vers le large les grands découvreurs, avant de sombrer dans la douce torpeur des stations balnéaires. En 1870, le roi Louis Ier du Portugal, passionné d'océanographie, y fit aménager les appartements du gouverneur en palais royal. La cour et la haute bourgeoisie suivirent dans un frou-frou de bains de mer, de bals et de soirées forcément huppées.
Un siècle et demi plus tard, Cascais (jumelée avec Biarritz) s'est nettement densifiée. Mais sous sa croûte de développement urbain bat encore le cœur d'un vieux village aux ruelles blanches très élégantes et fleuries. Là, une forteresse du XVIIe s (un peu trop) restaurée épouse une succession de criques et de modestes plages de sable blond. Les boutiques un peu chics et les visiteurs y affluent, façon Saint-Tropez, les yachts en moins. Résultat : on a bien du mal à trouver de la place sur les terrasses du largo de Camões. L'ambiance reste au demeurant fort agréable.

Arriver – Quitter

Terminal des bus *(plan B1) : au-dessous du grand centre commercial Cascais Villa. Compagnie **Scotturb.** ☎ 214-699-125. • scotturb.com •*
➢ ***Estoril*** *(gare) :* ttes les 10-25 mn 6h10-0h20, avec les nos 411, 412 (exprès) ou 418. Trajet : 15-30 mn, mais il ne faut que 4 mn de train ou 25 mn à pied par la promenade des plages.
➢ ***Sintra :*** direct par le no 417, ttes les 40-60 mn, 7h20 (8h10 dim)-19h50, par le no 418 ttes les 40 mn à 1h30 6h10-23h25, ou par la jolie route côtière (ligne no 403) via le cabo da Roca, ttes les 30-60 mn 8h40-20h40 (trajet : 1h).

Gare ferroviaire (plan B1) **:** largo da Estação. ● cp.pt ●

➢ **Estoril et Lisbonne** (gare de Cais do Sodré) **:** ttes les 12-30 mn 5h30-1h30. Trajet : respectivement 4 mn et 35-40 mn. Billet simple : 2,25 € + 0,50 € le *pass* rechargeable. *Tourist TravelCard* à charger sur la carte Viva Viagem (0,50 €) valable 1 à 3 j., 6-13,50 €.

– Pas simple de se garer à Cascais ! Lorsque, enfin, on trouve une place dans la rue, il en coûte 1 €/h, tlj 9h-20h, avec un maximum de 4h au même endroit. Pour ne pas vous retrouver ruiné, on vous conseille le parking situé à côté du parque Marechal Carmona *(plan A2)*, à 5 €/j. L'entrée est en face de la casa das Histórias Paula Rego.

Adresses et infos utiles

Office de tourisme (plan B1) **:** *praça 5 de Outubro. 912-034-214. ● visitcascais.com ● Tlj 9h-18h (20h mai-sept).* Plan de la ville, résa d'hôtels et excursions.

Mobi Cascais : ● *mobicascais.pt* ● C'est le service Vélib' de la ville. Il dispose d'une douzaine de stations de vélos, notamment devant la gare *(plan B1,* ***1****)* et une autre devant le parque Marechal Carmona *(plan A2,* ***2****)*. Il y en a aussi 3 à Estoril.

Location de vélos : *devant la gare (plan B1,* ***1****), dans un kiosque, et au* posto de informação de turismo de natureza, *devant le parque Marechal Carmona (plan A2,* ***2****). Dans les 2 cas, tlj 10h-19h (17h oct-avr). Compter 2 €/h ou 6 €/j.* Une piste cyclable se déroule sur 10 km jusqu'à la praia do Guincho.

Location de vélos et de scooters (plan B1, **3**) **:** *avec* ***Tomorrow's Adventure,*** *dans la gare. 967-287-969. ● tomorrowsadventure.pt ● Tlj 10h-19h (18h en été). Compter 5-10 €/j pour un VTT ou un vélo classique, 10-30 € pour un vélo électrique et 20-50 € pour un scooter (50 ou 125 cc).* On y parle français. Les tarifs comprennent une assurance assistance, même en cas de simple pneu crevé (intervention sous 15 mn) ! Des vélos sont également disponibles pour les enfants. Le propriétaire propose aussi des visites guidées de la région, jusqu'à 16 personnes.

Laverie libre-service (plan A1, **4**) **:** ***Mary Clean,*** *rua Herculano, 25 C. Tlj 11h-23h.*

Où dormir ?

De bon marché à prix moyens

Nice Way Cascais (hors plan par B1, **10**) **:** *av. Tenente Coronel José Pessoa, 15. Direction Sintra. ☎ 214-863-660. ● info@nicewaycascais.com ● nicewaycascais.com ● Congés : déc-fév. Dortoirs 4-12 lits 15-35 €/pers selon taille et saison, doubles 50-150 €, petit déj inclus.* Occupant une vieille maison du centre, cette AJ pimpante décline tous les classiques du genre : 4 dortoirs mixtes et 1 pour les filles, avec rideaux, casier, lampe et prise électrique pour chaque lit, 5 chambres privées pas géantes à la déco joliment individualisée (1 avec sa propre salle de bains), une grande cuisine, un petit jardin très cool à l'arrière avec bar et canapé, des soirées barbecue et tapas, sans oublier des cours de surf et de yoga (en saison, le yoga). Cool, on vous dit !

Ljmonade Hostels & Suites (plan A2, **11**) **:** *rua Manuel Joaquim Gama Machado, 4A-6. 916-880-056. ● hostel@ljmonade.com ● ljmonade.com ● Dortoirs 4-6 lits 15-25 €/pers selon taille et saison, doubles 45-95 €.* Plus étroit mais plus calme que le *Nice Way,* le *Ljmonade* occupe 2 petites maisons attenantes à 5 mn à pied à l'ouest du centre, dans un quartier résidentiel tranquille. On y trouve 3 dortoirs (dont 1 pour les filles), 3 chambres avec salle de bains privée et 4 autres avec sanitaires partagés – un peu légers en nombre. Il y a aussi

LISBONNE ET SES ENVIRONS

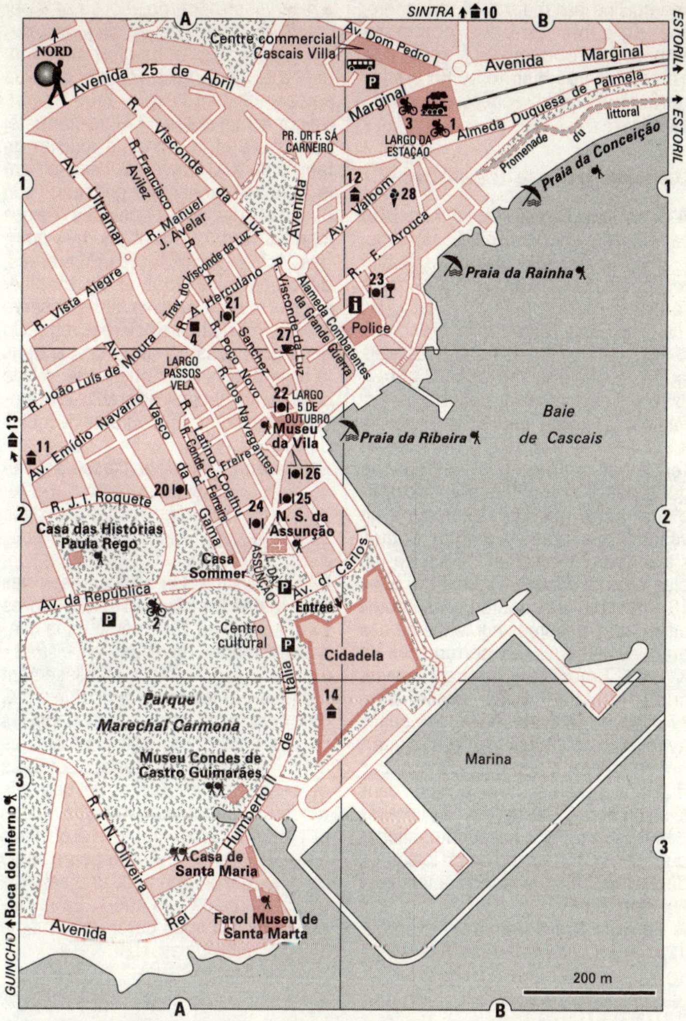

CASCAIS

Adresses utiles

- Office de tourisme (B1)
- **1 et 2** Mobi Cascais et location de vélos (A2 et B1)
- **3** Location de vélos et de scooters (B1)
- **4** Laverie libre-service (A1)

Où dormir ?

- **10** Nice Way Cascais (hors plan par B1)
- **11** Ljmonade Hostel & Suites (A2)
- **12** Pérgola Boutique Hotel (B1)
- **13** Casa Vela Guest House (hors plan par A2)
- **14** Pestana Cidadela Cascais (A3)

Où manger ?

- **20** Casa dos Pescadores – O Cantinho da Bélinha (A2)
- **22** Dom Pedro I (A2)
- **23** Café Galeria House of Wonders (B1)
- **24** 5 Sentidos (A2)
- **25** Confraria (A2)
- **26** Pizzeria Italia (A2)

Où manger un *pastel de nata* ou une glace inoubliable ?

- **27** Bijou (A1-2)
- **28** Santini (B1)

une cuisine par maison et, à l'arrière, une agréable terrasse commune semée de coussins. L'ensemble est clair et très bien tenu. En prime : verre de vin offert, soirées et location de vélos.

De plus chic à très chic

Casa Vela Guest House *(hors plan par A2,* ***13****)* **:** *rua dos Bem Lembrados, 17. ☎ 218-093-996. • casavela@casavela.pt • casavelahotel.com • À 5 mn à l'ouest du centre, près de la casa das Histórias Paula Rego (de là, prendre la rue Guilherme Gomes Fernandes, puis la 2e à gauche et la 2e à droite). Doubles 87-160 € selon saison, petit déj inclus. Parking possible seulement dans la rue (env 8 €/j.).* Ah, quelle belle oasis ! Tenue par un Portugais francophone qui a passé son enfance au Mozambique, cette *guesthouse* occupe un vaste jardin boisé au cœur duquel s'alanguit une piscine. On est en fait plus près de l'hôtel de charme, avec 18 chambres (très confortables) toutes différentes, décorées sur le thème des grandes découvertes portugaises du XVIe s – Timor, Goa, Macao, poivre, curry, etc. Leur taille oscille entre 17 et 28 m² et il y a même des suites avec cuisine (38-52 m²). La plupart ont un balcon. En prime : *honesty bar,* machine à expresso à disposition dans le salon et petit déj servi à des horaires très flexibles. Pour l'anecdote, sachez que le boss, tombé fou de ski lorsqu'il a débarqué d'Afrique, est commentateur sur Eurosport !

Pérgola Boutique Hotel *(plan B1,* ***12****)* **:** *av. Valbom, 13. ☎ 214-840-040. • reservations@pergolahouse.pt • pergolahouse.pt • Congés : mi-janv. Doubles 98-185 € selon confort et saison, petit déj-buffet inclus. Parking possible seulement vers la gare (env 10 €/j.).* Séjour en amoureux ? Ultra-centrale, cette belle et confortable maison de famille du XIXe s, avec *azulejos* ornant les fenêtres, donne sur un jardin fleuri où ont été disposées quelques chaises longues. Les 12 chambres, très cosy, très léchées, sont toutes différentes, décorées avec goût et du mobilier ancien, même si elles ont conservé leurs salles de bains colorées rétro. On aime bien aussi le salon cossu dans le style british, avec cheminée, relevé d'*azulejos.* Accueil adorable en français. Attention, pas d'enfants de moins de 10 ans !

Pestana Cidadela Cascais *(plan A3,* ***14****)* **:** *av. Dom Carlos I. ☎ 214-814-300. • fo.pousadascascais@pestana.com • pestanacollection.com • Doubles 210-350 € selon confort et saison, petit déj inclus.* On ne s'adresse pas ici à toutes les bourses ! Ce 5-étoiles s'est installé au sein même de la citadelle restaurée, devenue « *art district* » (un bien grand mot). L'établissement joue les contrastes avec, d'un côté, des chambres aménagées dans les parties anciennes, très confortables mais nécessairement assez sombres et confinées, et de l'autre une aile moderne avenante avec baies vitrées et petite terrasse. Ajoutons 2 piscines (une intérieure, une extérieure avec *deck* en gazon), un spa, une salle de gym et 2 restos très chers. En revanche, il faudra vous garer vous-même *(à 3 mn, parking payant).*

Où manger ?

Beaucoup de restos attrape-touristes se regroupent autour du largo de Camões et derrière le largo Cidade Vitória.

De très bon marché à prix moyens

Casa dos Pescadores – O Cantinho da Bélinha *(plan A2,* ***20****)* **:** *av. Vasco da Gama, 133. ☎ 214-822-504. Tlj 12h-23h sauf lun. Plats 8-20 €.* C'est la cantine de l'association des pêcheurs. Le week-end, le lieu est envahi par les familles portugaises et les tables se font rares, tant à l'intérieur (sombre) que sous la véranda de la courette. Au menu : du poisson grillé, bien sûr, et des fruits de mer, selon le retour de pêche – affiché sur le grand tableau noir à l'entrée. Ne vous attendez pas à un service 4 étoiles.

Dom Pedro I (plan A2, **22**) : *beco dos Inválidos, 32. Petite ruelle entre l'hôtel de ville et l'office de tourisme. ☎ 214-833-734. • mail@dompedrocascais.com • Tlj, sauf w-e, 12h-14h30, 19h-22h (21h30 en basse saison). Plats 9-16 €.* Planquée dans l'angle d'une ruelle partant à droite de l'hôtel de ville, voici une adresse appréciée des initiés. Poissons et viandes se partagent la carte à égalité pour des plats gourmands, et, si la salle est un peu vieillotte (mais typique), nous avons craqué pour les 4 tables coincées en « terrasse » et pour le service vraiment sympathique.

Café Galeria House of Wonders (plan B1, **23**) : *largo da Misericórdia, 53. 911-702-428. • anna@house-of-wonders.eu • Tlj 9h-23h. Buffet 10-15 €.* Très appréciée de la clientèle féminine, cette adresse fait la part belle à une cuisine saine : pas de congelé ni de micro-ondes, mais un buffet de « *mezze* » (en fait, plutôt des salades de légumes) à base de produits frais locaux, du houmous maison, ou encore une trilogie de petits plats chauds (du jour) à 10 €. Outre la salle de resto en bas, on peut squatter la placette du niveau supérieur ou la terrasse de l'étage – idéale pour s'enfiler un cocktail de jus de fruits en lézardant. Et pour ceux qui préfèrent le jus de houblon, il y a aussi des bières artisanales...

De prix moyens à plus chic

Confraria (plan A2, **25**) : *R. Luís Xavier Palmeirim, 14. ☎ 214-834-614. Tlj midi-minuit (sam 2h). Menu pour 2 à 47,50 €.* Au choix : grande terrasse noyée sous un bougainvillier ou salle épurée à la déco contemporaine. Tiens un resto japonais ! Mais de haute volée ! Plats de poissons (*ceviche*, sushi, sashimi) revisités. Ça fond, ça croque, ça pétille sous les papilles. Associations de saveurs rares et présentation superbe. Les amateurs apprécieront. Excellent service.

Où manger un *pastel de nata* ou une glace inoubliable ?

Bijou (plan A1-2, **27**) : *rua du Regimento 19 de Infantaria, 55. ☎ 214-830-283. Tlj 8h-22h.* Si les restos de l'esplanade ne sont pas vraiment recommandables, cette pâtisserie, fondée en 1929, offre une escale parfaite pour déguster un café serré avec son incontournable *pastel de nata*. Il y en a même au caramel et aux fruits rouges. Belle terrasse sur la place.

Santini (plan B1, **28**) : *av. Valbom, 28 F. ☎ 214-833-709. Tlj 11h-20h. Également av. Combatentes, 102.* La queue, souvent longue, devrait vous l'indiquer. On y a léché certaines des meilleures glaces au monde. Sans blague ! Parmi la vingtaine de parfums : la fraîcheur de la pomme verte, l'excellente mangue, la succulente framboise, la surprenante *marabunta* au chocolat et noix grillées...

À voir. À faire

🎈 ***Museu da Vila*** *(plan A2)* **:** *largo 5 de Outubro. Tlj, sauf j. fériés, 10h-18h (pause 13h-14h le w-e). GRATUIT.* Installé au rez-de-chaussée de l'hôtel de ville, à la façade enchâssée de 7 saints en *azulejos*, ce petit musée moderne se penche sur l'histoire de Cascais à travers quelques objets, de vieilles photos et des cartes postales.

🎈 ***Nossa Senhora da Assunção*** *(église paroissiale ; plan A2)* **:** *ouv pdt les fêtes et célébrations.* Datant du XVIe s, elle conserve son décor de bois sculpté et doré et de nombreux panneaux d'*azulejos*.

🎈🎈 ***Museu Condes de Castro Guimarães*** *(plan A3)* **:** *sam, dim 10h-13h et 14h-18h, 10h-18h le reste de la semaine. Entrée : 4 € ; réduc, gratuit moins de 11 ans.* Il occupe le palais des comtes de Castro Guimarães, bâti en 1897 au fond d'une crique. Dans un décor aux influences orientales notables (le patio évoque l'Alhambra), on découvre un bel ensemble de peintures et sculptures portugaises et européennes, du mobilier indo-portugais, des horloges françaises et autres pièces d'arts décoratifs semées au gré des salles. Le salon de musique conserve un grand orgue et des *azulejos* du XVIIe s, et la tourelle renferme une collection d'armes. À l'arrière, on accède librement au vaste ***parque Marechal Carmona*** *(tlj 8h30-19h45 en été, 17h45 en hiver).* Ici, on nourrit les poules et les canards se promenant en liberté, et on se couche sur le gazon ou sur les chaises longues aimablement disposées sous les arbres par la municipalité.

🎈🎈 ***Casa de Santa Maria*** *(plan A3)* **:** *praça Farol. Tlj, sauf lun et j. fériés, 10h-17h (pause 13h-14h le w-e). Entrée : 5 € (billet aussi valide au phare) ; réduc, gratuit moins de 11 ans.* Bâtie en 1902 en bord de mer, cette demeure abrite un superbe ensemble d'*azulejos* baroques remis en scène dans l'escalier et à l'étage. Ne manquez pas la *sala das Caravelas,* avec ses bateaux peints au plafond et sa terrasse-pergola sur la mer.

🎈 ***Farol Museu de Santa Marta*** *(plan A3)* **:** *à côté de la casa de Santa Maria. Mêmes horaires et billet.* Cet espace tout blanc raconte joliment, en portugais et en anglais, l'histoire de ce phare, et aussi de tous ceux du pays. Nostalgie et technologie font ici bon ménage. Les lentilles Fresnel made in France sont impressionnantes.

🎈 ***Casa das Histórias Paula Rego*** *(plan A2)* **:** *av. da República, 300. ☎ 214-826-970. • casadashistoriaspaularego.com • Tlj, sauf lun et j. fériés, 10h-18h (dernière entrée 20 mn avt ; fermé 13h-14h le w-e). Entrée : 5 € ; réduc ; gratuit moins de 18 ans.* L'édifice, contemporain, conçu par l'architecte Eduardo de Mora, rappelle les cheminées des cuisines du palais de Sintra avec ses 2 « pyramides ». Il a été choisi par Paula Rego, peintre portugaise de renommée internationale, née en 1935 à Lisbonne, pour exposer ses œuvres (par roulement tous les 6 mois environ) – qui empruntent notamment à l'expressionnisme et au pop art. L'artiste a passé une grande partie de sa vie à Londres, où elle demeure encore. Superbe café sur place.

🎈 ***Boca do Inferno*** *(hors plan par A3)* **:** *à 2 km au sud-ouest de la ville. Accès facile à pied ou à vélo (piste cyclable), ou bus nº 427, ttes les 10-15 mn 7h40 (8h50 w-e et j. fériés)-21h15.* La Bouche de l'Enfer n'a rien de démoniaque par temps calme : ce n'est qu'une excavation dans la falaise où la mer s'engouffre (parfois) avec fracas. L'enfer, ici, serait plutôt le vol... Ne laissez rien de visible dans votre voiture. Étonnamment, le resto installé sur place tire bien son épingle du jeu pour qui voudrait déjeuner de poissons ou fruits de mer face à l'océan (voir ci-après « Où dormir ? Où manger chic sur la côte ? »).

🎈 ⛱ ***Plages*** **:** plusieurs plages soulignent le littoral de la commune. La plus petite, la ***praia de Ribeira*** *(plan A-B2),* au pied même du largo 5 de Outubro, est vite envahie aux beaux jours. En contrebas de la gare, la ***praia da Rainha*** *(plan B1)*, au sable caramel veillé par une corolle de falaises, est (un peu) plus tranquille. Elle précède, plus à l'est, la grande ***praia da Conceição*** *(plan B1)*, où commence la promenade littorale qui conduit (en 20-25 mn env) jusqu'à Estoril de plage en plage. Ces tapis de sable sont noirs de monde à la belle saison et le train qui passe juste en arrière n'est pas très avenant...

EN SUIVANT LA ROUTE CÔTIÈRE VERS SINTRA

Aux zones urbaines de Sintra succèdent vers l'ouest une côte rocailleuse et, bientôt, de splendides dunes et plages sauvages. Le secteur peut se visiter en bus, par les n°s 405 ou 415, qui effectuent chacun une boucle en sens contraire *(ttes les 25-45 mn lun-ven 7h40-20h ; ttes les heures w-e 7h15-18h30).* **Sinon, une piste cyclable suit en partie le littoral.**

Où camper ?

⛺ ***Orbitur Parque de Campismo Guincho*** (carte Ouest de Lisbonne et serra de Sintra, **10**) **:** *lugar de* ***Areia****, Guincho. ☎ 214-870-450. • infoguincho@orbitur.pt • orbitur.pt • À 6 km de Cascais par les terres ou à 10 km par la jolie route côtière. Au niveau de la plage de Guincho, en venant de Cascais, prendre à droite (fléché « Campismo ») ; c'est 1 km plus haut. Tte l'année. Pour 2 pers avec tente et voiture, 19,50-48,50 € selon saison ; caravanes, mobile homes et bungalows 49,50-186 € selon taille (2-5 pers) et saison.* Ombragé par un toit de pins parasols, le camping est attenant aux dunes de Cresmina. Bon niveau d'installations sanitaires. Piscine, tennis, bar, resto, laverie et supérette. Accueil très sympa.

Où dormir ? Où manger chic sur la côte ?

🏠 ***Convento de São Saturnino*** (carte Ouest de Lisbonne et serra de Sintra, **11**) **:** *à* ***Azóia*** *(2705-001), à 5,5 km au nord de Malveira da Serra. ☎ 219-283-192. • contact@saosat.com • saosat.com • De la N 247, prendre vers le cabo da Roca, puis à 150 m un chemin sur la gauche (fléché) ; c'est à env 1 km. Doubles 120-160 € (dégressif dès 2 nuits) selon vue, confort et saison, petit déj inclus.* On adore cette adresse secrète, atteinte en suivant une route cabossée jusqu'à un portail préservant la tranquillité des lieux. Niché dans un vallon tapissé par le maquis, vierge de toute autre construction, voilà un vénérable monastère de poche (XIIIe s) réinventé en hôtel de charme. Le propriétaire, français, est un savant décorateur qui a collecté de beaux objets des XVIe-XVIIIe s. La maison regorge de marches, de passages desservant des petits coins cosy (attention la tête !). Les 10 chambres, charmantes, se répartissent dans 2 édifices – certaines avec vue mer imprenable, comme la « Sea view Suite C ». Une piscine occupe une ancienne citerne. Bon petit déj servi en terrasse ou dans l'ancienne cuisine.

|●| Plusieurs restaurants sont implantés sur le littoral entre Cascais et Guincho avec, en vedette, la vue sur la mer et le coucher de soleil, le poisson et les fruits de mer. Ça commence par le ***Mar do Inferno*** *(carte Ouest de Lisbonne et serra de Sintra ; ☎ 214-832-218)*, à la Boca do Inferno, pour continuer avec le ***Furnas do Guincho*** *(carte Ouest de Lisbonne et serra de Sintra,* ***20*** *; ☎ 214-869-243)*, un cran plus chic, et le ***Monte Mar*** *(carte Ouest de Lisbonne et serra de Sintra,* ***21*** *; ☎ 214-869-270)*, le plus smart. Les prix sont dans tous les cas élevés *(40-50 €/pers)* et on paie le plus souvent au kilo, même si le *Mar do Inferno* propose un plateau de poisson et fruits de mer à 39,50 €

pour 2 qui retient l'attention. Dans tous les cas, pensez à réserver et faites attention à l'addition, elle grimpe vite !

Restaurante Piscina Azenhas do Mar *(carte Ouest de Lisbonne et serra de Sintra,* **22**) : *à* ***Azenhas do Mar,*** *à env 10 km au nord du cabo da Roca. ☎ 219-280-739. • azenhas-do-mar@sapo.pt • Tlj 12h-22h (23h en été). Plats 18-40 € ; menu « touristique » 25 €.* Azenhas do Mar ? Une bourgade blanche agrippée à son promontoire marin, dominant une crique sablonneuse où se niche ce resto. On fait ici dans le classique : baies vitrées pour profiter du panorama, bruit du ressac, fruits de mer et poissons frais du secteur – levés à votre table. Les prix sont un peu élevés, mais la qualité est là et le service est pro. Le menu est d'un bon rapport qualité-prix.

LISBONNE ET SES ENVIRONS

À voir. À faire

Forte de São Jorge de Oitavos : *à 5 km à l'ouest de Cascais, sur la route côtière (N 247). Tlj sauf lun et j. fériés 10h-17h (coupure 13h-14h le w-e). Entrée : 3 € ; réduc.* Ce fortin bâti au XVIIe s le long de la côte rocheuse gardait l'accès au port de Lisbonne. Ses murailles peu élevées, enchâssées d'échauguettes à chaque angle, abritent désormais une expo consacrée à son rôle historique.

Praia da Cresmina : *à env 8 km de Cascais par la route côtière (N 247).* Cette belle plage sauvage étire sa corolle entre le moutonnement des dunes (voir ci-dessous) et le promontoire occupé par l'hôtel *Fortaleza do Guincho* – hors de prix mais sympathique pour prendre un verre.

Duna da Cresmina : *accès au sentier face à l'hôtel* Fortaleza do Guincho *ou, plus loin, depuis la route menant au camping.* Les vents puissants soufflant du large ont accumulé une quantité considérable de sable au-dessus des plages de Cresmina et de Guincho. Il « migre » ainsi au travers du cap pour retomber en mer vers Oitavos. Le parcours, sur des passerelles en bois, pénètre le cœur du champ de dunes, au-dessus duquel a été aménagé un café-centre d'interprétation *(tlj 9h-18h).* On n'y interprète pas grand-chose, mais on y fait une super pause avec vue !

Praia do Guincho : *à env 11 km de Cascais par la route côtière (N 247), puis à gauche après la bifurcation menant au camping (fléché « Praia do Abano »).* ***Attention,*** *ne laissez rien traîner dans votre voiture sur le parking !* C'est la plage vedette de la région. Très large et venteuse, elle est le paradis des surfeurs. Plusieurs championnats y sont organisés. Les baigneurs se méfieront de ses courants, dangereux. En continuant par la piste, on atteint le ***fortin*** et la ***plage d'Abano.*** De là, ceux qui ont envie de se dégourdir les jambes suivront un morceau du superbe ***GR 11*** le long des falaises ; n'allez pas trop loin, il grimpe ensuite vers l'intérieur des terres.

Cabo da Roca : *à 16 km au nord-ouest de Cascais (20 km par la route côtière). Le bus no 403 dessert le cap sur son trajet entre Cascais et Sintra, ttes les 30 mn à 1h 8h40-20h40 depuis Cascais, 9h-19h10 depuis Sintra.* Le cabo da Roca, c'est un peu la pointe du Raz portugaise – le point le plus occidental du continent européen. À la longitude de 9° 30' ouest, cette falaise abrupte, dernier soubresaut de la serra de Sintra, surplombe l'Atlantique du haut de ses 140 m. Selon Pline, les Lusitaniens y adoraient la Lune. Luís de Camões en parle dans ses *Lusiades* comme le lieu « où la terre finit et où la mer commence ». Pas besoin d'être poète pour écrire ça, direz-vous. L'endroit, battu par les vents, est assez magique hors saison, mais envahi en été. Accrochez-vous à votre volant et tenez ferme votre chapeau et vos lunettes de soleil les jours de tempête.

Praia Grande : *à 11 km au nord du cabo da Roca.* Rendez-vous des surfeurs, cette longue plage battue par la houle est assez développée, avec plusieurs *surf shops.* Ceux qui rêvent d'Hawaii iront casser la croûte au *Pipeline* – ou au joli *Bar do Fundo,* tout en bois, planté à l'extrémité sud du tapis de sable. Plus chic et très bien aussi : le *Nortada,* sur la falaise. À voir pour les enfants : des traces de dinosaures !

➢ Le GR 11 (balisé) longe joliment la ***côte atlantique*** avec quelques incursions dans les terres. On peut notamment le suivre depuis Cascais (ou la praia do Guincho) jusqu'à la plage de Magoito, sur environ 35 km, en passant par les praias da Adraga, Grande, das Maçãs et da Aguda.

SINTRA

(2710) 6 230 hab.

• Plan La serra de Sintra *p. 185* • Sintra – zoom *p. 187*

« C'est la chose la plus belle que j'aie jamais vue. C'est ici le véritable jardin de Klingsor - et là-haut se trouve le château du Saint-Graal. »

Richard Strauss.

Ignorant le proche littoral et ses écrasantes torpeurs estivales, cette petite ville très étalée s'accroche à sa montagne, au cœur d'un massif tapissé de forêts aussi superbes que profondes. Les brumes marines dérivent souvent jusque-là, enrobant dans un voile de mystère ses châteaux perchés, ses palais et ses *quintas* (domaines), souvent farfelus, retirés dans la sérénité de vastes parcs et jardins où prospèrent - notamment - les fougères arborescentes. Autant de *retiros,* où l'on faisait retraite, l'été venu, pour se protéger de la canicule.
Sintra est une ville désinhibée, comme sortie d'un conte de fées, où l'imaginaire des architectes romantiques s'est donné libre cours au XIXe s. Le néogothique y règne, mâtiné de touches Renaissance, mauresques et même mogholes ! L'Unesco a classé au Patrimoine mondial cette grande folie attachante, où l'on peut rester 2 jours pour tout explorer.
- ***Conseils :*** évitez les grands week-ends, toujours noirs de monde, ainsi que le lundi, jour d'affluence – les musées nationaux de Lisbonne étant fermés ce jour-là.

UNE COLLINE INSPIRÉE

Si Sintra, par sa position privilégiée, a attiré les rois du Portugal depuis le Moyen Âge, c'est à la fin du XVIIIe s et au XIXe s que la ville a véritablement connu son âge d'or – façonné par la rencontre de l'aristocratie portugaise et des voyageurs (essentiellement britanniques) de l'époque romantique.
Parmi les pionniers, citons ***William Beckford,*** richissime écrivain-collectionneur, tombé amoureux du domaine de Montserrate, où il réside de 1793 à 1808, ajoutant au parc cascade et faux cromlech (alignement de menhirs), dans l'esprit du moment. Dès l'année suivante, ***lord Byron*** rend hommage au lieu, enveloppé par la torpeur de l'abandon, lançant par ses écrits de nombreux voyageurs sur les traces de ce « glorieux Éden »...
En 1838, le « roi artiste » ***Fernando II*** acquiert un vieux monastère perché au-dessus de Sintra pour le remanier à son goût : ce sera le très éclectique et farfelu *palais de la Pena.* Il y partage son temps avec le *chalet de la comtesse d'Edla,* sa maîtresse suisse, la cantatrice Elisa Hensler - épousée en 2des noces, en 1869, après son veuvage.

À cette époque, pléthore d'artistes fréquentent Sintra, comme l'écrivain danois ***Andersen,*** qui y passe en 1866. 4 ans plus tard, ***Eça de Queiroz,*** considéré comme le Balzac portugais, écrit *Le Mystère de la route de Sintra* dans une chambre du *Lawrence's Hotel* (toujours existant).
Hommes d'affaires, commerçants et rentiers sont toujours plus nombreux à s'installer, comme le marchand et collectionneur d'art anglais ***Francis Cook,*** qui rachète Montserrate et fait aménager le palais néo-moghol que l'on connaît aujourd'hui. Le riche esclavagiste ***Manuel Pinto da Fonseca,*** alias « Montecristo », fait bâtir en 1865 la *quinta do Relogio* dans un style néomauresque ; le futur roi dom Carlos et son épouse Amelia y passent leur lune de miel en 1886. Bientôt surgissent de terre le « chalet » Biester (1890) – qui a fait une apparition à l'écran dans *La Neuvième Porte* de Roman Polanski – et la fantastique *quinta da Regaleira* (1904-1910) de ***Carvalho Monteiro,*** alias « Monteiro le millionnaire », aussi excentrique que fortuné. Un sacré domaine qui multiplie les allusions à la franc-maçonnerie, à l'alchimie et aux templiers !

Arriver – Quitter

Gare ferroviaire *(plan Serra de Sintra, A-B1)* **:** *av. Dr Miguel Bombarda.* • *cp.pt* • *Au nord de la ville, à env 1 km du Palácio nacional.* Petit bureau d'infos touristiques *(☎ 219-241-623).* Les bus nos 433, 434 et 435 mènent au Palácio nacional.
➢ ***Lisbonne :*** ttes les 6-30 mn depuis la gare du Rossio, 5h20-0h20 ; env 40 mn de trajet. Billet : 2,75 €. Également vers la gare d'Entrecampos (36 mn) et do Oriente (46 mn), ttes les 4-30 mn 5h-minuit env. Dans tous les cas, le train passe par Queluz. Ne pas descendre à Portela de Sintra...

Terminal d'autobus *(plan Serra de Sintra, A1)* **:** *devant la gare.* *☎ 214-699-100.* • *scotturb.com* •
➢ ***Cascais :*** le n° 403 passe par la côte, avec arrêt au ***cabo da Roca*** (ttes les 30-60 mn tlj 9h-19h10). Le n° 417, plus rapide, passe par les terres ; ttes les 40-60 mn ; tlj 6h20-22h35 (7h05-20h30 le w-e).
➢ ***Estoril :*** par le n° 418 ; ttes les 50 mn 6h20-22h35 (23h20 sam, 20h50 dim).
➢ Un adorable ***vieux tram*** centenaire *(eléctrico de Sintra)* fait l'A/R jusqu'à la praia das Maçãs fin mars-fin oct, avec 3 rotations/j. en sem et 6 le w-e et les j. fériés, 10h20-16h (17h) ; dernier retour à 17h (18h). Service le w-e seulement en hiver. Trajet : 45 mn. Billet : 3 € ; réduc.

– Il est extrêmement difficile de circuler et de se garer à Sintra en haute saison ! On vous conseille de venir en train. Si vous êtes en voiture, vous pourrez (peut-être) vous garer gratuitement rua Dr Vasco Vidal, derrière la gare *(plan Serra de Sintra, A-B1),* ou sur le parking situé en contrebas du Palácio nacional, devant le museu Teixeira *(plan Serra de Sintra, A2),* accessible par la rua de Rio do Porto. Bien planqué, ce dernier est un peu moins encombré, mais il faut ensuite remonter à pied vers le centre ! Ailleurs, le stationnement est limité à 7h *(0,80 € la 1re heure, puis 1,20 €/h en été ; max 4,10 € oct-mars).*

Adresses et infos utiles

@ ***Wifi*** gratuit dans le centre de Sintra !
Ask me Sintra *(zoom A2)* **:** *praça da República, 23. ☎ 219-231-157. Tlj 10h-18h30 (19h juil-août). Fermé 24-25 déc.* Demandez le plan de Sintra et des alentours, les dépliants illustrés (en français) sur les principaux sites et la brochure des balades à pied. ***Pratique :*** on peut y acheter ses billets pour les différents monuments, ce qui évite d'y faire la queue en haute saison (guichet dédié fermé 30 mn plus tôt). L'édifice abrite une exposition consacrée aux mythes et légendes, avec film en 3D *(entrée : 4,50 €, réduc, gratuit avec la Lisboa Card).* ***Annexe*** de l'office de tourisme à la gare *(ouv 10h-12h, 14h30-18h).*

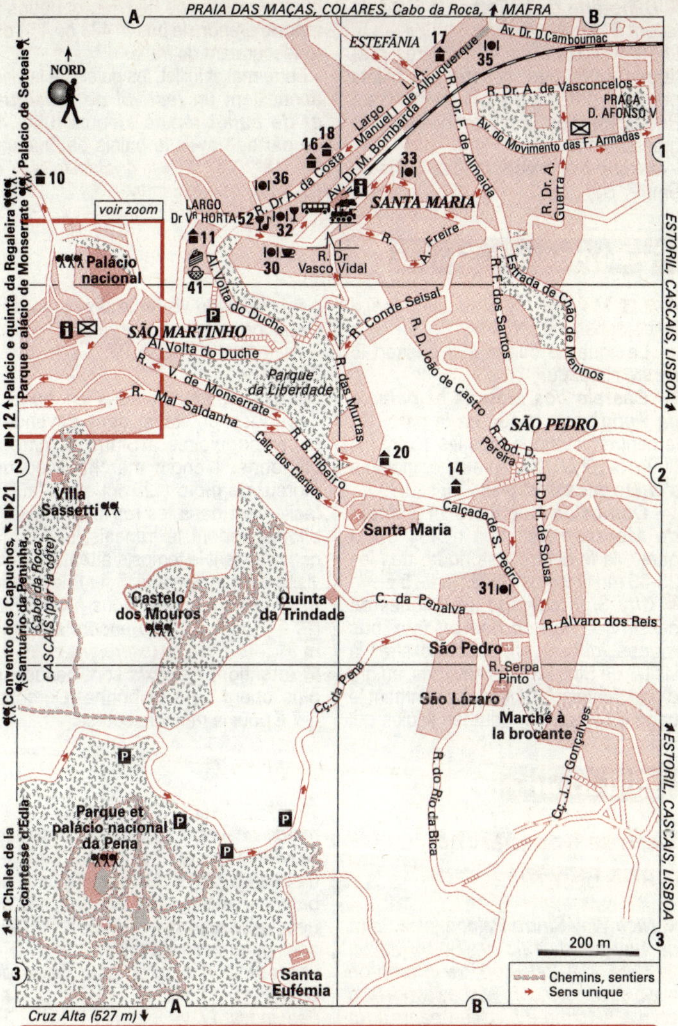

LA SERRA DE SINTRA

Où dormir ?

- **10** Nice Way Sintra Palace (A1)
- **11** Moon Hill Hostel (A1)
- **14** Hotel Sintra Jardim (B2)
- **16** Sintra Bliss House (A1)
- **17** Hotel Nova Sintra (B1)
- **18** Chalet Saudade (A1)
- **20** Quinta das Murtas (B2)
- **21** Chalet Relogio (hors plan par A2)

Où manger ?

- **30** Café Saudade (A1)
- **31** Nau Palatina (B2)
- **32** Incomum (A1)
- **33** D. Pipas (B1)
- **35** Taberna Criativa (B1)
- **36** A Raposa – Casa de Chá (A1)

Où manger (et acheter) des pâtisseries locales ?

- **41** Fábrica das Verdadeiras Queijadas da Sapa (A1)

Où boire un verre ?

- **32** Incomum (A1)
- **52** Legendary Cafe (A1)

■ ***Bilheteria de la Torre do Relógio*** *(zoom B1-2, **1**)* **:** *rua da República. Tlj 9h30-18h.* Un autre endroit très pratique où l'on peut acheter ses billets pour les différents monuments (sauf Pena). En plus, il n'y a souvent pas grand monde.

– ***Marché à la brocante*** *(plan Serra de Sintra, B3)* **:** *les 2e et 4e dim du mois, dans le quartier de São Pedro.* Pour s'y rendre, prendre le bus n° 433 ou 434 en redescendant de Pena.

– Entre mai et juillet, les palais de la ville accueillent un ***festival de musique et de ballet*** réputé (depuis 1950). Il se partage avec le palais de Queluz. *☎ 219-107-110. ● festivaldesintra.pt ● ticketline.pt ● (billetterie).*

Se déplacer à Sintra

☎ 214-699-100. ● scotturb.com ● Billet touristique : 15,50 €/j.

➢ La ligne de bus n° 433 dessert le centre historique.

➢ ***Castelo dos Mouros et palácio da Pena :*** bus n° 434 de la gare, via le centre historique, ttes les 15-20 mn tlj 9h15-19h50. Très pratique, mais ne s'arrête pas s'il est plein. Tarif : 6,90 €.

➢ ***Quinta de Regaleira et palácio de Montserrate :*** bus n° 435 de la gare, via le centre historique, ttes les 25-35 mn tlj 9h40-18h45. Tarif : 5 €.

■ ***City Sightseeing :*** les 2 lignes de ce service *hop-on hop-off* (aux bus rouges) desservent tous les sites à visiter de Sintra et des environs, au gré d'une trentaine d'arrêts – notamment le cabo da Roca – et sont les seules qui permettent de visiter le convento dos Capuchos. *Juil-sept, tlj 9h30-18h30 ; le reste de l'année, tlj 9h30-17h. Tarif : 20 €/pers.*

■ ***Tuk-tuk*** Les balades en *tuk-tuk* (fabriqués en Italie) sont devenues hyper populaires à Sintra comme à Lisbonne. L'engin marche avec un moteur de moto (125 cc) et se faufile facilement dans les ruelles. Plusieurs pilotes parlent le français. Les tarifs comprennent le temps d'attente pour la visite des monuments. Pour une balade à plusieurs adressez-vous à ***City Tuk*** *(☎ 213-530-298)* ou encore ***Dreams*** *(📱 917-488-674 ; ● tukdreams.pt ●)*

■ Attention, les ***taxis*** sont beaucoup plus chers qu'à Lisbonne. Compter 6-7 € pour la moindre course.

Où dormir ?

De très bon marché à prix moyens

🏠 ***Nice Way Sintra Palace*** *(plan Serra de Sintra, A1, **10**)* **:** *rua Sotto Mayor, 22. ☎ 219-249-800. ● info@nicewaysintrahostel.com ● nicewayhostels.com ● À 10 mn à pied (en pente !) du Palácio nacional. Selon saison, dortoirs 4-9 lits 16-25 €/pers, doubles 40-80 €, petit déj inclus.* Occupant une belle et grande maison familiale transformée en *hostel*, cette adresse pourrait aussi s'appeler *Routard Palace* avec ses plafonds à moulures, sa déco pimpante et sa jolie cuisine tout droit venue des années 1940. On y trouve 2 dortoirs bien équipés et 12 chambres, dont 4 avec salle de bains privée. Les autres partagent 3 sanitaires – ceux du rez-de-chaussée étant assez basiques. Ajoutons un petit salon pour papoter, un beau jardin et des apparts dans un bâtiment voisin, avec des touches de déco rétro marrantes. Un bon plan à la cool, comme on les aime.

🏠 ***Moon Hill Hostel*** *(plan Serra de Sintra, A1, **11**)* **:** *rua Guilherme Gomes Fernandes, 17. ☎ 219-243-755. 📱 969-831-095. ● info@moonhillhostel.com ● moonhillhostel.com ● Selon saison, dortoirs 17-25 €/pers, doubles sans ou avec sdb 60-100 €, petit déj inclus.* Central, le *Moon Hill* est confortable, sobre et passe-partout. Occupant 2 bâtiments contigus, les 7 dortoirs mixtes (pour 4) et les 7 chambres sont impeccables, à l'image du salon et de la cuisine. On trouve un vrai resto sur place et un bar. De juin à août, diverses activités sont proposées (dîners, sorties...).

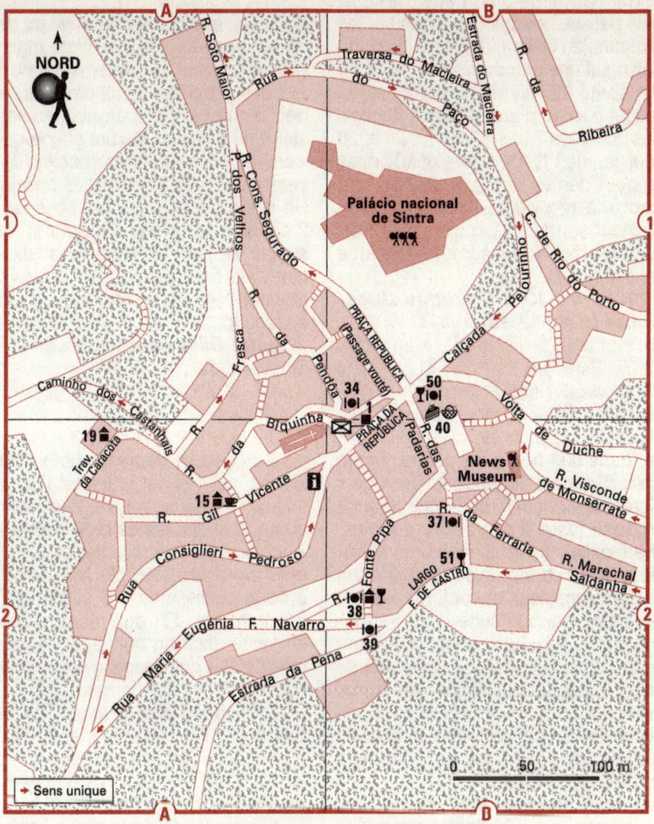

SINTRA – Zoom

Adresses utiles

- Ask me Sintra (A2)
- 1 Bilheteria de la Torre do Relógio (B1-2)

Où dormir ?

- 15 Sintra 1012 Boutique Guesthouse (A2)
- 19 Cinco (A2)
- 38 Águamel Sintra (B2)

Où manger ?

- 37 Tacho Real (B2)
- 38 Tascantiga (B2)
- 39 Villa 6 (B2)

Où manger (et acheter) des pâtisseries locales ?

- 40 Casa Piriquita (B1-2)

Où boire un verre ?

- 50 Loja do Vinho (B1)
- 51 Dona Maria (B2)

De prix moyens à plus chic

Hotel Sintra Jardim *(plan Serra de Sintra, B2,* ***14****) : travessa dos avelares, 12. ☎ 219-230-738. • hotelsintrajardim@gmail.com • hotelsintrajardim.pt • Bus n° 433 vers São Pedro, demander l'arrêt Arrabalde. Doubles 65-105 € selon vue, confort et saison, petit déj en sus. Parking* *gratuit.* On aime bien cette vieille et belle bâtisse bourgeoise posée sur les hauteurs, au cœur d'un vaste jardin où s'alanguit une grande piscine de 25 m. Elle abrite 16 chambres, certaines au cachet ancien, d'autres plus actuelles. Nos préférées ? Les nos 15, 18, 24 et 28 pour la vue ! Il n'y a pas d'AC, mais on peut demander un ventilateur sur pied à la réception. Accueil invariablement souriant. Excellent rapport qualité-prix. Notre adresse préférée dans cette catégorie.

Sintra 1012 Boutique Guesthouse *(zoom A2, **15**) : rua Gil Vicente, 10-12. 918-632-997. • info@sintra1012.com • sintra1012.com • Doubles 50-120 € selon taille et saison, petit déj inclus (pour les extérieurs, 8h30-10h ; 8 €).* On est ici en plein centre, dans une petite rue calme. Tenue par un couple américano-portugais (Karen et Gonçalo), cette *guesthouse* propose juste 2 chambres doubles, une familiale (avec 2 chambres séparées) et un studio (avec kitchenette), tous très spacieux et confortables. On aime beaucoup la suite 1, au rez-de-chaussée, très lumineuse, avec son lit au centre. Le matin, le petit déj se prend autour d'une table commune. Karen accueille aussi des non-résidents, qui peuvent venir profiter de ses pancakes ou de ses œufs dans une ambiance conviviale.

Chalet Relogio *(hors plan Serra de Sintra, par A2, **21**) : estrada da Pena nº 22. ☎ 219-243-539. Doubles 70-130 €, petit déj inclus.* Un peu à l'écart, au milieu des arbres, dans un écrin de verdure. Mieux vaut être motorisé. Une grosse bâtisse haute de plafond aux allures de demeure napoléonienne et de chalet de vacances. Toutes les chambres ne se valent pas, demander à visiter. On aime bien les moins chères avec œil-de-bœuf. Quelques-unes, très vastes, disposent de cheminée.

De plus chic à très chic

Chalet Saudade *(plan Serra de Sintra, A1, **18**) : rua Dr Alfredo da Costa, 21-23. ☎ 210-150-055. • chalet@saudade.pt • Doubles 85-176 € selon confort et saison, petit déj inclus.* La demeure, aux notes Art nouveau, date de la fin du XIXe s. Une vraie maison avec une âme. Complètement rénovée par des propriétaires charmants, elle décline mobilier et parquets anciens, salles de bains en marbre et une quinzaine de chambres très spacieuses et confortables (AC). Familiales possible. Un jardin s'étend en contrebas, avec 2 chaises longues. Personnel très sympa. Le petit déj est servi à l'excellent *Café Saudade,* à 50 m (voir « Où manger ? ») ; un vrai festin ! On aime beaucoup.

Sintra Bliss House *(plan Serra de Sintra, A1, **16**) : rua Dr Alfredo da Costa, 15-17. ☎ 219-244-541. • geral@sintrablisshouse.com • sintrablisshouse.com • Doubles 100-150 € selon catégorie et saison.* Parmi les hôtels classiques, celui-ci est vraiment l'un des mieux. Proche de la gare, bien isolé, il abrite 17 chambres de belle taille (sauf 2 éco plus petites), récentes et très propres, avec moquette, jolie salle de bains à porte coulissante, AC et grande TV à écran plat. En contrebas s'étend un vaste deck en bois avec fauteuils moulés. Pas de parking, mais on trouve souvent de la place derrière la gare.

Hotel Nova Sintra *(plan Serra de Sintra, B1, **17**) : largo Afonso de Albuquerque, 25. ☎ 219-230-220. • info@hotelnovasintra.com • hotelnovasintra.com • Doubles 55-130 € selon saison, petit déj inclus.* Perchée sur une grande terrasse ensoleillée semée de plantes en pot, cette belle maison bourgeoise domine la rue avec prestance. Elle renferme 10 chambres de bon confort (presque toutes avec AC), rénovées avec goût et relevées de tapis colorés. La nº 5, à l'arrière, dispose à la fois d'une tête de lit en *azulejos* et d'une terrasse. La nº 11, au 1er étage, offre une belle vue, comme la nº 21 sous les toits. Réceptionniste et patron parlent français. Demandez-leur de vous aider à monter les valises.

Águamel Sintra *(zoom B2, **38**) : escadinhas da Fonte da Pipa, 3. ☎ 914-502-255. • geral@aguamelsintra.com • Doubles 70-145 €.* Une poignée de chambres pour cette adresse de charme, installée dans une vieille maison rénovée de 1885. Déco parfaite, couleurs pastel délicates et contemporaines, des gadgets et même un balcon ou un feu de cheminée pour les plus grandes. Accueil réservé.

Cinco (zoom A2, **19**) : *tourner à droite après la poste dans la rua da Biquinha, c'est tt au bout. ☎ 219-230-070. • carole@stayatcinco.com • stayatcinco.com • Résa indispensable (disponibilités sur le site). Double env 100 € ; 25 €/pers en plus (max 4 pers). Min 2 nuits (sauf dispo).* La sympathique propriétaire, britannique, loue 2 appartements bien aménagés : l'un au rez-de-jardin de sa maison en pierre, entourée d'un jardin-oasis ; l'autre, façon studio, dans un « cottage » surplombant le potager. Chacun dispose d'une cuisine équipée, d'un salon et d'une terrasse privée fleurie. En prime : une piscine couverte aux atours romains et une vue imprenable sur la campagne !

Quinta das Murtas *(plan Serra de Sintra, B2,* ***20****) : rua Eduardo Van Zeller, 4. ☎ 219-240-246. • info@quintadasmurtas.com • quintadasmurtas.com • Doubles 100-160 € selon confort et saison, petit déj inclus.* Perchée sur les hauteurs, cette grande bâtisse rose aux allures de manoir regroupe une vingtaine de chambres assez différentes. Certaines sont un peu petites, d'autres spacieuses, certaines rénovées, d'autres un peu plus dans leur jus. La plupart sont dans le manoir, mais d'autres se disséminent dans des pavillons plus ou moins gracieux semés en contrebas dans le parc – près d'un étang où coassent les grenouilles et de la piscinette. Il y a quelques triples et quadruples, dont certaines avec une kitchenette, mais aucune n'a l'AC. Au petit déj, 2 aras, volontiers causants et 2 cacatoès. Parking. Accueil courtois.

Où manger ?

De très bon marché à bon marché

Café Saudade *(plan Serra de Sintra, A1,* ***30****) : av. Dr Miguel Bombarda, 6. ☎ 212-428-804. • cafe@saudade.pt • Tlj 8h-18h. Sandwichs, paninis, scones 2,90-9,95 € ; brunch 16-20 €.* Occupant l'ancienne maison de la pâtissière préférée du roi Ferdinand II, ce café chaleureux et convivial multiplie les salles cosy, prolongées par une terrasse. On y goûte le thé des Açores, le seul produit en Europe (depuis 1883), ou le pain de Madère pour les sandwichs ou paninis. Il y a aussi des petits déj, un brunch et de bons cheese-cakes. Les patrons proposent quelques chambres charmantes dans la rue parallèle (voir « Où dormir ? »).

Villa 6 *(zoom B2,* ***39****) : rua Ferraria, 6. ☎ 219-244-353. • villa6.restaurante@gmail.com • Tlj sauf mer. Croquettes 1,50 € ; plats 9,50-12 €.* On vient pour la sympathique terrasse à l'ombre, nichée dans un petit renfoncement, entre 2 escaliers. Plats copieux, servis avec le sourire. Bon rapport qualité prix. Patron jovial, qui n'hésitera pas à vous faire goûter quelques boissons maison derrière son comptoir couvert de rondins de bois en fin de soirée.

Nau Palatina *(plan Serra de Sintra, B2,* ***31****) : calçada de São Pedro, 18. ☎ 219-240-962. • naupalatina.pt • Mar-sam 17h-23h30. Congés : 1 mois en déc-janv.* Exilée dans le quartier de São Pedro, cette adresse de poche assure côté cuisine. Sa devise ? « Redécouvrir la tradition des *petiscos* (tapas) *alentejanos* et naviguer sur les saveurs des 4 vents sans renier l'héritage arabe. » D'avril à octobre, le samedi, on dîne sur fond de fado, de musique traditionnelle ou même de reggae (live), après avoir bu un verre dans la cour ou côté rue. Accueil sympa.

Incomum *(plan Serra de Sintra, A1,* ***32****) : rua Dr Alfredo Costa, 18-22, ou rua Dr Miguel Bombarda, 15. ☎ 219-243-719 (resto) ou 354 (bar à vins). • santos.aromas@gmail.com • Tlj sauf sam midi 12h (16h30 sam)-minuit. Congés : 2 dernières sem de nov. Plats 12-18 €. Petiscos et verres de vin 8-16 €.* Formé à l'*Hôtel du*

Rhône puis au *Lion d'Or* à Genève, le chef Luís Santos a réussi un pari difficile : ouvrir un restaurant de qualité à prix (très) abordables. D'un côté, des petites salles intérieures élégantes, un peu formelles, où l'on déguste une cuisine marquée par la rencontre des produits portugais et du grand savoir-faire européen. De l'autre, un bar à vins, avec tables sur rue, où l'on apprécie les tablettes de fromage et charcuterie, ou les formules avec *petisco* – façon foie gras chaud servi avec son verre de *late harvest*... Un excellent rapport qualité-prix. Les serveurs sont un peu durs à attraper, mais quelle connaissance des vins portugais !

D. Pipas *(plan Serra de Sintra, B1,* ***33****) : rua João de Deus, 62. ☎ 219-234-278. Tlj 12h-15h, 19h-22h, sauf lun. Plats 10-15 €.* Planqué derrière la gare, ce resto familial se distingue par sa clientèle : enfin des Portugais qui y mangent, c'est bon signe ! La déco et la carte sont à l'avenant, 100 % classiques, avec bar, présentoir réfrigéré à desserts, bonne *balcalhau à Brás* à prix léger et grillades de poisson pour les plus en fonds. Essayez donc le *pez espada* à la banane, une recette de Madère ! Le service n'est pas forcément très souriant mais il est diligent.

De prix moyens à plus chic

Taberna Criativa *(plan Serra de Sintra, B1,* ***35****) : av. Héliodoro Salgado, 26. ☎ 210-186-147. • taberna.criativa1@gmail.com • Tlj sauf dim et lun midi 12h-15h, 19h-22h30. Réservez ! Plats 13-25 € ; menu dégustation 60 €.* En s'éloignant du centre touristique, on découvre cette perle, tenue à bout de bras par le chef Vitor Rocha. On le voit s'affairer avec ses aides derrière les vitres, ciselant une jolie cuisine créative, où la morue confite est sublimée aux graines de coriandre, et le carpaccio de porcelet aux carottes est délicatement relevé avec sa sauce épicée... Menu végétarien au besoin. Une vraie belle cuisine, aux accords réfléchis, magnifiée par une musique douce et un lumignon sur chaque table. Un bémol : des portions un peu légères. Ne vous installez pas contre le mur de bouteilles, vous risqueriez d'être dérangé par les serveurs qui viennent s'approvisionner.

Tascantiga *(zoom B2,* ***38****) : ☎ 219-243-242. • tascantiga.pt • tascantiga@gmail.com • Tlj sauf dim en hiver. Tapas 3,70-7,20 €, plats 10-12 €.* Jolie salle intérieure fraîche avec chaises en bois colorées. Terrasse entre 2 volées d'escaliers où l'on joue à cache-cache avec le soleil et les parasols. On coche sur le menu ses choix sous forme de tapas (2-3/personnes). Saucisses, crevettes, œufs marinés... Portions savoureuses. Bon accueil.

A Raposa – Casa de Chá *(plan Serra de Sintra, A1,* ***36****) : rua Conde Ferreira, 29. ☎ 219-243-440. 934-802-896. • aragao_sergio@hotmail.com • Tlj 11h-minuit, sauf dim-lun. Congés : janv. Plats 20-28 €. Apéritif maison offert sur présentation de ce guide.* Derrière la façade à verrière de cette demeure de caractère (datant de 1888) se cache un charmant salon de thé-restaurant aménagé avec goût, dans un décor coquet, soigné et fleuri. Le propriétaire est un jovial Brésilien marié à une charmante Espagnole. La carte est courte et la cuisine savoureuse et fraîche, navigant entre carpaccio de saumon à la mangue, risotto de calamars, joue de porc pochée au vin rouge, tarte aux légumes... Les desserts sont succulents et le choix de thés impressionnant. On est loin des pièges à touristes et, du vendredi au dimanche, on dîne en musique.

Tacho Real *(zoom B2,* ***37****) : rua da Ferraria, 4. ☎ 219-235-277. Tlj sauf mar soir et mer 12h-15h, 19h30-22h. Congés : les 12 premiers j. de sept. Plats 10-32 €.* Dans la salle voûtée, les serveurs attendent au garde-à-vous, nœud pap' bien ajusté et serviette sur le bras. Au sol, des tapis d'Orient réchauffent les fraîches tomettes et donnent une atmosphère chaleureuse – et pas trop guindée – au lieu. Côté cuisine, de bons plats portugais, copieux, avec quelques envolées imaginatives. Un peu cher tout de même.

Où manger (et acheter) des pâtisseries locales ?

Les 2 spécialités de Sintra sont les *queijadas,* petits gâteaux à base de fromage blanc et de cannelle, et les *travesseiros,* à base de pâte feuilletée fourrée de crème d'amande. Ils sont vendus à des prix ultra-démocratiques *(compter 0,90-1,40 €).*

Casa Piriquita *(zoom B1-2,* ***40****) :* *rua das Padarias, 1-3. ☎ 219-230-626. Tlj 9h30-19h (20h30 le w-e).* Fondée en 1862, la maison fabrique « à l'ancienne » *queijadas* et *travesseiros,* à déguster dans une salle rétro pastel. Une annexe *(Piriquita Dois)* a ouvert un peu plus haut, au nº 18, où l'on peut en plus commander un petit plat chaud bon marché le midi et le manger en terrasse. Accueil sympa.

Fábrica das Verdadeiras Queijadas da Sapa *(plan Serra de Sintra, A1,* ***41****) :* *av. Volta do Duche, 12. ☎ 219-230-493. Tlj 9h30-18h sauf lun.* Cette adresse historique (1756 !) a été reprise par une parente du dernier créateur d'authentiques *queijadas* à l'ancienne. 3 tables en terrasse invitent à boire un café tout en se régalant de ces petites douceurs.

Où boire un verre ?

Loja do Vinho *(zoom B1,* ***50****) :* *praça da República, 3. ☎ 219-244-410. Tlj 10h-22h.* Sur la place principale, ce bar à vins propose des dégustations de portos *(10-18 €)* et une trentaine de vins portugais au verre, pas trop chers. On les accompagne de fromages, charcuterie (saucisses), sandwichs ou même salades, sur les 3 tables-tonneaux en terrasse ou dans la petite cave aux murs tapissés de bouteilles.

Voir aussi ***Incomum*** *(plan Serra de Sintra, A1,* ***32****),* dans « Où manger ? ». Notre préféré pour la vraie connaissance du vin des serveurs.

Dona Maria *(zoom B2,* ***51****) :* *largo Ferreira de Castro, 3. ☎ 219-242-033. Tlj 10h-19h sauf lun.* En surplomb du centre historique, ce resto (où l'on ne vous conseille pas de manger) est idéal pour boire un verre au soleil déclinant. Son atout majeur : une terrasse-balcon en bois avec vue panoramique.

Legendary Cafe *(plan Serra de Sintra, A1,* ***52****) :* *rua Dr Alfredo Costa, 8. ☎ 219-243-825. Tlj 10h-2h.* Le samedi soir, DJ ou musiciens débarquent dans ce petit rade pas bien rangé aux serveurs assez apathiques, attirant notamment les résidents du proche *Moon Hill Hostel.* L'occasion de s'envoyer quelques bières.

À voir. À faire

Il existe des *combined tickets,* offrant une réduction de 5-10 % selon le nombre de sites visités (2-6). La *Lisboa Card* donne droit à - 10-15 % et inclut le train pour Sintra (et Cascais), mais celui-ci est très bon marché. Il n'est pas certain que la carte se révèle bien rentable au final. Les tarifs famille sont souvent plus intéressants.

Tous les palais proposent des visites guidées sur réservation ; pour le français, mieux vaut s'y prendre 2-3 jours à l'avance. Sachez en outre que concerts, reconstitutions, expositions et animations émaillent la belle saison *(mai-oct)* aux palais de Sintra, Pena et Montserrate et au castelo dos Mouros. Demandez le programme à l'office de tourisme.

Dans et à proximité du centre historique

Palácio nacional de Sintra *(zoom B1) :* *largo Rainha D. Amélia. ☎ 219-237-300. • parquesdesintra.pt • Tlj sauf 1er janv et 25 déc 9h30-18h30 ; dernière entrée 30 mn avt. Entrée : 10 € ; réduc. Audioguide en français 3 € (avoir une pièce d'identité).*

De l'extérieur, on est toujours un peu surpris par les 2 gigantesques cheminées blanches (33 m !) qui coiffent les cuisines. Dernier château médiéval portugais conservé en l'état, le Palácio nacional de Sintra occupe l'emplacement d'un ancien fort arabe. Résidence royale durant 8 siècles, il a été habité principalement du XIVe au XVIe s, notamment par le roi Manuel Ier (1469-1521), à qui l'on doit l'essentiel de son apparence actuelle – mâtinée d'influences mauresques. Sa volonté ? Concurrencer le palais de l'Alhambra de Grenade. Sintra ayant lancé la mode des *azulejos* dans tout le Portugal, le Palais national en devint la plus brillante vitrine.
On passe d'abord dans la ***salle des Cygnes*** *(sala dos Cisnes)*, où les plafonds à caissons sont ornés de cygnes, puis dans la ***salle des Pies*** *(sala das Pegas)*, ornée de 136 pies bavardes réputées immortaliser les commères de la cour qui prétendirent à une supposée infidélité du roi...
Plus loin, la ***chambre de dom Sebastião*** révèle de beaux *azulejos* du XVIe s (à feuilles de vigne et épis de maïs) ; un globe céleste en métal de la même époque y est habituellement exposé. D'autres céramiques anciennes couvrent la ***salle des Sirènes*** *(sala das Sereias)* voisine. La ***salle Jules César*** abrite, elle, des meubles de style indo-portugais et une tapisserie flamande représentant l'empereur romain. Quant à la ***salle des Galions*** *(sala das Gales)*, elle révèle un plafond peint de navires hollandais, portugais et ottomans des XVIIe et XVIIIe s. Son balcon offre un joli panorama sur la vieille ville.
À l'étage, la ***salle des Blasons*** *(sala dos Brasões)*, accessible par une superbe porte de style manuélin, affirme la force de la royauté. Au plafond sont peints les blasons des 72 grandes familles de l'aristocratie portugaise du XVIe s, l'âge d'or des découvertes. Ils dominent des scènes de chasse en *azulejos*. Moins glamour, on découvre ensuite la pièce où fut enfermé de 1674 à 1683 le pauvre vieux Alfonse VI, dépossédé du trône par son frère et sa propre épouse ! Coup d'œil à une étonnante pagode chinoise en ivoire de 2,50 m de haut offerte à la reine Maria I (1777-1815) par le Sénat de Macao, puis à la ***Chapelle palatine,*** au plafond en bois sculpté typiquement mudéjar. On redescend vers les grandes cuisines, d'où s'élancent les 2 hautes cheminées coniques, puis on ressort par le ***patio central,*** avec sa fontaine manuéline et sa ***Grota dos Banhos*** tapissée d'*azulejos*. Pour se remettre : une petite pause dans les jardins en terrasses.

News Museum *(zoom B2) : rua Visconde de Monserrate, 26. ☎ 210-126-600. • newsmuseum.pt • Mer-sam 10h-17h (lun, mar et dim sur rdv et visites de groupes ; dernière entrée à 16h). Entrée : 8 € ; réduc.* Inattendu et ambitieux musée du journalisme, créé par une boîte de communication lisboète ! Assurément moderne et interactif, il accumule images (notamment de propagande), sons et archives pour explorer les différentes facettes du métier de reporter et ses interactions avec le(s) pouvoir(s). Au final, tout cela est tout de même un peu générique, confus et « lusocentré ».

Palácio e quinta da Regaleira *(hors plan Serra de Sintra par A2) : ☎ 219-106-650. • regaleira.pt • À env 700 m à l'ouest de l'office de tourisme par la rua Barbosa du Bocage. Tlj 9h30-20h (18h oct-mars) ; dernière entrée 1h avt. Entrée : 10 € ; 15 € avec 2h de visite guidée en français (sur rdv 2-3 j. avt). Audioguide en français. Pas de parking sur place, mais on peut essayer de se garer, 100 m plus loin, devant l'*Hôtel Tivoli *ou même le long de son allée d'accès.*
Le style de ce palais hors norme hésite, pour tout vous dire, entre

LA MONTRE LA PLUS COMPLIQUÉE DU MONDE

Esthète avéré, Carvalho Monteiro passa commande à la Maison Leroy, de Besançon, d'une montre unique, la Leroy 01, regroupant 24 complications en supplément des heures, minutes et secondes ! Il pouvait ainsi connaître la position des étoiles à Rio, Paris et Lisbonne, et disposait d'un baromètre, d'un altimètre et d'un hygromètre à cheveux pour mesurer le degré d'humidité ! La Leroy 01 a reçu le grand prix de l'Exposition universelle de Paris en 1900. En revanche, elle ne faisait pas le café !

le néogothique et le néomanuélin. La demeure, ses annexes et le vaste parc épousant les déclivités du terrain sont nés au début du XXe s de l'imagination exaltée d'un (très) riche propriétaire, Carvalho Monteiro (1848-1920), associé à l'architecte italien Luigi Manini. Tout son (énorme) héritage, constitué au Brésil grâce au monopole du commerce du café et des pierres précieuses, suffit à peine pour transformer, entre 1904 et 1911, ce qui était déjà un beau domaine en une demeure capable d'accueillir les grands de l'époque. Mais si l'ensemble affirme une incontestable prestance, l'intérieur vous semblera dénudé : le mobilier et les collections de Monteiro ont été vendus. On y admire surtout la ***sala de Caça,*** à l'entrée, avec ses mosaïques au sol, son énorme cheminée et ses chapiteaux développant le thème de la chasse.

Il fallait le microclimat de la région pour aménager le vaste et fantaisiste ***parc spirituel et romantique*** accroché à la colline. Le dédale de ses allées tortueuses et de ses passages discrets dessert une collection de monuments secondaires presque farfelus. Ici une serre-temple, là une grotte-château et, sur les hauteurs, l'étrange « puits initiatique », profond de 27 m, que l'on dévale par un escalier en colimaçon, façon tour inversée ! L'esprit s'y confronte à la notion même d'existence, s'enfonçant dans un souterrain à plusieurs branches – dont l'une débouche sur le paradis retrouvé du lac de la Cascade, que l'on traverse sur des pas japonais jetés sur l'eau... Les aspects ludiques et philosophiques se complètent ici harmonieusement. N'hésitez pas à emporter une torche pour naviguer dans les recoins les plus sombres des souterrains.

|●| ***Cafétéria*** avec une merveilleuse terrasse.

Palácio de Seteais *(hors plan Serra de Sintra par A2)* **:** *rua Barbosa du Bocage, 8. Env 100 m après l'entrée haute de la quinta da Regaleira.* Ce fut la demeure, à la fin du XVIIIe s, du consul de Hollande. Sa façade claire est enchâssée d'un arc ajouté au XIXe s entre les 2 ailes du bâtiment. Il a été transformé en hôtel de luxe, mais on vous laissera avancer jusqu'au balcon, offrant une très belle vue sur la campagne et les jardins à la française en contrebas.

En dehors de la ville : le circuit de Pena

Les autres visites sont plus difficiles à pied. Les amateurs de rando pourront grimper jusqu'au castelo dos Mouros (45 mn) et enchaîner avec le palácio da Pena (10 mn de plus), mais si la balade est jolie, elle est aussi ardue. Alternative : monter par le bus n° 434 et redescendre à pied (30 mn). Ou tout faire en bus ! En voiture, c'est galère en haute saison : il est alors très difficile de se garer ; seule solution : venir 10-15 mn avant l'ouverture. Voir aussi « Se déplacer à Sintra » plus haut.

BON PLAN : acheter ses billets avant sur Internet ou venir à partir de 16h. Beaucoup moins de monde !

Castelo dos Mouros *(château des Maures ; plan Serra de Sintra, A2)* **:** *à 3 km au sud, par la route du palácio da Pena. ☎ 219-237-300. ● parquesdesintra.pt ● Fin mars-fin oct, tlj 9h30-18h30 ; dernier billet 30 mn avt. Entrée : 8 € ; réduc. Le billet peut être acheté au kiosque sur la route, mais aussi dans le château (mieux si vous montez à pied). Profitez-en pour prendre celui du palácio da Pena !*

Au VIIIe s, le territoire du Portugal est conquis par les Maures. À Sintra, ils construisent (au Xe s) un château-nid d'aigle au sommet d'une colline dominant toute la région. Ils y demeurent jusqu'en 1147, année de sa reconquête par Afonso Ier. Les chrétiens investissent le *castelo* et le remanient en partie, avant de l'abandonner. Il faudra attendre 1839 pour voir débuter sa restauration. Qu'y découvre-t-on aujourd'hui ? Un ensemble d'édifices (église-musée, écuries, citerne souterraine) plus ou moins consolidés, enserrés dans un corset de murailles.

Courant tout au long de la crête, le ***chemin de ronde,*** entrecoupé d'une longue litanie d'escaliers, est splendide. Il relie le donjon à la Tour royale, la plus élevée, où dom Fernando II aimait venir peindre. La vue, à 360°, s'y étend de Lisbonne au

cabo da Roca. En chemin, on passe au-dessus de la porte de la Trahison, ainsi nommée car elle permettait de quitter discrètement la forteresse... ou d'y pénétrer.
Agréable ***cafétéria*** dans l'enceinte du château.

Parque et palácio nacional da Pena *(parc et palais de Pena ; plan Serra de Sintra, A3) : à 4 km de Sintra. ☎ 219-237-300. • parquesdesintra.pt • Bus nº 434, à reprendre de préférence à l'entrée des Lacs (bas du parc), où la queue est moins longue, pour le retour. Si vous êtes monté en voiture, vous aurez un tt petit peu plus de chance de trouver une place sur le petit parking situé 200 m après l'entrée du palais (en contrebas). Fin mars-fin oct, parc ouv tlj 9h-19h, palais ouv tlj 9h30-18h30 ; derniers billets vendus respectivement 1h et 45 mn avt. Fin oct-fin mars, tlj 10h-18h dans les 2 cas ; dernier billet 1h avt. Entrée parc et palais : 14 €. Inclut l'entrée du chalet de la comtesse d'Edla (voir ensuite). Audioguide en français 3 €. Parc seul : 7,50 €. Bar et (mauvais) resto ouv 12h-16h.*
Aucun doute, c'est le plus fou ! Perché 350 m au-dessus de Sintra, au sommet d'une colline coiffant l'immense *parque da Pena* – tout en pentes et détours –, voici l'un des monuments les plus visités du Portugal. De l'entrée principale du parc, il faut bien 10-15 mn pour rejoindre à pied celle du palais, à moins de prendre l'un des minibus électriques qui y monte *(3 €)*. Sous vos yeux : de fausses murailles jaune canari, une tour néogothique rouge, un minipont-levis qui n'a jamais fonctionné, un donjon, des minarets et des dômes vaguement mauresques, qui disparaissent parfois à demi dans la brume...

Un peu d'histoire
Fils de Ferdinand de Saxe-Cobourg et Gotha et d'Antoinette de Kohary, dom Fernando II (1816-1885) est d'origine allemande, mais portugais par son mariage avec la reine Maria II (qui lui donna sept enfants). Il règne comme roi consort du Portugal de 1837 à 1853. Veuf, il épouse en 2des noces Elisa Hensler (1836-1929), une cantatrice suisse qu'il fait comtesse d'Edla. Connu au Portugal comme le « roi artiste », détaché des contingences politiques, Fernando II s'éloigne du pouvoir. C'est à Sintra qu'il réside avec sa 2de épouse, fuyant l'agitation du monde. En 1834, il acquiert les ruines d'un monastère du XVe s et y fait aménager, de 1842 à 1854, un « Palais nouveau » sous la direction du baron Ludwig von Eschwege. Plus géologue et géographe qu'architecte, ce dernier, à l'imagination débordante, conçoit un édifice éclectique, exubérant et romantique mêlant les styles mauresque, manuélin, baroque, gothique et Renaissance... Pena est considéré comme le 1er palais romantique d'Europe, 30 ans avant le château de Neuschwanstein voulu par Louis II de Bavière.

Visite du palais
La terrasse du palais, envahie par la foule compacte des visiteurs, hisse face aux regards une 1re fantaisie de taille : une porte gardée par un triton géant... Il faut souvent faire la queue pour pénétrer à l'intérieur, où l'on découvre d'abord un joli ***cloître manuélin*** décoré d'*azulejos*, principal rescapé du monastère hiéronymite des origines. Si la salle à manger a elle aussi conservé les voûtes de l'ancien réfectoire, les autres pièces se révèlent pour la plupart assez petites – chambre de Carlos I (petit-fils de Fernando II) incluse.
Le roi-bâtisseur résidait, lui, à l'étage supérieur, dans une chambre aux murs et plafonds à motifs mudéjars. Boudoirs et cabinets s'enchaînent, reflétant le goût du XIXe s, jusqu'à la rigolote salle du téléphone (au bahut malachite !), le *Salon arabe* et la ***Salão Nobre,*** lieu des réceptions, décorée de vitraux centre-européens et de zouaves porteurs de torches. On redescend par la *sala dos Vedãos* (trophées) avant de ressortir par les cuisines, à la grande batterie de cuivres. Tout est resté en l'état depuis la chute de la monarchie et la fuite des souverains en Grande-Bretagne en 1910.

Le parc de Pena
Irrégulier et baroque, hérissé de rocailles, baigné par une ribambelle de pièces d'eau, cet immense parc accidenté et boisé de 200 ha épouse les formes du relief,

s'étendant tel un grand poumon de verdure au pied du palácio da Pena. Il possède 5 entrées, dont 3 desservies par le bus nº 434 (notamment la principale et la très populaire entrée des Lacs, qui donne accès directement au vallon du même nom). On y trouve plus de 500 espèces de plantes européennes et exotiques, 2 superbes vallons noyés de fougères arborescentes, un jardin de camélias (en fleur en avril), une fontaine en forme de pavillon musulman, une bouverie (anciennes écuries), des serres, etc. Il n'y manque que les fées, les lutins et les nymphes pour en faire un jardin imaginaire et romantique. Dans sa partie haute trône la Cruz Alta (culminant à 527 m).

Chalet de la comtesse d'Edla *(hors plan Serra de Sintra par A3)* **:** *dans la partie ouest du parc de Pena, à 20-30 mn de marche du palais (mêmes horaires).* • *parquesdesintra.pt* • *Accès direct en voiture par l'entrée du chalet, sur la route du convento dos Capuchos, à 2 km de l'embranchement montant vers le palácio da Pena. Billet inclus dans le ticket d'entrée du parc et palais de Pena. Une navette électrique relie le palais au chalet, tlj 11h-19h, en traversant le parc, où elle marque plusieurs arrêts (payant).* Née à La Chauds-de-Fonds, dans le Jura suisse, Elisa Hensler passe une partie de sa jeunesse à Boston, où sa famille a émigré. De retour en Europe, la voici cantatrice à Milan. En tournée à Lisbonne en 1860, elle séduit le roi Ferdinand II, qui est veuf. Il la hisse au rang de comtesse d'Edla et l'épouse. La jeune femme est passionnée de botanique et son monarque de mari lui fait bâtir, en 1870, pour mieux profiter du parc de Pena, ce drôle de chalet aux huisseries soulignées de chêne-liège. Vu de l'extérieur, on jurerait la maison de Blanche-Neige... La comtesse aurait dessiné elle-même les plans en s'inspirant des chalets américains. L'intérieur, très largement restauré après un incendie, est quasiment vide ; on y retrouve dans 2 pièces des murs tapissés de panneaux de chêne-liège.

DANS LES ENVIRONS DE SINTRA

***Parque e palácio de Monserrate* :** *à 4 km à l'ouest de Sintra, sur la N 375.* ☎ *219-237-300.* • *parquesdesintra.pt* • *Bus nº 435 (1,10 €). Une navette électrique circule en outre dans le parc, entre l'entrée et le palais (2,50 € A/R), tlj 11h-19h (10h-17h en hiver). Fin mars-fin oct, parc ouv tlj 9h30-20h ; le reste de l'année, tlj 10h-18h ; dernière entrée 1h avt. Le palais ferme 1h plus tôt ; dernière entrée 45 mn avt en été et 30 mn en hiver. Billet : 8 € ; réduc. Audioguide (en anglais, en espagnol et en portugais seulement) : 3 €.*

À l'origine, vers 1540, il y a là une chapelle consacrée à Notre-Dame de Monserrate et le domaine appartient à un hôpital. En 1789, un riche homme d'affaires anglais (d'origine française), Gérard de Visme, y fait édifier un 1er palais néogothique – qu'il loue en 1793-1794 à l'écrivain voyageur ***William Beckford*** (1760-1844), héritier d'une colossale fortune constituée grâce à des plantations de sucre jamaïcaines. En 1809, ***lord Byron*** découvre le domaine en ruines et tombe sous son charme romantique, contribuant à placer Sintra sur la carte du monde d'alors. Un demi-siècle plus tard, un autre Anglais débarque : ***Francis Cook*** (1817-1901), un millionnaire enrichi dans le commerce des textiles, propriétaire d'une des plus belles collections d'œuvres d'art du Royaume-Uni. C'est lui qui conçoit le jardin romantique et l'architecture de style moghol (Inde) du palais, en modifiant le plan initial.

Le palais

Le style est éclectique, mêlant aux grands élans orientaux des influences mauresques et gothiques... Le hall central, octogonal, donne le ton avec sa fontaine en marbre Renaissance et son incroyable couloir encadré d'une forêt de colonnes de porphyre surmontées d'éléments décoratifs à claire-voie. Les panneaux finement ciselés viennent d'Inde. Si la plupart des pièces sont vides, tout au bout, on accède au grand ***salon de musique,*** rond et très lumineux, surmonté d'une coupole en stuc aux motifs floraux dorés. L'acoustique y est excellente. À voir aussi : la bibliothèque aux rayonnages en noyer.

Le parc

Beckford et surtout Cook n'ont pas lésiné sur les arbres exotiques, les promontoires et les promenades. Ce parc à l'anglaise, irrégulier, terriblement décadent, voit se côtoyer cyprès funèbre et *Ginkgo biloba* chinois, figuier des îles Fidji, pin de Norfolk (le plus haut du jardin), cocotiers du Chili, cèdre de l'Atlas, bunya-bunya et kauri australiens, jardins du Japon et du Mexique, et aussi arbousiers, chênes-lièges, et même une belle roseraie restaurée par le prince Charles en 2011. Coup d'œil attendri sur la (fausse) chapelle en ruines envahie par un *Ficus macrophylla,* où un banc invite à s'oublier.

GAZON D'AVANT-GARDE

Le gazon qui pousse devant le palais de Monserrate est le 1er à avoir été planté au Portugal. Son origine remonte au XVIIIe s, dit-on. Il a exigé et exige encore un système d'arrosage sophistiqué.

Convento dos Capuchos : *à 7 km, entre Sintra et le cabo da Roca, par la route qui monte au palácio da Pena, puis à droite (fléché).* ☎ *219-237-300.* • *parquesdesintra.pt* • *Desservi par les bus City Sightseeing (chers), sinon il faut être motorisé. Fin mars-fin oct, tlj 9h30-20h ; fin oct-fin mars, tlj 10h-18h ; dernière entrée 1h avt. Entrée : 7 € ; réduc. Audioguide (en anglais, en espagnol ou en portugais seulement) 3 €.* Construit au XVIe s au cœur d'un chaos rocheux et de la forêt, dans un esprit d'harmonie avec la nature, cet incroyable monastère de poche a été habité jusque vers le milieu du XIXe s par 8 moines franciscains. L'entrée, masquée par des rochers, conduit dans un monde miniature : minichapelle, cellules lilliputiennes où l'on pénètre en se baissant à demi, miniréfectoire, cuisine (où l'on peut se tenir debout), latrines creusées dans le roc et autres micropièces semi-rupestres. Partout, le liège recouvre les portes, les fenêtres et les plafonds pour protéger le lieu de l'humidité. C'était là le seul luxe de ces religieux obligés de vivre courbés. En contrebas, un potager. Et au-dessus, une grotte consacrée à la méditation.

Santuário da Peninha : *à 6 km à l'ouest du convento dos Capuchos par la petite route d'Azóia.* Après une courte ascension à pied, vous bénéficierez d'un superbe point de vue sur la côte et toute la région depuis ce monastère abandonné. Sa chapelle (souvent ouverte) est entièrement tapissée d'*azulejos,* voûtes incluses. De là, on rejoint la côte en 3 km, près du cabo da Roca, en traversant une superbe forêt méditerranéenne (parc naturel de Sintra-Cascais).

Les plages : la côte de Sintra est soulignée de plusieurs plages blotties entre les falaises – praia da Adraga, praia Grande, praia das Maçãs, praia do Magoito... Voir plus haut « En suivant la route côtière vers Sintra ».

Randonnées pédestres

La région se prête bien à la randonnée, tant aux portes de Sintra que dans sa serra. Le site de l'*Instituto da Conservação da Natureza e das Florestas (• icnf.pt •),* ou ICNF, propose des petits parcours pédestres dans cette zone classée parc naturel, qui s'étale entre l'embouchure de la rivière Falcao et Cascais. Eucalyptus, lauriers, arbousiers, chênes verts, fougères et genêts poussent en pagaille sur ces terrains volcaniques. On peut télécharger les PDF, bien faits mais en portugais seulement.

Les parcs et châteaux : 4 itinéraires de petite randonnée permettent de grimper depuis Sintra vers le castelo dos Mouros et le palácio da Pena. Le plus

emprunté débute en haut de la vieille ville, rua Marechal Saldanha, avant de se hisser vers l'église Santa Maria et le départ du sentier (fléché), qui progresse joliment dans les sous-bois. Compter 45 mn de montée jusqu'au château maure depuis le centre historique. On peut ensuite poursuivre vers Pena, soit par un autre chemin, soit par la route (10-15 mn).
Une montée moins classique est possible via la ***villa Sassetti*** (de style Renaissance italienne – ☺☺) et ses jardins étagés sur la colline. Départ au tout début de la route montant au palácio da Pena, côté gauche. On contourne alors totalement le château maure par l'est.

MAFRA

(2640) 18 000 hab.

Le principal intérêt de cette petite ville est de posséder le palais-monastère le plus vaste de toute la péninsule Ibérique, posé en plein centre. Un écrivain prétendait qu'il fallait le visiter « à titre de pénitence ». Pas de grands jardins ombragés ici, ni aucun écrin de verdure, mais l'intérieur, gigantesque, révèle quelques très belles pièces.

Adresse utile

ℹ ***Posto de turismo de Mafra :*** *av. Movimento das Forças Armadas (juste au sud du palais). ☎ 261-817-170. • cm-mafra.pt/turismo • Tlj sauf 1er janv, dimanche de Pâques, 1er mai, jeudi de l'Ascension et Noël 10h-13h, 14h-18h.*

Où manger sur le pouce ? Où boire un verre ? Où manger une glace ?

Padaria e Pastelaria Polo Norte : *praça da República, 15. Sur la place face au palácio. ☎ 261-811-070. Tostas dès 2,50-3 €.* On peut déjeuner simplement de petits plats (affichés au tableau) dans la salle de cette boulangerie ou grignoter ses bonnes pâtisseries et viennoiseries. En prime : des crêpes, des gaufres et même des glaces maison.

Esplanada Real : *praça da República. Tlj 9h-22h (plus tard en été).* Ce bar occupe un cube de verre juste en face de la *Padaria e Pastelaria Polo Norte*. Il n'y a que 4 tables pour les mauvais jours, mais l'immense terrasse ensoleillée compense largement ! Pratique pour boire un verre et grignoter un toast ou un burger.

À voir

☺☺ ***Palácio nacional de Mafra :*** *☎ 261-817-550. • palaciomafra.pt • Tlj, sauf mar et j. fériés, 9h30-17h30 (17h pour la bibliothèque) ; dernière entrée à 16h45 avt. Fermé 1er janv, dimanche de Pâques, 1er mai, jeudi de l'Ascension et Noël. Entrée : 6 € ; réduc ; gratuit moins de 12 ans. Brochure en français : 1 €. Certains guides sont en costume d'époque !*
Bâti au XVIIIe s sur 3,8 ha, l'édifice possède 1 200 pièces et plus de 4 700 portes et fenêtres ! À l'origine, ce devait être un modeste couvent que le roi João V avait promis d'édifier si la Providence lui accordait un héritier. Il fut entendu. Mais la visite du palais de l'Escurial de son rival espagnol, le roi Philippe II, le mit au défi de faire mieux. Tout l'or venu du Brésil y passa entre 1717 et 1730. Quelque 50 000 ouvriers furent employés à la tâche, dont pléthore d'artisans et artistes

portugais, italiens et français. L'ensemble, conçu par un architecte prussien dans un style baroque, en calcaires polychromes de la région, dégage pourtant au final une indéniable impression de lourdeur... Le palais fut surtout fréquenté par les rois à l'occasion des festivités religieuses ou pour la chasse.

Le monastère et le palais

Les quelque 300 moines (franciscains) occupaient le rez-de-chaussée. La visite commence là, par l'***hospice,*** avec sa série de chambres-couchettes et sa pharmacie. Remarquez, dans une pièce isolée, le lit à 4 hauts côtés réservé aux patients souffrant de fièvres et aux « moines fous » ! La partie arrière est, elle, encore occupée par une école d'infanterie.

À l'étage, les tours nord et sud, reliées par ***la plus longue galerie d'Europe*** (232 m !), monumentale, étaient dévolues respectivement aux ***appartements du roi et de la reine,*** qui fonctionnaient séparément – chacun avec ses propres cuisines et quartiers de domestiques. Les pièces, immenses, présentent plafonds peints à fresques, tapisseries flamandes et mobilier d'époque un peu épars. Au centre de l'aile ouest, la ***sala de Bênção*** ouvre sur la place et le balcon d'où les monarques saluaient la foule. Les appartements de la reine, un peu plus cosy, révèlent une sympathique salle de bains peinte d'une scène bucolique aux oiseaux, sur fond bleu.

CRISE DE FOI

L'hospice du monastère occupant l'étage inférieur du palais national de Mafra témoigne d'un certain confort : les malades y avaient droit à des espaces privatifs séparés par des cloisons. Il n'était pas question pour autant qu'ils délaissent leurs devoirs. Le dimanche, leurs lits étaient tirés vers le centre de l'immense pièce pour qu'ils puissent suivre la messe !

De là, on pénètre dans l'aile sud, non moins colossale, jetant au passage un coup d'œil à l'ancêtre du flipper conservé dans la *salle de Jeux* et aux (affreux) chaises et fauteuils en bois de cerfs de la *salle de la Chasse*... Au bout, tout au bout, on atteint l'imposante ***bibliothèque*** baroque, clou de la visite. Longue de... 85 m, elle abrite 36 000 ouvrages (dont certains incunables), entreposés sur des rayonnages en bois du Brésil. C'est l'une des plus importantes du siècle des Lumières.

LA RONDE DES CHAUVES-SOURIS

Les conservateurs de la bibliothèque du palais de Mafra ont trouvé une manière originale d'assurer la conservation des livres : des orifices ont été créés pour permettre aux chauves-souris d'y pénétrer la nuit et de bouloter les insectes ravageurs !

La basilique

Accessible depuis la place, la basilique *(fermée 13h-14h),* baroque elle aussi, détonne surtout par ses proportions. Sa coupole culmine à 66 m de haut ! Le roi João VI y fit installer 6 orgues, pièces maîtresses d'un festival international organisé à la fin mai.

Tapada naciónal de Mafra : *portão do Codeçal. ☎ 261-814-240. ● tapadademafra.pt ● Tlj 9h30-18h. Entrée : 5 € ; billet famille (2 adultes et 2 enfants de moins de 12 ans) 17 €. Activités payantes en sus.* Créée au temps du roi João V comme parc de loisirs pour le roi et sa cour, la Tapada naciónal de Mafra couvre 1 187 ha, totalement entourés de murailles sur 21 km. La forêt occupe presque tout l'espace et on peut y trouver, en liberté, daims, cerfs, sangliers et autres animaux. Nombreuses activités : balades pédestres, cyclistes (VTT) et équestres, atelier d'apiculture, tir à l'arc, balade nocturne, circuits en charrette et petit train, etc. On peut même y dormir (80 € la double).

ERICEIRA

(2655) 10 260 hab.

• Plan *p. 201*

À 23 km au nord-ouest de Sintra et à 14 km de Mafra, ce port de pêche tisse son réseau de ruelles au sommet d'une falaise plongeant dans l'océan. En contrebas, les bateaux sont soigneusement garés côte à côte, sur le bitume qui borde la praia dos Pescadores, tandis que, dans le vieux centre – largement piéton –, Ericeira bichonne ses photogéniques maisons blanches soulignées de bleu, reflétant les lumières du ciel et de la mer. La ville a su maintenir les promoteurs à sa périphérie. Mais pas les visiteurs : le tourisme est devenu l'activité principale et un grand nombre de surfeurs fréquentent les spots du coin. Les vagues sont puissantes et franches, offrant de bons déroulés sur de belles longueurs.

Arriver – Quitter

Terminal de bus *(Centro Rodoviário Municipal ; hors plan par B1)* **:** *sur la route N 247, env 500 m au nord du centre, à la hauteur de la praia do Norte. Ttes les liaisons sont assurées par la compagnie Mafrense. • mafrense.pt •*

➢ ***Lisbonne (Campo Grande) via Mafra :*** par les nos 200, 207 et 208 ; ttes les 10 mn à 1h (fréquences réduites le w-e). Trajet : 45 mn-1h20.

➢ ***Portela de Sintra (Estação) :*** par le 202 ; env ttes les heures lun-ven 6h20-19h25. Ttes les 2h w-e et j. fériés 7h25-19h25. Trajet : 50 mn. Portela de Sintra est juste à l'est de Sintra (2 km).

Adresse utile

Office de tourisme *(plan B1)* **:** *rua Dr Eduardo Burnay, 46. ☎ 261-863-122. • cm-mafra.pt/turismo • Tlj 10h-18h (19h juin et sept, 20h juil-août).* Accueil francophone. Plan de la ville et des environs, horaires des bus, livret des spots de surf, horaires des marées, etc. L'étage abrite une exposition consacrée aux spots de surf du secteur, classé « *surf reserve* ».

Où dormir ?

Camping

Ericeira Camping *(hors plan par B1,* ***10****)* **:** *av. São Sebastião. ☎ 261-862-706. • ericeiracamping.com • À 1 km au nord de la ville. Réception fermée à Noël. Compter 16-24 € pour 2 avec tente et voiture ; bungalows 45-130 €.* Ce camping municipal est à 3 mn de la plage et des vagues (avec *surf shop* à l'entrée). La partie centrale sous les pins est réservée aux résidents ; les temporaires se retrouvent sur les flancs, dans des secteurs souvent découverts et pas toujours bien nettoyés... Privilégiez la zone de *campismo libre* (ombragée) proche du bâtiment sanitaire B8, au fond. Sanitaires corrects, sans plus. Les cabanons sont quasi aveugles... Les grands chalets récents sont bien mais donnent sur le parking et la route côtière... Pizzeria, minimarché, laverie, aire de jeux.

Auberges pour surfeurs

Blue Buddha Hostel *(hors plan par B1,* ***11****)* **:** *Urbanização Moinhos do*

Mar, Casa 1. 911-111-071. • bluebuddhahostel@gmail.com • bluebuddhahostel.com • Dans une résidence, à la sortie nord de la ville (avt le camping) ; c'est la 1re villa en entrant (demandez au gardien). Doubles 55-93 € ; pas de petit déj. L'accueil se fait à l'adresse ci-dessus, une villa moderne transformée en une petite AJ pimpante, gentiment design, où cohabitent dortoirs et chambres avec ou sans salle de bains. On y trouve cuisine équipée et confortable salon, et la résidence possède même tennis et piscine (payants). D'esprit identique, les boss possèdent plus près du centre le *Blue Buddha Lone Surfer Hostel* *(largo de São Sebastião,* ***10****)* et la *Blue Buddha Beach House* *(rua Florêncio Granate,* ***19****).* Dans tous les cas : cours de surf et location de planches.

Sea U Soon Hostel *(hors plan par B2,* ***17****) : rua Comandante M. Freire, 6. ☎ 261-867-933. 966-509-151. • seausoon@sea-u-soon.com • sea-u-soon.com • À la sortie sud d'Ericeira, par la rua Carrasqueira da Vila, face à l'accès à la praia do Sul ; c'est tt de suite à gauche. Doubles sans ou avec sdb 45-90 € selon saison.* La citation du Duke (Kahanamoku), 1er empereur du surf hawaïen, donne le ton : « En dehors de l'eau, je ne suis rien »... Cette AJ privée tout en blanc et turquoise, installée dans une sorte de petit ensemble résidentiel moderne, est à seulement 2 mn du sable et des vagues (de l'autre côté de la route). Hyper propre, elle abrite juste un grand dortoir ouvrant sur une terrasse ensoleillée face à la mer et 3 chambres – dont une avec sa propre salle de bains. Cuisine, salon, tout est impeccable.

De bon marché à prix moyens

Les adresses qui suivent sont avant tout fonctionnelles. Elles sont mal insonorisées et n'ont pas l'AC (exceptée la dernière).

Hospedaria Bernardo *(plan B1,* ***12****) : rua Prudêncio Franco da Trindade, 11. ☎ 261-862-378. • info@hospedariabernardo.com • hospedariabernardo.com • Doubles 45-50 € selon taille, confort (sans ou avec sdb) et saison ; pas de petit déj.* Cette pension date un peu, avec ses sols des années 1970 et son goût d'autrefois, mais elle affiche des tarifs bas et a même changé ses vieilles TV. Certaines chambres sont plus agréables que d'autres, avec coin cuisine, voire petit salon et grand balcon ; demandez à voir. La proprio parle un peu français.

Residencial Fortunato *(plan B2,* ***18****) : rua Dr Eduardo Burnay, 45. ☎ 261-862-829. • residencialfortunato.pt • Congés : janv. Doubles 36-87 € selon saison, petit déj (léger) inclus juin-sept. Parking 3 €. Sur présentation de ce guide, 5 % de réduc sur le prix de la chambre.* Le proprio parle très bien le français et son fils se débrouille aussi. Pas de folies, ici, juste des petites chambres simples mais propres, très abordables, avec l'essentiel. Les plus chères ont une terrasse avec vue sur mer.

Residencial Vinnus *(plan B1,* ***14****) : rua Prudêncio Franco da Trindade, 19. ☎ 261-866-933. • info@vinnusguesthouse.com • vinnusguesthouse.com • Doubles 55-90 € selon taille, confort et saison. Sur présentation de ce guide, 10 % de réduc sur le prix de la chambre.* L'adresse, proprette et sans prétention, fait un effort de décoration avec ses toiles modernes aux murs. Les chambres nos 15 et 25 (triples) ont une kitchenette.

Hotel Pedro O Pescador *(plan B2,* ***13****) : rua Dr Eduardo Burnay, 22. ☎ 261-869-121. • info@hotelpedropescador.com • hotelpedropescador.com • Doubles 40-75 € selon saison, petit déj compris.* Un poil plus actuel que les précédents, ce petit hôtel aligne des chambres simples mais très correctes, avec parquet flottant, baignoire et AC. Certaines profitent d'un bout de vue sur l'océan. 2 triples aussi.

Plus chic

Hotel Camarão *(plan B1,* ***19****) : travessa do Espírito Santo. ☎ 261-862-665. • reservas@hotelcamarao.com • hotelcamarao.com • Congés : déc-janv. Doubles 65-95 € selon saison, petit déj inclus.* Tout

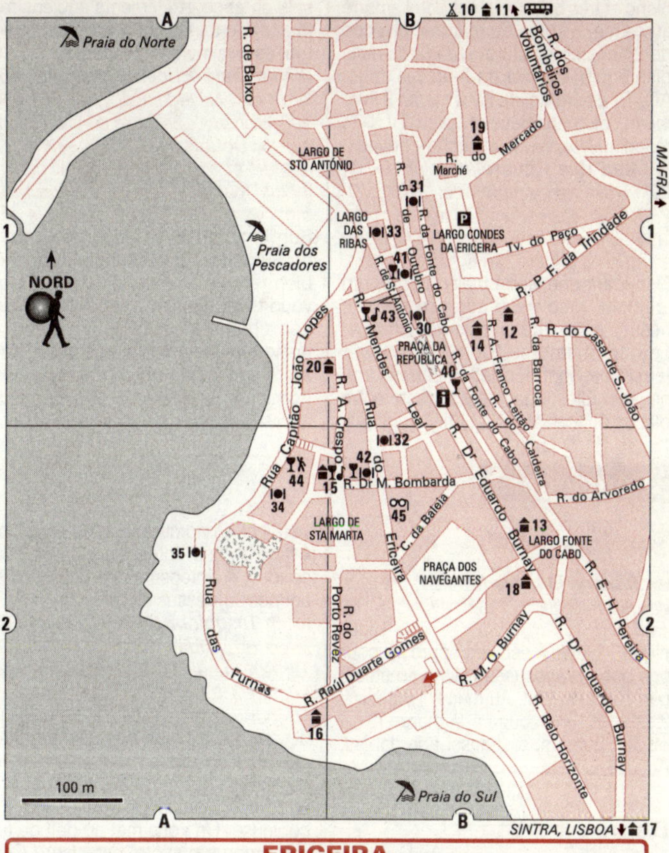

ERICEIRA

Adresse utile

- Office de tourisme (B1)

Où dormir ?

- **10** Ericeira Camping (hors plan par B1)
- **11** Blue Buddha Hostel (hors plan par B1)
- **12** Hospedaria Bernardo (B1)
- **13** Hotel Pedro O Pescador (B2)
- **14** Residencial Vinnus (B1)
- **16** Vila Galé Ericeira (A2)
- **17** Sea U Soon Hostel (hors plan par B2)
- **18** Residencial Fortunato (B2)
- **19** Hotel Camarão (B1)
- **20** Casa das Aguarelas (A-B1)

Où manger ?

- **30** Taberna O Lebre (B1)
- **31** Mar d'Areia (B1)
- **32** O Farol (B2)
- **33** Tasquinha do Joy (B1)
- **34** Canastra (A2)
- **35** Esplanada Furnas (A2)

Où manger un bon oursin ?

- **33** Casa da Fernanda (B1)

Où boire un verre ? Où écouter de la musique et danser ? Où combattre sa claustrophobie ?

- **15** Adega Bar (A-B2)
- **40** Sunset Bamboo Bar (B1)
- **41** Tik Tak (B1)
- **42** Tik Tapas (B2)
- **43** Tubo (B1)
- **44** Discoteca Ouriços (A2)

blanc et très bien tenu, cet hôtel amarré au calme, à l'orée du marché, dispose de 24 chambres plutôt standards mais bien équipées pour un 2-étoiles (frigo, AC, TV à écran plat). Il y a même 2 *Premium,* plus spacieuses, avec TV XXL, machine *Nespresso* et sèche-cheveux.

Casa das Aguarelas *(plan A-B1,* ***20****) : travessa do Honrado, 1. ☎ 910-273-502. • reservas@casadasaguarelas.pt • casadasaguarelas.pt • Doubles et studios 58,50-120 € selon saison.* Occupant une vieille maison du bourg joliment rénovée, l'adresse semble hésiter entre l'hôtel et la *guesthouse.* Les 12 chambres, dont 5 triples et familiales, sont douillettes et très lumineuses. Elles jouent le contraste entre blancs étincelants et touches colorées, sols en coco et éléments anciens restaurés. Certaines ont une kitchenette et tout est vraiment impeccable.

Vila Galé Ericeira *(plan A2,* ***16****) : largo dos Navegantes, 1. ☎ 261-869-900. • ericeira@vilagale.com • vilagale.com • Doubles 90-320 € selon vue, confort et saison, petit déj et parking inclus (pas toujours assez grand en été). Voir aussi les offres sur le site.* Surplombant avec superbe la praia do Sul et les flots, cet hôtel historique bien rénové devrait séduire ceux qui voudraient se faire une petite gâterie ! Les chambres sont tout confort et quelques-unes ont une véranda. Pour se divertir : pas moins de 3 piscines dominant la mer sur une immense terrasse écrasée de soleil, spa et bar.

Où manger ?

Très bon marché

Taberna O Lebre *(plan B1,* ***30****) : rua da Misericórdia, 3. ☎ 261-863-546. Tlj, sauf dim, 11h-minuit (2h en été).* L'iconique « Lièvre » est très apprécié pour ses bons *pregos* (sandwichs au steak) pas chers du tout. Au menu, il y a aussi 2 salades, une soupe à la morue *(2 € !)* et des burgers, tout aussi abordables. Accueil souriant.

De bon marché à prix moyens

Mar d'Areia *(plan B1,* ***31****) : rua da Fonte do Cabo, 49. ☎ 261-862-222. Tlj 12h-15h et 19h30-22h, sauf lun. Plats 9-20 €.* Par l'odeur des grillades alléché, on monte quelques marches pour choisir poissons et crustacés. Puis on s'attable dans la salle blanc et bleu, ornée de bois, de vieilles photos du port et d'objets marins. Un lieu fréquenté par des habitués, savoureux et sans chichis, en un mot : *tradicional !*

O Farol *(plan B2,* ***32****) : rua do Ericeira, 14. ☎ 261-862-355. Le midi seulement, sauf lun. Repas complet 10-12 €.* Difficile de faire plus frais et plus simple : du poisson grillé sous vos yeux, sur un brasero posé dans la rue, servi avec une (grosse) salade de crudités. Les locaux viennent en nombre le week-end, alors il faudra sans doute jouer un peu des coudes. À l'intérieur : une collection de coupes au-dessus du bar.

Tasquinha do Joy *(plan B1,* ***33****) : largo das Ribas, 34. 📱 935-919-232. Tlj 12h-minuit (10h lun-mar). Pregos et plats 2,40-18 € ; le midi en sem, plat du jour 6 €, menus 8-12 €.* Ancrée au-dessus de la plage des pêcheurs, sur une placette très populaire au coucher du soleil, cette petite cantine propose une cuisine sans chichis, ultra-copieuse. On vous met au défi de finir votre morue ou votre *cataplana* ! Ceux qui n'auront pas réussi à dénicher une table en terrasse (elles sont très demandées !) auront droit à l'inévitable téléviseur à l'intérieur. Bon accueil.

De prix moyens à plus chic

Canastra *(plan A2,* ***34****) : rua Capitão João Lopes, 8 A. ☎ 261-865-367. • info@restaurantecanastra.com • Sur la corniche au-dessus du port. Tlj sauf mer en basse saison. Compter 18-25 €. CB étrangères refusées.* Les quelques tables extérieures de ce petit resto tombent du ciel... pour les chanceux qui y prennent un bain de soleil couchant, accompagné d'un verre et de quelques crevettes. On prolonge avec plaisir par de bons poissons grillés (au poids) et des palourdes. Accueil excellent, mais attention quand même à la note !

🍽 ***Esplanada Furnas*** *(plan A2,* ***35****) : rua das Furnas, 2. ☎ 261-864-870. • caetanorodrigues@sapo.pt • Tlj 12h-16h, 19h-22h30. Compter min 20 €.* Ce restaurant moderne, construit directement sur les rochers, dresse ses grandes baies vitrées contre les assauts de la mer. Il se la joue un peu, mais il reste un grand classique du secteur. On choisit son poisson à l'entrée et il est directement pesé sous vos yeux, ce qui évite les mauvaises surprises ultérieures... La belle carte des vins liste même 2 margaux 1970 !

Où manger un bon oursin ?

🍽 ⛱ ***Casa da Fernanda*** *(plan B1,* ***33****) : largo das Ribas, 29 A. ☎ 261-866-504. Tlj 8h-20h sauf mar.* Chez Fernanda, le sourire de la patronne est de rigueur. On vient y picorer quelques *ouriços,* ces « oursins » (emblème local) sans épines un peu caramélisés, à base d'œuf. Les tartes aux noix de pécan ne sont pas mal non plus et la terrasse sur la placette est parfaite, avec la grande bleue à l'œil et un bon jus d'orange frais en main.

Où boire un verre ? Où écouter de la musique et danser ? Où combattre sa claustrophobie ?

Plusieurs *pastelerias* et cafés populaires propulsent leurs terrasses sur la praça da República *(plan B1).*

🍸 ⛱ ***Sunset Bamboo Bar*** *(plan B1,* ***40****) : travessa do Jogo da Bola, 3. ☎ 261-864-827. Tlj (sauf mer sept-mai) 10h-23h (2h w-e).* Happy hour *19h-20h en hte saison. Congés : nov.* Mobilier de bambou sur la terrasse, pulsations surf-reggae à l'intérieur, tout ça incite à se rafraîchir en buvant une bière ou un bon jus naturel. Musique live les jeudis d'août.

🍸 🍽 ***Tik Tak*** *(plan B1,* ***41****) : rua 5 de Outubro, 7. ☎ 261-863-246. • tiktak@sapo.pt • Tlj 19h-23h30 (le w-e 11h30-15h30, 19h-23h30).* Ce resto assez animé et coloré, avec salle plus intime à l'étage, joue à fond la carte touristique. On peut très bien s'y contenter de tapas et de boissons. Même punition au ***Tik Tapas*** *(plan B2,* ***42*** *; rua do Ericeira, 15 ; tlj sauf lun),* tenu par le frère du précédent, où l'on choisit entre *tapas da tera* et *tapas do mar.*

🍸 ♩ ***Tubo*** *(plan B1,* ***43****) : travessa da Esperança, 5. ☎ 261-863-168. Tlj 18h-2h sauf dim.* Le *tubo,* c'est la vague tubulaire, le Graal du surfeur... Résultat : c'est ici le QG des jeunes tatoués aux cheveux blonds frisés, qui viennent s'engourdir de cocktails et de musique (live le mercredi). Le samedi (soirée DJ), ça déborde dans la ruelle, où l'on danse. Ambiance cool et *happy* de rigueur.

🍸 💃 ***Discoteca Ouriços*** *(plan A2,* ***44****) : rua Capitão João Lopes, 9. ☎ 261-862-138. Ouv ven-sam 23h-6h.* Cette discothèque quinquagénaire (à l'enseigne de l'oursin) est connue dans tout le pays. Pas bien grande, presque plus bar, elle a vite fait de se transformer en boîte... de sardines l'été venu. Musique tendance commerciale avec quelques flash-backs 80's.

🍸 ♩ Et n'oubliez pas l'***Adega Bar 1987*** ***(plan A-B2, 15).***

À faire à Ericeira et dans les environs

🏖 ***Plages :*** dans le village, plusieurs anses sableuses se creusent au pied des falaises. Du nord au sud : *praia do Norte, praia dos Pescadores* (port) et *praia do Sul.* La 1re et la dernière sont très populaires auprès des surfeurs.

– ***Surf :*** en 2011, Ericeira s'est vue décerner le titre convoité de *world surfing reserve* (la seule en Europe). Il n'y en a qu'une douzaine au monde, désignées ainsi pour la qualité et la variété de leurs spots. À Ericeira, on en répertorie 7 sur 4 km de côtes (demandez le petit guide édité par l'office de tourisme). Parmi les plus célèbres, citons Coxos, une droite longue réputée pour ses *tubos,* et Ribeira d'Ilhas, accessible à tous les niveaux, où ont été organisées de nombreuses compétitions. Plusieurs AJ et une douzaine de clubs et écoles se spécialisent dans cette activité.

AU SUD DU TAGE : LA PÉNINSULE DE SETÚBAL

• Carte *p. 206-207*

Zone de transition entre le monde urbain et les espaces sauvages de l'Alentejo, la péninsule de Setúbal est délimitée au nord par le Tage et au sud par le vaste estuaire protégé du río Sado. Sa façade océanique s'étire en une longue bande de sable, où de belles vagues déroulent leurs crêtes d'écume, attirant la foule chaque week-end. Le cabo Espichel, drapé dans ses falaises et ses bruines, qui servit de décor au cinéaste chilien Raoul Ruiz pour l'adaptation de *L'Île au trésor,* la termine au sud.
Puis voilà la jolie serra da Arrábida. Étonnamment préservée, cette petite chaîne de montagnes, classée parc naturel, livre au regard vignobles, attachantes bourgades rurales et points de vue plongeant sur l'océan depuis la route en corniche qui s'agrippe à son flanc méridional. On adore ! À son pied s'amarre la petite ville balnéaire de Sesimbra et, de l'autre, le port de pêche de Setúbal, porte d'entrée de la réserve naturelle de l'estuaire du Sado. Bref, le secteur ne manque pas d'intérêt !

CACILHAS (2800) 6 000 hab.

Pour quitter ou aborder Lisbonne à la manière des marins de jadis, embarquez donc pour Cacilhas ! Certes, le ferry local n'a pas le panache des caravelles d'antan, mais il vous fera néanmoins traverser la mer – de Paille – et le Tage pour découvrir de son bord un vaste panorama sur la capitale. Grimpez au Cristo Rei, pour mieux voir encore, avant de s'offrir un déjeuner de poisson ou une remontée dans le temps à bord d'un vieux 3-mâts de l'époque de la route des Indes.

Arriver – Quitter

En bateau

➢ ***Liaison entre Cais do Sodré (Lisbonne) et Cacilhas :*** ☎ *808-20-30-50.* • *transtejo.pt* • Tlj 5h20-1h20, ttes les 5-30 mn en sem, ttes les 15-40 mn le w-e. Durée : 10 mn. Billet : 1,30 € l'aller.

En bus

🚌 ***Transportes Sul do Tejo*** *(TST) :* ☎ *707-508-509.* • *tsuldotejo.pt* • *À la sortie du débarcadère, à gauche.*

➢ ***Costa da Caparica :*** bus nos 124 (tlj lun-ven 6h05-0h40, le w-e 5h30-0h35, dernier retour 2h20) ou 135 (ttes les 5-40 mn lun-ven 7h-20h30, le w-e 7h30-21h35 ; dernier retour à 1h30). Trajet : 30 mn.

➢ ***Fonte da Telha*** *(plage au sud de Costa de Caparica) :* bus nos 127 (ttes les heures lun-ven 6h25-22h25, dernier retour 0h35. Ttes les 40 mn à 2h le w-e 6h35-23h10).

En voiture

– ***Mieux vaut éviter d'y aller en voiture en saison*** en raison des embouteillages et de la difficulté à se garer. Pour les récalcitrants : traverser le ponte 25 de Abril et suivre le fléchage « Almada centro-Cacilhas ». Grand parking payant à côté du 3-mâts, juste avant le terminal des bus.

Où manger ?

I●I ***Ponto Final*** *(carte Péninsule de Setúbal,* ***30****) : cais do Ginjal, 72. ☎ 212-760-743. À la sortie du ferry, tourner tt de suite à droite, et suivre sur env 1 km (10-15 mn) le quai qui borde d'un côté le Tage, de l'autre des entrepôts désaffectés, en direction du ponte 25 de Abril. Tlj 12h-23h sauf mar. Plats 11,50-20 €.* Cette adresse un peu secrète, presque poétique, se niche au pied de la colline de Cacilhas, contre le Tage et face à Lisbonne, dans l'un des rares bâtiments réhabilités du secteur. Dès le printemps, quelques tables s'étalent dehors, sur le quai. On y sert une bonne cuisine traditionnelle, naturellement tournée vers la mer même si, d'octobre à avril, ressurgit la *feijoada a transmontana* (un ragoût aux haricots). Juste à côté, le resto ***Atira-te ao Rio*** ne manque pas de qualités non plus, dans un style et à des tarifs assez similaires.

À voir. À faire

Fragata Dom Fernando II e Glória : *dock n° 2, au port. C'est à 100 m de la sortie du ferry, juste passé la gare routière. Tlj 10h (12h lun)-17h (18h mai-sept). Billet : 4 € ; réduc ; gratuit moins de 3 ans.*
Ce joli 3-mâts, orgueil du patrimoine maritime national, fut le dernier bateau portugais à faire la route des Indes. Construit à Daman (Inde) en 1843, il a parcouru l'équivalent de 5 fois le tour de la terre, de Lisbonne à Goa en passant par l'Angola et le Mozambique. Long de 83,40 m, il pouvait transporter jusqu'à 379 membres d'équipage et passagers. Presque détruit par un incendie en 1963, il a été reconstruit pour l'Expo de 1998.
Sur le 1er pont inférieur, on remarque le nombre important de canons : il y en avait 44 ! Tout a été méticuleusement reconstitué comme à l'époque : quartiers du commandant, mannequin de cire représentant un marin aux fers, fourneaux et, au 2d pont inférieur, infirmerie, mess et cabines des officiers, dortoirs exigus de l'équipage. Le bétail (moutons), embarqué pour passer à la casserole, n'avait pas de poste fixe...
– À côté de la frégate, on peut voir le ***submarino Barracuda,*** mis à la retraite en 2013 après 42 ans de bons et loyaux services.

Cristo Rei : *accès possible en voiture ou, du ferry, bus n° 101 ttes les 30 mn 7h40 (8h le w-e)-20h30, retours 6h30 (8h25 le w-e)-20h55. Ascenseur tlj 9h30-18h (18h45 1er-15 juil et 1er-20 sept, 19h30 de mi-juil à août). Tarif : 5 € ; gratuit moins de 7 ans.* Pourquoi ce Christ ? En revenant de Rio, en 1934, le cardinal Cerejeira avait été tellement impressionné par le Christ Rédempteur qu'il eut l'idée d'avoir le sien à Lisbonne. L'emplacement le plus spectaculaire était de l'autre côté du Tage. Haut de 28 m, inauguré le 17 mai 1959, ce Christ pèse quand même 40 t ! Belle vue sur Lisbonne et le pont.

COSTA DA CAPARICA

(2825) 13 400 hab.

Costa da Caparica, c'est une interminable bande de sable fin face à l'océan, doublée d'une station balnéaire pas très jolie (bétonnée) mais si proche de Lisbonne... Au programme : surf et farniente dans les dunes.

Où dormir ?

10 Camping Orbitur
11 Campimeco
12 Club de campisme de Barreiro
20 Caparica Sun Centre
21 Lost Caparica Surf House et Wave Spot Surfhouse
22 YMCA Camp Alambre
23 Casa da Adoa Guest House

Arriver – Quitter

En bus

***Transportes Sul do Tejo** (TST)* : ☎ *707-508-509.* ● *tsuldotejo.pt* ● *Les bus se prennent rua Dr Horacio da Silva Louro, env 100 m à l'est de la praça da*

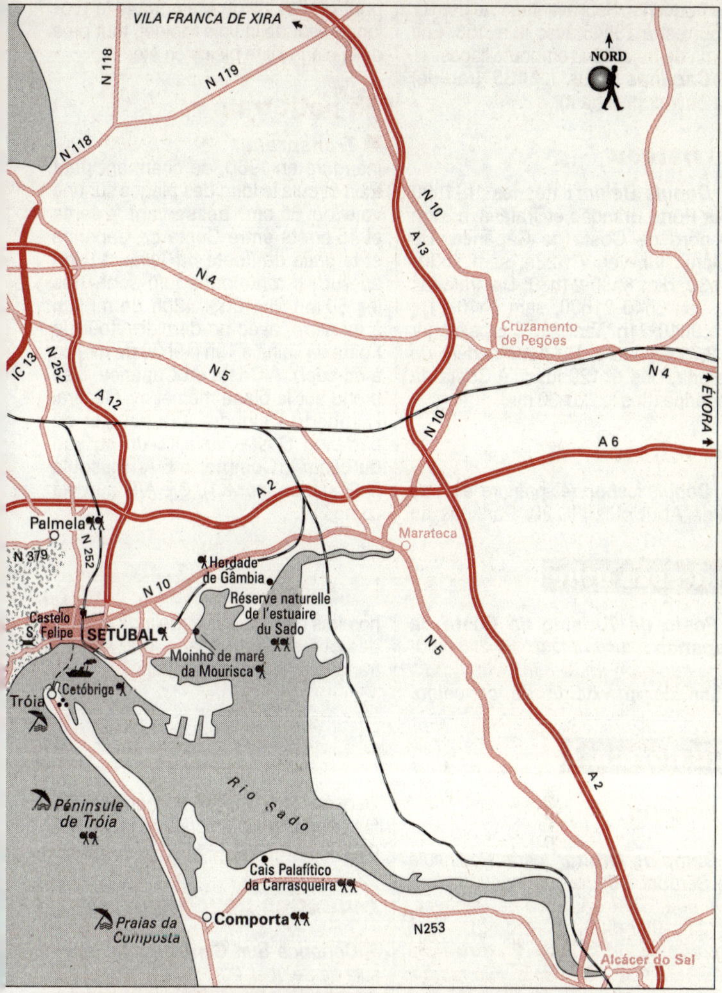

LA PÉNINSULE DE SETÚBAL

Où manger ?
Où faire provision de bons produits ?

21 Ahoy Coffee & Bar
23 Restaurante Farol
24 Bar-Restaurant Praia da Mata
30 Ponto Final
31 Bar-restaurant Princesa
32 Pedaços de Azeitão

Liberdade – qui marque le bout de la rue piétonne rejoignant le front de mer.

➢ ***Lisbonne :*** bus n° 161, le plus fréquent, ttes les 15-30 mn 7h05-22h au départ de la praça Areeiro à Lisbonne ; retours de Costa da Caparica 6h15 (6h20 le w-e)-21h15. Autres options : le n° 153 au départ de la praça de Espanha à Lisbonne ou le n° 155 depuis Marquês de Pombal, mais ils sont très peu fréquents. Seul avantage : le dernier retour est à 23h45 avec le n° 153. Env 40 mn de trajet sans embouteillages.

➢ ***Cacilhas :*** bus n°s 135 (rapide) et 124 (voir plus haut).

En bateau

➢ ***Depuis Belém :*** ttes les 1h-1h30 pour Porto Brandão et Trafaria, à 3 km au nord de Costa da Caparica. De Belém : lun-ven 7h-22h, sam 7h30-21h30, dim 8h30-21h30. De Trafaria : lun-ven 6h40-21h30, sam 7h10-21h, dim 8h10-21h. Tarif : 1,20 €/passager et 2,75 €/voiture. Du débarcadère de Trafaria, bus n° 129 jusqu'à Costa da Caparica (ttes les 20-30 mn).

En voiture

➢ ***Depuis Lisbonne :*** prendre le ponte 25 de Abril puis l'IC 20. Parkings au bout de l'av. 1° de Maio (dans le prolongement de la voie rapide), tout près de la plage ; vite pleins en été.

En petit train

■ ***Transpraia :*** *☎ 212-900-706.* Inauguré en 1960, ce charmant petit train circule le long des plages sur une voie de 60 cm, desservant 4 gares et 15 arrêts entre Costa da Caparica et la praia de Fonte da Telha, à 9 km au sud. Il fonctionne juin-sept, ttes les 30 mn 9h-19h30 (20h de mi-juin à mi-sept), avec un dernier retour de Fonte da Telha à 19h (19h30 de mi-juin à mi-sept). À Costa da Caparica, il se prend sur la plage même, av. General Humberto Delgado, à la hauteur du camping *Costa Nova* (1 km au sud du centre). Compter 5 € A/R jusqu'à la 9e station (zone 1), 8 € A/R au-delà (zone 2).

LISBONNE ET SES ENVIRONS

Adresse utile

ℹ ***Posto de Turismo da Costa da Caparica :*** *sur la plage. ☎ 212-900-071. Lun-sam 9h30-13h, 14h-17h30.* Plans de la ville et du *concelho*, horaires des marées *(tabela de marés)*, des bus et des bateaux, etc. Accueil français efficace et charmant.

Où dormir ?

Camping

⛺ ***Camping Orbitur*** *(carte Péninsule de Setúbal,* ***10****) :* *av. Alfonso de Albuquerque, Santo António da Caparica. ☎ 212-901-366. • infocaparica@orbitur.pt • orbitur.pt • En arrivant à Costa da Caparica par la voie rapide, prendre à droite au feu. Bus n°s 129 pour Belém ou 161 pour la praça de Areeiro (Lisbonne). Selon saison, 17,50-44 € pour 2 avec tente et voiture ; bungalows, caravanes et mobile homes 2-5 pers 35-166 € selon taille et période.* Si le cadre est plutôt urbain, ce grand camping est installé dans une pinède, à 1 km au nord du centre-ville ; la plage est à 500 m. Sur place : resto et épicerie *(mai-oct)*, terrain de jeux, laverie... Accueil sympa, souvent en français. Pour manger dans le coin, misez sur le ***Sonho Repetido*** *(av. do Oceano, 21 A)*, simple et convivial, parfait pour un poisson grillé ou du poulpe dans la plus pure tradition portugaise.

Auberges de jeunesse

⌂ ***Caparica Sun Centre*** *(carte Péninsule de Setúbal,* ***20****) :* *rua Bernardo Santareno, 3, Santo António da Caparica. ☎ 212-918-250. • reservas@caparicasuncentre.com • caparicasuncentre.com • En venant du centre, tourner à droite au 1er rond-point après le camping* Orbitur, *puis 1re à gauche. Mêmes bus que pour le camping. Congés : déc-janv. Dortoirs 4-8 lits 16-18,50 €/pers selon période, doubles sans ou avec sdb 40-48 €, petit déj compris. Pas besoin de carte des AJ. Parking gratuit. Sur présentation de ce guide, un petit-déjeuner offert.* À 10 mn à pied de la plage, cette grande AJ institutionnelle ne manque de rien : piscine, tennis (payant), vastes espaces communs, cuisine, chambres claires et dortoirs bien propres (mais sans lumière ni prise individuelle). Il y a des familiales avec un grand lit et un lit superposé. Formule hébergement et cours de bodyboard ou surf.

Lost Caparica Surf House *(carte Péninsule de Setúbal,* ***21****) : rua Dr Barros de Castro, 17. 917-552-202 ou 918-912-717. • lostcaparica@gmail.com • lostcaparica.com • Congés : 2 mois en hiver. Résa vivement conseillée. Dortoirs 4-6 lits 35 €/pers, double 65 €, appart 4 pers 160 €, petit déj inclus.* Envie de vous lancer sur les vagues ? Situé dans un quartier résidentiel central, à 300 m de la plage, le *Lost Caparica* est parfait pour débuter le surf dans une ambiance conviviale et internationale. Il existe divers forfaits avec hébergement et cours à des tarifs abordables. Sur place : 2 dortoirs, 4 chambres doubles, 1 appart, un bar avec terrasse bois pour le barbecue, une cuisine, un salon pour l'hiver et des planches en location.

Wave Spot Surfhouse *(carte Péninsule de Setúbal,* ***21****) : rua Mestre Manuel, 7 A. 926-005-319 ou 919-928-073. • wavespotsurfhouse@hotmail.com • Dortoir 20-25 €/pers selon saison ; doubles 45-60 €.* En plein centre, dans une rue parallèle à la rua dos Pescadores (piétonne), cette petite AJ joue elle aussi la carte « surf à gogo », dans une ambiance discrète et chaleureuse. On y trouve 2 petites chambres, dont une ouvrant sur une grande terrasse à l'étage, une quadruple et un dortoir de 8 lits, partageant 2 salles de bains (une à chaque étage). L'ensemble est bien blanc, bien équipé, bien tenu. En prime : une cuisine ouvrant sur le coin salon, un barbecue, une douche pour se rincer au retour de la plage, des locations de vélos et de planches... et l'excellent accueil de Luís.

Où manger ? Où boire un verre ?

Votre budget coince ? Pour un en-cas pas fin mais vraiment pas cher, il y a ***A Merendeira,*** sur la rua dos Pescadores (la rue piétonne centrale). C'est une sorte de *McDo* à la portugaise, avec sandwich au chorizo et boisson à 3,20 €. Le pain est cuit sur place et la large terrasse a son charme.

Ahoy Coffee & Bar *(carte Péninsule de Setúbal,* ***21****) : av. General Humberto Delgado, 27 B. 933-881-058. À 3 pas de la plage, derrière le grand parking situé au bout de l'av. 1º de Mayo. Tlj, sauf mer, 12h-19h (17h dim). Petits plats 4-6 €.* On reste dans l'esprit surfeurs avec ce café cool au mobilier hétéroclite, où l'on dévore à belles dents salades bien fraîches, sandwichs, *bruschette* et autres *tostas* à prix ultra-démocratiques. Les jus de fruits frais sont servis dans des bocaux de confiture et le gingembre s'y invite souvent ! Seul le sourire du boss n'est pas donné : 1 million d'euros. C'est indiqué au mur.

Bar-Restaurant Praia da Mata *(carte Péninsule de Setúbal,* ***24****) : sur la plage de Praia da Mata, à env 2 km au sud de Costa da Caparica. ☎ 219-911-724. 920-138-451. • praiadamatacaparica@gmail.com • praiadamata.com • Tlj juin-sept, le w-e tte l'année, fermé nov. Plats 13-21 €. Parking gratuit, accès handicapé.* Une des plus grandes et belles plages de la côte. Le resto du même nom, totalement rénové, allie cuisine traditionnelle portugaise et internationale avec une spécialité de poisson grillé (notamment au poids). Particularité : seul *rooftop* de toute la côte pour déguster des *petiscos* tout en sirotant un superbe cocktail avec une vue à couper le souffle.

Bar-restaurant Princesa *(carte Péninsule de Setúbal,* ***31****) : praia da Princesa, à env 5 km au sud de Costa da Caparica. 934-647-138 • sol@praiaprincesa.com • Tlj sauf lun.* Un caillebottis s'élance à l'assaut du sable. À l'horizon : une terrasse toute blanche, dressée face à l'océan et adossée aux dunes. Si chacune des 19 plages de la côte de Caparica dispose d'au moins un resto, on aime bien celui-ci, avec ses airs de bout du monde. Le service est un peu lent, les plats un peu chers, mais quel bonheur de s'oublier ici...

LISBONNE ET SES ENVIRONS

À faire

La côte forme une immense ***plage,*** étendue face au centre-ville et sur des kilomètres en direction du sud. Il y a très officiellement 19 plages, mais il s'agit en fait de la même, large et toujours adossée aux dunes, qui s'étire jusqu'à Fonte de Telha et même au-delà. Tout ce secteur est desservi par un sympathique petit train côtier (voir « Arriver – Quitter ») à la belle saison.
On vous conseille de vous éloigner un peu pour trouver des coins où la foule estivale est plus clairsemée, de préférence entre les plages 10 et 18 – également accessibles par la route N 377-2 puis par une piste partant sur la droite. C'est dans ce secteur que vous trouverez le sympathique *Bar-restaurant Princesa* (voir « Où manger ? »). Mais en vérité, chaque plage-station possède soit une buvette, soit un bar-resto (et parfois les 2). Les plus actifs pourront pratiquer surf, bodyboard, windsurf et kitesurf – *beach breaks* consistants, assez courts mais puissants et rapides, sur fond sableux.

SESIMBRA (2970) 18 200 hab.

• Plan *p. 211*

À 37 km au sud de Lisbonne, Sesimbra s'agrippe à la barre de falaises soulignant la côte sud de la péninsule de Setúbal, à l'ombre d'un *castelo* arabe juché sur une montagnette. La ville, au vieux centre attachant, nonobstant la corolle d'affreux édifices balnéaires poussée au large, semble glisser imperceptiblement vers la mer et la plage étroite qui l'encadre – agréable au printemps mais très fréquentée en été. Station à ses heures, Sesimbra est aussi un spot de plongée renommé et un port de pêche actif, qui fournit en produits de la mer les tables des nombreuses tavernes.

Arriver – Quitter

Gare routière *(plan B1) : av. da Liberdade. Liaisons assurées par la compagnie* ***TST*** *(Transportes Sul do Tejo ; ☎ 211-126-354 ou 707-508-509 ; • tsuldotejo.pt •).*
➢ ***Lisbonne*** *(praça da Espanha)* **:** bus nº 207, ttes les 30 mn à 2h30, lun-ven 6h10-18h30 de Sesimbra, 7h45-20h de Lisbonne. 5 bus seulement w-e et j. fériés 7h40-18h30 de Sesimbra, 9h15-20h de Lisbonne.
➢ ***Cacilhas :*** bus nº 203, ttes les 30 mn à... 3h45, 5h50 (6h le w-e)-20h30 de Sesimbra, 6h45 (7h15 le w-e)-22h30 ; dernier retour 0h30 (22h45 le w-e, dernier retour 0h40) de Cacilhas.
➢ ***Setúbal :*** bus nº 230, ttes les 1-2h lun-ven 6h20-19h de Sesimbra, 7h20-21h de Setúbal. 5 bus/j. seulement w-e et j. fériés.

Adresse utile

Office de tourisme *(plan A2) : rua Fortaleza, dans la forteresse, sur le front de mer. ☎ 212-288-540. • turismo@cm-sesimbra.pt • visitsesimbra.pt • Tlj 9h30-18h (plus tard en hte saison).* Bien documenté et accueillant. Plan de la ville et infos sur les activités sportives : surf, kitesurf, parapente, plongée, escalade...

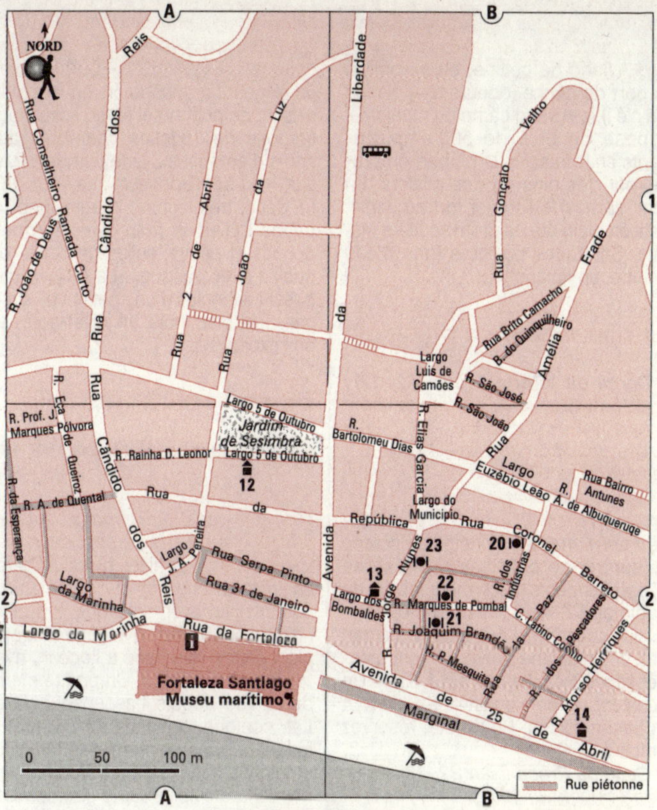

SESIMBRA

■ **Adresse utile**

- Office de tourisme (A2)

Où dormir ?

- **10** Parque municipal de campismo Forte do Cavalo (hors plan par A2)
- **12** Cerca da Vitória 2 (A2)
- **13** Casa da Praça (B2)
- **14** Sana Sesimbra Hotel (B2)

Où manger ?

- **20** Taberna Isaías (B2)
- **21** Casa Mateus (B2)
- **22** Marisqueira O Rodinhas (B2)
- **23** Restaurante Virgilinda (B2)

Où dormir ?

Camping

Parque municipal de campismo Forte do Cavalo *(hors plan par A2,* ***10****) : porto de Abrigo.* ☎ *212-288-508.* • *campismo.fortedocavalo@cm-sesimbra.pt* • *cm-sesimbra.pt* • *Env 1,5 km à l'ouest, passé le port de pêche (fléché). Bus nº 228 entre le centre et le port (8/j.*

lun-ven, 6 sam, aucun dim). Congés : janv. Vraiment pas cher : compter env 14 € pour 2 avec tente et voiture en été ! À flanc de colline, en surplomb du port de pêche (odeurs de poisson à la clé !), ce grand camping municipal dispose de plus de 500 emplacements en terrasses, la plupart ombragés par des pins ou des oliviers. En demi-saison, le lieu est fort agréable, mais en plein été, la promiscuité s'installe. Sanitaires corrects (pas d'eau chaude, en revanche !).

De bon marché à plus chic

Cerca da Vitória 2 *(plan A2,* ***12****) : largo 5 de Outubro, 10, et rua Cândido dos Reis, 55. ☎ 212-233-040. • reservas@cercadavitoria.pt • cercadavitoria.pt • Studios 34-74 € selon saison ; apparts 4 pers 57-162 €. Min 3 nuits en été, 2 nuits hors saison.* Donnant sur l'une des principales places du centre, ce petit immeuble abrite 17 appartements récemment refaits, du studio au T2. Agréables, tous ont une cuisine complète, l'AC, une TV à écran plat, une machine à laver, et sont meublés façon *Ikea*. La mer est à 3 mn. Un excellent rapport qualité-prix, surtout en basse saison. Pour l'été, réservez 6 mois à l'avance !

Casa da Praça *(plan B2,* ***13****) : largo dos Bombaldes, 18. ☎ 218-015-238. 967-022-595. • eventos@salamaleques.pt • casadapraca.com • ♿ Réception fermée 22h-8h. Congés : Noël et 1re sem de janv. Doubles 70-150 € selon catégorie et saison, sans ou avec petit déj.* Surplombant un élégant bar lounge ouvert à la belle saison, ce petit hôtel (avec ascenseur) dispose de 16 jolies chambres aux noms d'émotions... Une nuit de « Passion » ou de « Bonheur », ça vous dit ? La déco, très léchée, intègre mobilier patiné indien et marocain, parquets poncés et peints, salles de bains turquoise avec vasque... La plupart disposent au moins d'une petite vue sur la mer. Très bien mais, en juillet-août, les prix explosent.

De plus chic à très chic

Sana Sesimbra Hotel *(plan B2,* ***14****) : av. 25 de Abril, 11. ☎ 212-289-000. • sanasesimbra@sanahotels.com • sesimbra.sanahotels.com • Doubles 90-319 € selon saison, petit déj inclus. Parking 12 €.* Parmi les blocs de béton en front de mer, celui-ci (finalement pas si vilain avec sa proue évoquant un paquebot) offre l'avantage d'être en plein centre-ville, face à l'océan, avec la plage à ses pieds. On profite même de la vue depuis l'ascenseur vitré ! Les couloirs, tapissés de moquette, baignent dans des lumières tamisées et les chambres sont douillettes, avec des salles de bains assez grandes (baignoire). Sauna, piscine et jacuzzi sur le toit. Accueil pro.

Où manger ?

Bon marché

Taberna Isaías *(plan B2,* ***20****) : rua Coronel Barreto, 2. 914-574-373. Tlj 10h-minuit sauf dim. Compter 7-15 €.* Cachée dans le dédale des ruelles du vieux Sesimbra, cette taverne fleure bon le Portugal éternel avec son barbecue à l'entrée où grille le poisson frais, vidé sous vos yeux par le patron. On fait son choix à l'ardoise, puis on s'installe dans l'une ou l'autre des 2 salles fraîches, décorées d'assiettes – où s'empilent les convives. Allez, un peu de patience...

Prix moyens

Casa Mateus *(plan B2,* ***21****) : largo Anselmo Braamcamp, 4. 963-650-939. • reservas@casamateus.pt • Tlj 12h-15h, 19h-23h, sauf lun. Compter 15-25 €.* Nichée sur une placette lilliputienne, dans un vieil immeuble à la façade recouverte d'*azulejos*, la maison, tenue par une équipe père-fils, s'est taillé une réputation pour sa cuisine portugaise doucement revisitée. Que diriez-vous d'un carpaccio de mérou à la mangue ou d'un poulpe rôti aux pommes de terre ? On aime la terrasse et la salle à la sobriété mesurée.

Marisqueira O Rodinhas *(plan B2, 22) : rua Marquês de Pombal, 25-27. ☎ 212-231-557. • info@marisqueirarodinhas.pt • Tlj 12h30-22h30. Congés : mer et oct. Repas 15-18 € ; plateaux de fruits de mer à partir de 30 €. CB refusées.* Quelques tables sous véranda dans la ruelle, une salle modeste mais animée, des serveurs aimables et efficaces, et surtout de bons plats de la mer : poisson, coquillages, *caracóis* (escargots), *choco frito* (seiche frite)... La note est peut-être un peu salée, mais la fraîcheur est là.

Restaurante Virgilinda *(plan B2, 23) : rua Jorge Nunes, 11-13. ☎ 212-231-410. • virgilinda@gmail.com • Tlj sauf mer. Congés : 20 déc-20 janv. Plats 8-18 €.* Cette *tasca* sans prétention débite des plats simples mais plutôt copieux, avec un goût naturellement prononcé pour le poisson et les fruits de mer. Mieux vaut ne pas être trop pressé.

À voir. À faire

Museu marítimo *(plan A2) : rua da Fortaleza, 2. Dans le fort, au centre du front de mer. ☎ 938-427-479. En été, tlj 15h30-19h, 20h30-23h, sauf lun ; en hiver, tlj 10h-13h, 14h30-17h30, sauf lun. Entrée : 3 € ; réduc.* Installé dans le fort de Santiago (1642), qui divise la plage de Sesimbra en 2 parts égales, ce musée se penche sur le lien local à la mer, notamment à travers la navigation, la pêche et le parc marin Luiz Saldanha, réputé pour la plongée. Après, allez boire un coup sur la superbe terrasse de la *Tap House*. Son slogan : « Bières artisanales et océan » !

Plongée : les amateurs font de Sesimbra l'une des capitales de la plongée au Portugal. Pas moins de 6 opérateurs proposent leurs services pour profiter de la grande variété de spots du secteur, particulièrement nombreux entre la station et le cap Espichel (profondeurs 12-40 m). Au programme : tombants, plongées dérivantes, grottes, épaves, gorgones, éponges, poulpes, nudibranches, etc. La visibilité est meilleure en hiver, mais les eaux descendent alors à 12-16 °C !

Manifestations

– **Carnavals :** *sam-mer après le Mardi gras.* L'occasion d'un célèbre défilé costumé sur un rythme de samba. Mais aussi en été *(verão)*, en juillet et en août.
– **Foire et fête du Senhor Jesus das Chagas :** *le 4 mai (j. férié à Sesimbra).* La statue du saint patron de la ville visite les rues jusqu'au sommet du bourg. Guirlandes, musique et sardines grillées.
– **Pèlerinage de Nossa Senhora do Cabo Espichel :** *le dernier dim de sept.* L'événement remonte au XIIe s.

DANS LES ENVIRONS DE SESIMBRA

Cabo Espichel : *à 13 km à l'ouest. Bus n° 201 : 1/j. seulement jusqu'au cap, ce qui ne laisse pas le temps de se balader avt de le reprendre dans le sens retour, mais 7/j. jusqu'à Azóia (4/j. le w-e), puis env 2,5 km à pied ; dernier retour d'Azóia à 19h en sem, 15h30 sam, 18h25 dim.* Depuis le Moyen Âge, les pèlerins ont eu cette langue de terre aride en à-pic au-dessus de l'océan sur leur carnet de route. La Vierge y serait apparue vers l'an 1200. À la 1re chapelle a succédé, au XVIIIe s, une cité de pèlerinage livrée et abandonnée aujourd'hui aux fantômes du vent : une longue place bordée par 2 rangées de maisons et, au fond, l'église monumentale *(ouv à priori avr-oct tlj 10h-18h)*, au chœur encadré de doubles colonnes salomoniques (torsadées). Le lieu a servi de décor au cinéaste chilien Raoul Ruiz pour l'adaptation de *L'Île au trésor.* Passez derrière le sanctuaire pour profiter du panorama vertigineux sur les falaises.

Prolongeant vers le sud l'immense cordon sableux de Costa da Caparica, plusieurs ***plages*** s'étirent face à l'océan. Certaines réservées aux naturistes (c'est indiqué sur place). Du nord au sud : *praia de Lagoa de Albufeira, praia de Alfarim, praia do Meco* (ou *Moinho do Baixo*), *praia das Bicas,* étroite et déjà plus sauvage, puis *praia do Foz,* la toute dernière, battue par la houle. On accède à ces 3 dernières depuis la bourgade de Aldeia do Meco. De la praia do Foz, une piste permet de rejoindre Azóia, sur la route du cabo Espichel.

Campimeco *(carte Péninsule de Setúbal,* ***11****) : praia das Bicas. ☎ 212-683-374. • campimeco@campigir.com • campigir.com • Compter 11-17 € pour 2 avec tente et voiture ; tipis 18-25 € ; bungalows 40-116 € selon taille et saison.* Le 1er coup d'œil sur cette vraie ville de toiles et de bungalows peut refroidir, mais la bonne surprise est au fond : un vaste terrain réservé aux tentes et camping-cars (sans électricité), sous une haute pinède, face à la mer. Bon, pour les sanitaires, il faut remonter un peu... Piscine, tennis et minigolf *(ts payants).*

Randonnée

➢ Un parcours de grande randonnée relie Sesimbra à Costa da Caparica (Capuchos) : la ***rota do Cabo*** (GR 4). Étendu sur 52 km, il suit les anciens chemins (peu ombragés) empruntés par les pèlerins en marche vers le sanctuaire du cabo Espichel, mais l'essentiel se passe dans les terres. Le camping de *Lagoa de Albufeira,* situé presque à mi-chemin, permet de faire étape. Ceux qui veulent n'emprunter qu'une partie de ce circuit et revenir en bus peuvent le faire entre le château de Sesimbra et Azóia (2,5 km du cabo Espichel sur la route qui y mène), soit une vingtaine de kilomètres, ou de Costa da Caparica à Fonte da Telha, sur environ 8 km (plutôt mal balisés).

PARQUE NATURAL DA SERRA DA ARRÁBIDA

À tout juste 25 km à vol d'oiseau de Lisbonne, le vieux massif calcaire d'Arrábida, culminant à 500 m, dessine une heureuse parenthèse de nature, alternant versants abrupts couverts par la végétation dense du maquis, vignobles, vergers et, côté sud, corniches rocheuses surplombant l'océan. Un vrai ravissement, protégé par un parc naturel de 108 km². Le week-end, les Lisboètes viennent y siroter un petit verre de *moscatel* (muscat) doux et doré avec un fromage d'Azeitão – les 2 spécialités incontournables de la région.

La route reliant Sesimbra à Setúbal (N 379 puis N 10) effleure la serra da Arrábida. Mais il faut prendre les chemins de traverse pour en explorer le cœur et rejoindre, par la N 379-1 (Estrada de Escarpa) ou la N 10-4, le croquignolet petit port de Portinho da Arrábida, recroquevillé entre l'écharpe des falaises.

Arriver – Quitter

➢ *Vila Nogueira de Azeitão* est reliée par bus à ***Sesimbra*** (n° 230), ***Setúbal*** (nos 767 et 768 via ***Palmela***) et ***Lisbonne*** (nos 754 et 755), mais, pour découvrir la corniche sud, la voiture s'impose. *☎ 707-508-509. • tsuldotejo.pt •*

Adresse utile

Office de tourisme d'Azeitão : *praça da República, 47,* ***Vila Nogueira de Azeitão.*** *☎ 212-180-729.* *• mun-setubal.pt • Lun-sam 9h30-12h30, 13h30-17h ; dim 9h-13h.*

Où dormir ?

Camping

Club de campismo de Barreiro *(carte Péninsule de Setúbal,* ***12****) : rua Miguel Bombarda, 16 ; à 3,5 km de* ***Vila Nogueira de Azeitão*** *(fléché depuis la sortie du bourg en direction de Setúbal). ☎ 212-070-585. 963-802-337. • ccampismobarreiro@gmail.com • clubecampismobarreiro.pt • Compter env 15 € pour 2 avec tente et voiture.* Marre des campings balnéaires noirs de monde ? Vous trouverez ici une enclave de verdure mêlant pins et eucalyptus (ça sent bon !) dans un vallon veillé par les contreforts de la serra da Arrábida. Les emplacements se répandent au gré de terrasses. Les installations ne sont pas toutes jeunes mais restent propres. Bar-resto *(9h-minuit en été)* !

Prix moyens

YMCA Camp Alambre *(carte Péninsule de Setúbal,* ***22****) : route N 379-1, env 500 m au nord du hameau de Casais da Serra (entre Villa Nogueira de Azeitão et Portinho). ☎ 212-183-103. 936-297-899. • alambre@ymcasetubal.org • ymcasetubal.org • Compter 44-77 € pour 2 selon saison, petit déj inclus.* Posés en léger retrait de la route (guère passante), les 8 bungalows en bois, regroupés en une sorte de minivillage, offrent l'une des rares options de logement au cœur même de la serra. Chacun dispose de sa propre salle de bains et d'une kitchenette (avec micro-ondes). Sols carrelés et confort un peu rustique (lits superposés), mais très correct.

De prix moyens à beaucoup plus chic

Casa da Adoa Guest House *(carte Péninsule de Setúbal,* ***23****) : casa 3,* ***Portinho da Arrábida.*** *☎ 212-180-689. 934-306-061. • casadaadoa@casadaadoa.com • casadaadoa.com • Face au petit parking du port. Doubles 60-150 € selon taille et saison.* Parmi la douzaine de maisons accolées de Portinho, celle-ci abritait jadis une armurerie. Miguel en a fait un petit havre de paix, avec sa superbe trompette des anges (aux fleurs en forme de cloche) aux avant-postes, sa courette fleurie où est servi le petit déj (en sus) et ses 8 chambres cosy. Toutes différentes, elles marient confort actuel (AC, frigo), mobilier ancien ou plus récent, peintures et têtes de lit fleurant bon les temps jadis. 3 ont une vue sur la mer et 2 sont en fait des appartements avec cuisine (loués en été seulement).

Où manger ? Où faire provision de bons produits ?

Pedaços de Azeitão *(carte Péninsule de Setúbal,* ***32****) : praça da República, 33-34, à* ***Vila Nogueira de Azeitão.*** *☎ 212-180-084. Tlj 8h-20h (23h en saison).* La maison est spécialisée dans les *pasteles de Azeitão,* des roulés à la cannelle, à déguster avec un jus d'orange frais ou un petit verre de muscat local, en terrasse sur la place, ou dans la petite salle moderne. On peut aussi faire provision de fromages d'Azeitão. Prenez un numéro et commandez au comptoir.

Restaurante Farol *(carte Péninsule de Setúbal,* ***23****) : Estrada do Portinho da Arrábida, à* ***Portinho da Arrábida.*** *☎ 212-181-177. • restaurantefarolarrabida@gmail.com • Tlj sauf lun.*

Compter 20-25 €. Des 3 restos de Portinho, c'est le plus éloigné du parking et celui qui est le moins susceptible de vous décevoir. Oh, rien de révolutionnaire : du poisson frais, gri llé, servi dans un cadre simple mais sublimé par la vue imprenable sur la crique et l'océan (ça a son prix !). Bon accueil en français.

À voir. À faire

Visite des caves de moscatel *José Maria da Fonseca-Adega* : *rua José Augusto Coelho, 11-13, à **Vila Nogueira de Azeitão** (à 50 m de la grande praça da República). ☎ 212-198-940. Tlj, sauf j. fériés, 10h-19h (17h30 nov-mai). Visite guidée 7-9 € avec dégustation de 2-6 vins. Audioguide « complémentaire » en français : 2 € (mais la visite guidée reste obligatoire).* La maison, fondée en 1834, vous donnera l'occasion de voir les caves où vieillissent des muscats centenaires. Pour les amateurs du genre, la rota do Vinho se poursuit vers l'est.

Portinho da Arrábida : *à 14 km à l'ouest de Setúbal, par un embranchement sur la N 379-1. Attention, accès final interdit aux camping-cars et caravanes (trop étroit !) tte l'année et aux voitures le w-e et en été ; il faut se garer plus haut sur la route.* C'est par un goulet tortueux s'infiltrant entre la montagne et la mer, là où veille un fortin du XVIIe s bâti pour tenir à distance les pirates maures, que l'on accède à la crique de Portinho. Pas vraiment un port, plutôt un quai, face auquel se serrent 3 restos de fruits de mer et une poignée de bicoques accolées. Quel charme ! Un chemin mène en 10 mn à une longue plage, à laquelle on peut aussi accéder par un embranchement partant de la N 379-1. La vieille *fortaleza de Santa Maria* abrite un petit ***Museu oceanográfico*** *(mar-ven 10h-16h, sam 15h-18h).*

Convento da Arrábida : *sur la N 379-1, un peu à l'est de l'embranchement descendant vers Portinho, par une route en corniche offrant de superbes panoramas. ☎ 212-197-620. 📱 932-216-552. • arrabida@foriente.pt • Visite mer et sam-dim vers 10h et 15h sur résa. Entrée : 5 € ; réduc ; gratuit moins de 6 ans.* Géré par une fondation, ce vieux monastère franciscain, fondé en 1542, s'isole dans la montagne et le maquis, loin de toute distraction humaine, avec l'océan pour seul contrepoint. Si vous n'avez pas réservé votre visite, vous pourrez l'apercevoir du virage suivant la grille d'accès.

En continuant sur la N 379-1 en direction de Setúbal, on passe la ***praia Galápos,*** pas très grande et aménagée, puis la ***praia Figueirinha,*** large, longue et convexe (bus n° 722 depuis Setúbal). Suit le ***fort Santiago de Outão*** (XVIIe s), aménagé en sémaphore.

Palmela : *à 7,5 km au nord de Setúbal par la N 252. Accessible en bus depuis la gare routière Oriente ; trajet : 45 mn.* Perchée sur sa haute colline (230 m), cette gentille petite ville offre un panorama imprenable sur les terres et la mer depuis son *miradouro.* Mieux encore : franchissez les murailles du *castelo* qui le domine. Fondé après la conquête arabe, il abrita le dernier siège de l'ordre de Santiago au XVe s, avant d'être renforcé de remparts à la Vauban à la fin du XVIIe s. On y trouve à la fois une *pousada* installée dans l'ancien monastère (voir « Où dormir ? »), l'*église de Santiago,* dans un style fin gothique (XVe s), conservant des *azulejos* des XVIIe-XVIIIe s, les ruines de *Santa Maria do Castelo* (détruite par le séisme de 1755) et un *musée municipal* *(tlj, sauf lun, 10h-12h30, 14h-17h [14h-18h en été] ; GRATUIT).* Le lundi, on peut tout de même pénétrer dans l'enceinte et monter au donjon.

Les amateurs de rando pourront explorer la serra au gré du ***sentier des Moulins*** *(Rota moinhos),* qui dessine une boucle de 13 km. C'est le seul chemin raisonnablement bien balisé du parc naturel. Points de vue panoramiques garantis.

SETÚBAL

(2900) 100 000 hab.

• Plan *p. 218-219*

À 50 km au sud-est de Lisbonne, Setúbal (« Stoubal ») s'amarre à l'orée de l'immense estuaire du Sado, fermé par la longue péninsule sableuse de Tróia. Cette cité industrielle et commerçante, doublée d'un important port de pêche, ne dégage pas un charme spontané mais n'en est pas pour autant dépourvue. On apprécie le petit quartier piéton commerçant, ses musées et, à l'ouest, le vieux forte de São Felipe, offrant une vue panoramique. Les amateurs de promenades bucoliques et d'oiseaux seront enchantés par l'estuaire.

Arriver – Quitter

En bus

Gare routière *(plan C-D1)* **:** *av. 5 de Outubro, 52.* ☎ *707-508-509.* • *tsuldotejo.pt* •

➢ ***Lisbonne :*** exprès n°s 561 (pour la praça de Espanha) ou 562 (estação do Oriente) principalement, ttes les 15-30 mn lun-ven 6h15-19h45, w-e 7h-19h45. Durée du trajet : 40 mn. Les 2 passent par la gare ferroviaire.

➢ ***Sesimbra :*** bus n° 230, ttes les 1h-2h lun-ven 7h-20h. 4 bus seulement le w-e.

➢ ***Palmela :*** liaisons fréquentes avec les n°s 413, 604, 605 (lun-ven seulement), 767 et 768 (ces 2 derniers desservant ***Vila Nogueira de Azeitão***).

En train

Gare ferroviaire *(hors plan par D1)* **:** *praça do Brasil.* ☎ *707-127-127 ou 211-066-363.* • *fertagus.pt* •

➢ ***Lisbonne*** *(gares de Sete Ríos, Entrecampos et Roma-Areeiro)* **:** ttes les 30-60 mn lun-ven 5h45-0h15. Ttes les heures le w-e 6h-23h. Trajet : env 1h. La compagnie *CP* assure aussi des liaisons mais avec changement à Pinhal Novo, pas bien pratique... En revanche, elle propose un *Bilhete Praia Linha do Sado* à 12 € valable pour 1 semaine (voyages illimités).

En bateau

➢ ***Tróia :*** de l'autre côté de la baie de Setúbal, tout au bout de la longue péninsule de Tróia. ☎ *265-235-101.* • *atlanticferries.pt* • La compagnie assure des liaisons par ***catamaran*** entre le *Cais 3* de Setúbal *(plan C-D3)* et la marina de Tróia : ttes les 45-60 mn, 6h30-minuit (6h50-0h30 de Tróia). Tarif : 7,75 € (gratuit Troai-Setúbal). Également des ***ferries*** depuis le *Doca do Comércio* de Setúbal *(plan D3),* qui arrivent sur la côte orientale de la péninsule *(Cais Sul),* à env 5 km au sud de la station de Tróia : juin-sept, ttes les 30-80 mn 7h30-22h (8h-22h40 depuis Tróia). Traversée : env 25 mn. Compter 17,20 € pour la voiture et un chauffeur, 3,80-4,90 € pour les passagers suivants.

Adresse utile

Office de tourisme municipal *(plan A2,* ***1****)* **:** *Casa da Baía, av. Luisa Todi, 468.* ☎ *265-545-010.* • *visitsetubal.com.pt/fr* • *Tlj 9h-20h (minuit en été).* Excellent accueil et bon niveau d'information ; expos sur les dauphins sur place. Succursales au quai d'embarquement des catamarans pour Setubal *(plan D3,* ***2*** *; tlj 10h-13h, 14h-18h),* au forte São Filipe *(hors plan par A3 ; tlj 10h-12h, 13h-18h, sauf lun)* et, en plein centre, sur la praça Bocage *(plan C1,* ***3*** *; lun-ven 9h-19h ; sam 10h-13h, 15h-19h).*

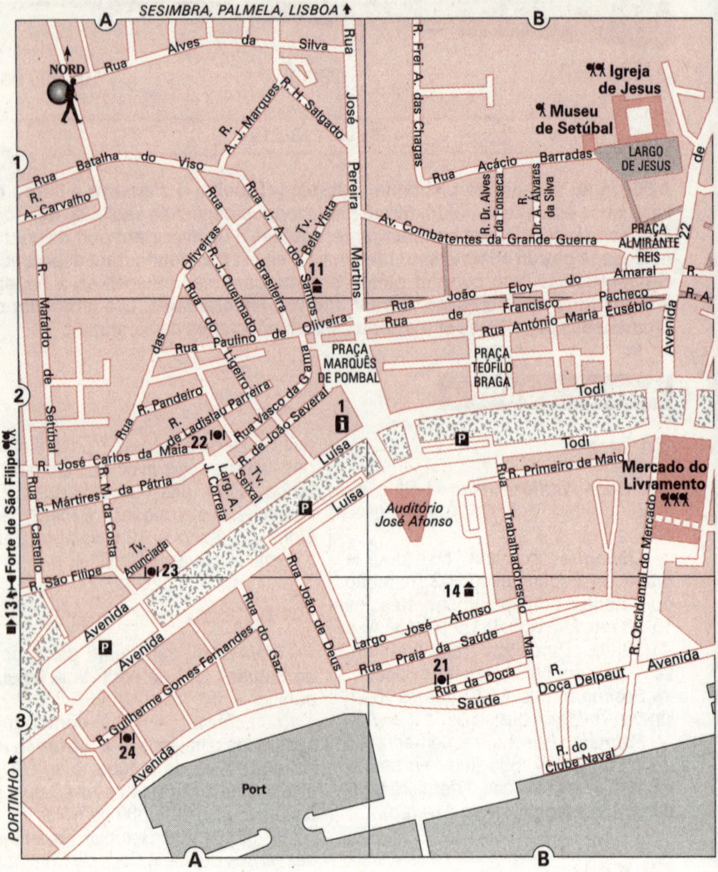

■	**Adresses utiles**	⌂	**Où dormir ?**
	i **1, 2** et **3** Offices de tourisme municipaux (A2, D3, C1) **5** Bureau de la réserve naturelle de l'estuaire du Sado (C3)		**10** Day Off Hostel (D2) **12** Hotel Bocage (C2) **13** Casal das Oliveiras (hors plan par A3)

Où dormir ?

De bon marché à plus chic

⌂ ***Pousada da Juventude Casa do Largo*** *(plan B3, **14**) : largo José Alfonso, 24-25. ☎ 265-421-080. • casa.largo@mun-setubal.pt • pousadasjuventude.pt/pt/pousadas/setubal • Dortoirs 4-6 pers 14-17 €, 12 pers 13-16 € et doubles 32-44 € avec ou sans toilettes. Petit déj inclus.* Entre le

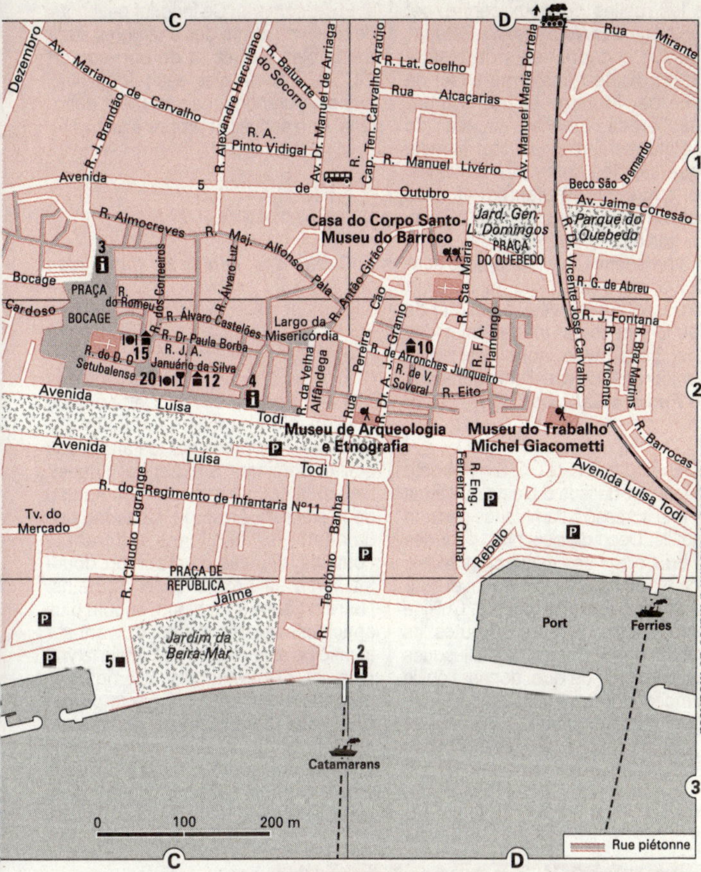

SETÚBAL

14 Pousada da Juventude Casa do Largo (B3)	**20** Taberna do Largo (C2)
15 De Pedra e Sal (C2)	**21** O Alface (B3)
	22 O Pescador (A2)
Où manger ? Où boire un verre ?	**23** Riberinha do Sado (A2)
15 De Pedra e Sal (C2)	**24** Forno da Lotta (A3)

port et le vieux centre-ville, cet établissement rutilant, moderne et convivial compte près de 70 chambres. Très fonctionnel, casiers dans les dortoirs, salles de bains très propres, doubles pas bien grandes mais confortables, avec bons matelas.

Day Off Hostel (plan D2, **10**) **:** *rua Arronches Junqueiro, 80-84. ☎ 265-106-394. 📱 936-955-887. • geral@hosteldayoff.pt • hosteldayoff.pt • Dortoirs 3-6 lits 15-25 €/pers selon taille et saison ; doubles sans ou avec sdb 30-80 €.* Quel bel édifice ! Niché dans les ruelles du vieux centre, cet ancien siège des *Nouvelles de Setúbal*, aux beaux encadrements de fenêtre baroques, a été transformé en AJ de charme par la jeune et très sympathique Teresa. Le vieil escalier de bois a été restauré, mais tout le reste navigue sur des notes très actuelles, entre couleurs pétulantes et gros bulbes lumineux en suspension. Parmi les 5 dortoirs (bien équipés), ceux pour 3 personnes ont leur propre salle de bains, mais attention, les lits sont superposés sur 3 niveaux – risque de vertige lorsqu'on est tout en haut ! Il y a aussi 3 chambres, dont 2 partagent les sanitaires. Une excellente adresse.

De Pedra e Sal *(plan C2, **15**) : largo do Dr Francisco Soveral, 10. ☎ 265-418-353 • depedraesal.com • Dortoirs 20-25 €, doubles 35-100 €.* Sur une cour intérieure, au-dessus du resto du même nom, une adresse à l'ambiance pension de famille. Déco de bois brut, pour des chambres élégantes, pas trop grandes, aux objets vintage, avec parquet et couleurs douces. Plein de charme. Cuisine à dispo, salons de lecture. Toutes les chambres ont des noms de mollusques ou de poissons, de quoi donner l'envie de tomber dans leurs filets !

Hotel Bocage *(plan C2, **12**) : rua de São Cristovão, 14. ☎ 265-543-080. • geral@hoteisbocage.com • hoteisbocage.com • Dans le quartier piéton. Doubles 55-90 € selon taille et saison, petit déj compris.* Ce fringant petit hôtel de tourisme abrite des chambres standards bien tenues et de bon confort (AC, TV à écran plat, sèche-cheveux), pas bien grandes mais joliment décorées. Bon accueil et propreté au top !

De plus chic à beaucoup plus chic

Casal das Oliveiras *(hors plan par A3, **13**) : estrada do Castelo de São Felipe. 📱 966-087-656. • casal.oliveiras1@gmail.com • À 2,5 km à l'ouest du centre, par la route du château, puis à droite (fléché). Doubles 100-120 € en hte saison.* Cette grande maison d'architecte s'implante sur un vaste parc privé, sur le flanc d'une colline dominant Setúbal par l'ouest. On est là aux marges du parc naturel de la serra da Arrábida. Chacune des 5 chambres, déclinant différentes couleurs, dispose d'un confort douillet, avec sa propre salle de bains. Notre préférée ? La bleue, encore plus spacieuse que les autres, ouvrant sur la piscine et la mer au loin. Mais le vrai plus, ici, c'est Manuela. Elle ne parle ni anglais ni français ? Qu'importe ! Elle vous parlera avec les mains, avec le cœur, avec toute la bonne volonté du monde... avant de vous entraîner sur la terrasse, profiter de la vue à 180°.

Où manger ? Où boire un verre ?

Port de pêche, Setúbal croule sous le poisson et, en saison, le *choco frito* (seiche frite) est à l'honneur. Autres classiques locaux : les huîtres et les sardines grillées. La concurrence est rude et, dès que l'on s'éloigne du front de mer, les prix se font (très) raisonnables. Pour un simple en-cas, faites halte au superbe mercado do Livramento *(plan B2)*.

De bon marché à prix moyens

Forno da Lotta *(plan A3, **24**) : rua Guilherme Gomes Fernandes, 31. ☎ 265-232-233. Tlj sauf jeu et dim soir 12h-15h et 19h-23h30. Menu midi en sem 10-14,50 €, pizzas 8-14 €, plat env 13,50 €.* C'est ici qu'on vient se rassasier à bon prix à Setúbal ! Grande salle joliment décorée, couverte du sol au plafond. Y a même un vélo suspendu ! Et surtout un four recouvert en céramique rouge. Petite terrasse aux beaux jours. Cuisine copieuse (nos voisins de table n'ont pas fini leur assiette) servie avec le sourire. Pizzas donc, mais aussi spécialités de porc et autres classiques portugais. Très bon rapport qualité prix. Excellent accueil.

De Pedra e Sal *(plan C2, **15**) : largo do Dr Francisco Soveral, 10. ☎ 265-418-353. Tlj 12h30-15h, 19h30-23h. Plats 15-20 €. Menu à midi en sem.* Un de nos restos coup de cœur. Petite terrasse protégée, avec à l'intérieur, belle salle noire, où le bois brut s'allie à un entrelacs de cordes, avec grand comptoir, pour goûter la spécialité de la maison : la pièce de viande servie sur son bloc de sel. Un régal ! D'autres plats tout aussi soignés, comme la *bacalhau* généreuse. Carte courte qui satisfera aussi les végétariens. Service souriant.

Taberna do Largo *(plan C2, **20**) : largo Dr Francisco Soveral, 25. ☎ 265-526-113. • gaiveu@gmail.com • Tlj sauf dim. Petiscos 3,50-8,50 €, tablas 6-12 €, plats 10-20 €. Congés : fin déc-début janv. Apéritif offert sur présentation de ce guide.* De la grande avenue Luisa Todi, un passage voûté (Arco da Ribeira) mène à la placette ombragée par un platane séculaire. À la « taverne du large », on picore parmi un catalogue de tapas locales au goût souvent iodé, mais pas seulement (chèvre-miel-noix, cuisses de grenouille, *cachacinhos* de porc à l'orange...). Il y a aussi des *pregos* (sandwichs), quelques petits plats, des tonneaux derrière le bar, une table de baby-foot au mur et une bande-son un peu rétro pour faire écho au décor. Avec les prix contenus, on se dit qu'on est bien ici.

O Alface *(plan B3, **21**) : travessa dos Galeões, 7. 960-438-241. Face au port de pêche. Fermé le soir hors saison. Menu complet 12,50-15 € ; repas 10-15 €.* Cette bonne cantine, occupant une vaste salle vitrée, sert une cuisine simple et roborative à base de poisson frais : le monde qui l'envahit chaque midi témoigne de son bon rapport qualité-prix ! Du coup, l'attente peut être longue.

O Pescador *(plan A2, **22**) : travessa Alvaro Anes, 8. ☎ 265-533-369. Tlj sauf mar et lun soir. Plats 7-12,50 €.* Le boss a passé 5 ans à Toulouse et 9 ans à Genève : autant dire qu'il parle français. Revenu au pays par nostalgie, il y grille poissons et viandes du midi au soir dans sa ruelle anonyme aux parasols alignés. Coup d'œil dans le bac réfrigéré, poignée de gros sel, et déjà ça rissole. Les enfants jouent, crient. Des chats passent, dardant un œil intéressé vers votre assiette. Et hop, les sardines grillées atterrissent devant vous.

Ribeirinha do Sado *(plan A2, **23**) : av. Luisa Todi, 586. ☎ 265-238-465. Tlj, sauf dim soir et lun, 12h-15h (15h30 le w-e), 19h-22h. Plats 6-12 €.* Si la carte est classique (poisson grillé !), le resto joue la modernité avec son cube de verre sur le trottoir et son mur de bouteilles (belle carte des vins). Le cadre est agréable, les prix raisonnables et le service (multilingue) attentionné. BBQ extra. Petite réserve pour les desserts, moins réussis.

À voir

Mercado do Livramento *(plan B2) : av. Luisa Todi. Tlj 7h-14h sauf lun. Fermé 1er janv, 25 avr, 1er mai, 15 sept et 25 déc.* Les Setubalenses en sont tellement fiers qu'ils l'appellent « le meilleur marché du monde » ! Et c'est vrai qu'il est beau ! Sous la halle, occupant tout un pâté de maisons, s'empilent fruits et légumes du coin, fromages d'Azeitão, poissons sur lits de glace, viande sur les flancs et une frise de troquets où les marchandes jouent des coudes à l'heure du coup de mou. On y a vu des mérous géants et des *pez espada* dépassant le mètre... Ne ratez pas, au fond, le superbe ensemble d'*azulejos* du XVIIe s représentant des scènes de la vie locale.

Igreja de Jesus (plan B1) : *praça Miguel Bombarda. Tlj sauf dim-lun et j. fériés 10h-18h (dim 15h-19h, 18h en hiver). GRATUIT.* Construite à la fin du XVe s par l'architecte du monastère dos Jerónimos lisboète, l'église du Convento de Jésus est considérée comme la 1re manifestation de l'art manuélin – aisément reconnaissable à ses motifs de cordages entrelacés. Les beaux *azulejos* du XVIIe s méritent aussi le coup d'œil.

Museu de Setúbal (plan B1) : *praça Miguel Bombarda ; à côté de l'église de Jésus. Mar-sam 10h-18h, dim 14h-18h ; dernière entrée 30 mn avt fermeture. Entrée : env 2 €, audioguide (en anglais, en espagnol ou en portugais) inclus ; réduc.* Ce petit musée occupe le cloître du monastère de Jésus et présente, entre autres, éléments lapidaires, peintures, objets d'art sacré et beau coffre indo-portugais du XVIIe s. On peut aussi y voir une cloche de 1496 offerte par Manuel II, « roi du Portugal et d'Algarve, des 2 versants de la Méditerranée et de Guinée ».

Casa do Corpo Santo – Museu do Barroco (plan D1) : *rua do Corpo Santo, 7. ☎ 265-236-066. Mar-ven 9h-12h30, 14h-17h30 ; sam 14h-18h. Entrée : 1,50 €.* On aurait tort de passer à côté. Si la collection d'instruments de navigation présentée au rez-de-chaussée ne mérite pas que l'on s'y attarde, l'édifice en lui-même est superbe. Il abritait le siège de l'influente confrérie du Corpo Santo, à laquelle appartenaient armateurs, marins et pêcheurs. Passé la cour, on se hisse à l'étage, aux 2 salles baroquissimes tapissées d'*azulejos* du XVIIIe s représentant d'élégantes scènes de genre. La chapelle croule sous les ors et les chérubins, alternant avec 33 bustes de saints. Voilà ce qu'on appelle profusion.

Museu de Arqueologia e Etnografia (plan D2) : *av. Luisa Todi, 162. ☎ 265-239-365. Tlj 9h-12h30, 14h-17h30, sauf dim-lun et j. fériés ; fermé sam en août. GRATUIT.* Ce musée franchement daté réunit des objets témoignant de l'histoire et des coutumes locales. On y voit de nombreuses maquettes (de bateaux notamment) réalisées par des artisans de Setúbal.

Museu do Trabalho Michel Giacometti (plan D2) : *praça Defensores da República. ☎ 265-537-880. ♿ De juin à mi-sept, mar-ven 9h-18h, sam 15h-19h ; le reste de l'année, mar-ven 9h30-18h, le w-e 14h-18h. Entrée : 1,50 € ; réduc, gratuit moins de 12 ans.* Installé dans une ancienne conserverie de poisson, ce musée du Travail a vu le jour grâce aux efforts de l'ethnologue corse Michel Giacometti qui, au lendemain de la révolution, a écumé les campagnes pour sauver tous les outils du passé qui moisissaient au fond des granges. La visite commence par la reconstitution d'une vieille épicerie lisboète. Agriculture et tissage du lin sont évoqués, mais l'essentiel présente les différentes étapes de la préparation du poisson dans l'ancienne conserverie (notamment la fabrication des boîtes de conserve). Un petit musée simple mais sympathique, comme l'accueil.

Forte de São Filipe (hors plan par A3) : *à env 2 km à l'ouest (fléché). Tlj sauf lun 10h-20h (22h juil-août, minuit ven-sam). GRATUIT.* Récemment restauré, le fort – une fois n'est pas coutume – a vu fermer l'hôtel qui l'occupait et ouvrir le site au public. Bâti en 1582 sur une colline dominant la ville et l'estuaire du Sado, il présente 6 branches irrégulières, dont 4 tournées vers la mer – d'où se révèle un superbe panorama à 180°. Pour mieux en profiter, il y a une jolie cafétéria, avec bar intérieur aux multiples micro-salles ! N'oubliez pas, quand même, de jeter un coup d'œil à la chapelle, couverte d'*azulejos*.

Manifestation

– **Feira de Santiago** : *dernière sem de juil-1re sem d'août à Manteigadas, à 2 km de Setúbal.* Grand-messe de l'industrie, de la gastronomie et du folklore.

DANS LES ENVIRONS DE SETÚBAL

La réserve naturelle de l'estuaire du Sado : *bureau à Setúbal (plan C3, 5), praça da República (contre le jardim da Beira Mar). ☎ 265-541-140. Lun-ven 9h-12h30, 14h-17h30.* Face à Setúbal, les envasements de l'estuaire du Sado, délimités à l'ouest par le long doigt sablonneux de la péninsule de Tróia, forment un monde à part, souligné côté terres, au début de l'été, par le vert iridescent de vastes rizières. Étrange espace où cohabitent les cultures et la mer, dans un univers aquatique fréquenté par une multitude d'oiseaux résidents et migrateurs (quelque 250 espèces ont été répertoriées).

De Setúbal, la route de Praias do Sado, qui traverse la zone industrielle, mène en 9 km au ***moinho de maré da Mourisca*** *(☎ 265-783-090 ; mars-sept, tlj sauf lun 9h30-19h30, sam-dim 8h30-20h30 – oct mar-ven 10h-18h (19h30 sam-dim), nov-fév mar-dim 10h-17h ; GRATUIT).* Le contraste est flagrant : quittant les voies ferrées, on rejoint ce vieux moulin à marée retapé, ancré contre les anciens marais salants. C'est le dernier des 4 que comptait jadis l'estuaire. Alignant pas moins de 8 pierres à moudre le grain, il resta en activité jusque dans les années 1950. 2 courts parcours ont été aménagés à proximité (dont un avec affût). Les ornithologues amateurs y viendront de préférence entre septembre et mars pour voir avocettes, bécasseaux, pluviers, canards et autres flamants roses. En été restent surtout hérons, aigrettes et échasses.

Les passionnés s'intéresseront aussi aux étendues sauvages du domaine privé ***d'Herdade de Gâmbia*** *(visite sur rdv au ☎ 265-938-050 ; ● herdadegambia.com ● ; bureau ouv lun et ven 9h-17h, mar et jeu 9h-17h15, mer 9h-16h ; entrée : 1 €),* qui allie activités viticoles et visites nature. On peut s'y promener librement et accéder à 3 affûts. Accès depuis la N 10 juste après la sortie est de Pontes, puis 4 km (fléché à droite).

L'ALENTEJO

• Carte *p. 226-227*

La province la plus grande du Portugal, aussi vaste que toute la Belgique. L'un de ses paysages les plus caractéristiques aussi. Dès que sont franchies les *serras* qui séparent l'Algarve de l'Alentejo, on aborde un gigantesque océan de plaines, dont les ondoyantes collines seraient les vagues. En avril-mai, les couleurs explosent dans les prairies : jaune, mauve, pourpre, blanc... Magnifique !

Un autre monde, un autre rythme, jusqu'« en deçà du Tage », comme son nom l'indique *(Além do Tejo).* Son nom remonte à l'époque (XIe s) où le Tage marquait la frontière entre, au nord, le royaume chrétien (le Portugal) et, au sud, les royaumes musulmans (Al-Andalous). Cette région centrale de l'Alentejo était donc une zone d'affrontement guerrier entre les uns et les autres.
Grenier à blé du pays, 1er producteur mondial de liège, l'Alentejo, un tiers de la superficie du pays, ne regroupe pourtant que 6 % de la population. Une répartition très inégale : si, en moyenne, on dénombre 20 habitants par kilomètre carré sur l'ensemble de la région, la désertification des campagnes et des petites cités se fait sentir, les jeunes préférant comme partout partir en ville. C'est que le climat ici est rude : glacial et venté en hiver, torride et poussiéreux en été. Cela dit, outre les conditions climatiques, le faible peuplement de l'Alentejo s'explique également par ses structures sociales historiques.
Contrairement au nord du pays, où une majorité de petits paysans cultivaient de minuscules lopins de terre, l'Alentejo est plutôt le pays des latifundiums, immenses domaines dirigés par quelques propriétaires tout-puissants. Certains d'entre eux représentent plusieurs milliers d'hectares. Et, contrairement au nord du Portugal, la région a connu peu d'émigration.
Suivant la nature du terrain, plusieurs paysages, plusieurs méthodes de culture : le *montado* (céréales plantées entre les chênes-lièges), où, tous les 3 ans, les terres sont laissées en jachère pour faire des pâturages ; le *campo,* vaste plaine où l'on pratique la monoculture (en général du blé) ; enfin, lorsque les champs sont trop pierreux, les grandes plantations d'oliviers et la vigne.

UN PEU D'HISTOIRE

Le latifundiste (gros propriétaire terrien) employait un minimum d'ouvriers agricoles permanents et faisait venir pour les récoltes plusieurs centaines de saisonniers. Beaucoup de terres étaient cependant en friche. Elles furent longtemps l'objet de grandes luttes de la part des ouvriers agricoles, dont le mot d'ordre était : « La terre à ceux qui la travaillent. » Sous la dictature de Salazar, l'Alentejo fut

un incessant foyer d'agitation pour réclamer une réforme agraire et de meilleurs salaires et conditions de travail. Fief du Parti communiste portugais, celui-ci a su conserver, à travers ses « Maisons du peuple », ses « clubs de quartier », le souvenir des grandes heures du Parti d'autrefois.
Nul ne s'étonnera que, à la faveur de la révolution de 1974-1975, les paysans aient imposé une importante réforme agraire. Les latifundistes ne purent conserver qu'une centaine d'hectares chacun. Les autres terres furent redistribuées et gérées en coopératives agricoles. Cependant, un processus de restitution des terres à leurs anciens propriétaires s'est mis en place depuis les années 1980.

QUE DÉCOUVRIREZ-VOUS ?

Contrairement aux idées reçues, l'Alentejo n'est pas monotone. Les amoureux des grands espaces se régaleront. Le paysage change sans arrêt, mais de façon subtile : par la nature du terrain et sa végétation, le mouvement des collines, les bourgs et villages chaulés chaque année. Compte tenu des conditions climatiques mentionnées plus haut, ***la meilleure saison*** pour apprécier l'Alentejo est de loin ***le printemps*** : tapis de fleurs et senteurs raffinées vous donnent le tournis. Vertes collines mouchetées d'une palette de couleurs, composant un superbe tableau impressionniste. Ou encore recouvertes d'oliviers et de chênes-lièges, et souvent couronnées ici ou là d'un *monte* ou d'un village d'une blancheur éclatante. L'automne est bien agréable aussi, bien qu'il ne reste plus que les chênes-lièges et les cistes pour donner un peu de contraste aux collines jaunies par la canicule de l'été.

UN SECTEUR À DÉBOUCHÉS

Le Portugal assure 50 % de la production mondiale de liège (corcho) ! L'Alentejo en assure la plus grande part. Cette région compte environ 7 000 km² de forêts de chênes-lièges. Cet arbre peut vivre en moyenne 150 ans, mais il faut attendre 40 ans, son âge mûr, avant de pouvoir l'exploiter. L'extraction se fait tous les 9 ans, en découpant à la hache un tiers de l'écorce du tronc et des branches principales. En outre, ces arbres sont très résistants à la chaleur et au feu. Ils brûlent difficilement contrairement à l'eucalyptus. Enfin, les ouvriers agricoles du liège sont les mieux payés de ce secteur.

On distingue le *Bas-Alentejo* et le *Haut-Alentejo,* lui-même divisé en 2 parties. Ces divisions correspondent aux 3 seules grandes villes de la province : ***Beja, Évora et Portalegre.***
Dans cette région peu industrialisée, apprêtez-vous à découvrir d'émouvantes cités médiévales et des bourgs fortifiés haut perchés, autrefois chargés de surveiller l'ennemi castillan. Le fait d'être isolée et laissée pour compte fut longtemps la faiblesse de la région. Elle a cependant su tirer parti de cette situation particulière.
– ***Notre itinéraire commence par le littoral atlantique, puis remonte du sud-est vers le nord-est,*** mais on peut le prendre par tous les bouts. Nous avons tenté de couvrir le maximum de terrain, de surprise en coup de cœur, dans cet Alentejo rural où seuls quelques anciens, au coin des rues, et des dames au long bec, au bord des champs, s'intéresseront (et encore !) à votre passage sur leur terre : ici se trouve en effet le plus grand ***sanctuaire de cigognes d'Europe.*** Il suffit de lever la tête, vous verrez, perchés au sommet des arbres ou des poteaux, et même sur certaines vieilles cheminées de fermes ou d'usines, des dizaines de nids desquels les petits s'élancent au mois de juin.
En 2 mots, l'Alentejo, c'est la garantie d'un dépaysement total.

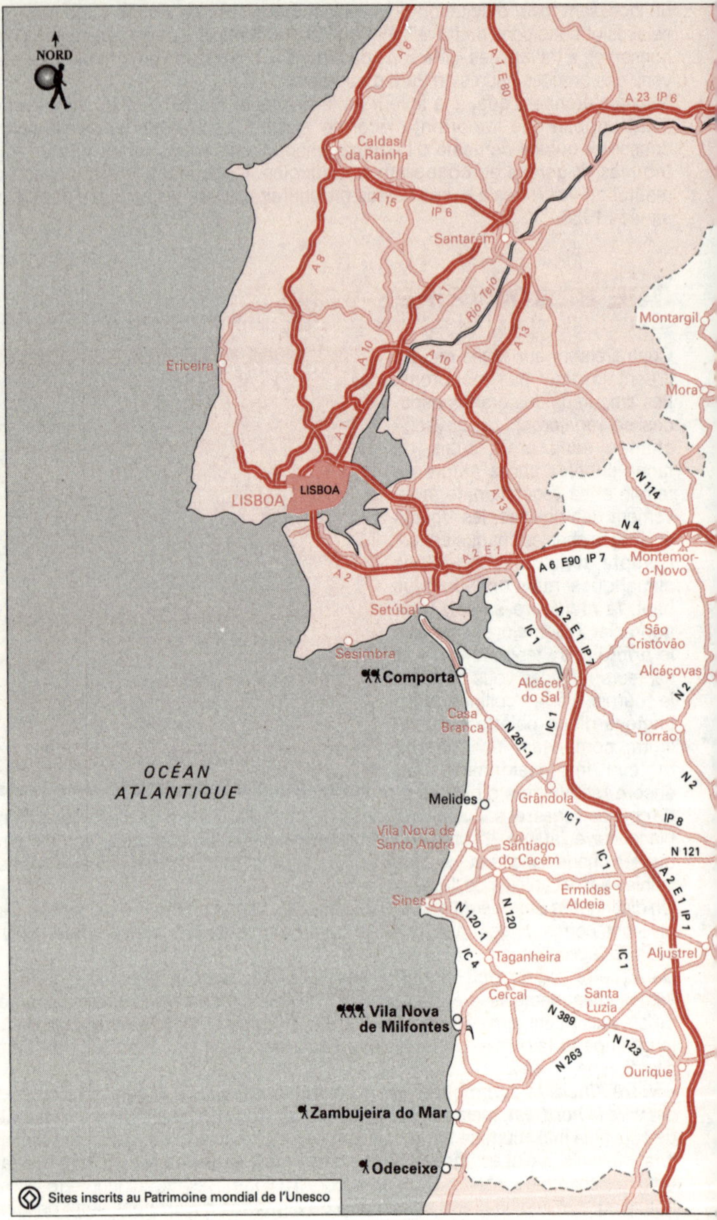
NORD
A 8
A 1 E 80
A 23 IP 6
Caldas da Rainha
A 15
IP 6
Santarém
Rio Tejo
A 1
A 13
A 10
Montargil
Ericeira
Mora
A 1
N 114
LISBOA
LISBOA
N 4
A 2 E 1
A 6 E90 IP 7
Montemor-o-Novo
A 2
Setúbal
IC 1
A 2 E 1 IP 7
São Cristóvão
Sesimbra
Comporta
Alcáçovas
Alcácer do Sal
N 2
Casa Branca
IC 1
N 261-1
Torrão
OCÉAN ATLANTIQUE
N 2
Grândola
Melides
IC 1
IP 8
Vila Nova de Santo André
Santiago do Cacém
N 121
IC 1
A 2 E 1 IP 1
Ermidas Aldeia
Sines
N 120 -1
N 120
IC 4
Taganheira
IC 1
Aljustrel
Cercal
Santa Luzia
Vila Nova de Milfontes
N 389
N 123
N 263
Ourique
Zambujeira do Mar
Odeceixe
Sites inscrits au Patrimoine mondial de l'Unesco

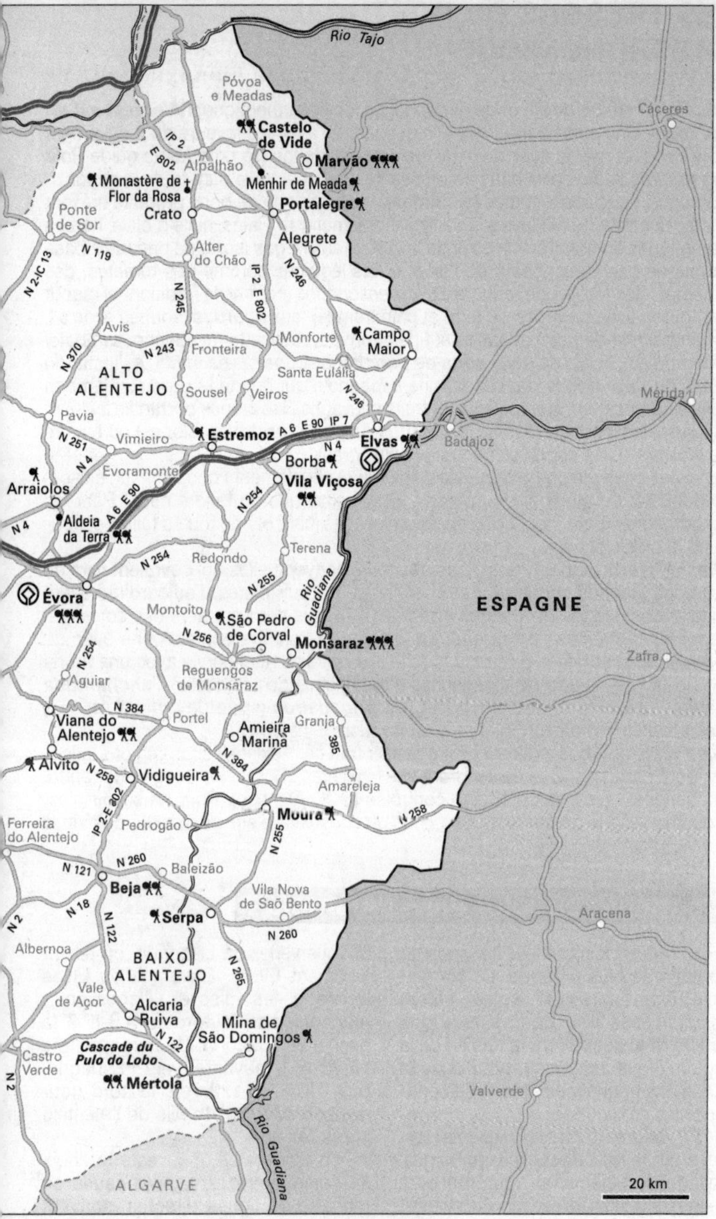
Rio Tajo
Póvoa e Meadas
Castelo de Vide
Marvão
Cáceres
IP 2
E 802
Alpalhão
Monastère de Flor da Rosa
Menhir de Meada
Portalegre
Crato
Ponte de Sor
Alegrete
N 119
Alter do Chão
N 2-IC 13
IP 2 E 802
N 246
N 245
Avis
Monforte
Campo Maior
N 370
N 243
Fronteira
ALTO ALENTEJO
Santa Eulália
Sousel
Veiros
N 246
Mérida
Pavia
Estremoz
A 6
E 90
IP 7
N 251
Vimieiro
N 4
Elvas
Badajoz
N 4
Borba
Evoramonte
Arraiolos
Vila Viçosa
A 6 E 90
N 254
Aldeia da Terra
N 4
Terena
N 254
Redondo
Rio Guadiana
N 255
Évora
ESPAGNE
Montoito
São Pedro de Corval
N 256
Monsaraz
N 254
Reguengos de Monsaraz
Zafra
Aguiar
N 384
Portel
Granja
Viana do Alentejo
Amieira Marina
385
N 384
Alvito
N 258
Vidigueira
Amareleja
IP 2-E 802
Moura
N 258
Ferreira do Alentejo
Pedrogão
N 255
N 260
N 121
Baleizão
Beja
Vila Nova de Saõ Bento
N 18
N 2
Serpa
Aracena
N 122
N 260
Albernoa
BAIXO ALENTEJO
N 265
Vale de Açor
Alcaria Ruiva
Mina de São Domingos
N 122
Cascade du Pulo do Lobo
Castro Verde
N 2
Mértola
Valverde
Rio Guadiana
ALGARVE
20 km

L'ALENTEJO

LES TRÉSORS DU PORTUGAL GASTRONOMIQUE

Pour les amateurs de vin et de gastronomie locale authentique, ***l'Alentejo est un vrai régal.*** Une cuisine traditionnelle qui compte avec les faveurs du mouvement *Slow Food,* et même avec un itinéraire de dégustation (se procurer le guide *Rota dos sabores tradicionais* dans les offices de tourisme) traversant toute la région.
Fromages, saucissons fumés ***(enchidos),*** miel, rien que de bons produits qui font la vraie richesse de ce pays à la cuisine emblématique. Pains, huile d'olive, herbes aromatiques donnent du corps et de la saveur aux ***migas*** (sorte de panade à base de mie de pain mélangée à de l'ail et à des légumes comme des tomates, des asperges, des feuilles de radis, etc.), aux *ensopados* (comme le traditionnel ragoût de mouton avec pommes de terre et pain trempé), aux ***açordas*** (soupes avec ail, coriandre, mie de pain) et autres soupes (tomate, roussette, gaspacho, *sarapatel* ou soupe aux abats de porc, ***sopa de panela*** ou soupe paysanne...). À l'instar du retour du ***pata negra*** dans la cuisine espagnole qui donne le délicieux jambon ***bellota*** (porcs nourris aux glands et fruits sauvages), les menus portugais incluent eux aussi les incontournables ***lombinhos de porco preto*** (escalopes) ou encore les ***plumas*** ou les ***secretos*** (morceaux plus gras).
Dans les zones plus montagneuses, vous aurez également l'occasion (en saison) de déguster du gibier (lièvre, perdrix, lapin), ainsi que du tendre cabri. Pour les accompagnements, beaucoup de légumineuses (haricots de toutes tailles et couleurs, et pois chiches).

– ***Les desserts*** *(sobremesas)* **:** des douceurs conventuelles qui devraient faire de vous des inconditionnel(le)s des *pastelerias,* les cuisinières d'aujourd'hui ayant su faire bon usage des recettes inventées autrefois par les sœurs des couvents. Parmi les tentations : les ***queijadas*** (gâteau au fromage confectionné avec du ***requeijão***), la ***sericaia*** ou *sericá* (crème aux œufs cuite et servie avec une prune à l'eau-de-vie), le ***pão de rala*** (jaunes d'œufs, amandes, cannelle), l'***encharcada*** (gâteau aux œufs et aux amandes), les ***brigadeiros*** (sorte de profiteroles aux amandes) ou le ***molotoff*** (blancs d'œufs, sucre et caramel).

– ***Les vins :*** qui vous aideront à faire passer tout ça. Il existe 8 sous-régions viticoles, dont certaines vous deviendront vite familières : Borba, Portalegre, Redondo, Reguengos... Des vins d'origine contrôlée (DOC Alentejo). Pour en savoir plus, procurez-vous le guide *Rota dos vinhos* ou consultez le site de la route des Vins : • *vinhosdoalentejo.pt* •

L'ALENTEJO

Comment circuler dans l'Alentejo ?

➢ Le ***bus*** est le moyen de transport en commun le plus pratique. La compagnie *Rede Expressos (• rede-expressos.pt •)* et sa filiale *Rodoviária (• rodalentejo.pt •)* desservent la totalité de la région. Nous indiquons, pour chaque étape, les fréquences et les villes principales à proximité.

➢ ***En voiture :*** depuis la France via Hendaye, suivre les indications vers Burgos, Valladolid, Salamanca (autoroutes à péage sur le territoire espagnol). Entrée au Portugal par Vilar Formoso, suivant l'A 25 vers Guarda, puis l'A 23 vers Castelo Branco (péages) jusqu'à l'embranchement de l'IP 2 vers Portalegre.

Si vous venez de Lisbonne, on rejoint aisément Évora, Estremoz ou Elvas (et de là, les villes et villages environnants) par l'autoroute A 6-IP 7 (à péage) vers Madrid. De Faro, prendre l'A 22-IP 1 (payante) vers l'Espagne, puis l'IC 27-N 122 vers le nord pour rejoindre Mértola, 1re ville de l'Alentejo après l'Algarve.

➢ Le ***train*** *(• cp.pt •)* reste le choix le moins intéressant, pour cause de manque de lignes directes (souvent plusieurs changements pour arriver à la destination finale), du peu de fréquences et surtout de la fermeture des petites gares.

SUR LA CÔTE

Au sud du vaste estuaire du Sado débute la région de l'Alentejo : un pays bucolique et attachant, au littoral frangé de plages sauvages léchées par des rouleaux à faire pâlir d'envie tous les surfeurs.

COMPORTA (7580) 1 270 hab.

• Carte *p. 231*

Lisbonne n'est qu'à 1h30 de route mais à des années-lumière. Au sud-ouest du vaste estuaire du rio Sado (sorte de petite mer intérieure dont l'entrée est commandée par Setubal), la bourgade de Comporta est amarrée entre terre et mer. Elle séduit d'emblée par son calme olympien, ses cieux zébrés par le vol des cigognes, ses rizières au vert tonique, ses marais salants peuplés d'oiseaux, ses forêts de pins et de chênes-lièges, ses odeurs d'été et ses plages de rêve aux relents de mers du Sud – fraîcheur de l'eau exceptée.
Rappelant quelque chose de la Camargue, cette région restée sauvage et peu peuplée (10 hab./km²) attire, depuis les années 2010, les urbains en quête de paradis retrouvés. Le flux est encore timide et concerne surtout l'intelligentsia et la sphère bobo lisboète, dans les pas desquelles marchent déjà les *beautiful people* et les stars internationales. Quelques villas luxueuses ont été bâties, ainsi que des boutiques de déco et de fringues tendance ont fait leur apparition. Oui, en juillet-août, Comporta est un peu m'as-tu-vu, mais le bling-bling est resté à ses portes et la beauté demeure reine. Seul souci : l'hébergement est ici très limité – et donc cher.

Adresses utiles dans les environs

ℹ ***Posto de Turismo :*** *largo Luís de Camões, à **Alcácer do sal.** ☎ 911-794-685. • cm-alcacerdosal.pt • posto.turismo@m-alcacerdosal.pt • Tlj 9h-17h sauf dim et j. fériés.*

ℹ ***Posto de Turismo :*** *av. 18 Dezembro, sur la place centrale de **Carvalhal.** 📱 919-992-681. • cm-grandola.pt • De mi-juin à mi-sept, tlj 9h30-13h30, 14h30-17h30.*

Où dormir ?

Comporta, comme toute sa région d'ailleurs, compte peu d'options d'hébergement.

Où dormir dans les environs ?

Vous trouverez dans cette rubrique des adresses situées dans un rayon de 30 km (vers le sud).

Camping

⛺ ***Camping Praia da Galé*** *(carte Estuaire du Sado et région de Comporta,* ***11****) : à Fontaínhas do Mar, par la N 261 vers* ***Melides*** *; embranchement à 22,5 km au sud de Comporta, puis 4 km (panneau « Campismo »). ☎ 269-979-100. • geralgale@hotmail.com • campinggale.com • Selon saison, 16-24 € pour 2 avec tente et voiture ; cabanes 32-55 €, bungalows 45-120 €.* Loin de tout, ce très vaste camping s'étend au-dessus de la plus belle plage sauvage du Portugal. Un rêve éveillé ! Les tentes ont (notamment) droit à leur propre coin de pinède, où elles peuvent s'installer librement – ce qui serait parfait si le terrain était un peu plus plat... On y fait la sieste bercé par l'odeur de résine chaude et les langueurs distantes du ressac. La plage est à 5 mn en contrebas... rude remontée ! Resto sur place. Supérette, livraison de pain, laverie, piscine et ping-pong (payants).

Bon marché

🏠 ***Alojamento local Toca do Grilo*** *(carte Estuaire du Sado et région de Comporta,* ***12****) : av. 18 Dezembro, 19 A, à* ***Carvalhal,*** *à 10 km au sud de Comporta. ☎ 265-490-040. 📱 968-059-943. • vitornevespereiraunip@gmail.com • Doubles 30-60 € selon saison.* C'est le moins cher de toute la région (une denrée rare) ! À côté d'un bar, en plein cœur de Carvalhal, le plus gros bourg du secteur (avec supérette), la maison dispose de quelques chambres simples et propres, avec salle de bains privée, clim et frigo. Préférez celles de l'étage, les 2 du rez-de-chaussée étant assez sombres.

Prix moyens

🏠 ***Alojamento local Verde e Mar*** *(carte Estuaire du Sado et région de Comporta,* ***13****) : à* ***Brejos da Carrageueira de Cima,*** *à 6,5 km au sud de Comporta par la N 261 (en léger retrait de la route, à gauche ; entrée par l'arrière du bâtiment). ☎ 265-497-485. 📱 967-765-553. • verdeemar1@gmail.com • verdeemar.com • Doubles 60-115 € selon saison, petit déj inclus en réservant sur leur site internet.* Face à la rareté des adresses bon marché dans le secteur, et au cadre pas bien folichon, on apprécie ce petit hôtel moderne et à taille humaine comptant 14 chambres à l'étage. Elles ne sont pas bien grandes mais toutes bien tenues et équipées, avec clim, TV à écran plat, parquet flottant, douche vitrée, et balcon tourné au sud pour la moitié d'entre elles. Vue sur les prés et les bosquets d'un quartier résidentiel calme. Bon accueil francophone. À côté, l'***Alojamento local Costa Azul*** *(☎ 265-490-160 ; 📱 968-038-729 ; • alojamentocostaazul@gmail.com •)*, petite maison aux chambres bleu et jaune, qui bénéficie en plus d'une piscine, mais il y a rarement quelqu'un sur place hors saison.

De plus chic à très chic

🏠 ***Nômade – Auberge rurale*** *(carte Estuaire du Sado et région de Comporta,* ***14****) : Cerca do Barranco, Valinho da Estrada, à* ***Melides.*** *☎ 269-979-060. 📱 924-174-548. • contact@nomadeauberge.com • nomadeauberge.com • À env 24 km au sud de Comporta sur la N 261, prendre à gauche vers Grândola au niveau du resto* Tia Rosa, *puis à droite un chemin de terre à 900 m ; c'est à 3 km, en traversant une forêt de chênes-lièges. Doubles 90-135 € selon saison, (gros) petit déj inclus.* Cette auberge rurale dans l'arrière-pays est tenue par un Allemand et une Suissesse (francophone). Elle occupe un long bâtiment bas de style traditionnel – mais bâti en paille selon des normes écologiques. S'y alignent 6 chambres-studios aux noms d'anciennes colonies portugaises, avec salon-kitchenette, poêle et coin pour manger. Attention, pas de clim mais des moustiquaires. Dans le jardin, un petit

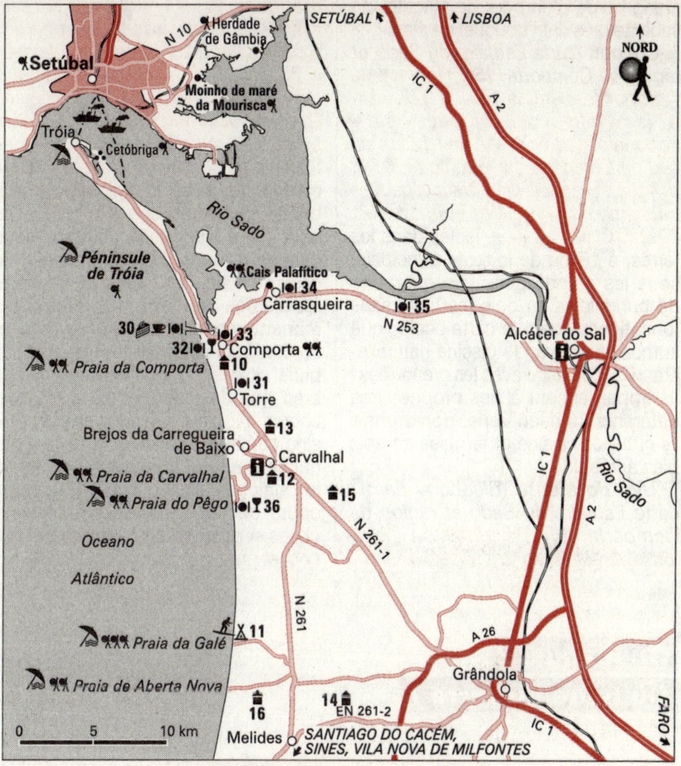

L'ESTUAIRE DU SADO ET LA RÉGION DE COMPORTA

Où dormir ?

10 Comporta Village Hotel-Apartamento
11 Camping Praia da Galé et Dreamsea Surf Camp
12 Alojamento local Toca do Grilo
13 Alojamento local Verde e Mar et Alojamento local Costa Azul
14 Nômade – Auberge rurale
15 Cocoon
16 Uva do Monte

Où manger ?
Où boire un verre ?

30 Pasteleria Eucalyptus
31 Dona Bia
32 Comporta Café
33 Museu do Arroz
34 Retiro do Pescador
35 A Escola
36 Restaurante Sal

étang bordé d'un bout de plagette de sablette près d'un bouquet de pins.

Cocoon *(carte Estuaire du Sado et région de Comporta,* ***15****) :* *Herdade da Comporta, parcela 105. 929-308-371. • info@cocoonlodges.com • cocoonlodges.com • À env 12 km au sud de Comporta par la route N 261-1, direction Grândola (fléché sur la gauche « Turismo rural »). Suites et bungalows 90-220 € selon saison.* Isolés dans les terres, à 15 mn de la route principale, sous les grands pins, une quinzaine de bungalows en bois (certifié), sans fondations, jouent la carte écologique autour d'une grande piscine naturelle-étang où l'on nage avec les grenouilles ! Ils appartiennent à des propriétaires différents (la déco varie, donc), mais ils ont tous cuisine et terrasse en bois bien agréable.

Uva do Monte *(Blueberry Farm ; carte Estuaire du Sado et région de Comporta,* ***16****) :* *Herdade da Costa Terra, lugar das Fontaínhas, RIC 67, Melides. ☎ 211-303-586. • reservations@thecollective.pt • Prendre la route de la praia Aberta Nova, fléchée à 23 km au sud de Comporta (puis 2,7 km). Nov-déc : jeu-dim seulement. Congés : janv-fév. Doubles 75-350 € selon taille et saison ; gratuit moins de 8 ans.* Uva do Monte, c'est la vie à la campagne, revue et fantasmée par la bonne société lisboète. Au milieu des champs, à 2 km de la plage presque déserte d'Aberta Nova et pas loin de celle de Galé, les 2 bâtisses en pierre restaurées abritent des chambres mariant meubles de grand-mère et confort contemporain (belles douches pluie vitrées). Certaines ne sont pas bien grandes, surtout pour les prix astronomiques demandés en été ! Cuisine commune, salon et piscine aménagée dans un abreuvoir complètent le catalogue, sans oublier VTT en prêt, cours de yoga, massages, chevauchées et cours de surf. Accueil à la fois cool et pro.

Où manger ?
Où boire un verre ?

Bon marché

Pasteleria Eucalyptus *(carte Estuaire du Sado et région de Comporta,* ***30****) :* *rua do Cómercio,1. 966-641-845. Dans le centre. Tlj 8h-minuit sauf mar.* Sa terrasse, bercée par le soleil matinal, est ombragée au zénith par le ramage d'un grand eucalyptus odorant. Une banquette avec coussins et quelques tables à l'intérieur invitent à prendre un café, un jus d'orange frais, une pâtisserie, voire un sandwich ou une *tosta* au déjeuner. L'accueil est gentil.

De prix moyens à plus chic

Dona Bia *(carte Estuaire du Sado et région de Comporta,* ***31****) :* *à 2,5 km au sud de Comporta, à l'orée du hameau de* ***Torre.*** *☎ 265-497-557. Tlj 12h-16h, 19h30-22h30. Fermé lun soir et mar. Résa conseillée en saison. Compter 20-30 €.* Posé en bord de route, en vis-à-vis des rizières, ce discret prétendant au titre de meilleur resto de la région se fait le chantre des produits de la mer frais et d'une cuisine *alentejana* copieuse, exsudant le délicat parfum de la coriandre. Au menu : *arrozes* (aux couteaux, au brocoli...) et poisson grillé (cernier, mérou, sardines en été...), à accompagner d'un rosé ou d'un blanc bien frais de la *Herdade de Comporta*, bien sûr. Les poissons sont généralement à partager. Mignon : les pochettes-poissons en tissu pour ranger les couverts. Préférer la véranda, plus fraîche.

Comporta Café *(carte Estuaire du Sado et région de Comporta,* ***32****) :* *sur la plage de Comporta. ☎ 265-497-652. • geral@*

comportacafe.com • Tlj 12h30-18h30, 19h30-22h30. Résa conseillée en saison. Plats 10-25 €. La vue se paie, mais comment résister ? Posé face à l'océan sur la terrasse en teck, dans un canapé-lit à l'indonésienne bercé par le frou-frou de grandes voiles de lin, on sirote une sangria blanche dans laquelle infuse un bâton de cannelle et on croque dans un burger de *bacalhau.* Chic et choc comme la clientèle. Les enfants jouent. Une petite faim ? La *Key lime pie* est bonne. Pour le reste, c'est plus variable.

🍽 ***Museu do Arroz*** *(carte Estuaire du Sado et région de Comporta,* ***33****) : à la sortie ouest de Comporta, à côté du musée. ☎ 265-497-555. • museudoarroz@sapo.pt • Tlj 12h30-16h, 19h30-23h, sauf lun. Résa conseillée en saison. Plats 20-50 €.* Pas de vue sur l'océan ici, mais une salle haute de plafond aménagée dans un ancien hangar, avec quelques tables sur une mezzanine-îlot au centre. On patiente au lounge, à l'ambiance de club so british, avant de se glisser sous une table bien mise, dans un cadre néobaroque aux lumières tamisées. Au menu : une carte corpulente gravitant logiquement autour du riz – *arroz de lingueirão* (aux couteaux), *de bacalhau* (à la morue), *de choco* (à la seiche), *de langosta,* etc. C'est copieux, c'est bon, mais sans doute pas aussi bon que ça n'est cher...

Où manger ?
Où boire un verre dans les environs ?

De bon marché à prix moyens

🍽 ☂ ***Retiro do Pescador*** *(carte Estuaire du Sado et région de Comporta,* ***34****) : av. dos Pescadores, à* ***Carrasqueira,*** *à 5 km au nord-est de Comporta. ☎ 265-497-172. Tlj sauf lun, jusqu'à 22h30. Plats 7-15 €.* Les habitués viennent y boire un canon au comptoir ou filent vers la salle du fond, dans son jus, pour un festin de *mariscos* à prix sages. Palourdes *(ameijoas),* crevettes, *arroz de marisco,* tout l'estuaire du Sado se retrouve à table, jusqu'aux anguilles (notamment frites). Les portions sont généreuses et l'accueil jovial.

De prix moyens à plus chic

🍽 ***A Escola*** *(carte Estuaire du Sado et région de Comporta,* ***35****) : sur la N 253, à mi-distance (15 km) de Comporta et d'Alcácer do Sal. ☎ 265-612-816. 📱 965-283-351. • rest.aescola@iol.pt • Tlj sauf lun à partir de 12h, puis de 19h30. Résa conseillée. Compter 15-20 €.* Ce resto bien mis s'est installé en pleine campagne, dans une ancienne école rurale jouxtant... un élevage de dromadaires ! On y déguste une bonne cuisine de la région, naturellement très tournée vers la mer, avec un bon choix de *petiscos* à partager. Ne ratez pas non plus le pâté de lapin en croûte ! Service attentif.

🍽 🍷 ☂ ***Restaurante Sal*** *(carte Estuaire du Sado et région de Comporta,* ***36****) : praia do Pêgo, à* ***Carvalhal.*** *☎ 265-490-129. • geral@restaurantesal.pt • En saison, mer-sam 12h-23h, dim 12h-17h. Le reste de l'année : ouv surtout le w-e. Plats 15-20 €. Poissons et fruits de mer au poids, ça peut vite monter.* Un très beau resto de plage ! Situation exceptionnelle sur la magnifique praia do Pêgo, qu'il domine du haut de sa dune, avec sa grande terrasse protégée aux avant-postes. Chic et choc, tendance toc au plus fort de la saison, le lieu attire du beau monde – qui vient s'y montrer tout en dégustant un poisson grillé ou en avalant une sangria blanche.

À voir. À faire

Museu do Arroz (*musée du Riz*) *: à la sortie ouest de Comporta, en direction de Tróia. ☎ 265-499-950. ● museudoarroz@herdadedecomporta.pt ● Tlj 10h-13h, 14h30-19h30, sauf lun. Entrée : 3,50 € avec audioguide (2 € sans) ; gratuit moins de 11 ans.* Installé dans un hangar à côté du resto du même nom (voir « Où manger ? Où boire un verre ? »), ce musée évoque l'histoire de la région et de son activité phare : la culture du riz, introduit au XVIIIe s et exploité à l'échelle industrielle depuis les années 1920. Les propriétaires possèdent aussi les immenses chais modernes voisins de la Herdade de Comporta (voir plus loin).

Adega da Herdade de Comporta : *à la sortie ouest de Comporta, en direction de Tróia. ☎ 265-499-950. ● herdadedacomporta.pt ● Tlj 10h-19h sauf j. fériés. Dégustation 4 € pour 2 vins, 8 € pour 4 vins.* La mer, la vigne et le riz, peut-on imaginer une si belle rencontre ? Un domaine viticole bâti au milieu des rizières (même maison que le *Museu do Arroz*), où l'on peut participer à une dégustation des vins produits ici. Les 35 ha de vignes se trouvent, eux, à 16 km au sud (vers Pinheiro da Cruz).

La plage de Comporta : *à 1 km à l'ouest du village.* Large, interminable, blanche comme il se doit, voilà une vraie plage de rêve, sauvage si ce n'est 2 bars-restos plantés dans le sable fin (*Comporta Café* et *Ilha do Arroz*) et une brochette de parasols aux chapeaux de palmes.

Les rizières : *tt autour de Comporta.* Le matin ou le soir, prenez la piste qui part de Comporta vers Cambado (à 1,3 km au nord de Comporta) et Possanco (à 2,2 km au nord). Bientôt, vous atteindrez de vastes rizières écumées, en saison, par des dizaines de cigognes en ordre dispersé. Chaussez les jumelles et vous verrez aussi de nombreuses échasses aux longues pattes rouges, des hérons gris, des chevaliers gambettes, des spatules blanches...

Cais Palafítico da Carrasqueira : *fléché depuis la N 253, à env 3 km à l'est de Comporta sur la route d'Alcácer do Sal ; le village de Carrasqueira est à 1,8 km de l'embranchement et le quai 600 m plus loin. Accessible aussi par les pistes via Cambado et Possanco. GRATUIT.* Cet ensemble est unique en Europe. Ce sont des pontons et des passerelles en bois formant une forêt de pieux enfoncés dans la vase de l'estuaire du Sado. Pour y parvenir, il faut longer un chemin de terre bordé de rizières. Malmenés par le temps et le vent, ils dodelinent au gré du ressac, avec leurs barques et petits bateaux de pêche, leurs cahutes colorées et leurs filets empilés ou en train de sécher. On adore !

– Équitation, VTT et kayaks : *avec* ***Cavalos na Areia,*** *à la sortie de* ***Torre,*** *à 3 km au sud de Comporta par la N 261. 📱 935-075-353. ● cavalosnaareia.com ● Sortie à cheval (1h30) 60-90 € selon saison. Loc de VTT env 25 €/j. Kayak double : env 40 €/j.* Vous rêvez d'une chevauchée fantastique sur une plage déserte ? Vous voilà exaucé(e). La maison loue aussi des VTT et des kayaks pour se balader sur le Vala Real, le canal qui permet d'irriguer les rizières.

DANS LES ENVIRONS DE COMPORTA

En allant vers le nord

La péninsule de Tróia : étiré sur 15 km au nord de Comporta, ce long cordon littoral ferme l'estuaire du Sado par l'ouest, pointant son doigt jusqu'aux abords du port de Setúbal – auquel il est relié par catamarans et ferries (voir « Arriver – Quitter » à Setúbal, dans le chapitre « Lisbonne et ses environs »). Si ses 2 tiers sud, formant une réserve naturelle, sont déserts, le tiers nord est occupé par une

station balnéaire très bétonnée (Tróia) et cadenassée, avec grands ensembles, marina, casino, golf et centre de conférences ! On ne s'y gare pas n'importe où et il y a bien une piste cyclable mais pas de location de vélos...
Si vous venez en ferry depuis Setúbal, vous pourrez rejoindre à pied en moins de 10 mn la belle *plage de sable fin de Tróia,* avec bar-resto et... vue sur la cimenterie de la berge opposée.
Le secteur conserve les ruines de ***Cetóbriga,*** un important port romain des Ier-IVe s, où l'on voit principalement les vestiges d'une vingtaine de bassins de salaison – la principale exportation locale à l'époque. L'accès au site, contrôlé par le *Tróia Resort,* n'est possible que de mars à octobre *(à 3,5 km au sud de Tróia, puis 2,7 km de piste ; tlj 10h-13h, 14h30-18h, sauf lun ; entrée : 5,50 €).* N'imaginez pas vous garer dans la région et y aller à pied hors saison : c'est impossible.
Pour profiter du caractère sauvage du sud de la péninsule, on vous conseille de vous garer le long de la route et de rejoindre à pied la côte ouest, soulignée par une interminable plage de sable fin déserte (à 500-600 m maximum). C'est notamment possible environ 8 km au nord de Comporta (piste sablonneuse).

Observation des dauphins : *avec* ***SadoArrábida,*** *kiosque à la marina de Tróia. ☎ 265-490-406. 915-560-342. • sadoarrabida.pt • Sorties (2h30) de fin mai à mi-oct env, selon météo, le mat et l'ap-m. Compter 30-35 €/adulte ; 15 € 4-12 ans (1 enfant gratuit pour 2 adultes payants).* Une colonie de grands dauphins (26 au dernier compte) a élu domicile dans l'estuaire du Sado. On peut les observer aisément dans la mesure où ils se déplacent pour se nourrir en fonction des marées. Le bateau part alternativement de Tróia et de Setúbal. En été, on peut même se baigner !

L'ALENTEJO

En allant vers le sud

Les plages de Carvalhal et Pêgo : *près de Carvalhal (fléchées), à 9 km au sud de Comporta par la N 261.* Prolongeant vers le sud le cordon sableux qui épouse tout le littoral de Tróia et de Comporta, ces 2 plages, proches, offrent le même environnement : large tapis de sable, dunettes et *beach bars* isolés (dont le fameux *Restaurante Sal,* voir « Où manger ? Où boire un verre dans les environs ? »). Pour ne rien défigurer, on se gare au large, avant de traverser l'arène sur de longues passerelles en bois. À la praia do Carvalhal, devant les baraquements des pêcheurs, tourbillonnent de nombreuses girouettes improvisées.

RECORD DE CIGOGNES ?

Le hameau de Torre, à 2,5 km au sud de Comporta, pourrait bien concourir au titre de lieu abritant la plus grande densité de cigognes par habitant au Portugal : on a compté 12 nids actifs pour à peine 20 résidents !

Praia da Galé : *à 26 km au sud de Comporta par la N 261 en direction de Melides (bifurquer à 22,5 km au niveau du panneau « Campismo »).* Quelle splendeur ! Cette plage sauvage, battue par la houle, s'adosse à de hautes falaises tendres, sculptées par l'érosion en cheminées de fées rappelant par moments l'Ouest américain. On y accède en traversant le *Camping Praia da Galé (accès payant en août : 5,50 €),* où l'on peut s'installer (voir plus haut « Où dormir dans les environs ? ») – on y trouve aussi le *Dreamsea Surf Camp* (voir « Où dormir et faire du surf dans les environs ? »).

Praia de Aberta Nova : *fléché depuis la N-261, 23 km au sud de Comporta (puis 4,8 km).* Encore une plage immense, splendide et vierge – si l'on excepte le tout petit *Bar dos Tigres* posté en vigie *(tlj en été ; sam seulement hors saison).*

VILA NOVA DE MILFONTES (7645) 5 000 hab.

• Plan p. 238-239

À 38 km au sud de Sines et à 31 km au nord de Zambujeira do Mar, tout au nord de la très sauvage Costa Vicentina, la vieille ville, blanche et lumineuse, surplombe avec superbe l'estuaire de la rivière Mira – léché, côté sud, par plages et forêts d'un parc naturel. Vers l'ouest, le littoral présente une ligne de falaises déchiquetées, usées, encadrant d'autres plages, sauvages celles-ci, battues par les vents et les vagues. Loin du tourisme de masse et du conformisme balnéaire des grandes stations de l'Algarve, voici la charmante Vila Nova de Milfontes.
Chaque année, la procession fluviale du 15 août en l'honneur de Notre-Dame des Grâces témoigne de l'attachement de la ville à la tradition de la pêche.

L'ALENTEJO

Arriver – Quitter

En bus

🚌 ***Rede Expressos :*** *achat des billets travessa dos Amadores (plan B2,* ***1****) ; départs plus au nord, rua Pinhal do Moinho (plan B1,* ***2****). ☎ 259-417-195 (agence) et ☎ 707-223-344 (compagnie). • rede-expressos.pt •*
➢ ***Aljezur :*** 3 bus/j. Durée : env 1h20.
➢ ***Lagos :*** 3 bus/j. Durée : env 2h.
➢ ***Lisbonne par Setúbal :*** 3 bus/j. tte l'année (2 le mat, 1 l'ap-m) et jusqu'à 11 en plein été. Durée : 3h-3h40.
➢ ***Zambujeira do Mar :*** 1-2 bus/j. tte l'année et jusqu'à 6 en période estivale, 10h35-20h30. C'est aussi possible avec *Rodoviária do Alentejo,* mais il faut changer à Odemira.

🚌 ***Rodoviária do Alentejo :*** *départs rua António Mantas (plan B2,* ***3****), puis arrêt rua Custódio Brás Pacheco. ☎ 266-738-120. • rodalentejo.pt •* Billets vendus dans le bus.
➢ ***Almograve :*** 1 bus/j.
➢ Dessert aussi ***Porto Covo, Sines*** et ***Santiago do Cacém*** (vers le nord).

Adresse utile

ℹ @ ***Posto de turismo*** (plan B2) **:** *rua António Mantas, en face du commissariat. ☎ 283-996-599. • cm-odemira.pt • Tlj 9h-13h, 15h-18h (parfois jusqu'à 19h). Horaires changeants juil-sept.* Donne un plan de la ville et vend le topoguide *Rota Vicentina,* très bien fait *(10 €).* Borne internet gratuite.

Où dormir ?

Camping

⛺ ***Camping Milfontes*** (plan B1, **10**) **:** *estrada das Pousadas. ☎ 283-996-104. • geral@campingmilfontes.com • campingmilfontes.com • Proche du centre (fléché), à env 15 mn de la plage la plus proche à pied. Compter 17-22 € pour 2 avec tente et voiture, selon saison ; tipis 20-38 € ; mobile homes et bungalows (1 ou 2 chambres) 41-92 €.* Les emplacements proches de l'entrée, sous les pins, sont séparés par des haies ; ceux du fond, sous les eucalyptus, ne le sont pas. Sanitaires propres. Bar-cafétéria, épicerie, grande piscine payante.

De bon marché à prix moyens

Hike & Surf Lodge (plan B2, **11**) : *rua de São Sebastião, 24. ☎ 300-505-996 ou 300-506-208. • hike.surf.lodge@gmail.com • surfmilfontes.com • Dortoir 15-25 €/pers selon saison ; doubles sans ou avec sdb 35-55 €.* Ouverte en plein centre (mais sur un terrain calme) par la propriétaire d'un magasin de surf, cette petite AJ abrite tout juste un dortoir lumineux et agréablement ouvert sur un balcon (6 lits), une chambre avec salle de bains privée et une autre sans, sous les combles. Le tout est impeccable. Pas de petit déj au programme, mais thé et café sont en libre-service. Attention, le *check-in* se fait au *Surf Milfontes Surfshop (rua António Mantas, 41 ; tlj 10h-13h, 14h-19h),* à 100 m de là.

De prix moyens à plus chic

Casa da Alagoinha (plan B2, **12**) : *Bairro Social da Alagoinha, 9. ☎ 283-997-190. 📱 910-224-803. • isa-beu@hotmail.com • casadaalagoinha.com • Doubles 50-80 € selon saison ; petit déj (super copieux) 4 €, servi à partir de 9h, juin-oct seulement.* C'est notre meilleur rapport qualité-prix. En plein centre, au calme, ce *bed & breakfast* abrite quelques chambres aussi jolies que confortables, avec très bons lits, frigo, bouilloire et jolie salle de bains. On aime bien la n° 1, en angle, assez spacieuse, avec 2 fenêtres. Il y a une supérette à 2 pas, mais le matin, ne ratez pas le petit déj de la joviale Isabel, copieux, avec buffet, œufs et pancakes maison.

Casa da Vila (plan B3, **13**) : *rua Sarmento Beires, 17. 📱 964-262-372. • reservas@casadavila.com.pt • casadavila.com.pt • Doubles 50-80 €.* Caché au fond d'une courette joliment aménagée, au cœur de la bourgade, ce petit hôtel dispose de chambres de taille moyenne, mais bien équipées et très bien tenues (clim, frigo, grande TV à écran plat, sèche-cheveux...). Pour l'été, mieux vaut réserver longtemps à l'avance.

Hotel Eirada Pedra (plan A3, **14**) : *rua Ruy de Menezes. ☎ 283-998-675. • hoteleiradapedra@gmail.com • hoteleiradapedra.com • Congés : début juin-début oct. Doubles sans ou avec clim 60-90 € selon saison ; studios et apparts (sans clim) 2-4 pers 45-100 €. Petit déj 6 €.* En dehors du centre, en direction de la plage, ce complexe avec piscine rappelle un peu les établissements de la côte tunisienne. Une aile abrite les chambres (avec petite terrasse), l'autre les apparts. Tout cela est très standard mais les prix sont tenus.

Casa do Adro da Igreja (plan B3, **15**) : *rua Diário de Notícias, 10. ☎ 283-997-102. • info@casadoadro.com.pt • casadoadro.com.pt • Doubles 75-95 € selon saison, petit déj compris.* Près du fort, cette maison du XVIIe s dotée de tout le confort moderne abrite 6 chambres – dont 2, au 1er étage (*Malmequer* et *Girassol*), ont de petits balcons. Plein de détails raffinés, comme la déco ou le petit déj servi sur la terrasse. Salon avec cheminée. Accueil gentil de la *senhora* Idália, dont la devise est : *C'est bon d'être à la maison, même en vacances !* Une adresse remarquable.

Où dormir dans les environs ?

Auberge de jeunesse

Pousada da juventude de Almograve : *rua do Chafariz,* ***praia do Almograve.*** *☎ 283-640-000. • pousadasjuventude.pt • Juste avt le rond-point, en arrivant à Almograve. Congés : de mi-déc à mi-janv. Selon saison, lits en dortoir 4-5 lits 13-16 €/pers, doubles sans ou avec sdb 33-45 €, petit déj compris. Carte des AJ exigée (timbre à 2 €). Repas possible 8-13,5 €.* À seulement 700 m de l'océan, entre campagne et village, cette grosse AJ institutionnelle abrite presque 100 lits. L'ensemble est

L'ALENTEJO

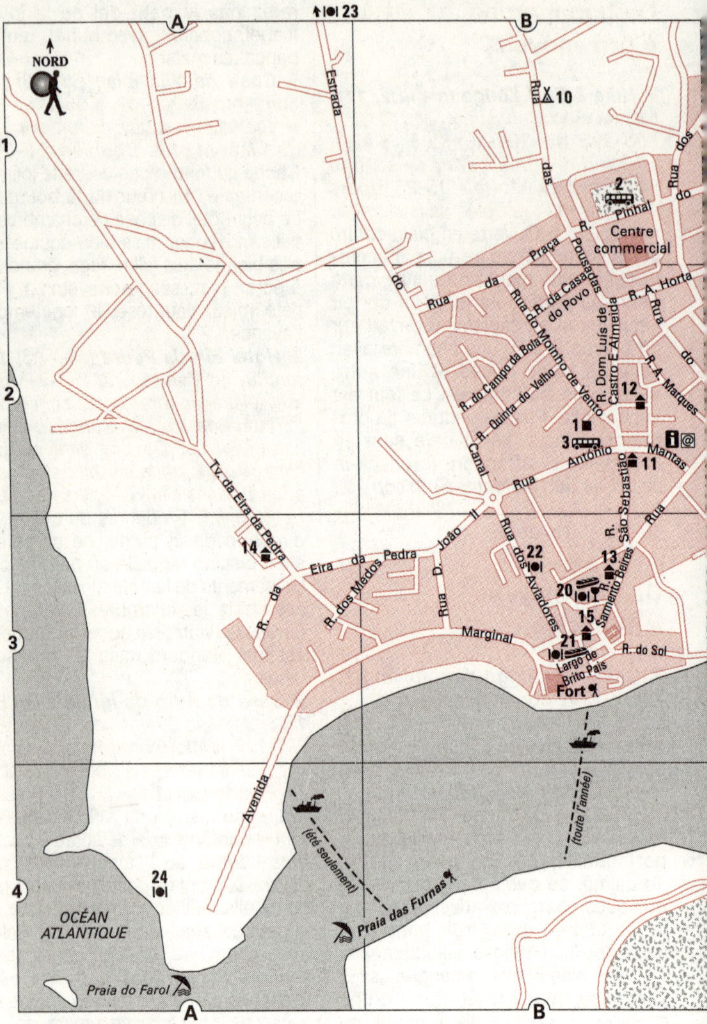

Adresses utiles

- Posto de turismo (B2)
- 1 Achat des billets Rede Expressos (B2)
- 2 Départ des bus Rede Expressos (B1)
- 3 Départ des bus Rodoviária do Alentejo (B2)

Où dormir ?

- 10 Camping Milfontes (B1)
- 11 Hike & Surf Lodge (B2)

VILA NOVA DE MILFONTES

12 Casa da Alagoinha (B2)
13 Casa da Vila (B3)
14 Hotel Eira da Pedra (A3)
15 Casa do Adro da Igreja (B3)

Où manger ?

20 18 e Piques (B3)
21 Paparoca (B3)
22 Tasca do Celso (B3)
23 Porto das Barcas (hors plan par A1)
24 Choupana (A4)

bien tenu mais pas très sexy... si l'on excepte le salon d'un orange quasi fluo ! Il y a aussi un appart pour 6 personnes. Cuisine.

Beaucoup plus chic

Turismo rural Gotas de Luar : *Barrada de Cima,* ***Ribeira da Azenha.*** *963-766-814 ou 917-938-062. • contact@gotasdeluar.com • gotasdeluar.com • Au nord de Vila Nova, difficile à trouver... Prendre la N 390 sur env 8 km, jusqu'au niveau de la borne 34, puis à gauche un chemin de terre sans aucune indication ; c'est à 2,8 km de là. Congés : de mi-nov à fév. Doubles 120-135 € selon confort.* En pleine campagne, dans un paysage de monts plantés d'oliviers (serra do Cercal), cette belle maison d'hôtes est tenue par un charmant couple franco-italien. Inspirée de la tradition mais très moderne dans sa conception, elle est équipée de toutes les technologies les plus avancées dans le domaine du respect de l'environnement. Ses 5 chambres allient le rustique et l'écologique, elles sont très bien équipées et parfaitement au calme. Les propriétaires peuvent vous préparer un pique-nique et vous conseiller pour les balades dans la région.

Où manger ?

L'ALENTEJO

Très bon marché

18 e Piques (plan B3, **20**) : *largo do Rossio, 18. 926-242-508. Tlj 9h-21h sauf lun. Plats 4-5 €.* On aime beaucoup ce café-épicerie amarré sur la plus grande place (piétonne) du centre-ville. On y picore d'excellentes quiches ou salades du jour, des *tostas,* des bruschettas et des sandwichs, à accompagner d'un jus frais bon pour la santé. Il y a des planchas de fromages et de la saucisse fumée. C'est frais, c'est actuel, c'est bon et pas cher. Le service est jeune et dynamique.

Paparoca (plan B3, **21**) : *largo de Brito Pais, 1. ☎ 283-996-286. Tlj 7h-23h (voire plus tard en été). Plats max 7 €.* Cette *sanduicheira* posée à côté du fort a les faveurs des jeunes locaux, qui s'entassent dans la petite salle de l'étage, laissant l'étroite terrasse aux touristes. Ne croyez pas que le menu se limite aux sandwichs ! Il y a aussi des salades, du porc à l'*alentejana* (aux coques !), des *lulas recheadas* (calamars farcis), de la bonne morue aux *batatas fritas* – maison, les frites, insiste la patronne ! Le tout copieux. Accueil vraiment gentil.

De prix moyens à plus chic

Tasca do Celso (plan B3, **22**) : *rua dos Aviadores, 30. ☎ 283-996-753. • tascacelso@sapo.pt • Tlj sauf lun. Congés : 15-25 déc. Plats 12-25 €.* Cette petite taverne devenue grande, savamment éclairée et joliment décorée, est incontournable. La carte (courte), privilégiant poissons et mollusques, associe les classiques *cataplanas* et *caldeiradas* à de plus originales spécialités de l'Alentejo comme les *migas.* Le bar a franchement belle allure et la sélection de vins est top (une vingtaine de choix au verre).

Porto das Barcas (hors plan par A1, **23**) : *estrada do Canal, à env 2 km au nord-ouest du centre. ☎ 283-997-160. Juil-août, tlj midi et soir ; en basse saison, fermé mar. Congés : nov et janv. Plats 15-25 €.* Isolée sur une sorte de promontoire dominant les flots, voici une belle adresse réputée pour sa jolie déco intérieure et pour la finesse de sa cuisine. On mange en salle (musique lounge) ou sur la petite terrasse – donnant un peu plus sur le parking que sur la mer. Service aimable.

Choupana (plan A4, **24**) : *sur la praia do Farol. ☎ 283-996-643. Tlj midi et soir. Fermé hors saison. Plats 12-27 €.* En contrebas du rond-point, posée sur la plage, cette grande cabane rustique prend le vent marin en plein nez... Il chasse les odeurs de poissons *(sardinhas, linguado, robalo...)* grillés sur la terrasse – et servis avec salade et pommes de terre.

À voir

Le centre historique : à taille humaine, présentant une belle unité, il offre l'occasion d'agréables balades. Surplombant la rivière Mira veille ***un vieux fort*** (1602) maniériste, couvert de vigne vierge et entouré de douves plantées de palmiers – aujourd'hui privé. Sur la placette attenante, un monument rappelle l'exploit aérien de Brito Paes (originaire de Vila Nova) et de ses 2 compagnons : du 7 avril au 20 juin 1924, ils réalisèrent le 1er vol entre le Portugal et Macao... Plus de 2 mois ! On se laisse ensuite happer par une *passeggiata* jusqu'à la pointe du *farol*, découvrant tout l'estuaire avec, à marée basse, larges plages et bancs de sable. Au-delà du resto *Choupana*, vous tomberez sur une plage (peut-être) déserte.

Randonnée

Vila Nova de Milfontes et Almograve se trouvent sur le ***sentier des Pêcheurs***, l'une des plus belles sections de la *Rota Vicentina*. Il s'étire d'Odeceixe (au sud) à Porto Covo (au nord) sur 75 km et se parcourt généralement en 4 jours. Ceux qui ont moins de temps ou d'énergie peuvent se contenter de la très agréable étape reliant Vila Nova de Milfontes à Almograve (15 km), qui se parcourt aisément en 4-5h – avec possibilité de revenir en bus au point de départ. Pour plus d'infos, vous pouvez consulter : • *rotavicentina.com* •

DANS LES ENVIRONS DE VILA NOVA DE MILFONTES

Praia das Furnas : *sur la rive sud du rio Mira. Traversée en petit bateau depuis l'embarcadère situé au pied du fort, ttes les 30 mn 0h-18h de mi-sept à juin, fréquences accrues en été. Billet : 5 € A/R. En hte saison, une autre ligne ouvre au départ de la praia da Franquia. En voiture, bifurcation à 3 km sur la route d'Odemira (N 393).* Cette grande plage étirée à l'orée de l'estuaire (propre) de la rivière est la plus agréable à proximité.

Praia do Malhão : *à 9 km au nord. Sur la N 390, à 4 km de Vila Nova, prendre à gauche au rond-point sur la M 1072, direction Porto Covo, puis sur 2,7 km avt de bifurquer à nouveau à gauche (fléché) ; la plage est à 2,3 km.* C'est une des plus belles plages du Portugal, entièrement sauvage, sans même un bar ! Sable blanc et mer semée d'écueils aux rouleaux souvent replets rappellent de jolis sites de la côte bretonne. Les naturistes trouveront leur compte dans l'extrême nord.

Camping Orbitur Sitava Milfontes : *Brejo da Zimbreira. ☎ 283-890-100. • infositavamilfontes@orbitur.com • orbitur.com • Dépasser l'embranchement pour la praia do Malhão et continuer 1,5 km sur la M 1072. Compter 15-28 € pour 2 avec tente et voiture selon saison ; tipis 25-50 € ; mobile homes et bungalows 30-70 €/pers.* Très vaste (30 ha), ce camping a le bon goût de s'étirer en direction de la plage de Malhão, que l'on rejoint en 800 m depuis son portillon arrière. On s'installe sous les grands pins ou les petits ifs (moins bien), dans un cadre généralement bien tranquille en dehors de juillet-août. Les sanitaires sont nombreux et très bien tenus. Resto, supérette.

Praia do Almograve : *faire 9 km sur la route d'Odemira (N 393), puis à droite sur 3 km.* Cette longue bande de sable fin est isolée du village par une barrière de hautes dunes couvertes de broussailles. Bordée d'une mer souvent agitée, elle est entourée d'une flottille de rochers – ce qui lui évite d'être colonisée par les surfeurs. On peut loger à l'auberge de jeunesse (voir plus haut « Où dormir dans les environs ? »). Une piste (3,5 km) mène à un miniport enclavé dans la falaise.

Au ***cabo Sardão,*** un cap avec un grand phare à quelques kilomètres au sud d'Almograve, des cigognes nichent... dans la falaise, au-dessus de l'océan ! Un phénomène unique.

ZAMBUJEIRA DO MAR

(7630) 910 hab.

À 25 km au sud de Vila Nova de Milfontes, cette petite station balnéaire est d'abord un village paisible prolongé par une belle plage où le temps s'arrête lors des sublimes couchers de soleil. Les rues se coupent à angle droit comme dans une petite cité coloniale, menant toutes jusqu'au bord de la falaise qui domine la mer. Chaque année, pendant 4 jours au mois d'août, s'y déroule le festival de musique électronique Sudoeste.

Arriver – Quitter

En bus

Les bus s'arrêtent en haut de l'avenida do Mar, à l'entrée du village. Peu de fréquences et de liaisons directes. Attention, la station est souvent appelée *Praia Zambujeira.* Les billets *Rede Expressos* sont en vente à la pâtisserie *Doce Tentacão,* rua da Palmera.

➢ ***Odeceixe, Aljezur et Lagos :*** 2 bus/j. juin-sept (1 seulement le reste de l'année), avec *Rede Expressos.* Durées respectives : 20 mn, 35 mn et 1h.

➢ ***Vila Nova de Milfontes :*** 3 bus/j. en hte saison, avec *Rede Expressos.* Durée : 30 mn.

➢ ***Beja :*** 1 bus/j. sauf w-e avec *Rodoviária do Alentejo* (● rodalentejo.pt ●). Durée : 3h.

➢ ***Lisbonne :*** 3-7 bus/j. en hte saison (2 seulement hors saison), avec *Rede Expressos.* Durée : 3h30-4h.

Adresses utiles

Posto de turismo : *sur l'alameda Central. ☎ 283-961-144. Tlj 10h-13h, 14h-18h.*

Distributeur : *à côté de l'office de tourisme.*

Où dormir ? Où manger ?

Camping Villa Park Zambujeira : *à l'entrée de la ville. ☎ 283-958-407. ● info@campingzambujeira.com ● campingzambujeira.com ● Tte l'année. Empl. 15-25 € pour 2 selon saison ; studios et apparts 2-4 pers 44-180 €.* Camping proche du village et de la plage, avec un beau terrain bien ombragé. Les *apartamentos* rassemblés dans des bâtisses de plain-pied ont un coin terrasse avec barbecue. Certains, de 2 pièces, peuvent loger jusqu'à 6 personnes. Bar, resto, *supermercado* et espace enfants. Piscine et jacuzzi gratuit.

Hostel Hakuna Matata : *rua Dr Jaurez, 3. 918-470-038. Au sud du village, dans une ruelle perpendiculaire à la route qui descend à la plage. Selon saison, lits en dortoir 15-22 €/pers, doubles sans ou avec sdb 30-65 €.* À proximité de la plage, un petit *hostel* sympa installé dans un bâtiment moderne. Sur 3 étages, des dortoirs (2-6 lits) impeccables et des doubles spacieuses. Cuisine bien équipée, salon cosy et agréable terrasse sur le toit.

Monte Dom Manuel : *rua da Frente, Vale Figueira. 965-461-631. ● monted.manuel@hotmail.com ● facebook.com/MonteDomManuel ● Du centre, passer la plage puis grimper sur les hauteurs vers le sud, c'est à gauche (indiqué Monte Dona Maria). Doubles 60-80 € selon saison ; familiales 4-6 pers ; petit déj 5 €.* À 500 m de la plage, dans les champs, un ensemble de maisonnettes blanc et ocre aux chambres confortables et très bien tenues. Toutes possèdent une cuisine. Accueil touchant de Saudade, qui se démène pour ses hôtes. Si c'est complet, aller voir sa voisine du *Monte Dona Maria* (même genre de prestation). Une adresse idéale pour les familles (jeux d'enfants).

Hospedagem Rosa dos Ventos : *2 B, rua Nossa Senhora do Mar. ☎ 283-961-391. ● geral@rosadosventoszambujeira.com ● rosadosventoszambujeira.com ● Entre le bar* Rita *et le resto* Ti Vitoria, *prendre la rua da Fonte dos Amores jusqu'au bout puis tourner à droite. Congés : déc. Doubles 50-85 € selon saison, petit déj compris.* Une dizaine de chambres autour d'un patio bordé de colonnades... on se croirait dans un riad s'il ne s'agissait pas d'une construction moderne avec ses touches marines. Chambres impeccables, de style contemporain, dans des tons frais, avec vue sur la mer pour certaines. Pas de clim. Excellent accueil.

Casino da Ursa : *rua do Mercado, à l'angle de la rua da Escola. ☎ 283-961-180. Tlj 10h30-22h. Plats 8-15 €.* Situé derrière l'office de tourisme, ce n'est ni un casino ni une cage à ours mais une table simple et bonne à prix sages, recommandée par les locaux. Salades, *tostas,* poisson, viande et une vingtaine de pizzas à déguster dans une salle agréable ou dans la véranda.

L'ALENTEJO

Où dormir ? Où manger dans les environs ?

Parque de campismo Monte Carvalhal da Rocha : *à env 1 km de la praia do Carvalhal et à 5 km de Zambujeira (direction Odeceixe) ; proche du village de Brejão, en face de la réserve animalière (lamas, bisons...). ☎ 282-947-293. ● geral@montecarvalhaldarocha.com ● montecarvalhaldarocha.com ● Tte l'année. Compter 20-30 € pour 2 pers en camping ; selon saison, studios 2 pers 60-90 €, apparts 2-6 pers 70-100 € ; voir aussi les offres sur leur site.* À proximité de la praia do Carvalhal, un ensemble récent, au calme, dans un paysage champêtre et marin à la fois. Au camping, emplacement libre sur un terrain en palier, bien ombragé par des eucalyptus, des acacias et des arbousiers. Les studios et apparts, tout comme les équipements communs (bar, resto, *minimercado,* grande piscine payante, petits spas et salle de billard), sont bien arrangés et confortables.

Herdade do Touril *(Turismo rural) : à env 5,5 km au nord de Zambujeira, en direction de Vila Nova de Milfontes (bien indiqué sur la gauche). ☎ 283-950-080. ● reservas@touril.pt ● herdadedotouril.pt ● Resto en été seulement. Congés : déc-janv. Doubles 60-150 € selon confort et saison, petit déj compris. Menu 25 €.* Entourée de terres agricoles, la *quinta* (domaine) se compose d'une maison principale, d'une piscine et de plusieurs maisonnettes éparpillées sur le terrain, en pleine campagne. Tout est arrangé dans l'esprit « rustique chic », à prix encore raisonnables pour la qualité des lieux. Chambres bien aménagées, décorées avec soin, donnant sur la campagne. Prêt de vélos pour partir en balade.

O Sacas : *à* **Porto das Barcas,** *à 3 km au nord de Zambujeira par la route côtière. ☎ 283-961-151. Tlj sauf mer. Plats 10-20 €. CB refusées.* Surplombant un charmant petit port de pêche, un bon petit resto de poisson et fruits de mer avec une terrasse agréable. Une adresse très courue pour son environnement superbe, propice à la randonnée.

Plages à Zambujeira do Mar et dans les environs

Praia da Zambujeira : la rue centrale descend directement sur le beau surplomb qui domine cette baie de sable, lovée entre les falaises et striée d'affleurements rocheux.

Praia do Carvalhal : *à env 4 km au sud de Zambujeira (par la petite piste côtière après la praia da Zambujeira).* Petite et un peu encaissée, elle est abritée et plaisante. Camping dans le coin (voir plus haut « Où dormir ? Où manger dans les environs ? »).

À L'INTÉRIEUR DES TERRES

MÉRTOLA (7750) env 7 000 hab.

Dans le bas Alentejo, la route qui conduit à Mértola (54 km au sud de Beja) traverse un vaste paysage de grandes plaines à blé ondoyantes, de champs piqués d'oliviers et de chênes-lièges, souvent survolés par des cigognes. Soudain une faille inattendue dans le relief, un spectacle saisissant : apparaît Mértola perchée sur un éperon rocheux, dominant la vallée du rio Guadiana et de son affluent le rio Oeiras.
On le voit tout de suite, ce n'est pas un site ordinaire, Mértola est chargée d'histoire. Dans la ville ancienne accrochée à flanc de colline, les maisons d'une blancheur éclatante reflètent la luminosité du sud de l'Alentejo. On la présente comme une ville-musée, c'est inexact car le centre ancien est habité, doublé par une petite ville moderne et active.

UN PEU D'HISTOIRE

Au commencement, ce fut d'abord un petit port fluvial loin des côtes mais accessible en remontant le Guadiana, puis un entrepôt commercial actif avant même de devenir un *municipium* important sous l'occupation romaine. Conquise par les Maures, elle devint ensuite le centre d'un petit royaume musulman dirigé par Ahmad Ibn Qasi, jusqu'à la fin du XIIIe s. Son nom actuel vient d'ailleurs de l'arabe Martulah. La petite cité fut reprise en 1292 par les chrétiens qui en firent le 1er siège des chevaliers de l'ordre de Santiago...
– Impossible de passer par ici sans goûter au pain, fameux, qui accompagne tout naturellement un excellent fromage de brebis. Tout au long du Guadiana, on peut voir ces moulins à eau servant, en été, à moudre la farine, tâche confiée, l'hiver venu, aux moulins à vent...

Arriver – Quitter

En bus

Gare routière : *av. A. Mira Fernandes ; près du rond-point en bas de la ville.*

➢ Bus tlj avec *Rede Expressos,* vers 9h25 pour Évora (durée : 3h05). La même ligne de bus va à Lisbonne (durée : 3h50). Pour Beja, 3-4 bus/j. avec *Rodoviária do Alentejo.* Durée : 1h.

Adresses utiles

Posto de turismo : *rua da Igreja, 31. ☎ 286-610-109. • cm-mertola.pt • (mairie) ; • visitmertola.pt • Tlj 9h15-12h30, 14h-17h30.* Liste d'hébergements. Plan de la ville-musée, très précieux pour organiser la visite (compter une petite demi-journée). Bon accueil.

Ecoland : *à* **Corte Gafo de Cima,** *à 11 km au nord de Mértola. ☎ 286-611-111. 964-989-402. • ecoland.pt •* Agence spécialisée dans l'écotourisme, qui propose diverses activités : randonnées pédestres et à vélo, descente du Guadiana en canoë et promenades à cheval. Propose aussi des hébergements à la campagne *(doubles 45-50 €, avec petit déj).*

Où dormir ?

Hospedaria Rita : *Azinhaga Serafim, 1. ☎ 286-612-260. 969-650-125. • hospedariarita@gmail.com • hospedariaritamertola.com • Du rond-point, aller vers le centre-ville historique et prendre la 1re à gauche. Doubles 35-50 € selon vue, sans petit déj. Appart pour 5 pers, avec cuisine et bains. Parking.* Pension tenue par un couple avenant. La plupart des 8 chambres, impeccables, sont joliment décorées dans des couleurs gaies. Elles sont dotées de tout le confort (clim, douche/w-c), certaines avec balcon privatif. Nos préférées donnent sur le jardin et la rivière, les autres sur la rue. Pas de petit déj, mais une salle à manger avec micro-ondes est à disposition. Un bon rapport qualité-prix.

Residencial Beira Rio : *rua Dr Afonso Costa, 108. 913-402-033. • info@beirario.pt • beirario.pt • C'est la rue qui descend vers le Guadiana, en contrebas de la rua Dr Serrão Martins. Doubles 35-50 € selon vue, avec petit déj. Parking. S'il n'y a pers à la réception, s'adresser à l'Hotel Museu, voisin.* Grande bâtisse ancienne impeccablement tenue. Chambres convenables de bon confort, à la déco classique. Demandez-en une avec balcon, ou avec terrasse pour la vue sur la rivière (ce sont les plus belles). Notre préférée est la nº 6.

Hotel Museu : *rua Dr Afonso Costa, 112. 913-402-033. • info@hotelmuseu.com • hotelmuseu.com • Doubles 45-60 €.* Il appartient aux mêmes propriétaires que la *Residencial Beira Rio,* juste à côté. Le bâtiment est moderne, les chambres sont nickel, dans un style contemporain fonctionnel. Certaines avec vue sur la rivière. À la réception, une fosse carrée, entourée d'une clôture vitrée, renferme de superbes vestiges archéologiques, d'où le nom de l'hôtel.

Casa da Tia Amália : *estrada dos Celeiros, 16. Quartier de Além-Rio. 918-918-777. • casadatiaamalia.mertola@gmail.com • Selon saison, lit en dortoir 15-18 €/pers, doubles sans ou avec sdb privée 52-104 € ; petit déj 5 €.* Sur la rive opposée du rio Guadania, ce petit hôtel hors les murs ne manque pas d'atouts. Ambiance plus proche de la maison d'hôtes que de l'hôtel classique avec décoration personnalisée, charmant salon commun avec cheminée, des chambres (avec clim) et un dortoir (4 lits) bien aménagés (salle de bains commune). Accueil jovial. Quant au petit déj, il est servi dans le resto voisin (mêmes propriétaires), face à Mértola, qui s'étage sur la rive opposée.

Où dormir dans les environs ?

Voir aussi plus haut, dans « Adresses utiles », l'agence *Ecoland,* qui propose des chambres en écotourisme à 10 km au nord de Mértola.

Quinta do Vau : *Além Rio, à env 2,5 km de Mértola par la route. 965-645-540. • quintadovau2014@hotmail.com • Doubles 40-50 €. Petit déj 5 €.*

Située sur la rive (sud) en face de Mértola, sur un versant de la colline, au-dessus de la rivière, cette *quinta* n'est pas un domaine agricole mais une petite maison d'hôtes à l'architecture contemporaine. Outre l'accueil chaleureux, les chambres (doubles, triples) sont agréables, décorées avec soin, confortables (clim) avec vue sur le jardin et la vallée. Petit appartement (4 personnes) dans une maisonnette près de la piscine. Sert le petit déj mais pas les repas.

Casa dos Loendros : *à Alcaria Ruiva (14 km). ☎ 286-998-187. 917-132-097. • info@casadosloendros.com • casadosloendros.com • Sur la route de Beja, tourner à gauche vers Alcaria ; c'est la 1re maison quelques centaines de mètres avt le village. Double 60 €, avec copieux petit déj. Congés : 24 déc-12 janv. CB refusées.* Cette agréable propriété avec piscine est tenue par un couple franco-portugais très accueillant et connaissant bien la région. Ils ont aménagé dans les dépendances de belles chambres tout confort (les communicantes sont idéales pour les familles), avec des meubles anciens et décorées avec soin. Dans une annexe, une cuisine et une salle à manger à disposition permettent même de mitonner son frichti ! Les amoureux de la nature et les marcheurs seront séduits par l'endroit, et bien chouchoutés par Ana et Pierre.

À voir

La ville de Mértola a mis en place un circuit de visite (plan à l'office de tourisme) intégrant une dizaine de petits sites *(tlj sauf lun 9h15-12h30, 14h-17h15).* C'est gratuit à l'exception de la tour (donjon) du château et du Musée islamique *(2 € chacun, gratuit moins de 12 ans).*

Imposant ***château fort,*** remanié et amélioré par les Arabes au temps de l'invasion, puis investi par les chrétiens et finalement abandonné au XVIIIe s. Petite salle jetant un 1er pont entre période romane et période islamique. Le ***donjon*** (Torre de Menagem) fut édifié en 1292 sur ordre de Dom João Fernandes, maître de l'Ordre de Santiago. Haut de 30 m, il abrite un centre interprétatif, et des vestiges de l'époque pré-islamique, prouvant l'importance des Wisigoths dans la région. Très beau panorama sur le village et sur la région.

Ancienne mosquée, l'étonnante ***igreja Matriz*** a conservé un plan carré et une architecture intérieure de style arabe : rangées de fines colonnettes avec arcs et chapiteaux tous différents, soutenant le plafond voûté en ogive. Les 5 nefs sont aussi de la période islamique. Derrière l'autel, la niche correspond au mihrab (c'était la chaire à prêcher de l'officiant musulman) et certaines portes ont des arcs de style outrepassé (en forme de trou de serrure agrandi).

L'ÉGLISE LA PLUS ARABE DU PORTUGAL ?

La igreja Matriz est l'un des héritages de l'invasion arabe au Portugal. La configuration actuelle, astucieuse, dévoile les traces musulmanes tout en multipliant la symbolique catholique : rue pavée montante rappelant le chemin de croix et jalonnée d'un christ au pilori ; chapelle avec des statues grandeur nature ; cimetière dont les motifs de la porte d'accès jouxtent crânes, oriflammes et étoiles à motifs arabisants.

Voir ensuite différents petits ***musées et sites*** que vous découvrirez en faisant le tour de la vieille citadelle : le chantier de fouilles d'un ancien quartier islamique (lui-même bâti sur des constructions antérieures avec une impressionnante salle souterraine qui servit de citerne), le *musée d'Art islamique* (bijoux, poteries...), la *maison romaine* (des fondations découvertes à l'emplacement de l'actuelle mairie), le *musée d'Art sacré* (belle statuaire) et une *basilique paléochrétienne,* qui clôt le circuit. Ajoutez à cela une forge et un *atelier de tissage* à l'ancienne (avec démonstrations !), qui a donné une nouvelle vitalité à la production des couvertures traditionnelles, et votre promenade sera bien remplie.

À faire

Possibilité de *location de canoës* et de *balades en bateau* sur la rivière *(env 10 €/pers pour 1h de promenade).* S'adresser à l'*Hotel Museu* (voir « Où dormir ? Où manger ? »).

Manifestations

- ***Festival des Arts islamiques :*** *mai, ts les 2 ans, les années impaires.*
- ***Festival de juin :*** *quelques j. autour du 24 juin (férié à Mértola).* Donne lieu à des concerts, des rencontres et événements sportifs, des expositions, des jeux... Bref, une foire de village.

DANS LES ENVIRONS DE MÉRTOLA

Mina de São Domingos : *à 17 km au nord-est de la ville, sur la route de Serpa.* Les amateurs de tourisme industriel et minier feront le détour par cette ancienne mine de cuivre qui couvrait plusieurs dizaines d'hectares. Depuis le XIXe s, elle

employait plus de 6 000 mineurs, jusqu'à sa fermeture en 1966. São Domingos, quasi désertée aujourd'hui, déploie ses longues rangées de corons (l'un d'entre eux a été réhabilité et se visite). En contrebas du village (suivre le fléchage indiquant *Complexo mineiro*) se dressent les vestiges de la centrale électrique, de bureaux et d'un chevalement. Juste derrière apparaît un vaste bassin artificiel où l'eau – très toxique – a pris des tons cuivrés.
Continuer la route (praticable en voiture) en direction d'Achada do Gamo, qui part à droite juste avant d'arriver aux ruines. On découvre alors un paysage étrange, une immense friche post-industrielle, fait de terres brûlées par les acides, d'eaux rougeoyantes et de poussières. 3 km plus loin on arrive aux impressionnantes structures qui servaient à brûler le soufre. N'allez pas plus loin, la piste n'est pas forcément praticable.

BEJA (7800) 35 800 hab.

• Plan *p. 250-251*

La capitale du Bas-Alentejo ne possède pas le charme et la noblesse d'Évora, sa consœur du Nord, mais elle est très agréable, l'archétype d'une ville portugaise d'Alentejo. Fondée par les Romains, elle fut nommée « Pax Julia » par Ptolémée, et « Pax Augusta » par Strabon, puis elle fut occupée pendant 4 siècles par les Arabes. Aujourd'hui, la cité vit tranquillement du commerce des céréales et de l'huile d'olive. Les silos à grains sont les nouvelles forteresses du plateau de l'Alentejo, cette « plaine dorée » (Planície Dourada) qui a donné son nom à la région.

Arriver – Quitter

En bus

Gare routière *(plan C3)* **:** *rua da Cidade de S. Paulo, 9.* ☎ *707-223-344. Dans le quartier du stade, au sud-est de la ville.* Bus des compagnies *Rodoviaria do Alentejo* (● *rodalentejo.pt* ●) et *Rede Expressos* ● *rede-expressos.pt* ●
➢ ***Mértola :*** 3-4 bus/j. en sem avec *Rodoviaria do Alentejo.* Durée : 1h10.
➢ ***Serpa :*** 2 bus/j. avec *Rede Expressos.* Durée : 30-35 mn.
➢ ***Évora :*** 2 bus/j. avec *Rodoviaria do Alentejo* et 8 bus/j. avec *Rede Expressos*, 6h45-19h30. Durée : 1h-1h15.
➢ ***Faro :*** 2 bus/j. avec *Rede Expressos*, 10h20 et 18h30. Durée : 2h35-2h45.
➢ ***Lisbonne :*** une dizaine de bus/j. 6h45-18h, avec *Rede Expressos.* Durée : 2h15-3h15 selon la route. Terminus à la gare routière de Sete Rios à Lisbonne.

En train

Gare ferroviaire *(plan C1)* **:** *à la sortie de la ville, route de Serpa.*
➢ ***Lisbonne :*** 5-6 départs/j. en sem, 3 départs/j. le w-e, dans les 2 sens, avec changement à Casa Branca. Durée : 2h15-3h selon type de train et les gares de départ (et arrivée) à Lisbonne.
➢ ***Évora :*** 5 départs/j. la sem, 3 départs/j. le w-e. Trains directs ou avec changement à Casa Branca. Durée : env 1h15 (2h20 si changement).

Adresses utiles

Posto de turismo *(plan A1)* **:** *dans le château.* ☎ *284-311-913.* ● *cm-beja.pt* ● *(mairie). Tlj 9h30-12h30, 14h-18h.* Plan de la ville. Brochure bien faite sur le thème des *azulejos*. Visite guidée du centre historique sur demande.

✉ **Poste** (plan A1) : rua Diogo de Gouveia. Près du château.

Où dormir ?

Camping

⛺ ***Campismo Beja*** (hors plan par B3, **10**) : av. Vasco da Gama, à côté du stade et de la piscine. ☎ 284-311-911. • campismo@cm-beja.pt • cm-beja.pt • À 5 mn de l'arrêt de la gare routière. Ouv tte l'année. Forfait 2 pers env 10-12 €. Ombragé, mais sol plutôt triste (graviers) et environnement urbain sans grand charme. Sanitaires propres. Pour une nuit.

Bon marché

☗ ***Pousada da juventude*** (hors plan par C3, **11**) : rua Professor Janeiro Acabado. ☎ 284-325-239. • beja@movijovem.pt • pousadasjuventude.pt/pt/pousadas/beja • Au sud-est de la ville et à 2 pas de la gare routière. Lits en dortoir 14-15 € ; doubles sans ou avec w-c 34-40 €. Carte des AJ (Youth Hostel Card) obligatoire. Dans un quartier résidentiel tranquille et excentré, une AJ sans charme mais fonctionnelle et bien tenue. Installations impeccables, chambres et dortoirs classiques (4 ou 6 lits) et très corrects (hommes et femmes séparés). Salle TV, coin salon en mezzanine, et cuisine, mais pas de déjeuner ni de dîner. Distributeur de billets.

☗ ***Beja Hostel*** (plan B2, **16**) : rua Alexandre Herculano, 7. ☎ 961-934-618. • geral@bejahostel.pt • hostelbeja.com • Doubles 35-50 €. En plein centre historique, sur une jolie place, cette auberge économique privée se remarque à sa belle façade colorée. Tout a été aménagé avec intelligence à partir de matériaux récupérés. Le résultat n'est pas du tout « bric à brac », c'est même plutôt design éco et artistique. Chambres (doubles, triples, quadruples) confortables (clim partout, toilettes privatives), décorées avec recherche. Elles donnent sur la place ou sur le jardin à l'arrière. La nº 8 a 2 lits superposés, la nº 10 dispose d'une terrasse privative. Cuisine équipée à disposition des hôtes, coin restaurant servant des tapas et des petits plats.

Prix moyens

☗ ***Hotel Bejense*** (plan B2, **12**) : rua Capitão João Francisco de Sousa, 57. ☎ 284-311-570. • hotelbejense@gmail.com • Doubles 45-60 €, avec petit déj. Dans une rue piétonne animée, une coquette pension tenue avec beaucoup de soin, datée de 1889. Ce fut ainsi le 1er hôtel de Beja. On est accueilli par une réceptionniste francophone. Chambres agréables, confortables (salle de bains, clim et TV) avec plein de petits détails. Chacune a sa déco, à vous de choisir la vôtre ! Belle salle de petit déj et salon cosy pour prendre le digestif. Nos préférées : les nos 111 ou 202 avec balcon sur rue.

☗ ***Residencial Rosa do Campo*** (plan A2, **13**) : rua da Liberdade, 12. ☎ 284-323-578. • info@rosadocampo.pt • rosadocampo.pt • Doubles 40-50 €, avec petit déj. En plein centre, une jolie maison fraîche, calme et conviviale. On est reçu par un couple de retraités. Vieux meubles, murs blancs, demeure bourgeoise très propre, ayant du style et du volume. Certaines chambres disposent d'une cheminée. D'autres sont plus petites et très classiques, mais toujours claires, agréables, confortables (clim, salle de bains, TV) et parfaitement tenues. La nº 2 avec cheminée est une triple dans le style Art déco. Elles donnent sur la rue (calme) ou sur le patio.

☗ ***Hotel Santa Bárbara*** (plan B3, **14**) : rua de Mértola, 56. ☎ 284-312-280. • reservas@hotelsantabarbara.pt • hotelsantabarbara.pt • En plein centre piéton, dans une rue qui coupe la rua Francisco de Sousa. Double env 60 € petit déj inclus. Parking 3 €/j. Un établissement impeccable et confortable,

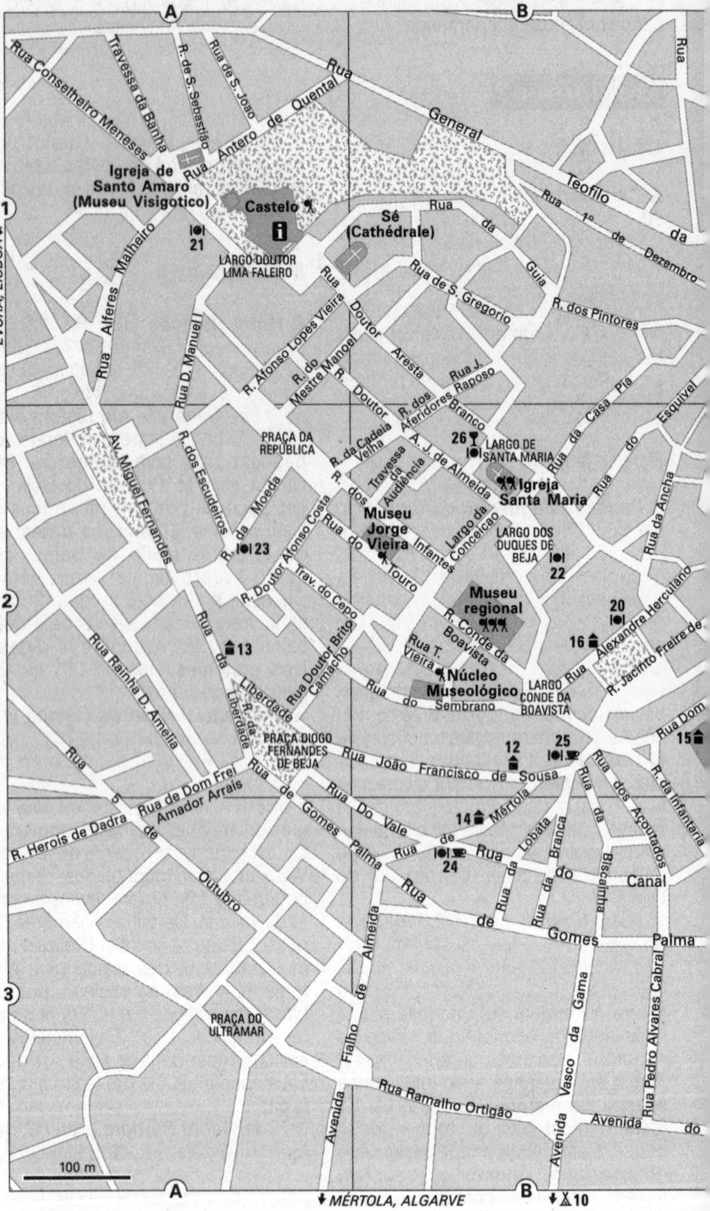
A
B
1
2
3
ÉVORA, LISBOA
Rua Conselheiro Meneses
Travessa da Banha
R. de S. Sebastião
Rua de S. João
Rua Antero de Quental
Rua General Teofilo da
Rua 1° de Dezembro
Igreja de Santo Amaro (Museu Visigotico)
Castelo
Sé (Cathédrale)
21
LARGO DOUTOR LIMA FALEIRO
Rua da Guia
Rua de S. Gregorio
R. dos Pintores
Rua Malheiro
Rua Alferes
Rua D. Manuel I
R. Afonso Lopes Vieira
R. do Mestre Manoel
Rua Doutor Aresta
R. Doutor
Rua J. Raposo
R. dos Aferidores
Branco
Rua da Casa Pia
Rua do Esquivel
26
LARGO DE SANTA MARIA
Igreja Santa Maria
PRAÇA DA REPÚBLICA
R. da Cadeia Velha
Travessa da Audiência
A. J. de Almeida
Av. Miguel Fernandes
R. dos Escudeiros
R. da Moeda
R. Doutor Afonso Costa
R. dos Infantes
Rua do Touro
Museu Jorge Vieira
Largo da Conceicao
LARGO DOS DUQUES DE BEJA
22
Rua da Ancha
23
Trav. do Cepo
Museu regional
R. Conde da Boavista
20
Rua Alexandre Herculano
16
R. Jacinto Freire de
Rua da Liberdade
13
Rua Rainha D. Amelia
Rua Doutor Brito Camacho
Rua T. Vieira
Núcleo Museológico
Rua do Sembrano
LARGO CONDE DA BOAVISTA
Rua Dom
15
R. da Liberdade
PRAÇA DIOGO FERNANDES DE BEJA
Rua João Francisco de Sousa
12
25
Rua 5 de Outubro
Rua de Dom Frei Amador Arrais
R. Herois de Dadra
Rua de Gomes Palma
Rua Do Vale
14
Rua de Mértola
24
Rua da Lobata
Rua da Branca
Rua da Biscainha
Rua dos Açoutados
R. da Infantaria
Rua do Canal
Rua Fialho de Almeida
PRAÇA DO ULTRAMAR
Rua Ramalho Ortigão
Avenida Vasco da Gama
Rua Pedro Alvares Cabral
Avenida do
Avenida
100 m
MÉRTOLA, ALGARVE
10

L'ALENTEJO

■ Adresse utile

- Posto de turismo (A1)

Où dormir ?

10 Campismo Beja (hors plan par B3)
11 Pousada da juventude (hors plan par C3)
12 Hotel Bejense (B2)
13 Residencial Rosa do Campo (A2)
14 Hotel Santa Bárbara (B3)
15 Pousada de São Francisco (B2)
16 Beja Hostel (B2)

Où manger ?

20 Tem Avondo (B2)
21 Dom Dinis (A1)
22 Churrasqueira O Alemão (B2)
23 Adega típica (A2)

Où boire un verre, un thé ?
Où déguster une pâtisserie ?

24 Pastelaria Maltesinhas (B3)
25 Café Luiz da Rocha (B2)
26 Art Déco Wine Café (B2)

BEJA

avec des chambres sobres et modernes accessibles par ascenseur. Celles du 3e étage (nos 32 et 33) ont un balcon très agréable avec vue sur les environs. Belle salle de petit déj avec *azulejos*, et salle TV-lecture très cossue avec cheminée. Accueil francophone et aimable.

Beaucoup plus chic

☗ ***Pousada de São Francisco*** *(plan B2,* ***15****) : largo D. Nuno Álvares Pereira. ☎ 284-313-580. • pousadas.pt • ♿ Doubles 100-180 € selon saison, avec petit déj. Parking.* Installée dans un magnifique couvent du XIIIe s, d'architecture manuéline, qui a été restauré et modernisé dans le respect de son passé. On pénètre dans un immense hall d'entrée de style princier. Le mobilier raffiné est disposé parcimonieusement, dans les couloirs, les salons, afin de mettre la pierre en valeur. Installées dans les anciennes cellules des moines, les chambres de caractère ont de grandes salles de bains. Elles donnent pour la plupart sur le beau jardin sur l'arrière (avec piscine et tennis). La chapelle du XVIIe s sert de salle de conférences. Resto sur place : cuisine portugaise soignée.

Où manger ?

De très bon marché à bon marché

|●| ***Tem Avondo*** *(plan B2,* ***20****) : rua Alexandre Herculano, 25 A. 📱 960-427-540. Dans le centre, à 2 pas des rues piétonnes. Tlj 12h-15h, 19h-21h30, sauf dim. Plats 7-13 €.* Sans prétention, simple et net, avec des tables espacées, du carrelage et la clim, voilà un resto d'un bon rapport qualité-prix-accueil. Petite carte, c'est un bon critère, avec des plats du jour frais et bons, poulet, porc, les spécialités classiques de l'Alentejo, et même du poisson (morue) et du poulpe *(polvo)*.

|●| ***Churrasqueira O Alemão*** *(plan B2,* ***22****) : largo dos Duques de Beja, 11-12. ☎ 284-311-490. Derrière le couvent de N. S. da Conceição. Tlj 11h30-22h, sauf dim. Menus 7,50-8,50 €. Plats 6,50-12 €.* Très bien située, en surplomb de la ville basse, cette chaleureuse auberge urbaine propose des spécialités de poulet mais aussi du porc et des viandes bovines locales. Comme souvent au Portugal, un serveur (très aimable) parle français. Installé dans la salle ou en terrasse en été, on déguste une savoureuse et franche cuisine alentejane, souvent copieuse (une dose correspond à un demi-poulet). Bonne carte des vins à prix sages.

|●| ***Adega Tipica*** *(plan A2,* ***23****) : rua da Moeda, 23. ☎ 284-325-960. Tlj 11h-22h sauf lun. Plats 6-12 €.* Auberge de style rustique, aux murs en briques apparentes, et une salle à la déco chargée d'objets régionaux. Cuisine alentejane copieuse et mijotée en famille dans la bonne humeur et la tradition. Plats savoureux, comme le porc noir *(porco preto)* aux châtaignes en saison, servis dans une ambiance populaire et amicale. Presque en face, le restaurant ***A Pipa*** est une bonne alternative dans le même registre, si celui-ci est complet.

|●| ***Dom Dinis*** *(plan A1,* ***21****) : rua Dom Dinis, 11. Au pied du château de Beja. ☎ 284-324-142. Tlj sauf mar soir et mer, jusqu'à 22h. Plats 10-12 €.* Rien de remarquable dans cette façade modeste qui cache pourtant un excellent restaurant spécialisé dans le porc noir *(porco preto)*. Il y en a 11 sortes à la carte. À l'entrée, le jovial cuisinier s'active devant son grand gril enfumé et les clients se régalent dans 2 petites salles à l'ambiance villageoise. Les locaux ne s'y trompent pas : c'est leur meilleure table. Si vous n'aimez pas le porc d'Alentejo (il est excellent et fondant), il y a aussi de la viande bovine et les *migas* (panade à l'ail ou aux olives).

Où boire un verre, un thé ? Où déguster une pâtisserie ?

Pastelaria Maltesinhas *(plan B3, **24**) : terreiro dos Valentes. ☎ 284-321-500. Tlj sauf dim et j. fériés, 8h-19h30.* À ne pas manquer, pour déguster en terrasse les meilleurs gâteaux de la ville, à toute heure.

Café Luiz da Rocha *(plan B2, **25**) : rua Capitão João Francisco de Sousa, 63. ☎ 284-323-179. Tlj sauf dim soir, jusqu'à 22h (restaurant) et tlj 8h-23h (café). Plats 7-13 €.* Une porte à tourniquet ouvre sur cette grande salle de café-pâtisserie qui fait aussi resto. C'est un endroit qui n'a pas beaucoup changé depuis les années 1950. Petite terrasse agréable aux beaux jours.

Art Déco Wine Café *(plan B2, **26**) : largo de Santa Maria, 11. 938-228-268. Sur la place à côté de l'église Santa Maria. Tlj, sauf dim, 11h-23h (parfois minuit). Tapas 6-8 €.* Sur le trottoir, des meubles de récup' font penser à une brocante, mais non c'est un bar à vins dans l'air du temps. Aménagé avec personnalité par des jeunes dynamiques, ce bistroquet sert à boire et à manger, ce qui est bien agréable, dans une décoration très rétro et « tendance ».

À voir

Museu regional de Beja (plan B2) : *largo dos Duques de Beja. Installé dans le couvent de la Conceição, dont vous admirerez l'élégante balustrade gothique. ☎ 284-323-351. • museuregionaldebeja.pt • Tlj 10h-12h30, 14h-17h30, sauf lun et j. fériés.* ***Le musée est temporairement gratuit.***

Bâtiment blanc et massif orné d'éléments d'architecture gothique, de fenêtres en ogive et surmonté d'un beau clocher. C'est ici que vécut une religieuse, sor Mariana Alcoforado, célèbre pour avoir eu une liaison passionnée avec le marquis de Chamilly, un officier français guerroyant là au temps de Louis XIV. Cette aventure a inspiré Guilleragues, un écrivain et diplomate français, qui publia en 1669 la traduction de la correspondance entre les 2 amants dans les célèbres Lettres portugaises. Pour certains historiens, ces lettres seraient des faux inventés de toutes pièces par Guilleragues lui-même...

À l'intérieur, ***magnifique chapelle baroque,*** pur chef-d'œuvre de talha dourada. Orfèvrerie religieuse. Autel en marqueterie de marbre. Quant au cloître, décoré d'azulejos inhabituels, jaune et bleu ou vert et blanc, il dessert la belle salle capitulaire et les sections de peintures portugaises, espagnoles et flamandes (remarquable collection de primitifs, dont un remarquable São Vicente, et quelques Ribeira). À l'étage, vestiges archéologiques de tous les anciens locataires de Beja : Romains, Wisigoths et Arabes.

En contrebas du musée régional, petite ***igreja Santa Maria*** *(plan B2),* du XVe s, blanche et trapue. À l'extérieur, remarquez les 4 grosses colonnes blanches encadrant le porche d'entrée. Selon certains historiens, elle aurait d'abord servi de mosquée. À l'intérieur, dans la travée de gauche, un ***arbre de Jessé :*** une sculpture baroque représentant un arbre qui s'élance du corps endormi du patriarche Jessé et dont chaque ramification se termine par l'un des 12 ancêtres du Christ (sans compter la Vierge sur la branche la plus haute, tenant l'Enfant Jésus). Un véritable arbre généalogique biblique !

Par la rua dos Infantes, face au musée, on arrive à la noble ***praça da República*** *(plan A1-2).* On y trouve l'ancien et le nouvel hôtel de ville, et l'igreja da Misericórdia, avec son portail ressemblant à une halle de foire (normal, initialement, l'édifice était destiné à être un abattoir !). Rua Dr A. Branco et largo do Lidador, beaux balcons en fer forgé.

Núcleo Museológico da Rua do Sembrano (plan B2) : *rua do Sembrano. Tlj 9h30-12h30, 14h-18h. GRATUIT.* Dans un bâtiment à l'architecture moderne, les archéologues ont mis au jour des vestiges des époques préromaine, romaine, wisigoth et islamique. Les excavations ont révélé notamment des pans de murs que l'on découvre à travers un sol vitré. Plan de la cité romaine, vitrine avec des objets trouvés lors des fouilles.

Museu Jorge Vieira – Casa das Artes (plan B2) : *rua do Touro, 33. ☎ 284-311-920. Tlj 9h-13h, 14h-18h, sauf lun. GRATUIT.* Expo permanente de quelques œuvres de ce sculpteur (1922-1998), contemporain de l'écrivain José Saramago, et dont il fit le portrait. Il a beaucoup compté dans l'évolution des arts plastiques.

Castelo (château ; plan A1) : *tlj 9h30-12h30, 14h-18h, mêmes horaires que l'office de tourisme qui se trouve dans la cour du château.* Construit au XIIIe s sur des fondations romaines, ce vieux château fut plusieurs fois rasé et reconstruit après les invasions espagnoles ou françaises. La haute tour (donjon) est accessible par un escalier intérieur de 113 marches. On passe par 3 salles vides mais bien restaurées avant d'atteindre le sommet d'où l'on a une très belle vue sur la ville et la campagne. Balade tout autour du castelo pour découvrir, rua D. Manuel I, un vieil hôpital du XVe s, la cathédrale (la Sé).
En contrebas du castelo, rua Antero de Quental, l'***église Santo Amaro*** *(plan A1)*, serait du Xe s et aurait été l'église des Mozarabes (communautés chrétiennes qui vivaient sous domination musulmane). Abrite aujourd'hui un petit ***musée d'Art wisigoth*** *(Museu visigotico ; tlj sauf lun 9h45-12h30, 14h-17h ; même billet que le Museu regional).* Noter les chapiteaux wisigothiques qui se distinguent des chapiteaux grecs ou néogrecs.

Convento de São Francisco (plan B-C2-3) : il abrite une très belle pousada (voir plus haut « Où dormir ? »). Fondé en 1268, cet ancien couvent a été restauré pour être aménagé en hôtel, dans le respect du passé. La plus belle partie est la chapelle-salle, la plus élégante du Bas-Alentejo. Une légende dit que le roi Dom Dinis la fit construire en l'honneur de Saint Louis, roi de France, pour le remercier de la protection que ce dernier lui avait accordée lors d'une chasse à l'ours...

Manifestation

– **Grande foire du printemps** (Ovibeja) : *fin avr-début mai. Dans le parc des foires et des expositions (parque de feira e exposição) situé au sud-est, à l'extérieur de la ville. • ovibeja.pt •* Exposition d'ovins et d'artisanat.

DANS LES ENVIRONS DE BEJA

Vidigueira : à 25 km au nord sur la route d'Evora, petite ville réputée pour son vin (catégorie des *vinhos maduros*). Sur la place centrale de la bourgade, se dresse une statue de ***Vasco de Gama,*** pourquoi ? Le célèbre navigateur portugais, vice-roi des Indes, portait le titre de comte de Vidigueira que lui avait accordé le roi Dom Manuel du Portugal. Ce même roi lui avait donné la quinta do Carmo, à environ 2 km au nord-est de la bourgade (voir encadré). La petite histoire est intéressante. À la mort du navigateur en 1524 à Cochin (Kerala, Inde), sa femme fit don de la *quinta* à un ordre religieux (les Carmes).

– ***Centre équestre :*** la campagne autour de Vidigueira est idéale pour les cavaliers. *La Quinta da Fé (estrada de Alcaria, Taipinha, à env 4 km à l'est de Vidigueira ; 📱 963-913-475 ; • quintadafe.com •).*

– Sur la route d'***Alvito,*** à environ 3 km et en retrait de la route sur la droite, petite promenade aux ruines du monastère São Cucufate (fresques) érigé sur l'emplacement d'une villa romaine à 2 étages.

Alvito : à 38 km au nord-ouest de Beja, un château du XVe s, au style assez unique en son genre dans la région et qui abrite aujourd'hui une belle pousada *(● pousadas.pt ● ; ☎ 284-480-700).* Il appartenait naguère à un seigneur très puissant, Dom Diogo Lobo da Silveira qui y recevait les capitaines débarqués de fraîche date. Chaque été au retour des armadas, les nouvelles de l'Inde affluaient au château d'Alvito. Si les murs pouvaient nous parler de cette fantastique épopée portugaise !
Dans le patio du château, élégantes fenêtres géminées aux arcs mudéjars en brique et aux fines colonnes de marbre. Jolie igreja Matriz avec ses flèches coniques et ses merlons échancrés évoquant les influences mudéjares, là aussi, de certains de ses bâtisseurs.

LE TRÉSOR CACHÉ DE VASCO DE GAMA

Les restes de Vasco de Gama furent rapatriés au XVIe s de Cochin (Inde) jusqu'à Vidigueira et conservés pendant 3 siècles et demi dans l'église de la quinta do Carmo. Ensuite, ils furent transférés au Mosteiro dos Jerónimos à Lisbonne. Aujourd'hui, l'ancien palais de campagne de Vasco de Gama est un couvent (N.S. das Reliquias do Carmo da Vidigueira). *Une légende raconte que le trésor des Gama serait toujours enfoui quelque part dans les terres de ce couvent. Les descendants actuels et appauvris du navigateur ne l'ont pas encore découvert...*

L'ALENTEJO

SERPA

(7830) 16 000 hab.

À 29 km à l'est de Beja, voici Serpa-la-Blanche ! À tel point que les murs de la vieille ville semblent avoir disparu sous les couches de chaux, murs aux reflets moelleux comme une croûte de brie. C'est sûrement pour les protéger que le roi dom Dinis les a ceints d'une muraille au XIIIe s. L'aqueduc a été ajouté au XVIIe s pour alimenter en eau le manoir des comtes de Ficalho (Solar dos Condes de Ficalho). Ce monument unit de ses arches l'ondoiement des collines d'oliviers à la rectitude épaisse des murs de la cité. Déambuler dans ses ruelles pavées fait partie du charme de Serpa, d'autant qu'elles sont ponctuées de nombreux vieux oliviers millénaires, classés « arbres d'intérêt public ».

GASTRONOMIE LOCALE

Ne partez pas sans déguster le fromage local ou les *queijadas,* ces gâteaux au fromage frais *(requeijão)* qui sont un vrai délice. Car les plaines entourant Serpa produisent l'un des meilleurs fromages de chèvre du Portugal, le *queijo de Serpa.* Il est, bien sûr, servi dans les restaurants de la région. Les gourmands iront ensuite directement goûter aux *queijadas* dans une pâtisserie.

Arriver – Quitter

En bus

➢ ***Beja :*** avec *Rede Expressos,* 2 bus/j., le matin. Durée : 30-35 mn. Pour ***Évora,*** changement à Beja.
➢ ***Moura :*** avec *Rodoviaria do Alentejo,* env 4 bus/j. sauf dim. Durée : 40 mn.
➢ ***Lisbonne*** *(gare routière de Sete Rios) :* 3 bus/j. le matin avec *Rede Expressos.* Durée : 2h45-3h45 selon route.

Adresse utile

Posto de turismo : *dans le château.* ☎ *284-311-913.* • *cm-serpa.pt* • *(mairie). En plein centre. Tlj 9h30-12h30, 14h-18h.* Personnel aimable, parlant le français. Plan de la ville très pratique.

Où dormir ?

Camping

Camping municipal de Serpa : *Eira de São Pedro.* ☎ *284-540-193.* • *parquecampismoserpa@cm-serpa.pt* • *À 300 m du centre-ville. Tte l'année. Forfait 2 pers env 10 €.* Un camping simple et sans prétention mais bien situé et bien tenu. Emplacements ombragés. Sanitaires propres. Piscine municipale située juste en face.

Prix moyens

Residencial Beatriz : *largo do Salvador, 8 ; juste à côté de l'église.* ☎ *284-544-423.* *964-08-04-35.* • *geral@residencialbeatriz.com* • *Double env 45 €, avec petit déj ; quelques apparts 2-3 pers (sans petit déj) 50-75 €.* Petit hôtel pimpant proposant des chambres classiques de bon confort : clim, décoration rustique, TV et salle de bains privative. Simple et impeccable. Terrasse sur le toit pour découvrir la ville. Bon accueil. Les appartements équipés sont situés dans un autre immeuble du centre-ville.

Monte da Morena Agro Turismo : *apartado 189.* *917-629-010.* • *info@montemorena.com* • *montemorena.com* • *À env 3 km de la ville (depuis le rond-point situé après le camping). Doubles 70-76 €, avec petit déj ; gîte 4 pers env 130 €.* Proche de la ville, mais déjà en pleine campagne, cette grande ferme restaurée est un havre de paix. Pour se reposer, on choisit selon ses besoins entre les jolies chambres à la déco soignée et tout confort (clim) ou le gîte indépendant (avec 2 chambres et cuisine : impeccable pour les familles). Pour se détendre, des salons cossus, le billard ou la belle piscine face aux étendues d'oignons et de potirons cultivés par la maison. Super, comme l'accueil !

Plus chic

Casa da Muralha : *rua das Portas de Beja, 43.* ☎ *284-543-150.* • *info@casadamuralha* • *Doubles 55-75 €, avec petit déj.* Au pied de l'aqueduc romain, maison du XIXe s accolée aux murailles près de l'une des portes de la ville. Elle abrite des chambres confortables (avec clim), toutes différentes et meublées dans le style alentejan. Certaines donnent sur un jardin magnifique égayé par des citronniers. Excellent petit déj avec des produits naturels de la région. Accueil charmant.

Où manger ?

Molho Bico : *rua Quente, 1.* ☎ *284-549-264.* ♿ *À l'intérieur des murailles, dans une ruelle à droite de la mairie (praça da República). Tlj 12h-15h, 19h-22h, sauf mar soir et mer. Congés : fin juin-début juil. Repas 15-20 €.* Resto discret caché derrière d'épais murs blancs. L'entrée est décorée de grandes jarres à vin typiques du pays. Intérieur rustique et chaleureux pour déguster de délicieuses spécialités régionales *(caldo de cação, ensopado de borrego...)* et de succulents desserts maison comme l'*encharcada* ou la *sericaia*. Une demi-portion *(meia dose)* suffit amplement. Les plats sont servis dans la vaisselle en céramique brune d'Alentejo.

Churrasqueira O Nay : *rua de Santo António, 10 (angle rua du Prego).* ☎ *284-543-247. Non loin du Musée ethnographique, en contrebas de la vieille ville. Tlj sauf dim. Plats 6-9 €.* Ce petit resto de quartier plébiscité par les locaux fait penser à une trattoria italienne version portugaise. Chaque midi, les clients se serrent dans la salle pimpante lambrissée de blanc et décorée de vieilles photos. Spécialités de grillades (côtes de veau, porc noir) et plats du jour frais et savoureux. Ajoutez à cela des prix sages et un bon service.

Restaurante-snack-bar A Tradição : *alameda Abade Correia da Serra, 14. ☎ 289-043-204. Tlj. Compter 10-15 €.* En bordure d'une rue plantée d'oliviers millénaires, en face du jardin municipal de Serpa. Petit resto sans chichis qui ne trompe pas son monde. En salle ou en terrasse, on mange une bonne cuisine portugaise du jour, servie avec gentillesse.

Bar-Restaurante O Alentejano : *praça da República. ☎ 284-544-335. Tlj 12h-22h, sauf lun. Plats 8-15 €.* Sur la belle place en face de la mairie, c'est le café-resto typique, fréquenté par les habitués. Salle à la déco démodée et quelques tables dehors au soleil. Cuisine locale simple et sincère.

À voir

Balade au fil des ruelles blanches : aristocratiques dans le centre près de la mairie, populaires et familières autour du château. En grimpant par les escaliers sur le ***largo dos Santos Proculo e Hilário,*** charmante place empierrée, plantée de vieux oliviers et de cyprès, on accède au château *(castelo ; tlj sauf lun, 9h-12h, 14h30-17h30).* Au sommet d'une butte, dominant le centre historique, le château d'origine arabe fut reconstruit à la fin du XIIIe s après la Reconquista par Dom Dinis. Ce roi fit édifier et renforcer une ***imposante muraille*** délimitant une enceinte urbaine de presque 7 ha !

En montant, voir la tour de l'Horloge ***(Torre do Relógio),*** qui faisait jadis partie des fortifications, surmontée de pinacles entourant le clocher.

Sur une placette, en hauteur, l'***église Santa Maria*** *(fermée au public)* à façade blanche. Derrière celle-ci, voir l'étrange entrée du château avec sa tour écroulée dont les éléments paraissent en équilibre instable. Les maisons basses du quartier ont reçu tant de coups de badigeon que leurs murs ont pris un aspect velouté et que tous les angles se sont polis et arrondis. Le château abrite un modeste ***musée archéologique,*** renfermant une collection bien peu spectaculaire (cailloux, poteries...) – mais l'entrée est gratuite. Belle vue depuis les chemins de ronde.

– Au pied de la colline du château, côté ouest, ***vision remarquable*** d'un ensemble formé par la haute muraille, les Portas de Beja (porte flanquée de 2 grosses tours), les arches de l'aqueduc, les cyprès et les vieux oliviers !

– **Le Palácio dos Condes de Ficalho :** *classé Monument historique, il ne se visite pas.* Il s'agit de la plus grande demeure de Serpa, sur le flanc ouest de la colline du château *(castelo).* Construit à la fin du XVIe s, d'architecture austère, il est inséré dans les murailles de la ville. Les 1ers propriétaires furent Dom Francisco de Melo et son fils Pedro qui fut gouverneur de Rio de Janeiro (Brésil).

Museu etnográfico : *largo do Corro, en face de l'hôpital, dans le quartier derrière la praça da República. ☎ 284-53-050. Tlj sauf lun 9h-12h30, 14h-17h30. GRATUIT.* Dans l'ancien marché municipal, ce réjouissant petit musée d'arts et traditions populaires s'intéresse à toutes les activités traditionnelles. Chaque section correspond à un métier (du pêcheur... au coiffeur !), avec à chaque fois une ribambelle d'outils anciens et des costumes traditionnels.

Museu do Relógio António Tavares d'Almeida *(musée de l'Horlogerie)* **:** *rua do Assento, partant de la praça da República. ☎ 284-543-194. • museudorelogio.com • Mar-ven 14h-17h30, sam-dim 10h-12h30 et 14h-17h30. Fermé lun. Entrée : 2 €.* Dans un ancien couvent du XVIe s, exposition insolite de 2 500 montres, pendules et autres tocantes retraçant l'évolution de l'horlogerie au Portugal depuis 3 siècles et demi. Quelques pièces originales (dans les 2 sens du terme).

Manifestations

– ***Feira do Queijo :*** *fin fév.* De toutes les fêtes celle-ci est la plus populaire et la plus importante. Normal pour une ville réputée pour son fameux petit fromage affiné, à la pâte molle et crémeuse.
– ***Feira de Nossa Senhora de Guadalupe :*** *Pâques, dans l'église jouxtant la pousada.* Cortège ethnographique et historique en plus de la cérémonie religieuse.
– ***Festival culturel :*** *2 premiers w-e de juin.* Rencontre internationale de musiciens, praça da República et à l'Espace Nora.
– ***Fête historique et traditionnelle :*** *3 j. (ven, sam et dim) autour du 24 août.* Tout le pays s'y rassemble et se transforme en jongleurs, bouffons...

MOURA (7240) 16 000 hab.

À 29 km au nord de Serpa, au cœur du Bas-Alentejo, Moura n'est pas un village-musée mais une ville de taille moyenne, active toute l'année. En venant du sud, on l'aperçoit de loin, sur une éminence naturelle, émergeant au-dessus des plaines et des oliveraies qui fournissent une des meilleures huiles du pays. Le nom de la ville vient de l'arabe *Moura* qui signifie « (la) Maure ».
À partir de la fin du XIXe s, la découverte de sources d'eaux bicarbonatées calciques, efficaces pour soigner les rhumatismes, en fit une station thermale très prisée. Ce n'est plus le cas, mais cette bourgade pelotonnée autour de son château maure mérite une petite halte pour sa belle église et ses quartiers anciens.

Arriver – Quitter

En bus

Gares routières : *les bus venant de Beja s'arrêtent près du largo José Maria dos Santos ; ceux d'Évora s'arrêtent largo Santa Clara.*

➢ ***Évora :*** avec *Rede Expressos*, 1 bus/j., tôt le mat. Durée : 1h20.
➢ ***Beja :*** avec *Rodoviária do Alentejo*, 6 bus/j. en sem, 1 bus sam, aucun dim. Durée : 1h45. Ils desservent Serpa (40 mn de route) au passage. Pour rejoindre Lisbonne, il faut passer par Beja.

Adresse utile

ℹ ***Posto de turismo :*** *sur l'esplanade du castelo. ☎ 285-251-375 ou 285-251-702 (mairie). • mouraturismo.pt • Tlj 9h-12h30, 14h-17h30 (18h le w-e en été).* Plan, infos classiques et petite expo de photos.

Où dormir ?

De bon marché à plus chic

Hotel Santa Comba : *praça Sacadura Cabral, 34. ☎ 285-251-255. • hotel.santacombamoura.pt • hotelsantacombamoura@gmail.com • ♿ Dans la ville haute, proche du château. Doubles 45-50 €, avec petit déj. Parking gratuit.* Une belle demeure ancienne, bien située. Rénovée avec soin, elle est décorée d'*azulejos* et de peintures. On est accueilli par une dame avenante et aimable. Chambres classiques, confortables (clim) et nickel. Elles donnent sur la place, sur la rue latérale ou sur l'arrière (plus calme mais pas de vue). Bon rapport qualité-prix.

Hotel de Moura : *praça Gago Coutinho, 1. ☎ 285-251-090. • reservas@hoteldemoura.com • hoteldemoura.com • ♿ Doubles 60-70 € selon saison, avec petit déj.* Ce somptueux bâtiment donne sur un jardin public. Sa façade ourlée d'une frise turquoise est surmontée d'une balustrade à l'italienne. Ancien couvent du XVIIe s aux allures princières, reconverti en hôtel thermal vers 1900, l'intérieur a conservé la beauté et la patine du passé : salons avec cheminée, salle à manger aux portes à miroir, vaste escalier, couloirs hauts de plafond et vieux planchers qui craquent. Même si les chambres ont un aspect ancien, elles ont du charme et sont suffisamment confortables (clim, douche/w-c et bonne literie). Nos préférées, la nº 101 et la nº 208 au 2e étage. Elles donnent sur le jardin public ou sur la rue latérale. Petite piscine dans la cour intérieure.

Où dormir dans les environs ?

Plus chic

Horta de Torrejais : *estrada da Barca, apartado 116. ☎ 285-253-658. 📱 963-272-562. • torrejais@sapo.pt • hortadetorrejais.com • À 2,5 km de Moura. Double env 75 €, avec petit déj. Petit déjeuner et café offerts sur présentation de ce guide.* Catarina et Luís, les très inventifs propriétaires francophones, ont reçu un prix d'architecture pour avoir rénové leur ancienne ferme avec des techniques presque oubliées (roseaux couvrant le plafond, schiste du sol...). Dans les bâtiments qui leur sont réservés, les hôtes occupent de jolies chambres tout confort et se partagent un coin feu, un salon et une cuisine agencés et meublés dans un mode épuré. Accès au jardin verdoyant et au potager, belle piscine. Une adresse au calme et accueillante.

Où manger ?

O Trilho : *rua 5 de Outubro, 5. ☎ 285-254-261. Tlj 12h-15h, 19h-22h sauf lun. Plats 7-13 €.* La meilleure adresse de la ville. Maison du début du XXe s avec une belle salle voûtée qui servait naguère à entreposer les jarres d'huile d'olive. Déco élégante avec vaisselle bleue qui rappelle les *azulejos*. On y sert de savoureuses spécialités locales selon les saisons : *borrego* (agneau), porc noir, ragoût de haricots au poisson frit... Les plats du jour sont proposés en demi-portion.

À voir

Se rendre d'abord dans la ville haute. Grand ***jardin public*** des sources thermales, abondamment fleuri. Terrasse au-dessus des remparts, pour profiter d'une vue qui englobe les champs d'oliviers à l'infini. En fin d'après-midi, le glouglou des nombreuses sources est bien rafraîchissant. Vestiges du ***castelo,*** bâti sur les ruines d'un fort musulman. Seule la puissante *torre de Menagem* est ouverte et abrite un minuscule ***museu das Armas*** *(visite guidée par l'office de tourisme à 10h, 12h, 15h et 17h ; GRATUIT).* Vaut surtout la peine pour la vue sur les environs depuis la terrasse au sommet.

Juste à côté, la vieille ***igreja São João Baptista*** (début XVIe s) et son élégant portail manuélin à arc trilobé et décoration végétale. À l'intérieur, *azulejos* polychromes du XVIIe s. Noter la curieuse chaire et sa colonne torsadée en marbre. En face de l'église, superbe *fontaine das Três Bicas*.

L'ALENTEJO

Se promener ensuite dans la ***Mouraria,*** l'ancien quartier maure, composé de quelques rues et d'une place. L'un des rares au Portugal à présenter encore une belle homogénéité. Maisons basses surmontées de grosses cheminées ajourées et atmosphère animée au crépuscule.

Manifestations

– ***Foire de printemps :*** *2e w-e de mai, ts les 2 ans.*
– ***Procession et fête de N. S. do Monte Carmo :*** *mi-juil.* Groupes folkloriques, musique, gastronomie et tauromachie.
– ***Foire artisanale :*** *3 j. pdt le 2e w-e de sept.*

VERS ÉVORA PAR L'ALENTEJO SAUVAGE ET LE BARRAGE D'ALQUEVA

Par Póvoa, Amareleja (énorme centrale solaire), Mourão, Monsaraz, vous allez vraiment découvrir une des régions les plus enclavées et des plus pauvres de l'Alentejo. Le paysage ancestral a été chamboulé avec la construction en 2004 du barrage d'Alqueva (devenu le plus grand lac artificiel d'Europe). Objectif triple : créer un réservoir d'eau pour l'irrigation des terres, fournir de l'eau potable aux villages, et produire de l'électricité.

Des chiffres impressionnants : un réservoir d'eau de 83 km de long, un réservoir d'eau de plus de 3 150 millions de mètres cubes, et un barrage hydroélectrique haut de 96 m. Certains mettent déjà sur le compte de ce lac les changements climatiques, autant que les mutations sociologiques, qui ont perturbé la vie des habitants. Il a fallu notamment reconstruire à l'identique – enfin presque, puisqu'il manque les typiques cheminées alentejanes –, quelques kilomètres plus loin, le village de Luz.

Les eaux de ce grand lac artificiel s'insinuent au creux des vallons et de ces îles nouveau-nées : le paysage mêle le vert des champs et le bleu de cette petite mer intérieure. On peut même découvrir ce beau paysage en bateau.

PLEIN SOLEIL !

La méga-centrale d'Amareleja, à 23 km à l'est de Mourão, est aujourd'hui la plus grande centrale solaire photovoltaïque du monde. Elle comporte près de 262 000 panneaux solaires répartis sur un terrain de 114 ha. La capacité de production est de 46 mégawatts. Il faudrait une trentaine de centrales de ce type pour obtenir l'équivalent en puissance électrique d'une centrale nucléaire.

Où manger dans la région ?

Restaurante panoramico : *à Amieira Marina.* ☎ *266-611-173.* *934-299-470. À 30 km au nord de Moura, sur la route N 255. Au niveau du village d'Aldeia do Lago, tourner à droite. Tlj 12h-15h30 sauf mer. Nov-mars, mêmes horaires ven-lun et j. fériés. Plats 15-20 €.* C'est le restaurant chic de la « marina » juché sur une pointe de terre au bord du lac-réservoir d'Alqueva. Il s'avance telle une proue de navire au-dessus du lac que l'on voit par les grandes baies vitrées. Certes, les prix sont assez élevés, mais on y sert une cuisine alentejane délicate et raffinée, revue avec imagination par le chef. On paie aussi la vue et le service stylé. Après la balade en bateau, cela fait un beau programme. Sinon, près de l'embarcadère, bar-snack.

À faire

➢ Pour les ***promenades en bateau*** sur le lac au départ d'***Amieira Marina*** : *compter 10-21 €/h par pers pour une excursion 1h-2h30 (réduc si l'on déjeune au resto). ☎ 266-611-173. • geral@amieiramarina.com • amieiramarina.com •*
– Également des départs à bord de bateaux légers depuis le barrage (embarcadère indiqué au rond-point en direction de Moura), mais seulement en saison. Compter environ 5 € pour 30 mn.

MONSARAZ *(7200 ; 800 hab.)*

À 54 km à l'est d'Évora, non loin de la frontière avec l'Espagne, au cœur d'une région défavorisée, traditionnellement dédiée à l'agriculture, voici un village haut perché, à 300 m d'altitude. Au sommet d'un piton rocheux, Monsaraz, véritable nid d'aigle, domine fièrement et de loin le vaste lac artificiel d'Alqueva. Aujourd'hui voué au tourisme, le village agglutine ses belles maisons blanches (beaucoup sont du XVIe s) autour d'une rue principale très agréable à parcourir à pied tôt le matin.

DES REMPARTS CONTRE LES VOLEURS DE CHEVAUX

Le long de la frontière avec l'Espagne, une suite de citadelles fortifiées jalonne le tracé de la serra et le fleuve Guadiana : Mourão, Monsaraz, Elvas, Marvão... Ces bastions érigés au Moyen Âge ne défendaient pas ces contrées seulement contre l'envahisseur musulman, mais surtout contre les voleurs de chevaux lusitaniens, réputés pour la guerre.

Le patrimoine est parfaitement mis en valeur : pas un fil électrique en vue, pas une antenne de TV, des éclairages dissimulés à la nuit tombée... Monsaraz a conservé son caractère ! Il faut voir l'église paroissiale, qui est sans doute une ancienne mosquée christianisée. Nombreuses randonnées (à pied ou à cheval) sur les chemins alentour. Un de ces chemins descend de la colline de Monsaraz en direction de *Telheiro* (belle fontaine du début XVIIIe s, dont l'eau est d'une grande pureté).

L'ALENTEJO

Arriver – Quitter

En bus

➢ Quelques bus pour ***Reguengos de Monsaraz*** (avec correspondances pour ***Évora***).

Adresses utiles

ℹ ***Posto de turismo :*** *rua Direita, 22 (rue principale). 📱 927-997-316. • cm-reguengos-monsaraz • Tlj 9h30-12h30 (13h en hiver), 14h-18h (17h30 en hiver).*

✉ ***Poste :*** *à côté du musée d'Art sacré. Lun-ven 9h30-12h30, 14h-16h.*

■ ***Distributeur Multibanco :*** *dans la ruelle située en face du pilori.*

Où dormir ?

Monsaraz se visite en journée et peu de touristes y restent la nuit. Dommage, car les illuminations lui confèrent beauté et mystère.

De prix moyens à plus chic

Casa Rural Santo Condestável : *rua Direita, 4 (rue principale, à côté de l'office de tourisme). 919-970-831. • cscondestavel@gmail.com • Doubles 56-78 € avec petit déj.* Cette noble demeure du XVIIe s appartient à la paroisse, qui l'a fort bien rénovée et concédée en gestion privée à de jeunes gens dynamiques et accueillants (en anglais). Qu'on opte pour le charme des voûtes ou pour celui des plafonds peints (chambres du rez-de-chaussée, avec clim), on appréciera les meubles anciens et les belles salles de bains en pierre. À moins de craquer pour la vaste suite à l'étage avec sa terrasse couverte, style loggia (clim). Elle a une vue exceptionnelle sur le lac Alqueva. Salon commun tout aussi charmant pour bouquiner au calme. Une adresse de caractère.

Casa Dona Antónia : *rua Direita, 15. ☎ 266-557-142. 961-544-559. • info@casadantonia-monsaraz.com • casadantonia-monsaraz.com • Doubles 50-75 € selon vue et saison.* Cette jolie maison typique, aux murs blancs soulignés de lignes bleues, dissimule un adorable patio planté de citronniers et une belle terrasse panoramique. Superbe vue, surtout depuis le jacuzzi ! Quant aux 6 chambres, elles sont classiques (style rustique soigné avec de beaux lits anciens) et confortables (clim, TV, salles de bains nickel).

Dom Nuno : *rua Jose Fernandes Caeiro, 6. ☎ 266-098-312. 964-304-078. • geral@dnunoth.com • dnunoth.com • Doubles 60-80 € selon vue et saison. En été, séjour min de 2 nuits.* Dans la rue principale, ce fut la 1re maison d'hôtes de Monsaraz. Aujourd'hui comme hier, on entre dans une salle haute de plafond, au sol couvert de grosses dalles de schiste, à l'image de cette vieille demeure de caractère. Elle abrite de belles chambres aux murs blancs, décorées délicatement et confortables (clim), avec vue sur la rue (calme) ou encore plus belle sur la campagne en contrebas du village, avec ses champs à l'infini. Signalons que les propriétaires vivent sur place, c'est un plus pour les hôtes !

De plus chic à beaucoup plus chic

Estalagem de Monsaraz : *largo de São Bartolomeu, 5, à 200 m de la ville haute, en contrebas. ☎ 266-557-112. • info@estalagemdemonsaraz.com • Doubles 70-150 € selon période. Plats 12-15 €.* Adresse hors les murs à l'emplacement fort bien choisi, sur un rebord de l'escarpement rocheux, avec une jolie petite piscine à flanc de colline. Vue superbe, surtout depuis la terrasse du toit. Chambres doubles au charme rustique, certaines (dans la partie basse) un peu étroites, mais confortables (clim, douche/w-c) et bien équipées. En demander une dans la partie haute de l'hôtel, car elles sont plus calmes, donnant sur un petit jardin et dominant la plaine. Juste à côté de l'hôtel, sur la place, se trouve son restaurant, *Sabores de Monsaraz,* qui est la meilleure table du village (voir plus bas « Où manger ? »).

Monte Alerta : *en contrebas de la ville, à 3 km, en direction de Telheiro. ☎ 968-756-785. • montealerta@hotmail.com • montealerta.pt • Doubles 70-90 €, avec petit déj.* Un *monte* (manoir) de charme dans la plaine agricole au pied de la colline de Monsaraz. Entourée d'un jardin vert et fleuri, la demeure de la famille Ambrosio est tenue par un jeune homme anglophone dynamique. Tout a du style ici, les parties communes comme les salons cosy : fauteuils en cuir, vieux meubles sculptés, collection de pendules, de téléphones, de machines à coudre et cheminée pour l'ambiance. Chambres confortables et arrangées avec goût. Celles du rez-de-chaussée sont moins gaies que celles à l'étage. Nos préférées, la n° 7 à l'étage, et aussi la n° 10. Quant aux prestations, c'est le top : beau jardin, piscine, spa, jacuzzi, salle de massage, et même une salle de billard et un cinéma !

Où dormir dans les environs ?

Casa Saramago : *rua de Reguengos, 9A, au centre de* ***Telheiro.*** *☎ 266-557-494. 965-559-070.* • *casasaramago@sapo.pt* • *casasaramago-monsaraz.com.pt* • *Double 70 €, avec petit déj.* À l'entrée du village, une courte allée d'oliviers mène à cette ancienne ferme au charme indéniable. Mobilier patiné et outils agricoles aux murs, ambiance rustique et accueil familial. 10 chambres dont 2 avec mezzanine. Elles sont bien équipées : bains, w-c, clim, TV (avec mezzanine pour la familiale) et une vue magnifique sur la campagne et la citadelle. Jolie piscine en prime.

Où manger ? Où boire un verre ?

Attention, malgré la proximité de l'Espagne, les horaires de repas dans la région sont plutôt à l'heure française : déjeuner de 12h à 14h, dîner de 19h à 20h30.

Sabores de Monsaraz : *largo de S. Bartolomeu. 969-217-800. Ouv tlj 12h30-22h sauf lun. Résa impérative. Plats 12-15 €. CB refusées.* À l'entrée du village, hors de la muraille, à 30 m de l'hôtel *Estalagem de Monsaraz.* Petit resto à taille humaine tenu par une dame joviale, chef de cuisine animée d'une forte personnalité. La cuisine ouvre sur la salle d'où l'on a une belle vue sur la plaine et le lac. Sa carte est volontairement courte – 5 entrées, 3 poissons et 4 viandes – plus les desserts. Tout est frais, naturel, et cuisiné finement. C'est la meilleure table de Monsaraz ! Spécialité : le porc, et surtout les médaillons de porc noir (exquis) mijotés avec de petits oignons. Excellents desserts maison comme le pudding au riz ou le *sericaia* (crème aux œufs servie avec une prune à l'eau-de-vie).

Xarez : *rua de Santiago, 33. ☎ 266-557-052. En saison, tlj 10h-23h sauf mer soir et jeu. En-cas* (petiscos) *5-7 € ; plats 10-15 €.* On vient d'abord pour la vue. Depuis la terrasse en escalier, à 2 pas de la porte de la ville, on assiste à des couchers de soleil d'anthologie ! Carte variée, aussi bien pour grignoter que pour une grosse faim : sandwichs *(sandes)*, des quiches, des tartes salées, des salades, des assiettes de charcuterie et quelques plats régionaux, sans triche et bien copieux.

Restaurante Lumumba : *dans la rue principale, sur la gauche avt l'église. ☎ 266-557-121. Tlj 12h-15h, 18h-21h, sauf lun. Repas 15-20 €.* Pourquoi ce nom d'un patriote congolais ? Simplement parce que le propriétaire portugais aimait ce personnage. Cuisine familiale et traditionnelle de l'Alentejo, et portions copieuses. Bons plats de poisson. À déguster en salle ou sur la terrasse panoramique. Une bonne adresse.

Casa Modesta : *largo de Santiago, 1. ☎ 266-757-125. Tlj 12h-15h, 19h-21h, sauf mer. Congés : juin et sept. Plats 9-12 €.* Cette modeste maison se trouve en contrebas de la rue principale. Ici, pas de terrasse panoramique, mais quelques tables en extérieur et une petite salle aux murs blancs ornée d'outils agricoles. Le patron s'active en cuisine pendant que madame s'occupe des clients avec beaucoup de gentillesse. Là aussi, une carte locale avec tous les classiques régionaux.

Casa do Forno : *☎ 266-104-008. 962-454-940. Tlj 12h-21h30, sauf mer. Plats 10-14 €.* Proche de l'église, au centre du village. On y retrouve les spécialités de l'Alentejo, rustiques et copieuses : *gaspacho alentejano, açorda de Caçao* (poisson avec ail, coriandre et huile d'olive), *migas alentejanas...* Jolie salle bien arrangée disposant d'une terrasse extérieure avec belle vue sur la plaine en contrebas.

Où boire un verre dans les environs ?

Centro Náutico de Reguengos de Monsaraz : *au bord du lac artificiel, à 4 km au sud du village de Monsaraz. 962-653-711. En été, tlj, sauf mer, 12h30-16h, 19h-22h30 (11h-2h pour le bar).* Un snack-bar dans un kiosque moderne posé sur la berge. Terrasse abritée idéale pour boire un verre ou grignoter un sandwich en profitant de la vue sur le lac et Monsaraz. Possibilité de louer des embarcations (voir « À faire »).

Où déguster et acheter du bon vin dans les environs ?

Vous êtes ici au cœur d'une des grandes régions viticoles du Portugal, produisant les célèbres *reguengos, monsaraz* et *espero.* Une coopérative et plusieurs producteurs se partagent la production. Infos à l'office de tourisme.

Herdade do Esporão : *à 3 km au sud-ouest de* ***Reguengos de Monsaraz.*** *☎ 266-509-280. • esporao.com • Depuis le centre-ville, prendre la direction de la zone industrielle et suivre les panneaux. Visite des caves et dégustation possibles tlj pour les individuels, mais sur résa préalable (15 €/pers avec dégustation de 3 vins, réduc). Durée de la visite : 1h30. Resto ouv tlj seulement pour déjeuner 12h30-15h30 (plats 4-15 €). Magasin et bar ouv 10h-19h (18h30 bar).* Immense domaine de 1 830 ha dont 450 ha de vignes et 80 ha d'oliviers. Fondé en 1267 par João de Vasconcelos, il appartient aujourd'hui au plus grand groupe viticole portugais, engagé dans le développement durable et la préservation de la biodiversité. Les vendanges se font à la main et non à la machine. Les bâtiments sont très modernes et de style design. On y trouve les AOC de l'Alentejo, du vin mousseux, du vin liquoreux et de l'huile d'olive. Tout est certifié « *organic* », c'est-à-dire « bio ». Produits bien présentés et de qualité.

L'ALENTEJO

À voir

D'une homogénéité architecturale parfaite, imposant sa blancheur éclatante, la ***rua Direita*** est bordée de superbes maisons seigneuriales du XVIe s, souvent blasonnées, avec balcons en fer forgé. Dans l'*antiga rua do Castelo,* portes en ogive.

Sur la place principale, *pelourinho* (pilori) traditionnel. Voir l'***église Matriz Nossa Senhora da Lagoa,*** de style gothique *(ouv tlj 9h30-12h30, 14h-18h).* Sur la droite après l'entrée, un gisant de marbre du XIVe s. De forme carrée (elle rappelle le plan d'une ancienne mosquée), avec 2 travées, 4 grosses colonnes, un chœur et des chapelles latérales baroques. Face à l'église, ***hôpital de la Misericórdia*** comprenant une salle de réunion au décor intéressant, fermée au public.

Museu do Fresco : *juste à côté de l'église. Tlj 9h30-12h30 (13h en hiver), 14h-18h (17h30 en hiver). Entrée : 1 € ; gratuit moins de 12 ans.* Se résume à une petite section d'art et traditions populaires, et à la fameuse fresque du XVe s dite « du bon et du mauvais juge », où le mauvais juge a 2 visages. Autrefois ce bâtiment abritait un tribunal.

Tout au bout du village, le ***château fort*** et son chemin de ronde surveillant les vignes de la région, qui donnent le fameux *reguengos de Monsaraz.* Dans la cour, minuscule *praça de touros* en amphithéâtre (voir ci-après « Manifestations »).

À voir dans les environs

Pour ceux que cela intéresse, ***São Pedro de Corval,*** à 9 km, s'enorgueillit d'être la capitale des cruches, ou plutôt l'un des principaux centres de poterie du pays ; on ne compte pas moins de 20 ateliers *(olaria).*

Les mégalithes : la région de Monsaraz semble avoir inspiré nos ancêtres des temps préhistoriques. Plusieurs menhirs et pierres levées ont été découverts autour de la route de Reguengos. Celui de ***Bulhoa*** (4 km) est le plus proche. À ***Outeiro*** (10 km) se dresse l'un des plus beaux menhirs phalliques d'Europe. Entre Monsaraz et le Guadiana, près de la frontière, on trouve le ***cromlech do Xerez,*** une enceinte de 50 petits menhirs autour de leur chef haut de 4 m. L'ensemble a été transplanté en 2004 à cause de la montée des eaux de barrage. Imaginez le travail, même avec des techniques modernes ! Évidemment, le fait qu'il ne soit plus à son emplacement originel enlève de son sens à l'ensemble. Il est situé dans les environs de Monsaraz, l'office de tourisme vous fournira un plan pour vous y rendre.

L'ALENTEJO

À faire

Pour les ***promenades en bateau*** sur le lac, rejoindre le ***Centro Nautico*** *(tlj en été)* à quelques kilomètres en contrebas de la ville. Possibilité d'y louer des embarcations à pédales ou des canoës, à moins de préférer embarquer à bord d'un petit bateau à moteur. Snack-bar (terrasse géniale) et aire de jeux pour les enfants.

Manifestations

- ***Monsaraz, musée ouvert :*** *de la 2e sem de juil au 1er sept, ts les 2 ans.* Expositions de peinture, sculpture, céramique, groupes de musique et troupes de théâtre.
- ***Festa de Nosso Senhor Jesus dos Passos :*** *2e w-e de sept. Vacada* dans la cour du château (sorte de corrida sans chevaux ni mise à mort) et procession dans les rues du village. Feu d'artifice.

ÉVORA

(7000) 56 000 hab.

• Plan *p. 268-269*

Incontestablement l'une des plus belles cités du Portugal, d'ailleurs inscrite au Patrimoine mondial de l'Unesco. On peut se demander par quel miracle la capitale de l'Alentejo a pu ainsi traverser les soubresauts de l'Histoire sans en souffrir les dommages. Dans une belle harmonie architecturale, elle offre au voyageur un panorama des civilisations qui sont passées par là. Et pour les Lisboètes qui s'y installent de plus en plus nombreux de par sa proximité avec la capitale (environ 120 km), elle offre le charme et le calme d'une ville provinciale tout en proposant les services de la capitale.
Les mégalithes sont à l'extérieur de ses murs, mais, des Romains aux aristocrates savants du XVIIIe s, chacun a apporté sa pierre à l'édifice. En fin d'après-midi ou à la nuit tombée, la balade est magique et mélodieuse.

Préférez le printemps ou l'automne pour la découvrir, en prenant votre temps, car tout ici se visite à pied, comme vous pouvez l'imaginer. Heureusement, les bonnes *pastelarias* ne manquent pas pour vous permettre d'attendre l'heure sacro-sainte du dîner, dans cette ville qui cultive sa réputation gastronomique.

UN PEU D'HISTOIRE

Ce fut une importante ***place forte des Romains*** située sur la route entre Merida (autre ville romaine en Extrémadure) et Lisbonne. Respectant la chronologie de l'histoire, les Wisigoths leur succédèrent un temps, avant de céder la place aux Arabes. Des Romains aux maîtres du baroque, tous laissèrent quelque chose. Toutefois, lors de la Reconquête au XIIIe s, les chrétiens, à peine descendus de cheval, se hâtaient de raser les mosquées.
Cependant, fait courant au Portugal, les bâtisseurs succédant aux Arabes intégrèrent tous des éléments décoratifs ou architecturaux arabes dans leurs œuvres.
Aux XVe et XVIe s, Évora devint une 2de ***ville royale,*** elle abrita la Cour et connut une vie culturelle et artistique très riche. Pour fuir les épidémies qui sévissaient dans la capitale (Lisbonne), plusieurs familles de la noblesse portugaise y avaient acquis par sécurité une demeure, afin aussi de se rapprocher du roi.
C'est à Évora au palais du roi Dom Manuel que le navigateur ***Vasco de Gama*** reçut en 1497 l'ordre royal de partir à la recherche de la route des Indes. Il y parvint non sans mal. De retour au pays, honoré et riche, le navigateur vécut à Évora entre 1510 et 1520 avec sa femme et ses 7 enfants (mais sa maison n'existe plus).
L'Inquisition en fit ensuite la ***capitale des jésuites et de l'intolérance,*** jusqu'à ce qu'en 1759 le marquis de Pombal, rebâtisseur de Lisbonne, les en chassât et supprimât leur université. Ce coup terrible signa le déclin intellectuel de la ville, qui sombra dans une profonde léthargie et se mua par la suite en une petite ville de province.
Avec l'essor du tourisme, Évora est aujourd'hui la cité la plus visitée après Lisbonne, Porto et Coimbra. De nombreux immeubles, palais, maisons ont été restaurés, et la ville a récupéré une belle partie de son patrimoine tout en gardant son âme et son caractère unique.

Arriver – Quitter

En voiture

– ***Bon à savoir :*** difficile de se garer dans le centre de 8h à 20h en haute saison. Attention, la police use de plus en plus fréquemment du sabot. Heureusement, il existe plusieurs ***parkings gratuits*** en dehors des remparts (extra-muros) : au nord près de la Porta de Avis *(plan A1)*, à l'est *(plan C1)* près de l'Université (Universidade, 250 places), au sud sur le Rossio de São Bras (500 places), et près de la praça de Touros *(plan B-C3)*. Dans la vieille ville, un seul parking payant *(env 20 €/j.)* et souterrain, qui se trouve sur le largo António Augusto Aguiar, devant le théâtre Garcia de Resende.

En bus

Gare routière d'Évora *(hors plan par A2)* **:** *hors les murs, derrière le cimetière, à 500 m de la ville sur la route de Lisbonne par la porte d'Alconchel. À 10 mn à pied de la praça do Giraldo. Un petit bus Trevo relie la gare routière d'Évora à la place ttes les 15 mn 8h-20h (14h sam, aucun le dim) ; tarif : 1 €.* Nombreux bus depuis les principales villes du Portugal, le moyen de locomotion idéal pour arriver à Évora. 2 compagnies se partagent le marché : *Rede Expressos*

(● rede-expressos.pt ●) et *Rodoviária do Alentejo* ● rodalentejo.pt ●

➢ **Lisbonne :** env 20 bus/j. 6h-20h (moins de bus le w-e) avec *Rede Expressos.* Départs (et arrivées) de la gare routière de Sete Ríos à Lisbonne. Durée : 1h20-1h45.

➢ **Setúbal :** 1 bus/j. avec *Rede Expressos,* changement à Montemor-o-Novo. Durée : 1h35. 5 bus/j. (4 le w-e) avec *Rodoviária do Alentejo.*

➢ **Estremoz :** avec *Rede Expressos* 2 bus/j. 13h30-13h45. Durée : 30-40 mn.

➢ **Elvas :** avec *Rede Expressos* 3-4 bus/j. 13h45-21h05. Durée : 1h15-1h35.

➢ **Portalegre :** seulement 1 bus/j. vers 13h30. Durée : 1h25.

➢ **Beja :** une dizaine de bus/j. 9h-20h45. Durée : 1h10-1h25.

➢ **Porto :** avec *Rede Expressos,* env 13 bus/j. 6h-18h15 avec changement à Lisbonne. Le plus rapide est le bus de 14h45 qui met 5h15, sinon compter 5-7h (autre route).

En train

Gare ferroviaire *(hors plan par B3)* **:** *à 1,5 km au sud-est du centre-ville. De la gare, l'av. da República conduit à la praça do Giraldo où se trouve l'office de tourisme. Infos et horaires : ● cp.pt ●*

➢ **Lisbonne :** 3-4 trains/j. 7h-19h en train direct *Intercidade.* Durée du trajet variable selon la gare d'arrivée à Lisbonne : 1h20 pour la gare de Lisboa-Sete-Rios et Lisboa-Etrecampos, 1h30 pour la gare de Lisboa-Oriente, 1h50 pour Lisboa-Santa Apolonia et 2h pour Lisboa-Rossio, 2h20 pour Lisboa-Cais do Sodre.

➢ **Beja :** 6 trains/j., 8h10-20h, directs ou avec changement à Casa Branca. Durée : 1h20-2h20, selon le trajet.

➢ **L'Algarve :** 2-3 trains/j. avec changement à Pinhal Novo. Ils desservent Albufeira, Faro puis Lagos. Compter 3h30-4h30 de trajet. Voyage long, préférez les bus.

Adresses et infos utiles

Posto de turismo *(office de tourisme, plan B2)* **:** *praça do Giraldo, 73. ☎ 266-777-071. ● cm-evora.pt ● Tlj sauf j. fériés 9h-19h (18h en hiver avec une pause entre 14h et 15h).* Bon plan en couleur de la ville, infos transports (train, bus), liste des hôtels et pensions agréées. Infos aussi sur les locations de scooters, de vélos, et sur les visites guidées.

✉ **Poste** *(plan B2)* **:** *rua de Olivença. Lun-ven 8h30-18h.*

Argent

■ **Banques :** *lun-ven 8h30-15h.* La plupart se trouvent sur la praça do Giraldo et disposent de distributeurs de billets.

Urgences, santé

■ **Services d'urgences :** *☎ 112.*

■ **Farmácia da Santa Casa Misericórdia :** *praça do Giraldo, 27. ☎ 266-702-983. Sous les arcades face à la fontaine.*

Loisirs, excursions

■ **Piscines :** *à env 1 km sur la route de Lisbonne. En principe, juin-sept, tlj sauf lun mat, mais se renseigner avt d'y aller car, en période de pénurie d'eau, l'accès est fermé 2 ou 3 fois/sem.* Utile en été quand il fait 40 °C !

■ **TurAventur :** *☎ 266-743-134. 📱 966-758-940. ● turaventur.com ● Bureau à* ***Senhor dos Aflitos*** *(voir « Où dormir dans la campagne environnante ? »). Leur téléphoner.* Canyoning, location de vélos et de 4x4. Randonnées à VTT ou en jeep dans la région avec un guide. Propose des circuits de différentes tailles, y compris le tour mégalithique dans les environs. Accueil francophone.

L'ALENTEJO

Où dormir ?

Pendant la haute saison, la ville est très fréquentée. Il est plus que conseillé d'arriver tôt ou, mieux encore, de réserver.

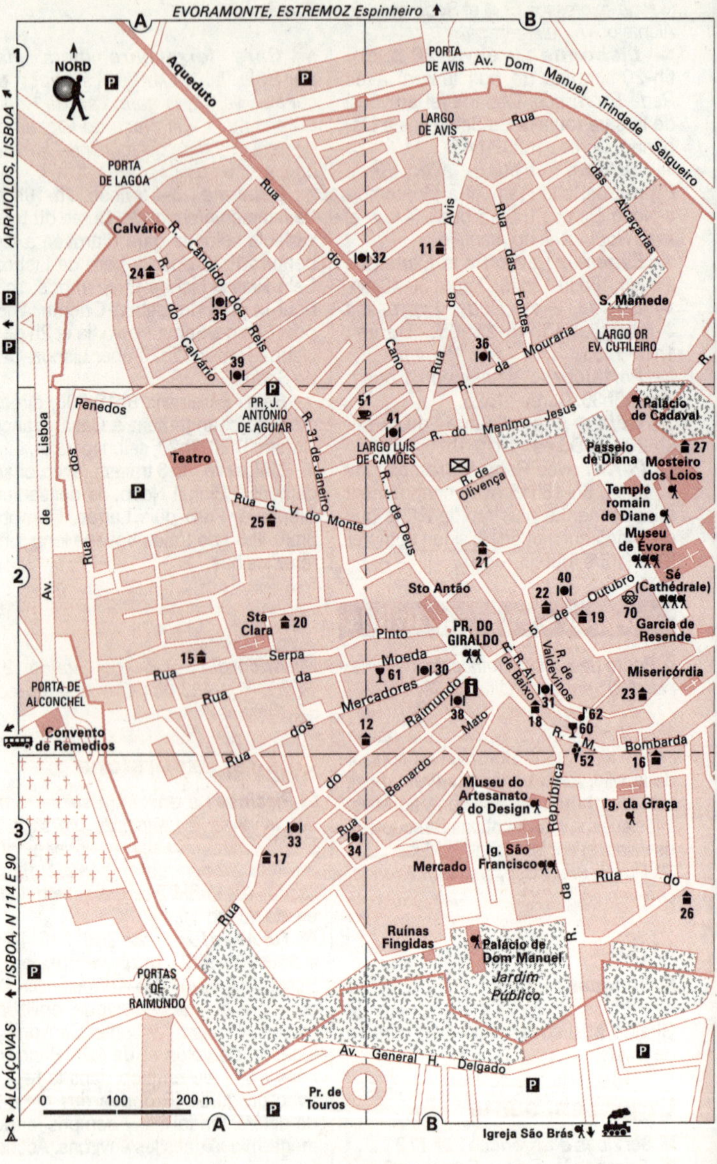

Camping

⛺ ***Parque de campismo Orbitur*** *(hors plan par A3) : estrada de Alcáçovas, à 2 km au sud.* ☎ *266-705-190.* ● *orbitur.com* ● *Bus du terminal n° 41. Ouv tte l'année. Forfaits 2 pers (1 voiture et 1 tente) 20-40 €*

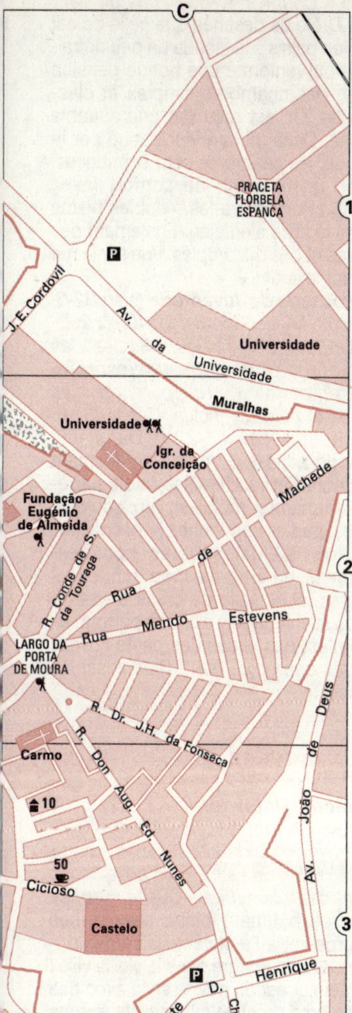

■ Adresse utile

Posto de turismo (B2)

Où dormir ?

10 Hostel Com Alma (C3)
11 Good Mood Hostel (B1)
12 Hostel Raymundo (A-B2)
15 Residencial O Alentejo (A2)
16 Pousada da Juventude (B2-3)
17 Moov Hotel (A3)
18 Evora Inn (B2)
19 Mont'sobro House (B2)
20 Stay Hotel Évora Centro (A2)
21 Casa de São Tiago (B2)
22 Hotel Riviera (B2)
23 Solar de Monfalim (B2)
24 ADC Hotel (A1)
25 Casa do Escritor (A2)
26 Evora Olive Hotel (B3)
27 Pousada Convento Evora (ex-Pousada dos Loios) (B2)

Où manger ?

30 A Choupana (B2)
31 Tasca Tosca (B2)
32 Chão das Covas Café (A-B1)
33 Salsa Verde (A3)
34 Restaurante S. Luis (A3)
35 A Tasquinha do Oliveira (A1)
36 Taberna tipica Quarta-Feira (B1)
38 Cafe Alentejo (B2)
39 Fialho (A1)
40 Páteo (B2)
41 1/4 Para as 9 (B2)

Où déguster une bonne pâtisserie ? Où manger une glace ?

50 Pastelaria conventual Pão de Rala (C3)
51 Confeitaria Pau de Canela (A-B2)
52 Gelateria Zoka (B2-3)

Où boire un verre ? Où sortir ?

60 Estrela d'Ouro (B2)
61 A Oficina (B2)
62 Praxis Clube (B2)

Achats

70 Rota dos Vinhos do Alentejo (B2)

ÉVORA

L'ALENTEJO

selon saison et confort. Également mobile homes et tentes meublées. La proximité d'un chenil et de la route le rend très bruyant, mais les emplacements sous les eucalyptus sont assez ombragés. Sanitaires relativement corrects avec douche chaude gratuite. Piscine gratuite pour les campeurs. Minimarché ouvert en été. Pas de resto et entretien général minimum.

Bon marché

Hostel Com Alma (plan C3, **10**) : *largo Dr Manuel Alves Branco, 12. ☎ 266-743-014. Lit en dortoir env 17 € ; doubles 33-45 € ; petit déj en plus.* Ambiance conviviale dans cette minuscule auberge installée dans une petite maison ancienne sur une place discrète. Intérieur aménagé dans le style zen et écolo. Jolies chambres décorées avec soin, dortoir impeccable (4 lits superposés), salles de bains communes et cuisine collective. Pas de clim, seulement des ventilos (il peut faire chaud en été !). Pour prendre l'air, une courette et un bout de terrasse !

Good Mood Hostel (plan B1, **11**) : *rua de Aviz, 93. 965-831-594. Lits en dortoir 12-14 €, doubles 21-35 €. Parking public* gratuit à 5 mn. *Good Mood* : c'est la bonne humeur ! Celle-ci est partout, surtout chez les jeunes qui tiennent cette petite auberge économique, à l'angle d'une place et d'une rue. Chambres simples et propres, dortoir sans prétention mais bien tenu (4-6 lits, casiers), l'ensemble avec vue sur la rue pour la plupart ou sur le jardin. Salle de bains commune sauf pour une chambre où elle est privative. Pas de clim dans toutes les chambres, cela peut être une gêne en été. Cuisine équipée.

Hostel Raymundo (plan A-B2, **12**) : *rua do Raimundo, 56. ☎ 266-098-411. 965-450-506. • reservas@raymundohostel.com • raymundohostel.com • Lits en dortoir à partir de 12 €, doubles 30-45 €.* Les gérants ne sont sur place qu'à certaines heures. Il faut téléphoner avant. Belle demeure blanche typique, avec 3 dortoirs (certains mixtes, 8 ou 10 lits) ou dans 2 chambres doubles très bien arrangées, donnant sur la rue. Sanitaires en commun. Pas de clim, donc à éviter en été, plutôt au printemps ou à l'automne. Petite terrasse sur le toit pour prendre le petit déj, au soleil.

Residencial O Alentejo (plan A2, **15**) : *rua Serpa Pinto, 74. ☎ 266-702-903. • residencial.oalentejo@gmail.com • Doubles 40-50 €, pas de petit déj.* Drôle de destinée que celle de cet ancien palais à la façade un peu défraîchie qui renferme une bonne pension avec des chambres simples et classiques. On est reçu par une aimable dame. Dans un intérieur patiné par le temps, les chambres sont sommaires, avec un minimum de confort (avec clim), et on notera les meubles peints dans le style alentejan. Également des triples et des quadruples. Vue sur la rue ou sur le jardin.

Pousada da Juventude (plan B2-3, **16**) : *rua Miguel Bombarda, 40. ☎ 266-705-050. 963-344-595. • pousadasjuventude.pt/pt/pousadas/evora/ • Lits en dortoir 15-18 €/pers, doubles 40-51 €, petit déj inclus. Repas 6-7 €. Réception ouv 8h-22h.* Dans une grande bâtisse de pierre entièrement restaurée et modernisée : sols carrelés en marbre, mobiliers aux couleurs vives, parties communes impeccables. Dortoirs (4 lits) séparés hommes-femmes, chambres bien tenues et claires, avec salle de bains privative. Gros avantage : il y a la clim partout, ce qui n'est pas le cas des petits *hostels* privés cités plus haut. Sert aussi les repas.

Prix moyens

Moov Hotel (plan A3, **17**) : *rua do Raimundo, 99. ☎ 206-407-000. • hotelmoov.com • ♿ Doubles à partir de 50 €. Parking souterrain privé 8 €/j. ; petit déj 8,50 €/pers.* Quelle surprise que ce bâtiment blanc aux formes courbes et à l'architecture contemporaine si bien intégré dans la vieille ville ! L'intérieur est du même style avec des chambres de style minimaliste, toutes confortables (clim, bien sûr) et calmes. Elles donnent pour la plupart sur un grand patio lumineux. Copieux petit déj avec des oranges pressées sous vos yeux. Un remarquable rapport qualité-prix-emplacement ! Pour les repas, on vous conseille l'excellent resto végétarien *Salsa Verde*, juste à côté (voir « Où manger ? »).

Evora Inn (plan B2, **18**) : *rua da República, 11. ☎ 266-744-500. • evorainn@gmail.com • evorainn.com •*

Doubles 45-60 €. Un ancien immeuble d'habitation reconverti en hôtel design, en plein centre. On entre par une porte discrète sous les arcades commerçantes. Un escalier dessert les étages. Le design est omniprésent, c'est le domaine professionnel du propriétaire. Les chambres bien arrangées et confortables (clim) donnent sur la rue principale ou sur une ruelle à l'arrière. Les nos 41 et 42 au dernier étage disposent d'une terrasse commune et d'une vue superbe sur la ville.

Mont'sobro House *(plan B2,* ***19****) : rua Diogo Cão, 1. ☎ 266-703-710. 📱 969-302-313. • montsobro.house@gmail.com • montsobro.com • Doubles 30-50 €, selon saison. Réception 14h-21h.* La propriétaire tient une boutique au 66, rua 5 de Outubro, à côté. Il s'agit d'un vieil immeuble restauré avec 6 chambres bien aménagées et équipées d'un joli mobilier traditionnel coloré (rouge, vert, bleu, jaune...). Clim partout, douche/w-c privatifs pour 4 chambres et 2 avec salle de bains commune. Elles donnent sur la rue. En demander une au dernier étage (plus clair, plus calme). Salon avec kitchenette équipée.

Stay Hotel Évora Centro *(plan A2,* ***20****) : travessa da Milheira, 19. ☎ 266-704-141. • stayhotels.pt • evora@stayhotels.pt • ♿ Doubles 50-70 €, avec petit déj.* Dans une ruelle pavée et tranquille, face à une école, cet ancien couvent aux murs blancs et aux tuiles rouges abrite un hôtel de la nouvelle génération, résolument contemporain. Appartenant à une chaîne hôtelière portugaise, il a été modernisé dans un esprit jeune et pratique, tout en gardant quelques vestiges de l'ancienne structure. Chambres confortables (clim partout, lits de 160 cm avec bons matelas), aménagées dans un esprit fonctionnel et design. Bon petit déj. Bar-snack où l'on peut grignoter des *petiscos*. Si son nom en anglais signifie « rester », alors on reste au *Stay* !

Plus chic

Casa de São Tiago *(plan B2,* ***21****) : largo Alexandre Herculano, 2. ☎ 266-702-686. • fvasconclof@casasaotiago.com • Doubles 80-95 €, avec petit déj.* Un petit palais du XVIe s laissé en l'état avec ses meubles vénérables, ses tableaux de famille, etc. On est accueilli par le propriétaire, M. de Vasconcelos, qui vit sur place et parle le français. Jolie chaise à porteurs dans le hall d'entrée. Chambres à l'ancienne, chargées d'histoire, meublées de souvenirs de famille. Toutes confortables (clim) malgré leur ancienneté, avec des salles de bains modernes. Elles donnent sur la rue ou sur l'arrière. Petit déj servi dans le patio. Un vrai voyage dans le temps.

Solar de Monfalim *(plan B2,* ***23****) : largo da Misericórdia, 1. ☎ 266-703-529. • info@solarmonfalim.com • solarmonfalim.com • Doubles 60-83 €, avec petit déj. Parking payant.* Bien situé, proche du musée et de la cathédrale, ce palais du XVIe s a fière allure avec son escalier et sa galerie supérieure soutenue par d'élégantes arcades, dignes de l'Italie. À l'intérieur, les chambres sont décorées à l'ancienne sans luxe ostentatoire, assez sobres. Toutes ont la clim et des toilettes privatives. Terrasse agréable et belle vue sur la place ombragée de jacarandas.

Beaucoup plus chic

ADC Hotel *(Albergaria do Calvário, plan A1,* ***24****) : travessa dos Lagares, 3. ☎ 266-745-930. • hotel.adcalvario@unlockhotels.com • adcevora.com • ♿ Doubles 115-186 € selon saison, avec petit déj. Parking souterrain gratuit (places limitées).* Derrière un couvent du XVIe s, ce vieux pressoir à huile a été transformé en un petit hôtel de charme. Chambres spacieuses, sobres et élégantes, aux couleurs du temps, avec tout le confort (clim) et du mobilier en fer forgé et en bois de peuplier. Terrasse bien agréable dans la cour intérieure. Pour couronner le tout, un bon petit déj et un accueil très attentionné dans un français parfait.

Casa do Escritor *(plan A2,* ***25****) : rua Gabriel Victor do Monte Pereira, 23. ☎ 266-702-855. 📱 916-941-601.*

L'ALENTEJO

• casadoescritor13@gmail.com • Doubles 90-110 €. Parking privé fermé (un garage en fait). Cette belle maison bourgeoise du XVIIIe s fut naguère habitée par un écrivain portugais. Du dehors, impossible de penser qu'elle cache un jardin verdoyant autour d'une piscine bleue sous le ciel bleu ! Le charmant propriétaire vit sur place. 3 chambres seulement, dont 2 dans le jardin. Comme les parties communes meublées de souvenirs familiaux et d'objets du temps passé, les chambres sont décorées avec goût et confortables (clim, toilettes).

Evora Olive Hotel *(plan B3,* ***26****) : rua de Eborim, 18. ☎ 266-760-050. • evora.reservas@luxhotels.pt • evora.luxhotels.pt • Doubles 83-160 €, selon saison.* Parking souterrain gratuit. Dans une rue bordée de vieilles demeures, cet hôtel à l'architecture contemporaine se fond bien dans l'urbanisme environnant (comme le *Moov Hotel*). La réception, les boiseries sur les murs, le superbe escalier spiralé, les parties communes spacieuses, les chambres impeccables ouvrant sur un grand patio lumineux, tout est réussi. Bar et bon restaurant au rez-de-chaussée *(ouv 19h-22h ; plats 5-15 €).*

L'ALENTEJO

Très chic

Pousada Convento Evora *(ex-Pousada dos Loios ; plan B2,* ***27****) : largo Conde Vila Flor. ☎ 266-730-070. • pousadas.pt • Doubles 130-250 € selon saison (promos sur leur site).* Une des plus belles *pousadas* du Portugal (avec celle d'Estremoz). Ancien monastère du XVe s qui a été rénové et aménagé avec le plus grand soin dans le respect du passé et des vieilles pierres. Un charme et un style incomparables s'en dégagent : imposants escaliers de marbre, tapisseries splendides, merveilleux cloître sur voûtes en croisée d'ogives avec une galerie Renaissance, et là encore des chapiteaux sculptés, plus loin une superbe porte manuéline d'inspiration orientale menant à la salle capitulaire. On dort dans des chambres blanches et fraîches (les anciennes cellules des moines) et joliment meublées en châtaignier. On paie aussi la splendeur des lieux, mais les prix restent justifiés. Éviter la chambre n° 9, au rez-de-chaussée, sombre et avec de petites fenêtres.

Où dormir dans la campagne environnante ?

Quinta da Espada *(hors plan par A1) : sur la route d'Arraiolos, à 4 km du centre-ville (chemin sur la droite signalé par une pancarte). ☎ 266-734-549. 📱 917-334-745. • isabelcabral@quintadaespada.pt • quintadaespada.pt • ♿ Double 97 €, apparts 120-270 € ; petit déj inclus. Café offert sur présentation de ce guide.* En pleine campagne, un beau domaine tenu par une dame très affable et dynamique qui parle le français. Noter que la propriété est traversée de façon insolite par l'aqueduc d'Évora (partie basse, petites arches), qui date de 1531 ! Dans un bâtiment en dessous de la maison des propriétaires, quelques chambres élégantes, joliment aménagées dans un style à la fois cosy et champêtre-chic, le tout avec des matériaux de qualité. Cuisine et salon cossu à disposition. Également 2 appartements, ultra-soignés et fonctionnels, qui abritent 2 chambres chacun avec salle de bains, salon et kitchenette. Pour se détendre, belle piscine et superbe jardin ombragé.

Monte do Serrado de Baixo *(hors plan par B1) : à* ***Senhor dos Aflitos,*** *à 7 km au nord. ☎ 266-743-134. 📱 966-758-940. • info@montedoserradodebaixo.com • montedoserradodebaixo.com • D'Évora, direction Estremoz puis Igrejinha, et repérer à* *gauche l'embranchement pour Senhor dos Aflitos ; suivre ensuite les pancartes. Doubles 90-110 € selon confort et saison, avec petit déj. Dîner sur résa la veille, 25 € env sans la boisson.* Encore en pleine campagne, une ferme (3 ha) plantée d'oliviers, de chênes-lièges et de citronniers, avec un troupeau de brebis, des poules et un âne dans le pré. Une grande maison typique est réservée aux hôtes comprenant un salon commun très cosy et 4 belles chambres déclinées par thèmes et par couleurs (l'olivier, le liège, les vignobles et le blé). L'une d'elles a une mezzanine et peut loger une famille. Belle piscine. Les propriétaires, francophones et voyageurs, proposent aussi de nombreuses activités à travers leur agence *TurAventur.* Descendant d'une vieille famille noble, Pedro Vilas Boas, le propriétaire, a fait 3 fois le rallye Paris-Dakar. Sa fille, la charmante Teresa, vous montrera sa belle collection de voitures anciennes (dont une MG 1930) à l'abri dans un hangar spécial.

Monte da Serralheira *(hors plan par C3) : à 3 km au sud. ☎ 266-741-286. • info@monteserralheira.com • monteserralheira.com • En venant de Lisbonne, prendre le périphérique sud d'Évora, suivre les panneaux « Area Industrial » ; après plus de 1 km, une fois passé Intermarché, prendre au rond-point suivant la direction « Almeirim sul ». À la bifurcation en T, prendre à droite. Doubles 55-65 € ; appartements (2-4 pers) 65-125 €/j. selon saison. Petit déj 10 €. Apéritif offert sur présentation de ce guide.* Un grand domaine agricole (130 ha) à la campagne (vigne, blé, olives, etc.), tenu par George et Lucia van der Feltz, de sympathiques hollandais francophones, cultivateurs et vignerons, installés au Portugal depuis les années 1980. Ils proposent plusieurs chambres doubles et des appartements champêtres avec salle de bains, salon, terrasse, ainsi qu'une cuisine équipée. Salon de jeux, piscine, chevaux et location de bicyclettes.

Où manger ?

La tradition culinaire d'Évora est réputée, et les prix sont à peine plus élevés que dans le reste de l'Alentejo. Goûtez donc aux spécialités régionales : *ensopado de borrego* (ragoût d'agneau), *borrego assado, porco alentejana* (porc d'Alentejo), *migas* (sorte de panade de viande ou de poisson), sans oublier les bons fromages *(queijos).*

De bon marché à prix moyens

A Choupana *(plan B2, **30**) : rua dos Mercadores, 16-20. ☎ 266-704-427. Tlj, sauf dim, 12h-22h (voire plus tard en été). Plats 7-14 €. Menu 12 €.* Petite taverne simple et sans chichis, où les habitués et les nombreux touristes s'installent au comptoir ou dans une salle de poche. On y trouve à la carte toutes les spécialités de l'Alentejo, servies copieusement.

Tasca Tosca *(plan B2, **31**) : rua Alcárcova de Baixo, 53. ☎ 266-705-577. Tlj 12h30-22h30 sauf mar. Plats env 15 €.* Dans une ruelle calme, discret resto tenu par 2 amis affables. On y déguste des petits plats *(petiscos)* et des tapas portugaises (charcuterie, fromages) ou de plus grands plats comme le *Naco na Pedra* (pièce de veau cuite sur une pierre). Cuisine bien présentée, à prix sages. Longue carte des vins, petite terrasse aux beaux jours. Dans la même rue, à 30 m, très bien aussi le *Tragos e Condutos.*

Chão das Covas Café *(plan A-B1, **32**) : largo do Chao das Covas, 1. ☎ 266-706-294. Tlj 12h-15h et 19h-23h30, sauf lun et mar soir. Plats 5-12 €.* Dans un quartier populaire, sur une place tranquille, à l'écart de l'agitation, un petit resto discret adossé à une arche de l'aqueduc. 8 tables seulement dans une salle voûtée. Hormis les *petiscos* (petits plats), la carte est volontairement courte, c'est bon signe. Cuisine régionale élaborée avec soin et sans triche. Accueil avenant.

Salsa Verde *(plan A3, **33**) : rua do Raimundo, 93A. ☎ 266-743-210. Tlj, sauf dim, 12h-16h, sam 10h-13h.*

L'ALENTEJO

Mini-pratos 5-6 €, self-service au kilo env 15 €. Quel bonheur de trouver enfin un resto végétarien au pays du porc et de l'agneau ! Grande salle agréable et gaie. Pas de menu mais une carte végétarienne variée, composée de 30 % de produits bio. Pâtes, soupes de légumes, tofu, strogonoff de soja ; plusieurs plats sont sans gluten comme la pizza... Bref, c'est sain et diététique. Vin au verre.

|●| ***Páteo*** *(plan B2,* ***40****) : Beco da Espinhosa, 53. En venant de la place centrale, c'est à gauche dans la rua 5 de Outubro, après l'*Hotel Riviera. *☎ 266-703-375. Tlj 12h-16h, 19h-22h30, sauf mar. Plats 5-10 €.* Au fond d'une impasse, grand patio ombragé rafraîchi par des brumisateurs. Accueil jeune et aimable, cuisine locale simple et bonne : tapas, salades copieuses, plats de porc, champignons, fromages et saucisses. Bien aussi pour prendre quelques infos touristiques (panneaux).

L'ALENTEJO

De prix moyens à plus chic

|●| ***Restaurante S. Luis*** *(plan A3,* ***34****) : Mercado Municipal, praça 1° de Maio. ☎ 266-741-585. Tlj 12h-15h30, 19h-22h30, sauf dim et 1re quinzaine de sept. Résa conseillée. Plats 10-18 €. Repas env 20 €.* Cela vaut la peine de découvrir cette bonne adresse à l'écart de l'animation du centre. On s'attable sous les voûtes du XIIe s dans une salle au sol de schiste avec cheminée, tables aux nappes en tissu, tout est bien mis. Patron jovial et service impeccable, quant à la cuisine alentejane elle est délicieuse et copieuse, qu'il s'agisse des *petiscos*, des plats ou des accompagnements, tout est préparé avec soin. Une excellente adresse.

|●| ***A Tasquinha do Oliveira*** *(plan A1,* ***35****) : rua Cândido dos Reis, 45 A. ☎ 266-744-841. Tlj 12h30-22h sauf dim. Repas 30-35 €.* Pourquoi ne pas faire tout un repas de ces délicieux *petiscos* ? Selon la saison : champignons assaisonnés, salade de pois chiches, le fameux porc noir *(porco preto)*... On vous apporte les hors-d'œuvre (le couvert) du jour en cascade, mais sachez vous arrêter à temps. Sinon, plats classiques comme le *borrego assado no forno* (mouton cuit au four) au moment de Pâques. Quant à la salle, elle est toute petite : réservez !

|●| ***Taberna tipica Quarta-Feira*** *(plan B1,* ***36****) : rua do Inverno, 16-18. ☎ 266-707-530. Dans une petite rue donnant sur la rua de Avis. Tlj, sauf dim et lun midi, 12h30-13h30, 19h30-20h30 (13h-21h sam). Résa conseillée. Menu env 25 €.* Dans une salle climatisée à la déco campagnarde, où trônent d'énormes jarres à vin, vous serez pris en main par un patron jovial qui improvisera pour vous un repas à sa façon. C'est l'esprit même d'une trattoria, mais à la manière portugaise, où le menu n'est pas écrit mais « dit ». Il passe pour être le spécialiste de la purée d'épinards et du *lombo de porco*. Vous aurez alors de grandes chances d'y goûter. Sinon, sa brandade de morue accompagnée d'un *vinho de mesa tinto* ne sera pas une punition de carême !

|●| ***Fialho*** *(plan A1,* ***39****) : travessa das Mascarenhas, 16. ☎ 266-703-079. • restaurantefialhoevora@gmail.com • ♿ Dans une ruelle située derrière la praça António de Aguiar. Tlj 12h30-15h, 19h30-22h, sauf lun. Résa conseillée. Plats 15-25 €.* L'un des restos les plus connus dans la région pour sa savoureuse cuisine traditionnelle préparée dans les règles. Réputé dans le monde, il a même été cité comme le meilleur resto du Portugal par un ancien président du Brésil. Donc cuisine servie par des serveurs en tenue classique dans une petite salle chaleureuse à l'entrée près du bar (notre préférée), ou à côté dans une autre salle ou encore en sous-sol. Quelques délicieuses spécialités : *sopa de caçao* (soupe de roussette), une sorte de saumonette, lièvre, perdrix en escabèche... Ne vous jetez pas sur les petits plats en entrée, qui gonflent l'addition, et gardez votre faim pour le plat principal.

|●| ***Cafe Alentejo*** *(plan B2,* ***38****) : rua do Raimundo, 5. ☎ 266-706-296. Tlj 12h30-15h, 19h30-23h45. Plats 6-15 €.* Belle salle voûtée soutenue par de vénérables arches avec des murs peints couleur vin. À la carte, *petiscos*

froids ou chauds, soupes, et les classiques de l'Alentejo (porc, agneau, *migas*...).

1/4 Para as 9 (plan B2, **41**) : *rua Pedro Simões, 9 A. ☎ 266-706-774. Tlj 12h30-15h, 19h30-22h, sauf mar soir et mer. Repas 20-25 €.* Une institution locale, où l'on s'installe sur la terrasse ombragée le long de la ruelle. Spécialités de poisson ainsi que de nombreuses viandes à la mode locale. Ambiance familiale et portions généreuses.

Où déguster une bonne pâtisserie ?
Où manger une glace ?

Pastelaria conventual Pão de Rala (plan C3, **50**) : *rua do Cicioso, 47. ☎ 226-707-778. Tlj 8h-19h.* Une merveilleuse adresse qui a pris la relève des nonnes d'autrefois pour produire, chaque jour, les meilleures douceurs d'Évora. Quelques tables sur place.

Confeitaria Pau de Canela (plan A-B2, **51**) : *travessa Lopo Serrão, 7 A. Tlj 9h-18h, sauf sam ap-m et dim.* 3 tables pour faire une pause-café. Pâtisserie-biscuiterie toute mignonne où l'on peut déguster de bons gâteaux conventuels.

Gelateria Zoka (plan B2-3, **52**) : *rua Miguel Bombarda, 14. Tlj 8h30 (9h30 ven-dim)-minuit.* Grande terrasse qui ne passe pas inaperçue. Glaces onctueuses, des plus classiques aux plus inattendues, comme celle au porto.

L'ALENTEJO

Où boire un verre ? Où sortir ?

Estrela d'Ouro (plan B2, **60**) : *largo de São Vicente, 59. Tlj 17h-4h.* En plein centre, composé de 2 parties, le café classique et populaire (avec une entrée sous les arcades de la rua M. Bombarda) et à côté le bar de nuit ouvert très tard. C'est un ancien palais (encore un), avec une petite salle, de hauts plafonds et de larges fenêtres, un comptoir sous une grande glace encastrée dans une belle arche de pierre. Terrasse en été sur la place.

A Oficina (plan B2, **61**) : *rua da Moeda, 27. Une petite rue qui descend de la praça do Giraldo. Ouv 21h-2h.* Un bon bar de nuit, à 2 pas de la place centrale. De l'extérieur, juste une porte métallique rouillée, à l'intérieur une ambiance conviviale, et des éclairages doux appréciés de la clientèle.

Praxis Club (plan B2, **62**) : *rua de Valdevinos, 21 A. ☎ 266-708-177. Tlj sauf dim et lun, 23h-6h. Entrée : 15 € (hommes), et 10 € (femmes).* Boîte de nuit bondée les mercredi et jeudi soir, jours de sortie des étudiants, qui ont pu se reposer en début de semaine des fêtes du week-end.

Achats

Rota dos Vinhos do Alentejo (*Maison des vins ;* plan B2, **70**) : *rua 5 de Outubro. ☎ 266-746-498. • vinhosdoalentejo.pt • Lun-ven 11h (14h lun)-19h, sam 10h-13h. Dégustation env 3 €/pers (gratuite en cas d'achat). Brochure en français et anglais.* Un espace de présentation des producteurs locaux. Pour en savoir plus sur la route des Vins dans l'Alentejo, ou simplement pour déguster et acheter quelques bonnes bouteilles. Chaque semaine, la maison propose de tester 3 nouveaux crus d'Alentejo.

À voir

Les lieux et monuments majeurs sont très concentrés. À Évora, on circule à pied. ***Attention :*** tous les musées sont fermés le lundi.

Praça do Giraldo *(plan B2)* : *la place au centre de la ville.* Très élégante place à arcades mais irrégulière. Avec du recul, notez qu'aucune des arcades n'a la même forme ni la même hauteur. Elle doit son nom à Geraldo « sans Peur », figure légendaire, sorte de hors-la-loi intrépide qui reprit naguère la ville aux Maures. La place est magnifiée par une belle fontaine et bordée au nord par l'***église Santo Antão.*** Celle-ci renferme une large nef à 3 travées ouvrant sur un autel baroque en *talha dourada* et *azulejos* polychromes. Dans le transept, élégante chapelle de *Nossa Senhora do Rosário* avec un autel néoclassique en marbre bleu du XVIIIe s, surmonté d'un fronton et de 2 curieux personnages.
– À partir de là, se promener dans le lacis de ruelles et de traverses qui partent en étoile de la place. Rua Serpa Pinto, les amateurs verront la collection de 600 montres et horloges du petit ***museu do Relogio,*** *au n° 6 (mar-ven 14h-17h30 ; sam-dim 10h-12h30, 14h-17h30 ; fermé lun).* Voir aussi le *couvent Santa Clara* (cloître à 2 étages). Au bout de la rue se dressent les plus beaux remparts de la ville.

Sé *(cathédrale ; plan B2)* : *largo do Marquês de Marialva. • evoracathedral.com • Tlj en été 9h-17h. En hiver, 9h-12h30, 14h-17h. Le cloître et la tour ferment 20 mn plus tôt. Entrée : 2,50 € pour la cathédrale et le cloître, 3,50 € la cathédrale, le cloître et la tour, et 4,50 € pour ces lieux + le trésor* (tesouro) *et le musée (fermé lun).*
Construite dans le style des cathédrales françaises entre 1283 et 1308. À noter qu'il n'y a pas de haut clocher élancé mais un bon gros clocher roman en forme de pomme de pin. Les statues des apôtres qui ornent le portail lui donnent une grande finesse.
À l'intérieur, simplicité et élégance des lignes. Les éléments décoratifs, en particulier les grands lustres en cristal, adoucissent l'austérité de l'architecture. Admirez le triforium courant le long de la nef et du transept, qui s'ouvre par de petits arcs. ***Chœur baroque*** en marbre rose et bleu. Chaire dans le même matériau. Le transept est éclairé par une belle rosace. Dans le transept gauche, portail Renaissance sculpté en marbre blanc de motifs floraux, de coquilles, de chimères et de personnages grotesques. Superbe Vierge polychrome dans le petit autel de la nef principale. Vous ne remarquez rien ? Elle attend un très heureux événement ! Baptistère en marbre torsadé orné d'*azulejos* et de fresques.
On accède ensuite à la ***tour.*** Au 1er niveau, arrêt obligatoire dans le superbe chœur haut (fermé hors saison !), impressionnant avec ses stalles du XVIe s ornées de panneaux sculptés de scènes de la vie rurale. L'orgue date de la même époque et serait le plus ancien d'Europe. Puis les escaliers conduisent à la ***terrasse panoramique*** (vue superbe sur la ville).
– Retour au rez-de-chaussée, pour découvrir le ***cloître*** gothique attenant, très sobre, égayé par les colonnettes supportant les arcs et les chapiteaux sculptés, tous différents. Statue des évangélistes à chaque angle et tombes sculptées de quelques archevêques.

Museu de Arte sacra : *largo da Sé, dans un bâtiment moderne accessible par la cathédrale. ☎ 266-759-330. Tlj 9h-12h, 14h-19h30 sauf lun. Entrée : 3 € (entrée de la cathédrale incluse) ; 4,50 € avec le cloître et la tour.* Présente des pièces exceptionnelles, telle la *Nossa Senhora do Paraíso* s'ouvrant en triptyque avec miniatures en ivoire sculpté. Au centre, la scène de la Dormition représente la Vierge dans cet état transitoire surnaturel avant qu'elle monte au Ciel. Primitifs religieux, belle statuaire, orfèvrerie (calice-ostensoir en gothico-plateresque du XVIe s), vêtements sacerdotaux brodés de fil d'or, mitres incrustées de pierres précieuses. Très beau reliquaire polychrome décoré d'angelots, etc.

Le temple romain « de Diane » *(plan B2)* : *accès gratuit.* Un des monuments (ruiné) emblématiques d'Évora. Rescapé du passé, il date du IIe s et a traversé les vicissitudes de l'histoire ! Il est dédié à Diane, déesse romaine de la chasse, mais c'est une invention romantique. En fait, les historiens pensent plutôt que c'était à l'origine un temple dédié à l'empereur Auguste comme la maison carrée de

Nîmes. Vieilles colonnes ornées de chapiteaux de style corinthien. On doit son remarquable état de conservation au fait que les colonnes furent tout simplement englobées au Moyen Âge dans les murs d'une forteresse et seulement redécouvertes au XIXe s. La qualité du marbre d'Estremoz ajouta à sa longévité.

Mosteiro dos Loios *(plan B2)* **:** à défaut d'y séjourner (voir plus haut la *Pousada Convento Evora* dans « Où dormir ? »), faites-vous discret et jetez un œil à l'une des plus belles *pousadas* du Portugal, installée dans les murs de l'ancien couvent des moines de Saint-Éloi, qui conserve des traces d'architecture originale dans le style gothico-manuélo-mudéjar.

Igreja São João Evangelista *(plan B2)* **:** *musée privé occupant l'église du monastère dos Loios, attenante au Palacio de Cadaval. Tlj 10h-18h (avec des fermetures occasionnelles par les propriétaires). Visite : 4 € pour l'église seule, 8 € avec le palácio dos Duques de Cadaval.* Construite en 1485 par le 1er duc de Cadaval, Dom Nuno Alvares Pereira de Melo, l'église abrite de superbes *azulejos* du XVIIIe s qui recouvrent la nef et mettent en valeur le chœur baroque. On y voit aussi les tombeaux des fondateurs. 2 trappes révèlent une citerne avec 7 m^3 d'eau, vestige de l'ancien château arabe, et une autre conservant les ossements des moines. Dans la sacristie, fresque originale du XVIIe s représentant le Christ en croix. Petite chapelle contre la muraille romaine, avec une santa Apolónia or et polychrome superbe.

Palácio dos Duques de Cadaval *(plan B2)* **:** *à côté de la pousada, en contrebas de la place du temple romain. Mêmes horaires et tarifs que la igreja São João Evangelista. Dans la cour du palais, un restaurant touristique où l'on peut aussi boire un verre.* L'ensemble a été fondé au XIVe s sur les ruines d'un château mauresque. Le palais repose en partie sur les anciennes murailles romano-wisigothiques de ce château. Il est attenant à l'église São João Evangelista (ou *igreja dos Loios*), du nom de l'ancien couvent qui abrite aujourd'hui la *pousada,* et de son fondateur saint Éloi. Le palais et l'église appartiennent toujours à la famille des ducs de Cadaval, qui furent très importants dans l'histoire du Portugal. On retrouve dans le patio et l'église quelques vestiges des différentes époques du XVe au XIXe s : mudéjar, gothique, manuélin... Dans le palais, enfilade de salles exposant meubles, chaise à porteurs, vaisselle, tableaux, etc.

Museu de Évora *(plan B2)* **:** *largo do Conde de la Flor. Il occupe l'ancien palais épiscopal, à côté de la cathédrale. Tlj, sauf lun, 10h-18h (9h30-17h30 nov-mars). Fermé 1er janv, Pâques et 25 déc. Entrée : 3 € ; réduc ; gratuit moins de 14 ans.*

Vaste et beau musée réparti sur 3 niveaux. Au rez-de-chaussée, autour du patio, vestiges d'époque romaine, pierres funéraires et stèles gravées, en calcaire ou en marbre, nombreuses sculptures. Plus loin, un passage vitré enjambe une fosse contenant des petites tombes romaines. Dans une autre salle, superbes sculptures du célèbre Nicolas Chantereine (Nicolau Chanterene, 1511-1551) dont le cénotaphe de D. Alvaro da Costa (1535).

– ***Au sous-sol,*** intéressante collection de sculptures et de pièces de monnaie, héritage de Frei Manuel do Cenáculo (1724-1814), un religieux qui fut archevêque d'Évora et le 1er archéologue portugais.

– ***À l'étage,*** orfèvrerie et objets religieux, collections de peintures historiques de l'école portugaise (XVIIe et XVIIIe s). Parmi les œuvres remarquables, ne pas rater l'***impressionnant retable flamand*** daté de 1500 qui ornait jadis le maître-autel de la cathédrale. Composé de 13 panneaux, il a été transporté ici, et restauré. Il raconte l'histoire de la Vierge Marie, la mère de Jésus Christ, de sa naissance à sa mort.

Fundação Eugénio de Almeida *(Centre d'art et de culture, plan C2)* **:** *páteo de São Miguel. ☎ 266-748-300. • fea.pt • Visites sam et dim 15h-18h (oct-mai), et 17h-20h (juin-sept). Visites guidées mar-dim, sur résa. Collection de carrosses, tlj 10h-18h sauf lun (19h juin-sept). Entrée : 1 €.*

L'ALENTEJO

Situé sur un rebord de la muraille est, dominant un horizon campagnard, ce palais *(paço de São Miguel)* fut autrefois le siège de l'Alcázar maure, soit le centre du pouvoir arabe jusqu'au XIIe s. Il se compose d'une belle cour intérieure, d'une chapelle, de la bibliothèque Eugénio de Almeida (le fondateur) et de plusieurs bâtiments datant du XVIe s. C'était naguère la résidence à Évora de la famille d'Almeida, une des plus riches (industrie) et influentes du Portugal au XIXe s. Ce furent aussi de grands mécènes, humanistes et philanthropes.
Installée dans un bâtiment distinct du palais, la collection de carrosses ne présente que 2 belles calèches du XIXe s et 2 autres attelages plus rustiques. On peut y voir néanmoins quelques objets équestres et une superbe malle de voyage de la Belle Époque.

Université d'Évora (Universidade, plan C2) **:** *largo dos Colegiais. Tlj 9h-20h sauf dim et j. fériés. Visite libre en période scolaire : 3 €.* Une des 2 plus belles universités du pays, fondée en 1559, dirigée par les jésuites pendant 2 siècles, fermée pendant des décennies puis restaurée et rouverte en 1979. État de conservation stupéfiant. Cloître harmonieux style Renaissance italienne autour duquel s'ouvrent les différentes salles de cours, toutes dotées de chaires et abondamment illustrées d'*azulejos* avec, comme sujets, les disciplines enseignées. Au milieu, la salle des actes où l'on remet aujourd'hui les diplômes (évitez d'y aller ces jours-là). Petit jardin extérieur avec sculptures modernes.

L'ALENTEJO

Revenez sur vos pas. Outre la ***rua 5 de Outubro*** *(plan B2),* les amateurs de belles demeures découvriront, derrière le chevet de la cathédrale, celle des *comtes de Portalegre,* de style gothique (patio et jardin). Une autre, rua de S. Manços : le *palais de Garcia de Resende* (jolies fenêtres manuélines). Continuer maintenant vers le **largo da Porta de Moura** *(plan C2).* Élégant ensemble architectural avec des tours de l'ancienne enceinte médiévale, une fontaine Renaissance en marbre blanc, le *palais Silveira* de la même époque, la *casa Cordovil* (loggia à arcades de style mauresque surmontée d'un dôme conique et entourée d'une balustrade crénelée), la *casa Soure,* du XVIe s (terrasses à arcades), l'*église do Carmo,* un palais du XVe s autrefois légué aux carmélites en 1665, avec son portail à colonnes torses et massives finissant en nœuds épais, etc.
– De l'autre côté de la place, la *porta de Moura* fait une percée dans la muraille surmontée de la masse grise de la Sé.

Au sud de la praça do Giraldo

Museu do Artesanato e do Design *(musée de l'Artisanat et du Design, plan B3)* **:** *praça 1° de Maio, 3. ☎ 266-771-212. Tlj, sauf lun, 9h30-13h, 14h-18h30 (en continu en sem en été). Entrée : 2 € ; gratuit étudiants.* Expositions consacrées à l'artisanat local : poterie, céramique, travail du métal, du cuir, de la laine, du liège, peinture sur bois... et une section sur les produits manufacturés actuels. Quelques beaux objets. Petite boutique.

Igreja da Graça *(église du couvent de Graça, plan B3)* **:** *largo da Graça.* L'église est ouverte pour les messes. Construite en 1511 avec une remarquable façade Renaissance (architecte français Nicolas Chantereine) ornée de sculptures d'atlantes portant le monde sur leurs épaules. Ces colosses de pierre sont assis nonchalamment, jambes dans le vide... Les bâtiments de l'ancien couvent servent de cantine aux militaires de la garnison de la ville.

Igreja de São Francisco *(plan B3)* **:** *à 100 m de la précédente. Tlj 9h-18h30 (17h30 oct-mai). GRATUIT. Capela dos ossos (chapelle des ossements), Núcleo museológico (musée) et Coleção de presépios (collection de crèches de Noël) : billet unique 5 €, réduc.*

Très belle église construite entre 1480 et 1510 dans le style gothique manuélin, à l'époque de l'expansion maritime du Portugal. Elle faisait partie d'un ensemble monastique luxueusement décoré grâce aux largesses des rois. Le couvent servit d'ailleurs de palais à une certaine époque quand Lisbonne était ravagée par la peste.
On y pénètre en passant par un porche aux arcs de style mudéjar de différentes formes : en plein cintre au centre, outrepassé à gauche et en tiers-point à droite (les spécialistes apprécieront !). Le portail d'entrée, sous le porche, est encadré de colonnes torses en marbre aux chapiteaux ouvragés, et surmonté des 3 emblèmes royaux : la couronne, le pélican et la sphère, qui symbolisent l'Empire portugais. Il était si vaste au XVIe s que l'on disait que le soleil ne s'y couchait jamais.
À l'intérieur, le ***style baroque*** domine l'ensemble. Pas moins de 12 chapelles, le long de la large et haute nef, toutes différentes et richement décorées. Le transept gauche est orné d'*azulejos* et d'un autel rococo du meilleur effet. Le chœur est d'architecture gothique (fenêtres fines et élancées, voûtes nervurées), mais sa décoration est classique. Dans la salle du Chapitre (accès seulement par le cloître), précédant la *capela dos Ossos,* superbe chemin de croix en *azulejos.*
– La ***capela dos Ossos*** *(chapelle des Ossements)* est ***le lieu le plus insolite et étrange de la ville.*** Elle renferme les ossements (crânes, tibias) de plus de 5 000 personnes, provenant des cimetières de la ville. Ils couvrent les murs, les arches, les piliers et le plafond de cette lugubre chapelle. Devant l'autel doré, au sol, la tombe de l'évêque Jacinto Carlos da Silveira, tué par les soldats de Napoléon lors de l'invasion française de 1808. Cette chapelle macabre a des consœurs, à Faro et à Campo Maior (près d'Elvas, au nord-est du Portugal) et aussi à Kutna Hora, en République tchèque.

MACABRE OSSUAIRE

À l'origine de la chapelle des Ossements (capela dos Ossos), *3 moines mystiques du XVIe s. Des pessimistes en pleine Renaissance ! Ces ascètes voulaient transmettre le message que la vie est transitoire et que la mort emporte tout ! Une inscription macabre évoque bien leur pensée : « Nous, les os qui sommes ici, attendons les vôtres. »*

– ***À l'étage,*** on visite une ***exposition*** (permanente) sur l'histoire de l'ordre franciscain. Explications en portugais, anglais et espagnol. On y apprend que les 1ers moines franciscains vinrent de Galice (Espagne) et se fixèrent en 1224 au Portugal, du vivant même de saint François d'Assise. Voir surtout le ***monumental arbre généalogique*** de l'ordre des Franciscains, réalisé à Anvers en 1626. Près de 800 personnes y sont représentées : moines, religieuses, saints et martyrs, mais aussi une ribambelle de nobles, rois, reines et empereurs protecteurs de l'ordre, reconnaissables à leurs blasons.
Enfin une salle en longueur abrite une magnifique collection de ***crèches de Noël*** *(presépios)* en provenance de tous les pays. Amusant et touchant de naïveté à la fois. Belle terrasse panoramique au-dessus du marché.

Palácio de Dom Manuel *(plan B3)* **:** *rua 24 de Julho, 1, jardim público de Évora.*
Habituellement fermé au public, vous pouvez essayer de visiter l'intérieur du palais en surveillant les événements et les expositions qu'organise la ville ; sinon il vous faudra vous contenter des sublimes jardins. Du somptueux palais construit en 1468 par Don Afonso V, il ne reste aujourd'hui que la galerie des Dames avec ses arcades de style mauresque. De nombreux rois du Portugal y ont vécu. C'est aussi dans ce palais que le navigateur Vasco de Gama reçut en 1497 l'ordre royal de partir à la recherche de la route des Indes. Du temps de l'annexion à l'Espagne (XVIe s) Philippe III d'Espagne fit raser le palais, symbole de la royauté portugaise. Aujourd'hui, propriété de la ville, le bâtiment sert de lieu d'exposition et de salle pour des événements.

Igreja São Brás *(hors plan par B3) : av. Dr Barahona. Sur la route de la gare, après les remparts. Tlj 10h-13h, 15h-18h (13h dim). GRATUIT.* Curieuse église-forteresse du XVe s. C'est ici qu'étaient exécutées les sentences du tribunal de l'Inquisition.

Manifestations

– ***Foires sur la praça 1o de Maio*** *(marché municipal) : à 2 pas de l'église São Francisco, chaque w-e un événement différent.* Brocante, livres d'occasion, art, artisanat... Calendrier à l'office de tourisme.
– ***Fête Queima das Fitas*** *: fin mai, début juin.* Les étudiants font traditionnellement la fête à la fin de l'année scolaire, qu'ils soient diplômés ou pas. Les bars et les boîtes de nuit sont pleins, et les nuits sont courtes.
– ***Grande foire populaire*** *: 2de quinzaine de juin, pdt 15 j.* Tout l'Alentejo est là. Nombreuses attractions. Belle exposition d'artisanat. Le soir, spectacle de danses folkloriques.

DANS LES ENVIRONS D'ÉVORA

Les mégalithes : comme Monsaraz, Évora a eu ses Obélix qui ont laissé d'impressionnants menhirs et cromlechs dans un rayon de 20 km autour de la ville. Leur découverte fournit l'occasion de belles balades dans une nature sauvage. Pour guider vos pas, l'office de tourisme a édité une petite brochure *(gratuite)* qui fournit carte et historique.
– Le ***cromlech d'Os Almendres*** : *cet alignement de menhirs se trouve près du village de Guadalupe, à env 17 km à l'ouest d'Évora par la N 114 en direction de Montemor-O Novo, puis 4 km de bonne piste depuis le village. Entrée libre.* Le site est très sauvage, avec à perte de vue des chênes-lièges et des oliviers. Sur une petite colline, il rassemble 93 mégalithes (des petits menhirs) plantés en terre. Il s'agirait, selon certains experts, d'un genre de calendrier destiné à observer le mouvement des astres. C'est non seulement l'un des sites mégalithiques les plus importants de toute la péninsule Ibérique, mais aussi l'un des plus anciens au monde, puisque son érection aurait duré du Néolithique ancien jusqu'au IIIe millénaire av. J.-C. À côté d'Almendres, Stonehenge fait donc figure de site récent !
– Le ***dolmen de Zambujeiro*** : se trouve à proximité du village de Valverde, qui est à environ 12 km au sud-ouest d'Évora par la N 380 en direction d'Alcaçovas. Une fois dans le village, un panneau l'indique. Un chemin de terre (les voitures passent) mène à un parking 1 km plus loin. Entrée libre. De là, on marche (200 m) jusqu'au dolmen situé sur une petite butte. En fait, ce serait une allée couverte composée de plusieurs grosses dalles de granit formant une chambre intérieure. Un peu plus loin, à Pavia, la très curieuse et minuscule chapelle de São Brissos, aménagée dans un dolmen...

Arraiolos : *à 22 km au nord d'Évora.* L'une des plus authentiques bourgades de la région, avec ses coquettes maisons blanches cernées de bleu, son château haut perché (chemin de ronde et vue superbe sur la région) et sa ravissante *igreja da Misericórdia* ornée d'*azulejos* du XVIIIe s. Célèbre pour ses tapis en laine aux couleurs vives, dont la fabrication, toujours artisanale, remonte à l'installation en ville des populations musulmanes chassées de Lisbonne suite au décret d'expulsion de 1496. Le ***Centro interpretativo do Tapete de Arraiolos*** *(praça do Municipio, 19 ; tlj 10h-13h, 14h-18h, sauf lun ; entrée : 1 €, gratuit moins de 12 ans)* retrace l'épopée de cet artisanat du tapis bien vivant. On y découvre en détail les techniques, les différentes évolutions et le choix des couleurs, le tout illustré par une belle collection de tapis anciens et modernes, et même des démonstrations. Belle *pousada*, dans un ancien couvent du XVIe s réhabilité alliant tradition et modernité.

Viana do Alentejo : *à 35 km au sud d'Évora.* Un autre plaisir des yeux, et pas le moindre ! Pourtant pas vraiment visible de prime abord. Garez votre véhicule sur la place (Largo de Sao Luis), à l'ombre du *castelo,* ceinturé de remparts et flanqué de 5 tourelles. Franchissez le porche *(payant)* et grimpez jusqu'à l'église enfermée dans les murailles. Avec ses éléments gothiques, mudéjars, manuélins et sa décoration baroque, cette église est très semblable à celle d'Alvito. Depuis les remparts également, belles plongées sur les rues de la ville.

ESTREMOZ

(7100) 14 400 hab.

À mi-chemin d'Elvas et Évora, voici l'une des plus éclatantes cités de l'Alentejo. Non seulement parce que les maisons sont régulièrement chaulées de blanc, mais surtout parce que la région produit un marbre immaculé largement utilisé dans les constructions.
La cité se divise en 2 parties : la ville basse que l'on franchit par des remparts du XVIIe s, très animée le samedi matin, jour de marché, et la ville haute, vieux quartier médiéval, où se situent les principaux points d'intérêt et les restaurants les plus chics.
Estremoz produit une jolie poterie et d'amusantes figurines de terre cuite, genre santons revisités avec humour et tendresse.

L'ALENTEJO

LE MARBRE DE L'ALENTEJO

Il rivalise avec celui de Carrare (Toscane) et orne les autels des églises, la façade Renaissance du palais ducal de Vila Viçosa et même les pavés du quartier médiéval. Au pied du cimetière d'Estremoz, un énorme gisement est toujours en exploitation. L'extraction se fait à plus de 30 m de profondeur. Vue plongeante sur la carrière où les ouvriers ont l'air de Playmobil et les bulldozers de voitures de collection. L'effet de distorsion et d'irréel se prolonge dans l'horizon planté de tombes et de caveaux suspendus au bord du précipice et au milieu des grues. Paysage de frissons ! Peut-être plus qu'ailleurs, on comprend ici l'intelligence de l'urbanisme portugais et la douceur de son mode de vie.

Arriver – Quitter

En bus

Arrêt de bus : *av. Rainha Santa Isabel.* Liaisons assurées par *Rede Expressos (● rede-expressos.pt ●).*

➢ ***Évora :*** 3 bus/j. en sem, 7h-19h15, et 2 bus le sam, dans l'ap-m et en soirée. Durée : 30-40 mn.
➢ ***Elvas :*** 4 bus/j., 10h25-21h.
➢ ***Lisbonne :*** 5 bus/j., 7h-19h15. Durée : 1h55-2h30, selon le trajet.

Adresses et info utiles

Posto de Turismo : *Rossio Marquês de Pombal, à côté de la mairie. ☎ 268-339-227. ● cm-estremoz.pt ● (mairie). Tlj 9h-12h30, 14h-17h30, sauf j. fériés.* Plan de la ville et documentation.
Poste : *rua 5 de Outubro.*

– Tous les samedis matin, grand ***marché*** animé sur le largo Rossio avec de nombreux producteurs locaux de fromages et de saucissons, bien sûr, mais aussi de fruits et légumes, sans parler des brocanteurs, des marchands de volaille...

Où dormir ?

Bon marché

🏠 ***Hotel O Gadanha :*** *largo General Graça, 56. ☎ 268-339-110. • reservashotelogadanha@gmail.com • ♿ Double env 50 €.* Charmant hôtel de taille modeste tenu à la perfection, donnant soit sur le lago da Gadanha (en fait une fontaine), soit sur le jardin de la *quinta* voisine et le *castelo.* Les chambres, à la déco classique et plaisante, sont spacieuses et de bon confort (clim, TV...). Certaines disposent même d'une terrasse. Accueil aimable et professionnel. Un bon rapport qualité-prix de la ville.

🏠 ***Residencial Carvalho :*** *largo da República, 27. ☎ 268-339-370. • residencialcarvalho.pt • joaodcpires@sapo.pt • Double 45 €, avec petit déj.* Au centre de la ville, l'hôtel a du caractère avec ses portes anciennes, son escalier en marbre, ses *azulejos* et ses meubles de famille. Les chambres de style vieillot sont propres et d'un confort suffisant (avec clim). Elles donnent sur la rue. Accueil cordial. Il suffirait de le rénover et de le mettre au goût du jour pour en faire une pension de charme.

Beaucoup plus chic

🏠 ***Pousada Castelo Estremoz :*** *dans le château médiéval, au centre de la ville haute. ☎ 268-332-075. • pousadas.pt • Doubles à partir de 120 € selon promos et saison (voir sur le site), avec petit déj.* Appelée aussi « Pousada do Castelo Estremoz ». L'une des *pousadas* les plus prestigieuses du Portugal. Les jarres chinoises et les tableaux du XVIIIe s, les sculptures en bois polychrome qui ornent les longs couloirs et les salons cossus tiennent plus du musée d'art que de l'hôtel ! Les chambres et les suites sont toutes différentes et meublées dans le style de l'époque : lit à baldaquin sur colonnes torsadées, commodes portugaises, tentures, tableaux. On se plaît à dire que toutes les couleurs du marbre d'Estremoz ont été utilisées pour la décoration des salles de bains. Et il y a même une piscine dans un grand jardin clos.

L'ALENTEJO

Où dormir dans les environs ?

🏠 ***Herdade da Barbosa :*** *à 5 km nord d'Estremoz, entre les villages de Sotileira et São Bento do Cortiço. ☎ 268-324-510. 📱 966-305-900. • herdadedabarbosa@gmail.com • ♿ D'Estremoz, prendre la direction de Portalegre, puis tourner à gauche au panneau « Agro-Turismo » ; traverser le petit village de Sotileira et suivre les panneaux. Résa conseillée. Double 80 €, avec petit déj.* Une vaste et magnifique propriété au milieu des chênes-lièges en pleine campagne. La propriétaire Rita Reynolds de Sousa parle le français et connaît bien la région. Elle propose dans une annexe à la ferme 5 jolies chambres confortables avec des meubles peints typiques. On y trouve une superbe salle commune avec cheminée, et des choses évoquant la tauromachie, une des passions de la propriétaire. Une adresse pour se mettre au vert sous le ciel bleu, bleu à l'image de la belle piscine d'où l'on profite de merveilleux couchers de soleil. Prêt de vélos et un étang pour la pêche.

⛺ ***Camping Alentejo :*** *Novo Horizonte, estrada N 18 ; km 236. ☎ 268-959-283. 📱 936-799-249. • info@campingalentejo.com • campingalentejo.com • ♿ À env 4 km d'Evoramonte en direction d'Estremoz. Ouv tte l'année. Forfaits tente 2 pers 14-18 €, piscine incluse.* Petit camping tenu par une famille hollandaise très accueillante. Environnement fleuri avec quelques emplacements ombragés par des oliviers et des chênes-lièges. Sol un peu dur, mais bloc sanitaire moderne et impeccable. Piscine pas bien grande mais agréable au plus fort de la chaleur. Un bémol : la route qui borde le camping est parfois bruyante en journée.

Monte da Fazenda : *juste en contrebas du château d'Evoramonte, à 3 km par une piste de terre. ☎ 268-959-172. • montedafazenda@gmail.com • andre.violette@sapo.pt • Congés : fév et nov. Double 70 €, avec petit déj. Préférence pour le paiement en espèces.* Dans un environnement d'oliviers, de chênes-lièges et au milieu des vergers, cette grande maison traditionnelle de 1885 est tenue par un couple charmant (et francophone). Elle abrite de vastes chambres rustiques et confortables (avec clim). 3 d'entre elles ont une entrée privée. Calme garanti, et piscine pour se relaxer entre 2 balades.

Où manger ?

De bon marché à prix moyens

Venda Azul : *rua Victor Cordon, 39. ☎ 268-333-095. Tlj sauf dim 12h (10h sam)-23h. Plats 12-17 €.* Situé juste avant la porte de la ville, un resto populaire et typique à l'accueil jovial et l'ambiance conviviale. Cuisine franche et sincère de l'Alentejo avec tous les classiques de la région. Une demi-portion *(meia dose)* est souvent suffisante car les plats sont copieux. Une adresse discrète dans son coin mais de qualité.

Gadanha Mercearia : *largo Dragões de Olivença, 84A. ☎ 268-333-262. 965-171-521. Tlj 12h30-15h, 19h30-22h30, sauf dim soir et lun.* À côté du resto *Zona Verde*, une petite épicerie-restaurant dans l'air du temps, aux murs couverts de bouteilles de vin et de produits du terroir (miel, charcuterie, fromages, olives). Cuisine et service assurés par une équipe jeune et déjà bien expérimentée. Dans une salle coquette et agréable, on sert des tapas portugaises *(petiscos)*, des petits plats bien concoctés et de bons desserts.

Casa do Pixa Negra : *rua Magalhães de Lima, 16. ☎ 268-322-433. 939-031-039. Tlj 9h-23h30. Plats 6-10 €.* Tout le monde connaît cette petite taverne de style rustique avec son carrelage rouge, ses *azulejos*, son plafond voûté en brique et ses 3 énormes jarres en terre cuite. Son nom improbable signifie quelque chose comme la « verge noire »... mais en plus vulgaire : faut oser ! On vient ici pour la cuisine alentejane sans triche et bien nourrissante. *Meia dose* de rigueur !

Plus chic

A Cadeia Quinhentista : *rua Rainha Santa Isabel. ☎ 268-323-400. Derrière l'église Santa Maria, à côté du château. Tlj 11h-minuit. Plats 10-25 €.* Situé dans une ancienne prison, ce resto chic et gastronomique allie le fer forgé et la pierre brute dans une salle au design contemporain... Même esprit du côté de la cuisine, où les classiques de la cuisine alentejane sont réinventés avec finesse : *porco com ameijoas* (porc aux palourdes), agneau rôti, poulet au curry à la mode indienne et crevettes du Mozambique... Bonne cave. Serveurs pros et aimables, qui n'ont rien de geôliers ! On peut aussi se contenter d'y boire un verre, car la maison dispose d'un bar prolongé par un toit-terrasse très agréable.

Où boire un verre ?

Café Aguias d'Ouro : *Rossio Marquês de Pombal, 27-29. ☎ 268-324-201. Tlj 9h-23h sauf mar. Plats 15-20 €.* Sur la place centrale de la ville basse, un beau café de style Art nouveau construit en 1909. Façade richement décorée de faïences grenat, avec des fenêtres toutes différentes et de forme fantaisiste. C'est ici qu'au début du XXe s les habitants se réunissaient pour débattre d'idées et d'idéaux politiques. Petite terrasse en été.

Où manger dans les environs ?

Café Restaurante O Emigrante : *praça dos Aviadores, 37, à* **Evoramonte.** *☎ 268-950-053. Sur la place, dans la ville basse. Ouv tlj 9h-2h. Congés : 2 sem mi-nov. Menu 13 €. Plats 10-18 €.* Le bar du village, minuscule et vieille école, est tenu par une famille moldave (la fille est francophone). Ces ex-migrants devenus portugais sont toujours prêts à préparer au voyageur affamé un sandwich, une salade ou un plat plus consistant selon les denrées disponibles (du genre gaspacho et friture de poisson, poulet grillé). Simple, bon et servi en terrasse ou dans une arrière-salle à l'ancienne.

À voir

Il est possible de faire le tour de tous les monuments en 3h.

Castelo d'Estremoz : *tlj, en principe jusqu'à la tombée de la nuit. GRATUIT.* Il domine la ville de son haut et puissant donjon crénelé, seul vestige du XIIIe s. Une grande partie du château a en effet été détruite par une explosion accidentelle de munitions entreposées dans les dépendances à la fin du XVIIe s. Au pied, l'ancien palais, qui servit de résidence au roi Dinis et à la reine Isabel d'Aragon, abrite l'une des plus belles *pousadas* du Portugal (voir « Où dormir ? »). Vous pouvez en faire le tour pour admirer le ***monumental escalier d'entrée*** en marbre et *azulejos,* le patio avec puits et galerie à balustrades, etc.
Dans le salon servant maintenant de bar, le roi Manuel remit solennellement en 1497 à Vasco de Gama le drapeau portugais avant le départ de ce dernier pour les Indes. Pour grimper au ***donjon,*** demandez simplement l'autorisation à la réception de la *pousada.* Vue imprenable depuis la terrasse.

Derrière le donjon, la ***capela de la Rainha Santa Isabel*** *(ouv selon disponibilité des bénévoles).* Nichée entre 2 tourelles de l'aile occidentale du château, cette chapelle est dédiée à Santa Isabel. Cette dernière, née Isabel d'Aragon, devint reine consort du Portugal, épouse de Dom Dinis, et mourut de la peste au château d'Estremoz en 1336. Connue pour la légende du miracle des roses et sa vie chrétienne exemplaire, elle fut béatifiée. Des *azulejos* à l'intérieur de la chapelle retracent la vie de la Reine Sainte que le peuple appelle la Rainha Santa Isabel.

Igreja Santa Maria : *ouv selon disponibilité des bénévoles.* Construite au XVIe s. Dans la sacristie, un lavabo en marbre et quelques primitifs portugais.

La salle d'audience du roi Dinis : tout à côté, c'est l'élégant édifice avec une galerie à arcades gothiques.

Museu municipal Joaquim Vermelho : *largo D. Dinis. ☎ 268-339-219. Tlj, sauf lun et j. fériés, 9h-12h15, 14h (15h l'été)-17h15 (18h30 l'été). Entrée : 1,55 € ; réduc ; gratuit moins de 12 ans. Entrée gratuite le mar.* Un musée pas bien grand mais très complet. L'étage est consacré aux traditions populaires, avec de belles reconstitutions d'une cuisine et d'une chambre typiques, ainsi que différentes collections d'objets du quotidien (certains, superbes, sont sculptés en bois, en liège ou en corne). Mais le clou de la visite, ce sont les ***figurines***

traditionnelles du XVIII*^e^ *s et du XIXe s, destinées au départ, comme les santons, à commémorer la Nativité. On en trouve de tous les styles, témoins émouvants et naïfs des métiers et de la vie d'autrefois. Admirez les couleurs originales, le mouvement des robes.

Devant le Musée municipal, engagez-vous dans la ***rua do Arco de Santarém.*** Notez la diversité de styles et de formes des portes. En contrebas, un quartier populaire d'une belle homogénéité, véritable « village dans la ville ». Jolies petites maisons tout le long de la pentue ***rua Direita.*** La plupart des encadrements de porte sont en marbre.

Igreja São Francisco : *au nord du Rossio.* Cette église richement décorée contient l'un des 3 arbres de Jessé du Portugal. Celui-ci date de la fin du XVIIe s.

Centro Ciência viva *(musée des Sciences vivantes) : sur le Rossio, dans l'ancienne université (le beau bâtiment blanc !). ☎ 268-334-285. • ccvestremoz.uevora.pt • Tlj, sauf j. fériés, 10h-18h (fermé lun juil-sept). Visite guidée recommandée ; la dernière part à 17h. Entrée : 9 € ; billet famille (2 adultes et enfants de moins de 17 ans, quel que soit leur nombre) : 16 € ; réduc.* Installé dans l'ancien et unique couvent de l'ordre de Malte (Convento das Maltezas) au Portugal à l'architecture gothico-manuéline. Surprenante alliance que ce cloître médiéval (où veille le squelette d'un T-rex !) et ces expériences scientifiques interactives destinées à mieux comprendre notre planète : le vol des insectes, les formations géologiques, la vie sous-marine, l'évolution des espèces... Intéressant. Propose également des visites des carrières de marbre.

L'ALENTEJO

Manifestations

– ***Bon à savoir :*** en juin – mais date variable –, le jour du Corpus Cristo est férié. TOUT est fermé !
– ***Feira internacional de Agro-pecuária*** *(FIAPE) : fin avr-début mai, pdt 5 j. (mer-dim), au parc des Expositions.* Minisalon de l'agriculture, où toutes les traditions artisanales et agricoles portugaises sont représentées.
– ***Cozinha dos Ganhões :*** *fête gastronomique pdt 3 ou 4 j. fin nov, au parc des Expositions.* On y célèbre la cuisine des ouvriers agricoles. Une cuisine par définition simple et nourrissante, accompagnée de chants et de danses folkloriques pour la digestion. C'est l'occasion d'entendre le *cante alentajano* (jadis chorale exclusivement masculine).

VILA VIÇOSA (7160) 8 400 hab.

À 19 km au sud-est d'Estremoz, au sommet d'une colline, dans un site très agréable, Vila Viçosa n'est pas une bourgade banale mais une petite ville privilégiée et marquée par l'histoire. Ancienne résidence des ducs de Bragance et de quelques rois (issus de la dynastie des Bragance), elle conserve de cette époque un air de noblesse qui se remarque dans le style général de la cité. De belles rues propres, bordées de maisons blanches et bleues, convergent vers la praça da Republica plantée d'orangers. Au bout de cette place centrale pavée et en pente, sur une butte verdoyante se dresse le *castelo.* La masse sombre de ce vieux château d'époque maure aux tours crénelées est magnifiée par son écrin de verdure et de verts cyprès élancés dans le ciel bleu. Vision idéale de l'archétype de la petite ville portugaise à taille humaine !

UN PEU D'HISTOIRE

Quelle destinée que celle de la dynastie des Bragance ! Dans les environs de Vila Viçosa, à Monte Claros précisément (près d'Estremoz), eut lieu en 1665 l'ultime bataille contre l'Espagne, qui consacra définitivement l'indépendance du Portugal. Celui-ci était sous domination espagnole depuis 1580. Suite à cette défaite espagnole, Madrid se résigna à l'inévitable : reconnaître la royauté des Bragance. Le 8e duc de Bragance devenu roi du Portugal en 1640 sous le nom de Jean IV meurt en 1656. Au terme d'une courte période de régence et après le règne raté d'Alphonse VI, c'est un autre duc de Bragance, Don Pedro II, qui hérite en 1667 de la couronne portugaise. Ainsi les Bragance, basés depuis toujours à Vila Viçosa, ont régné sur le Portugal de 1640 jusqu'en 1910 !

Arriver – Quitter

En bus

➢ Liaisons pour ***Évora*** (3 bus/j.), ***Elvas, Estremoz*** (2-3 bus/j., en sem seulement), ***Borba...***

Adresse utile

🛈 ***Posto do Turismo*** *(office de tourisme) : praça da República.* ☎ *268-889-317.* ● *cm-vilavicosa.pt* ● *En plein centre, près de la mairie. Mai-sept, tlj 9h30-13h, 14h30-18h ; hors saison, tlj 9h-12h30, 14h-17h30.* Bon accueil.

Où dormir ?

⌂ ***Hospedaria Dom Carlos :*** *praça da República, 25.* ☎ *268-980-318.* ● *hospedariadcarlos@hotmail.com* ● *En face de l'office de tourisme. Doubles à partir de 40 €, sans petit déj.* Petit hôtel style pension abritant des chambres simples et propres, toutes confortables (bains, clim, TV). Elles donnent sur la place lumineuse ou sur l'arrière plus sombre mais plus calme. On est accueilli par une gentille dame.

⌂ ***Casa do Colégio velho :*** *rua Dr Couto Jardim, 34.* ☎ *268-889-430.* 📱 *962-060-900. Doubles 70-95 €, avec petit déj.* Un élégant *solar* du XVIe s, ancienne propriété des ducs de Bragance. Ils l'avaient louée aux jésuites en attendant la construction de leur couvent, qui ne vit jamais le jour. D'où le nom de *convento.* Tout ici n'est que raffinement et qualité, dans un style « country chic ». Les chambres, toutes différentes, très confortables (clim) et arrangées avec goût. Celles à l'arrière donnent sur le beau jardin et la piscine, et bénéficient d'une vue harmonieuse. On a également apprécié l'ancienne loggia donnant sur la rue, transformée en salon, et le studio avec kitchenette, vaste et douillet. Excellent accueil, cela va de soi.

Où manger ?

|●| ⛱ ***Os Cucos :*** *Mata municipal.* ☎ *268-980-806. Tlj 9h-23h. Plats 8-12 €.* Idéalement situé dans un parc ombragé et verdoyant, c'est un bâtiment moderne avec une grande salle tout en baies vitrées, prolongée dehors par une belle terrasse. On y mijote une savoureuse cuisine alentejane franche et fraîche. À chaque jour son plat du chef : lundi *porco à Alentejana* ou *bacalhau cozido,* mardi *caçao de cebolada,* mercredi *ensopado de borrego...* On peut aussi se contenter de boire un verre au café et de grignoter un en-cas.

À voir

Arrêtez-vous sur la vaste et belle ***place du palais ducal.*** L'ensemble est si majestueux que l'on se croirait dans le décor d'une capitale ! D'un côté se dresse le panthéon des duchesses (aujourd'hui la ***pousada***), ***l'église et le couvent des Chagas de Christo.*** De l'autre, le panthéon des ducs, ***l'église de Nossa Senhora da Graça*** et ***le monastère de Santo Agostinho.*** Au centre de la place, la statue équestre de D. João IV, le 1er roi de la dynastie de Bragance qui invite à pénétrer dans le grand palais ducal *(paço ducal).*

Paço ducal *(palais ducal)* **:** *terreiro do Paço. ☎ 268-980-659. • fcbraganca.pt • Tlj, sauf lun et mar mat, 10h-13h, 14h-17h (18h juin-sept). Fermé j. fériés et 16 août. Entrée : 7 € ; suppléments pour les salles d'armes (3 €), la collection des carrosses (3 €), la salle des porcelaines chinoises (2,50 €) et le trésor (2,50 €).*
– ***Visites :*** *compter env 1h pour la visite du palais ducal, obligatoirement guidée (en portugais). Les départs sont à heure fixe. Visites en français (à 15h) et en anglais (à 11h), mar-ven, mais min 5 pers.*
– ***Bon à savoir :*** *évitez de préférence le mois d'août, c'est intenable (trop de monde, trop chaud).*
Longue façade palladienne du XVIe s en marbre blanc pour ce qui fut la résidence officielle des ducs de Bragance, avant de devenir une résidence d'été lorsque le 8e duc reçut la couronne royale (João IV) en 1640. L'intérêt des salles, salons et appartements est assez inégal, le château ayant connu des heures difficiles, des années 1930 aux années 1970. La visite est néanmoins intéressante compte tenu de la profusion d'œuvres, meubles, objets de qualité ou insolites, qui font du lieu un vrai musée des Arts décoratifs.
La ***1re partie*** de la visite concerne les salles d'apparat, agrémentées de tapisseries (Aubusson, Beauvais, Bruxelles) et de tapis (vous y verrez le plus grand du Portugal), ainsi que de plafonds baroques peints en trompe-l'œil, d'*azulejos*, de lustres vénitiens, de vases chinois en céramique, de cheminées alentejanes en marbre, etc. ***Magnifique salle des ducs de Bragance,*** la plus grande du palais, qui servait autrefois de salle de réception. Les plafonds à caissons sont ornés des portraits des Bragance, la dernière famille royale du Portugal.
Visite ensuite des étonnants ***appartements royaux,*** plus intimes (décor digne d'un vaudeville de Feydeau, avec les armoires pleines de vêtements et les objets personnels en bonne place), où vous noterez que le roi dom Carlos avait un vrai talent pour la peinture. Dans une pièce attenante à la chambre de la reine, beau piano de l'école Boulle. Longue chapelle restaurée au XVIIIe s décorée de panneaux de marbre polychrome et de plafonds à caissons. Le parcours s'achève dans ***l'incroyable cuisine du palais*** où ont été conservées près de 600 casseroles et marmites en cuivre. Elles sont nettoyées... au citron et à l'eau courante, comme autrefois. Un vrai décor de film historique !
– Visite aussi de la ***petite salle de la Porcelaine chinoise*** (Expo Bleu et Blanc de Chine) qui contient 90 porcelaines chinoises du XVIe s au XVIIIe s. C'est la plus grande collection du Portugal. Une assiette chinoise date du règne de Zhengde (1506-1521) et une bouteille en porcelaine ronde fermée par un gobelet métallique porte les armes de Philippe II d'Espagne. Voir aussi la ***collection d'armes*** (lances, épées, fusils), la ***salle du Trésor*** (argenterie, tableaux, reliquaires) et *la* ***collection de Carrosses*** qui renferme des calèches et des carrosses royaux.

Porta de Nos *(porte des Nœuds)* **:** *rua Duque D. Jaime. En sortant du palais ducal, traverser la place ; c'est à 50 m sur la gauche.* Célèbre porte manuéline, vestige du rempart du XVIe s.

Museu do Estanho Apeles Coelho *(musée de l'Étain)* **:** *largo Mariano Presado, 25. Tlj 9h30-13h, 14h30-18h, sauf lun. GRATUIT.* Petit musée abritant de nombreux objets en étain réalisés par l'artiste Apeles Coelho (1928-2015). Originaire de Vila Viçosa, il était connu dans toute l'Europe pour son savoir-faire et ses secrets de fabrication, sa renommée débordant largement le Portugal.

➢ Promenade dans le vieux quartier du château (Castelo de Vila Viçosa) au bas de la Praça da Republica. En cours de route, on croise un beau pilori en granit du XVIe s. Le château se visite à peu près aux mêmes heures que le palais ducal et abrite, outre un agréable parc verdoyant, un ***musée archéologique*** et un ***musée de la chasse*** *(mêmes horaires que le Paço ducal ; entrée : 3 € ; visite guidée en portugais).*

Museu do Mármore Raquel de Castro *(musée du Marbre) : Olival da Gradinha, av. Duque D. Jaime, à la sortie de la ville, direction Borba. ☎ 268-898-641. Tlj 9h-12h30, 14h-17h, sauf lun. Entrée : 1,50 €.* Ce vaste bâtiment lumineux fut naguère une gare ferroviaire. On découvre l'histoire de l'exploitation du marbre dans la région de Vila Viçosa, Borba et Estremoz, et les techniques d'extraction : maquettes, photos, outils anciens et récents... On y apprend aussi que Louis XIV faisait venir du marbre de Vila Viçosa. Quelques beaux objets à prix doux en vente à la boutique.

DANS LES ENVIRONS DE VILA VIÇOSA

Borba : en venant de Vila Viçosa (env 4 km) et Borba, la route passe devant des carrières de marbre. Avec Estremoz et Vila Viçosa, Borba est aussi réputée pour son marbre qui lui donne, comme à ses voisines, cette blancheur si caractéristique. La petite ville est également connue pour ses vins. Avec le vin de Vidigueira, Borba est un autre grand nom des *vinhos maduros* (vins mûrs) de l'Alentejo. C'est aujourd'hui une agréable petite ville aux maisons à l'élégance discrète, avec quelques petits monuments comme la *fontaine das Bicas* ou la *chapelle de la Procession.*

Casa de Borba *(Turismo de habitação) : rua da Cruz, 5. ☎ 268-894-528. • casadeborba@hotmail.com • En face de la poste* (correios). *Congés : nov-mars. Doubles 85-90 €.* Dans une superbe demeure seigneuriale du XVIIIe s, un véritable palais doté d'une entrée cavalière où sont conservées 2 anciennes calèches ! Un monumental escalier de marbre conduit à des chambres vastes comme des suites, meublées à l'ancienne (que des meubles de famille) et très bien équipées comme ces grandes salles de bains revêtues de marbre d'Estremoz. On a aimé la chambre de l'Archevêque avec baldaquin et la chambre Bleue avec son cabinet de toilettes rétro. Salle de billard et salon TV orné d'un grand lustre en cristal. Grand jardin avec piscine. On est accueilli par la joviale Mme Lobo de Vasconcelos, qui parle bien le français. Une adresse chargée d'histoire et de grand charme.

Arca d'Ouro : *rua Marquês de Marialva, 9. ☎ 268-894-873. De la place avec la fontaine, prendre au coin de la mairie la rue qui monte. Le resto est sur la gauche, 50 m après la 2e rue de gauche. Tlj 9h-23h. Plats 10-20 €. Apéritif maison offert sur présentation de ce guide.* Une toute petite *adega* familiale, toute simple et agréable, où la cuisine est fraîche et préparée par madame comme à la maison. Patron francophone très attentionné.

Adega Cooperativa de Borba : *largo Gago Coutinho, et Sacadura Cabral, 25. ☎ 268-891-660. • adegaborba.pt • Tlj 11h-17h, sauf dim. Résa la veille. 7,50 € ou 12,50 € avec essai d'huile et de vin, visite en français possible.* La plus grande coopérative de la région. À la sortie de Borba en direction d'Estremoz, on tombe dessus sur la gauche. On jette un œil aux installations, aux caves, mais pas aux vignes car elles sont trop loin du centre-ville : ici on ne les voit qu'en film.

ELVAS

(7350) 23 100 hab.

À 10 km de la frontière de l'Espagne, la place forte d'Elvas n'a plus rien à craindre des Espagnols. L'ennemi militaire d'autrefois est devenu l'allié économique d'aujourd'hui ! Ancienne ville de garnison, établie dans un site stratégique, sur une éminence, la ville fortifiée d'Elvas est entourée d'une ligne d'épais remparts des XVIIe et XVIIIe s. Très bien conservée, elle offre aujourd'hui le plus bel exemple d'architecture militaire du Portugal. Pour l'Unesco (qui l'a inscrite en 2012 sur la liste du Patrimoine mondial), Elvas constitue le plus grand système défensif de remparts à douves sèches du monde !
Son vieux centre historique se révèle plein de charme avec son lacis de rues pavées, de ruelles et de maisons blanches, ses vieilles casernes restaurées et transformées. La proximité de Badajoz (1re ville espagnole à l'est) crée une sorte d'émulation qui se traduit par une vie culturelle stimulante qui contraste bel et bien avec son passé militaire de ville de garnison. Ici, on n'est ni tout à fait dans un joli village blanc et endormi à donjon, créneaux et mâchicoulis, ni dans l'Alentejo désertifié. Plutôt une ville moyenne et vivante, à l'instar de Portalegre ou de Beja.
– ***Conseil :*** laissez votre voiture hors des remparts, surtout en saison.

L'ALENTEJO

Arriver – Quitter

Gare routière : *à Fonte Nova, au sud des remparts ; à env 10 mn à pied du centre-ville.*
➢ ***Estremoz :*** 4 bus/j., 8h05-18h30 avec *Rede Expressos*. Durée : 45 mn.
➢ ***Évora :*** 3-4 bus/j. Durée : 1h15-3h44, selon le trajet.
➢ ***Lisbonne :*** une petite dizaine de bus/j. en sem, 6h45-18h30. Un peu moins le w-e. Durée : 2h40-3h15.
➢ Également des liaisons quotidiennes pour les autres villes de l'Alentejo : ***Vila Viçosa, Campo Maior*** et ***Portalegre.***

Adresses utiles

Posto de Turismo : *praça da República. ☎ 268-622-236. ● turismo@cm-elvas.pt ● cm-elvas.pt ● Tlj 10h-18h.* Plan de la ville, documentation sur les lieux à visiter.
Poste : *rua da Cadela. À 2 mn au sud de la praça da República. Lun-ven 9h-18h.*
■ ***Tuk 2 You :*** *☎ 962-804-959. Compter 15 € pour 13 mn de tuk-tuk, 25 € pour 1h, 25 € sans limite de temps, avec arrêts dans les monuments. Compter 10 €/pers pour une visite guidée (à pied) de 2h, min 4 pers.* Le jeune Frederico organise des excursions à bord d'un *tuk-tuk* (le *rickshaw* indien).

Où dormir ?

De bon marché à prix moyens

Residencial António Mocisso : *rua J. de Olovença, 23. ☎ 268-622-126. ● residencial.mocisso@hotmail.com ● Descendre la rue à gauche de l'office de tourisme et prendre la 1re ruelle à gauche. Résa conseillée (souvent complet). Doubles 35-45 €, sans petit déj.* Au cœur de la ville, à l'angle de 2 ruelles calmes (pas de voitures) et étroites, tout respire la propreté dans cette petite pension modeste, tenue par une dame affable. Même si certaines chambres sont sans fenêtres, il y a douche, w-c, clim et TV pour tout le monde. Également des chambres à 3 et 4 lits. Économique et en plein centre.

Hotel Dom Luis : *av. de Badajoz. ☎ 268-636-710. • geral@hoteldluis-elvas.com • hoteldluis-elvas.com • À l'extérieur de la vieille ville, face à l'aqueduc. Doubles 64-74 €, avec petit déj.* Certes, ce n'est pas une *quinta* romantique, mais dans la catégorie hôtel, cet établissement fonctionnel est parfait. Les chambres sont contemporaines, confortables (clim, TV, salle de bains nickel, ascenseur), et profitent d'une vue sur le vieil aqueduc Amoreira (très bonne insonorisation) ou sur le jardin et la piscine. Excellent accueil. Fait aussi restaurant.

Plus chic

Hotel São João de Deus : *Largo João de Deus, 1. ☎ 268-639-220. • info@hotelsaojoaodeus.com • hotelsaojoaodeus.com • Doubles 65-80 €.* Cet hôtel a la particularité d'être inséré dans la muraille ouest de la ville. Il occupe l'espace d'un ancien hôpital militaire, ayant fonctionné de 1642 à 1976, soit durant 3 siècles ! Reconverti en hôtel de charme, avec parfois des murs de plus de 2 m d'épaisseur, il propose de belles et grandes chambres chics, bien équipées (clim), et meublées à l'ancienne. Elles sont calmes et donnent sur un jardin intérieur planté d'orangers et de citronniers autour d'une piscine. Beaucoup de caractère et de style !

L'ALENTEJO

Où manger ?

Prix moyens

Adega regional : *rua João Casqueiro, 22 B. ☎ 268-623-009. 📱 969-451-566. Du largo da Misericórdia, tourner à droite de l'église et la 1re rue à droite. Tlj 12h-22h30 (lun 16h). Repas 15-20 €.* Dans une grosse demeure aux murs couleur rouge carmin, abritant une belle salle bien arrangée. Carte très variée : viandes, poissons (morue, poulpe...), salades, fruits de mer et quelques plats végétariens. La cuisine alentejane est bien représentée avec le *caçao frito*, les *migas*, l'agneau *(borrego)*. Service attentionné et professionnel.

Acontece : *av. Garcia de Orta, 8. 📱 925-755-186. Tlj 12h-15h, 19h-23h, sauf lun et dim soir.* Sans doute le meilleur resto d'Elvas. L'architecture du resto, très contemporaine, et sa façade vert pomme dénotent avec les vieilles pierres du quartier. L'intérieur est tout aussi moderne, design, et coloré. C'est normal car le propriétaire est architecte d'intérieur bien qu'il sache aussi cuisiner. Résultat : une très savoureuse cuisine d'Alentejo innovante mais basée sur la tradition, et servie dans un beau décor (œuvre du designer Mario Pires) le plus à l'avant-garde d'Elvas.

Où manger dans les environs ?

Casa Alentejo : *alto da Boavista, à* ***Varche****. ☎ 268-620-359. 📱 934-770-922. À 3 km d'Elvas ; la bifurcation est sur la gauche en allant vers Lisbonne. En été tlj 11h-23h. En hiver, tlj, sauf lun, 11h-21h30 (23h-minuit ven et sam). Congés autour de Noël. Plats 10-15 €. Digestif offert su présentation de ce guide.* Resto de bord de route, dans un virage, avec une terrasse couverte et un intérieur plutôt gai et rustique. Plusieurs plats avec le porc noir en vedette, grillé ou en sauce. Pour les allergiques : morue et fruits de mer. Bon accueil.

Taberna do Adro : *largo João Dias de Deus, 1, à* ***Vila Fernando****. ☎ 268-661-194. À 14 km d'Elvas en direction de Borba par la N 4. Le resto se trouve à droite de l'église. Tlj 12h30-15h, 19h30-22h, sauf mer. Repas 15-20 €.* À côté d'une petite église, une auberge villageoise, discrète et bien propre, avec des tables et des bancs bois à l'extérieur (en saison) et 2 minuscules salles chaleureuses. Murs décorés de vieilles assiettes et de vaisselle familiale. Dans ce petit bijou rustique et élégant, quelques tables et des tabourets où l'on se pose pour déguster les bonnes tapas (charcuterie, tortilla, fromages...) en attendant les 3 ou 4 plats du jour, au choix, de poule, porc ou morue. Une adresse réputée dans la région.

Où déguster une bonne pâtisserie ?

Les gourmands trouveront dans les pâtisseries de délicieuses friandises locales : les *sericaias,* savoureuses tartes aux œufs battus, les *capitólios* (gâteaux mi-secs aux amandes et à l'orange) et, surtout, les fameux pruneaux d'Elvas *(ameixas de Elvas).*

Pastelaria Cantarinha : *rua da Cadeia, 41 (derrière l'office de tourisme). Tlj sauf sam 7h-minuit.* Une bonne adresse, où l'on se rend autant pour l'ambiance que pour la qualité des pâtisseries.

À voir

Aqueduto da Amoreira (aqueduc) **:** le plus impressionnant du pays et ***un des plus hauts d'Europe.*** Un vrai travail d'Hercule. Attention, ce n'est pas un aqueduc romain (comme à Ségovie en Espagne ou le pont du Gard en France) mais un monument de l'âge des découvertes (XVIe s). Commencé en 1498, il nécessita plus d'un siècle de construction et fut achevé en 1622. Long de 7,8 km, composé de 840 arches, il servait naguère à alimenter la ville en eau, en particulier quand Elvas était en état de siège. Aujourd'hui encore, il garde la même fonction utilitaire et fournit de l'eau à Elvas. Peu avant d'arriver aux remparts, dans un coude, on peut voir au-dessus d'une arche les armoiries de la ville.

La forteresse et ses murailles *(muralhas, remparts)* **:** édifiée à partir du XVIIe s, la forteresse d'Elvas est si imposante qu'elle classe la ville parmi ***les cités fortifiées les mieux conservées du monde.*** Construite en étoile, sur le modèle des forteresses de Vauban, avec des bastions, des courtines, de larges fossés, elle est percée de 3 grosses portes fortifiées. Les murailles font plusieurs mètres de large à certains endroits. La dernière fortification a été érigée par un prêtre jésuite, architecte et mathématicien, originaire des Pays-Bas et connu sous le nom de Cosmander Cieremans. Son système défensif est considéré comme un chef-d'œuvre de son époque ! C'est dans une de ces redoutes que Wellington, général de l'armée anglaise (alliée au Portugal) a planifié plusieurs de ses batailles contre les troupes napoléoniennes.
Outre les murailles qui cernent la ville d'Elvas, ce puissant système défensif est complété au sud du ***Forte de Santa Luzia*** *(tlj, sauf lun et mar mat, 10h-13h, 15h-19h [14h-17h oct-avr] ; entrée : 2 €).* Construit en 1648, sur une butte, ce fort possède un étonnant réseau de souterrains qui le reliait à la ville, ainsi que les remparts, les plates-formes d'artillerie (encore équipées de canons d'origine du XVIIIe s), la redoute centrale et la salle du gouverneur. Les casernes abritent quant à elles un modeste *musée militaire (mêmes horaires ; entrée : 2 €, gratuit moins de 12 ans),* qui évoque le rôle d'Elvas dans les guerres luso-espagnoles.
Au nord de la ville, le ***Forte da Graça*** *(tlj sauf lun, 10h-18h [17h en hiver] ; entrée 5 € ou 8 € en visite guidée),* sur une autre colline, à environ 2 km (30 mn de marche), complète le système défensif. Il fut construit au XVIIIe s pour recevoir une artillerie de plus longue portée. Vue stratégique sur la ville et les environs.

En venant de Lisbonne, on pénètre dans Elvas par le *largo da Misericórdia.* Dans la rua da Cadeia, l'*arco do Relógio* (du XVIe s, vestige de l'ancien hôtel de ville) mène à la ***praça da República,*** le cœur de la cité. Au nord de la place, la Sé (cathédrale), avec sa tour-porche trapue.

À droite de la cathédrale, suivre la ruelle qui monte jusqu'au ***largo de Santa Clara.*** On découvre un séduisant décor de théâtre sur une placette triangulaire pavée. L'ensemble se compose de vestiges de l'enceinte arabe du Xe s : tours massives crénelées avec une arche surmontée d'une élégante et aérienne loggia. Tout autour, nobles demeures à portails gothiques. Au milieu, pilori manuélin. L'*église de la Consolação,* de forme octogonale et de style Renaissance, ferme la scène. À l'intérieur, coupole tapissée de beaux *azulejos* du XVIIe s.
L'arche franchie, on pénètre dans un vieux quartier plein de charme, lacis de ruelles anciennes. La pimpante *travessa de Alcaçovas* mène à l'*arco de Miradeiro.*

Castelo de Elvas : *tlj 9h30-13h, 14h30-17h30, sauf lun. Entrée : 2 € ; réduc.* Édifié par les Maures et remanié par la suite. Du donjon haut de 31 m, vue unique sur la ville, les fortifications, les collines couvertes d'oliviers, le fort de Graça. En sortant du château, emprunter l'une des plus jolies rues de la ville : la *rua das Beatas.* Bordée de maisonnettes gaies, jaunes, blanches, ocre, et abondamment fleuries.

Dernière promenade, en suivant le rempart nord vers la porte São Vicente. Jalonnée de vieilles **églises** comme *São Francisco, Santa Clara, São Pedro* (beau portail romano-gothique).

L'ALENTEJO

Museu de Arte contemporâneo *(MACE) :* *rua da Cadeia, près de la poste. ☎ 268-626-218. Tlj, sauf lun et mar mat, 10h-13h, 15h-18h (10h-17h en hiver). Entrée : 2 € ; gratuit moins de 12 ans.* Propose des expos temporaires d'art contemporain.

➢ Continuer la promenade au fil des escaliers et des ruelles pour rejoindre le largo do Colégio et sa magnifique *biblioteca municipal.*

Museu da Fotografia João Carpinteiro : *largo Luís de Camões. ☎ 268-636-470. Tlj, sauf lun, 10h-13h, 15h (14h en hiver)-19h (17h en hiver). Entrée : 2 € ; réduc.* Le seul musée sur ce thème au Portugal. Il renferme une collection très complète d'appareils photo, des plus anciens aux plus récents, en passant par les emblématiques jetables ! Des raretés désormais « collector » auxquelles s'ajoute tout le matériel nécessaire au développement des pellicules (agrandisseurs, glaceuses...). Vraiment intéressant, d'autant que les vitrines regorgent de gadgets amusants sur le sujet. Banque d'images sur Elvas et sa région. Expos temporaires (peinture...).

Manifestation

– ***Fête et foire de la Saint-Matthieu :*** *vers le 20 sept.* Processions, exposition agricole, défilés folkloriques et *touradas.*

DANS LES ENVIRONS D'ELVAS

Campo Maior : à environ 20 km au nord-est d'Elvas, une petite ville rurale qui fut fortifiée en 1310 par le roi Dom Dinis pour surveiller la frontière hispano-portugaise. Au fil des rues, noter les nombreux balcons en fer forgé, tous plus beaux les uns que les autres. Comme à Évora, on y trouve une ***Capela dos Ossos*** (chapelle recouverte d'ossements). En 1732, l'explosion d'une poudrière contenant 10 tonnes de poudre à canon détruisit toute la ville et 800 personnes périrent dans ce drame. Ce sont leurs os qui sont entreposés dans ce sanctuaire. Campo Maior, c'est aussi la capitale portugaise du café ! La puissante compagnie *Delta Cafés* (vous en boirez pendant votre voyage !) est implantée à Degolados, à 4 km en direction de Portalegre. Celle-ci fait vivre 1 habitant sur 5 de Campo Maior. Résultat : la bourgade a traversé la crise mieux que les autres dans une région défavorisée.

– **Bon à savoir :** il n'y a aucune plantation de café dans la région car cette plante tropicale ne peut pas pousser au Portugal ni en Espagne (sauf en pépinière). Alors pourquoi cette compagnie Delta est-elle implantée ici en pleine campagne ? La raison est historique. Autrefois quand le Brésil, colonie portugaise, exportait son café vers le Portugal, le voisin espagnol était un acheteur important. Ainsi des contrebandiers développèrent un commerce de café par-dessus la frontière entre les 2 pays. Campo Maior fut une plaque tournante de ce commerce lucratif. La contrebande devint commerce légal sous l'impulsion du génial Rui Nabeiro, le « roi du café » (voir encadré plus bas).

***Centro de ciência do café** (Centre de la science du café) : Herdade das Argamassas (juste avt **Degolados** en arrivant de Campo Maior). ☎ 268-009-630. • centrocienciacafe.com • Mar-ven 10h-18h (17h en hiver), sam-dim 10h-14h. Entrée : 68 € ; réduc ; gratuit moins de 5 ans.*
Ce grand espace a été créé par la société *Delta*, fondée et dirigée par Rui Nabeiro (né en 1931 à Campo Maior), aujourd'hui numéro 1 du café au Portugal et 5e torréfacteur de café au monde. Le centre occupe un vaste bâtiment moderne tout en baies vitrées, où les 3 500 m² d'exposition sont entièrement consacrés au café (il y a même une pépinière avec de vrais plants !). Après avoir profité des différents films, des panneaux tactiles, des reconstitutions ludiques de machines et des riches collections (moulins vintage, cafetières insolites...), vous saurez tout de l'histoire et de la transformation de cet or noir, de sa culture à la torréfaction... avant d'aller savourer un expresso au bar du musée !
Dans un tout autre registre, les amateurs pourront poursuivre leur balade gustative dans l'***Adega Mayor*** juste à côté, un domaine vinicole qui appartient au même propriétaire Rui Nabeiro. Les intéressantes visites guidées se déroulent dans la zone de production, au milieu des cuves et des fûts de vieillissement, et s'achèvent autour d'une dégustation *(☎ 268-699-440 ; • adegamayor.pt • ; tlj 10h-13h, 15h-18h ; visite guidée 2-10 € sans ou avec dégustation et selon nombre de vins).*

UN GRAND PATRON

À plus de 90 ans, le P.-D.G. des cafés Delta, Rui Nabeiro, dirige toujours son entreprise de torréfaction, avec 3 300 salariés et un chiffre d'affaires annuel de 350 millions d'euros. Fils d'agriculteurs illettrés, ce self-made-man a commencé à travailler à l'âge de 12 ans. Il est classé à présent comme le 12e homme le plus riche du Portugal. De grands groupes comme Nestlé, Kraft *ou* Pepsi *ont voulu racheter son entreprise. Non ! Le patriarche fortuné travaille en famille et ne vend pas. Il reste un patron « social ». Pour lui, « la société appartient à tous ceux qui y travaillent ».*

***Camping Os Anjos :** estrada de Senhora da Saude 1179, 7371-909 **Campo Maior.** ☎ 268-688-138. 📱 965-236-625. • campingosanjos.com • À env 1 km au sud-est de Campo Maior (suivre le fléchage « Parque de campismo rural »). Ouv tte l'année, sauf de mi-nov à mi-janv. Forfaits pour 2, 15-18 €.* Un accueillant couple de Néerlandais (lui parle français) tombé amoureux de ce coin de l'Alentejo a aménagé ce camping familial coquet et très bien entretenu. Sur un terrain d'un hectare, une trentaine d'emplacements, avec peu d'ombre et beaucoup de lumière. Bloc sanitaire nickel et bien équipé. À côté de la maison des propriétaires, petite piscine et transats, ainsi qu'un bar avec boissons fraîches et documentation. Convivial à souhait.

***Restaurant-bar Trindade :** estrada Militar, 38. ☎ 268-687-325. Tlj sauf sam et dim, jusqu'à 22h. Plats 7-14 €.* Une belle adresse comme on en trouve encore souvent au sud du Portugal. Décor chaleureux, avec de belles arcades en brique rouge. Une clientèle locale qui vient là autant pour regarder la TV que pour se régaler avec un savoureux *arroz de pato* (canard au riz) ou du porc rôti parfumé, le tout accompagné d'un vin de Borba qui ne tape ni à la tête ni dans le portefeuille. En dessert, on n'échappe pas à une part de *sericaia,* la spécialité locale.

PORTALEGRE

(7300) 25 000 hab.

À 58 km au nord d'Elvas, dans une région de vignobles, de forêts de chênes et de châtaigniers, Portalegre s'étage sur le versant sud de la serra de São Mamede, une région assez verdoyante qui contraste avec la ville, plutôt laborieuse et commerçante. Ce n'est pas un petit village mais une vraie cité, avec le statut de préfecture de province, autrefois (XVIIe et XVIIIe s) dominée par une puissante aristocratie de propriétaires terriens. Quelques petits palais et demeures seigneuriales blasonnées témoignent de ce riche passé.
Elle possède une certaine personnalité, notamment par les façades baroques, par ses musées et sa cathédrale, qui en font une étape intéressante.

Arriver – Quitter

En bus

🚌 ***Gare routière :*** *av. do Brasil.* Consigne à bagages *(1 €/j., 2 €/nuit).* Attention, horaires très variables.
➢ ***Évora :*** 2-3 bus/j. avec *Rede Expressos.* Durée : min 1h25-2h30, selon le trajet.
➢ ***Estremoz et Beja :*** 2 bus/j. (moins le w-e). Durée : 45 mn.
➢ ***Marvão :*** 4 bus/sem à 11h15. Durée : 35-45 mn.
➢ ***Castelo de Vide :*** 1-2 bus/j. Durée : 20 mn.
➢ ***Lisbonne :*** 4 bus/j. en sem, 7 bus le dim.

Adresses utiles

ℹ ***Posto de turismo*** *(office de tourisme)* ***:*** *rua Gomes Fernandes, 22. ☎ 245-307-445. • turismo@cm-portalegre.pt • Tlj 9h30-13h, 14h30-18h.*

✉ ***Poste :*** *sur le Rossio, à l'opposé du vieux centre. Lun-ven 8h30-13h, 14h-18h.*

Où dormir ?

Bon marché

🏠 ***Doña Maria Guest House :*** *rua 31 de Janeiro, 30. ☎ 245-331-212. • donamariagh.com • Double env 40 €.* Dans une rue pavée et ancienne, proche de l'office de tourisme, se niche une bonne petite pension bien restaurée avec des chambres coquettes et confortables (clim). Tout est joli, propre et net. Elles donnent sur la rue calme ou sur l'arrière (plus calme encore). Le propriétaire parle le français. Excellent accueil. Une adresse de bon rapport qualité-prix.

🏠 ***Hotel Mansão Alto Alentejo :*** *rua 19 de Junho, 59. ☎ 245-202-290. • mail@mansaoaltoalentejo.com.pt • mansaoaltoalentejo.pt • À 2 pas de la cathédrale. Double 45 €, petit déj inclus.* Dans une ruelle sans voiture, un petit immeuble orné en façade de quelques faïences vertes. Un escalier en pierre et la réception à l'étage. Abrite des chambres bien arrangées, ayant conservé le style régional (joli mobilier peint). Bon confort (clim, TV) et bon accueil.

Plus chic

Solar das Avencas : *parque Miguel Bombarda, 11. ☎ 245-201-028. • maria.manta@hotmail.com • Prendre la rue qui monte à gauche de l'office de tourisme et longer à droite. Doubles et suites 50-100 €, avec petit déj.* Derrière la façade baroque se cache une imposante maison noble du XVIIIe s, proposant 5 chambres d'hôtes de caractère. Notre préférée : la nº 2, la plus grande. La décoration intérieure mêle avec succès des meubles anciens de style portugais à des objets orientaux rapportés de voyages (le grand-père était médecin de la marine). Bon accueil.

Où manger ?
Où boire un verre ?

De très bon marché à prix moyens

Patio da Casa : *rua Benvindo Ceia, 1. 967-467-645. Lun-sam 13h-minuit. En-cas 3-4 €.* Petites salles au mobilier hétéroclite qui encadrent une jolie cour ombragée. Bien pour les petites faims (tapas portugaises) ou pour boire un verre en terrasse, un sandwich toasté.

Solar do Forcado : *rua Cândido dos Reis, 14. ☎ 245-330-866. Tlj sauf sam midi et dim, jusqu'à 22h. Résa impérative. Plats 10-15 €.* Petite salle chaleureuse décorée sur le thème de la tauromachie, car le propriétaire est un ancien toréador de la corrida portugaise. La cuisine fait la part belle à la viande. On se régale de spécialités de taureau goûteuses, de brochettes de bœuf juteuses, ou encore d'un jarret de porc au four. Les accompagnements sont à la hauteur, de même que les desserts. Service attentif et professionnel. La meilleure table de Portalegre.

À voir

C'est un plaisir de monter vers la cathédrale, depuis la fontaine du Rossio sous fond de façade baroque du palais Póvoas, en arpentant les voies commerçantes Luís de Camões et do Comércio, bordées de façades à *azulejos* et de boutiques. De vieilles ruelles pentues mènent également au largo da Sé, bordé de belles demeures aux élégantes ferronneries. Ville active en semaine, mais le week-end, c'est mort !

***Sé** (cathédrale) :* large façade martiale et tours baroques à meurtrières. À l'intérieur, voûte Renaissance. Peintures, retables de l'école portugaise. Sacristie recouverte d'*azulejos*. Si vous réussissez à y jeter un œil, vous noterez aussi le beau mobilier de rangement.

Castelo : *rua do Castelo. Tlj 9h30-13h, 14h30-18h. Tarif : 1,50 € ; billet couplé avec le Musée municipal : 2,50 €.* Fondé après 1290 par le roi Dom Dinis, ce château gardait la frontière avec l'Espagne voisine. Il a perdu ses murailles, mais ses tours, désormais reliées par une structure moderne en bois et verre et dédiées aux expositions temporaires, permettent de profiter d'une jolie vue sur la ville.

Convento de São Bernardo : *au-dessus du parque Miguel Bombarda.* Vaut la peine pour les magnifiques panneaux d'*azulejos* racontant la vie édifiante de saint Bernard. C'est aujourd'hui une école.

L'ALENTEJO

Museu municipal : *rua José Maria da Rosa, à droite de la cathédrale. Tlj : en été 9h30-13h, 14h30-18h ; en hiver, 9h-12h30, 13h30-17h. Entrée : 1,50 € ; billet couplé avec le château : 2,50 €.* Dans un ancien séminaire du XVIIIe s, ce riche musée rassemble des collections d'art sacré provenant des couvents de la ville (objets liturgiques, bas-reliefs et autres statues, comme cette superbe Nossa Senhora de Piedade de facture flamande de la fin du XVe s, en plein gothique flamboyant), ainsi que du mobilier, des peintures et de jolies faïences anciennes. Et une curiosité, dans un tout autre genre : une ***De Dion-Bouton, la 1re voiture qui a circulé à Portalegre*** ! Cette « voiturette » de 1900 pèse 200 kilos, et pouvait atteindre la vitesse de 25 km/h !

Près du musée, sur la praça Cristovão Falcão s'élève le *palácio Abrancalhas,* plus connu sous le nom de ***palácio Amarelo*** (« palais jaune »). C'est l'un des plus beaux ensembles en fer forgé du pays.

Museu da Tapeçaria de Portalegre Guy Fino *(musée de la Tapisserie de Portalegre Guy-Fino)* **:** *rua da Figueira, 9. Descendre dans la ruelle qui contourne le Musée municipal et passer le palácio Amarelo. ☎ 245-307-530. Tlj sauf lun, 9h30-13h (9h-12h30 en hiver), 14h30-18h (13h30-17h en hiver). Entrée : 2,10 €. Sur demande, visite guidée en français.* Depuis un demi-siècle, Portalegre produit une tapisserie de très belle qualité. Jean Lurçat, peintre français du milieu du XXe s, ne s'y était pas trompé, puisqu'il avait reconnu, précisément, son erreur. En effet, invité plusieurs fois à faire des cartons pour la manufacture, il est resté longtemps dubitatif. Mais lorsqu'on le mit au défi de reconnaître son œuvre originale, il choisit la copie réalisée à Portalegre ! Depuis, conquis, il y fit exécuter de nombreux cartons, lançant internationalement la manufacture. Ce vaste musée moderne permet d'admirer plusieurs de ses œuvres, ainsi que les réalisations d'une soixantaine de maîtres portugais, présentés en alternance.

Casa-museu José Régio : *av. Poeta José Régio. À côté de la praça da República. ☎ 245-307-535. Tlj, sauf lun et j. fériés, en été 9h30-13h, 14h30-18h ; en hiver 9h-12h30, 13h30-17h. Entrée : 2,10 € ; gratuit moins de 14 ans et pour ts dim mat. Visite guidée env 1h.* Ce poète régional (1901-1969) vécut dans cette maison jusqu'à sa mort, et accumula pendant 34 ans une étonnante collection d'art populaire. Les 17 (petites) salles sont remplies de meubles, d'objets du quotidien, de statues religieuses et d'innombrables crucifix glanés aux 4 coins de la région. Insolite !

Manifestations

– ***Jazzfest :*** *3-4 j. en avr.* Festival de jazz réputé.
– ***Feira de la Doçaria conventual :*** *vers la mi-avr.* Un concours de tout ce qui se fait de mieux dans le pays en matière de pâtisserie : *toucinho do céu* (« lard du ciel »), *papos de anjo* (« estomac d'ange »), *barriga de freira* (« ventre de nonne »), *fidalgo* (typique d'Évora), *leite serafim* (lait d'ange), *manjar branco* (mets blancs), *rebuçados de ovos* (petits œufs)...

DANS LES ENVIRONS DE PORTALEGRE

Mosteiro de Flor da Rosa et Pousada Mosteiro Crato : *à 2 km de Crato et à 24 km de Portalegre. ☎ 245-997-341. Lun-ven 9h30-12h30, 15h-17h30 ; le w-e 10h-13h, 14h30-18h. Entrée : env 2 € ; gratuit moins de 12 ans.* Édifié par le 1er prieur de l'ordre des chevaliers de Malte au Portugal, Flor

da Rosa servit tout à la fois de palais fortifié, de monastère et d'église, ainsi que de résidence au prieur. À la fin du XIXe s, à la suite d'infiltrations d'eau, l'église s'effondra. Elle fut reconstruite dans les années 1940 avec peu de moyens et beaucoup de bonne volonté. Architecture massive et pourtant élégante. L'église, le cloître et un petit musée avec belle statuaire restent ouverts au public.
Le monastère abrite aujourd'hui la ***Pousada Mosteiro Crato,*** une *pousada* de charme *(☎ 245-997-210 ; • pousadas.pt/en/hotel/pousada-crato • ; doubles à partir de 130 €).* Dans les chambres, décoration sobre et impressionnante. Spa et piscine hyper modernes. Excellent resto avec produits locaux.

LA SERRA DE SÃO MAMEDE

Étendu à l'est de Portalegre, le long de la frontière espagnole, ce massif montagneux de moyenne altitude oscille entre 400 et 800 m et culmine au pic de São Mamede à 1 025 m. Traversé par quelques routes sinueuses, il offre un beau résumé de la faune et de la flore alentejanes de « petite montagne ». Le sol imperméable favorise la croissance d'une végétation variée, et les petites prairies alternent avec des forêts de chênes-lièges, d'eucalyptus, d'oliviers, de châtaigniers et d'amandiers, tandis que les sapins introduits au début du XXe s pour le commerce du bois rendent, par moments (du fait de leur uniformité), le paysage un peu monotone. Sur les rares plateaux arides, le relief est dessiné par des blocs de roche édentés. La meilleure façon de découvrir cette région reste d'entreprendre une randonnée au départ de Marvão, Reguengo, Galegos, Carreiras ou encore au sud à Esperança.
➢ ***Bon à savoir :*** pour vous promener en voiture dans la serra, prendre à Portalegre la direction de São Mamede et suivre les indications. Vue panoramique sur tout le massif depuis le pic de São Mamede.

À voir. À faire

Plusieurs chemins de ***randonnées*** ont été balisés dans la serra. Longs de 7 à 16 km, ils permettent de découvrir différents aspects de la région. Ils sont faciles. Infos aux offices de tourisme de Portalegre, Castelo de Vide et Marvão.

MARVÃO (7330) 3 500 hab.

À 21 km au nord de Portalegre, Marvão est un village « nid d'aigle », perché à 803 m d'altitude qui domine les collines de la Sierra de São Mamede. Comme le village de Monsaraz, plus au sud de l'Alentejo, voici l'un des sites les plus étonnants de la région. Les murailles de Marvão se fondent si bien dans la masse rocheuse de la montagne qu'il est difficile de distinguer ce qui est forteresse de ce qui est rocher. À l'origine, Herminus Minor fut une petite cité romaine dans un lieu stratégique, puis, après la conquête musulmane,

elle devint Marwan du nom d'Ibn Marwan, le vizir de Coimbra. Le nom arabe Marwan a donné Marvao. Au XIIIe s le site fut repris par les chrétiens. Le village a gardé son caractère et son style malgré les turpitudes de l'histoire et du temps.

– ***Bon à savoir :*** beaucoup de monde en été. Attention les ruelles sont étroites. Si vous circulez en voiture, trouvez au plus vite un stationnement. En hiver, il peut faire très froid, et même neiger.

Arriver – Quitter

En bus

➢ ***Portalegre :*** 4 bus/sem, à 15h50. Durée : 35 mn.

➢ ***Castelo de Vide :*** 4-5 bus/sem, à 15h50. Durée : 15 mn.

Adresses utiles

Posto de turismo *(office de tourisme)* ***:*** *rua de Baixo, sur la gauche après être entré par la porta da Vila. ☎ 245-909-131. • cm-marvao.pt • Tlj 10h-17h.* Accueillant et efficace. Plan du village. Visites guidées possibles.

✉ ***Poste :*** *rua do Espírito Santo, 5. Lun-ven 9h-12h, 14h-17h.*

■ ***Caixa Geral de Depósitos :*** *rua do Castelo.* Distributeur ATM.

Où dormir ?

Bon marché

Casa da João : *travessa Santiago, 1 (à côté de l'église de Santiago). ☎ 245-993-437. 📱 938-194-630. • casadajoao@gmail.com • Congés : juin. Doubles 30-40 €, sans petit déj. Annexe 80 €/j.* À l'étage de la maison des propriétaires, 2 chambres d'une propreté étincelante qui se partagent une salle de bains non moins rutilante. Très calme, avec une jolie vue depuis l'une des chambres. Accueil chaleureux. Les mêmes propriétaires ont aussi une annexe (une maison entière, au n° 6 Travessa da Silverinha) qu'ils louent aux familles.

Prix moyens

Casa da Silveirinha : *rua da Silveirinha, 1. ☎ 258-823-789. • casadasilveirinha@gmail.com • À l'entrée du village, à droite, en face de l'office de tourisme. Doubles 45-60 €, avec petit déj.* Maison typique blanchie à la chaux (comme souvent) dédiée aux hôtes, qui se partagent une cuisine bien équipée, un salon et un mignon jardin de curé. Quant aux chambres, elles sont joliment aménagées dans un style rustique coquet, et tout confort (clim, TV). La moins chère a une salle de bains privée mais sur le palier, à l'étage inférieur. Elles ont une belle vue soit sur le château, soit sur la vallée.

Casa da Arvore : *rua Dr Matos Magalhães, 3. ☎ 245-993-854. 📱 917-958-345. • info@casadaarvoremarvao.com • Double 70 €. Parking gratuit. Apéritif maison et petit-déjeuner offerts sur présentation de ce guide. CB refusées.* Dans une belle demeure de charme aux murs épais et aux balcons ouvragés. Elle est habitée par les propriétaires, un vrai avantage, d'autant qu'ils sont accueillants. Abrite quelques chambres sobres, classiques et de bon confort. Celles du 1er étage, qui donnent sur la place (silencieuse la nuit), bénéficient d'une belle vue de côté sur la vallée. Depuis le grand balcon du salon cosy (apéro à dispo !) qui domine le paysage, la vue est superbe. C'est là aussi que madame sert le petit déj.

Hotel El Rei Dom Manuel : *largo de Olivença. ☎ 245-909-150. • hotel.dom.manuel@turismarvao.pt • turismarvao.pt • Près de la porte d'accès à l'enceinte. Doubles 55-80 € (jusqu'à 120 € en hte saison), selon vue, avec petit déj. Repas env 13 €. Parking gratuit.* Bel hôtel, parfaitement tenu, avec des chambres pas très spacieuses mais agréables et bien aménagées. Décoration soignée dans le style rustique un peu chic. Tout le confort (clim, minibar... et même un ascenseur). Les chambres les plus chères ont une terrasse avec vue sur la montagne, ou la plaine et au loin l'Espagne. Fait aussi resto.

Casa Dom Dinis : *rua Dr Matos Magalhães, 7. ☎ 245-909-028. • marvao@domdinis.pt • domdinis.pt • Doubles 55-85 €.* Cette jolie maison a bénéficié d'une rénovation soignée. Belles chambres à l'aménagement sobre et élégant, dont une suite avec terrasse privée. Vue étendue sur la plaine et calme garanti. Jacuzzi sur la terrasse au sommet de la maison. Accueil pro et souriant.

Où manger ? Où boire un verre ?

Marvão com Gosto : *rua de Cima, 1. 📱 918-706-296. À l'entrée du village, à la patte d'oie face à la porte fortifiée. Tlj (sauf mer hors saison) 10h-19h.* Les bonnes odeurs attirent les gourmets vers cette minuscule échoppe, où Cristina cuit tous les matins de délicieux gâteaux, comme l'*aveias de comer*, ou la spécialité locale à la châtaigne en hiver. Miam !

Casa do Povo : *travessa do Chabouco, 2. ☎ 245-993-160. Tlj 9h-22h sauf jeu soir.* Discret dans une ruelle tranquille, rien de particulier de l'extérieur ni à l'intérieur, sauf la vue remarquable. La salle est plutôt banale avec des tables trop alignées, mais c'est la cuisine locale, toute simple et bonne qui retient notre attention.

Natural Bar Food & Culture : *travessa do Chabouco, 7 A. 📱 926-043-329. Ouv de 11h jusqu'au dernier client. Sandwichs et salades 4-6 €.* Atmosphère relax, musique jazzy ou latino en fond sonore, et une formidable terrasse ombragée avec vue magnifique. Bien pour siroter un jus de fruits pressés ou un verre de vin, en picorant parmi les petites salades et les sandwichs. De temps en temps, des soirées musicales (jazz, blues).

Où dormir ? Où manger dans les environs ?

Camping Beira-Marvão : *à env 7 km de Castelo de Vide, sur la route de Beira (panneaux). 📱 935-041-588. • info@campingbeiramarvao.com • campingbeiramarvao.com • Ouv tte l'année. Forfait 2 pers avec tente et voiture, env 20 €.* Camping convivial isolé dans un bel environnement sauvage, entre oliviers et grosses roches qui affleurent dans le paysage. Pas beaucoup d'ombrage mais quelques arbres quand même. Équipements simples mais suffisants (bloc sanitaire propre, bar-snack, et même une petite piscine hors sol). Accueil cordial en français.

Camping Asseiceira : *à* ***Santo António das Areias,*** *à env 5 km de Marvão, sur la gauche en contrebas de la route en venant de Portalegre. ☎ 245-992-940. 📱 960-150-352. • gary-campingasseiceira@hotmail.com • campingasseiceira.com • Congés : nov-déc. Forfait pour 2 env 18 €. Cottage double 95 € (2 nuits min).* Petit camping convivial à proximité du village, entouré par des murets en pierre. Bien tenu, avec des sanitaires impeccables, et doté d'une piscine et d'un peu d'ombrage sous les oliviers. Les chambres doubles sont une bonne affaire, très bien tenues, bien équipées (kitchenettes bien pratiques) et mignonnes. Autres bungalows pour 2, 4 ou 6 personnes. Supermarché, station-service et banque à 10 mn à pied. Très bon accueil du propriétaire, un Anglais francophone.

Quinta do Barrieiro : *à* **São Salvador de Aramenha.** *964-054-935.* • *quintadobarreiro@outlook.com* • *quintadobarrieiro.com* • *De Marvão, redescendre et prendre la route de Portalegre. Résa bien à l'avance en saison. Ouv tte l'année. Doubles 90-120 €, petit déj inclus.* Prenez une artiste de grand talent (Maria Leal da Costa), un architecte amoureux des grands espaces, laissez-leur une vaste propriété restée dans son jus en pleine campagne, et vous obtenez un endroit remarquable ! Une dizaine de chambres et d'appartements superbes, tout confort et personnalisés dans un style rustico-chic, sont répartis dans 3 bâtiments indépendants. Du pain frais est déposé chaque matin devant votre porte à l'heure du petit déj, que vous préparerez vous-même ; dans le cas contraire, il faudra ajouter 15 € pour 2. Piscine de rêve, coin jeux pour les enfants, galerie d'expo pour admirer les remarquables sculptures contemporaines de Maria Leal da Costa, la chaleureuse propriétaire... Une adresse hors norme.

Quinta dos Lagartos : *Teixinha,* **Alvarrões,** *à mi-chemin entre Portalegre et Marvão.* *969-882-186* • *quintadoslagartos@hotmail.com* • *Doubles 60-70 €, avec petit déj.* Une route de campagne bordée de muretins de pierre (sous la pluie, on dirait l'Irlande) conduit à cette grande demeure blanche rehaussée d'un bleu profond soulignant les portes et fenêtres. Le bleu, version *azulejos*, se retrouve dans la salle de petit déj rustique et la belle vaisselle. Quant aux chambres, elles sont classiques, meublées à l'ancienne et tout confort. Piscine. Accueil chaleureux et familial. Organise souvent des banquets, des mariages et des réunions.

Restaurante Mil Homens : *rua Nova, 14, à* **Portagem.** ☎ *245-993-122. Tlj 12h30-23h, sauf lun. Plats 8-12 €.* Auberge familiale avec cheminée, nappes à carreaux, portrait des ancêtres et originales patères en pattes de cerf. Une déco rustique à l'image de la cuisine, savoureuse et copieuse. Goûter à la soupe de tomates avec œuf poché, sorte de gaspacho, spécialité de la maison. Carte régionale avec du cabri ou des *migas*. Accueil jovial et attentionné (le patron parle français). Excellente adresse qui mérite un détour.

Sever Churrasqueira : *rua Nova, 24, à* **Portagem.** ☎ *245-993-458. Tlj 12h-16h, 19h-23h, sauf mer. Menus en sem 8-10 € ; plats 10-15 €.* À ne pas confondre avec l'autre resto de la maison, le très chic *O Sever,* plus proche de la rivière. Belle salle de style auberge de campagne, avec déco paysanne. Spécialités de grillades savoureuses : plusieurs plats de porc, d'agneau, mais aussi de bœuf. Quelques entrées végétariennes comme l'assiette de bolets à l'ail et aux oignons. Cuisine bien mijotée et soignée, de très bonne qualité qui séduit les locaux, toujours fidèles pour les repas en famille. Le service est à la hauteur.

À voir à Marvão et dans les environs

Outre son dédale de ruelles, ses maisons blanches fleuries, ses chapelles à portails Renaissance, Marvão offre une promenade délicieuse sur son ***chemin de ronde.*** On peut ainsi faire le tour complet du village en suivant le tracé ancien de la citadelle haut-perchée, en profitant d'une vue époustouflante sur la région (surtout par beau temps et ciel dégagé).

Le château (castelo) de Marvão : *tlj 10h-19h (plus tôt en hiver) ; entrée : 1,50 €.* Dans un état de conservation stupéfiant (voir notamment la formidable citerne, conçue pour approvisionner le village pendant 6 mois !). Nombreuses cours, courtines, escaliers à franchir jusqu'au puissant donjon. Vues en plongée sur les différentes enceintes et le chemin de ronde, dont on mesure vraiment la fusion harmonieuse avec la montagne. Très beau jardin de buis taillé, qui s'intègre merveilleusement au paysage, à l'entrée du château.

Museu municipal : *dans l'ancienne igreja de Santa Maria (XIIIe-XIVe s), au pied du château. Tlj 10h-12h30, 13h30-17h, sauf lun. Entrée : env 2 € ; gratuit moins de 12 ans.* Rassemble de façon chronologique quelques objets : des tessons de poterie, des statues religieuses, de la lingerie fine un peu folklo et quelques armes. Intéressante fresque du XVIIe s.

Ammaia : *à* ***São Salvador de Aramenha,*** *à env 7 km en direction de Portalegre. Tlj 9h-12h30, 14h-17h30. Entrée : 3 €.* Sur le site de fouilles d'une ancienne cité romaine, quelques salles rassemblent stèles, statues et différents objets découverts pendant les chantiers. Intéressant.

Manifestations

– ***Al Mossassa*** *(festival islamique) : 3 j. début oct.* En hommage au fondateur du village, Ibn Marwan. Musique arabo-andalouse, gastronomie et artisanat sont de la fête.
– ***Foire de la châtaigne :*** *nov.* La châtaigne est très présente alentour. Un artisanat s'est développé, propre à Marvão : la broderie à partir de la peau et l'écorce, et le bois pour la fabrication d'escaliers.

Randonnées

On peut monter à pied à Marvão depuis Portagem. Le départ se fait du parking près du pont médiéval, qui date du XVIe s. Suivre le balisage vert en longeant d'abord la route. Puis le parcours emprunte sur la gauche une voie empierrée assez raide qui monte jusqu'à Marvão. Au choix : soit on redescend par un chemin que l'on rejoint en quittant le village par la route (après le virage en épingle à cheveux) qui serpente entre les champs et les pierres et offre de jolies perspectives sur la région (le chemin du retour est moins bien balisé ; compter env 3h). Soit on rejoint Castelo de Vide par un sentier très bien balisé avec une section empierrée (compter env 3h30). *Infos à l'office de tourisme.*

CASTELO DE VIDE (7320) 3 400 hab.

• Plan *p. 303*

À 17 km au nord de Portalegre (15 km à l'ouest de Marvão) bâtie sur un promontoire dominant la plaine, Castelo de Vide est une petite cité de caractère qui occupe les 2 versants d'une haute et belle colline. Maisons blanches, toits de tuile, ruelles pavées et belles places ensoleillées dès les beaux jours. C'est une ville d'une remarquable longévité qui a su garder son caractère et son charme. Est-ce à cause de l'excellente eau minérale qui est produite dans la vallée ?
– ***Bon à savoir :*** toutes les fontaines de la ville fournissent de l'eau potable.

Arriver – Quitter

En bus

➢ ***Lisbonne :*** 2 bus/j. Durée : 4h10. Départ du jardin public en face de la *Caixa Geral de Depósitos*. Le billet s'achète à bord du bus.

➢ ***Portalegre :*** 1-2 bus/j. Départ du jardin public en face de la *Caixa Geral de Depósitos*. Durée : 20 m.

Adresses utiles

Posto de turismo *(office de tourisme ; plan A2)* **:** *praça Dom Pedro V, à côté de la cathédrale. ☎ 245-908-887. • castelodevide.pt • Tlj 9h-13h (12h30 en hiver), 15h-18h (en hiver, 14h-17h30).* Plan de la ville. Dépliants proposant un itinéraire sacré et profane à Castelo de Vide et un parcours mégalithique dans le Nord-Alentejo.

Poste *(plan A2)* **:** *largo de Gonçalo Eanes, le parc de la ville. Lun-ven 9h-12h30, 14h30-17h30.*

Piscine municipale *(plan A3)* **:** *av. da Europa. À env 500 m du centre. Tlj, horaires changeants.* Différents bassins et un toboggan pour se rafraîchir en plein cagnard !

L'ALENTEJO

Où dormir ?

De bon marché à prix moyens

Casa Machado *(plan A1,* ***10****)* **:** *rua Luís de Camões, 33-35. ☎ 245-901-515. 934-871-472. • geral@casamachado.com.pt • Depuis le parc, suivre la route qui descend en direction des pompiers* (bombeiros), *puis fléché. Doubles 30-35 € selon saison, petit déj non compris.* À l'écart, dans une impasse paisible, cette petite maison moderne tenue par un couple d'aimables retraités dispose de chambres d'hôtes pimpantes et de bon confort (salles de bains nickel) ainsi que d'une cuisine commune. La n° 4 avec ses 2 fenêtres a la plus belle vue (le jardin et ses citronniers, et le vallon). Vélos à disposition.

Casa do Parque *(plan A-B3,* ***11****)* **:** *av. da Aramenha, 37. ☎ 245-901-250. • casadoparque@gmail.com • casadoparque.net • Au-dessus du Jardin municipal. Doubles 35-65 €, avec ou sans petit déj.* Vieille demeure modernisée où la déco alterne l'ancien et le fonctionnel. Chambres classiques avec bains, TV et clim. Une dizaine d'entre elles donnent sur le parc. Lits en bois ouvragé, rideaux et dessus-de-lit fleuris, décoration rétro mais ensemble propre et bien tenu. Le resto est réservé aux groupes mais pas aux individuels.

Hotel Castelo de Vide *(plan A3,* ***12****)* **:** *av. da Europa. ☎ 245-908-210. • reservas@hotelcastelodovide.com • hotelcastelodevide.com • À env 500 m du centre, en face du complexe sportif municipal. Doubles 45-55 € selon confort et saison, avec petit déj. Parking.* Un peu en surplomb de la route, un petit hôtel moderne, confortable et de bonne tenue. Réception avec de beaux fauteuils design turquoise. Chambres spacieuses, un peu sombres à l'arrière pour les moins chères, dotées d'un balcon donnant sur la piscine et les montagnes pour les autres. Vaste terrasse ombragée et piscine de poche pour se rafraîchir.

Beaucoup plus chic

Casa Amarela *(plan A2,* ***13****)* **:** *praça Dom Pedro V, 11. ☎ 245-905-878. • casaamarela@gmail.com • casaamarelath.pt • Doubles 75-110 €, avec petit déj.* Maison seigneuriale classée du XVIIIe s, reconnaissable à sa belle façade

CASTELO DE VIDE

■ **Adresse utile**

🛈 Posto de turismo (A2)

Où dormir ?

10 Casa Machado (A1)
11 Casa do Parque (A-B3)
12 Hotel Castelo de Vide (A3)
13 Casa Amarela (A2)

Où manger ?

20 Doces & Companhia (A2)
21 O Miguel (B2)
22 A Confraria (B2)
23 Restaurante D. Pedro V (A2)

surmontée de parements en stuc. Intérieur de style avec une décoration de caractère. Chambres sobres et chics, meublées d'ancien mais avec tout le confort. Certaines donnent sur la place, d'autres côté vallée et montagne. Charmante salle de petit déj à l'image de la maison.

Où dormir dans les environs ?

Camping et Quinta do Pomarinho : *à 7 km du centre, en direction de Portalegre. ☎ 245-901-202. 965-755-341. • info@pomarinho.com • pomarinho.com • Tte l'année. Camping 15-20 € pour 2 pers ; doubles 35-40 € ; apparts 50-65 € ; tarifs dégressifs. CB refusées.* Robert et Joop, 2 amis originaires des Pays-Bas, tiennent avec passion leur ferme de 25 ha, dans un paysage de pâturages, d'oliviers, de chênes-lièges et d'arbres fruitiers. On peut camper ou dormir dans des chambres. Elles sont modestes, au charme « campagnard ». Celles du bas se partagent une cuisine et de grands sanitaires communs très propres (également destinés aux campeurs). En haut, un groupe de 2 chambres avec salon, terrasse et salle de bains peut être loué en entier (super pour une famille ou un groupe d'amis). Également 2 appartements plus confortables (équipements complets récents). Et encore une insolite « maison ronde » isolée au fond du terrain (coin cuisine, douche et w-c dans un cabanon extérieur, un poêle pour l'hiver et une jolie déco). Enfin, cerise sur le gâteau, on peut camper derrière la maison pour profiter des infrastructures (courant, sanitaires, BBQ, cuisine extérieure...). Tout fonctionne aux énergies renouvelables. Petite piscine et étang où l'on peut nager. De vraies vacances à la ferme !

Quinta das Lavandas : *sítio de Vale Dornas, à env 4 km au nord de Castelo de Vide (panneaux depuis la caserne des pompiers). ☎ 245-919-133. 917-264-655. • geral@quintadaslavandas.pt • quintadaslavandas.pt • Congés : déc. Doubles 85-100 € selon confort et saison, avec petit déj.* Il faut traverser 6 ha de champs de lavande pour rejoindre cette belle *quinta* contemporaine. En période de floraison, le paysage est enchanteur. Surtout si l'on prend également le temps de parcourir le jardin planté de 40 variétés différentes. D'ailleurs, les amateurs ne manqueront pas la visite proposée par les charmants propriétaires, des passionnés qui produisent des huiles essentielles dans leur distillerie sur le domaine. Quant aux chambres, elles sont modernes, soignées et tout confort, à l'image de cette adresse cosy dotée d'une piscine irrésistible. Un havre de paix. Une très belle adresse !

L'ALENTEJO

Où manger ?

Profitez d'être ici pour goûter au cabri...

Bon marché

Doces & Companhia *(plan A2, **20**) : sur la pl. de la cathédrale, à 10 m du resto D. Pedro V. ☎ 245-901-408. Tlj sauf dim 8h30-19h30 (23h en hte saison). Congés : 1re sem de janv et juil. Menus 4-8 €.* Petit snack populaire dont la salle toute simple est coincée entre 2 terrasses : la 1re donne sur la place, l'autre, à l'arrière, est un vrai balcon qui surplombe la vallée. Bonne formule pour le déjeuner avec soupe, plat du jour (ou quiche, ou sandwich) et boisson à prix mini. Bien aussi pour le petit déj ou le goûter.

O Miguel *(plan B2, **21**) : rua Almeida Sarzedas, 34. ☎ 245-901-882. Tlj sauf dim, jusqu'à 22h30. Congés : 15 j. en sept et en janv. Menu de base 18 € ; plats 12-13 €.* Spécialités de grillades servies avec bonne humeur par la famille Fidalgo dans une petite salle proprette, décorée d'*azulejos*. Simple et bon.

Prix moyens

|●| *A Confraria* *(plan B2,* ***22****) : rua de Santa Maria de Baixo, 10. ☎ 245-905-106. 916-603-652. Tlj 12h30-15h, 19h30-22h, sauf lun. Plats 10-12 €.* Central, près de l'église. On entre dans une petite salle chaleureuse avec des bouteilles sur les murs. Cuisine traditionnelle avec 2 plats au choix chaque jour (viande ou poisson). Tout est inscrit sur une ardoise et tout est frais. Bon accueil. Quelques tables dans la ruelle en été.

|●| *Restaurante D. Pedro V* *(plan A2,* ***23****) : praça D. Pedro V, 10 (la grande place centrale). ☎ 245-901-236. Tlj 12h-15h, 19h-22h, sauf lun et mar soir. Congés : 2 sem en janv. Résa conseillée. Plats 10-20 €.* Le resto chic de Castelo. Grande salle voûtée en sous-sol. On y sert une honnête cuisine classique de l'Alentejo, donc copieuse. L'accueil est jovial, le service bien rodé, il n'y a pas de tromperie dans ce lieu de bon rapport qualité-prix.

À voir

Dans la partie basse de la ville, tout s'ordonne autour de la ***praça Dom Pedro V*** *(plan A2),* entourée de superbes édifices des XVIIe et XVIIIe s, notamment la *Câmara municipal* et son passage voûté, le palais Torre et l'incontournable *église Santa Maria,* avec son immense façade et ses 2 tours baroques.

À partir de là, il faut se promener dans les ruelles médiévales pentues, abondamment fleuries et révélant toujours quantité de détails architecturaux charmants. La ***judiaria*** (le quartier juif) sera l'une des plus délicieuses promenades de votre voyage. Nombreuses portes gothiques à encadrement de granit, ornées de motifs, de graphismes. Tout en bas de la *judiaria,* exquise placette où trône la ***fonte da Vila*** *(plan B2),* un curieux lavoir Renaissance sous un édifice couvert tenu par 6 colonnes. Il faut grimper une ruelle pentue et pavée pour atteindre la vieille synagogue.

La vieille synagogue *(plan B1) : rua da Fonte. Ouv tlj en été 9h-13h, 15h-18h (14h-17h en hiver). GRATUIT.* Longtemps abandonnée, elle a été restaurée dans les années 2000. Touchante de sobriété, elle renferme un tout petit musée sur la communauté juive (quelques vitrines proposant essentiellement des objets de culte).

PERSÉCUTION SANS FRONTIÈRES

Originaire de Castelo de Vide, Garcia de Orta était un juif converti au christianisme (un « nouveau chrétien » appelé aussi « marrane »). Médecin, savant et physicien du XVIe s, il vécut plus de 30 ans à Goa en Inde. Luis de Camões, le « Dante de la littérature portugaise », le rencontra. Impressionné, il cita Orta dans Les Lusiades *! Cela n'empêcha pas l'Inquisition portugaise de condamner ce brillant scientifique à mort... 12 ans après son décès. Sa dépouille fut exhumée de la cathédrale de Goa, puis brûlée, et ses cendres jetées à la mer.*

Castelo *(plan B1) : tlj 9h-17h (18h en été, mais horaires aléatoires). GRATUIT.* Très endommagé, il a cependant encore fière allure et offre depuis son chemin de ronde un panorama unique sur la ville et la région. Donjon avec vaste salle en ogive et puits. Une courte section est consacrée aux mégalithes, l'autre à l'art militaire.

– Derrière le château, retranché dans les fortifications, un quartier typique, charmant et fleuri, est sillonné par un réseau de venelles aux pavés grossiers, organisé autour de l'***église Nossa Senhora Alegria*** (*azulejos* polychromes).

L'ALENTEJO

Manifestations

– ***Fêtes de Pâques :*** *pdt le w-e pascal.* Les bergers envahissent les rues avec leurs agneaux et, après la messe de 22h le samedi, les villageois font sonner les cloches. Foire aux douceurs et sucreries, pour passer agréablement le reste du temps.
– ***Marché médiéval :*** *début sept.*

DANS LES ENVIRONS DE CASTELO DE VIDE

Le menhir de Meada : *à env 10 km au nord de Castelo de Vide, un peu au nord de la N 359 qui relie Povoa e Meadas à Fadagosa (et Marvão). Suivre les fléchages.* C'est le plus grand monolithe granitique découvert à ce jour dans la péninsule ibérique. Il y en a d'autres de ce type en Bretagne. Haut de 7 m et d'un diamètre de 1,25 m, l'imposant cylindre isolé et à forme résolument phallique constituerait un témoignage du culte à la fertilité.

JARDIN (ET SECRET) DE MENHIRS

L'une des interprétations possibles de l'érection de colossaux mégalithes, dont le menhir de Meada, viendrait du passage des sociétés primitives du stade de chasseurs-cueilleurs aux débuts de l'agriculture. La terre-mère revêt alors une importance capitale dans la subsistance de ces populations, et on l'honore en dressant un monument fécondateur à ses dimensions.

L'ALGARVE

• Carte *p. 308-309*

Occupant tout le sud du Portugal, l'Algarve est plus abritée que la façade occidentale (tournée vers l'océan Atlantique). C'est pourquoi le tourisme s'y est beaucoup développé, particulièrement entre Faro et Lagos, sur la côte du Barlavento. Plus sauvage, un de nos coins préférés, la pointe sud-ouest abrite le parc naturel de la côte vicentine, entre les villages de Burgau et Odeceixe, puis au-delà les côtes de l'Alentejo. Sublime ! Quant à l'arrière-pays, il est dominé par des serras propices à de belles balades.
L'Algarve possède une forte personnalité géographique et une identité culturelle : son passé maure a marqué son histoire, ses villes fortifiées aux cheminées ouvragées évoquent l'Andalousie, et ses petits ports nichés dans des criques rappellent quelque île méditerranéenne. Face aux côtes de l'Afrique du Nord (Maroc), cette région jouit d'un climat ensoleillé dès le mois de mai. Même les hivers sont doux. Cela explique la présence de plusieurs grandes stations balnéaires, très bétonnées, comme Albufeira, Praia da Rocha... Avec un ensoleillement record et des hivers doux, l'Algarve est à l'Europe ce que la Californie ou la Floride sont aux États-Unis, à quelques golfs et parcs d'attractions près.

L'ALGARVE ENCORE AUTHENTIQUE

Un des secteurs de la côte les moins construits et les plus sauvages est le ***littoral à l'est de Faro*** jusqu'à la frontière d'Espagne (Villa Real de Santo António). Les plages sont souvent situées sur des îles, séparées de la terre ferme par des lagunes d'eau de mer que l'on traverse en bateau pour y accéder. On trouve là la Ria Formosa, les îles Culatra, Farol, Armona, Tavira, toutes aussi sauvages que bien protégées. *Olhão, Cacelha Velha* et surtout *Tavira,* plus à l'est, sont parmi les villes côtières les plus authentiques, à l'écart du tourisme de masse. Signalons aussi le port de *Portimão,* et les petites villes de l'arrière-pays comme *São Brás de Alportel, Silves* et *Loulé,* qui ont gardé leur charme et leur caractère.

L'ALGARVE, « UN PEU À L'OUEST » !

Autrefois, les monarques portugais étaient couronnés rois du Portugal... et de l'Algarve. Une manière d'affirmer leur mainmise sur une région à part, presque étrangère au reste du pays. « Algarve » finit même par désigner des possessions coloniales au-delà des mers. Déjà au temps des Maures, l'Algarve, qui signifie aussi « ouest » en arabe, évoquait les côtes marocaines.

Autre secteur encore bien préservé des démons du progrès : la partie du ***littoral à l'ouest de Lagos*** *(Burgau, Salema, Sagres).* Enfin, face à l'Atlantique, la ***côte***

vicentine, qui tire son nom du célèbre cap où Henri le Navigateur rêvait à de lointains rivages, mérite une mention particulière. Le statut de parc naturel et la fraîcheur de la mer y tiennent les gros promoteurs à distance. Voilà pourquoi on y profite pleinement des paysages rassemblant falaises déchiquetées, campagne encore authentique et forêts de pins. Et quel océan ! La qualité de ses rouleaux attire les surfeurs, tandis que suffisamment de plages restent propices à la baignade.

Arriver – Quitter

Pour plus de détails, se reporter à la rubrique « Arriver – Quitter » de chacune des localités concernées.

En avion

Un seul aéroport, celui de Faro. Voir à cette ville.

En bus

➢ ***Lisbonne :*** nombreuses liaisons avec les principales villes de l'Algarve assurées par *Rede Expressos-Renex* (☎ 217-524-524 ; ● rede-expressos.pt ●) et *Eva Transportes* (☎ 289-589-055 ; ● eva-bus.com ●).

➢ ***Espagne :*** *Eva Transportes*, en

L'ALGARVE

partenariat avec les compagnies espagnoles *Alsa* (● alsa.es ●) et *Damas* (● damas-sa.es ●), relie quotidiennement Séville et Huelva aux principales villes côtières de l'Algarve jusqu'à Lagos.

➢ ***Liaisons régionales :*** les villes côtières, de Lagos à Vila Real de Santo António et, dans une moindre mesure, Sagres sont quotidiennement desservies. Au contraire, la plupart des villages de l'arrière-pays sont difficilement accessibles sans voiture.

En train

Attention : les gares sont parfois excentrées.

– ***Comboios de Portugal :*** ☎ 808-109-110. ● cp.pt ●

➢ ***Lisbonne :*** 11 trains/j. avec Faro, via Loulé, Albufeira, Alcácer do Sal et Setúbal.

➢ ***Porto :*** 2 trains/j. *Alfa Pendular* via Loulé, Albufeira, Lisbonne, Coimbra et Aveiro.

➢ ***Lagos-Vila Real de Santo António :*** ligne régionale omnibus qui dessert Portimão, Silves, Alcantarilha, Albufeira, Loulé, Faro, Olhão et Tavira.

– Pas de liaison ferroviaire entre l'Algarve et l'Espagne.

En voiture

Lire la rubrique « Transports intérieurs. Routes » dans « Portugal utile », au début du guide.

Depuis Lisbonne, l'A 2 (péage classique) relie Faro en 2h30 env. Trajet beaucoup plus long par l'IC 1. À hauteur d'Algoz, au nord-ouest de Faro, embranchement avec l'A 22 (péage électronique) qui s'étire de Lagos à l'Espagne où elle devient l'A 49/E 1. Plus proche de la côte, la N 125 relie ttes les villes du littoral algarvien.

Info utile

– ***Instance régionale de tourisme :*** • *visitalgarve.pt* • Le site (en français) centralise toutes les informations nécessaires au visiteur : offices de tourisme locaux, types d'hébergement, transports, patrimoine, etc. On peut également télécharger le *Guia Algarve*, un répertoire mensuel des fêtes et manifestations culturelles dans la région (en portugais et en anglais).

FARO

(8000) 41 400 hab.

• Plan *p. 311*

À 278 km de Lisbonne, 226 km d'Évora et 90 km de Lagos, la capitale de l'Algarve est non seulement la ville la plus vaste de la région, mais aussi celle où l'art de vivre traditionnel est le mieux préservé. Elle vit autant l'hiver que l'été, et n'est pas une station balnéaire de masse.
Son centre piéton, qui s'étire depuis la marina, et son vieux quartier, à l'abri des remparts, ne manquent pas d'âme. Il faut s'y promener au printemps pour apprécier pleinement le charme de ses façades, les jolies ruelles pavées, l'odeur enivrante des orangers sur la place de la Sé, ou voir les cigognes nicher un peu partout.
Aujourd'hui, c'est une cité paisible, possédant une vie propre. Et puis Faro vous propose aussi quelques haltes gastronomiques, dans la douce fraîcheur de ses nuits...

UN PEU D'HISTOIRE

Le séisme de 1755 a largement effacé les traces des civilisations qui la façonnèrent. De l'occupation romaine ne restent que quelques ruines au nord de la ville. De celle des Arabes, son nom, venant d'Ibn Faroun, un ancien gouverneur de la ville. Faro fut la 1re ville portugaise qui mit les armées napoléoniennes en déroute.

Arriver – Quitter

En avion

✈ ***Aéroport :*** *à 7 km à l'ouest de la ville.* ☎ *289-800-800.* • *faroairportsguide.com* • *En hiver, les liaisons France, Belgique ou Suisse sont beaucoup moins fréquentes qu'en été. Gaffe !* Aéroport très moderne agrandi pour faire face à l'explosion du trafic *low-cost*. Bus nos 16 et 14 (moins nombreux) entre l'aéroport et la gare routière, proche du centre-ville, tlj 7h15-22h15 ; durée : 20 mn. *Infos :* • *proximo.pt* • En taxi, compter 11-21 €.

ℹ ***Office de tourisme :*** *dans le hall des arrivées.* ☎ *289-818-582.* • *visitalgarve.pt* • *Tlj 8h-20h (ou 22h).* Vend une bonne carte détaillée de l'Algarve.

En bus

🚌 ***Gare routière*** *(rodoviária ; plan A1-2) : av. da República, à côté de l'Eva Senses Hotel.* Nombreuses liaisons interurbaines assurées par les compagnies *Eva Transportes* et *Rede Expressos.* Les billets des

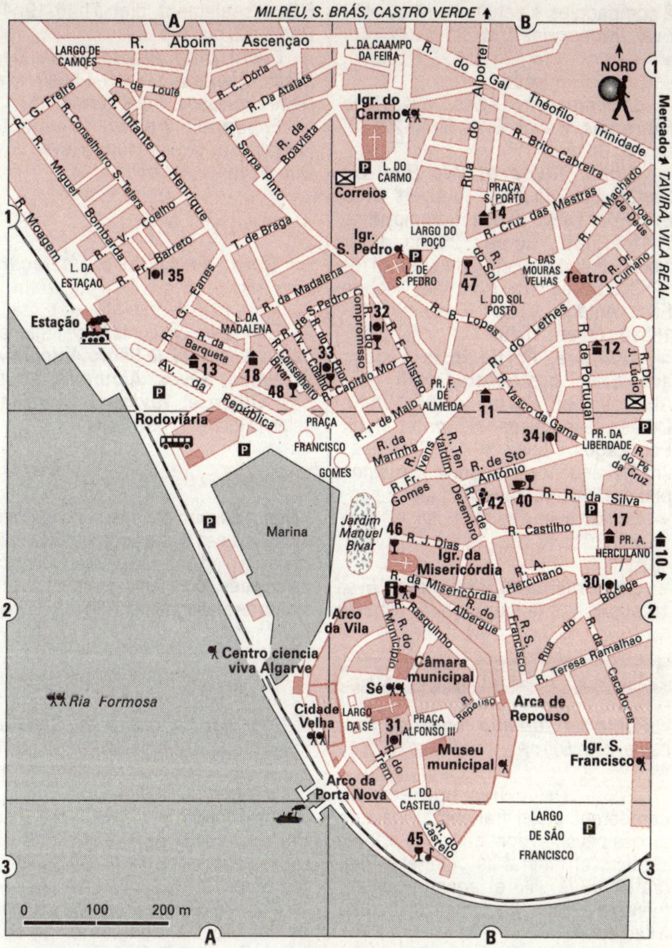

FARO

Adresse utile

- Posto de Turismo (B2)

Où dormir ?

- 10 Pousada da juventude (hors plan par B2)
- 11 Pensão Residencial Central (B1)
- 12 Baixa Portugal Terrace Hostel (B1)
- 13 Residencial Avenida (A1)
- 14 Hotel Adelaide (B1)
- 17 Hostel Casa d'Alagoa (B2)
- 18 Casa da Madalena Backpackers Hostel (A1)

Où manger ?

- 30 Cantinho da Ronha (B2)
- 31 Tertúlia Algarvia (B2)
- 32 A Venda (B1)
- 33 Se7e pedras (A-B1)
- 34 Portas de São Pedro (B2)
- 35 Adega Nova (A1)

Où prendre le petit déj ? Où manger une glace ?

- 40 Gardy (B2)
- 42 Chelsea (B2)

Où boire un verre ? Où sortir ?

- 45 O Castelo (B3)
- 46 Columbus Bar (B2)
- 47 Maktostas (B1)
- 48 Aperitivo Bar (A1)

2 compagnies s'achètent au guichet *Eva Transportes :* ☎ *289-899-760.* • *eva-bus.com* • *Tlj 6h-22h. Paiement en cash, CB refusées.*

➢ ***Lisbonne :*** env 12 bus/j. avec *Rede Expressos,* 6 avec *Eva* ; 6h30-22h30. Durée : 3h15-4h.

➢ ***Olhão, Tavira et Vila Real de Santo António :*** bus réguliers avec *Eva.* Pour Olhão, 2 bus/h en moyenne 7h15-20h35 ; durée : 20 mn. Pour Tavira, env 11 bus/j. (7 le w-e) 7h15-19h30 ; durée : 1h. Pour Vila Real de Santo António, 9 bus/j. (6 le w-e) 7h15-18h20 ; durée : 1h40.

➢ ***Albufeira, Portimão et Lagos :*** avec *Eva,* 7 bus *transrápidos*/j. pour Albufeira et Portimão 8h-19h40. Durées respectives : 55 mn et 1h45. Pour Lagos, 6 bus/j. 8h-17h25 ; durée : 2h10. Fréquence moindre le w-e, sinon prendre l'*interurbanas,* plus lent.

➢ ***Loulé :*** avec *Eva,* 18 bus/j. en sem 7h-23h30 ; 15 bus le w-e. Durée : 40 mn.

➢ ***São Brás de Alportel :*** avec *Eva,* 10 bus/j. (11 le sam) 7h45-19h25 ; 5 bus seulement dim 7h45-19h45. Durée : 40 mn.

➢ ***Évora (Alto Alentejo) via Beja (Baixo Alentejo) :*** env 3-4 bus/j. avec *Rede Expressos.* Trajet : env 4h15.

➢ ***Espagne :*** 3 bus/j. (4 juil-août) jusqu'à Séville via Huelva avec *Eva.* Durée : 4h. *Infos :* • *flixbus.fr* •

En train

Gare ferroviaire *(estação ; plan A1) : largo da Estação. Rens et horaires :* ☎ *808-109-110.* • *cp.pt* •

➢ Faro se trouve sur la ligne régionale ***Lagos-Vila Real de Santo António*** via ***Portimão, Silves, Albufeira, Loulé,*** puis ***Olhão*** et ***Tavira*** (7-13 trains/j. selon le jour et la direction).

En voiture

– ***Bon à savoir :*** énorme parking gratuit de 900 places sur le largo de São Francisco, au pied de la vieille ville. Quant aux parcmètres, leurs tarifs grimpent avec le temps de stationnement (3h max).

Adresses et infos utiles

Posto de Turismo *(office de tourisme, plan B2) : rua da Misericórdia, 8.* ☎ *289-803-604.* • *visitalgarve.pt* • *Tlj 9h30-17h30.* Très bon accueil, compétent et en français. Plusieurs guides payants, dont ceux des plages, sentiers et itinéraires culturels. Plan gratuit de la ville et agenda culturel mensuel à dispo. Également un bureau à l'aéroport.

■ ***Consulat honoraire de Belgique :*** *av. 5 de Outubro, 28.* ☎ *289-812-589.* • *consuladobelgicarafo@gmail.com* •

■ ***Consulat honoraire du Canada :*** *rua Frei Lourenço Santa Maria, 1 ; 1º.* ☎ *289-803-757.* • *consul.faro.canada@net.novis.pt* •

Urgences : Hospital, *rua Leão Penedo.* ☎ *289-891-100 ou 289-802-555.*

■ ***Police :*** ☎ *112.*

➢ ***Pour se déplacer en ville :*** 5 lignes de bus urbains, dont les nos 14 et 16 qui desservent l'aéroport et la plage de Faro.

Où dormir ?

De très bon marché à prix moyens

Pousada da juventude *(hors plan par B2,* ***10****) : rua da PSP.* ☎ *289-878-090.* • *faro@movijovem.pt* • *pousadasjuventude.pt/pt/pousadas/faro* • *À env 10 mn à pied à l'est de la vieille ville, à côté du jardim da Alameda João de Deus. Selon saison, lits en dortoir 12-14 €/pers, doubles 33-40 €, petit déj compris.* Une construction moderne jaune et bleu accolée à un parc agréable. Dortoirs non mixtes (4-8 lits) et chambres sont plutôt étriqués et datés mais propres et équipés de ventilo. Salle de bains privative ou collective.

Cuisine commune, grande véranda abritant la salle à manger-salon, et terrasse. Pas de couvre-feu.

Baixa Portugal Terrace Hostel *(plan B1, **12**) : rua de Portugal, 36, mais accueil au 16 de la même rue. ☎ 289-386-004. • info@mychoice.pt • mychoice.pt • Selon saison, lits en dortoir 14-25 €/pers, doubles sans sdb 45-75 €, petit déj compris.* Un *hostel* qui ne manque pas de caractère : belle façade d'angle couleur jaune soleil, escalier bordé d'*azulejos,* pièces hautes de plafond, parquet ou vieux carrelages et déco recherchée. L'ancien, le moderne et le fonctionnel cohabitent sans fausse note et donnent de la personnalité à cette adresse. Dortoirs mixtes ou non (4-6 lits), bien arrangés. Attention, pas de clim. Toilettes collectives. Cerise sur le gâteau : la terrasse sur le toit, confortablement aménagée.

Hostel Casa d'Alagoa *(plan B2, **17**) : praça Alexandre Herculano, 27. ☎ 289-813-252 ou 📱 964-556-080. • booking@casadalagoa.com • farohostel.com • Selon saison (hors août), lits en dortoir 15-40 €/pers, doubles 45-180 €, petit déj compris. Attention, tarifs prohibitifs en août !* Un bel *hostel,* installé dans une vieille maison pleine de charme et bien rénovée, sur une agréable place. Plusieurs terrasses (dont une sur le toit) et espaces communs avec canapés, cuisine moderne bien équipée. L'ensemble a de l'allure et l'ambiance est très conviviale. Agréables dortoirs assez grands, mixtes et parquetés (4-12 lits) et chambres doubles très contemporaines. Gros défaut : pas de clim dans les dortoirs ni dans les chambres !

Casa da Madalena Backpackers Hostel *(plan A1, **18**) : travessa da Madalena, 10. ☎ 289-039-676. • casamadalenafaro@gmail.com • Dans une ruelle face à la gare routière. Lits en dortoir 15-45 €/pers selon saison, petit déj compris.* Après avoir traversé de nombreux pays un peu partout dans le monde pendant une dizaine d'années, Adrien, jeune routard français, a réalisé son rêve d'ouvrir son propre *hostel.* Modeste mais bien étudié, il recèle 2 dortoirs de 8 lits dans une vieille bâtisse superbement restaurée. Pas de clim, seulement des ventilos. Agréable cuisine commune et belle terrasse sur le toit avec vue sur la marina.

Pensão Residencial Central *(plan B1, **11**) : largo Terreiro do Bispo, 12. ☎ 289-807-291. • manugmlaurenco@gmail.com • À 2 pas du centre piéton. Congés : 1 sem fin juin. Doubles avec sdb 100 € ; pas de petit déj.* Très bien tenue par un couple accueillant et francophone, cette pension est vraiment centrale. Aux étages, 8 chambres aux sols carrelés, meublées simplement mais assez grandes et agréables, certaines avec la clim ; au 1er avec balcon et au 2d avec petite terrasse donnant sur la jolie place. Bon rapport qualité-prix.

Hotel Adelaide *(plan B1, **14**) : rua Cruz das Mestras, 9. ☎ 289-802-383. • info@adelaidehotel.eu • adelaidehotel.eu • Doubles 40-80 €, petit déj compris ; familiales également.* Un petit hôtel tout simple, bon marché, avec des chambres classiques, climatisées et colorées de bleu et blanc. Préférer celles sur l'arrière (avec balcon), le bar côté rue est bruyant. Très propre. Machines à laver et micro-ondes à chaque étage. La patronne est francophone.

Residencial Avenida *(plan A1, **13**) : av. da República, 150. ☎ 289-823-347. • mailresidencialavenida@gmail.com • Selon saison, doubles sans ou avec sdb 50-70 € (110 € en août) ; pas de petit déj.* Chambres sans charme particulier (mais avec clim) et à prix prohibitifs en été. Surtout en dépannage pour un départ matinal car situé en face de la gare routière et proche de la gare ferroviaire.

L'ALGARVE

Où manger ?

Bon marché

Au ***marché*** *(mercado municipal ; hors plan par B1),* grande et moderne halle couverte située largo Dr Francisco de São Carneiro, vous trouverez plusieurs snacks-bars et petits restos pas chers, dont ***O Palhacinho*** *(; ouv tlj ;*

plats 7-12 €, menus 12-13 €), qui possède une terrasse donnant sur la vaste place.

A Venda *(plan B1,* ***32****) : rua do Compromisso, 60. ☎ 289-825-500. Tlj 13h-15h et 19h30-23h, sauf dim. Tapas 5 €.* Un coup de cœur pour ce resto vraiment original. Cadre chaleureux et décalé avec tables, chaises et assiettes dépareillées, portraits kitsch aux murs, rayonnage d'épicerie à l'ancienne et mobilier en palette dans la ruelle. Dans la cuisine ouverte, l'équipe s'affaire à l'unisson pour confectionner à la commande de délicieuses tapas (une assiette bien pleine !). *Ceviche, escabeche de Perú, estufadinho de feijao do Congo, moqueca...* le choix est surprenant et tous sont à prix unique. Propose aussi un menu surprise, qu'on arrête quand on veut ! Atmosphère et ambiance du tonnerre !

Cantinho da Ronha *(plan B2,* ***30****) : rua do Bocage, 55 ; autre accès par le nº 31 de la praça Alexandre Herculano. ☎ 289-813-872. Tlj, sauf dim, jusqu'à minuit. Plats 8-15 €.* Au rez-de-chaussée d'un immeuble moderne, dans une rue tranquille, la salle largement vitrée est très banale. Cuisine classique généreuse et à prix sages. De la viande, du poisson grillé et des plats du jour à l'ardoise. Bon accueil.

Se7e pedras *(plan A-B1,* ***33****) : travessa dos Arcos, 7. ☎ 289-058-329. • se7e.pedras@gmail.com • Lun-ven 12h-15h et 19h-23h30, dim 19h-23h30. Plats à partager* (petiscos) *5-8 €.* Dans une petite ruelle en pente, quelques tables en bois vite prises d'assaut, mais bon turnover. Du canard à l'orange en passant par le poulpe parfaitement cuisiné à la salade de poires caramélisées, tout est bon ! Prendre 2-3 plats pour un repas. Ambiance joviale, petite salle tout aussi chaleureuse, service souriant et rapide. Parfait pour prendre un verre également.

Portas de São Pedro *(plan B2,* ***34****) : largo do Dr. Silva Nobre 7. 968-255-106. Lun-ven 12h-23h et sam 18h-23h. Plats 7-10 €.* Dans le renfoncement d'une petite place. Une taverne avec sa terrasse... intérieure ! Belle sélection de vins dès l'arrivée. *Petiscos* (petits plats) à partager. La carte fait honneur à la mer, à la terre, et aux douceurs toutes portugaises (poulpe, bœuf à la sauce miel et moutarde, et gâteau à l'orange...). Excellent accueil. Très prisé par les routards.

Prix moyens

Adega Nova *(plan A1,* ***35****) : rua Francisco Barreto, 24. ☎ 289-813-433. • adeganova@sapo.pt • Tlj 11h-23h. Plats 9-18 €.* Étonnante salle mi-saloon, mi-bistrot, avec beaucoup de bois et peu d'*azulejos* (rare !). Longue carte (en français) de poissons, fruits de mer et viandes servis en portions généreuses. Clientèle d'habitués et de touristes. Une adresse fiable, de qualité régulière. Accueil jovial.

Tertúlia Algarvia *(plan B2,* ***31****) : praça do Afonso III, 13-15. ☎ 289-821-044. • info@tertulia-algarvia.pt • Tlj 10h-22h30 (10h30-15h30 dim). Plats 12-20 € ; cataplanas 25-50 € pour 2.* Dans la vieille ville, au calme sur une petite place charmante, à 2 pas du musée municipal, voici un très agréable resto avec terrasse. Le chef mijote des plats de la mer (poulpe, morue, *cataplanas...*), mais on peut se contenter aussi d'une salade végétarienne ou de *bruschette.*

Où prendre le petit déj ? Où manger une glace ?

Chelsea *(plan B2,* ***42****) : rua Dom Francisco Gomes, 28. ☎ 289-828-459. • geral@chelsea-algarve.pt • Tlj 10h-23h (minuit ven-sam).* De bonnes glaces maison à savourer en terrasse ou en flânant dans le quartier piéton. Choix plus complet ici que dans la succursale, installée dans une rue voisine.

Gardy *(plan B2,* ***40****) : rua de Santo António, 16. ☎ 289-824-062. • pastelaria.gardy@gmail.com • Tlj 8h30-19h30 sauf dim.* Cette terrasse posée sous un ficus monumental et sur le beau pavage à motifs d'une des rues piétonnes de la ville est l'un des points de ralliement des *Faroenses*. Bonnes pâtisseries, dont de réputés *bolo de arroz* (gâteau à la farine de riz), et boissons. Restauration sans grand intérêt en revanche.

Où boire un verre ? Où sortir ?

Les bars et les discothèques de et autour de la rua Conselheiro Bivar *(plan A1)* **:** les étudiants appellent ce petit quartier « les rues du crime » parce qu'elles concentrent la majorité de l'animation nocturne de la ville. Tout est relatif, rassurez-vous... La plupart des établissements n'ouvrent qu'en 2de partie de soirée. Tous les genres sont représentés : du café pour ados festifs aux bars branchés.

Aperitivo Bar *(plan A1,* ***48****)* **:** *rua Conselheiro Bivar, 51. 968-623-858. Tlj 18h-2h.* Café-bar sympa ouvert sur une petite place, où l'on peut aller s'asseoir sous les orangers pour siroter un cocktail accompagné de tapas. Petites salles à la déco tendance à l'intérieur, dont une pour les fumeurs de cigare. Clientèle très diverse selon l'heure.

Columbus Bar *(plan B2,* ***46****)* **:** *praça Dom Francisco Gomes, 13. 917-776-222. Tlj jusqu'à 3-4h.* Cet endroit mériterait le prix des meilleurs cocktails du Portugal ! Sous les arcades d'une vieille bâtisse, la terrasse lounge offre ses couleurs rouge, gris et bleu (les *azulejos*) face au jardin et à la marina. À l'intérieur, murs en pierre et espaces intimes, façon pub. C'est le rendez-vous à la pointe de la mode de Faro.

O Castelo *(plan B3,* ***45****)* **:** *rua do Castelo, 11. 919-846-405. ● castelo.bar@hotmail.com ● Tlj jusque tard dans la nuit (selon programme).* Une adresse incontournable. Bar-pub installé sur les vieux remparts du *castelo*, un emplacement remarquable, avec une grande cour devant et une vue sur la Ria Formosa depuis la terrasse. On y vient pour boire un verre en soirée et écouter des concerts : fado le lundi et le mardi à partir de 23h, blues, jazz et rock les autres soirs.

Maktostas *(plan B1,* ***47****)* **:** *rua de Alportel, 29. 918-778-982. Tlj jusqu'à 2h.* Avec sa belle terrasse sur estrade sous les jacarandas et sa salle (fumeurs !) auréolée de photos, ce café fonctionne comme un lieu de vie pour le quartier. Il brasse locaux, bohèmes et touristes de passage.

À voir

Cidade Velha *(vieille ville ou ville close ; plan A-B2-3)* **:** entourée de remparts circulaires, la vieille citadelle de Faro n'a pas vendu son âme au commerce. Elle a gardé son style et son caractère. Elle est accessible par 3 portes, dont l'*arco da Vila*, belle arche néoclassique du début du XIXe s. La *rua do Município*, bordée d'anciennes demeures bourgeoises en granit, mène à la place de la cathédrale, agrémentée d'orangers. Remarquer à droite la toiture surprenante du *palais épiscopal* : les *telhados*, toits à 4 pans ressemblant à de petites pyramides, sont typiques de l'Algarve. Ce quartier dégage autant de charme en journée qu'à la nuit tombée, quand, presque désert, il se livre sous un très bel éclairage.

Sé *(cathédrale ; plan B2)* **:** *lun-ven 10h-18h (17h30 déc-janv), sam 10h-13h. Visite : 3,50 € (gratuit lors de la messe du dim midi).* D'apparence massive, elle affiche un contraste bienheureux entre ses façades blanches et la pierre nue de son clocher. Construite au XIIIe s sur le site de l'ancien forum romain, elle a été mise à sac et incendiée par les Anglais à la fin du XVIe s, puis victime du tremblement de terre de 1755. L'ornementation intérieure de la triple nef illustre cette tumultueuse histoire en égrenant les styles. De part et d'autre du chœur, les chapelles sont

couvertes de voûtes d'ogives gothiques, tandis qu'à droite de l'entrée le baroque explose en une profusion de sculptures en bois doré.
En face, le ***Palais épiscopal*** est revêtu de superbes *azulejos* du XVIIe s représentant Joseph, Marie et l'Enfant Jésus. Remarquable orgue rouge en bois peint de motifs chinois. À l'étage, salle capitulaire avec quelques statues en bois polychrome du XVIIIe s et salle du trésor. Du haut du clocher, beau panorama sur Faro et la lagune. À voir également, une petite chapelle ossuaire au fond du jardin.

Museu municipal *(plan B2)* **:** *praça Afonso III. ☎ 289-870-827. Mar-ven 10h-18h (10h30-17h le w-e). Fermé lun. Entrée : 2 € ; réduc (gratuit le dim avt 14h30).* Ce musée est installé dans un ancien couvent, bâti au début du XVIe s dans un style Renaissance... Il abrita une fabrique de bouchons de liège après la dissolution des ordres religieux en 1836. La visite vaut autant pour la sérénité du superbe cloître à double galerie que pour la collection, modeste mais intéressante.
Parmi les vestiges antiques du rez-de-chaussée, ne pas manquer la ***remarquable mosaïque*** des IIe-IIIe s, retrouvée en plein Faro. Elle représente Neptune entouré des dieux des Vents d'est et d'ouest, ainsi qu'une variété de motifs floraux. Le 1er étage rassemble de la peinture sacrée, produite en série du XVIIe au XIXe s, et des œuvres de Carlos Porfírio, peintre natif de Faro hanté par les légendes populaires.

Igreja do Carmo et capela dos Ossos *(plan B1)* **:** *largo do Carmo. ☎ 289-824-490. Tlj 9h-18h30 (17h en hiver). Entrée : 2 €.*
Grand édifice baroque et symétrique (1719), l'église se tient au bord d'une place. Dans la chapelle de Santo Alberto, ruisselante d'or, on remarquera les colonnes torsadées, les putti et les feuilles d'acanthe, ainsi qu'une superbe Vierge polychrome du XVIIIe s.
Pour rejoindre la ***chapelle des Os*** située derrière l'église, il faut passer par la sacristie à droite de la nef, le temps d'y voir une série de vitrines pieuses. Âmes sensibles, s'abstenir, ses murs sont entièrement recouverts de crânes et d'os humains, déterrés du cimetière en 1816 et rigoureusement ordonnés entre des traits de maçonnerie ! On retrouve cette macabre tradition dans la cour de la cathédrale et près de l'église d'Alcantarilha, ainsi qu'à Évora dans l'église São Francisco.

Autres églises **:** on remarque encore celle de ***São Pedro*** *(plan B1)* et sa belle niche avec *azulejos*, ou ***São Francisco*** *(plan B2)*. Ouvertures irrégulières dans les 2 cas. Tenter sa chance sur la pointe des pieds pendant les messes.

Recital de Guitarra Portuguesa **:** *rua da Misericórdia, 8. 916-434-730. • recitalguitarraportuguesa.com • À l'étage de l'office de tourisme. Tlj sauf ven-sam à 12h, 15h et 16h30. Séance de 30 mn. Entrée : 5 €.* Dans une petite chapelle posée sur le toit de l'office de tourisme, João Cuña, guitariste virtuose, interprète différents styles de fado, du traditionnel au fado *fusión,* en passant par celui joué à Coimbra, très particulier. Ponctué d'explications érudites et non dénuées d'humour, le récital est de grande qualité et donne souvent la chair de poule.

Centro ciencia viva Algarve *(plan A2)* **:** *rua Comandante Francisco Manuel. ☎ 289-890-922. • ccvalg.pt • Sur le quai, dans l'ancienne centrale électrique au pied de la vieille ville, avt l'arco da Porta Nova. Mar-sam 10h-18h (dernière entrée à 17h). Entrée : 4 € ; 2,50 € enfant ; réduc.* Un mignon petit musée des sciences dédié à l'espace et aux océans. Les enfants aiment surtout la partie consacrée à la biosphère marine de la Ria Formosa avec son aquarium d'hippocampes et de poissons locaux. Possibilité de toucher des concombres de mer et des anémones. Des activités sensorielles sont conduites par des moniteurs francophones. Possibilité également d'observer à la jumelle à marée basse les oiseaux marins de la lagune depuis le toit de la terrasse.

DANS LES ENVIRONS DE FARO

La lagune de Ria Formosa : elle enveloppe la côte sur environ 60 km de longueur et 270 km^2, depuis Faro jusqu'aux environs de Vila Real de San António. Elle est doublement protégée : naturellement par un alignement de 5 îles parallèles à la côte formant une barrière contre l'océan, et juridiquement par son statut de parc naturel, accordé en 1987 pour éviter sa dégradation.

Excursions à la découverte de la lagune, des îles et de la faune : *sur le quai, près de l'embarcadère (face à l'arco da Porta Nova ; plan A-B3).*
➢ ***Animaris :*** *918-779-155. • ilha-deserta.com • Tours privés de 1 à 3 îles, en zodiac, 30 €/pers (1h45) ; réduc enfants. Visite en portugais et en anglais.* Une balade plaisante qui évoque les productions de sel d'autrefois, la vie des pêcheurs de coquillages, le vol des oiseaux migrateurs, avant d'arriver sur l'***ilha Deserta (ilha da Barreta),*** la seule que l'on puisse qualifier sans rire d'« île déserte », parmi les 5, très étroites, qui ferment la lagune. Même s'il y a un peu de monde, vous pourrez vous détendre sur la plage avant d'aller boire un verre à *l'Estaminé (917-811-856, ouv seulement en saison ; plats 13-23 €, mais aussi snacks et salades 6-13 €).* Libre à vous de vous échapper dans les dunes, mais, protection de l'écosystème oblige, en ne vous éloignant pas des sentiers en caillebotis.
➢ ***Formosamar :*** *918-720-002. • formosamar.com • Excursions de 2-3h, 15-50 €/pers ; réduc enfants.* Des balades guidées en catamaran, en bateau traditionnel, en zodiac et en kayak, pour découvrir les îles (*Farol* et *Culatra*) avec pause sur chaque île, pour observer les oiseaux (notamment les flamants roses) ou pour aller à la rencontre des dauphins... Loue aussi des kayaks de mer.
D'autres compagnies proposent des excursions du même genre, le choix ne manque pas ! Également des services de bateau-taxi.

Pour l'ilha Deserta *(visite libre) : services de navettes tlj, avec Animaris. Juin-sept, 5 départs/j. 10h-16h45, retours 10h45-17h30 ; le reste de l'année, 4 départs/j. Compter 10 € l'A/R ; 20 € si l'on fait l'aller ou le retour avec la vedette rapide.* Il ne s'agit pas de visites guidées mais simplement d'un transport en bateau. La liaison se fait sur un petit ferry. On peut aussi faire un trajet en *speed boat*, c'est un peu plus cher mais plus rapide.

Pour l'ilha do Farol et l'ilha da Culatra : *avec la compagnie Silnido. ☎ 918-278-934 • silnido.com • Juin-sept, 6 liaisons/j. (4 liaisons seulement la 2de quinzaine de sept) pour l'ilha do Farol ; 2 liaisons/j. juil-août seulement pour Culatra. 5 € l'A/R pour Farol (40 mn) et 6 € l'A/R pour Culatra (50 mn) ; réduc enfants.* Visite libre sur les îles. Et un bon point de chute.

MarAmais : *au pied du phare. Tlj 10h-23h.* Une paillotte élégante et colorée. Vite prise d'assaut. Musique, grande tablée, fauteuil, tabouret : tout est bon pour apprécier la vue. Snacks, jus de fruits, cocktails. Parfait pour paresser...

Praia de Faro *(ou ilha de Faro) : à 6 km au nord-ouest de la ville, sur l'île de Faro. On peut s'y rendre en bus ou en bateau. Bus n° 16, face à la gare routière, passant par l'aéroport ; compter env 2,25 € et 30 mn de trajet ; attention, l'heure du dernier retour varie selon jour et saison. En bateau avec la compagnie Silnido (• silnido.com •), depuis l'embarcadère de Faro (plan A3) : juin-sept, 7 liaisons/j. (4 liaisons seulement la 2de quinzaine de sept) ; durée : env 30 mn ; compter 3,20 € A/R, réduc ; dernier retour en bateau de la plage de Faro entre 18h15 et 19h30 selon saison.* Même si l'on dédaigne la bronzette, la balade sur l'*ilha de Faro* vaut le déplacement. Cette étroite langue de sable a quelque chose d'émouvant. En effet, l'extrémité orientale habitée par les pêcheurs est amputée, chaque année, d'environ 50 cm par les colères de la mer. On peut voir des pans de mur, l'encadrement d'une porte, pour tout souvenir d'une de ces maisonnettes. Pour le reste, c'est une jolie plage de sable blanc peu ombragée. Une petite route lui sert d'axe, bordée de villas et de maisons de pêcheurs, reconnaissables à leur taille miniature. Du monde le week-end, bien sûr.

Ruínas da Milreu : *à 9 km au nord de Faro en direction de São Brás, avt le village d'Estói. Tlj 10h-18h sauf lun mai-sept ; oct-avr 9h-17h. Fermé dim de Pâques, 1er mai et 7 sept. Entrée : 2 € ; réduc.* Ruines romaines connues surtout pour la *mosaïque aux poissons* recouvrant l'une des piscines des thermes (à l'entrée à gauche). Polychrome, elle est plutôt bien conservée. Quelques vestiges dans les fondations d'une maison forte et ruines d'un sanctuaire du XVe s, mais le site est mal entretenu et envahi d'herbes hautes.

AU NORD DE FARO, DANS LES TERRES

SÃO BRÁS DE ALPORTEL (8150) 10 662 hab.

L'ALGARVE

À 18 km au nord de Faro et à 14 km de Loulé. À l'écart de l'agitation balnéaire, ce joli village traditionnel dans les hauteurs célèbre, le dimanche de Pâques, la fête des Torches fleuries en l'honneur du Christ ressuscité. En outre, bonnes tables de campagne, pâtisseries typiques, promenades entre chênes-lièges, amandiers et caroubiers, et pour finir un joli musée ethnographique.

Arriver – Quitter

En bus

Terminal Rodoviário *(Gare routière) : rua João Louro, au nord de la ville. ☎ 289-842-286. Billetterie : lun-ven 8h-8h30, 9h30-11h, 12h-13h, 17h-18h45.*

➢ ***Faro :*** avec *Eva,* une dizaine de bus/j. en sem 7h30-17h45. 5 bus le w-e 7h-17h45. Durée : 40 mn.

➢ ***Loulé :*** 2 à 3 bus/j. Avec *Eva.* Durée : 25 min.

➢ ***Tavira :*** 2 bus/sem. Avec *Eva.* Durée : 1h50 à 2h15. Changement à Faro.

Adresse utile

Posto de Turismo *(office de tourisme) : largo de São Sebastião, 23. ☎ 289-843-165. • cm-sbras.pt • Lun-ven 9h30-13h, 14h-17h30.* Liste des hébergements chez l'habitant. Bon accueil francophone et plein de bons conseils.

Où dormir ? Où manger ? Où déguster une pâtisserie ou une glace à São Brás de Alportel et dans les environs ?

Hospedaria São Brás : *rua Luís Bivar, 27, à São Brás. 919-999-756. • calapusca@hotmail.com • À 100 m de la pl. centrale, côté* *opposé à l'office de tourisme. Doubles 75-130 €, selon saison ; familiales également. Boisson de bienvenue offerte sur présentation de ce guide.* Cette demeure imposante du milieu du XIXe s, couverte d'*azulejos,* renferme le petit musée privé du patron, João Carrusca : collection d'antiquités, gramophone, statues... Les chambres, très rétro, charmantes bien qu'un peu sombres, semblent même faire partie du musée. Terrasse agréable sur l'arrière. Le copieux petit déj se prend à la *pasteleria Ervilha,* sur la place (même famille). Accueil cordial et en français.

Casal da Eira : *Farrobo. 916-283-680. • info@casaldaeira.nl • casaldaeira.com • À env 1,5 km de São Brás en direction d'Alportel, à droite sur la N 2. Congés : nov-avr. Doubles 75-90 € selon saison (min 2 nuits), petit déj compris. Un apéritif ou café offert sur présentation de ce guide.* Une très belle ferme ancienne, superbement restaurée, tenue par Els et Bert, un couple de Hollandais francophones super accueillant. Les 5 chambres toutes différentes sont très soignées et de bon confort. Certaines donnent directement sur la grande piscine bordée de cyprès. Murs épais et fraicheur garantie, même en été ! Également des familiales et un beau studio dans une annexe, dans un coin du jardin plein d'arbres fruitiers. Joli salon agrémenté de peintures contemporaines et cuisine bien équipée à disposition. Une belle adresse, au calme, idéale pour rayonner.

Churrasqueira Luís dos Frangos : *rua José Dias Sancho, 132 (route de Tavira), à São Brás. ☎ 289-842-635. De l'office de tourisme, suivre la direction du musée, puis continuer env 700 m. Tlj sauf lun, jusqu'à 22h. Plats 6-12 €.* Autrement dit, « Louis des Poulets » ! Grande salle, grand barbecue, grosses portions à petits prix. C'est le rendez-vous des amateurs de poulet grillé (frais, naturel, bien préparé et servi avec des frites), mais également des côtelettes d'agneau, des entrecôtes, de la poitrine de porc... Une bonne adresse.

Pasteleria et Gelataria Ervilha : *largo de São Sebastião, 7, à São Brás. 919-999-756. Tlj 8h-20h sauf lun. Fermé nov.* Sur la place centrale et dans la rue perpendiculaire, une pâtisserie-salon de thé et un glacier qui proposent de délicieuses douceurs artisanales (gâteaux aux amandes, caroubes, figues, glaces aux fruits de saison...). Hmm ! Et même une annexe à 2 pas.

Adega Nunes : *sítio dos Machados. ☎ 289-842-506. • ftjoananunes@gmail.com • Prendre la route de Faro par Estói sur 2 km, puis tourner à gauche au rond-point en direction de Barracha ; le resto se trouve 300 m plus loin, à gauche sur une butte. Tlj 12h-23h sauf dim soir et lun. Plats 8-10 €. CB refusées.* Les propriétaires sont aussi viticulteurs. Dans ce resto à la déco rustique et simple, on savoure une authentique cuisine du terroir. Plats originaux et succulents comme le *jantar de grão* (pois chiches avec pâtes, porc, potiron et patate douce) ou le *coelho frito* (lapin frit). Bons petits vins de la maison. Concert de fado le samedi soir. Accueil réservé mais service rapide.

Tesouros da Serra : *sítio do Tesoureiro. 968-050-554. • tesourosdaserra@gmail.com • À env 3 km au nord-ouest de São Brás. Direction Alportel par la N 2, puis fléchage à droite « Tesoureiro ». Tlj 9h (14h dim)-20h.* Fatima Galego est une célébrité en Algarve pour ses talents de pâtissière. Elle tient cette pâtisserie qui est aussi un point de vente de produits locaux et un salon de thé avec terrasse. Délicieux gâteaux confectionnés avec des produits locaux comme la caroube *(alfarroba),* les amandes ou les figues, également farcies aux amandes entières...

Casa dos Presuntos : *à* ***Cortelha.*** *☎ 289-846-184. • casadecampocantinhodaserra@gmail.com • À 15 km au nord de São Brás de Alportel par la route N 2, à l'entrée du village de Cortelha sur la gauche, en face de la station-service. Tlj 9h-22h. Plats 12-15 € ; menu 15 € env. Digestif offert sur présentation de ce guide.* Ici, peu de touristes et pas de carte en anglais. Authentique, la « Maison du Jambon » cache de grandes salles rustiques où de nombreux locaux viennent déjeuner

L'ALGARVE

en famille le week-end. On vient ici autant pour la charcuterie que pour la délicieuse et très copieuse cuisine à base de produits régionaux, comme la joue de porc mijotée, le porcelet, le sanglier... Et puis louons cette petite entreprise qui fait également bar, épicerie, vente de vins et de produits locaux, et même un peu d'artisanat ! Il s'agit d'éviter le dépeuplement des campagnes. Pour qui veut faire étape, des chambres simples mais nickel, dans un bâtiment neuf sur l'arrière, avec petite piscine à dispo *(compter 50-65 € selon saison).*

Pousada Palácio Estói : *rua de São Jose, à* ***Estói.*** *À 11 km au sud de São Brás de Alportel. ☎ 210-407-620 • pousadas.pt • Doubles 220-260 €, petit déj en sus.* Adossées à un ancien palais, une soixantaine de chambres réparties sur différents niveaux d'une construction hyper moderne. L'ensemble se marie bien, les lignes se croisent, et les vastes chambres offrent tout le confort nécessaire. Certaines avec terrasse, d'autres avec balcon. Assez calme. Jardins splendides, piscine monumentale, et petit déj dans le palais. Y a même une chapelle juste derrière la réception. L'idéal pour lui demander sa main !

À voir

Museu do Trajo Algarvio *(musée ethnographique du Costume)* **:** *rua Dr José Dias Sancho, 61 (celle qui part vers l'est depuis l'office de tourisme). ☎ 289-840-100. • museu-sbras.com • Lun-ven 10h-13h, 14h-17h ; w-e et j. fériés 14h-17h. Entrée : 2 € ; réduc ; gratuit moins de 12 ans.* Cette superbe maison bourgeoise datée de 1889 héberge une expo intéressante sur le liège, dont l'exploitation et le commerce firent la richesse des anciens propriétaires. À voir aussi, une riche collection ethnographique faite avec les dons des gens du village, membres d'une association très active qui organise également dans les dépendances des concerts de fado, des cours de zumba et des tas d'activités qui dynamisent cette agréable petite ville. Enfin, dans une grange et dans la cour, une collection de voitures à cheval (dont 2 surprenants corbillards de 1940), et un bar sympa, ouvert à tous. Un lieu étonnant !

Percurso Calçadinha *(parcours Calçadinha)* **:** *accès à pied depuis le centre ou depuis la nationale.* Après la visite du musée, voici une promenade bucolique (environ 1 500 m) menant à cette ancienne voie romaine, à travers une campagne généreuse, plantée d'orangers, d'oliviers, de caroubiers, d'amandiers, de figuiers et de citronniers. Descendre jusqu'au centre d'interprétation ; la voie, dont il ne reste que 2 modestes tronçons pavés, se trouve en contrebas.

LOULÉ

(8100) 70 622 hab.

À 17 km seulement au nord-ouest de Faro, sur une hauteur, cette petite ville tire son nom de l'arabe Al-Uliya. Du VIIIe au XIIIe s, ce fut une cité occupée par les Maures, comme beaucoup d'autres en Algarve. Aujourd'hui, cette petite ville paisible à l'architecture moderne sans charme se singularise par la vie locale qu'elle a su préserver, particulièrement animée le samedi, jour du marché « gipsy ». C'est aussi l'occasion de découvrir un tout petit centre historique autour du château et de la belle église du XIIIe s, dont le clocher est un minaret reconverti, ainsi qu'un beau et surprenant marché couvert du début du XXe s.

– ***Se repérer :*** le centre-ville est marqué par le largo de Gago Coutinho, facilement repérable à sa sculpture contemporaine. Il se trouve au carrefour de la praça da República (une avenue en fait), bordée par le marché couvert, et de l'avenida 25 de Abril, où l'office de tourisme vous fournira un plan de la ville.
– Attention, le week-end, tout est fermé.

Arriver – Quitter

En bus

Rodoviaria (Gare routière) : *rua Nossa Senhora de Fátima. ☎ 289-416-655. Billetterie : lun-ven 7h30-12h45, 13h45-18h45 ; sam 8h-13h.*
➢ ***Faro :*** avec *Eva,* 15 bus/j. 7h50-19h20. Durée : 40 mn.

En train

Gare ferroviaire : *à 5 km au sud-ouest, vers Quarteira.* Desserte par le bus *Eva* allant à Quarteira.
➢ ***Lisbonne via Albufeira :*** 5 trains/j. 7h10-18h25. Durée : env 2h45-3h20.
➢ ***Faro :*** env 15 trains/j. 7h40-21h50. Durée : 10-20 mn.

Adresse et infos utiles

Posto de Turismo (office de tourisme) : *av. 25 de Abril, 9. ☎ 289-463-900. • cm-loule.pt • Au nord du largo Gago Coutinho. Juil-août, tlj 9h30-17h30 (fermé 13h-14h ven-lun) ; hors saison, ferme à 17h.* Bon accueil, en français.
– ***Marché d'alimentation :*** *en haut de la praça da República, dans la halle aux toits rouges. Tlj 8h-14h sauf dim.* Bien fourni en produits locaux : charcuterie, poisson, fromages, miel, gâteaux, fruits secs.
– ***Gipsy market :*** *au nord-ouest du centre, vers l'estrada de Boliqueima. Sam jusqu'à 14h env.* Fringues, alimentation, puces... il attire beaucoup de monde.

Où dormir ?

Casa Beny 1897 Luxury Guesthouse : *rua São Domingos, 13. ☎ 289-417-702. 969-870-585. Descendre la praça da República jusqu'à la petite place et prendre la ruelle à droite. Doubles 45-125 € selon confort et saison, petit déj compris.* Belle demeure bourgeoise jaune et blanc de 2 étages abritant une dizaine de chambres spacieuses. Moulures aux plafonds, têtes de lit recouvertes de tissu et bon confort (clim et grande salle de bains). Kitchenette mise à dispo. Grande terrasse sur le toit pour prendre le soleil. Accueil francophone charmant.

Loulé Jardim Hotel : *praça Manuel de Arriaga. ☎ 289-413-094. • hotel@loulejardimhotel.com • loulejardimhotel.com • À l'ouest du centre. En bas de la praça da República, prendre la rua 5 de Outubro, puis la rua Vasco da Gama, la place est au bout. Selon saison et confort, doubles 50-90 € (août 125 €), petit déj compris.* Une adresse comme on les aime. Belle bâtisse blanche de 4 étages, sur une jolie place calme et ombragée de jacarandas, à 2 pas du centre. Ne pas se fier au lobby. La cinquantaine de grandes chambres sont modernes et climatisées. Celles du 4e étage ont un petit balcon *(supplément de 10 €).* Piscine au 3e avec transats et bains de soleil. Accueil pro.

Où dormir dans les environs ?

Chambres d'hôtes Casa da Cabeça : ***Azinheiro, barranco São Miguel ;*** *le chemin en face du café* O Rissol. *Whatsapp +33 6-03-10-11-18. • fsicre50@gmail.com • Double 55 €/nuit ; 2 nuits min. Réduc de 10 % sur présentation de ce guide.* Chambres lumineuses. Vue splendide sur les champs et les figuiers. Déco élégante, à partir de beaux matériaux, d'objets chinés ou rapportés de voyages. Accueil extra, en français, du proprio, calé en produits locaux et de bons conseils. Vélos et cuisine d'extérieure à dispos pour les hôtes. Pour un séjour au calme avec la mer à l'horizon (20 min en voiture).

Chambres d'hôtes Quinta dos Valados : *à* ***Corcitos.*** *962-703-566. • quintadosvalados@sapo.pt • quintadosvalados.com • À 10 km au nord de Loulé, un peu après Querença. Doubles à partir de 60 € (2 nuits min), petit déj compris.* Sur une colline, en montagne, cette ancienne ferme tenue par une accueillante famille franco-portugaise a été transformée en logement rural. La demeure conjugue le charme de matériaux rustiques et bruts au confort. Les 5 chambres sont bien équipées (clim) et toutes différentes. Terrasse ombragée agréable avec une grande piscine dans un beau jardin paysager et salle de jeux avec billard et flipper. Petit déj copieux avec des produits maison et locaux. Propose aussi un gîte pour 2 pers *(80 €/nuit),* tout équipé, joliment décoré et avec terrasse au calme. Pas de table d'hôtes mais de bons conseils pour des restos pas chers à proximité. Parking.

Monte dos Avós : *rua da Eira, à* ***Várzeas de Querença.*** *938-311-221. • montedosavos@gmail.com • montedosavos.pt • À env 10 km de Loulé, direction Corcitos. Congés : déc-janv. Selon saison, doubles 50-65 €, apparts 65-90 €, petit déj inclus.* Une de nos adresses préférées dans le coin. Au milieu d'une campagne ondulée et paisible, une demeure moderne mais inspirée de la tradition locale, avec des murs dans les tons jaunes. Si les maisonnettes sont de bon confort, les 3 appartements avec cuisine équipée sont plus spacieux. Leur déco soignée rappelle la Provence mais en pleine serra. Excellent petit déj. Salle de jeux, *snooker,* ping-pong, piscine et possibilité de faire son barbecue. Parking. Accueil charmant et francophone de Clara.

Où manger ? Où boire un verre ?

Cafézique : *rue das Bicas Velhas, 5. ☎ 289-043-931. • cafezique.pt • Mar-sam 19h-minuit. Petiscos 6-15 €.* Notre meilleure adresse dans la ville. Dans une belle bâtisse blanche d'angle, sur 3 étages avec *rooftop* et déco industrielle à l'intérieur, ce resto propose une expérience gustative à partir des classiques portugais. Les *petiscos* (petites portions) préparées par le chef sont toutes plus surprenantes les unes que les autres. Il mélange les textures et les saveurs pour notre plus grand bonheur. 3 ou 4 suffisent. Belle carte des vins. Vue splendide au sommet sur les toits de la ville. Terriblement romantique avec toutes ces loupiotes à la nuit tombée. Ambiance chic mais décontractée. Service sympa avec tablier et pro.

Dom Fernando : *rua José Fernandes Guerreiro, 54. ☎ 289-462-821. 964-026-277. Rue longeant le marché, à droite quand on lui fait face. Tlj sauf dim, jusqu'à 22h. Plats copieux 8-10 €.* Savoureuse cuisine portugaise, service aimable et efficace, et bon rapport qualité-prix. Bon choix de poissons et de viandes. Le patron parle le français. Quelques chambres à l'étage *(résas : • h.domfernando@gmail.com • ; doubles 35-70 € selon saison).*

Café-cervejaria Calcinha : *praça da República, 67. 964-066-842. Tlj 8h-minuit.* Un superbe vieux café du début du XXe s, restauré récemment. Boiseries en bois précieux du Brésil, lustres au néon. Statue en bronze du poète local António Aleixo sur le trottoir. Bien pour une bière avec des lupins, histoire de faire couleur locale ou pour grignoter un *folhado de Loulé,* une pâtisserie feuilletée sucrée à l'œuf et servie chaude.

Où manger dans les environs ?

Sol e serra : *à* ***Corte Garcia.*** *☎ 289-422-344. Tlj sauf mar. Réserver. Plats 12-15 €.* Un bistro de pays comme on les aime. Une cuisine portugaise savoureuse et servie généreusement. Agneau, mouton, porc, lotte, bar... tout est grillé ou presque ! Au choix, terrasse ou salle climatisée. Déco dans son jus. Service sympa. Une bonne adresse du coin.

À voir

Castelo (le château) : *rua D. Paio Peres Correia, 17. ☎ 289-400-642. Descendre la praça da República et tourner à gauche avt le largo Dr Bernardo Lopes. Lun-ven 9h-18h, sam 10h-17h sam. Fermé dim. Billet : 3 € ; réduc.* Depuis la cour, accès à 2 petits musées peu passionnants, ainsi qu'à une portion du chemin de ronde conduisant au sommet de la tour (le seul vrai intérêt du lieu).
– ***Le musée municipal de la Cuisine traditionnelle :*** reconstitution d'une cuisine rurale avec cheminée, ustensiles et vaisselle.
– ***Le musée municipal d'Archéologie :*** modeste collection d'objets du Néolithique trouvés dans la région, ainsi que des sépultures de l'âge du bronze.

Ermida de Nossa Senhora da Conceição : *rua D. Paio Peres Correia. Tlj sauf dim-lun, mêmes horaires que le château. GRATUIT.* Cette petite chapelle insérée entre les habitations conserve un superbe autel en boiseries baroques, entouré d'*azulejos* d'une grande finesse retraçant la vie de la Vierge.

Manifestations

– ***Carnaval :*** *en fév ou mars, dim-Mardi gras.* 3 jours de parade colorée, de musique et de fête. Existe depuis 1906 !
– ***Procession de Nossa Senhora da Piedade :*** *de l'église de São Francisco, à Pâques.* Le moment le plus intéressant est celui où la procession remonte l'icône datant du XVIe s à l'église, 15 jours après l'en avoir sortie. Beaucoup de monde.
– ***Festival Med :*** *dernier w-e de juin. • festivalmed.pt •* Toute la ville célèbre la Méditerranée à travers concerts (world music, musique classique), spectacles de rue et expos.
– ***Festival de Jazz :*** *un w-e en juil. Rens à l'office de tourisme.*

DANS LES ENVIRONS DE LOULÉ

Capela de São Lourenço : *à 6,5 km au sud de Loulé par la N 125, direction Faro. Sur une colline à 2 km du village d'**Almancil,** près du cimetière. Ouv 15 avr-15 oct : lun 15h-18h, mar-sam 10h-13h et 15h-18h. Dim seulement pdt la messe, 9h-11h. Hiver, lun-ven 10h-13h30 et 14h30-17h30. Entrée : env 2 €.* Magnifique, un trésor de l'Algarve à ne pas manquer ! Isolée sur sa colline, cette modeste chapelle cache un intérieur d'une richesse exceptionnelle. Les murs, la voûte en berceau, la coupole au-dessus de l'autel baroque, sont couvertes d'*azulejos* datés de 1730, c'est un véritable chef-d'œuvre ! Plafond en trompe l'œil sur le thème de la vie de saint Laurent. D'origine espagnole, c'est à Rome qu'il subit le martyre en 258 ap. J.-C. Brûlé vif sur les charbons ardents d'un gril, en mourant, saint Laurent aurait dit « *Je suis bien rôti de ce côté-ci, tourne-moi de l'autre côté et mange-moi* ». Bon appétit.

Et puis, si vous avez fait le détour par Loulé, c'est que vous êtes sensible à ce magnifique ***arrière-pays du Barrocal,*** nom de la région fertile aux sols calcaires qui s'enfonce dans la serra do Caldeirão. N'hésitez pas à vous perdre au fil des petites routes et autres chemins, qui offrent de belles balades dans cet univers vallonné, tacheté d'arbousiers et d'oliviers.

À L'EST DE FARO

OLHÃO (8700) 42 300 hab.

À 10 km à l'est de Faro. Un de nos coups de cœur ! Une des villes les plus récentes de l'Algarve, avec son grand port de pêche. Son centre-ville, plein de charme, a gardé son caractère avec ses ruelles et ses maisons blanches. Olhão est principalement le point d'embarquement vers les kilomètres de plage des îles Armona et Fuzeta, appartenant à la Ria Formosa. Cela en fait un lieu de séjour pratique, proche de Faro et de son aéroport. En ville, on appréciera surtout le quartier piéton et le très animé marché, formé de 2 grandes halles en brique rouge avec de surprenantes tours d'angle à l'orientale, réalisé par un élève de Gustave Eiffel.

– ***Se repérer :*** le marché couvert *(lun-sam 7h-13h)* se trouve avenida 5 de Outubro au bord de la lagune. En face s'étend le centre-ville relié aux gares routière et ferroviaire, au nord, par l'avenida da República. Parkings gratuits aux abords de la ville.

Arriver – Quitter

En bus

Terminal rodoviário *(Gare routière)* **:** *rua General Humberto Delgado. ☎ 289-702-157. Billetterie : lun-ven 7h-19h15 ; sam 7h30-12h40, 13h30-18h30 ; dim et j. fériés 7h45-13h40, 14h-18h30.* Pour rejoindre le centre-ville, remonter la rue puis prendre à droite l'av. da República.

➢ Sur la ligne ***Lisbonne-Vila Real de Santo António*** de *Rede Expressos,* desservant aussi ***Albufeira*** et ***Tavira.*** 13 bus/j. pour Lisbonne. Avec *Eva,* 6 bus/j. Durée : env 3h45.

➢ ***Faro :*** avec *Eva,* 2-3 bus/h en moyenne 6h40-19h50. Durée : 20 mn.

En train

Estaçao ferroviária *(Gare ferroviaire)* **:** *av. dos Combatentes da Grande Guerra. Au bout de l'av. da República, dont l'autre extrémité débouche sur la vieille ville.*

➢ Desservie par la ligne régionale ***Lagos-Vila Real de Santo António*** qui assure la liaison avec ***Portimão, Silves, Albufeira, Loulé, Faro*** et ***Tavira.*** 7-13 trains/j. selon le jour et la direction.

En voiture

➢ Par la N 125 ou l'A 22 (péage électronique).

Adresses utiles

Informação Turística : *largo Sebastião Martins Mestre, 8A. ☎ 289-713-936. • visitalgarve.pt • Depuis la praça P. J. Lopes, face au marché, prendre la rua Téofilo Braga puis la 2e à droite. Lun-ven 9h-12h30, 13h-15h.* Mêmes guides payants *(env 8 €)* que dans tous les offices d'Algarve (plages, sentiers, itinéraires culturels...). De bons conseils en français.

Bateau pour les îles : *embarcadère à l'est du marché, après le jardin. Voir plus loin « Dans les environs d'Olhão ». Autre point d'embarquement à Fuseta.*

Où dormir à Olhão et dans les environs ?

Campings

Camping Olhão : *Pinheiros de Marim, à env 1,5 km à l'est du centre d'Olhão. ☎ 289-700-300. • parque. campismo@sbsi.pt • Compter en hte saison 15 € pour 2 avec tente et voiture ; bungalows 2-4 pers 20-70 € selon saison. Piscine payante en été.* Un camping gigantesque (sur 10 ha avec une capacité d'accueil de 2 000 personnes), un peu l'usine, près de la voie ferrée, mais c'est le camping le plus proche de Faro et les prix sont très intéressants, surtout pour les bungalows. Les emplacements pour campeurs sont tout au fond, bien ombragés par des pins. Snack, resto, *supermercado,* piscine, terrain de foot, tennis... Tout y est, l'ensemble est bien tenu et situé pile en face de la réserve protégée de *Quinta de Marim.*

Parque de campismo de Fuseta : *rua da Liberdade, 2, à* ***Fuseta,*** *à 11 km à l'est d'Olhão, face à l'île d'Armona. ☎ 289-793-459. • camping@uf-mon carapacho-fuseta.pt • Compter en hte saison 18 € pour 2 avec tente et voiture.* Sur un coude de la lagune, tout près de l'embarcadère pour les îles, à 2 pas de la mer, ce terrain de gravillons planté de quelques arbres est vite bondé en été. Ce n'est vraiment pas le camping idéal, mais ça peut dépanner. Assez ombragé. Beaucoup de camping-cars. Équipement correct, comme l'accueil. Snack-bar-pizzeria.

De très bon marché à prix moyens

Stork Hostel : *rua da Soledade, 23, à Olhão. 919-834-343. • reser vations@storkhostel.com • storkho stel.com • En face de l'église N. S. da Soledade. Selon saison, lits en dortoir à partir de 12 €/pers, doubles 55-70 €, petit déj compris.* Cet *hostel* central et convivial propose des chambres doubles avec clim et balcon ainsi que des lits en dortoir (4 lits ; non-mixte, sauf pour un groupe). Salon et cuisine bien aménagés à disposition. 2 belles terrasses équipées (tables, chaises longues...), tournées vers la lagune ou vers le clocher de l'église où nichent des cigognes. Bon accueil.

BJB Alojamentos : *rua Capitão João Carlos de Mendonça, 2, à Olhão. 962-567-764. • geral@bjb-alojamen tos.pt • bjb-alojamentos.pt • Entre l'église N. S. da Soledade et l'office de tourisme. Réception au 2e étage (ascenseur). Doubles 40-60 € selon saison, petit déj compris. En été, 3 ou 4 nuits min.* Dans un beau bâtiment bien rénové, réparties sur 3 étages, des chambres lumineuses, récentes et impeccablement tenues *(sans ou avec sdb)* par la très accueillante et francophone Lalitha. Salon, cuisine commune et agréable terrasse sur le toit avec hamac, transat et barbecue à dispo. Une bonne adresse fonctionnelle.

Pension Bicuar : *rua Vasco da Gama, 5, à Olhão. ☎ 289-714-816. • info@pensionbicuar.com • pension bicuar.com • Dans le prolongement de la praça P. J. Lopes, face au marché, dans la zone piétonne. Réception au 1er étage. Ouv mars-nov. Doubles 50-65 € selon contort et saison ; familiales également ; pas de petit déj. 10 % de réduc sur présentation de ce guide.* Une jolie demeure ancienne bien tenue. Elle abrite une quinzaine de chambres propres, meublées d'ancien, certaines avec petit balcon. Douche et lavabo à l'intérieur, mais w-c sur le palier pour les moins chères. Cuisine équipée à dispo pour compenser l'absence de petit déj. Petite terrasse avec belle vue sur la ville.

Beaucoup plus chic

Convento : *travessa Antonio Bento, 10, à Olhão. 912-463-233. • conven tomail@gmail.com • conventoolhao. com • Dans une ruelle perpendiculaire à l'av. 5 de Outubro, avt le resto O Bote. Ouv mars-nov. Attention, 2 nuits min en saison. Doubles 105-190 € (supplément de 40 € pour 1 ou 2 nuits supplémentaires) selon saison, petit déj compris.* Cette maison d'hôtes se cache derrière une porte sans enseigne. Les propriétaires ont fait le choix de préserver l'intimité de ce lieu magnifiquement restauré. Le patio en est le point central, tout de blanc revêtu, orné de faïences anciennes et de marbres d'Alentejo et entouré de colonnes majestueuses. Les chambres, spacieuses et très confortables, sont à l'unisson, claires et dépouillées. Le toit-terrasse réserve aussi de belles surprises : une piscine en longueur, des chaises longues douillettes, et une vue imprenable sur la mer. Un havre de paix qui laisse rêveur ! À déconseiller avec de jeunes enfants en raison des nombreux escaliers. Pour les familles, préférer les jolies maisons typiques également rénovées *(400-1 400 €/sem pour 2-4 pers, et plus).* Même propriétaire. *Infos sur : • whiteterraces.com •*

Casa Modesta : *Quatrim do Sul, 8700-128* ***Moncarapacho.*** *☎ 289-701-096. 964-738-824. • info@casamodesta.pt • casamodesta.pt • À env 7 km en allant vers Tavira, à droite, suivre la petite route fléchée « Campo de Futebol FC Bias », puis c'est indiqué. Doubles 120-260 € selon saison et confort (3 nuits min), petit déj compris.* Au milieu de nulle part, cette maison de famille transformée en *guesthouse* éco-touristique raffinée est une invitation à la détente et au contact avec la nature. Architecte, la petite-fille du pêcheur Modesto a conçu 8 chambres avec terrasses, tournées vers la lagune et l'île d'Armona, équipées de salles de bains originales et de kitchenettes astucieuses. La maison ancienne abrite une 9e chambre et la salle du petit déjeuner. À pied, ou grâce aux vélos à disposition, il est possible de rejoindre la plage toute proche ou les sentiers de la Ria Formosa. Également une petite piscine. N'hésitez pas non plus en saison à réserver la sortie d'observation des oiseaux *(25 €/pers).* Repas possible sur commande, à base des produits bio du jardin.

Quinta das Poetas : *à 7 km au nord d'Olhão, entre Estói et Pechão. ☎ 289-990-990. • quintadospoetas.com • À partir de 140 € la double, petit déj inclus. Réduc fréquentes sur le site internet.* Au calme, à la campagne. Une vingtaine de chambre réparties dans une grande bâtisse blanche et jaune et 9 appartements disséminés en contrebas du jardin. Bel établissement, déco simple mais chaleureuse. Ensemble clair et fonctionnel. Convient aussi bien aux couples en solo qu'aux familles. Belle piscine, resto, petit déj copieux et accueil familial adorable.

L'ALGARVE

Où manger ?

Vous trouverez, le long de l'avenida 5 de Outubro, plusieurs restos de poisson plus ou moins équivalents en prix et qualité de cuisine.

Pitéu da Baixa Mar : *av. 5 de Outubro, 18. ☎ 289-705-749. Tlj sauf lun. Congés : 2 sem en sept. Plats 7-16 €.* Un des derniers restos sur l'avenue du marché, un des plus authentiques aussi, très prisé des locaux. Dans la salle ou sur la petite terrasse, poissons frais et viandes mitonnées arrivent cuits à point, avec des frites craquantes ou des pommes vapeur moelleuses. La carte est variée, la cuisine savoureuse et les vins bien choisis. Service attentionné et efficace. Un sans-faute.

Prazeres : *av. 5 de Outubro, 94. ☎ 289-703-656. En face du marché municipal. Tlj 12h-23h sauf lun. Congés : 2 sem en oct. Plats 12-18 €.* Une valeur sûre pour les fruits de mer et le poisson, livrés directement du marché d'en face. L'*açorda de marisco* est excellent et très copieux ! Service efficace, attentif et en français.

Casa de Pasto O Bote : *av. 5 de Outubro, 122-124. ☎ 289-142-102. En face du marché municipal. Tlj sauf dim. Repas env 15 €.* Resto de pêcheurs propret et accueillant. Cuisine simple à base de poisson grillé et de fruits de mer. Une adresse traditionnelle qui tient bien le cap.

Vai e Volta *(Rodizio de peixe grelhado) : largo do Grémio, 2. À la croisée de la rua Francisco Menezes et de la rua de Santana. Tlj sauf lun, seulement le midi, jusqu'à 15h30. Pas de résa. Menus 10-12 €. CB refusées.* Sur une placette dans le centre-ville, un resto spécialisé dans les poissons grillés, d'une grande fraîcheur et servis à volonté ! Authentique et toujours plein.

Chá chá chá : *travessa do Gaibeú, 19. 918-727-242. • ola@chachacha.pt • Mar-sam 12h30-15h et 19h-22h. Résa indispensable. CB refusées.* Notre adresse préférée ! Uniquement le soir. Au choix : grands miroirs, pierres apparentes, vieux meubles patinés bleu ciel et comptoir à l'intérieur ou terrasse à l'ombre des ruelles blanches. Carte courte sous forme de *petiscos (petites portions 3,50-5,50 €),* mais renouvelée en fonction des saisons, des arrivages et des producteurs locaux avec qui le sympathique propriétaire travaille en étroite collaboration. Plats aux intitulés *So british* (nationalité du patron) et carte des vins extra. Parfait pour se régaler ! Fait aussi pâtisserie (voir plus bas) en journée.

Où prendre le petit déj ? Où boire un verre ou un café ? Où déguster une glace ?

Santa Maria Madalena : *rua do Gaibeú, 24. 919-990-789. Tlj 9h-15h30 sauf dim-lun.* Sous des voûtes en pierre, une pâtisserie délicieuse tenue par Deborah et Kevin. Produits locaux, sans gluten, à déguster avec un bon smoothie, un café bien serré ou une part de cheese-cake. La carte des douceurs change tous les jours ou presque. Pour notre plus grand bonheur ! Même proprio que *Chá chá chá* (voir plus haut).

Gelvi Gelato & Café : *entre les 2 ailes du marché, sur la droite en regardant la mer. Tlj 8h-minuit.* Difficile de trouver plus stratégique et populaire. On y feuillette le journal et on papote, voire on picore des denrées tout juste achetées au marché. Et puis c'est un glacier, et même le spécialiste incontesté du *sandes,* un sandwich de biscuit à la crème glacée ! Belle vue sur le *Bom Sucesso* dans le port.

Delicia de Olhão : *av. de 5 de Outubro, 20. ☎ 289-702-406. Tlj 6h30-22h.* Une petite adresse qui ne paie pas de mine. On peut y manger une omelette ou un sandwich à toute heure de la journée, mais il y a surtout, derrière les vitrines, des pâtisseries portugaises appétissantes par dizaines. Le choix est difficile ! Mais aucun doute sur la qualité, excellente.

L'ALGARVE

Manifestation

– ***Festival des Crustacés :*** *10-15 août. Infos sur • festivaldomarisco.com •* Crevettes, gambas, langoustes à gogo à tous les stands, chanteurs, spectacles... le port s'anime ! Réservez votre hébergement bien à l'avance, tout est complet à ces dates-là.

DANS LES ENVIRONS D'OLHÃO

Excursions vers les îles : ***Rota das Ilhas*** *(Rui Santos), av. 5 de Outubro, cais de embarque (quai pour les îles) à Olhão. 918-707-405 ou 915-930-302. • rotadasilhas@gmail.com • Balades-visites guidées de 2h30 à 7h, 30-70 €/pers ; réduc enfants.* Rui est un îlien passionné et francophone qui propose de superbes balades en bateau avec escales, pour mieux connaître la vie des pêcheurs. Au choix : visites des îles pour déjeuner chez un pêcheur ou dans un restaurant, et tour pour apercevoir les dauphins. Chaleureux, authentique, et riche. On en revient ravi !

Ilha da Armona : *depuis l'embarcadère d'Olhão pour la plage d'Armona, 9-13 départs/j. juin-sept 7h30-20h ; hors saison, 4-6 départs/j. Compter 20 mn de* *traversée et env 4-5 €/pers l'A/R. Également un embarcadère à Fuseta, à 8 km à l'est d'Olhão, près du camping, face aux cabanes de pêcheurs, desservant la plage du même nom (partie la plus étroite de l'île) ; départ ttes les 30 mn en été.* Ses plages de sable blanc face à l'océan, plus belles que du côté lagune, s'étendent à l'infini. Bien sûr, les lotissements de vacances y ont poussé comme des champignons, mais ils n'ont pas encore envahi toute l'île. Quelques cafés et restaurants près de l'embarcadère pour se sustenter.

Ilhas da Culatra et do Farol : *depuis l'embarcadère d'Olhão, 6-9 départs/j. juin-sept 7h-19h30 ; hors saison, 4 départs/j. Compter 30 mn pour Culatra et une petite heure pour Farol ; env 4-5 €/pers l'A/R ; réduc.* Culatra est une des îles de la Ria Formosa, en face d'Olhão, à 2 km de la côte. Elle compte 1 000 habitants pour une surface de près de 6 km². Le bateau s'arrête d'abord sur la plus petite plage, envahie de résidences mélangées à des habitations de pêcheurs. Difficile d'imaginer la vie sur l'île autrefois, quand la pêche assurait la subsistance de toute une communauté. À ***Farol,*** 2e arrêt, un petit village avec un grand phare, ce n'est guère mieux : les résidences encerclent les belles plages de l'océan, tandis que celles de la lagune sont sales.

Quinta de Marim : *à 1,5 km à l'est, vers Tavira. Longer la voie ferrée, puis la passer à la hauteur du camping. ☎ 289-700-210. Tlj 8h-20h (19h en hiver). Entrée : env 3 €.* Itinéraire balisé de 3 km, au sein du parc naturel de la lagune de Ria Formosa. Pour les amateurs d'ornithologie, la randonnée complète dure environ 2h30 dans les dunes, les ruines romaines et les marais en passant par un vieux moulin à marée. De nombreuses espèces survivent malgré la pollution croissante des eaux. On pourra observer également des caméléons.

TAVIRA (8800) 26 200 hab.

Située 37 km à l'est de Faro et à 22 km d'Olhão, Tavira fut au XVIe s la cité la plus peuplée de la région. De toutes les villes de la côte, c'est sans doute celle qui a le mieux conservé son style de ville du sud et son âme. Attention, ça monte et ça descend ! Le rio Gilão traverse Tavira, dont la belle unité architecturale est marquée par un nombre important de toitures traditionnelles à 4 pans. Il est agréable de se promener le long de la rivière et de l'enjamber à la nuit tombée par son joli pont romain !
Tavira peut aussi se vanter de posséder sur son canton un nombre important de monuments religieux. Une bonne trentaine d'églises, dont la majorité se trouve en ville, et une quinzaine de couvents. Une halte pleine de charme qui vous rapprochera de Dieu. Une pierre, deux coups !

Arriver – Quitter

En bus

Terminal Rodoviário *(Gare routière)* **:** *rua dos Pelames. Sur la rive sud de la rivière, à l'ouest de la praça da República. ☎ 281-322-546. Billetterie : lun-ven 7h20-19h ; w-e et j. fériés 7h-12h, 15h-19h.*

➢ ***Lisbonne :*** avec *Eva,* 6 bus/j. 5h30-17h30. Durée : 4h15. 8 autres bus avec *Rede Expressos,* 11h-1h50. Durée : 4h30-5h25.
➢ ***Vila Real de Santo António :*** avec *Eva,* 5 bus/j. en sem 8h15-19h30. 4 bus/j. le w-e 8h15-19h30. Durée : 40 mn.
➢ ***Faro :*** avec *Eva,* 7 bus/j. 6h50-18h40. Durée : env 1h.

En train

Estaçao ferroviária *(Gare ferroviaire) : à 1 km au sud du centre, par l'av. Dr Teixeira de Azevedo.*

➢ Tavira se trouve sur la ligne ***Lagos-Vila Real de Santo António*** via ***Faro*** (correspondances), ***Loulé, Silves*** et ***Portimão*** : env 13 liaisons/j.

Adresses et infos utiles

Posto de Turismo *(office de tourisme) : praça da República, 5. ☎ 281-322-511. • visitalgarve.pt • Tlj 9h30h-13h, 14h-18h.* Accueil en français. Donne une bonne carte de la ville.

Police : *☎ 281-322-022 ou 112.*

Rejoindre les plages d'ilha de Tavira (et le camping de l'île)

Au départ du centre et de Quatro Águas, avec la compagnie **Silnido.**

– ***Embarcadère de la ville :*** *sur la rive droite du rio Gilão, entre l'ancien marché et le pont routier.* Service mai-oct, tlj 8h30-19h30 en été (réduit en mi-saison), ttes les heures dans les 2 sens (ttes les 30 mn au départ le matin). Env 2,20 € A/R. 15 mn de traversée.

– ***Embarcadère de Quatro Águas :*** *à 2 km à l'est de la ville.* Service tte l'année, ttes les 30 mn env en saison et ttes les heures hors saison, 8h-19h35. Env 1,70 € A/R. Pas de liaison en bus du centre-ville.

– ***À pied ou en train depuis Pedras d'el Rey :*** *village de vacances au bord de la lagune, situé à env 5 km de Tavira. Passer par Santa Luzia ou par la N125, puis embranchement. Avec Eva, 7 bus/j., en sem seulement.* C'est l'itinéraire privilégié pour découvrir la superbe praia do Barril (voir plus loin « Dans les environs de Tavira »).

Où dormir ?

Campings

Camping Ilha de Tavira : *sur l'**ilha da Tavira,** à 2 km de la ville. ☎ 281-320-580 ou 281-027-430. • parquecampismo@cm-tavira.pt • cm-tavira.pt • À quelques mn de la plage. Accès seulement en bateau. Obligation de laisser sa voiture près de l'embarcadère. Pour y aller, voir « Adresses et infos utiles ». Ouv juin-sept. Compter 11-14 € pour 2 selon empl.* Camping sur un terrain plat ombragé par des arbustes. Beaucoup de campeurs en été, donc assez bruyant. Douche froide gratuite, douche chaude payante *(1 €).* Rationnement de l'eau en été (éviter le gaspillage). Minisupermarché (peu approvisionné, mieux vaut faire des courses avant de venir), snack-bar. Prévoir un répulsif antimoustiques.

Camping O Caliço : *au nord de **Vila Nova de Cacela,** à env 10 km à l'est de Tavira. ☎ 281-951-195. • geral@calico-park.com • calico-park.com • De Tavira, prendre le bus pour Vila Real de Santo António et demander au chauffeur de s'arrêter. Tte l'année. En hte saison, compter env 30 € pour 2 ; mobile homes 2-4 pers 48-104 € selon saison.* À environ 5 km de la plage, un camping proche de l'A22, assez bruyante. Douches chaudes et piscine gratuites. Les mobile homes ont ici la vedette, dans une belle zone ombragée par de grands arbres, tandis que les campeurs devront se contenter d'un espace triste et sans ombrage avec seulement quelques emplacements protégés du soleil par des auvents sommaires. Bien entretenu, cela dit, avec resto et *minimercado* en été.

Auberge de jeunesse

Pousada da juventude : *rua Dr Miguel Bombarda, 36-38. ☎ 281-326-731. 📱 969-779-545. • tavira@movijovem.pt • pousadasjuventude.pt • ♿ Selon saison, lits en dortoir 15-21 €/pers, doubles avec sdb 30-70 €, petit déj inclus. Parking* *payant.* Un ancien palais de style arabe abrite cette superbe AJ disposant d'une soixantaine de lits. Dortoirs (4 lits) avec clim et équipements communs conjuguent fonctionnalité et bon confort. Petite cuisine à dispo et agréable salon avec billard. Les chambres doubles ou familiales sont vraiment superbes, réparties autour d'un patio lumineux. On ne se croirait vraiment pas dans une AJ !

De bon marché à plus chic

☗ ***Formosa Guest House :*** *praça da República, 12. ☎ 281-027-103. • paulaserrano@net.sapo.pt • guesthouseformosa.com • Réception au 2e étage. Doubles sans ou avec sdb 40-70 € selon saison.* Une adresse très bien tenue et idéalement située (belle vue sur la place centrale et la rivière). On se sent un peu chez soi, dans cette maison d'hôtes. Les chambres sur 2 étages (avec clim) sont lumineuses, spacieuses et gaiement décorées. Grande cuisine commune, avec rangements individuels. Et un accueil attentionné pour un prix très attractif. Petit déj possible au café en dessous.

☗ ***Al-Gharb Tavira Eco-Hostel :*** *rua dos Pelames, 1. ☎ 281-023-776. 📱 962-829-064. • mail@algharbguesthouse.com • À l'ouest de la praça da República, proche de la gare routière. Doubles 55-110 € selon saison.* Un hôtel en pleine mutation depuis sa reprise par de jeunes Madériens ambitieux. Parquet flottant, carrelages portugais, murs peints personnalisés et meubles restaurés habillent joliment les 8 chambres (toutes avec clim). Elles donnent sur la rivière, certaines avec une petite terrasse. Grand solarium sur le toit. Tout ici se conçoit dans un esprit *eco-friendly*. Un beau projet que l'on soutient avec plaisir !

☗ ***Residencial Princesa do Gilão :*** *rua Borda d'Água de Aguiar, 10. ☎ 281-325-171. • geral@hprincesadogilao.com • En face de l'ancien marché, sur le quai opposé. Doubles 60-100 € selon saison (et vue !), petit déj compris. Petit parking gratuit.* Derrière son imposante façade blanche, cet hôtel propose une vingtaine de chambres rénovées dans un style contemporain frais et gai, à l'image de la réception-salle de petit déj (un peu léger malgré tout). Certaines possèdent une terrasse à l'arrière, mais les meilleures et les plus spacieuses sont côté rivière pour profiter de la jolie vue... et de l'animation.

☗ ***Quinta do Caracol :*** *rua de S. Pedro, 11. ☎ 281-322-475. • geral@quintadocaracol.com • Doubles 70-140 € et appart 3-6 pers 100-220 €.* Un peu en dehors (voiture préférable), à 20 mn du centre-ville à pied. Une ancienne demeure transformée en hôtel. Chambres tout confort, de plain-pied ou à l'étage avec kitchenette. Toutes sont joliment décorées. Grand jardin avec volière (et cochon d'Inde !), petite piscine et terrain de tennis. Petit déj copieux servi sous la tonnelle. Bon accueil.

☗ ***Residencial Marés :*** *rua José Pires Padinha, 134-140. ☎ 281-325-815. • maresresidencial@mail.telepac.pt • Au-dessus du resto du même nom (mais pas le même propriétaire), tt proche de l'embarcadère pour l'île de Tavira. Doubles 85-150 € (120-140 € avec vue sur la rivière), petit déj inclus.* Au bord de la rivière, l'étage, aux airs de ruche kitsch et vieillotte, distribue une grosse vingtaine de chambres de taille modeste. Les plus chères profitent d'un petit balcon côté *rio*. Équipement assez complet (clim, frigo) et jolie salle de bains.

☗ ***Bea's B & B :*** *rua José Pires Padinha, 24. Presque en face du marché, mais entrée rua José Pires Padinha nº 3 ☎ 281-323-794. • info.beasbb@gmail.com • Doubles 60-100 € (110 € avec vue sur la rivière) selon saison, petit déj compris.* Au 1er étage d'un petit immeuble, une douzaine de chambres un peu exiguës mais colorées et refaites récemment pour celles qui donnent sur la rivière. Resto au rez-de-chaussée, donc pas mal de brouhaha.

Très chic

☗ ***São Paulo Boutique Hotel :*** *22 Dr. António Padinha Sq. 📱 968-575-409. Doubles à partir de 190 €.* Dans une ancienne demeure cossue du XVIIIe s, à quelques minutes à pied du centre de Tavira. L'ensemble a été magnifiquement restauré en préservant les éléments d'origine comme ce bel escalier en pierre. Belles chambres et suites, tout confort, toutes différentes, lumineuses, et décorées avec soin. Coins et recoins pour s'isoler, se reposer ou juste apprécier l'endroit. Et on y resterait bien des jours et des jours ! Œuvres d'art au mur, matériaux riches et atmosphère conviviale. Bassin d'eau pour se rafraîchir. Parfait pour un séjour en amoureux.

Où dormir dans les environs ?

Casa Vale del Rei : *Almargem. ☎ 281-323-099. • casavaledelrei@hotmail.com • casavaledelrei.co.uk • À env 5 km à l'est de Tavira, sur la gauche de la N 125, avt Conceição. Ouv mai-oct. Doubles 140-150 €, petit déj compris.* En pleine campagne, au cœur d'un paysage doucement vallonné (oliviers, orangers). Une adorable maison blanche et bleue au bout d'une allée fleurie, associant avec beaucoup de goût le rustique et quelques touches contemporaines. Les chambres, spacieuses et très soignées, sont claires et climatisées. Également une « cabane » indépendante, de grand confort et très romantique, bien cachée, avec toit-terrasse et vue époustouflante. Beau jardin avec terrasse et petite piscine. Petit déj copieux. Accueil très gentil des hôtes anglo-saxons (Géraldine la propriétaire parle le français). Idéal pour se reposer et rayonner dans les environs. Une belle adresse de charme à prix correct. Coup de cœur !

Pensão Agricola : *Sítio do Valongo, Conceição de Tavira. 917-782-189. • pensaoagricola.com • Doubles 150-350 €.* Mêmes proprios que *Monte do Álamo* (voir ci-dessous). Au milieu des figuiers et orangers, une poignée de chambres dans une ancienne ferme. Que de goût ! Que de style ! Mélange d'architecture contemporaine épurée et d'objets chinés. Il règne une ambiance chaleureuse dans cette propriété nichée sous ses arbres fruitiers. Belle piscine. Petit déj copieux. Propose de nombreuses activités. Accueil un peu frais.

Monte do Álamo : *Poço do Álamo, ☎ 281-098-209. • montedoalamo.net • Doubles à partir de 140 €, petit déj inclus.* Une adresse excentrée au calme (voiture indispensable). Dans une élégante ferme toute restaurée, autour d'un jardin bien fleuri, des chambres au design épuré et aux couleurs chaleureuses. Belle piscine. Service de restauration possible. Espaces communs charmants pour les cours de cuisine ou de yoga. Propose de nombreuses activités et balades dans la campagne environnante ou en mer. Parfait pour faire un *break* au calme !

Où manger ?

Zeca da Bica : *rua Almirante Cândido dos Reis, 22. ☎ 281-323-843. • marcos.neto@sapo.pt • De l'autre côté du pont romain, à droite de la place. Tlj jusqu'à 22h. Congés : de mi-déc à janv. Plats 7,50-15 €.* Salles qui se prolongent en été par des tables qui envahissent la ruelle. Toujours aussi populaire pour sa cuisine régionale sans triche et bien servie. Service rapide. Spécialités : *bife de atun, corvina a casa, linguado com laranja* (sole à l'orange).

Casa Simão : *rua Joao Vaz Corte Real, 10. ☎ 281-321-647. De l'autre côté du pont romain, à gauche de la place. Tlj sauf dim. Plats du jour 7-8 €, autres plats 6-12 €.* Le bon petit resto typique, avec *azulejos*, peintures kitsch et petites terrasses, l'une côté rue, l'autre côté *rio*. Locaux et touristes affranchis s'y retrouvent pour se régaler de plats traditionnels copieux et savoureux. Avec des spécialités à ce prix-là, le rapport qualité-prix est imbattable !

Abstracto : *rua Dr António Cabreira, 34. 937-037-712 • rest.abstracto@gmail.com • De l'autre côté du pont romain, ruelle à droite de la* *place. Tlj 12h-22h sauf jeu. Congés : déc. Plats 8-18 €.* Au cœur du quartier des restos, dans une ruelle piétonne, un resto touristique qui n'est pas dans l'abstraction malgré son nom. Bien pratique avec une cuisine de qualité constante qui propose les grands classiques locaux à prix juste. Bien pour tous budgets, il y a du choix et les produits sont frais. Service efficace, attentif et francophone.

Café Bar 22 : *rua Jacques Pessoa, 22. À l'angle de la trav. do Trem. 963-928-753. Fermé mer, plus le midi en saison (il fait trop chaud !). Plats 13 €, cocktails 5 €.* Katja en cuisine et James en salle ou en terrasse. Voici un couple charmant et souriant pour nous servir des assiettes colorées et bien relevées de classiques portugais revisités. *Curry thai* le jeudi. Superbe terrasse le soir, pour apprécier le pont éclairé à la tombée du jour.

Pausa : *rua Dr. Marcelino Franco. ☎ 281-023-477. Lun-ven 12h-14h30 et 19h-21h30 ; sam 19h-21h30.* Dans une petite ruelle, un resto qui ne désemplit, et on comprend vite pourquoi ! Cuisine méditerranéenne à partager. Thon, anchois, encornets, crevettes mais aussi agneau, porc ou poulet en petites portions, joliment présentées et bien préparées ravissent les gourmets de passage. Bon accueil.

Où manger dans les environs ?

Noélia & Jerónimo : *rua da Fortaleza, à* ***Cabanas de Tavira,*** *à 6 km à l'est de Tavira par la N 125. ☎ 281-370-649. Tlj sauf mer. Congés : de mi-déc à fin janv. Plats 12-18 €.* Au bout de la route côtière, ce restaurant combine élégance (tables nappées, serveurs en tenue noire) et décontraction. En terrasse avec vue sur la lagune ou dans la salle en contrebas, les plats copieux accommodent avec finesse les produits marins. Mention spéciale pour le riz aux fruits de mer servi en cocotte, ou les seiches aux 3 façons et leur riz à l'encre. La carte des vins est à la hauteur. Le tout à des prix qui ne font pas de vagues.

Marisqueira Fialho : *sítio do Pinheiro, 8800* ***Luz de Tavira,*** *à env 10 km à l'ouest de Tavira. ☎ 281-961-222. En venant de Tavira par la N 125, tourner à gauche env 50 m après la station-service à la sortie de Luz de Tavira direction Torre de Aires ; rejoindre la lagune, puis la longer sur 1 km. Tlj 12h-15h, 18h30-22h, sauf lun. Plats 8-16 €, arroz et cataplanas env 40 € pour 2. CB refusées.* Une auberge populaire au bord de la lagune qui mérite le détour, loin de l'agitation. Pantagruélique, bon et pas cher ! Grande terrasse protégée sans façon où se retrouvent locaux et touristes autour de grandes tablées pour se régaler d'*espedata* (brochettes) géantes de lotte ou de calamars, d'*ensopada de enguias* (ragoût d'anguilles), de coquillages, ou encore de poissons tout juste pêchés.

Vela 2 : *à* ***Santa Margarida,*** *à env 2 km au nord-est de Tavira. ☎ 281-323-661. Sur la N 270, prendre en direction de Santa Margarida, puis rue en impasse sur la gauche après le rond-point. Tlj, sauf dim. Poisson à volonté 10-12 €.* Dans un petit village de campagne, coloré en rouge et blanc dehors comme dedans, ce *rodizio* est aussi un lieu dédié au culte du club de foot du Benfica ! Ici, la partie se joue à table, et la performance est d'avaler autant de poissons grillés que le gentil patron est prêt à en servir ! Très populaire et souvent bondé.

Où boire un verre ? Où manger une glace ?

A ver Tavira : *calçada da Galeria, au pied du château et de l'église. ☎ 281-381-363. Tlj, sauf lun, 10h-22h30 (dim 15h).* Quelle vue ! Apaisant bar sous les arbres. Pour un smoothie ou un cocktail. Fait aussi resto (chic).

L'ALGARVE

Antigo Mercado : *rua José Pires Padinha.* Le vieux marché a été transformé en une véritable ruche de cafés et petits restos. Leurs terrasses occupent tout l'élégant intérieur et encerclent l'extérieur. Placez-vous côté *rio* au coucher du soleil.

À voir. À faire

Tavira, une des cités les plus plaisantes de l'Algarve, invite à la découverte à pied, à la rencontre de ses églises baroques, de ses quais animés et de ses places charmantes.

Le ***pont romain*** qui enjambe le fleuve Séqua, joliment restauré, ne se franchit qu'à pied.

Igreja da Misericórdia : *dans la vieille ville, en allant vers le castelo dos Mouros. Tlj 9h30-12h30, 14h-17h30, sauf dim. Tarif : 3 €.* Façade avec un joli portail Renaissance entouré de colonnes corinthiennes et surmonté d'un linteau sculpté. À l'intérieur, très beaux *azulejos* du XVIIIe s.

Fado com historia : *rua Damião Augusto de Brito Vasconcelos, 4. 966-620-877. • fadocomhistoria@gmail.com • fadocomhistoria.com • Dans la ruelle à droite de l'igreja da Misericordia. Lun-sam (sauf août) à 12h15, 15h15 et 17h15. Séance de 30 mn. Tarif : 8 €.* Dans cette petite salle, une association de passionnés locaux propose un vrai projet culturel. L'histoire du fado (de sa naissance dans les faubourgs de Lisbonne jusqu'à son inscription au Patrimoine culturel de l'Humanité) est racontée dans une courte vidéo, sous-titrée en anglais. La traduction en français est disponible sur papier. Ensuite, les musiciens et la chanteuse interprètent un condensé des différents types de fado, tout en distillant des informations sur les instruments, les textes et les voix de ce genre musical unique.

Palácio da Galeria : *calçada da Galeria, en montant vers le château. Mar-sam 10h-12h30, 14h (15h l'été)-17h30 (18h30 l'été). Tarif : 2 € ; réduc.* Superbe édifice aux multiples toits typiques à 4 pans qui héberge le Musée municipal. Il accueille des expositions sur le patrimoine et l'art contemporain.

Castelo dos Mouros : *en haut de la ville. Tlj 8h30-17h (plus tard le w-e). GRATUIT.* Les quelques vestiges de ce château s'intègrent à un jardin offrant un joli panorama sur les toits de Tavira et sur la lagune. En face, imposante masse blanche de l'***église de Santa Maria do Castelo*** *(lun-ven 10h-13h, 14h-17h ; plus le w-e en été 10h-13h ; entrée : 2,50 €).* Belle chapelle gothique décorée d'*azulejos* polychromes, chœur peint en trompe l'œil et petit musée d'art sacré dans la sacristie.

Camera obscura : *calçada da Galeria, 12. ☎ 281-322-527. • torredetavira.com • En face de la tour du castelo. Lun-ven 11h-15h tte l'année ; mais en hte saison, la tour est accessible tlj, du mat à la fin d'ap-m. Dernier accès 30 mn avt fermeture. Durée : env 15 mn. Tarif : 5 € ; réduc.* Dans un ancien château d'eau construit en 1931. Voué à la destruction sur volonté de la mairie, il a finalement été transformé, après référendum auprès de la population locale, en un lieu culturel et touristique unique en Algarve. Sur le principe de la *cãmara obscura* ou « chambre noire », un des 1ers procédés photographiques, on découvre Tavira à 360° et en temps réel, projeté à travers 2 lentilles sur un cercle incurvé, sorte de grande vasque. Voici une visite étonnante et ludique, non dénuée d'humour et d'anecdotes savoureuses. Où l'on apprend, par exemple, l'origine des 2 noms de la rivière ou pourquoi le pont romain date en fait du Moyen Âge. Petit café en bas de la tour.

Igreja São José do Hospital : *monter la rua da Liberdade et longer à gauche pour arriver sur une placette mignonne plantée de palmiers et de jacarandas.* Façade baroque de l'église surmontée de 2 clochers. Au-dessus des fenêtres en ogive, toits pyramidaux typiques de l'Algarve. N'ouvre ses portes que pour des funérailles...

DANS LES ENVIRONS DE TAVIRA

Ilha da Tavira : *à seulement 2 km de la ville pour son point le plus proche. Traversées au départ de Tavira et Quatro Águas (voir « Adresses et infos utiles »).* De même taille que l'île d'Armona, sa voisine à l'ouest. Depuis l'embarcadère proche de Tavira, il faut cependant marcher jusqu'à la pointe pour découvrir les immenses plages bordées de dunes dont vous rêviez. Vous n'y serez évidemment pas seul, et il n'est pas rare d'y voir des algues vertes en été. Plusieurs bars et restos en cas de fringale. Un camping également (voir « Où dormir ? »).

Praia do Barril : *accès de Pedras del Rey puis env 10 mn de marche à travers la lagune ou petit train (env 1,60 € l'A/R).* Avec son sable blanc protégé par un cordon de dunes, voisinant avec un curieux cimetière d'ancres marines, c'est la plus belle plage de l'île. Location de parasols et de chaises longues, quelques restos et bars, et même un club nautique installé dans une ancienne conserverie de thon désaffectée. Si vous allez plus loin vers l'ouest, vous trouverez la *praia do Homen Nu,* autrement dit une plage naturiste.

Praia de Cabanas (plus connue sous le nom « Cabanas Beach ») **:** *prendre une navette en bateau, A/R 1,50 €/pers.* Un ancien village de pêcheurs, et désormais une plage protégée de sable blond. Restos, parasols et transats à louer. Idyllique.

Praia Costa Fábrica : jolie plage (chic) de sable fin, et préservée, à laquelle on accède par une allée bordée de lauriers roses et blancs en été. Attention, bondée le week-end, dur dur d'y garer son 4x4 rutilant ! Mieux vaut laisser sa voiture sur le bas-côté avant d'arriver (souvent, pas d'autre solution). Possible de rejoindre la **Praia dá Fabrica,** juste en face, à pied ou en petite navette.

Cacela Velha : *à 10 km à l'est de Tavira, en direction de Vila Real de Santo António. À ne pas confondre avec Vila Nova de Cacela.* Adorable et paisible village juché sur un promontoire, il domine une côte sauvage, avec des lagunes (l'extrémité orientale de la Ria Formosa), une île (accessible en barque) et, en contrebas du coteau, des champs d'oliviers en terrasses. Animé par de petits restaurants, ce grand hameau doit son charme à ses maisons de couleurs blanc et bleu, qui rappellent les couleurs d'un village des îles grecques. Cacela fut dans le passé une place forte importante, comme l'atteste sa forteresse d'origine maure, reconstruite en 1770. L'église blanche du XVIe s qui la jouxte fut construite sur une chapelle du XIIIe s et renferme une diversité de styles intéressante.

VILA REAL DE SANTO ANTÓNIO (8900) 19 200 hab.

À 37 km à l'est de Tavira, cet ancien poste-frontière était le point de passage obligé pour traverser le fleuve Guadiana qui sépare le Portugal de l'Espagne. La majorité du trafic se fait aujourd'hui par un pont routier, situé à 7 km au nord. Industrielle et commerçante, la ville présente peu d'intérêt, excepté son beau et régulier centre historique où les rues sont quadrillées comme dans une ville coloniale. Vila Real de Santo António fut reconstruite ainsi après le tremblement de terre de 1755.

L'ALGARVE

La plage se trouve à Monte Gordo, station balnéaire moderne sans grand charme car l'une des plus bétonnées de l'Algarve. Pour plus de tranquillité, aller vers l'ouest, à praia Verde, où la plage de sable s'étend sur des kilomètres tandis que l'arrière-pays est peu urbanisé.
Possibilité depuis Vila Real de Santo António de remonter au nord vers l'Alentejo, via Mértola, en passant par Castro Marim. Autre bel itinéraire par la route N 122, puis par la très jolie départementale qui épouse le cours du rio Guadiana. Cette route tranquille conduit au village d'Alcoutim.

Arriver – Quitter

En bus

***Gare Rodoviario** (gare routière) : sur l'av. da República, face à l'embarcadère. ☎ 281-511-807. Billetterie : lun-ven 8h-18h30 ; sam-dim 8h-12h, 14h15-18h15.*
➢ ***Tavira, Olhão et Faro :*** avec *Eva*, 5-6 bus/j. en sem 7h-18h30. 4 bus/j. le w-e. Pour Faro, durée : env 1h40.
➢ ***Huelva et Séville :*** avec *Eva*, 1 bus/j. à 19h. Durée : env 1h30 jusqu'à Séville. Bus aussi avec les compagnies espagnoles *Damas* et *Alsa*.

En train

***Gare ferroviaire Estaçao ferroviária** (gare ferroviaire) : largo da Estação. Au nord de la ville, à gauche au bout de l'av. da República.*
➢ Terminus de la ligne régionale qui rejoint ***Lagos*** via ***Tavira, Olhão*** et ***Faro*** (changement), ***Loulé, Albufeira, Silves*** et ***Portimão*** : env 13 trains/j.

En voiture

➢ Par l'A 22 (péage électronique) et la N 125 sur l'ensemble de l'Algarve. Passage vers l'Espagne par l'A 49.

En ferry pour l'Espagne

***Embarcadère des ferries :** sur l'av. Cais de Vila Real de San Antonio, av. da República, 118, à quelques mètres de la gare routière.*
➢ ***Liaisons avec Ayamonte :*** ville espagnole située de l'autre côté du fleuve Guadiana. Départs toutes les 30 mn 8h30-20h en été ; le reste de l'année, jusqu'à 18h15 (19h15 avr-juin). Attention, dim et j. fériés, départs 9h45-17h (8h45-19h en été), et seulement ttes les heures 10h30-15h30 (9h30-17h30 en été). Compter env 6 €/voiture et env 2 €/pers. À Ayamonte, suivre la rue en face du débarcadère jusqu'à une place (là, il y a un plan de ville). Pour aller à la gare routière, il faut traverser la ville. Bus pour Huelva et, de là, correspondances pour Séville. Les bus sont plus fréquents que les trains entre Huelva et Séville.

L'ALGARVE

Où dormir en ville et dans les environs ?

***Quinta de São Gabriel :** Várzea das Canas, **Rio Seco, Castro Marim.** ☎ 281-511-510. 📱 962-269-529. • geral@quintadesaogabriel.com • quintadesaogabriel.com • À env 10 km au nord-ouest de Vila Real. Doubles 75-95 € (110-130 € juil-août) selon saison, petit déj inclus.* Au calme dans une douce campagne vallonnée, mais à seulement 6 km de la plage, cette ferme restaurée abrite 6 chambres personnalisées de très bon confort. Spacieuses et lumineuses, elles donnent soit directement sur la belle piscine, soit sur une jolie colline. Vaste espace commun à dispo, salle de massage et plusieurs coins pour se poser dans le jardin. Également 2 élégantes suites dans une annexe, genre maison d'architecte. Super accueil de la propriétaire, francophone, et bon petit déj avec des fruits de la ferme (oranges, figues...). Un excellent pied-à-terre pour rayonner, idéal pour les familles.

***Residencial Baixa Mar :** rua Teófilo Braga, 1-3 (piétonne), à Vila Real de Santo António. ☎ 281-543-511. 📱 969-039-208. • alojamentobaixamar@*

gmail.com • alojamentobaixamar.com • À l'angle de l'av. da República, au niveau de la banque Millenium. *Doubles 30-50 € selon saison ; familiales également.* Petit hôtel situé au cœur de la ville, avec des chambres simples (avec clim), propres, toutes avec vue sur le port de plaisance. Pas de petit déj. Accueil diligent.

Hospedaria Arenilha : *rua D. Pedro V, 55, à Vila Real de Santo António. ☎ 281-544-535. 966-590-997. • cdcidade.com • À l'entrée du quartier piéton, au sud. Doubles 45-65 € (100 € août), petit déj inclus ; lit en dortoir 20 €/pers.* Petit immeuble moderne dans une rue calme au cœur de la ville. Des chambres classiques, fonctionnelles (avec douche/w-c) et très bien tenues. Propose également des lits superposés dans 2 grands dortoirs pour 8-10 personnes, dans une annexe toute blanche de l'autre côté de la rue.

Où manger ? Où boire un verre en ville et dans les environs ?

Cuca : *rua Dr Sousa Martins, 64, à Vila Real de Santo António. ☎ 281-403-370. Tlj. Plats 7-15 €.* En plein centre piéton, la terrasse de ce bon resto se remplit vite ! Il faut dire que la qualité du poisson est exceptionnelle. Pêché par le chef lui-même tous les matins, on le choisit dans la vitrine réfrigérée avant qu'il ne file sur le gril. Très bon dessert maison. Service efficace.

Restaurante Santo António : *à Ponta de Santo António, au sud de la ville. ☎ 281-511-539. Tlj jusqu'à 22h sauf mer. Plats 8-12 €, poisson au poids, arroz et cataplanas 25-45 € pour 2.* Resto aux allures de hangar vitré, blanc et bleu, face au rio Guadiana, proche de son embouchure. Parmi les spécialités de la maison, divers *arroz* et *cataplanas*, marinade de crevettes et grillades de viande. Une adresse fréquentée par les pêcheurs.

Grand Beach Club Algarve : *av. da República, 171, à Vila Real de Santo António. ☎ 281-530-290. • grandhousealgarve.com/grand-beach-club/ • Tlj 10h-22h. Salade 15 €, cataplana 26 €/pers, burgers et pizzas 14-18 €. Chaises et piscine ouverte aux clients de passage 40 €/pers et par j.* Adresse idéale pour boire un verre et grignoter face au Guadiana avec piscine à débordement, tables les pieds dans le sable, petite plage juste devant, hamac, DJ et bar à cocktails. Clientèle adulte et *gay-friendly.* Mieux vaut réserver.

Chá com Agua Salgada : **praia da Manta Rota** *(voir « Dans les environs de Vila Real de Santo António »). ☎ 281-952-856. • chacomaguasalgada@gmail.com • Accès par la passerelle qui conduit à la plage. Mars-dec, tlj 12h-22h. Repas 25-30 €.* Planté dans les dunes, un resto gastro d'allure élégante et design, à l'atmosphère zen. Le jeune chef revisite avec talent et originalité des plats typiques de la cuisine portugaise. Portions un peu chiches hélas.

Lounge Bar-Restaurante Pezinhos N'areia : **praia Verde** *(voir « Dans les environs de Vila Real de Santo António »). ☎ 281-513-195. • geral@pezinhosnareia.com • Avr-oct, tlj jusqu'à minuit. Plats 15-20 € ; assortiment de 4 tapas 18,50 € ; poisson et fruits de mer au poids (cher !) ; repas 35-45 €.* Comme son nom l'indique, cet établissement a les pieds dans le sable blanc. Né simple cabane, il s'agit aujourd'hui d'une belle affaire de bois et baies vitrées. Salle et terrasse sont assez chics et lounge, les voisins espagnols apprécient ! Spécialités de poissons et coquillages, mais également choix de salades, tapas et cocktails. Location de parasols et de chaises longues.

À voir. À faire

La vieille « ville du marquis de Pombal » : construite au XVIIIe s par le marquis de Pombal, sur un terrain alors désertique, selon le plan des rues à angle droit de la Baixa à Lisbonne. Et en 5 mois, pour l'essentiel ! On connaissait déjà le préfabriqué, à l'époque... Son dessin, resté très homogène grâce à près de 200 constructions conservées, culmine sur la place centrale au pavage rayonnant autour d'un obélisque.

Excursion en bateau sur le fleuve Guadiana jusqu'à Foz de Odeleite : *avec la compagnie Rio Sul. Rens et résas : ☎ 281-510-200. • riosultravel.com • À partir de juin : 4 excursions/sem, en principe mer, ven et dim, avec arrêts baignade. Départ vers 10h, retour vers 17h. Compter env 50 €/pers, déj inclus ; réduc moins de 12 ans.* Depuis que le service régulier des bateaux a été abandonné, le rio Guadiana est devenu une artère silencieuse parcourue seulement par quelques bateaux de plaisance. Ces minicroisières sont l'occasion d'apprécier ses rives sauvages, dominées par une poignée de forteresses et de vieux moulins.

Manifestations

- ***Fête médiévale à Castro Marim :*** *sur 4 j. autour du dernier w-e d'août.* Fête très populaire (près de 100 000 personnes chaque année !). Reconstitution historique avec tournois, spectacles et banquets au château et dans le village en contrebas.
- ***Fête de la ville de Vila Real :*** *1er dim de sept.* Procession.

DANS LES ENVIRONS DE VILA REAL DE SANTO ANTÓNIO

Praia Verde : *à 6 km de Vila Real, en direction de Tavira, juste avt Altura. Embranchement bien indiqué. Verde,* comme la pinède sur la colline qui domine cette immense plage de sable sans ombre. Resto chic (voir plus haut « Où manger ? Où boire un verre en ville et dans les environs ? »), maîtres-nageurs, parasols et chaises longues à louer. Un secteur bien équipé et préservé, qui est resté proche de la nature, comparé aux silhouettes fantomatiques des tours bétonnées de Monte Gordo, à l'horizon...

Praia da Manta Rota : *à 12 km de Vila Real, en direction de Tavira, après Altura. Embranchement bien indiqué.* Longue et belle plage de sable fin séparée de la petite station balnéaire par un collier de dunes. Moins huppée que la praia Verde, plus familiale aussi (baignade surveillée) et location de chaises longues. Bon resto posé dans les dunes (voir plus haut « Où manger ? Où boire un verre en ville et dans les environs ? »).
- ***Bon à savoir :*** aucune ombre sur cette plage. Prévoir son parasol.

Castelo e Reserva natural de Castro Marim : *à 5 km au nord de Vila Real. Tlj 9h-13h, 14h-19h (17h nov-mars). Entrée : 1,50 € env.* Grosse forteresse en surplomb du petit village, elle fut, au début du XIVe s, le 1er siège de l'ordre du Christ (héritiers des Templiers), avant qu'ils ne déménagent à Tomar. Castro Marim garda la frontière jusqu'à ce que le tremblement de terre de 1755 ne la détruise en partie. Dans l'enceinte, petite chapelle et petit musée présentant le résultat de fouilles archéologiques sur la colline. Très beau panorama du haut des remparts sur le fleuve et les maisons du village, gardées également par le fort de São Sebastião daté de 1640 *(ne se visite pas)* campé sur la colline voisine.
Le secteur des marais salants de Barquinha, en direction de Vila Real, fait partie d'une réserve naturelle qui se visite. Très riche faune d'oiseaux attirés par les eaux poissonneuses.

Alcoutim : *à 44 km au nord de Vila Real de Santo António.* Une route tranquille mène à ce bourg (2 917 habitants) bâti sur un versant de colline au bord du fleuve Guadiana, en face du village de Sanlucar de Guadiana, son double espagnol (passage possible en bateau pour les piétons). Ici encore, les maisons sont toutes blanches, coiffées de tuiles ; c'est modeste et paisible. Au fil des ruelles, quelques cafés pour se rafraîchir, et des restos populaires pour se nourrir. Remarquer les vestiges d'un château du XIVe s, abritant un petit *musée archéologique* et un modeste *musée d'art sacré* *(tlj 9h-19h ; entrée : 2,50 €).*

La belle route d'Alcoutim : la N 122 venant de Vila Real ayant perdu en charme ce qu'elle a gagné en efficacité, quittez-la au niveau d'***Odeleite*** pour épouser les caprices du fleuve Guadiana jusqu'à Alcoutim. La vallée est superbe, encore plus au printemps lorsque les *estevas* (cistes), symboles de l'Algarve, sont en fleur et couvrent les collines d'un blanc majestueux. Sur le versant espagnol, des fermes isolées, transformées en résidences, se cachent dans les bosquets. Si vous faites d'Alcoutim une excursion et non une étape en route vers l'Alentejo, autant dessiner une boucle par la N 124. Très bel itinéraire aussi à partir de Cachopo. Au bout de 62 km, Barranco Velho annonce la verte région de São Brás de Alportel, 12 km plus loin au sud.

Posto de Turismo de Alcoutim : *rua Primeiro de Maio, proche de l'embarcadère. ☎ 281-540-500. • cm-alcoutim.pt • Lun-ven 9h30-13h, 14h-17h30.* Serviable. Brochure détaillant de petites randos, et même de la doc en français.

Pousada da juventude de Alcoutim : *dominant le fleuve, à l'écart du bourg. ☎ 281-546-209 📱 925-665-078 (résas en ligne). • alcoutim@movijovem.pt • pousadasjuventude.pt/pt/pousadas/alcoutim • Congés : 14-28 déc. Selon saison, lit en dortoir 12-16 €/pers, doubles 25-100 €, selon saison, petit déj compris.* Avec plusieurs bâtiments modernes étagés à flanc de berge, cette AJ blanc et bleu présente bien des qualités : l'accueil, l'espace bar, de bons dortoirs (4-6 lits) modestes mais propres (éviter le rez-de-chaussée). Climatisation partout et salles de bains privatives ou collectives (selon tarif). Vue directe sur la rivière. Tous les équipements réglementaires des AJ (cuisine à dispo, laverie, etc.) sont aux normes. Service de restauration de juin à septembre. Location de canoës et de vélos. Belle piscine.

À L'OUEST DE FARO

LE LITTORAL D'ALBUFEIRA À LAGOS

ALBUFEIRA (8200) 40 800 hab.

À 46 km de Faro et à 59 km de Lagos, la station balnéaire la plus touristique de l'Algarve est une sorte de Saint-Trop' qui se prend pour Benidorm (une grande station balnéaire espagnole réputée pour son surtourisme). 17 000 habitants dans la ville même, 40 000 avec les 4 communes qui lui sont attachées, et presque 10 fois plus en haute saison touristique... Albufeira est une des villes les plus riches du Portugal, grâce au tourisme et à l'immobilier.

La partie moderne, la plus urbanisée, couvre des hectares de littoral dans le secteur est de la ville. On aime ou on n'aime pas, mais c'est toujours le rendez-vous hivernal des retraités et des vacanciers. La partie ancienne d'Albufeira se situe sur la falaise à l'ouest. Avec des ruelles étroites en escaliers et ses maisons blanches, ce quartier ressemble à un ancien village. Il a gardé son charme et son caractère. La partie basse de la ville est la plus commerciale, le cœur animé de la vie nocturne restant la rua Candido dos Reis (« la rue de la Soif » !), où s'alignent les bars, les pubs style british et clubs de strip-tease. Pas notre coin préféré...

– ***Bon à savoir :*** escalator côté est et ascenseur côté ouest de la plage pour remonter vers la vieille ville.

Arriver – Quitter

En bus

Terminal rodoviário *(gare routière) : alto do Caliços. ☎ 289-589-755. À 2 km au nord du centre-ville.* Liaisons avec le centre-ville : lignes bleue (la plus directe), verte et rouge (nos 1 et 2) des bus urbains *Giro*.

– *Billetterie Eva Transportes : ☎ 289-580-611. • eva-bus.com • Tlj 6h (7h w-e et j. fériés)-20h30.* Vend aussi les billets pour *Rede Expressos*.

➢ ***Lisbonne :*** avec *Eva*, 6 bus/j. 6h45-19h. 8 bus/j. avec *Rede Expressos* 8h-20h35, dernier bus à 2h30. Durée : 2h45.

➢ ***Silves :*** avec *Eva*, 8 bus/j. 8h45-19h15. Durée : 45 mn à 1h20.

➢ ***Faro :*** avec *Eva*, 6 bus *transrápidos*/j. 10h-23h. Durée : 55 mn. Sinon, nombreux bus *interurbanas*, plus lents.

➢ ***Portimão :*** avec *Eva*, env 15 bus/j. 7h30-19h10. Durée : 45 mn à 1h15.

➢ ***Praia da Rocha et Lagos :*** avec *Eva*, une dizaine de bus/j. 8h-18h20. Durées respectives : 45 mn et 1h15.

➢ ***Huelva et Séville :*** avec *Eva*, 4 liaisons/j. en été (2 seulement le reste de l'année). Voir aussi avec les compagnies espagnoles *Damas* et *Alsa*.

En train

Gare ferroviaire : *à env 5 km au nord, à **Ferreiras**. • cp.pt •* Liaison avec le centre-ville, via la gare routière (changement), avec la ligne orange des bus urbains *Giro*.

➢ Albufeira-Ferreiras est sur la ligne ***Lagos-Vila Real de Santo António*** via ***Faro*** (changement). Compter 7-9 trains/j.

En voiture

➢ ***Depuis Lisbonne :*** par l'A 2 puis embranchement sur l'A 22 et la N 125. Un conseil : évitez de circuler dans Albufeira en voiture, sauf pour vous diriger au plus vite vers un parking !

Adresses et infos utiles

Posto de Turismo *(office de tourisme) : rua 5 de Outubro, 8. ☎ 289-585-279. • visitalgarve.pt • Près du tunnel menant à la plage. Tlj 9h30-13h, 14h17h30.* Quelques infos et plan de la ville. Poste juste derrière.

Police : *☎ 289-583-310 ou 112.*

Parkings : *le plus central est le 3, sur l'av. 25 de Abril (bien fléché). Compter 2 €/h. Sinon, le Parque das Canas, sur la rua Teresa Semedo Azevedo, est gratuit.*

– ***Bus :*** *5 lignes circulaires de bus de ville Giro, tlj 7h-minuit (20h hors saison). Prix : 1,40 €.*

– ***Marché alimentaire :*** *le mat sauf lun, un peu avt le Gipsy Market, au niveau du poste de police.* Atmosphère de médina et bon choix de poissons, légumes et fruits, le samedi avec tous les producteurs.

Où dormir ?

En été, pensez à réserver ou arrivez en début de matinée.

Camping

⛺ ***Camping Albufeira :*** *estrada de Ferreiras. ☎ 289-587-629 ou 630. • reservas@campingalbufeira.net • campingalbufeira.net • ♿ À quelques km à l'extérieur de la ville, sur la route de Ferreiras, proche du centre de santé (centro de saúde). De la gare routière, prendre le bus Giro ligne rouge n° 1. Selon la saison, compter 20-30 € pour 2 avec tente et voiture ; mobile homes et bungalows 4-6 pers 40-110 € selon saison.* Grand camping bien équipé mais peu ombragé, souvent plein de monde en été. On y trouve tous les services : resto, laverie, bar, salle de jeux... Et aussi 3 piscines, des douches chaudes gratuites et un supermarché.

L'ALGARVE

De très bon marché à prix moyens

🏠 De nombreuses ***chambres chez l'habitant*** sont proposées par les rabatteurs à l'arrêt des bus.

🏠 ***Dianamar :*** *rua Latino Coelho, 36. ☎ 289-587-801. 📱 964-183-596. • info@dianamar.com • dianamar.com • Congés : nov-mars. Résa très conseillée en tte saison. Doubles avec sdb 75-110 € selon saison et vue, petit déj inclus.* En surplomb de la plage, au calme, cette pension de charme d'une dizaine de chambres offre le confort standard des hôtels de tourisme. Chambres agréables, décorées avec soin, avec balcon ; les n°s 301 et 302 ont vue sur la mer. Pas de clim. Toit-terrasse avec chaises longues et parasols. Familiales possibles. Petit déj très complet.

🏠 ***Residencial Vila Branca :*** *rua do Ténis, 4. ☎ 289-586-804. • geral@vilabranca.com.pt • vilabranca.com.pt • À l'écart du centre, vers la sortie ouest de la ville. La rua do Ténis se trouve entre l'av. do Ténis et la rua Dr Diogo Leote. Doubles avec sdb 30-90 € selon saison.* Une résidence récente ayant l'avantage de posséder un grand nombre de chambres confortables, bien équipées (TV, clim, minibar) et avec balcon. Au dernier étage, les n°s 31 à 33 profitent d'une vue sur les toits et la mer au loin.

🏠 ***Hostel Orange Terrace :*** *rua Padre Semedo de Azevedo, 24. ☎ 289-047-895. 📱 914-322-372. • info@orange-terrace.com • orange-terrace.com • Congés : nov-avr. Selon saison, lits en dortoir 15-35 €/pers.* Dans une ruelle pentue et calme, à proximité du centre festif, un *hostel* récent qui dispose de 3 dortoirs de 4-8 lits, mixtes ou non, avec casiers, (amener son cadenas), toilettes sur le palier mais pas de clim. Tout s'organise autour d'un patio très coloré avec canapés et cuisine commune. Son grand atout est l'agréable terrasse sur le toit, avec bar, barbecue et grande tablée pour faire des rencontres. Bonne ambiance routarde.

🏠 ***Residencial Limas :*** *rua da Liberdade, 257. ☎ 289-514-025. 📱 961-063-757. Au cœur de l'agitation du centre piéton. Doubles avec sdb 25-70 € selon saison.* À 5 mn de la plage, dans une ruelle piétonne bordée d'une ribambelle de terrasses de resto (donc très bruyant !), un petit *hostel* qui offre des dortoirs (4-6 lits) et des chambres au confort simple (avec ventilo, pas de clim) et plutôt bien tenues. Demandez-en une sur l'arrière ! Ambiance familiale plaisante malgré tout.

De plus chic à très chic

🏠 ***Albufeira Beach Hotel :*** *rua Cândido dos Reis, 32. ☎ 289-591-312. • albufeirabeachhotel@gmail.com • albufeirabeachhotel.com • Congés : fin nov-fév. Selon saison, doubles avec sdb 65-90 € (110-165 € août) ; petit déj 6 €.* Tenu par David et Stéphanie, un jeune couple vendéen charmant, un bel hôtel complètement refait dans un style contemporain. Sur 4 étages, une trentaine de chambres impeccables, avec clim et insonorisées (l'hôtel est au cœur du quartier piéton). Celles du 3e étage possèdent une terrasse privative. Bon petit déj avec de la brioche faite maison !

Hotel Vila São Vicente : *rua Largo Jacinto d'Ayet, 4. ☎ 289-583-700. • hotelsaovicentealbufeira.com • Congés : déc-janv. Doubles 65-140 € selon vue et saison (2 nuits min en été), petit déj compris.* Au sud-ouest de la ville, au-dessus du vieux village, dominant la plage, cet hôtel à taille humaine abrite des chambres de bon confort avec vue sur la mer (les plus chères) ou sur la rue calme. Piscine. Clim. Les enfants ne sont pas les bienvenus.

Où manger ?

Dans la rua da Liberdade, plusieurs restos touristiques proposent des formules déjeuner avantageuses. Question qualité, c'est autre chose... Signalons également la petite travessa dos Arcos.

De très bon marché à prix moyens

O Zuca : *travessa do Malpique, 6. ☎ 289-588-768. Du largo Duarte Pacheco (la pl. centrale), prendre la ruelle entre les bars Sir Harri's et Vertigo. Tlj sauf mer. Plats 7-18 €.* Sur une petite place calme, pourtant en plein centre, un petit resto familial à la déco simple. Pas de la grande cuisine, mais plats du jour à prix raisonnables et nourrissants. Super accueil.

Casa da Fonte : *rua João de Deus, 7. ☎ 289-514-578. Dans une ruelle piétonne, à droite juste avt le tunnel de la plage. Tlj jusqu'à 23h. Congés : janv. Plats 18-22 €, cataplana 40 € pour 2.* Une jolie cour bleue et blanche où pousse un citronnier qui la protège de l'animation. Bon choix de grillades de viande et de poisson servies sur de grandes tables en bois. Son cadre attire bien sûr pas mal de monde et les prix sont un peu plus élevés que ceux pratiqués dans les restos attrape-touristes du quartier, mais le rapport qualité-prix reste correct.

Où boire un verre ?

La ***rua Candido dos Reis*** concentre la plupart des bars musicaux. Elle est très animée en soirée et la nuit.

Iguana Café : *rua Latino Coelho, 59. ☎ 289-513-011. Tlj sauf dim ; en été jusqu'à minuit (fermé mer en basse saison).* Dans le quartier le plus authentique de la ville, un bar très agréable tenu par des gens accueillants. On y sert de savoureux cocktails et on peut aussi grignoter (tapas, paninis, *tostas*) sur fond musical. Terrasse lumineuse et ensoleillée avec vue magnifique au-dessus de la grande bleue. Une bonne adresse à l'écart de l'agitation.

À voir. À faire à Albufeira et dans les environs

Si vous choisissez de vous promener à l'aube, vous trouverez un certain charme au lacis de ruelles qui serpentent dans la ***vieille ville.*** Dans la rua Henrique Calado, petite *chapelle de la Misericórdia* du XVIe s, avec portail manuélin (hélas, fermée au public).

Igreja São Sebastião (appelée aussi igreja Matriz) **:** *praça Miguel Bombarda. Lun-ven 11h-16h30 (prolongé en été). Entrée : 2 €.* Elle est dédiée à saint Sébastien même si elle porte le nom de São Vicente à l'extérieur. Transformée en musée d'art sacré. Beau maître-autel tout bleu et doré. Remarquable panneau d'*azulejos* du XVIe s, représentant la Résurrection.
– Juste à côté, l'église paroissiale, *Nossa Senhora da Conceição,* propose une intéressante Vierge baroque sur fond d'angelots vaporeux.

Gipsy Market : *1er et 3e mar du mois, praça Caliços, près de la gare routière à gauche de l'av. dos Descobrimentos, côté extérieur à la ville.* Fringues, alimentation et puces.

– **Zoo Marine :** *sur la N 125, à* **Guia.** *☎ 289-560-300. • zoomarine.pt • Panneaux partout, impossible de le rater. Tlj 10h-19h30 (18h fin mai-fin juil et sept ; 17h oct). Fermé de nov à mi-mai. Entrée : 35 € (24 € si achat en ligne) ; 25 € moins de 10 ans et seniors.* Mi-zoo, mi-parc à thème, vous y trouverez surtout plein de piscines, toboggans, un aquarium et des spectacles avec des perroquets et des lions de mer. On peut même nager avec des dauphins.

– **Krazy World :** *lagoa de Viseu,* **Algoz.** *☎ 282-574-134. • krazyworld.com • Arrêt des bus Albufeira-São Bartolomé de Messines devant l'entrée. En été, tlj 10h-18h30 ; hors saison, consulter le site. Entrée : 17 € ; enfant 10 €.* Des manèges, une ferme, des piscines, un minigolf et une partie consacrée aux reptiles.

Les plages des environs

Praia da Oura : *à 2 km à l'est. Accès : bus urbain Giro ttes les 30 mn (prendre la ligne bleue à l'aller, revenir par la verte, plus directe) ; également des bus Eva, ligne Albufeira-Faro par la côte ; à pied, prendre les escalators au bout de l'av. 25 de Abril.* Grande plage cernée de falaises et noire de monde. Si vous en avez le courage...

Praias Olhos de Água et da Falésia : *7 et 10 km plus loin à l'est. Accessibles par le bus Eva desservant les plages d'Albufeira à Faro.* La 1re est toute petite et aussi fréquentée que la praia da Oura. On y verra quand même des barques de pêcheurs, hissées sur une plate-forme faute de port. La 2de est une vaste étendue de sable au pied d'un mur de falaises.

Praias de São Rafael et Galé : *à l'ouest. Bus Eva depuis l'av. do Tênis à côté de l'école primaire, en direction de Guia.* D'autres belles plages, plus calmes.

ALCANTARILHA (8300) 2 350 hab.

À 18 km au nord-ouest d'Albufeira, un peu à l'écart de la route, un joli village blanc de l'arrière-pays loin de l'agitation de la côte. L'église, au maître-autel baroque, est flanquée d'une petite chapelle-ossuaire.

Où dormir ? Où manger ?

Camping Canelas : *sítio de Canelas, entre Alcantarilha et Armação de Pêra. ☎ 282-312-612. • geral@camping-canelas.com • camping-canelas.com • Arrêt de bus Eva devant l'entrée. Tte l'année. Compter env 20 € pour 2 avec tente et voiture ; apparts 2-4 pers 55-95 €.* Grand (900 emplacements), bien tenu et très ombragé, enfin un bon camping ! Il est malheureusement vite bondé en saison. Des constructions de plain-pied avec terrasse abritent les appartements à flanc de colline. Piscine, resto, bar, *minimercado* et tennis. Et même des capotes à disposition à l'accueil !

Hotel Capela das Artes : *quinta da Cruz, Estrada Naciónal, 125. ☎ 282-322-888. • admin@capeladasartes.com • capeladasartes.com • À l'entrée du village (rond-point), sur la N 125. Congés : de nov à mi-avr. Selon confort et saison, doubles 80-120 € (130-150 € juil-août), séjour de 2 nuits min, petit déj compris.* Attenant à une ancienne *quinta* du XVe s, classée au Patrimoine, une dépendance récente dans le style de l'Algarve. Elle abrite une trentaine de chambres spacieuses, confortables (clim) et charmantes, toutes avec petite terrasse privative donnant sur les jardins plantés d'oliviers et parsemés de sculptures. Piscine d'eau salée à débordement. Également une chapelle, un ancien pressoir à huile. Différentes salles meublées d'œuvres d'art et d'objets anciens pour une « conception différente de l'art de vivre ». Accueil en français.

A Marizinha : *rua Dr José Azevedo Antunes, 6. 967-539-687. Tlj sauf jeu. Menu déj 9,50 € ; plats 10-18 €, cataplanas 35 €/2 pers. CB refusées.* Un petit resto familial tout simple derrière l'église. Salle sobre, un peu rustique. La cuisine traditionnelle à base de poisson ou de viande est généreusement servie.

DANS LES ENVIRONS D'ALCANTARILHA

Fiesa : *sur la N 125, à* ***Lagoa.*** *☎ 282-071-260. 969-459-259. • fiesa.org • EN 125, n°252A, Sitio dos, 8400-395 Lagoa. Juin-juil et sept à oct, tlj 10h-19h (22h de juil à mi-sept, 18h de mi-mai à début juin). Entrée : env 12 € ; réduc ; gratuit moins de 5 ans.* Depuis les années 2000, ce festival international de sculpture de sable présente pas moins de 80 œuvres éphémères réalisées par des artistes du monde entier. La thématique est différente chaque année (mythologie, merveilles du monde, Hollywood, cinéma, littérature et B.D., etc.). La balade dans ce vaste bac à sable de 15 000 m², parmi des représentations immenses et grandioses de personnages ou lieux célèbres, est fascinante. À ne pas manquer !

CARVOEIRO

(8401) 2 800 hab.

À 35 km à l'ouest d'Albufeira et à 14 km à l'est de Portimão, autour d'une petite crique encastrée entre 2 falaises ocre, une petite station balnéaire très touristique mais encore à taille humaine. Autrefois simple village de pêcheurs, Carvoeiro est aujourd'hui une plage très animée où l'on peut même louer des jet-skis ou faire du ski nautique. Fréquenté surtout en saison par des familles allemandes et anglaises, le site reste charmant.

Arriver – Quitter

En bus

Arrêt des bus *Eva* de et vers ***Portimão*** et ***Lagôa,*** d'où correspondances pour ***Albufeira, Faro*** et ***Loulé.***

En train

Gare ferroviaire : *à* ***Estômbar-Lagôa,*** *à 8 km au nord.*

➢ Sur la ligne régionale ***Lagos-Vila Real de Santo António*** via ***Faro.*** 7-9 trains/j.

L'ALGARVE

Adresse et info utiles

Posto de Turismo (office de tourisme) : *sur la place devant la plage.* ☎ *282-357-728.* • *visitalgarve.pt* • *Tlj 9h30-17h30 (fermé 13h-14h ven-lun) ; horaires restreints hors saison.*

Police : ☎ *282-356-460 ou* ☎ *112.*

Où dormir ?

Plusieurs chambres chez l'habitant et quantité de maisons et d'appartements à louer à la semaine, ainsi qu'un hôtel de luxe.

De prix moyens à très chic

Guesthouse O Castelo : *rua do Casino, 59-63.* ☎ *282-083-518.* *928-033-832.* • *info@ocastelo.net* • *ocastelo.net* • *Sur la corniche, à droite de la plage. Doubles 70-180 € selon confort, vue et saison ; petit déj en plus.* Dans un immeuble neuf à l'architecture « *castelito* », cette petite pension de charme surplombe la crique. Eunice et Joao (francophones) vous accueillent dans un décor authentique (meubles anciens) et très soigné sur 3 niveaux. 12 chambres impeccables au confort dernier cri (clim), avec balcon ou terrasse et vue imprenable sur la mer. Cuisine équipée à disposition.

Vivenda Brito : *beco dos Navegadores, cerro dos Pios.* ☎ *282-357-222.* *962-677-839.* • *info@vivendabrito.com* • *vivendabrito.com* • *Sur la corniche à gauche de la plage, dans une impasse à gauche de la petite église. Selon saison, chambres et studios 50-90 € ; apparts 80-150 €.* Grande maison moderne, à 5 min de la plage, et très bien équipée, dans un quartier résidentiel calme et vert. Belle chambre d'hôtes à la déco contemporaine, nette et lumineuse, ainsi que 2 studios et 1 appartement (Cactus House) très confortables et soignés. Petite vue sur la mer, mais belle piscine et barbecue à disposition.

Où manger ? Où boire un verre ? Où écouter de la musique ?

Don Carvoeiro : *rampa do Paraíso, 18.* ☎ *282-357-830.* *Depuis la place devant la plage, prendre la corniche à droite et faire 100 m. Tlj jusqu'à 23h. Plats 12-27 €.* Le patron est suisse allemand. Sa femme, la charmante Paola, vous accueille en salle et parle le français. Bel intérieur rehaussé de couleurs chaudes et agréable terrasse avec vue sur l'océan. Savoureuse cuisine portugaise : longue carte avec même des pizzas et des fondues ! Assez onéreux tout de même.

A Fonte : *escadinhas do Vai Assar, 10 (à hauteur du n° 15 de la rua dos Pescadores).* ☎ *289-514-578. À 80 m de la pl. centrale, à gauche après l'*Indian Restaurant*. Tlj sauf dim soir hors saison. Congés : janv. Repas 10-30 €, cataplanas 27 €/2 pers. Apéritif et digestif offerts sur présentation de ce guide.* Petit resto familial avec tables en haut des escaliers. Sardines, *bacalhau*, fruits de mer ou viande grillée pour tous les budgets.

DANS LES ENVIRONS DE CARVOEIRO

Praia de Marinha : *à 7-8 km à l'est.* Classée parmi les 5 plus belles plages du pays. Elle est dominée par une falaise de 50 m qui l'encercle dans ses avancées rocheuses. L'environnement est bien préservé, ce lieu mérite le déplacement.

L'ALGARVE

➢ De la plage de Carvoeiro, des petits bateaux proposent une ***visite des grottes marines*** le long de la côte jusqu'à la plage de Marinha *(compter 30 €/pers et 90 mn de balade avec pause baignade).*

Percurso dos Sete Vales Suspensos : très beau sentier pédestre aménagé le long des falaises, sur environ 6 km, entre les plages de Marinha et de Vale Centianes.
➢ De Carvoeiro, bus *Eva* jusqu'à Carvalho, puis 2,5 km de marche.

PORTIMÃO

(8500) 63 564 hab.

À 31 km à l'est de Lagos, l'Algarve laborieuse a ici son adresse. Portimão vit été comme hiver, elle ne dépend pas du tourisme pour sa survie. Ce n'est pas une station balnéaire mais un port (sardinier surtout) et une ville active située dans l'estuaire d'une rivière qui se jette dans la mer à quelques kilomètres au sud. Le centre-ville, en partie piéton, est animé mais sans charme particulier, tandis que le quartier Ribeirinha offre un bon choix de restaurants de poisson.

Arriver – Quitter

En bus

Terminal rodoviário do Portimão *(gare routière)* **:** *rua de Abicada. ☎ 282-415-104. Au nord-ouest de la ville, pas loin du jardin Gil Eanes.* Plusieurs bus s'arrêtent aussi av. Guarané, près du bureau d'*Eva Transportes.*
– *Bureau Eva Transportes : largo do Dique. Un autre bureau à la gare routière. ☎ 282-418-120. • eva-bus.com • Tlj 6h10 (7h w-e et j. fériés)-20h30.*
➢ ***Alvor :*** avec les bus de ville *Vai e Vem*, lignes grise et orange n°s 13 et 14, lun-ven 7h-19h45 (arrêt Largo do Dique).
➢ ***Albufeira et Faro :*** bus fréquents avec *Eva.* Durée : 50 mn à 1h10. Pour Faro, 4 bus/j. en sem (1 le w-e). Durée : 1h45.
➢ ***Silves et Monchique :*** 5-6 bus/j. avec *Frota Azul (• frotazul-algarve.pt •).* Durées respectives : 35 et 45 mn.
➢ ***Lagos :*** 8 bus/j. avec *Eva.* Durée : 25 mn. 7 bus/j. avec *Frota Azul* mais durée plus longue : 40 mn.
➢ ***Lisbonne :*** 24 bus/j. avec *Rede Expressos,* via ***Silves*** et ***Albufeira,*** ou 6 bus/j. plus directs avec *Eva* via ***Lagos.*** Durée : 3h10-3h30.

En train

Gare ferroviaire : *au nord de la ville. • cp.pt •* Le bus de ville *Vai e Vem* n° 32 la relie au centre-ville (Largo do Dique).
➢ Portimão est sur la ligne ***Lagos-Vila Real de Santo António*** via ***Faro*** (changement), qui dessert aussi ***Silves, Albufeira, Loulé, Olhão*** et ***Tavira.*** 7-9 trains/j.

Adresses et infos utiles

Posto de Turismo *(office de tourisme)* **:** *largo 1° de Dezembro (dans le théâtre). ☎ 282-402-487. • visitportimao.com • Lun-ven 9h30-17h30 (ferme parfois 13h-14h). Également un kiosque* ***cais do Comércio*** *à Praia Rocha.*

Navette de bus pour praia da Rocha : bus de ville *Vai e Vem,* lignes bleue et rose n°s 11 et 33, tlj 7h-20h, ttes les 15 mn. Compter 1,50 €/trajet ; *pass* touristique journalier : 3,50 €. Plusieurs arrêts en ville, dont Largo de Dique et Museu.

■ **Police :** ☎ *282-417-717.*

Urgences : ***hospital do Barlavento Algarvio,*** *sítio do Poço Seco.* ☎ *282-450-300.*

– **Marché :** ***Gipsy Market,*** *1er lun du mois, derrière la gare.*

Où dormir ?

De très bon marché à prix moyens

Pousada da juventude : *rua Pousada da Juventude.* ☎ *282-471-267.* *925-665-079.* • *portimao@movijovem.pt* • *pousadasjuventude.pt/pt/pousadas/portimao* • *À env 1,5 km au nord-ouest du centre (fléché depuis la N 124) ; bus* Vai e Vem *ligne bleue nº 36, lun-ven 7h-20h, arrêt Escola Coca Maravilas, puis 500 m à pied. Selon saison, lits en dortoir 16-19 €/pers, doubles 41-62 €, petit déj inclus.* Grande AJ de presque 200 lits, répartis en dortoirs pas bien grands de 4 personnes et une petite vingtaine de chambres privatives impeccables. Clim. Fonctionnelle et ultra-nette, carrelage au sol, plus quelques touches de design et de couleurs bienvenues. Certaines ont même un balcon. Cuisine commune. Qualité de l'accueil, confort et une belle piscine entourée de verdure compensent l'éloignement du centre.

Alameda Hostel : *rua do Comércio, 9.* *913-190-585.* • *alamedahostelportimao@gmail.com* • *Selon saison, lit en dortoir 20-40 €/pers, doubles 50-100 € ; pas de petit déj.* Cet *hostel* situé en plein centre piéton occupe 2 immeubles voisins. Tout est bien organisé et fonctionnel, propre, avec une déco simple et moderne. Dortoirs (6-8 lits) avec toilettes collectives. Clim. Dans chaque unité, cuisine, salon et terrasse bien aménagée. La plus petite ne comprenant que 3 chambres permet une certaine intimité. Accueil francophone charmant et prix tout petits.

Made Inn : *rua Vicente Vaz das Vacas, 22.* ☎ *282-418-588.* • *geral@madeinn.com.pt* • *En bordure de la rue piétonne. Selon confort et saison, doubles 45-75 € (jusqu'à 130 € juil-août si affluence), petit déj inclus.* Malgré sa façade tristounette, cet hôtel possède des chambres impeccables, colorées et climatisées, avec une déco thématique pour les plus chères (les 1001 nuits, la vitesse, etc.). Toit-terrasse agréable et accueil aux petits soins.

Où manger ? Où déguster une pâtisserie ?

La sardine est la reine de la ville, mais pas seulement. Tous les poissons y sont proposés. De nombreux snacks et restos en servent le long du port de pêche, dans les rues proches du vieux pont qui enjambe la rivière et le long du marché municipal sur l'avenida São João de Deus.

Dona Barca : *largo da Barca.* ☎ *282-484-189. En contrebas du pont, sur une placette piétonne. Tlj jusqu'à 22h30. Plats 7-15 €, poisson au poids.* Une des institutions de la ville, que ce soit pour la cuisine, le service ou l'atmosphère ! Dans la véranda (ouverte) ou en terrasse, on goûte du traditionnel comme les *chocos* cuisinés dans leur encre ou la roborative *açorda,* suffisante pour 2 convives. Quant aux sardines, elles sont vendues au prix d'une soupe ! Sans oublier la vitrine de poissons frais, à prix sages.

Marisqueira Carvi : *rua Direita, 34.* ☎ *282-417-912. Tlj 12h-minuit, sauf mar. Plats 12,50-17 €, cataplana 42,50 €/2 pers.* Une institution discrète qui existe depuis les années 1960. Cuisine de la mer essentiellement, avec une belle variété de poissons, mais aussi des coquillages, des pouces-pieds, des crustacés et du poulpe. Déco sans prétention avec *azulejos* dans la salle et quelques tables sur le trottoir.

Maria do Mar : *rua Direita, 89. ☎ 282-094-104. Lun-ven 12h-17h ; sam 12h-15h.* Magasin spécialisé dans la conserve de poisson où l'on vend les produits régionaux et les marques locales comme *La Rose* pour ne citer que celle-là. Grand choix de maquereau, thon, sardine, et même morue en boîte. Possibilité de déguster sur place sous forme de tapas.

A Casa da Isabel : *rua Direita, 61. ☎ 282-484-315. Dans une rue semi-piétonne, à 50 m du resto Carvi. Tlj, sauf mer, 9h-20h30 (plus tard en été).* Une très belle façade d'*azulejos* orne ce salon de thé qui perpétue la tradition pâtissière portugaise : *pastéis, queijadas, pães de ló, toucinhos do ceu...* Gâteaux à la caroube, à la figue, à la carotte, à savourer dans la petite salle rétro ou à l'une des quelques tables sur le trottoir.

Où dormir ? Où manger dans les environs ?

O Charneco : *rua Joaquim M. Charneco, 3,* **Estômbar.** *☎ 282-431-113. 963-545-176. Tlj 18h30-minuit, sauf dim. Attention, ne sert que le soir. Menu unique 25-30 €. CB refusées.* Voilà plus de 25 ans que les habitués se pressent dans ce resto familial et rustique, typiquement portugais. Un succès dû autant à la cuisine généreuse qu'à la forte personnalité du patron. Le menu comporte 6 ou 7 plats goûteux, variant en fonction du marché, pour un prix fixe et raisonnable. Ici, c'est poisson ET viande ! Petits appétits s'abstenir.

L'ALGARVE

À voir. À faire

Museu de Portimão : *rua Dom Carlos I. ☎ 282-405-230. • museudeportimao.pt • Bus arrêt « Museu » avec Vai e Vem bleu ou rose pour « Praia da Rocha ». Tlj, sauf lun, 10h (14h30 mar)-18h ; août, tlj, sauf lun, 15h (19h30 mar)-23h. Entrée libre dim 15h-19h. Entrée : 3,50 €.* Au-delà des quelques pièces archéologiques (plaquettes de schistes incisées de motifs géométriques du Néolithique, amphores d'époque romaine...) et d'autres évoquant les activités traditionnelles de la région, l'essentiel du musée est consacré à la conserverie de sardines *La Rose,* dans laquelle il est aménagé. Du déchargement des paniers des pêcheurs au salage et à la fabrication des conserves lithographiées, on suit tout le parcours de la sardine de la mer à la boîte ! Muséographie très moderne, avec des films d'époque, qui rend la visite intéressante malgré l'absence de traductions. Expos temporaires dans le réservoir du sous-sol et au 1er étage.

Teatro municipal de Portimão : *largo 1° de Dezembro. ☎ 282-402-475 (billetterie). • teatromunicipaldeportimao.pt •* Ce théâtre bénéficie d'une programmation de qualité, étonnamment variée et cosmopolite pour une petite ville portuaire. Chant, jazz, fado, musique de chambre, marionnettes, danse contemporaine...

Manifestation

– **Fête de la... Sardine :** *1er-2e w-e d'août.*

PRAIA DA ROCHA

(8500)

À 3 km au sud de Portimão, cet immense cordon de sable au pied d'imposantes falaises dessine l'une des plus belles plages de la côte, mais aussi la 1re de l'Algarve à avoir été bétonnée. Une ville d'immeubles et de tours a

remplacé les anciennes villas du début du XXᵉ s, dont seules quelques-unes survivent comme des rescapées du passé. Le site est devenu un fleuron du tourisme de masse en Algarve, fréquenté toute l'année et animé 24h/24 en haute saison. Si vous cherchez une plage, elle existe et elle est belle. Si vous cherchez des lieux poétiques, le charme, la tranquillité, passez votre chemin...

Arriver – Quitter

➢ ***En bus :*** liaisons avec ***Portimão*** avec les *citybus Vai e Vem.* Lignes bleue et rose nᵒˢ 11 et 33, tlj 7h-20h, ttes les 30 mn.

FERRAGUDO

(8401) 20 453 hab.

Sur l'autre rive de l'estuaire de Portimão se cache un petit village de pêcheurs qui rappelle le vieux Saint-Tropez. Quelques rues en escaliers et une église blanche juchée sur un promontoire. En fin d'après-midi, tout le monde se retrouve sur la petite place au bord de la rivière. Les malins y trouveront cependant une petite infrastructure touristique et de belles plages.

Arriver – Quitter

➢ ***En bus :*** liaisons avec ***Portimão*** avec *Eva* (6-16 bus/j.).

➢ ***En voiture :*** prendre la N 125 direction est (Faro, Albufeira...). Passer le pont de Portimão et, au feu, prendre la 1ʳᵉ à droite.

Où manger ?

A Ria : *rua Infante Santo, 27. ☎ 282-461-790. Ouv tlj sauf lun, 12h-14h30, 18h-22h30. Résa conseillée. Plats 15-20 €.* Le plus authentique des restos du quai, où se mêlent locaux et touristes dans une ambiance affairée. Le poisson est roi, frais, copieux et bien préparé, mais la viande n'est pas absente, y compris en *cataplana.* Bons desserts également, parfois inventifs. Le tout se déguste en terrasse ou dans la salle tout en longueur.

À voir. À faire

Praia Grande : *à 1 km, après le fort.* Plutôt jolie au pied de falaises dont les abords immédiats ne sont pas encore colonisés. Sur la droite, belle vue sur le fort, qui semble posé à même le sable. Plusieurs bars et restos de plage.

L'ALGARVE

ALVOR

(8500) 4 900 hab.

À 6 km de Portimão, situé dans l'estuaire du fleuve homonyme, le village d'Alvor est encore un petit port de pêche aux bords de la ria. De plus en plus touristique, mais une partie du village a gardé son charme et son caractère. Ne pas y entrer avec une voiture, car les rues sont étroites et le stationnement quasi impossible.

Arriver – Quitter

En bus

➢ ***Portimão :*** *citybus Vai e Vem,* lignes grise et orange nos 13 et 14, lun-ven 7h-19h50, ttes les 20 mn env.

Adresse et info utiles

Posto de Turismo *(office de tourisme)* ***:*** *rua Dr Afonso Costa, 51. ☎ 282-457-540. • visitalgarve.pt • Du rond-point à l'entrée d'Alvor, monter par la rua José de Almeida. Lun-ven 9h30-15h30 (avec une pause au déjeuner).* Demander le guide nature (payant et en anglais uniquement) pour l'itinéraire des sentiers le long de la plage et de l'estuaire jusqu'au barrage. Observation de la faune.

Croisières en bateau : sur le quai, plusieurs compagnies proposent des balades en bateau pour Silves, pour l'observation de dauphins, des sorties pêche ou *sunset*... La compagnie *Tragana et Formosa (📱 912-105-757)* propose une balade côtière de 5h jusqu'à Lagos, avec arrêt pour visiter la ville *(avr-oct, tlj ; env 35 €/pers).*

Où dormir ?

Camping Alvor : *rua Serpa Pinto, à env 700 m du centre d'Alvor, sur la route de Lagos. ☎ 282-459-178. • info@campingalvor.com • campingalvor.com • Tte l'année. Selon saison, compter 16-32 € pour 2 avec tente et voiture ; bungalows et mobile homes 2-4 pers 70-80 € ; apparts 70-150 €/nuit. CB refusées (sauf pour locatif).* Un bon camping, assez vaste et bien équipé mais les emplacements pour campeurs sont réduits à peau de chagrin dans le fond. Les hébergements locatifs et privés sont dans 2 espaces séparés. Piscine payante, espace enfants, snack-bar, resto, *supermercado*... Accueil agréable.

Hospedaria Buganvília : *rua Padre Mendes, 6. 📱 913-129-573. • hospedariabuganvilia@hotmail.com • Au carrefour à l'entrée de la vieille ville, prendre la rua Dr José de Almeida et la 1re à droite. Congés : déc-fév. Doubles 35-100 € selon saison. Petit déj non compris.* Hôtel moderne de 3 étages à l'architecture à la pointe, incluant un bon petit resto au rez-de-chaussée. Chambres modernes, carrelées et bien équipées : balcon, frigo, clim et mobilier soigné. Location de vélos. Bon accueil.

Alvormar Apartamentos Turísticos : *rua Dom Sancho I, 9-11. ☎ 282-450-550. • reservas@alvormar.com • alvormar.com • Selon saison, studios 2 pers 60-150 € (jusqu'à 150 € pour les premiums).* Une soixantaine de studios et appartements, avec service hôtelier, de diverses tailles, pouvant loger jusqu'à 6 personnes. Tout le confort : balcon, kitchenette, clim, coffre-fort, TV... Les plus chers ont été refaits récemment dans un style élégant et très contemporain. Petite piscine et solarium un peu à l'étroit, mais la plage n'est pas loin.

Où manger ?

🍽 ***Ze Morgadinho :*** *sur la rade du fleuve, en bas de la rue Ramos Mendes. 📱 929-058-153. Tlj (le midi seulement janv-Pâques). Plats 7-15 €, poisson au poids.* De tous les restos sur le port, celui-ci attire par ses couleurs chatoyantes. Mêmes propriétaires qu'au *Dona Barca* de Portimão, mais dans un style beaucoup plus *roots.* Du coup, on y vient autant pour l'ambiance conviviale et joyeuse que pour la cuisine, correcte mais sans plus. Les petites sardines grillées et la franche rigolade qui les accompagne méritent tout de même l'escale !

🍽 ***Taverna do Guedes :*** *rua dos Pescadores, 25. ☎ 282-458-528. Du port, remonter la rua Ramos Mendes sur 50 m et prendre la 1re ruelle à droite. Tlj sauf dim, le soir seulement. Menu (avec boisson) 14 € ; plats 7-14 €.* Un peu cachée, la taverne à la porte verte, comme la connaissent les Anglais, est la bonne adresse du bourg pour déguster *cataplana* aux palourdes et autres riz aux fruits de mer. Carte des vins à prix raisonnables.

À voir. À faire

L'ALGARVE

★ ***L'église :*** coquette, avec sa façade blanche ourlée d'ocre et son beau portail manuélin du XVIe s. De style algarvien, elle renferme des chapelles latérales baroques, un autel décoré d'*azulejos* polychromes et une statue en bois de la sainte patronne des voyageurs.

Praia de Alvor : vaste plage de sable fin avec quelques bouts de falaises rocheuses ici ou là. Évidemment, vous n'y serez pas seul pour autant : rangées de chaises longues, bars de plage, etc. En suivant la côte vers l'est, on s'immerge rapidement dans l'urbanisation dévorante qui engloutit les ***praia dos Três Irmãos*** et ***de Vau,*** sur la route de praia da Rocha.

LAGOS

(8600) 31 000 hab.

• Plan *p. 351*

À 90 km à l'ouest de Faro, au fond d'une baie bien protégée, c'est une petite ville moyenne et agréable, plus modeste que Portimão, mais d'une plus grande unité architecturale. Une rivière se jette dans la mer formant un estuaire abrité des vents. Voilà une ville balnéaire blanche, qui a conservé sa taille humaine, son style propre, avec des toits de tuiles sur la rive droite, alors que la rive gauche est occupée par la marina, les quartiers modernes, et au loin l'immense plage sauvage (Meia Praia). Il y a aussi, au sud de la ville, de magnifiques criques rocheuses, qui cisèlent le littoral et lui donnent un aspect plus tourmenté.

Le centre-ville en été est très cosmopolite. L'Europe du Nord s'y donne rendez-vous, mais la pression touristique y est beaucoup moins forte que dans les grandes stations balnéaires de l'Algarve. Les surfeurs aiment bien l'endroit aussi ; pas mal de bars pour finir la journée dans une ambiance bon enfant. La partie la plus historique de la ville se trouve autour de la praça do Infante, et la plus calme (la moins commerciale) au sud, autour de l'église Santo António (à flanc de colline).

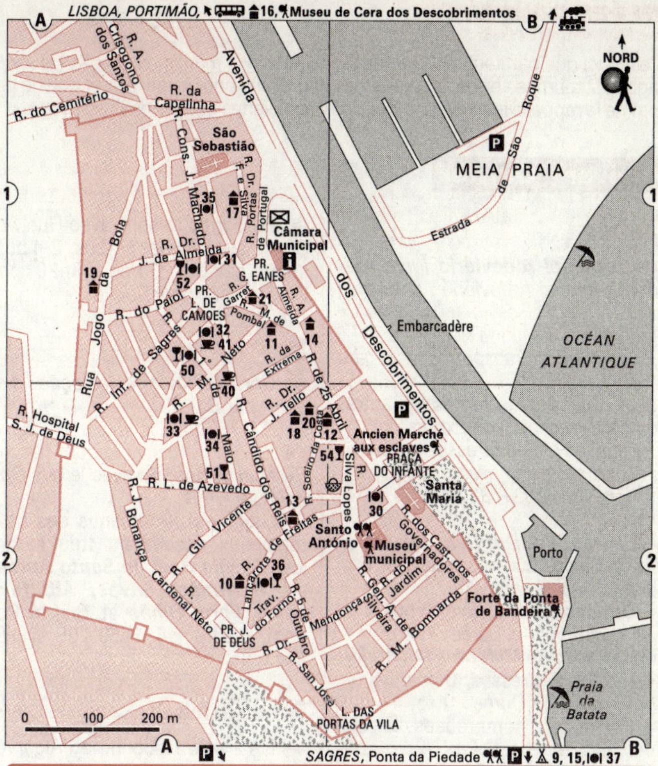

LAGOS

Adresse utile

- Posto de Turismo (A1)

Où dormir ?

- **9** Valverde-Orbitur (hors plan par B2)
- **10** Pousada da juventude (A2)
- **11** Casa das Laranjeiras (A1)
- **12** Hostel Cloud 9 (A-B2)
- **13** Hostel Sol a Sol (A2)
- **14** Hotel Mar Azul (A1)
- **15** Camping Turiscampo Yelloh Village (hors plan par B2)
- **16** Marina Rio Hotel (hors plan par A1)
- **17** Lagosmar Hotel et Taghostel (A1)
- **18** Hotel Cidade Velha (A2)
- **19** Casa Sousa (A1)
- **20** The Stumble Inn (A2)
- **21** B & B Inn Seventies (A1)

Où manger ?

- **30** Dois Irmãos (B2)
- **31** O Pescador (A1)
- **32** Restaurante Reis (A1)
- **33** Swoot & Temptation et Goji (A2)
- **34** Casinha do Petisco (A2)
- **35** Adega típica A Forja (A1)
- **36** The Garden (A2)
- **37** O Camilo (hors plan par B2)

Où prendre le petit déj ? Où déguster une pâtisserie ?

- **40** Gomba (A1-2)
- **41** Padaria Central Gilberto Amelio (A1)

Où boire un verre ? Où sortir ?

- **50** Cervejaria Ferradura (A1)
- **52** Café Bora (A1)
- **54** Bon Vivant (B2)

UN PEU D'HISTOIRE

C'est d'ici que partirent les 1res grandes expéditions maritimes, aux XVe et XVIe s. Lagos est tournée vers le large, vers les migrations pour le meilleur et pour le pire, comme le rappelle le musée de cire des Découvertes et celui de l'Esclavage.

Arriver – Quitter

En bus

Terminal rodoviário *(gare routière) (terminal rodoviário ; hors plan par A1) : largo Rossio de São João, derrière l'*Hotel Marina Rio.

– Billetterie Eva Transportes : à la gare routière. ☎ 282-762-944. Tlj 6h15-20h30. Représente toutes les autres compagnies sauf *Rede Expressos.*

– Billetterie Rede Expressos : rua Mercado de Levante, à côté de la gare routière. ☎ 282-762-944. • rede-expressos.pt •

➢ ***Sagres, via Burgau, Salema et Vila do Bispo :*** bus fréquents avec *Eva,* 7h-20h30. Durée : env 1h.

➢ ***Odeceixe :*** avec *Eva,* 3 bus/j. en sem, aucun le w-e. Durée : 1h20.

➢ ***Vila Nova de Milfontes (Alentejo) :*** avec *Rede Expressos,* 3 bus/j. à 9h, 11h15 et 15h20. Durée : 1h45.

➢ ***Portimão :*** nombreuses liaisons avec *Eva* et *Frota Azul (• frotazul-algarve.pt •).* Durée : 25-40 mn.

➢ ***Albufeira et Faro :*** avec le *Transrápido* d'*Eva,* 3-8 bus/j. 6h50-18h. Durées respectives : 1h15 et 2h10.

➢ ***Lisbonne :*** 6-10 départs/j. avec *Eva* et *Rede Expressos.* Durée : 3h40-4h.

➢ ***Espagne :*** liaisons avec Huelva et Séville avec *Eva et Flixbus.* 2-4 bus/j. selon saison. Durée : 3h20 pour Huelva, 4h30 pour Séville.

En train

Gare ferroviaire *(estação ; hors plan par B1) : derrière la marina. ☎ 282-762-987. À 300 m de la gare routière en traversant le pont-bascule.* Relié au centre-ville avec le bus *Onde « circular »* n° 1.

➢ Lagos est le terminus des trains régionaux desservant tte l'Algarve jusqu'à ***Vila Real de Santo António*** via ***Portimão, Silves, Albufeira, Loulé, Faro, Olhão*** et ***Tavira.*** Pour Faro, 7-9 trains/j. 6h59-20h. Durée : env 1h45.

En voiture

➢ L'A 2 relie Lisbonne à l'Algarve à hauteur d'Algoz (au nord-ouest de Faro), où elle rejoint l'A 22 (péage électronique). Cette dernière se termine (ou commence) au nord de Lagos.

➢ À l'ouest, la N 268 puis la N 125 relient Sagres et Vila do Bispo à Lagos.

Adresses et infos utiles

Posto de Turismo *(office de tourisme, plan A1) : praça Eanes, au rdc de la mairie. ☎ 282-763-031. • visitalgarve.pt • Tlj 9h30-17h30 (fermé 13h-14h certains jours).* Efficace et francophone.

■ ***Police :*** *☎ 282-780-240 ou 112.*

■ ***Bom Dia*** *(hors plan par A1) : sur la marina, loja 10. ☎ 282-087-587. • bomdiaboattrips.com • Compter env 25 €/pers pour 2h de visite aux grottes ; réduc.* Agence dynamique qui propose différentes croisières journalières en voilier (grottes, baie de Lagos, observation des dauphins, sorties pêche...).

■ ***Blue Ocean Divers :*** *Luz Bay club, Beco Luz Bay Clyb, à* ***Vila da Luz.*** *☐ 964-665-667. • blue-ocean-divers.eu • Compter 35-55 €/plongée sans ou avec matériel. CB refusées.* Affilié PADI, plongées, baptêmes, *snorkelling* et *kayaking* aux grottes de Ponta da Piedade.

Location de vélos et de scooters *(hors plan par A1) : chez* ***Rent a Bike,*** *rua Vasco da Gama, loja 6 B. ☎ 282-761-720. Sur une place avt la gare*

L'ALGARVE

routière. VTT 10-20 €/j., dégressif à partir de 3 j. ; loc de vélos électriques et scooters également.

Stationnement : gratuit dans les rues, parkings et terrains vagues à Portas da Vila, de l'autre côté de la N 125 (hors plan par B2) et derrière la marina (plan B1). Grand parking souterrain sur l'av. dos Descobrimentos (plan B2), ouv 24h/24. Compter 1,50 €/h et 10-12 €/j. selon saison (les hôtels ont des tarifs négociés à moitié prix).

– 10 lignes de **bus urbains** Onda (par couleurs et par numéro) circulent en ville. Infos horaires et tarifs : • aonda.pt •

– **Marchés :** grand marché le 1er sam du mois, vers le stade municipal ; marché alimentaire le sam mat face à la gare routière ; petit marché aux poissons sur l'av. dos Descobrimentos (face à la marina) tlj sauf dim.

Où dormir ?

Nombreuses chambres chez l'habitant et petits *hostels* dans le centre-ville.

Campings

Camping Turiscampo Yelloh Village (hors plan par B2, **15**) **:** à **Espiche,** sur la N 125, à 4,5 km de Lagos en direction de Vila do Bispo-Sagres. ☎ 282-789-265. • info@turiscampo.com • turiscampo.com • Depuis la gare routière de Lagos, prendre la ligne jaune du bus urbain Onda et descendre à Espiche, ou bien bus Eva pour Vila do Bispo (plus rapide). À 1,5 km de la plage de Luz. Tte l'année. Selon saison, compter 21-50 € pour 2, bungalows, cottages et mobile homes 2-6 pers 50-200 €. Camping très bien tenu et bien équipé (clim dans les bungalows et les mobile homes). Belle piscine « californienne » et solarium. Supermarché, resto, bar, club enfants, animations... Bon accueil d'Agnès, française expatriée.

Valverde-Orbitur (hors plan par B2, **9**) **:** à praia da Luz, env 4 km à l'ouest de Lagos, à 1,5 km de la plage et de l'agglomération de **Luz.** ☎ 282-789-211. • infovalverde@orbitur.pt • orbitur.pt • Depuis Lagos, bus Onda (ligne jaune). Tte l'année. En saison, compter 25-30 €/j pour 2 ; bungalows, mobile homes et apparts 2-5 pers 35-170 €/nuit selon saison. Camping gigantesque (capacité d'accueil de 1 500 personnes), assez ombragé et fleuri. Ambiance familiale. Choisissez un emplacement éloigné de l'entrée pour le calme. Piscine agréable. Resto-self, bar, supermarché... Accueil impersonnel.

De très bon marché à prix moyens

Pousada da juventude (plan A2, **10**) **:** rua Lançarote de Freitas, 50. ☎ 282-761-970. • lagos@movijovem.pt • pousadasjuventude.pt/pt/pousadas/lagos • ♿ Congés : déc. Selon saison, lits en dortoir 10-21 €/pers, doubles 25-60 €, petit déj compris. Dans un immeuble assez récent avec cour intérieure, une soixantaine de lits répartis entre des dortoirs de 4 lits et des doubles avec ou sans salle de bains privative. Attention pas de clim ! Cuisine commune à dispo. Confort et caractère fonctionnel, c'est du sérieux.

Casa das Laranjeiras (plan A1, **11**) **:** rua Marquês de Pombal, 34. ☎ 282-762-706. 📱 965-893-902. • casalaranjeiras@hotmail.com • Congés : déc-janv. Doubles 50-70 € selon saison, petit déj en plus. Sur présentation de ce guide, café offert. On entre par la cuisine dans cette chaleureuse maison d'hôtes biscornue située au cœur de la vieille ville, au-dessus des terrasses de restos. Julia vous accueille en français et propose 7 chambres pleines de charme, à la déco personnalisée, avec vieux parquet, romantiques et mansardées pour celles du 2d étage. Salles de bains communes pour toutes. On se sent ici comme chez soi ! Également un appartement avec terrasse dans un bâtiment à côté (compter 45-60 €).

Hostel Sol a Sol (plan A2, **13**) **:** rua Lançarote de Freitas, 22. ☎ 282-085-377. • hello@solasolhostel.

com • solasolhostel.com • Ouv Pâques-oct. Selon saison, lits en dortoir 15-32 €/pers, doubles avec sdb 40-78 €, petit déj compris. Dans un quartier calme, cet *hostel* dispose de 9 dortoirs de 4 lits et de 6 petites doubles agréables et colorées, sans clim mais avec salle de bains privée et balcon. Cuisine et salle commune conviviales, mais le must est la terrasse sur le toit (ascenseur) avec transats, coussins et vue sur mer. L'équipe, jeune et motivée, propose des excursions et des sorties kayaks.

Taghostel *(plan A1, **17**) : rua Dr. Faria e Silva, 32. • 918-780-198. • booking@taghostel.com • taghostel.com • À partir de 22 €/pers en dortoirs 4,6 ou 8 lits. Double 60 €. Petit déj inclus.* Un établissement moderne dans une vieille bâtisse. Plein de charme, d'objets du monde, de récup. On se croirait chez une grande tante fan de surf ! Certains dortoirs aux vieux parquets ont même vue sur la marina. Belles terrasses. Kitchenette à disposition. Bon accueil.

The Stumble Inn *(plan A2, **20**) : rua Soeiro da Costa, 10. ☎ 282-081-607. • stumbleinnlagos@gmail.com • stumbleinnlagos.com • Ouv de Pâques à mi-oct. Selon saison, dortoirs 15-30 €/pers, doubles 30-60 €.* Petite maison rénovée dans une rue calme abritant 6 dortoirs sans clim pour 3 ou 4 personnes et 1 seule chambre privative. Petite cour intérieure, salon. Charmante, propre, bien tenue, l'auberge est animée et fréquentée par une clientèle anglo-saxonne.

Hostel Cloud 9 *(plan A-B2, **12**) : rua Soeiro da Costa, 9. ☎ 282-183-355. • cloud9hostel@gmail.com • cloud9hostel.com • Ouv de Pâques à mi-oct. Dortoirs 13-37 €/pers selon saison ; doubles 34-80 €.* Petite AJ à l'ambiance très *backpackers*, avec fresques colorées aux murs, cuisine commune et terrasse sur le toit. Sur 3 niveaux, 8 dortoirs de 4 lits dont 5 avec salle de bains. Pas de clim mais ventilo pour brasser l'air chaud. Bon accueil, en anglais.

Casa Sousa *(plan A1, **19**) : rua do Jogo da Bola, 19. ☎ 282-089-461. 📱 917-116-219. • casa.sousa@hotmail.com • Doubles avec sdb 35-50€ ; pas de petit déj.* Au calme, dans une maison moderne adossée à l'enceinte de la ville, 6 chambres un peu à l'ancienne avec clim et petit balcon pour certaines. Cuisine et barbecue à disposition. Accueil francophone de Mme Sousa.

De prix moyens à plus chic

Hotel Mar Azul *(plan A1, **14**) : rua 25 de Abril, 13. ☎ 282-183-843. ou 📱 961-666-647. • info@hotelmarazul.eu • hotelmarazul.eu • Congés : janv. Doubles 40-100 € selon vue et saison ; petit déj en plus.* Un très bon petit hôtel, en plein cœur de la vieille ville. Sur 2 étages, une quinzaine de chambres fraîches et charmantes, de différentes tailles. Celles côté ruelle sont insonorisées. Les plus chères ont un balcon avec vue sur mer. Toutes avec clim et douche à l'italienne. Excellent accueil du propriétaire, Rui Pita, parfait francophone.

Hotel Cidade Velha *(plan A2, **18**) : rua Dr Joaquim Tello, 7. ☎ 282-762-041. 📱 917-628-003. • residcidadevelha@netvisao.pt • Congés : nov-mars. Doubles avec sdb 40-85 € selon confort et saison ; pas de petit déj.* Dans un immeuble moderne situé dans une rue calme, des chambres impeccables et un peu rustiques. Bien visiter avant de prendre la chambre. Celles du 3e étage ont une vue sur la mer, tandis que celles sur l'arrière ont un balcon ou une petite terrasse. Toutes ont la clim. Accueil familial.

Lagosmar Hotel *(plan A1, **17**) : rua Dr Faria e Silva, 13. ☎ 282-763-722 ou 523. • info@lagosmar.com • lagosmar.com • Congés : nov-mars. Selon saison, doubles 50-85 € (130 € août), petit déj compris.* Dans une rue très calme, cet hôtel abrite des chambres au confort d'un 2-3 étoiles. Demandez en une au dernier étage, pour plus de lumière. Solarium sur le toit.

De plus chic à très chic

B & B Inn Seventies *(plan A1, **21**) : rua Marquês de Pombal, 1 (angle avec la petite rua Garrett). ☎ 282-770-730.*

L'ALGARVE

☎ 967-177-590. • innseventies@gmail.com • Doubles 50-150 € selon saison, petit déj inclus (sauf janv-mars et août). Attention, séjour de 3 ou 4 nuits min en hte saison. Très central, au-dessus d'un magasin spécialisé dans les articles de football. Le *B & B* est installé dans une ancienne banque rénovée... Au 3e étage, on arrive sur une terrasse lumineuse avec petit bassin jouissant d'une superbe vue sur la ville. Chambres impeccables et bien équipées (clim), à la déco tendance inspirée des années 1970. Bon accueil.

Marina Rio Hotel (hors plan par A1, **16**) **:** av. dos Descobrimentos. ☎ 282-780-830. • marinario.com • Face à la marina et à côté de la gare routière. Doubles 84-168 € selon vue et saison, petit déj compris. Parking payant. Hôtel moderne de taille moyenne, abritant une trentaine de chambres classiques avec petit balcon, toutes climatisées et claires. En demander une au dernier étage, avec vue sur le port, pour suivre le va-et-vient des voiliers – la différence de prix est infime. Petite piscine sur le toit. Accueil pro.

Où manger ?

De très bon marché à prix moyens

Sweet & Temptation (*Doce Tentaçao ; plan A2,* **33**) **:** *rua Marreiros Netto, 57.* ☎ *282-087-829. Tlj sauf dim 9h30-22h30. Congés : déc-janv. Menu env 4 € (soupe et sandwich).* Une agréable placette ombragée, quelques tables, voilà un endroit calme pour manger léger à midi. On y sert des sandwichs, des *tostas* (baguettes), des salades, des quiches et des pâtisseries. 2 jeunes Britanniques courtois tiennent cette petite maison idéalement située. Bien aussi pour boire un verre en soirée. Juste à côté, **Goji** (*10h-17h, fermé lun*) est dans le même esprit avec de bonnes suggestions vegan.

The Garden (*plan A2,* **36**) **:** *rua Lançarote de Freitas 4. En face de l'AJ.* ☎ *913-187-142. Résa indispensable. Tlj 12h-1h. Burger 8 € ; plats 12 €.* Un grand jardin, des fleurs et des grils. C'est la recette de cette adresse qui ne désemplit pas. Cadre extra. Au menu, viande ou poisson grillés, menus-enfants, mais aussi classiques internationaux (salade Caesar, burgers avec sauce secrète délicieuse, kefta, etc.). Bonne ambiance, bons cocktails et service rapide et souriant.

Adega típica A Forja (*plan A1,* **35**) **:** *rua dos Ferreiros, 17.* ☎ *282-768-588. Tlj, sauf dim, jusqu'à 22h. Plats 9,50-16 €. CB refusées.* Une très bonne adresse mais ça se sait : on fait la queue dehors pour avoir une table ! Carte en français et ardoise de suggestions du jour listent une dizaine de plats délicieux et à prix très abordables. Spécialité : le canard au riz le dimanche !

O Pescador (*plan A1,* **31**) **:** *rua Gil Eanes, 6.* ☎ *282-767-028. Tlj jusqu'à 23h. Congés : janv-fév. Plats 10-18 €. Digestif offert sur présentation de ce guide.* Le « Pêcheur » a fait ses preuves depuis longtemps pour sa cuisine traditionnelle où figurent la morue à la portugaise, des *cataplanas,* du riz aux crevettes et des plats de viande. Note savoureuse après le repas : la liqueur d'amande en digestif !

Dois Irmãos (*plan B2,* **30**) **:** *praça do Infante.* ☎ *282-181-100. Tlj 11h-minuit. Plats 8-18 €, poissons et crustacés au poids.* Bon choix de poissons et fruits de mer en vitrine réfrigérée et dans le vivier (parfois un peu chiche). Les *lulinhas cheais* (encornets farcis) sont excellents ! À déguster dans une salle fraîche et conviviale ou sur une grande terrasse avec vue géniale sur la belle et calme place do Infante, son église Santa Maria et la mer. Service efficace.

Casinha do Petisco (*plan A2,* **34**) **:** *rua da Oliveira, 51.* ☎ *282-084-285. Ouv seulement le soir lun-sam, 17h30-22h30. Congés : mars. Plats 10-17 €.* Dans une rue calme, un resto modeste et familial. Spécialités de viandes grillées, dont le steak aux champignons qui lui vaut sa réputation. Sinon, poissons du jour et fruits de mer. Les petites faims trouveront leur compte avec les salades de thon ou de sardines à prix modiques. Accueil affable.

Restaurante Reis *(plan A1, **32**)* : *rua António Barbosa Viana, 21. ☎ 282-762-900. • restaurantereis@hotmail.com • Tlj sauf dim midi. Congés : déc. Plats 9-20 €.* Une bonne adresse de resto familial portugais qui a maintenu sa qualité malgré l'affluence touristique. Rien de gourmet ni de compliqué, mais l'assurance de quitter rassasié l'agréable terrasse, disposée sur une ruelle piétonne. Commander en priorité les plats du jour ou les spécialités : steak de thon *(bife de atum)*, sole aux amandes *(linguado com amêndoas)*...

Plus chic

O Camilo *(hors plan par B2, **37**)* : *estrada da Ponta da Piedade. 968-961-143. Tlj sauf lun, jusqu'à 22h. Résa conseillée. Repas 20-30 €.* À environ 2 km au sud de la ville, en allant vers le phare de Ponta da Piedade, on ne peut le manquer : il est posé, solitaire, sur le sommet d'une falaise sauvage au-dessus de la praia do Camilo. Un resto moderne et design avec de grandes baies vitrées ouvrant sur ce beau paysage sauvage. Pour le poisson et les fruits de mer, voici l'adresse gastro de Lagos, plutôt pour le soir. Fraîcheur des produits, efficacité et jovialité du service, prix raisonnables pour la qualité...

Où prendre le petit déj ?
Où déguster une pâtisserie ?

Padaria Central Gilberto Amelio *(plan A1, **41**)* : *rua 1° de Maio, 29. ☎ 282-763-994. Tlj, sauf dim, 7h-20h (13h30 sam).* Jolie façade blanche ancienne, avec son ouverture en arcade. Les locaux de tous âges viennent ici s'approvisionner en croissants, gâteaux et pains tout droit sortis du four. Quelques spécialités salées également.

Gomba *(plan A1-2, **40**)* : *rua Cândido dos Reis, 56. ☎ 282-762-188. Tlj 8h-19h sauf dim.* Petite salle proprette où l'on vient prendre son *pequeno almoço* avec un croissant maison, ou bien sa *bica* (petit noir) à toute heure de la journée. Gâteaux, plus crémeux ici qu'ailleurs, déconseillés pour la ligne mais excellents pour le moral. Accueil charmant.

Où boire un verre ?
Où sortir ?

La nuit en été, Lagos ne s'appartient plus. Elle devient une zone franche aux mains des Anglais et des Irlandais. La plupart des bars sont des clones des pubs de l'île de Sa Majesté où l'on se retrouve lors des *happy hours*. Les ruas Cândido dos Reis, 25 de Abril, Marreiros Neto et Silva Lopez en concentrent un bon nombre.

Cervejaria Ferradura *(plan A1, **50**)* : *rua 1° de Maio, angle rua da Laranjeira. Tlj sauf dim.* Un bar à tapas authentique et bien dans son jus (l'un des derniers à Lagos !). Au centre d'une salle décorée d'objets hétéroclites, d'affiches de foot et d'une tête de sanglier, un bar circulaire où locaux et touristes s'installent autour du couple de tenanciers qui servent vin au verre et de délicieuses tapas (salade de poulpe, pouces-pieds, couteaux, palourdes, crevettes, étrilles, encornets à l'encre, fromage local, délicieux chorizo cuit sur un brasero...). Très sympa !

Café Bora *(plan A1, **52**)* : *rua Conselheiro Joaquim Machado (angle José de Almeida). Tlj 8h30-22h (19h dim-lun).* Petit bar-salon de thé tendance « un jardin sur les pavés de la ville », avec moquette en fausse herbe. Bons jus de fruits frais, vins bio, cocktails et restauration simple (tapas, toasts, sandwichs et salades).

Bon Vivant (plan B2, **54**) : *rua 25 de Abril, à l'angle avec les rua Silva Lopes et rua da Vedoria. Tlj 14h-4h.* On ne peut manquer la façade rouge de cette maison à la croisée des rues piétonnes. Avec 2 étages plus un cocktail-bar sur le toit-terrasse, l'endroit est très animé en été et jusque tard. Différents types de musique : pop, house, latino et salsa. Une fois la nuit tombée, les jeunes se donnent rendez-vous au sous-sol pour danser.

Achats

Mar d'Estórias (plan B2) : *rua Silva Lopes, 30. ☎ 282-792-165. Lun-sam 10h-19h.* Un concept-store où l'on peut aussi manger ! Et surtout rapporter plein de souvenirs portugais classiques ou design et sympa, à tous les prix.

À voir. À faire

Capela Santo António *(chapelle Saint-Antoine ; plan B2)* : *juste à côté du musée. Tlj 10h-12h30, 14h-17h30 sauf lun. Entrée : 1,50 €, réduc.* Reconstruite après le tremblement de terre de 1755, auquel seul l'autel a survécu (début du XVIIe s), c'est un chef-d'œuvre du baroque portugais. On reste admiratif devant la *talha dourada,* cette avalanche de bois sculpté doré qui tranche sur le bleu des *azulejos* garnissant la partie basse des murs. Il faut aussi lever la tête pour détailler le superbe plafond en trompe-l'œil et se retourner vers l'élégant jubé doré surmonté d'une balustrade, sans oublier de faire le tour des différents tableaux représentant les miracles de saint Antoine, le plus vénéré du Portugal.

Museu municipal (plan B2) : *rua General Alberto Silveira. ☎ 282-762-301.* Un peu fourre-tout mais très vivant, il intègre également la capela Santo António. Parmi les quelques pièces et panneaux abordant l'archéologie et les différentes périodes historiques, on remarque surtout les menhirs et une mosaïque romaine. Puis une succession de petites salles qui présentent : une collection ethnographique régionale, des maquettes de bateaux, des objets d'anciennes colonies portugaises, des armes et des pièces de monnaie... Également une petite salle d'art sacré et une expo temporaire de peinture.

Plaisante promenade dans les ***ruelles de la vieille ville.*** Au hasard de vos pas, d'autres églises. Vers les remparts, sur le largo Dr Vasco Gracias, l'*église do Carmo,* en ruine.

L'ancien marché aux esclaves *(mercado de esclavos ; plan B2)* : *praça do Infante. Mar-dim 10h-12h30, 14h-17h30. Entrée : 3 € ; réduc. Billet combiné avec les autres musées municipaux : 4-5 €.* Le 8 août 1444, 10 ans après avoir franchi le mythique cap Bojador qui ouvrait la route maritime vers l'Afrique subsaharienne, Gil Eanes arrivait à Lagos, sa ville natale, avec la 1re cargaison d'esclaves débarquée sur le Vieux Continent. Dès lors, le 1er marché aux esclaves d'Europe se tint dans cette maison à arcades, qui renferme aujourd'hui une très modeste expo. En fait pas grand-chose à voir, surtout des bornes d'informations en portugais avec cartes et photos en vitrine.

Forte da Ponta de Bandeira (plan B2) : *cais da Solaria. Tlj sauf lun 9h30-12h30, 14h-17h. Entrée : 2 € ; réduc. Billet combiné avec les autres musées municipaux : 5 €.* Fortin du XVIIe s, très bien préservé, renfermant une chapelle et 2 petites salles d'expo temporaire. La visite n'est pas indispensable.

Museu de Cera dos Descobrimentos *(musée de cire des Découvertes ; hors plan par A1)* **:** *dans la marina, edificio Astrolabio, lote 24, loja 3. ☎ 282-039-650. • museuceradescobrimentos.com • Tlj 10h-18h (19h juil-août, 17h oct-mar). Entrée : 6 € ; réduc.* Un musée de cire qui présente à travers 16 scènes et 22 personnages les grandes découvertes d'illustres Portugais : Vasco de Gama en Inde, Pedro Álvares Cabral au Brésil, conquête de Ceuta... Quelques effets sonores donnent un peu de vie à ces scénettes bien statiques.

Activités

– ***Stand-up paddle :*** ***Sygma SUP School.*** *Whatsapp + 33 664-460-896. • aljezur-sup.com •* Une super équipe menée par Gaylord et Sandy vous propose des sorties en *stand-up paddle* (SUP) dans les grottes et sur les plages de la côte vicentine. On adore !

Bateaux pour les grottes de Ponta da Piedade : *plusieurs kiosques le long de la promenade du quai et dans la marina. Compter 20-25 €/pers selon saison pour 50 mn-1h de visite.* Les départs s'effectuent en fonction de la marée, certaines grottes devenant inaccessibles quand elle est basse. Préférer les petits bateaux de pêcheurs de 6 personnes maximum, les plus gros ne pénètrent pas dans les grottes.

L'ALGARVE

Plages

Praia da Batata *(plan B2)* **:** petite plage de sable serrée entre une falaise et la mer, à côté du port et du fortin. Location de kayaks de mer.

Praias de Pinhão, de Dona Ana et do Camilo : *accès par des chemins prolongés d'escaliers. La 1re est à 1 km du centre ; les 2 autres à respectivement 2 et 4 km. Pour Dona Ana, bus n° 2 (ligne bleue) direction Porto de Mós.* De très jolies criques à l'ouest de la ville, coincées entre les falaises. Un régal en dehors de la haute saison.

Meia Praia : *à l'est, derrière la gare, le long de la voie ferrée. Ligne bleue des bus Onda depuis la gare routière.* 4 km de sable à partager avec beaucoup d'autres amateurs d'héliotropisme.

Manifestations

– ***Arte Doce :*** *un w-e fin juil.* Les gourmands vont être contents : c'est la fête de la pâtisserie locale. Hmm !
– ***Agosto Banho 29 :*** *chaque année le 29 août, près du fort et sur la plage.* C'est la dernière fête traditionnelle qui survit à Lagos. Musique, concerts, stands culinaires, expos artisanales et bain collectif symbolisent la fin de l'été.

DANS LES ENVIRONS DE LAGOS

Ponta da Piedade : *à la sortie de la ville, vers Sagres. Accès : ligne bleue des bus Onda vers praia de Dona Ana, puis tourner à droite ou petit train touristique au départ de la marina (compter 3,50 €/pers).* Sur cette pointe, des roches rouges et ocre, déchiquetées, dessinent une succession d'arches, d'aiguilles et de cavités sans cesse sculptées par la mer. Le spectacle d'une réelle beauté flirte avec la magie aux heures dorées de l'aube et du crépuscule. On peut simplement se promener sur les falaises ou parfaire l'expérience par une balade en bateau avec les pêcheurs *(compter env 20 €/pers pour 30 mn).* Voir aussi plus haut « À voir. À faire » pour les bateaux au départ de Lagos.

LES VILLAGES ET LES VILLES DE L'INTÉRIEUR

SILVES

(8300) 37 126 hab.

À 15 km au nord-est de Portimão et à 40 km de Lagos, situé au bord d'un *rio,* Silves est une des petites villes les plus intéressantes de l'arrière-pays de Portimão. La silhouette d'un vieux *castelo* romantique, perché au sommet de la colline, rappelle que Silves fut autrefois (au XIIe s) la petite capitale du puissant royaume maure d'Algarve. Après la *reconquista* par le roi Sanche Ier du Portugal, elle fut définitivement rattachée au royaume en 1242. Lors de la Reconquête, au tournant du XIIe s, les chrétiens rasèrent les 20 mosquées de la ville et anéantirent plus de 500 années de présence islamique. Ainsi disparut la cité de Xelb, véritable rivale de Lisbonne, accueillant à son âge d'or l'une des plus brillantes cours de l'Occident islamique. Seul rescapé, en raison de sa position stratégique, l'imposant château arabe *(castelo)* ; çà et là, quelques vestiges de remparts.

Arriver – Quitter

En bus

Pas de ***gare routière*** *(Terminal rodoviário)* à Silves ; les bus s'arrêtent devant l'office de tourisme. Billetterie pour toutes les compagnies, largo António Enes, à gauche du marché *(lun-ven 8h-18h, sam 8h-13h, dim et j. fériés 9h-12h).*

➢ ***Portimão :*** avec *Eva* et *Frota Azul* *(• frotazul-algarve.pt •),* 4-10 bus/j. 7h15-18h10. Durée : 40 mn.

➢ ***Albufeira :*** avec *Eva,* 6 bus/j. 7h15-18h30. Durée : 45 mn.

Adresse utile

ℹ ***Posto de Turismo*** *(office de tourisme) : Estrada Naciónal, 124. ☎ 282-098-927. • visitalgarve.pt • En bas de la ville, 200 m après le pont. Lun-ven 9h30-13h, 14h-17h30. Également un point infos sur la praça do Município (à côté de la Pasteleria Café DaRosa) ; mêmes horaires.*

Où dormir ?

Colina dos Mouros : *Pocinho Santo. ☎ 282-012-651. • reservations@colinahotels.com • colinahotels.com • De l'autre côté du fleuve, proche du pont routier ; à 10 mn à pied du centre. Doubles avec sdb 40-80 €, petit déj compris. Parking gratuit.* Construit à flanc de colline, ce 3-étoiles a pris quelques rides mais reste recommandable. Chambres bien équipées et confortables. Celles des premiers niveaux côté rivière, avec de petits balcons, jouissent d'une vue parfaite sur la vieille ville coiffée de son château rouge. Piscine ronde entourée d'une pergola au charme un peu rétro. Accueil rodé.

Où manger ? Où boire un verre ? Où écouter de la musique ?

Café Inglês : *rua do Castelo, 11. ☎ 282-442-585. Derrière la cathédrale. Tlj 10h-23h30 sauf lun. Congés : nov. Repas 10-15 €.* Si la grande terrasse ombragée est très jolie, la surprise vient de la salle avec ses hauts plafonds, ses murs colorés, son parquet et le poêle pour l'hiver. C'est l'adresse jeune et branchée de Silves ! On y vient surtout pour les pâtisseries et les pizzas. Ici, pas de télé (ouf !), mais des expos et des concerts le week-end.

Rui Marisqueira : *rua Comendador Vilarinho, 27. ☎ 282-442-682. Tlj 12h-22h sauf w-e. Congés : 1re quinzaine de nov. Plats 9-16 €, poissons et crustacés au poids.* Un très bon resto spécialisé dans le poisson et les fruits de mer, de grande fraîcheur. Dans le vivier, les étrilles, tourteaux et araignées attendent patiemment leur heure ! Agréable terrasse dans la ruelle où l'on vient déjeuner en famille le dimanche. Service en français.

Pasteleria Café DaRosa : *praça do Município, 7. Tlj 9h-18h sauf dim.* Les quelques tables sous les arcades de la place de la mairie ne laissent en rien deviner la bonbonnière garnie d'*azulejos* qui se cache derrière. Chaises et canapés en fer forgé, coussins moelleux. Quelques sucreries et petits en-cas simples.

L'ALGARVE

Où dormir ? Où manger dans les environs ?

Quinta do Rio – Country Inn : *sítio* ***Santo Estevão, 217.*** *☎ 282-445-528. • quintario.silves@gmail.com • À 5 km au nord-ouest, en direction de São Bartolomeu de Messines ; repérer le panneau sur la gauche, juste avt un long pont de pierre. Doubles avec sdb 65-80 € selon saison, petit déj compris.* En pleine campagne, cette belle maison d'hôtes est tenue par un couple d'Italiens affables et francophones. Les 6 chambres ont une terrasse donnant sur des champs d'orangers. Elles sont impeccables, propres et claires, avec vue sur le jardin. Bons conseils sur les promenades dans le coin.

À voir. À faire

Sé (cathédrale) **:** *au sommet de la colline, en contrebas du château arabe* (castelo). *En principe, lun-sam 9h-13h, 14h-18h (ou 17h en hiver) ; plus pour la messe dim à 10h. Entrée : 1,50 €.* Plusieurs fois remaniée depuis sa création au XIIIe s, elle présente, à l'extérieur, un mariage contrasté de façade blanche et de grès rouge, du plus bel effet. Son portail principal, surmonté de gargouilles, sa nef et son chœur d'un gothique pur et élégant donnent de l'élan à son enveloppe massive. On y découvre de nombreux sarcophages, de splendides pierres tombales armoriées ainsi que des chapelles baroques. C'est ici que le roi Jean II du Portugal a été enterré en 1495.

Santa Casa da Misericórdia : *en face de la Sé, de l'autre côté de la rue.* Date de la 2de moitié du XVIe s. Élégante fenêtre manuéline et remarquable retable.

Castelo (forteresse de Silves) **:** *☎ 282-440-837. Tlj 9h-20h (22h juil-août, 17h30 nov-mars) ; dernière entrée 30 mn avt fermeture. Fermé 1er janv et 25 déc. Entrée : env 3 € ; billet combiné avec le museu de Arqueológia : env 4 €.*

La forteresse de Silves est le ***monument islamique le plus important et le mieux conservé du Portugal.*** À l'époque du royaume maure, on l'appelait Al Hamra (« le rouge »). Il couvre encore aujourd'hui une surface de 12 ha ! Superbement restaurés, les beaux remparts en grès rouge garnis de 11 tours se distinguent de loin. Ils renferment un jardin animé d'un café en été, et une énorme citerne creusée par les Arabes au Xe s pour approvisionner la ville. Du chemin de ronde, point de vue superbe sur la ville et la vallée.

Praça do Município : *en contrebas du château et de la cathédrale.* Elle est bordée par une majestueuse porte percée dans les remparts. À côté de la *Pasteleria Café DaRosa,* le **Centre d'interprétation du patrimoine islamique dans l'Algarve** *(lun-ven 9h-13h, 14h-17h ; GRATUIT)* présente les vestiges de la présence maure dans la péninsule Ibérique. Explications sur l'influence de cette culture dans l'art des *azulejos,* les techniques agricoles ou encore la briqueterie.

➢ Balade sympa dans les ***ruelles*** aux maisons basses et colorées, avec des vestiges épars de l'enceinte de la ville.

Museu de Arqueológia : *rua da Porta de Loulé, 14. ☎ 282-440-838. Dans une ruelle au-dessus de la praça do Município. Tlj 10h-18h ; dernière entrée 30 mn avt fermeture. Fermé 1er janv et 25 déc. Entrée : 2,10 € ; billet combiné avec le château : 3,90 €.* Construit autour d'un superbe puits-citerne en grès des XIIe-XIIIe s profond de 18 m, le musée retrace l'histoire de la ville à travers de nombreux objets exhumés dans la région et présentés chronologiquement, du Paléolithique au XVIIe s en passant par l'époque islamique. Accès à une portion de l'enceinte musulmane.

L'ALGARVE

Manifestation

– ***Festival médiéval :*** *10 j. mi-août, plutôt à partir de 18h. Payant.* Stands, défilés, costumes... Dans l'enceinte de la ville. On mange avec les doigts sur des ballots de paille.

CALDAS DE MONCHIQUE

(8550)

À 18 km de Portimão et à 22 km de Silves. La serra de Monchique, barrière naturelle aux vents humides de l'Atlantique, tout en bénéficiant toujours du merveilleux soleil de l'Algarve, favorise l'éclosion d'une végétation dense et exubérante. De ses origines volcaniques naquirent des sources d'eau chaude. À peine à 300 m d'altitude, Caldas de Monchique, minuscule station thermale datant de l'époque romaine et mise au goût du jour, se niche au creux d'un vallon abondamment fleuri.
Sa situation géographique (à flanc de montagne) et son environnement naturel (forêts) sont un avantage, mais ils peuvent être un handicap comme ce fut le cas avec les inondations en 1997 ou les incendies de forêt en 2003 et 2004. De plus, les beaux thermes où l'on « prenait les eaux » ont été transformés en un village-spa assez impersonnel. L'ancien casino est le seul bâtiment à avoir conservé son style d'origine. On préfère les environs, pour une vraie découverte de la nature et de la gastronomie locale.

MONCHIQUE (8550) 6 441 hab.

À 25 km de Portimão seulement, la capitale de la serra de Monchique est un gros bourg de montagne (à 450 m d'altitude) qui possède de mignonnes ruelles pavées en escaliers et une jolie église manuéline. C'est aussi un pays d'artisanat et de produits montagnards. Une 2e route d'accès rejoint directement Aljezur, mettant les superbes plages de la côte vicentine à une trentaine de kilomètres seulement.

Arriver – Quitter

En bus

Terminal rodoviário (gare routière) : *dans le centre, sur le largo dos Chorões.*

➢ **Portimão :** avec *Frota Azul* (*• frotazul-algarve.pt •*), 5 bus/j. 7h-17h30. Durée : 35 mn.

En voiture

➢ Prendre la N 266 depuis Portimão ou la N 267 à partir d'Aljezur si l'on vient de l'ouest.

Adresses utiles

Posto de Turismo (office de tourisme) : *largo de São Sebastião. ☎ 282-911-189. • cm-monchique.com • Depuis le largo dos Chorões, prendre la rue qui monte à gauche, direction Fóia. Lun-ven 9h30-13h, 14h-17h30.*

Alternativtour : *sítio das Relvinhas, apartado 122. ☎ 282-913-204. 📱 965-004-337. • alternativtour.com •* Géré par un guide local connaissant bien la serra. Organise toutes sortes d'activités : randonnées, parcours VTT, escalade...

Sítio da Serra : *rua Serpa Pinto, 18. ☎ 282-912-011. À l'entrée du village, à gauche en venant de la vallée, à 50 m de la pl. de la mairie (largo dos Chorões). Tlj 9h-13h, 15h-19h sauf dim.* Point de vente d'une fabrique familiale de charcuterie des montagnes. Superbes jambons fumés, boudins et chorizos. Également une petite sélection de produits régionaux : vins bio, miel, huiles, liqueurs...

Où dormir ?

De bon marché à prix moyens

Hospedaria Descansa Pernas : *estrada de Sabóia. ☎ 282-913-170. • descansapernas@sapo.pt • Du largo dos Chorões (centre de Monchique), prendre à droite direction Lisbonne, c'est à env 400 m. Congés : 2 sem mi-déc. Doubles avec sdb 45-50 € selon saison, petit déj compris.* Petit hôtel bien tenu, en face d'un grand parking public. Au-dessus du resto-snack, les 6 chambres, très classiques, sont propres, de confort suffisant, toutes avec clim, balcon orienté côté vallée. Également un appartement entièrement refait avec 3 chambres. Accueil chaleureux du patron, qui parle le français.

Albergaria Bica Boa : *estrada de Lisboa (EN 266). ☎ 282-912-271. • bica-boa@sapo.pt • À env 1 km du village, en direction de Lisbonne. Doubles avec sdb 60-75 €,* *petit déj compris.* Entrée par le bas de la propriété pour les chambres. La route est proche mais les hébergements lui tournent le dos, côté jardin. 4 chambres simples et rustiques avec lits séparés. La propriétaire, une chaleureuse Irlandaise, est férue de sagesse asiatique. Cours de yoga possible. Cuisine à dispo mais fait aussi resto, principalement végétarien.

Pensão-residencial Miradouro da Serra : *rua Combatentes do Ultramar. ☎ 282-912-163. 969-158-301. • miradouroserra@gmail.com • miradourodaserra.com • En face de l'office de tourisme. Doubles avec sdb 35-50 €, petit déj compris.* Immeuble carrelé sans charme mais bien entretenu. Chambres doubles et familiales, spacieuses, avec balcon, réparties sur 3 étages. Belle vue à partir du 2ᵉ. Supérette en bas.

De plus chic à beaucoup plus chic

Vila Fóia : *à Corte Pereiro, à env 3 km de Monchique, en contrebas de la route montant à Fóia ; embranchement au niveau du resto* O Luar da Fóia. *☎ 282-910-110. • info@vilafoia.com • vilafoia.com • Congés : 2 sem fin déc. Doubles 95-160 € selon saison, petit déj compris.* Étendu sur un joli terrain escarpé, cet hôtel à l'architecture design, bien intégré au paysage, est dirigé par une fondation caritative allemande. Il abrite des chambres très confortables, toutes avec terrasse et vue exceptionnelle sur la vallée et la mer au loin. Jardin verdoyant et fleuri avec piscine. Également des familiales ainsi que 2 studios dans un chalet sur les hauteurs du parc paysager. Une très bonne adresse à l'accueil très pro.

L'ALGARVE

Où manger ?

Restaurante Jardim das Oliveiras : *sítio do Porto Escuro ; à env 3 km du village ; repérer l'embranchement sur la droite (panneau) de la route grimpant à Fóia. ☎ 282-912-874. 966-249-070. • info@jardimdasoliveiras.com • Tlj sauf dim soir et mar. Plats 10-20 €. Digestif offert sur présentation de ce guide.* On arrive dans un grand jardin verdoyant où se tient cette belle maison bleu et blanc. Dehors, terrasse sous les oliviers. La carte fait la part belle aux spécialités et produits de la serra. Chevreau, porc noir, sanglier, châtaignes, caroube... servis dans des portions roboratives, mais il faut garder une place pour les desserts maison ! Heureusement, un petit verre d'eau-de-vie aux arbouses *(licor de medronho)* est parfois offert par la maison pour digérer le tout. Une adresse authentique, tenue par un patron très chaleureux et francophone.

A Charrette : *rua Dr Samora Gil, 30-34. ☎ 282-912-142. • restaurantecharrette@gmail.com • Dans le prolongement de la rue piétonne do Porto Fundo (part du largo dos Chorões) ; à droite de la rue en montant vers le convento. Tlj sauf mer. Menu 20 € ; plats 12-16 €.* La particularité de cette auberge est de transformer les plats les plus rustiques de l'Algarve et de l'Alentejo en de véritables mets raffinés. Voici l'occasion de goûter les jambons et salaisons locales, les plats et les accompagnements les plus campagnards, en bénéficiant de toutes les attentions d'un service discret et pro. En dessert, délicieux *pudim de mel.* Une très bonne adresse.

À voir. À faire

➢ Un parcours pédestre indiqué par de petits panneaux permet de découvrir le village.

Igreja Matriz : *par la rue piétonne do Porto Fundo, puis à droite.* Son portail, assez unique, est entouré de torsades nouées dessinant une couronne d'épines.

Studio Bongard : *968-362-930.* • *studiobongard.com* • *Tlj 10h-18h sauf lun.* Depuis longtemps établis au Portugal, les Genevois Tara et Sylvain Bongard se sont spécialisés dans les *azulejos* de style contemporain, mais aussi dans la sculpture. Autodidacte talentueux, Sylvain vous accueille dans son atelier-maison haut en couleur et vous explique volontiers son travail et ses techniques.

LE PARC NATUREL DU SUD-OUEST ALENTEJAN ET DE LA CÔTE VICENTINE

• Carte *p. 365*

Protégé depuis 1995, ce parc s'étend sur 75 000 ha et sur une distance nord-sud d'environ 100 km, depuis la pointe ouest de l'Algarve jusqu'à mi-hauteur de la façade atlantique de l'Alentejo. Comparés à la surexploitation touristique de certains secteurs de l'Algarve, ses paysages encore largement préservés sont une vraie surprise. D'autant que le littoral est découpé en une série d'anses protégées par des falaises aux tons ocre, que sublime le bleu intense de l'océan. Ici, des garrigues filent jusqu'aux à-pics, là de petites vallées mènent à de belles, voire superbes plages, parfois ourlées de cordons de dunes. Les amateurs de farniente et de calme, ou de vagues et d'occasionnelles fiestas y trouveront leur bonheur. Ajoutons un arrière-pays, ici riche en relief et sauvage, là plat et cultivé, offrant un site harmonieux pour des villages qui s'y fondent avec harmonie, ainsi qu'une bonne infrastructure de campings, auberges de jeunesse et pensions... Vous aurez compris : cette région balayée par le vent vivifiant de l'Atlantique est une découverte exceptionnelle !

– ***Activités sportives :*** cette côte est très propice à la pratique du surf. La meilleure période pour apprendre court de juin à mi-septembre. De mars à mai, c'est idéal pour le vélo.

BURGAU (8600)

À 14 km à l'ouest de Lagos. De la route nationale au sommet de la falaise, on descend dans un petit village typique aux maisons blanches, sur une côte rocheuse. La rue principale débouche directement sur la mer. C'est un village balnéaire modeste, un peu éloigné du vacarme et pas désagréable du tout. Plusieurs bars et restos profitent de ce beau site.

Arriver – Quitter

En bus

➢ Sur la ligne ***Lagos-Sagres.*** Avec *Eva,* 12 bus/j. De Lagos à Burgau, bus fréquents en sem avec arrêt à Burgau ; un peu moins le w-e. Durée : 25 mn.

Où dormir dans les environs ?

Hospedaria Belo Horizonte : *cerro dos Vales,* ***Almádena,*** *8600 Lagos.* ☎ *282-697-605.* • *info@hbelohorizonte.net* • *Sur la N 125, juste avt*

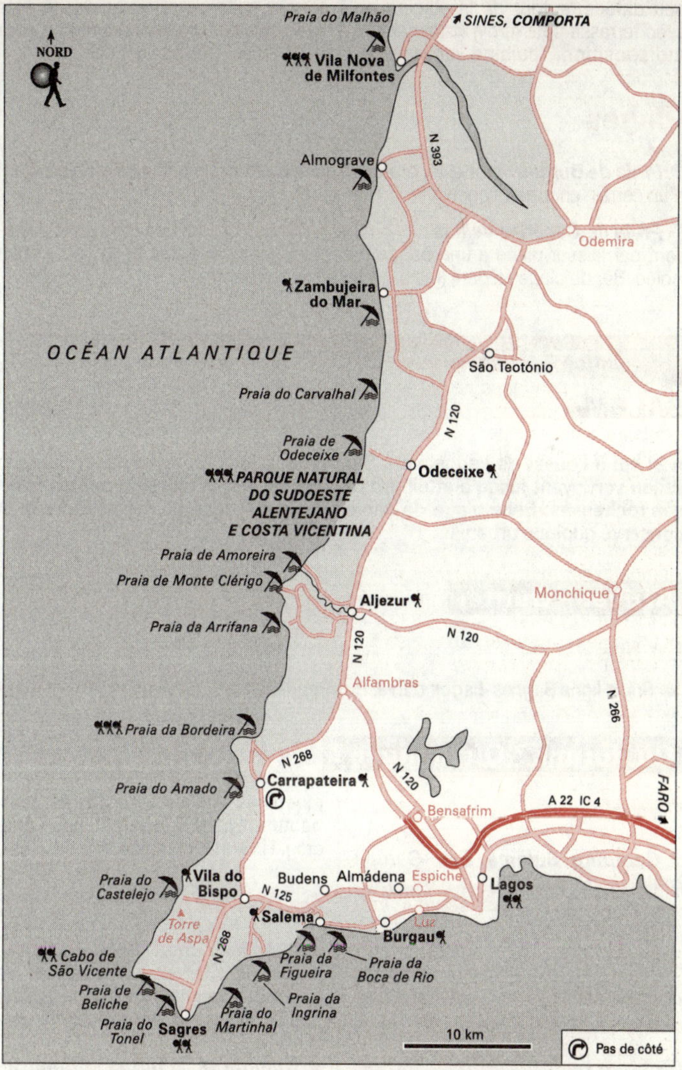

L'ALGARVE

LE PARC NATUREL DU SUD-OUEST ALENTEJAN ET DE LA CÔTE VICENTINE

Almádena en venant de Lagos, à 2 km de praia da Luz. Congés nov-début mars. En août, 3 nuits min. Doubles 30-65 € selon saison, petit déj compris. Grande villa blanche au-dessus de la route, tenue par un couple de Portugais ayant longtemps vécu en France. Une quinzaine de chambres (avec clim) un peu datées, autour de la piscine ou avec terrasse côté jardin (plus calme). À disposition, cuisine commune, tennis, salle de sport et de détente avec billard. Une bonne adresse pour les familles. Très bon accueil.

Plages

Praia de Burgau : modeste, protégée par 2 avancées rocheuses mais profitant d'un certain charme villageois.

Praia de Cabanas Velhas : *à l'ouest de Burgau, fléché.* Les gros galets finissent par laisser place à une bande de sable, dans cette très belle petite anse isolée. Bar de plage élégant (mais resto sans intérêt).

SALEMA

(8650)

À 21 km à l'ouest de Lagos, vers Sagres. Une jolie route serpente dans un vallon verdoyant jusqu'à atteindre ce gros village, entouré de petites falaises rocheuses. Belle plage de sable sur un morceau de côte encore bien conservé quoique urbanisé.

Arriver – Quitter

En bus

➢ Sur la ligne ***Sagres-Lagos*** d'*Eva,* bus fréquents.

Où dormir ? Où manger ?

Camping

Camping Salema Eco Camp : *praia de Salema. ☎ 282-695-201. • info@salemaecocamp.com • salemaecocamp.com • À 1 km avt d'arriver à Salema, en venant de Lagos. Tte l'année. Compter env 27 € en été pour 2 ; selon saison, tipis d'Indien et mobile homes 2-4 pers 50-130 €, studios et apparts 2-4 pers 50-130 € (2-3 nuits min), tentes lodges 90-160 €/nuit pour 5 pers.* Agréablement situé, ce camping est tenu par des Portugais à l'accueil chaleureux. Emplacements bien ombragés, dispersés sur un vaste terrain vallonné. Également des hébergements en dur bien conçus, des mobile homes, des tipis d'Indiens et des tentes lodges sur un beau promontoire. Pas de piscine. Épicerie, (très bon) resto, machines à laver... Activités pour petits et grands (sorties surf, yoga, etc.). Un super camping.

De bon marché à plus chic

Chambres chez l'habitant : *sur le port et dans le village.* En saison, les « anciens » viennent vous les proposer dès qu'ils vous voient descendre vers la plage.

Chambres d'hôtes Romantik Villa : *Urbanização Beach Villas, lote M5. Whatsapp +33 6-46-85-06-89 • contact@romantikvilla.com • romantikvilla.com • Ouv Pâques-Toussaint. Selon saison, doubles 100-220 €.* Dans un quartier résidentiel calme, sur les hauteurs de Salema, une jolie maison contemporaine tenue par un couple de Français accueillant. L'ensemble compte 6 logements (suites) avec vue sur la mer ou le jardin. Tout est arrangé et décoré avec beaucoup de soin. Une adresse pour couples, les enfants ne sont pas admis.

O Lourenço : *rua 28 de Janeiro. ☎ 282-698-622. • paulo.r.lourenco@sapo.pt • À 200 m de la plage, en lui tournant le dos, passer le pont et prendre la rue qui monte à gauche. Tlj 10h-22h sauf dim. Plats 9-18 €. CB refusées.* Père et fils tiennent cette affaire installée dans une petite salle coquette, doublée d'une terrasse ombragée de l'autre côté de la ruelle. Pas de vue sur la mer, le principal est dans l'assiette, à savoir une cuisine simple, bonne et à prix juste, avec du poisson frais et des fruits de mer (choix du jour à l'ardoise). Bel accueil.

Plages dans les environs

Praia da Boca do Rio : *à 2 km à l'est du village.* Passé le parking occupé par les camping-cars, on découvre une plage tranquille et familiale, très agréable et sans infrastructure touristique.

Praia da Figueira : *à 2 km à l'ouest du village. Accès de la N 125 par une route goudronnée étroite jusqu'au parking puis 10 mn de marche par un sentier.* Une très belle plage qui se mérite, on n'y accède qu'à pied. Ça la rend d'autant plus tranquille. Une partie est ombragée par les falaises le matin et en fin d'après-midi. Les adeptes du slip invisible y trouveront leur compte.

VILA DO BISPO

(8650) 5 380 hab.

À 10 km à l'est de Sagres et à 23 km de Lagos, ce village possède un beau littoral atlantique qui fait partie du parc naturel du Sud-Ouest alentejan (costa Vicentina). Jolie église baroque aux murs couverts d'*azulejos* du XVIIIe s.

Où dormir ? Où manger ?

Casa Mestre Guesthouse : *praça da República, 15. ☎ 282-770-150. • mestreguesthouse@gmail.com • guesthousecasamestre.com • Sur la place de l'église. Doubles 30-80 € selon saison.* Une solution économique pour rayonner dans la région. Cette grosse bâtisse orange compte quelques chambres simples mais très bien tenues, avec vieux parquet, mobilier ancien et murs colorés. Salle de bain privative ou commune. Attention, pas de clim. Pas de petit déj mais cuisine à dispo. Et pour se rafraîchir, petite piscine dans le patio.

Hotel Mira Sagres : *rua 1° de Maio, 3. ☎ 282-639-160. • info@hotelmirasagres.com • hotelmirasagres.com • ♿ À l'entrée du village, en face de l'église. Doubles 60-140 € selon vue et saison. Parking privé payant.* Un hôtel chic et design avec piscine intérieure, solarium, spa et massages. Les chambres, spacieuses et élégantes, sont confortables (clim). Les plus chères disposent d'un balcon avec vue dégagée, d'autres donnent sur un jardin ou sur la rue.

A Tasca do Careca : *rua 1° de Maio, 6. Dans la rue qui part de l'église (en face de l'*Hôtel Mira Sagres*). ☎ 282-639-478. Tlj sauf dim, jusqu'à 22h. Plats 10-15 €, certains disponibles en ½ portion. Congés : janv.* Cantine toute simple, plébiscitée par les gens du quartier. Viandes et poissons y sont servis en portions copieuses dans une ambiance populaire.

Ribeira do Poço : *rua Ribeira do Poço. ☎ 282-639-075. En bas du village. Tlj sauf lun. Plats 12-15 €.* Un coup de cœur pour ce resto de village qui s'est adapté à l'air du temps. Salle à la déco traditionnelle et agréable terrasse pour déguster étrilles, pouces-pieds, palourdes, couteaux et lapas gratinés (chapeaux chinois), vendus au poids. Du poisson grillé et des *cataplanas* complètent le bon choix de frais. Accueil attentionné et chaleureux.

Plages dans les environs

Praia do Castelejo : *à 4 km du village, à l'ouest de la pointe.* Encastrée entre 2 falaises sombres comme c'est souvent le cas dans cette partie du littoral.

Praia da Ingrina : *côté oriental de la pointe, à env 4 km du village de Raposeira, lui-même à 2 km à l'est de Vila do Bispo par la N 125.* Une plage aux eaux calmes au sein d'une petite baie encore peu fréquentée, excepté par quelques campeurs du camping rural (très *roots*) à proximité. Abords caillouteux mais sable au bord des flots. Bar-resto sous les palmiers.

SAGRES (8650) 2 500 hab.

L'ALGARVE

Plus on avance vers l'ouest de l'Algarve, plus on a le sentiment d'arriver dans un « Finistère » sauvage et battu par les vents vivifiants de l'Atlantique. À ce niveau, la côte est découpée de baies profondes et de promontoires rocheux, c'est l'inverse de la côte à l'est de Faro (plate, basse et très chaude).
C'est de Sagres que partirent aux XVe et XVIe s, sous l'impulsion d'Henri le Navigateur (1394-1460), les 1res caravelles portugaises qui ont « donné de nouveaux mondes au monde »...
Sagres se distingue nettement, par son site, son style et son ambiance, des autres stations de la côte. La ville s'articule le long d'une route principale qui se termine au port, niché dans un creux de la falaise. En raison des vents qui soufflent, été comme hiver, c'est un rendez-vous international de surfeurs, de véliplanchistes et de kitesurfeurs. Sagres est donc dans le vent, il suffit de voir les 4x4, les boutiques de fringues, les bars branchés, et même les boutiques-hôtels. Revers de ce succès, les hôtels sont souvent plus chers qu'ailleurs pour des prestations classiques.
La solution la plus économique consiste à résider dans un hébergement pour surfeurs ; sinon, il peut être judicieux de séjourner à Lagos ou ailleurs sur la côte vicentine, et faire de Sagres une excursion à la journée. L'essentiel consiste à ne pas rater le port, les plages, le cap de Saint-Vincent et les couchers de soleil, dont on dit ici qu'ils sont 100 fois plus grands qu'ailleurs...

LE MYTHE DE SAGRES

Depuis des siècles, le mythe de l'« école de Sagres », réunissant cartographes, astronomes, mathématiciens et capitaines à la pointe occidentale de l'Europe, s'est forgé de livre en livre. Or, il a été démontré que cette académie n'a jamais existé ! En revanche, il est vrai qu'Henri le Navigateur a financé les 1res expéditions des caravelles.

Arriver – Quitter

En bus

Pas de ***gare routière.*** L'arrêt des bus se trouve sur l'av. Comandante Matoso, la rue principale, à côté de l'office de tourisme. Billets vendus à bord.

➤ ***Vila do Bispo, Salema, Burgau***

et Lagos : avec *Eva,* env 15 bus/j. De Sagres à Lagos, durée env 1h.

➢ ***Cabo São Vicente :*** avec *Eva,* 3 bus/j. en sem seulement, en fin de matinée et début d'ap-m. Durée : 10 mn.

➢ ***Lisbonne :*** avec *Rede Expresso,* 1 bus/j. juil-sept à 8h45, le reste de l'année seulement le w-e. Durée : 4h15.

Adresses utiles

i *Posto de Turismo* *(office de tourisme)* **:** *av. Comandante Matoso.* ☎ *282-624-873.* • *cm-viladobispo.pt* • *visitalgarve.pt* • *Lun-ven 9h30-13h, 14h-17h30.* De bons conseils en français. Infos sur les nombreuses chambres chez l'habitant, en *surfcamp* ou en appart-hôtel. Vente du guide des chemins pédestres *(env 7 €)* pour faire de belles balades dans les environs.

Location de vélos : Algarve Surf School, *av. Comandante Matoso (face à l'office de tourisme).* *962-846-771.* • *algarvesurfschool.com* • *Tlj 9h-21h. Compter 15 €/j.* Bonne école de surf également.

Où dormir ?

Camping

Camping Orbitur : *cerro das Moitas.* ☎ *282-624-371 ou* *936-854-465.* • *infosagres@orbitur.pt* • *orbitur.pt* • *Tte l'année. Compter 16,50-30 € pour 2 en hte saison ; bungalows toilés 40-70 € et mobile homes 40-155 € pour 2-5 pers selon saison.* Un bon camping installé sur une hauteur dans une pinède, avec des emplacements ombragés. Sanitaires neufs, d'autres rénovés. Supermarché, resto et bar, mais pas de piscine. La mer est à 1 km par une petite route goudronnée. Location de vélos et scooters. Bon accueil en français.

De très bon marché à prix moyens

Casa Grilo : *rua Pedra da Bala.* ☎ *282-624-017.* *913-614-094.* • *celestecgrilo@gmail.com* • *Tte l'année. Doubles 45-60 € (90-120 € juil-août). Attention, 2 ou 3 nuits min en été.* Dans un quartier résidentiel calme, une maison récente toute rose, avec vue dégagée sur la côte, à 5 mn à pied de la plage. Une dizaine de chambres confortables et lumineuses, à la déco sobre, certaines avec balcon. Céleste, la patronne francophone, est charmante et chouchoute ses hôtes, et Juan, le fiston, prend le relais. Certainement le meilleur rapport qualité-prix de Sagres.

Sagres Natura : *rua Mestre António Galhardo.* ☎ *282-624-134.* • *info@sagresnatura.com* • *sagresnatura.com* • *Selon saison, lits en dortoir 18-25 €/pers, chambres 7 nuits/5 j. de surf 410-600 €/sem.* Un *surfcamp* très sympa avec une dizaine de chambres et dortoirs nickel (4-8 lits), installés dans une grande bâtisse. Agréable jardin tropical avec bar, salle commune avec grande tablée et cuisine équipée, barbecue, ping-pong... rien ne manque. Ouvert à tous, mais la priorité est donnée aux surfeurs qui y prennent des cours.

Algarve Surf School : *rua Mestre António Galhardo.* *963-133-009.* • *hello@algarvesurfschool.com* • *algarvesurfschool.com* • *Congés : janv. Selon saison, lits en dortoir 20-35 €/pers, doubles 50-90 € (min 2 nuits). Propose des forfaits surf à la sem.* C'est le *surfcamp* de la plus ancienne école de surf d'Algarve. Cette AJ très conviviale décorée de fresques colorées possède une cuisine commune, un bar sympa et des dortoirs dotés de bons matelas. Ceux réservés aux filles ont une salle de bains privée. Atmosphère un brin bohème et accueil en français.

De prix moyens à beaucoup plus chic

Mareta View Boutique B & B : *praça da República (beco D. Henrique).*

☎ *282-620-040.* • *reservations@sagresholidays.com* • *maretaview.com* • *Selon saison, doubles 70-170 €, petit déj compris ; offres sur le site.* Le qualificatif « boutique » est superflu, car en réalité c'est un hôtel classique un peu chic. 18 chambres à dominante turquoise, design et confortables, avec clim et minibar. La moitié d'entre elles disposent d'un balcon avec vue sur la mer. Jardin tropical avec jacuzzi. Prix excessifs en été.

Casa Azul : *rua D. Sebastião.* ☎ *282-624-856.* • *info@casaazulsagres.com* • *casaazulsagres.com* • *Selon saison, doubles 50-125 €, petit déj inclus ; studios 60-135 € (jusqu'à 160 € août !) ; apparts également ; offres sur leur site.* Une maison bleu azur aux chambres claires et très colorées, souvent assez grandes. Tous les hébergements ont clim, TV, frigo... Cuisine bien équipée dans l'appart. Cours de surf et location de planches. Accueil attentionné.

Où manger ? Où boire un verre ?

Sur praça da República, adjacente au rond-point, plusieurs petits ***cafés*** où se prélasser en terrasse au soleil et combler un petit creux : on a bien aimé le ***A Cabana,*** idéal pour le petit déj.

Estrela do Mar II : *à l'extrémité est de l'av. Comandante Matoso.* ☎ *282-624-065. Tlj. Plats 8-16 €, cataplana et arroz de marisco 28-30 € pour 2.* À Sagres, où tout tend à être plus cher, ce petit resto est une assez bonne surprise. La cuisine, certes simple, est à la hauteur, tant au niveau des spécialités (grillades de poissons et viandes) que pour les plats typiques à partager.

Vila Velha : *rua Patrão A. Faustino.* ☎ *282-624-788.* • *lia@vilavelha-sagres.com* • *Tlj sauf lun, pour le dîner seulement, 18h-23h. Plats 15-30 €. Kir offert sur présentation de ce guide.* Installé dans une petite maison avec jardin et véranda, ce resto de charme joliment décoré appartient à une Hollandaise qui aime le Portugal. Le chef mijote une belle cuisine inspirée du pays mais bien plus élaborée, raffinée même. Viandes, produits de la mer et plats végétariens : tout est frais et joliment mijoté. Sans doute la meilleure adresse à Sagres.

Dromedário Bistro : *av. Comandante Matoso.* ☎ *282-624-219.* • *dromedariosagres@mail.telepac.pt* • *Tlj 12h-minuit.* Cette ancienne taverne, devenue un bar à la mode, est l'un des endroits phares de la vie nocturne de Sagres : cadre orientalisant, musique plutôt rock et raz-de-marée de cocktails ! Petite restauration à base de burgers, *chapatas,* salades et crêpes. Nuits karaoké.

Pau de Pita : *av. Comandante Matoso.* ☎ *282-624-903. Attenant au bar Dromedário. Tlj 10h-2h.* Un café-resto jeune et branché, avec au 1er étage une superbe terrasse avec vue sur la mer. Excellents jus et cocktails *détox.* Comme à côté, on peut manger : large choix de *tostas, baguetes,* crêpes, *wraps,* hamburgers et salades, à prix relativement modestes. Soirées DJ et concerts en été.

À voir. À faire

La forteresse de Sagres : *tlj 9h30-20h (17h30 nov-avr). Fermé lun de Pâques et 1er mai. Entrée : 3 € ; réduc.*

Un haut lieu historique, puisque c'est ici qu'Henri le Navigateur s'éteignit en 1460, après y avoir fondé le village de Vila do Infante et une forteresse. Ambitionnant d'ouvrir une route vers l'Inde en contournant l'Afrique, il s'est appuyé sur la fortune de l'ordre du Christ, héritier des Templiers, dont il fut grand maître, pour armer ses vaisseaux avec des équipages essentiellement composés de prisonniers. Pourtant, aucune de ces expéditions pionnières ne partit jamais de Sagres, mais de Lisbonne. À noter qu'Henri le Navigateur n'a jamais navigué, qu'il ne s'est jamais marié et qu'il n'a pas eu de descendance. Il s'est consacré aux expéditions maritimes de son royaume vers les mondes inconnus des Européens au XVe s.

Construit sur un promontoire rocheux, ce site offre des vues spectaculaires sur l'océan et le cap São Vicente. Les remparts restants, bâtis selon les principes de Vauban, datent du XVIIIe s. Sur le sol de la grande cour intérieure, remarquez la grande figure circulaire aux multiples rayons, composée de petits galets. Avec 50 m de diamètre, elle représenterait une horloge solaire contemporaine d'Henri le Navigateur.

➢ Une boucle de 2 km à pied à l'arrière de la forteresse délivre de beaux points de vue sur les falaises et l'océan.

Le marché aux poissons : *sur la droite du port. Lun-ven 8h-18h.* Cet important marché aux poissons *(doc a pesca)* n'est pas ouvert au public. En revanche, on peut suivre le débarquement de la pêche et sa vente depuis la salle vitrée du snack-bar-restaurant *A Sereia* à l'étage. Le spectacle est fascinant et la variété de poissons pêchés défilant sur le tapis roulant impressionnante. À ne pas manquer !

Sorties en mer : *kiosques sur la droite du port.* Les agences *Marilimitado* *(916-832-625 ; ● marilimitado.com ●)* et *Cape Cruiser* *(919-751-175 ; ● cape cruiser.org ●)* proposent de mars à novembre jusqu'à 4 sorties par jour pour observer les dauphins sur des embarcations de maximum 12 personnes *(min 4 pers ; env 1h30 ; compter 35 €/pers, 25 € enfant).* Sur le même quai, un centre de plongée sérieux (bon matériel et moniteurs francophones), *Divers Cape* *(965-559-073 ; compter 60 € pour 1 plongée, matériel inclus ; snorkelling possible du bateau),* pour aller explorer le monde du silence.

L'ALGARVE

Plages

Attention, sur toutes ces plages, les courants peuvent être forts. Prudence ! Privilégier les zones surveillées.

Praia da Mareta : *la plus proche, juste en bas de la praça da República.* Assez classique. Idem pour sa voisine la ***praia da Baleeira,*** qui partage son sable avec le port.

Praia do Martinhal : *à 5 mn de marche après le port.* La plus grande. Seuls les surfeurs et les véliplanchistes y trouveront vraiment leur compte, car le vent n'y est jamais au chômage technique.

Praia do Tonel : *à l'ouest de la presqu'île de la forteresse, à 10 mn de marche du rond-point central du village.* Belle vue sur le fort. L'ocre rose des falaises, au coucher du soleil, est superbe.

Praia de Beliche : *à env 2 km vers l'ouest, dans une anse définie par la pointe de Sagres et le cabo de São Vicente.* Moins fréquentée, encaissée entre les falaises et protégée des vents. À voir dans ce secteur, un fort (ne se visite pas), où s'installa autrefois une *pousada.*

DANS LES ENVIRONS DE SAGRES

Cabo de São Vicente *(cap Saint-Vincent)* **:** *à 6 km de Sagres. Pour s'y rendre, voiture, tuk-tuk, loc de vélos en ville ou bus (en sem seulement, à 11h15 et 14h25, retour à 11h55 et 15h05) depuis Sagres. Dans la cour près du phare, petit musée, bar, toilettes, boutique de souvenirs. Accès au phare tlj sauf lun hors saison et j. fériés 10h-18h (17h oct-mars).*
Dans un paysage de bout du monde, ce cap aux falaises déchiquetées marque le point le plus au sud occidental de l'Europe. Il est coiffé d'un ***phare*** surplombant l'océan du haut de ses 80 m. Construit en 1846, ce dernier a été automatisé en 2001 et envoie un faisceau à travers une lentille de 3,50 m de diamètre jusqu'à 60 km au large *(visite guidée de l'intérieur par un officier de marine multilingue*

mer 14h-17h, ttes les 30 mn ; gratuit mais donation attendue). Sinon, un ***petit musée*** au pied du phare *(10h-18h avr-sept, 10h-17h oct-mars ; entrée : 1,50 €, réduc)* abritant quelques maquettes de caravelles, des cartes et des instruments de navigation.

Connu dès l'Antiquité, ce promontoire sacré était mentionné par Strabon, qui en fit une description au Ier s av. J.-C. Au VIIIe s apr. J.-C., les reliques de saint Vincent auraient été conservées dans un oratoire sur le site. Les couchers de soleil, dont on disait au Moyen Âge qu'ils étaient 100 fois plus grands qu'ailleurs, ajoutent au grandiose des lieux leurs couleurs incendiaires.

QUAND TINTAMARRE VAUT MIEUX QUE PRIÈRE

Par temps de brouillard, les nonnes qui vivaient au cap Saint-Vincent avant la construction du phare, au début du XXe s, usaient d'une méthode originale pour signaler cette côte extrêmement dangereuse aux marins. Elles agitaient toute la journée des centaines de clochettes avant d'allumer un grand feu pour la nuit et... de tomber de sommeil !

L'ALGARVE

CARRAPATEIRA (8670)

Petit village à environ 2 km de la mer et à 16 km au nord de Sagres. Pour les amateurs de calme et de solitude. Paysage accidenté de collines, dunes et bras de mer s'enfonçant dans les terres. Petite place centrale, minimarché, parking et 3 bars. Puis 2 superbes plages réputées pour leurs vagues, le paradis des surfeurs.

Où dormir ? Où manger ?

Casa Bamboo : *plage de Carrapateira, peu avt le resto O Sítio do Rio. 969-009-988. • casabamboo@gmail.com • Suivre les panneaux pour la plage de Bordeira. Selon saison, doubles 45-65 €, triples et quadruples 65-105 € ; petit déj en plus. CB refusées.* À 500 m de la plage, sur la droite de la route, une maison basse, bleu et blanc, et couverte de tuiles. Les 4 chambres et le studio sont coquets, gaiement décorés et calmes. Possibilité de prendre son petit déj. Tenu par une jeune femme très sympa.

Pensão das Dunas : *rua da Padaria, 9. ☎ 282-973-118. 925-593-955. • pensao.das.dunas@gmail.com • pensao-das-dunas.pt • Au bout du village, dans la partie basse. Selon saison, doubles avec sdb privée ou partagée 25-75 €, apparts 2-4 pers 45-125 €, petit déj 7,50 €.* Au fond d'une cour verdoyante et fleurie, cette maison de caractère abrite une dizaine de chambres et 6 appartements plutôt petits et bas de plafond. Déco traditionnelle, colorée, avec des influences orientales. Vue sur le jardin. On se croirait dans une maison de poupée, pleine de recoins, le contraire de l'adresse standard et impersonnelle. Petit déj généreux servi dans l'agréable salle commune aux couleurs éclatantes. La patronne parle le français.

Sítio do Forno : *en surplomb de la côte, à droite de la plage d'Amado. ☎ 282-973-914. Tlj jusqu'à 22h. Plats 10-18 €.* Un emplacement privilégié avec vue sur les falaises ocre et l'océan. Selon la météo, on s'attable dans la salle au cadre marin ou en terrasse. Au menu, poissons du jour, *mariscadas* et viandes. Très touristique mais bien tenu par un gentil patron francophone. Vous pouvez ensuite repartir vers Bordeira par le chemin côtier. Vue sublime !

O Sítio do Rio : *avt la plage de*

Bordeira, à 300 m à droite. ☎ *282-973-119. Tlj sauf mar, jusqu'à minuit. Congés : généralement vers nov-déc. Plats 9-16 €.* Resto familial genre hacienda, au bord des dunes. Poisson au kilo, mais également de la bonne viande de l'Algarve (côtelettes d'agneau, T-Bone, brochettes). Adresse connue, donc service un peu à l'arraché parfois. Carte en français.

Microbar : *largo do Comércio, 7.* *965-296-492. Sur la pl. centrale du village. Tlj 10h-23h.* Excellente limonade, copieux hamburgers maison et bonnes pâtisseries. De quoi se requinquer.

Activités sportives

– ***Carrapateira Extreme :*** *avt la plage de Bordeira, à 400 m à droite.* *963-095-990. • carrapateiraextreme.com • Pour une sortie à cheval, même pour les novices. Compter 2h min. Env 50 €/pers.* Pour parcourir des paysages grandioses, entre dunes, falaises et mer. Propose aussi des sorties SUP, kayak, surf, VTT. Le pied !

Plages dans les environs

Entre les 2 plages décrites ci-dessous, une boucle carrossable serpente sur la lande désertique qui se termine en falaises spectaculaires. La force de ces paysages bruts incite à la méditation et aux rêves de lointains. C'est d'ailleurs en contemplant cet horizon qu'Henri le Navigateur décida de lancer ses caravelles vers l'inconnu.

Praia da Bordeira : *à 2,5 km du village.* Parfois appelée *praia Carrapateira*, elle est protégée du vent par une ligne de dunes, et des voitures par la rivière qui y dessine une minilagune. Depuis la route en surplomb, vue magnifique sur une grande et sauvage étendue de sable en fer à cheval. Sentiers aménagés en bois pour en profiter et surf à gogo.

Praia do Amado : *à 2 km de Carrapateira et à 4 km au sud de Bordeira, panneau indicatif à l'entrée sud de Carrapateira.* De même taille que Bordeira, en mieux aménagée, avec grand parking, resto, snacks et école de surf.

ALJEZUR (8670) 5 884 hab.

Situé à 16 km d'Odeceixe et à 32 km de Monchique, ce gros village s'accroche à une colline allongée, surmontée d'un fort. Aljezur tourne le dos à la mer, mais celle-ci n'est pas très loin (de l'autre côté des collines). Son nom vient de l'arabe « Al-Juzur » qui signifie « les îles ». On adore sa place du village près de l'église. Hors du temps ! Et on se presse fin novembre pour le *Batata Doce festival*... le festival de la patate douce ! Dans la halle du marché, derrière l'église, ambiance qui donne la frite.

Arriver – Quitter

En bus

➢ ***Lagos :*** avec *Eva,* 3 bus/j. en sem. Avec *Rede Expressos,* 2 bus/j. (3 en été). Durée : 35-45 mn.

➢ ***Odeceixe :*** avec *Eva,* env 3 bus/j. en sem. Avec *Rede Expressos,* 1 bus/j. (2 en été). Durée : env 30 mn.

L'ALGARVE

Adresses et info utiles

Posto de Turismo *(office de tourisme)* : *rua 25 de Abril, 62.* ☎ *282-998-229.* ● *visitalgarve.pt* ● *Au centre d'Aljezur, dans la rue principale. Lun-ven 9h30-13h, 14h-17h30.* Demander le plan du circuit de découverte pédestre du village.

● *https://aljezur.life* ● : un site internet fait par des expats pour tout connaître des derniers endroits pour manger, boire un verre, faire un cours de yoga, ou la plus belle plage de surf du moment. Y a même la météo !

– ***Marché des producteurs locaux*** : *sam mat à l'espace polyvalent* (espaço multi-usos de Aljezur), *juste à côté du cimetière.*

Où dormir ? Où manger ? Où boire un verre ?

Amazigh Design Hostel : *rua da Ladeira, 5.* ☎ *282-997-502.* 📱 *917-998-182.* ● *booking@amazighostel.com* ● *amazighostel.com* ● *Au centre d'Aljezur, en face du pont, côté vieux village. Lits en dortoir 15-29 €/pers ; doubles 40-130 € selon saison ; petit déj en plus. Consulter aussi le site.* « Amazigh » est synonyme de Berbère. Dans une vieille maison blanche adossée à la falaise qui sert d'arrière-plan spectaculaire au patio. Intérieur intelligemment conçu avec une décoration soignée et chaleureuse. Casiers (apporter son cadenas !) et lampes individuels dans les dortoirs (6 à 10 lits, pas de clim), bons matelas et sanitaires propres. Bien équipées, les doubles peuvent se transformer en familiales. João, l'efficace et avenant manager, organise des sessions de cours de surf avec une école basée à Arrifana.

Pont'a Pé : *largo da Liberdade, 12.* ☎ *282-998-104. Tlj sauf dim. Congés : nov. Plats 10-18 €.* Au centre du village, au niveau de la passerelle piétonne comme son nom l'indique, dans une vieille maison bordant la *ribeira.* Cuisine classique portugaise, avec des plats et poissons du jour. En dessous, on rejoint un espace plus bar, avec terrasse sur la rivière.

Moagem : *rue João Dias Mendes, 13. Même trottoir qu'Amazigh Design Hostel.* ☎ *351-925-289.* 📱 *925-289-246. Tlj 12h-23h sauf dim-lun. Congés : de mi-déc à mi-janv. Tartine 6 €, burger 10 €.* Un resto végétarien aux saveurs détonantes dans un ancien moulin, sur 2 niveaux. Plein de charme tant dans l'assiette que dans le cadre ! Assiettes riches, colorées et fraîches. Salades, tartines, soupes ou veggie burgers sauront vous combler. Excellent service. Fait aussi office de centre culturel (expos photos, etc.) *Moagem* beaucoup !

Sushinami : *rua Professor Francisco Mestre, 7.* 📱 *910-861-817. Tlj 17h-22h30. Env 15-20 €/pers.* Des sushis au Portugal ? Oui, mais pas n'importe lesquels ! Réalisés par un ancien chef brésilien. Cosmopolite en diable. Salle pas folichonne mais excellent accueil et de bons conseils. Goûts et alliances originaux. Ça croque, ça craque, ça swingue en bouche. Comme un air de bossa !

Où dormir ? Où manger dans les environs ?

Parque de campismo do Serrão : *herdade do Serrão, à env 5 km au nord d'Aljezur, sur la route d'Odeceixe (fléché).* ☎ *282-990-220.* ● *info@campingserrao.com* ● *campingserrao.com* ● *Tte l'année. Bus privé du camping ttes les heures pour le centre d'Aljezur (2 €). Compter 15-23 € pour 2 pers ; bungalows 2-4 pers 45-100 € en hte saison.* Camping bien ombragé par de grands eucalyptus, avec épicerie, resto, piscine et tennis. Les bungalows *(moradias)* sont en fait de vraies maisonnettes traditionnelles, fort bien arrangées, donnant sur une vaste pelouse. La plage d'Amoreira est à 3,5 km. Bon accueil.

Hi Arrifana Destination Hostel

L'ALGARVE

(pousada da juventude) : *urbanização Arrifamar,* ***praia da Arrifana.*** *☎ 282-997-455. • arrifana@destinationhostels.com • followyourdestination.com/hi-arrifana-destination-hostel • Selon saison, lits en dortoir 15-20 €/pers, doubles sans ou avec sdb 50-100 €, petit déj compris.* À 5 mn à pied de la plage, dans un beau paysage venteux, cette AJ moderne (75 lits en tout) est aménagée dans un style jeune, fonctionnel et design. Les dortoirs (4-8 lits) sont mixtes ou non, ceux pour filles ont une salle de bains privée. On y trouve tous les services et équipements habituels (espace commun, bar, machine à laver, cuisine), ainsi qu'un resto. Très agréable terrasse extérieure avec petite piscine et vue superbe sur la mer. Des vélos, des planches de surf, des *paddle* et des kayaks sont à louer. Accueil affable et attentionné.

O Sargo : ***praia de Monte Clérigo.*** *912-995-839. Tlj 12h-16h et 19h-22h. Plats 15-20 €.* Ce très bon resto de plage, fraîchement ouvert, propose des plats qui sortent de l'ordinaire : thon au *satay, tataki, ceviche,* risotto ou gnocchis aux fruits de mer... Agréable terrasse pour observer les surfeurs glisser sur les gros rouleaux. Personnel jeune et motivé. Un resto qui fait du bruit dans le coin. Les soirs d'été, prévoir l'anti-moustique !

À voir. À faire

Museu municipal et Casa-museu Pintor José-Cercas : *dans les ruelles qui conduisent au château. Mar-sam 9h-13h, 14h-18h (17h en hiver, sans le musée José-Cercas, uniquement sur résa). Billet combiné : 2-3 €.* Le *Musée municipal,* sur une placette, est dédié à l'ethnographie locale et présente quelques pièces islamiques de l'époque d'Al Andalous. Un peu plus haut, dans une ruelle à gauche, le *musée Pintor José-Cercas* réunit, dans une belle maison, les diverses collections (vaisselle, sculptures, meubles) du peintre (1914-1992). Le billet combiné donne également accès au *petit musée d'art sacré Francisco-Pardal.*

Castelo : ce château, en ruine, fut le dernier bastion maure à être reconquis au milieu du XIIIe s. Dominant le village, il veillait sur la rivière aujourd'hui ensablée, dont on devine encore le cours. Superbe vue panoramique.

Plages dans les environs

Praia da Arrifana : *à 10 km au sud-ouest d'Aljezur. Peu de bus pour s'y rendre ; mieux vaut être motorisé.* Une bande de sable assez étroite qui s'incurve au pied de falaises de roches sombres, surveillée par quelques villas agrippées aux pentes. Un site remarquable apprécié des surfeurs, car bien protégé (baignade et bronzette possibles !) et propice à tout niveau de pratique. Pour l'hébergement et la restauration, voir « Où dormir ? Où manger dans les environs ? », sachant qu'il y a d'autres offres de chambres à louer en saison, ainsi que plusieurs restos.

Praia de Monte Clérigo : *à 8 km au nord-ouest d'Aljezur.* C'est la plage la plus proche du village. Encadrée de falaises et très ventée, elle est très fréquentée par les surfeurs. Plusieurs chambres à louer en saison, ainsi que quelques bons restos (voir « Où dormir ? Où manger dans les environs ? »). La route qui grimpe vers le nord conduit au sommet d'un promontoire qui domine la praia de Amoreira, séparée par une rivière. La vue est sublime !

Praia de Amoreira : *à 9 km au nord-ouest d'Aljezur.* Très belle plage, large et ouverte, bordée par les dunes. On a pied très loin. Idéal pour les enfants. Au sud de la plage, rejoindre la rivière qui offre sur le bord de son lit des bancs de sable bien protégés du vent.

ODECEIXE (8670) env 950 hab.

À la frontière de l'Algarve et de l'Alentejo, à 36 km de Carrapateira et à 47 km au nord de Lagos, un petit village blanc, bordé par une rivière tranquille qui trace ses méandres entre des collines endormies, des champs de blé, de verts pâturages... pour se jeter dans l'océan, 4 km plus loin. La plage de sable est serrée entre des falaises, à l'embouchure du *rio*. Construite en escargot autour d'une minuscule place et presque vierge de toute excroissance bétonnée, Odeceixe garde une atmosphère campagnarde très plaisante.

Arriver – Quitter

En bus

L'***arrêt de bus*** se situe en bas du village, sur la N 120 avant le pont. Les billets *Rede Expressos* sont en vente au restaurant *A Tasca* (*rua das Amoreixas, 12*). Les billets *Eva* s'achètent directement dans le bus.

➢ ***Aljezur et Lagos :*** avec *Eva*, 3 bus/j. en sem. Avec *Rede Expressos*, 2 bus/j. juin-sept (1 seulement le reste de l'année). Durées respectives : 30 mn et 1h15.

➢ ***Zambujeira do Mar et Vila Nova de Milfontes :*** avec *Rede Expressos*, 2 bus/j. juin-sept seulement. Durées respectives : 20 mn et 1h.

➢ ***Lisbonne :*** avec *Rede Expressos*, 2 bus/j. Durée : 3h30.

L'ALGARVE

Où dormir ?

Bohemian antique Guesthouse : *largo 1º de Maio, 6. 917-608-266. • bohemianantiqueguesthouse.com • Chambres doubles, familiales ou même en dortoirs à partir de 22 €/pers.* Une adresse à l'ambiance bohème et gypsy, dans une ancienne maison de famille en plein centre du village. Éclairages élégants, couvertures moelleuses, sofas et carrelages rétro. Un régal pour les fans de déco ! Chambres toutes différentes. Les *singles* sous les toits de guingois ont même leur charme ! Les dortoirs pour les marcheurs et surfeurs de passage sont coquets, et les matelas des chambres doubles sont bien épais. De quoi donner l'envie de rester plus longtemps dans les parages...

Horta do Vale-Nature House B & B : *rua Barranco do Vale, 7. 963-309-596. • hortadovale.nature@gmail.com • Au bout de la rue qui prolonge la rua Nova. Lits en dortoir 15-30 €/pers selon saison, petit déj compris.* Un *hostel* de poche avec seulement 2 dortoirs de 4 lits dans une maison entièrement rénovée, de style très contemporain. Salon et cuisine bien équipée à dispo, ainsi qu'un grand jardin sur l'arrière. Sanitaires neufs avec pas moins de 4 douches. L'ensemble est impeccable et la propriétaire très serviable.

Casa hospedes Celeste : *rua Nova, 9. ☎ 282-947-150. • info@casahospedesceleste.com • casahospedesceleste.com • En face d'O* Retiro do Adelino. *Doubles 35-70 € selon saison, petit déj compris. CB refusées.* Derrière une belle façade jaune et blanc, l'ensemble est coquet et très bien entretenu. Les 10 chambres sont petites mais joliment colorées et confortables. Elles donnent sur la rue. Accueil très gentil et souriant de dona Celeste, qui prépare ses propres confitures. Celle de tomates est un régal.

Pensão Luar : *rua da Várzea, 28. ☎ 282-947-194. 966-472-693. • pensao.luar@hotmail.com • portalodeceixe.com/pensao-luar-odeceixe.html • À la sortie du village, sur la route de la plage. Congés : nov-mars. Doubles avec sdb à partir de 45-65 €.* Dans une grande demeure à flanc de colline, une dizaine de chambres simples mais propres, dont 2 triples. À l'étage, toutes ont un balcon avec vue sur les champs. Bel accueil familial.

Casas do Moinho : *rua 25 Abril, 113. ☎ 282-949-266 ou 917-532-770. • casasdomoinho.com • Doubles 100-200 € selon confort et saison.* Au sommet du village en colimaçon, une vingtaine d'hébergements répartis de part et d'autre de la réception où se trouve aussi la piscine. Certains plus loin que d'autres (avec les valises, sur les pavés, pas facile !). Chambres de différentes tailles, plus ou moins grandes, en rez-de-chaussée ou en étage, mais toutes décorées avec soin, des couleurs pimpantes et des espaces savamment aménagés. Deux restos dans la même rue, l'un chic, l'autre plus dans l'esprit bistro avec terrasse (on y prend le petit déj). Bon accueil.

Où manger ?

Chaparro : *rua Estrada Nacional, 8. ☎ 282-947-304. À l'entrée du village. Tlj. Plats 9-15 €.* Un très bon resto spécialisé dans le poisson et la viande grillés au barbecue devant le client. Le choix, la fraîcheur des produits et les prix serrés font de cette adresse populaire un incontournable. Garder une place pour les délicieux gâteaux ! Salle ouverte sur la rue, prolongée d'une terrasse. Service efficace, attentif et francophone. Également une autre adresse à 2 pas dans la rua Nova, *Chaparro Natura,* spécialisée dans la cuisine végétarienne.

Taberna do Gabão : *rua do Gabão, 9. ☎ 282-947-549. Enseigne visible en surplomb du largo 1° de Maio (fontaine). Tlj sauf mar, jusqu'à 23h45. Congés : nov-fév. Plats 8-15 €.* Cette « taverne du Gabon » n'est pas un resto africain, mais ce qu'il y a de plus typique sur cette côte. On y sert une savoureuse cuisine élaborée par un chef portugais ayant vécu en Suisse. Beau décor rustique et salle extérieure. Spécialités alentejanes avec notamment un délicieux plat de porc aux coquillages.

Où dormir ? Où manger ? Où boire un verre dans les environs ?

Camping São Miguel : *à 1,5 km au nord sur la route d'Odemira, après avoir passé le pont sur la rivière. ☎ 282-947-145. • geral@campingsaomiguel.pt • campingsaomiguel.pt • Tte l'année. Selon saison, 18-30 € pour 2 pers (1 voiture et 1 tente) ; caravanes équipées 55-90 € et bungalows 2-4 pers 75-140 € (différents conforts).* Proche de la plage, dans une pinède à l'abri de la route, un camping éco-responsable respectueux de l'environnement où tout est récent et impeccable. Très bien équipé avec tous les services demandés : resto, pizzeria et bar agréables, supérette, jolie piscine *(payante pour les campeurs !)* et 2 tennis *(payants également).*

Casa Vicentina : *Monte Novo. ☎ 282-947-447. 915-819-737. • reservas@casavicentina.pt • casavicentina.pt • Congés : nov-fév. Selon jour et saison (plus cher ven-sam sauf hte saison), doubles 99-159 €, petit déj inclus ; suites avec kitchenette équipée jusqu'à 209 €. Séjour de 7 nuits min en été et 3 le reste de l'année.* Entourée de chênes-lièges et de pins, cette grande propriété tenue par le jovial José de Almeida combine harmonieusement le confort, l'élégance et le respect de l'environnement. Chaque chambre dispose de mobilier élégant, d'un frigo et d'une petite terrasse de plain-pied donnant sur le jardin, la piscine et un joli lac. D'autres ont même une kitchenette. Déco extrêmement soignée et chaleureuse. Une très belle adresse pour se ressourcer et rayonner dans la région.

Enigma Nature & Water Hotel : *Vale do Juncal,* ***São Teotónio.*** *☎ 283-098-186. • geral@enigmahotels.pt • enigmahotels.com • À 8 km au nord d'Odeceixe par la N 120, prendre à droite au panneau « Val Juncal » puis continuer la petite route sur 1,5 km. Doubles 85-115 € (plus cher en juil-août), petit déj (copieux) inclus ; apparts 4-6 pers également.* Isolé en pleine nature, un tout nouvel hôtel à l'architecture design insolite. Chambres de grand confort, tout en baies vitrées, donnant soit sur la belle piscine à débordement, soit sur une forêt d'eucalyptus avec les montagnes à perte de vue. Le souci écologique se concrétise par une alimentation en photovoltaïque et l'utilisation de matériaux naturels (verre, bois, marbre dans les salles de bains, etc.). En prime, le spa (jacuzzi, piscine intérieure chauffée, hammam, sauna) et la salle de sport sont inclus dans le prix. Bon resto également et personnel très pro.

Restaurante Café Dorita : *en surplomb de la plage d'Odeceixe. ☎ 282-947-581. • raulucas64@gmail.com • Avr-oct, tlj sauf lun. Plats 9-15 €.* Cuisine bonne et légère, à déguster dans la petite salle familiale ou sur la terrasse dominant la plage. Excellent accueil.

A Azenha do Mar : *en surplomb du petit port de pêche d'****Azenha do Mar.*** *☎ 282-947-297. À env 8 km au nord d'Odeceixe par la N 120, fléché à gauche après le camping. Tlj sauf mer, midi et soir, jusqu'à 22h30. Plats 8-15 €.* Une véritable institution ! Situé à l'orée de l'Alentejo, ce petit resto au cadre ordinaire attire une foule incroyable. Pas de réservation, le soir, certains viennent dès 18h, avant l'ouverture de la cuisine, pour être sûr d'avoir une table. Dès 19h, il faut inscrire son nom sur la liste d'attente pour le 2e service. Quand le nombre de 40 inscrits est atteint, c'est fichu, il faudra revenir ! Il faut dire que le choix de poissons et crustacés est grand et les prix très attractifs. Service en salle seulement, la terrasse sert de lieu d'attente en prenant l'apéro.

À voir. À faire

Promenade dans le village : suivre au hasard les ruelles bordées de maisonnettes charmantes jusqu'à atteindre le photogénique ***moulin*** perché au sommet du village. Il est toujours en activité *(ouv en théorie lun-ven 10h-12h, 13h-16h, voire plus tard en été).* De là, magnifique vue panoramique sur la campagne environnante au coucher du soleil.

Praia de Odeceixe : *accès avec le petit train touristique* (comboio turístico), *juin-sept ; départ ttes les 30 mn env, 9h30-19h (parfois plus tard). Coût : 1,50 €/trajet.* Venue des terres la rivière Ribeira de Seixe décrit une dernière courbe avant de se jeter dans l'océan Atlantique. À droite, elle passe au pied d'une falaise et, à gauche, elle baigne une grande langue sableuse et plate : c'est la plage de Odeceixe. Attention, celle-ci peut être dangereuse à marée basse (rochers), mieux vaut alors se baigner dans la rivière Ribeira de Seixe qui la rejoint. Un petit hameau a poussé dans le vallon, on y trouve quelques chambres à louer et un bon resto. La partie gauche *(praia das Adegas),* accessible par le parking, est naturiste.

LE CENTRE

• Carte *p. 381*

Entre Lisbonne et Porto, c'est une région riche en patrimoine, puisqu'on y trouve les 3 plus beaux monastères du pays (Alcobaça, Batalha et Tomar), la prestigieuse université de Coimbra et des petites villes de caractère comme Óbidos ou Caldas da Rainha. Les paysages assez variés sont souvent dominés par la présence de grandes forêts d'eucalyptus et de pins, avec par exemple la luxuriante forêt de Buçaco (vieux arbres remarquables). Il y a du soleil et de l'eau dans cette région, ce qui explique la présence de vignobles dans les terroirs d'Estremadura, du Beira Atlantico, de Bairrada au nord de Coimbra et du Dao autour de Viseu. Une autre curiosité est la présence de rizières au bord des rios Mondego (autour de Figueira da Foz), Vouga (près d'Aveiro) et Sorraia.

Le littoral (Beira Litoral) n'est pas en reste, avec de belles et longues plages de sable, agitées par la forte houle atlantique. Les activités de pêche se concentrent à Peniche et à Nazaré. Plus au nord, la charmante petite ville d'Aveiro quadrillée de canaux communique avec une immense lagune se déversant dans l'océan.

Voici bel et bien l'archétype du littoral du centre du Portugal sur sa façade atlantique, avec l'air iodé, la brise vivifiante et les embruns salés.

Dans le Beira Litoral les pêcheurs vivent au rythme des retours de mer tandis que les estivants et les surfeurs suivent le rythme des grosses vagues (parfois énormes comme à Nazaré, capitale du surf).

– Micro-climat : cette portion de la côte portugaise offre souvent les 4 saisons en une seule journée (n'oubliez pas votre petite laine, il peut y faire frisquet la nuit en été). Un parcours idéal pour aller à la rencontre d'une population unique mi-navigatrice, mi-paysanne.

PENICHE

(2520) 28 000 hab.

À 90 km de Lisbonne, Peniche vit depuis longtemps de son port de pêche (classé comme le plus important du Portugal) et de ses conserveries. Depuis toujours, la ville suit le mouvement des marées de l'océan Atlantique : vent marin revigorant, air océanique vivifiant et jamais étouffant, douceur printanière même en été. Son centre ancien a traversé les décennies, sans perdre son caractère face à la modernité : petites boutiques, commerces de proximité, rue et placettes calmes. La *fortaleza,* la puissante forteresse témoigne encore aujourd'hui de l'importance stratégique de Peniche dans le passé. Vu d'avion, le site de la ville forme une presqu'île qui dessine une curieuse silhouette de poisson !

Les plages de Peniche entourent la ville au nord et au sud (praia de Supertubos), elles sont parmi les meilleures du Portugal pour les adeptes du surf. Autant dire que *surfcamps,* bars et soirées festives font partie du paysage et de l'ambiance générale ! Autre spécialité de la ville : les napperons brodés au fuseau (les fameux *rendas* de Peniche), Côté gastronomie, les restaurants proposent tous des poissons frais et des crustacés.

Arriver – Quitter

En bus

Gare routière : *rua Dr Ernesto Moreira, de l'autre côté du ponte Velha. 968-903-861. Lun-ven 5h45-19h45 ; sam 5h45-12h30, 14h15-18h30 ; dim 9h-12h30, 14h-18h30.* Consignes.

➢ ***Lisbonne :*** une quinzaine de bus/j. 5h45-18h15 (seulement 2 le w-e, à 7h et 18h) dans les 2 sens avec *Rodoviária do Tejo (• rodotejo.pt •).* Également 7 bus/j. avec *Rede Expressos (☎ 707-223-344 ; • rede-expressos.pt •).* Durée : env 1h30.

➢ ***Porto :*** avec *Rede Expressos,* 1 bus direct/j. à 7h, sinon 5 autres avec changement à Nazaré ou Coimbra. Durée : env 4h25-5h30.

Adresse utile

Posto de Turismo *(office de tourisme)* **:** *rua Alexandre Herculano, 70. ☎ 262-789-571. • cm-peniche.pt • Dans un bâtiment moderne situé dans le petit espace vert adossé aux remparts (bien indiqué). Horaires fluctuants, mais en principe tlj 9h-13h, 14h-17h.* Plan et liste des hébergements chez l'habitant.

LE CENTRE

Où dormir ?

Camping

Campismo municipal : *av. Monsenhor R. S. Bastos, Pinhal da Lagoa. ☎ 262-789-529 ou 262 789 696. • campismo-peniche@cm-peniche.pt • À l'entrée de la ville, en bordure de l'IP 6, à 15-20 mn à pied du centre. Forfait 2 pers env 10 €.* Grand camping vieillot et sans ombre, aux emplacements secs et tout en dénivelées. Mais les sanitaires sont corrects et, gros avantage, la plage est au bout du terrain. Snack et supérette à l'entrée. Bien pour une étape mais pas plus.

De très bon marché à prix moyens

Beaucoup de propositions de chambres chez l'habitant à Peniche et dans les environs. Liste disponible à l'office de tourisme.

Residencia Maciel 1 et 2 : *rua José Estêvão, 38. ☎ 262-784-685. 914-079-145. • geral@residencialmaciel.com • residencialmaciel.com • Sur une placette à l'arrière de l'av. do Mar. Doubles 45-75 € selon saison, petit déj compris.* Idéalement situé, ce petit hôtel familial propose quelques chambres tout confort (clim, salle de bains privative, double vitrage) et lumineuses, réparties dans 2 bâtiments voisins donnant sur une place ensoleillée (ou sur l'arrière). Elles sont au même prix même si la taille et le décor varient un peu de l'un à l'autre. Dans la *Residencia 1* les chambres sont plus contemporaines et modernes, tandis que dans le bâtiment 2 (murs rose saumon aussi), elles sont d'un style plus *vintage* mais toutes impeccables.

Peniche Hostel : *rua Arquitecto Paulino Montês, 6. ☎ 262-759-066. 969-008-689. • bookings@penichehostel.com • penichehostel.com • Dans une rue perpendiculaire à celle de l'office de tourisme.*

DE LISBONNE À COIMBRA ET FIGUEIRA DA FOZ

Congés : déc-fév. Dortoirs 4 lits 15-20 €/pers ; doubles avec sdb à partager 45-50 € ; studios privés tt confort 50-70 € ; petit déj en sus. Très centrale, une AJ de poche à l'atmosphère jeune et fraternelle, où l'on se sent tout de suite bien. Cuisine ouverte sur un salon agréable (bouquin et guitare à disposition). Pour dormir, 3 petits dortoirs (attention, l'un d'entre eux n'a pas de fenêtre) et 5 doubles à la déco personnalisée, simples et propres. Également des studios aménagés dans une ancienne fabrique de bateaux à l'entrée de la ville. Une bonne adresse.

Où manger ?

De très bon marché à prix moyens

Restaurante A Sardinha : *rua Vasco da Gama, 81-93. ☎ 262-781-820. • restauranteasardinha@clix.pt • Tlj 12h-16h et 18h-22h30. Dans la ruelle parallèle au port. Menu env 10 € (boisson et café inclus) ; plats 10-20 €.* Une très bonne adresse à prix moyens qui conserve les faveurs des locaux. En salle ou en terrasse dans la rue piétonne, ils apprécient une cuisine océanique, fraiche et sans triche. Le surtourisme ayant laissé la place au sous-tourisme en 2020, on n'a pas de mal à y trouver de la place.

Xakra Beach Bar : *praia do Molhe Leste. 965-172-166. • xakrabeachbar@gmail.com • Au sud de la ville direction Lisbonne, puis à droite au 2e rond-point : panneau « praia » puis tt au bout jusqu'au parking. Tlj, sauf mar, 10h-23h (voire plus selon affluence). Plats simples et en-cas 3-7 € ; sinon 11-15 €.* Ce bar de plage planqué derrière les dunes a tout pour plaire : une terrasse pour avoir les pieds dans le sable, une véranda tout en baies vitrées pour les soirées fraîches et, à la carte, des sandwichs, salades et plats du jour pour un repas économique, ou quelques spécialités de poisson plus élaborées sur commande. Bon accueil.

Restaurante Oceanário : *Largo da Ribeira, près du Forte. ☎ 262-785-697. • restaurante.oceanario@gmail.com • Plats 6,50-13 € ; Poissons 7,50-13,50 €.* Un peu à l'écart de la rue principale, face la forteresse, une salle vitrée perchée au-dessus de la route. La carte est courte, mais tout est bien cuisiné. Beaucoup de poissons grillés. Quelques fruits de mer, dont les pouces-pieds, et des coquillages, comme les palourdes. Spécialités : la seiche aux fruits de mer, la bouillabaisse (2 personnes) et le riz de lotte. Bon service attentionné.

Restaurante O Pedro : *avenida do Mar, 26. ☎ 262-785-626. Tlj jusqu'à 23h, sauf mar. Plats 6-15 €. Poissons 11-31 €. Fruits de mer (crevettes surtout) plus chers.* Facile à trouver le long du quai du port, de grandes baies vitrées derrière lesquelles on mijote une cuisine régionale basée sur les plats de la mer essentiellement. Thon, bar, morue, poulpe, sole, dorade... Spécialités de la maison : le riz de lotte ou le riz de coquillages. Le riz est produit au Portugal. Fraîcheur et délices !

Où dormir ?
Où manger dans les proches environs ?

De bon marché à beaucoup plus chic

Casa das Mares II : *rua Raul Brandão, ilha do Baleal (à 4 km de Peniche). ☎ 262-769-255. 966-932-719. • casadasmares2@sapo.pt • casadasmares2.com • Au bout de la presqu'île* *de Baleal, par la droite. Suites avec kitchenette équipée 90-150 € selon saison.* Auberge de charme occupant la partie centrale d'une grande maison blanche aux volets verts, plantée sur une pointe rocheuse au-dessus de la mer. Au rez-de-chaussée, un salon commun cosy avec cheminée, et à l'étage, 4 chambres coquettes, parfaitement tenues. Elles surplombent la côte rocheuse. Décoration soignée et de caractère. Accueil francophone charmant.

Turismo de habitação Casa do Castelo : *estrada nacional 114, nº 6 au village d'**Atouguia da Baleia**, à 7 km à l'est de Peniche.. ☎ 262-750-647. • casadocastelo@hotmail.com • Doubles 95-100 €.* Cette maison d'hôtes de charme a été construite au XIXe s dans l'enceinte d'un vieux château médiéval, sur un éperon rocheux dominant une plaine verte autrefois immergée par la mer. Sur la terrasse d'entrée, voir l'admirable dragonnier, arbre étrange venu des Canaries. Les 7 chambres sont confortables et arrangées avec goût par le jovial propriétaire M. Gama de Almeida Baltazar (francophone). Elles se répartissent entre la maison principale et le jardin, auprès d'une piscine, où les anciennes écuries ont été aménagées en chambres. Petit déj servi dans une belle salle à manger.

Restaurante Prainha : *praia do Baleal, à l'entrée du chemin menant à **Ilha do Baleal** (presqu'île), commune de Ferrel. ☎ 262-769-173. Tlj sauf lun, jusqu'à 20h. Plats 6-12 €. Poissons 14-16 €. Fruits de mer (mariscos) au kilo.* Entre 2 plages, près d'un parking, une grosse et basse batisse fréquentée par les locaux et les touristes de passage. 2 salles vitrées donnant sur la mer et les plages. On y sert une cuisine portugaise traditionnelle avec une dominante maritime, on peut le comprendre. Une quinzaine de sortes de poisons, et autant de *mariscos.* C'est frais, copieux et à prix raisonnables.

Où boire un verre ?

Três Às : *av. Mar, 9. ☎ 262-785-028. Tlj 10h-2h (3 ou 4h le w-e).* Un rendez-vous de choix pour les branchés et les surfeurs : petite terrasse, déco façon *Hard Rock Café* du cru, et mezzanine avec vue sur l'horizon en bonus. En fin de semaine, on pousse les tables pour dégager le *dance floor* !

Java House : *largo da Ribeira, 14. ☎ 262-798-254. 918-669-188. Sur le port, à côté du Três As. Tlj 11h-3h (4h ven-sam).* Bien à toute heure ! En journée, on s'installe en terrasse le temps d'une bonne pause caféinée ; le soir, on s'affale dans les fauteuils autour d'un cocktail, pendant que les DJs garantissent une ambiance lounge et branchée. Très couru.

Supertubos Beach Bar : *praia do Supertubos. Au sud de la ville ; sortir de Peniche par l'IP 6, puis à droite au 1er rond-point ; si vous êtes perdu, prononcez « Soupertoubch » ! Tlj jusqu'à 21h.* Toute l'année en terrasse face à la mer, pour un verre avec vue, les pieds dans le sable. Très agréable hors saison quand les 1ers soleils arrivent.

Bar do Bruno : *praia do Baleal, 2227. ☎ 262-184-212. • info@balealsurfcamp.com • À env 3 km de Peniche, au centre de la plage, avt la presqu'île de Baleal. Lun-jeu 9h-22h, minuit ven-dim, 9h-18h le reste de l'année.* C'est LE bar des surfeurs, dans une baraque posée sur le sable, en surplomb des rouleaux où s'époumonent les *riders.* Entre 2 sorties, on les retrouve au comptoir et en terrasse, avant de faire la fête à l'heure de l'apéro ! Possibilité de cours et de location de matériel.

À voir. À faire

Fortaleza e Museu Nacional Resistencia e Liberdade : *campo da República, dominant le port. ☎ 262-789-159. Tlj 14h-18h sauf lun, mar et j. fériés. Dernier billet 30 mn avt fermeture. Accès au fort gratuit. Entrée musée : env 2 € ; réduc.*

La construction de cette vaste forteresse de style Vauban a commencé en 1557, sous les ordres du roi dom João III, et s'est prolongée jusqu'en 1645. À la fin du XIXe s, avec l'évolution des techniques de guerre, la forteresse a perdu de sa valeur stratégique. Au début du XXe s, elle a abrité des réfugiés boers venus d'Afrique du Sud, ainsi que des prisonniers allemands et autrichiens pendant la 1re Guerre mondiale. Puis elle fut l'une des plus célèbres prisons politiques de l'*Estado novo* de Salazar, de 1934 à 1974.
Le site est pour l'essentiel en accès libre. Passé les 1res portes, on découvre un pont dormant jeté au-dessus d'une crevasse alimentée par la mer. Impressionnant. Puis on pénètre dans le 1er bâtiment, qui comprend une courte exposition sur le fascisme, un mémorial et la visite des anciens parloirs des détenus. À l'intérieur, la cour d'appel est bordée par de hautes murailles, d'où l'on profite d'une belle vue plongeante sur la mer.
Le musée abrite aussi une petite section préhistorique et différentes salles sur les principales activités économiques et culturelles de Peniche (pêche, construction navale, dentelle aux fuseaux – *rendas de bilros...*), mais la plus poignante demeure la visite des ***cellules des anciens détenus politiques enfermés du temps de Salazar,*** au 2e étage. D'où le nom actuel du musée dédié à la résistance et à la liberté. Considérées comme les plus sécurisées à l'époque, ces cellules étaient réservées aux peines les plus longues.
À voir aussi : la chapelle de Santa Bárbara et le réservoir d'eau du XVIIe s.

Le ***tour de la presqu'île*** (8 km en tout) peut se faire à vélo le long de la route côtière. En commençant par le nord, on découvre tout d'abord d'étonnantes falaises stratifiées, avant d'arriver à la petite chapelle ***Nossa Senhora dos Remédios*** (*azulejos* du XVIIe s). La route aboutit au phare du ***cabo Carvoeiro.*** On peut y boire un verre et admirer, par beau temps, l'ilha Berlenga (voir ci-après « Dans les environs de Peniche »). Retour par le sud.

Autre balade à ne pas manquer : en voiture, ou par la belle plage de sable au nord (3 km), rejoindre la ***presqu'île de Baleal (Ilha do Baleal),*** qui abrite un charmant village perché sur un piton rocheux et raccordé à la terre ferme par un cordon de sable. Bondé aux beaux jours, c'est l'endroit de prédilection des surfeurs.

LA GRANDE ÉVASION DU LEADER ROUGE

C'est dans cette prison de la forteresse de Peniche qu'Alvaro Cunhal (1913-2005), secrétaire général du parti communiste portugais, fut enfermé comme prisonnier politique du temps de la dictature Salazar. En juin 1960, après avoir acheté un garde, Cunhal parvint à s'évader d'une façon spectaculaire, avec une dizaine d'autres détenus. Clandestin, il partit ensuite en exil à Moscou, Prague et Paris. Le gardien de prison soudoyé partit avec eux et s'exila en Roumanie où, devenu à moitié fou, il finit par se pendre. Alvaro Cunhal est revenu au Portugal après la révolution des Œillets en avril 1974.

Manifestation

– ***Fête de Nossa Senhora da Boa Viagem :*** *1er dim d'août.* Le samedi après-midi de la semaine précédente, les pêcheurs offrent des sardines grillées aux visiteurs. La nuit venue, une grande procession de bateaux de pêche décorés conduit leur sainte patronne jusqu'au port, illuminé par les milliers de cierges brandis par les familles. C'est le coup d'envoi de la liesse populaire du week-end suivant : feu d'artifice, orchestres et spectacles folkloriques. Le dimanche, procession religieuse plus traditionnelle dans les rues de la ville.

DANS LES ENVIRONS DE PENICHE

Ilha Berlenga : *à 11 km à l'ouest de Peniche.* Classée réserve naturelle depuis 1981, cette île de 1,5 km de long pour 800 m de large, couverte de lande sauvage, est la plus grande d'un archipel d'îlots de roches dures et calcaires (non, ce n'est pas du granit). Ses falaises abruptes, découpées de grottes et de gouffres profonds, plongent dans une mer cristalline jusqu'à 4 000 m de profondeur. C'est le paradis des amateurs de plongée. Son écosystème est unique au monde en raison du mariage des influences océaniques et méditerranéennes. L'île elle-même est habitée par des milliers d'oiseaux marins qui nichent dans les anfractuosités des roches. Attention, en période de nidification (de juin à début juillet), la cohabitation avec les touristes n'est pas toujours évidente !

➢ Pour s'y rendre, plusieurs compagnies (*Cabo Avelar Pessoa, Feeling Berlengua...*) proposent l'excursion. *Des petites baraques sur le port vendent les billets. Elles offrent ttes les mêmes tarifs. Compter env 20 € l'A/R en bateau classique (45 mn-1h) ou 22-23 € en bateau rapide (25 mn) ; réduc.*

■ **Compagnie Viamar :** *☎ 262-785-646. • viamar-berlenga.com • Fonctionne de mi-mai à mi-sept ; juil-août, départs à 10h et 12h15, retours à 15h et 18h ; le reste du temps, retour à 17h. Billet A/R : env 23 €/pers.*

– **Bon à savoir :** on vous conseille de laisser votre voiture dans un parking gardé ou de stationner dans le centre et non directement sur le port.

3 possibilités de logement sur l'île :

Fort de São João Baptista : *☎ 262-750-244. 📱 912-631-426. • berlengareservasforte@gmail.com • Ouv de juin à mi-sept. Résa indispensable, à faire en sem à partir de 19h. Compter 20-25 €/pers en chambre ou dortoir de 6 lits (paiement par virement bancaire préalable).* Dans des vieux murs datant de 1651, chargés de caractère et d'histoire, mais attention l'hébergement est rudimentaire, sans eau chaude ni matériel de cuisine ; prévoir tout le nécessaire et un sac de couchage. Par ailleurs, le générateur ne fonctionnant que le matin, le midi et le soir, pensez à la lampe-tempête pour les veillées !

Pavilhão Mar e Sol : *☎ 262-148-009. 📱 919-543-105. Ouv de mi-mai à mi-sept. Résas par tél seulement (en français). Doubles 60-80 € selon saison, petit déj compris. Plats 10-20 €. CB refusées.* 6 chambres classiques et convenables, dont 1 familiale. Fait aussi resto (le seul de l'île). Bon poisson, forcément !

Camping : *au-dessus du port. Résa impérative à l'office de tourisme. ☎ 262-789-571. • campismo.berlenga@cm-peniche.pt • Ouv de juin à mi-sept. Forfaits 10-12 €, pour 2 pers/nuit.* Petit, aménagé en terrasses. Joli mais très rustique : pas d'eau ni de douche ! Mieux vaut prévoir le coup.

ÓBIDOS

(2510) 11 772 hab.

• Plan *p. 387*

À 28 km à l'est de Peniche, dans l'arrière-pays. Les Romains en avaient fait un site stratégique : un oppidum, à l'origine du nom de la ville. Le Moyen Âge lui donne une seconde jeunesse le jour où, en 1282, la reine Isabel d'Aragon éprouve un coup de cœur en s'y arrêtant. De cette glorieuse époque, Óbidos a conservé son charme médiéval, avec ses impressionnantes murailles qui compensent sa faible altitude et ses maisons blanches couvertes de tuiles rouges. Très bien préservée, la cité intra-muros, exclusivement réservée aux

piétons, compte de belles églises baroquisantes, quelques petits musées et des boutiques fort avenantes pour y siroter la *ginja,* l'alcool de griotte local. Le soir, quand la ville reprend son souffle, les touristes qui y résident se réapproprient les ruelles de galets ronds. Des placettes où l'apéro est un délice, quelques bonnes tables, des bars où l'on joue de la musique *ao vivo,* et Óbidos s'offre enfin à eux telle qu'elle est : intemporelle dans une époque où tout change vite.

– ***Bon à savoir :*** venir pendant la fête médiévale mi-juillet (voir « Manifestations » plus loin).

– Stationnement payant à l'entrée de la ville.

Arriver – Quitter

En bus

Arrêt de bus *(plan A3)* **:** *à l'entrée basse de la ville close, à côté de la banque.* Plus rapide et plus pratique que le train (gare située à 1 km et mal desservie).

➢ ***Lisbonne :*** avec *Rodoviária do Tejo (● rodotejo.pt ●).* Dans les 2 sens, une quinzaine de bus directs/j. en sem, 5h45-21h15, un peu moins le w-e. Durée : env 1h.

➢ ***Peniche :*** env 10 bus/j. Durée : 45 mn.

➢ ***Nazaré :*** 3 bus/j. Durée : env 1h.

Adresse utile

🅸 ***Posto de Turismo*** *(office de tourisme, plan A3)* **:** *rua da Porta da Vila, avt l'entrée de la vieille ville, sur le parking principal.* ☎ *262-959-231.* *● obidos.pt ● Mai-sept, tlj 9h30-19h ; oct-avr, tlj 9h30-18h (17h30 le w-e).* Plan de la ville et renseignements sur les possibilités de balades dans les environs. Accueil pro et attentionné.

Où dormir ?

De bon marché à prix moyens

Hostel Argonauta *(plan B2,* ***10****)* **:** *traversa Adelaide Ribeirete, 14.* 📱 *912-653-837. ● argonauta.hostel@gmail.com ● Congés : janv-fév. Lits en dortoir à partir de 22 €/pers, doubles 50-57 €, petit déj compris.* Une petite adresse atypique, entre l'auberge de jeunesse et la chambre d'hôtes. L'accueil est chaleureux, à l'image de la maison décorée avec caractère et soin par le propriétaire qui y a accroché ses peintures. Seulement une double et

Adresse utile

🅸 Posto de Turismo (A3)

Où dormir ?

10 Hostel Argonauta (B2)
11 Casal da Eira Branca (A2)
12 Casa do Fontanário (B2)
13 Casa d'Óbidos (hors plan par B3)
14 The Literary Man Óbidos Hotel (B2)
15 Hotel Real d'Óbidos (B2)
16 Casa das Senhoras Rainhas (B2)
17 Pousada Castelo Óbidos (B1)

Où manger ?

20 Jamón, Jamón (B2)
21 Café-snack-bar Senhor da Pedra (hors plan par B3)
23 Tasca Torta (A2)
24 Muralhas (A3)
25 Petrarum Domus (A2)
26 O Caldeirão (hors plan par B3)
27 Capinha d'Obidos (A2)

Où boire un verre ?

30 Bar Ibn Errik Rex (A2)
31 Bar Arco da Cadeia (B2)

LE CENTRE

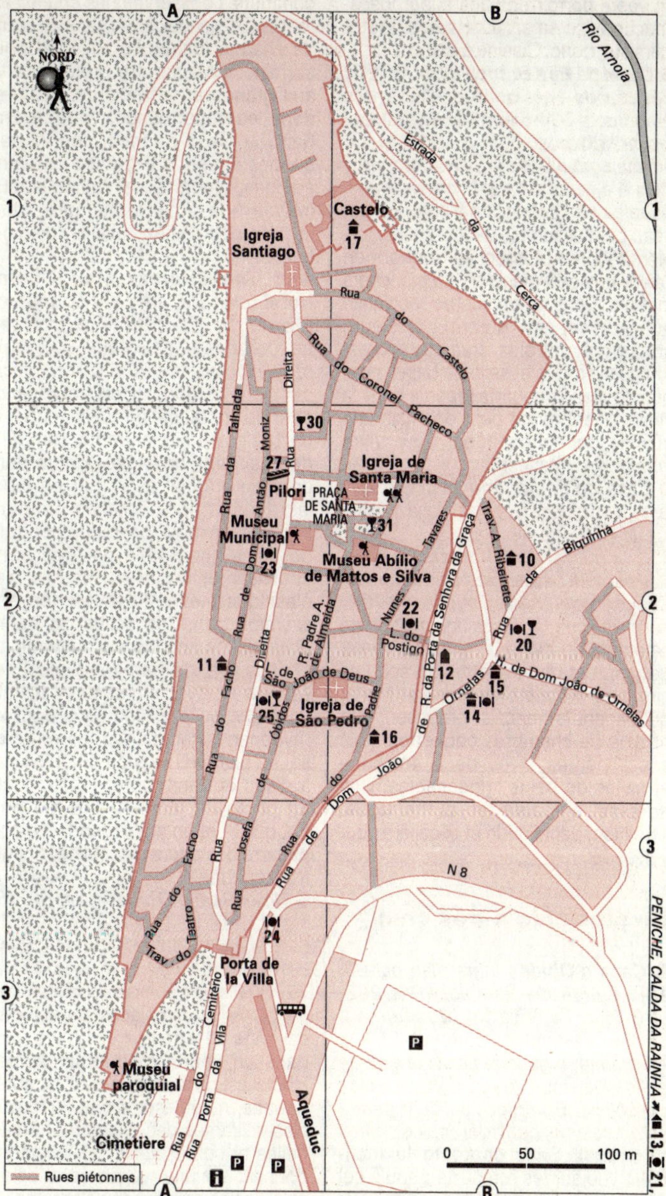

NORD
A
B
1
2
3
Rio Arnoia
Estrada da Cerca
Castelo
17
Igreja Santiago
Rua do Castelo
Rua do Coronel Pacheco
Direita
30
Rua da Talhada
Moniz
Rua
27
Pilori
PRAÇA DE SANTA MARIA
Igreja de Santa Maria
Museu Municipal
31
Antão
Rua de Dom
23
Museu Abílio de Mattos e Silva
Tavares
Trav. A. Ribeirete
10
Rua da Biquinha
R. da Porta da Senhora da Graça
Nunes
22
L. do Postigo
R. Padre A. de Almeida
20
12
15
R. de Dom João de Ornelas
Ornelas
14
11
Rua do Facho
Direita
L. de São João de Deus
25
Igreja de São Pedro
Padre
16
Óbidos
de
Rua de Dom João
Josefa
Rua
Rua de
N 8
Rua do Facho
Rua do Teatro
Trav. do
24
Porta de la Villa
Cemitério
Rua da Porta da Vila
Museu paroquial
Cimetière
Aqueduc
P
0
50
100 m
Rues piétonnes
PENICHE, CALDA DA RAINHA
13, 21, 26

ÓBIDOS

un vaste dortoir de 6 lits superposés, chacun avec sa salle de bains. Plutôt intimiste, donc. Cuisine à dispo.

Casal da Eira Branca (plan A2, **11**) : *traversa do Facho, 45 et Largo dos Amorins. 934-549-185. • casaldaeirabranca@gmail.com • casaldaeirabranca.com • Dans la ville intra-muros (fléché à gauche dans la rue centrale). Doubles 48-65 €, petit déj compris.* Un beau petit ensemble de logements fort bien décorés et agencés, mettant en valeur la vieille pierre et les planchers massifs. Dans les demeures séculaires qui leur servent d'écrin, plusieurs chambres doubles très agréables, toutes avec clim et salle de bains, ainsi que de grands apparts répartis dans la vieille ville. Pas de petit déj mais une cuisine commune. Idéal pour vivre Óbidos de l'intérieur !

Casa do Fontanário (plan B2, **12**) : *largo do Chafariz Novo de Dona Maria I, rua D. João de Ornelas. ☎ 262-958-356. • mail@casadofontanario.net • Dans la ville basse, face aux remparts. Congés : janv-mars. Doubles 60-70 €, petit déj compris.* Dans une maison de caractère du XVIe s, avec des linteaux de granit et des tomettes au sol. Les aimables propriétaires, José et Maria, qui parlent le français, proposent une dizaine de chambres coquettes mais assez petites, avec déco ancienne et salles de bains impeccables. Une adresse agréable et authentique. Attention, pente raide et escaliers pour y accéder.

De plus chic à très chic

Casa d'Óbidos (hors plan par B3, **13**) : *quinta de São José. ☎ 262-950-924. • casadobidos@gmail.com • casadobidos.com • À 1,5 km, en prenant à gauche après la grande église baroque (c'est fléché). Résa conseillée. Compter 76-100 € pour 2 selon saison, petit déj inclus ; gîtes (2-6 pers).* Sans conteste la meilleure vue sur les remparts depuis cet élégant manoir du XIXe s où l'on est reçu avec courtoisie. Vieux meubles de style, lithos et voilages donnent le ton de cette maison de maître à l'ambiance chaleureuse. Les parties communes desservent les chambres, toutes différentes, avec salle de bains de charme (baignoire sur pied pour certaines). Mais notre préférence va aux grands appartements, installés dans les dépendances, notamment dans la *Casa Leonor,* pour 2 personnes, avec mezzanine, cuisine équipée, cheminée et fauteuils club (même prix qu'une chambre, sans le petit déj). Sinon, billard, piscine, tennis.

The Literary Man Óbidos Hotel (plan B2, **14**) : *rua D. João de Ornelas. ☎ 262-959-217. • bookme@theliteraryman.pt • theliteraryman.pt • Doubles 90-170 € selon saison, petit déj compris.* Une adresse de charme installée dans un couvent de 1832 avec une petite trentaine de chambres arrangées (clim) dans un style original avec mur en *tadelakt* (enduit ocre de style oriental), mobilier en bois de récup' et salle de bains accessible par une porte coulissante. D'autres, restées plus classiques, avec lit en fer forgé et *azulejos* dans les salles de bains, plairont aux amateurs d'authenticité. Mais la grande particularité du lieu est son incroyable restaurant installé dans une belle bibliothèque dont les rayonnages recouvrent les murs du sol au plafond. Plus de 40 000 livres, à dispo et dans toutes les langues ! En prime un jardinet paisible pour bouquiner et un atelier moderne pour prendre des cours de cuisine. Accueil francophone.

Hotel Real d'Óbidos (plan B2, **15**) : *rua D. João de Ornelas. ☎ 262-955-090. • info@hotelrealdobidos.com • hotelrealdobidos.com • Doubles 75-150 € selon confort et saison, petit déj compris.* L'emplacement est idéal, car juste à l'extérieur des murs, mais dans un charmant quartier ancien. L'hôtel est de style médiéval : armures, poutres, meubles anciens, jusqu'aux clés délirantes des chambres ! Toutes belles et confortables, les chambres donnent sur une rue pavée et calme, et la piscine en terrasse délivre une vue sur les remparts.

Casa das Senhoras Rainhas (plan B2, **16**) : *rua Padre Nunes Tavares, 6. ☎ 262-955-360. • reservas@*

senhorasrainhas.com • hotelcasasenhorasrainhas.pt • Doubles 100-150 € selon confort et saison (négociable selon affluence), petit déj compris. À l'intérieur des murs du château, encore une belle adresse : 9 chambres élégantes, modernes et tout confort (avec clim et certaines avec petits balcons donnant sur les remparts), salon commun cosy, ainsi qu'un accueil attentif et attentionné. Très agréable.

Spécial coup de folie

Pousada Castelo Óbidos *(plan B1, **17**) : Paço Real. ☎ 210-407-630. • pousadas.pt • Dans le château. Doubles 190-400 €.* Dans un château du XIIIe s. Pour y accéder (après réservation), se faufiler en voiture dans les ruelles étroites, emprunter (à pied) des escaliers en pente raide, cela vaut la peine. On séjourne, soit dans le château à l'ambiance médiévale, avec ses vieux lits à baldaquins, murs épais de pierre et meubles d'antan, soit dans la *casa* du château. Cette dernière est plus moderne mais tout aussi charmante et confortable avec ses parquets et ses couleurs chatoyantes. Quelle vue sur les remparts crénelés ! On a l'impression de remonter le temps en une nuit ! Restaurant.

Où dormir dans les environs ?

Maison d'hôtes Casa das Hortensias : *rua 5 de Outubro, 6, à **Vau**. ☎ 262-968-828. 938-691-555. • maisondashortensias@sapo.pt • casa.hortensias.free.fr • À 8 km à l'ouest d'Óbidos. Sur la route du Bom Sucesso, au sud de la lagune d'Óbidos. C'est la maison au palmier, à l'entrée du village. Ouv mars-oct. Doubles 60-65 € selon saison, petit déj compris ; familiales également ; location acceptée à partir de 2 nuits.* Une maison moderne nichée dans un jardin fleuri et paisible. On est reçu en français par Annie et Fernanda qui sont des hôtes attentifs. Chambres doubles avec vue sur la campagne. La chambre familiale (pour 4) est en rez-de-jardin, avec petit coin pour bouquiner. La plupart disposent d'un accès indépendant, et toutes sont impeccables, cosy, et décorées avec les peintures des amies. Quant au petit déj, il est servi avec des confitures maison et le jus des oranges du jardin.

LE CENTRE

Où manger ?

Sur le pouce

Capinha d'Óbidos *(plan A2, **27**) : rua Direita, 105. ☎ 262-958-034. Tlj 8h-minuit. Bolos et capinhas 1-5 €. Sandes (sandwichs) et tostas 3-6 €.* Au cœur de la ville, la meilleure boulangerie de la région où le pain est une tradition depuis 1883. Bonne odeur de farine dès que l'on entre dans la boutique tenue par une équipe avenante. On y fabrique des *bolos* (petits gâteaux sucrés à la coco, aux amandes, au citron ou à l'orange) et des *capinhas* (pains spéciaux). Si vous voulez du salé, demandez un bon gros sandwich au chorizo, au thon ou à la morue. Tout est savoureux et fait avec le plus grand soin. À accompagner d'un jus de fruit naturel.

De très bon marché à prix moyens

Jamón, Jamón *(plan B2, **20**) : rua da Biquinha. 916-208-162. Ouv tlj, sauf dim soir et lun, 12h-15h, 19h-22h. Plat 5 €.* C'est la cantine des employés de la vieille ville pour le déjeuner, où les touristes sont bienvenus. On y apprécie un plat du jour (viande ou poisson) à prix d'ami. Bon pain maison cuit au four. Agréable également à toute heure pour boire un verre au calme en terrasse. Patron accueillant et francophone.

Café-snack-bar Senhor da Pedra *(hors plan par B3, **21**) : Lugar Senhor da Pedra. ☎ 262-959-315. À 1 km, sur la route de Caldas (N 8), derrière l'église* *baroque Senhor da Pedra. Tlj sauf dim soir et lun. Plats 6-9 €.* Un vrai café de pays, simple, où l'on est accueilli sans façon dans une ambiance familiale. Ici, les portions de poisson, de viande ou de dessert sont gargantuesques, et tout est frais et cuisiné en direct. Les habitués sont nombreux...

|●| ***Tasca Torta*** *(plan A2,* ***23****) : rua Direita, 81. ☎ 262-958-000. Tlj sauf mar. Résa vivement conseillée. Plats 15-20 €.* Une minisalle de 7 tables seulement à la déco japonisante et une cuisine raffinée que l'on ne s'attend pas à trouver entre 2 boutiques de souvenirs. La carte est courte pour assurer la fraîcheur des produits, mais les plats sont élaborés, associant des saveurs délicates, et dressés avec panache. Garder une place pour le « meilleur gâteau au chocolat du monde » ! Service impeccable.

|●| ***Muralhas*** *(plan A3,* ***24****) : rua D. João de Ornelas, 6. ☎ 262-958-550. • muralhas@restaurantesdeobidos.com • En hte saison, tlj 11h-22h ; hors saison, tlj sauf mer. Congés : oct-nov. Plats 8-16 €, pizzas 7-10 €. Digestif offert sur présentation de ce guide.* Juste à l'extérieur des remparts, un resto qui dispose d'une agréable terrasse ombragée. Le service est prévenant et la cuisine fraîche, classique et bien réalisée (délicieux poulpe, mais aussi de bonnes salades, de belles viandes et des pizzas). Une bonne alternative aux adresses du centre.

|●| ***Petrarum Domus*** *(plan A2,* ***25****) : rua Direita, 38. ☎ 262-959-620. Tlj sauf lun-mar, jusqu'à 22h. Plats 9-19 €. Congés : janv.* Un beau resto-bar, original avec ses murs en pierre et ses 2 mezzanines reliées par une passerelle. Et malgré sa situation stratégique sur la rue principale, la cuisine reste très convenable : bons plats de pâtes, assiettes de charcuterie et de fromage à picorer devant quelques *vinhos generosos* type porto. N'oubliez pas de déguster la spécialité de la maison : le *celta,* un alcool de fruits délicieux.

|●| **O Caldeirão** *(hors plan par B3,* ***26****) : urbanização Quinta de São José. ☎ 262-959-839. À 1 km, sur la route de Caldas (N 8), derrière l'église baroque Senhor da Pedra. Tlj sauf dim. Plats 10-30 €.* On ne vient ni pour la terrasse (il n'y en a pas) ni pour l'emplacement, mais c'est l'adresse de prédilection de nombreux locaux et ça le reste depuis longtemps. La salle, façon auberge, simple et rustique, est à l'image d'une cuisine typique, spécialisée dans le poisson et dans le cochon noir. C'est copieusement servi et bien dans la tradition.

Où boire un verre ?

Bar Ibn Errik Rex *(plan A2,* ***30****) : rua Direita, 100. ☎ 262-959-193. • baribnerrikrex@hotmail.com • Tlj sauf mar, jusqu'à 2h du mat. Congés : dernière sem de juin. Assiette de charcuterie pour 2 pers env 16 € ; plats env 8 €.* Plafond couvert de plus de 1 800 mignonnettes de porto, et déco surchargée originale dans ce bar minuscule, touristique mais amusant. On y boit notamment la *ginja* locale, coutume que ce lieu, un ancien magasin d'antiquités, aurait initiée. Sert aussi des assiettes de fromage et charcuterie.

Bar Arco da Cadeia *(plan B2,* ***31****) : derrière l'église Santa Maria, dans une ruelle voûtée. Tlj 11h-minuit (2h ven-sam)* Installé dans l'ancienne prison de la ville, un bar à vins à l'ambiance feutrée et à la déco médiévale. Riche carte de vins au verre et cocktails à accompagner de tapas, *petiscos, tostas* et *queijos.* Plus une adresse pour le soir.

À voir. À faire

Balade dans la ville : après avoir franchi la muraille par la *porta de la Villa* et s'être attardé dans sa chicane pour admirer l'oratoire aux splendides *azulejos*, on a le choix entre 2 rues pavées. Par la rua Direita (la principale), outre les boutiques de souvenirs et de produits de bouche, ne pas manquer, sur la praça Santa Maria, le *pilori* du XVe s et l'*igreja Santa Maria* (beaux *azulejos* et tombeau Renaissance). Au bout de la rue, l'*igreja Santiago,* désacralisée et transformée en vaste librairie ! Quant au château, il ne se visite pas car l'aînée des *pousadas* portugaises y a élu domicile. Au pied du château, village médiéval reconstitué servant de cadre à la fête annuelle de la ville. De là, possibilité de grimper sur le chemin de ronde crénelé qui fait le tour de la ville.

Igreja de Santa Maria *(plan B2)* **:** c'est l'église mère d'Óbidos. Elle fut édifiée au XIIe s, certainement sur les restes d'un temple wisigoth, puis reconstruite au XVIe s. Son aspect actuel date du XVIIe s. Son portique est particulier avec ses colonnes Renaissance. À l'intérieur, les murs sont recouverts d'*azulejos* du XVIIe s. À ne pas manquer, dans la nef de gauche, la pietà Renaissance sculptée dans la pierre calcaire d'Ança par Jean de Rouen. Elle orne le tombeau de João de Noronha, surnommé « le Vieil Homme », né vers 1410, maire d'Óbidos qui fut assassiné par son gendre. Bien présentes mais très peu mises en valeur, quelques grandes toiles de la peintre d'origine sévillane Josefa de Ayala Figueira, dite Josefa d'Óbidos. Dans le fond, un autel baroque quelque peu éteint.

Muralhas : *plusieurs accès (le plus pratique se situe au niveau de la porta da Villa).* Élevées du XIe au XIVe s puis restaurées à de nombreuses reprises. On peut en faire le tour par le chemin de ronde ; 1,5 km quand même !
Bon à savoir : attention, si vous vous promenez sur ces remparts. Risque de vertige, pas de garde-fou, pavage très irrégulier et quelques passages en pente glissants. À éviter s'il pleut ou avec des enfants. On peut très bien se contenter d'y mettre un pied, pour jouir des superbes vues à 360° sur la forêt de tuiles rouges, les blanches façades fleuries et la campagne alentour. À l'entrée d'Óbidos, noter le long aqueduc romain pratiquement intact.

Museu municipal *(plan A2)* **:** *rua Direita, 97. ☎ 262-955-557. Tlj 10h-13h, 14h-17h, sauf lun. Entrée : 1,50 €.* Au 1er étage, de beaux portraits de femmes d'Eduardo Malta (notez la précision raphaélique qui caractérise son œuvre). Sinon, parmi les œuvres les plus remarquables, notons une pietà en pierre calcaire polychrome de la 1re moitié du XVIe s et un saint Sébastien du XVIe s, magnifiquement sculpté dans la pierre. La salle dédiée à la Renaissance est émouvante avec de beaux bois peints du XVIe s, dont un Calvaire attribué à Quentin Massys provenant de la chapelle de la Miséricorde. Plus loin, le maniérisme trouve son maître sous la brosse de Belchior de Matos (peintre de Caldas da Rainha).

Museu Abílio de Mattos e Silva *(plan B2)* **:** *sur le côté droit de l'igreja de Santa Maria. Tlj 10h-13h, 14h-17h, sauf lun. GRATUIT.* Un musée moderne et lumineux créé à l'initiative de Maria José Salavisa, l'épouse d'Abílio de Mattos e Silva. Cette expo d'affiches, de peintures et de dessins évoque toutes les facettes de son mari, qui œuvra en tant que créateur de costumes pour le théâtre et l'opéra, mais également comme peintre reconnu. Des expos temporaires également en saison.

Museu paroquial *(plan A3)* **:** *dans l'igreja de S. João Baptista, juste à l'extérieur de la vieille ville par la porte principale, dans la petite rue en surplomb. Tlj 10h-13h, 14h-16h, sauf lun. Entrée : 1,50 €.* L'ancienne chapelle d'une léproserie, largement remaniée au XVIe s, abrite désormais la petite collection du musée paroissial. La visite permet d'apprécier le trésor (exposition d'objets liturgiques), de beaux vêtements sacerdotaux et quelques anges en bois polychrome des XVIIe-XVIIIe s, mais la principale curiosité est un ***riche carrosse du XIXe s,*** utilisé lors de la procession pour Notre-Dame de Nazareth.

– ***Boire une ginja d'Óbidos :*** la version locale de cet apéro de grand-mère sucré et sirupeux à base de griottes. Omniprésente jusque dans la rue, et bue dans une petite coupelle en plastique !

Manifestations

– ***Festival du Chocolat :*** *mars-avr et après la Semaine sainte, sur 4 w-e.* Sculptures en chocolat, dégustations...
– ***Fête médiévale :*** *3 sem de mi-juil à début août.* • *mercadomedievalobidos.pt* • Avec spectacles et marché, ainsi qu'un village médiéval reconstitué en contrebas du château. Pas de soucis si vous avez oublié épée et bliaud (une blouse médiévale portée par les hommes et les femmes), on vous en prête sur place.

DANS LES ENVIRONS D'ÓBIDOS

★ ***Le sanctuaire Senhor Jesus da Pedra :*** *estrada Obidos-Caldas da Rainha, à 1 km à l'est en sortant d'Óbidos.* Construit entre 1740 et 1747, cette église est intéressante pour sa forme hexagonale et sa toiture pyramidale aux tuiles en verre et de couleur verte. La croix de pierre gravée d'une figure du Christ, à l'origine du sanctuaire au XVIIIe s, semble avoir été très vénérée à l'époque paléochrétienne pour ses qualités de protection.

★★★ ***Le jardin oriental Buddha Eden :*** *quinta dos Loridos, à Carvalhal* ***(Bombarral).*** *☎ 939-797-199.* • *bacalhoa.pt* • *À env 10 km au sud d'Óbidos en direction de Bombarral. Par l'A 8, sortie 12 direction Carvalhal, c'est fléché. Tlj, sauf 1er janv et 25 dec, 9h-18h (dernière entrée à 17h30). Entrée : 5 € ; gratuit moins de 12 ans.* Un lieu remarquable, original et d'une grande beauté esthétique et spirituelle. Attenant à un grand domaine viticole (35 ha), ce vaste parc dédié à Bouddha et à l'esprit de Paix a été créé par José Berardo, riche entrepreneur (la société Bacalhoa Viños do Portugal) et viticulteur. C'est aussi un milliardaire collectionneur d'art. Choqué de la destruction par les talibans en 2001 des bouddhas de la vallée de Bâmiyân, dans le centre de l'Afghanistan, il décida de « réparer » symboliquement ce méfait par un bienfait. Ainsi naquit Bouddha Eden. Le domaine est un grand parc verdoyant avec un étang dans le bas et, sur la colline, des dizaines de bouddhas, de toutes les tailles, dans toutes les positions ! C'est un voyage en référence à la Chine et à l'Asie, avec une impressionnante porte monumentale, des bassins, une allée qui descend vers le petit étang. Berardo a même reconstitué d'une manière moderniste une garnison de soldats en terre cuite de Xi'an (Chine du nord), vieille de près de 2 000 ans. Ils sont mystérieusement alignés sur un champ en pente, tous en béton et tous peints en bleu de Prusse (très vif), avec une réplique à cheval de l'empereur Qin au centre.
– ***Bon à savoir :*** on peut faire le tour du domaine en petit train, avant de s'offrir une pause au café ou une dégustation de vin.

★ ***Salinas de Rio Maior*** *(Salines de Rio Maior)* ***:*** *estrada das Salinas, à env 20 km à l'est d'Óbidos.* On est à plus de 30 km de la mer, et pourtant la région possède des salines. Ce gisement de sel gemme date de 1177, mais les historiens pensent qu'elle était déjà exploitée au Paléolithique. À cette période, la mer occupait cette région. Les bassins sont aujourd'hui alimentés par des eaux souterraines dont la teneur en sel est 7 fois plus élevée que l'eau de mer ! Dans un magnifique paysage de vallées profondes, les sauniers s'activent à la surface des œillets comme il y a 800 ans. Chaque année, les salines de Rio Maior produisent 2 000 t de sel.

La lagune d'Óbidos : *au nord-ouest de la ville.* Accessible en voiture, mais les sportifs pourront également emprunter une piste cyclable pour rallier cette petite mer intérieure qui offre de belles plages et des eaux calmes pour y faire trempette. Un bel endroit pour la pratique d'activités nautiques (voile, *stand-up paddle*...). À Foz de Arelho, qui marque son débouché sur la mer, une série de petits restos de plage où il fait bon écluser un gorgeon.

– ***Escola de Vela da Lagoa*** *(École de voile de Lagoa) : rua Eng. Luis Paiva e Sousa, n°105, 2500-177* ***Nadadouro.*** *☎ 262-978-592. 962-568-005. ● escoladevelada lagoa.com ● En bordure de la rive nord de la lagune, fléché au rond-point avt d'arriver à Foz de Arelho.* Centre nautique tenu par un couple franco-portugais. Grande bâtisse en bois dans un site charmant, abrité et constamment balayé par une brise légère. Autrement dit, idéal pour s'adonner aux joies de la voile, du kitesurf et autres subtilités flottantes. Encadrement pro. Toutes sortes de formules, en individuel ou en cours collectif. Snack-bar sur place.

CALDAS DA RAINHA

À 10 km au nord d'Óbidos, ville de taille moyenne (env 52 000 hab.), elle a longtemps été réputée pour ses sources thermales appréciées dès le XVe s par la reine Leonor, épouse de Manuel Ier. De nos jours, elle est connue comme la ***capitale nationale de la céramique,*** dont la particularité est d'être largement inspirée du naturalisme : soupière en forme de choux, vases courgettes, bonbonnière citron... Est-ce un hasard si un marché animé aux légumes a lieu chaque matin sur la praça da República ? À partir de ce rendez-vous quotidien, la rua da Liberdade mène à l'élégante place des Thermes. Au-delà, on trouve le grand parc Dom Carlos Ier, œuvre de Rodrigo Berquó datant de la Belle Époque, remodelée au lendemain de la 2de Guerre mondiale par l'architecte-paysagiste Francesco Caldeira Cabral.

LES « CHOSES DE CALDAS »

Sur le marché, dans la rua de Camões, mais aussi dans les pâtisseries de la ville, on remarque des statuettes en faïence et des meringues oblongues et bicolores. Pas de doute permis, elles évoquent l'appareil génital masculin au meilleur de sa forme. Ces fantaisies sont offertes aux jeunes mariés, au titre d'une vraie tradition séculaire qui a su s'accommoder de la morale. Reconnaissons qu'il y a plus discret comme souvenir à poser à côté de la télé ou... comme en-cas à grignoter dans la rue !

Faianças artísticas Bordalo Pinheiro : *rua Rafael Bordalo Pinheiro, 53. ☎ 262-839-380. ● eu.bordallopinheiro.com ● En voiture, faire le tour du parc Dom Carlos I par le sud, la boutique de la fabrique se trouve face à l'entrée est. Seule la boutique est ouverte au public, tlj 8h30-13h, 14h (15h dim)-17h30. Éventail de prix très large. Au fond, les oportinudades, des pièces soldées pour de légers défauts.* Créée en 1884 par Rafael Bordalo Pinheiro (connu par son très populaire personnage de Zé Povinho, « José le Peuple », petit bonhomme engoncé dans sa barrique de vin qui salue les puissants d'un bras d'honneur !), cette fabrique produit toujours les modèles de vaisselle et d'objets décoratifs naturalistes qu'il a imaginés. C'est tour à tour joli, amusant... ou très kitsch.

Museu da Cerâmica : *rua Dr Illídio Amado, 97. ☎ 262-840-280. Tlj, sauf lun, 10h-12h30, 14h-17h30 (18h juil-sept). Entrée : 3 € ; réduc.* Installé dans un genre de petit manoir romantique du XIXe s aux beaux *azulejos,* au cœur d'un écrin de verdure. On y admire une sélection d'œuvres de Bordalo Pinheiro (1846-1905), enrichie de faïences réalisées par ses prédécesseurs et compères. Également des pièces plus anciennes au rez-de-chaussée, et de la céramique contemporaine au 2e étage.

Museu José Malhoa : *dans le parc Dom Carlos I. ☎ 262-831-984. Tlj, sauf lun, 10h-12h30 (14h dim), 14h (15h dim)-18h (17h30 début oct-fin avr). Entrée : 3 € ; réduc ; gratuit moins de 12 ans et 1er dim du mois. Audioguide en anglais.*
Un beau musée de forme elliptique qui regroupe les œuvres des principaux naturalistes portugais. La visite commence par les romantiques tardifs à l'image de Miguel Angelo Lupi et de son émouvant portrait du Tintoret en train de peindre sa fille morte. Attenante, une grande salle de céramique, avec, bien entendu, des œuvres de Bordalo Pinheiro, dont la remarquable *Passion du Christ,* une collection de personnages bibliques grandeur nature que l'artiste a mis 12 ans à réaliser.
Dans la salle suivante, des toiles de son frère, Columbano, qui se refusait à peindre des paysages, exerçant son talent sur les portraits. Puis, au fil des tableaux, on apprend à faire le distinguo entre l'école de Lisbonne et celle de Porto, toujours plus revendicative. Très lumineux, l'espace central est consacré à l'œuvre de Malhoa.

NAZARÉ (2450) 15 100 hab.

• Plan *p. 395*

À 64 km au nord de Peniche, et 122 km de Lisbonne, Nazaré était naguère le port de pêche le plus célèbre du Portugal avec ses pêcheurs aux longs bonnets remontant leurs bateaux à l'aide de gros bœufs, scènes immortalisées en noir et blanc par les photographes. Aujourd'hui, ces hommes de la mer ont quitté la plage – laissée aux touristes –, et un port moderne, qui ne se visite pas, a mis fin à cette coutume séculaire, mais Nazaré reste un grand port de pêche !
Nazaré est devenue une station balnéaire comme une autre, plutôt agréable, particulièrement appréciée par les familles pour son immense plage de sable fin. Celle-ci est dominée au nord par un imposant promontoire rocheux (le Sítio) terminé par un phare rouge. C'est au pied de ce promontoire que se forment les plus grandes vagues de la côte qui attirent les surfeurs, chaque année en octobre.
– ***Bon à savoir :*** Nazaré est célèbre pour avoir enregistré des vagues de plus de 20 mètres. En 2011, le surfeur américain Garrett Mc Namara a battu ici le ***record de la plus haute vague surfée*** : 23,77 m ! En août 2012, une vague record a atteint 33 mètres ! Facile de comprendre pourquoi les plages de Nazaré sont autant appréciées des surfeurs du monde entier.

UN PEU D'HISTOIRE

L'origine du nom Nazaré renvoie à la ville de Nazareth en Palestine. Au VIIIe s, un moine grec en rapporta une statue de la Vierge. Celle-ci passa par un monastère espagnol avant d'arriver sur le littoral portugais. Plus de détails, plus bas, dans le texte sur le sanctuaire de Nossa Senhora da Nazaré.

Arriver – Quitter

En bus

Gare routière *(hors plan par A2) : av. do Município, derrière la bibliothèque municipale.*
➢ ***Lisbonne :*** normalement 6-8 bus/j. dans les 2 sens avec *Rede Expressos (☎ 217-524-524 ;*

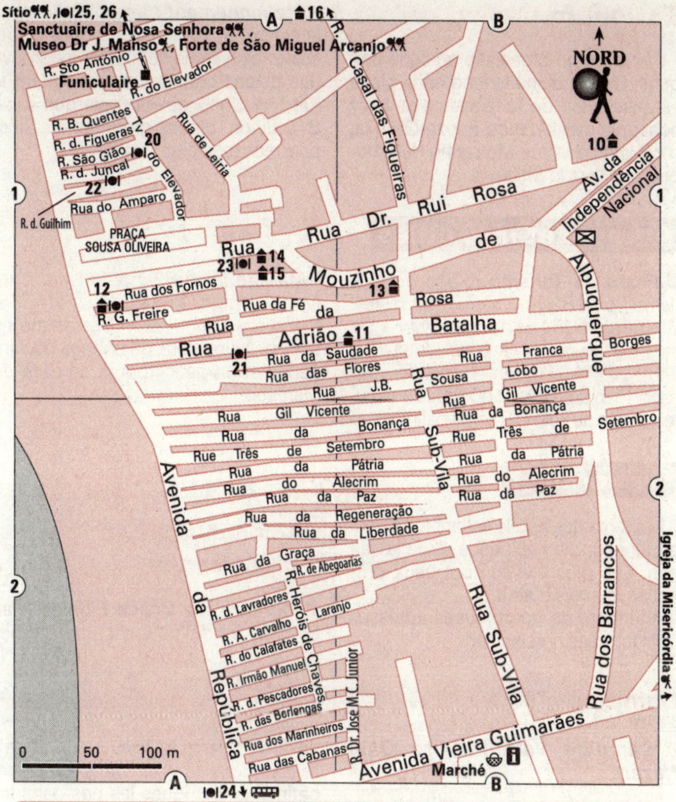

NAZARÉ

■	**Adresse utile**		**16** Nazaré Hostel (hors plan par A1)
	Posto de Turismo (B2)		
	Où dormir ?		**Où manger ?**
	10 Vila turística Conde Fidalgo (B1)		**20** Casa O Santo de Anibal (A1)
	11 Restaurante-hospedaria Ideal (B1)		**21** A Tasquinha (A1)
	12 Hotel Ribamar (A1)		**22** Maria do Mar (A1)
	13 Magic Art Hotel (B1)		**23** Tosca Gastrobar (A1)
	14 Hotel Maré (A1)		**24** Taverna do 8 ó 80 (hors plan par A2)
	15 Lab Hostel Bed & Waves (A1)		**25** Casa Pires a Sardinha (hors plan par A1)
			26 Sitiado (hors plan par A1)

● *rede-expressos.pt* ●). Durée : 1h40.
➢ ***Porto :*** 1 bus/j. Durée : 2h45.
➢ ***Coimbra :*** 4 bus/j. avec *Rede Expressos.* Durée : env 1h40.
➢ ***Óbidos :*** 5 bus/j. Durée : env 1h.
➢ ***Tomar, via Alcobaça et Batalha :*** 1 bus/j. avec *Rodoviária do Tejo* (● *rodotejo.pt* ●). Durée : env 2h30.

En voiture

– ***Circulation :*** organisée en sens uniques. On est dirigé le long de la plage jusqu'au pied de la falaise, avant d'y échapper par la place Souza Oliveira, d'où grimpe la rue Mouzinho de Albuquerque vers le Sítio.

– ***Stationnement :*** très difficile dans le centre. Se garer le long de la plage, assez loin vers le sud, sinon on trouve des places gratuites en remontant la rue Mouzinho de Albuquerque *(plan B1)*. Sinon, places gratuites au Sítio, puis redescente en funiculaire.

Adresse et info utiles

ℹ ***Posto de Turismo*** *(office de tourisme ; plan B2)* **:** *av. Vieira Guimarães. ☎ 262-561-194. • cm-nazare.pt • De mi-juil à fin août, tlj 9h-20h ; sept-juin, tlj 9h30-13h, 14h30-18h (19h mai-juin et sept).* Plan de la ville et quelques brochures. Poste au sein du même bâtiment.

– ***Marché*** *(plan B2)* **:** *ts les mat (sauf lun en hiver) dans une halle sur l'av. Vieira Guimarães.* Très animé en saison. À l'intérieur, de bonnes boulangeries et un petit troquet, le *Café do Mercado.*

Où dormir ?

– Les tarifs des hôtels varient fortement en fonction de l'affluence et de la saison. Les plus élevés sont ceux pratiqués au mois d'août.
– Attention, de nombreuses adresses sont fermées hors saison.

Camping

⛺ ***Camping Vale Paraíso Ohai Nazaré :*** *estrada Nacional, 242, à 2 km de Nazaré, sur la route de Leiria/Marinha Grande. ☎ 262-561-800. • infonazare@ohairesorts.com • ohairesorts.com • Env 5 bus/j. pour le centre-ville. Congés : sem de Noël. Camping pour 2 pers 15-30 € selon saison et taille de l'empl. ; glamping pour 2 ou 3 pers 59-65 €, bungalows et appartements 2-6 pers 59-170 €.* À l'abri des pins, non loin de la plage mais près de la nationale, un gros camping avec des tentes (de 2 à 5 personnes) montées sur un plancher sur le principe du *glamping*. Nombreux services et équipements : piscine, ping-pong, fitness, *paddle*-tennis, basket, billard, resto-self et épicerie. Pratique : un branchement électrique par emplacement. Cours de yoga, animations enfants, spectacles, concerts et soirées thématiques en été. Location de vélos et cours de surf.

De bon marché à prix moyens

🏠 ***Vila turística Conde Fidalgo*** *(plan B1,* ***10****)* **:** *av. da Independência Naciónal, 21 A. ☎ 262-552-361. 📱 968-331-318. • vilacondefidalgo@gmail.com • À 100 m de la poste. Selon confort et saison, doubles 35-50 €, apparts 45-110 € ; petit déj 5 €. Stationnement gratuit dans la rue.* Dans plusieurs bâtiments imbriqués les uns dans les autres, mais bien au calme, des chambres et de petits appartements (avec cuisine équipée) impeccables, bien agencés, et décorés avec personnalité grâce aux talents de Judite et de sa fille. On s'y sent vite à l'aise, d'autant que les différentes petites terrasses permettent de s'isoler...

🏠 ***Lab Hostel Bed & Waves*** *(plan A1,* ***15****)* **:** *rua de Rio Maior, 14. ☎ 262-382-339. 📱 913-711-479. • geral@labhostel.pt • labhostel.pt • Dans une ruelle piétonne du centre. Dortoirs 16-26 €/pers selon saison ; doubles 40-70 €, petit déj compris. Réception ouv 15h-21h.* Dans un ancien labo de pharmacie, une AJ récente, appréciée des surfeurs, arrangée dans un style très contemporain et coloré. Au total, 3 dortoirs de 6 lits (dont un au sous-sol avec une petite ouverture), 2 chambres familiales soignées et 1 double, chacune avec sa salle de bains privative. Salon TV à dispo mais pas de cuisine. Une adresse très propre et super bien placée.

Nazaré Hostel (hors plan par A1, **16**) : *rua Nova da Areia, 24. 915-538-385 ; 936-025-909. • info@nazarehostel.pt • nazarehostel.pt • En haut d'une rue pentue, proche du funiculaire. Selon saison, dortoirs 12-30 €/pers, doubles 25-80 € ; familiales également.* Une AJ attirante et conviviale installée dans une bâtisse ancienne fraîchement restaurée. Les 2 dortoirs de 4 lits et les 5 chambres s'étagent avec, comme point de ralliement, la salle à manger, le salon TV et la belle cuisine commune. Plusieurs salles de bains par étage et des balcons pour apprécier la vue dégagée sur les toits de la ville et la plage. C'est tranquille ici.

Restaurante-hospedaria Ideal (plan B1, **11**) : *rua Adrião Batalha, 98. ☎ 262-551-379. Doubles avec sdb communes 25-35 € selon saison. Fermé en hiver.* Au-dessus d'un resto, 4 petites chambres à l'ancienne, très simples mais impeccables, avec lavabo et bidet. Salles de bains communes sur le palier. Charmant accueil en français de Maria-Josée.

De prix moyens à beaucoup plus chic

Hotel Ribamar (plan A1, **12**) : *rua Gomes Freire, 9. ☎ 262-551-158. • reservas@ribamarnazare.com • ribamarnazare.com • En bord de mer. Congés : 2 sem en déc. Doubles 30-90 € selon confort et saison, petit déj compris.* Édifice blanc et jaune dans un emplacement remarquable le long de la promenade de la plage. Certaines chambres avec boiserie au plafond et vue sur mer sont très agréables. D'autres, économiques, sont plus classiques mais restent convenables, elles donnent sur la ruelle latérale. Bon accueil. Fait aussi resto.

Magic Art Hotel (plan B1, **13**) : *rua Mouzinho de Albuquerque, 58. ☎ 262-569-040. • info@hotelmagic.pt • hotelmagic.pt • Congés : 2 sem en janv et en nov. Doubles 60-120 € selon confort et saison, petit déj et parking compris.* Chic et contemporain, dans un esprit jeune et moderne, à l'image des parties communes, lumineuses et design, où l'on a aménagé un petit coin salon très cosy, d'allure vintage. Les chambres, tout confort, sont toutes différentes et parfois dotées de salles de bains semi-ouvertes très tendance. Accueil affable. Notre adresse préférée à Nazaré !

Hotel Maré (plan A1, **14**) : *rua Mouzinho de Albuquerque, 10. ☎ 262-550-180. • reservas@hotelmare.pt • hotelmare.pt • À l'arrière de la pl. Souza Oliveira. Doubles 80-120 € selon confort et saison, petit déj compris ; voir offres sur le site. Parking à 500 m (payant).* Un immeuble moderne dans une rue perpendiculaire à la mer, proposant des chambres de bon confort (malgré une salle de bains petite). Pas de vue sur la mer mais sur la rue (calme) ou sur l'arrière. Jolie vue sur la ville et la mer au loin depuis la salle vitrée du petit déj, située au 5e étage. Accueil professionnel.

LE CENTRE

Où manger ?

De très bon marché à prix moyens

Casa O Santo de Anibal (plan A1, **20**) : *travessa do Elevador, 11. ☎ 262-085-128. Derrière la praça Souza Oliveira, vers le funiculaire. Juin-sept, tlj 8h-23h ; fermé mar en hiver. Plats 5-10 € ; tourteaux env 18 €/kg. CB refusées.* Une envie de coquillages ? C'est la spécialité de cette petite échoppe populaire, dotée d'une salle fréquentée par les locaux et d'une terrasse bien agréable. On peut aussi se faire plaisir avec des escargots, des palourdes et des crabes selon la pêche du jour. Vraiment bien pour un repas léger ou pour siroter un petit verre de blanc à l'heure de l'apéro.

A Tasquinha (plan A1, **21**) : *rua Adrião Batalha, 54. ☎ 262-551-945.*

Dans l'une des épines dorsales perpendiculaires à la plage. Tlj 12h-15h, 19h-22h30, sauf lun et mar. Congés : Noël-fév. Plats 7-13 €. Tout le monde adore cette excellente adresse, où habitués et touristes se retrouvent au coude-à-coude dans 2 petites salles autour de grandes tablées. Atmosphère conviviale garantie, notamment grâce à l'accueil de Carlos (en français). À la carte, grand choix de poissons frais bien cuisinés et copieusement servis avec de bons légumes. Les spécialités du chef : l'*arroz de marisco* et le *camarão à Tasquinha*. Un régal !

Maria do Mar *(plan A1, **22**) : rua do Guilhim, 13. 919-444-711. Dans une petite rue qui part du front de mer. Tlj midi et soir jusqu'à 22h. Plats 8-12 €.* Marina, la dynamique patronne, parle très bien le français. En été, la terrasse donnant sur la rue est agréable ; on y fait d'ailleurs des grillades au barbecue. En hiver, on profitera de la véranda ouvrant sur la ruelle. Sert une cuisine locale sans prétention mais bonne, du genre *arroz de mariscos, caldeirada* et *feijoada* pour 2. Une adresse sans chichis plébiscitée par nos lecteurs.

Tosca Gastrobar *(plan A1, **23**) : rua Mouzinho de Albuquerque, 4. ☎ 262-562-261. Sur la pl. Souza Oliveira. Tlj midi et soir, jusqu'à 22h. Plats 9-15 €.* La bonne alternative aux tavernes : cadre moderne agréable, avec le comptoir en bonne place et ses rayonnages garnis de bouteilles. Dans l'assiette, une cuisine locale un brin revisitée et joliment présentée (genre porc noir et patates douces, ou morue sauce mangue...). C'est très bon et servi avec le sourire.

Taverna do 8 ó 80 *(hors plan par A2, **24**) : av. Manuel Remígio, 8. ☎ 262-560-490. Sur le front de mer, en allant vers le nouveau port, au niveau des immeubles jaunes. Tlj sauf mar (tlj fin juil-début sept). Plats 10-15 €.* Une bonne table déjà gastronomique, doublée d'un bar à vins proposant une carte de plus de 400 références portugaises ! Cadre contemporain, déco dédiée aux vignobles du pays, et accueil chaleureux. Dans l'assiette, une cuisine raffinée, à base de produits de qualité, servie avec soin. Très bon dessert en verrine. Pour le vin, laissez-vous guider par un service au verre : de belles découvertes à faire ! Et, au final, une addition qui s'avère fort raisonnable. Quant au nom du resto, il fait référence à une expression signifiant « tout ou rien ». Nous, on prend tout !

Sitiado *(hors plan par A1, **26**) : rua Amadeu Gaudêncio, 2. ☎ 262-087-512. Derrière la pl. principale du Sítio, repérer le palmier. Tlj sauf mar ; service en continu 12h-15h30, 19h-22h30. Congés : 2 sem en oct. Plats 5-8 €.* Un resto-bistrot-bar à vins à la déco hétéroclite qui propose de savoureux *petiscos* et de petites assiettes de poulpe, crevettes *à guilho, lulas,* palourdes, ainsi que de la charcuterie et du fromage local d'exception, servis à toute heure du jour. Également quelques plats plus conséquents, notamment du boudin et des grillades de porc noir. Bon choix de vins et bières artisanales, et patron vraiment gentil.

Casa Pires a Sardinha *(hors plan par A1, **25**) : largo de Nossa Senhora da Nazaré, 45. ☎ 262-553-391. Sur la pl. principale du Sítio, en contrebas, à droite de l'église. Tlj sauf dim soir et lun, jusqu'à 22h. Plats 10-20 €.* En terrasse ou dans la salle populaire avec sa cuisine ouverte, les clients se régalent d'excellentes spécialités de poisson. Qu'il s'agisse de sardines tout simplement grillées ou d'un plat plus soigné, comme la délicieuse *bacalhau de la casa,* c'est frais, bon et copieux. Avec le pain maison, une salade et un verre de vin gouleyant, le festin est assuré !

Achats

Sur le front de mer et au Sítio, on trouve encore de l'artisanat typique de Nazaré. Il illustre sa tradition maritime et la poésie de la vie quotidienne : bateaux miniatures, lanternes, bonnets de pêcheurs, mais aussi vannerie et céramiques.

Chez Joaquin Teixera *(hors plan par A1) : rua do Cirio da Prata Grande,*

LE CENTRE

dans le quartier du Sítio. Dans une ruelle donnant sur la pl. de l'église, à l'opposé de celle-ci, en haut des escaliers. Une bonne adresse pour acheter de jolies répliques de bateaux de pêche. Ce n'est pas vraiment une boutique, mais l'atelier de l'aimable Joaquin, où on le voit travailler sur ses modèles. Artisanal et pas trop cher.

À voir. À faire

Très belle et grande ***plage de sable fin*** avec de nombreuses cabines de bain, en toile rayée multicolore, qui donnent un visage un peu rétro et « Belle Époque » à cette station balnéaire. Cette plage est surveillée mais très fréquentée.

Igreja da Misericórdia *(hors plan par B2)* **:** *rua Abel da Silva. Dans le bairro de Pederneira (le village perché à l'opposé du Sítio) ; prendre la direction d'Alcobaça, puis à droite au 1er rond-point.* Église à la façade style baroque tardif (style maniériste du XVIIe s) et à nef unique où l'on remarque la voûte en bois, les colonnettes ioniques et un panneau d'*azulejos* polychromes allusifs à la sainte patronne au-dessus de la porte d'entrée. Bel autel typiquement baroque tout en dorures et copieusement tarabiscoté. Du parvis, bon point d'observation sur la ville.

Le quartier du Sítio *(hors plan par A1)* **:** *en haut de la falaise, au nord de la ville et de la plage. Accès facile en voiture, en bus, ou à pied (prévoir 20 mn, grandes marches pavées). Le mieux consiste à prendre le* ***funiculaire*** *(ascensor) : un départ dans les 2 sens ttes les 15 mn : juil-août 7h30-2h, avr-juin 7h30-minuit, oct-mars 7h15-22h. Billet : 1,50 € l'aller simple, 3 € l'A/R, réduc.* Ce quartier haut perché, au sommet d'un promontoire rocheux et abrupt, surplombe la ville et la plage de Nazaré comme un poste d'observation vertigineux. C'est un point de vue exceptionnel depuis la plus haute falaise du Portugal. La place principale, toute blanche et lumineuse, est bordée de nombreuses boutiques de souvenirs et de cafés. Au bord de la falaise, en face du monument dédié à Vasco de Gama, repérer la minuscule ***chapelle de la Mémoire*** qu'un chevalier dédia à la Vierge, à l'endroit « exact » où son cheval arrêta miraculeusement sa course alors qu'il poursuivait un cerf (voir l'église Nossa Senhora da Nazaré ci-après).

Le sanctuaire de Nossa Senhora da Nazaré *(hors plan par A1)* **:** *sur la pl. principale du Sítio. Tlj 9h-19h (18h en hiver), sauf pdt la messe. GRATUIT. Visite de la sacristie et approche de la Vierge de Nazaré : 1 €.* L'église présente un intérieur baroque, tout en bois doré, en angelots, en colonnes salomoniques abondamment surchargées de feuilles de vignes et grappes. Dans cette partie de l'édifice, les *azulejos* sont essentiellement hollandais. Mais les plus beaux sont dans la sacristie *(accès limité).* La visite de cette dernière commence par de beaux *azulejos* polychromes à motifs géométriques du XVIIe s (peints à la main). Levez les yeux pour admirer la voûte représentant l'Ascension de la Vierge (unique dans tout le Portugal). Avant d'entrer dans la sacristie primitive, un petit coup d'œil sur les ex-voto en cire : des membres, des organes, etc. Dans la sacristie, évocation d'un roi wisigoth et du moine são Romano, qui auraient rapporté de Nazareth, en Palestine, une statue de la Vierge, ici, dès 714.

Ce moine cacha la statue dans une niche de la falaise où elle resta oubliée pendant 468 ans avant qu'on la déplace dans la chapelle en l'an de grâce 1182. Elle fut retrouvée bien plus tard lors des travaux de restauration. En repartant, ne manquez pas le tableau qui évoque la légende du roi Alphonse Ier, dom Fuas Roupinho (XIIe s). Galopant derrière un cerf par une brumeuse matinée d'automne, il voit sa proie tomber subitement du haut de la falaise. L'intervention miraculeuse de la Vierge, immobilisant son cheval, lui aurait évité de subir le même sort.

Museu etnográfico e arqueológico Dr Joaquim Manso *(hors plan par A1)* **:** *rua Dom Fuas Roupinho. ☎ 262-568-801. Quartier du Sítio, derrière la pl. centrale. Oct-juin*

LE CENTRE

10h-12h30 et 14h-17h30 (18h juil-sept). Fermé lun. GRATUIT. Micromusée évoquant la vie d'antan à Nazaré : quelques vestiges de l'époque romaine, une Vierge en majesté de l'église de Pederneira (XIIIe-XIVe s), des outils de charpentier de marine, la barque typique de Nazaré *(arte xávega)* conçue pour éviter d'enfourner les vagues, des costumes traditionnels... Les cartels explicatifs en français sont à demander à l'entrée.

Forte de São Miguel Arcanjo *(hors plan par A1) : au bout de la falaise, à 10 mn à pied de la pl. centrale du Sítio. Tlj, sauf lun, 10h-18h (20h en été). Fermé en hiver. Entrée : 1 €.*
Le plus beau panorama de Nazaré. D'un côté la ville et sa grande plage, de l'autre la côte sauvage fréquentée par les surfeurs de bon niveau. Perché au sommet d'un promontoire rocheux escarpé, le fort fut construit en 1577 pour servir de sentinelle contre les pirates algériens, marocains, hollandais et normands. Il fut réaménagé par le roi João IV, dit « le Restaurateur », en 1644, puis servit de refuge aux troupes napoléoniennes de 1807 à 1814. En 1903, un phare fut installé sur son toit pour guider les marins et les pêcheurs.
À l'intérieur, une salle retrace son historique, tandis qu'une autre donne des explications sur la formation des vagues au large, depuis le canyon sous-marin de Nazaré de plus de 3 000 m de profondeur. Le phénomène de « vagues géantes » y est bien expliqué.

Manifestations

– De mi-juin à fin août le samedi soir, nombreuses ***touradas*** (corridas) sur la praça dos Touros.
– ***Fête de la Nossa Senhora de Nazaré :*** *le 8 sept. Romaria* (procession) à partir de 11h dans le quartier du Sítio. Danses folkloriques et courses de taureaux les week-ends d'avant et d'après.

DANS LES ENVIRONS DE NAZARÉ

La petite station balnéaire (2 644 hab.) de ***São Martinho do Porto*** *(à env 13 km au sud de Nazaré)* n'a pas de caractère particulier mais dispose d'une belle anse de forme hémisphérique (une curiosité rare) fermée par deux petites pointes de terre rapprochées. Endroit propice à la baignade en toute sécurité, très prisée des familles.

Posto de Turismo *(office de tourisme) : rua Vasco de Gama, 8, 2460-680* ***São Martinho do Porto.*** *☎ 262-989-110. Tte l'année, tlj 9h30-13h, 14h-18h30.* Pas mal de doc sur toutes les choses à faire dans le coin. Accueil pro.

Residencial Atlântica : *rua Miguel Bombarda, 6, 2460-671* ***São Martinho do Porto.*** *☎ 262-980-151. • residencial.atlantica@gmail.com • hotelatlantica.pt • Doubles 45-85 €, avec petit déj.* Un petit hôtel pimpant à 2 pas de la plage, dont les chambres simples et propres, à la déco blanc-bleu, se révèlent d'un bon rapport qualité-prix (les plus agréables sont dotées d'un balcon). Le petit déj-buffet est à prendre au restaurant. Accueil aimable.

ALCOBAÇA ET SON MONASTÈRE

(2460) 56 700 hab.

À 16 km à l'est de Nazaré, à l'intérieur des terres par la N 8-4, Alcobaça se trouve à la confluence de 2 rivières, l'Alcoa et la Baça. Ville ancienne au passé

romain puis musulman, elle doit cependant son immense renommée à un formidable monastère cistercien, véritable joyau architectural classé au Patrimoine mondial de l'Unesco. Fait marquant, c'est ici qu'eurent lieu les 1res classes publiques du Portugal le 11 janvier 1269. Alcobaça est une ville de province tranquille, organisée tout autour de son valeureux monument. Ville de faïence (plus décorative qu'à Caldas da Rainha), de pâtisseries (quelques médailles nationales dans les vitrines !), elle est à ne manquer sous aucun prétexte.

La Reine morte

Au XIVe s, à la mort de son épouse, Constance de Castille, dom Pedro convole avec sa dame d'honneur, Inès de Castro. Mais, pour de sombres histoires politiques, son monarque de père, le roi Alphonse IV, laisse ses conseillers assassiner Inès. Fou de rage, dom Pedro déclenche à leur encontre une guerre civile, obligeant son père à négocier un armistice avec lui, avant de mourir quelque temps après.
Mais à peine Alphonse IV a-t-il passé l'arme à gauche que Pedro se venge immédiatement de la mort de sa dulcinée. Il fait sculpter un somptueux tombeau (celui de l'église) et exhume le corps de sa femme. La légende raconte que la dépouille de la belle Inès, à qui il avait pris soin de faire porter une couronne et d'endosser un manteau de pourpre, fut assise sur le trône. Puis il prit à Pedro de demander à tous les grands du royaume de venir baiser la main de « ***sa Reine morte*** ». Cette histoire tragique de la Reine morte a inspiré Henry de Montherlant qui en fit une pièce de théâtre.

Arriver – Quitter

Gare routière : *av. Manuel da Silva Carolino. ☎ 262-582-221.* Consigne.
➢ ***Nazaré*** *(20 mn),* ***Batalha*** *(30 mn) et* ***Óbidos*** *(env 1h15) :* nombreuses liaisons/j. assurées par *Rodoviária do Tejo (● rodotejo.pt ●).*

➢ ***Coimbra, Lisbonne :*** avec *Rede Expressos (☎ 707-223-344 ; ● rede-expressos.pt ●).* Env 4-5 liaisons/j. pour Lisbonne. Pour Coimbra, 1 seul bus/j. dans l'ap-midi. Durée : Lisbonne (2h), Coimbra (1h25).

Adresse utile

Posto de Turismo *(office de tourisme) : rua Araújo Guimarães, 28. 📱 924-032-615. ● cm-alcobaca.pt ● Tlj 9h (10h le w-e)-12h30, 14h-17h30 (18h le w-e).* Plan et livret sur la ville et la région. Accueil parfois francophone, selon la personne.

Où dormir ?

De bon marché à prix moyens

Hostel Rossio : *praça 25 de Abril, 15. ☎ 262-598-237. 📱 919-333-868. ● geral@hostelrossioalcobaca.pt ● hotelrossioalcobaca.pt ● Face au monastère. Dortoir 16 €/pers selon saison ; doubles avec sdb 34-44 €.* Dans une belle maison blanche fraîchement restaurée et très bien située, une douzaine de chambres impeccables pour 2 à 4 personnes, sur 2 niveaux. Dortoir clair et spacieux, et chambres doubles de style contemporain, lumineuses, avec TV, parquet et salle de bains privative. Certaines sont communicantes et offrent une vue sur le monastère. Petit salon, cuisine moderne bien équipée et vaste terrasse pour se poser. Une belle adresse et un super accueil de Clara, la propriétaire.

Hotel Santa Maria : *rua Dr Francisco Zagalo, 20-22. ☎ 262-590-160. ● geral.alcobaca@hotelsantamaria.com.pt ●*

hotelsantamaria.com.pt • Dans la rue qui monte à droite du monastère. Doubles 50-68 € selon saison, avec petit déj. Parking payant. Ce grand hôtel moderne est une bonne option dans sa catégorie. Les chambres sont soit de style classique, soit plus modernes, de style contemporain, certaines avec vue sur le monastère, parfois même avec un petit balcon. Accueil courtois.

Plus chic

Hotel Solar da cerca do Mosteiro : *rua Dr Francisco Zagalo, 3. ☎ 262-505-310. 262-505-310. • solardomosteiro.com • geral@solardomosteiro.com • Doubles 90-120 €, petit déj inclus.* Petit manoir privé du XIXe s transformé en hôtel de charme, admirablement situé au-dessus de la place centrale avec vue sur le monastère. Abrite seulement 9 chambres, très grandes et très confortables (très bonne literie, clim) et 3 appartements. Décoration soignée et même raffinée, mais plutôt dans le style contemporain qu'ancien. Piscine dans le jardin d'où la vue sur le monastère est splendide au crépuscule.

Où dormir dans les environs ?

Campismo rural de Silveira : ***Capuchos,*** *2460 Alcobaça. ☎ 262-509-573. • campingsilveira@gmail.com • campingsilveira.com • À 3 km au sud d'Alcobaça sur la N 8-6, à la sortie de Capuchos. Ouv 1er mai-30 sept. En hte saison, pas de résa possible (sauf pour les séjours de min 1 sem), donc arriver tôt car il n'y a que 20 empl. (attendre son empl. attribué) ! Forfaits pour 2 pers 14-16 €. Plutôt adapté aux tentes (caravane et camping-car de plus de 6 m non acceptés).* En pleine nature, dans un domaine de 8 ha à l'environnement verdoyant très boisé, avec des emplacements bien isolés et ombragés. Sanitaires propres, douche chaude gratuite. Salle commune plutôt agréable avec frigo, machine à laver *(payante),* jeux enfants, et, en extérieur, barbecues, table de ping-pong et badminton. 8 ha pour se promener. Tenu par un couple franco-portugais accueillant.

Albergue Pátio do Vale : *rua da Escola, 63,* ***Junqueira,*** *2460 Alcobaça. ☎ 262-500-015. 918-359-419. • patiodovale@gmail.com • patiodovale.com • À 11 km au sud-ouest d'Alcobaça. D'Alcobaça, suivre Caldas da Rainha et rouler jusqu'à Junqueria-Cela, puis, dans l'axe principal du village, suivre les indications pour le resto* Rei dos Banquetes, *la maison est pratiquement en face de ce dernier. Double 49 € ; 79 € en ½ pens. Possibilité de camper (env 40 € pour 2 en ½ pens). CB refusées.* Dans un hameau, la dynamique et francophone Aldy a transformé une ancienne écurie en gîte. Le résultat est à la hauteur de ses efforts : 7 chambres avec salle de bains réparties entre la maison principale et une dépendance, plus un grenier aménagé pour les enfants. Parfait pour les grandes familles ! Également un espace verdoyant pour camper (avec sanitaires), une piscine et un beau jardin fleuri. Aldy propose aussi balades hors des sentiers battus, randos équestres ou soirées fado... sans parler des apéros festifs et de la table d'hôtes très conviviale le soir sur la grande terrasse. Super atmosphère.

Où manger ? Où boire un verre ?

De bon marché à prix moyens

Restaurante António Padeiro : *rua Dom Maur Cocheril, 27, travessa da Cadeia. ☎ 262-582-295. • restaurante.antoniopadeiro@gmail.com • Dans une ruelle qui part de la praça 25 de Abril. Tlj jusqu'à 22h30. Plats 12,50-30 €.* Gérée par la même famille depuis 3 générations, c'est l'une des institutions de la ville ! Grande salle en sous-sol à la déco un peu chargée, mais en été, c'est en terrasse, dans la rue piétonne, que les convives s'installent.

LE CENTRE

Beau choix de spécialités régionales : *frango na púcara* (poulet aux oignons cuit dans un pot en terre, suivant l'antique recette du monastère) et fameux *cabrito assado a padeiro* (chevreau rôti avec des pommes de terre). Large choix de vins à prix très honnêtes.

Corações Unidos : *rua Frei António Brandão, 39. ☎ 262-582-142. Tlj. Menu 14 € tt compris (boissons incluses) ; plat env 10 €.* Une sorte de pension de famille à l'ancienne mode avec, au rez-de-chaussée, une vaste salle à la déco classique et un plancher en bois à chevrons. Menu économique copieux et *frango na púcara* (la poule au pot locale). Service gentil et patronne francophone adorable. Quelques chambres à l'étage, pas chères mais vraiment très simples.

Où déguster une bonne pâtisserie ?

La ville est réputée pour ses douceurs locales, toutes hyper sucrées : *tachinho de Deo Abade* (grossièrement traduit « barquette de l'abbé »), *grades de Alcobaça* (sorte de gaufrette), *cornucópia de ovos moles* (cornet planté dans du sucre et rempli d'*ovos moles* ; à ce sujet, voir « Aveiro » plus loin) et *pudim de ovos dos frades* (« gâteau des moines à base de jaunes d'œufs »). Plusieurs pâtisseries se disputent les récompenses nationales tous les ans, dont :

Pastelaria Alcoa : *praça 25 de Abril, 44. ☎ 262-597-474. Tlj 8h (9h ven)-19h30.* Avec sa belle terrasse stratégiquement située sur la place devant le monastère, elle tient le haut du pavé dans le genre « petites douceurs » caloriques !

À voir

Mosteiro de Alcobaça : *rens au ☎ 262-505-120. Tlj sauf certains j. fériés 9h-18h (19h avr-sept). Entrée : 6 € ; réduc ; gratuit moins de 12 ans. Pour la sacristie, visite seulement sur demande selon disponibilités des nonnes, avec un supplément de 2 €. Billet combiné (Alcobaça, Batalha et Tomar) : 15 €/pers ou pour une famille de 2 adultes et 2 enfants, valable 7 j. Audioguides en anglais et en portugais gratuits. Grand parking gratuit à l'arrière du monastère.*
C'est le 1er monument intégralement gothique cistercien du Portugal. 2d panthéon de la monarchie après celui du monastère de Santa Cruz à Coimbra, il fut fondé à l'initiative du roi Alfonso Henriques en 1153, à la suite d'un vœu fait lors de la prise de Santarém et de la victoire sur les Maures. Les travaux de construction n'ont commencé qu'en 1178. Il a connu plusieurs remodelages et agrandissements, puis a été enrichi jusqu'en 1770 par l'annexion de la maison des tombeaux. Pillé et incendié en partie par l'armée de Napoléon en 1811, le monastère a fermé définitivement ses portes en 1834 consécutivement à l'extinction des ordres religieux.
À noter que **Luís Peças,** haute-contre de renom, y chante régulièrement quelques airs connus *(en principe, avr-sept, en sem à 9h et 14h ; gratuit).* Remarquable !

Visite
On entre par l'**église Santa Maria** *(accès gratuit),* la plus grande du Portugal, maison mère de l'ordre cistercien. Construite en 3 étapes entre 1178 et 1252, elle propulse les clés de voûte de sa nef à plus de 20 m au-dessus du sol, conférant à l'édifice une ampleur et une pureté de lignes sans pareilles. Aucune fioriture, aucune abside ou chapelle ne vient perturber l'élan des colonnes ; l'édifice est d'une austérité fulgurante, en total accord avec la pensée de saint Bernard. Véritables chefs-d'œuvre du gothique flamboyant du XIVe s, les ***tombeaux du roi Pedro et de la reine Inès de Castro*** se font face dans chaque bras du transept. La reine Inès est entourée d'anges qui semblent frémir de douleur et de 3 chiens

à visage humain. Les sculptures furent gravement endommagées par les armées napoléoniennes, qui pillèrent l'église et ouvrirent les tombeaux. La sépulture du roi Pedro présente également d'admirables bas-reliefs. Voir plus haut l'histoire de la « Reine morte ». Dans le transept, toujours, voir les pierres tombales des XIIe et XIIIe s comme celles des souverains Afonso II et Afonso III, tous 2 mariés à des princesses de Castille.
Il ne reste rien de la construction originale du *couvent* par Afonso Henriques au XIIe s, les Maures ayant tout détruit. Après avoir traversé la salle des Rois, qui renferme un groupe de statues du XVIIe s de rois portugais, on pénètre dans le ***cloître du Silence*** – car les moines qui le parcouraient étaient contraints à ne piper mot –, planté d'orangers. Œuvre de la Renaissance, il fascine par la pureté et la simplicité de ses lignes. La galerie supérieure fut ajoutée pendant la période manuéline. En tournant dans le sens des aiguilles d'une montre, on découvre le ***réfectoire*** du XIIIe s avec son élégant pupitre de lecteur et, à gauche, une porte très étroite qui aurait servi à jauger le tour de taille des pensionnaires avec l'inscription « considérez que vous mangez les péchés du peuple », tout un programme !
Adjacente, l'impressionnante ***cuisine*** à la gigantesque cheminée carrelée date du XVIIIe s. Suit l'ancien ***cellier*** (appelé *Monk's Hall* sur les panneaux), d'une grande élégance, s'abaissant par paliers successifs. En ressortant, on accède par l'escalier à une immense salle à l'étage qui servait de ***dortoir,*** où l'on profite d'un côté d'une vue plongeante sur le transept et les tombeaux, de l'autre sur le 2d cloître du site, celui des novices, avant d'emprunter un discret passage qui débouche sur la galerie supérieure du cloître du Silence.

PETITE VISITE DE COURTOISIE

La cuisine du monastère est vaste, pour ne pas dire colossale. Heureusement ! Car lorsque la reine Maria décida de s'y arrêter en 1782, il fallut nourrir, en plus de la centaine de moines, sa suite de 400 personnes !

De retour au rez-de-chaussée, ne pas manquer la ***salle capitulaire.*** On y trouve la pierre tombale d'un abbé datant du XVIIe s. Enfin, ceux qui ont obtenu un créneau de visite (voir ci-dessus les infos pratiques) pourront découvrir la sacristie nouvelle, d'époque manuéline, avec ses portes en tronc d'arbre couronnées par le blason du Portugal. Détruite pendant le tremblement de terre qui secoua Lisbonne en 1755, elle a été entièrement reconstruite dans un style rococo. On n'y trouve pas moins de 71 bustes reliquaires. Par l'une des fenêtres, on aperçoit la chapelle de l'Exil, un petit édifice baroque dont les *azulejos* illustrent des épisodes de la Fuite d'Égypte et quelques scènes de la vie de Jésus.

BATALHA ET SON MONASTÈRE

(2440) 15 800 hab.

À 24 km au nord-est d'Alcobaça, la petite ville de Batalha vit à l'ombre de son remarquable monastère, mais la cité en elle-même ne bénéficie pas d'un environnement aussi attrayant qu'Alcobaça ou Tomar. Été comme hiver, les touristes en font une étape incontournable et viennent admirer son monastère, pur joyau de l'art gothique, magnifié par les subtilités et les entrelacs du style manuélin. Ce chef-d'œuvre monumental est le témoin de l'époque où l'Espagne et le Portugal se partageaient le monde à eux seuls. Batalha et son église inachevée qui s'élève dans le ciel seront sans conteste l'un des temps forts de votre voyage dans la région du centre du Portugal.

UN PEU D'HISTOIRE

Batalha tire son nom de la célèbre victoire d'Aljubarrota (à 2 km de là), en 1385, des troupes portugaises appuyées par les Anglais sur la coalition franco-castillane. Le roi Jean Ier du Portugal avait fait un vœu à la Vierge. S'il sortait vainqueur de ladite bataille, il construirait un grand monument en son honneur. Sans ce vœu royal, Batalha serait un petit bourg comme un autre.

Arriver – Quitter

En bus

Arrêt de bus : *rua Moinho da Vila (à côté du supermarché).* Achat des billets obligatoire au café *Frazão* (derrière l'igreja da Misericórdia) pour les bus *Rede Expressos.* Auprès du chauffeur avec la compagnie *Rodoviária do Lis.* • *rodotejo.pt* •

➢ **Lisbonne :** 1/j. avec *Rede Expressos,* en fin d'ap-m. Durée : 2h.

➢ **Coimbra :** 1 bus/j. dans l'ap-m. Durée : 1h20.

➢ **Alcobaça :** 4 bus/j. avec *Rodoviária do Lis.* Durée : env 30 mn.

Adresse utile

Posto de turismo : *praça Mouzinho de Albuquerque, à l'arrière du monastère (côté chapelles inachevées).* ☎ *244-765-180.* • *turismodocentro.pt* • *Tlj 9h30-18h.* Bien documenté. Accueil serviable et efficace, en français.

LE CENTRE

Où dormir ?

De prix moyens à beaucoup plus chic

Alojamento local - Gladius : *praça Mouzinho de Albuquerque, 7.* ☎ *244-765-760.* *919-103-044.* • *gladius.batalha@gmail.com* • *Face à l'entrée principale du monastère. Double avec sdb env 45 € ; pas de petit déj.* 3 chambres de taille correcte, au mobilier démodé et situées à l'étage. Elles sont très simples mais bien tenues et d'un confort suffisant (la meilleure dispose même d'un balcon).

Hotel Residencial Batalha : *estrada de Fátima, 29.* ☎ *244-767-500.* • *info@hotel-batalha.com* • *hotel-batalha.com* • *Dans la rue principale, au sud du monastère. Doubles 52-68 € selon confort et saison, petit déj compris. Parking gratuit.* Hôtel moderne et fonctionnel, proposant une vingtaine de chambres classiques sur 2 niveaux, propres et très convenables. La plupart sont doubles, certaines communicantes, d'autres aménageables en triples. Côté confort, peu de différence entre les *standard* et les *superior,* toutes ont la clim. Elles donnent sur une placette et sur le monastère derrière une rangée de maisons. Bon accueil.

Casa do Outeiro : *largo Carvalho do Outeiro, 4.* ☎ *244-765-806.* • *geral@hotelcasadoouteiro.com* • *hotelcasadoouteiro.com* • *Env 300 m au sud-est du monastère. Doubles 60-120 € selon période, confort et vue. Parking gratuit. Apéritif offert sur présentation de ce guide.* Une adresse rare. Surplombant la ville, ce charmant hôtel contemporain, doté d'une belle piscine et d'un jardin paisible, compte une vingtaine de chambres soignées et de style contemporain. Toutes différentes, elles sont très confortables (clim, salle de bains moderne, frigo, etc.), colorées, lumineuses et garnies de toiles peintes par la propriétaire. Presque toutes disposent d'un balcon, certaines avec une vue imprenable sur le monastère. Agréable salon en baie vitrée avec billard, et même une salle de sport bien équipée. Enfin, la maison fabrique ses propres confitures et liqueurs... que les aimables hôtes vous feront goûter dès votre arrivée ! Notre coup de cœur.

Où manger ?

De très bon marché à prix moyens

Sandwich Club Tasca das Bandidas : *rua Nossa Senhora do Carminho, 14B. ☎ 914-142-878. Tlj 10h-19h sauf dim. Sandwich 3-4 €. Plats 5-13 €.* L'endroit idéal par grandes chaleurs pour déguster sur la terrasse ombragée un sandwich, un petit plat simple, et boire un verre, à proximité du monastère.

Burro Velho : *rua Nossa Senhora do Caminho, 6A (à env 100 m des chapelles inachevées). ☎ 244-764-174. • geral@burrovelho.com • Tlj, sauf dim, 12h-22h30 (23h sam). Plat du jour en sem 8,50 € ; autres plats 9-20 € (un peu plus pour des fruits de mer).* La meilleure adresse de la ville, plébiscitée par les locaux pour ses copieuses brochettes de fruits de mer ou de viande, ses poissons et poulpes grillés ou *a lagareiro* (à l'huile d'olive), le tout servi avec le sourire en terrasse ou dans une salle sobre.

Churrasqueira Vitória : *rua da Misericórdia, 119. ☎ 244-765-678. Derrière la banque Santander, au rond-point face aux chapelles inachevées. Tlj sauf dim soir. Congés : début juil et sept. Menu en sem 7,50 € ; plats 12-15 €.* Un petit resto sans prétention qui propose de la *bacalhau à casa* ou *grelhado,* quelques viandes et un poisson du jour. Minisalle et quelques tables en plastique sur le trottoir. Accueil un peu expéditif.

À voir

Mosteiro Santa Maria da Vitoria (monastère Sainte-Marie de la Victoire de Batalha) **:** *• mosteirobatalha.pt • Tlj 9h-18h30 (18h oct-mars) ; dernière entrée 30 mn avt fermeture. Fermé 1er janv, Pâques, 1er mai, 24 et 25 déc. Billetterie dans l'église. Entrée : 6 € ; réduc ; gratuit moins de 12 ans. Billet groupé (Batalha, Alcobaça et Tomar) : 15 €/pers ou pour une famille de 2 adultes et 2 enfants, valable 7 j. Audioguide gratuit (anglais et portugais seulement) ou brochure en français : 1 €.*
Difficile de rester insensible à la beauté de cet édifice unique, un immense vaisseau hérissé de pinacles considéré comme le modèle du gothique au Portugal. Classé au Patrimoine mondial de l'Humanité, c'est un lieu remarquable et incontournable.

– ***L'église :*** *accès libre.* Avant d'entrer, attardez-vous un peu sur la façade et notez la finesse des détails, notamment ceux du portail, avec ses embrasements ornés des 12 apôtres et pas moins de 72 rois et reines sur les voussures de l'intrados (la partie intérieure et concave de la voûte) coiffant le tympan. À l'intérieur, pas moins de 32 m de hauteur sur plus de 80 m de long, le tout rythmé par une série de piliers cruciformes d'une élégance incomparable, les proportions de la nef centrale sont saisissantes.

SE PRENDRE UN PAIN

Brites de Almeida avait 6 doigts à chaque main. Trouvant certainement son handicap fort à propos pour pétrir la pâte, elle se lança dans la boulange... L'enfarinée avait également de sérieux biceps, puisqu'on lui attribue le massacre à elle seule de pas moins de 7 Castillans planqués dans son four au lendemain de la fameuse bataille d'Aljubarrota. Personne n'a jamais su ce qu'ils fichaient là, mais les Portugais ont gagné !

La visite (payante) se poursuit par la ***chapelle du Fondateur*** (à droite, face à la billetterie), construite dans la 1re moitié du XVe s. Magnifique coupole en étoile reposant sur des piliers reliés entre eux par des arcs ogivaux. Au milieu, gisants du roi Jean (Joao 1er) et de son épouse Filippa de Lancastre (1er tombeau d'un couple royal dans l'histoire du pays) et, sur le côté, tombeau d'Henri le Navigateur, le pionnier des grandes découvertes, à la tête surmontée d'un dais finement ciselé.

– Le ***cloître royal*** marie harmonieusement les styles gothique et manuélin (avec des piliers aux lignes torsadées imitant les cordages des bateaux). Simplicité des voûtes et exubérance décorative des arcades et colonnettes rappelant le style mauresque. Dans la profusion de motifs sculptés des arcades ogivales, les points cardinaux sont indiqués par les sphères armillaires, symbolisant les voyages des Portugais à travers le monde.

– À l'est du cloître, la ***salle capitulaire*** accueille aujourd'hui la tombe du Soldat inconnu (veillée par 2 camarades stoïques, des volontaires dont la relève – très surjouée – attire toujours autant de curieux à heure fixe). Sa voûte est l'une des plus audacieuses jamais réalisées. Les maîtres d'œuvre jugèrent le projet si téméraire qu'ils le firent exécuter par des condamnés à mort. Pour faire taire les sceptiques, l'architecte passa seul 3 jours et 3 nuits en dessous ! Noter la qualité des vitraux du XVIe s. Au nord, l'ancien ***dortoir*** (expos temporaires) et au nord-ouest, face à l'ancien ***réfectoire*** (petit musée du Soldat inconnu), le ***lavabo des moines,*** très élégante fontaine à 2 vasques.

– Le grand ***cloître de dom Alfonso V,*** 12e monarque du Portugal, est d'un gothique quasi primitif qui tranche avec l'exubérante du cloître royal. De là, on gagne, par l'extérieur, les célèbres chapelles (re-contrôle des billets).

– Les ***capelas imperfeitas,*** 7 chapelles (inachevées) disposées autour d'une salle octogonale, composent un ensemble qui, loin d'être imparfait, est bel et bien inachevé. Le roi Duarte, souhaitant créer un 2d panthéon royal après celui de l'église, en avait entrepris la construction pour recevoir son tombeau (visible dans la chapelle du milieu) et ceux de ses successeurs. À sa mort, les travaux furent arrêtés puis repris momentanément par dom Manuel jusqu'à ce qu'il ne décide d'être enterré aux Jerónimos de Belém, à Lisbonne, entraînant l'abandon définitif du chantier. Pourtant, il eut le temps de faire terminer les voûtes des chapelles et, surtout, de remanier le portail gothique en un chef-d'œuvre absolu de l'art manuélin. Haut de 15 m, c'est une débauche de motifs sculptés d'une finesse inégalée, une dentelle de pierre où se mêlent les styles portugais, mozarabes, l'influence troubadour, des sculptures rappelant les volutes de l'orient et même les raffinements de l'art indien. Remarquez notamment les fruits exotiques évoquant les lointaines conquêtes, les vignes symbolisant l'eucharistie, et les escargots, allégories de l'immortalité et de la fécondité.

Museu da Comunidade Concelhia de Batalha *(musée de la Communauté de Batalha)* **:** *largo Goa, Damão e Diu, 4. ☎ 244-769-878. • museubatalha.com • Mer-dim 10h-13h et 14h-18h. Entrée : 2,50 € ; réduc ; gratuit moins de 6 ans. Brochure en français à disposition.* Un petit musée moderne très bien conçu, qui retrace de façon claire et concise l'histoire de la région depuis l'apparition des 1ers hommes (fragment de météorite et reproductions des crânes de nos ancêtres à toucher, collection de silex...) en passant par la période romaine (urnes funéraires, fibules...), la fameuse bataille d'Aljubarrota, et bien évidemment la construction du monastère. Quant aux dernières sections, elles s'intéressent aux évolutions technologiques.

DANS LES ENVIRONS DE BATALHA

PORTO DE MÓS ET SERRAS DE AIRE E CANDEEIROS

À 8 km au sud de Batalha, dominée par un château médiéval, la ville de Porto de Mós (environ 24 350 habitants) est l'accès principal au parc naturel des Serras

LE CENTRE

de Aire e Candeeiros. Cette petite bourgade méconnue est déjà citée comme « *vila forte* » au XVIe s dans les *Lusiades* de Luis de Camões.

@ Office de tourisme : *alameda Dom Afonso Henriques, Espaço Joven (Maison des jeunes) – Jardim público,* ***Porto de Mós.*** *☎ 244-499-600.* *• municipio-portodemos.pt • Dans le jardin public bordant le rio Lena. Tlj sauf dim 10h-13h, 14h-18h.* Dépliant en français et carte de la région. Livret détaillant 9 randos pédestres dans les serras.

Castelo de Porto de Mós : *tlj sauf lun, 10h-12h30, 14h-18h30 (17h30 oct-avr). Entrée : env 1,60 € ; réduc.*
Perché sur une colline, ce superbe château est bien connu pour ses murs en pierre claire et ses tours surmontées de flèches de tuiles vernissées de couleur verte. Fondé au IXe s sur les restes d'une ligne de défense romaine, il s'est avéré d'une importance capitale en tant que défense de Leiria et Coimbra lors de la Reconquista. Les Maures, après l'avoir cédé, parvinrent même à le reprendre un temps. Plus tard, il fut offert par le roi João I au vainqueur de la bataille d'Aljubarrota, Nuno Álvares Pereira, en 1385, avant d'être restauré et réaménagé dans un style Renaissance au milieu du XVe s. Largement détruit par le tremblement de terre qui secoua Lisbonne en 1755, il a fait l'objet d'une importante restauration au XXe s.
La visite, très courte, vaut néanmoins la peine pour découvrir de magnifiques points de vue depuis les tours ou la belle loggia. Quant aux quelques salles largement modernisées, elles accueillent occasionnellement des expositions temporaires.

Parque natural das Serras de Aire e Candeeiros et ses grottes : *au sud de Porto de Mós, entre la N 1 et l'A 1.* Un parc d'une superficie de 39 000 ha, dans un paysage de garrigue piqué d'éoliennes où courent encore, sur les versants des monts calcaires de l'Estremenho (l'Estrémadure), les terrasses et murs de pierres sèches qui délimitaient autrefois les champs et pâturages. Dans ce paysage typiquement karstique, de dolines et de grottes, parfois de falaises propices à la varappe, près de 300 km de sentiers balisés permettent aux vététistes de parcourir la région à la découverte d'un écosystème particulièrement riche. Mais les randonneurs ne sont pas en reste, avec une bonne quinzaine de sentiers balisés (une dizaine d'entre eux sont détaillés dans un livret gratuit, en portugais, disponible à l'office de tourisme de Porto de Mós).
Pour les amateurs, les très touristiques ***grutas de Mira de Aire*** : *☎ 244-440-322 ; • grutasmiradaire.com • Tlj 9h30-19h30 en juil-août (19h juin et sept, 17h30 oct-mars, 18h avr-mai). Dernière entrée 30 mn avt fermeture ; entrée : 6,50 €, réduc.* Ce sont les plus grandes grottes du pays, avec une vaste galerie pleine de concrétions qui débouche sur un grand lac. Plus modestes et beaucoup moins fréquentées, les ***grutas de Santo António et d'Alvados*** *(☎ 249-841-876 ; • grutasalvados.com • ; sept-juin, tlj 10h-17h sauf lun ; juil-août, tlj jusqu'à 18h30 ; entrée : 6 €, réduc ; billet groupé pour les 2 grottes : 9,40 €, réduc).* Prévoir environ 30 mn de visite pour chacun des sites, qui se révèlent complémentaires. *Santo António* propose un aller-retour jusqu'à une grande et belle salle aux concrétions délicates, tandis qu'*Alvados* correspond à un circuit de 300 m jalonné de plus petites salles et de bassins où se reflètent les stalactites.

Casa Boho : *rua Largo da Feira, 120,* ***Alvados.*** *☎ 244-441-558. • contacto@casaboho.com • casaboho.com • Doubles 70-85 € selon saison, avec petit déj.* Une adresse de charme, idéale pour se mettre au vert. Car cette belle maison contemporaine bien intégrée dans le paysage est située dans un joli village typique, au cœur d'un environnement enchanteur de montagnes. Les chambres sont personnalisées avec goût et dotées de salles de bains actuelles. Les parties communes sont dans le même esprit, élégantes et ouvertes sur de grandes terrasses pour profiter de la vue. Piscine en prime.

SÃO PEDRO DE MOEL

🍴🍴 À 22 km à l'ouest de Leiria par la N 242-2 et au nord de Nazaré par la route côtière, ce village en bord de mer mérite une petite halte pour ses belles plages, surtout celles qui se trouvent au-delà du phare. Depuis le parking situé juste après ce dernier, vue impressionnante sur les rouleaux et les puissantes vagues qui se fracassent contre les falaises.

FÁTIMA (2495) 4 000 hab.

À 24 km à l'est de Batalha, voici Fátima qui doit sa réputation religieuse internationale à une apparition de la Vierge à de jeunes bergers en 1917. On peut dire que c'est le « Lourdes portugais ». Dans ce qui n'était encore qu'une vaste prairie au début du XXᵉ s ont surgi hôtels et restaurants, et, bien entendu, toutes sortes de magasins de bondieuseries. Hors saison, il se dégage une curieuse impression de solitude de cette ville nouvelle désertée, mais pendant les grands pèlerinages, ses infrastructures suffisent à peine à accueillir les millions de visiteurs. Impressionnant ! Sur le plan architectural, Fátima ne présente aucun intérêt, sauf la très belle basilique de la Sainte-Trinité.

– ***Stationnement :*** une dizaine de grands parkings gratuits autour du sanctuaire.

LES MYSTÈRES DE FÁTIMA

Le ***nom de cette ville*** vient de l'arabe Fátima. L'histoire raconte qu'au XIIᵉ s, quand le Portugal était sous occupation arabe, une jeune fille maure avait été capturée par les Chrétiens pour être fiancée au comte d'Ourem. Elle fut convertie au catholicisme et baptisée sous le nom d'Oriane (Oureana), d'où dérive le nom de la ville d'Ourem. Fátima devenue Oriane épousa ainsi le comte en 1158. La petite cité entre vraiment dans l'histoire plusieurs siècles plus tard.

Le 13 mai 1917, et le 13 des mois suivants jusqu'en octobre (à l'exception du mois d'août, où l'affaire se passe à quelques kilomètres), la Vierge apparaît à 3 petits cousins bergers, Lucia dos Santos, Francisco et Jacinta Marto, à l'endroit où s'élève aujourd'hui la *capela das Aparições.* Elle leur révèle le « ***secret de Fátima*** », dénonçant la 1ʳᵉ Guerre mondiale en cours et annonçant surtout la révolution bolchevique, puis le retour à la foi de la Russie. Francisco et Jacinta sont morts de la grippe espagnole (qui fit des millions de morts dans le monde en 1918-1919) moins de 3 ans après l'apparition. Lucia, devenue religieuse à Coimbra, est décédée en 2008.

Le 3ᵉ secret de Fátima

Les 3 petits bergers ont été déclarés Bienheureux par Jean-Paul II, lors de son passage à Fátima en mai 2000. Pas moins de 750 000 pèlerins ont assisté à cette homélie. La cérémonie fut, en outre, l'occasion de révéler la ***3ᵉ partie du secret.*** Voici l'incroyable histoire.

Lorsque le 13 mai 1917, la Vierge apparut aux enfants, ils virent aussi un évêque vêtu de blanc couvert de sang. Cette vision fut ensuite consignée dans les archives du Vatican mais gardée secrète. Cette 3ᵉ partie du secret ne fut révélée et publiée qu'après la tentative d'assassinat de Jean-Paul II en 1981. C'est lui-même qui le demanda, car il était le seul à connaître cette partie du secret de Fatima.

Ayant échappé de justesse à la mort, il déclara alors « ***Une main a tiré, une autre l'a guidée*** ». La main invisible de la Vierge a donc protégé le pape.
Autre coïncidence troublante, l'apparition et l'attentat eurent lieu un 13 mai ! En remerciement à la Vierge de lui avoir épargné la vie, le souverain pontife offrit d'ailleurs la balle (tirée par un fanatique islamiste) qui le blessa, aujourd'hui enchâssée dans la couronne de la statue de Notre-Dame de Fátima (sous vitre dans la chapelle des Apparitions).
Dans la basilique, où ils sont inhumés, un vitrail rappelle les 3 bergers à l'origine de l'un des plus grands pèlerinages du monde catholique. En mai 2017, le pape François a commémoré le centenaire des apparitions mariales et célébré la canonisation de Francisco et Jacinta. Le procès en béatification de Lucia est en cours depuis 2008.

Arriver – Quitter

Gare routière : *au nord de l'esplanade, par l'av. qui la coupe à l'ouest.* Plusieurs compagnies de bus assurent les liaisons : *Rede expressos, Rodonorte* et *Renex.*

➢ 7 bus/j. pour ***Leiria,*** durée 25 mn, (correspondance pour ***Batalha***). Seulement 1 bus/j. pour ***Tomar*** (durée 40 mn). Une trentaine de bus/j. aussi pour ***Lisbonne*** (durée 1h30).

Adresses utiles

Office de tourisme *(Posto de Turismo)* ***:*** *av. Dr José Alves Correia da Silva, 213. ☎ 249-531-139. Dans un bâtiment moderne, à gauche après la grande basilique en venant de l'esplanade. Tlj 9h-13h, 14h-17h.* De compétence régionale : infos sur la ville et la côte proche. Efficace et francophone.

Poste d'accueil et d'information : *sur l'esplanade, à gauche de la chapelle des Apparitions. • fatima.pt • Tlj 9h-18h30 (18h nov-avr).* Dédié au sanctuaire : plan du site, horaires des messes, etc.

Où manger ?

Restaurante Dom Duarte : *rua São Francisco de Assis, 57. ☎ 249-531-537. En face du 403 de l'av. Beato Numo (qui part du grand rond-point situé au nord de l'esplanade). Tlj sauf lun. Plats 8-20 €.* Une cantine populaire dans un quartier à l'écart de l'agitation. Cuisine traditionnelle toute simple faisant la part belle aux *cataplanas, arroz,* morue, et autres *carne alentejana,* sachant que l'honnête et copieux plat du jour est un choix judicieux. Beaucoup d'habitués le midi, en salle ou en terrasse.

À voir. À faire

Basílica da Santa Trindade : à l'ouest de la grande esplanade, avant d'y accéder remarquer la statue en bronze de Jean-Paul II. De forme circulaire et d'une blancheur étincelante, cette grande basilique possède un diamètre de 125 m mais n'a aucun pilier intérieur. Une prouesse architecturale, car toute la construction repose sur 2 poutres gigantesques de plus de 180 m de long ! Un édifice de béton qui peut recevoir près de 9 000 personnes assises, quand même ! L'acoustique est exceptionnelle, la nef est légèrement inclinée de manière que l'autel puisse être vu de pratiquement partout. À l'extérieur, un christ en croix stylisé en acier Corten (un type d'acier auto-patiné très résistant) domine Jean-Paul II statufié.

Les autres édifices du pèlerinage : la ***basilique de Notre-Dame-du-Rosaire*** est le plus ancien édifice religieux du domaine de Fátima. Elle ne présente qu'un intérêt limité. 10 chapelles dorées y retracent la vie de Jésus. Une des chapelles renferme les tombes (très simples et sobres) des 3 bergers cousins : Jacinta, Lucia et Francisco. Au nord de l'esplanade géante (plus grande qu'un stade), la moderne ***chapelle des Apparitions*** est ouverte à tous afin de permettre aux pèlerins de participer à des messes et de communier à l'endroit où la Vierge est apparue.

➢ Un petit train permet de se rendre sur les sites excentrés situés au sud (chemin de croix, Valinhos).

➢ ***Les méga-pèlerinages :*** *ts les ans, les nuits du 12 au 13 mai et du 12 au 13 oct (ainsi qu'en juin-août, chaque nuit du 12 au 13, mais en plus modeste).* Des dizaines de milliers de pèlerins cheminent pendant des jours pour gagner Fátima à ces dates anniversaires et formuler un vœu qu'ils souhaitent être exaucé.

DANS LES ENVIRONS DE FÁTIMA

Ourém : *à 12 km de Fátima, vers Tomar, par une route de campagne sinueuse.* Distinct de la ville basse et moderne (13 000 habitants) à laquelle il est rattaché, ce très beau village médiéval à l'atmosphère tranquille est perché sur une colline aux pentes abruptes. La forteresse d'origine, largement remaniée au XVe s lorsque le comte d'Ourém y aménagea un palais, a conservé d'imposants vestiges : des tours puissantes, un rempart complet enserrant la cour intérieure et son puits, et un bastion avancé d'où la vue est à couper le souffle. Attention quand même si vous avez des enfants, le parapet est bas et la hauteur vertigineuse ! En redescendant sur la place principale, ne pas rater le beau gisant de dom Afonso dans la crypte de l'église de la Colegiada. Autour, quelques cafés de pays pour une pause bien méritée !

– ***Bon à savoir :*** *de la ville moderne en contrebas, suivre les indications « Castelo ». Une route sinueuse et étroite y monte. Il est difficile certains j. de se garer et presque impossible de circuler dans les étroites ruelles de la forteresse.*

– Le Vendredi saint, ***chemin de croix*** dans le centre historique.

– Fin août, ***fête de Nossa Senhora das Misericórdias.*** Procession, festivités populaires, musique folklorique.

Posto de Turismo *(office de tourisme) : praça do Pelourinho, dans la galerie municipale (à côté de la pousada).* ☎ *910-502-917. Avr-sept 10h-13h, 14h-18h (9h-17h le reste de l'année).* On peut y demander la clé de certaines parties du château, dont la citerne arabe et les 2 tours. Organise des visites guidées du village (se renseigner sur les horaires).

TOMAR

(2300) 43 000 hab.

À environ 25 km à l'est de Fátima, traversée par une rivière au cours nonchalant, entourée de collines plantées d'oliviers, Tomar est l'une des villes les plus « toscanes » du Portugal, et l'une de nos préférées dans cette région du centre. En surplomb de la ville, étalée dans une vallée verdoyante, se dresse l'un des édifices les plus emblématiques du Moyen Âge portugais : le *convento do Cristo,* une forteresse du XIIe s ayant appartenu à l'origine aux Templiers, puis à l'ordre du Christ sous le règne de

dom Dinis. Une visite que les amateurs d'histoire et de vieilles pierres ne manqueront sous aucun prétexte tant est éclectique sa composition architecturale qui englobe pratiquement 8 siècles d'histoire. On y contemple la fameuse « fenêtre de Tomar », chef-d'œuvre de l'art manuélin, une composition originale qui reflète à elle seule le désir de conquête des Portugais au XVe s.
Pour le reste, avec de jolies ruelles, des places charmantes, des églises et des animations estivales (brocantes et marchés), Tomar s'avère un lieu de séjour très agréable.
– ***Stationnement :*** grand parking gratuit entre la gare routière et l'office de tourisme, à 5 mn à pied du centre piéton. En revanche, interdit de s'y garer les lundi et mercredi à partir de 16h à cause du marché.

Arriver – Quitter

Gares routière et ferroviaire : *av. Combatentes da Grande Guerra.* Au même endroit, station de taxis.

En bus

➢ ***Fátima :*** avec *Rede Expressos* (*☎ 707-223-344 ; • rede-expressos.pt •*). 1 bus à 7h. Durée : 40 mn.
➢ ***Coimbra :*** avec *Rede Expressos.* 1 bus direct/j. à 7h. Durée : 2h10.
➢ ***Lisbonne :*** env 3 départs/j. Durée : 1h45-2h30.

En train

Infos et horaires sur le site *• cp.pt •*

➢ ***Coimbra et Porto :*** une douzaine de trains/j, 5h15-20h11. Durée : Coimbra (min 2h10), Porto (3h45-5h50).
➢ ***Lisbonne :*** liaisons ttes les heures 5h10-22h11 (un peu moins le w-e) dans les 2 sens. Durée : 1h30 ; les plus lents mettent 2h30.

LE CENTRE

Adresse et info utiles

Posto de Turismo *(office de tourisme) : av. Dr Cândido Madureira, 531. ☎ 249-329-823. • cm-tomar.pt • Tlj 9h30-18h (10h-17h en hiver).* Sur une place superbe. Plans, brochures et liste des hébergements. Accueil cordial et compétent.
– ***Marchés :*** *en centre-ville.* Jeu-sam, marché aux légumes, et le vendredi matin, foire. Le 1er dimanche du mois, foire à la brocante.

Où dormir à Tomar et dans les environs proches ?

Campings

Camping Pelinos 77 : *rua Pelinos, 77, au hameau d'**Aboboreiras.** ☎ 249-301-814. 918-860-526. • info@campingpelinos.com • campingpelinos.com • À env 8 km au nord-est de Tomar. De Tomar, 4 bus/j. en saison (compter 15 mn). Ouv de mi-mars à début oct. Forfaits 2 pers 17,50-20 € selon saison.* Un petit camping plein de charme, tenu avec beaucoup de soin par un couple de jeunes Hollandais venu se mettre au vert à Tomar. Les espaces pour planter sa tente sont bien séparés et ombragés, dispersés sur un terrain étagé. Le bas du terrain est réservé aux camping-cars et caravanes. Petite piscine haricot et un bar convivial. L'ensemble est très bien tenu. Excellent accueil. Resto à 100 m.

⛺ 🏠 ***Camping Redondo :*** *rua do Casal Rei, 6, au hameau de **Poço Redondo.** ☎ 249-376-421. • info@redondolodges.com • redondolodges.com • ♿ À env 11 km au nord-est de Tomar. Mêmes indications que pour le* Camping Pelinos 77, *passer ce dernier et suivre le fléchage à droite 2 km plus loin. Forfaits 2 pers 16-20 €. Également 4 chalets et 2 maisons en pierre 4 pers 40-120 €/j. selon saison.* Joli site pour camper à l'ombre des oliviers et des figuiers, dans un environnement à la végétation luxuriante. Ensemble bien aménagé, avec bar et piscine, terrain de pétanque et espace extérieur de gym. Parfois un peu bruyant. Bon accueil.

De bon marché à prix moyens

🏠 ***Hostel 2300 :*** *rua Serpa Pinto, 43. ☎ 249-324-256. • geral@hostel2300thomar.com • hostel2300thomar.com • Dans la rue principale, entre la praça da República et le ponte Velha. Dortoirs 4-8 lits env 20 €/pers, doubles 35-60 €, petit déj compris.* Dans la catégorie auberge de jeunesse, c'est une adresse idéale : emplacement remarquable, bâtiment à taille humaine, accueil par une équipe charmante. Intérieur joliment décoré et très confortable : chambres et dortoirs nickel et personnalisés, cuisine suréquipée à dispo, salon cosy, sanitaires modernes en nombre suffisant à partager, machines à laver, vélos à louer. L'une des meilleures adresses de la région !

🏠 ***Residencial Luz :*** *rua Serpa Pinto, 144. ☎ 249-312-317. • info@residencialluz.com • residencialluz.com • Dans la rue piétonne entre la praça da República et le ponte Velha. Doubles 32-50 € selon saison ; familiale 5 pers également.* Dans une maison ancienne au bord d'une rue piétonne, abritant une petite quinzaine de chambres simples mais propres. La plus grande, style dortoir amélioré, peut accueillir 5 personnes : pratique pour les familles. Attention, certaines sont aveugles ou ont une porte ajourée et peuvent être bruyantes, bien choisir. Accueil jovial.

🏠 ***Hotel Kamanga :*** *rua Major Ferreira do Amaral, 16. ☎ 249-311-555. • mail@hotelkamanga.com • hotelkamanga.com • ♿ Depuis le centre historique, traverser le ponte Velha, remonter la rua Marquês de Pombal et prendre la 2e à droite. Doubles 45-60 € selon saison, avec petit déj.* Petit hôtel moderne bien tenu, proche du centre historique, avec des chambres fonctionnelles et bien équipées (clim). Les plus calmes ont un balcon qui donne sur l'arrière. Pour avoir la vue sur la ville et la colline portant le monastère convento do Cristo, il faut demander les nos 311, 312 et 313. Une adresse agréable, surtout, grâce à l'accueil tout sourire des 2 sœurs, Helena et Isabel.

🏠 ***Residencial União :*** *rua Serpa Pinto, 94 (accès aussi par la rua Alexandre Herculano, 43). ☎ 249-323-161. • residencialuniao@sapo.pt • Dans la rue principale, entre la praça da República et le ponte Velha. Congés : de mi-déc à mi-mars. Double 50 €.* Cette pension à l'ancienne est une sorte de labyrinthe, car elle rassemble en réalité 3 maisons imbriquées ! On découvre un salon cosy, un bar, une courette fleurie, et des chambres simples et convenables avec parquet ou moquette, avec ou sans clim, certaines avec un petit balcon donnant sur la rue, et toutes avec salle de bains (pas très jeunes mais propres). Un bémol pour l'isolation sonore, mieux vaut ne pas être un couche-tôt ! Accueil très attentionné.

De prix moyens à beaucoup plus chic

🏠 ***Hotel dos Templarios :*** *largo Cândido dos Reis, 1. ☎ 249-310-100. • hoteldostemplarios.com • Au bord de la rivière, au-delà de la petite île. Doubles 80-100 € (jusqu'à 140 € pour les superior), petit déj compris ; voir aussi les promos sur leur site. Parking gratuit.* Un grand 4-étoiles moderne et classique, au bord de la rivière et à 2 pas du centre. Très bien entretenu, ses prix sont justifiés. Chambres impeccables, vastes et bien équipées (clim). Elles donnent sur le grand jardin, sur la rivière, ou le couvent au loin. Piscine couverte et extérieure, spa. Excellent rapport qualité-prix.

Quinta da Anunciada Velha : *quartier Murteira, commune de Tomar. ☎ 249-345-218. 968-344-787 • anunciadavelha@sapo.pt • À 5 km au sud-ouest de Tomar par la N 349-3. Doubles 75-120 €, appart 2-4 pers 120 €, petit déj compris.* Grande demeure entourée de champs et de bois de pins, loin de l'agitation. Elle fait partie d'un domaine agricole qui fut la propriété de l'ordre du Christ jusqu'au XIXe s. Bien restaurée, la maison dispose de 4 chambres et de 2 appartements rustiques et champêtres : parquet en bois typique de la région, meubles peints et céramiques d'époque. Du classique de caractère, avec tout le confort moderne (il y a même une piscine !). Accueil adorable d'Anastasia.

Où manger ?
Où déguster une bonne pâtisserie ?

De très bon marché à bon marché

O Tabuleiro : *rua Serpa Pinto, 148. ☎ 249-312-771. Tlj sauf dim, jusqu'à minuit. Plats 8-10 €, 15 € pour 2.* Un resto tout à fait convenable, très touristique, mais qui sert en plus des grands classiques des spécialités inattendues, comme l'agneau au four ou ce filet de porc aux ananas. Les portions sont généreuses, l'accueil affable et diligent, et le cadre sans chichis est plaisant (2 salles sobres ou une terrasse dans la rue piétonne).

Beira Rio : *rua Alexandre Herculano, 1-B. ☎ 249-312-806. Tlj, sauf mar soir et mer, 12h-15h, 19h30-22h (22h30 ven-dim). Plats 8-20 €.* Un resto plutôt gourmet servant une cuisine soignée (majorité de viandes régionales) dans une salle agréable proche de la rivière, avec une petite terrasse en bord de route. Spécialités de la maison : *la tagliata de vitela* (un veau très tendre servi avec des pommes de terre au fromage de parmesan) et la *feijoada à transmontana* (certains jours seulement).

Estrelas de Tomar : *rua Serpa Pinto, 12. ☎ 249-313-275. Tlj 8h-20h.* Unanimement considérée comme la meilleure pâtisserie de Tomar.

Où boire un verre ?

Café Paraíso : *rua Serpa Pinto, 127. Dans la rue piétonne principale. Tlj.* Les amateurs de cafés historiques apprécieront la belle hauteur sous plafond et l'atmosphère Art déco de cet établissement fondé en 1911. Ambiance vintage et populaire dans la journée, mais plus rock'n'roll certains soirs !

Casa das Ratas : *rua Dr Joaquim Jacinto, 6. ☎ 249-315-237. 933-549-128. Tlj, sauf lun, 12h-15h, 19h30-22h (18h sam, ferme à 15h dim). Voir aussi la Casa Matreno dans « Où manger ? Où déguster une bonne pâtisserie ? ».* Une vraie curiosité que cette taverne-entrepôt de vins, transformée en bar à vins. Cuves de bois d'un côté, myriade de bouteilles stockées de l'autre. Tout cela force peut-être le trait de l'authentique, mais qu'importe, surtout par une soirée de fado *ao vivo* (en fin de semaine). *Petiscos* ou plats du resto d'en face, pour solidifier ; l'ambiance est au rendez-vous !

À voir

Convento do Cristo : *sur la colline surplombant la ville. Accès en voiture (parking payant) ou en 15 mn à pied par une petite route bien raide qui part à gauche du parking situé derrière la praça da República. • conventocristo.gov.pt • Tlj 9h-17h30 (18h30 juin-sept) ; dernier billet 30 mn avt fermeture. Entrée : 6 € ; réduc ; gratuit moins de 12 ans. Billet groupé (Tomar, Batalha et Alcobaça) : 15 €/pers ou pour familles nombreuses (2 enfants min), valable 7 j. Brochure en anglais. Compter min 1h de visite.*
Corseté par des remparts du XIIe s, cet immense site classé au Patrimoine mondial de l'Unesco est l'une des visites obligatoires au Portugal. Un enchantement permanent, une merveille architecturale.
Les templiers occupèrent les lieux pendant 200 ans. Le roi de France, Philippe le Bel, jaloux de la richesse et de la puissance de l'Ordre, obtint du pape Clément V sa dissolution, au regard de plusieurs chefs d'accusation, dont l'idolâtrie, l'hérésie, la simonie (commerce de biens spirituels) et la sodomie. En 1314, le grand maître Jacques de Molay ainsi que les 3 derniers dignitaires templiers furent condamnés au bûcher. On dit qu'ils prédirent au pape et au roi qu'ils paraîtraient dans l'année devant le tribunal de Dieu. La prophétie se réalisa (pour plus de détails, lire *Les Rois maudits,* de Maurice Druon). Parce qu'il avait joué un rôle majeur dans la reconquête de la péninsule sur les Maures et la fondation du royaume, l'Ordre fut protégé par le roi dom Dinis, qui, habilement, se contenta de le rebaptiser « milice du Christ » et de lui donner pour nouvel objectif la conquête maritime, menée par Henri le Navigateur, gouverneur de l'Ordre.
La splendeur exotique du couvent révèle bien ce que fut la richesse de cette époque, bénéficiant des découvertes du Nouveau Monde. 8 cloîtres se succèdent, un niveau jamais atteint dans l'exubérance architecturale.
– Le ***cloître du cimetière,*** aux fines colonnes sous arcades gothiques et frises flamboyantes, remodelé au XVIIe s, abrite les sépultures des moines-chevaliers. À gauche, la ***chapelle de Portocarreiros*** et sa fresque d'*azulejos* représentant la vie de Jésus ; à droite, le ***cloître des ablutions,*** sur 2 étages avec, au centre, une fontaine. Beaucoup plus dépouillé, il était destiné aux tâches domestiques.
– La ***Charola,*** merveilleuse rotonde romane du XIIe s à 8 colonnes avec un déambulatoire à 16 faces, est inspirée du Saint-Sépulcre de Jérusalem. Dans cet oratoire fortifié, les moines-soldats venaient assister à cheval à la messe avant de partir en croisade. Au XVIe s, il fut intégré à l'***église*** manuéline et enrichi de stucs, statues, fresques et peintures sur bois. Contraste saisissant entre cet ensemble typiquement byzantin, polychrome et ajouré, et la clarté de la nef supérieure au plafond strié de nervures manuélines. Ici se tenaient les réunions du chapitre, seule occasion pour les moines de débattre des problèmes de la communauté (d'où l'expression « avoir voix au chapitre »). En dessous, basse et sombre, la salle de jugement.
– Le ***cloître principal,*** exemple éclatant de l'architecture Renaissance, renferme d'élégants escaliers hélicoïdaux qui conduisent à la terrasse supérieure. Bâti contre la nef manuéline, il masque en partie l'une de ses fenêtres. Heureusement, celle qui éclaire le chapitre reste parfaitement visible depuis le petit ***cloître de Sainte-Barbe,*** à l'étage inférieur.
– La ***fenêtre de Tomar*** est ***la plus fascinante des sculptures manuélines du Portugal.*** Réalisée de 1510 à 1513, elle est la parfaite synthèse de cet art, summum du délire végétal. La mousse contribue à lui donner de l'épaisseur et du relief. Nœuds, tortillons, entrelacs, racines emmêlées comme les tentacules d'un poulpe, algues semblant flotter dans le courant. Notez tout de même, à droite, le symbolisme étrange des algues nouées par une jarretière. Dans l'oculus en haut, des cordages retiennent les voiles gonflées. Sur les côtés, 2 mâts qui semblent avoir séjourné au fond des flots, ainsi que des sphères armillaires, emblèmes de

LE CENTRE

la puissance royale et des conquêtes. Noter que la tour de droite est sanglée : on voit même la grosse boucle de la ceinture. Dans la partie inférieure de la fenêtre, un marin barbu s'accroche à des racines.
– Au-delà du cloître Sainte-Barbe, le ***cloître de l'Hôtellerie,*** desservait les chambres d'hôtes et donnait accès aux logements des moines.
– À la croisée des 2 allées qui distribuent les ***cellules des moines,*** la petite chapelle, où se trouve un Christ assis, est décorée dans un style plateresque espagnol ; elle se trouve au centre géométrique du couvent. À gauche de celle-ci, belle vue sur la fameuse fenêtre. Les *azulejos* et la haute voûte en bois des couloirs révèlent la richesse de l'ordre. Un escalier descend vers le ***réfectoire*** à gauche et vers les ***cuisines*** à droite, aux voûtes encore noircies par la suie. Elles s'ouvrent sur le ***cloître de Micha,*** où avaient lieu les distributions de pain aux pauvres.
– Les cinéphiles auront enfin reconnu que *L'homme qui tua Don Quichotte* de Terry Gilliam, logiquement en Espagne, a été tourné à Tomar.

Capela Nossa Senhora da Conceição : *en redescendant du couvent. Fermé, sauf occasions exceptionnelles.* Surplombant la ville, cette chapelle construite pour abriter le tombeau du roi João III illustre à merveille la Renaissance portugaise. Équilibre des lignes et douceur de l'ocre reposent le regard des débordements manuélins du couvent.

La vieille synagogue : *rua Joaquim Jacinto, 73. Tlj sauf lun, 10h-12h, 15h-18h (14h-17h oct-avr). Entrée libre (« mais si vous voulez soutenir nos œuvres... »). Brochure en français.* Tout simple, lumineux et émouvant, ce minuscule lieu de culte reçoit des cadeaux du monde entier. Construit au XVe s, il ne fut pas longtemps utilisé comme synagogue. Celle-ci servit de prison après la conversion forcée et l'expulsion des juifs par décret en date du 5 décembre 1496, pour devenir ensuite une église et plus tard un entrepôt ! Avec celle de Castelo de Vide, c'est ***l'une des rares à avoir survécu dans le sud*** du Portugal. Aujourd'hui, elle abrite un petit *musée hébraïque,* dont les quelques vitrines renferment de beaux objets de culte. Remarquer le curieux procédé acoustique : les cruches insérées dans le haut des murs étaient destinées à amplifier les chants religieux.

PAS TRÈS CATHOLIQUE

Au Moyen Âge, la simonie était un vrai fléau pour le clergé, car les prêtres s'adonnaient au trafic de reliques et de sacrements, tant et si bien qu'ils s'enrichissaient sans vergogne, sans se soucier de la règle de pauvreté instituée par saint Benoît. On finit par y mettre bon ordre lors du 4e concile du Latran en 1215. C'est au cours de ce même concile, d'ailleurs, qu'on ordonna aux juifs de porter un signe distinctif, afin qu'ils ne puissent se confondre avec les chrétiens. 800 ans avant les nazis !

Igreja São João Baptista : *praça da República. Tlj 10h-12h, 14h-18h sauf lun.* Construite au XVe s. Superbe portail flamboyant. Chaire sculptée. Primitifs portugais sur les murs de la nef, dont une *Cène,* une *Décapitation de saint Jean-Baptiste,* ainsi que la *Présentation de sa tête au banquet d'Hérode.* Tous datent du XVIe s et sont attribués à Gregorio Lopes.

Museu dos Fósforos *(musée des Allumettes)* **:** *dans le convento de São Francisco, av. General Bernardo Faria, près de la gare routière. Tlj, sauf lun, 10h-13h, 15h-18h (17h hors saison). GRATUIT.* Le collectionneur Aquiles da Mota Lima devait être un « sacré allumé » pour réunir 43 000 boîtes d'allumettes en 27 ans ! Le résultat est assez génial : provenant de 127 pays, il y en a de tous les styles, de toutes les tailles et de toutes les époques depuis le XIXe s. La présentation ne date pas d'hier, mais ce petit musée insolite vaut le coup d'œil !

Manifestations

– ***Congrès de la soupe :*** *1er w-e du mois de mai.* Plus de 80 sortes de soupes présentées. À déguster sur place. Si on apporte son bol et sa cuillère, c'est moins cher !
– ***Fête des Tabuleiros :*** *1 sem en juil, ts les 4 ans (la prochaine aura lieu en 2023).* Procession spectaculaire de plusieurs centaines de jeunes filles portant en équilibre sur la tête une pyramide de pains aussi grande qu'elles, couronnée d'une colombe ou de la croix du Christ. Un chevalier servant accompagne chaque demoiselle. L'origine de cette fête remonte au XIVe s. Réjouissances dans toute la ville : danses folkloriques, feu d'artifice, courses de taureaux et ripaille.
– ***Feira Santa Iria :*** *1 sem mi-oct.* On fête la sainte, et à cette occasion, on mange des fruits secs. Parades, spectacles...

DANS LES ENVIRONS DE TOMAR

L'aqueduc dos Pegões : *à 3 km à l'ouest de Tomar, fléché à gauche à la sortie de la ville vers Ourém.* Bien conservé, il n'est pas d'origine romaine, car il fut construit aux XVIe-XVIIe s pour approvisionner la forteresse en eau. C'est un ouvrage d'art d'une grande élégance. Long de 6 km dans sa partie aérienne, il est constitué d'une enfilade d'arches plein cintre doublée, lors des passages en vallée profonde, par une 2de ligne d'arches en ogive. On peut le longer sur plusieurs kilomètres au milieu d'une belle campagne. Il aboutit au convento do Cristo. Un autre grand aqueduc du même style et de la même époque se voit encore à Elvas, dans l'est du Portugal.

Castelo de Almourol : *proche de **Vila Nova da Barquinha**, à 25 km au sud-est de Tomar, sur la route d'Abrantes.* ☎ *249-720-358.* 📱 *962-625-678.* • *jflancos@gmail.com* • *cm-vnbarquinha.pt* • *Ouv 1er mars-31 oct, tlj 10h-13h, 14h30-19h. Promenade en bateau, départ ttes les heures, tlj, sauf lun, 10h-13h, 14h30-17h30 (19h30 mars-oct), de la jetée de Tancos (gros bateau). Résa conseillée. Tarif A/R : 4 € selon visite de l'île, du château et du centre d'interprétation des Templiers à Vila Nova da Barquinha. Départ en petit bateau du quai du château, mêmes horaires. Tarifs A/R : de 4 à 6 € selon le nombre de pers.* Au XIIe s, les templiers se sont installés sur ce site exceptionnel déjà occupé par les Romains, où ils ont construit une impressionnante forteresse dotée d'une dizaine de tours. Nichée sur une minuscule île au milieu du Tage, elle a inspiré, par sa silhouette romantique ocre et crénelée, les poètes épiques du XVIe s. Beau panorama du haut du donjon. L'ensemble a été restauré au XIXe s et a fière allure.

Constância : *à 20 km au sud de Tomar et à 6 km à l'est du château d'Almourol.* Ce gros village (4 000 habitants) se tient sur une colline verdoyante dessinant une sorte de presqu'île à la confluence du Tage et du rio Zézère. Un site original, charmant et bucolique, où les maisons blanches couvertes de tuiles se serrent au cœur d'un lacis de ruelles pavées, étroites et pentues. Au XVIe s, le grand poète Camõès y fut exilé par João III pour être tombé amoureux de la même femme que lui !
Place centrale avec pilori, belle église baroque au sommet de la colline, et au bas de celle-ci, une terrasse ombragée où se désaltérer au bord du Tage. La spécialité pâtissière locale, aux amandes, est poétiquement baptisée *queijinhos do céu* (« fromage du ciel ») ; elle ne compte aucune goutte de lait !
– ***Bon à savoir :*** éviter de rentrer dans le village en voiture. Se garer et continuer à pied.

Golegã : *à 29 km au sud de Tomar.* Une capitale dédiée au cheval lusitanien avec une place du village et du... sable pour l'entraînement. Chaque année, à la Saint-Martin (en novembre), grande foire agricole, avec démonstrations d'art équestre.

COIMBRA

(3000) 142 400 hab.

• Carte Le pays de Beiras *p. 419* • Plan Coimbra *p. 420-421*

Située presque au centre du Portugal, étendue sur les pentes de majestueuses collines, au cœur d'une longue vallée traversée par le rio Mondego, cette ville ancienne et prestigieuse est l'une des plus chargées d'histoire du pays.
Le centre historique, sur la rive droite du fleuve, s'est développé au fil des siècles à partir de son université, noyau dur de la cité, placée au sommet de la plus haute colline. C'est comme si le savoir et l'esprit devaient dominer la cité pour toujours ! C'est à cette université que Coimbra doit sa renommée. Avec Salamanque, Bologne, la Sorbonne et Oxford, Coimbra est l'une des plus vieilles forteresses du savoir en Europe, et elle fut pendant longtemps la seule du Portugal.
Telle fut naguère la volonté du roi éclairé du Portugal. Ainsi, le cœur ancien de la ville s'enroule, hier comme aujourd'hui, autour de cette université, sur des pentes raides descendant progressivement vers le rio Mondego et la partie basse (plus moderne). Il est inutile de penser circuler en voiture ! Coimbra se découvre d'abord à pied, de haut en bas, au fil des ruelles sinueuses et pavées. La promenade pédestre, le trek urbain, voilà l'unique manière de découvrir cette ville.
Avec le temps, le roi, la noblesse, la bourgeoisie, les moines, l'effervescence de la jeunesse et le savoir intellectuel ont donné à Coimbra son visage, son pedrigree, une richesse à la fois matérielle et immatérielle. Ainsi, la ville possède-t-elle de beaux témoins de cette splendeur passée, de très belles églises de style gothico-roman ou Renaissance (la Sé Velha), un magnifique monastère (Mosteiro de Santa Cruz), et le couvent baroque de Santa Clara a Nova sur la rive gauche du fleuve.
À Coimbra, 1 habitant sur 3 est un étudiant (on en compte à peu près 25 000 à l'université, auxquels il faut ajouter ceux des écoles privées et des universités techniques), alors autant dire que la ville compte plusieurs adresses bon marché pour se restaurer ou boire un verre. Pour s'en convaincre, il suffit d'y passer à la fin de l'année académique, début mai, quand sérénades et défilés de *capa e batina* enfièvrent la ville une semaine durant !

UNE DES PLUS VIEILLES UNIVERSITÉS DU MONDE OCCIDENTAL

Après Bologne en 1088 et la Sorbonne en 1253, l'université de Coimbra fut étrangement fondée à Lisbonne, le 1er mars 1290, par le roi Dinis Ier. Emballé, le pape Nicolas IV appuya d'une bulle solennelle cette belle initiative : « Toutes les disciplines pourront y être enseignées, sauf la magie et l'astrologie. » Jusqu'en 1380, la théologie fut également exclue... pour sauver l'emploi des moines franciscains et dominicains.
Installée à Coimbra en 1308, l'université a toujours joui d'une totale autonomie, ouvrant ses portes à tous les courants intellectuels européens. Mais, en raison de la crise du logement étudiant, elle retourna à Lisbonne, avant que le roi Jean III ne la rétablisse à Coimbra en 1537. Un chic type d'ailleurs, ce Jean III. Il offre son palais royal, la Alcaçova, aux étudiants.

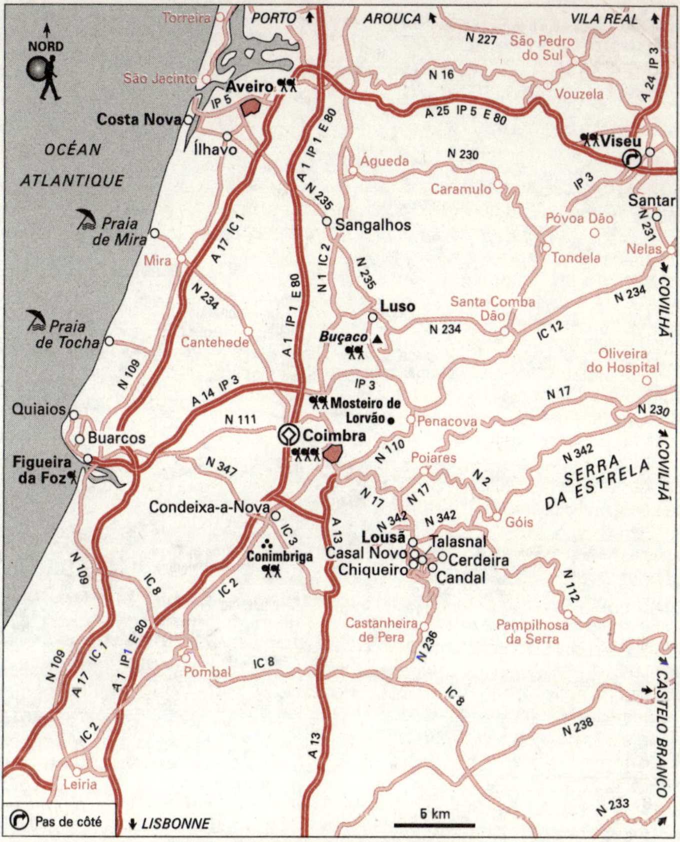

LE PAYS DE BEIRAS

Le XVIe s marque ***l'âge d'or de l'université*** – et de toute la nation portugaise. Dans les couloirs, on croise le grand poète Luís de Camões, auteur des *Lusiades* (1572), poème épique à la gloire de Vasco de Gama et des grandes découvertes.

Mais le souffle retombe pendant 2 siècles, et l'université ne retrouve son éclat qu'au XVIIIe s après l'expulsion des jésuites : la ***bibliothèque Joanine, splendeur baroque*** à la gloire du Savoir universel, en est la meilleure preuve. Pour accélérer les réformes et mettre la fac aux normes européennes, le marquis de Pombal, surnommé le « recteur-réformateur », met fin au monopole qu'avaient les jésuites dans l'éducation, en interdisant leurs méthodes et en ouvrant des classes de latin, de grec et d'hébreu. Pombal réorganise aussi les études secondaires, avec des classes de sciences, de langues étrangères, de sport, de danse... Place aux sciences exactes et à l'enseignement des Lumières.

Les Lumières vont à nouveau pâlir au XIXe s, période d'obscurantisme et de tourmente politique. Bastion de l'humanisme, de l'universalisme et de la

Adresse utile	14 Pensão-residencial Antunes (D3)
Posto de Turismo (B3 et D2)	15 Hotel Oslo (A2)
Où dormir ?	16 Residencial Moderna (A2)
10 Hostel Coimbra Portagem (B3)	17 Hotel Dona Inês (hors plan par A1)
11 Pousada da juventude (hors plan par D2)	18 Hotel Vitória (A2)
12 Quebra-Luz Quartos e Livros (B2)	19 Casa São Bento (D3)
13 Serenata Hostel (B2)	**Où manger ?**
	30 O Cantinho dos Reis (A1)

liberté, l'université de Coimbra va accoucher d'un mutant obtus et autoritaire : António de Oliveira ***Salazar.*** Formation : économie politique. Profession : dictateur du Portugal. De 1933 à 1970, l'ancien élève (qui a même enseigné un temps !) fait détruire par 2 fois des bâtiments universitaires et, en 1968,

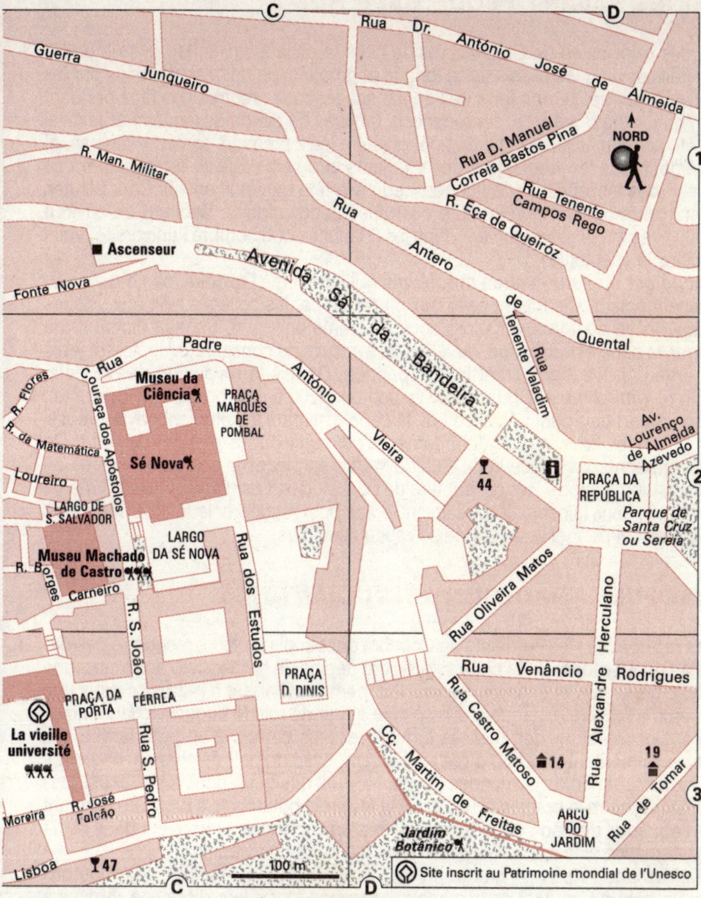

COIMBRA

32 A Cozinha da Maria (B3)
33 Restaurante Adega Paço do Conde (A2)
34 Fangas Mercearia Bar (B3)
35 Tapas nas Costas (B2)
36 Restaurante No Tacho (B1-2)

Où boire un verre en écoutant du fado ?

40 Café Santa Cruz (B2)
41 Fado ao Centro (B2)
42 A Capella Casa de Fado (B2)

Où boire un verre ?

43 Galeria Santa Clara (hors plan par A3)
44 Associação Academica (D2)
46 Quebra (B2)
47 Couraça Café (C3)

laisse sa police tirer sur les étudiants révoltés. Salazar a eu le malheur de tenir longtemps...
Aujourd'hui, les étudiants de Coimbra ont retrouvé à la fois les vieilles traditions estudiantines et un enseignement libre et ouvert sur le monde.

JEUNES SAVANTS SOUS CAPE NOIRE

Une des originalités de Coimbra réside dans la *capa e batina.* Un costume cravate (tailleur pour les filles) et une longue et ample cape noire sont portés par les étudiants lors des temps forts de l'année académique : rentrée des facs pendant la 2de quinzaine d'octobre, soutenances, remises de diplômes (en juin) et festival des étudiants marquant la fin des cours (entre les 2 premiers samedis de mai), et également tous les jeudis, jour des étudiants et du bizutage (le bizutage peut se réaliser tous les jeudis toute l'année jusqu'à la fête des étudiants !). Pour bizuter, les étudiants doivent revêtir leurs costumes académiques. Sachant qu'environ 25 000 filles et garçons étudient dans les 8 facultés que compte l'université, vous imaginez le spectacle !

La cape est une survivance médiévale qui a traversé l'histoire, cahin-caha. Au commencement, elle fut imposée aux étudiants par les collèges religieux. Riches et pauvres se confondaient alors sous ce même uniforme. Sous la dictature de Salazar, la cape et l'uniforme, devenus un symbole de conservatisme, furent jetés aux orties, et les jeans firent leur apparition. Depuis la révolution des Œillets, en 1975, ***l'uniforme est facultatif.*** Vu son prix (200 € environ cape et costume), on comprend pourquoi ! Aujourd'hui, la cape distingue les étudiants ayant réussi leur 1re année. Avoir le droit de la porter, c'est sortir du triste statut de bizut. Ce qui n'empêche pas les heureux élus de mettre en pièces le costume – selon une tradition bien ancrée – lors de leur fête de fin d'études. Les garçons doivent même courir, nus, dans la cour de la vieille université pour récupérer leur cape et pouvoir se couvrir. On permet aux filles de se vêtir un peu plus.

QUELQUES TRADITIONS ESTUDIANTINES

– ***Les repúblicas :*** les étudiants de Coimbra ont depuis toujours rencontré des difficultés pour se loger dans cette ville. Ils ont décidé de former des *repúblicas,* une formule conviviale et économique qui leur permet d'habiter à plusieurs dans une maison particulière. Chaque étudiant gère à tour de rôle le budget de la communauté. Décorées sur des thèmes farfelus, dotées parfois d'un petit jardin, ces *repúblicas* méritent un coup d'œil en passant. Avec un peu de chance, on peut y avoir accès, il suffit de demander. On peut en voir quelques-unes dans la rua Castro Matoso, entre la praça da República et le Jardin botanique, à droite en montant vers l'aqueduc de São Sebastião, mais les plus anciennes se trouvent dans la rua da Matemática et la rua do Salvador, juste à côté de l'université.

– ***Queima das Fitas :*** à l'entrée en fac, les étudiants accrochent à la boutonnière un petit ruban *(fita)* de la couleur correspondant à leur discipline. Arrivés à l'avant-dernière année étudiante, ils font brûler ce ruban *(queimar a fita)* dans une sorte de grand pot de chambre devant la Sé Nova (la « nouvelle cathédrale »). En dernière année, ils fixent à leur serviette 8 rubans, plus larges, toujours aux mêmes couleurs. Le 1er est pour les professeurs, le 2e pour les camarades, le 3e pour les copains hors promotion, le 4e pour l'élu(e) de leur cœur, le 5e pour les parents, le 6e pour la famille. Lorsque l'année s'achève, chacun écrit un mot sur la *fita* qui lui est réservée.

– ***Latada*** *(bizutage)* **:** au début de l'année universitaire, chaque nouvel étudiant, appelé « cocu » et parrainé par un aîné, doit descendre de la partie haute de la ville et défiler dans les rues pavées de la ville en traînant plusieurs boîtes de conserve (*lata* : « fer-blanc ») et paré de déguisements ridicules. Le but ? Se présenter à la ville. Faire le maximum de bruit ! En 2e année, pour montrer qu'ils n'ont plus les « cornes », les anciens bizuts se mettent des pansements et du mercurochrome...

– ***Bon à savoir :*** les traditions du bizutage s'apparentent souvent à d'humiliants rituels que certains étudiants sont obligés de subir par peur des représailles. Cela n'est pas un hasard si certains pays ont interdit ces rites décadents.

Arriver – Quitter

En voiture : le stationnement

Le centre historique est presque entièrement piéton et le stationnement est limité à 4h maximum (parcmètres), ce qui est très contraignant. Heureusement, beaucoup d'hôtels disposent d'un garage ou ont des tarifs négociés avec un parking *(env 5 €/j.)*.
Sinon, il existe des secteurs encore gratuits (mais non gardés), notamment le grand parking de l'autre côté du pont Santa Clara *(hors plan par A3)*, les emplacements entre la gare Coimbra A et le fleuve *(plan A2)* ou encore dans les rues qui montent au-delà de la praça da República *(plan D1-2)*.

En bus

Terminal rodoviário *(gare routière ; hors plan par A1)* **:** *av. Fernão de Magalhães. ☎ 239-855-270. Infos et horaires sur le site : • rede-expressos.pt • À mi-chemin entre les 2 gares ferroviaires (à env 15 mn à pied du centre historique).*
➢ ***Aveiro :*** 5 bus/j. Durée : 45 mn.
➢ ***Porto :*** 12 bus/j. Durée : 1h30.
➢ ***Nazaré :*** 4 bus/j. Durée : 1h45.
➢ ***Lisbonne :*** une vingtaine de bus/j, 7h30-20h à raison d'un départ ttes les 30 mn-1h. Durée : 2h20-3h30. Terminus des bus à la gare routière de Sete Rios (Lisbonne).

En train

Attention, 2 gares ferroviaires à Coimbra :
Coimbra A, Estação Nova *(plan A2)* **:** *la plus proche du centre-ville. Service de train-navette pour la gare Coimbra B.*
Coimbra B, Estação Velha *(hors plan par A1)* **:** *au bout de l'av. Fernão de Magalhães, à 1,5 km à l'ouest de Coimbra A.* Pour les trains IC *(Intercidades)* ou les Régionaux.
Dans les 2 cas, infos et horaires en français aux guichets ou sur le site *• cp.pt •*
➢ ***Tomar :*** env 13 trains/j. 5h11-20h15, avec changement à Lamarosa. Durée : env 2h-2h30. Les plus rapides sont les trains IC *(Intercidades)*.
➢ ***Figueira da Foz (par Alfarelos) :*** env une vingtaine de trains/j. dans les 2 sens 5h27-22h38. Dernier départ à 00h16. Durée : 50 mn-1h15.
➢ ***Porto :*** plus d'une vingtaine de trains/j. 5h38-22h38. Durée : env 1h30 pour les plus rapides.
➢ ***Lisbonne :*** une quarantaine de trains/j., 5h11-20h42. Durée : env 1h30-3h45 pour les trains les plus rapides, les *Intercidades* et les *Alfa Pendular (AP)*.

LE CENTRE

Adresses et infos utiles

Infos pratiques

Posto de Turismo *(office de tourisme de Portagem ; plan B3)* **:** *largo da Portagem. ☎ 239-488-120. • cm-coimbra.pt • En face du pont, dans le centre-ville. De mi-juin à mi-sept, tlj 9h-20h (18h w-e et j. fériés) ; le reste de l'année, lun-ven 9h-18h, w-e et j. fériés 9h30-13h, 14h-17h30. Également un point info sur la praça da República (plan D2 ; lun-ven 9h30-18h).* Bon plan de la ville, et en particulier du centre. Personnel compétent, francophone et de bon conseil.

Poste *(plan A1)* **:** *av. Fernão de Magalhães, 223. ☎ 239-850-771.*

Transports

– Renseignements pour les services ci-dessous : *☎ 800-203-280. • smtuc.pt •*
– ***Bus :*** *cartes rechargeables de 3-11 voyages, respectivement 2,20-6,40 €. Billet valable 1 journée : 3,50 €. Dans le bus, vente de billets seulement (1,60 € le billet). Achat des cartes au kiosque* LOJA SMTUC, *en face de*

l'office de tourisme, auprès des tabacs ou au guichet de l'ascenseur.
– **Balade en bateau sur le rio Mondego :** *départ depuis le quai du Parque Dr Manuel Braga, presque au pied du pont Santa Clara. Tlj sauf lun, ttes les heures 15h-18h (départ assuré à 16h, même sans le min de 10 passagers). Billet (en vente à bord, auprès des tabacs ou à l'office de tourisme) : 7 € env ; réduc.* Sortie pépère en bateau d'environ 50 mn.
Station de taxis : *praça da República (plan D2) et à la sortie des 2 gares ferroviaires et de la gare routière.*

Où dormir ?

Camping

Coimbra Camping : *rua da Escola,* **Santo António dos Olivais.** *☎ 239-086-902. • coimbra@arpurocamping.com • coimbracamping.com • À 6 km au sud-est du centre-ville. Bus nº 38 du centre et des gares. De Coimbra, suivre la N 17, estrada das Beiras et suivre les panneaux. Tte l'année. Forfaits 2 pers 16-21 €/j. selon saison ; bungalows 2-6 pers 47-103 €/j. selon saison.* Un camping de bon niveau avec 200 emplacements en terrasses, un peu serrés, répartis sur un terrain plat mais peu ombragé. Un inconvénient : on entend bien la route qui le longe. Épicerie, resto, sanitaires très propres. Piscine *(payante)*, salles de fitness et de billards. Loue aussi des bungalows. Vous n'y passerez pas vos vacances, mais ça peut dépanner les budgets serrés.

LE CENTRE

De très bon marché à prix moyens

Serenata Hostel (plan B2, **13**) **:** *largo da Sé Velha, 21-23. ☎ 239-853-130. • info@serenatahostel.com • Dortoirs 4-10 lits 15-22 €/pers, doubles sans ou avec sdb 40-80 €, petit déj compris.* Ce qui surprend ici, c'est la beauté de l'édifice, un immeuble début XXᵉ s orné de moulures, cheminées et plafonds à caissons. Rénové avec soin, ce qui fut auparavant une maternité renferme aujourd'hui des chambres et des dortoirs impeccables (4, 8, et 10 lits) et confortables (clim, casiers, lumières individuelles, etc.). Sanitaires modernes, cuisine bien équipée, différents salons cosy (voire cossus avec leur mobilier baroque !), un bar et des terrasses pour siroter les cocktails. La classe à des prix sages !

Hostel Coimbra Portagem (plan B3, **10**) **:** *rua da Couraça Estrela, 11. ☎ 239-600-134. 📱 917-569-143. • portagemhostel@gmail.com • coimbraportagemhostel.com • Lits en dortoir 18-25 €/pers, pas de petit déj.* Belle situation face au pont Santa Clara, dans un bâtiment historique restauré dans un style moderne, avec une superbe fresque en *azulejos* dans l'escalier. Dortoirs (de 4, 6, 8 et 10 lits ; dont un réservé aux filles) avec parquet, lits neufs et salles de bains communes pimpantes. Pas de casiers mais la clim partout. En revanche, beaux espaces communs avec canapés confortables, mobilier original et spacieuse cuisine. En prime, une immense terrasse ouverte sur le toit avec vue sur le rio Mondego.

Pousada da juventude (hors plan par D2, **11**) **:** *rua Dr Henrique Seco, 14. ☎ 239-829-228. • coimbra@movijovem.pt • pousadasjuventude.pt • Bus nºˢ 6 et 7 de la gare de Coimbra A, et nº 29 de Coimbra B. De la praça da República, prendre l'av. Lourenço A. Azevedo ; c'est la 2ᵉ rue à droite après le jardim da Sereia. Tte l'année. Réception 8h-minuit. Lits en dortoir 13-16 €/pers ; doubles sans ou avec sdb 30-40 € selon saison ; petit déj compris. Carte des AJ obligatoire (en vente sur place).* Grand bâtiment blanc situé en haut d'une rue bien pentue, à 15 mn à pied du centre-ville (pas pratique !). Relativement propre, sans charme particulier mais bien arrangé et fonctionnel : dortoirs (4, 6 ou 8 lits, non mixtes) et 2 doubles seulement avec salle de bains privée. Cuisine à dispo et salon commun. Bon accueil. En secours, car tout de même assez excentré et sans ambiance.

Prix moyens

Quebra-Luz Quartos e Livros *(plan B2,* ***12****) : escada do Quebra Costas, 18 ; 2º. 912-278-779 ou 239-094-169. • quebraluzcoimbra@gmail.com • Doubles 40-65 € selon confort et saison, avec petit déj.* À l'étage d'un immeuble à l'ancienne, une petite adresse de charme, propre et lumineuse, idéalement placée au cœur de la ville. Elle renferme 4 jolies chambres, claires, avec de belles touches de couleur. 2 d'entre elles possèdent leur propre salle de bains. Côté pièces communes, une cuisine attenante à un petit salon avec bibliothèque, et même une petite terrasse.

Hotel Vitória *(plan A2,* ***18****) : rua da Sota, 9-13. ☎ 239-824-049. • reservas@hotelvitoria.pt • hotelvitoria.pt • Doubles 55-75 € selon saison, petit déj compris. Parking.* Hôtel avec ascenseur proposant une vingtaine de petites chambres tout confort (clim) sur 3 étages. Aménagement fonctionnel et décoration dépouillée et nette. Double vitrage côté rue et gazouillis des oiseaux côté cour. Resto sur place. Bon accueil francophone.

Residencial Moderna *(plan A2,* ***16****) : rua Adelino Veiga, 49 ; entrée au fond d'un petit passage. ☎ 239-825-413. • residencialmoderna@gmail.com • Doubles 38-70 € selon saison ; petit déj 5 €.* Cet hôtel se modernise peu à peu pour justifier son nom (nouvel ascenseur vitré, chambres en partie refaites, avec balcon pour la plupart, toutes avec clim et double vitrage). Location de vélos sur résa. Excellent accueil.

Pensão-residencial Antunes *(plan D3,* ***14****) : rua Castro Matoso, 8. ☎ 239-854-720. • reservas@residencialantunes.com • residencialantunes.com • Doubles 40-55 € selon confort et saison, sans petit déj. Parking gratuit.* À l'écart de l'agitation du centre-ville, une pension bien tenue dans un immeuble ancien. Abrite des chambres propres de style rétro (mobilier en bois comme chez grand-mère) mais pas désagréables. Elles donnent sur la rue, et l'aqueduc Arcos do Jardim. Gros avantage : l'accès à la cuisine et la salle à manger, bien pratique. Accueil très aimable.

De prix moyens à beaucoup plus chic

Hotel Oslo *(plan A2,* ***15****) : av. Fernão de Magalhães, 25. ☎ 239-829-071. • info@hoteloslo-coimbra.pt • hoteloslo-coimbra.pt • Doubles 72-142 € selon confort et saison, petit déj compris ; apparts 50-80 €, sans petit déj. Parking gratuit.* Un grand hôtel moderne et fonctionnel. L'ascenseur conduit à des chambres pas toujours très grandes mais impeccables, confortables (clim) et agréables. Les plus chères profitent d'une belle vue sur la vieille ville et même d'un balcon. En prime, salle de petit déj tout en baies vitrées au 5e étage, et surtout une très belle terrasse sur le toit ! Mais le vrai plus, ce sont la dizaine d'appartements tous neufs, avec cuisine nickel et déco contemporaine, tendance vintage. Ils sont aménagés au sein d'un ancien atelier de couture, dans une rue perpendiculaire et calme. Une aubaine ! Accueil pro.

Hotel Dona Inês *(hors plan par A1,* ***17****) : rua Abel Dias Urbano, 12. ☎ 239-855-800. • reservas@donaines.pt • donaines.pt • Doubles 65-145 € selon saison, petit déj compris. Parking gratuit.* Un grand hôtel moderne qui cumule les avantages : plus de 120 chambres contemporaines tout confort (clim), un bel ascenseur vitré qui conduit à la salle de petit déj lumineuse et donnant sur une grande piscine, sans oublier une salle de fitness, un tennis et un spa (services sans supplément sauf pour le massage). Le tout à 10 mn à pied de la vieille ville. Très pratique et personnel dévoué.

Casa São Bento *(plan D3,* ***19****) : rua de Tomar, 7. ☎ 239-006-919. 914-411-128 • reservas@casadesaobento.com • casadesaobento.com • Doubles 67-86 €. Stationnement facile et gratuit dans la rue.* Sur les hauteurs de Coimbra, dans un quartier résidentiel proche de l'Université, il s'agit d'une belle maison bourgeoise du XIXe s. rénovée avec intelligence et goût. Une grille ouvre sur une cour intérieure calme où se tient l'annexe moderne abritant des appartements (lofts et suites) de style contemporain. La demeure ancienne

[...]ée et modernisée d'une [...]quable. Elle compte [...] doubles, hautes de pla[...], avec une kitchenette et la clim. Elles donnent sur la cour et le quartier. Les propriétaires n'y habitent pas, mais il y a une réception comme dans un hôtel. Un système de code digital permet d'ouvrir les portes.

Où manger ?

De très bon marché à bon marché

Restaurante Adega Paço do Conde *(plan A2, **33**) : rua Paço do Conde, 1. ☎ 239-825-605. • pacodoconde.eatbu.com • Tlj sauf dim, jusqu'à 22h. Plats 5,50-13 €.* On passe sous une arche de pierre, et l'on entre dans ce resto, un des plus populaires de la ville ! 2 vastes salles séparées par une terrasse dans une cour intérieure, où s'attablent, dans la bonne humeur, étudiants, familles et touristes en goguette. Dans un coin, Alfredo, le chef jovial, fait cuire à la braise de tendres viandes, des poissons et des brochettes goûteuses. Aux beaux jours, petite terrasse dehors sur une charmante placette. L'ambiance est bonne, et tout le monde se régale de ses plats traditionnels copieusement servis.

O Cantinho dos Reis *(plan A1, **30**) : terreiro da Erva, 16. ☎ 239-824-116. • ocantinhodosreis@hotmail.com • Tlj 12h-15h, 19h30-23h, sauf dim et j. fériés. Plats 7-13 € ; repas 15-20 €.* Au bord d'une grande esplanade, en retrait du bruit et de l'agitation, un resto portugais qui a déjà fait ses preuves, à en juger par les habitués qui s'y attablent le soir en terrasse. Les phénomènes de mode n'ont pas touché cette bonne maison qui maintient jour après jour sa petite ardoise : savoureuse cuisine portugaise intemporelle à prix raisonnables (morue, sardines, porc, entrecôte au riz...).

De bon marché à prix moyens

A Cozinha da Maria *(plan B3, **32**) : praça do Comércio, 110-111. Tlj 11h-23h sauf dim. Plats 10-16 €.* Au pied de l'église São Bartolomeu, au début d'une ruelle, ce resto est tenu par un aimable patron francophone. Modeste salle modernisée et propre, avec quelques tables dehors. La carte est courte, les plats changent souvent, mais les classiques sont omniprésents au quotidien comme la *bacalhau lagareiro*, un beau morceau de morue soigneusement préparé.

Restaurante No Tacho *(plan B1-2, **36**) : rua da Moeda, 20. 📱 911-925-961. Tlj sauf dim soir, lun-mar, 19h-22h. Sam ouv midi et soir, et dim seulement le midi. Plats 10-15 €. Repas env 25-30 €.* Discret petit resto tenu par un jeune chef portugais qui s'inspire des recettes de sa grand-mère en les retouchant à sa manière. Ce n'est pas de la nouvelle cuisine mais de la « jeune vieille gastronomie » copieuse et très soignée, suivant le rythme des saisons. N'emploie que des produits du terroir : saucisses, légumes, jambon fumé, fromages, viandes, poissons, poulpe, mais la morue vient d'Islande (il le note). Belle carte des vins de la Bairrada (la région). Petite salle bien arrangée et accueil affable.

Fangas Mercearia Bar *(plan B3, **34**) : rua Fernandes Tomás, 45-49. ☎ 934-093-636. • fangasmbar@gmail.com • Tlj sauf ven-sam, 19h-23h ou minuit. Petits plats et assiettes 4-9 € ; repas 15-20 €. CB refusées.*

Autrefois, cette rue était garnie de *fangas,* des casiers de bois servant de mesures aux épiciers. Le nom de ce café-*mercearia*-bar à vins en porte la mémoire. Resto composé de 2 salles qui ouvrent en alternance ou en même temps selon l'affluence. La carte réveille l'héritage portugais avec imagination comme le poivron à l'andouille ou les champignons farcis à la saucisse. Une valeur sûre.

Tapas nas Costas *(plan B2,* ***35****) : rua do Quebas Costas, 19. ☎ 239-157-425. ● restaurante@tapasnascostas.pt ● Tlj sauf dim soir-lun. Petits plats et tapas 4-7 € ; repas env 20 €.* Une table bien dans l'air du temps pour un repas de tapas, certaines originales, que l'on enchaîne avec plaisir, accompagnées d'un vin au verre ou d'une bière artisanale. *Octopus,* provolone (fromage fondu), ailes de poulet au sésame. Une adresse un brin branchée, au cadre agréable et au service efficace.

Où écouter du fado ?

Un peu plus intellectuel que son cousin lisboète, le fado de Coimbra est intimement lié à la tradition universitaire et exclusivement interprété par des hommes, étudiants d'hier ou d'aujourd'hui. On dit que les *fadistas* remercient ainsi Coimbra, personnifiée par une femme, de les avoir accueillis à bras ouverts pendant leurs 5 ans d'études. Souvent revêtus de la tenue académique, ils évoquent des rêves inaccessibles et... les amours malheureuses, sans dédaigner quelquefois des textes plus engagés politiquement. Carlos Paredes, disparu en 2004, fut l'une des grandes figures de cet art.

Café Santa Cruz *(plan B2,* ***40****) : praça 8 de Maio. ☎ 239-833-617. ● geral@cafesantacruz.com ● Tlj 8h-minuit (20h dim). En été, fado tlj à partir de 22h (plus souvent à 18h) ; le reste de l'année, ven-dim à 18h. Pas de droit d'entrée demandé lors des concerts.* Dans une ancienne chapelle latérale de l'église Santa Cruz. Vieux décor somptueux et patiné : plafonds voûtés, murs en pierre, sombres et vénérables boiseries, ventilateurs, tables à plateau de marbre et chaises couvertes de cuir... Ce pourrait être un beau décor de film classique. Les concerts gratuits de fado attirent du monde, venir tôt pour être bien placé.

A Capella Casa de Fado *(plan B2,* ***42****) : rua Corpos de Deus. ☎ 239-833-985. ● acapella.com.pt ● Mai-oct, concert tlj à 21h30 ; nov-avr, tlj sauf lun-mar. Entrée : 10 € (1 boisson incluse) ; réduc étudiant (boisson non incluse).* Dans une chapelle classée du XIVe s, concert de fado de très bonne qualité donné par une formation bien rodée. 2 sets de 45 mn, interprétés dans le chœur de la chapelle, à l'acoustique exceptionnelle, et que l'on écoute religieusement. Possibilité de grignoter.

Fado ao Centro *(plan B2,* ***41****) : rua do Quebra Costas, 7. ☎ 239-837-060. ● fadoaocentro.com ● Tlj à 18h ; le reste du temps sur résa seulement. Entrée : 12 € ; gratuit moins de 3 ans. Durée : 50 mn.* Sur les marches du *Quebra Costas,* en plein centre historique, un auditorium (ni restauration ni boisson) d'une petite quarantaine de places où se produisent quelques *fadistas* en fin d'après-midi. C'est touristique, mais le niveau est bon, et chaque morceau étant présenté en détail, c'est une bonne manière de se familiariser avec les spécificités du fado de Coimbra.

Où boire un verre ?

Coimbra se découvre à pied et se déguste dans les cafés. Il faut aussi essayer une de ses spécialités sucrées : les *pastéis de Tentúgal,* « créés » dans un couvent de carmélites vers 1565. C'est une sorte de feuilleté fourré avec des œufs et du sucre que l'on trouve à peu près partout. Également les *pastéis de Santa Clara,* une pâte brisée en forme de demi-lune fourrée aux œufs, au sucre et aux amandes...

Quebra *(plan B2,* ***46****) : rua do Quebra Costas, 45-49. ☎ 239-841-174. Tlj sauf dim, 12h (14h sam)-4h.* Un bar très convivial sur 2 étages, à la déco contemporaine colorée. Agréable terrasse pour siroter un verre et, les vendredi et samedi soir de mi-juin à début septembre, profiter de ses très bons concerts de jazz sur les marches du *Quebra Costas.*

Galeria Santa Clara *(hors plan par A3,* ***43****) : rua António Augusto Gonçalves, 67. ☎ 239-441-657. • galeria@galeriasantaclara.com • Passé le pont, prendre à gauche avt le rond-point et continuer vers le site de Santa Clara a Velha. Tlj 13h-2h (3h ven-sam).* Différentes salles à la déco vintage et au mobilier chiné, de vastes terrasses avec des canapés défoncés où l'on s'effondre en regardant Santa Clara et la vieille ville : c'est le bar relax et bohème de Coimbra, avec des expos pour le côté branché, et au sous-sol des soirées DJs (ou des concerts le week-end pendant l'année scolaire) pour le côté festif. Un must chez les étudiants.

Couraça Café *(plan C3,* ***47****) : Couraça de Lisboa, 30. Tlj sauf dim, jusqu'à 23h.* Dans le quartier de l'Université, dominant le sud de la ville, ce café est fréquenté par les étudiants, mais il est ouvert à tous. Idéal pour boire un verre en profitant d'une vue superbe sur le jardin botanique, le rio Mondego. Fait aussi resto à prix doux *(menu à 7 €)* dans une ambiance de cantine universitaire.

Associação Academica *(plan D2,* ***44****) : rua Padre António Vieira. • academica.pt • Tte l'année, même en été, tlj 10h (15h w-e)-4h.* Un bistrot qui a de la bouteille, car il a été fondé en 1887 ! N'espérez pas une déco d'époque, c'est juste un bar associatif étudiant, moderne, qui a 2 avantages : une agréable terrasse sur une esplanade et la possibilité d'y faire des rencontres en buvant des bières tirées à la pompe du *Super Bar.*

Enfin, les noctambules invétérés seront immanquablement attirés par la praça da República *(plan D2),* dont le secteur concentre pas mal de bars festifs en saison scolaire, comme le ***Tropical*** *(praça da República, 35),* apprécié pour sa terrasse prise d'assaut, le ***Murphy's Irish Pub*** *(rua Almeida Garret, 1),* avec sa façade rouge qui cache un vaste espace à la déco de grand pub irlandais, ou le très cool ***Aqui Base Tango*** *(rua Venâncio Rodrigues, 8),* connu pour sa belle atmosphère et sa bonne musique.

À voir

La vieille université *(plan C3) : largo da Porta Férrea. ☎ 239-859-884 ou 239-859-7444 (visites guidées). • visit.uc.pt • On peut monter au quartier de l'université par l'****ascenseur*** *(plan C1), qui démarre av. Sá da Bandeira (tarif : 1,60 €), ou par les bus nos 28, 34 ou 103. Billetterie dans le hall de la bibliothèque générale, sur la gauche de la place avt d'entrer dans l'université.*

De mi-mars à fin oct, tlj 8h45-19h ; de nov à mi-mars, tlj 8h45-16h30 ; dernière entrée 30 mn avt fermeture. Fermé 1er janv et 24-25 déc. Entrée : env 13 € pour le tour le plus complet, bibliothèque incluse ; 7 € sans la bibliothèque ; réduc. Attention ! En hte saison, résa impérative la veille pour être sûr d'avoir sa place. Audioguide en français : 3 €. Visite guidée (sur résa 72h à l'avance : • reservas@uc.pt •) : 20 € ; réduc ; tarifs avantageux si l'on a pris la visite complète.

|●| À l'intérieur, à droite de la chapelle São Miguel, petite cafèt' *(sauf dim)*, un endroit conseillé pour rencontrer des étudiants.

En entrant dans la *cour des écoles*, on parvient au cœur de l'une des plus vieilles universités du monde, fondée le 1er mars 1290 par le roi D. Dinis. La physionomie actuelle de l'université date du XVIIIe s, époque à laquelle le roi João III entreprit de grandes réformes. Dès l'origine, on y enseigna la théologie, le droit canonique, les lois et la médecine. Aujourd'hui, seul le droit est encore enseigné entre ces murs vénérables. Les autres disciplines ont pris leurs quartiers dans différents bâtiments à l'extérieur de l'enceinte.

– ***La bibliothèque Joanine :*** *au bout de l'aile droite des bâtiments, vers la balustrade surplombant la ville. Visite ttes les 20 mn, par groupes de 60 pers (heure indiquée sur votre billet). Photos interdites. L'intérieur est très sombre, car des rideaux empêchent la lumière du jour d'y pénétrer par souci de protection des livres.*

Le grand portail de teck et les murs de 3 m d'épaisseur assurent, été comme hiver, une température intérieure constante. De part et d'autre de la porte sont représentés la Théologie et le Droit canonique, tandis qu'au-dessus veille João III, surplombé par la Sagesse. Attendez-vous en entrant à un choc, car voici une bibliothèque d'une beauté renversante, offerte à l'université de Coimbra en 1717 par le roi João V grâce aux diamants du Brésil ! Bon prince éclairé, il inaugura ainsi, si l'on peut dire, la TGBB... la Très Grande Bibliothèque Baroque, quoi !

Ses 3 grandes salles en enfilade, très hautes de plafond, somptueusement décorées dans le style de la 1re moitié du siècle des Lumières, contiennent 60 000 vénérables ouvrages, publiés du XVIe au XVIIIe s. Histoire, géo, médecine et sciences, lettres et philo, droit civil et droit canon, sans oublier la théologie, pas une discipline enseignée à Coimbra n'a été négligée. Un véritable temple de l'érudition. Pour des raisons de sécurité, les livres les plus rares ont été transférés dans la nouvelle bibliothèque de l'université, notamment la 1re édition (1572) des *Lusiades* de Luis de Camões.

UNE PROTECTION À LA PAGE

Si les gardiens de la bibliothèque recouvrent chaque soir les tables d'une bâche en cuir, ce n'est pas pour les protéger de la poussière, mais pour éviter que le mobilier soit souillé par des déjections de chauve-souris ! Eh oui, si incroyable que cela paraisse ici, 2 colonies de ces mammifères volants entrent chaque nuit par des ouvertures aménagées à cet effet. Elles se délectent d'insectes (notamment des mites) qui, sinon, auraient dévoré, au sens propre s'entend, des pages et des pages de livres précieux.

Les rayonnages en bois du Brésil et les boiseries sculptées sont laqués de vert, de rouge, et de noir et or (une couleur par salle). Peintures et dorures sont des références aux 3 continents où les Portugais avaient des possessions : Afrique, Amérique du Sud et Asie. Les motifs de chinoiseries (cherchez-les bien !) montrent l'influence de la Chine sur le Portugal, implanté à Macao depuis 1557. Superbes plafonds en trompe l'œil. Pour résumer, on peut dire de cette bibliothèque qu'elle a l'éclat d'un palais et le profond silence d'une église...

La visite continue à l'étage inférieur, dans une salle voûtée où l'on expose par roulement différents ouvrages précieux, avant de se poursuivre encore un étage plus bas à la ***prison académique,*** utilisée jusqu'en 1832. L'université ayant le pouvoir de justice, on y enfermait étudiants et professeurs !

– ***Sala dos Capelos*** *(grande salle des Actes) : juin, soutenance des thèses, donc parfois fermée.* À l'étage, passé la salle d'Armes, on accède à une coursive d'où l'on peut voir cette immense salle au plafond couvert de panneaux de bois peint, et aux murs décorés de grands portraits de tous les rois du Portugal. C'est là que se déroulent les actes les plus notoires de l'Université : la cérémonie d'ouverture de l'année universitaire, les soutenances de thèse de doctorat, et l'intronisation du « Rector Magnificus » tous les 4 ans. Les docteurs prennent place sur les longs

bancs adossés aux murs, tandis que le recteur trône sur sa chaire tel un prince du Savoir... Comme à l'église, la foule des invités et des étudiants se tient à l'arrière, sur les bancs disponibles.
La coursive conduit ensuite à la ***salle des examens privés*** (désormais inutilisée, elle vaut le coup d'œil pour les portraits des recteurs de 1537 à 1750), puis à un étroit balcon d'où la vue sur Coimbra est superbe.
– ***La chapelle São Miguel :*** *à droite de la bibliothèque Joanine.* Splendide porche manuélin encadré par 2 piliers entrelacés dont le symbolisme est maritime (des cordages). L'Écusson Royal, au centre, est entouré de la Croix du Christ et de la Sphère Armillaire, preuve que le commanditaire de l'ouvrage est bien le roi D. Manuel. Construite en 1547, la chapelle est surtout remarquable pour les *azulejos* du XVIIe s qui ornent la nef ainsi que pour son orgue baroque (2 000 tubes) de 1733 couvert d'une « peinture en chinoiseries ».
– ***La tour de la Chèvre :*** *dans l'un des 2 angles de la grande cour de l'université. Visites sous certaines conditions.* Élevée au XVIIIe s, haute de 33 m, elle tient son nom d'une très ancienne cloche qui rythmait autrefois la vie des étudiants et de la cité et que l'on surnommait « a Cabra » (la chèvre). La montée est éreintante mais la vue est exceptionnelle !

Sé Nova *(nouvelle cathédrale ; plan C2) : tlj 9h-18h30 sauf lun. Entrée : 1 €.*
Construite par les jésuites (commencée en 1598, consacrée un siècle plus tard) et leur ayant appartenu jusqu'à leur expulsion en 1759. Sa façade, maniériste en partie basse, se prolonge avec un style nettement baroque en partie supérieure. À l'intérieur, elle suit les conceptions architecturales de la Contre-Réforme : croix latine avec coupole à l'intersection, voûte à caissons et des pupitres pratiquement au milieu. À noter, les stalles du chœur en bois exotique et des chapelles latérales du XVIIe s sculptées dans un style gothico-manuélin.
À gauche, voir la sacristie, qui conserve une collection de drôles de châsses processionnelles et de très remarquables reliquaires de toutes formes en marqueterie de pierres semi-précieuses. Avant de sortir, attardez-vous sur les panels d'*azulejos* à motifs persans, qui ne sont pas sans évoquer ceux du monastère de Santa Cruz.

Museu Machado de Castro *(plan C2) : largo Dr José Rodrigues. ☎ 239-853-070. • museumachadocastro.pt • Tlj 10h-18h sauf lun. Entrée : 6 € ; réduc ; gratuit moins de 12 ans et 1er dim du mois. Audioguide en anglais et en espagnol : 1,50 €.*
Incontournable ! Car ce splendide palais épiscopal du XVIe s, avec galerie à double arcade plongeant sur la ville et ornée de frises d'*azulejos*, renferme l'un des plus beaux musées du pays. Très vaste, il rassemble des collections d'une telle richesse que chacun y trouvera largement son compte.
La visite commence au plus profond des entrailles. Dans les sous-sols, c'est la *Cène* du génial ***Hodart,*** avec ses personnages en terre cuite particulièrement expressifs qui nous accueillent. Les autres salles sont consacrées à la sculpture jusqu'aux XVIIe et XVIIIe s (superbe pietà de Cipriano da Cruz Sousa). Puis on continue vers un ***cryptoportique romain*** fascinant, dont les différents corridors, celliers et caves constituent un véritable labyrinthe souterrain, agrémenté de bustes (de Trajan, de Vespasien, d'Agrippine) et de stèles funéraires découvertes dans le secteur. Puis, au rez-de-chaussée, formidables ***collections de sculptures,*** qui couvrent la période préromane jusqu'à la Renaissance. Après quelques belles pièces mozarabes et un pan entier provenant du cloître de São João de Almedina, on s'attarde sur les anges polychromes du maître d'Aragon Pero (XIVe s), un surprenant *Christ noir de Santa Cruz* (XIVe s) et les réalisations plus naturalistes de Diogo Pires, qui assurent la transition avec la Renaissance. Vient le moment d'aborder le travail des grands maîtres que sont ***Nicolas Chanterène*** et ***Jean de Rouen,*** avec la *capela do Tesoureiro* (sculptée entre 1553 et 1564), provenant d'un couvent aujourd'hui disparu et entièrement remontée ici.

Dans les étages, ***peinture portugaise*** (Vicente Gil, Cristovão de Figueiredo...) et ***flamande*** du XVe au XVIIIe s (voir notamment le travail d'Olivier de Gand, ou encore le magnifique triptyque commandé par dom Manuel Ier à Quentin Metsys), mais aussi de riches collections d'***orfèvrerie religieuse*** (fabuleuses croix processionnelles du XIIIe s, reliquaires, calices...), des sections très complètes de ***céramiques*** et d'*azulejos* (intéressant pour comprendre l'évolution du style portugais), des vêtements sacerdotaux, et pour terminer, plusieurs salles sur les ***arts décoratifs*** (mobilier, tapis, collection orientale...).

Après un ultime coup d'œil au carrosse tout en moulures et dorures de dom Francisco de Lemos, direction le snack du musée, *Loggia,* pour un verre ou un café largement mérité après une telle orgie culturelle ! Superbe vue depuis la terrasse.

Museu da Ciência *(musée des Sciences ; plan C2)* **:** *largo Marquês de Pombal (dans le labo de chimie). ☎ 239-240-870. • museudaciencia.org • Tlj 9h-13h, 14h-17h (dernière entrée à 16h30). Fermé 24-25 déc et 1er janv. Entrée : 5 € ; réduc. Billet couplé avec la vieille université : 12 €.* Petit musée bien organisé, consacré aux sciences expérimentales depuis le XVIIIe s, aux secrets de la lumière et de la matière (vision, couleur) et, enfin, au système solaire. S'y ajoutent des expos temporaires. Muséographie très visuelle et ludique avec pas mal d'interactivité : voir comme une mouche, faire décoller le ballon de Montgolfier, etc., comme dans un petit palais de la Découverte (à Paris). Hélas, peu d'explications. L'entrée permet également de visiter des salles d'animaux naturalisés et le labo de physique, situés juste en face. Accolé à un amphithéâtre à l'ancienne, ce dernier rassemble de beaux instruments de mesure et d'expérience des XVIIIe et XIXe s.

Sé Velha *(vieille cathédrale ; plan B2)* **:** *tlj 10h-17h30 (18h30 sam et 17h dim). Accès église et cloître : 2,50 €. Brochure en français.* Son architecte français, Maître Robert, commença à l'édifier en 1162, alors que l'on apercevait encore au loin les cavaliers maures en fuite. Coimbra était encore sous la menace guerrière. Il fallait se protéger. D'où son allure d'église-forteresse ! La grande sobriété de sa façade principale, révélant des influences islamiques, contraste singulièrement avec le portail latéral gauche, de style Renaissance (XVIe s). À l'intérieur, quelques belles découvertes, comme cette Vierge de la conception du XVIIe s en équilibre sur sa sphère, ou encore ces toiles du XVIe s représentant le martyre de saint Sébastien. Juste à côté, très beau portrait d'Isabel d'Aragon et, en face, le drôle de tableau représentant sainte Ursule. La chapelle du Saint-Sacrement a été réalisée par Jean de Rouen dans un pur style Renaissance. Au maître-autel, ne pas rater également le ***très beau retable flamboyant*** du XVe s, œuvre des flamands Olivier de Gand et Jean d'Ypres. À gauche, petite chapelle dédiée à saint Pierre.

À droite, dans la nef, accès au ***plus vieux cloître gothique du pays,*** encore empreint d'art roman. Du XIIIe s, il se distingue par les délicates rosaces de ses arcades, toutes différentes. Il comprend 2 chapelles, la 1re renfermant une crèche réalisée par Jean de Rouen, la 2de accueillant le tombeau du 1er gouverneur de Coimbra.

En sortant de la Sé Velha, on peut être tenté de descendre la *rua Quebra Costas* (littéralement la « rue Casse-Côtes » !). Moins « périlleuse », la rua dos Coutinhos mène à la massive ***tour de Anto*** et au ***palais Sobre-Ripas.*** Belle façade manuéline.

Mosteiro de Santa Cruz *(plan B1)* **:** *praça 8 de Maio. ☎ 239-822-941. Église et sacristie : lun-ven 9h-17h ; sam 9h-12h30, 14h-17h ; dim 16h-17h30. Accès libre pour l'église. Entrée : 3 € (réduc) pour le cloître, la sacristie et la salle capitulaire.*

Fondé en 1131 par les Augustins (ordre religieux dont la règle est basée sur les enseignements de saint Augustin), largement remanié au XVIe s. Église à nef unique couverte d'une voûte manuéline et d'*azulejos* retraçant la conversion

de saint Augustin. Outre la finesse du travail sur la chaire que l'on doit à Jean de Rouen, remarquez le ***splendide orgue baroque*** à tuyaux horizontaux. Dans le chœur, ***tombeaux*** des 2 premiers rois portugais : notez celui d'Alphonse Ier à mettre au crédit de Nicolas Chantereine, dans un style manuélin qui « s'italianise » si l'on peut dire, caractéristique de la 1re Renaissance française. En effet, Chantereine, avec Jean de Rouen et Philippe Oudart, fut l'un des 3 sculpteurs français appelés à la cour du Portugal par Manuel Ier, le grand instigateur des conquêtes océaniques.
La vaste ***sacristie*** est ornée d'*azulejos* aux motifs persans sous un plafond à caissons de pierre de style Renaissance. Elle a pour pièce maîtresse la *Pentecôte* de Grão Vasco (1535). Fait exceptionnel à l'époque, la signature du peintre figure sur le bout de papier représenté au sol et son autoportrait se trouve à l'arrière-plan, en haut à droite. Ne ratez pas, sur la droite en entrant, la petite chapelle qui contient de belles sculptures religieuses, comme ce saint Antoine du XVIe s, des objets et vêtements liturgiques et les reliques de são Teotónio (né à Lisbonne, saint Antoine de Padoue résida 8 ans à Coimbra) et de ses amis, les 5 martyrs du Maroc.
Pour la petite histoire, c'est à leur contact que ce dernier devint franciscain et prit le nom d'Antoine, car, en fait, il était né Fernando. Au-delà, la salle capitulaire, aux stalles de bois du XVIe s sculptées de têtes d'angelots, s'ouvre sur le ***superbe cloître*** *(claustro do Silêncio),* chef-d'œuvre manuélin (1517) qui abrite une gracieuse fontaine à double vasque.
– Depuis le cloître, un escalier mène au ***1er étage*** où l'on visite la ***Cadeiral,*** une salle avec de très belles stalles en bois doré. De là, on peut mieux voir les magnifiques orgues. Accès aussi au ***Santuario,*** une chapelle de forme elliptique construite pour être la salle des reliques. 3 retables et 12 petites pyramides abritent des urnes contenant les reliques de la communauté (dont celles des saints martyrs du Maroc).

🏛 ***Museu municipal*** *(Edificio Chiado ; plan B2)* **:** *rua Ferreira Borges, 85. ☎ 239-840-754. Mar-sam 10h-18h (pause 13h-14h le sam et le dim). Entrée : env 2 € ; réduc ; gratuit moins de 12 ans.* Ce beau bâtiment renferme une intéressante collection d'art, legs du couple de médecins (Telo de Morais) à la ville de Coimbra. La visite commence par une série de tableaux de naturalistes et de préimpressionnistes portugais, puis des salles dédiées aux académistes et aux modernistes. Au 2e étage, quelques figurines religieuses, ainsi que du mobilier en marqueterie de bois précieux de très belle facture (superbe cabinet indo-portugais du XVIIe s). Au 3e étage, de superbes porcelaines chinoises à motifs européens des XVIIIe et XIXe s, une ***étonnante collection de biscuits*** des XIXe et XXe s représentant des oiseaux (de l'Audubon en 3D, quoi !), mais également de la porcelaine de Delft du XVIIe s et de l'argenterie portugaise. Une visite pas indispensable mais qui ravira les amateurs de belles choses.

🏛 ***Torre de Almedina*** *(plan B2)* **:** *par la rua Quebra Costas ; passer par la porte, puis c'est à gauche. Mar-sam 10h-13h, 14h-18h. Entrée : env 2 €.* Cette tour fut construite à l'origine pour surveiller et défendre l'accès aux remparts. À l'étage, en plus de l'expo temporaire du moment, on découvre une maquette interactive avec des explications très instructives (en français) sur la manière dont la ville a évolué depuis le IXe s. Très intéressant. Enfin, prenez le petit escalier pour profiter d'un point de vue superbe sur la ville.

🏛 ***Convento de Santa Clara a Velha*** *(hors plan par A3)* **:** *rua das Parreiras. Sur la rive gauche du rio Mondego, par le pont Santa Clara, puis à gauche avt le rond-point et encore à gauche au carrefour. ☎ 239-801-160. Début avr-14 oct : tlj 10h-19h sauf lun ; 15 oct-mars : tlj 9h-17h sauf lun. Entrée : 4 € ; réduc ; gratuit moins de 12 ans.*
Petit rappel historique : l'ordre religieux de Santa Clara (les Clarisses) a été créé en 1212 par Claire d'Assise, à la demande de saint François d'Assise). Fondé à la fin du XIIIe s, le couvent des Clarisses connaît son plein essor à partir de 1319,

quand la reine Isabel entreprend de l'agrandir et de s'y installer. ***Inès de Castro, la célèbre « Reine morte »,*** y aurait été enterrée avant de reposer à Alcobaça. Confrontées aux crues répétées de la rivière voisine, les nonnes s'installent sur les hauteurs en 1677, à Santa Clara a Nova, tandis que le site est submergé. Tout a disparu, à l'exception de la partie supérieure de l'église. Suite aux travaux d'assèchement, les archéologues ont ressuscité des structures que l'on pensait perdues, et exhumé, en 1995, nombre d'objets visibles dans le très contemporain centre d'interprétation.
La ***muséographie claire et efficace*** met en valeur une très belle sculpture de saint François d'Assise en bois polychrome du XVIIe s, quelques fragments de poteries et des objets usuels de couture et de tissage (l'occupation principale des nonnes). Remarquez l'intéressante représentation du corps humain datant du XIIIe s ainsi que l'indispensable bloc opératoire portatif de l'époque, à savoir une lame pour entailler et une écuelle pour recueillir le sang... Enfin, des bijoux et porcelaines fines, un luxe inattendu pour une communauté « mendiante » qui s'explique par le noble pedigree de nombre de dames qui, à l'instar de la reine, prirent le voile à la mort de leurs époux.
La vieille abbatiale porte les traces de son conflit dramatique avec les flots, mais elle reste intéressante à visiter. Du palais de la reine et du cloître ne subsistent que quelques murs, un lavabo et un vivier, mais le site n'a sans doute pas encore livré tous ses secrets.
À noter qu'on peut prendre un café sur la terrasse de la cafétéria du musée, face à l'agréable jardin du couvent.

Convento de Santa Clara a Nova *(hors plan par A3) : alto de Santa Clara. Sur la rive gauche du rio Mondego, sur les hauteurs. À env 15 mn à pied du centre-ville ; une fois traversé le pont, prendre la rue pavée qui monte à gauche de l'église du vaste couvent restauré de San Francisco, ça grimpe dur ! ☎ 239-441-674. Tlj 8h30-19h (18h en hiver). Entrée église et cloître : 2 € (5 € avec le chœur des nonnes !).* Cet ensemble monastique de style baroque, sobre et utilitaire, commencé au milieu du XVIIe s, fut achevé 50 ans plus tard, et toutes les clarisses qui occupaient l'ancien couvent purent être enfin relogées. L'église est impressionnante par son volume et par la profusion de ses *talhas douradas* (sculptures en bois doré) au niveau du chœur. Au centre trône la statue polychrome de la reine Isabel et, dessous, son tombeau en argent et cristal. Sur les côtés, de grands panneaux encadrés par des colonnes salomoniques travaillées avec profusion de feuilles et de grappes évoquent la vie de la reine. Ces peintures datent du XVIIIe s.
Côté chœur des nonnes, derrière la grille au fond on aperçoit les rangées de stalles, 2 tombeaux de facture gothique, dont celui d'origine de la reine Isabel. Le cloître, œuvre de Carlos Mardel, principal acteur de la reconstruction de Lisbonne après le tremblement de terre de 1755, est de style baroque et date de la 1re moitié du XVIIIe s.

DITES-LE AVEC DES FLEURS !

D'après la légende du milagre das rosas (« miracle des roses »), la reine Isabel avait bon cœur et allait dans la ville de Coimbra distribuer du pain aux pauvres qu'elle cachait sous sa cape. Un jour, le roi dom Dinis, avare, la surprit. Il lui demanda ce qu'elle avait sous sa cape. La jeune femme lui répondit : « Des roses », et le pain se transforma en roses.

Portugal dos Pequenitos *(Portugal des Tout-Petits ; hors plan par A3) : largo do Rossio de Santa Clara. ☎ 239-801-170. • portugaldospequenitos.pt • Sur la rive gauche du rio Mondego, passer le pont Santa Clara, l'entrée est à gauche du rond-point. 10h-17h janv, fév, oct-déc, (19h de mars à mi-oct). Fermeture billetterie 30 mn avt. Entrée : 10,50 € ; forfait famille (2 adultes + 2 enfants de moins de 13 ans) : 29 € ; réduc ; gratuit moins de 3 ans.* Parc thématique situé dans un grand jardin parsemé de miniatures de tous les types de maisons et des principaux monuments du Portugal (dont Lisbonne compactée en 40 m² !). Les enfants peuvent y pénétrer facilement. À l'entrée, une mini-Expo universelle avec des pavillons consacrés aux pays lusophones (Mozambique, Angola, Timor, Guinée-Bissau, etc.). Une visite qui plaît aux enfants.

Jardim botânico *(plan D3) : alameda Dr Júlio Henriques. Avr-sept, tlj 9h-20h ; oct-mars, tlj 9h-17h30. GRATUIT.* Fondé en 1772 par le marquis de Pombal, un petit parc charmant et reposant, agrémenté de quelques bassins et fontaines. Nombreuses espèces d'arbres et de plantes rares : un très beau spécimen de séquoia et un beau ginkgo.

Manifestation

– ***Festa Rainha Santa Isabel :*** *début juil, les années paires seulement.* Procession et feu d'artifice. Un festival surtout religieux.

DANS LES ENVIRONS DE COIMBRA

CONIMBRIGA

*À env 15 km au sud de Coimbra. ☎ 239-941-177. • conimbriga.pt • Très bien indiqué depuis le centre de **Condeixa-a-Nova.** Également bus Cimbra-Conimbriga. Trajet 45 min, 9h-15h30. Prix : 2,60 €. Tlj 10h-18h (dernière entrée à 18h30, et 17h30 en hiver). Fermé 1er janv, dim de Pâques, 1er mai, le 24 juil et 25 déc. Entrée : 4,50 € ; réduc ; gratuit moins de 12 ans et 1er dim du mois. Brochure en français : 2 €. En été, visite du site déconseillée aux heures les plus chaudes (13h-16h). Prévoir 1h30 pour la visite complète.*

Un site stratégique occupé depuis l'âge du fer et qui fut un ***oppidum romain*** de la plus grande importance. Son nom est à l'origine de celui de la ville de Coimbra. Une visite à ne pas manquer pour tous les passionnés d'histoire. Construite sur une hauteur facilement défendable, Conimbriga a conservé de nombreux vestiges qui valent le détour.

Commencez la visite par le ***petit musée*** *(Museu Monográfico de Conimbriga)* moderne et par le panneau interactif qui permet de se rendre compte de l'importance de cet oppidum dans les échanges commerciaux de l'Antiquité. Les Romains occupent le site dès 138 av. J.-C., repoussant ou assimilant les Lusitaniens qui l'occupaient jusqu'alors. La cité était à son apogée entre 301 et 395 alors qu'elle commerçait avec Londinium (Londres), Carthage, Alexandrie, Antioche.

Quelques salles rassemblent des instruments de mesure, de l'outillage, de la vaisselle, des bijoux et une maquette du forum qui témoigne de son importance originelle. La statuaire est limitée, l'armée napoléonienne s'étant copieusement servie lors de son passage.

Puis partez à la ***découverte des ruines*** proprement dites. Passé les vestiges de plusieurs demeures, la « maison des Fontaines » constitue le clou de la visite, avec son atrium, son large péristyle et ses superbes mosaïques restaurées et protégées avec soin. Plus loin le forum, des thermes encadrés par une imposante muraille et un aqueduc. Ne pas repartir sans passer dans le village (à 10 mn à pied), où les vestiges d'un vieux théâtre furent exhumés en décembre 1994.

Restaurante Conimbriga *(restaurante do Museu) : attenant au musée. ☎ 239-948-218. Mêmes horaires que le musée. Formule déj 12-13 €.* Pour profiter de l'excursion, on peut se restaurer sur place ou au moins boire un verre. Menu tout compris copieux et très convenable. Service agréable, dans une salle sobre et lumineuse ou sur la belle terrasse donnant sur la campagne et les oliviers.

MOSTEIRO DE LORVÃO ET SES ENVIRONS

Le paysage aux environs de Lorvão est superbe. Situé à 28 km au nord-est de Coimbra par l'IP3, mais à seulement 19 km par la N 110 qui longe le rio Mondego en passant par les villages de Chelinho et Chelo (si vous avez un GPS), ce petit bourg, encaissé au fond de sa vallée, abrite un remarquable monastère cistercien qui mérite le détour pour une courte visite.

Mosteiro de Lorvão : *918-216-726 (José Pisco). • mosteirodelorvao@gmail.com • Tlj sauf lun, 9h-12h, 14h-17h30 (18h30 en été). Entrée : env 2 €.*
La fondation du monastère remonte sans doute au VIe s, mais il est attesté à partir de la 1re reconquête de Coimbra sur les Maures en 878. Son importance a été considérable pendant tout le Moyen Âge. Occupé à l'origine par des moines bénédictins, au début du XIIIe s, il change de règle monastique en accueillant l'ordre cistercien (fidèle à la règle de saint Bernard de Clairvaux) sous le règne de Sancho Ier, dit le Laboureur. Le monastère vivra au rythme des travaux et des prières cisterciennes jusqu'à la mort de la dernière religieuse en 1887. Il fut l'un des principaux centres de production de manuscrits enluminés au Moyen Âge, dont le fameux *Beatus,* le seul *commentaire de l'Apocalypse* produit au Portugal au cours de cette période (inscrit au registre de la Mémoire du monde par l'Unesco, il est conservé aux Archives nationales de Lisbonne).
On doit son aspect actuel aux grands travaux entrepris aux XVIIe et XVIIIe s, période pendant laquelle il fut restauré sous l'influence du couvent de Mafra, mais sans ses excès architecturaux ni les abondants ornements.
L'église rappelle un peu celle d'Arouca (village à 62 km au sud-est de Porto), notamment en ce qui concerne le chœur des nonnes, avec un très bel ensemble de stalles sculptées en bois de rose et noyer portugais. La visite continue par le cloître du XVIIe s, puis la sacristie renfermant quelques toiles de peintres italiens. Dans la salle du Trésor, belles statuaires sur bois ou calcaires polychromes des XVIe et XVIIe s, et, dans la salle du chapitre, reliques, ciboires, ostensoirs, bras reliquaires et crânes de moines.

Moinhos de Gavinhos *(Moulins à vent de Gavinhos) : entre Lorvão et Penacova, au-dessus du village de Gavinhos (fléché et visible de ce dernier).* Une petite route en lacet attaque la colline où est plantée une douzaine de moulins à vent. De là-haut, c'est sauvage et magnifique. Un bel endroit pour un pique-nique aux trilles des alouettes.

LOUSÃ ET LES ALDEIAS DO XISTO

À 30 km au sud-est de Coimbra, dans un paysage de collines moutonnantes, Lousã (env 17 600 hab.) tire son nom des lauzes qui coiffent les toits des maisons de la région. Cette grosse bourgade possède encore quelques demeures nobles blasonnées du XVIIIe s.
À l'extérieur, à moins de 3 km de la ville, les restes du château médiéval de Arouce se dressent sur une colline boisée qui domine une vallée verdoyante aux flancs escarpés. Les berges de la rivière Ceira (au nord de la ville) ont même été aménagées en plages fluviales pour pouvoir se baigner (site de Bogueira et de Senhora de Graça). Mais ce qui motive surtout la visite, c'est la balade au sud dans la superbe serra de Aldeias do Xisto, célèbre pour ses villages de schiste.

Adresse utile

Office de tourisme et ecomuseu da serra da Lousã : *rua João de Luso (à l'entrée de la ville). ☎ 239-990-040. • cm-lousa.pt • Lun-ven 9h-12h30, 14h-17h30 ; le w-e 10h-13h, 14h30-18h30 (17h30 hors saison).* Infos sur les balades à faire dans la région. Accueil aimable en très bon français. Il abrite un ***écomusée*** *(horaires identiques ; GRATUIT)* qui vaut le coup d'œil pour ses belles collections d'outils anciens et d'objets du quotidien : nombreuses charrettes de tous types, jougs ouvragés et peints, engins de labours insolites, costumes traditionnels, céramiques et, pour finir, évocation des métiers d'antan.

Où dormir ? Où manger ? Où boire un verre dans le coin ?

Parque de campismo de Serpins : *largo da Nossa Senhora da Graça,* ***Serpins.*** *☎ 239-401-084. • geral@campingserpins.com • À 1,5 km de la gare ferroviaire de Serpins (train pour Coimbra, avec arrêt à Lousã). Ouv mai-fin sept. Forfait 2 pers (tente, voiture) 12-17 € ; bungalows 2-6 pers 30-70 € selon taille et saison ; également des tipis pour les groupes.* Un petit camping au bord de la rivière Ceira où l'on peut se baigner. Confortable et assez ombragé, avec des aménagements aux normes, mais pas de 1re jeunesse. Belle piscine et bar. Pont de singe et tyrolienne pour passer la rivière ! Accueil aimable.

Pousada da juventude : *rua da Feira, au nord de la ville, à côté de la piscine. ☎ 239-996-384. • lousa@movijovem.pt • pousadasjuventude.pt • ♿ Congés : de mi-déc à mi-janv. Lits en dortoir 12-16 €/pers ; doubles avec sdb 35-45 €, petit déj compris.* Grande construction géométrique et moderne pour une AJ parfaitement fonctionnelle et équipée. Au total, 48 lits, répartis entre des chambres doubles et des dortoirs lumineux (ces derniers sont regroupés par 2 et se partagent une salle de bains comportant 2 douches et 2 w-c). Côté confort : vaste salon cosy, cuisine à dispo, service de blanchisserie... Le tout est très propre et au calme, avec un accueil jeune et pro. Après une bonne rando, on se sent bien ici !

O Burgo : *ermida da Senhora da Piedade (3200). ☎ 239-991-162. • restauranteburgo@sapo.pt • À env 2 km du centre-ville, prendre la direction de Cerdeira-Candel, puis suivre le fléchage à droite dans la montée. Tlj sauf dim soir-lun. Résa conseillée. Menu 18 € ; plats pour 2 15-25 €.* Au pied de la tour médiévale du castelo de Arouce, cette petite auberge rustique avec cheminée est merveilleusement située au bord d'une piscine naturelle rafraîchissante. C'est l'un des restos les plus réputés de la région, spécialisé notamment en pot-au-feu de sanglier et de chevreuil, ainsi que dans un gâteau de pain maison, l'« *os Burgos* ». Rien que du bonheur !

Ti Lena : *à* ***Talasnal,*** *serra da Lousã (3200). 📱 911-932-948. • lisetedias@hotmail.com • À env 12 km au sud de Lousã, direction Cacilhas puis Talasnal ; c'est au cœur du village. Juil-sept, tlj ; en basse saison, seulement ven-dim et j. fériés. Résa impérative. Plats 10-20 €.* Une adresse hors du commun. Lisete, professeur dans la région, a eu le coup de foudre pour une vieille maison de berger en schiste. Véritable cordon-bleu, elle prépare, avec soin et avec de bons ingrédients, les spécialités du terroir, comme le chevreuil rôti, le sanglier aux châtaignes, sans oublier les desserts à base de miel. Un délice de nature et de rusticité.

Pendant votre balade dans la serra, c'est à ***Talasnal*** qu'il faut faire une pause. D'abord, parce que c'est le village qui a le plus de caractère et, ensuite, parce qu'on y trouve 2 cafés de pays : le ***O'Corral,*** dont la salle

LE CENTRE

rustique est prolongée par une terrasse profitant d'une vue fantastique, et la ***Casa da Urze,*** *● casadeurze.eu ●,* où il est possible de dormir et de grignoter en contemplant la vue depuis la salle à manger de poche.

À voir

🚶🚶 ***Aldeias do xisto*** *(villages de schiste)* **:** bâtis sur des terres exiguës, au cœur de collines semi-boisées, ces superbes hameaux montagnards se confondent avec l'austère beauté de la nature environnante. Longtemps abandonnés, les villages de schiste reprennent progressivement vie grâce à un programme de restauration et de mise en valeur de la culture locale. 5 d'entre eux sont classés, et facilement accessibles par une route de montagne en parfait état, sinueuse mais très belle ! Au départ de Lousã, une boucle (prévoir environ 30 km) permet d'abord de découvrir ***Cerdeira,*** organisé de part et d'autre d'une rue-escalier qui dégringole le long d'une rivière (une des maisons abrite le *Café da Videira*). De retour sur la nationale N 236, halte possible à ***Candal,*** où un bar-boutique propose quelques produits locaux (artisanat, miel, aromates). Mais c'est ***Talasnal,*** aux venelles très joliment restaurées, que l'on préfère (plusieurs hébergements possibles, se renseigner à l'office de tourisme de Lousã). Pour terminer, arrêt à ***Casal Novo*** et enfin ***Chiqueiro.*** – ***Informations :*** *● aldeiasdoxisto.pt ●*

LUSO ET LA FORÊT DE BUÇACO

À 25 km au nord de Coimbra, la forêt de Buçaco et la petite station thermale de Luso invitent à se mettre au vert. Grâce à l'intelligente gestion des moines qui y vécurent du VIe s jusqu'en 1834, Buçaco est l'une des plus anciennes forêts d'Europe. Il convient de préciser qu'elle bénéficie d'un microclimat et d'un relief particulier, favorisant une flore particulièrement riche et diversifiée. Lieu de belles balades, elle sert d'écrin à un incroyable palace construit à la fin du XIXe s. En contrebas, Luso, un site aux eaux thermales réputées pour soigner les problèmes de reins.

Arriver – Quitter

En train

➢ ***De/pour Coimbra :*** 3 trains/j. (arrêt à la station de *Luso-Buçaco* sur la ligne de Beira Alta). Durée : 20-35 mn. Attention, la gare se trouve à 2 km de Luso, on prend son billet dans le train.

Adresse utile

ℹ ***Office de tourisme de Luso-Buçaco :*** *rua Emídio Navarro, 136.* ☎ *231-939-133. ● turismodocentro.pt ● Tlj 9h-13h, 14h30-17h30.* Plan du village et de la forêt.

Où dormir ? Où manger ?

Luso ne manque pas de possibilités de logement, mais attention à la grosse affluence estivale de curistes et touristes portugais.

Camping

⛺ **Parque de Campismo de Luso :** *rua Dr. José Troncho de Melo, 285, Quinta do Vale do Jorge. ☎ 231-107-551. • parquecampismoluso@gmail.com • À env 1,5 km au sud-ouest du centre-ville (bien fléché de partout). Tte l'année. Selon saison, forfaits 2 pers/j. 15-20 € ; bungalows 2-7 pers 52-90 €/j.* Bordé par les bois, un petit camping agréable et bien tenu. Faiblement ombragés par des hauts pins, les emplacements s'organisent autour de quelques grands bungalows en bois en forme de « V » inversé (confort sommaire mais suffisant). Bloc sanitaire correct, terrains de basket, volley et tennis, mais pas de piscine. Resto sur place. Bon accueil.

De bon marché à prix moyens

🏠 🍴 ***Residencial Imperial :*** *rua Emídio Navarro, 25. ☎ 231-937-570. • residencialimperial@sapo.pt • residencialimperial.com • Resto ouv en été seulement, tlj sauf mar. Doubles 43-45 € selon période, petit déj compris. Plats 8-13 €.* Idéalement situé en plein centre, un petit établissement moderne doté de chambres pas bien grandes mais propres et confortables (clim, TV...). Au resto, bons petits plats servis dans un cadre contemporain. Simple et agréable. La plupart des chambres donnent sur la rue (calme la nuit) ou sur des arbres à l'arrière (côté nord). Ajoutez un accueil cordial et vous obtenez un rapport qualité-prix impeccable !

🏠 ***Casa de hóspedes Maria da Graça Coelho :*** *rua Ernesto Navarro, 36. ☎ 231-939-612. • casamgraca.luso@gmail.com • Sur la route du parc, dans un virage serré, à 5 mn à pied du centre. Double env 35 €, petit déj compris. Parking gratuit.* Maison d'hôtes qui abrite quelques chambres bien tenues garnies d'un mobilier de famille, dont une suite pour 4 personnes. Certaines offrent une belle vue dégagée sur la campagne. Le petit déj est servi dans la salle à manger un brin kitsch. Ce n'est pas cher, et l'accueil est authentique et très gentil.

🏠 ***Hotel Alegre :*** *rua Emídio Navarro, 2. ☎ 231-930-256. • geral@alegrehotels.com • alegrehotels.com • Doubles 47-70 € selon confort, petit déj compris. Parking gratuit.* Cette grande maison de maître du XIXe s aux murs saumon fut naguère la résidence d'été du comte de Graciosa. Cadre élégant, à l'image du salon cossu. Parmi la petite vingtaine de chambres joliment meublées, certaines donnent sur le jardin et la montagne boisée à l'arrière, d'autres sur la rue (moins bien). Les plus grandes sont les nos 103 et 105 avec leurs terrasses particulières ensoleillées... Piscine dans le jardin.

🍴 ⛱ ***O Cesteiro :*** *rua Monsenhor Raul Mira, 78 ; au rond-point à la sortie de la ville vers Coimbra. ☎ 231-939-360. Tlj sauf mer. Plats 7,50-15 €. Parking privé ombragé à l'arrière du bâtiment.* En bordure de la ville, une petite adresse sans prétention qui a le mérite de proposer une cuisine locale très correcte, copieuse et à prix doux. Très bon *chanfana à Bairrada* (ragoût d'agneau), *bacalhau à Cesteiro* et super gâteaux maison. Grande salle populaire, ou terrasse couverte à l'arrière au-dessus du parking. Une valeur sûre.

À voir. À faire

La forêt de Buçaco

👥 ***Mata Nacional do Buçaco :*** *☎ 231-933-700. • fmb.pt • Tte l'année, tlj 9h-18h (18h30 w-e et j. fériés). Fermé la nuit, sauf pour les résidents du Buçaco* Palace Hotel. *Entrée libre pour les piétons et les vélos ; 5 €/voiture. Si vous ne désirez pas entrer en voiture, garez-vous au parking gratuit à la porte ouest de la forêt (Porta de Sula), proche du petit musée militaire à 3 km de Luso. Le Palace* Hotel *est à 700 m en redescendant dans la forêt. Plan détaillé de la forêt à retirer au point info, face au* Palace Hotel. *Cueillette interdite.*

Monument national depuis 1943, la forêt de Buçaco, avec ses 5 km de périmètre et ses 105 ha, abrite environ 700 espèces d'arbres et d'arbustes. Découvert dès le VIe s par les moines bénédictins, puis géré par le clergé de Coimbra, le site est repris au début du XVIe s par les pères carmes qui en font leur « désert ». Les Carmes forment un ordre religieux qui suit les enseignements du Carmel fondé par sainte Thérèse d'Avila au XVIe s. Ils enferment leur domaine derrière une longue muraille et y construisent un monastère, interdit d'entrée aux femmes.
Les moines plantent d'innombrables essences exotiques, tandis que l'excommunication menace quiconque oserait couper une branche. Cela n'empêche pas Wellington d'y infliger, en 1810, une cuisante défaite aux troupes napoléoniennes. Peu entretenue, la forêt s'apparente aujourd'hui à une jungle dense et touffue, qu'enveloppe souvent, le matin, une brume mystérieuse. Petite « arche de Noé » végétale, elle réunit rhododendrons, ginkgos, cèdres, séquoias...

➢ En entrant dans la forêt par les portes proches de Luso, on rencontre d'abord la ***vale dos Fetos,*** une magnifique allée de fougères arborescentes de Nouvelle-Zélande, bordée d'un escalier menant à une adorable fontaine *(fonte Fria).* Tables de pique-nique à dispo.

➢ ***Le chemin de croix :*** *départ du sentier en contrebas (sur la droite) du* Buçaco Palace Hotel *et de l'église.* Rythmée par de grands arbres et de petites chapelles abritant des scènes de la Passion du Christ, une marche facile de 30-45 mn conduit au belvédère de *Cruz Alta,* d'où l'on aperçoit les monts d'Estrela et de Caramulo.

★ ***Le couvent de Santa Cruz do Buçaco :*** *jouxtant le* Palace Hotel. *Tlj 9h-13h, 14h-19h. Entrée : 3,5 € ; réduc. Tlj 9h-13h, 14h-18h (18h30 sam-dim).* Façade en rocaille et portes en chêne-liège typiques de l'architecture carmélite du XVIIe s. Restauré récemment, l'intérieur ne présente guère d'intérêt. En son centre, petite église en croix latine entourée des cellules des moines. Bureau reconstitué de Wellington, mais aucun objet n'est d'origine.

★★ ***Buçaco Palace Hotel :*** au cœur de la forêt de Buçaco, voici l'un des édifices les plus étonnants du pays. Sur l'emplacement de l'ancien monastère, ce rendez-vous de chasse royal de la fin du XIXe s, transformé en hôtel de luxe dès 1917, est l'œuvre d'un architecte italien passionné d'art manuélin. Admirable galerie extérieure rappelant le cloître des Jerónimos à Belém (Lisbonne), dont les *azulejos* illustrent les grands épisodes des *Lusiades,* le roman épique de Camões à la gloire de Vasco de Gama. Malheureusement réservé aux clients, l'intérieur vaut bien l'extérieur !
Monumental et somptueux escalier orné d'*azulejos* polychromes, portes, arches et couloirs sont d'une richesse ornementale délirante. Du bar, où l'on peut prendre un verre au coin du feu, on passe dans la salle à manger, qui débouche sur une terrasse encadrée par des arcades très travaillées, ouvrant sur les jardins et la masse verte et mystérieuse des arbres. Enfin, on y trouve le souvenir de têtes couronnées et autres personnages illustres.

Bussaco Palace Hotel : *☎ 231-937-970. • bussacopalace@themahotels.pt • bussacopalace.com • Résa vivement conseillée. Doubles 110-150 € (mais consulter leur site). ½ pens possible. Menus 25-50 €.* ***En travaux, se renseigner.***

FIGUEIRA DA FOZ

(3080) 62 125 hab.

À 57 km à l'ouest de Coimbra, au débouché du rio Mondego, voici la station balnéaire de Figueira da Foz, qui fait face à l'Atlantique avec sa

plage de sable fin longue de presque 3 km. C'est une étape agréable pour prendre l'air (plus frais qu'à l'intérieur du pays), se reposer quelques jours, se baigner, et déguster les délicieux poissons et produits de la mer servis dans les restaurants.

Pour les étudiants de Coimbra, Figueira da Foz est un lieu de ralliement pour finir en beauté leur annuelle *Queima das Fitas.* Au petit matin, le samedi, ils déferlent en train, par camionnettes ou pick-up entiers, pour s'égailler, cape au vent, dans un *after* balnéaire du plus bel effet. Cette belle et immense plage constellée de minuscules fanions noirs frémissants se transforme alors en un dessin de Sempé.

À l'extrémité nord de la longue plage, l'ancien village de pêcheurs de Buarcos a été annexé par la station. Un petit bonheur, en arrière-saison, de déjeuner sur le pouce dans l'une des baraques en bois posées à même le sable de la plage.

RESTÉ SUR LE CARREAU

À Figueira da Foz, un palais emblématique, la Casa do Paço, a des murs ornés d'environ 10 000 azulejos. L'ennui, c'est qu'ils représentent la campagne hollandaise et non lusitanienne. La raison ? Ils proviennent tous d'un navire hollandais ayant fait naufrage au large de la ville à la fin du XVIIe s !

– Ici, on fête particulièrement la ***Saint-Jean,*** la nuit du 23 au 24 juin. Feu d'artifice, grande parade, concert et, surtout, baignade à l'aube en costumes anciens pour profiter de l'eau réputée particulièrement bienfaisante cette nuit-là.

LE CENTRE

Arriver – Quitter

En bus

Terminal Rodoviário *(gare routière) : sur l'av. Saraiva de Carvalho (à côté de la gare ferroviaire, à 500 m du grand pont, dans la zone portuaire). • rede-expressos.pt •*

➢ ***Lisbonne :*** 7 bus/j. depuis Lisboa (Sete Rios). Durée : 2h20-2h45.

En train

Gare ferroviaire : *à côté de la gare routière. • cp.pt •*

➢ ***Coimbra :*** env 1 train ttes les heures 6h-21h56. Durée : 1h-1h15.

➢ ***Aveiro et Lisbonne :*** une quinzaine de trains/j. via Coimbra (correspondance avec l'*Alfa Pendular*) ou Alfarelos (pour Lisbonne). Durées respectives : 1h15-2h50 et 3h30-4h30.

Adresses et info utiles

Posto de Turismo *(office de tourisme) : esplanada Silva Guimarães, Castelo Engenheiro Silva. ☎ 233-209-500. • cm-figfoz.pt • Tlj 9h30-13h, 14h-17h30 (19h juil-août).* Carte, guide des plages et dépliant du parcours de randonnée pédestre dans les salines. Service efficace et en français.

Point d'infos touristiques : *à **Buarcos,** au Núcleo Museológico do Mar, rua Governador Soares Nogueira, 32. ☎ 233-433-019. En sem 9h-13h, 14h-17h.* Petit musée de la mer à l'étage *(GRATUIT).*

Centro de Artes e Espectáculos *(CAE) : rua Abade Pedro, derrière le musée Santos Rocha. ☎ 233-407-200. • cae.pt • Tlj 9h (10h w-e)-23h (minuit ven-sam, 19h dim).* Un centre culturel moderne et très actif qui programme des spectacles, des expos, des films, des concerts (portugais et internationaux).

– ***Marché couvert*** *(mercado municipal) : sur la rua 5 de Outubro. En été, tlj ; en hiver, tlj sauf dim.*

Où dormir ?

Camping

⛺ ***Parque de campismo municipal :*** *rotunda Engenheiro Jordão, Tavarede.* ☎ *233-209-051.* • *pcampismo.cm-figfoz.pt* • *À l'entrée de la ville, sur les hauteurs, à 100 m du centre commercial* Leclerc. *Bus de la gare jusqu'au camping sur la ligne de Buarcos. Tte l'année. Forfaits 2 pers 12-19 € selon saison. Bungalows équipés (2-6 pers) 45-115 €/nuit. CB refusées.* À 2 km de la mer, ce camping vaste et ombragé par des pins bénéficie de bons équipements : sanitaires aux normes, bar-resto, piscine, terrain de beach-volley, jeux pour enfants... Attention, en été, il est envahi par la foule des campeurs.

De très bon marché à prix moyens

🏠 ***Paintshop Hostel :*** *rua da Clemencia, 9.* ☎ *233-436-633.* 📱 *916-678-202.* • *info@paintshophostel.com* • *paintshophostel.com* • *De la praça 8 de Maio (face à la marina), remonter la rua dos Combatentes jusqu'à la boulangerie, puis à droite, puis 1re à gauche. Ouv avr-oct. Lits en dortoir 18-20 €/pers, doubles 40-50 €, petit déj compris. CB + chèques refusés.* Proche des gares, de la plage et de la vie nocturne, une AJ privée de qualité et bien tenue. Cuisine commune, bar cosy avec billard, petite cour intérieure pour les soirées pizzas ou pour griller ses sardines, salle DVD et jeux vidéo, location de vélos, stage de surf, etc. Pour dormir, dortoirs lumineux à la déco personnalisée attenant à des sanitaires très propres. Au 2e étage, 2 petites doubles, mignonnes comme tout, se partagent une salle de bains, ainsi qu'une belle familiale. Tout ça dans la chaude ambiance festive que confèrent les retrouvailles entre surfeurs et routards des 4 coins du globe !

🏠 ***Hostel 402 :*** *rua Engenheiro Silva, 40.* 📱 *937-708-679.* • *info@hostel402.pt* • *hostel402.pt* • *À côté du marché, face au port de plaisance ; réception au 2d étage. Selon saison, lits en dortoir 15-20 €/pers, doubles 30-40 € ; pas de petit déj.* Dans une grande bâtisse du XIXe s, une belle AJ spacieuse, idéalement située. Des dortoirs impeccables au parquet brillant, pour 4 à 6 personnes, une chambre double et 3 salles de bains neuves pour tout le monde. Presque tous bénéficient d'une vue sur la mer (double vitrage). La déco, inspirée des façades bariolées de Costa Nova, donne une atmosphère balnéaire plaisante. Belle salle commune, cuisine bien équipée et accueil doux – et en français – du patron.

🏠 ***Puzzle Hostel Green Wave Hostel :*** *rua Alto do Viso, 36.* 📱 *939-320-846.* • *greenwavehostel@gmail.com* • *Dans la rue qui surplombe la rua de Buarcos, à droite au 1er rond-point sur le front de mer. Selon saison, compter 17-25 €/pers, doubles 30-60 €, petit déj compris. CB refusées.* C'est minuscule, avec seulement 5 petites chambres simplement décorées d'un puzzle au mur (4 doubles et 1 quadruple), dont 2 avec salle de bains privée. Peu d'espace donc, et on se sent un peu à l'étroit dans la cuisine ou dans le petit salon.

🏠 ***Hospedaria Chez Odete :*** *rua Dr Santos Rocha, 58 (accueil au n° 54).* ☎ *233-427-462.* 📱 *966-516-763.* • *chezodete@sapo.pt* • *sites.google.com/site/chezodete1985* • *De la praça 8 de Maio (face à la marina), prendre la rua Dr José Jardim, puis la 1re à droite. En été, résa conseillée. Doubles 45-75 €, petit déj 3 €. CB refusées.* À 1 km à l'est de la grande plage, dans le quartier ancien de la ville, une agréable maison de ville dans une rue calme, qui renferme 7 chambres coquettes réparties sur 2 niveaux, toutes avec salle de bains privative. 2 d'entre elles communiquent, ce qui est appréciable pour une famille. L'ensemble est bien tenu, et chacun peut profiter de la cuisine et du salon. Excellent accueil.

🏠 ***Hospedaria Sãozinha :*** *ladeira do Monte, 43.* ☎ *233-425-243.* • *hospedariasaozinha.com* • *hospedariasaozinha@hospedariasaozinha.com* • *À 2 pas de la praça 8 de Maio (fléché* *sur la droite). Doubles 30-60 € selon saison ; petit déj non inclus. CB refusées.* À l'angle d'une placette et d'une rue, un petit immeuble moderne abritant une douzaine de belles petites chambres carrelées, à la déco classique, avec une bonne literie, doubles ou triples, toutes avec salle de bains. Bien agencées, elles sont nettes et bien arrangées. Les propriétaires, des retraités âgés, ont passé la main à leur fils.

De prix moyens à plus chic

■ ***Residencial Central** (ou Central Guest House) : rua Bernardo Lopes, 36. ☎ 233-422-308. • residencialocentral.com • geral@residencialocentral.com • Double env 70 €, petit déj inclus.* À 300 m de la plage, une maison bourgeoise de caractère tenue par un couple portugais très accueillant. Ils gèrent avec beaucoup de soin leur demeure restaurée où le charme ancien se conjugue bien avec le confort moderne. Chambres (doubles ou triples) avec planchers de bois, hauts plafonds, salle de bain privative et grande fenêtre ouvrant sur la rue (ou sur l'arrière). Pas de clim mais ventilateur. Les parties communes (salon, cuisine, couloirs) ont conservé leur caractère.

■ ***Hôtel Exe Wellington** : rua Dr Calado, 25. ☎ 233-426-767. • reservations@exehotels.com • exehotels.com.pt • Proche du casino et des bars. Doubles 55-95 € selon confort et saison, petit déj compris.* Petit immeuble rouge cerise donnant sur un angle de rues, adossé à la partie moderne de l'hôtel (immeuble plus grand). Intérieur modernisé et contemporain avec une bonne trentaine de chambres claires, confortables (clim) et bien équipées : frigo, double vitrage (utile le week-end dans ce secteur !). Au dernier étage, les suites familiales ont l'avantage de disposer de grands balcons. Accueil aimable et efficace.

Où manger ? Où boire un verre ? Où sortir ?

De très bon marché à prix moyens

|●| ***Tasca Maria (Comida Caseira)** : rua Dr Francisco António Diniz, 38. ▯ 960-210-392. Tlj, sauf dim, et lun midi, 12h30-14h30, 20h-23h. Menus tapas 15-16 €/pers (min 2 pers).* À 100 m du port et 200 m de la plage, voici sans doute la meilleure table dans la catégorie prix moyens. On peut être petit et agir comme un grand ! Le patron, rond et jovial, est très attentif à ce qui se passe dans la salle. Tapas très soignées et exquises servies dans un cadre de bistrot contemporain : crevettes au gingembre, croquettes de boudin, calamars frits, excellents desserts... Remarquable rapport qualité-prix.

|●| ***Taverna Ti Joao** : rua Poeta Acácio Antunes, 7. ☎ 233-094-542. Tlj, sauf dim, le soir seulement, 19h-23h. Plats 8,50-15 €.* Modeste taverne rustique tenue par un aimable patron francophone. La petite carte propose moins de plats de la mer que de viandes (steaks de taille variée), de charcuterie et de fromages. Sous un plafond décoré de sacs publicitaires pour les cafés do Brasil, on déguste une cuisine régionale franche et goûteuse dans une minuscule salle où s'activent au moins 4 serveurs.

|●| ***Restaurante Volta & Meia** : rua Dr Francisco António Diniz, 64. ☎ 233-418-381. Tlj 12h-15h, 19h-23h sauf lun. Petits plats 2-7 €, autres plats 9-16 €.* « Demi-tour » telle est la signification de son nom. Il s'agit d'un autre bon resto du quartier. Cuisine portugaise avec un peu d'originalité et quelques touches d'imagination. Bruschettas, salades (de maquereaux notamment), planchettes de fromage, boudin de poulet aux champignons, viandes et poissons (bar, thon, morue, etc.) et quelques plats végétariens. Bon accueil. Alors, faites-y un bon tour plus qu'un « demi-tour » et attablez-vous !

|●| ⛱ ***Muralha Chafarica** : rua 5 de Outubro, 134, à Buarcos. ☎ 233-040-729. Tlj, sauf lun (lun-mar hors saison),*

jusqu'à 22h. Plats 11-12 €. Poissons au kilo (40-50 €). Résa conseillée le w-e. Situé sur un morceau de la muraille ancienne (d'où son nom), cette petite maison jaune profite d'une modeste et agréable terrasse au-dessus de la plage. Cuisine portugaise de la mer (poissons surtout) qui suit le rythme de la pêche. Carte volontairement limitée, mais c'est un signe de sérieux. Tout est frais ! Personnel diligent et accueil efficace.

Churrasqueira A Grega : *rua da Restauração, 30. ☎ 233-420-665. De la praça 8 de Maio, remonter la rua dos Combatentes jusqu'à la boulangerie, puis à droite. Tlj sauf dim soir et lun. Formule déj en sem 8,50 € (jusqu'à midi) ; plats 6-12 €.* On aime beaucoup cette adresse à l'écart de l'agitation estivale, dans un quartier populaire. L'accueil francophone de la propriétaire est chaleureux, à l'image de la cuisine familiale solide et savoureuse. Viandes et poissons sont à égalité sur la carte. Parmi les spécialités de viandes argentines, goûtez donc à la *parillada* (pour 2 ou 3 personnes) : la viande est tendre et délicieuse ! Mais mieux vaut avoir faim, car c'est servi avec riz, frites et haricots noirs ! Des poissons également à la carte.

Bar Espanhol : *av. 25 de Abril, 4. ☎ 233-415-069. Au début du front de mer, proche du phare. Tlj 12h-minuit. Repas env 15 € ; crabe env 20 €/kg.* Cette grande *marisqueira* sur le front de mer tourne bien ! Ce qui assure des produits frais et de gros arrivages chaque jour. Choisir son crabe ou ses fruits de mer à l'intérieur et filer dépiauter tout ça en terrasse. Éminemment touristique, mais le plateau de fruits de mer complet est grandiose et facturé moins cher qu'ailleurs.

L'essentiel des bars lounge se concentre dans la ***rua Académico Zagalo*** et dans quelques rues piétonnes voisines, autour du casino mastodonte. Notre préférence va au ***Zeitgeist Caffé,*** très tendance avec son ambiance jazzy, sa musique *ao vivo* de qualité et son bon accueil *(tlj sauf dim 20h-2h – 4h du mat ven-sam).* Sinon, pour un bon concert rock et faire plus de bruit encore, les jeunes se retrouvent ***avenida de Espanha*** au ***Jet 7.5,*** sur le quai entre le port et la plage, en contrebas du fort et du phare *(tlj 10h-2h).*

À voir

Museu municipal Santos Rocha : *rua Calouste Gulbenkian. ☎ 233-402-840. • cm-figfoz.pt • Mar-ven 9h30-17h30 (18h en été), sam 14h-19h. Fermé dim-lun. Entrée : 2 € ; réduc.* Sur 2 niveaux, ce grand musée présente principalement la collection de l'archéologue Santos Rocha (1853-1910) : résultat de ses fouilles dans la région de Coimbra et dans l'Algarve (poteries, silex de l'âge du bronze à l'âge du fer), pièces de monnaies du IIIe s av. J.-C. au Ve s, art religieux (sculptures polychromes et ex-voto du XVIIIe s)... Le tout est complété d'une collection d'armes (de l'épée au lance-roquettes), d'une section ethnographique d'objets et sculptures du Timor et de l'Angola, de mobilier indo-portugais et, enfin, d'une section dédiée à l'art contemporain. Pas inintéressant mais un peu fourre-tout.

DE FIGUEIRA À AVEIRO

Serra da Boa Viagem et Quiaios : *à 6 km au nord de Figueira da Foz. Accès : longer la plage jusqu'à Buarcos, puis prendre la route qui monte après les gros hôtels.* La Serra forme un gros promontoire rocheux qui surplombe Figueira da Foz (jolie vue). En s'abaissant vers l'océan, elle se prolonge par le cap Mondego, ultime morceau de terre enfoncé vers la mer. Cette zone à l'environnement préservé abrite une réserve naturelle couverte de pins, de cèdres et d'eucalyptus. Un poumon vert parfait pour un pique-nique suivi d'une promenade en fin d'après-midi, ou pour une petite escale sur la route d'Aveiro. De l'autre côté, une jolie route redescend vers le village de Quiaios (plage à quelques kilomètres).

⛺ ***Parque de campismo de Quiaios :*** *rua Parque de Campismo, 3080-515* ***Quiaios.*** *☎ 233-910-499. 📱 962-469-758. • geral@campismoquiaios.pt • campismoquiaios.pt • Installé dans une pinède à 300 m de la plage de Quiaios et à 8 km au nord-ouest de Figueira. Tte l'année. Forfait 2 pers/nuit 12-15 €. Doubles 25-35 € ; bungalows et apparts 4-5 pers 35-70 € selon saison.* Un grand camping dans une pinède clairsemée au terrain très sec. Les infrastructures et les sanitaires sont propres. La mer est à 5 mn à pied. Il est correctement équipé : bar, resto, supérette, jeux pour les enfants et tennis. Cependant, bondé et bruyant en été. Excellent accueil.

🏠 🍽 ***Casa Pinha :*** *rua do Parque Florestal, 123, Serra da Boa Viagem. 📱 919-176-153 et 915-190-582. • casapinha@hotmail.com • casapinha.pt • ♿ Sur la route principale qui traverse la serra entre Figueira et Quiaios. Doubles 50-80 € selon confort et saison, plus 15 €/pers pour les familles, petit déj compris. ½ pens possible. Table d'hôtes : menu env 20 €/pers tt compris.* Isolée au sommet d'une colline, entourée d'un grand bois de pins et d'eucalyptus, cette belle demeure blanche jouit d'une vue à couper le souffle sur la ville de Figueira da Foz et la mer. La maison propose une dizaine de petites chambres fonctionnelles (clim) et claires, aménagées dans 2 bâtiments de plain-pied. Certaines ont été refaites dans un style très contemporain. Quant aux enfants, ils seront ravis d'aller saluer les ânes de la maison, avant d'aller barboter dans la piscine. Accueil francophone attentionné. Fait aussi resto (grande terrasse) : bonne cuisine du terroir que le chef aime arranger à sa façon.

Praias de Tocha et de Mira : *pour la découverte, préférer la petite route parallèle au rivage (env 3 km dans les terres) plutôt que la nationale, beaucoup plus fréquentée.*

À partir de Quiaios, la côte forme une très longue bande de terre plate d'une soixantaine de kilomètres. C'est un paysage de dunes sauvages (peu construit) qui s'étend jusqu'à Aveiro. Elles se divisent grosso modo en deux secteurs : les dunas de Quiaos, arides et sèches, dans le sud, et celles plantées de pins, dans la partie nord, au-delà de Mira. Elles sont tronçonnées par de longs chemins (pas toujours en bon état) d'accès aux *praias* (plages) des localités de Tocha et Mira.

À 24 km au nord de Quiaos, la ***Praia de Tocha*** a gardé son caractère plus ou moins sauvage dans un environnement peu urbanisé.

À 25 km au nord de Praia de Tocha, la ***Praia de Mira,*** plus développée, a des allures de petite station balnéaire avec sa chapelle rayée bleu et blanc, ses infrastructures touristiques, son petit lac et ses bateaux à pédales. Quant aux belles plages de sable fin, souvent venteuses, on s'y baigne si l'on n'est pas trop frileux. Les sentiers côtiers offrent l'opportunité de belles balades à vélo.

ℹ ***Office de tourisme de praia de Mira :*** *av. da Barrinha, 55. 3070-792* ***Praia de Mira.*** *☎ 231-480-550. • cm-mira.pt • Lun-ven 9h-13h, 14h-17h.* Infos sur les balades à faire dans cette région de dunes, de lacs et de moulins à eau. Petit musée ethnographique gratuit.

⛺ ***Parque de campismo Orbitur Mira Park :*** *au sud de praia de Mira, près du lagoa da Barrinha. ☎ 231-471-234. • orbitur.pt • Congés : 15 oct-fin déc. Selon saison, 16-30 € pour 2 ; tentes prémontées, mobile homes et bungalows 2-5 pers 35-125 €/j.* Situé entre la mer (300 m) et un lac, sur un sol herbeux et sablonneux. Planter la tente plutôt dans le fond pour avoir un semblant d'intimité. Certaines parties sont bien ombragées (pins, eucalyptus), d'autres plus exposées. Également des bungalows mais pas très bien placés (trop près de l'entrée). Resto et bar mais pas de piscine. Accès direct à la plage.

⛺ ***Parque de campismo Vila Caia :*** *Travessa da Carreira de Tiro, 31, à* ***Mira.*** *☎ 231-451-524. • reservas@vilacaia.com • vilacaia.com • Tte l'année. Compter env 10-18 €/nuit pour 2 pers (tente et voiture) selon saison. Bungalows 2-4 pers (5 nuits min en hte* *saison) 35-60 €/nuit.* À 4 km à l'est de Praia de Mira, à gauche de la route N 334 en direction de Mira (village). Sur un grand terrain de plus de 6 ha, avec les emplacements pour tentes dans une grande prairie ombragée par des pins, séparés de ceux pour caravanes et camping-cars par une petite rivière. Il y a aussi des *tendalow* (sorte d'hybride tente-bungalow). Ce sont des tentes en toile montées sur une plate-forme de bois avec une literie à l'intérieur. Tennis, piscine, épicerie et resto en été.

COSTA NOVA

(3830) 1 500 hab.

À 13 km à l'ouest d'Aveiro, sur une langue de terre entre mer et ria, Costa Nova est célèbre pour ses maisonnettes colorées et rayées qui tournent le dos à la mer. À moins d'être kitesurfeur, cyclotouriste ou photographe, pas grand-chose à faire ici, si ce n'est s'attarder à une table pour déguster un plateau de fruits de mer ou un poisson mariné. Côté ria, l'esplanade-promenade, bordée par l'avenue principale José Estevão, s'anime de plusieurs cafés et restaurants et d'un marché aux poissons très fréquenté.

Arriver – Quitter

➢ ***Aveiro :*** navettes régulières de bus urbains pour Costa Nova avec arrêt à Barra. 25 bus/j 6h50-23h10, moins le w-e. Durée : 25 mn (direct), ou 40 mn. • *transdov.pt* • À Aveiro, les bus partent et arrivent de la gare routière, mais ils marquent l'arrêt au bord de la rua do Clube dos Galitos, en face du nº 23 (Royal School of Languages). À Costa Nova, ils s'arrêtent sur l'esplanade.

➢ ***São Jacinto :*** au nord de la baie, sur la langue de terre opposée, fermant la ria d'Aveiro au nord. Une dizaine de ferries/j. entre Forte da Barra et São Jacinto (piétons, vélos et voitures).

Adresse utile

🛈 ***Posto de Turismo*** *(office de tourisme)* ***:*** *av. José Estevão, au rond-point de l'esplanade. ☎ 234-369-560. • cm-ilhavo.pt • De mai à mi-sept, tlj 10h-13h, 14h-18h. Fermé le lun hors saison.* Horaires des liaisons en bateau pour São Jacinto.

Où dormir ? Où manger ?

⛺ ***Parque de Campismo Costa Nova :*** *av. José Estevão, en direction de Mira, à 2 km env au sud de Costa Nova. ☎ 234-393-220. • campingcostanova.com • info@campingcostanova.com • Ouv 21 mars-30 sept. Forfait (tente + voiture) pour 2 pers/nuit 14-19 €. Doubles 35-40 €. Bungalows 65-90 €.* Dans un emplacement remarquable (environnement sans habitations), sur un terrain tout en longueur, un petit camping étendu entre la ria d'Aveiro et l'océan. Une partie est ombragée, l'autre moins, mais accès direct à pied à la plage de sable fin. Chambres et bungalows assez sommaires mais propres. Bar, laverie, supérette sur place.

🏠 ***Costa Nova Hotel :*** *rua Arrais Ançã, 16. ☎ 234-390-170. • geral@costanovahotel.com • costanovahotel.com • ♿ Derrière le Marisqueira Costa-Nova. Doubles 60-95 €, petit déj inclus.* Hôtel à taille humaine et à l'ambiance marine, avec une quinzaine de chambres coquettes, claires et nettes : déco

LE CENTRE

de briques, bois tropical verni et lisses en inox. Toutes possèdent la clim, ainsi qu'une petite terrasse, mais pas de vue sur le port ou la mer, seulement la rue et le quartier (calme). Salle de petit déj bien agréable. Accueil cordial.

Marisqueira Costa-Nova : *av. José Estevão,75 (face au rond-point). ☎ 234-369-816. • marisqueiracnova@sapo.pt • Tlj 12h-23h. Plats 15-20 €, crabe env 20 €/kg.* Dans une baraque aux rayures vertes et blanches abritant une salle restée dans son jus depuis les années 1970. Spécialités de poisson servi en *caldeirada, paelha, arroz* ou encore *assado no forno* (rôti au four). Aux baudroies, anguilles, morues, bars et autres turbots s'ajoutent des étrilles, des crevettes et des pouces-pieds. Un peu l'usine mais fiable.

Restaurante Dom Fernando : *av. José Estevão, 162. ☎ 234-361-308. Tlj sauf mar, jusqu'à 2h du mat. Congés : nov. Plats 12-19 €, crabes et crevettes plus chers. Certains poissons au poids.* Excellent resto, dans une jolie maison rayée jaune et blanc, de style Art nouveau, coiffée d'un aigle en terre cuite. À la carte, plusieurs plats de la mer (morue ; espadon, seiche, crevettes...) et certains plats pour 2 pers. comme le plateau de fruits de mer ou le riz de lotte de mer.

AVEIRO (3800) 78 450 hab.

À 63 km au nord de Coimbra, Aveiro se situe au fond d'une grande baie (la ria d'Aveiro) qui abrite des salines. Plusieurs modestes rivières venues de l'arrière-pays mêlent leurs eaux douces à celles de l'océan que l'on atteint par un étroit chenal. Ce mariage terre-mer fait d'Aveiro une ville agréable et aérée dont la particularité est d'être traversée par des canaux (d'où son surnom de petite Venise) où glissent les *moliceiros,* ces bateaux traditionnels colorés aux allures de grosse gondole motorisée. Le centre ancien se découvre facilement à pied au fil des ruelles et des quais bordés de petites maisons colorées ou de belles demeures plus sophistiquées de style Art nouveau et Art déco. Par moments, le long des canaux, on se croirait sur les îles de la lagune vénitienne ou dans de petits ports scandinaves (anciens entrepôts en bois peint). Enfin, n'oublions pas les fameux *ovos moles* (« œufs mous »), la spécialité pâtissière de la ville (voir encadré plus haut).

LE PÉRIL JAUNE

Mélanger des jaunes d'œufs et du sucre jusqu'à obtention d'une pâte bien lisse, voilà en substance la simplissime recette des ovos moles. Prononcer quelque chose comme « ovch molch ». Ah, mais on oubliait les proportions : pour 1 kg de sucre, compter... 60 jaunes d'œufs ! Visez plus modeste !

– La praça H. Delgado, place centrale arrangée en rond-point et sous laquelle passe le canal central, constitue un point de repère idéal.

Arriver – Quitter

Gares routière et ferroviaire : *de la praça H. Delgado, prendre la rua Viano do Castelo, au bout à 1 km.* Horaires des cars sur *• rede-expressos.pt •* et des trains sur *• cp.pt •*

➢ **Costa Nova :** navettes régulières de bus urbains pour Costa Nova avec arrêt à Barra. 25 bus/j. 6h50-23h10, moins le w-e. Durée : 25 mn (direct) ou 40 mn. *• transdev.pt • Les bus partent et arrivent de la gare routière, mais ils marquent l'arrêt au bord de la rua do Clube dos Galitos, en face du n° 23 (Royal School of Languages).*

➢ **São Jacinto :** 10-15 bus/j. jusqu'au forte da Barra, d'où une dizaine de ferries et quelques *lanchas* voguent jusqu'à São Jacinto (15 mn de traversée).

➢ ***Coimbra, Lisbonne, Porto, etc.*** **:** une trentaine de trains/j. pour Lisbonne, 6h20-20h32 dont 5 départs avec l'*Alfa Pendular* (56 mn, le plus rapide). Également une trentaine de bus/j. pour Coimbra (durée : 25-50 mn), et Porto (durée 35 mn à 1h).

Adresse utile

🅸 ***Turismo Centro de Portugal*** *(office de tourisme régional)* **:** *rua João Mendonça, 8. ☎ 234-420-760. • turismodocentro.pt • En plein centre, face à la praça H. Delgado. Juin-sept, lun-ven 9h-19h (9h30-13h, 14h-17h30 le w-e) ; le reste de l'année, lun-ven 9h-18h, le w-e 9h30-13h, 14h-17h30.* Plan de la ville avec infos pratiques en français. Infos sur les musées de la région, les hébergements, les horaires de bus et de bateaux.

Où dormir ?

Campings

⛺ ***Plusieurs campings*** dans la région, tous à proximité de la mer. Au sud-ouest, à Costa Nova (rapidement accessible depuis Aveiro), mais également à Vagueira, Barra et Cantanha da Encarnação. Au nord, plus attirant car plus sauvage, mais aussi plus loin (jusqu'à 45 mn de route), campings à Torreira et São Jacinto (accessible par le ferry depuis forte da Barra).

De très bon marché à beaucoup plus chic

🏠 ***Aveiro Rossio Hostel*** **:** *rua João Afonso de Aveiro, 1 (largo do Rossio). ☎ 964-398-194. • aveirorossiohostel@gmail.com • ♿ Entre le canal central et le marché aux poissons. Selon saison, lits en dortoir 18-28 €/pers, doubles sans ou avec sdb 55-90 €, petit déj inclus.* C'est une petite maison bleue centenaire, posée à l'angle d'une agréable place. Intérieur modernisé et bien aménagé. Parquets et escalier en bois conduisent aux chambres et aux dortoirs (4-8 lits) dotés de casiers, veilleuses individuelles et clim (pour ceux sous les combles). Ensemble joyeux et lumineux avec un grand salon commun, une cuisine ultra-équipée et un patio pour le farniente. Accueil chaleureux et francophone.

🏠 ***Aveiro Rossio Lodge*** **:** *rua das Tricanas, 5 (à Beira Mar, quartier des pêcheurs). ☎ 234-041-538. 📱 961-035-976. • aveirorossiolodge@gmail.com • ♿ Doubles 40-80 € selon taille, confort et saison. Parking gratuit. La réception se trouve à l'Aveiro Rossio Hostel.* Un petit salon style années 1960 pour mettre dans l'ambiance. Dans cette vénérable demeure entièrement réhabilitée, une huitaine de chambres avec salle de bains se répartissent dans les étages. Elles sont toutes lumineuses et très plaisantes, égayées par des toiles ou du mobilier très coloré. Si c'est complet, le patron, qui gère également l'*hostel*, a ouvert, à 2 pas, l'***Aveiro Rossio B & B*** *(rua das Velas, 20 ; • aveirorossiobnb@gmail.com • ; même tél et mêmes tarifs ; CB refusées),* une dizaine de chambres à la déco contemporaine, très confortables et lumineuses, aménagées dans un bâtiment moderne. Cuisine équipée et salon tout aussi charmant. L'ensemble offre le meilleur rapport qualité-prix-accueil de la ville.

🏠 ***Hotel Veneza*** **:** *rua Luís Gomes de Carvalho, 23. ☎ 234-404-400. • info@venezahotel.pt • venezahotel.com • Doubles 62-105 €, petit déj inclus. Parking gratuit devant l'hôtel, sinon payant.* Un peu en retrait (dans le quartier de la gare), mais à 5 mn à pied du centre historique. Un très bel hôtel aménagé dans une demeure des années 1930 aux murs épais. L'intérieur fait référence au style Art nouveau, avec quelques effets de vitraux, des arabesques et quelques boiseries. Dans les chambres, décoration classique et sans originalité, mais tout le confort attendu (clim). Excellent petit déj-buffet à prendre dans la cour intérieure. Pour un séjour au calme, avec un service attentionné.

Hotel das Salinas : *rua da Liberdade, 10. ☎ 234-404-190. • reservas@hoteldassalinas.pt • hoteldassalinas.pt • À l'angle de la rue qui longe le canal central (env 300 m à l'ouest de la praça H. Delgado). Doubles 85-115 €, petit déj compris ; avec kitchenette 105-125 €.* Petit hôtel à taille humaine avec une quinzaine de chambres spacieuses et impeccables, dont la moitié dispose d'une cuisine équipée. Toutes possèdent frigo, bouilloire, bois laminé au sol, petit bureau, sofa, chauffage et clim. Celles donnant côté rue (double vitrage) ont une vue sur le canal. Petit déj pris dans un agréable patio. Bon accueil.

Où manger ?

Bon marché

O Batel : *travessa Tenente Rezende, 21. ☎ 234-484-234. Dans la ruelle à côté de l'office de tourisme. Tlj sauf dim, jusqu'à 23h30. Congés : nov. Plats 13-15 €. Poissons au poids (40 €/kg).* Des tables et des chaises rapprochées, dans un intérieur tout en bois verni qui caractérise l'ambiance cambuse d'une taverne chaleureuse. Cuisine portugaise fraîche et de bon aloi, à prix raisonnables. Petite carte : soupes, poulpe, fruits de mer et bons desserts. Accueil attentionné et aimable.

De bon marché à prix moyens

O Bairro : *largo da Praça do Peixe, 24. ☎ 234-338-567. • reservas.obairro@gmail.com • Tlj 12h30-15h, 19h30-23h, sauf mer. Entrées 6-8 € ; poissons et viandes 16-20 €.* Il est rare de trouver une carte aussi courte avec seulement une dizaine de plats, sans compter les entrées. C'est le choix du chef que de miser sur la fraîcheur et la qualité et non sur la quantité. Sa cuisine créative revisite la tradition régionale, associant viandes et poissons. Ce qui donne des plats succulents tous soignés, et même raffinés : comme la *morue alheira* au basilic et aux épinards ou les joues de porc *(bocheca à bairrada)* à la purée d'amandes... À déguster dans une petite salle bistrotière chic où virevoltent des serveurs alertes et affables.

Restaurante Salpoente : *antiguo Caís de São Roque, 83. ☎ 234-382-674. Tlj jusqu'à 22h30. Plats 19-23 €.* Resto chic de catégorie supérieure. À l'écart de l'animation du centre, au bord d'un long canal, un ancien entrepôt de sel, en bois, de style scandinave avec une salle à la déco contemporaine. Ici aussi petite carte mais rien que du frais, du savoureux et du très soigné. Ce n'est pas de la nouvelle cuisine mais de la cuisine portugaise traditionnelle revue et corrigée par un chef talentueux. Service attentionné et prévenant. Prix justifiés vu la qualité.

Où déguster une bonne pâtisserie ?
Où boire un verre ?

Confeitaria Peixinho : *rua de Coimbra, 9. ☎ 234-423-574. • info@confeitariapeixinho.pt • Dans la ruelle piétonne qui part du pont de la praça H. Delgado. Tlj 10h-22h.* Dès sa vitrine, la meilleure pâtisserie de la ville donne l'eau à la bouche : énormes cakes regorgeant de fruits confits et foultitude de pâtisseries conventuelles, dont la spécialité d'Aveiro : les *ovos moles.*

Posto 7 : *au coin de la rua dos Marnotos, juste en face du marché aux poissons. Tlj 12h-4h sauf dim.* Un bar branché, où le Che voisine avec Bob Marley, réputé pour ses caïpirinhas et ses mojitos, sans oublier le fameux *posto 7*, le cocktail détonnant de la maison. Musique plutôt alternative, mais également du rock, du reggae, de la salsa, de la samba et des soirées DJ.

Cocktail-bar Alavarium : *rua do Lavadoiro, 2. ☎ 234-042-124. 918-489-986. Tlj 10h30-23h (dim 14h30). Prix sages.* Proche du marché aux poissons (Mercado do peixe) et d'un petit canal, avec une miniterrasse donnant sur un angle de rues. Un des meilleurs bars à cocktails de la ville, qui sert aussi des tapas, des bruschettas et des planchettes (fromages, charcuterie).

À voir. À faire

Museu de Aveiro : *rua João Mendonça, 9-11. ☎ 234-406-485. • museucidade@cm-aveiro.pt • Mar-dim 10h-12h30, 13h30-18h. Fermé 1er janv, 1er mai et 25 déc. Billet combiné avec le* museu Art Nova *: 2 € ; réduc ; gratuit moins de 12 ans. Audioguides en anglais et en espagnol.*
Ancien couvent dominicain du XVe s. La visite commence au rez-de-chaussée où est entreposé le tombeau de la princesse Joana, patronne de la ville, morte en 1490 et béatifiée en 1693. Le tombeau lui-même date du début du XVIIIe s. ***Véritable chef-d'œuvre de marqueterie de marbre,*** il a nécessité 11 années de travail. Attenante, la chapelle principale est d'un flamboyant sans égal avec une profusion de *talhas douradas* (bois sculptés dorés).
La nef unique date du XVIe s, mais tous ces apports datent des XVIIe et XVIIIe s, à une époque où cette technique, moins coûteuse et beaucoup moins contraignante que les éléments en marbre du baroque italien, envahissait l'intérieur des églises. Le maître-autel est un modèle du genre. La visite se poursuit par le 1er étage.
Avant d'entrer dans les salles proprement dites, jetez un coup d'œil aux chapelles de N. S. do Rosario et de l'Imaculada Conceição. Dans l'allée principale se trouve le célèbre portrait de la princesse, un bois de la 2de moitié du XVe s attribué à Nuno Gonçalves. Superbe ! Ensuite, on remarquera de beaux bois de la Renaissance de l'école siennoise (vers 1500), ainsi que de l'école portugaise du XVIe s, également des triptyques de la même époque, puis quelques baroques primitifs et une série de reliquaires en provenance des couvents de la région.
On sent l'exotisme, avec de beaux christs en ivoire sur leur croix en ébène. À partir de la ***salle 7,*** le baroque s'affirme, avec de beaux éléments en bois doré, des colonnes salomoniques sculptées de feuilles de vigne, de grappes et d'oiseaux, puis l'on assiste à la transition avec le rococo qui arrive au Portugal à la fin du XVIIIe s.
– En face, la *cathédrale São Domingos (tlj 9h-19h)* est une intéressante tentative de restauration moderne avec intégration des éléments du passé. L'intérieur est de style néo-Renaissance embelli par des éléments baroques.

Le marché aux poissons *(Mercado do Peixe)* **:** *tlj sauf dim-lun, jusqu'à 13h.* De style Eiffel, grande halle transparente assez réussie. Bon resto à l'étage avec jolie vue. Autour, nombreux restos et cafés.

Museu de Arte nova : *rua Dr Barbosa de Magalães, 9-11 ; presque à côté de l'office de tourisme. Mar-dim 10h-12h30, 13h30-18h. Billet combiné avec le Museu de Aveiro : 2 € ; réduc ; gratuit moins de 12 ans.* Hormis sa belle façade de style Art Nouveau, ce musée offre peu de choses à voir, ce ne sont que des panneaux de texte en portugais pour spécialistes. Au rez-de-chaussée, un petit salon de thé indépendant propose une centaine de sortes de thé et de la musique vivante les vendredi et samedi à partir de 22h dans la courette.

La gare ferroviaire : l'une des plus connues du pays pour les remarquables *azulejos* qui ornent ses murs extérieurs.

Ecomuseu Marinha da Troncalhada : *à la jonction du canal das Pirâmides et de la ria. ☎ 234-406-485. Tlj 10h-18h. GRATUIT.* Promenade sur le bord des salines, guidée par quelques panneaux explicatifs en anglais. Intéressant pour suivre les étapes successives de la production traditionnelle de sel.

➢ ***Promenade en bateau traditionnel :*** *914-171-014. Départ en face de l'office de tourisme régional. Tlj 10h-19h. Compter 13 € pour une excursion ; réduc. Durée : 45 mn.* Tour de 45 mn à bord des *moliceiros,* ces embarcations qui traditionnellement ratissaient la lagune pour recueillir le *moliço,* une algue qui pousse dans le fond et qui servait à fertiliser les sols. Ces bateaux à fond plat et à proue en forme de demi-lune sont toujours décorés de 4 peintures. Ces œuvres originales de l'art populaire possèdent le plus souvent un caractère satirique. Femmes et curés y ont le beau rôle, de même que les maris cocus. Certaines virées combinent promenades + visites aux salines, ou promenade + apéro...

DANS LES ENVIRONS D'AVEIRO

Museu histórico da Vista Alegre : *à* ***Vista Alegre*** *(commune d'****Ílhavo****), à 7 km au sud d'Aveiro. ☎ 234-320-600. • vistaalegre.com • D'Ílhavo, prendre direction Figueira ; le musée est indiqué ; se garer à la chapelle. Tlj 10h-19h (19h30 mai-sept). Dernière entrée 45 mn avt la fermeture. Fermé 1er janv, Pâques et 25 déc. Entrée musée et chapelle : 6 €.*

On arrive d'abord sur une très belle place ombragée de platanes et bordée de bâtiments du XIXe s. On pourrait être dans la cour d'un château. Avant d'entrer dans le musée, on passe par la billetterie où l'on peut admirer 2 énormes et anciens fours en brique.

ÇA DONNE ENVIE DE SE MARIER !

Dînez dans un resto très chic ou chez des amis très huppés (familles princières, nobles, têtes couronnées...) et retournez votre assiette ! Sûr qu'elle sera signée Vista Alegre. Depuis 1824, date de sa création, V.A. est le plus célèbre porcelainier du Portugal. Établie dans un vaste parc, la manufacture est l'âme même du village. Presque une histoire de famille, bien qu'elle compte près de 1 000 employés. Vista Alegre existe depuis 7 générations.

Le musée retrace la vie de la manufacture de porcelaine Vista Alegre : la rose (la fleur) et le rose (la couleur) qui en constituent la signature. La galerie de Jose Ferreira Pinto Basto, le fondateur (1824), présente les différentes productions qui ont marqué les époques. Tout a commencé par l'arrivée de Victor Rousseau de l'école de Sèvres, qui créa ici la 1re école de peinture (toujours en activité). On y trouve de vrais petits chefs-d'œuvre, comme des biscuits de porcelaine dure à partir de 1892 (suivant la technique de Sèvres), ainsi que des éléments représentatifs de l'art de la table, comme ces refroidisseurs de coupes à champagne. Également des productions au tournant du XXe s (Art déco, période romantique, influence chinoise...), puis de l'après-guerre avec des couleurs plus tranchées, des formes plus marquées. Aujourd'hui, la compagnie fait appel à de grands designers étrangers pour ses nouveaux modèles.

La boutique de la manufacture propose des services complets, certes chers, mais aussi quelques pièces simples à des prix tout à fait abordables.

– À côté, jolie ***chapelle*** du XVIIIe s classée Monument national, mais dont l'intérieur, de style baroque, décoré d'*azulejos* et de fresques superbes, est époustouflant.

– Si vous êtes dans la région le 1er week-end de juillet, ne manquez pas l'anniversaire de l'usine, la ***grande fête populaire de Vista Alegre.*** Toute la région se joint au village, qui entre littéralement en liesse.

Museu marítimo de Ílhavo et Navio-museu Santo André : *av. Dr Rocha Madahil, 3830-193* ***Ílhavo*** *; et Jardim Oudinot à* ***Gafanha da Nazaré.***

☎ 234-329-990. • museumaritimo.cm-ilhavo.pt • Mar-sam 10h-13h, 14h-18h, w-e et j. fériés 14h-18h (fermé dim hors saison). Entrée Museu marítimo : 6 € ; Museu Santo André 3,5 € ; 8 € billet combiné ; réduc. Un musée tout à la gloire de la pêche à la morue, de son outillage et de ses acteurs. Des maquettes, des demi-coques, une très belle collection de 4 500 coquillages et un aquarium d'eau de mer où batifolent... eh bien, des morues, pardi ! Pour compléter la visite, le bateau *Santo André,* un ancien chalutier de pêche à la morue, a été converti en musée dédié à cette activité.

Aliança Underground Museum : *rua do Comércio, 236, 3781-908* ***Sangalhos.*** *☎ 234-732-090. À 30 km au sud-est d'Aveiro par la N 230, puis l'IC 1, enfin la N 235. Fermé 1er janv, Pâques et 25 déc. Visite guidée tlj à 10h, 11h30, 14h30 et 16h (possible en français). Durée : 1h30. Entrée : 3 €.*
C'est la collection privée du milliardaire portugais et grand collectionneur d'art ***José Berardo.*** La visite commence par une belle série d'ivoires sculptés et annonce l'imposante section africaine. Très rare collection de Bura (civilisation africaine de la moyenne vallée du Niger, vers le IIIe s apr. J.-C.). Remarquable série de terres cuites dont de nombreux bétyles phalliques. Des masques de plus de 80 ethnies : dogon, gurunsi, gû, marka, wé, etc. Également des fétiches, des cimiers, des instruments de musique, ainsi que des sculptures contemporaines. Appuyé par un étrange éclairage accompagné de chants grégoriens, on s'enfonce pour atteindre les galeries jadis dédiées à la fermentation du mousseux.
Une grande expo d'œuvres contemporaines et une magnifique collection de minéraux créent la surprise. L'expression de la nature artiste prend tout son sens, puis une collection incroyable de fossiles, un crâne de dinosaure et un mur entier de sculptures du Zimbabwe des années 1970, des *azulejos* et de la majolique du XVIIe s, ainsi que des céramiques contemporaines. On continue dans le merveilleux avec un mur de quartz rose éclairé, auquel fait écho un mur de culs de bouteilles de rosé. Enfin, on arrive aux chais, avant de clore par une dégustation. Tout ça dure 1h30, et c'est superbe.

LE CENTRE

GÉOPARC D'AROUCA, ET LA SERRA DA FREITA

À 62 km au sud-est de Porto et 70 km au nord-est d'Aveiro, la petite ville d'Arouca est le principal point d'accès du Géoparc d'Arouca (Geoparque) et de la serra da Freita. En 2009, l'Unesco a classé comme Géoparc cette région d'une superficie de 328 km². L'objectif est de conserver son patrimoine géologique d'une importance exceptionnelle. Collines moutonnantes boisées et vertes, monts rocheux couverts de landes, vallées où coulent des rivières aux eaux vives, cette région a beaucoup à offrir aux amateurs de nature, de beaux paysages et de vie montagnarde. C'est aussi ici qu'on trouve la ***passerelle la plus longue du monde*** *(516 Arouca, • 516arouca.pt •, billets 10-12 €, réduc, tlj mai-sept 8h-20h, horaires réduits le reste de l'année)* au-dessus de la rivière Paiva. Attention, le nombre de tickets est limité et en vente sur le site. S'y prendre tôt ! Spectaculaire !
➢ Arouca est accessible en bus via des correspondances à *San João de Madeira, Oliveira* et *São Pedro do Sul.*

Associação Geoparque Arouca (AGA) : *rua Alfredo Vaz Pinto, 4540-118. ☎ 256-940-254. • aroucageopark.pt • En plein centre. Lun-ven 9h-12h30, 14h-17h30.* Passage obligatoire : plan très bien fait couvrant la ville, la région, le Géoparc et la serra da Freita. Informations : hébergement, monuments, randonnées, activités (canyoning, escalade, rafting dans les rapides du rio Paiva...).

Restaurante Parlamento : *travessa da Ribeira, 2. ☎ 256-949-604. • parlamento@aroucanet.com • Repérer le kiosque, c'est la rue qui part à gauche de la coopérative agricole. Tlj midi et soir, sauf dim soir et mar soir. On y mange copieusement pour 15-20 €.* Intérieur cosy, c'est le rendez-vous des cols blancs en semaine et des familles pour le déjeuner dominical.

Un personnel aux petits soins y sert de la morue frite aux oignons, un veau élevé sous la mère avec des frites ou du cochon de lait, et un bel échantillonnage de desserts maison. Une valeur sûre.

Mosteiro de Arouca : *largo de Santa Mafalda, sur la rue principale d'Arouca. ☎ 256-943-321. Tlj 9h30-12h, 14h-17h, sauf lun et certains j. fériés. Entrée : 3 € (visite guidée obligatoire, souvent en anglais, parfois en français) ; gratuit pour l'église.*
Fondé au Xe s, ce monastère est également appelé ***convento de Santa Mafalda,*** du nom de la reine qui s'y retira au XIIe s après avoir été répudiée par Henri Ier de Castille. Ce qu'on voit aujourd'hui date des XVIIe et XVIIIe s alors qu'il était occupé par des religieuses de l'ordre cistercien.
La visite commence par la cuisine, avec lave-vaisselle en granit et maie (meuble rustique pour conserver la farine) taillée dans un tronc d'arbre. Dans la salle du chapitre, de beaux *azulejos* du XVIIe s, mais, assez curieusement, plutôt des paysages hollandais. Notez au sol les numéros gravés dans le granit, ce sont les tombes des mères supérieures. Le chœur des nonnes est magnifique, avec des stalles en bois de jacaranda. La visite se poursuit dans les étages, avec certainement ***l'un des plus beaux musées d'Art religieux du Portugal.***
Aménagé dans les chambres des sœurs, on y trouve de beaux bois de la Renaissance, notamment de l'école de Viseu, un tapis persan dont la bordure a été faite en Inde. Quelques donations de familles nobles : une étonnante miniature de la cellule de saint Ambroise, des coffres, un beau triptyque représentant l'Adoration des mages. Également 2 belles œuvres du XVIe s de Diogo Teixeira (une Ascension, le doute de saint Thomas) et un portrait du Père éternel (rare). Sous la brosse de Bento Coelho (XVIIe s), une série de toiles évoquant la vie de Marie. Évidemment, d'étranges reliquaires, dont certains sont très représentatifs de l'art de ciseler l'argent de l'école portugaise, d'autres faisant allusion aux grandes découvertes, en carapace de tortue, du mobilier en bois brésilien.
Avant de partir, ne manquez pas de visiter l'église de style baroque.

LE CENTRE

Autres lieux et géosites du Géoparc : la randonnée du rio Paiva (*Passadicos do Paiva*) constitue un circuit pédestre spectaculaire sur des passerelles en bois et des ponts de singe au sein du paysage tourmenté des gorges. Voir aussi la *Casa das Pedras Parideiras* au village d'Albergaria da Serra, le centre d'interprétation géologique de Canelas (fossiles géants). Il y a aussi la distillerie Eduardo de Noronha Dias à Alvarenga, la ferme romaine de Malafaia, et le radar météorologique d'Arouca à 1 000 m d'altitude *(visites sam et dim à 14h30,15h30 et 16h30).*
– Informations et détails sur le site : • *aroucageopark.pt* •

VISEU (3500) 99 274 hab.

À 80 km à l'est d'Aveiro, en dehors des circuits habituels, voici l'arrière-pays trop méconnu du Beira Alta. Situé à 500 m d'altitude sur une grosse colline, entourée d'un vaste paysage de serras vertes et boisées, le centre ancien de Viseu porte la marque d'une longue histoire. Les Romains en firent une étape sur la voie venant de Merida (Espagne) à Porto et Braga. Témoin de cette période, une *muralha romana du IIIe s* est toujours visible aujourd'hui.
Son centre historique est un lacis de ruelles étroites et de places qui convergent vers la cathédrale, édifiée au sommet de la cité. Le musée Grão Vasco expose des tableaux d'une école de peinture, très influente au XVIe s. Viseu

est également réputée pour sa table, ainsi que pour la qualité de ses vins, les fameux *Dão*, rouges légers et fruités, élevés dans les environs.

– Au pied de la vieille ville, la place ombragée du Rossio, où convergent plusieurs avenues, constitue un bon point de repère.

Arriver – Quitter

Estacão Rodoviário de Viseu *(Gare routière) : av. Dr Antonio José de Almeida, 242. Avenue qui part du Rossio vers le nord. À 700 m (10 mn à pied) de l'office de tourisme et de la cathédrale. ☎ 232-422-822. Guichets tlj 6h-21h.* Nombreux bus de la compagnie *Rede Expressos.* • *rede-expressos.pt* •

➢ ***Lisbonne :*** une vingtaine de bus/j., 6h-21h15. Durée : 3h20-4h20.

➢ ***Porto :*** une douzaine de bus/j., 6h-20h15. Durée : min 1h35.

➢ ***Coimbra :*** une douzaine de bus/j., 6h-19h30. Durée : min 1h10.

➢ ***Guarda :*** 7 bus/j., 9h45-22h. Durée : 55 mn-1h10.

Adresse utile

Turismo Centro de Portugal *(office de tourisme) : casa de Adro (Adro Sé, pl. de la cathédrale). ☎ 232-420-950.* • *turismodocentro.pt* • *cm-viseu.pt* • *Lun-ven 9h-19h (18h hors saison) ; le w-e 9h-13h, 14h-17h30.* Nombreux documents sur la région. Plan de la ville avec informations en français.

Où dormir ?

De très bon marché à prix moyens

Pousada da juventude : *rua Cônsul Aristides Sousa Mendes, portal do Fontelo. ☎ 232-413-001.* • *reservas@adamastor.org.pt* • *pousadasjuventude.pt* • *♿ De la gare routière, bus n° 1, arrêt Rontondo Fontelo (ttes les 30 mn 7h-19h50 en sem, 5 bus seulement dim). Lit en dortoir 17 €/pers, double sans ou avec sdb env 40 €, petit déj compris.* Dans un grand bâtiment modernisé et arrangé avec suffisamment de confort. Dortoirs impeccables de 4-5 lits non mixtes, avec lampe de lecture et casiers. Grande cuisine à disposition des hôtes.

Pensão Rossio Parque : *rua Solar da Cima, 55. ☎ 232-422-085. ♿ Sur la petite rue montant à droite du Rossio. Doubles 30-40 € selon saison.* Grande bâtisse moderne à la façade jaune, située au-dessus d'un jardin (Jardim das Mães) et d'un grand mur orné d'*ajulejos* (un virage de la route en contrebas). Abrite une quinzaine de chambres rénovées, avec salle de bains privative (clim, chauffage). Elles donnent sur le jardin en dessous et sont donc calmes et claires. Bon accueil. Fait aussi resto (voir plus bas).

Hotel Avenida : *av. Alberto Sampaio, 1. ☎ 232-423-432.* • *reservas@avenidaboutiquehotel.pt* • *avenidaboutiquehotel.pt* • *Doubles 60-80 € selon saison, petit déj inclus.* Grande demeure ancienne, entièrement modernisée à l'intérieur, avec une trentaine de chambres de bon confort (clim) à la déco contemporaine. Elles donnent sur la rue ou sur l'arrière du bâtiment. Encore une fois le qualificatif de « boutique » est superflu, peu importe, car le rapport qualité-prix-confort est correct.

Plus chic

Casa da Sé : *rua Augusta Cruz, 12 (en plein centre historique). ☎ 232-468-032.* • *info@casadase.net* • *site.casadase.net* • *Doubles 80-100 €, petit déj compris.* Dans un petit manoir urbain du XVIIIe s, une douzaine de très belles chambres meublées avec beaucoup de goût (le propriétaire est antiquaire, on peut même repartir avec la déco). Tout confort : chauffage et clim centralisés, salles de bains avec douche, baignoires hydromassantes dans les *superior.* Les suites sont de vrais petits bijoux avec leurs lits *king size* et leurs plafonds stuqués. Le tout baroque à souhait, tirant parfois sur le rococo, avec force dorures et angelots. Le petit déj est servi avec des produits régionaux le plus souvent bio. La maison abrite aussi un salon de thé.

Où manger ? Où boire un verre ? Où manger une pâtisserie ?

Restaurante Mesa da Sé : *rua Grão Vasco, 29/31. ☎ 232-425-205. Tlj 12h-15h, 19h-22h, sauf lun. Plats 6-18 €.* En plein centre historique, sur une placette calme avec une jolie vue sur le quartier, voici un petit resto discret. On y sert une cuisine locale copieuse et soignée à prix raisonnables : salades, champignons, tagliatelles, morue, poulpe et quelques plats végétariens. Certains plats de poisson ou de viande (chèvre, veau) sont servis en demi-portion *(½ dose),* celle-ci est largement suffisante pour une personne. Quelques tables dehors.

Restaurante O Pateo : *rua Direita, 46. ☎ 232-413-209. Tlj 12h-14h30, 19h30-22h, sauf dim. Plats du jour 7-14 €. Poissons 16-22 €.* Dans la grande rue commerçante piétonne qui traverse le centre historique, un porche ogival puis une cour pavée mènent à ce restaurant populaire qui compte plusieurs salles. Vous trouverez toujours un recoin plus intime pour vous attabler. Cuisine portugaise franche et copieuse, du style « Terre-Mer » (Terra-Mar) avec une carte où les viandes rivalisent avec les poissons. Les suggestions du jour, peu chères, sont affichées au dehors et incluent le pain, la soupe, le plat du jour, une boisson et un café ! Imbattable rapport qualité-prix !

Rossio Parque : *au rdc de la pension du même nom (voir « Où dormir ? »). Tlj sauf dim. Menu complet env 8 € le midi, 10 € le soir.* Salle rustique, intérieur lie-de-vin, souvent pleine d'habitués le midi comme le soir, mais les tables sont bien espacées. On vient ici pour se régaler d'une cuisine simple et bien servie (poissons grillés, pièces de veau, morue aux œufs pochés). Service francophone et attentionné.

En passant la porte do Soar, on tombe sur une place qui s'anime le soir. Charmants petits bars avec terrasses : ***Irish Pub, Agua Benta Bar...*** Bonne ambiance.

Pastelaria Capucinha : *praça República, 16. ☎ 232-435-710. Tlj 7h-20h.* Excellentes pâtisseries à déguster au comptoir.

À voir

Bravo à la ville de Viseu qui a pensé à l'intégration des personnes déficientes motrices, visuelles et auditives dans la vie urbaine !

Sé (cathédrale) **:** *adro da Sé (au « sommet » de la vieille ville). Fermé pdt le déj, jeu et sam mat.* Base romane du XIe s, entièrement reconstruite puis habillée au XVIIe s d'une façade maniériste, et intérieur de la basilique à 3 nefs du XVIe s, de style manuélin : quel mélange ! On remarque le plafond « à nœuds » (repérez les pélicans, emblème de João II), l'autel baroque très chargé, les stalles en jacaranda (bois tropical précieux) du XVIIe s et la belle salle voûtée du baptistère. L'austérité est renforcée par des oculus (petites ouvertures dans les murs) très peu lumineux. Dans la 1re chapelle, à gauche, un christ en peignoir de velours portant une croix minuscule, tandis que dans le cloître (avec un superbe portail romano-gothique du XIIIe s), de style Renaissance, des *azulejos* du XVIIIe s célèbrent la libération de Séville.

LE CENTRE

– ***Museu de Arte Sacra*** *(musée d'Art sacré)* **:** *au 1er étage du cloître ; accès par la cathédrale. Lun-mer et ven 9h-12h, 14h-17h. Fermé jeu, sam matin et dim). Entrée : 3 € ; réduc.* Reliquaires, bibles, coffrets, orfèvrerie religieuse, beau lutrin de bronze, et même une crèche avec 200 personnages.

Igreja da Misericórdia : *en face de la Sé.* Noter la façade baroque à la blancheur éclatante, avec de nombreux piliers, entourages de portes et fenêtres en granit. Elle compose, avec la cathédrale et le musée Grão Vasco, un ensemble architectural très harmonieux. En revanche, la décoration intérieure, remaniée au XIXe s, ne présente pas d'intérêt.

Museu nacional Grão Vasco : *paço dos Três Escaloes, sur la pl. de la Sé. ☎ 232-422-049. Tlj 10h-13h, 14h-18h, sauf lun. Entrée : 4 € ; réduc ; gratuit dim.* Cet élégant palais du XVIe s expose l'école de Viseu, et en particulier son célèbre chef de file : Vasco Fernandes, dit Grão Vasco (1475-1542), le maître de la peinture de la Renaissance portugaise. Couleurs violentes et expressions réalistes sont les marques de fabrique de cet artiste qui réalisa une transition très personnelle, et sous influence flamande, entre les styles manuélin et Renaissance.
Au 1er étage, de modestes mais intéressantes collections d'objets des colonies, d'art sacré, de céramiques, de meubles et de toiles de peintres portugais contemporains. On entre dans le vif du sujet au 2e étage, happé par le puissant regard qui se dégage de l'*Ascension de la Vierge* de Grão Vasco. Dans la salle adjacente, autre vision fascinante, celle de 14 panneaux de l'ancien retable de la cathédrale, réalisés collectivement par des artistes de l'école flamande rejoints par Grão Vasco. Sur celui des *Rois mages,* remarquer Balthazar représenté sous les traits d'un Indien, 1 an à peine après la découverte du Brésil ! Et voici... *Saint Pierre,* considéré comme le chef-d'œuvre de Grão Vasco pour sa subtile composition et sa taille, et dont on a le loisir rare de voir l'envers avant de découvrir 4 panneaux supplémentaires et admirables, réalisés avec Gaspar Vaz.

La vieille ville : elle se découvre facilement à pied depuis le Rossio, agréable place ombragée bordée au sud par l'*igreja dos Terceiros de São Francisco,* une petite église baroque décorée de faïences retraçant la vie de saint François d'Assise. Au nord de la place, mur d'*azulejos* qu'il faut longer pour rejoindre la *rua Nunes Cerveira* grimpant jusqu'à l'une des portes médiévales, la *porta do Soar,* aboutissant à l'*adro da Sé* (place de la Cathédrale). À l'est, on plonge par la *rua Formosa* dans le très animé quartier piéton.
À gauche, la ***rua Direita,*** longue rue bordée de maisons de granit, est la plus ancienne et la plus authentique artère commerciale de Viseu. Toutes sortes d'enseignes y ont pignon sur rue. Elles occupent le rez-de-chaussée complice de vénérables et nobles demeures aux façades ornées de blasons et de fenêtres manuélines (notamment à hauteur de la *rua Senhora da Piedade* et, plus bas, de la *rua Gonçalinho*).

Museu do Quartzo : *Monte de Santa Luzia – Campo. ☎ 232-450-163. Tlj sauf lun, j. fériés et mar mat, 10h-13h, 14h-18h. GRATUIT.* Créé à l'initiative d'un géologue de renom, ce musée est situé sur le site de l'ancienne carrière de Santa Luzia, qui fut, de 1961 à 1986, le lieu d'extraction du quartz le plus actif du Portugal. Ce musée est ***unique au monde.*** Interactif, on y trouve une belle exposition de ce minéral, ainsi qu'un historique de son exploitation.

GUARDA (6300) 42 540 hab.

À 77 km à l'est de Viseu, perchée à 1 000 m d'altitude, Guarda est la ville la plus haute du Portugal. En venant de Salamanque (Espagne) par la route, elle est la 1re ville importante que l'on découvre. Longtemps

LE CENTRE

considérée comme la « capitale » d'une des régions les plus pauvres du pays, elle se trouve au cœur d'une terre d'émigration.
Ville fondée en 1199 pour garder la frontière avec les royaumes de León et de Castille, Guarda est bordée aujourd'hui de faubourgs populaires et modernes, enroulée au pied d'une haute colline dominant un vaste paysage aux horizons lointains. Au sommet de la colline, le centre historique très bien conservé avec ses étroites ruelles et ses maisons de granit possède l'une des plus belles cathédrales du Portugal. Il faut prendre le temps de flâner dans cette cité qui a gardé son âme et son caractère, loin des foules et du surtourisme !

Arriver – Quitter

En train

Gare ferroviaire : *à 4 km au nord de la ville.* Bus ttes les 30 mn du centre, ou taxi. Infos et horaires sur • *cp.pt* •
➢ ***Lisbonne :*** 11 trains/j., mais les plus rapides sont les *Intercidades* (4 trains/j.). Durée : 4h43.
➢ ***Porto :*** 5 trains/j. 6h55-17h55, les plus rapides sont les *Intercidades.* Durée : 4h-4h45.

En bus

Gare routière *(terminal Rodoviário de Guarda)* ***:*** *rua António Sérgio, au pied de la colline. Proche du centre-ville. Taxis à la sortie.* Liaisons assurées par les compagnies *Rede Expressos* • *rede-expressos.pt* •
➢ ***Lisbonne :*** env 9 bus/j., 7h-17h30. Durée : min 3h50.
➢ ***Porto :*** 7 bus/j., 8h15-19h05. Durée : env 3h.
➢ ***Covilhã (serra da Estrela) :*** env 14 départs/j. en été, 7h-22h55. Durée : 35-45 mn. Ces bus continuent jusqu'à ***Castelo Branco.***
➢ ***Viseu :*** env 7 bus/j. Durée : 55 mn-1h10.
➢ Nombreux bus locaux pour les bourgades alentour : ***Almeida, Manteigas, Vilar Formoso*** (frontière espagnole), ***Bragança...***

Adresse utile

@ Posto de Turismo Guarda *(office de tourisme)* ***:*** *praça Luís de Camões, 21. ☎ 271-205-530. • turismo@mun-guarda.pt • Lorsqu'on tourne le dos à la cathédrale, c'est à gauche. Tlj 9h-12h30, 14h-17h30 (sam-dim 9h-13h, 14h-17h).* Documentation variée, plans thématiques, accueil aimable et efficace.

Où dormir ?

Bon marché

Casa da Sé : *rua de Augusto Gil. 962-484-468. Au bas de la praça Camões et de la cathédrale (Sé). Doubles 25-35 €, sans petit déj.* En plein centre historique, ce petit immeuble de 2 étages aux fenêtres à l'anglaise fut naguère une auberge de l'ordre de Malte. Aujourd'hui, pension économique où l'on est accueilli par l'excellent Daniel, un jeune homme affable. Escalier orné d'*azulejos* menant aux 7 chambres simples et sobres, au mobilier disparate. Pas de TV ni de téléphone, c'est le choix de Daniel. Toilettes sur le palier sauf pour une chambre. La nº 7 a une belle vue sur la place de la cathédrale.

Residencial Beira Serra : *av. Infante Dom Henrique, 35B. ☎ 271-212-392. • rbeiraserra.com • Doubles 30 € (sans sdb)-40 €.* Près de la mairie *(Camara Municipal),* modeste pension tenue avec soin par un couple d'aimables retraités. Chambres de style classique sans prétention et propres, avec douche/w-c et double vitrage côté rue. Petit resto familial au rez-de-chaussée.

De prix moyens à plus chic

Solar de Alarção *(Turismo de habitação)* **:** *rua D. Miguel de Alarçao, 25-27. ☎ 271-211-275. 962-327-177. • solardealarcao.pt • Doubles 60-80 €.* Un emplacement unique ! Sur la place de la Sé (cathédrale), au cœur du centre historique, un vieux manoir de 1686 tout en granit avec une chapelle attenante et une belle loggia à colonnes au-dessus de la courette d'entrée. Il appartient à Maria Helena Figueira de Sousa, une élégante et aimable dame. Elle propose 3 chambres meublées à l'ancienne, très propres et bien tenues, avec toilettes privatives et cheminée. Calmes, elles donnent sur le jardin où poussent des arbres fruitiers. Attaché à la maison, le salon de thé *O Bule* est un lieu très agréable.

Où manger ?

De bon marché à prix moyens

Belo Horizonte : *largo de São Vicente, 1-2. ☎ 271-211-454. 917-626-838. Tt à côté de l'église São Vicente. Tlj sauf dim soir-lun, jusqu'à 22h. Plats 10-18 €.* Sur une jolie petite place pavée, dans une vieille demeure, ce bon resto local sert de savoureuses spécialités : *cabrito asado* (chevreau grillé), *javalí* (sanglier), et la très copieuse *chouriçada regional* (plat typique : assortiment de morceaux de porc et de boudin à la mie de pain).

O Ferrinho Restaurante : *rua Francisco de Passos, 21-23. ☎ 271-211-990. • restaurante_ferrinho@live.com.pt • À 150 m de la cathédrale. Ouv tlj jusqu'à 22h30. Plats 8-13 €.* Au rez-de-chaussée d'un vieil immeuble dans une ruelle piétonne. C'est un resto typique, sans chichis, qui n'obéit pas aux modes passagères mais sert une cuisine franche avec les plats régionaux classiques. Carte régionale avec autant de viandes que de poissons : *enchidos da Guarda* (charcuterie locale), *ensopada de cabrito, bacalhau à Brás...*

Achats

Casa de Artesanato Junto a Sé : *largo Dr Amândio Paúl, 4. ☎ 271-213-544. Face au portail ouest de la cathédrale.* Pas de bondieuseries mais des objets d'assez bon goût. Cela mérite d'être signalé. Prix corrects et très bon accueil.

Loja do Paço : *largo de São Pedro, 1. ☎ 271-230-430.* Près de la cathédrale, très belle boutique proposant des produits d'excellence : vins, huile d'olive, thé, miel, amandes, friandises, produits « gourmet », belles pièces de décoration...

À voir

Sé (cathédrale) **:** *praça Luís de Camões. Juin-sept, tlj 10h-13h30, 15h-18h30 ; le reste de l'année, 9h-12h30, 14h-17h30. Contribution souhaitée (1 € pour la cathédrale, 2 € pour les terrasses).*

Sa construction débuta à la fin du XIVe s et dura 150 ans. Elle présente ainsi une architecture gothique mâtinée d'éléments Renaissance et manuélins. Comme beaucoup d'ouvrages aux marches du royaume, elle possède l'allure d'une forteresse avec son toit et ses grosses tours crénelées. Le granit gris renforce l'impression d'austérité. Plan de l'église, arcs-boutants, pinacles furent imités du célèbre monastère de Batalha. Joli portail manuélin sur la façade principale, et un autre de style gothique flamboyant sur la façade nord. Remarquer aussi, ceinturant le mur extérieur, le cordage en granit rappelant l'âge d'or des grandes découvertes (XVIe s).

CUL BÉNI

Sur la partie arrière (bien sûr) de la cathédrale, près de l'échelle de secours, on aperçoit une gargouille fort surprenante. Elle représente une paire de fesses tournées vers l'Espagne, en signe de dédain. Cette provocation rappelle les guerres entre les 2 pays, au XIVe s.

– ***À l'intérieur :*** haute nef, colonnes torsadées et nombreuses références aux grandes découvertes maritimes. Immense retable en pierre du XVIe s attribué à un sculpteur français de Coimbra. Dans la *chapelle dos Pinas,* superbe portail Renaissance et gisant.

Le ***quartier autour de la cathédrale*** se découvre à pied. En contrebas de la cathédrale s'étend la grande place **(praça de Camões),** qui est la plus belle du nord-est du Portugal. D'une grande homogénéité architecturale, avec d'élégantes demeures du XVIIIe s aux blasons sculptés, murs blancs, entourages de granit, fenêtres à l'anglaise. Noter les discrètes et élégantes loggias qui donnent un air de Toscane à la place. Quelques petits bistrots se nichent sous les galeries soutenues par des piliers de pierre. Noter aussi des croix de Malte sculptées sur les façades. Au n° 25 de la ***rua Miguel de Alarção,*** derrière la cathédrale, voir ce superbe manoir avec une belle loggia à colonnades (*Solar de Alarção* ; on peut y dormir, voir plus haut). Par la *rua de la Torre,* flâner dans les ruelles médiévales, qui débouchent sur la ***torre dos Ferreiros,*** construite au XIIIe s pour surveiller de près le royaume de Castille. Au dernier étage, vue panoramique sur la ville ; on y respire, dit-on, l'air le plus pur du Portugal ! Au rez-de-chaussée, film retraçant l'histoire de la ville. L'office de tourisme donne une carte bien utile pour suivre ce parcours urbain.

Dans la grande rue menant au jardim José de Lemos, quelques édifices intéressants : l'*église de la Miséricorde* avec sa façade baroque et le *palais des Évêques* au beau cloître Renaissance. Il abrite aujourd'hui le ***Museu regional da Guarda*** *(rua Alves Roçadas, 30 ; ☎ 271-213-460 ; tlj sauf lun et certains j. fériés 9h-12h30, 14h-17h30 ; entrée : 2 €),* qui présente quelques collections archéologiques et ethnographiques intéressantes. Le soir, grosse animation autour du jardim José de Lemos.

L'ancien quartier juif *(Judiaria da Guarda)* **:** pour y accéder à partir de l'église de la Miséricorde, se diriger vers la *puerta de Estrela,* ancienne porte de la ville (vestiges de remparts). Aller vers la *porta del Rei* par la rua São Vicente. Au passage, *église Saint-Vincent* du XVIIIe s, présentant de beaux *azulejos.* La *Judiaria,* ***l'un des plus vieux quartiers juifs d'Europe,*** était déjà mentionnée au XIIIe s suite à un décret royal du roi Dinis. Nombreuses et belles maisons médiévales naguère habitées par des familles dont les noms étaient Castro, Baruch, Mocatel, Alva... Étrange décor, pourtant, où rien ne rappelle la présence juive.
– À l'angle des ruas de Amparo et São Vicente, superbe demeure à encorbellement en pierre. Le nom des rues dans le quartier révèle aussi le caractère populaire de Guarda et les sentiments démocratiques de ses habitants : rua da Liberdade, travessa do Povo, rua da Fraternidade...

DANS LES ENVIRONS DE GUARDA

LE CIRCUIT DES VILLAGES HISTORIQUES ET DES CHÂTEAUX DE FRONTIÈRE

Ces villages ne comptent que quelques centaines d'habitants aujourd'hui mais ils ont joué un rôle important dans l'histoire comme gardiens de la frontière entre les 2 royaumes, le Portugal et l'Espagne. C'était une ligne stratégique à surveiller et à défendre. Les ruines des châteaux sont autant de vestiges historiques de cette époque. Dans ce terroir de collines, le temps semble s'être arrêté. Compter une journée pour faire le tour. Carte disponible gratuitement auprès de l'office de tourisme.

ABC DE LA RÉVOLUTION

Les 1ers efforts d'alphabétisation du mouvement des Forces armées après la révolution de 1974 se portèrent sur la région de Guarda, réputée pour son isolement. De même, certains villages reculés, en voyant leur 1re jeep, découvraient aussi pour la 1re fois une voiture !

De Guarda, rejoignez l'A 25 que vous suivrez en direction de l'Espagne ; après 25 km, sortez à droite (sortie nº 32) vers Sabugal ; prenez la 1re à gauche vers ***Castelo Mendo.*** C'est un village médiéval plein de charme, peu connu. Ruines du château, fontaines, vieilles maisons et, bien sûr, pilori.

➢ Ensuite, dirigez-vous vers ***Castelo Bom.*** Prenez le temps de vous promener dans ce village surmonté des ruines d'un château, et de découvrir de vénérables maisons. Magnifique point de vue sur les environs.

➢ ***Almeida :*** *à env 40 km au nord-est de Guarda par l'E 80 puis la N 340.* Ce n'est plus un village mais une petite ville fortifiée (environ 7 200 hab.) dans le plus pur style Vauban avec des remparts formant une étoile (à voir depuis un avion, c'est frappant). La ville elle-même offre peu d'intérêt, mais les remparts, les portes et les paysages sont superbes.

➢ La route qui mène à ***Castelo Rodrigo*** en passant par ***Pinhel*** est superbe (N 221 ; voir plus loin « Le Nord-Est. La route entre Miranda do Douro et Vila Nova de Foz Côa »).

LA SERRA DA ESTRELA

• Carte *p. 461*

Entre Guarda (au nord), Covilha (au sud), et Seia (à l'ouest) s'étend ce massif montagneux, isolé et encore sauvage, qui constitue une étonnante réserve de nature et de fraîcheur, un secteur unique car préservé des ravages du modernisme. Au cœur de ces grands espaces vierges se dresse le Pic de Torre, point culminant du Portugal à 1993 m d'altitude (à 20 km au nord-ouest de Covilha). Seul le mont Pico (2 351 m), dans l'archipel des Açores (qui appartiennent au Portugal), dépasse le Torre.
L'environnement y est remarquable : alpages peuplés de moutons en été, monts rocheux arides couverts de genêts, de landes et d'une végétation rase, avec quelques pinèdes dans les entailles abruptes, des vallées creusées de ravins où caracolent des cascades et des torrents poissonneux. Ce n'est pas un hasard si les grands cours d'eau du pays prennent leur source dans ces hauteurs battues par les vents : le rio Mondego, le Zêzere, et l'Alva. La Serra da Estrela est le « château d'eau du Portugal » d'où ont surgi les quelques barrages et lacs artificiels situés sur les hauteurs !
C'est aussi dans ce massif enclavé et éloigné du monde moderne que s'est développée une race de chiens de berger nommés les « chiens de la serra da Estrela ». Ils se distinguent par leur taille, leur beauté et leur

gentillesse. Vous pourrez les voir sur place, en particulier dans le bourg de Sabugiero, petite ville à 25 km à l'ouest de Manteigas, au cœur du massif. Tout est si âpre et sauvage dans la serra qu'elle est très appréciée par les Portugais, qui viennent y pique-niquer les week-ends et les jours fériés. En été, on pratique le VTT, le cheval, l'escalade, et la randonnée. Le centre névralgique de la région est la ville de Manteigas, à 28 km au nord de Covilha, qui est une bonne base pour rayonner dans la région. Cette municipalité a développé un projet *Green Tracks,* avec plus de 200 km de chemins balisés et signalisés. Renseignements sur ● *manteigastrilhosverdes.com* ● ; infos et plans de toutes les randonnées possibles.

– ***Bon à savoir :*** si vous devez traverser la Serra da Estrela, on recommande vivement de partir de Viseu et de rejoindre Seia. De là, prendre la route N339 qui grimpe au sommet du massif (Torre) avant de redescendre à l'est par une route sinueuse jusqu'à Covilha. Pour séjourner, on conseille la bourgade de Manteigas.

INSOLITE : SKIER AU PORTUGAL

Non, ce n'est pas du ski nautique ! En hiver, la Serra da Estrela se couvre de neige durant les semaines les plus froides (décembre, janvier, février). C'est le seul endroit du Portugal où il est possible de skier. Les amateurs de ski pourront tenter leur chance sur les 8 pistes balisées (équipées d'un télésiège) sur les pentes de la Torre, point culminant du pays à 1993 m.

LE CENTRE

Où dormir ? Où manger dans la serra ?

Camping

▲ ***Camping Rossio :*** *à* ***Valhelhas.*** *📱 927-464-301. ● valhelhascamping.com ●. À 11 km au nord-ouest de Belmonte par la N 232. Ouv mai-sept. Env 13 € pour 2 en hte saison.* Près d'un barrage agréablement aménagé. Ombragé et bien équipé. Piscine.

Auberge de jeunesse

🏠 ***Pousada da juventude :*** *à* ***Penhas da Saúde,*** *sur la route montant de Covilhã au pic de Torre. ☎ 275-335-375. ● penhas@movijovem.pt ● pousadasjuventude.pt ● Pour se rendre à Penhas de Saúde, très peu de bus (et seulement en été), mais les taxis ne sont pas trop chers (env 15 € depuis Covilhã). Tte l'année. Selon saison, lit en dortoir 17 €/pers, doubles 50-62 €.* Grosse bâtisse posée dans une sorte de steppe herbeuse d'altitude. Dans cette atmosphère de chalet isolé du monde, vous pourrez vous réconforter autour d'un feu de cheminée en hiver. Dortoirs de 8-12 lits arrangés comme il faut. On peut y prendre tous ses repas ou utiliser la cuisine. Salle de jeux (billard, ping-pong...). Un immense camping sauvage entoure l'AJ. Possibilité de faire de belles balades tranquilles. Infos sur les randonnées dans la montagne.

De bon marché à prix moyens

🏠 IOI ***Hotel Berne :*** *quinta de Santo António, à* ***Manteigas.*** *☎ 275-981-351. ● reservas@hotelberne.com ● hotelberne.com ● ♿ Resto fermé dim soir-lun. Congés : 2de quinzaine de sept. Doubles 60-85 €, petit déj compris. Menu env 23 € ; plus cher à la carte.* Difficile de rater cet hôtel tenu par des francophones accueillants. Petit immeuble moderne géré avec beaucoup de soin, intérieur décoré en bois de pin. Chambres équipées de chauffage et de clim. La moitié de celles-ci possède un balcon avec très belle vue sur le village et la montagne. Piscine extérieure. Bonne cuisine au resto,

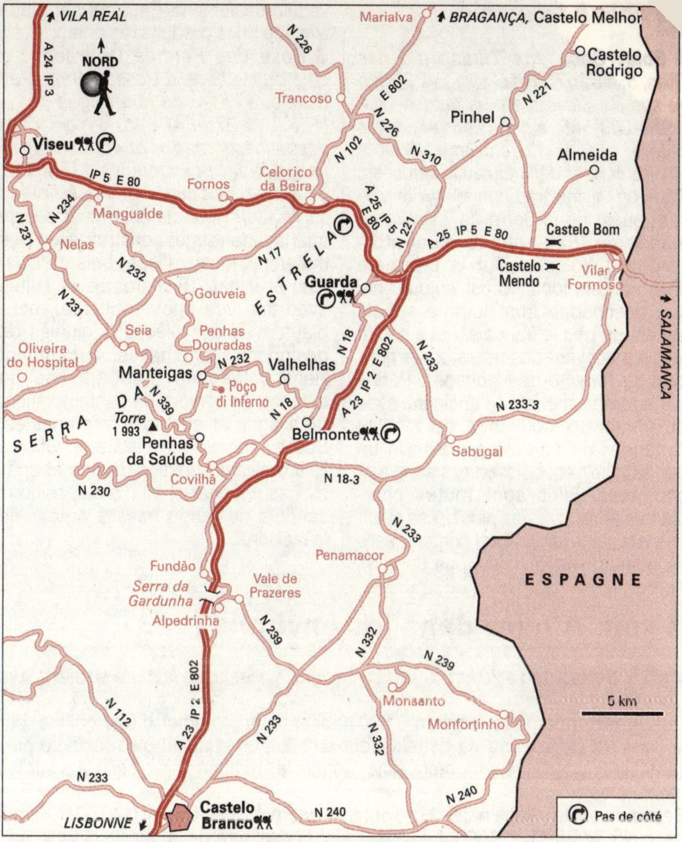

LA SERRA DA ESTRELA

décoré dans un style d'auberge chaleureuse. Accueil affable.

🍴 🍷 ***Bar-restaurante A Torre :*** ***site de Torre, point culminant du Portugal,*** *sur la route N 339, à 20 km au nord-ouest de Covilhã.* ☎ *238-010-192.* 📱 *987-498-638. Ouv tlj, tte l'année, 9h16h, 19h30-23h. Plats 6-15 €.* Au sommet de cette montagne pelée et battue par les vents, on trouve un remonte-pente, 2 anciens observatoires, une chapelle, une tour de 7 m de haut et ce bar-restaurant au-dessus d'un centre commercial. Endroit idéal pour boire un verre ou manger un petit plat avant de redescendre dans la vallée. Cuisine locale copieuse.

🍴 🍷 ***Taverna Sequeira :*** *rua do Comércio, 9, à* ***São Romão,*** *village à 2,5 km au sud de la petite ville de Seia, sur le versant ouest de la Serra da Estrela. Tlj jusqu'à 22h. Plats env 10 €.* Sur une placette commerçante au cœur du village, cette sorte de bar à vins et à tapas sert des plats de qualité exceptionnelle dignes d'un resto gourmet. La carte inscrite sur une ardoise change souvent. Quelques propositions végétariennes aux fèves ou aux champignons. Bon accueil.

…rès chic

…asa das Tílias : *rua das …, à* ***São Romão,*** *village à 2,5 km …ud de Seia, une plus grosse ville. ☎ 964-008-585. • geral@casadastilias.com • casadastilias.com • Double env 75 €, petit déj inclus. CB refusées.* Dans un village traditionnel sur le versant ouest de la Serra da Estrela, ce manoir de 1820 entouré d'un jardin verdoyant (piscine) fut la propriété d'un notable local. C'est aujourd'hui son descendant, un homme affable parlant un peu le français, qui y habite tout en recevant des hôtes sur le principe du *Turismo de Habitação*. Patiné par le temps, meublé à l'ancienne avec de nombreux souvenirs de famille, l'intérieur de caractère possède un bel escalier en bois conduisant aux chambres. Elles sont toutes charmantes et de style, les plus belles ayant une vue sur le jardin. Bon confort : salle de bains privative, mais pas de clim, ventilo seulement. Petit déj sur place avec de bons produits régionaux.

Casa das Penhas Douradas : *à côté de la chapelle Nossa Senhora da Estrela, à 12 km de* ***Manteigas*** *par la N 232. ☎ 275-981-045. • mail@casadaspenhasdouradas.pt • casadaspenhasdouradas.pt • Doubles 135-280 €, petit déj-buffet inclus (voir aussi offres sur le site).* Hôtel de charme et design à la façade rouge, construit avec des matériaux locaux (liège, bois de bouleau et laine). 18 chambres et suites avec une vue époustouflante, meublées avec des pièces originales de designers scandinaves, notamment Hans J. Wegner. C'est un lieu de détente, de confort, de contemplation, de silence et aux vues imprenables. Spa, hydromassage, piscine chauffée... Resto alliant nouvelle cuisine et spécialités régionales. VTT à disposition ; sentiers de rando balisés autour de la maison.

À voir. À faire dans les environs

Belmonte : *à 20 km au sud de Guarda, à gauche de la route en allant vers Covilhã.*

Une grosse bourgade (environ 6 800 habitants) au sommet d'une colline, sur le flanc est de la Serra da Estrela. Tout en haut, un château bien restauré présente une superbe fenêtre manuéline. Depuis les remparts, très belle vue sur les montagnes.

Belmonte est le village natal du navigateur Pedro Álvares Cabral (1467-1526), qui découvrit le Brésil en 1500. Le château fut la demeure de la famille Cabral, seigneurs de Belmonte, jusqu'au XVIe s, lorsqu'il fut abandonné à cause d'un violent incendie.

La famille s'installa alors dans un manoir au centre-ville, aujourd'hui transformé en ***musée des Découvertes*** *(entrée : 5 €).* Musée interactif où le visiteur revit l'épopée de Cabral jusqu'au Brésil et l'influence que cette découverte a eue dans le monde entier. Très intéressant. Noter les armoiries de la famille Cabral au-dessus de la grille d'entrée.

Au sommet de la colline, près des ruines du *castelo* (château), attenante à l'église São Tiago, la *capela dos Cabrais* serait le caveau familial des Cabral. Enfin, sur une charmante petite place au cœur du village se dresse la statue en bronze du célèbre explorateur, tenant une grande croix. Pero Vaz de Caminha, le chroniqueur du bateau, avait noté dans son journal de bord : « 22 avril 1500. Ce jour-là, à l'heure des vêpres, nous vîmes une terre... la terre de la Vraie Croix. » Vera Cruz : ainsi fut baptisé, au commencement, le Brésil, devenu aujourd'hui la plus grande nation lusophone du monde !

Enfin, c'est à Belmonte que vit une petite communauté (moins de 200 personnes) de juifs, les marranes, qui ont préservé clandestinement depuis des siècles leurs pratiques et coutumes religieuses, malgré les persécutions et leur conversion forcée (pour ceux qui ont choisi de rester). ***Musée judaïque de Belmonte :*** *entrée : 4 € ; réduc.*

■ ***Beltour Turismo :*** *rua Frei Nicolau de Melo, 2. 968-820-459. • beltour.pt •* Propose plusieurs programmes de visites guidées de la région (musées, sites, histoire), des balades dans la serra da Estrela, de 1 à 3 jours.

CASTELO BRANCO

(6000) 56 100 hab.

De Guarda à Castelo Branco, la route longe, sur 60 km, le flanc oriental de la grande barrière rocheuse de la serra da Estrela, la chaîne montagneuse la plus élevée du Portugal continental. Ancienne ville fortifiée située sur la route des invasions, Castelo Branco a conservé de cette époque un centre historique aux maisons blanches coiffées de tuiles, agglutinées autour d'un éperon rocheux surmonté par les ruines de la forteresse. La partie la plus basse est moins attrayante avec de nombreux immeubles modernes sans caractère. Un lieu à ne pas manquer, le superbe jardin du palais épiscopal.

Où dormir ? Où manger ?

Possibilités de logement réduites ; ne pas arriver à Castelo Branco en fin d'après-midi.

Hotel Império do Rei : *rua dos Prazeres, 20. ☎ 272-34-17-20. • imperiodorei.pt • Doubles 51-58 € avec petit déj.* Demeure ancienne au centre de la ville, avec des chambres classiques et sans prétention mais très propres et bien équipées (douche/w-c, clim). La plupart donnent sur la rue (plutôt calme la nuit, car ce n'est pas un axe majeur).

|●| ***Restaurante Forno da Sé :*** *rua das Olarias. ☎ 272-343-499. Tlj sauf sam soir-dim.* La cantine populaire par excellence, bondée tous les midis. Plats du jour bons, efficaces et vraiment pas chers. On fait un gueuleton très correct à 2 pour moins de 20 €, pichet de vin compris ! Belle salle rustique.

Où déguster une pâtisserie dans les environs ?

|●| ***Lucyanne :*** *rua Nova do Arrabalde, 8, 6005-025* ***Alcains.*** *☎ 272-907-420. À 10 km au nord de Castelo Branco par l'A 23. Tlj sauf lun 7h-23h.* C'est du nom de leur fille que Clara et Manuel ont baptisé leur pâtisserie. Ambiance familiale chaleureuse et accueil en français possible. Devant un vaste choix de gâteaux et de viennoiseries, on retrouve les fameux *pastéis de nata* ! Le soir, copieuses pizzas cuites en salle au feu de bois. Vraiment charmant, tout comme le service !

À voir

★★ ***Jardim do Paço Episcopal*** *(jardins du palais épiscopal)* ***:*** *rua Bartolomeu da Costa, 5. ☎ 272-348-320. Tlj 9h-19h (17h en hiver). GRATUIT.* Le jardin de l'Évêché est un des exemples les plus remarquables de l'époque baroque au Portugal. Lieu le plus visité de la ville, ce grand jardin a été créé au début du XVIIIe s par dom João de Mendonça, évêque de Guarda, qui avait sa résidence d'hiver à Castelo Branco. Un escalier monumental mène au niveau supérieur du jardin, relié aux autres niveaux par des escaliers et des allées, au travers d'un réseau de haies de buis, taillées et ordonnées à l'italienne. Des bassins, des fontaines et des jets d'eau rafraîchissent cet ensemble unique ponctué de dizaines de statues en granit représentant saints, apôtres, rois et grands du royaume. D'autres encore symbolisent les signes du zodiaque, les 4 saisons, les 4 continents, les 4 vertus morales et les 3 vertus théologales. On tentera d'en différencier tous les détails. Facétieux, le sculpteur a réduit à la taille de nains les rois du Portugal du temps de la domination espagnole de 1580 à 1640, ce sont les Filipes détestés des Portugais.

Les poètes urbains apprécieront, à travers les ruelles du ***vieux quartier,*** la montée vers les *ruines de la forteresse* dominant la ville. Du *miradouro,* beau point de vue sur Castelo Branco et la région. Dans le centre, atmosphère agréable sur le largo da Devesa joliment rénové, agrémenté d'un petit lac en son centre et bordé de nombreux bars.

PORTO, LE MINHO ET LA COSTA VERDE

• Carte *p. 467*

Voici le nord-ouest du Portugal, tourné vers l'océan Atlantique et son air marin, une région de collines moutonnantes et vertes, où l'histoire a laissé sa marque particulière à travers notamment le style des maisons et des *quintas* (manoirs à la campagne) : murs de granit épais et austère, façades blanches lumineuses et souvent des fenêtres à l'anglaise, preuve des liens qui unissaient naguère le Portugal du Nord à la Grande-Bretagne, son alliée. Guimarães est considérée comme le berceau historique du Portugal, Braga comme sa capitale religieuse, et Porto comme la petite sœur de Lisbonne, ville nourricière où l'arrière-pays rencontre l'océan, à l'embouchure du Douro, un site exceptionnel. Une part de l'âme portugaise est inscrite dans les esprits et dans les monuments : églises baroques évoquant les richesses du Brésil. Le style manuélin aux colonnes torsadées ne rappelle-t-il pas les cordages des navires à l'époque des grandes découvertes maritimes ?

Le Minho est une région fertile et bien arrosée, sa colonne vertébrale est précisément le mythique fleuve Douro. Venu d'Espagne, il serpente sur plus de 150 km dans un étonnant paysage de monts aux versants raides, de collines couvertes de vignes en escaliers, d'oliviers en terrasses, d'orangers, d'amandiers...

La vallée du Haut-Douro a de la chance. C'est une nature édénique, généreuse et ensoleillée. Son climat exceptionnel, les hivers doux, les étés très chauds, les sols de schiste, le savoir-faire ancestral des vignerons génèrent chaque année depuis des siècles les remarquables vins de Porto, mondialement connus. Minho à taille humaine, Minho discret et tranquille du bout de l'Europe, Minho qui a été fait par et pour les hommes heureux et courageux, sous des cieux affables et avenants ! Voici donc une terre bénie des dieux, longtemps oubliée, à redécouvrir à présent avec passion ! À Ponte de Lima, la campagne diffuse des senteurs d'eucalyptus, d'orangers et de pinèdes, il y a même des palmiers ici et là. Les rivières sont rarement asséchées comme en Algarve.

Plus au nord, à Valença do Minho, Caminha et Monçao, le caractère celtibère du pays s'affirme encore, et on atteint déjà la frontière espagnole, la Galice (la « Bretagne » de l'Espagne). Plus vers le nord-est, après Ponte de Barca, on touche aux montagnes formant le contrefort rocheux du vaste plateau castillan. Au parc de Peneda-Gerês, les randonneurs trouveront une nature préservée et de nombreux sentiers.

Les plagistes iront sur la côte ouest, cette fameuse Costa Verde, plus ou moins urbanisée et bétonnée, selon les endroits. Notre coup de cœur sur ce littoral reste Viana do Castelo, à l'embouchure du rio Lima.

Côté culture, le Minho est un creuset de traditions populaires : fêtes, processions et pèlerinages sont toujours honorés avec une ferveur intense, tandis que la goûteuse gastronomie du Minho représente une aventure à elle seule. Il suffit

de lire une carte de restaurant pour comprendre : y figurent autant de plats de poisson et de fruits de mer que de charcuterie et de viande, une juste répartition qui est à l'image de cette belle région de mer, de campagne et de collines.

Adresse utile

■ **Solares de Portugal :** *praça da República, 4990* ***Ponte de Lima.*** *☎ 258-931-750.* ● *info@solaresdeportugal.pt* ● *solaresdeportugal.pt* ● Cette association gère un vaste réseau de manoirs (*solar* est le mot pour désigner le manoir) et de belles demeures campagnardes situés au nord du Portugal, mais aussi au Centre et au Sud. On peut ainsi loger et mager chez l'habitant, dans des demeures de caractère chargées d'histoire. Il y en a pour tous les goûts et pour (presque !) toutes les bourses. L'association assure les réservations.

PORTO

(4050) 215 000 hab.

● Plan d'ensemble *p. 468-469* ● Plan Centre, *p. 472-473* ● Plan zoom, *p. 477* ● Plan du métro *p. 486-487*

La 2e ville du Portugal est au centre d'une agglomération tentaculaire de près de 2 millions d'habitants. Le centre-ville, qui a gardé sa taille humaine, se découvre aisément à pied, voire à bord d'un antique tramway des années 1920... ou d'un métro du XXIe s. Bâtie sur des rives escarpées à l'embouchure du Douro, Porto est composée d'une partie haute, une sorte de plateau ondulant avec des monticules coiffés d'églises, puis la cité glisse subitement au fil des ruelles pavées vers le fleuve Douro, au fond de la vallée, cœur et moteur historique de la ville. Le site géographique, les tuiles rouges des toits, d'où émergent les contours massifs de la cathédrale, les anciennes demeures serrées les unes contre les autres portent la marque d'un passé prestigieux. Tout a commencé ici. Les épopées maritimes l'ont ouverte sur le monde, l'or du Brésil l'a enrichie, et les fameux vins de Porto assurent aujourd'hui encore sa renommée.

Porto fut riche, puis elle s'est appauvrie, portant l'image d'une ville laborieuse sans glamour, usée par les ans, comme sortie de l'histoire. Et voilà que depuis les années 2000, tout change, les muses se penchent à nouveau sur la belle endormie, le rafraîchissement de la ville a commencé.

Le quartier historique de la Ribeira, autrefois délabré, a été classé par l'Unesco. Sous l'effet d'un nouveau souffle urbain, Porto se métamorphose lentement. Elle retrouve petit à petit l'éclat de sa splendeur passée. Vieilles demeures blasonnées sortant de leur décrépitude, façades splendides ornées d'*azulejos*, églises de style baroque gardiennes de l'esprit des lieux, tramways jaunes et échoppes anciennes, restaurants à la mode, bars branchés, boutiques et hôtels design !

Le visiteur pourra également se délecter de bâtiments Art nouveau (comme la librairie *Lello e Irmão*), néoclassiques (le palácio de la Bolsa en est le plus bel exemple), sans oublier les hideuses constructions issues des années Salazar qui sont là pour nous rappeler l'histoire récente du pays. Au milieu de tout cela, les Portuans gardent leur chaleur et leur bonne humeur naturelles, et donnent vie à cette cité active et commerçante.

De l'autre côté du Douro, Vila Nova de Gaia recèle les chais des grands noms du divin nectar (Taylor's, Ferreira, Sandeman, Cruz...). À déguster... avec

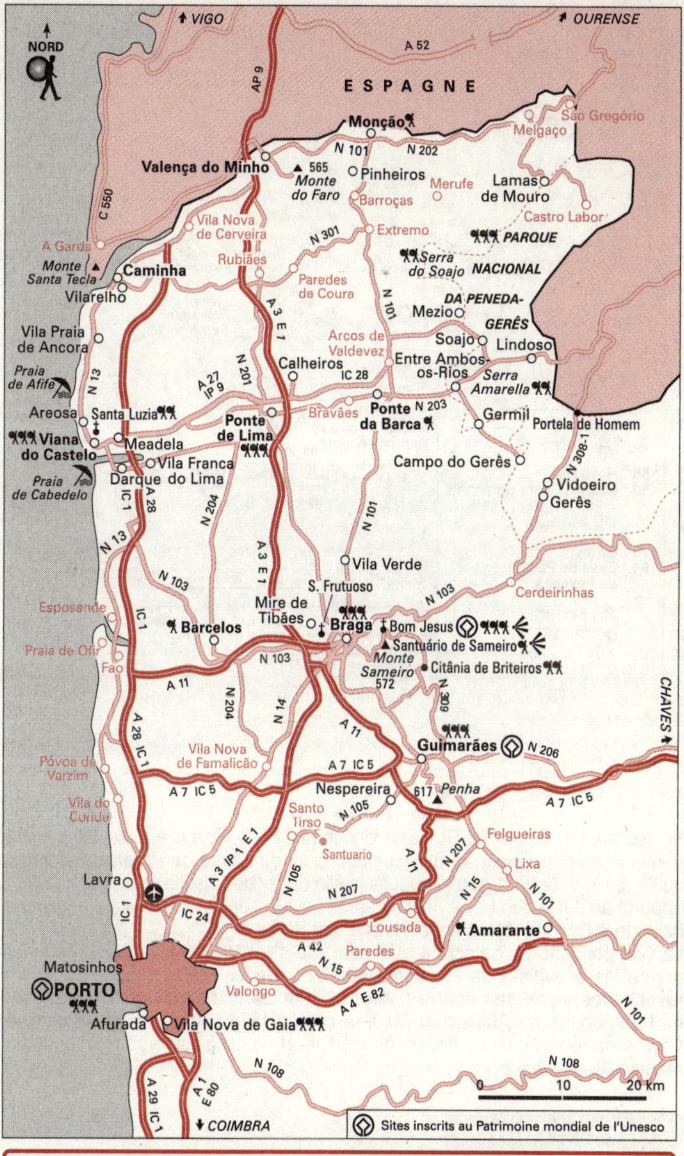

LE MINHO ET LA COSTA VERDE

modération, bien sûr. Ne cherchez pas les vignes, elles s'étagent harmonieusement pour constituer les paysages enchanteurs de la haute vallée du Douro, à une centaine de kilomètres plus à l'est : un arrière-pays à découvrir depuis Porto en bateau, en train ou en voiture.

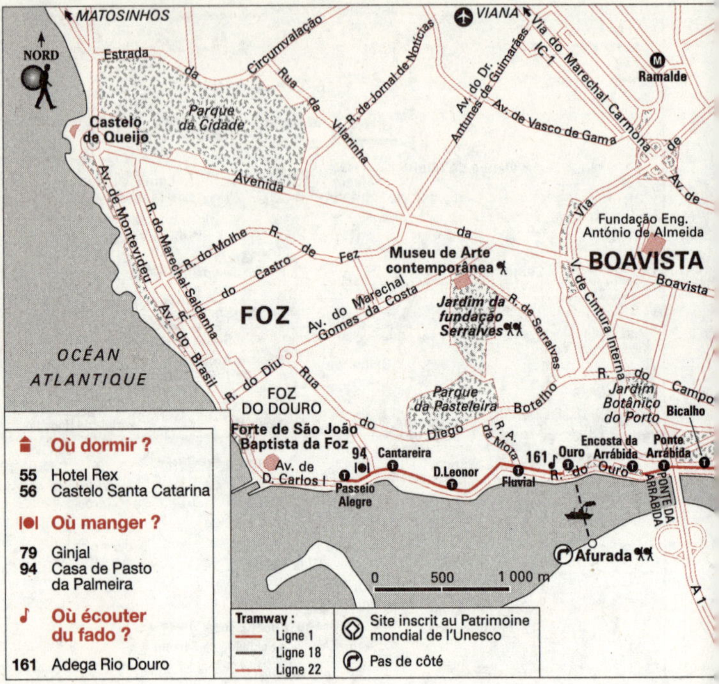

UN PEU D'HISTOIRE

Sur les rives du Douro, les Romains fondèrent 2 cités : *Portus* et *Cale.* Elles fusionnèrent leurs noms pour former plus tard celui du *comté de Portucale.* Lorsque, au XIe s, Henri de Bourgogne épousa la fille du roi de Castille et de León, celle-ci apporta en dot le comté. Le petit royaume qui allait en naître par la suite (camp de base de la Reconquête) s'appela finalement *Portugal.*

La ville possède un caractère pugnace, elle s'est toujours battue vaillamment contre les envahisseurs et oppresseurs : contre les Maures, puis, au XVIIIe s, révolte des vignerons contre l'autoritarisme de Lisbonne, contre Napoléon en 1809, contre les Anglais en 1820, révolte en 1829 contre l'absolutisme royal. L'agitation républicaine y débuta en 1891. Porto s'est ainsi forgé une réputation méritée de résistance.

Arriver – Quitter

En avion

✈ ***Aeroporto Francisco Sá Carneiro*** *(hors plan d'ensemble) : à une quinzaine de km au nord de la ville. • aeroportoporto.pt • Ⓜ Aeroporto.*

Office de tourisme (Tourism Interactive Store) : *dans le hall des arrivées, Porte Norte. • loja.aeroporto@portoenorte.pt • Tlj 8h-17h.* Achat des titres de transport pour se rendre en ville (métro, bus), mais pas de la *Porto Card.*

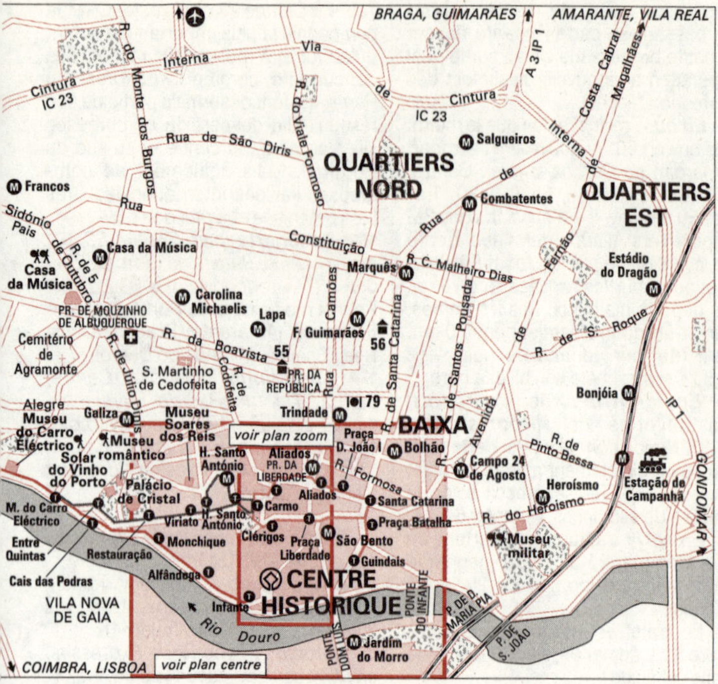

PORTO – Plan d'ensemble

✉ **Poste :** *dans le hall des arrivées à côté de l'office de tourisme. Lun-ven 8h30-21h ; le w-e 9h-12h30, 14h-17h.* Distributeur de timbres à disposition 24h/24.

■ **Argent :** *distributeurs à chaque niveau. Change possible à* ***Nova Cãmbios,*** *dans le hall des arrivées ; tlj 7h-minuit.*

■ **Location de voitures :** *une dizaine de compagnies, plus ou moins connues. Voir aussi la rubrique « Transports » au début du guide.* Ces compagnies ont un comptoir dans le hall des arrivées de l'aéroport, mais les voitures se prennent (et se retournent) à l'extérieur, dans un vaste parking entièrement réservé aux loueurs. Des navettes gratuites *(shuttle)* y transportent les passagers en 5 mn. Si vous prévoyez de rester quelques jours à Porto et de partir ensuite découvrir les environs, on vous conseille de ne prendre la voiture qu'au moment de quitter la ville, dans le bureau du centre-ville de ces mêmes agences.

Pour rejoindre le centre-ville

➢ ***En métro :*** face à la sortie du terminal. La façon la plus simple de rejoindre le centre-ville. La ligne E (direction *Estádio do Dragão*) relie le cœur de Porto et dessert notamment ***Trindade*** en 30 mn puis ***Bolhão*** et ***Campanhã.*** Pour ***Aliados*** et ***São Bento,*** changer à Trindade. Une rame ttes les 20-30 mn 6h-1h. Aux distributeurs automatiques ou à l'office de tourisme du hall des arrivées, achat de la carte rechargeable *Andante* (0,60 € ; voir plus loin la rubrique « Comment se déplacer ? En transports en commun ») et d'un billet pour le centre-ville (zone tarifaire Z4 ; 2 €). Cette carte étant individuelle (mais pas nominale), il faut en acheter une pour chaque voyageur, la conserver (puisqu'elle est rechargeable) et la

composter avant de monter à bord en passant sa carte *Andante* devant la petite borne jaune située sur le quai (opération à renouveler aussi lors des correspondances).

➢ ***En bus :*** moins rapide que le métro. Les bus nos 601 et 602 relient l'aéroport au *jardim da Cordoaria (plan Centre, D3)* ttes les 25 mn, 5h30-0h30. Trajet : 50 mn env. Il y a aussi la ligne 3M depuis/vers Aliados *(terminus à côté de la station de métro ; zoom E3)* : très pratique pour les arrivées tardives et les départs matinaux, ttes les heures, minuit-5h du mat ; trajet : env 30 mn. Tarif (de jour comme de nuit) : 2 € (2,50 € si on achète son billet à bord).

➢ ***En shuttle :*** de l'aéroport, les navettes de ***Airportshuttle*** *(• 100rumos.com •)* vous déposent, **sur résa,** directement à votre hôtel (et inversement). Tarif dégressif selon le nombre de personnes. Compter 6-12 €.

➢ ***En taxi :*** à gauche en sortant du hall. Compter 25-30 € pour gagner le centre-ville (majoration de 20 % les j. fériés).

➢ Le trajet en ***voiture*** par l'autoroute IC 1 demande env 30 mn (si le trafic est fluide !).

➢ ***Bus Getbus de l'aéroport vers Braga et Porto :*** *comptoir dans le hall des arrivées sur la droite, après les loueurs de voitures. ☎ 253-262-371. • getbus.eu • Ouv lun-ven 8h-19h ; sam, dim et j. fériés 9h-13h, 14h-18h.* Cette compagnie privée dessert Porto ainsi que vers Guimarães. Pour Porto *(Campo 24 de Agosto ; plan Centre, F-G2)*, 6 bus/j. ; trajet : 25 mn ; prix : 2,80 €. Pour Braga, env 6 bus/j. ; trajet : 50 mn ; prix : 8 €. Billet achetable sur le site internet, dans le bus (mais CB non acceptée), dans les stations de bus ou les agences de voyages.

En bus

Voici les principales compagnies qui desservent la région, le pays et l'international.

Rede Expressos *(hors plan Centre, par F2-3,* ***5****) : ☎ 225-100-100 (infos 7h-19h15). • rede-expressos.pt • Les bus partent du terminal Rodoviário do Porto situé au Campo 24 de Agosto, 125. Ⓜ Campo 24 de Agosto.* C'est la compagnie la plus importante d'autant qu'au fur et à mesure elle rachète ses concurrents, comme *Citi Express* ou *Renex* qui font désormais partie de son réseau. Elle dessert de nombreuses villes au nord, au centre et au sud du Portugal. Mais également de nombreuses liaisons internationales. Très bien organisée et à prix doux.

Rodonorte *(plan Centre, E3,* ***6****) : rua Dr Manuel Pereira da Silva. ☎ 222-005-637. • rodonorte.pt • Ⓜ Bolhão.* Pour la moitié nord du Portugal essentiellement (Amarante, Bragança, Vila Real, Chaves, Miranda do Douro).

A.V. Minho *(hors plan Centre, par E2,* ***7****) : rua Régulo Maguanha, 46. ☎ 222-006-121. • avminho.pt • Ⓜ Trindade. Bureau dans la cour, à droite.* Dessert des villes du Nord dont Viana do Castelo.

➢ ***Guimarães :*** avec *Rede Expressos*, 4 bus/j. 10h-19h15. Trajet : 45 mn.

➢ ***Braga :*** avec *Renex*, env 4 bus/j. Avec *Rede Expressos* ttes les 30 mn-1h, 10h-22h30. Trajet : 1h.

➢ ***Barcelos :*** avec *Rede Expressos*, env 10 bus/sem, aucun le sam. Trajet : 1h25-2h15.

➢ ***Viana do Castelo :*** avec *Rede Expressos*, 14 bus/j. 11h-23h30. Avec *A.V. Minho*, env 4 bus/j. 7h-17h40. Trajet : 1h-1h30.

➢ ***Ponte de Lima :*** avec *Rede Expressos* et *Renex*, 4 bus/j. 13h-20h30. Trajet : 1h30-2h.

➢ ***Amarante et Vila Real :*** avec *Rede Expressos*, env 13 bus/j. pour Amarante et ttes les 15 mn-1h pour Vila Real ; 7h-21h, 2 bus/j. avec *Rodonorte*. Durées respectives : 35-50 mn et env 1h20.

➢ ***Caminha et Valença do Minho :*** 4 bus/j. avec *Rede Expressos* pour Caminha (trajet : 1h30-2h) et 7 bus/j. pour Valença (même ligne, trajet env 2h30).

➢ ***Coimbra :*** avec *Rede Expressos*, env 13 bus/j. Trajet : 1h30-2h30.

➢ ***Bragança :*** avec *Rede Expressos*, une vingtaine de bus/j. Trajet : env 3h.

➢ ***Lisbonne :*** avec *Renex* et *Rede Expressos*, bus/j. ttes les 15 mn-1h. Trajet : env 3h30. Correspondance vers Évora (trajet Porto-Évora : 6-8h) et Porto-Faro (trajet : 8-9h).

En train

Porto est un important nœud ferroviaire desservant les principales villes de la région : ***Braga, Guimarães, Barcelos, Viana do Castelo...*** Juin-sept, des liaisons par train auto-couchettes sont assurées 1-3 fois/sem avec l'Algarve,

Adresses utiles

- 3 Loja Interativa de turismo de Vila Nova de Gaia (D5)
- 4 Funiculaire (E4)
- 5 Rede Expressos (hors plan par F2-3)
- 6 Rodonorte (E3)
- 7 A.V. Minho (hors plan par E2)
- 8 Location de vélos et de scooters Vieguini (D4)
- 10 Location de vélos et de scooters Top Bike Tours Portugal (hors plan par E2)
- 11 Location de vélos et de scooters Bluedragon (E4)
- 12 Esquadra de Turismo (E2)
- 13 Fnac (E3)

Où dormir ?

- 20 Cats Hostel Porto (E3)
- 21 Rivoli Cinema Hostel (E3)
- 22 Garden House Hostel (E-F2)
- 23 Urban Garden Porto Central Hostel (F2)
- 24 Oporto Invictus Hostel (D2)
- 25 Zero Box Lounge (E3)
- 27 Chic & Basic (D2)
- 30 Gallery Hostel (C2)
- 32 Hotel Estoril (D2)
- 33 Guest House Triunfo (E3)
- 34 Pensão Favorita (C2)
- 39 Hotel Malaposta (D2)
- 40 Rosa et Al Townhouse (C2)
- 44 Hostel One Ribeira (E3)
- 45 Moov Hotel Porto Centro (E3)
- 47 Bo-Bolhão Apartments (E2)
- 48 Villa Bolhão (E2)
- 49 Oporto Aparthotel (F3)
- 51 Charm Palace Porto – Palácio Fenizia (F2-3)
- 52 Grande Hotel do Porto (E3)
- 54 Decanting Porto House (F2)
- 57 Gaia Porto Hostel (hors plan par D-E5)
- 58 Charm Guest House (hors plan par D-E5)

Où manger ?

- 30 Oficina (C2)
- 60 Flow (D2)
- 61 O Caraças (D3)
- 63 Café Santiago (F3)
- 66 O Ernesto (D2)
- 67 Nabos da Púcara (D2)
- 69 Museu d'Avó (D2)
- 71 Restaurante Porto Antigo (E3)
- 72 Cervejaria Brasão (E2)
- 73 La Ricotta (E3)
- 75 Nicolaú (D2)
- 76 Zé Bota (D3)
- 78 Antunes (E2)
- 80 Confeitaria do Bolhão (E3)
- 81 Casa Guedes (F3)
- 82 Maria Rita (F3)
- 83 O Buraco (E2)
- 84 Abadia do Porto (E3)
- 85 Taberna do Doutor (E2)
- 86 Restaurante O Caçula (D2)
- 87 Bao's (hors plan par D2)
- 88 Restaurante Escondidinho (E3)
- 90 Papavinhos (C3)
- 92 Capim Dourado (hors plan par D2)
- 95 Tappas Caffé (D5)
- 96 Arco Iris (D-E5)
- 97 Restaurante Casa Adão (D5)
- 100 Barao Fladgate (hors plan par D5)
- 101 Manna (D2)

Où prendre le petit déj ? Où grignoter en journée ?

- 121 Manteigaria (E2-3)
- 123 Fabrica de Nata (E2)

Où boire un thé ? Où déguster une pâtisserie ?

- 130 La Rota do Chá (C2)

Où boire un verre ? Où écouter de la musique ?

- 25 Zero Box Lounge (E3)
- 141 Majestic Café (E3)
- 143 Café A Brasileira (E3)
- 150 Letraria – Craft Beer Garden Porto (F3)
- 151 Café Lusitano (D2)
- 152 Maus Hábitos (E3)
- 153 Pinguim Café (D4)
- 154 Espaço Porto Cruz (D5)
- 155 Bar de l'esplanade du téléphérique (E4)
- 156 A Fábrica da Picaria (D2)
- 157 Mira Jazz (D4)

Où sortir ?

- 167 Hot Five Jazz & Blues Club (E4)

Achats

- 170 Comer e Chorar por Mais (E3)
- 171 A Pérola do Bolhão (E3)
- 173 Mercado 48 et Ovelha Negra (D2)
- 174 Livraria Timtim por Timtim (D2)
- 175 Máquinas de Outros Tempos (D2)
- 176 Armazém dos Linhos (E3)
- 177 Garrafeira do Carmo (D3)
- 182 Casa Natal (E2)
- 183 Coração Alecrim (D2)

À voir

- 192 Lapin de Bordalo II (D5)

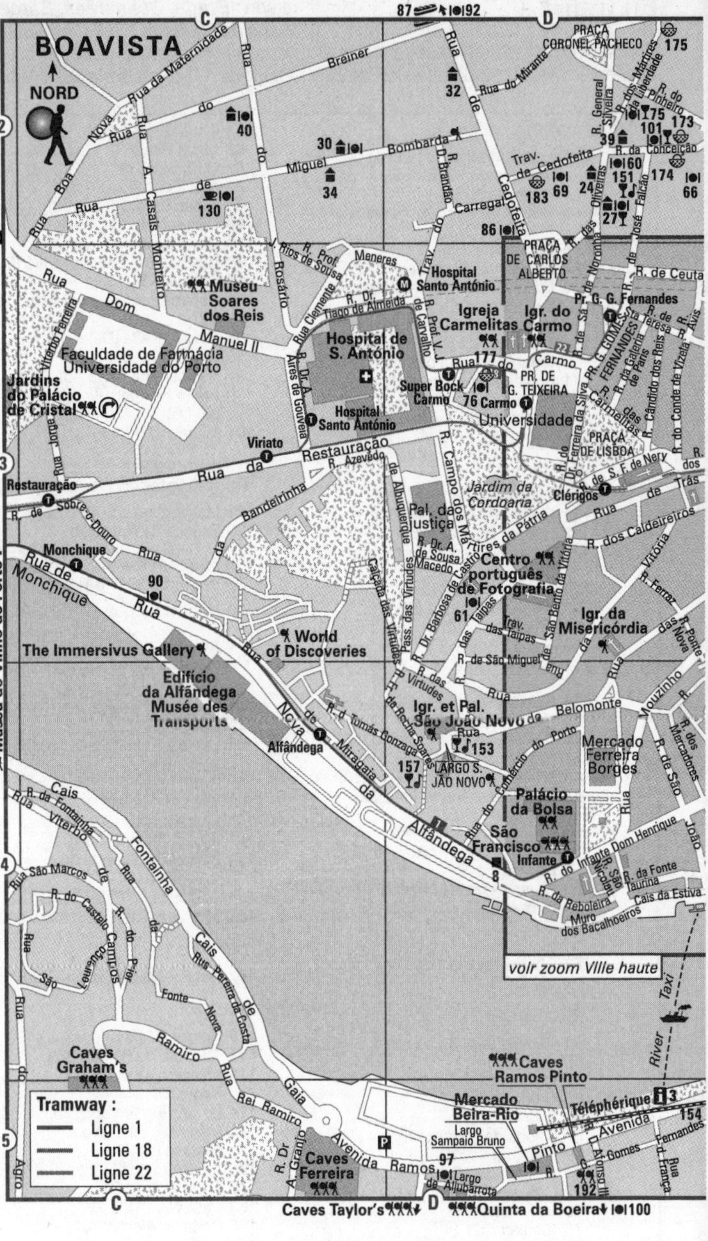
BOAVISTA
NORD
PRAÇA CORONEL PACHECO
Rua da Maternidade
Rua do Breiner
Rua de Miguel Bombarda
Rua de Cedofeita
Rua do Mirante
Rua Nova da Boa
Rua A. Casais Monteiro
Rua do Rosário
R. Prof. J. Rios de Sousa
R. de Ceuta
PRAÇA DE CARLOS ALBERTO
Museu Soares dos Reis
Rua Dom Manuel II
Faculdade de Farmácia Universidade do Porto
Jardins do Palácio de Cristal
Hospital de S. António
Hospital Santo António
Igreja Carmelitas
Igr. do Carmo
Pr. G. G. Fernandes
PR. DE G. TEIXEIRA
Super Bock Carmo
Carmo
Universidade
PRAÇA DE LISBOA
Clérigos
Viriato
Rua da Restauração
Restauração
R. de Sobre-o-Douro
Rua da Bandeirinha
Jardim da Cordoaria
Pal. da Justiça
Campo dos Mártires da Pátria
R. dos Caldeireiros
Centro português de Fotografia
Igr. da Misericórdia
Monchique
Rua de Monchique
The Immersivus Gallery
World of Discoveries
Edifício da Alfândega Musée des Transports
Rua Nova da Alfândega
Alfândega
R. de São Miguel
Igr. et Pal. São João Novo
Rua de Belomonte
LARGO S. JÃO NOVO
Mercado Ferreira Borges
Palácio da Bolsa
São Francisco
Infante
R. do Infante Dom Henrique
Muro dos Bacalhoeiros
Cais da Estiva
voir zoom Ville haute
River Taxi
Museu do Vinho do Porto
Rua Viterbo
Rua de Fontainha
Cais de Gaia
Caves Graham's
Caves Ramos Pinto
Mercado Beira-Rio
Téléphérique
Largo Sampaio Bruno
Avenida Ramos Pinto
Caves Ferreira
Rei Ramiro
Tramway :
Ligne 1
Ligne 18
Ligne 22
Caves Taylor's
Quinta da Boeira

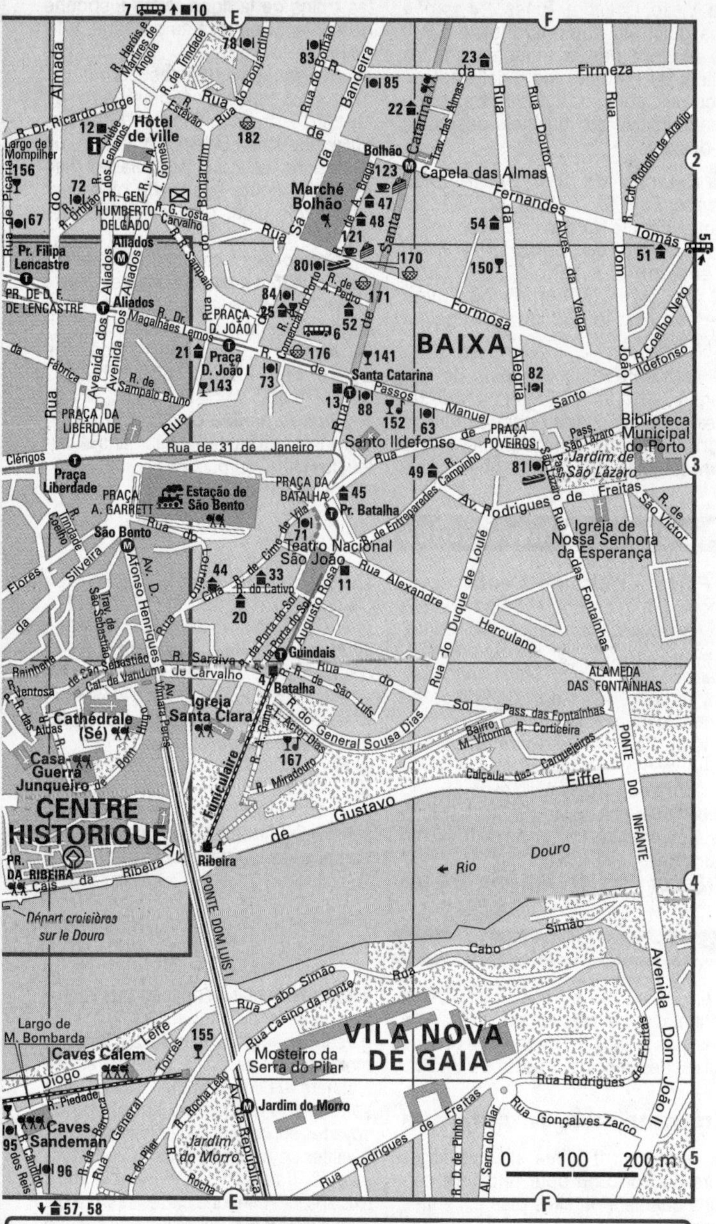

PORTO – Centre

via Aveiro, Coimbra, Tunes... • *cp.pt* • Les guichets automatiques (« CP ») ne rendent pas la monnaie sur les billets de banque, mais délivrent un reçu utilisable sur d'autres trajets ou remboursable aux guichets des gares ci-dessous.

Estação de São Bento *(plan Centre, E3)* **:** *☎ 707-210-220. Ⓜ São Bento.* Pour le Nord et l'intérieur.
Estação de Campanhã *(plan d'ensemble)* **:** *☎ 707-210-220. Ⓜ Campanhã.* Pour Pinhão (voir ci-dessous), le sud du Portugal et l'international.

➢ ***Lisbonne :*** une vingtaine de liaisons/j., 1h-19h35. Trajet : 3h30-5h. Il existe aussi 2 *Alfa Pendular* directs Porto-Lisbonne qui continuent vers ***Faro*** (trajet le plus rapide : 5h40). Tous les trains de la ligne Porto-Lisbonne desservent ***Coimbra*** au passage, à 1h de Porto.
➢ ***Braga :*** env ttes les 30 mn (au moins 25 trains/j., moins le w-e), 1h-23h10. Trajet : 40 mn en *Alfa Pendular,* env 1h en *Urbano.* Attention, un billet dans les trains pendulaires *(Alfa Pendular)* coûte beaucoup plus cher (env 4 fois plus, bien se renseigner avant !).
➢ ***Guimarães :*** env ttes les heures, 6h25-23h25. La plupart directs. Trajet : 1h-1h20. Part de la gare de São Bento et passe par celle de Campanhã.
➢ ***Aveiro :*** un départ ttes les 30-40 mn, 4h45-22h50. Trajet : 50 mn- 1h20.
➢ ***Pinhão (vallée du Haut-Douro) :*** voir « Infos utiles » à Pinhão dans la vallée du Haut-Douro.

Adresses et infos utiles

ℹ ***Porto – Welcome Centre*** *(plan Zoom, E3,* ***1****)* **:** *praça Almeida Garrett, 25 ; en face de la gare de São Bento.* • *visitporto.travel* • *Ⓜ São Bento. Mai-oct, tlj 9h-20h (21h en août) ; nov-avr, tlj 9h-19h.* Il s'agit de l'office de tourisme municipal.
ℹ ***Visit Porto – Sé-Torre Medieval*** *(plan zoom, E4,* ***2*** **:** *Calçada Dom Pedro Pitões, Torre Medieval. Ⓜ São Bento. Mai-oct, tlj 9h-19h ; nov-avr, tlj 9h-18h.* Antenne de l'office de tourisme municipal.
■ ***Esquadra de Turismo*** *(police touristique ; plan Centre, E2,* ***12****)* **:** *rua Clube dos Fenianos, 11. ☎ 222-092-006. Ⓜ Aliados. Tlj 8h-minuit.*
✚ ***Hospital dos Lusíadas*** *(plan d'ensemble)* **:** *av. da Boavista, 171. ☎ 226-056-450. Ⓜ Casa da Música.* C'est un hôpital privé, mais les médecins parlent français.
■ ***Fnac*** *(plan Centre, E3,* ***13****)* **:** *rua de Santa Catarina, 73. Tlj 10h (9h15h30 w-e)-21h.* Petit rayon francophone avec B.D., littérature, mais aussi des cartes et des guides touristiques.

Comment se déplacer ?

À pied ! En effet, si vous logez dans le centre, c'est le plus simple, car la ville n'est pas si étendue, en tout cas pour ce qui est des principaux centres d'intérêt.

En transports en commun

Ils vous seront utiles si vous logez hors de Porto ou pour rejoindre certains quartiers ou sites plus excentrés (l'aéroport, Foz, Matosinhos, Afurada, les plages...).
– ***Carte Andante :*** • *linhandante.com* • C'est une carte rechargeable qui s'achète à la station de métro de l'aéroport, à celle de Trindade ou dans les gares. **Elle englobe le métro et les bus,** mais pas le tram, ni le funiculaire. Elle s'achète *(0,60 €)* lors du 1er trajet, puis se recharge du nombre et du type de voyages souhaités. Les principaux sites à visiter se trouvent dans la zone tarifaire Z2. Trajet Z2 : 1,20 € (valable 1h). Il existe également une carte *Andante* qui donne droit à des trajets illimités sur une période de 24h (7 €) ou 3 j. (15 €).
– ***Transports gratuits avec la Porto Card :*** lire la rubrique « À voir ».

– ***Métro :*** ☎ *225-081-000.* ● *metrodoporto.pt* ● Le métro fonctionne tlj 6h-1h avec une fréquence de 6-15 mn selon heure et jour. Prix de 1 billet valable 1-3h : 1,20-5,20 € ; pour 24h, *Andante 24* : 4,15-18 € selon le nombre de zones. Si l'on achète 10 titres de voyage, le 11e est gratuit. Ne pas oublier de valider son billet aux bornes jaunes, y compris lors des correspondances, sinon ça peut coûter cher ! 6 lignes de couleurs différentes (A, B, C, D, E, F) desservent les principaux centres d'intérêt de la ville, à l'exception de la partie ouest. Et bientôt une 7e ligne *(en construction, travaux plus longs que prévus)* entre la gare de São Bento et Casa da Música avec 2 stations intermédiaires : Hospital Sto. António et Galizia. La construction de ce réseau souterrain est une prouesse : le sous-sol de Porto est un socle de granit, et la ville bâtie sur plusieurs collines !

– ***Bus publics urbains :*** ***Société de transports collectifs de Porto*** *(STCP).* ☎ *226-158-158.* ● *stcp.pt* ● Fonctionnent 6h-1h. Horaires variables selon les lignes. Avec la carte *Andante,* même principe de zones et tarifs que le métro ; si vous l'achetez à bord : 2 €.

– ***Taxis :*** ***Taxis Invicta,*** ☎ *225-076-400 ;* ***Raditaxis,*** ☎ *225-073-900.* On trouve sans problème des taxis en ville, la plupart de couleur noir et vert. Tous ont un compteur.

– ***Funiculaire*** *(plan Centre, E4, **4**)* **:** *au pied du pont Dom Luís I.* ● *metrodoporto.pt* ● Avr-oct, tlj 8h-22h (minuit ven-sam et août) ; nov-mars, tlj 8h-20h (22h ven-sam). Fréquence : ttes les 8 mn. Trajet : 2,50 €. On grimpe de la Ribeira jusqu'au plateau de Batalha, soit 230 m en 2 mn ! Pratique pour échapper aux escaliers ; belle vue sur le Douro et le pont.

En transports touristiques

➢ ***Tramway*** *(eléctricos)* **:** ☎ *226-158-158.* ● *portotramcitytour.pt* ● Achat possible des billets dans les trams. Billet : 3,50 € (à chaque voyage). *Pass* de 2 j. 10 €, enfant jusqu'à 12 ans : 5 €. 3 lignes parcourent la ville au rythme couinant de ces drôles d'engins tout droit sortis des Années Folles, que l'on prendra plus pour l'expérience que pour leur côté pratique. La ligne no 1 part de l'arrêt Infante près de l'église São Francisco *(plan Centre, B3),* suit les rives du Douro vers le museu do Carro eléctrico *(plan Centre, A3)* et jusqu'à Passeio Alegre, à l'embouchure du fleuve *(plan d'ensemble).* Avr-sept, tlj 9h-19h35 ; oct-mars, 9h45-17h45 ; ttes les 30 mn env. Bon à savoir : il arrive que des voitures stationnent sur la voie et dans ce cas, le tram vous plante sur place, il ne vous reste plus alors qu'à continuer à pied ou attendre le prochain (30 mn plus tard) ! La ligne no 22 est intéressante aussi. Elle commence à Batalha Guindais, près de la station haute du funiculaire *(plan Centre, C2),* passe par la praça da Liberdade et pousse jusqu'à « Carmo » (derrière l'église dos Clerigos ; *plan Centre, A-B2*) à travers des rues commerçantes et pentues, et avant de revenir par Aliados (avr-sept, 9h15-19h15 ; oct-mars, tlj 9h30-18h30 ; ttes les 30 mn env). La no 18 fait une boucle entre « Carmo » et le museu do Carro eléctrico via la rua da Restauração (avr-sept, 8h-18h30 ; oct-mars, tlj 8h20-18h50 ; ttes les 30 mn env).

➢ ***Bus touristiques à impériale :*** 2 compagnies se partagent le gâteau des promenades touristiques en bus à impériale (plateau supérieur à ciel ouvert, *of course*). Prestations très proches. Dans les 2 cas, on descend du bus et on remonte librement dans le suivant avec le même billet (achat du billet en ligne ou directement dans le bus).

– ***Yellow Bus :*** ☎ *218-503-225.* ● *yellowbustours.com* ● 2 visites : *Porto Historique* (durée : 1h30 sans arrêt) et *Porto des Châteaux* (durée : 2h). Départs env ttes les 30 mn (hiver ttes les 45 mn env), juin-oct tlj 9h-18h, nov-mai 9h-17h30. Prix billet « Porto Vintage » (comprend les 2 visites) 18 € (1 j.) ou 20 € (2 j.) ; circuit 2 j. « Porto Premium 3 in 1 » (avec tour en tramway et un autre à bord du funiculaire dos Gundais) 26 € ; circuit 2 j. « Yellow City Cruises » (avec visite de cave et croisière sur la rivière) 28 €. Réduc en achetant les billets en ligne. Propose aussi des formules combinées intéressantes avec une balade en bateau ou la visite de caves.

– ***Porto Sightseing :*** *☎ 220-431-006.* • *portosightseeing.pt* • Propose à peu près les mêmes prestations. À noter là encore que la différence est vraiment minime pour l'achat d'un billet 1 ou 2 j. et qu'avec ce dernier, il vous en coûtera à peine plus si vous ajoutez une croisière ou une visite de cave.

En vélo

Des mollets bien entraînés sont exigés pour se déplacer dans la ville. En revanche, la petite reine est le moyen de transport idéal pour explorer en toute liberté les rives plates du Douro, se rendre à la plage ou dans les quartiers excentrés comme le quartier de Foz ou les petites villes de Matosinhos ou Afurada.

Location de vélos et de scooters Vieguini *(plan Centre, D4,* ***8****)* ***:*** *rua Nova da Alfândega, 7. 914-306-838.* • *vieguini.pt* • *Tlj 9h30-19h. Tarifs : vélo classique ou VTT, 2h (5 €), 4h (9 €), 6h (11 €), 1 j. (9h30-19h, 1 €), 24h (15 €) 2 j. (27 €) ; scooters, ½ journée à partir de 23 €, 1 j. (9h30-19h) 28 €), 24h 25 €.* D'autres loueurs proposent des tarifs similaires en location seule, mais également des visites guidées de la ville si vous ne voulez pas le faire seul.

– ***Northroad.pt*** *(plan zoom, D4,* ***9****)* ***:*** *rua do Infante D. Henrique, 117 A. 967-534-437.* • *northroad.pt* • *Tlj 9h-19h30.* Loue aussi des tandems (à partir de 7 €).

Adresses utiles

- 1 Porto - Welcome Centre
- 2 Visit Porto – Sé-Torre Medieval (E4)
- 9 Location de vélos et de scooters Northroad.pt (D4)

Où dormir ?

- **26** Poets Inn (D3)
- **29** Porto Alive Hostel (D3)
- **31** Duas Nações Guest-House (D3)
- **35** Best Guest Hostel (E3)
- **36** Grande Hotel de Paris (D3)
- **37** Hotel Aliados (E3)
- **42** In Patio Guesthouse (D4)
- **43** Casa dos Loios – Boutique Guesthouse – Shiadu (D3)

Où manger ?

- **62** Casa Costa (D3)
- **64** Casa Viúva (D3)
- **65** Casa Morgane Petiscos & Vinhos (D3)
- **68** Reitoria (D3)
- **70** Orpheú et O Buraquinho do Sé (D3-4)
- **74** Droop Food & Wine (E3)
- **77** Ostras Coisas (D3)
- **89** Adega São Nicolau et A Grade (D4)
- **91** Miss'Opo Cafe Bar (D3)
- **93** DOP (D4)
- **98** Quay Market et Alibi (D4)
- **99** Cantinho do Avillez (D4)
- **102** Floresta Café by Hungry Biker (D3)

Où prendre le petit déj ? Où grignoter en journée ?

- **120** Padania Ribeiro (D3)
- **149** Linha 22 (D3)

Où boire un thé ? Où déguster une glace ou une pâtisserie ?

- **133** Galeria de Paris (D3)
- **134** Santini (E3)
- **135** Santini (D3)
- **136** Gelatopia (D4)

Où boire un verre ? Où écouter de la musique ?

- **140** Casa do Livro (D3)
- **142** Café Guarany (E3)
- **144** Aduela Taberna Bar (D3)
- **145** Café Vogue (D3)
- **146** Vermuteria de Baixa (D3)
- **147** Arco das Verdades (E4)
- **148** Café do Cais (D4)
- **149** Linha 22 (D3)
- **158** Base (D3)

Où écouter du fado ?

- **160** Casa da Mariquinhas (D4)

Où sortir ? Où danser ?

- **166** Plano B (D3)

Achats

- **172** Chocolataria Equador (E3)
- **178** Burel Factory (D4)
- **179** Lufa Lufa (E3)
- **180** Claus Porto (D3-4)
- **181** Loja das Tábus (D4)

À voir

- **190** Librairie Lello e Irmão (D3)
- **191** Igreja e torre dos Clérigos (D3)
- **193** Instituto dos Vinhos do Douro e do Porto (D4)
- **194** Casa do Infante (D4)
- **195** Fresque carrelée de Joana Vasconcelos (D3)

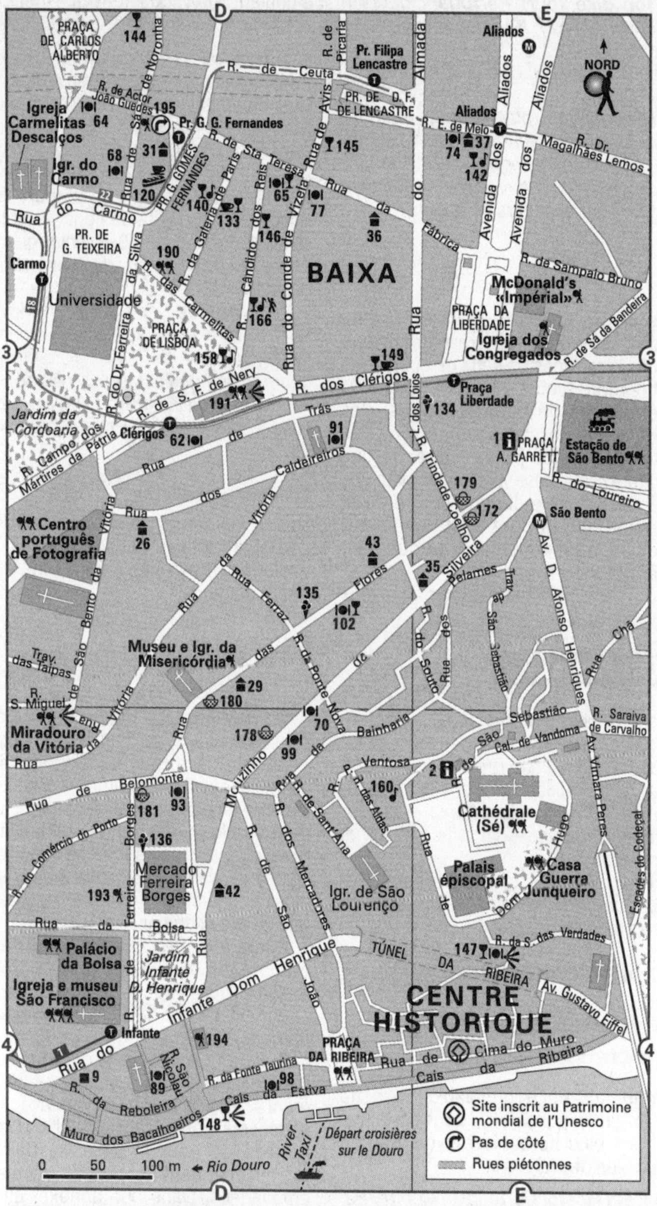

PORTO – Zoom Ville haute

– ***Top Bike Tours Portugal*** *(hors plan Centre par E2,* ***10****)* **:** *rua Alferes Malheiro, 139. ☎ 220-997-106. • topbiketoursportugal.com • Ⓜ Trindade. Tlj 10h-19h.*
– ***Bluedragon*** *(plan Centre, E3,* ***11****)* **:** *rua Alexandre Herculano, 251. 📱 912-562-190. • bluedragon.pt • Tlj 10h-19h avr-oct, 9h-18h nov-mars.* Organisent également des tours en Segway.

En voiture

Le centre de Porto étant une vaste zone semi-piétonne présentant quelques bizarreries de sens de circulation et compte tenu de la topographie, de l'étroitesse de certaines voies, des difficultés de stationnement et des embouteillages fréquents, avoir une voiture dans cette ville devient vite une véritable galère. Il vous faudra aussi prévoir un budget stationnement, celui-ci étant payant pratiquement partout dans le centre.
Pour info, les panneaux bleus « P » signifient « *privado* » (privé). Attention, la fourrière est active !

🅿 ***Parkings*** *(estacionamento)* **:** de nombreux parkings souterrains partout en ville. *Compter 15-27 €/j. pour 24h. Tarif forfaitaire la nuit. Pour avoir une vue d'ensemble des parkings disponibles et des prix au moment donné : • parclick.fr •* La plupart des hôtels offrent des tarifs négociés intéressants (réduc de 50 % env), quand ils ne disposent pas de leur propre garage.
– ***Parcmètres :*** *payants lun-ven 9h-19h, sam 11h-16h. Il existe 4 zones, les tarifs allant de 0,40 à 1,20 €/h (le centre historique est, grosso modo, en zone 1 et la Baixa en zones 1 et 2). En zone 1, durée max de stationnement : 2h.*

Location de voitures

Toutes les compagnies ont aussi des comptoirs à l'aéroport de Porto. Voir également la rubrique « Transports » au début du guide.

Où dormir ?

Taxe de séjour : *quel que soit l'hébergement choisi, il vous faudra ajouter aux prix de la chambre une* ***city tax*** *de 2 €/pers de plus de 12 ans et par nuit. En revanche, on ne la paie que pour 7 nuits max : au-delà, elle n'est plus appliquée.*
– Pour savoir à quoi correspondent les quartiers évoqués ci-dessous, se reporter à la rubrique « À voir ».

Centre historique

Auberges de jeunesse *(hostels)*

Porto recèle une formidable brochette d'AJ privées *(hostels)*, dont certaines offrent plus de confort et de charme que bien des hôtels !

🏠 ***Cats Hostel Porto*** *(plan Centre, E3,* ***20****)* **:** *rua do Cativo, 26-28. ☎ 220-043-030. • porto@catshostels.com • catshostels.com • Ⓜ São Bento. ♿ Lits en dortoir 12-25 €/pers ; doubles à partir de 60 €.* Une magnifique AJ où rien n'a été laissé au hasard : sanitaires et balcon dans tous les dortoirs (4 à 10 lits) et pour les 2 chambres doubles, matelas de grande qualité, et même un petit ventilo au-dessus de chaque lit... Splendide terrasse sur le toit avec vue sur la ville, barbecue et ambiance relax, ainsi qu'une cuisine très bien équipée, une laverie et un bar.
🏠 ***Poets Inn*** *(plan zoom, D3,* ***26****)* **:** *rua dos Caldeireiros, 261. 📱 932-015-758. • info@thepoetsinn.com • thepoetsinn.com • Ⓜ São Bento. Lits en dortoir 12-24 €/pers ; doubles 40-65 €, petit déj inclus.* En plein cœur de l'animation, une vieille demeure entièrement restaurée et modernisée avec un ascenseur conduisant aux chambres (dotées ou non de salle de bains) impeccablement tenues et joliment aménagées. Dans une annexe, elles donnent sur un jardin en contrebas. Dans chaque section : salon avec canapé confortable et vaste cuisine parfaitement équipée. Comme à la

maison, voire mieux ! Accueil jeune, dynamique et professionnel.

Best Guest Hostel (plan zoom, E3, **35**) : *rua Mouzinho da Silveira, 257. ☎ 222-054-021. • bgh@bestguesthostel.com • bestguesthostel.com • Lit en dortoir env 20 €, doubles 52-68 €, petit déj inclus.* Sur 4 niveaux (sans ascenseur), dans une belle bâtisse bleue, voici encore un *hostel* de qualité. On ne vient pas nécessairement ici pour le côté festif et l'ambiance routarde, mais plutôt pour le confort et la très bonne tenue des lieux (les doubles, notamment, n'ont rien à envier à celles de bon nombre d'hôtels). Salles de bains privées dans la plupart des chambres et dortoirs (4-6 personnes). Sinon, le blanc et le crème ambiants sont çà et là réveillés par des touches de couleurs plus vives qui apportent à l'ensemble une belle luminosité et une impression d'harmonie. Cuisine à disposition. Accueil agréable.

Porto Alive Hostel (plan zoom, D3, **29**) : *rua das Flores, 138. ☎ 220-937-693. • portoalivehostel@gmail.com • portoalivehostel.com • Ⓜ São Bento. Nuit en dortoir (8 ou 10 lits) 16-32 €/pers ; doubles 70-80 €.* Une AJ intime, propre, dortoirs mixtes ou non, agréables, avec une bonne literie et des sanitaires collectifs. Un seul inconvénient : en été, l'absence de ventilo ou de clim ! Accueil pro, staff serviable. Au sous-sol, cuisine équipée et coin détente. Derrière, agréable courette.

Hostel One Ribeira (plan centre, E3, **44**) : *rua Chá, 87. ☎ 221-113-775. • ribeira@onehostel.com • onehostel.com • Lits en dortoir (4-6 lits) 20-30 € ; doubles env 85 € ; pas de petit déj.* Une petite structure (avec ascenseur, quand même !) un rien biscornue et labyrinthique, mais c'est ce qui fait son charme, ainsi que l'ambiance très conviviale. Salle de bains à partager dans chaque chambre (sauf pour les doubles où elles sont sur le palier). La cuisine et sa courette sur l'arrière (sans fenêtre) sont particulièrement plaisantes. Sinon, les pièces sont relatives étroites, mais bien aménagées et conçues avec de bons matériaux : murs épais en pierre, parquet, lits de bois clair.

Prix moyens

Guest House Triunfo (plan Centre, E3, **33**) : *rua do Cativo, 9. ☎ 222-021-166. • residencialtriunfo@hotmail.com • Ⓜ São Bento. Doubles 50-70 € ; petit déj en sus.* Dans une partie du centre historique qui nous plaît bien, car encore dans son jus, une maison simple et propre. Pour la déco des parties communes : des pans de vie de Porto en *azulejos* ou au détour de photos en noir et blanc. Pour celle des chambres : du blanc, du blanc et encore du blanc. D'où une plaisante impression de lumière et de fraîcheur. C'est simple, mais agréablement arrangé. En revanche, pas de clim, mais des ventilos.

De beaucoup plus chic à très chic

In Patio Guesthouse (plan zoom, D4, **42**) : *pátio de São Salvador, 22, 4050. ☎ 222-085-477. 📱 934-323-448. • info@inpatio.pt • inpatio.pt • Ⓜ São Bento. Accès par une petite cour intérieure. Congés : 2 sem fin janv. Doubles 95-140 €, petit déj inclus.* Dans un petit immeuble du XIXe s soigneusement restauré, la pierre, le bois et l'esprit design se côtoient en toute harmonie dans les jolis nids douillets que sont les chambres. Au charme des lieux et à la situation très centrale s'ajoute le superbe accueil des propriétaires. Autant d'attributs qui font de cette chambre d'hôtes une adresse remarquable.

Casa dos Loios – Boutique Guesthouse – Shiadu (plan zoom, D3, **43**) : *rua das Flores, 245. 📱 914-176-969. • info@shiadu.com • shiadu.com/casa-dos-loios/ • Ⓜ São Bento. Doubles 100-200 €.* Non, ce n'est pas un complexe hôtelier japonais, comme le laisse croire le nom du groupe – déjà bien implanté à Lisbonne –, mais un superbe hôtel de charme et de caractère, dans une vieille demeure. Chambres arrangées avec la meilleure imagination, mélange subtil d'ancien et de contemporain, qui offrent tout le confort nécessaire. Très bon accueil.

À Baixa

Auberges de jeunesse (hostels)

Rivoli Cinema Hostel *(plan Centre, E3,* ***21****)* **:** *rua Dr Magalhães Lemos, 83. ☎ 220-174-634. 📱 968-958-637. • rivolicinemahostel@gmail.com • rivolicinemahostel.com • Ⓜ Aliados. Nuit en dortoir (4 lits) 14-22 €/pers ; doubles 42-60 € ; petit déj inclus. CB refusées.* Difficile de trouver un emplacement plus central que celui de cette AJ décorée et aménagée sur le thème du cinéma, de l'extravagant Tim Burton à Kubrick, en passant par Almodóvar. Dortoirs impeccables (tous avec clim) et clairs, chambres agréables bien tenues, sanitaires partagés très propres. Il ne manque rien : cuisine équipée, salle à manger, vaste salle commune avec DVDthèque, jeux de plateau et console de jeux, soirées pour apprendre à cuisiner les incontournables de la cuisine portugaise, service laverie, bar sur le toit-terrasse. Bref, encore une excellente adresse !

Garden House Hostel *(plan Centre, E-F2,* ***22****)* **:** *rua de Santa Catarina, 501. ☎ 222-081-426. • gardenhouse501@gmail.com • gardenhousehostelporto.com • Ⓜ Bolhão. Lits en dortoir 20-30 €/pers ; doubles 70-80 € ; petit déj inclus.* Dans LA grande rue piétonne et commerçante de Porto, au-dessus d'une pâtisserie, cette auberge privée aménagée dans une vénérable demeure du XIXe s propose 4 chambres doubles et une demi-douzaine de dortoirs de 4, 6, 8 et 10 lits distribués autour d'un atrium central. Ensemble bien arrangé, spacieux et lumineux. Lits en métal avec rideaux, casiers et lampes individuelles, salles de bains communes impeccables. Les logements du haut sont climatisés. Les parties communes sont au diapason des chambres : petit jardin pour se détendre (avec 2 doubles au fond du jardin) et tortues dans la mare, belle cuisine pour préparer son frichti, petit salon. Et des murs d'une blancheur éclatante, rehaussés par quelques touches de couleur savamment dosées et de beaux parquets.

Urban Garden Porto Central Hostel *(plan Centre, F2,* ***23****)* **:** *rua da Alegria, 291. ☎ 223-324-063. • info@urbangarden.pt • porto-hostel.com • Ⓜ Bolhão. Lits en dortoir 14-29 €/pers ; studios 1-3 pers 40-90 €. Apéritif offert sur présentation de ce guide.* Dans un immeuble 1800, une AJ tenue par un jeune Portugais né en France. Après avoir baroudé dans l'hôtellerie aux 4 coins du monde, il est revenu au pays, pour monter l'AJ de ses rêves, et c'est réussi ! Dortoirs impeccables (6, 8 et 10 lits), aux couleurs claires, bien adaptés aux besoins des voyageurs : pour chaque lit, prise électrique, lampe de chevet, rideau, casier et petit ventilo individuel. Et pour se poser, se désaltérer ou sociabiliser : un bar installé dans le charmant jardin ombragé.

Oporto Invictus Hostel *(plan Centre, D2,* ***24****)* **:** *rua das Oliveiras, 73. ☎ 222-024-371. • info@oportoinvictushostel.com • Ⓜ Trindade. Lits en dortoir 16-24 € ; doubles sans ou avec sdb 40-60 €.* Petite auberge très routarde et accueillante. Dans la pièce commune, un très grand écran, des bouquins et un ordi. Dans les étages, des dortoirs (4 ou 12 lits) très propres avec lits superposés. Pas de clim mais des ventilos au plafond. De la plaisante cuisine commune, située au dernier étage, belle vue sur la ville. Propose des tours guidés gratuits.

Duas Nações Guest-House *(plan zoom, D3,* ***31****)* **:** *praça Guilherme Gomes Fernandes, 59. ☎ 222-081-616. • duasnacoes@sapo.pt • duasnacoes.com.pt • Ⓜ Aliados. Doubles sans ou avec sdb 30-40 € ; studios et apparts 50-70 € pour 2-3 pers. Cafétéria au rdc. Service de laverie. Parking payant.* Sur une jolie placette, à proximité des rues les plus animées le soir, ce petit immeuble à l'intérieur chaleureux et au mobilier moderne abrite une dizaine de chambres très agréables aux murs colorés, avec double vitrage. Parmi elles, cependant, certaines n'ont pas de fenêtre donnant sur l'extérieur, ni la clim. Quelques triples et quadruples spacieuses. Loue aussi de beaux studios et appartements juste à côté, avec cuisine équipée, clim et double fenêtre. Patron francophone et accueillant.

Prix moyens

Zero Box Lounge (plan Centre, E3, **25**) : *rua do Ateneu Comercial do Porto 20. 929-463-977. • https://porto.thezerohotels.com • Ⓜ Bolhão. Doubles 50-70 €.* Dans une impasse, un poulpe dépasse du toit d'un immeuble qui abritait autrefois une banque... Au rez-de-chaussée, un bar cosy avec possibilité de boire un verre dans l'ancien coffre-fort ! Dans les étages, de part et d'autre d'un monumental couloir, avec moquette en trompe l'oeil, des boxes en bois tous pour 2, avec ou sans fenêtre, certains avec... sacs de boxe suspendus dans les salles de bains. C'est insolite, et on adore. Sur le toit, un *rooftop* bar avec piscine. Et le fameux poulpe...

Bo-Bolhão Apartments (plan Centre, E2, **47**) : *rua Alexandre Braga, 76. ☎ 223-260-267. 916-789-511. • bolhao@byoporto.pt • bobolhaoapartments.com • Ⓜ Bolhão. Studios 2 pers env 80 €. Séjour de 2 nuits min.* Hyper bien placé, en face du grand marché Bolhão, dans un élégant édifice du XIXe s. Studios confortables et lumineux, au design contemporain, avec des parquets, de la clarté et des fenêtres au double vitrage... Sanitaires impeccables, kitchenette équipée. Coup de cœur pour les superbes lofts mansardés, spacieux et romantiques.

Moov Hotel Porto Centro (plan Centre, E3, **45**) : *praça de Batalha, 32-34. ☎ 220-407-000 ou 001. • reservations@hotelmoov.com • hotelmoov.com • Ⓜ Bolhão ou São Bento. Doubles 57-933 € ; petit déj 8,5 €/pers. Parking payant.* Cet hôtel *Moov* suit le « Moovement » de renouveau de Porto. Il est à l'image de cette ville qui bouge ! Une belle métamorphose ! La façade rococo, celle de l'ex-théâtre *Batalha*, cache maintenant un hôtel de chaîne au design épuré, avec 125 chambres tout confort (avec clim) et d'un excellent rapport qualité-prix. Cadre contemporain à l'élégant design. Les *family rooms* donnent sur la place et les doubles sur un jardin à l'arrière. Pas moins de 2 ou 3 lits doubles dans les familiales !

De prix moyens à très chic

Chic & Basic (plan Centre, D2, **27**) : *rue das Oliveiras 48. ☎ 229-766-740. Doubles 80-120 €. Parking payant.* À 2 pas de l'agitation, environ 70 chambres, une piscine à l'envers, des pots de fleurs au plafond et un papier peint à lire en miroir... Une déco détonante pour ce bel hôtel aux lignes et aux meubles contemporains, avec resto et bar à cocktails au rez-de-chaussée. Certaines chambres tout confort (il y a même Netflix !) donnent sur le square avec petit balcon. Gentil accueil.

Villa Bolhão (plan Centre, E2, **48**) : *rua Alexandre Braga, 66. ☎ 222-011-519. 914-131-598. • geral@villabolhao.com • villabolhao.com • Ⓜ Bolhão. Suite et appartements 2-4 pers 60-100 €. Parking au tarif négocié juste à côté pour les clients. 10 % de réduc offert sur présentation de ce guide.* Ce petit immeuble néoclassique rénové, en face du marché Bolhão, abrite 4 appartements et 1 duplex pour 6 personnes, très bien équipés, avec tout le confort moderne, dont 1 avec patio, très agréable en été. Les propriétaires ayant longtemps vécu en France, ils vous accueillent en français. Si c'est complet, ils ont d'autres appartements *(largo Dr Tito Fontes, 139 ; plan Centre, E2 ; Ⓜ Trindade).*

Oporto Aparthotel (plan Centre, F3, **49**) : *rua Entreperedes, 7. ☎ 223-291-377. • info@aparthoteloporto.com • aparthoteloporto.com • Ⓜ Bolhão. Apparts 70-140 €. Séjour de 2 nuits min (3 nuits en hte saison).* Les beaux appartements de 34 à 60 m² ici proposés sont dispatchés dans différents immeubles du quartier. Ils peuvent accueillir de 2 à 6 personnes, grâce au sofa convertible du salon et les plus grands possèdent 2 chambres. Parquet de bois clair, pièces spacieuses, fonctionnelles, déco sobre, mais élégantes : l'endroit parfait pour un séjour prolongé en famille ou entre amis.

Decanting Porto House (plan Centre, F2, **54**) : *rua da Alegria, 147. ☎ 222-001-119. • reservas@decantingporto.com • decantingporto.com • Ⓜ Bolhão. Doubles 90-100 € ; familiales (3-4 pers) ; petit déj 9 € (buffet copieux).* Un charmant petit hôtel, légèrement à l'écart, mais pas trop, qui conviendra très bien aux familles, avec son adorable jardinet à l'arrière. 12 chambres seulement, sur 3 niveaux, avec balcon ou terrasse pour certaines, mais sans ascenseur. Déco moderne, sobre, mais cosy, avec des têtes de lit tapissées de couvercles de caisses de vin en bois. Ensemble confortable et bien équipé.

■ ***Grande Hotel de Paris*** *(plan zoom, D3,* ***36****) : rua da Fábrica, 27-29. ☎ 222-073-140. • grandehoteldeparis@stayhotels.pt • hotelparis.pt • Ⓜ Aliados. Doubles 65-120 €.* Une grande bâtisse de 1853 où l'eau fut installée par un Français à la fin du XIXe s, d'où le nom de l'hôtel (inauguré en 1877). Le bel escalier à l'entrée dessert un intérieur ancien plein de charme, à la décoration rétro et patinée, avec un piano, des statues, un vieux standard téléphonique, dans le style de la maison. Ce serait presque un hôtel-musée, un beau décor de film ! Ni très grandes ni très insonorisées, les chambres sont claires, propres et disposées autour d'une belle rotonde. Préférer celles sur l'arrière (plus calmes). Le petit déj, très copieux, se prend dans une superbe salle à manger (l'ancien resto de l'hôtel) ouverte sur un délicieux jardin centenaire.

■ ***Hotel Aliados*** *(plan zoom, E3,* ***37****) : rua Elísio de Melo, 27 ; 2º. ☎ 222-004-853. • aliados@mail.telepac.pt • hotelaliados.com • Ⓜ Aliados. Résa conseillée. Doubles 95-150 €, petit déj inclus. Garage payant en face.* Si l'accès se fait par une ruelle, l'hôtel donne sur la grande place-avenue dos Aliados. Cet immeuble d'angle massif en granit, au chic suranné, est néanmoins très bien tenu. Chambres (avec clim) aussi hautes de plafond que petites, mais qui ne manquent pas de charme. Bonne literie. Elles sont parfois bruyantes, mais certaines ont un double vitrage. Le petit déjeuner se prend dans une salle sobre, là encore haute de plafond et de style Grand Siècle. Bon accueil.

■ ***Hotel Malaposta*** *(plan Centre, D2,* ***39****) : rua da Conceição, 80. ☎ 223-391-920. • info@hotelmalaposta.com • hotelmalaposta.com • Ⓜ Aliados ou Trindade. Doubles 55-105 €, petit déj inclus.* Peu engageant de l'extérieur, il ressemble à un quelconque immeuble de bureaux des pays de l'Est. Néanmoins, à l'intérieur, tout est bien aménagé, avec des chambres standards confortables (clim). Celles du 4e étage jouissent d'une terrasse commune avec vue dégagée sur la ville. Personnel affable et francophone.

■ ***Charm Palace Porto – Palácio Fenizia*** *(plan Centre, F2-3,* ***51****) : rua de Fernandes Tomás, 215. ☎ 225-371-303. • info@charmpalaceporto.com • charmpalaceporto.com • Ⓜ 24 de Augusto ou Bolhão. Doubles à partir de 96 €.* Dans un ancien palais réhabilité par un architecte italien, ancien créateur des boutiques *Valentino, Dolce & Gabbana* ou encore *Bulgari.* Superbe façade d'*azulejos.* 5 chambres d'hôtes superbement rénovées, spacieuses, aux noms colorés, en étage ou au rez-de-chaussée, avec tout le confort moderne et le charme du mobilier ancien. Parquets, accès au jardin pour certaines, baignoires et salles de bains monumentales. Fait aussi galerie d'art et boutique. Jardin sympa pour paresser.

■ ***Grande Hotel do Porto*** *(plan Centre, E3,* ***52****) : rua de Santa Catarina, 197. ☎ 222-076-690 et 696. • reservas@grandehotelporto.com • grandehotelporto.com • Ⓜ Bolhão. ♿ Doubles 77-174 €. Parking payant (selon saison).* Le plus ancien hôtel de luxe de la ville (1880) dont les parties communes possèdent une élégance de palace du XIXe s. Bar et salons, avec leurs grosses colonnes baroques, les plafonds moulurés, les objets vintage et les atmosphères tamisées dans toutes les tonalités de rouge et de pourpre se révèlent de vrais décors de film. La déco des chambres, cossue, soignée et plaisante au regard, se révèle plus classique et certaines d'entre elles ne sont pas bien grandes pour le prix. Accueil très pro et attentionné.

■ ***Rex Hotel*** *(plan d'ensemble,* ***55****) : praça da República, 117. ☎ 222-074-590. • info@therexhotel.pt • therexhotel.pt • Ⓜ Lapa ou Trindade. Doubles 90-120 €. Parking privé payant.* À l'écart du centre-ville, cette vieille demeure bourgeoise de 1850 regarde les arbres de la place de la République. Belle façade avec ses carreaux en céramique, la cage d'escalier élégante, les hauts plafonds aux stucs moulurés : le charme de la maison s'associe au confort des chambres (toutes avec clim, douche/w-c). Celles-ci donnent sur le parc ou bien sur le côté, ou encore sur l'arrière (plus calme).

À Boavista

Auberge de jeunesse (hostel)

▲ ***Gallery Hostel*** *(plan Centre, C2,* ***30****) : rua Miguel Bombarda, 222. ☎ 224-964-313. 📱 965-348-930. • info@gallery-hostel.com • gallery-hostel.com • Ⓜ Aliados. En dortoir (3-6 lits) 20-29 €/pers ; doubles 65-95 €. Réception à l'arrière du bâtiment.* Situé dans un quartier tranquille, dans la rue des galeries d'art et des studios d'artistes, cet *hostel* est tenu par une équipe de jeunes très affables, de vrais professionnels. Tout ici a été pensé avec un sens pratique et une recherche artistique évidente dans la déco. Dortoirs vastes et climatisés, très lumineux, possédant une belle hauteur sous plafond. Sanitaires design et très propres dans chaque chambre. Au fond du jardin, 2 chambres doubles et 2 dortoirs. Dans les parties communes, un petit patio, avec bar à cocktails tendance, resto et salle de lecture. Expo-vente d'œuvres d'art. Grande cuisine à disposition. Une de nos plus séduisantes adresses.

De prix moyens à beaucoup plus chic

▲ ***Hotel Estoril*** *(plan Centre, D2,* ***32****) : rua de Cedofeita, 193. ☎ 222-002-751. • mail@hotelestorilporto.com • hotelestorilporto.com • Doubles 55-120 €.* Une bonne quinzaine de chambres, toutes avec salle de bains, donnant – pour certaines – sur un petit jardin fleuri à l'arrière. Les moins chères, sous les toits et avec comme seule fenêtre un Velux, peuvent se révéler un peu étouffantes l'été. Terrasse ensoleillée et agréable petit salon. Accueil souriant.

▲ ***Pensão Favorita*** *(plan Centre, C2,* ***34****) : rua Miguel Bombarda, 267. ☎ 220-134-157. 📱 913-904-635. • welcome@pensaofavorita.pt • pensaofavorita.pt • Ⓜ Aliados. ♿ Doubles 80-120 €, petit déj inclus.* Une très belle demeure, au calme, qui allie en beauté l'ancien et une déco ton sur ton *seventies.* Que ce soient la dizaine de chambres coquettes (mais un peu sombres) dans la maison ou celles dans le délicieux jardin, tout ici respire le bien être, la qualité, le confort. Ajoutez à cela un excellent accueil, et vous tenez un merveilleux endroit où poser vos valises.

▲ ***Rosa et Al Townhouse*** *(plan Centre, C2,* ***40****) : rua do Rosário, 233. 📱 916-000-081. • info@rosaetal.pt • rosaetal.pt • Ⓜ Aliados. Doubles à partir de 150 € ; petit déj 15 €.* La façade ne laisse en rien présager la maison d'hôtes, tendance mais chaleureuse, qui se cache derrière. La réception abrite une vraie boutique de produits de qualité. Les chambres et les suites ouvrent sur un paisible jardin à l'arrière (sans parler de la magnifique suite *Garden Pavilion* située au fond de celui-ci). À chaque chambre, son esprit, mais partout un mobilier choisi, une ambiance apaisée et contemporaine se mêlant parfaitement aux éléments plus anciens. Le rez-de-chaussée abrite un petit resto ouvert aux non-résidents où il est possible de faire une pause ou déjeuner en journée.

Les quartiers nord

▲ ***Castelo Santa Catarina*** *(plan d'ensemble,* ***56****) : rua de Santa Catarina, 1347. ☎ 225-095-599. • porto@castelosantacatarina.com.pt • castelosantacatarina.com.pt • Ⓜ Marquês. Doubles au château 75-115 €, petit déj compris. Parking payant.* Une demeure unique par son style et sa beauté : des murs couverts d'*azulejos*, une chapelle, des pins d'Alep et des palmiers, des tourterelles qui roucoulent... Ce manoir du début du XXe s abrite des chambres à la déco soignée toutes différentes, avec un mobilier XIXe s en harmonie avec le lieu (certains lits sculptés sont étonnants !). Dans le superbe jardin, les chambres les moins chères sont lovées dans des petits pavillons climatisés, plus fonctionnels.

Où camper dans les environs ?

Il faut aller sur la côte pour trouver les campings les plus proches, soit au sud de Porto à ***Vila Nova de Gaia,*** soit au nord de la ville. On vous prévient : les campings de la région côtière se trouvent dans des zones très urbanisées.

⩓ ***Parque municipal de campismo de Espinho :*** *rua Nova de Praia, à* ***Espinho.*** *☎ 227-335-871. • campismo@cm-espinho.pt • portal.cm-espinho.pt • À 20 km au sud de Porto, à 2 km de la gare d'Espinho (fléché depuis l'autoroute). Trains fréquents depuis São Bento et Campanhã (trajet 30 mn). Ouv tte l'année. Compter env 16 € pour 2 avec tente et voiture.* Terrain sans prétention posé dans le seul creux de verdure épargné par un environnement assez urbain. Pas très glamour, mais il a l'avantage d'être le plus calme du secteur. Sanitaires délabrés mais bien tenus. De l'ombre et même une piscine et un bout de rivière. Plage à 800 m.

⩓ ***Parque de campismo Orbitur Madalena :*** *rua do Cerro, 608, praia da Madalena, à* ***Vila Nova de Gaia.*** *☎ 227-122-520. • infomadalena@orbitur.pt • orbitur.pt • À 8 km au sud de Porto. Plage à 300 m. Bus nº 906 (6h-minuit) depuis la gare de São Bento, arrêt Parque Campismo. Tte l'année. Compter 15-28 € pour 2 avec tente et voiture.* Terrain ombragé par des eucalyptus et des pins, sol dur et pas d'emplacements bien marqués. Accueille des tentes et des mobile homes. Piscine, activités sportives, supermarché, tennis et sanitaires en nombre. Assez moche et mal entretenu, à choisir en dépannage seulement.

⩓ ***Parque de campismo Orbitur Angeiras :*** *rua de Angeiras, à* ***Lavra.*** *☎ 229-270-571. • infoangeiras@orbitur.pt • orbitur.pt • À 20 km au nord-ouest de Porto ; à 50 mn de Porto en bus Resende nº 104 depuis la praça Cordoaria (6h-23h30). Ouv tte l'année. Compter 16-30 € pour 2 avec tente et voiture.* À 2 km de l'aéroport de Porto, à proximité de la mer (700 m). Un camping en partie ombragé dans une pinède, mais pas pratique pour camper car le terrain est en terrasse et un peu en pente. Petits bungalows et mobile homes. Sanitaires à l'ancienne mais propres. Piscine extérieure et bassin pour les enfants. Snack et resto. Un bémol : le trafic aérien qui commence de bonne heure.

Où manger ?

Centre historique

Zone touristique oblige, ce n'est pas forcément là que vous trouverez les meilleurs rapports qualité-prix. Dans le quartier de la Ribeira, soit sur les rives du fleuve, beaucoup de restos touristiques servent une cuisine médiocre, avec de petits à-côtés glissés l'air de rien sur la table, et au final une addition coup de massue. Même si on a trouvé quelques pépites !

De très bon marché à bon marché

|●| 🍷 ⛱ ***Orpheú*** *(plan zoom, D3-4,* ***70****) : rua da Bainharia 65. 📱 912-783-272. Ⓜ São Bento. Fermé mar. Tartines et bruschette 2,50-3,50 €.* À l'angle d'une ruelle en escalier, une adresse où l'on prend son temps, tant côté service qu'à table. Une vraie philosophie ! Toutes les tartines arrivent par paire, pour certaines classiques (tomates, mozzarella), d'autres plus originales (ricotta, compotée maison). En prendre 2 ou 3 par personne. À la carte aussi, planches de fromages et de charcuterie à partager. Chaleureux et convivial. Parfait pour commencer la soirée en douceur avec une sangria maison.

|●| 🍷 ⛱ ***Floresta Café by Hungry Biker*** *(plan zoom, D3,* ***102****) : rua das Flores 148. Ⓜ São Bento. 📱 912-100-591. Tlj 9h-16h (17h fin de sem). Brunch 15 €, toasts 8-10 €.* Un café au

décor surprenant : des troncs d'arbres habillent les murs ! Une vraie forêt urbaine pour déguster produits sains et frais (salades, smoothies, tartines). Tout aussi surprenant : la gaufre salée avec mozzarella et salade. Service sympa. De quoi recharger les batteries sainement.

Restaurante Porto Antigo (plan Centre, E3, **71**) *: rua Cimo de Vila, 74. 960-076-508. Ⓜ Pr. Batalha. Tlj sauf lun, jusqu'à 20h30. Menu du jour 6-12 €.* La vraie petite taverne familiale. Si l'ardoise change quotidiennement, la qualité, elle, reste ! Les plats simples, goûteux, traditionnels se savourent dans la petite salle tout en longueur, avec fausse treille au plafond et solides tables en bois. Accueil adorable.

O Caraças (plan Centre, D3, **61**) *: rua das Taipas, 27. ☎ 220-174-503. • ocaracas@sapo.pt • Ⓜ São Bento. Ouv le midi lun-sam et le soir ven-sam. Repas 10-15 €.* Oh ben c'est simple : à l'ardoise, 2 plats du jour, l'un de viande, l'autre de poisson, le tout bien tourné et généreusement servi. Pour s'attabler, au choix : la longue salle assez sombre bordée d'un comptoir ou la terrasse surélevée et protégée à l'arrière, avec petite vue sur le centre historique et Vila Nova de Gaia. Entre les 2 espaces, la cuisine où l'on peut voir ces dames s'activer.

Casa Costa (plan zoom, D3, **62**) *: rua de Trás, 224. ☎ 222-001-583. Ⓜ Aliados. Tlj sauf dim. Repas 6-7 € max.* Modeste cantine de quartier. Seulement 4-5 tables au rez-de-chaussée et autant à l'étage, vite squattées par les habitués. Pas de menu, on vous sert la soupe qui mijote en vitrine et le plat du jour, un petit dessert et un verre de vin. Rien d'inoubliable, mais sourire de la patronne et immersion totale avec les gens du quartier.

Prix moyens

Quay Market (plan zoom, D4, **98**) *: Cais da Estiva, 111. ☎ 222-080-119. Ⓜ São Bento. Tlj 16h-23h sauf dim. Petiscos 5-8 €. CB refusées.* Notre adresse préférée sur cette promenade au bord du Douro. Cela tient à sa propriétaire, Filippa, mais aussi au cadre. Au choix, à l'intérieur, 2 salles au décor baroque, dont l'une ornée d'un autel dédié au Portugal, imaginé par la propriétaire des lieux. Ou bien (on préfère), tables sur la balustrade de pierre, face à Vila Nova de Gaia. Choisissez 2-3 *petiscos* (fruits de mer, fromages, charcuterie, soupe et chocolats maison) et écoutez Filippa vous parler de ses vins en français. Elle connaît même les mouettes – des fidèles de l'adresse elles aussi, gaffe ! – par leurs petits noms. De quoi passer une bonne soirée romantique à souhait.

Cantinho do Avillez (plan zoom, D4, **99**) *: rua de Mouzinho da Silveira 166. ☎ 223-227-879. Ⓜ São Bento. Plats 18-23 €.* Le chef portugais José Avillez aime qu'on se sente bien dans ses restaurants. Celui-ci ne déroge pas à la règle ! Ambiance bistrot, avec ses banquettes, son bar bien achalandé et ses petites lumières tamisées à la tombée du jour. Au menu, des plats qui enchantent les papilles, des classiques doucement revisités ou des trouvailles de voyage (veau risotto, *francesinha* aux viandes portugaises, canard sauce coco). On sauce bien les assiettes et on garde un peu de place pour les desserts tout aussi savoureux. Carte des vins et cocktails originaux. Service attentionné et souriant. Un de nos bons souvenirs de voyage.

O Buraquinho do Sé (plan zoom, D3-4, **70**) *: rua da Ponte Nova 5. 919-107-398. • oburaquinhodose@gmail.com • Ⓜ São Bento. Mer-dim seulement le soir. Plats 19-21 €.* Une adresse bien cachée dans sa ruelle en pente, une carte ramassée autour du veau et de la *bacalhau,* et une belle carte de vins. Ajoutez de sympathiques propriétaires et une jolie salle moderne en bois clair, et vous avez une des belles adresses du quartier !

Adega São Nicolau (plan zoom, D4, **89**) *: rua São Nicolau, 1. ☎ 222-008-232. Ⓜ São Bento. Tlj sauf dim. Repas 15-25 €.* Avec ses tables en terrasse dans la petite ruelle en pente, à 2 pas du Douro, ce resto traditionnel mérite sa réputation pour la franchise de sa cuisine, faite avec des produits frais. À la carte, viandes (dont les tripes de Porto) et poissons sont à égalité,

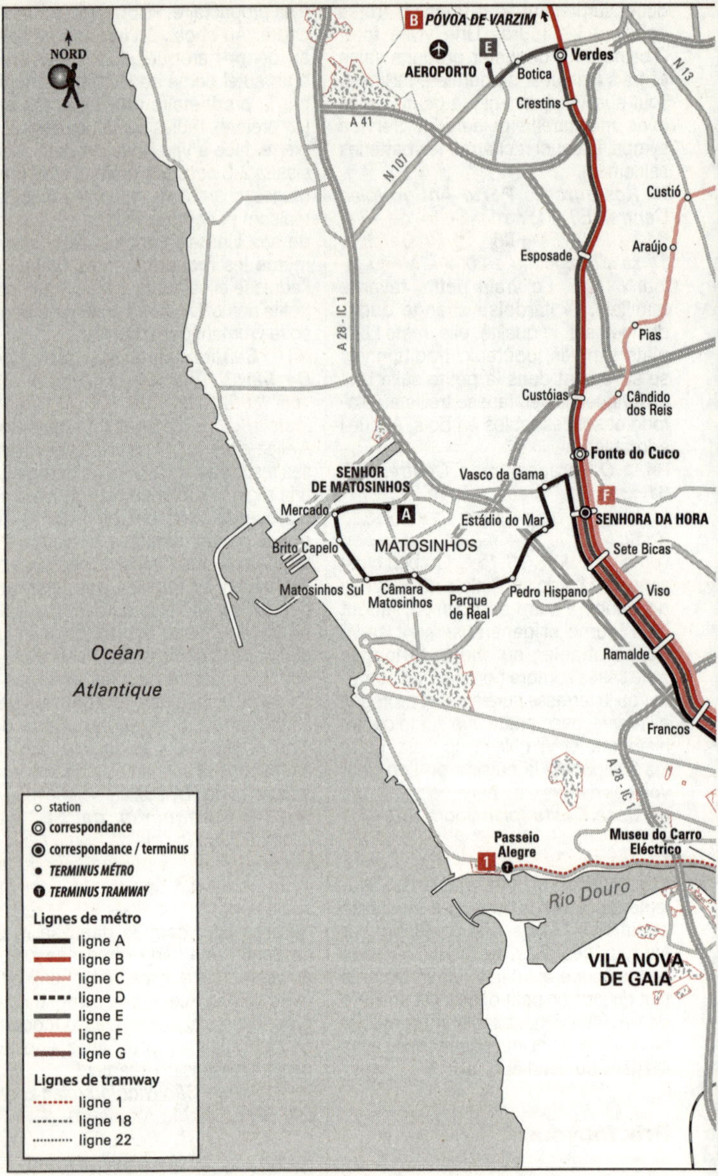

mais notre préférence va à ces derniers, notamment l'excellent poulpe et les sardines grillées. Le soir, on s'y bouscule : passez laisser votre nom, pour réserver, ou venez tôt.

Miss'Opo Cafe Bar *(plan zoom, D3, **91**) : rua dos Caldeireiros, 100. ☎ 222-082-179. • missopo@missopo.com • Ⓜ São Bento. Tlj 19h-23h sauf lun. Repas 15-20 €.* Ana Luandina

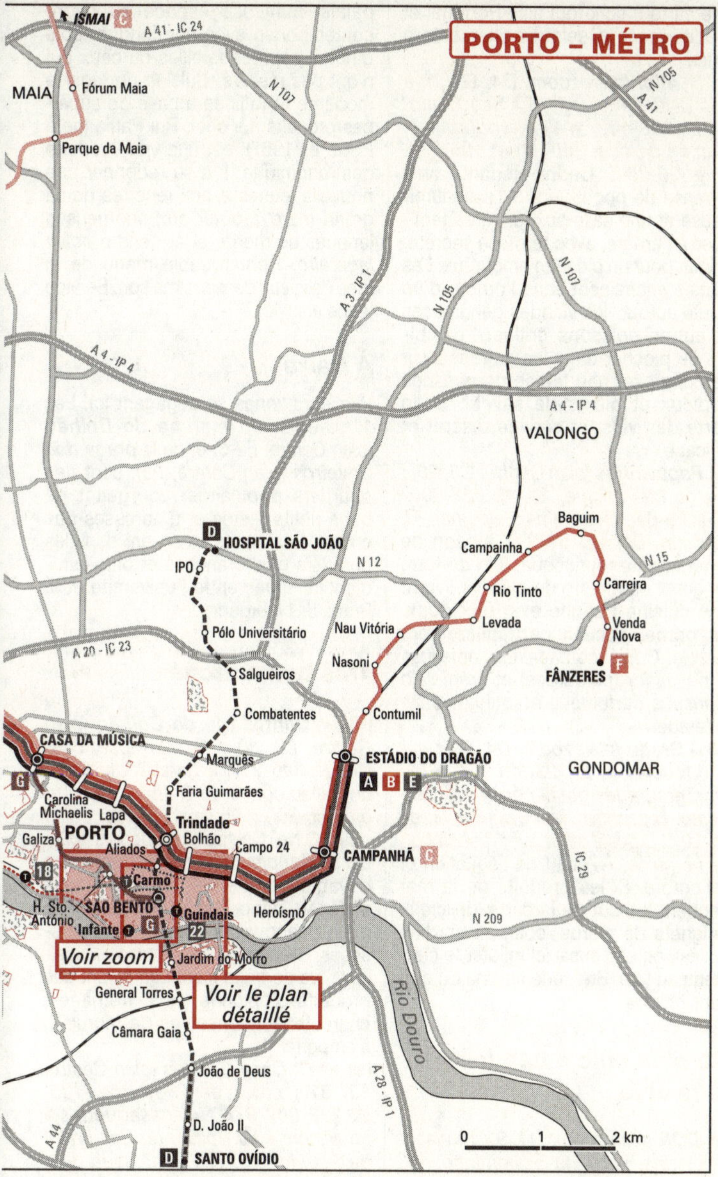

et Paula Lopez avaient comme rêve d'ouvrir un restaurant, elles l'ont réalisé à l'ombre d'une chapelle rococo. La déco contemporaine, le style postmoderne, les murs en ciment, le mobilier de bistrot, le grand comptoir, tout contribue à faire de ce lieu à peine signalé une adresse alternative et décalée, mais à taille humaine. Pas de grande cuisine gastronomique, mais une carte fraîche qui allie Portugal et Méditerranée. Quelques chambres à louer.

Alibi (plan zoom, D4, **98**) : *rua dos Caldeireiros 135. Ⓜ São Bento. 📱 917-188-402. • alibi@yoursporto.com • Lun-dim 13h-16h et 19h-23h. Plats 20-25 €.* Cadre élégant, avec terrasse de poche, une 1re salle lumineuse et une salle aux lumières tamisées à l'arrière, avec terrasse secrète. Parfait pour un dîner en amoureux. Les plats s'enchaînent sans l'ombre d'un doute autour des viandes généreuses et autres poissons grillés. Possibilité de piocher dans les entrées pour se composer une tablée de *petiscos* copieux et pleins de saveur. Belle carte des vins, et service discret et efficace.

Papavinhos (plan Centre, C3, **90**) : *rua de Monchique, 23. ☎ 222-000-204. Ⓜ São Bento (mais éloigné). Tlj sauf lun. Repas 15-20 €.* À l'abri de la tourmente touristique, loin de tout, un gentil petit resto de quartier livrant une cuisine franche et à prix doux. En prime, accueil particulièrement affable. Copieuse *bacalhau, ameijoas al pescador* (palourdes) et *creme do mariscos* parfumées à souhait. Salle à l'étage.

A Grade (plan zoom, D4, **89**) : *rua São Nicolau, 9. ☎ 223-321-130. • restaurantegrade@gmail.com • Ⓜ São Bento. Tlj sauf dim. Menu déj 9 €, repas 15-20 €. Digestif offert sur présentation de ce guide.* À l'écart de l'agitation et à l'ombre. Si les produits de la mer tiennent le haut de la carte (délicieux beignets de morue, colin ou sardine grillés), on sait aussi ici mijoter le chevreau au four. Bref, une cuisine du cru, sans chichis.

De plus chic à beaucoup plus chic

DOP (plan zoom, D4, **93**) : *Palacio das Artes, largo de S. Domingo, 18. ☎ 222-014-313. • dop@ruipaula.com • Ⓜ São Bento. Tlj sauf dim et lun midi. Le soir, résa quasi obligatoire. Menus le midi en sem 27 €, plats 25-30 €, le soir menu à partir de 90 €.* Situé au rez-de-chaussée d'un superbe palais. Immense espace au cadre contemporain avec une longue table d'hôtes pour les familles ou ceux qui n'ont pas réservé. Cuisine portugaise moderne et raffinée à base de superbes produits. Le chef, Rui Paula (né à Porto en 1967), est une vraie vedette gastronomique. Il a su redonner une nouvelle jeunesse aux recettes de sa grand-mère. Goûter aux onctueuses langues de morue et au tendre *polvo lagareiro.* Remarquable menu de la mer, délicieux desserts maison. Service jeune et stylé.

À Baixa

Plusieurs zones se dégagent ici. Les 1res, autour du ***marché de Bolhão*** *(plan Centre, E2-3)* et de la ***praça dos Poveiros*** *(plan Centre, F3)*, sont des quartiers populaires regorgeant de bons petits restos et d'adresses pas chères. Les autres se situent dans les quartiers plus branchés et plus estudiantins situés entre l'université et la Praça da Liberdade.

Très bon marché

Confeitaria do Bolhão *(plan Centre, E3,* ***80****) : rua Formosa, 339. ☎ 223-395-220. • geral@confeitariadobolhao.com • Ⓜ Bolhão. Tlj, sauf dim, 6h-20h (19h sam). Repas moins de 10 €.* Ne désemplit pas depuis 1896, et l'on comprend pourquoi ! Derrière sa devanture ancienne, une belle salle style Art déco. On y mange sur le pouce sandwichs, quiches et pâtisseries. Grande variété de pains. Excellents jus de fruits frais. Également des produits d'épicerie (vins, fromages, charcuteries, conserves de morue...) à emporter.

Casa Guedes *(plan Centre, F3,* ***81****) : praça dos Poveiros, 130. ☎ 222-002-874. • acasaguedes@gmail.com • Ⓜ Bolhão ou Campo 24 de Agosto. Tlj 10h-22h, sauf dim. Fameux sandwichs maison 5-6 €.* Dans un cadre ordinaire de petit resto-snack, découvrez le sandwich au porc *(sande de pernil)* le plus fameux de Porto. Il y a souvent de l'attente, mais c'est délicieux : de l'épaule braisée, à la cuisson parfaite, tendre, juteuse, au goût venu d'ailleurs. Une recette secrète, dit-on ! Au pain croustillant et son jambon, on ajoute par ailleurs une couche de fromage de brebis frais... Un conseil, commandez-en 2, ça évite d'avoir à refaire la queue. Également des snacks, soupes, filets de poisson, saucisses, mais cols blancs et étudiants ne viennent que pour ce goût remarquable ! Terrasse aux beaux jours. *La maison a aussi une annexe « relookée » au n° 76 de la praça dos Poveiro.*

Casa Viúva *(plan zoom, D3, **64**) : rua do Actor João Guedes, 15. ☎ 222-000-672. Ⓜ Aliados. Tlj sauf dim 12h-15h, 19h-23h. Repas env 8 €/pers.* Rien de gastronomique ni de glamour dans cette cantine populaire, mais le cuistot, aidé de sa femme, sert une cuisine franche et sincère, à prix dérisoires. Une dizaine de plats (morue *al forno*, daurade grillée, *rojões*...).

Bon marché

O Buraco *(plan Centre, E2, **83**) : rua de Bolhão, 95. ☎ 222-006-717. Ⓜ Bolhao. Tlj sauf sam soir et dim. Repas env 15 €.* Son nom signifie « Le trou ». Voici l'une des cantines les plus anciennes et populaires du quartier. Bien ridée et patinée, sombre et anachronique, elle délivre une cuisine toujours de marché (il est à côté) et de qualité régulière. Tous les classiques : croquettes de morue, tripes, sardines et même plats végétariens... Une institution privilégiée par les *portuenses* ! Attention, il y a parfois la queue le soir, il est donc préférable de venir de bonne heure.

Café Santiago *(plan Centre, F3, **63**) : aux n°s 198 et 226 rua Passos Manuel. ☎ 222-081-804 ou 222-055-797. • geral@cafesantiago.pt • Ⓜ Bolhao. Tlj sauf dim, jusqu'à 23h. Repas 12-15 €.* Petit resto discret mais pour beaucoup, c'est là que l'on vous servira la meilleure (et hyper copieuse) *francesinha* de la ville. Autres classiques portugais possibles pour ceux que la *francesinha* ne tenterait pas. Entre les 2 salles, on a préféré celle du n° 198. Accueil cordial et bon service. D'autres adresses en ville.

Taberna do Doutor *(plan Centre, E2, **85**) : rua da Firmeza, 489. ☎ 223-247-096. • joserente2010@hotmail.com • Ⓜ Bolhão. Tlj sauf dim. Plats 6,50-12 €. Café offert sur présentation de ce guide.* Déco de cafétéria proprette, avec une collection de bouteilles au-dessus du bar. Bonne cuisine traditionnelle sans fard : spécialités de morue et de sardines, bien sûr. Tripes le jeudi pour les amateurs et, en février et mars, délicieuse *lampreia* à la bordelaise. Si les desserts n'ont rien de mémorable (industriels), les plats, eux, sont bons.

Manna *(plan Centre, D2, **101**) : rua da Conceição 60. ☎ 223-161-536. Ⓜ Aliados. Tlj 9h-17h sauf dim. Formule 10,50 €.* Au programme de cette adresse à la salle tout en longueur et au décor clair : nourriture et yoga. Même si vous n'êtes pas au point dans votre salutation au soleil, restez ! La véranda à l'arrière, dédiée aux cours, se transforme aux heures des repas en havre zen pour goûter une cuisine équilibrée. *Socca* garnie (tartine à base de pois chiches et d'huile d'olive), soupes, tisanes, toasts et œufs sous toutes leurs formes... Bio, vegan et sans gluten. On en ressort tout détendu et repu !

Museu d'Avó *(plan Centre, D2, **69**) : travessa Cedofeita, 54-56. 📱 933-130-382. • museudavoporto@gmail.com • Tlj 20h-4h sauf dim. Repas env 15 €. CB refusées.* Non, ce lieu discret n'est ni une brocante ni un musée. C'est un resto du soir qui sert de bons *petiscos* au milieu des pots de chambre et cruches pendus aux poutres et des vieux jouets en vitrine : Prévert en aurait fait un poème. Simple et pas trop cher (tout dépend du nombre de plats commandés, dont certains s'imposent un peu sur la table, gare !).

Nicolaú *(plan Centre, D2, **75**) : largo de Alberto Pimentel, 4. ☎ 222-082-406. Ⓜ Aliados. Tlj 9h-22h30. Plats 6-10 €, brunch 15 €.* Bistro-resto-café-*adega* à l'ambiance jeune et détendue pour grignoter toute la journée pancakes, *poke bowls*, salades, burgers, smoothies, *nasi goreng*... De la *comfort food* servie généreusement dans un cadre éclectique, ouvert sur la rue, orné de plantes en macramé que nos aïeux n'auraient pas refusé.

Prix moyens

|●| ***Zé Bota*** *(plan Centre, D3,* ***76****) : travessa do Carmo, 16-20. ☎ 222-054-697. • zebota1943@gmail.com • Ⓜ Lapa ou Aliados. Tlj sauf sam midi et dim. Repas 20-25 €.* Cachée dans une étroite ruelle, une taverne populaire et chaleureuse où s'entassent des cartons et des caisses de vin rafistolées où sont punaisées les photos des clients ravis. Un livre d'or original pour une cuisine familiale faite avec d'excellents produits et un savoir-faire évident. Portions pantagruéliques, demi-portion conseillée (surtout les différentes déclinaisons de *bacalhau*).

|●| ***Nabos da Púcara*** *(plan Centre, D2,* ***67****) : rua da Picaria, 40. ☎ 223-222-222. • mercearianabosdapucara@gmail.com • Ⓜ Aliados. Tlj sauf lun. Repas env 20 €.* D'un côté, à l'entrée, le comptoir de la petite épicerie et, de l'autre, une poignée de grandes tables en palettes alignées les unes derrière les autres. Et sur ces tables, de savoureux *petiscos* pleins de saveurs et pas uniquement portugaises, même si les produits, eux, le sont et viennent au maximum de petits producteurs : délicieux maquereaux marinés, curry de lentilles, houmous, taboulé, la morue sous des formes diverses et variées. Mention spéciale pour le pain typique de la région qui accompagne ces mets : le *broa de Avintes,* particulièrement savoureux et goûteux. Également de bons vins pour finir de ravir les papilles. Ambiance et accueil conviviaux.

|●| ***Antunes*** *(plan Centre, E2,* ***78****) : rua do Bonjardim, 525. ☎ 222-052-406. • restauranteantunes@sapo.pt • Ⓜ Trindade. Tlj sauf dim. Repas 15-20 €.* Si vous aimez le typique et l'authentique, bienvenue dans ce petit resto traditionnel servant une cuisine sincère et bien mijotée à prix sages. Grandes spécialités : le jarret de porc braisé (pour 2) et le merlan frit. En revanche, certaines d'entre elles (les tripes notamment) ne sont servies que certains jours de la semaine. Excellents vins maison.

|●| 🍷 ⛱ ***Casa Morgane Petiscos & Vinhos*** *(plan zoom, D3,* ***65****) : rua Fabrica, 93. ☎ 220-931-197. Ⓜ Aliados. Tlj sauf dim. Repas 15-20 €.* Petit bar à vins tenu par des jeunes, qui sert de bons et copieux *petiscos* (chauds ou froids), ainsi que de bons petits plats. Quelques tables en terrasse sur la rue.

|●| ⛱ ***Restaurante O Caçula*** *(plan Centre, D2,* ***86****) : praça Carlos Alberto, 47. ☎ 222-055-937. • info@ocacula.com • Ⓜ Aliados. Tlj. Menu déj 8 € ; carte 20-25 €.* Derrière la façade relativement neutre se cache une adresse qui, depuis 1969, a eu le temps de faire ses preuves ! Rien de vieillot pourtant ici, mais un intérieur accueillant à la déco contemporaine avec des salles sur plusieurs étages. Outre l'intéressant menu du midi, la carte est suffisamment variée pour pouvoir contenter toute une famille : entre les bonnes pizzas cuites au feu de bois, les plats de poisson ou de viande traditionnels ou les plats végétariens, chacun devrait réussir à trouver mets à son goût.

|●| ⛱ ***Reitoria*** *(plan zoom, D3,* ***68****) : rua de Sã Noronha, 33. 📱 927-608-628. • geral@reitoria.pt • Repas 15-20 €.* Vaut pour sa petite restauration, déclinée avec de bons produits bien frais, ses délicieux *petiscos* et *foccacie,* à déguster avec un bon petit verre de vin. La belle terrasse sur la rue semi-piétonne est une aubaine

aux beaux jours. Resto plus chic et plus cher à l'étage. Service agréable et souriant.

Maria Rita *(plan Centre, F3, **82**) : rua da Alegria, 16. ☎ 222-050-693. Ⓜ Bolhão. Tlj 12h-15h et 19h-23h. Résa conseillée. Repas 20-25 €. CB refusées.* Un resto de quartier à la façade tout en *azulejos,* à l'atmosphère délicieusement familiale. Cuisine traditionnelle simple et goûteuse, concoctée avec cœur, comme la *bacalhau a Maria Rita* (au four, avec patates et mayonnaise).

Abadia do Porto *(plan Centre, E3, **84**) : rua do Ateneu Comercial, 22-24. ☎ 222-003-787. • geral@abadiadoporto.com • Ⓜ Bolhão. Tlj sauf dim. Repas 23 €.* Immense resto sur 2 niveaux. Murs en pierre de taille recouverts d'*azulejos* ou rougeoyants et tables bien dressées. Carte variée : *bacalhau* à toutes les sauces, excellent *cabrito assado,* omelettes aux crevettes, poulpe grillé... Bref, tous les classiques de la cuisine du nord du Portugal. Si copieux que l'on a du mal à finir une simple demi-portion.

O Ernesto *(plan Centre, D2, **66**) : rua Picaria, 85. ☎ 222-002-600. • oernestorestaurante@gmail.com • Ⓜ Aliados. Tlj sauf dim et lun soir, 12h-15h, 19h15-22h30. Congés : 2 sem en août. Résa conseillée le w-e. Repas 15-20 €.* Entrée très discrète, long comptoir de zinc, suivis d'une salle agréable et fraîche au rez-de-chaussée et d'une autre à l'étage, avec terrasse. Choix relativement limité, mais des classiques bien préparés, pour une saine cuisine familiale. Demi-doses possibles. Viandes, poissons, poulpe, morue... On y a même vu Bono de U2 en visite à Porto !

Cervejaria Brasão *(plan Centre, E2, **72**) : rua Ramalho Ortigão, 28. 934-158-672. • reservas@brasao.pt • Ⓜ Aliados. Tlj. Repas 15-25 €.* Cette brasserie portugaise réputée pour ses *francesinhas* et ses *petiscos* est une sorte d'institution locale. Murs de grosses pierres en granit, boiseries rustiques, gros abat-jour en cuivre, mezzanine... Il y a aussi des salades, des viandes et quelques plats de la mer. Souvent plein à midi, plus calme le soir. Copieux (demi-doses possibles).

De prix moyens à plus chic

Oficina *(plan Centre, C2, **30**) : rua Miguel Bombarda, 282. ☎ 220-165-807. Mer-sam 12h30-15h et 19h30-minuit ; lun seulement déj. Menus déj 15-18 €. Plats 18-25 €.* Cadre monumental dans une bâtisse réhabilitée. Œuvres d'art au mur, mobilier élégant et cuisine ouverte sur la salle. Dans l'assiette, des classiques parfaitement maîtrisés des régions du nord du Portugal aux portions généreuses avec accompagnements de légumes oubliés. C'est bon, curieux et roboratif. Une escale gourmande à souhait.

La Ricotta *(plan Centre, E3, **73**) : rua Passos Manuel, 18. ☎ 222-023-3-00. • geral@laricotta.pt • Ⓜ Praça de João. Ouv tlj 12h30-15h30, 19h-23h (0h30 ven-sam) Menus déj 13,50-18 € ; carte env 27 €.* Cette *trattoria* italienne offre une cuisine raffinée à prix tout à fait corrects. Bouteilles et caisses de vin font la déco. Dans l'assiette, pâtes et risottos pour tous les goûts, mais aussi poulpe grillé délicieux. Les desserts valent la peine qu'on leur garde une petite place. Attention, les plats sont copieux !

Flow *(plan Centre, D2, **60**) : rua da Conceição, 63. ☎ 222-054-016. • reservations@flowrestaurant.pt • Tlj sauf dim. Repas 35-45 €.* Voici le resto chic et glamour de cette rue nocturne et animée, installé au rez-de-chaussée d'une vieille demeure couverte d'*azulejos.* De la porte d'entrée à la table, du service à la décoration, tout est attirant dans cette très grande salle stylée. Cuisine bien faite, joliment préparée, avec tous les classiques du Portugal (*bacalhau,* thon, poulpe) et de la Méditerranée (*pasta,* risottos), revus et corrigés par un chef inspiré et attentionné.

Ostras Coisas *(plan zoom, D3, **77**) : rua da Fábrica, 73. ☎ 223-280-527.*

• geral@ostrasecoisas.pt • Ⓜ Aliados. Ouv mar-sam 18h-23h (minuit ven-sam), dim 12h-23h. Fermé lun. Repas 25-30 € (prix au poids). Installé dans une vénérable et ancienne demeure (regardez les belles fenêtres au 1er étage), mais à l'intérieur bien d'aujourd'hui, avec éclairages tamisés et petite musique jazzy. Ici, c'est l'Atlantique qui dirige la maison. On y offre une cuisine de la mer exclusivement, avec des poissons, des crustacés et des fruits de mer d'une belle fraîcheur : crème de *mariscos, navalheiras* (étrilles parfumées aux épices), quelques viandes pour les réfractaires. Service en continu pour les *petiscos* et petits crustacés (mais gros plats de poisson aux heures de repas traditionnelles)...

Restaurante Escondidinho *(plan Centre, E3, **88**) : rua Passos-Manuel, 142. ☎ 222-001-079. • geral@escondidinho.pt • Ⓜ Bolhao. Tlj. Congés : 2 sem en janv. Résa conseillée. Menu déj 20 € ; le soir 26-38 € ; carte 30-35 €.* Depuis 1927, le resto chic traditionnel de Porto, chouchou des familles bourgeoises. Charme, calme, sérénité et excellente cuisine soignée (plats traditionnels, *cataplana* pour 2). Salle à manger évoquant une demeure aristocratique : *azulejos* et murs blancs ornés de belles assiettes, mobilier de bois sombre. Idéal pour un repas en amoureux ! Service impeccable. Belle carte de vins et de portos.

À Boavista

Bao's *(hors plan Centre par D2, **87**) : rua de Cedofeita, 263. ☎ 222-437-951. • info@baos.pt • Ⓜ Aliados. Tlj 12h-23h. Repas env 10 €. CB refusées.* Oui, c'est un fast-food, mais un fast-food taiwanais, les propositions changent donc de l'ordinaire et révèlent des saveurs qui flattent le palais. Burgers de petite taille, mais copieusement remplis. Il est cependant conseillé d'en prendre 2 ou 1 avec accompagnement (salade, frites de patates douces, etc.). Quant aux bols de riz ou soupes de nouilles, ils se suffisent à eux seuls. Pour la déco, c'est celle d'un lieu de restauration rapide (sans les odeurs de graillon) : une minisalle à l'étage et une en sous-sol.

Capim Dourado *(hors plan Centre par D2, **92**) : rua de Cedofeita, 322. 📱 915-500-081. • info@capimdourado.pt • Ⓜ Aliados. Fermé lun-mar. Repas 25-30 €.* Un resto brésilien avec forêt vierge en tapisserie dans 2 grandes salles, longues et élégantes, complétées, à l'arrière, d'une luxuriante terrasse. Au menu : une cuisine plutôt fine, parfumée et inspirée, présentée avec soin, mais sans chichis.

À Foz

Casa de Pasto da Palmeira *(plan d'ensemble, **94**) : rua do Passeio Alegre, 450. ☎ 222-038-075. • casadepastodapalmeira@gmail.com • Ⓜ Passeio Alegre. Tlj 12h-minuit. Repas env 20 €. CB refusées.* Cadre cosy et original à l'intérieur avec son comptoir, la charmante salle du fond, près de la cuisine et la vaisselle dépareillée. Belle terrasse avec vue sur le Douro, Vila Gaia, les bateaux... et le tram qui passe juste devant ! La carte propose une cuisine fraîche et moderne de bonne qualité. Accueil et service charmants.

Où prendre le petit déj ? Où grignoter en journée ?

Padaria Ribeiro *(plan zoom, D3, **120**) : praça de Guilherme Gomes Fernandes, 21. ☎ 222-005-067. Tlj 8h-19h. Croissants, pâtisseries, croquettes 2-6 €.* Cette antique boulangerie propose de très bonnes viennoiseries, pâtisseries, croquettes salées et autres mets à déguster debout au comptoir ou assis en terrasse. Idéal au petit déj avec une boisson chaude, mais aussi pour toutes les petites faims dans la journée.

Manteigaria *(plan Centre, E2-3, **121**) : rua Formosa, 304. ☎ 222-022-169. Tlj 8h-21h (20h dim).* Nos *pastéis de nata* préférées dans une immense salle moderne d'un beau café climatisé *(The Coffee House)*, ouvert sur la cuisine où l'on voit les *pastéis* sortir du four, hmmm ! À emporter également.

Fábrica de Nata (plan Centre, E2, **123**) : rua Santa Catarina, 331-335. 912-552-553. Tlj 8h-23h. Une pâtisserie avec ses *azulejos*, ses salles en mezzanine, comptoirs et tables en terrasse sur la rue piétonne, prises d'assaut le samedi. Dès le petit déj, on vient ici pour déguster les bonnes *pastéis de nata*, sandwichs et autres pâtisseries, que l'on peut accompagner d'un bon jus de fruits frais ou d'un café.

Linha 22 (plan zoom, D3, **149**) : voir « Bars à vins » dans « Où boire un verre ? Où écouter de la musique ? ».

Où boire un thé ?
Où déguster une glace ou une pâtisserie ?

La Rota do Chá (plan Centre, C2, **130**) : Artes em Partes, rua Miguel Bombarda, 457. ☎ 220-136-726. Ⓜ Aliados. Tlj 11h (12h dim)-20h (21h sam). Menus brunch à partir de 13,50 €. Dîner le soir fin de sem (réserver). À l'entrée, le magasin de thé, et à l'arrière, un salon de thé à l'enseigne de la sagesse orientale. On se souvient ici que les Portugais furent parmi les tout premiers à introduire le thé en Europe. Depuis la Chine jusqu'aux confins de l'Himalaya, en passant par le Japon et la Russie, on se laisse facilement emporter par cette route du thé au gré des presque 1 000 sortes différentes proposées. Les plus gourmands dégusteront une petite pâtisserie, bien portugaise celle-là. Cadre apaisant, idéal pour se ressourcer et la salle ouvre sur un très agréable jardin derrière.

Galeria de Paris (plan zoom, D3, **133**) : rua Galeria de Paris, 56. ☎ 222-016-218. Tlj 10h-3h. La *rua Galeria de Paris* abrite quelques salons de thé, bars et bistrots très animés en fin d'après-midi et le soir. Parmi eux, celui-ci nous fait pénétrer dans une sorte de cabinet de curiosités. Extérieur avec des stores verts, terrasse sur le trottoir, et intérieur original où les murs sont couverts de vitrines remplies du plus grand bric-à-brac (bien rangé) de Porto. Jouets d'enfants, petites voitures, soldats, vaisselle, appareils photo, transistors... le tout, des années 1950-1960.

Santini (plan zoom, E3, **134**) : largo dos Lóios, 16-20. ☎ 222-011-692. Ⓜ São Bento. Tlj 11h-23h (minuit ven-sam). Un glacier qui ne désemplit pas et où l'on peut se poser, dans l'une des 2 salles blanches, très aseptisées. Également des crêpes, pâtisseries et jus de fruit frais. Autre échoppe **Santini** au rua das Flores, 87 (plan zoom, D3, **135**).

Gelatopia (plan zoom, D4, **136**) : rua de Ferreira Borges 68. Ⓜ São Bento. 961-476-765. Tlj 13h-19h. Des sorbets comme s'il en pleuvait ! Parfait pour arpenter les ruelles de la ville basse.

Où boire un verre ? Où écouter de la musique ?

Les grands classiques

Majestic Café (plan Centre, E3, **141**) : rua de Santa Catarina, 112. ☎ 222-003-887. • info@cafemajestic.com • Ⓜ Bolhão. Tlj 9h-23h30 sauf dim. Le café le plus célèbre de la ville (ça se voit en bas de la note ! Très, très cher !), œuvre de l'architecte João Queiros. Superbe décoration néoclassique d'époque 1920 : moulures, stucs, miroirs géants piquetés. Une partie de l'histoire de la ville s'est écrite au *Majestic*. Les intellectuels se réunissaient ici : l'ancien président d'Angola, Agostinho Neto, avocats, universitaires... Sous Salazar, républicains et libéraux y cohabitaient même ! Plus proche de nous, Jacques Chirac, feu Manoel de Oliveira et l'ancien Premier ministre portugais, José Sócrates qui, du fond de sa cellule, regrettait fort la qualité du café maison ! Aujourd'hui, des serveurs en costume noir et blanc s'agitent dans cette vénérable salle où les meilleures places sont les banquettes en vieux cuir gravé, le long des murs. Prenez à cet endroit un capuccino ou un chocolat ! En été, un pianiste d'ambiance joue en journée des airs mélancoliques, laissant place à des concerts de fado certains week-ends.

Café Guarany (plan zoom, E3, **142**) : av. dos Aliados, 89. ☎ 223-321-272. • guarany@mail.telepac.pt • cafeguarany.com • Ⓜ Aliados. Tlj 9h-minuit. À l'instar du *Majestic*, du même propriétaire, un autre café mythique de Porto depuis 1933. Mobilier Art déco, tables aux superbes pieds fuselés bois et acier ; fresques et bas-reliefs évoquant les Indiens guaranis, une tribu du sud du Brésil. Clientèle chic et de tous âges. Plats plutôt chers et décevants, mais on vient ici surtout pour le décor, vous l'aurez compris ! Soirées fado régulières et gratuites plusieurs fois par semaine, vers 21h30 et uniquement le samedi en haute saison, petite musique jazzy le reste du temps.

Café A Brasileira (plan Centre, E3, **143**) : rua do Bonjardim, 116. 965-051-261. Ⓜ Aliados. Tlj 9h-22h. Le café le plus emblématique et le plus ancien des cafés mythiques de la ville. Œuvre de l'architecte Francisco de Oliveira Ferreira, inauguré en 1903. Très belle façade néoclassique, avec son immense marquise. L'intérieur est magnifique, avec ses cristaux, ses marbres, ses boiseries et meubles en cuir. Bar de l'hôtel éponyme, où boire un café, manger une pâtisserie, ou plus, juste pour le plaisir d'être dans ce lieu et de pouvoir l'admirer tranquillement.

Les lieux tendance

Letraria – Craft Beer Garden Porto (plan Centre, F3, **150**) : rua da Alegria, 101. 936-603-326. • letrariaporto@cervejaletra.pt • Ⓜ Bolhão. Tlj 16h-23h. Une vitrine sombre, un intérieur charbonneux illuminé par un mur de pierre apparente : il faut ouvrir l'œil pour repérer l'alignement de tireuses à bière derrière le comptoir et la flèche indiquant la salle en sous-sol et le jardin à l'arrière. Les bières servies ici sont principalement celles de la brasserie artisanale *Letra* (*lettre* en portugais), produite dans les environs de Braga, avec lesquelles revoir son alphabet devient un exercice plein de saveurs ! D'autant plus qu'on les consomme dans le petit éden à l'arrière, un jardin avec des espaces informels où s'asseoir : sur des blocs de pierre, sous les arbres ou sur les tables dispersées çà et là. Une belle ambiance.

Zero Box Lounge (plan Centre, E3, **25**) : rua do Ateneu Comercial do Porto 20. 929-463-977. • https://porto.thezerohotels.com • Ⓜ Bolhão. Immanquable : un poulpe géant descend du toit ! Au choix : le bar cosy autour de l'ancien coffre-fort de la banque d'antan au rez-de-chaussée, ou le *rooftop* bar au dernier étage avec set DJs et piscine pour siffler son *Porto Tonic*. Bonne ambiance dans tous les cas.

Café do Cais (plan zoom, D4, **148**) : cais da Estiva. ☎ 223-233-063. Ⓜ São Bento. Tlj midi et soir. On ne peut pas être plus au bord du Douro ! Dans une espace de cube, une terrasse pour apprécier le va-et-vient des *rabelos* (bateaux traditionnels) sur le fleuve et des trains sur le pont. Quelques groupes de musique live parfois. Carte des cocktails classiques avec quelques originalités (le *Porto Tonic* !).

Casa do Livro (plan zoom, D3, **140**) : rua Galeria de Paris, 85. ☎ 222-025-101. • eventoscasadolivro@gmail.com • Ⓜ Aliados. Tlj 21h-3h. Dans l'une des rues qui bougent le plus à Porto. Magnifique endroit très feutré, avec 2 belles salles aux volumes généreux et décorées de livres. Clientèle d'artistes et de *beautiful people* qui se posent dans du mobilier style Empire, face au bar, ou dans la salle du fond avec sa grande bibliothèque. Concert de jazz le jeudi et DJ sets les vendredi et samedi.

Aduela Taberna Bar (plan zoom, D3, **144**) : rua das Oliveiras, 36. ☎ 222-084-398. • aduelatabernabar@gmail.com • Ⓜ Aliados. Tlj 10h (13h dim-lun)-23h. Loin du vacarme, à l'angle de 2 rues calmes et étroites, une terrasse triangulaire ombragée par un olivier et une salle jeune et chaleureuse. Excellente ambiance artiste et bohème, bières artisanales remarquables. Un bar à la forte personnalité.

Café Vogue (plan zoom, D3, **145**) : rua de Avis, 10. ☎ 223-398-550. • reservations@voguecafe.pt • Ⓜ Aliados. Tlj 11h-1h (2h ven-sam).

C'est le bar lounge de l'hôtel *Infante Sagrès.* Déco ultra-design à dominante de blanc et noir pour le mobilier, écran géant avec défilés de mode. Rendez-vous des *fashion victims,* jeunes branchés et toute autre personne en mal de lieux tendance. Service jeune, aimable et souriant.

Vermuteria de Baixa *(plan zoom, D3,* ***146****) :* *rua de Cândido dos Reis, 126. ☎ 222-033-254. Ⓜ Aliados. Tlj 12h-4h.* Dans une rue pavée, quasi piétonne, au calme, mais à 2 pas de l'animation, on aime bien la grande terrasse de ce bar où il fait bon boire un verre dans la journée, ou tard le soir. À l'intérieur, les flacons ont remplacé les livres dans les bibliothèques qui tapissent les murs. Le soir, c'est un des lieux de rendez-vous des jeunes, belle ambiance.

A Fábrica da Picaria *(plan Centre, D2,* ***156****) :* *rua da Picaria, 72. ☎ 223-219-209. • afabricadapicaria@gmail.com • Tlj 11h30-minuit (2h ven-sam).* La majorité des bières proposées ici sont fabriquées dans les cuves au milieu du petit bar tout en longueur. Quelques tables en terrasse dans la rue, mais on leur préfère nettement celles installées sur la petite terrasse derrière, avec vue sur les arrière-cours du quartier (en chantier pour nombre d'entre elles !).

Du ***pont Dom Luís I à la rue do Infante Dom Henrique*** *(plan zoom, D-E4),* les quais et les remparts regorgent de ***bars*** avec vue sur le Douro. Très sympa toute la journée pour un verre, mais le must, c'est l'apéro au coucher du soleil, les terrasses sont envahies. Difficile de citer un bar plutôt qu'un autre, les prix pratiqués sont les mêmes à peu près partout.

Bars à vins

Arco das Verdades *(plan zoom, E4,* ***147****) :* *Escadas das Verdades, 13. ☎ 220-172-663. On y accède par le long escalier qui part au bout du Cais dos Guindais, vers la cathédrale. Tlj 9h-22h en été ; le reste de l'année, mar-dim 9h-19h (22h ven-sam). Plats du jour 7-8 €.* À l'écart des bars touristiques des quais, ce bar à vins qui surplombe le Douro offre plusieurs avantages : la vue, le raffinement et la confidentialité du lieu. Une pause dans ce lieu inattendu et superbement décoré est un vrai plaisir. On accompagnera son verre de vin de délicieux *petiscos,* ou du plat du jour. Également des locations d'appartements.

Linha 22 *(plan zoom, D3,* ***149****) :* *rua dos Clérigos, 23. ☎ 222-012-234. Ⓜ São Bento. Tlj 9h-19h.* Au rez-de-chaussée ou au 1er étage, ce petit lieu chaleureux constitue une bonne étape en bordure de la ligne 22 du tram, puisque l'on peut venir pour le petit déj (café Luso – savoureux arabica, made in Portugal – à déguster avec une bonne petite pâtisserie maison) ou se poser avec un en-cas en journée ou boire un verre de vin (notamment un excellent Porto Bulas). Les produits viennent de petits producteurs locaux choisis avec diligence.

Bars musicaux

Maus Hábitos *(plan Centre, E3,* ***152****) :* *rua Passos Manuel, 178 ; 4e étage. ☎ 222-087-268. • geral@maushabitos.com • maushabitos.com • Ⓜ Bolhão ou São Bento. Mar-sam 12h-23h, dim 12h-16h. Fermé lun. Concerts et jam-sessions fréquents.* Au cœur de la ville, au dernier étage (ascenseur) d'un immeuble de parking, un espace culturel vivant, jeune et créatif, où il se passe toujours quelque chose. Expos, concerts, spectacles et plusieurs bars répartis dans un dédale de salles aux ambiances très différentes. On y vient pour boire des verres et faire de bonnes rencontres. Ambiance jeune et un peu friquée, très festive certains soirs. Fait aussi resto. Passez jeter un coup d'œil, le lieu est vraiment accueillant.

Base *(plan zoom, D3,* ***158****) :* *quiosque Jardim, Passeio dos Clerigos, rua das Carmelitas 151. M. São Bento. Dans le jardin, au-dessus galeries commerçantes. Tlj 11h-22h30.* Sous les oliviers et les lampions, en plein air, on s'installe avec sa bière sur l'herbe au son des DJ sets sympathiques ou... des cloches de la Torre de Clérigos voisine !

Pinguim Café *(plan Centre, D4,* ***153****) :* *rua de Belmonte, 65.*

916-048-413. Tlj 21h-4h. Dans la Ribeira, à l'écart du quartier nocturne. Café tenu par Luís, qui a voulu créer un lieu de rencontre dans un décor différent : expos de peinture, poésie, musique jazz, rock et groupes portugais. Clientèle de tous âges. Excellents cocktails.

Café Lusitano *(plan Centre, D2,* ***151****) : rua José Falcão, 137. ☎ 222-011-067. • cafelusitano.porto@gmail.com • cafelusitano.com • Ⓜ Aliados. Mer-jeu 21h30-2h, ven-sam 22h-4h. Fermé dim-mar. Concert mer soir à 22h30 (conso obligatoire 5 €), DJ les autres j.* Un lieu branché et *gay-friendly* plein de charme, où règne une bonne ambiance à partir de 23h. Belle salle à l'ancienne avec une déco Belle Époque mise au goût du jour, un grand bar et de belles boiseries, sous un lustre imposant. Arrière-salle avec scène pour des concerts très éclectiques de fado, tango, flamenco, rock... et coin DJ pour les autres soirs. Une 2de salle au fond pour cocooner. Service et clientèle jeunes.

Mira Jazz *(plan Centre, D4,* ***157****) : escadas do Caminho Novo 11. Tlj sauf lun.* En plein milieu d'une montée d'escalier, un bar tout simple pour siroter quelques bulles avec un air de jazz. Parfois des groupes live. Superbe vue sur les toits de Porto et Vila Nova de Gaia. Et crème solaire à disposition !

– Dans le quartier de l'université, la ***praça de Parada Leitão*** *(plan zoom, D3)* est un haut lieu de rassemblement de la jeunesse survoltée. Le week-end, particulièrement, de gros attroupements se forment devant les cafés *D'Ouro* et *Universidal,* où la bière coule à flots.

Où écouter du fado ?

Porto n'est pas la ville du fado comme Lisbonne. Néanmoins, il existe quelques lieux où il est possible d'entendre cette mélopée mélancolique typiquement portugaise.

Casa da Mariquinhas *(plan zoom, D4,* ***160****) : rua de São Sebatião, 25. 915-613-877. • casadamariquinhas.pt • Ⓜ São Bento. Mer-sam 20h-minuit (0h30 ven-sam). Compter min 37-40 €/pers la soirée, dîner et fado inclus.* À l'ombre de la cathédrale *(Sé),* cachée dans une ruelle discrète, cette maison de fado est une vieille institution à Porto depuis 1968. Les meilleurs artistes du Portugal s'y produisent.

Adega Rio Douro *(plan d'ensemble,* ***161****) : rua do Ouro, 223. Mar 16h30-20h.* Voici une information que nous vous délivrons du bout des doigts tant nous craignons de dénaturer ce qui constitue probablement un de nos plus beaux souvenirs de Porto ! Certains bars de la ville proposent, une fois par semaine, de 16h30 à 20h, un après-midi de *Fado Vadio* (fado populaire), soit une vingtaine d'amateurs qui passent à tour de rôle, tandis que le public les écoute religieusement, voire les accompagne ou leur répond, car ici tout le monde connaît les chants entonnés. L'entrée est libre, mais la règle tacite veut que l'on consomme un minimum *(env 10 € par pers).* La difficulté est de trouver le bar dans lequel se tient cet après-midi hebdomadaire, car ***l'Adega Rio Doura*** est le seul à proposer un rendez-vous régulier. En revanche, celui-ci, comme beaucoup d'autres, est tout petit, et mieux vaut arriver en avance.

Où sortir ? Où danser ?

Plano B *(plan zoom, D3,* ***166****) : rua Cândido dos Reis, 30. ☎ 222-012-500. • planobporto.com • Ⓜ Aliados. Jeu-sam 22h-6h (parfois le mer). Fermé dim-mer.* Un incontournable de la scène « alter » de Porto. Un immense volume composé de plusieurs pièces avec 2 bars, salle de concerts *ao vivo* (souvent excellents) et belle piste de danse avec DJs branchouilles. Ne pas arriver avant minuit si vous avez des fourmis dans les jambes !

Hot Five Jazz & Blues Club *(plan Centre, E4,* ***167****) : Largo Actor Dias, 51. 934-328-583. • hotfive.pt • Ⓜ Guindais. Mer-dim 22h-3h (4h ven-sam, 2h dim).* Pour le jazz, c'est ici que cela se passe ! Le club se trouve dans une maison isolée à l'ombre des vieilles murailles (Muralha Fernandina). Les concerts, souvent excellents, ne gênent personne !

Achats

Comer e Chorar por Mais *(plan Centre, E3,* ***170****) : rua Formosa, 300. ☎ 222-004-407. Tlj, sauf dim, 9h-19h30 (19h sam).* On trouve, dans cette boutique-épicerie d'excellents produits provenant de petits producteurs locaux : jambon *serrano* et charcuterie variée sous vide (bien pratique pour rapporter), grand choix de fromages, de confitures, de vins et d'alcools... à prix raisonnables. Accueil souriant.

A Pérola do Bolhão *(plan Centre, E3,* ***171****) : rua Formosa, 279. ☎ 222-004-009. Tlj, sauf dim, 9h30-19h30 (13h sam).* Une autre boutique-épicerie à la belle façade Art déco, qui comblera les gourmands. Également des charcuteries et fromages sous vide. Et de belles boîtes de conserve.

Chocolataria Equador *(plan zoom, E3,* ***172****) : rua das Flores, 296. ☎ 222-010-455. Lun-ven 11h-19h30 et w-e 14h-19h30. Ⓜ São Bento.* Des chocolats originaux (au Porto !), des fèves de São Tome, des tablettes aux emballages rétro et des prix serrés. On craque !

Casa natal *(plan Centre, E2,* ***182****) : rua de Fernandes Tomás 833. ☎ 222-052-537. Ⓜ Bolhão. Lun-ven 9h-19h30, sam 9h-18h30.* Une épicerie ouverte depuis 1900. Un vrai décor où tout s'achète, des bouteilles de vins portugais classées par année aux fruits confits et autres douceurs. Jusqu'à la morue séchée livrée en entier !

Mercado 48 *(plan Centre, D2,* ***173****) : rua da Conceição, 48. ☎ 222-239-326. Tlj 11h-14h30 et 15h30-19h30 sauf dim.* Articles de créateurs ou d'artisans portugais : cela va des chaussettes aux lainages et aux illustrations en passant par les savons, les tee-shirts et mille et une autres petites trouvailles. L'endroit idéal pour faire le plein de cadeaux originaux à prix raisonnables.

Coração Alecrim *(plan Centre, D2,* ***183****) : tv. de Cedofeita, 28. 938-111-152. Lun-sam 11h-19h.* Une boutique de vêtements de créateurs portugais abordables, mais aussi de céramiques, d'objets déco *green* et vintage. Vu nulle part ailleurs !

Ovelha Negra *(plan Centre, D2,* ***173****) : rua da Conceição, 100. ☎ 220-935-847. Lun-ven 10h-13h, 14h30-18h ; sam 10h-13h, 14h-18h.* Ami(e)s du tricot, bonjour ! Voici une boutique vendant des laines portugaises de belle qualité et aux couleurs variées. À vos aiguilles !

Livraria Timtim por Timtim *(plan Centre, D2,* ***174****) : rua da Conceição, 27-29. ☎ 222-011-083. Ⓜ Aliados. Tlj, sauf dim, 10h-12h30, 14h30-19h (15h-18h sam).* Toutes les B.D. dont on peut rêver, du Belge Tintin au Gaulois Astérix et autres grands classiques et raretés anciennes. Dans la langue portugaise mais aussi dans celle de Voltaire. Pour les aficionados, une belle caverne d'Ali Baba remplie de trésors !

Máquinas de Outros Tempos *(plan Centre, D2,* ***175****) : rua dos Mártires da Liberdade, 154. ☎ 223-212-968. Ⓜ Aliados. Tlj 10h30-13h, 14h-19h, sauf dim et sam mat.* LE magasin d'occase de la photographie et du cinéma, des milliers d'articles garantis 6 mois qu'on ne trouve plus ailleurs (caméras, projos, objectifs, accessoires, Polaroid...). Accueil pro.

Armazém dos Linhos *(plan Centre, E3,* ***176****) : rua de Passos Manuel, 15. ☎ 222-004-750. Lun-ven 10h-19h, sam 10h-13h et 14h30-19h.* Dans une belle boutique à l'ancienne (avec de longs comptoirs en bois au centre), un beau choix de tissus relativement classiques, mais de qualité et fabriqués au Portugal. Quant aux prix, ils sont aussi doux au portefeuille que certains des tissus au toucher ! Précisons, par ailleurs, que cette boutique n'est pas la seule en ville où les amateurs de tissus pourront (re)constituer leurs stocks.

Garrafeira do Carmo *(plan Centre, D3, **177**) : rua do Carmo, 17. ☎ 222-003-285. Tlj 9h-13h, 14h-19h, sauf sam ap-m et dim.* Dans cet antre minuscule aux murs tapissés de bouteilles se cache un excellent caviste, et de bon conseil de surcroît !

Burel Factory *(plan zoom, D4, **178**) : rua de Mouzinho da Silveira, 83. ☎ 223-203-798. Tlj 10h-19h sauf dim.* Située dans la Serra da Estrela, la *Burel Factory* fabrique encore aujourd'hui ses couvertures, ses châles, ses écharpes et ses autres belles pièces à partir de laine portugaise et sur des machines du XIXe s. Des méthodes bien ancrées dans la tradition, donc, mais avec un design et des modèles résolument d'aujourd'hui pour des articles de belle qualité.

Lufa Lufa *(plan zoom, E3, **179**) : rua das Flores, 255. Tlj 11h-14h, 15h-19h, sauf dim.* Une toute petite boutique proposant des tee-shirts originaux aux motifs imaginés par le couple de propriétaires-artistes. Les tee-shirts eux-mêmes, fabriqués dans le nord du Portugal, sont de belle qualité, et on aime les imprimés à la fois minimalistes, intrigants et poétiques.

Claus Porto *(plan zoom, D3-4, **180**) : rua das Flores, 22. 📱 914-290-359. Tlj 10h-20h.* Une maison de Porto créée en 1887. L'histoire commença par les savons, dont il existe aujourd'hui une collection magnifique, tant pour le nez (avec une délicatesse et une variété de parfums rares) que pour les emballages : ils sont tellement beaux qu'on hésite à les ouvrir ! Puis l'aventure s'est poursuivie avec les parfums et les produits pour entretenir la barbe de monsieur. Évidemment, cette très belle qualité se paie !

Loja das Tábuas *(plan zoom, D4, **181**) : palácio das Artès, largo de São Domingos, 20. ☎ 222-080-067. Lun-sam 10h-13h et 14h-19h.* Des planches en bois à découper de toutes les formes, de toutes les tailles (que l'on peut même personnaliser !). De prime abord, ça peut sembler étrange, mais on se laisse vite séduire. Le seul problème étant que certaines risquent d'être difficiles à caser dans une valise (et l'alourdir considérablement !).

À voir

– La ***Porto Card :*** *☎ 223-393-472 ou 300-501-920. ● visitporto.travel ●* On achète cette carte aux différents bureaux des offices de tourisme (officiels) de Porto et au bureau de change Novo Cambios dans le hall des arrivées de l'aéroport, dans les gares de São Bento et Campanhã ou, plus simple encore, en ligne (particulièrement pratique si vous prenez l'option incluant les transports puisqu'elle vous permettra de gagner le centre-ville sans avoir à vous soucier d'acheter des titres de transports si vous arrivez par avion, train ou bus – en revanche, il faut anticiper un minimum et demander à ce que la carte vous soit envoyée). La *Porto Card* offre 50 % de réduction dans 14 musées et monuments, l'entrée gratuite dans 6 musées, ainsi que quelques rabais sur les croisières, tours en bus, dans certains restos et magasins. Elle propose plusieurs formules : 1, 2, 3 ou 4 jours, avec ou sans les transports en commun (tram et funiculaire non inclus). *Formule sans transport : 6 € pour 1 j., 10 € pour 2 j., 13 € pour 3 j. et 15 € pour 4 j. Avec transports : 13 € pour 1 j., 20 € 2 j., 25 € 3 j. et 33 € 4 j.* Si vous logez dans le centre, l'option transport n'est pas forcément intéressante, car la plupart des sites se rejoignent aisément à pied, et il sera plus économique de prendre une simple carte de transport rechargeable pour rejoindre les endroits excentrés.

– ***Official Tours :*** *📱 916-436-479. ● officialtoursporto.com.pt ● Tlj depuis la gare de São Bento à 9h30 et 14h30. Résas par e-mail. Tarif : 20 €/pers.* Avec son équipe de 3 guides professionnels, Karen Falaix, une adorable Franco-Portugaise, propose des visites guidées à pied de la vieille ville. On apprend l'histoire de Porto et on découvre la vraie personnalité de cette ville, en marchant au long de ses ruelles bordées de belles façades d'*azulejos*. Une superbe manière de découvrir, à travers monuments et églises, les secrets de ce Porto insolite, méconnu et profondément humain. On s'arrête aussi dans des ateliers d'artisans traditionnels et dans des boutiques hors du temps. Durée : 4h qu'on ne voit pas passer ! D'autres tours disponibles sur le site.

Les différents quartiers de Porto

Le **centre historique** correspond à la partie de la ville inscrite au Patrimoine mondial de l'Unesco depuis 1996, soit la zone délimitée par la *Muralha Fernandina* qui doit son nom à Dom Fernando qui l'acheva au XIVe s. Il est bordé par deux collines au sommet desquelles trônent, à l'ouest, la *tour et l'église de Clérigos* et, à l'est, la *cathédrale*.

De celles-ci, les ruelles dévalent jusqu'au Douro et **la Ribeira,** le quartier (inclus dans le centre historique) qui s'étend sur les rives du fleuve. Si le plan urbain de cette partie de la ville correspond encore grandement à celui qu'il était au Moyen Âge, il comprend nombre de bâtisses construites ultérieurement, tels l'**estação São Bento** *(la gare São Bento)* ou le **Palácio da Bolsa** *(palais de la Bourse).*

Depuis les années 2000, ce centre historique connaît un véritable renouveau : ses bâtisses délabrées sont peu à peu restaurées et nombre d'entre elles transformées en logements touristiques. Heureusement la municipalité veille et œuvre afin que ce joyau, en retrouvant son lustre, ne perde pas son âme : encadrement des loyers pour que les anciens puissent rester, tentatives de trouver un difficile équilibre entre logements sociaux restaurés par la ville et logements touristiques. Résultat : si certains axes, tel la *rua das Flores* et les *quais,* sont aujourd'hui véritablement touristiques, d'autres quartiers restent dans leur jus.

Précisons, enfin, que sont aussi inscrits au Patrimoine mondial de l'Unesco le *Ponte Dom Luís I* et le *mosteiro da Serra do Pilar (plan Centre, E4),* à Vila Nova de Gaïa.

Au nord et à l'est, l'**estação São Bento** *(plan Centre, E3)* et la **Praça Batahla** *(plan Centre, E3)* marquent la limite avec la **Baixa,** qui est aussi le centre-ville de Porto, mais le centre-ville moderne et commerçant. Il est assez étendu mais se parcourt aisément à pied. Plusieurs zones se dégagent : au centre, la grande et très minérale **praça da Liberdade** *(plan Centre, E3)* et **l'avenida dos Aliados** *(E2-3)* bordées d'imposants édifices en granit. Au bout de celle-ci : l'hôtel de ville. À l'est de la place, des quartiers commerçants et populaires avec la **rua Santa Catarina** *(plan Centre, E-F2-3),* LA grande rue piétonne commerçante qui abrite à peu près les mêmes enseignes que partout ailleurs en Europe, avec juste à côté le grand **marché Bolhão** *(plan Centre, E2-3)* et ses bonnes petites adresses populaires.

Tandis qu'à l'ouest de la **praça da Liberdade** et **l'avenida dos Aliados,** l'esprit est plus bohême, plus branché, plus estudiantin aussi, même si quelques boutiques traditionnelles ou échoppes d'artisans s'y cachent encore. Le soir venu, les rues **Galeria de Paris, do Candido de Reis, do Conde de Vizela, das Oliveira** et la **traversa de Cedofeita** s'animent : c'est là que se trouvent les bars et autres endroits fréquentés par les oiseaux de nuit.

À l'ouest, s'étend le quartier de **Boavista,** traversé par **l'avenida da Boavista,** la plus longue de la ville, où trône la fameuse **Casa da Música** *(plan d'ensemble).* La **rua de Cedofeita** *(plan Centre, D2)* piétonne, bordée de commerces, se parcourt agréablement. Plusieurs galeries d'art contemporain se cachent dans la **rua de Miguel Bombarda** *(C-D2)* et les rues adjacentes. Quant aux délicieux **jardins do Palácio de Cristal** *(plan d'ensemble),* ils constituent un magnifique refuge pour qui souhaiterait une plongée dans un délicieux univers végétal ombragé.

Le centre historique

Bon à savoir : *il existe un* ***billet combiné*** *regroupant igreja e torre Clérigos + palácio da Bolsa + Museu e Igreja Misericórdia do Porto. Prix : 18 € (pas intéressant pour les étudiants et les enfants qui bénéficient de réduc dans ces mêmes sites).*

*** ⋠ ***Les viaducs et les ponts sur le Douro :*** ne pas manquer de parcourir les rives du fleuve à la découverte de ces ouvrages d'art qui forgent l'une des images fortes et tenaces de Porto. Et puis, qu'on soit à Porto ou Vila Nova de Gaia (en face), la rive opposée a toujours un joli relief, avec ses entrepôts, églises, couvents et autres édifices civils agrippés à ses flancs. Depuis Vila Nova de Gaia, joli point de vue notamment depuis le petit ***jardim do Morro*** *(plan Centre, E5).*

La vallée du Douro est enjambée par l'emblématique ***pont métallique Dom Luís I*** *(plan Centre, E4),* construit entre 1881 et 1886 sur les plans d'un ingénieur belge, Théophile Seyrig, ancien collaborateur d'Eiffel. L'ouvrage est inauguré en 1886 par le roi Louis Ier du Portugal (Dom Luís I), d'où son nom actuel. Le métro le traverse dans la partie supérieure (de même que les piétons) tandis que la partie basse est réservée aux voitures (et aussi encore aux piétons). Très belle vue depuis la partie la plus haute.

En amont, le 1er pont est le ***Ponte do Infante Dom Henrique*** *(plan Centre, F4),* pont routier moderne tout blanc, puis le ***pont (ferroviaire) de la Reine Maria Pia*** *(plan d'ensemble),* œuvre de **Gustave Eiffel** et de son associé Théophile Seyrig (voir encadré). Il fut ainsi nommé en l'honneur de Maria Pia de Savoie, devenue reine consort par mariage avec le roi Louis Ier du Portugal. Sa construction permit à l'ingénieur d'affûter les techniques de montage de sa célèbre tour parisienne, 12 ans plus tard. Son génie stupéfia à l'époque. Pour franchir les 560 m de flots impétueux du Douro à une hauteur de 60 m et sans installer de piles (160 m de portée d'arc !), il fallut 22 mois de travaux et 150 ouvriers. Le pont fut terminé en 1877. Il est désaffecté depuis 1991.

UNE FEMME QUI MÉRITERAIT UN PONT D'OR...

L'épouse du constructeur du ponte de Maria Pia avait parié qu'elle serait la 1re à le franchir. À peine la poutre de 20 cm de large posée entre les 2 rives, elle s'élança comme une funambule. Et pour s'assurer que personne d'autre ne soit le 1er dans l'autre sens, elle accomplit un nouvel exploit en retournant d'où elle venait. Après cela, il semblerait que son mari n'ait jamais coupé les ponts avec elle.

À l'ouest, le ***ponte da Arrábida*** *(plan d'ensemble),* construit en 1963, en béton armé, est le plus proche de la mer.

– *Visite guidée du ponte* ***da Arrábida*** *:* possibilité de grimper sur ce pont avec le **Porto Bridge Climb.** Attention, condition physique nécessaire (262 marches à gravir) : être âgé de 12 à 79 ans, avoir de bonnes chaussures et une tenue de marche. Vue splendide ! *Accueil au pied du pont. Tlj à partir de 14h30 (jusqu'à 20h30). Durée visite : 30 mn. Visites en français possibles, sur résa. Tarifs : 16-17,50 €/pers.* • *portobridgeclimb.com* •

** **Sé** *(cathédrale ; plan zoom, E4)* **:** *terreiro da Sé. ☎ 222-059-028. Ⓜ São Bento. Avr-oct, tlj 9h-18h30 (17h30 en hiver) ; dernière admission 30 mn avt. Entrée : 3 € ; gratuit moins de 10 ans. Messe à 11h.*

La cathédrale de Porto coiffe une des collines de la ville. Vous ne verrez pas de hautes flèches ni de clocher pointu : elle a une silhouette trapue, celle d'une église-forteresse massive et granitique destinée à protéger la population des envahisseurs. Sans unité architecturale, l'édifice mâtine son style roman originel de gothique et de baroque, à l'instar de la façade, dont la rosace romane fut affublée en 1732 d'un portail baroque, œuvre de l'Italien Niccoló Nasoni. De même, le mur nord s'est habillé d'une élégante loggia avec des escaliers à balustres. L'impression de hauteur que procure l'intérieur surprend, et la grande sobriété de la nef tranche avec les stalles très ouvragées, l'autel, ainsi que les fresques polychromes du chœur. Quant à l'autel en argent massif ciselé que l'on peut admirer dans la chapelle du bras gauche du transept, il fallut près de 3 siècles pour l'achever.

Joli ***cloître*** central, mariage harmonieux de voûtes gothiques en granit et de fresques d'*azulejos.* Au rez-de-chaussée, belle sacristie recouverte de fresques colorées et 2 chapelles. À l'étage, on accède à la terrasse et à la salle capitulaire : ses murs en partie recouverts d'*azulejos* représentent des scènes de chasse et le plafond à caissons Saint-Michel entouré de 14 figures (la charité, le mérite, la sollicitude, la clémence, etc.). En redescendant par l'escalier opposé, ne pas manquer la ***salle des trésors*** présentant une belle collection d'objets religieux des XVIIe et XVIIIe s.
- Sur la place de la cathédrale, un *palais épiscopal,* une *tour carrée* du XIVe s et un élégant *pelourinho* (pilori) baroque, couronné et torsadé à souhait. Quelques vestiges des remparts du XVIe s.

👣👣 ***Casa Guerra Junqueiro*** *(plan zoom, E4)* **:** *rua Dom Hugo, 32. ☎ 222-003-689. • cm-porto.pt • Ⓜ São Bento. Tlj 10h-17h30 sauf lun et j. fériés ; dernière admission 30 mn avt. Entrée : 4 € ; réduc ; gratuit pour les moins de 14 ans, les étudiants et les plus de 65 ans.* Guerra Junqueiro (1850-1923) était poète, homme politique et diplomate, mais aussi un grand voyageur et collectionneur d'objets raffinés du XVe au XIXe s, exposés ici, dans une maison baroque du XVIIIe s, qui aurait été conçue par l'architecte italien Niccoló Nasoni. Cette demeure appartenait à l'origine à l'administration ecclésiastique, puis elle passa de main en main avant d'être rachetée par le gendre de Guerra Junqueiro, qui en fit don à la ville, avec la collection de son père. Ce dernier n'y a donc jamais vécu, mais on a reconstitué, au 2d étage, sa maison de Porto avec, çà et là, de magnifiques pièces de collection (tapis de soie indiens au mur ou de laine de Bragança au sol ; habit de cérémonie français, meubles baroques, chopes bavaroises, céramiques chinoises ou encore tapisseries flamandes). Pour l'argenterie, c'est au 1er étage que cela se passe : services à thé, bougeoirs, de sacrés ciseaux pour couper les mèches de bougies, plats-fontaines, coffrets marquetés. Le rez-de-chaussée abrite, quant à lui, des expositions temporaires *(GRATUIT).*

👣👣 ***Igreja Santa Clara*** *(plan Centre, E4)* **:** *largo de I° de Dezembro. Sur une petite place, au fond, à côté du commissariat de police.* ***Attention, église en restauration pour une durée indéterminée.*** Église de style manuélin, ce courant qui se développa à la fin du XVe s sous le règne du roi Manuel Ier. Elle est remarquable pour l'exubérance de ces sculptures dorées. La technique de sculpture sur bois, dite de la *talha dourada,* atteint ici des sommets. Les murs sont couverts de motifs sculptés dorés, de colonnes surchargées, de chapiteaux surabondants par leurs détails ; le plafond est intégralement doré. En 1758, on disait déjà que Santa Clara était la plus parfaite et la plus soignée des églises du royaume. Noter les 2 buffets d'orgue qui encadrent une grande loggia sur 2 niveaux. Noter également les 8 loges de part et d'autre de la nef, dans la galerie supérieure. Elles sont fermées par des grilles qui évoquent des moucharabiehs. En résumé, le grand jeu consiste à trouver un millimètre carré sans fioritures.

👣 Depuis le quartier de la cathédrale, on peut rejoindre, en contrebas, le ***quartier de la Ribeira*** *(plan zoom, D-E3-4),* par la ***rua dos Mercadores*** *(plan zoom, D4),* peut-être la plus ancienne de Porto (meurtrière pour les hauts talons), ou aller se perdre à partir de ***la rua da Senhora das Verdades*** *(plan zoom, E4)* dans un dédale de ruelles, volées d'escaliers, passages voûtés autour desquels s'ordonne avec peine l'entassement indescriptible des maisons contre la falaise. La municipalité s'est engagée depuis quelque temps dans une intelligente restauration pour conserver ce chef-d'œuvre d'urbanisme humain et vivant, mais le quartier a déjà perdu près d'un tiers de sa population. Enfin, le ***cais da Ribeira*** *(plan zoom, D-E4),* avec ses maisons et restos à auvents, compose l'une des plus souriantes cartes postales que vous conserverez en tête. Quelques vestiges de la Muraille fernandine, avec un seul et dernier auvent le long des quais.

Autour de la praça da Ribeira *(plan zoom, D4)* **:** joli dédale de ruelles tortueuses. L'étroite *rua da Reboleira (plan zoom, D4)* présente toujours un aspect médiéval. Au nº 55, une maison a gardé son portail gothique. Au nº 59, belle maison-tour du XIVe s. La *rua Nova da Alfândega (plan Centre, C-D4),* vous mène, en quelques minutes à pied, au *quartier de Miragaia.* C'est en contrebas de la route (épisodiquement inondée par les crues du Douro) que se trouve la quasi-continuité architecturale de la Ribeira.

Casa do Infante *(maison du prince Henri le Navigateur ; plan zoom, D4,* ***194)*** **:** *rua da Alfândega, 10. ☎ 222-060-400. Tlj 10h-17h30 sauf lun et j. fériés ; dernière entrée 30 mn avt. Entrée : 4 €.* Dans cette ancienne maison des douanes *(Alfandega Velha)* du XIVe s, serait né (selon la légende) en 1394 le prince Henri le Navigateur, pionnier des grandes explorations maritimes du Portugal. On y découvre aujourd'hui une petite exposition sur le fameux Henri et la découverte de nouveaux mondes, la monnaie et les procédures de dédouanage (outils de mesure, de pesage, de comptage...), ainsi que quelques objets importés du nord de l'Europe, du Brésil et d'Orient aux XVIIe-XVIIIe s. Également quelques vestiges romains des IIIe et IVe s, dont la reconstitution d'une mosaïque polychrome à motifs géométriques dès l'entrée. Expositions temporaires *(GRATUIT).*

Palácio da Bolsa *(palais de la Bourse ; plan zoom, D4)* **:** *rua Ferreira Borges. ☎ 223-399-013. • palaciodabolsa.com • Avr-oct, tlj 9h-18h30 ; nov-mars, tlj 9h-12h30, 14h-17h30. Visite guidée obligatoire de 30 mn (possible en français, langue choisie par les premiers arrivés). Tarif : 10 € ; réduc. Horaires et langues des visites affichés sur un grand panneau à l'entrée ; possibilité de réserver par l'office de tourisme.*

Construit en 1842 par la reine Marie II du Portugal pour être le siège de l'Association commerciale de Porto, qui devint ensuite la Chambre de commerce et d'industrie de Porto. La Bourse s'y tint jusqu'en 1996, date à laquelle Porto perdit son titre de capitale financière au profit de Lisbonne. Le style néoclassique austère de la façade contraste avec les salles intérieures, plus flamboyantes les unes que les autres et qui synthétisent plusieurs styles (Renaissance, baroque, mauresque) et techniques décoratives (peintures, marqueteries, mobiliers, bois précieux). Cour des Nations conçue comme un puits de lumière (cherchez les armes de votre pays), escalier monumental en granit dont la construction dura 68 ans et surmonté de 2 lustres en bronze de 1,5 t chacun, salle du tribunal de commerce, salle dorée (salle du conseil) avec plancher marqueté, salle de l'assemblée générale (trompe-l'oeil en plâtre), salle des portraits...

Mais le joyau de l'édifice reste le ***salon mauresque (salão Àrabe),*** inspiré de l'Alhambra de Grenade. Richement décoré du sol au plafond de stucs et boiseries délicatement ciselés et de faux vitraux qui sont en réalité du verre peint. Un ouvrage qui demanda 18 ans de travaux ! Il présente une légère dissymétrie... car, selon les canons de la modestie traditionnelle dans l'architecture musulmane, seul Allah est parfait ! Cette salle, où l'on donnait des bals et réceptions mondaines, est encore utilisée de nos jours à l'occasion de concerts et autres manifestations culturelles.

Instituto dos Vinhos do Douro e do Porto *(plan zoom, D4,* ***193)*** **:** *rua de Ferreira Borges, 27. ☎ 222-071-600. • ivdp.pt • Ouv lun-ven 10h-19h. Entrée libre. Dégustation payante. Visite guidée : 5 €.* Juste au-dessus du palais de la Bourse et face au marché Ferreira Borges, quelques marches de granit mènent à l'intérieur de ce bâtiment imposant qui abrite l'Institut des vins du Douro et de Porto. Organisme dépendant de l'État, sa mission consiste à veiller au contrôle de la qualité et de la quantité des vins de Porto, ainsi qu'au respect des appellations. On y trouve une salle d'exposition, une salle de dégustation, un petit centre d'interprétation du porto très bien fait, et des locaux fermés au public abritant l'administration et la recherche (laboratoires). Une plaque et une borne en granit à l'entrée rappellent le rôle du marquis de Pombal. En 1756, il créa et homologua la zone viticole du Haut-Douro. Le musée évoque l'histoire et l'évolution des vins de Porto et de la vallée du Haut-Douro.

Igreja et museu de São Francisco *(plan zoom, D4)* **:** *rua do Infante Dom Henrique. ☎ 222-062-125. • ordemsaofrancisco.pt • Tlj : juil-sept, 9h-20h ; mars-juin et oct, 9h-19h ; nov-fév, 9h-18h. Entrée : 8 € ; billetterie à l'accueil du musée.*
Sur l'emplacement d'un 1er petit lieu de culte datant de 1245, cette église fut édifiée en 1425 dans un style gothique classique, puis décorée de manière baroque aux XVIIe et XVIIIe s. Ces siècles correspondent à la fois au triomphe et au chant du cygne de la *talha dourada* : la nef n'est qu'une orgie de bois sculpté dégoulinant d'or, une explosion végétale qui envahit murs, voûtes, piliers, jusqu'au plafond. Seul le plancher y échappe. Que l'on aime ou pas, cela vaut le coup d'œil ! Ce délire nécessita à l'époque plus de 500 kg d'or.
La pièce la plus extraordinaire est le ***superbe arbre de Jessé*** en bois sculpté polychrome, assurément l'une des plus stupéfiantes illustrations au monde de la généalogie du Christ. Le patriarche Jessé est couché au-dessus d'une cage de verre renfermant la statue grandeur nature de *Nossa Senhora do Boa Viagem* ou *Boa Morte* (Vierge Marie du Bon Voyage ou de la Bonne Mort...). De Jessé, assimilé à un tas de racines, jaillit un arbre puissant et noueux d'où se détachent des statues réalisées avec la fantaisie naturelle des productions végétales. Jamais le terme arbre généalogique ne s'appliqua mieux qu'ici à un thème biblique. Sur un côté de la nef, le *Retábulo dos Santos Mártires de Marrocos* (l'autel des Saints Martyrs du Maroc) montre 2 musulmans enturbannés mettant à mort des moines. Dans un sursaut de bon sens, l'église fut fermée au culte, le clergé ayant trouvé indécent l'étalage d'une telle richesse quand les habitants du quartier vivaient, eux, dans une grande misère.
– ***Le musée et les catacombes :*** attenant à l'église, le musée abrite des souvenirs des bienfaiteurs de l'ordre de saint François. Mais le plus impressionnant est au sous-sol, où se trouve ce qui servit de cimetière de 1746 à 1866, soit des catacombes. En effet, jusqu'en 1845, les cimetières publics tels qu'on les connaît aujourd'hui n'existaient pas au Portugal, on était enterré dans et autour des églises. Des centaines d'enfeus noir et blanc couvrent les murs. Au sol, des tombeaux fermés par des planches. À travers une grille aménagée dans le plancher, au fond d'un recoin, on aperçoit même un ossuaire et un corps momifié dans une chapelle. Chaque niche numérotée porte une tête de mort accompagnée d'une litanie de « *Aqui Jaz...* » (ci-gît, quoi !).

Museu e Igreja Misericórdia do Porto *(MMIPO ; plan zoom, D3)* **:** *rua das Flores, 15. ☎ 220-906-960. • mmipo.pt • Tlj 10h-18h30 (17h30 en hiver) ; dernière admission 30 mn avt. Entrée : 14 € (verre de porto offert !) ; réduc.* Du XVIe s jusqu'à 2013, la *Santa Casa da Misericórdia do Porto,* qui jouxte l'église et où se situe aujourd'hui le musée, abrita le siège de l'institution de charité la ***Misericórdia do Porto,*** qui joua un rôle important tant dans le domaine de l'éducation que celui de l'aide sociale ou de la santé. On lui doit ainsi la construction de nombreux hôpitaux de Porto, qu'elle géra durant longtemps, notamment l'hospital de Santo António qui ne fut repris en main par l'État qu'après la Révolution des Œillets. Le musée retrace l'histoire de l'institution, ses protagonistes, son travail. C'est aussi l'occasion de découvrir quelques belles œuvres, notamment le *Fons Vitae,* peint vers 1520. La visite se termine dans l'église à la superbe façade rococo du XVIe s et restaurée au XVIIIe s selon les plans de Niccoló Nasoni. À l'intérieur, les habituels *azulejos, talha dourada...*

Estação de São Bento *(gare ferroviaire de São Bento ; plan Centre et plan zoom, E3)* **:** *fermée la nuit. Ⓜ São Bento. Petit conseil : la visiter en fin de journée, c'est plus agréable.* Construite sur le site de l'ancien couvent de São Bento de Avé Maria (d'où son nom) et mise en service en 1896, cette belle gare possède une salle des pas perdus qui est un chef-d'œuvre de l'art de l'*azulejo.* On doit celui-ci au peintre Jorge Colaço, auquel il fallut 15 ans pour accomplir ce magnifique travail. Les hauts murs sont couverts d'immenses fresques retraçant des scènes de la vie populaire ou quelques grands épisodes de l'histoire portugaise du XIIe au XVe s, comme la prise de Ceuta en 1415 par Henri le Navigateur (né à Porto). Une autre scène montre Egas Moniz se présentant au roi de León avec sa famille. Belle frise en couleur sur l'évolution des moyens de transport à Porto, de l'époque romaine jusqu'à arrivée du train. Une anecdote : construisant sa gare comme un monument, l'architecte en négligea le côté pratique et utile, et oublia... les guichets de vente !

Igreja dos Congregados *(plan zoom, E3)* **:** *rua de Sá da Bandeira, 11.* Elle se dresse avec son fronton triangulaire à côté de la gare de São Bento. Inaugurée en 1680, sa belle façade baroque ornée d'*azulejos* représentant des scènes de la vie de saint Antoine ne fut réalisée que plus tard, par Jorge Colaço, le peintre de la gare de São Bento. Elle se visite pour son style *talha dourada* et son autel argenté.

Igreja e torre dos Clérigos *(plan zoom, D3,* ***191****)* **:** *☎ 222-145-489. • torredosclerigos.pt • Ⓜ São Bento. Ascension de la tour tlj 9h-19h ; dernière admission 30 mn avt. Visite de l'église (gratuite) tlj 9h-19h. Tour + musée : 6 € ; gratuit moins de 12 ans ; réduc.* Construite au XVIIIe s par l'architecte baroque d'origine italienne ***Niccoló Nasoni, c'est l'église la plus haute du Portugal*** (75,60 m). Elle présente une forme elliptique originale (à regarder son dessin, on dirait une forme d'obus) avec une coupole intérieure ovoïde. L'influence du baroque italien se fait sentir ici plus qu'ailleurs. La théâtralité de la décoration, les petites loges aux balustrades sculptées, les merveilleux orgues, tout porte la marque cruciale de la Contre-Réforme catholique opposée au protestantisme austère et dépouillé. Porto n'a pas inventé le style baroque venu d'Italie, mais l'a accueilli avec enthousiasme. En montant au sommet de la tour, on traverse le petit musée. En chemin, également, de ***beaux points de vue sur l'intérieur de l'église*** en contrebas. Sur un palier dans l'abrupte montée, on fera une pause pour admirer les ***49 cloches*** produisant chacune un son différent. La plus grosse pèse 2 t pour un diamètre de 1,50 m, tandis que la plus petite pèse 5 kg. ***Pilotées par ordinateur, elles sonnent chaque jour à 12h et 18h.*** Ne pas manquer leur vacarme assourdissant ! Du sommet de la tour, très beau point de vue sur la ville. Attention tout de même avec des enfants en bas âge : à l'avant-dernier niveau, certains espaces ajourés sans protection sont juste à leur hauteur.

Centro português de Fotografia *(plan zoom, D3)* **:** *campo Martíres da Pátria. ☎ 220-046-300. • cpf.pt • Ⓜ São Bento. Mar-ven 10h-18h (pause 12h30-14h nov-fév) ; sam-dim 10h-13h. Fermé lun. GRATUIT.* La visite vaut en premier lieu pour le bâtiment de cette ancienne cour d'appel et prison de 1796 qui servit jusqu'en 1974. L'édifice a un double aspect : il fait cohabiter une face assez noble (le tribunal et son escalier monumental) avec une face carcérale (portes massives, épais barreaux, cour de promenade...). Au rez-de-chaussée, salle de diaporama, photothèque et salles d'expos temporaires de photos. Un escalier en granit aux étages supérieurs (ça grimpe !) mène à d'autres belles salles où sont exposées quelques pièces de collection de choix : daguerréotypes, chambres à soufflet, 1ers Polaroïds, etc.

L'ancien quartier juif *(plan zoom, D3)* **:** *rua de São Bento da Vitória.* Malgré la présence de l'église et du monastère de São Bento da Vitória (du XVIe s, ce fut le 1er monastère bénédictin à Porto), on est bien là dans l'ancien quartier juif de Porto (voir « Religions et croyances » dans « Hommes, Culture, Environnement »). Ce qui explique qu'en 2003, au 9, rua São Miguel *(plan zoom, D3-4),* lors de travaux dans le *Centro de dia Nossa Senhora da Vitória* (Centre d'activités de jour pour personnes âgées), on ait découvert une synagogue secrète.

PORTO, LE MINHO ET LA COSTA VERDE

Miradouro da Vitória (plan zoom, D4) : *au bout de la rua de São Bento da Vitória.* Il s'agit là d'un espace privé (et fermé le soir), pas vraiment entretenu, mais offrant un très beau point de vue sur le centre historique, notamment au coucher du soleil.

Igreja et Palácio São João Novo (plan Centre, D4) : *largo S. João Novo.* Sur une adorable place, l'église éponyme du XVIIe s. Façade et déco intérieure de style maniéré. Voûte en berceau orné de caissons de pierre et, sur les côtés du chœur, belles colonnes de pierre torsadées et portails finement sculptés. Au fond de la place, élégant petit palais du XVIIIe s aux fenêtres ouvragées. De là, le raide escalier des *Escadas de Caminho Novo (plan Centre, D4)* redescend sur la rua Nova da Alfândega en longeant les vestiges de l'imposante ***Muralha Fernandina*** (muraille Fernandine) du XIVe s.

World of Discoveries (plan Centre, C3-4) : *rua de Miragaia, 106. ☎ 220-439-770. • worldofdiscoveries.com • Ⓜ São Bento. Tlj 10h-18h (19h w-e et j. fériés). Entrée : 15 € ; réduc (aussi sur Internet).* Attraction racontant les grandes découvertes portugaises. Débute par un petit musée assez intéressant : maquettes de bateaux (avec audiovisuels), instruments de navigation, évolution des cartes maritimes, la vie à bord, présentation des grands navigateurs, légendes associées aux découvertes... Écrans avec les plus célèbres itinéraires. Belle reconstitution du contenu des bateaux et d'un chantier naval : les dortoirs, la cuisine, les produits rapportés, armes, bornes de pierre pour marquer les conquêtes... On embarque ensuite dans de petites barques pour une longue balade sur l'eau à la découverte des pays conquis (audioguide en français). L'itinéraire suit une série de tableaux simples et colorés, images d'Épinal évoquant chaque pays (l'Afrique, l'arrivée de Vasco de Gama en Inde, l'Indonésie, la Chine, etc.), traversée d'une jungle tropicale, mystérieux tunnels... Aucune référence dans le musée à la traite négrière et à l'esclavage cependant. Ici, ce sont les grandes découvertes version Bisounours.

The Immersivus Gallery (plan Centre, C3-4) : *Furnas da Alfândega do Porto, rua Nova da Alfândega, dans les locaux de l'ancienne douane (Alfândega), en face de World of Discoveries. 910-120-128. • immersivus.com • Mar-dim 11h-19h. Entrée 1-3* shows *: 12-22,50 € ; réduc.* Dans les anciennes douanes réhabilitées, plusieurs *shows* numériques pour s'immerger dans une époque ou l'œuvre d'un artiste. Le *show* permanent, Porto Legends, vous permet de redécouvrir en déambulant au cœur des sons et des images des grands explorateurs et marins qui ont fait la renommée de Porto. D'autres *shows* temporaires autour de peintres.

Baixa

Le marché Bolhão (plan Centre, E2-3) : *entouré par les ruas de Sá da Bandeira, Fernandes Tomás, Formosa et Alexandre de Braga. Ⓜ Bolhão. Il y a 4 entrées. Lun-ven 8h-20h, sam 8h-18h ; fermé dim et j. fériés.* ***Fermé pour travaux, le marché a déménagé provisoirement au sous-sol de la galerie marchande (climatisée !) attenante à la chapelle Das Almas, rua de Fernandes Tomàs, 506-508.*** Grande et belle halle intérieure abritant une ribambelle de boutiques couvertes de toits d'ardoises et surmontées d'une galerie à claire-voie. Un endroit vivant, coloré, presque dépaysant qui aligne ses étals de fleurs, de poissons, de fruits, de graines, mais aussi d'olives, de volailles et autres sacs à main.

La rua de Santa Catarina (plan Centre, E-F2-3) : rue piétonne très commerçante, épine dorsale de la ville haute, c'est là que l'on trouve les différentes enseignes internationales, notamment la *Fnac* avec son festival de carillons qui sonnent à heures fixes. Quelques belles boutiques de style Art nouveau, comme celle à l'angle du 31 de Janeiro (devanture noire superbe et fresque au plafond) ou Belle Époque comme le *Majestic Café* *(voir « Où boire un verre ? Où écouter de la musique ? »).* C'est l'un des quartiers les plus animés de Porto.

McDonald's « Imperial » (plan zoom, E3) : *praça da Liberdade. Ⓜ Aliados. Tlj 11h-23h.* Un intérieur Art déco intact et bien préservé. On est tellement subjugué par le décor qu'on oublie ce qu'il y a sur les plateaux. Qui a dit « Tant mieux » ?

Livraria Lello e Irmão (plan zoom, D3, **190**) : *rua Carmelitas, 144. ☎ 222-002-037. • livrarialello.pt • Ⓜ Aliados ou São Bento. Tlj 9h30-20h. Entrée : 5 € (remboursée pour l'achat d'un ouvrage). Le plus simple : acheter son billet en amont sur Internet. Bon à savoir : l'attente en saison peut être longue, très longue.* Fondée en 1869 par une famille de libraires-éditeurs, elle s'appela d'abord Librairie internationale Ernesto Chardron. On ne peut qu'admirer sa façade blanche moderniste et néogothique, et son intérieur digne d'un monument historique. On se croirait dans un cabinet de curiosités dédié aux belles-lettres (un petit rayon propose des classiques portugais traduits en français), dans une somptueuse bibliothèque de château, dans l'annexe savante d'un prince navigateur. Ici, les rayonnages de bois finement sculpté grimpent jusqu'aux plafonds, eux aussi en bois sculpté. Malheureusement, devenue une véritable attraction touristique non pas à cause de sa beauté, mais parce qu'elle aurait inspiré (même si l'auteur le réfute) la mirifique bibliothèque de l'école de Poudlard de Harry Potter.

– En redescendant la rue, aux n°s 108-114, on remarquera au passage la boutique *Fernandes, Mattos & Ca,* qui jouit aussi d'un magnifique décor Belle Époque.

LES MARCHES LES PLUS FOLLES DU PORTUGAL

La librairie Lello e Irmão *a maintenu sa tradition d'éclectisme. Au centre de la pièce se dresse l'escalier le plus extravagant du Portugal ! Il forme un 8 avec une double circonvolution rappelant les escaliers des vaisseaux des grandes découvertes maritimes. Il ressemble aussi à un violoncelle et vous emmènera au 1er étage sur les ailes du savoir...*

Fresque carrelée de Joana Vasconcelos (plan zoom, D3, **195**) : *rua Actor João Guedes.* La chaîne de restauration rapide américaine *Steak'n Shake* ne se refuse rien puisqu'en 2017, elle s'est carrément offert toute une façade pleine de couleurs et de mouvement signée de l'artiste contemporaine Joana Vasconcelos, soit 8 000 *azulejos* peints à la main.

Igreja dos Carmelitas et Igreja do Carmo (plan Centre, D3) : *rua do Carmo.* La 1re, qui date du XVIIe s, était réservée aux religieuses du convento dos Carmelitas Dezscalços voisin, tandis que la 2de *(entrée 3,50 €),* de style rococo, date du XVIIIe s. Elle fut construite pour accueillir le commun des mortels. Elle recèle une maison cachée et des catacombes. Admirez donc sur la façade de *l'Igreja do Carmo* la grande fresque d'*azulejos* évoquant la prise de voile des carmélites.

Les quartiers est

Museu militar (plan d'ensemble) : *rua do Heroísmo, 329. ☎ 225-365-514. • exercito.pt • Ⓜ Heroísmo. Mar-ven et dim 10h-12h30, 14h-17h ; sam 14h-17h. Entrée : 3 € ; réduc ; gratuit moins de 12 ans.* Avec ses 12 000 figurines, cette superbe collection est l'une des plus importantes d'Europe. Y défilent au pas cadencé le général de Gaulle, Louis XIV, Marie-Antoinette, Charlemagne, Dagobert, des soldats français, anglais, allemands, grecs... Également de remarquables figurines peintes à la main. Bien sûr, toute une batterie de fusils et pistolets.

Boavista

Rua de Miguel Bombarda *(plan Centre, C-D2)* **:** cette rue est bordée de plusieurs galeries d'art contemporain. On pousse les portes pour admirer les expos en cours. Mais le plus sympa, ce sont les vernissages communs, qui ont lieu tous les 2 mois, le samedi à partir de 16h. Les *Portuenses* s'y rendent en famille ou entre amis et l'ambiance devient rapidement festive et musicale. Parmi d'autres, la galerie Presença au n° 570 est sans doute l'une des plus intéressantes. La rue abrite également le ***Centro Commercial Bombarda*** au n° 285, truffé de boutiques indépendantes (mode vintage, vinyle, artisanat, etc.).

Casa da Música *(plan d'ensemble)* **:** *av. da Boavista, 604-610. ☎ 220-120-220. • casadamusica.com • Ⓜ Casa da Musica. Tlj 10h-18h. Resto : tlj sauf dim 12h30-15h, 19h30-22h30. Fermé vac scol sauf ven et sam. Visites guidées payantes.* Elle fut construite à l'occasion de Porto – Capitale Européenne de la culture en 2001, mais inaugurée seulement en 2005 ! On doit le bâtiment original à l'architecte néerlandais Rem Koolhaas. Bloc de béton aux lignes résolument modernes, allié à 40 tonnes de verre, cette « casa » abrite notamment une salle de spectacles et l'orchestre symphonique de Porto, pour des concerts de musique classique, de chambre et même de jazz.

Museu Soares dos Reis *(plan Centre, C3)* **:** *palácio dos Carrancas, rua D. Manuel II, 44. ☎ 223-393-770. • museusoaresdosreis.pt • Bus nos 3, 6, 20, 35, 37, 52 et 78. ♿ Tlj 10h-18h sauf lun ; dernière admission 30 mn avt. Entrée : 5 € ; réduc ; gratuit 1er dim du mois jusqu'à 14h.*
Ancien palais, construit pour le roi Pedro IV, aménagé pour recevoir la famille royale en vacances dans le nord du pays, il devint musée en 1833, avec comme mission d'abriter les biens confisqués aux couvents abandonnés de Porto. Il porte le nom du sculpteur António Soares dos Reis qui vécut à Paris et à Rome, avant de se suicider à Porto, en 1889.
Bel espace entourant un jardin bordé d'*azulejos*. Au 1er étage, des peintures des XIXe et XXe s des plus grands peintres portugais de l'époque : Porto le bien nommé, dont le style rappelle l'école française de Barbizon, Ribeiro, Correia et Marqueis de Oliveira. Dans le reste du musée, notamment au 2e étage, l'Art déco est à l'honneur. Des faïences du XVIIIe au XXe s, certaines drôlement sculptées. Faïence bleutée de Mira Gaia (on est dans le quartier !). Très belle présentation de vaisselle, de services de couverts, mais aussi meubles en marqueterie.

Jardins do Palácio de Cristal *(plan Centre, C3)* **:** *rua Dom Manuel II. Tlj 9h-19h (21h en été).* Tout d'abord qu'est-ce que ce *palácio de Cristal* au nom si prometteur, mais dont on ne trouve plus trace aujourd'hui ? Ces délicieux jardins thématiques qui surplombent la ville, où il fait bon flâner, se reposer, jouer, se mettre au frais au cœur de l'été, étaient autrefois l'écrin d'une bâtisse de verre et de fer inspirée du Crystal Palace de Londres. Elle accueillit en 1835 la 1re Exposition industrielle en terres ibériques. Racheté en 1933 par la ville, le palais fut détruit en 1953 et remplacé par l'actuel dôme : le *pavilhão* Rosa Mota (ou Super Bock Arena), une sorte de parc des expositions accueillant concerts et autres événements sportifs ou culturels. Par chance, les jardins, eux, furent conservés et offrent, dans la partie la plus au sud, de beaux points de vue sur le Douro et l'estuaire.

Museu romântico da Quinta da Macieirinha *(plan d'ensemble)* **:** *rua de Entre Quintas, 220 ; dans les jardins do Palácio de Cristal. ☎ 226-057-000. Bus nos 200 et 207. Tlj 10h-17h30 sauf lun et j. fériés ; dernière admission 30 mn avt. Entrée : 2,20 € ; réduc, gratuit pour les moins de 18 ans, les plus de 65 ans, les étudiants et pour ts le w-e. Visite guidée (possible en français : s'annoncer un peu avt).*
Loin du tohu-bohu du centre-ville, au sud-ouest des jardins do Palácio de Cristal, ce vieux manoir de la fin du XVIIIe s est perché au sommet d'une colline, en

surplomb de la vallée du Douro. Il accueillit autrefois le prince Carlos Alberto de Savoie en exil. Solitaire et déprimé, ce dernier y mourut le 28 juillet 1849, loin de sa terre natale. Dans le romantisme, il y a toujours une dimension de tristesse mélancolique...
Longtemps domaine privé d'une grande famille productrice de porto, aujourd'hui propriété de la ville, la *Quinta* conserve le charme et le caractère des vieilles demeures nobles chargées d'histoire. Les rues pavées qui y conduisent, les arbres centenaires du parc, sont une belle entrée en matière pour ce musée du Romantisme !
À l'intérieur, un décor bourgeois du XIXe s témoigne du riche passé de la maison. Une foule d'objets raffinés meublent la dizaine de pièces : belle chambre de style Empire, splendide salle à manger avec table dressée, salon d'apparat, salle de billard offrant une belle vue sur le Douro.

Museu do Carro Eléctrico *(musée du Tramway ; plan d'ensemble)* **:** *alameda Basílio Teles, 51. ☎ 226-158-185. • museudocarroelectrico.pt • Lun 14h-18h, mar-dim 10h-13h et 14h-18h ; dernière admission 30 mn avt. Entrée : 8 € (5,60 € avec un billet de tram), réduc.* C'est à Porto, en 1895, que circula le 1er tramway électrique du Portugal. Dans un ancien hangar, dont une partie sert encore à l'entretien des machines, belle exposition d'une vingtaine de tramways, classés par ordre chronologique de 1832 à nos jours. À côté, salle des machines à l'impressionnant volume.

Foz

La fundação Serralves *(musée d'Art contemporain ; plan d'ensemble)* **:** *rua D. João Castro, 210. ☎ 226-156-500. • serralves.pt • Bus nos 201 et 203 depuis la praça da Liberdade. ♿ Avr-sept, tlj 10h-19h (20h sam-dim et j. fériés) ; le reste de l'année, 10h-18h (19h w-e et j. fériés). Entrée : 20 € tt inclus, ou 12 € pour chaque espace (musée d'Art contemporain, parc, villa, Casa do cinema Manoel de Oliveira) ; réduc ; gratuit moins de 12 ans.* Il y avait à l'origine la villa Serralves, un des plus beaux exemples d'architecture Art déco du Portugal, et son magnifique parc construit dans les années 1930 à la demande de Carlos Alberto Cabral, comte de Vizela. En 1986, l'État acheta la propriété afin d'y édifier un ***musée d'Art contemporain*** d'envergure. Ultramoderne et spacieux, sa réalisation fut confiée à l'architecte portugais Álvaro Siza (prix Pritzker 1992) qui le conçut de manière à sublimer les œuvres présentées (lors d'expos temporaires uniquement). Librairie d'art bien fournie à l'entrée, bibliothèque au sous-sol *(lun-sam 10h-18h)* et petite restauration en terrasse sur le toit de la fondation. Quant aux jardins à la française, ils accueillent, sur plus de 18 ha arboretum, jardins aromatiques aux suaves odeurs de citronnelle, d'eucalyptus, de jasmin... en été, fraîcheur garantie ! Y sont aussi disséminées çà et là les sculptures de la collection de la fondation. Il y a même ***un parcours dans les arbres (treetop walk),*** à vocation plutôt éducative (et inclus dans le prix d'entrée). Sur place également, dans l'ancien garage de la villa Serralves (!), la ***Casa do Cinema Manoel de Oliveira*** est dédiée au cinéma et à l'image en mouvement en général. Une exposition permanente et des projections permettent de découvrir l'œuvre de l'illustre cinéaste.

Promenade le long de l'océan, depuis le ***castelo do Queijo*** *(plan d'ensemble)* jusqu'à l'embouchure du fleuve au niveau du ***forte de São João Baptista da Foz.*** Un quartier résidentiel où les grandes demeures et les boutiques chic font la part belle à l'Atlantique. Lieu privilégié des *Portuenses* le week-end (de jour comme de nuit).

Afurada *(plan d'ensemble)* **:** *sur l'autre rive du Douro, côté Vila Nova de Gaïa ; accessible en bateau taxi (2 €/pers, 1 €/vélo) depuis l'embarcadère situé à côté de l'arrêt (tram et bus 500) « Ouro » ; attention, les navettes cessent assez tôt* *en soirée (au coucher du soleil) ; ou à vélo (à env 4 km du Ponte Luís I).* Derrière la petite *Douro marina* se cache un joli village de pêcheurs encore dans son jus avec ses ruelles, son lavoir traditionnel et ses façades très colorées. C'est l'endroit parfait pour manger du bon poisson grillé ou admirer le coucher de soleil sur l'agréable plage.

À faire

➢ ***Balades en bateau sur le Douro :*** *on trouve ttes les compagnies praça da Ribeira, sur le Cais da Ribeira (plan Centre, D4). Parmi elles,* ***Tomaz de Douro*** *(praça da Ribeira, 5. ☎ 222-082-286. • tomazdodouro.com •) a le mérite de posséder des bateaux avec un système audio de bonne qualité (quitte à avoir des commentaires, autant les entendre !). On peut aussi acheter les tickets dans les différents kiosques de la ville et à l'office de tourisme Centro. En hte saison, 9h30-18h30, ttes les 30 mn (1h l'hiver).* Départs du quai de la Ribeira ou de Vila Nova de Gaia. Compter à partir de 15 € pour 50 mn de navigation et le passage sous les 6 ponts de la ville. On peut aussi, pour 19 €, acheter un forfait combinant une croisière avec la visite d'une cave, notamment avec ***Porto sightseing*** *(• porto sightseeing.pt •).* Nombreuses autres formules, à la journée, pour 2 jours et plus, ou encore nocturne.

➢ ***La vallée du Haut-Douro en train :*** voir « Infos utiles » à Pinhão dans la vallée du Haut-Douro.

Au sud de la ville, 2 belles plages : ***Lavadores*** et ***Madalena.*** *Bus n° 906 depuis Trindade ou São Bento ; ttes les 20-30 mn, 6h-minuit ; compter 45 mn de trajet. On peut aussi aller en train jusqu'à Madalena depuis la gare de Porto São Bento et Campanhã (départ 6h-minuit, ttes les 15-30 mn ; trajet 10 mn), puis prendre un bus, c'est plus rapide.*

Dans l'arrière-pays *(à 70 km au sud-ouest de Porto)*

➢ ***Passadiços do Paiva*** *(sentier en bois le long de la rivière Paiva)* **:** prendre l'A 1 depuis Porto, puis l'A 32, sortie Arouca/Feira/S. João da Madeira/Vale de Cambra. Traverser Nogueira do Cravo, Carregosa et Chão de Ave, arrivée à Arouca. 8,7 km (aller) le long de la Paiva, pour 2h30 de marche sportive, le long d'une rivière rapide (avec des endroits où se baigner), sur un pont en bois complètement intégré au paysage. Bonne condition physique nécessaire. *☎ 256-940-258. • passadicos dopaiva.pt/fr • Tlj : avr, 9h-18h (19h le w-e) ; mai-sept, 8h-20h ; oct-mars, 9h-17h. Tarif : 4 € (2 € nov-avr) ; réduc en ligne.* ***Attention :*** *paiement en ligne par CB ou dans le magasin de tourisme interactif d'Arouca (rua Abel Botelho, 4) pour les paiements en espèces.*

Manifestations

– ***Fantasporto :*** *2 sem en avr-mai. • fantasporto.com •* Festival international du Film fantastique.

– ***Fêtes de São João :*** *pdt tt le mois de juin.* Ce serait la fête la plus joyeuse de l'année, dit-on, et propice à l'amour ! Avec les grands bals et les feux d'artifice de la nuit de la Saint-Jean le 23 juin et le 24 juin, souvent, on se repose... À Porto, dans les quartiers populaires, c'est la folie. Vous vous faites « assommer » avec des maillets en plastique, on vous passe sous le nez toutes sortes d'herbes, ail, lavande, etc. Un défilé très typique relie la praça Batalha à l'hôtel de ville : chaque quartier est représenté et tous y participent, les djeun's comme les seniors.

– **Les Romarias :** *dans les quartiers de Paranhos, de Vitória, à partir de la mi-août.* La procession de São Bartolomeu se déroule dans la Foz do Douro ; les habitants vêtus de costumes en papier défilent pour aller ensuite prendre un bain de mer « spirituel » *(banho santo).* En septembre, pas un dimanche ne se passe sans qu'il y ait une fête religieuse dans les quartiers populaires (Bonfim, Campanhã, Lordelo do Ouro ou la Ribeira) !

À VOIR UN PEU PLUS LOIN

VILA NOVA DE GAIA

• Plan Centre Porto *p. 472-473*

Située sur la rive sud du Douro, face au quartier de la Ribeira, Vila Nova de Gaia est une autre ville. En fait, c'est une commune autonome qui s'étend depuis les rives basses du fleuve jusqu'au sommet d'une belle et grosse colline pentue. C'est, depuis des siècles, le cœur battant de la viticulture, là où se tiennent les grandes maisons de vin de Porto, avec leurs superbes et fascinantes caves ancestrales (dont beaucoup se visitent). Quel bonheur d'arriver à Vila Nova de Gaia par le haut, c'est-à-dire après avoir franchi le pont Dom Luís I à pied.

Admirable paysage fluvial que l'on contemple en surplombant le Douro, ce fleuve venu de l'arrière-pays qui depuis toujours a servi de « route liquide » pour l'acheminement des tonneaux de vin. Le long du quai, une dizaine de bateaux à voile carrée (les *rabelos*), propriétés des grandes maisons de Porto, rappellent qu'autrefois le transport du vin se faisait à bord de ces embarcations rudimentaires. Aujourd'hui, les *rabelos* sont remplacés par des moyens plus modernes. Pour comprendre l'histoire de Porto, il faut passer à Vila Nova de Gaia.

Comment y aller ?

Les centres d'intérêt (caves, restos et bars) de Vila Nova de Gaia se concentrent sur la rive sud du Douro et dans les rues adjacentes.

– Le plus simple et aussi le plus sympa est d'y aller à pied en traversant le viaduc métallique Dom Luís I soit en partie haute (le long des rails du métro, depuis la cathédrale), puis de descendre avec le téléphérique et de retraverser en bateau taxi. Ou au ras des flots par le même pont, depuis le quartier de Ribeira et retour en bateau ou par la partie basse du pont.

– **En bateau-taxi** *(plan Centre, D4-5) :* *avec les* ***Douro River Taxi.*** *• dourorivertaxi.com •* Un bateau-taxi assure la liaison entre le quai Cais da Ribeira et le quai Cais de Gaia (Vila Nova de Gaia, juste devant l'office de tourisme). Navettes tlj, ttes les 15 mn 10h-19h30 (coucher du soleil). Billet : 3 € ; réduc. Il s'achète sur le bateau ou directement sur leur site internet. Durée de la traversée : 5 mn.

– **En téléphérique** *(plan Centre, E4-5 et D5) :* *• gaiacablecar.com •* Mai-juin 10h-18h (19h w-e et j. fériés) ; juil-sept 10h-19h ; oct-déc 10h-18h. Depuis la partie haute du ponte Dom Luís I (jardim do Morro), il relie sur 600 m la rive côté Vila Nova de Gaia. Parcours en 5 mn. Prix du billet aller : 6 € (A/R 9 €), réduc.

– **En métro :** pas pratique du tout. S'arrêter à jardim do Morro *(plan Centre, E5)*, puis descendre par la 1re rue à droite du pont lorsqu'on vient de Porto (à défaut, un téléphérique relie à cet endroit le sommet de la colline au quai voir ci-dessus).

– ***En bus :*** prendre les n°s 900, 901 ou 906 depuis la gare de São Bento.
– Pour rappel, à Porto, un ***funiculaire*** relie la partie basse à la partie haute de la colline au pendant du pont Dom Luís I (voir plus haut la rubrique « Comment se déplacer ? » à Porto).
– ***En taxi :*** compter env 5 € depuis São Bento.

Adresse utile

Loja Interativa de turismo de Vila Nova de Gaia *(office de tourisme ; plan Centre, D5,* ***3****)* ***:*** *av. Diogo Leite, 122. ☎ 223-758-288. • cm-gaia.pt • Avr-sept, tlj 9h30-19h ; oct-mars, tlj 10h-18h.*

Où dormir ?

Parque de campismo Orbitur Madalena : *voir « Où camper dans les environs de Porto ? » en début de guide.*

Gaia Porto Hostel *(hors plan Centre par D-E5,* ***57****)* ***:*** *rua Cândido dos Reis, 374. ☎ 224-968-282. 📱 933-709-501. • hostelgaiaporto.pt • Lits en dortoir 15-22 €. Doubles 40-80 €.* Ici, c'est familial, convivial et parfaitement tenu. Au fil des étages (escalier raide), dortoirs de 4 à 6 lits assez petits, mais bien décorés. Également 7 chambres doubles bien arrangées et avec clim. À l'arrière, adorables courettes herbues en terrasse offrant une jolie vue. Accueil charmant.

Charm Guest House Douro *(hors plan Centre par D-E5,* ***58****)* ***:*** *rua Cândido dos Reis, 40-42. 📱 011-582-570. • info@yoursporto.com • Doubles 50-95 €, petit déj en sus.* Petit hôtel de charme installé dans un immeuble du XIXe s joliment réhabilité. La poignée de chambres, bien arrangées et confortables (clim), se répartissent sur 4 étages et donnent toutes sur la rue (celles situées dans les étages les plus élevés ont le mérite d'être un peu plus calmes). Leur design moderne et coloré se marie bien avec les grosses pierres.

Où manger ?

Très bon marché

Mercado Beira-Rio *(plan Centre, D5)* ***:*** *av. de Ramos Pinto, 148. 📱 930-415-404. • mercadobeirario.pt • Tlj : mai-sept, 10h-minuit (2h jeu-sam), étalages 6h-17h ; oct-avr, 10h-23h (minuit jeu-sam), étalages 6h-16h. Repas max 10 €.* Repensé à la façon d'une table d'hôtes, le marché permet de se restaurer à très bon prix, avec de délicieux produits locaux. On choisit à l'un des corners ce que l'on veut (pâtisseries, fromages, *bacalhau,* vins, porto, sandwichs, plats cuisinés...), puis on déguste sur les grandes tables.

Prix moyens

Tappas Caffé *(plan Centre, D5,* ***95****)* ***:*** *rua Guilherme Gomes Fernandes, 204. ☎ 223-756-433. • geral@tappascaffe.pt • Tlj 12h-15h30, 19h-22h30, sauf lun et dim soir. Repas 15-20 €.* Il porte mal son nom, car ce n'est pas un resto de tapas mais une authentique auberge portugaise. Tournant le dos aux quais et à la lumière externe, l'intérieur est fait de gros murs épais, de tables robustes et de bancs en bois. Des outils agricoles, de vieilles radios et postes TV ornent les murs. La cuisine offre essentiellement des *francesinhas,* déclinées sous toutes leurs formes (burger, croque-monsieur...). Service aimable et prix raisonnables.

Arco Iris *(plan Centre, D-E5,* ***96****)* ***:*** *rua Cândido dos Reis, 65. ☎ 223-756-771. • restaurantearcoiris@gmail.com • Tlj sauf dim. Repas 15-20 €.* Petit resto populaire de quartier fréquenté autant par les locaux que par les touristes.

Souvent et vite plein, donc essayer d'y arriver dès l'ouverture du service. On y sert une savoureuse cuisine locale, franche et saine, à prix démocratiques. Préférence pour les plats marins, comme le poulpe et les poissons.

Restaurante Casa Adão *(plan Centre, D5,* ***97****)* : *av. Ramos Pinto, 252. ☎ 223-750-492. 936-663-182. • fernandes-adao@hotmail.com • Tlj 12h-15h30, 19h30-23h. Menu du jour 10 € ; repas 20-25 €.* Une quinzaine de tables dans ce resto tout simple, avec les *azulejos* typiques sur les murs. Accueil convivial et grand choix. C'est le rendez-vous des *Portuenses* en balade à Vila Nova de Gaia. On s'y régale de bonnes et copieuses spécialités locales (tripes et *bacalhau*), quelques plats végétariens. Pas de la grande cuisine, mais efficace.

Plus chic

Barão Fladgate *(hors plan Centre par D5,* ***100****)* : *rua do Choupelo, 250. ☎ 223-772-950. • bookings@baraofladgate.pt • Tlj 12h30-15h, 19h-22h. Résa conseillée. Plats 25-30 €.* Le resto des célèbres caves *Taylor's* (lire la rubrique « À voir. À faire »), perché sur les contreforts de Vila Nova de Gaia. 2 grandes salles avec des arches de pierre ouvrant sur 2 petits jardins-terrasses clos. Cuisine raffinée et bien faite : poisson cuit à la portugaise, fruits de mer gratinés, viandes et aussi quelques options végétariennes.

Où boire un verre ?

De nombreux bars s'alignent sur les quais et permettent de profiter de la vue sur la Ribeira, en face.

Espaço Porto Cruz *(plan Centre, D5,* ***154****)* : *largo Miguel Bombarda, 23. ☎ 220-925-340. • myportocruz.com • Tlj sauf lun, 12h30-23h (minuit ven-sam, 19h dim).* L'espace Porto Cruz comprend une salle d'exposition, une boutique et une salle de dégustation (pas de cave à visiter), un restaurant *(Decastro Gaia)* au 3e étage et un bar panoramique *(Terrace Lounge 360°)* sur le toit au 4e étage de l'immeuble. On peut y boire un verre assis à une table ou à moitié allongé sur des canapés confortables, en contemplant la vue magnifique sur la vallée du Douro, avec Porto en face.

Bar de l'esplanade du téléphérique *(Esplanada do Teleferico ; plan Centre, E4,* ***155****)* : *tlj 10h-19h.* Sur le toit du bâtiment moderne abritant la passerelle de départ des cabines. Un perchoir ensoleillé et lumineux dominant Vila Nova de Gaia, Porto et la vallée du Douro. Vue magnifique.

À voir. À faire

Le lapin de Bordalo II *(plan Centre, D5,* ***192****)* : *rua de Don Alfonso II.* À l'angle de 2 petites rues, en face de la *Quinta dos Corvos*, un magnifique ***lapin*** que l'on doit au *street-artist* (et activiste écolo) ***Bordalo II,*** qui, en créant des animaux à partir de déchets récupérés dans la rue ou sur les plages, dénonce le gaspillage et la menace, qu'à travers lui, nous faisons peser sur la biodiversité.

World of wine *(WOW ; hors plan Centre par D5)* : *rua do Choupelo 39. ☎ 220-121-200. • wow.pt • Lun-ven 12h-minuit, sam-dim 10h-minuit. Entrées 28-55 €.* Dans d'anciens chais, 5 musées et 1 expérience autour de l'histoire de Porto, du vin, de la mode, du liège, du chocolat, et même une collection d'œuvres en céramique. Un peu trop touristique à notre goût et pas donné, mais cela permet d'aller vite à l'essentiel. Des restos et des bistrots *(entrée gratuite),* et même des vendeurs de glaces avec vue imprenable sur Porto depuis la terrasse.

En bas de la colline, au niveau des quais du Douro

🍷🍷🍷 ***La visite des caves de Porto :*** *voir également la rubrique « Boissons. Le porto » dans le chapitre « Hommes, culture, environnement ».* Vous avez l'embarras du choix : sur 80 marques, une quinzaine de caves se visitent (tours guidés d'environ 30 mn). C'est ici que l'on approche au mieux la production de ce vin : les vignes poussent, certes, une petite centaine de kilomètres en amont, mais c'est à Vila Nova de Gaia qu'a lieu la magie de l'élevage du porto.

– ***Bon à savoir :*** été comme hiver, ***il faut réserver à l'avance sa place pour la visite*** des chais... Les réservations se font par téléphone, par Internet auprès des compagnies, ou bien aussi auprès de l'office de tourisme de Porto.

MESSIEURS LES ANGLAIS, TIREZ LES 1ers !

Mais pourquoi, à Porto, les termes liés à ce vin sont-ils so British ? À cause d'un embargo sur le vin français imposé par le roi d'Angleterre, au XVIIe s. Privés de leur clairet (vin de Bordeaux) bien-aimé, les Britanniques firent du porto leur vin de prédilection. Avec le temps, les mots anglais s'imposèrent : dry, extra-dry, sweet, blend, tawny, late-bottled vintage *(le fameux LBV),* crusted porto *sont devenus des classiques de ce* vinho português, indeed !

– ***Caves W. & J. Graham's*** *(plan Centre, C5)* **:** *quinta do Agro, rua Rei Ramiro, 514 ou rua do Agro, 141 si vous venez en voiture. ☎ 223-776-484 ● grahams-port.com ● Accès à pied un peu dur (ça grimpe !) ou bus nos 903 et 906 depuis Trindade et la Casa da Música. Tlj 10h-19h30 (dernière visite à 17h30). Visite env 1h30 : 14-17 €, 2 ou 3 dégustations incluses ; les visites avec plus de dégustations grimpent ensuite de 35 à 115 €, et les tours privés sont encore plus chers.* Situées sur une colline, au bout du quai, ces caves, parmi les plus vieilles de Porto, méritent un détour. Selon les connaisseurs, il s'agirait d'un des meilleurs portos. Le site offre une vue splendide sur le Douro et le port. Les entrepôts de 1890 en granit et leurs murs de 1 m d'épaisseur abritent 2 000 tonneaux et 40 barriques. Charpente originale en bois de pin. On peut également visiter le petit musée *(Graham's Lodge Museum)* où l'on apprend que la maison est aujourd'hui dirigée par la famille Symington (avec Charles Symington, on est à la 5e génération), que la compagnie possède 1000 ha de vignoble répartis entre 26 domaines *(quintas)* et que Winston Churchill avait une préférence pour le porto Graham's. Sur place aussi, un resto très agréable *(Vinum Restaurant & Wine Bar)*, avec terrasse couverte et vue à couper le souffle.

DU PORTO CONTRE DU TISSU

En 1820, les frères William et John Graham faisaient le commerce de textiles avec le Portugal. Un de leurs clients leur proposa de payer sa facture avec 27 tonneaux de porto. Les 2 frères acceptèrent et découvrirent avec ravissement les vins de Porto. Ils changèrent alors d'activité, pour se consacrer avec ardeur à la viticulture. Ils fondèrent leur entreprise qui n'a cessé de prospérer.

– ***Caves Taylor's*** *(hors plan Centre par D5)* **:** *rua do Choupelo, 250. ☎ 223-772-973. ● taylor.pt ● ♿ À pied, depuis les quais, prendre à gauche avt Ramos Pinto et suivre les panneaux (ça grimpe sur 300 m). À côté de WOW (même groupe). Visites tlj 10h-18h (19h pour la boutique) en été, 12h-19h le reste de l'année ; dernière visite 1h avt. Visite : 15 € (réduc, gratuit moins de 7 ans), incluant 2 dégustations et l'audioguide en français. Résa obligatoire pour les visites guidées, mais pas de résa pour une visite individuelle avec audioguide. Parking* *payant (gratuit si achats).* Fondée en 1692, c'est l'une des plus vieilles maisons de Porto, qui possède 3 *quintas* dans la haute vallée du Douro dont la *quinta* de Vargellas. Les caves *Taylor's* à Vila Nova de Gaia sont un peu à l'écart : on se croirait à la campagne. Livret d'explications très bien fait. Ce sont sans doute les caves les plus spectaculaires. En cours de visite, appréciez l'un des plus gros tonneaux d'Europe (100 000 L) et toujours en usage (hips !). Après la visite, dégustation de 2 portos. Voir aussi le resto *Barao de Fladgate* dans la rubrique « Où manger ? ».

– ***Caves Ramos Pinto*** *(plan Centre, D5)* **:** *av. Ramos Pinto, 400. ☎ 223-775-028. 📱 936-809-283. • ramospinto.pt • Visites tlj 10h-18h sauf j. fériés ; dernière entrée 1h avt. Le 1er arrivé choisit la langue de la visite. Résa sur place, max 25 pers/visite. Compter 40 mn. Visite : env 12 €, comprend le musée, les caves et la dégustation de 2 portos.* Le fondateur de la compagnie (1880), Adriano Ramos Pinto, a su s'imposer grâce à son audace et à son savoir-faire, en produisant un « porto de terroir ». On visite ses bureaux reconstitués comme à l'époque : beaux meubles et affiches de pub réalisées par des artistes français. La maison *Ramos Pinto* possède plusieurs *quintas* (domaines) dans la vallée du Douro et dans la vallée du Côa. Une des devises de la maison : « Les vins de Porto d'Adriano Ramos Pinto donnent de la joie aux tristes, de l'audace aux timides. » Pour finir, sachez que l'actionnaire majoritaire de la maison *Ramos Pinto* est le célèbre champagne *Louis Roederer* !

– ***Caves Cálem*** *(plan Centre, E4-5)* **:** *av. Diogo Leite, 344. ☎ 223-746-672. • calem.pt • Tlj 10h-19h (18h nov-avr). Pas de résa obligatoire mais elle est quand même conseillée, surtout en été. Visite guidée en français : 14-23 € avec dégustation ; possibilité aussi de combiner dégustation et spectacle de fado, ou dégustation avec chocolats ou fromages.* Juste après le pont Dom Luís I, un grand bâtiment blanc un peu austère vu de dehors, mais classe à l'intérieur. La maison fut fondée en 1859 par António Alves Cálem et resta dans la même famille jusqu'en 1998. Cette année-là, elle fut reprise par le groupe Sogevinus qui contrôle aussi les marques Burmester, Barros et Kopke (la plus vieille maison encore existante, fondée par des Allemands en 1638 !). Chez *Cálem,* la plus grande cuve peut contenir jusqu'à 60 200 l. On y donne en fin de journée de brefs spectacles de *fado (tlj sauf lun à 18h30 ; 18h nov-mars).*

– ***Caves Sandeman*** *(plan Centre, D-E5)* **:** *largo Miguel Bombarda, 47. ☎ 223-740-534. • sandeman.com • Tlj 10h-20h (18h nov-fév). Compter 14 € (classique), 17 € avec dégustation de 3 portos et 23 € pour 5 portos ; Special 100 Years Old Tawnies à 42 € avec dégustation de vieux porto (10 à 40 ans d'âge). Guides francophones.* La marque la plus connue se distingue par son logo représentant la silhouette noire d'un homme coiffé d'un chapeau, drapé dans une large cape. Ce logo surnommé le « Don » fut inventé en 1928 par un Écossais du nom de Massiot qui se fit passer pour un artiste français... La silhouette du logo fait penser à Zorro ! Fondée en 1790 par l'Écossais George Sandeman, la maison est toujours restée dans la même famille. 7 générations plus tard, c'est un autre George Sandeman qui dirige aujourd'hui la compagnie. Passé l'aspect guignolesque du guide revêtu de ce même costume, les entrepôts en granit, dont certains sont vieux de plus de 200 ans, présentent de belles charpentes en bois. Il y fait la même température toute l'année. Sol recouvert de pavés en bois. C'est la visite la plus touristique, tout y est très calibré...

– ***Caves Ferreira*** *(plan Centre, C5)* **:** *av. Ramos Pinto, 70. ☎ 223-746-107. • sograpevinhos.pt • Tlj, tte l'année, 10h-18h. Visites : 14 € (tour classique), 17 € avec 3 dégustations, 23 € (tour* Doña Antónia *avec 5 dégustations) et 42 € (*Vintage visit *pour les vins les plus anciens).* Une autre grande maison fondée en 1751, qui prit son essor grâce à Doña Antónia Adelaide Ferreira, une femme à la forte personnalité. Bien que 2 fois veuve, elle surmonta tous les obstacles et fut une vraie chef d'entreprise à une époque où les dames se devaient d'abord d'être des épouses ou des mères de famille. Son image est partout, et notamment sur les étiquettes des bouteilles. Après la visite des caves et du petit musée, la dégustation se fait dans une salle fraîche couverte d'*azulejos*. Ferreira est restée propriété d'un groupe portugais depuis ses origines.

– **Quinta da Boeira** (hors plan Centre par D5) **:** *rua Teixeria Lopes, 170, à Vila Nova de Gaia. ☎ 223-751-338. • quintadaboeira.pt • En bus n° 905, arrêt « Largo dos Aviadores ». Ⓜ Câmara de Gaia (ligne jaune – Linha Amarela). Si vous y montez à pied depuis les quais du Douro, compter 20 bonnes mn. Tlj 10h-18h sauf dim. Entrée gratuite (jardin inclus), dégustation possible.* Perchée sur le flanc de la colline de Vila Nova de Gaia, la *quinta* da Boeira est un domaine de 3 ha à l'écart des grands circuits, une oasis de fraîcheur et de verdure méconnue du grand public. Il n'y a pas de caves ni de chais sur place, mais une salle de dégustation et d'exposition. Le vaste jardin cache une curiosité insolite : une bouteille de vin géante (32 m de long sur 10 m de diamètre) renfermant une salle de restaurant pour les groupes surtout et sur réservation. Elle ne se visite pas individuellement, mais on peut la prendre en photo. C'est la bouteille de vin la plus grande du monde, qui figure au livre *Guinness des Records*.

LE QUARTIER PORTUAIRE ET MARITIME DE MATOSINHOS

• Plan *p. 517*

Vent d'ouest venu du large, air marin vivifiant, hautes silhouettes de grues hérissées dans le ciel, empilement de conteneurs venus du monde entier, dockers au travail le long des cargos amarrés aux quais, paquebots de croisière de passage, nous voici bel et bien en face à face avec l'océan Atlantique. Nous sommes à Matosinhos, le quartier portuaire et maritime de Porto, à 13 km à l'ouest du centre-ville. En venant de Porto par la route côtière, on passe d'abord par un grand quartier balnéaire et résidentiel (la plage de Matosinhos), puis on accède au port protégé par 2 énormes digues ressemblant à des pinces de crustacé s'avançant dans la mer.
Le quartier est structuré par 2 artères parallèles, l'avenida Serpa Pinto et la rua Heróis de França. Le long de cette dernière s'alignent les poissonneries, les hangars et les entrepôts de pêche du marché au poisson (réservé aux professionnels) et, en face, les petits restos populaires précédés sur le trottoir de leurs tables métalliques pour faire des grillades. La rue enfumée respire des senteurs de poisson grillé, preuve qu'à Matosinhos les habitants vivent pour et par la mer. Après les charmes du Douro et de son embouchure, voici enfin l'océan Atlantique dans toute sa fraîcheur, celui qui contribua naguère à la destinée du Portugal en lui assurant sa fortune. Après Bacchus, voici Neptune !

Comment y aller ?

– ***En bus :*** avec le bus n° 500, que l'on prend avenida dos Alliados, près de l'hôtel *Intercontinental*, ou aux différents arrêts le long de l'avenue longeant l'estuaire. Billet : env 2 € (l'acheter dans le bus). Durée : 30-40 mn. Bon plan : le bus longeant le Douro ; si possible, monter dans la partie haute en se plaçant devant pour profiter de la vue.

– ***En métro :*** ligne A, arrêts aux stations Matosinhos Sul, Brito Capelo, ou Mercado.

– ***À vélo :*** plusieurs parties sur les rives du Douro ou le long de la route côtière sont réservées aux vélos et piétons. C'est le moyen de locomotion qui vous laissera le plus de liberté et de souplesse (et à cet endroit, le terrain est plat !).

Adresse utile

ℹ ***Loja Interativa de Turismo de Matosinhos*** (office de tourisme ; plan Matosinhos) : *av. General Norton de Matos, 35. ☎ 229-392-412. • cm-matosinhos.pt • Lun 13h-19h, mar-sam 9h30-19h, dim 10h-13h.* Demander le dépliant consacré aux maisons et créations d'architectes.

Où manger ?

Prix moyens

|●| ***Terraréa*** (plan Matosinhos, **15**) : *rua de Brito Capelo, 1211. Lun-ven 11h-19h. ☎ 223-170-414. Plats 8-10 €, soupes 2,50 €.* Insolite : venir manger ou boire un verre chez un fleuriste, vous en rêviez ? *Terraréa* l'a fait. On s'installe sur l'une des tables au rez-de-chaussée ou sur la mezzanine au pied d'un arbre et au milieu des fleurs. Ça sent bon, c'est frais, et les petits plats simples, abordables et pleins de saveur (salades aux fruits, quinoa, infusion), sont parfaitement revigorants.

|●| ***O Lusitano*** (plan Matosinhos, **10**) : *rua Heróis de França, 329. ☎ 229-375-902. • rmsnd0567@gmail.com • Tlj 12h-15h30, 19h-22h30. Repas env 20 €. Digestif offert sur présentation de ce guide.* Au bord d'une longue rue pavée, face aux entrepôts de pêche, ce resto typique du quartier est tenu par une Portugaise souriante et francophone. Sur le trottoir, un établi métallique sert aux grillades et, dès l'entrée, un bac à glace conserve la famille des poissons fraîchement pêchés. Loups de mer *(robalo)*, soles, turbots, mérous, et bien d'autres que l'on retrouve sur la carte (en français), souvent en demi-portion ou poisson entier (prix variant selon la quantité). C'est servi grillé ou cuit, généralement accompagné de patates.

|●| ☂ ***Restaurante O Tubarão*** (plan Matosinhos, **11**) : *rua Sul, 65. ☎ 224-031-477. • restaurantetubarao@gmail.com • Tlj 12h-15h30, 19h-22h, sauf dim soir. Repas 15-20 €.* Pour vous accueillir, un insolite requin *(tubarão)* en résine suspendu au-dessus de la porte, ainsi qu'une dame joviale aidée par son père octogénaire. Toute petite salle intérieure pour déguster dans une ambiance bon enfant les poissons du jour. Le requin artificiel est là pour épater la galerie, car il n'y en a pas au menu... On préfère les gentilles sardines et les braves poulpes. Terrasse sur la rue piétonne.

|●| ☂ ***Tasquinha do Polónia*** (plan Matosinhos, **12**) : *rua Heróis de França, 379. ☎ 229-384-528. • tasquinhadopolonia@hotmail.com • Tlj 12h-15h30, 19h-23h, sauf dim soir et lun. Menu 24,50 €, repas 15-25 €.* Excellents poissons grillés (au kilo) que l'on peut choisir en vitrine. Beaucoup de plats sont servis pour 2, copieux. Salles modernes et soignées à l'intérieur (rez-de-chaussée et à l'étage) et quand le temps le permet, agréable terrasse ombragée.

|●| ☂ ***O Filipe*** (plan Matosinhos, **13**) : *av. Engenheiro Duarte Pacheco, 36. ☎ 229-377-181. Tlj 11h-16h, 19h-23h, sauf dim. Repas 20-25 €.* Face aux grues et aux conteneurs du port, *O Filipe* est l'un de nos restos préférés à Matosinhos. Ce n'est pas une gargote, mais un resto un peu plus chic, avec des tables couvertes de nappes en tissus et une déco plus intime (bien pour le soir). Ici, cuisine remarquable par la fraîcheur de ses produits (coquillages, et surtout des poissons). Prix un peu plus élevés qu'ailleurs, mais justifiés.

|●| ☂ ***Restaurante O Valentim*** (plan Matosinhos, **14**) : *rua Heróis de França, 263. ☎ 229-388-015. • geral@ovalentim.com • Tlj 12h-22h30 sauf mar. Repas 20-30 €.* Les grillades se font dehors, les repas se prennent soit à l'intérieur, dans une salle à la déco plus citadine sur de jolies tables bien mises, soit sur la terrasse ombragée. Là encore, aucun doute sur la fraîcheur des produits, ils sont du jour, servis grillés ou cuits. La carte aligne

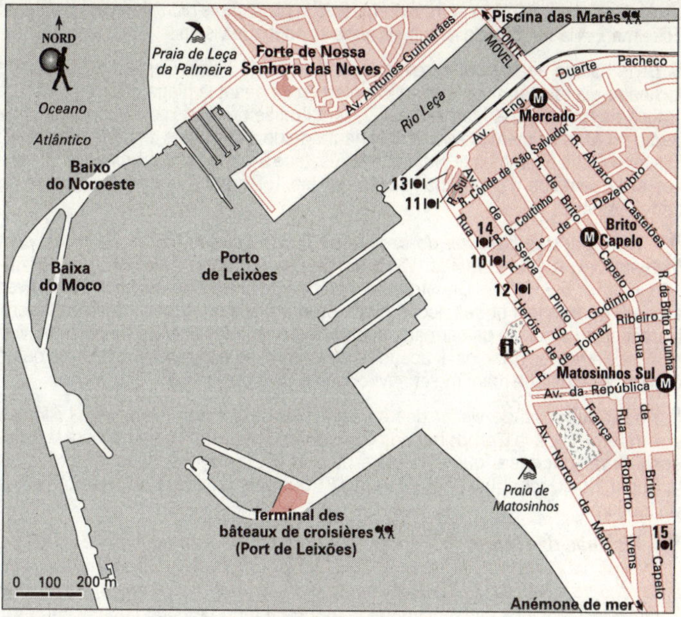

MATOSINHOS

■ **Adresse utile**

ℹ Loja Interativa de Turismo

Où manger ?

10 O Lusitano
11 Restaurante O Tubarão
12 Tasquinha do Polónia
13 O Filipe
14 Restaurante O Valentim
15 Terraréa

une liste incroyable : *lulas* (calamars), *robalo* (loup de mer), *cherne* (mérou), *sargo* (sarre), *linguado* (sole), *espadarte* (espadon)... Les trésors de la mer dans votre assiette !

À voir. À faire

Promenade dans Matosinhos : l'office de tourisme distribue un plan sur lequel figurent les maisons (ou bâtisses) d'architecte. Celles-ci ne sont pas toujours en très bon état, ni très visibles, car cachées derrière de hauts murs, mais c'est une belle occasion de déambuler dans les rues de Matosinhos et de découvrir que cette petite ville possède des quartiers plus intimes, et aussi un vieux centre (plus ou moins à l'abandon, mais quand même !), la rue principale de celui-ci étant la rue de Brito Capelo (celle empruntée par le métro). Quant au front de mer, il date de 2002, et on doit son aménagement à des figures de l'école d'architecture de Porto : Alvaro Siza (Pritzker Prize 1992 et natif de Matosinhos), Alcino Soutinho (natif de Vila Nova de Gaia) et Eduardo Souto de Mouro (Pritzker Prize 2011 et natif de Porto). Ne manquez pas le ***terminal des bateaux de croisières*** (voir ci-dessous) et l'œuvre en forme ***d'anémone de mer rouge*** (ou filet de pêche !) au rond-point, à l'autre extrémité de la plage *(hors plan)*, imaginé par Janet Eckelman. À la tombée de la nuit, étrange et poétique vision !

Belle balade également en descendant du bus à l'arrêt *Castelo de Queijo* (le fort ne se visite pas), puis continuer à pied en longeant la plage et la mer, jusqu'à l'office de tourisme de Matosinhos. Devant l'office de tourisme, la sculpture ***Tragédia no Mar,*** en mémoire du terrible naufrage de 4 chalutiers en décembre 1947. Elle représente 5 femmes et enfants éplorés, face à la mer, et symbolise les 72 veuves et la centaine d'orphelins laissés par les 152 marins disparus au cours de cette tempête.

Terminal des bateaux de croisières *(Porto Leixões Cruise Terminal ; plan Matosinhos)* **:** *rua do Godinho. Visite guidée (en portugais seulement) dim 9h30-12h. Entrée : 5 € ; réduc.* Construit par l'architecte Luis Pedro Silva en 2015. Avec ses 340 m de quais et ses accès piétons pour faciliter le transit des passagers. L'architecte l'a habillé de carreaux blancs, évoquant des écailles de poisson, version moderne des *azulejos*. Il accueille aussi bien les bateaux de croisières qu'un centre de recherche maritime et environnementale de l'université de Porto.

Possibilité aussi de visiter des conserveries de poisson *(**Conservas Pinhais** • pinhais.pt • ; ou la **Compahia das Conservas** • facebook •)* ou encore la ***brasserie Superbock,*** car oui, si la bière du sud est la Sagrès, dans le nord, c'est la Super Bock, fabriquée à Matosinhos ! Pour plus d'infos, s'adresser à l'office de tourisme.

Piscinas das Marés *(hors plan Matosinhos)* **:** *à 30 mn de marche du centre de Matosinhos, devant un gigantesque* McDo. *Emprunter le pont mobile, puis à gauche vers la mer. Tlj 9h-19h (minuit w-e). Entrée : 7 € en sem, 9 € le w-e.* 2 immenses piscines creusées dans la roche au fond presque fluorescent. Pour nager paisiblement, en admirant les sursauts des vagues. Pris d'assaut le week-end par les Portuenses.

BARCELOS

(4250) 120 400 hab.

À environ 60 km au nord de Porto, la ville de Barcelos s'étage sur les flancs d'une grosse colline au-dessus du rio Cávado. Réputée pour sa foire de renommée internationale, l'une des plus anciennes du pays, créée par dom João I en 1412, Barcelos redevint ville royale suite à l'accession de la maison de Bragance au pouvoir (à laquelle elle était liée). Ce fut le début d'une véritable renaissance, dont bon nombre de témoignages sont encore visibles aujourd'hui... Le petit centre médiéval délimité par quelques tronçons de remparts du XVe s se découvre tranquillement à pied.

Arriver – Quitter

En bus

Central de Camionagem : *estrada da Estação, 5-6. Derrière la gare ferroviaire, à env 2,5 km à l'est du centre-ville.* Compagnies *Transdev* *(• transdev.pt •)*, *Rede Expressos* *(• rede-expressos.pt •)* et *Renex* *(• renex.pt •)*.

➢ ***Braga :*** en sem, 13 bus/j. 7h50-19h40 (5 bus sam et seulement 1 dim). Trajet : 30-55 mn.

➢ ***Ponte de Lima :*** avec *Transdev*, 5-6 bus/j. en sem. Trajet : env 1h.

➢ ***Porto*** *(changement à Póvoa de Varzim ou Famalicão)* **:** env 8 bus/j. en sem (très peu le w-e). Trajet : env 2h. Le train est moins cher et plus rapide.

En train

Estação ferroviária : *largo Marechal Gomes da Costa.* ☎ *707-210-220.* • *cp.pt* •

➢ **Porto :** 5-6 trains directs/j., et autant avec changement à Nine. Trajet : env 1h.

➢ **Viana do Castelo :** 14 trains/j. Trajet : 30-45 mn.

Adresse et info utiles

@ Turismo Barcelos : *largo Dr José Novais, 27.* ☎ *253-811-882.* • *cm-barcelos.pt* • *Lun-ven 9h30-18h (17h30 en hiver), sam-dim 10h-13h et 14h-19h (16h dim) ; d'oct à mi-mars, fermé le dim.* Expos temporaires.

– **Marché :** *jeu, sur le campo da República.*

Où dormir ?

In Barcelos Hostel & Guest House : *rua Infante Dom Henrique, 64.* ☎ *253-163-200.* • *info@inbarcelos.com* • *inbarcelos.com* • *Lit env 25 € ; doubles 60-65 €.* Une grande maison à la belle façade en *azulejos* et à la situation centrale. Au choix : de petits dortoirs avec lits superposés à rideaux pour l'intimité ou de belles chambres (2-4 personnes). De la couleur, des murs de pierre ou ornés de dessins originaux, du confort (clim), de la convivialité, une cuisine à disposition, une terrasse... et un excellent accueil. Bref, de quoi passer un beau séjour que l'on soit en couple, en famille ou entre amis.

Art' Otel : *rua da Madalena, 29.* ☎ *253-185-819.* *934-024-180.* • *info@artotelbarcelos.com* • *artotelbarcelos.com* • *Doubles 70-85 €, petit déj inclus.* Si les vieux murs de pierre imposants de cette demeure ancienne ont été en grande partie conservés, le reste de la bâtisse a été entièrement rénové dans un style relativement... éclectique et coloré. Chambres de bonne taille et confortables. Et, le vrai plus : la terrasse à l'arrière avec ses transats et sa petite piscine très appréciable en été ! Accueil charmant.

Où manger ?
Où boire un verre ?

Casa dos Arcos : *rua Duques de Bragança, 185.* ☎ *253-826-265.* • *moraisapulia@gmail.com* • *Tlj sauf mar. Congés : 15 j. en août. Menu déj 10 € ; repas 20-25 €. Digestif offert sur présentation de ce guide.* Poulpe au four, *bacalhau* gratinée, *cabritinho pequeminho,* choix d'une dizaine de viandes... l'endroit ne désemplit guère et pour cause : on s'y régale d'une cuisine de tradition bien préparée, dans un cadre rustique et élégant (murs en pierre sèche, poutres apparentes, parquet en bois).

Turismo lounge : *rua Duques de Bragança.* ☎ *253-826-411.* • *geral@restauranteturismo.co* • *Tlj 12h-23h sauf dim soir et lun. Repas 30-40 €.* Le resto gastronomique de Barcelos, dans un cadre contemporain affirmé. Que ce soit dans la salle top-branchée ou sur l'une des 2 terrasses donnant côté rivière ou côté palais comtal, on y déguste une cuisine à la fois typique et joliment revisitée : morue dans tous ses états, coq au four servi dans une miche de pain... C'est toujours bon, copieux, bien présenté et servi avec classe.

À voir

UN MAUVAIS TOUR POUR EIFFEL

Gustave Eiffel, en plus du pont de Porto, réalisa 5 ouvrages dans le Nord, dont un à Barcelos. Lors des travaux de fondation des piles, un paysan lui prédit que l'ouvrage ne résisterait pas aux crues du fleuve. Eiffel répliqua, méprisant, qu'il « se faisait fort de mettre ce ruisseau dans ses bottes ». L'hiver arrivant, les crues emportèrent une partie de la construction. Par la suite, lorsque le paysan croisait le célèbre ingénieur, il ne manquait jamais de lui demander malicieusement « si ses bottes (étaient) déjà sèches ».

Campo da República : tous les jeudis s'y tient l'un des plus grands marchés du Portugal. Impressionnant, il vaut vraiment le déplacement. Des fermiers y vendent poules, canards, fruits et légumes, mais on y trouve aussi pâtisseries, poteries, belle vaisselle, splendide dentelle (assez chère), dinanderie, jougs de bœufs, charrettes, etc. Très coloré et beaucoup de monde, dont un bon lot de touristes.

Igreja Nossa Senhora do Terço : av. dos Combatentes da Grande Guerra, 240/272. Au nord de la place. Cette église mérite le coup d'œil pour ses beaux *azulejos* du XVIIIe s et son plafond à caissons peints. En sortant, jeter un œil aux belles façades du *campo de Feira.*

Templo do Senhor de Bom Jesus da Cruz : largo da Porta Nova, 14. Au sud-ouest de la place. On y accède par le *passeio dos Assentos* (fin du XVIIIe s), une sorte d'enclos hérissé de piliers de granit. Le temple lui-même, circulaire, est de style baroque (XVIIIe s). Il fut le lieu d'une apparition de croix en 1504. Depuis, cette dernière orne le chœur originel à gauche (profusion d'angelots et de chérubins replets). Beaux sièges en cuir clouté et estampé, et délire traditionnel de dorures (le buffet d'orgue en particulier). Superbes *azulejos* racontant des épisodes de la vie du Christ.

Torre da Ponte Nova : largo da Porta Nova, 22. Imposant donjon du XVe s, unique vestige défensif subsistant sur les remparts. Elle protégeait l'entrée de la ville côté nord et était à l'origine en forme de U (ouverte vers l'intérieur de la ville), permettant le passage en chicane, pour contrôler les entrées. Mouroir durant l'Inquisition au XVIIe s, elle fut transformée en prison jusqu'en 1932. On peut entrer à l'intérieur (gratuit). La terrasse sur le toit offre une petite vue sur la ville et ses environs.

Rua António Barroso : l'artère commerçante de la ville. On y voit quelques belles façades et écussons monumentaux. Au bout, longer l'hôtel de ville jusqu'au *largo do Município.*

Igreja Matriz, dite « catedral da Misericórdia » : rua Duques de Bragança. Tlj 10h-12h, 15h-19h30. Qu'on ne s'y trompe pas, si le portail gothique avec quelques motifs romans est d'origine, la partie supérieure avec rosace et clocher date d'une restauration des années 1940. À l'intérieur, 3 nefs, charpente en bois et, pour une fois, pas de grand retable dans le chœur. On remarquera surtout les *azulejos* du XVIIIe s, l'orgue et de très baroques chapelles latérales à droite. Dos des stalles particulièrement travaillés. En sortant, on fait face au ***solar dos Pinheiros*** (belle demeure du XVe s).

Paço dos Condes de Barcelos *(palais des comtes)* **:** rua Fernando Magalhães, 4. Tlj 9h-12h, 14h-17h30 ; sinon visible depuis l'extérieur. GRATUIT. Ses ruines en granit perchées sur un éperon rocheux surplombant la rivière Cavado constituent un bel ensemble avec le pilori gothique *(pelourinho)* des XVe-XVIe s. Cette maison du XVe s était la plus riche de Barcelos. Il manque la tour qui se prolongeait sur le pont et 3 des 4 cheminées aux hauts tuyaux. Quelques stèles funéraires et sarcophages exposés en plein air. Beau lavabo du XVIIIe s décoré d'*azulejos* polychromes, blasons sculptés, et le *Cruzeiro do Galo,* petit monument en pierre élevé en l'honneur du coq de Barcelos par le pèlerin sauvé de la corde grâce à lui. De la terrasse, vue bucolique sur les environs, la rivière en contrebas et le pont médiéval à 5 arches.

Museu de Olaria *(musée de la Poterie) : rua Cónego Joaquim Gaiolas.* • *museuolaria.pt* • *Tlj 10h-12h30, 14h-17h30. GRATUIT.* Plus de 7 000 objets. Des expos temporaires très bien faites sur les 2 niveaux de cette belle bâtisse.

Manifestations

– ***Festa das Cruzes*** *(fête des Croix) : 10 j. fin avr-début mai, les 1er, 2 et 3 mai étant les j. les plus importants.* Beaucoup d'animation dans les rues et sur les places du centre-ville. Folklores étrangers, immense foire, fête foraine, animations de rue, bals, défilés, processions... Réservez votre hôtel !
– ***Fim de semana do bacalhau*** *(week-end de la morue) : 3 j. début juin.* Un week-end prolongé pendant lequel une trentaine de restaurants rivalisent de savoir-faire pour sublimer la morue : crémée, gratinée, frite, tropicale, tout y passe.
– ***Fim de semana do Galo*** *: oct.* Un défi d'inventivité lancé aux restaurateurs de Barcelos dont la meilleure recette de coq sera primée. Beau vacarme si tous font cocorico dans l'assiette !

VIANA DO CASTELO (4900) 88 800 hab.

• Plan *p. 523*

À 74 km de Porto, on accède à Viana do Castelo par un pont que l'on doit encore à Gustave Eiffel. La belle colline de Santa Luzia coiffée d'une basilique domine la ville. Située à l'embouchure du rio Lima qui se jette dans l'Atlantique, il apparaît très vite que le site géographique de celle-ci fut stratégiquement choisi dès l'origine.
L'ancienne *Viana da Foz do Lima* fut fondée au XIIIe s par Afonso III au moment de la Reconquête. Elle connut un bel essor aux XVe et XVIe s grâce à l'audace de ses marins et de sa noblesse. Viana se développa aussi avec la pêche à Terre-Neuve et les échanges avec les ports du Brésil. Ses armateurs enrichis inscrivirent alors dans la pierre leur réussite sociale et économique. Aujourd'hui, Viana cherche à fixer son image : balnéaire ou portuaire, historique ou touristique ? Un peu de tout cela à la fois, et c'est bien ce qui fait son charme. Quadrillé par d'agréables rues piétonnes, le centre historique est celui d'une cité provinciale de caractère avec ses belles maisons blanches aux murs de granit, ses vieilles demeures bien conservées aux fenêtres à guillotine, ses portes finement blasonnées, sa cathédrale, au cœur du vieux Viana, ses quartiers plus populaires. Autre bonne raison – s'il en fallait une – de venir explorer cette charmante petite ville : ses musées de qualité.

Arriver – Quitter

En bus

Terminal Rodoviário *(ou central de Camionagem ; plan A1) : av. General Humberto Delgado. Derrière la gare ; accès soit par le pont passant à droite de la gare (le plus simple), soit par le centre commercial voisin.*
➢ Plusieurs liaisons/j. avec ***Porto*** (1h-1h30), ***Valença do Minho*** (1h-1h35),

Ponte de Lima (30 mn) et ***Caminha*** (30 mn) assurées par *Rede Expressos.*

En train

Estação ferroviára *(plan A-B1)* **:** *av. dos Combatentes da Grande Guerra.* • *cp.pt* •

➢ Une dizaine de trains/j. pour ***Valença do Minho*** (trajet : 40 mn-1h) via ***Caminha*** (trajet : 15-25 mn) et liaisons vers ***Porto*** via ***Barcelos*** (15 trains/j., dont 6 directs ; 45 mn pour Barcelos, 1h30-2h pour Porto).

Adresses utiles

Posto municipal de Turismo *(plan B2)* **:** *praça do Eixo-Atlântico. ☎ 258-098-415.* • *vivexperiencia.pt* • *Tlj 10h-19h.* Location de vélos et propositions de tours guidés.

– ***Parking gratuit*** *(plan B2)* **:** *devant le navire-hôpital Gil Eannes.*

Où dormir ?

Camping

Parque de campismo INATEL Cabedelo *(hors plan par B1,* ***14****)* **:** *av. dos Trabalhadores, à* ***Darque-Cabedelo.*** *☎ 258-322-042.* • *pc.cabedelo@inatel.pt* • *hoteis.inatel.pt* • *À 2 km du centre de Viana, de l'autre côté du fleuve, juste avt le camping* Orbitur. *Fermé de mi-déc à mi-janv. Empl. 20-25 € pour 2 avec tente et voiture.* Sous une immense pinède (25 ha) et proche de la mer, il peut accueillir jusqu'à 1 000 campeurs, et pourtant ici aucune sensation d'entassement. Même si les sanitaires sont assez rudimentaires, camping bien plus agréable et plus nature que le *Camping Orbitur* voisin.

Auberge de jeunesse

Pousada da juventude Azenhas D. Prior *(hors plan par B1,* ***10****)* **:** *rua de Limia. ☎ 258-838-458.* • *vianacastelo@movijovem.pt* • *pousadasjuventude.pt* • *À 15 mn à pied de la gare. ♿ Ouv 8h-minuit. Dortoirs 12-17 €/pers ; doubles 37-47 €. Parking gratuit.* Long bâtiment moderne en ciment, très bien tenu et de style fonctionnel. Dortoirs de 4 lits avec clim et sanitaires communs. Chambres doubles avec sanitaires privés ou collectifs, vue sur la pelouse du jardin ou la minimarina. Cuisine, laverie, salon TV, billard. Un seul inconvénient : le train qui ne passe pas loin.

De prix moyens à plus chic

Hotel Laranjeira *(plan B1,* ***11****)* **:** *rua Cândido dos Reis, 45. ☎ 258-822-261.* • *info@hotelaranjeira.com* • *hotelaranjeira.com* • *♿ Doubles 57-85 €, petit déj inclus. Petit parking privé payant (6 places).* Bien situé, cet hôtel de très bon confort (ascenseur, clim) offre près d'une trentaine de chambres d'un rapport qualité-prix vraiment bon. Déco épurée, salles de bains toutes vitrées et, pour ne rien gâcher, un accueil pro et agréable.

Hotel Jardim *(plan B2,* ***12****)* **:** *largo 5 de Outubro, 68. ☎ 258-828-915.* • *hjardimviana@gmail.com* • *Doubles 50-100 €.* Dans un petit immeuble blanc, des chambres à la déco relativement standard mais confortables (avec clim), lumineuses et ouvrant au sud pour la plupart, avec une vue sur la rivière. Celles du 3e étage ont le mérite d'être plus calmes et plus claires. Bon accueil.

Beaucoup plus chic

Fábrica do chocolate hotel-restaurante-museu *(hors plan*

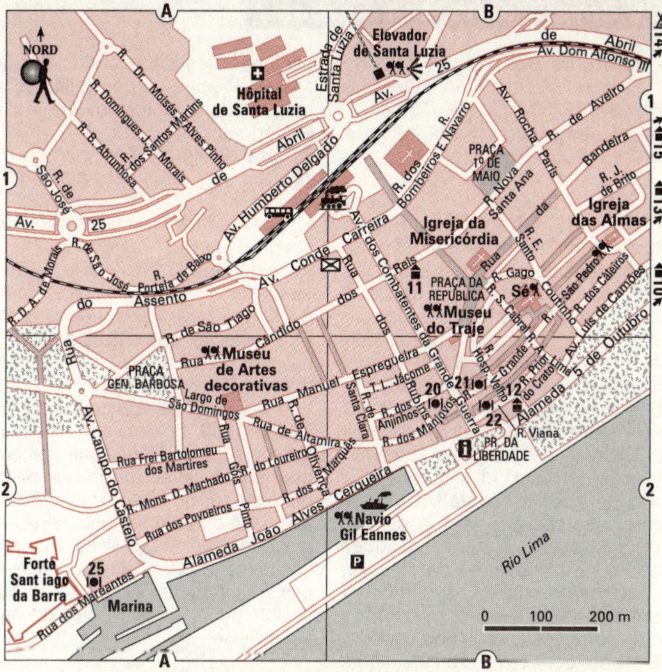

VIANA DO CASTELO

- **Adresse utile**
  - Posto municipal de Turismo (B2)
- **Où dormir ?**
  - 10 Pousada da juventude Azenhas D. Prior (hors plan par B1)
  - 11 Hotel Laranjeira (B1)
  - 12 Hotel Jardim (B2)
  - 13 Fábrica do chocolate Hotel-restaurante-museu (hors plan par B1)
  - 14 Parque de campismo INATEL Cabedelo (hors plan par B1)
  - 15 Casa do Ameal (hors plan par B1)
- **Où manger ?**
  - 20 Café Sport (B2)
  - 21 Restaurante O Vasco (B2)
  - 22 Casa de Pasto Maria de Perre (B2)
  - 25 Tasquinha da Linda (A2)

par B1, ***13****) : rua do Gontim, 70-76. ☎ 258-244-000. • reservas@fabricadochocolate.com • fabricadochocolate.com • Musée du Chocolat, tlj 10h-18h sauf lun. Entrée : 8 € ; réduc. Doubles 115-126 €.* Installé dans une des plus anciennes chocolateries du Portugal, cet hôtel est la grande surprise de Viana. Abandonnée en 2004, l'ancienne fabrique du XIXe s de style Art déco fut réhabilitée avec soin pour devenir un petit hôtel au design très chocolaté : dans la boutique, au musée, cela va jusqu'aux produits de toilette dans les salles de bains ! Ici, qu'il s'agisse du mobilier et des luminaires, tout est choisi avec soin, même le minibar ! Petit déj de qualité et un accueil pro, souriant.

Où dormir dans les environs ?

Quinta da Boa Viagem : *rua da Boa Viagem, Além do Rio, à* ***Areosa.*** *☎ 258-835-835. 935-835-835. • info@quintadaboaviagem.com • quintadaboaviagem.com • À env 5 km au nord de Viana do Castelo. Apparts spacieux 60-80 €, petit déj compris. CB refusées.* Riches bienfaiteurs lors de la conquête du globe, capitaines au long cours, les ancêtres du propriétaire de cette *quinta*, le très aimable et francophone José Teixera de Queiroz, édifièrent une demeure à leur image. Difficile de ne pas tomber sous le charme de ce vieux manoir avec ses murs safran, sa terrasse avec vue sur l'océan, son immense et magnifique jardin fleuri et ses recoins à flanc de colline. Végétation exubérante, sources dévalant la colline, petits bassins, statues baroques patinées ou couvertes de mousse, un enchantement ! Les chambres sont décorées avec le plus grand soin. Certaines, plus modernes, ont même été conçues par un architecte d'intérieur, les autres ont du mobilier ancien. Piscine ou possibilité de se baigner dans le torrent qui jouxte la propriété.

Casa do Ameal (hors plan par B1, **15**) **:** *rua do Ameal, 119, à* ***Meadela.*** *☎ 258-741-672. 934-456-737. • casadoameal@gmail.com • casadoameal.com • À 1 km du centre de Viana do Castelo. Tte l'année, sur résa seulement. Doubles et studios (2 pers) 80-90 €, petit déj inclus ; appart 4 pers.* Une adresse qui détonne dans le paysage (celui d'une zone commerciale !). Rassurez-vous, on l'oublie très vite une fois la barrière passée. Depuis 1669, la famille Faria Araújo est toujours là ! Magnifique demeure bourgeoise avec perron surélevé donnant sur un beau bassin. Entrée noble avec sa petite fontaine et son puits traditionnel du Minho. Plusieurs chambres avec un bel appareillage en pierres apparentes et des lits en bois sculpté ou fer forgé. Piscine donnant sur pelouse.

Où manger ?

De bon marché à plus chic

Café Sport (plan B2, **20**) **:** *rua dos Manjovos, 6-10. ☎ 258-822-117. Tlj midi et soir jusqu'à minuit. Menu du jour 8 €, carte env 15 €.* Cantine populaire ouverte depuis 1955 : 2 salles bien tenues, banquettes en skaï gris, maillots de foot aux murs, des serveurs souriants, et une cuisine classique mais goûteuse.

Casa de Pasto Maria de Perre (plan B2, **22**) **:** *rua de Viana, 118. ☎ 258-822-410. • casa.mariaperre@gmail.com • ♿ Tlj sauf dim soir-lun. Congés : 2de quinzaine de sept. Résa conseillée. Repas 15-20 €.* Une petite maison de caractère qui sert des spécialités de poisson et toutes sortes de plats locaux finement élaborés *(rojoeõs, entrecosto a minhota)*, ainsi que de bonnes paellas. Fado certains soirs.

Restaurante O Vasco (plan B2, **21**) **:** *rua Grande, 21. ☎ 968-339-539. • ovascorestaurante@gmail.com • Tlj sauf dim soir. Repas 15-20 €.* Petite cantine proposant des spécialités de poissons et de la mer (morue, poulpe...), mais aussi quelques plats de viande, comme le rôti.

Plus chic

Tasquinha da Linda (plan A2, **25**) **:** *doca das Marés A-10. ☎ 258-847-900. • geral@tasquinhadalinda.com • Résa conseillée. Repas 25-35 €.* Dans un ancien entrepôt de pêche joliment réhabilité, avec des baies vitrées, des murs en granit et des tables bien mises, voici un très bon resto de poisson. Cuisine tout en fraîcheur et bien servie.

À voir. À faire

👁👁 👪 ***Navio museu* Gil Eannes** *(navire-hôpital Gil Eannes; plan B2)* **:** *sur les quais.* ☎ *258-809-710.* • *fundacaogileannes.pt* • *Tlj 10h-18h. Entrée : 4,50 €.* Cet ancien navire-hôpital fut construit en 1955 dans les chantiers de Viana do Castelo pour assister la flotte morutière portugaise sur les bancs de Terre-Neuve et du Groenland. Mis à la retraite en 1984, sauvé in extremis de l'abandon, il fut soigneusement restauré en 1998. Désormais, une partie se visite. De la salle des machines au poste de commande en passant par les cabines, le salon du barbier, la boulangerie ou la cuisine avec tous ses ustensiles, le quotidien d'un navire n'aura plus de secret pour vous. On regrette juste que les explications soient aussi chiches (audioguide uniquement en portugais). Heureusement, elles sont un peu plus étoffées dans la partie la plus étonnante et la plus impressionnante de ce navire à vocation d'abord médicale, avec l'infirmerie, les dortoirs, la salle d'examens avec ses appareils d'origine et, plus surprenant encore, le bloc opératoire.

👁👁 ***Le centre historique de Viana* :** la ***rua Cândido dos Reis*** est bordée d'élégantes demeures du XVIe s. Ensuite, tout s'ordonne autour de la ***praça da República*** *(plan B1),* d'une belle homogénéité architecturale. Au milieu, jolie fontaine Renaissance. La blanche façade tout à côté, rehaussée par une superbe porte sculptée, est celle de l'***hospital da Misericórdia*** (1589). Noble façade à l'italienne, style Renaissance teinté de maniérisme : arcades et loggias à cariatides. La fête y bat son plein lors des *Romarias.* Priez que l'***igreja da Misericórdia*** (à côté de l'hôpital) soit ouverte pour y admirer les merveilleux *azulejos* de *Policarpo Oliveira Bernadeus,* la fresque de la voûte, le maître-autel baroque, la superbe tribune d'orgue. Tout à côté de cette dernière, d'intéressantes fresques racontent les bienfaits de la charité (enseigner aux ignorants, visiter les malades...). Toujours sur la praça da República, l'ancien ***hôtel de ville*** du XVIe s : une construction massive avec ses arcades originales et ses créneaux.

👁👁 ***Museu do Traje*** *(Musée ethnographique ; plan B1-2)* **:** *praça da República.* ☎ *258-809-306. Tlj, sauf lun et j. fériés, 10h-18h (pause 13h-15h le w-e). Entrée (également valable au museu de Artes decorativas) : 2 € ; réduc.*
Installé dans une ancienne banque (1958), un intéressant édifice représentatif du style salazariste. Sur 3 niveaux, ce musée s'intéresse principalement aux costumes traditionnels qui varient de village en village. Chaque tenue, chaque robe possède sa signification sociale et culturelle. Ainsi, lorsqu'une robe noire (pas nécessairement un signe de deuil) est ornée de petites perles noires, cela signifie que la jeune fille a entre 16 et 18 ans (donc qu'elle est en âge de se marier), et le rouge est signe de joie et de fête. Une vitrine réunit symboliquement 3 types d'habits significatifs : le costume noir de montagne des femmes, le *caroça* (l'« homme de paille »), en fait le berger avec une houppelande de paille tressée sur laquelle glissait la pluie, tout en le protégeant du froid et du vent, et, à côté, le pêcheur d'algues traditionnel.
– *Au 1er étage :* petite exposition sur l'industrie du lin. Les moulins à eau pour le broyer, les instruments pour le carder, le filage, des métiers à tisser. Quelques costumes à nouveau, expo de broderies traditionnelles pour lesquelles, dans la majorité des cas, seuls étaient employés le rouge, le bleu et le blanc.
– *Au sous-sol :* dans l'ancienne salle des coffres de la banque, on découvre la « salle d'Or ». Riche présentation de bijoux régionaux. Pendant longtemps, les filles recevaient des bijoux correspondant à leur tranche d'âge, ce qui explique leur taille progressive... Depuis le premier ornement à l'âge de 8 jours appelé « aïe » (le cri de douleur du bébé au moment du percement de l'oreille) jusqu'aux bijoux très élaborés des fiançailles.

👁 ***Sé*** *(cathédrale ; plan B1)* **:** *rua Sacadura Cabral.* Dans une rue elle aussi bordée de belles demeures Renaissance avec façades à écussons. Bien que construite au XVe s, cette cathédrale conserve une allure romane. Ses 2 tours crénelées lui confèrent un certain charme. Juste à côté, la ***casa dos Velhos,*** de la même époque. Une seule grande arche supporte la façade percée de 2 fenêtres à meneaux.

🍴🍴 ***Rua São Pedro*** *(plan B1)* **:** bordée elle aussi de belles demeures Renaissance, on y découvre la fenêtre manuéline la plus ravissante de la ville. Et tout au bout : l'adorable ***igreja das Almas*** (chapelle des Âmes), 1re cathédrale de Viana au XIVe s, qui acquit une façade baroque au XVIIIe s.

🍴🍴 ***Museu de Artes decorativas*** *(musée des Arts décoratifs ; plan A2)* **:** *largo de S. Domingos. ☎ 258-809-305. Tlj, sauf lun et j. fériés, 10h-18h (pause 13h-15h le w-e). Entrée (valable aussi pour le* museu do Traje*) : 2 € ; réduc ; gratuit le w-e.* Le musée retrace les grandeurs et décadences du pays du XVIe au XVIIIe s. C'était la demeure (ici, on dit « palais ») d'un riche Portugais du XVIIIe s. Si la plupart des ***azulejos*** sont d'origine, le mobilier vient d'une collection privée. ***Meubles indo-portugais*** finement travaillés, tout en marqueterie ; ***faïences*** plus ou moins élaborées et colorées selon les époques, les tendances et la matière première. Dans la faïence de Lisbonne, beaucoup d'éléments de la nature (animaux, fruits) ; meubles royaux (chaque souverain avait son style) ; Au 1er étage, 3 salles aux ***beaux plafonds*** de bois sombre sculptés. Scènes de chasse dans l'une d'elles, allégories de continents dans celle du milieu, et les loisirs de l'aristocratie dans la dernière (surtout la musique). Dans la salle suivante, admirez ce meuble indo-portugais au décor raffiné (teck, ivoire et écailles de tortue), ainsi que les tables marquetées. Dans la chapelle, retable rococo et *azulejos* de Policarpo, ivoire ciselé...

🍴🍴 ⇐ ***Santuário do Sagrado Coracão de Jesus Monte de Santa Luzia*** **:** *au sommet de la colline, on y accède soit à pied (env 3 km aller), soit en voiture (5 km), soit en funiculaire (**elevador de Santa Luzia** ; plan B1) ; départ ttes les 15 mn, trajet : 7 mn ; A/R : 3 €.* Perchée à 220 m d'altitude, cette basilique qui surplombe la ville est un lieu de pèlerinage construit en 1904 suite au vœu d'un militaire atteint d'une grave maladie des yeux. Très belle vue sur Viana do Castelo et ses environs depuis l'esplanade. Mais pour ceux qui souhaiteraient se rapprocher encore un peu plus des cieux, possibilité de grimper quelque 150 marches supplémentaires à partir de la sacristie... ou de prendre un ascenseur si vous vous sentez le mollet faible *(tlj 10h-12h, 14h-17h en hiver, 9h-20h en été ; 2 € aller et 3 € A/R).*

Plages : la plus proche se trouve à ***Cabedelo,*** à 2 km au sud de la ville. Accessible en bus *(6 départs/j.)* ou en bateau *(départ ttes les heures de Viana 9h-19h).* En voiture, prendre le ***ponte Eiffel,*** direction Darque. Beaucoup de vent ! Possibilité de faire du windsurf, du kitesurf et du surf tout court. Loueurs sur place. Au nord, à une douzaine de kilomètres, belle plage d'***Affife.*** Très longue, avec de gros rouleaux, plutôt pour les surfeurs confirmés.

Manifestations à Viana do Castelo et dans les environs

– ***Festa das Rosas :*** *2e w-e de mai, à* ***Vila Franca do Lima.*** Bals populaires, folklore, défilés (notamment les femmes portant d'énormes paniers fleuris sur la tête)...
– ***Festival Neopop :*** *4 j. début août, à Viana. • neopopfestival.com •* Un festival de musique électro qui prend chaque année plus d'ampleur.
– ***Les Romarias :*** *4-5 j. autour du 20 août sur le campo da Agonia, à Viana, d'où leur surnom de « festas da Senhora d'Agonia ». • vianafestas.com •* Ce sont les plus grandes fêtes du Minho (voir la rubrique « Savoir-vivre et coutumes » dans « Hommes, culture, environnement »). Courses de taureaux, processions, feu d'artifice, concerts de musique folklorique, danses et, surtout, une débauche de costumes magnifiques.

CAMINHA

(4910) 17 000 hab.

• Plan *p. 529*

À 25 km au nord de Viana do Castelo, encore un site remarquable : une embouchure de rivière (le rio Minho frontalier entre le Portugal et l'Espagne), l'océan Atlantique bleu (le plus souvent) et vivifiant, la silhouette presque conique d'une montagne verte culminant en Galice espagnole, une longue plage de sable blanc ourlée d'une belle pinède et une campagne aux collines moutonnantes. Cette situation géographique exceptionnelle explique la présence de fortifications à la Vauban du XVIIe s. Il fallait naguère surveiller la frontière ! Petite cité de caractère, Caminha a gardé sa personnalité et son patrimoine urbain : place de la mairie bordée de vieilles maisons en granit, avec des terrasses de café et une élégante fontaine sur fond de nobles édifices Renaissance.

Arriver – Quitter

En bus

Arrêt de bus *(plan A1)* **:** *av. Doutor Dantas.* Achat des billets dans le bus pour les villes voisines (Viana do Castelo, Valença do Minho, Monção), et dans les agences de voyage pour Porto.

➢ ***Viana do Castelo*** (30 mn) **:** 2-4 bus/j. ; ***Valença do Minho*** (30 mn) **:** 2-4 bus/j.; ***Monção*** (50 mn) **:** 3-5 bus/j. ; ***Porto*** (1h40-2h) : 5-10 bus/j.

En train

Estação ferroviária *(plan B2)* **:** *av. Saraiva de Carvalho.*

➢ ***Viana do Castelo*** (20-25 mn) **:** une dizaine de trains directs/j.

➢ ***Porto*** (env 1h40) **:** env 6 trains/j., dont un seul direct.

En bateau

➢ ***Ferry pour A Guarda (Espagne) :*** *ferry-boat Santa Rita de Cássia.* *• cm-caminha.pt •* 4 traversées/j. Durée : 30 mn. Embarque les piétons (1,50 €/pers) et les voitures (3,50 €).

Adresses utiles

Loja Interativa de Turismo de Caminha *(plan A1)* **:** *praça Conselheiro Silva Torres. ☎ 258-921-952. • cm-caminha.pt • Tlj 9h30-13h, 14h-17h30 sauf dim.*

– ***Agences de voyages : AVIC*** *(plan A1,* ***1****), praça do Conselheiro Silva Torres, 36. ☎ 258-721-158. • avic.pt •*

Où dormir ?

Campings

Parque de campismo Orbitur *(hors plan par A2,* ***14****)* **:** *rua Foz do Minho, 777, à* ***Vilarelho****. ☎ 258-921-295. • infocaminha@orbitur.pt • À 2 km au sud-ouest de Caminha, entre l'embouchure du rio Minho et l'océan. Tte l'année. Réception 9h-19h. Empl. pour 2 avec tente et voiture 16-30 €.* Un camping à taille humaine, simple et ombragé par une belle pinède, tout proche d'une jolie plage de sable. Si une grande partie du site est occupée par les locatifs, 2 espaces sont réservés aux tentes : on s'y entasse quelque peu en saison, ils n'en demeurent pas moins agréables. Sanitaires corrects, snack-bar bien pratique et petite épicerie.

⛺ ***Campismo do Paço*** *(hors plan par A2, **14**) : rua do Paço, à **Vila Praia de Ancora.** ☎ 258-912-697. • geral@campingpaco.com • campingpaco.com • À env 6 km au sud de Caminha et à 1 km de l'agréable petite station balnéaire de Vila Praia de Ancora. Ouv de mi-avr à sept. Empl. 12-18 € pour 2 avec tente et voiture.* Un camping très nature, retiré dans la campagne : point de piscine ici, ni d'animations, mais une rivière qui borde le site. On plante sa tente sur les vastes espaces herbus, ombragés par de grands arbres, dont des eucalyptus qui parfument l'air ambiant. Sanitaires simples et propres dans des petites constructions traditionnelles. Bref, un camping comme on les aime... et les Néerlandais aussi, manifestement !

De bon marché à prix moyens

Arca Nova Hostel e Guest House *(plan B2, **11**) : largo Dr Sidónio Pais. ☎ 935-390-402. • info@arcanova.pt • arcanova.pt • Lit en dortoir 15 €, doubles 35-45 € avec sdb privée ou à partager.* Un établissement de facture classique, dans un petit immeuble quelconque, mais plein de fraîcheur. Au rez-de-chaussée, un grand dortoir de 16 lits (principalement fréquenté par les pèlerins, mais pas que) climatisé, nickel et bien conçu, car séparé en petites sections de 2 à 4 lits superposés avec rideau et lampe individuelle. Dans les étages, les chambres moquettées sont simples, mais avenantes et impeccablement tenues. Certaines disposent d'un petit balcon. Pour les autres, terrasse et autres parties communes à disposition. Accueil charmant.

Caminha Hostel & Suites *(plan A1, **15**) : praça Conselheiro Silva Torres, 27. 📱 968-939-660. • wellcome@caminhahostelandsuites.pt • Lit en dortoir 14 €, doubles 45-50 €.* Un dortoir et 3 chambres (2 doubles et une quadruple), soit une adresse de poche dans une maison étroite, mais pimpante et accueillante. Et pour tout le monde, une cuisine à partager.

Residencial Galo d'Ouro *(plan A2, **10**) : rua da Corredoura, 15. ☎ 258-921-160. • residencialgalodouro@gmail.com • residencialgalodouro.blogspot.fr • Doubles 40-60 €.* Un petit hôtel sans prétention avec un bel escalier de pierre décoré de céramiques. Il mène à une quinzaine de chambres bien tenues donnant, pour la plupart, sur la rue. Bon accueil.

Hotel Muralha de Caminha *(plan A1, **13**) : rua Barão de S. Roque, 69. ☎ 258-728-199. • muralhadecaminha@hotmail.com • muralhadecaminha.com • Doubles à partir de 55 €, petit déj inclus.* Collé à la muraille, un petit hôtel discret dont les lignes contemporaines ne jurent cependant pas avec l'environnement. Chambres plaisantes et de bon confort. Resto très correct et terrasse protégée avec vue. Accueil sympathique.

De plus chic à très chic

Design & Wine Hotel *(plan A1, **12**) : praça Conseilheiro Silva Torres, 8. ☎ 258-719-040. • info@designwinehotel.com • designwinehotel.com • Doubles 70-200 €.* Un élégant solar du XVIIIe s mariant avec harmonie patrimoine et modernité, ainsi qu'un réjouissant côté design cool, ludique, frais et coloré. Chambres thématiques, le tout ponctué de citations de poètes. Pour finir, spa, petite piscine et, au rez-de-chaussée, un séduisant bar à vins proposant une rigoureuse sélection des meilleurs crus. Accueil jeune, pro et souriant. Location de vélos.

Où manger ?

Restaurante Solar do Pescado *(plan A2, **20**) : rua Visconde Sousa Rego, 85. ☎ 258-922-794. • armenio@solardopescado.pt • Tlj sauf mar.*

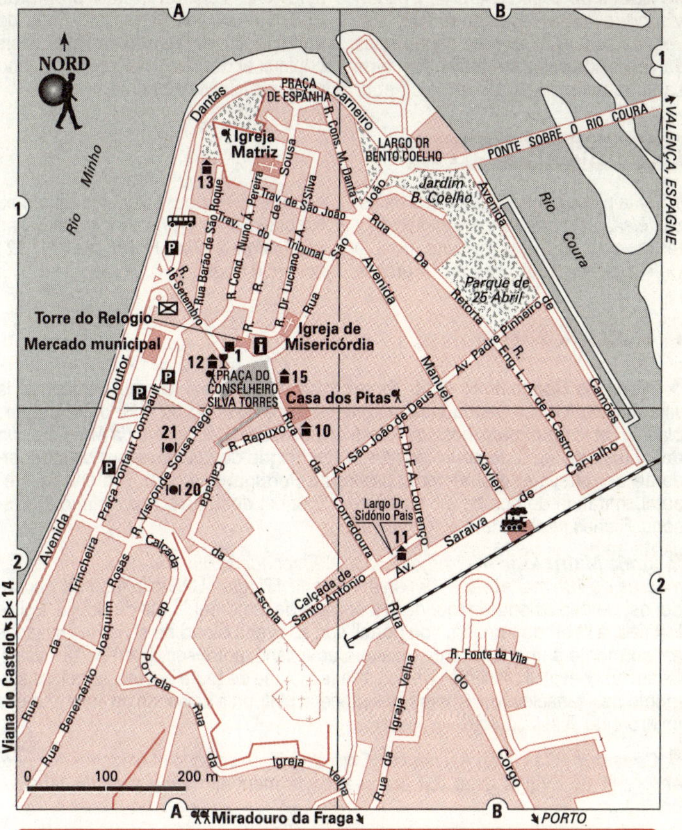

CAMINHA

Adresses utiles

- i Loja Interativa de Turismo de Caminha (A1)
- 1 AVIC (A1)

Où dormir ?

- 10 Residencial Galo d'Ouro (A2)
- 11 Arca Nova Hostel e Guest House (B2)
- 12 Design & Wine Hotel (A1)
- 13 Hotel Muralha de Caminha (A1)
- 14 Parque de campismo Orbitur et Campismo do Paço (hors plan par A2)
- 15 Caminha Hostel & Suites (A1)

Où manger ?

- 20 Restaurante Solar do Pescado (A2)
- 21 Adega de Chico (A2)

Où boire un verre ?

- 12 Design & Wine Hotel (A1)

Congés : 2 sem fin janv et fin nov. Menu déj 16 €, repas 20-25 €. Une belle salle accueillante, voûtée, avec des arcades en granit, décorée de scènes romantiques sur les *azulejos* muraux. Comme son nom l'indique, « la gentilhommière du poisson » mijote surtout une cuisine à base de fruits de mer et de poisson. Tout est bon, tout est frais, de l'océan à l'assiette.

Adega de Chico (plan A2, **21**) : rua Visconde Sousa Rego, 30. ☎ 258-921-781. Tlj sauf jeu. Congés : sept. Repas 15-20 €. Adresse sans prétention, type cantine, avec quelques *azulejos* pour colorer et éclairer la salle proprette. Belle vue sur les fourneaux. Plats de poisson ou de viande simples mais copieux et desserts maison. Petit *vinho verde de la casa* agréable.

Où boire un verre ?

Sur la place centrale, plusieurs cafés, *pastelarias* et *confeitarias* déploient leur terrasse autour de la fontaine, dont le *Café Central,* tout près de la grosse horloge. Bien pour caler un petit creux. Ne pas oublier également le bar à vins du ***Design & Wine Hotel*** (plan A1, **12** ; voir « Où dormir ? »).

À voir. À faire

Praça do Conselheiro Silva Torres (plan A1-2) : c'est le cœur battant de la ville. Tout autour on peut admirer la grosse ***torre do Relogio*** (tour de l'Horloge ; plan A1) et le ***município*** (hôtel de ville) à arcades. En face, l'***igreja da Misericórdia*** ravira les amateurs de *dourada talhada* (technique de sculpture sur bois débordante de détails et d'ornements propre au Portugal baroque). Profond maître-autel, imitation de porche à 5 voussures. Tout est doré, jusqu'au plafond à caissons. Riches retables latéraux également.

Igreja Matriz (plan A1) : larga da Matriz. En principe, ouv ven-dim et autour des messes de 18h mar et ven – 19h en été – et de 12h dim. Une jolie façon d'y accéder est de passer sous la tour de l'Horloge et de remonter la rua de Sousa. Église fortifiée, à l'abri du rempart, son portail sud au granit blond de style Renaissance est surmonté d'une ravissante rosace. Sur le flanc, autre séduisant portail ciselé. Quant au chevet, il présente une balustrade ajourée de toute beauté, entrelacs surmonté de « pinacles à crochets ». À l'intérieur, plafond à caissons de style arabe et un arbre de Jessé sculpté.

Casa dos Pitas (plan A1) : rua da Corredura, 1-9. Longue et élégante demeure en granit du XVIIIe s avec toit crénelé. Style manuélin avec arcs de fenêtres originaux.

Miradouro da Fraga (hors plan par B2) : à 2 km du centre de Caminha. Accessible à pied ou en voiture (mais rues pentues et bien étroites à l'arrivée). Dans un coquet quartier résidentiel perché au sommet d'une grosse colline, avec la ville en contrebas, ce belvédère offre une belle vue sur le site de l'embouchure du rio Minho.

VALENÇA (DO MINHO) (4930) 14 100 hab.

C'est le Saint-Malo ou la Carcassonne du Portugal, toutes proportions gardées évidemment ! La ville semble monter la garde face à l'Espagne voisine, au-dessus du rio Minho qui marque la frontière entre les deux pays. La partie ancienne est enfermée dans une forteresse à la Vauban, blottie derrière une ligne imposante de remparts et de bastions en étoile du XVIIIe s, le tout construit sur un énorme glacis verdoyant. À l'intérieur de la bourgade historique, ambiance très touristique, quelques ruelles tortueuses, des maisons blanches aux toits de tuiles, des boutiques de souvenirs déversant

leurs flots de marchandises sur le pavé. Le week-end et les jours fériés, les Galiciens débarquent en masse pour acheter la spécialité du lieu : le linge de maison.

Le mieux est probablement de venir se promener le long des remparts et des *baluartes* (bastions) en fin de journée et d'y boire un verre quand les rues se vident et la cité retrouve un peu de quiétude.

– ***Bon à savoir :*** comme nous l'avons dit, nous sommes là tout près de l'Espagne, ce que ne manquent bien sûr pas de vous rappeler les opérateurs téléphoniques. Si vous avez un téléphone prétendument « intelligent », méfiez-vous, car il y a une heure de décalage entre l'Espagne et le Portugal, et les *smartphones* ont une fâcheuse tendance à effectuer automatiquement le changement d'horaire...

Où dormir ?

☗ ***Hostel Bulwark :*** *travessa do Caminho, 7-11.* ☎ *251-837-022.* • *info@hostelbulwark.com* • *hostelbulwark.com* • *Au sein de la citadelle, mais retirée au calme, dans une impasse. Lit en dortoir env 20 €. Petit-déj offert sur présentation de ce guide.* En voici un phénomène étrange, mais la simple vue de la jolie maison à la façade rougeoyante avec ses balcons fleuris procure un sentiment de bien-être et de bienvenue ! Et celui-ci ne se dément pas une fois à l'intérieur. Sur 3 niveaux, on trouve la cuisine, le salon commun, deux dortoirs de 10 et 7 lits (dont 2 pour un couple) où tout est pensé pour votre confort et que vous puissiez jouir d'un minimum d'intimité : lits en bois superposés ou non, avec rideaux, lampe individuelle, etc.

☗ ***Residencial Portas do Sol :*** *rua Conselheiro Lopes da Silva, 51.* ☎ *251-837-134.* 📱 *965-780-393.* • *info@residencialportasdosol.com* • *residencialportasdosol.com* • *Dans la 2de enceinte de la forteresse, près de l'entrée. Doubles 40-50 €.* Petit hôtel dans une demeure traditionnelle, avec 8 chambres propres, nettes et confortables (clim).

À voir

Tout petit ***musée*** gratuit et d'intérêt très local, ***Núcleo Museológico Municipal*** *(rua Mouzinho de Albuquerque, dans la 2de enceinte).* Vraie ***borne milliaire*** d'époque romaine devant l'***igreja de Santo Estevão.*** Datant de 43 av. J.-C., elle fut placée ici en 1680. Marquée « Claudius », elle indiquait aussi la direction de Braga, à 42 miles...

MONÇÃO

(4950) 19 250 hab.

À 16 km à l'est de Valença do Minho, on y accède par une route secondaire qui passe au pied des collines et délivre de belles échappées sur la vallée et ses cultures en terrasses. La route est aussi jolie en venant de Pont da Barca. On arrive soudain dans le pays du *vinho verde alvarinho,* l'un des meilleurs crus du nord du Portugal.

Si les abords de Monção n'ont rien d'attrayant, une fois dans le petit centre historique surplombant des fortifications, le charme opère. Peu touristique, c'est l'anti-Valença do Minho : point de hordes d'acheteurs de linge de maison ici !

Où dormir à Monção et dans les environs ?

Prix moyens

Raiano Guest House : *praça Deu la Deu, 232, à Monção. ☎ 251-653-534. • raiano4950@gmail.com • En plein centre. Double 45 €.* Au rez-de-chaussée, un café-snack proposant des croissants chauds au petit déj. À l'étage, des chambres impeccables avec douche et w-c. Déco pas triste du tout.

Hospedaria Muralhas do Miño : *rua Pedro V, 45, à Monção. ☎ 251-656-424. • muralhas.mino@gmail.com • Dans le centre. Doubles 50-60 €, petit déj compris.* Une dizaine de chambres seulement dans ce petit établissement installé dans une jolie bâtisse traditionnelle. Avec leur mobilier de bois sombre, leur déco semble défier le temps. Rien de vieillot ici, mais des espaces avenants, aérés, parfaitement tenus, où l'on pose ses valises avec plaisir. Accueil adorable.

Plus chic

Solar de Serrade : *à Mazedo. ☎ 251-654-008. 📱 965-805-264. • info@solardeserrade.pt • solardeserrade.pt/site/pt/ • À 3,5 km du centre-ville. Doubles 75-100 €, petit déj inclus.* Un charmant manoir *(solar)* du XVIIe s au milieu des vignes lumineuses. Dans la même famille depuis longtemps, il abrita l'état-major de l'armée française pendant les guerres napoléoniennes. À l'intérieur, 6 doubles spacieuses et 4 suites. Rien n'a bougé, un vrai décor de film romantique : plafonds de bois travaillés, beau mobilier à l'ancienne, jolis objets et porcelaines de Chine. Accueil jovial et attentionné du propriétaire, producteur de vins gouleyants. Une jolie chapelle pour se faire pardonner les excès vineux (le *vinho alvarinho* précisément, le fleuron de la propriété).

Où manger ? Où boire un verre ?

Restaurante Cabral : *rua 1° Dezembro, 28. ☎ 251-651-775. Tlj sauf ven jusqu'à 23h30. Congés : oct. Repas 15-20 €.* Murs en pierre sèche et atmosphère chaleureuse pour une cuisine régionale, franche et sans triche. Produits bien sélectionnés, généreuses portions. Pour les viandes, cuisson à la demande (pour obtenir un tournedos bleu, dire « 2 secondes de chaque côté » !). Spécialités de poulpe à la *gallega*, risotto de *mariscos*, frites maison. Excellents desserts.

Restaurante 7 a 7 (Sete a Sete) : *rua Conseilheiro João Cunha, 55. ☎ 251-652-577. Tlj sauf lun. Repas 20-25 €.* Une belle cuisine régionale faite avec cœur et de beaux produits. Quelques spécialités : le *cordeiro á moda de Moncão* et la *lampreia do Rio Minho,* et en dessert les bons *rabanadas.*

Escondidinho : *praça Deu la Deu, 14. ☎ 251-838-219. Tlj jusqu'à 22h.* Le grand café-salon de thé-pâtisserie de la ville. 2 grandes arcades découpent l'espace intérieur, et la terrasse est prise d'assaut aux beaux jours. Viennoiseries fraîches, délicieux gâteaux, glaces, chocolats extra... à déguster paisiblement sur la grand-place.

À voir à Monção et dans les environs

Igreja Matriz : *rua de João Pinho.* On y trouve le traditionnel retable sculpté et doré avec ses colonnes torses couvertes de pampres, mais c'est le plafond à caissons qui interpelle, magnifiquement ciselé et couvert de fresques.

Palácio da Brejoeira : *à* ***Pinheiros.*** *☎ 251-666-129. • palaciodabrejoeira.pt • À 6 km au sud de Monção. Visites guidées tte l'année, tlj 9h-12h30, 14h-18h30, sauf lun. Entrée : 7,50 € palais, jardins et cave ; 5 € jardins, chapelle et cave ; réduc.* Construit en 1834 par l'architecte Carlos Amarante (on suppose) pour Luís Pereira Velho de Moscoso, ce somptueux palais allie les styles baroque et classique. Il passa entre plusieurs mains jusqu'à aujourd'hui. À l'intérieur, superbe cage d'escalier éclairée par des lanternes dorées, magnifique bibliothèque (une des plus belles du nord du pays), salons luxueux à la décoration raffinée, petit théâtre... Tout autour, un domaine fait de bosquets, de beaux jardins de style anglais, et un vaste vignoble (18 ha) produisant un remarquable *alvarinho.*

PONTE DA BARCA (4980) 12 000 hab.

À 43 km au sud de Monção et 16 km à l'est de Ponte de Lima, dans un paysage de hautes collines, Ponte da Barca tient son nom d'une barque qui, longtemps, fit le passage sur le rio Lima avant la construction d'un pont de pierre.
Le centre ancien, joliment niché au fond d'un vallon verdoyant, est réduit. La promenade le long des berges en fin de journée, avec vue sur le *ponte medieval* (XVe s, 180 m de long sur 10 arches) qui enjambe la rivière Lima, est un véritable plaisir.

Adresses utiles

Loja interativa de Turismo *(office de tourisme) : rua Conseilheiro Rocha Peixoto, 9. ☎ 258-455-246. Mar-sam 10h-13h, 14h-18h.*

Adere-Peneda-Gerês : *rua Dom Manuel I s/n. ☎ 258-452-450. • geral@adere-pg.pt • adere-pg.pt • Lun-ven 9h-12h30, 14h30-18h ; plus sam en été.* Les spécialistes du parc à tous les niveaux (voir plus loin « Le parc national de Peneda-Gerês »). Possibilité de réserver auprès d'eux un hébergement dans le parc, et leur agence **Go 2 nature** *(• go2nature.pt •)* peut aussi vous y organiser un séjour à la carte. Vente de cartes de rando.

Où dormir ? Où manger ?

Pensão Maria Gomes : *rua Conselheiro Rocha Peixoto, 13. ☎ 258-452-288 ou 194. Double avec sdb commune 20 €.* Maria, la propriétaire, parle le français et tient la petite boutique de brocante au rez-de-chaussée de la pension. Imaginez-vous chez votre grand-mère : un papier peint désuet, de beaux meubles en bois massif, le pichet d'eau posé sur une bassine et une douche rudimentaire. Le genre de pension à l'ancienne très bien tenue comme on n'en trouve plus, et qui dépannera les routards purs et durs.

Hotel Os Poetas : *rua Dr Alberto Cruz, 9, jardim dos Poetas. ☎ 258-488-152. • info@hotelospoetas.com • hotelospoetas.com • À côté du pont. Doubles 45-65 €, petit déj inclus.* Bien situé, en surplomb du rio Lima, cet « hôtel des poètes » abrite des chambres rénovées, bien équipées et hyper propres. Elles donnent sur la rivière (la plus belle vue) ou sur la ruelle. Ce n'est plus tout à fait une pension et pas encore un hôtel de charme. Une bonne adresse dans tous les cas.

LE PARC NATIONAL DE PENEDA-GERÊS

Créé en 1971, c'est l'unique et magnifique parc national du pays, qui comblera les amateurs de nature sauvage. Région montagneuse enclavée et protégée, à l'écart du tohu-bohu du monde, le mode de vie ancestral n'y a pas disparu. Paysans et bergers vivent en semi-autarcie entre bois, landes, lacs de fond de vallée. Le relief accidenté, la richesse de la faune et de la flore, donnent au voyageur l'impression d'être en haute montagne. Pourtant, les monts oscillent entre 500 et 1 400 m, et les forêts naguère brûlées tentent de repousser. Le paysage porte la marque du travail agricole : les flancs des monts sont occupés par des cultures en gradin et des prairies de *lima* (antique forme d'irrigation répartissant l'eau sur les pentes de façon équilibrée). Ici et là, de petits monuments en granit parsèment les prés : ce sont les *espigueiros*. Ces petits greniers en pierre, fermés par des lattes de bois, servaient au séchage des grains et du maïs. De loin, ils font penser à d'antiques tombeaux. On en trouve beaucoup en Galice espagnole. En été, les habitants transhument des vallées vers les *brandas* ou *verandas*, ces hameaux sur les hauteurs proches de pâturages. Enfin subsiste encore la *vereira*, forme communautaire de pâturage où les propriétaires de troupeaux gardent les bêtes à tour de rôle. Comme dans un roman de Giono ! Une autre époque ! Superbes balades à pied et à cheval en perspective, et autres sports un peu plus extrêmes.

Adresses et infos utiles

■ ***Les centres d'information du parque nacional da Peneda-Gerês*** *(PNPG) : • icnf.pt •*

– ***Porta de Lamas de Mouro*** *(aux confins nord du parc)* **:** *à* **Lamas de Mouro,** *dans la commune de Melgaço, à 19 km au sud du bourg. ☎ 251-410-000. • cm-melgaco.pt • Tlj 10h-12h30, 14h-17h (18h avr-juin, 19h juil-août).* On y trouve aussi un camping.

– ***Porta do Mezio*** *(à l'ouest)* **:** *à 14 km à l'est d'Arcos de Valdevez par la N 202. ☎ 258-510-100. • portadomezio.pt • Juil-août, tlj 9h30-20h (17h oct-mars, 18h avr-juin et sept), w-e 10h-20h.* Nombreuses activités proposées : rafting, *hydrospeed,* canyoning, VTT, balades équestres.

– ***Porta do Campo do Gêres*** *(au sud)* **:** *à 40 km au nord-est de Braga par les N 101, puis N 205 et N 307 (et ça tourne !). ☎ 253-351-888. Dans un des secteurs les plus isolés du parc (immense commune de Terras de Bouro). Tlj 8h30-12h30, 13h30-17h30.*

– **Porta de Montalegre** (appelé aussi porta do Paradela, au sud-est) **:** *à 46 km au nord-ouest de Chaves par la N 103, puis N 509. ☎ 276-518-320. Lun-ven 9h-13h, 14h-17h30. Cette porte se situe dans la partie la plus à l'est du parc de Peneda-Gerês, au village de Paradela, dépendant de la commune de Montalegre.*

■ **Adere-Peneda-Gerês :** *voir plus haut « Adresses utiles » à Ponte da Barca. • adere-pg.pt •*

– Pour les non-motorisés, accès plutôt galère ! Mais la compagnie ***Empresa Hoteleira do Gerês*** (*• ehgeres.pt •*) assure tout de même 3-7 liaisons/j. entre Braga et Gerês. Trajet : env 1h30.

Où dormir dans le parc ?

L'association *Adere-Peneda-Gerês* (voir « Adresses et infos utiles » à Ponte da Barca) peut réserver pour vous différents types d'hébergement dans le parc : hôtels ruraux, chambres d'hôtes, gîtes...

⛺ 🏠 ***Parque Cerdeira :*** *rua de Cerdeira, 400, à* ***Campo do Gerês.*** *☎ 253-351-005. • parquecerdeira.com • Situé à 15 mn à pied de l'arrêt de bus de Campo de Gerês. Résa indispensable. Empl. 21-30 € pour 2 avec tente et voiture ; chambres privées 45-100 € ; bungalows 2-6 pers 55-130 € ; cabane 2 pers 45-70 €.* Camping agréable et ombragé mais ne pas planter sa tente trop en hauteur du terrain (proximité de la route, bruyante). Sanitaires propres, barbecue à disposition, piscine (payante).

⛺ ***Parque de campismo de Entre Ambos-os-Rios :*** *au lieu-dit Lugar de Igreja, à 10 km de Ponte da Barca, au village d'****Entre Ambos os Rios.*** *☎ 258-588-361. • info@lima-escape.pt • lima-escape.pt • Ouv fin mai-fin sept ou sur résa 24h à l'avance. Réception 9h-19h (8h30-21h en été). Empl. pour tente 20-28 € pour 2 (avec voiture) ; tentes « Tipi » ou « Glamour » 50-60 € ; bungalows 2 pers 45-70 €.* Près d'un petit lac, un terrain en pente dans une pinède offrant une belle ombre. Sanitaires bien propres avec eau chaude. L'originalité de ce camping est d'avoir aménagé un « Glamping », c'est-à-dire un « camping glamour », des petits bungalows dans les arbres et des tentes « Glamour » ou « Tipi » (avec un lit double). Sur place, bar et resto *(Adega do Artur).*

⛺ ***Parque de campismo de Vidoeiro :*** *à* ***Vidoeiro,*** *à 10 km de Campo de Gerês (arrêt des bus venant de Braga) en direction de l'Espagne. ☎ 253-391-289. • gerescamping@gmail.com • vidoeirogerescamping.com • Ouv de mi-mai à mi-oct. Réception 8h-12h, 15h-19h (22h août). Empl. pour 2 pers avec voiture 15-22 €.* On plante sa tente au cœur d'une forêt verdoyante sur des terrasses de différentes tailles (les plus petites disposent même d'un barbecue individuel et sont charmantes). On s'endort au doux bruit du ruisseau. Sanitaires correctement tenus.

🏠 ***Casas de campo :*** *infos auprès de l'association Adere-Peneda-Gerês (• adere-pg.pt •). Doubles 50-60 €.* Dans les villages de Lindoa, Soaja et Germil, ce sont soit des chambres d'hôtes ou des suites de charme, soit des gîtes ruraux ou des appartements. La meilleure façon de découvrir les habitudes de vie locales, dans des maisons anciennes et rustiques. Souvent pour 2 à 8 personnes et d'un confort variable. On se prépare soi-même le petit déj avec des produits offerts par les propriétaires (jambon, miel, confiture...).

🏠 ***Pousada de juventude de Vilarinho das Furnas :*** *rua da Pousada, 1,* ***Campo do Gerês.*** *☎ 253-351-339. 📱 969-238-866. • eres@movijovem.pt • pousadasjuventude.pt • ♿ À 3 km du village sur la route de Braga. Tte l'année. Dortoirs 14-17 €/pers, doubles avec sdb 40-70 €. Carte des AJ obligatoire.* Aux portes du parc, une AJ bien plus chic que la moyenne. Dans un environnement paisible et vert, elle abrite des chambres doubles qui, par leur confort et leur style, feraient pâlir de jalousie plus d'un hôtel 2 étoiles ! Il y a aussi des dortoirs (4 lits) propres et agréables, situés dans de longs chalets en bois. Sanitaires privatifs ou collectifs, au choix. Également des bungalows 4 à 6 personnes avec cuisine, parfaits pour les familles.

🏠 🍽 ***Hotel Central Jardim :*** *av. Manuel Francisco da Costa, 141, à* ***Gerês.*** *☎ 253-391-132. • geral@centraljardim.com • centraljardim.com • Doubles 50-70 €.* Situé à côté de l'église, sur la place principale des Termes, voici le plus vieil hôtel de la vallée, avec un décor désuet et patiné mais des chambres propres et de confort suffisant (clim). Parking privé (intéressant étant donné le monde certains jours d'été). Fait aussi resto. Cuisine locale sincère et sans triche.

À voir

👁👁 ***Serra do Soajo :*** *au nord-est du parc.* On y trouve les villages les plus authentiques. Depuis Ponte da Barca, rejoindre ***Lindoso*** (26 km) par la N 203 pour observer ces étranges greniers à grains *(espigueiros)* surmontés de petites croix. Voir

sur une hauteur le *castelo,* mignon petit fortin à la Vauban. De là, descendre et traverser le barrage sur la rivière Lima, en direction de ***Soajo*** (10 km de Lindoso) avec également de très jolis *espigueiros* perchés sur un rocher et un superbe *pelourinho* sur la place du village : un pieu de granit au visage naïf, coiffé d'une curieuse pierre triangulaire. Au long de ce parcours, n'hésitez pas à suivre les panneaux du parc indiquant un menhir de-ci, un site rupestre de-là, quelque pont médiéval ou *espigueiro* isolé...
En piquant à l'ouest de Soajo, petite incursion vers ***Mezio*** (14 km à l'est d'Arcos de Valdevez) avec son dolmen et ses gravures rupestres. Et, bien plus au nord, on peut rejoindre la ***Fraga das Pastorinhas*** (seul site d'escalade digne de ce nom au Portugal), puis l'improbable sanctuaire ***Nostra Senhora da Peneda.*** Au bout du monde, surplombé par une cascade, on y accède par l'un de ces escaliers expiatoires qui n'en finissent pas.

Serra Amarella : plus au sud, autre itinéraire intéressant qui permet de relier Campo do Gerês. Depuis la N 103, rejoindre d'abord Entre Ambos os Rios. De là, une petite route s'enfonce vaillamment dans la montagne vers ***Germil.*** C'est un paysage de landes de bruyères et de fougères, avec des champs entourés d'antiques murets, et ponctué de chaos granitiques. On croise quelques *espigueiros* au détour de villages rustiques. Entre Germil et Brufe, noter le hameau de ***Lama*** joliment niché dans un chaos de rochers. Au-delà de Brufe, la route devient panoramique sur les monts et vallées du rio Hommem. Juste avant d'arriver au barrage, la route traverse une jolie gorge agrippée à la falaise.

Les lacs du Sud : le sud du parc se caractérise par ses réservoirs artificiels. Celui de Vilarinho das Fornas, proche de Campo do Gerês, demeure très sauvage. En revanche, le lac de Caniçada, plus au sud, est plus touristique, tout comme le village thermal de ***Gerês,*** où l'on trouve les vestiges de la « Geira », l'ancienne voie romaine (bornes, dalles, etc.) qui reliait Braga à Astorga. En piquant au nord, vers la frontière espagnole, on traverse quelques belles et denses forêts de ***Caldas do Gerês*** à ***Portela de Homem.***

À faire

➢ ***Parcours touristiques et culturels :*** *Adere* peut vous mettre en relation avec des agences spécialisées dans les circuits à thème, pratiques pour ceux qui ne disposent pas de leur propre véhicule. Arts et métiers traditionnels, édifices médiévaux, races animales locales, fêtes... Ludique et respectueux de la nature et des traditions. Également de nombreuses promenades à pied (la plus longue fait 8 km) avec feuille de route et déclivité. Très bien fait. Pour les randonnées à pied, gare : les marquages ne sont pas toujours entretenus. On peut télécharger sur le site de l'*Adere* les principaux itinéraires pédestres, à imprimer ou à lire sur support numérique : ● *adere-pg.pt/trilhos* ●

– ***Le GR 50*** parcourt l'ensemble du parc en 19 étapes (selon votre niveau, certaines peuvent être réunies). *Infos (et application à télécharger) :* ● *walkingpenedageres.pt* ● Une des principales difficultés, si vous faites le GR en autonomie et en itinérant, ce sont les transferts, notamment pour le retour. Par ailleurs, si vous souhaitez bivouaquer, certaines autorisations sont à demander à l'avance. Dans les 2, l'association ***Adere-Peneda-Gerês*** peut là encore vous aider, en vous mettant en contact avec les compagnies assurant les transferts ou pour déposer les demandes. Enfin, prenez garde aux conditions météo et aux incendies, nombreux en été dans la région.

– ***Canoë, escalade, descente en rappel, rafting, paddle, promenade à cheval :*** demander les contacts de prestataires locaux auprès des bureaux du parc ou se renseigner sur le site de l'association ***Adere-Peneda-Gerês*** (oui, encore lui, mais il faut dire qu'il est très complet !), qui permet de réserver en ligne ces activités.

PONTE DE LIMA

(4990) 43 500 hab.

• Plan *p. 539*

Cette charmante petite ville, la plus ancienne du pays, s'étend nonchalamment au bord du rio Lima, dans une vallée entourée de collines ondulantes. En été, ce ruisseau au milieu d'un grand lit fait oublier certaines violentes sautes d'humeur qui expliquent ce long et ravissant pont de pierre d'origine romaine (rebâti et fortifié au XIVe s) avec ses 16 belles arches. Aujourd'hui encore, les pèlerins en route pour Saint-Jacques-de-Compostelle passent par ici.

Sincèrement, il est difficile de ne pas succomber au charme de Ponte de Lima, avec son rythme de vie nonchalant, ses belles maisons de maître, ses ruelles pavées, sa magnifique allée de platanes centenaires et ses manoirs qui constellent la campagne environnante, appartenant à des familles aussi vieilles que l'histoire du Portugal. 2 fois par mois, les bords de la rivière s'animent avec un immense marché.

Par ailleurs, les rives de cette même rivière sont très joliment aménagées pour la promenade, à pied ou à vélo, une voie cyclable permettant même de rejoindre à 2-roues Ponte da Barca situé à une quinzaine de kilomètres de là.

Arriver – Quitter

Arrêt de bus du centre-ville : *av. António Feijo.*

Central de Camionagem : *av. da Central de Camionagem.* La gare routière proprement dite étant située près de la N 203, à 1,5 km du centre, il est plus pratique d'acheter son billet à bord depuis l'arrêt du centre-ville. Attention cependant, les bus express, pour Porto notamment, partent de la gare routière et ne passent pas par le centre-ville. Compagnies *Rede Expressos* (*• rede-expressos.pt •*) et *Transdev* (*• transdev.pt •*).

➢ ***Barcelos :*** avec *Transdev,* 6 bus/j. en sem seulement 7h15-17h40. Trajet : 1h.

➢ ***Braga :*** 2 bus/j. en sem. Trajet : 30 mn *(Rede Expressos)* à 1h *(Transdev).*

➢ ***Porto :*** avec *Rede Expressos,* plusieurs bus/j. Trajet : env 1h35.

➢ Bus fréquents pour ***Viana do Castelo*** et ***Ponte da Barca.***

Adresses utiles

Loja interativa de Turismo *(plan A1) : Torre da Cadeia Velha, passeio 25 de Abril. ☎ 258-240-208. En saison, tlj 9h-12h30, 14h-17h30, sauf dim et j. fériés.*

■ ***Solares de Portugal*** *(associação do turismo de habitação) (plan B2,* ***2****) : praça da República. ☎ 258-741-672. • solaresdeportugal.pt • Tlj, sauf dim, 9h-19h (18h sam).* Cette association dynamique regroupe les manoirs *(solares)* proposant des chambres d'hôtes de charme et de prestige. L'occasion de découvrir des lieux historiques (souvent classés) maintenus avec passion mais non sans mal par leurs propriétaires (des familles anciennes, et souvent des descendants des constructeurs !). Un séjour minimum de 2 nuits est parfois exigé. On peut passer par l'association ou réserver en direct auprès des propriétaires.

Où dormir ?

Auberge de jeunesse

Pousada da juventude *(hors plan par A2,* ***10****) : rua Papa João Paulo II, 815. ☎ 258-751-321 et 963-344-304. • pontelima@movijovem.pt • À 1 km au sud-est du centre-ville. Dortoirs 4 lits 12-16 €/pers, doubles avec sdb 30-40 €, petit déj inclus. Carte des AJ obligatoire (2,50 €/j., transformée en carte annuelle au bout de 6 nuits). Repas 7 €. Parking gratuit.* Avec ses gros cubes de béton suspendus sur de fins piliers, l'architecture plutôt réussie de cette AJ nouvelle génération s'intègre bien dans le quartier. Ensemble moderne et propre, des chambres impeccables et fonctionnelles agencées dans un esprit loft. Les doubles offrent le confort d'un hôtel standard. Salle de jeux mais pas de cuisine. Location de vélos.

Prix moyens

Vila de Ponte Guest House *(plan B1,* ***12****) : rua Cardeal Saraiva, 26. 932-146-704 ou 963-084-202. • info@viladeponteguesthouse.pt • viladeponteguesthouse.pt • Doubles à partir de 40 €.* À peine une dizaine de chambres réparties sur plusieurs étages dans cette vieille demeure restaurée. Dans chaque pièce, on a conservé au moins un mur de vieille pierre, tandis qu'un autre est orné d'une grande tapisserie liée à l'histoire de Ponte de Lima. Les chambres soignées, avenantes, offrent un très bon confort malgré leur taille relativement restreinte (clim et excellente literie), et certaines bénéficient d'une terrasse. À chaque étage, une partie commune. Accueil des plus doux et attentionné.

Où dormir dans les environs ?

Paço de Calheiros : *à* **Calheiros.** *☎ 258-947-164. • info@pacodecalheiros.com • pacodecalheiros.com • À 6 km du centre-ville. Double et studio 125 €. Repas possible 35 €/pers.* Un *paço,* quèsaco ? Ni plus ni moins qu'un palais ! Et celui-ci, chargé d'histoire, est sans doute l'un des plus beaux du Minho. Portail de pierre, allée de platanes, fontaine, escalier monumental : dès l'arrivée, on est dans l'ambiance. L'intérieur, très classe, confirme cette 1re impression. Au total, 9 chambres, 6 appartements et un cottage pour 6 personnes. On est accueilli (s'il est là) par le comte de Calheiros, un personnage truculent, aristocrate dynamique et entrepreneur. Le soir au coin du feu, on fait une petite *prova de vinhos* en sa compagnie. Piscine, tennis.

Où manger ?

Prix moyens

Diamante Azul *(hors plan par B2,* ***20****) : rua cidade de Vandoeuvre, 94. ☎ 258-742-754. • restaurante.diamante.azul@gmail.com • Ouv tlj. Menus déj 7-8,50 € ; repas à la carte 20-25 €.* Oui, ce restaurant est un brin excentré, et ce n'est pas là non plus que vous trouverez la plus grande fantaisie, aussi bien dans la déco que dans l'assiette. L'ambiance est en effet plutôt bourgeoise (mais pas guindée), avec tables nappées de frais, un service pro et attentif. Quant à la carte, elle se révèle relativement courte et classique, mais de l'entrée au dessert, les plats sont parfaitement exécutés. Le tout à prix juste. Alors, au diable l'absence de fantaisie et réjouissons-nous de ce sérieux et de cette qualité qui régalent nos ventres gourmands !

Restaurante Mercado *(plan A2,* ***21****) : rua do Mercado, loja 13. ☎ 258-753-700. • restaurantemercado2013@gmail.com • Tlj sauf jeu. Repas env 15 €.* C'est l'adresse simple proposant de bons petits plats traditionnels à prix juste. Et voilà !

Casa do Provedor *(plan A1-2,* ***22****) : rua da Porta Nova, 22. ☎ 258-944-087. • geral@casadoprovedor.*

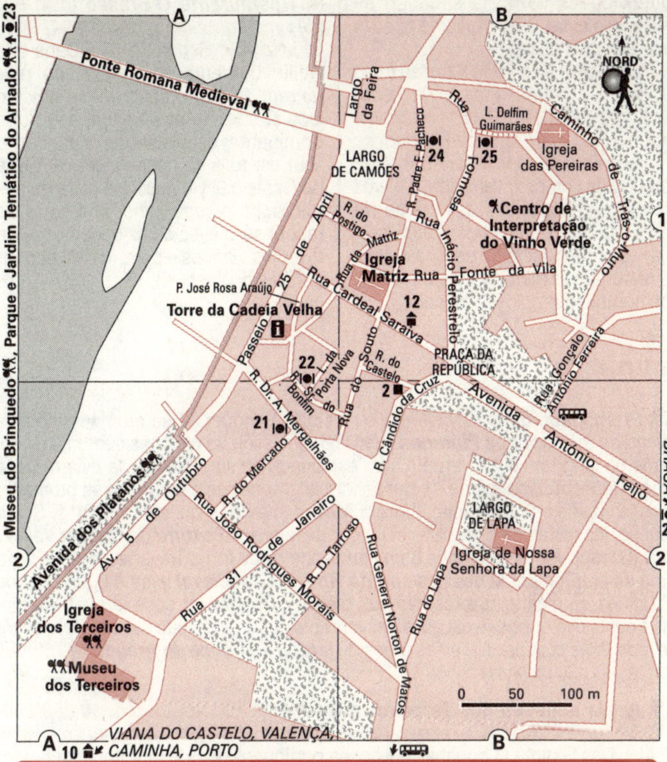

PONTE DE LIMA

■ **Adresses utiles**	|●| **Où manger ?**
i Loja interativa de Turismo (A1)	20 Diamante Azul (hors plan par B2)
2 Solares de Portugal (B2)	21 Restaurante Mercado (A2)
Où dormir ?	22 Casa do Provedor (A1-2)
10 Pousada da juventude (hors plan par A2)	23 Petiscas (hors plan par A1)
12 Vila de Ponte Guest House (B1)	24 Taverna Vaca das Cordas (B1)
	25 Restaurante O Brasão (B1)

com • Tlj sauf mer. Repas env 20 €. Carte fournie avec des spécialités bien d'ici à prix raisonnables, notamment un bon *sarrabulho* (avec du porc *rojoes* local). Le tout à déguster dans un décor de granit : que ce soit en terrasse, celle-ci donnant sur la *torre da Cadeia Velha,* ou à l'intérieur, la pierre grise étant là mâtinée d'un mobilier moderne. Service agréable.

De prix moyens à plus chic

|●| **Petiscas** *(hors plan par A1,* ***23****) : largo da Alguia. ☎ 258-931-347. • petiscasrestaurante@gmail.com • Tlj sauf lun. Repas 25-35 €.* Oui, c'est un peu plus cher, mais la qualité des *petiscas* ou des plats traditionnels justifie amplement de passer le pont, d'autant

qu'aux beaux jours, la situation se révèle, elle aussi, très plaisante avec la terrasse sur la place.

Taverna Vaca das Cordas *(plan B1, **24**)* : *rua Padre Francisco Pacheco, 39-41. ☎ 258-741-167. • tico-rocha@hotmail.com • Tlj sauf dim. Congés : 2de quinzaine de sept. Repas 20-30 €.* Autour d'un comptoir vermillon, 3 bières pression étrangères et un thème de décor : la fête de la « Vache aux cordes ». Bonne cuisine (et *petiscas*) dans ce resto qui, le midi, sert de cantine à bon nombre d'employés du coin.

Restaurante O Brasão *(plan B1, **25**)* : *rua Formosa, 1. ☎ 258-941-890. Tlj sauf mer. Repas 20-25 €* Dans une vieille demeure du centre, ce restaurant sert une savoureuse cuisine locale, franche et soignée, avec une dominante de poissons à la carte. Tout est frais, la pêche vient de Viana do Castelo. Il y a aussi les plats du terroir, dont le *sarrabulho,* une sorte de ragoût servi avec du riz et composé de diverses viandes – porc, vache et poulet. Très bon accueil.

À voir

Promenade dans la vieille ville : ne pas manquer de se promener sous la splendide ***avenida dos Plátanos*** *(plan A2),* une allée de platanes centenaires qui forme un long tunnel de verdure sur l'esplanade en surplomb de la rivière. De la **praça da República** *(plan B1),* descendre la grande rue piétonne et se promener dans les ruelles. Sur la droite, l'***igreja Matriz*** *(plan B1),* qui date du XVe s. Sur la gauche, les restes de la muraille et la tour de la prison *(la **torre da Cadeia Velha** ; plan A1)* rappellent l'existence d'une ancienne place forte. Traverser ensuite le rio Lima en empruntant le très beau ***ponte Romana-Medieval*** *(plan A1),* un pont de 16 arches en plein cintre réservé aux piétons. Déambuler dans le petit quartier situé sur la rive opposée est aussi un véritable plaisir, ainsi que dans le ***Parque da Arnado*** *(hors plan par A1)* et les allées du ***jardim Temático do Arnado*** *(ltj 10h-19h en été – 17h30 en hiver).*

Igreja e museu dos Terceiros *(plan A2)* : *av. 5 de Outubro. ☎ 258-240-220. Tlj 10h-12h30, 14h-17h30, sauf lun. Entrée : 2,50 € ; réduc ; gratuit moins de 12 ans.* Dès l'entrée, 3 bouches grillagées pratiquées dans le mur donnent le ton : des confessionnaux à pèlerins. Ils rappellent que Ponte de Lima est depuis des siècles une étape pour les pèlerins en route vers Santiago de Compostela (non loin d'ici, en Galice espagnole). De ce couvent franciscain du XVe s, on visite l'église remaniée au cours des siècles : elle garde de chaque époque de remarquables témoignages architecturaux. Les dalles en bois du pavement sont les tombes des moines. Sacristie tout en finesse avec ses plafonds peints et un riche mobilier ecclésiastique. Le 2d bâtiment, plus récent, est également intéressant avec son minicloître tapissé d'*azulejos* du XVIIe s (récupérés dans une chapelle des alentours), son église baroquissime en rocaille, sa sacristie et, à l'étage, des statues de bois peint et objets du culte en argent.

Centro de Interpretação do vinho verde *(plan B1)* : *rua da Fonte da Vila, 38. ☎ 258-900-426. Tlj 10h-12h30, 14h-18h, sauf lun ; dernière admission 30 mn avt. Entrée : 3 € (dégustation incluse) ; réduc.* Sur 2 niveaux, une brève histoire du vin de la région, le *vinho verde,* et exposition d'objets liés à sa culture (en portugais seulement). La visite se conclut par un film (anglais, espagnol, portugais) sur la région du *vinho verde* et ses traditions. Avouons que, malgré la dégustation qui enrichit et conclut la visite, on reste quelque peu sur sa faim.

Museu do Brinquedo *(musée du Jouet ; hors plan par A1)* : *largo da Alegria, 4. ☎ 258-240-210. Tlj 10h-12h30, 14h-18h, sauf lun. Entrée : 3 € ; réduc.* Ce sympathique musée bien documenté et conçu avec soin vous embarque au fil des vitrines dans l'histoire des jouets portugais de 1897 à 1986. Très longtemps, en raison d'un marché trop réduit et d'un pouvoir d'achat faible, leur fabrication resta artisanale et familiale, le savoir-faire et la tradition se transmettant de père en fils. Jusque dans les années 1950, et l'apparition du plastique, ceux-ci étaient fabriqués dans des matériaux naturels (bois, argile). L'industrialisation ne commença qu'avec la dictature, malgré l'isolement qui en découla. L'exposition se termine par quelques maquettes, notamment celle d'un petit train miniature circulant dans une ville ressemblant davantage à une ville allemande ou autrichienne que portugaise.

Festival internacional de jardins : *sur la rive opposée de la Lima • festivaldejardins.cm-pontedelima.pt • Juil-août, tlj sauf lun mat 10h-20h ; mai-juin et sept, tlj sauf lun mat 10h-12h30, 13h30-19h (non-stop le w-e) ; oct, tlj 10h-18h, sauf lun mat. Tarif : 1 € ; réduc.* Pour prendre un bol d'air et vous mettre au vert, ne ratez pas ces jardins aménagés par des paysagistes et artistes sur un thème renouvelé chaque année depuis sa création en 2005. Essences originales et vision atypique des espaces verts garantie !

Manifestations

- ***Festas de la Vaca das cordas :*** *1 j. après le Corpo de Deús (fête mobile en juin).* Voir encadré.
- ***Feira do Cavalo*** *(foire du cheval)* ***:*** *4 j. fin juin.* Une effervescence cavalière.
- ***Festa do Vinho verde :*** *3 j. début juin.* Hips !
- ***O Feiras Novas :*** *2e w-e de sept (ven-lun).* Cortèges (ethno, historique...) et feu d'artifice. C'est la dernière grande fête avant l'hiver : ça draine du monde.

UNE VACHE DINDON DE LA FARCE

Fameuse aventure que cette Vaca das cordas *: une vache est lâchée dans les rues de la ville et doit faire 3 fois le tour de l'église. Seul hic pour elle : elle est encordée et saoûle... comme une grive (on lui a fait boire copieusement du vin). C'est vache... on vous l'accorde !*

BRAGA

(4700) 182 000 hab.

• Plan *p. 542-543*

À 50 km au nord de Porto, bienvenue dans la capitale historique, économique, universitaire et religieuse du Minho. Braga se découvre à pied, en se laissant porter par une certaine *dulce vida* locale. Des jeunes, des étudiants partout dans les rues, à la terrasse des cafés.
La « Rome portugaise », comme on la surnomme exagérément au regard des vestiges laissés, est pleine de paradoxes : elle affiche encore aujourd'hui le plus fort taux de pratique catholique en Europe occidentale, et en même temps elle exhibe ses boutiques à la mode et son esprit d'avant-garde.

Arriver – Quitter

En bus

Central de Camionagem *(plan B1)* ***:*** *av. General Norton de Matos, 110.* Compagnies *Rede Expressos* (*• rede-expressos.pt •*), *Transdev* (*• transdev.pt •*), *Internorte* (*• internorte.pt •*) et *Rodonorte* (*• rodonorte.pt •*).

➢ ***Barcelos :*** avec *Transdev,* env

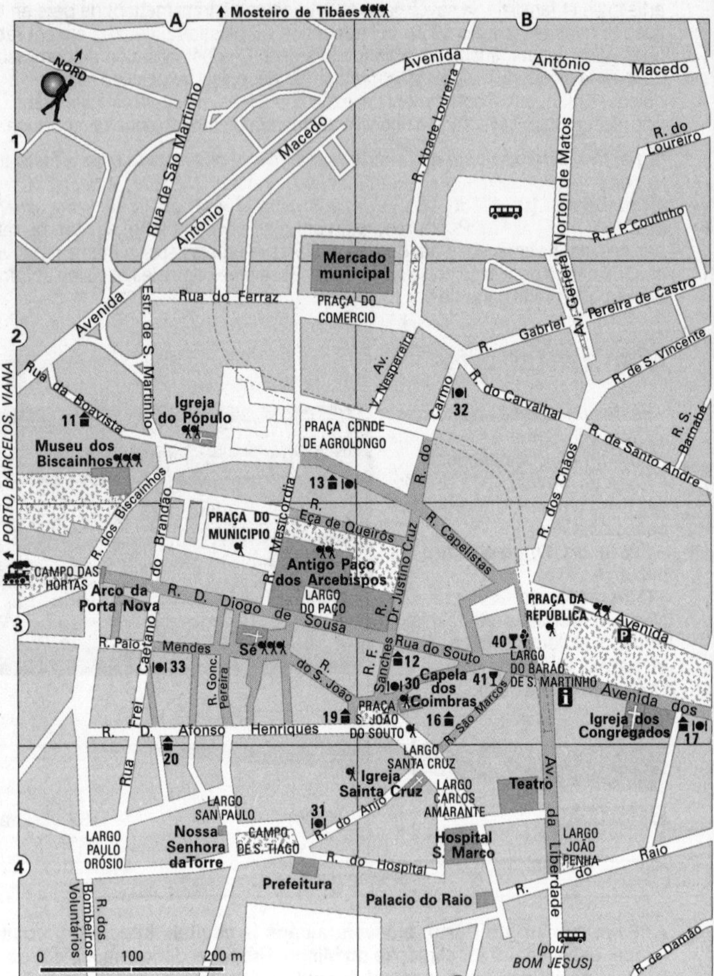

13 bus/j. 6h35-19h30 (6 bus sam, 2 dim). Trajet : 40 mn.

➢ ***Chaves :*** avec *Rodonorte*, env 5 bus/j. Trajet : 2h45-3h.

➢ ***Guimarães :*** avec *Transdev*, ttes les heures 6h35-20h. Trajet : 45 mn.

➢ ***Lisbonne :*** 7 bus/j. avec *Renex* ; ttes les heures 5h-20h avec *Rede Expressos*. Trajet : env 4h30.

➢ ***Ponte de Lima :*** 3 bus/j. Trajet : 30 mn *(Rede Expressos)*-1h *(Transdev)*.

➢ ***Gerês :*** 5 bus/j. (2 bus/j. le w-e). Trajet : env 1h30.

➢ ***Viana do Castelo :*** avec *Transdev*, 8 bus/j. (5 sam et 3-4 dim). Trajet : 1h40.

➢ ***Porto :*** une vingtaine de bus/j.

Adresse utile

Loja interativa de Turismo (B3)

Où dormir ?

10 Parque do campismo municipal da Ponte (hors plan par B4)
11 In Braga Hostel (A2)
12 Collector's Home (B3)
13 Tea 4 Nine Guest House & Bistrô (A2)
14 Residencial Dora (C4)
15 Senhora-a-Branca Hotel (C3)
16 Terrace House (B3)
17 Hotel Bracara Augusta (B3)
18 Bracara Hostel (C2)
19 Hotel Doña Sofia (A3)
20 Burgus Tribute & Design Hotel (A3-4)

Où manger ?

17 Centurium (B3)
30 Frigideiras do Cantinho (B3)
31 Retrokitchen (A4)
32 Velhos Tempos (B2)
33 Cozinha da Sé (A3)

Où boire un verre ?
Où déguster une bonne glace ?

40 Café Vianna (B3)
41 A Brasileira (B3)

Où danser ?

50 Disco-bar Sardinha Biba (hors plan par B4)

BRAGA

5h-20h avec *Rede Expressos*, 5 bus/j. avec *Renex* (même ligne que pour Lisbonne). Avec *Transdev (Citi Express)*, 2-4 bus/j. Trajet : 45 mn-1h10.

➢ ***Aéroport de Porto :*** 7 bus directs/j. avec *Getbus* pour l'aéroport, en correspondance avec les vols. • *getbus.eu* •

En train

Estação ferroviária *(hors plan par A3) : largo da Estação.* • *cp.pt* • À 600 m de la praça do Município. Gare dont l'architecture insolite rappelle un siège de banque !

➢ ***Porto :*** trains ttes les 30 mn ou 1h. Trajet : env 1h10.

Adresse et infos utiles

Loja interativa de Turismo *(plan B3)* **:** *av. da Liberdade, 1. ☎ 253-262-550. • visitbraga.travel • Lun-ven 9h-18h30, sam-dim 9h30-17h30.*

– **Mercado municipal** *(plan A-B2)* **:** *praça do comércio, tlj sauf dim.* Fruits, légumes, victuailles, cochonnaille et charcuterie.

– **Marché aux oiseaux :** *dim mat sur l'esplanade à l'extérieur du mercado municipal.*

Où dormir ?

– **Taxa turística :** de mars à octobre, en plus du prix de votre hébergement, vous devrez vous acquitter d'une taxe de séjour de 1,50 € par personne et par jour (payable uniquement les 4 premières nuits).

Camping

Parque do campismo municipal da Ponte *(hors plan par B4,* ***10*****) :** *parque da Ponte. ☎ 253-033-546. • parque.campismo@cm-braga.pt • cm-braga.pt • À env 2 km au sud du centre-ville, sur la N 101 en direction de Guimarães. Bus n*[os] *9, 18, 38 et 59 depuis l'av. da Liberdade. Depuis la gare, n° 2, puis changer. Ouv tte l'année. Réception 8h-19h. Empl. 14-17 € pour 2 pers avec tente et voiture.* Terrain sommaire en terrasses, très bien ombragé. La route qui le borde est passante, heureusement, les emplacements réservés aux tentes sont situés en contrebas de celle-ci, juste au-dessus de la piscine. Sanitaires basiques mais correctement tenus.

Bon marché

In Braga Hostel *(plan A2,* ***11*****) :** *rua de Boavista, 21. ☎ 253-033-546. 📱 912-288-944. • inbragahostel@gmail.com • inbragahostel.com • Dortoirs 13-15 €/pers ; double 32 €.* Assez central, dans une rue tranquille. Adorable AJ offrant charme et intimité. Nelson, accueillant et anglophone, se met en quatre pour ses hôtes. Dortoirs impeccables (mais pas de clim en été) de 6 et 8 personnes, qui donnent sur la rue ou sur le petit jardin à l'arrière. Également 2 doubles (avec salle de bains sur le palier). Lampes individuelles et casiers. Cuisine équipée, laverie, salle de lecture, BBQ dans le jardin.

Bracara Hostel *(plan C2,* ***18*****) :** *rua Doutor Domingos Soares, 104. ☎ 253-614-267. 📱 912-435-877. • bracarahostel@gmail.com • bracarahostel.wixsite.com • À partir de 13 €/pers, doubles 25 €, petit déj inclus. Resto fermé dim et j. fériés.* Ancienne demeure bourgeoise de 1900 bien aménagée avec un dortoir de 6 lits, une chambre triple pour filles et 2 chambres privatives. Déco soignée et colorée. Petite cuisine équipée, machine à laver et à sécher. Agréable petit jardin fleuri derrière. Prêt de vélos.

De prix moyens à plus chic

Senhora-a-Branca Hotel *(plan C3,* ***15*****) :** *largo da Senhora-a-Branca, 58. ☎ 253-269-938. 📱 968-374-337. • hotelsrabranca@sapo.pt • hotelsrabranca.pt • Double 55 €, petit déj compris.* Immeuble ancien à taille humaine, déco intérieure mêlant le classique et le design, avec quelques touches d'art ethnographique. Chambres confortables (bonne literie, clim), donnant en majorité sur la rue. La plupart disposent même d'un petit balcon. Petit salon d'hiver cosy. Bon accueil.

Residencial Dora *(plan C4,* ***14*****) :** *largo da Senhora-a-Branca, 92-94. ☎ 253-200-180. • reservas@residencialdora.com • hotelresidencialdora.com • Doubles 55-70 €, petit déj inclus ; familiales.* Près de l'église Nossa Senhora a Branca et de son agréable place avec fontaines et orangers. Une douzaine de chambres réparties sur 3 étages (ascenseur), toutes de bon confort (clim). Déco sobre, plutôt standard, mais douce à l'œil et ensemble impeccable. Sommeils légers, préférer quand même les chambres à l'arrière, qui donnent sur un jardin. Excellent accueil.

Collector's Home *(plan B3,* ***12****) : rua Francisco Sanches, 42. ☎ 253-048-124. • booking@collectorshostel.com • collectorshostel.com • Doubles 40-80 €, petit déj inclus.* Dans un immeuble ancien restauré, cette charmante *guesthouse* abrite une grosse poignée de chambres réparties sur 3 étages, toutes décorées selon un thème ou une ambiance différente. Chacune dispose de sa propre salle de bains, même si, pour 2 d'entre elles, elle se situe sur le palier. Petite cuisine et salon à disposition, ainsi qu'une terrasse au 3e étage offrant une belle vue sur le centre ancien.

Hotel Doña Sofia *(plan A3,* ***19****) : largo S. João do Souto, 131. ☎ 253-263-160. • info@hoteldonasofia.com • hoteldonasofia.com • Doubles 55-100 €, petit déj inclus.* Difficile de trouver un emplacement plus central que celui de cet hôtel à 200 m de la cathédrale, sur une place bordée de demeures historiques. Environ 35 chambres, pas toujours très grandes mais toujours propres et de bon confort : ascenseur, clim, minibar... Malgré sa taille, cet établissement a su garder un côté familial. Quelques places de parking devant, mais 1ers arrivés, 1ers servis.

Terrace House *(plan B3,* ***16****) : rua São Marcos, 80. ☎ 253-277-187. 📱 961-640-854. • hotel@terracehouse.pt • terracehouse.pt • Double 65 €, petit déj inclus ; familiales.* Cette ancienne maison a été transformée en un petit hôtel à la déco relativement éclectique : les objets chinés et le mobilier de caractère y côtoient les toiles contemporaines ou encore des assiettes décoratives. Les chambres, réparties sur 3 étages, ont le mérite d'être vastes, propres et plutôt confortables (clim). Quelques-unes ont le privilège d'avoir leur propre terrasse. Bon accueil.

Tea 4 Nine Guest House & Bistrô *(plan A2,* ***13****) : praça Conde Agrolongo, 49. 📱 914-004-606. • tea4nine@tea4nine.pt • tea4nine.pt • Apparts pour 2 85 € ; menus 7-12 €.* Immeuble ancien aux céramiques vertes, rénové avec grand soin. On y loge dans des appartements confortables (pour 2, 3 ou 4 personnes), clairs, très bien équipés (clim, kitchenette) et au design contemporain chaleureux. Certains donnent sur la grande place, d'autres sur l'arrière (plus calme). Les hôtes peuvent profiter du petit jardin et du charmant salon de thé au rez-de-chaussée, qui sert du thé bien sûr, mais aussi des brunchs (le dimanche) et des petits menus.

Beaucoup plus chic

Hotel Bracara Augusta *(plan B3,* ***17****) : av. Central, 134. ☎ 253-206-260. • geral@bracaraaugusta.com • bracaraaugusta.com • ♿ Doubles 99-129 €, petit déj inclus. Bracara Augusta* aurait certainement beaucoup plu à l'empereur Auguste. Déjà mentionnée au XVIe s, la demeure fut reconstruite en 1890 par l'homme le plus riche de la ville. En 1940, c'était l'immeuble de la soupe populaire, grandeur et décadence, puis le logement de légionnaires. C'est à présent un 4-étoiles abritant une vingtaine de chambres toutes impeccables et de caractère historique. On est séduit par l'allure cossue de l'ensemble, à la déco élégante et intemporelle. Beau jardin et salon à l'avenant. Accueil très pro. Le très agréable *Centurium* (resto « barocontemporain » de l'hôtel) offre 10 % de réduction aux résidents de l'hôtel.

Burgus Tribute & Design Hotel *(plan A3-4,* ***20****) : rue D. Afonso Henriques, 28. ☎ 253-680-000. • info@burgushotel.com • burgushotel.com • Doubles 90-130 €.* Dans une belle bâtisse à la façade jaune soleil, la déco des chambres fait ici dans l'épure : toutes de blanc vêtues avec mobilier et parquet de bois clair, elles ne se distinguent peut-être pas par leur originalité, mais respirent la fraîcheur et offrent un excellent confort, de la literie jusque dans la salle de bains !

Où manger ?

2 spécialités culinaires bragaises : la *bacalhau narcisa* (traduisez : la « morue narcisse ») et les *frigideiras,* de grands feuilletés farcis de viande de porc ou de bœuf.

Très bon marché

|●| ⛱ ***Frigideiras do Cantinho*** *(plan B3,* ***30****) : largo São João do Souto, 1. ☎ 253-263-991. Tlj 8h-20h (23h en été, 2h ven-sam). Menu déj 9-15 €.* On vient dans la plus ancienne auberge de la ville, fondée en 1796 (mais tellement modernisée qu'elle ressemble à une banale cafèt'), pour goûter ces fameuses *frigideiras.* Et pour apercevoir les ruines des vestiges romains dans le sol ! Située sur une place piétonne ombragée, la maison est une institution à Braga. Ajoutez une soupe et un dessert, et hop, voici un repas pour 3 fois rien. Goûtez également au gâteau romain dont la recette viendrait du livre d'Apicius lui-même (25 av. J.-C.).

Prix moyens

|●| ⛱ ***Retrokitchen*** *(plan A4,* ***31****) : rua do Anjo, 96. ☎ 253-267-023. Tlj sauf dim et mar. Menu déj 6,50 € ; repas 15-20 €. CB refusées.* Un lieu à la déco, certes, rétro, mais tenu par une jeune équipe dynamique proposant une petite cuisine bien de son temps, à base d'ingrédients locaux mais ouverte aux influences extérieures. Le tout servi dans une ambiance conviviale et détendue.

|●| ***Velhos Tempos*** *(plan B2,* ***32****) : rua do Carmo, 7. ☎ 253-214-368. Tlj sauf dim et j. fériés. Congés : 1re quinzaine de sept. Résa conseillée. Menu déj 8 € ; repas 20-25 €.* Leur slogan : « *Comida rural p'ra gente urbana* » (La cuisine rustique pour les citadins) ! C'est pas très grand, intime donc... Murs en pierre sèche, poutres apparentes, décor d'outils agricoles et de grosses racines, coins et recoins, une vraie taverne de campagne. Cuisine savoureuse et très copieuse : original porc noir aux palourdes et *bacalhau Carmelita* (un délice).

|●| ⛱ ***Cozinha da Sé*** *(plan A3,* ***33****) : rua Dom Frei Caetano Brandão, 129. ☎ 253-277-343. • geral@cozinhadase.pt • Tlj sauf lun. Repas 20-25 €.* Ici, le chef mitonne avec soin une cuisine inspirée de la tradition locale, en accordant une place égale aux poissons et aux viandes. Le tout à déguster dans des petites salles pimpantes sur plusieurs étages (parquet clair, murs blancs ou tapissés de bouteilles) ou sur la terrasse à l'arrière.

Plus chic

|●| ***Centurium*** *(plan B3,* ***17****) : av. Central, 134. ☎ 253-206-260. Tlj sauf dim et j. fériés 12h-15h et 19h-22h. Repas 30-35 €.* C'est le resto chic de l'hôtel *Bracara Augusta* (voir « Où dormir ? »). Haute salle à manger ornée d'élégantes arcades de pierre. Décoration classique et plutôt chic, atmosphère à l'image du style de la maison, cuisine traditionnelle finement élaborée et soignée. Pas si cher que cela au vu de la qualité. Aux beaux jours, très plaisante terrasse protégée sur jardin.

Où dormir ? Où manger dans les environs ?

⌂ |●| ***Casa Fundevila*** *: largo de Fundevila, 1, 4730-Soutelo,* ***Vila Verde.*** *☎ 253-321-480. • geral@casafundevila.com • casafundevila.com • ♿ À 5 km au nord de Braga, par la N 101. Resto ouv tlj en juil-août, fermé dim soir et lun hors saison. Doubles 80-105 €. Repas 20-25 €. Verre de* vinho verde *offert au resto sur présentation de ce guide.* Dans un hameau tranquille, un petit complexe hôtelier de charme au sein d'un environnement arboré, avec un jardin plaisant, des palmiers et une belle petite piscine. Une douzaine de chambres à la déco intemporelle, toutes différentes, avenantes, confortables et impeccablement tenues. Dans certaines, on a conservé les meubles d'origine de la maison, ce qui confère au lieu un petit supplément d'âme. Accueil pro, chaleureux et francophone. Autre atout non négligeable : la qualité du restaurant. Dans un cadre lumineux donnant sur le jardin, on y déguste une exquise cuisine lusitanienne traditionnelle (avec une touche de modernité) concoctée avec les produits du potager et généreusement servie.

Hospedaria do Convento de Tibães : *rua do Mosteiro,* ***Mire de Tibães.*** *☎ 253-282-420. • reservas@hospedariatibaes.com • hospedariatibaes.com • À 5 km à l'ouest de Braga. Congés : janv. Double 96 €, petit déj inclus. Au resto* L'Eau Vive *(fermé lun), repas 20-25 €.* On adore ce choix de la modernité la plus extrême, au sein d'un lieu si historique. Tenu par les sœurs du couvent, cet hébergement n'a rien de prosélyte. C'est même un lieu plutôt chic, dans les prix comme dans l'esprit. Un calme réparateur règne dans ces 9 chambres équipées dernier cri. Modernes, confortables (très bonne literie), climatisées, elles ne sont certes pas immenses, teintées d'austérité cistercienne, mais infiniment plus accueillantes que des cellules de moine ! Elles donnent sur des cours calmes ou sur la campagne tout aussi tranquilles. Au resto, cuisine portugaise avec quelques accents créoles, service assuré par de gentilles sœurs perfectionnistes et attentionnées. Pour la visite du monastère, lire plus loin « Dans les environs de Braga ».

Où boire un verre ? Où déguster une bonne glace ?

Café Vianna (plan B3, **40**) **:** *praça da República. ☎ 253-262-336. Tlj 8h-minuit (19h dim).* Au cœur de l'animation du centre-ville, sous les arcades de la place, un vieux et beau café, fondé en 1871, avec des touches Art déco. Plafonds dorés, colonnes en marbre, grand bar en U, vieux mobilier élégant, canapés en velours rouge, grandes glaces... Idéal pour un verre de vin vert en début de soirée ou encore pour déguster une bonne glace en journée. On peut également y manger. On recommandera sans hésiter les calmars sautés.

A Brasileira (plan B3, **41**) **:** *angle rua de São Marcos et largo do Barão de São Martinho. ☎ 253-262-104. Tlj 8h-minuit (2h ven-sam).* Vieux bistrot chic ouvert en 1907, ayant gardé son style et sa personnalité rétro. Voir les drôles de petits parasols accrochés à la façade. Jolie salle tendance Art nouveau. Les jeunes, les vieux, tout le monde y vient pour boire un *café com leite* et pour y grignoter un petit quelque chose. Personnel agréable.

Où danser ?

Disco-bar Sardinha Biba (hors plan par B4, **50**) **:** *praça Dr Cândido da Costa Pires, quartier du marché de Carandá. ☎ 253-260-158. • sardinhabiba.com • À 1 km de la praça da República. Mer et ven-sam 23h-6h.* Sorte de grand hangar, style salle omnisports, reconverti en un immense bar pour étudiants et jeunes. L'un des rendez-vous préférés de la jeunesse bragaise. Intéressante programmation. Terrasse extérieure avec piscine.

À voir

Praça da República (plan B3) **:** avec sa grande fontaine et 2 bassins aux beaux jeux d'eau en été, dominés par une tour du XIVe s, c'est le cœur battant de la ville. De là partent, d'un côté, la longue et large esplanade de ***l'avenida Central*** et, de l'autre, la ***rua do Souto*** puis la ***rua D. Diogo de Sousa*** qui mènent, tout au bout, à ***l'Arco da Porta Nova*** *(l'arche de Porta Nova ; plan A3).* Autrefois, ces rues piétonnes commerçantes étaient bordées d'échoppes traditionnelles (vieux coiffeurs, bijoutiers, dinandiers, vendeurs de bondieuseries) peu à peu remplacés par des boutiques modernes.

Avenida Central *(plan B-C3)* **:** dans le prolongement de la praça da República, elle propose quelques intéressantes architectures, comme, au n° 124, la superbe ***casa Rolão*** *(1760 ; plan B-C3-4)*, résidence d'un riche marchand. Inspirée du style rococo, elle présente en façade des baies de formes toutes différentes, tranchant avec le classicisme de ses voisines.
À 2 pas, à l'angle de l'avenue et de la rua Cãndido, superbe palais, ancien ***convento et basílica dos Congregados*** *(1703 ; plan B3).* Là aussi, architecture originale, notamment la façade rythmée par de lourdes colonnes cannelées s'appuyant sur d'énormes empattements. Au coin, élégante superposition de 3 fenêtres de formes différentes. Après la suppression des ordres religieux en 1834, le couvent devint lycée, puis *université du Minho.*

Sé *(cathédrale ; plan A3)* **:** *accès possible par la porte latérale, rua D. Diogo de Sousa, via le cloître. Portail principal en haut de la rua D. Paio Mendes. • sebraga.pt • Tlj 9h30-12h30, 14h30-18h30 (17h30 oct-mars). Entrée : 2 € ; billet combiné trésor, chapelles et cathédrale : 5 €.*
Il reste peu de chose de l'édifice roman primitif. Mais il y a ce beau porche avec sa grille ouvragée. À l'intérieur, opposé à la sobriété romane de la nef, c'est le luxe et le raffinement de l'ornementation des orgues qui étonnent le plus. L'une des décorations les plus exubérantes qu'on connaisse, le ***buffet d'orgue le plus monumental du monde*** peut-être. Dans le chœur, jolie Vierge gothique du maître-autel, peintures sur le bois des tribunes et du lanternon. Tombeau de l'infant D. Afonso (1390-1400) dans un état exceptionnel (dais en bois couvert d'argent). Fonts baptismaux manuélins dans leur nid d'*azulejos.* À noter qu'on peut apercevoir de l'extérieur sa façade côté ouest et le côté droit de la nef au sud.
- ***Musée du trésor de la cathédrale :*** *accès depuis le cloître. Visite guidée seulement : 3 €.* Beaux *azulejos.* Beaucoup de vêtements sacerdotaux (cape cardinalice entièrement brodée d'or et rares gants pontificaux du XIVe s en soie et fil de métal). Quelques pièces intéressantes néanmoins : Vierges en bois polychrome, petits ivoires ciselés, coffrets, croix byzantine, pierres tombales. Bien sûr, riche collection d'orfèvrerie religieuse, notamment les custodes en argent doré serties de pierre précieuses et les reliquaires.
- ***Les 3 chapelles et le coro alto :*** *accès depuis le cloître. Visite guidée seulement : 2 € (5 € avec le musée et la cathédrale).*
Attenante au cloître, la *chapelle de São Geraldo* est carrelée d'*azulejos* du XVIIIe s retraçant la vie du saint. Son tombeau doré et sculpté est inséré dans le chœur, doré lui aussi. La *chapelle de Glória* (1330) présente également une ravissante *talha dourada,* des fresques du XIVe s, de style mudéjar, et un splendide mausolée gothique de l'archevêque Gonçalvo Perreira. La ***capela dos Fundadores*** *(chapelle des fondateurs)* renferme la momie de l'archevêque de Braga retrouvée intacte (1397) et les tombeaux sculptés d'Henri de Bourgogne et de la reine Thérèse de Castille, parents de dom Henrique, le 1er souverain du Portugal.
Dans le ***coro alto*** (la tribune), attendez-vous à être époustouflé par l'exubérance du décor. Stalles en jacaranda du Brésil sculpté et doré, là encore offrant une ornementation foisonnante (voire chargée) incroyable. Superbes miséricordes à détailler. Lutrin monumental du XVIIIe s. Voûte peinte avec Vierge en Majesté. Quant aux grandes orgues, ne pas chercher à compter les tubes, il y en a 2 400 (dont 1 157 utilisés réellement).
- Ne pas manquer l'***igreja da Misericórdia*** (1562), intégrée dans le corps même de la cathédrale *(entrée rua D. Diogo de Souza ; tlj 9h-12h ; GRATUIT),* pour le sublime retable, chef-d'œuvre de *talha dourada* (1735).

Antigo Paço dos Arcebispos *(ancien palais archiépiscopal ; plan A-B3)* **:** ce grand palais n'est pas si facile à visiter, car il est en fait constitué de 3 bâtiments à l'architecture bien distincte qui donnent sur 2 places différentes et un jardin : au sud, sur la très minérale ***Largo do Paço*** *(plan A3),* au centre de laquelle trône une haute fontaine ; à l'ouest, sur l'harmonieuse et joliment ombragée ***praça do***

Município, avec son hôtel de ville au porche particulièrement élaboré ; à l'est, sur le ***jardim de Santa Bárbara.*** La partie la plus ancienne (au nord) remonterait au XIIe s, mais le palais fut pillé, détruit et reconstruit ou transformé à plusieurs reprises entre le XIVe et le XVIIIe s. Aujourd'hui, l'aile donnant sur le Largo do Paço abrite le rectorat de l'Université du Minho et la bâtisse baroque côté praça do Município, une des plus anciennes et riches bibliothèques du pays.

¶¶ *Igreja do Pópulo* *(plan A2) : praça Conselheiro Torres Almeida. Tlj 7h30-11h30, 15h-17h30.* Dans le prolongement du couvent éponyme, cette église renferme un beau retable dans la chapelle Notre-Dame-des-Grâces et, surtout, des épisodes de la vie de saint Augustin en magnifiques *azulejos* du grand *Oliveira Bernardes.* Les amoureux des *azulejos* pousseront plus haut, jusqu'à l'***igreja São Vicente*** *(rua de São Vicente, 232 ; plan C2),* sa ravissante façade sculptée et, sur toutes les surfaces intérieures, son exceptionnel décor racontant la vie de saint Vincent, allié à une débauche époustouflante de dorures et bois ciselés.

¶¶¶ *Museu dos Biscainhos* *(plan A2) : rua dos Biscainhos. ☎ 253-204-650. Tlj 9h30-12h45, 14h-17h30, sauf lun. Visite guidée en portugais (départ ttes les 45 mn) ou en anglais. Entrée : 2 € ; réduc.*
Ce musée intéressera tous les amateurs de belles demeures, d'ameublement et d'objets raffinés. Construit au XVIIe s pour une famille noble, puissante et riche, ce palais resta aux mains des comtes de Bertiandos jusqu'en 1963, puis il fut donné à la Ville de Braga. Dans le hall d'accueil, le sol en granit a été crevassé par les carrosses. Joli petit patio intérieur sur colonnes de pierre. Impossible de tout décrire. Les salles sont richement décorées : plafonds peints (celui du salon est superbe), *azulejos* dans l'escalier, fresque néoclassique dans la salle à manger... Meubles de style indo-portugais ou Macao, chaises en cuir ciselé, céramiques portugaises et porcelaines de Chine, parchemins et plumes d'oie, tous les symboles de la vie noble du pays sont regroupés ici.
La salle à manger propose un délicat décor d'arabesques. Dans la salle de musique, stucs représentant les instruments. Visite des anciennes écuries et des cuisines. En face des écuries, le logement des esclaves (il y en eut jusqu'à 70). Le jardin date du XVIIIe s, végétation luxuriante, magnolias géants : il est classé comme l'un des plus beaux exemples de jardin baroque du Portugal. Un îlot de paix et de beauté en pleine ville.

¶ *Capela das Coimbras* *(plan B3) : praça São João do Souto et largo Santa Cruz.* Flanquée d'une grosse tour de pierre ornée de nombreuses statues. Admirer la jolie grille en fer forgé du XVIe s. Sur la même place, sur le côté, la ***casa das Coimbras*** aux superbes fenêtres manuélines, avec auvent soutenu par de fines colonnes.

¶ *Igreja Santa Cruz* *(plan B4) : largo Santa Cruz.* Remarquable ornementation florale que celle de la façade de cette église du XVIIe s. Rythmée par des colonnes et pilastres cannelés, son exubérance décorative révèle aussi une influence des colonies portugaises. À l'intérieur, débauche d'*azulejos,* de dorures et de fresques sur la voûte en berceau. À 2 pas de là, le ***largo Carlos Amarante*** se termine par la longue et imposante façade de l'ancien *Hospital São Marcos.*

¶¶ Museu de Arqueologia D. Diogo de Sousa *(hors plan par A4) : rua dos Bombeiros Voluntários. ☎ 253-273-706. Tlj 10h-17h30, sauf lun. Entrée : 3 € ; réduc ; gratuit moins de 12 ans.* Un musée archéologique installé dans un bâtiment à l'architecture contemporaine. Muséologie agréable (nombreux croquis explicatifs), lumières mesurées, salles spacieuses. Préhistoire, pointes de flèche et haches du Néolithique, sculptures celtiques, beau casque de bronze, poids de tisserands, poteries, mortiers en granit... Dans la salle du fond, carte de l'occupation romaine, dont Braga compte encore quelques jolis vestiges, et nombreux témoignages de l'importance de Braga à l'époque : petits verres, délicates poteries grises, éléments de construction en plomb et terre cuite (tuyaux, tuiles, briquettes décoratives), vestiges de mosaïques, instruments agricoles, monnaies, poids et amphores... Impressionnante collection de bornes milliaires et de stèles gravées. Sarcophages en terre cuite et urnes funéraires. Maquette de villa romaine et des thermes.

Manifestations

– ***Semana santa (Semaine sainte) :*** des processions très colorées traversent la ville durant toute la Semaine sainte. Le Jeudi saint, les *farricocos* sévissent toujours dans la procession du soir. Également insolite, la *procession théophorique de l'Enterrement*, coutume étrange et macabre consistant à mettre un saint sacrement dans un cercueil que des hommes promènent dans la nef de la cathédrale. Au village de ***Balugaes*** (à 30 km au nord-ouest de Braga), une coutume similaire consiste à promener des cercueils contenant des pénitents (vivants !) lors de la procession de Nossa Señora d'Aparecida.

DRÔLES DE COCOS, CES *FARRICOCOS* !

Au XIVe s, les Bragais ne rigolaient pas le Jeudi saint. Jour de religiosité extrême, un silence de mort gagnait les rues et maisons. Des groupes de farricocos, pieds nus, vêtus de pourpre, tête couverte d'une capuche, patrouillaient pour dissuader les croyants de traînasser dans la rue. La procession était précédée de ces gardiens de Dieu, brandissant des crécelles géantes pour inciter les ouailles à se confesser.

– ***Braga romana :*** *4 j. fin mai.* L'occasion d'accéder à des sites romains secrets, fermés au public le reste de l'année. Également des animations de rue, marchés et stands de restauration avec des spécialités prétendument d'époque romaine (en costume d'époque, s'il vous plaît !).

– ***Festas de são João*** *(fêtes de la Saint-Jean)* **:** *autour des 23 et 24 juin.* Rues envahies par la foule, musique, illuminations : les gens du Minho vouent un culte particulier à são João, d'où cette liesse populaire qui submerge Braga.

DANS LES ENVIRONS DE BRAGA

♜♜♜ ***Mosteiro de Tibães :*** *rua do Mosteiro,* ***Mire de Tibães,*** *☎ 253-622-670 et 623-950. ● mosteirodetibaes.org ● À 5 km à l'ouest de Braga. Bus n° 50 (4 bus/j.) de la praça Conde Agrolongo (plan A-B1) direction Mire de Tibães, puis env 1 km de grimpette à pied pour finir. Tlj, sauf lun, 10h-19h (18h nov-mars). Entrée : 4 € ; réduc ; jardins seuls 1,50 € ; gratuit moins de 12 ans. Visites guidées en portugais ou audioguide en anglais.*

Ancien monastère bénédictin fondé au XIe s, dont la plupart des bâtiments datent des XVIIe et XVIIIe s. Il appartient aujourd'hui à l'État portugais et un accord permet à des sœurs du Carmel de résider dans une aile et d'y travailler (hôtellerie ouverte depuis 2010 – voir la rubrique « Où dormir ? Où manger dans les environs ? »).

Commençons par le ***cloître*** du cimetière (XVIIe s), aux sobres arcades de style toscan, plafonds à caissons en bois et *azulejos* bien conservés (heureusement, les arches à l'air libre ne sont pas fermées par des vitrages). Attenante à l'entrée latérale de l'église, étonnante ***sacristie*** sous les auspices d'un autel rococo à souhait, avec de nobles chasubliers pourvus de superbes poignées et serrures en laiton. Bâtie au XVIIe s en l'honneur de saint Benoît, cette sacristie est l'une des plus grandioses du Portugal. Du primitif XVIIe s au tardif style rocaille du XVIIIe s, tout ici respire le baroque (qualifié de « psychologique »). Les moines convièrent le gratin

des doreurs, sculpteurs, menuisiers, charpentiers, pour ce résultat à la limite du délire psychotique. Voir aussi les chapelles latérales et surtout les grandes orgues, supportées par de naïfs atlantes faunes, presque burlesques.
Au **1er étage** (accès depuis la partie supérieure du cloître), la tribune *(coro alto)* embrasse l'église d'en haut. Les stalles des moines y sont classiques mais notez les miséricordes à faces d'animaux et grotesques.

Capela São Frutuoso : *São Jerómino de Real, à **Real**. À 2 km à l'ouest de Braga. Tlj 14h-16h30 sauf lun ; attention, ce sont les horaires officiels, mais les portes étant ouvertes par le voisin, ils ne sont pas toujours respectés. GRATUIT.*
Une des rares églises wisigothiques subsistant au Portugal. Construite au VIIIe s dans un style romano-byzantin suivant un plan trilobé (en forme de trèfle). On lui a accolé au XVIIe s une grande sœur affublée des ornements baroques habituels.

Santuário do Bom Jesus do Monte : *à env 6 km à l'est de Braga. ☎ 253-676-636. • bomjesus.pt • Bus no 2 depuis l'av. da Liberdade (plan B4) jusqu'au pied du funiculaire ou, depuis le largo João Penha (plan B4), le no 88 (lun-ven seulement) qui monte jusqu'au sanctuaire de Sameiro. En voiture, on peut stationner au pied du funiculaire ou pousser au sommet de la colline. Funiculaire : il part depuis le pied de la colline jusqu'à l'esplanade et, ensuite, on emprunte à pied le grand escalier ; fonctionne tlj 9h-20h en été (18h en hiver, avec une pause 13h-14h) ; départs ttes les 30 mn ; billet 1,50 €, A/R 2,50 €. Ce wagon en bois gravit en 3 mn une pente de plus de 30 %, dans une sorte de tunnel de verdure long de 285 m. Basilique tlj 8h-19h en été, 8h-18h en hiver. Entrée : 1 €.*

UN FUNICULAIRE... SANS MOTEUR

Depuis 1882, il fonctionne à l'eau. On remplit un réservoir à chaque fois qu'il arrive en haut, ce qui lui permet de redescendre ensuite avec la gravité. En descendant, il entraîne l'autre cabine qui s'élève en même temps. Sans bruit ni pollution, et sans risques.

– *Bon à savoir :* si possible, éviter les week-ends et les jours de fête en raison de la foule. Le mieux est d'y aller en semaine, le matin ou le soir avant la fermeture.
Le Bom Jesus est ce sanctuaire planté au sommet du mont Espinho, haut de 400 m. Le clou de la visite est son escalier monumental, qu'on apprécie d'autant mieux qu'on le gravit à pied.
– ***L'escalier monumental :*** gigantesque accordéon de granit qui constitue le grimpe-vers-Dieu le plus exubérant du Portugal ! Un ouvrage de 577 marches précisément (on a compté !). Ce chef-d'œuvre baroque a servi de modèle à sa réplique brésilienne (Congonhas do Campo). Construite à partir de 1723, en 88 ans, cette « rampe mystique » symbolise le passage de la terre vers le ciel et aspire à élever l'âme du croyant. Les sculptures qui ornent l'escalier sont un mélange de références bibliques et de mythologie païenne, dénotant un humanisme chrétien où même les héros grecs sont présentés comme des témoins de la Foi.
On commence par l'*escalier des Cinq Sens* censé amener le pèlerin à la maîtrise de son corps. Sur la 1re volée, la fontaine de la Vue, sur la 2e celle de l'Ouïe avec, à côté, la statue du roi David ; viennent ensuite la fontaine de l'Odorat portant les statues de Noé et de Sulamite, celle du Goût et celle du Toucher (avec Salomon et Isaac). Puis, l'*escalier des Trois Vertus théologales* car il porte 3 fontaines représentant lesdites valeurs : la Foi, l'Espérance et la Charité. Le dernier palier est la terrasse de Moïse, avec sa fontaine du Pélican.
– ***L'esplanade :*** l'escalier monumental aboutit face à l'église sur une esplanade appelée « la terrasse de Moïse ». Tout autour, arbres et bosquets abritent 3 hôtels anciens *(hotel do Templo, hotel do Elevador, hotel do Parque),*

une fausse grotte de dévotion en carton-pâte et, plus loin, un ancien casino. Évidemment, vue qui embrasse Braga et sa vallée.

Santuário de Nossa Senhora do Sameiro : *av. Nossa Senhora do Sameiro, 44, à* ***Espinho.*** *À env 11 km à l'est de Braga.* Perché à 566 m d'altitude, ce n'est pas tant pour l'intérêt de la bâtisse elle-même que nous vous indiquons ce sanctuaire de style néo-classique, construit au XIXe s, devenu aujourd'hui un des plus importants lieux de pèlerinage liés au culte marial au Portugal. C'est plutôt pour la vue.

Citânia de Briteiros : *à 17 km au sud-est de Braga, à 9 km de l'entrée du sanctuaire de Bom Jesus et 16 km au nord de Guimarães. ☎ 253-415-969. Tlj, sauf lun, 10h-12h30, 14h-18h (17h oct-mars) ; dernière entrée 30 mn avt. Entrée : 3 €.* L'un des plus beaux sites protohistoriques du pays datant d'avant les Romains. Il s'agit d'un promontoire à près de 500 m d'altitude, occupé depuis le Ier millénaire avant notre ère. On pense que ce gros bourg perché aurait été habité par une peuplade celtibère. 3 lignes de murailles, des ruelles bien dessinées, les bases circulaires ou rectangulaires des habitations en grosses pierres (dont 2 ont été reconstituées), les canalisations qui alimentaient les thermes... ces vestiges datent de l'âge d'or de la cité, grosso modo entre le IIe s av. J.-C. et le Ier s apr. J.-C.

GUIMARÃES (4800) 158 000 hab.

• Plan *p. 553*

À 25 km au sud-est de Braga et 55 km au nord-est de Porto, Guimarães est une des plus vieilles villes du Portugal. Située dans un cirque de collines boisées, elle a le vent en poupe : démographie galopante, construction de routes, de bâtiments. Le plus grand centre de l'industrie textile du pays a su gérer la mondialisation et retourner sa veste (c'est le cas de le dire) pour miser sur le tourisme et les vieilles pierres... or dans ce domaine, elle est particulièrement bien lotie, d'où l'inscription de son centre historique au Patrimoine mondial de l'Unesco en 2001. Celui-ci se découvre exclusivement à pied, à travers son lacis de ruelles bordées d'anciennes demeures en granit, ses églises, ses jolies places tranquilles, jusqu'à son château au sommet d'une colline dominant la cité. Henri de Bourgogne en fit la « capitale » du petit comté (cadeau de son beau-père, le roi de Castille) et Afonso Henriques, le futur roi du Portugal, y naquit. « ***Aqui nasceu Portugal*** **» (Ici est né le Portugal) : Guimarães est considérée comme le berceau historique du Portugal.**

Arriver – Quitter

En bus

Central de camionagem *(hors plan par A2) : rua Alameda Doutor Mariano Felgueiras. À 1 km du centre-ville. Guichets ouv 7h-21h.* Compagnies *Rede Expressos (• rede-expressos.pt •), Transdev (• transdev.pt •)* et *Rodonorte (• rodonorte.pt •).*

➢ **Porto :** avec *Rede Expressos,* une dizaine bus/j. 9h-17h. Trajet : 35-50 mn.

➢ **Barcelos :** 2 bus/j. avec *Rede Expressos.* Trajet : env 1h.

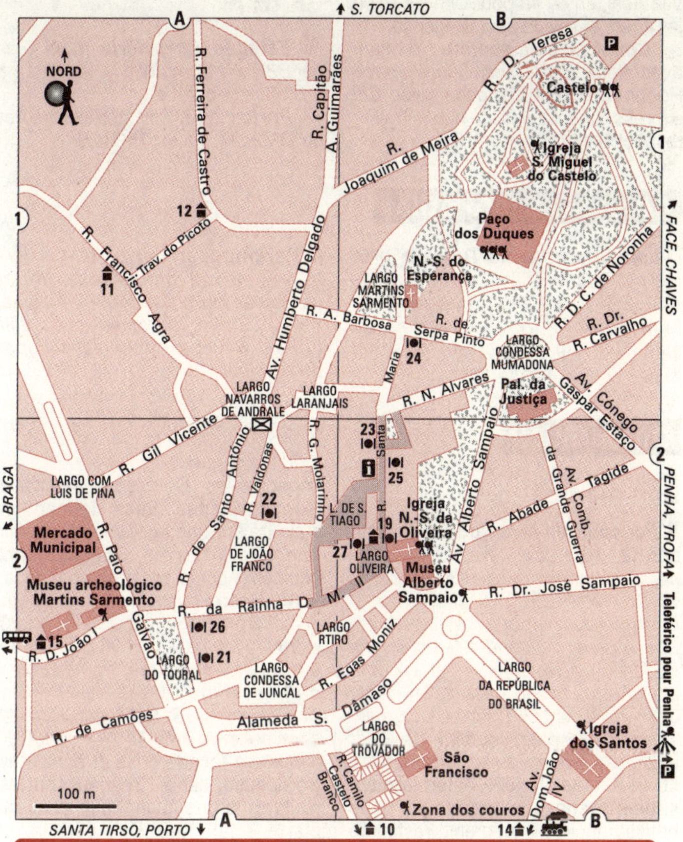

GUIMARÃES

■ **Adresse utile**

- Loja interativa de Turismo (B2)

Où dormir ?

- 10 Pousada da juventude (hors plan par B2)
- 11 My Hostel (A1)
- 12 Guimarães Living Hostel & Adventure (A1)
- 14 Hotel Dom João IV et Stay Hotel Guimarães Centro (hors plan par B2)
- 15 Hotel Mestre de Avis (A2)
- 19 Hotel da Oliveira (B2)

Où manger ?

- 21 Cervejaria Martins (A2)
- 22 Histórico by Papaboa (A2)
- 23 Restaurante Résvés (B2)
- 24 Mumadona (B1)
- 25 Solar do Arco (B2)
- 26 Restaurante Café Oriental (A2)
- 27 Buxa (B2)

➢ ***Braga :*** 4 bus/j. avec *Rede Expressos*, 5 bus/j. avec *Rodonorte.* Trajet : 25 mn. Une douzaine de bus/j. avec *Transdev.*

➢ ***Amarante, Vila Real, Chaves, Bragança et le nord-est du Portugal :*** 7 bus/j. (1-2 seulement le w-e). Même bus tout du long avec *Rodonorte* ; sans arrêt à Amarante avec *Rede Expressos.* Trajet : 40 mn pour Amarante, 1h pour

Vila Real, 2h ou 4h pour Chaves selon les arrêts et env 3h pour Bragança.

➢ ***Coimbra et Lisbonne :*** 5 bus/j. avec *Rede Expressos,* 3 bus/j. avec *Rodonorte.* Pour Lisbonne, avec *Citi express,* une dizaine de bus/j. Trajet : respectivement 2h et env 5h.

En train

Estação ferroviária *(hors plan par B2) : av. Dom João IV, À env 1 km du centre. ● cp.pt ●*

➢ ***Porto :*** train env ttes les heures 5h53-22h47. Trajet : 1h-1h20.

Adresse et info utiles

Loja interativa de Turismo *(plan B2) : praça de São Tiago. ☎ 253-421-221. ● cm-guimaraes.pt ● Lun-ven 9h30-19h (18h oct-mars) ; sam 10h-19h (18h oct-mars) ; dim 10h-17h.*

Parking : *gratuit juste derrière le castelo ou parque das Hortas (largo das Hortas, à côté du téléphérique). Sinon, parcmètres en ville (0,60-1 €/h) ou quelques parkings souterrains.*

Où dormir ?

Bon marché

Pousada da juventude *(hors plan par B2,* ***10****) : complexo multifuncional de Couros, largo do Cidade, 8. ☎ 253-512-050. ● guimaraes@movijovem.pt ● pousadasjuventude.pt ● À pied, descendre les marches du largo do Trovador, c'est à 2 mn ; en voiture, fléché depuis l'av. Dom João IV. Réception 8h-minuit. Dortoirs 11-16,50 €/pers ; doubles 30-75 € ; apparts 4 pers avec kitchenette 60-83 €.* L'AJ officielle, et fort joliment située. Dans une grande et belle bâtisse ancienne en granit, restaurée et aménagée avec soin. Fonctionnelle, avec des dortoirs impeccables (6 lits), des chambres privatives calmes et propres (avec douche/w-c), et plein de services (cuisine collective, machine à laver, etc.). Repas du soir possible.

Guimarães Living Hostel & Adventure *(plan A1,* ***12****) : travessa do Picoto, 19. ☎ 253-536-033. 📱 965-377-417. ● guimaraesliving@gmail.com ● guimaraesliving.com ● Dortoirs 15-18 €/pers ; doubles 30-60 €.* Dans un quartier résidentiel paisible, une discrète AJ de taille modeste, dont on ne peut de l'extérieur deviner toutes les qualités. Espaces lumineux, dortoirs confortables (10 lits), beaucoup de bois blanc, literie et sanitaires extérieurs impeccables. Doubles et familiales bien arrangées. Elles donnent en majorité sur une agréable cour-jardin tranquille à l'arrière. Grande cuisine équipée. Accueil pro et sympathique.

My Hostel *(plan A1,* ***11****) : rua Francisco Agra, 135. ☎ 253-414-023. 📱 967-075-755 ou 962-111-639. ● myhostel.guimaraes@gmail.com ● myhostel-guimaraes.webnode.pt ● Dortoirs 16-19 €/pers, doubles sans ou avec sdb 37-44 €, petit déj inclus.* La façade grise et banale est trompeuse, car à l'intérieur tout est rutilant, d'une blancheur et d'une clarté éclatantes. Des dortoirs (2, 4 et 6 lits) du 1er étage aux chambres privatives du 2e, la déco reste sobre, avec toutefois quelques touches de fun, comme les fausses moulures peintes sur les portes et les meubles. Agréable terrasse et belle cuisine à disposition.

Hotel Dom João IV *(hors plan par B2,* ***14****) : av. João IV, 1660. ☎ 253-514-512. ● geral@hoteldomjoaoiv.com ● hoteldomjoaoiv.com ● À env 1 km du centre-ville, presque en face de la gare ferroviaire. Double 45 € env, petit déj compris.* Hôtel standard d'une propreté irréprochable. Accueil chaleureux. Une quinzaine de chambres avec mobilier moderne et clim. Certaines avec balcon, donnant – hélas ! – sur une avenue bruyante. Accueil aimable.

PORTO, LE MINHO ET LA COSTA VERDE

De prix moyens à beaucoup plus chic

Hotel da Oliveira *(plan B2, **19**) : rua de Santa Maria (et largo da Oliveira). ☎ 253-514-157. • reservas@hoteldaoliveira.com • hoteldaoliveira.com • Doubles 88-175 €, petit déj inclus. Repas 23-30 €.* L'hôtel de charme par excellence, dans une vénérable demeure, au cœur du quartier historique. Réception et salon à la déco originale dans laquelle se cachent pas moins de 5 000 livres. Tout ici nous séduit : l'accueil, très pro et affable, les chambres spacieuses, cosy en diable, d'un délicieux style contemporain et chaleureux. Bon resto (le ***Hool***) donnant sur la plus belle place de la ville.

Hotel Mestre de Avis *(plan A2, **15**) : rua Dom João I, 40. ☎ 253-422-770. 📱 926-513-323. • reservas@hotelmestredeavis.pt • hotelmestredeavis.pt • Doubles 48-140 €, petit déj en sus.* Le Mestre de Avis ? Au XVe s, c'était le titre du roi dom João I à la tête de l'ordre religieux (Avis) le plus prestigieux du Portugal. En léger contrebas du centre historique, dans une maison du XIXe s, cet hôtel est vieux au dehors, contemporain au dedans ! Gentil coin salon au 1er étage, anciennes écuries transformées en salle pour le petit déj et en petit bar, etc. Chambres propres, confortables, à la déco épurée. Les moins chères donnent sur l'arrière, et les *deluxe,* qui bénéficient d'un petit balcon, sont vastes comme des suites.

Stay Hotel Guimarães Centro *(hors plan par B2, **14**) : av. Dom João IV, 631. ☎ 253-421-440. • guimaraes@stayhotels.pt • stayhotels.pt • À 10 mn à pied de la vieille ville. Doubles 45-95 €. Parking.* Extérieurement, ce gros cube de béton et de verre n'est guère attractif, mais l'intérieur de cet hôtel de chaîne se révèle moderne, confortable et bien équipé. Une cinquantaine de chambres au total, bien insonorisées, de bon confort (bonne literie, clim) et plaisantes. Accueil jeune et pro.

Où dormir dans les environs ?

Camping

Parque de campismo da Penha : ***Penha.*** *☎ 253-515-912. • campismo@turipenha.pt • turipenha.pt • À 6 km de Guimarães ; bus pour Penha depuis la gare routière ou télécabine, puis 500 m à pied. Ouv mai-sept. Réception 8h-19h. Empl. 12-14 € pour 2 avec tente et voiture.* Un sympathique camping en pleine nature (belles balades aux alentours), dans un environnement très vert, sur un terrain ombragé en terrasse. Sanitaires corrects et, en été, une gentille piscine pour se rafraîchir.

Beaucoup plus chic

Caza de Sezim : *rua de Sezim, S. Tiago de Candoso,* ***Nespereira.*** *☎ 253-523-000. • geral@sezim.pt • sezim.pt • À 4 km au sud-ouest de Guimarães. Doubles 120-130 €, petit déj compris.* Vaste habitation du XVIIIe s en pierre rouge autour d'une cour, nichée dans les vignobles. C'est un site historique déjà cité en 1396. Le propriétaire d'alors était un compagnon du premier roi du Portugal. Les charmants propriétaires actuels, anciens diplomates en France, cultivent aujourd'hui le *vinho verde* et tiennent une dizaine de chambres. Elles sont confortables et meublées dans le style portugais du XIXe s (les lits étaient d'une hauteur à l'époque !). Tapis, parquets et salles de bains décorées, tentures douces et uniques dans chaque chambre. Tennis, piscine et superbe jardin dominant la vallée. Le tout en version grande classe et tenu par une équipe très pro.

Où manger ?

De bon marché à prix moyens

Mumadona (plan B1, **24**) : *rua Serpa Pinto, 260. ☎ 253-416-111. Tlj 9h-minuit. Menu touristique 14,50 € ; repas à la carte env 15 €.* Mumadona ? Il s'agit non pas d'un footballeur, mais de Mumadona Dias, comtesse du Portugal vers l'an 1000 qui gouverna le Nord du pays telle une reine exemplaire après la mort de son époux. Elle est encore respectée plus de 1 000 ans après ! Voici l'un des restos populaires les plus fameux, toujours plein (surtout le midi). Cadre frais, coloré, joyeusement bruyant. On est surpris du rapport qualité-prix. Plat vedette : les *lombinhos de vitela* (du filet de veau) aux champignons. Les jours de *cozido*, toute la ville débarque !

Cervejaria Martins (plan A2, **21**) : *largo do Toural, 35. ☎ 253-416-330. Tlj sauf dim. Repas 10-20 €.* Ne désemplit pas depuis 1951, ça doit être un signe... Les fidèles s'y retrouvent au coude-à-coude autour du bar et dînent d'un *prato do día* dans une ambiance authentique et animée. Original : comptoir décoré d'écharpes de foot sous verre ! Personnel accueillant. Savoureuse *francesinha*.

Prix moyens

Restaurante Résvés (plan B2, **23**) : *rua Santa Maria. ☎ 253-067-491. • resvesrestaurante@gmail.com • Tlj sauf lun. Résa conseillée. Repas 20-25 €.* La façade est discrète, mais à l'intérieur ce restaurant prend ses aises : au rez-de-chaussée, avec une ambiance de cave voûtée doublée d'une superbe terrasse dans le jardin, ou à l'étage, entre les murs charbonneux, les parquets peints et sous les grands luminaires... avec une salle qui se prolonge joliment sur une solide terrasse en surplomb de la rue. Et on mange quoi dans tout ça ? Du bon, du très bon, même. Les propositions qui sortent de l'ordinaire sont un régal aussi bien en bouche que pour l'œil. Et les prix demeurent raisonnables pour la qualité.

Buxa (plan B2, **27**) : *largo de Oliveira, 23. ☎ 252-058-242. 📱 911-175-763. Tlj. Repas 20-25 €.* Sur la plus belle (et aussi la plus touristique) place de la ville. Après être passé sous les gros entourages de granit de la porte, découvrez cassoulet de tripes aux haricots blancs, tourte aux fruits de mer, steak de porc élevé aux glands de chêne... une cuisine bien élaborée, pas du tout passe-partout, à des prix fort raisonnables. Plats traditionnels avec une touche personnelle et à partir de bons produits. Superbe terrasse aux beaux jours à côté d'élégantes arcades.

Solar do Arco (plan B2, **25**) : *rua Santa Maria, 48-50. ☎ 253-035-233. • solardoarcoguimaraes@hotmail.com • Tlj sauf mar. Repas env 20 €.* Ce n'est pas parce que ce resto ne possède pas de terrasse qu'il est moins bon. Au contraire, dans cette salle spacieuse, c'est une cuisine traditionnelle franche, sincère et bien mitonnée que l'on déguste. Goûteuse et généreuse *fejoada de camaroes* (sorte de potée de crevettes au riz et aux fèves).

Histórico by Papaboa (plan A2, **22**) : *rua de Valdonas, 4. ☎ 253-412-107. • historico@papaboa.pt • Tlj (sauf lun en saison). Repas 15-25 €.* Une autre bonne table de la ville, dans un palais du XVIIe s. Cuisine portugaise bien confectionnée avec des plats variés. Spécialités : *bacalhau com migas de broa* (morue avec du pain de maïs à la crème), poulpe, *alheira com grelhas* (saucisses de volaille). Service diligent et bien rodé.

Restaurante Café Oriental (plan A2, **26**) : *largo do Toural, 11 (1er étage). ☎ 253-414-048. Tlj sauf dim. Formule-buffet le midi 13 € ; carte 20-25 €.* Resto très discret, que seul le nom inscrit sur la façade signale. Le nom est celui d'un établissement disparu. Les deux salles, plutôt élégantes, avec parquet et moulures au plafond pour l'une, sont souvent bondées, notamment au déjeuner, pour le buffet très correct, renouvelé régulièrement, avec poisson cuit comme il faut et viandes tendres.

À voir

Au sommet de la colline

☙☙☙ **Paço dos Duques** *(palais ducal ; plan B1)* **:** *rua Conde D. Henrique. ☎ 253-412-273. • pacodosduques.gov.pt • Tlj 10h-18h ; dernier billet 30 mn avt. Entrée : 5 € ; réduc. Billets combinés : paço dos Duques + castelo 6 € ; paço dos Duques + castelo + museu Alberto Sampaio 8 € ; réduc ; gratuit moins de 12 ans.*
– ***Histoire :*** construit au début du XVe s par dom Afonso I (1377-1461), le fils bâtard de João I et d'Inès Peres. Duc de Bragança, dom Afonso fut l'homme le plus puissant du Portugal à cette époque. Il vécut dans ce palais avec sa 2de épouse, doña Constança de Noronha, surnommée « la Duchesse Sainte ». Après sa mort, le duc se consacra aux bonnes œuvres, ouvrant son château aux pauvres et aux miséreux. Dom Afonso de Bragança est le fondateur de la lignée des Bragance, qui régna sur le Portugal de 1640 à 1853.
– Grande salle avec 2 immenses tapisseries racontant les conquêtes portugaises en Afrique... D'abord une remarquable *Bataille navale* aux couleurs toujours fraîches ; ensuite le *Siège de la ville* vu du navire (assaut d'Arzila en 1471). Beau mobilier et petite salle d'armes avec une palette d'engins à esquinter : arbalètes, mousquets, hallebardes, avant d'aborder la salle des banquets et son plafond en forme de carène renversée. Longue table de 15 m et très beaux lustres. On y retrouve la tapisserie du *Siège de la ville,* mais aux couleurs complètement éteintes.
– *Salon des Pas perdus,* avec la tapisserie du *Débarquement de dom Afonso et de ses troupes à Arzila.* Chapelle haute de plafond avec une belle charpente, élégant portail gothique à 4 voussures et 2 intéressantes peintures : *Transfiguration du Christ* et *Communion de saint Jérôme.*
– *Salle noble :* mobilier sculpté, dont un superbe buffet Renaissance hollandaise. Porcelaines chinoises du XVIIIe s.
– *Antichambre :* on y admire *L'Expulsion de licteurs* (sur un carton de Rubens), puis la *salle de Scipion,* offrant une belle tapisserie de Bruxelles sur les guerres puniques.
– Le dernier étage du palais est une des résidences officielles du président de la République du Portugal.

☙ ***Igreja São Miguel do Castelo*** *(plan B1)* **:** chapelle romane du XIIe s, située entre le palais et le château. Selon la tradition, le 1er roi du Portugal, dom Afonso Henriques, y aurait été baptisé. Sol constitué des tombes des premiers seigneurs ayant fondé le pays.

☙☙ **Castelo** *(château ; plan B1)* **:** *tlj 10h-18h ; dernière entrée à 17h30. Entrée : 2 €. Billets combinés : castelo + paço dos Duques 6 € ; castelo + paço dos Duques + museu Alberto Sampaio 8 € ; réduc ; gratuit moins de 12 ans.* Son donjon, d'une trentaine de mètres de haut, date du Xe s et fut renforcé par la suite de 7 massives tours crénelées. Solidement rivé à son socle de granit : le rocher fait corps avec la base de la muraille. Peu à voir dedans, mais l'ensemble, très bien conservé et rénové, est plein de charme.

Dans la partie basse de la ville

☙☙ On rejoint le ***quartier médiéval*** *(plan B2)* par l'élégant largo Martins Sarmiento bordé de belles demeures et de l'église ***Nossa Senhora do Esperança*** *(plan B1).* La vieille ville, presque entièrement piétonne, a beaucoup de personnalité. Elle est d'une grande homogénéité. La ***rua Santa Maria*** compte de nombreuses demeures gothiques ornées de superbes ferronneries. Elle traverse notamment le parvis de l'ancien ***convento de Santa Clara*** (actuel hôtel de ville) de style baroque. Notez le remarquable alignement de maisons très anciennes sur le ***largo de S. Tiago*** et le ***largo Oliveira*** avec l'ancien hôtel de ville sur galerie à arcades ogivales.

L'HOMME QUI RÊVAIT D'ÊTRE ROI

Il existe à Guimarães une rue « Rei do Pegu ». Pegu est une ville de Birmanie ! Qui est donc ce roi inconnu ? Né près de Guimarães, Salvador Ribeiro de Sousa tenta de faire fortune en Asie dès 1587. Après une tempête, il échoua à Pegu, près de Rangoon, où il s'autoproclama roi, ayant été acclamé par les indigènes comme « Dieu de la Terre ». Son règne fut éphémère. Revenu à Guimarães en 1603, il serait mort pauvre et oublié. Hormis une pierre du couvent Santa Catarina, qui s'en souvient ?

👁👁 ***Igreja de Nossa Senhora da Oliveira*** *(plan B2)* **:** *largo Oliveira.* Elle est précédée d'un bel édicule gothique avec 4 arcs en ogive (le *Padrão do Salado,* commémorant la bataille de Salado en 1340 contre les Maures). À l'intérieur, 3 nefs aux grandes arcades en gothique primitif, mais chœur roman au riche décor. Immense maître-autel baroque sur fond céleste lumineux. Jolies stalles sculptées surmontées de lambris en bois et bronze dorés. Voûtes à caissons, orgue monumental, 2 longues tribunes sur le côté.

👁 ***Museu Alberto Sampaio*** *(plan B2)* **:** *à côté de l'église. Tlj 10h-18h sauf lun et j. fériés ; dernière entrée à 17h30. Entrée : 3 € ; réduc.*
L'ancien couvent da Oliveira du XIIIe s abrite un intéressant musée d'art sacré, complété de quelques primitifs. Une muséographie moderne met en valeur de vieux témoignages de l'histoire de Guimarães et ses environs : superbe retable doré et ciselé, gisant polychrome orné de chérubins, petit retable de Saint-Roch (chien qui lèche les plaies du lépreux).
– Très beau ***cloître*** de style roman, donnant accès à une salle consacrée à l'orfèvrerie religieuse.
– *Au 1er étage :* admirer le magnifique triptyque de la Nativité (XVe s), ainsi que le tableau représentant *João Ier à la bataille d'Aljubarrota* (en 1385). Tout à côté, la vraie tenue en cuir qu'il portait ce jour-là et que l'on retrouve bien sûr sur le tableau.
– *Au 2e étage :* fragments de fresques redécouvertes à l'issue de travaux (disparues sous les couches de badigeon).

👁 Au bout du largo da República do Brasil se dresse l'étonnante ***igreja dos Santos*** *(plan B2),* appelée aussi « igreja de São Gualter » (le saint local). Construite au XVIIIe s dans un style baroque, elle évoque par son architecture une église d'Ouro Preto dans le Minas Gerais au Brésil. Encore un clin d'œil brésilien ! Plus loin, sur le largo do Trovador, l'***église São Francisco,*** également du XVIIIe s. Derrière celle-ci, en contrebas, face à l'AJ, s'étend l'ancienne ***zona dos couros*** *(quartier des tanneurs ; plan B2),* réhabilitée lorsque Guimarães fut désignée en 2012 Capitale européenne de la culture. Plusieurs bassins de trempage en granit attestent de l'importance de l'industrie du cuir dans le passé de la ville.

👁 ***Museu archeológico da sociedade Martins Sarmento*** *(plan A2)* **:** *installé dans le cloître de l'église São Domingos, rua Paio Galvão. ☎ 253-415-969. • csarmento.uminho.pt • Tlj 10h-12h30, 14h30-17h30, sauf lun. Entrée : 3 € ; billet combiné avec la Citânia de Briteiros (voir « Dans les environs de Braga) : 5 €.*
– Dans le *cloître,* beaux chapiteaux, tous différents, bornes romaines, porte de demeure celtique du Ve s et reconstitution de maisons de la même époque. Stèle funéraire avec le triskell, symbole des peuples celtibères, et sarcophages romains. La pièce la plus intéressante est l'*Altar Bracarense,* une sorte de piédestal en granit portant une inscription latine d'époque romaine. Elle dit en gros que l'empereur Auguste fonda « Bracaaugustanos » (ancêtre de l'actuelle Braga).
– *À l'étage,* salles consacrées à la préhistoire : pierres polies, haches de bronze, poteries avec dessins, char votif, petits verres romains, bijoux, canalisations pour

les thermes, activités domestiques... Voir la salle de conférences et ses lustres du XIXe s, ainsi que la bibliothèque qui conserve un exemplaire rare de la 1re édition (1572) des *Lusiades (Os Lusiadas)* de Luís de Camões. L'auteur évoque plusieurs fois Guimarães dans ce chef-d'œuvre de la littérature.

Teleférico de Guimaraes *(hors plan par B2) : rua Aristides Sousa Mendes, 37. ☎ 253-515-085. • turipenha.pt • Avr-fin oct, tlj 10h-18h30 (19h juin-juil et sept, 20h août) ; le reste de l'année, horaires variables. Compter 10 mn pour grimper à 400 m d'altitude. Billet A/R : 7,50 € ; réduc.* Parcours de 1 700 m (longueur) en télécabine, entre le bas de la ville de Guimarães et le mont Penha, où se dresse le ***santuario da Penha*** parmi les rochers et les arbres de la forêt. Belle vue sur la ville, les collines et les environs. Les amateurs de belles promenades pourront aussi monter à pied *(compter 3h A/R ; 8,5 km)* depuis le Parque da Cidade *(itinéraire disponible à l'office de tourisme).*

Manifestations

– ***Festas Gualterianas :*** *1er w-e d'août.* Depuis plus de 100 ans, c'est la fête de la ville en l'honneur de son saint patron, saint Gualter. Défilés de chars, groupes folkloriques...
– ***Guimarães Jazz :*** *10 j. en nov. • guimaraesjazz.pt •* Un des meilleurs festivals de jazz du Portugal.

AMARANTE

(4600) 56 300 hab.

À 38 km au sud de Guimarães par la vieille et belle route N 101, voici soudain que se creuse une vallée profonde où coule le rio Tâmega. Le site géographique a déterminé l'histoire et la physionomie d'Amarante. Son nom charmant sonne comme celui d'une fleur (c'est d'ailleurs le nom d'une fleur) ! La vieille église São Gonçalo au clocher pointu, un pont robuste avec des arches épaisses qui défient le temps, des ruelles patinées par les âges et des maisons du XVIIe s aux balcons en ferronnerie accrochées aux versants de la vallée, surplombant la rivière : tout y est harmonieux et composé comme un tableau de peintre impressionniste.
Précisons tout de même que cet adorable centre ancien est de taille relativement restreinte et ceint d'une ville moderne un tantinet moins séduisante à l'œil. C'est cependant dans celle-ci (à l'entrée du centre historique) que vous vous garerez si vous êtes en voiture afin de vous éviter quelques soucis de stationnement ou de circulation.

Arriver – Quitter

En bus

Central de camionagem : *rua de António Carneiro (N 15). À l'entrée sud de la vieille ville.* Compagnies *Rodonorte (• rodonorte.pt •)* et *Rede Expressos (• rede-expressos.pt •)*
➢ ***Guimarães :*** 2-3 bus/j. Trajet : 35 mn.
➢ ***Porto :*** bus frequents 6h30-19h30 avec *Rodonorte* et *Rede Expressos.* Trajet : 35-50 mn.
➢ ***Vila Real :*** bus ttes les heures env avec *Rodonorte* et *Rede Expressos.* Trajet : 30 mn. 3-4 bus/j. continuent vers **Chaves** (2h de trajet).
➢ ***Bragança :*** 16 bus/j. avec *Rodonorte* et *Rede Expressos.* Trajet : 2h30.

Adresse et info utiles

Loja Interativa de Turismo : *largo Conselheiro António Cândido. ☎ 255-420-246. Tlj 10h-13h, 14h-18h.* Outre les informations classiques à y glaner, on peut y emprunter des vélos gratuitement.

– **Marché :** *mer et sam.* Très animé.

Où dormir ?

Des Arts Hostel & Suites : *rua Cândido dos Reis, 53. ☎ 255-095-951. • geral@desarts.pt • hosteldesarts.com • En plein centre. Lits en dortoir 15-20 €, doubles 50-70 €, petit déj inclus.* Installé dans ce qui fut le 1er hôtel de la ville au début des années 1900 et appartenant toujours à la même famille, cet établissement a été entièrement restauré, repensé et réaménagé pour s'adapter à son époque et abriter à la fois des dortoirs (2 à 12 lits) et de vraies chambres d'hôtel (avec salle de bains privée et tout le confort), tout en conservant une vraie âme et du caractère. Béton lissé, parquet et carrelages rétro cohabitent en toute harmonie tandis qu'une partie du mobilier et des matériaux a été conservée ou recyclée : ainsi en est-il des imposantes gazinières dans la magnifique cuisine, des tables fabriquées à partir du bois récupéré dans l'ancien établissement. Un caractère convivial encore renforcé par le très beau bar, le salon, la terrasse, le jardin en contrebas... Un lieu vraiment magnifique !

Où dormir dans les environs ?

Prix moyens

Casa do Fontão : *rua Fernando Pessoa, 149. 📱 914-803-162. • casadofontao.amarante@gmail.com • Quartier de Madalena, à env 1,5 km à l'est du centre-ville. Double env 60 €.* Vieille et belle demeure portugaise sur un flanc de colline dans un quartier résidentiel et calme. On est accueilli par des gens charmants et attentionnés qui tiennent leur petit manoir avec le plus grand soin. Intérieur avec mobilier ancien, patiné par le temps mais très propre, avec des chambres de caractère et confortables. Certaines donnent sur une véranda et le patio, d'autres sont tournées vers la vallée et la campagne. Petit déjeuner copieux.

Où déguster une pâtisserie ?
Où manger ? Où boire un verre ?

De bon marché à prix moyens

Confeitaria da Ponte : *rua 31 de Janeiro, 186. ☎ 255-432-034. • confeitariadaponte@gmail.com • À l'angle du vieux pont et de la grand-rue. Tlj 9h-22h.* La meilleure pâtisserie de la ville, avec une petite terrasse agréable surplombant le rio Tâmega.

Adega regional Quelha : *rua de Olivença, 20. ☎ 255-425-786. Tlj. Repas 20-25 €.* Une adresse régionale réputée, avec sa cuisine à base de viande *(cozido, cabrito...)* et de charcuterie. Gardez de la place pour les beaux desserts maison ! Joli décor de taverne où se mélangent jambons, outils et divers objets rustiques qui pendent au plafond.

Restaurante Lusitana : *rua 31 de Janeiro, 65. ☎ 255-426-720. • adrianoamor61@outlook.com • Tlj sauf mar. Congés : 2 sem en sept. Menu env 13 € ; repas 15-20 €. Digestif offert sur présentation de ce guide.* Cuisine sans prétention mais honnête et typique, avec une mention spéciale pour le veau et le chevreau au four. Terrasse couverte avec belle vue sur la rivière.

Café São Gonçalo : *praça da República, 8 ; rive droite. ☎ 255-432-707. Ouv tlj. À l'ombre de l'église São Gonçalo.* Café-resto parfait pour boire un verre sur la belle place triangulaire de l'église, fort animée les soirs d'été et lors de la messe dominicale.

À voir. À faire

Museu Amadeu de Sousa Cardoso : *derrière l'église São Gonçalo. ☎ 255-420-272. • amadeosouza-cardoso.pt • Tlj sauf lun et j. fériés : juin-sept 10h-12h30, 14h-18h ; oct-mai 9h30-12h30, 14h-17h30 ; dernière entrée 30 mn avt. Entrée : 1 €.* Installé dans un ancien couvent qui a gardé son beau cloître à piliers. Ce musée abrite, entre autres, des œuvres du célèbre peintre cubiste portugais Amadeu de Sousa Cardoso (1887-1918), né près d'Amarante, mais propose aussi des expos temporaires d'art moderne et contemporain.

Igreja São Gonçalo et le vieux pont : cette église du XVIe s renferme un beau mobilier baroque, dont un splendide buffet d'orgue. Dans la nef centrale, tombeau de São Gonçalo, vénéré par les femmes en mal d'enfant. Massif cloître au style classique bon ton mâtiné de plafonds à nervures gothiques. L'église regarde le vieux **pont São Gonçalo** construit à la fin du XVIIIe s. À l'entrée de celui-ci, l'un des 4 obélisques porte une plaque commémorant les combats d'avril-mai 1809 entre l'armée portugaise et les troupes napoléoniennes.

LE SAINT DES VIEILLES FILLES

Celles qui recherchent un mari viennent volontiers ici prier São Gonçalo. On attire donc les hommes par la prière et surtout par les papos do anjo, *ces merveilleuses pâtisseries du coin. Encore une gâterie.*

Manifestation

– **Fête de São Gonçalo :** *1er w-e de juin.* Très populaire et colorée, qui favoriserait le mariage des femmes « mûres ».

LA VALLÉE DU HAUT-DOURO

• Carte *p. 564-565* • Carte générale Le Trás-os-Montes et la vallée du Haut-Douro *p. 572-573*

L'Unesco eut le nez creux quand, en 2001, elle décida de classer la région viticole du Haut-Douro dans sa liste du Patrimoine mondial de l'Humanité... De magnifiques balades se profilent à l'horizon, par voie fluviale (on peut remonter jusqu'à Barca d'Alva, en aval de Freixo de Espada a Cinta), en train (la voie suit la rive nord du Douro) ou sur les routes étroites et sinueuses qui serpentent de colline en colline.

Soyons honnête, ici ce sont les paysages plus que les villes ou bourgades qui séduisent le visiteur. La vallée du Haut-Douro a de la chance. C'est une nature édénique, généreuse et ensoleillée. Son climat exceptionnel, les hivers doux, les étés très chauds, les sols de schiste, le savoir-faire ancestral des vignerons, génèrent chaque année depuis des siècles les remarquables vins de Porto, mondialement connus.

Depuis 2 000 ans, la vigne pousse dans cette grande vallée aux versants pentus, possédant un sol et un climat qui confèrent au porto des qualités uniques. Le schiste, merveilleux capteur naturel, restitue au raisin pendant la nuit la chaleur torride de l'été accumulée le jour. L'implantation des vignes en terrasses fait la splendeur du paysage. Un vrai travail d'orfèvre, réalisé par les viticulteurs au fil des siècles. Depuis les crêtes, la vigne trace les courbes de niveau comme sur une carte de randonnée. Le Douro d'un bleu profond suit son cours en fond de vallée, tandis que les *quintas,* mi-fermes mi-manoirs, découpent sur le coteau leurs silhouettes blanches et nobles. C'est ici que les raisins mûrissent, avant d'être récoltés à la main, car les machines ne peuvent intervenir sur ses versants accentués. Après les vendanges manuelles, le porto subit sa fermentation, l'additionnement d'*aguardente* (eau-de-vie), avant d'être transféré à Vila Nova de Gaia par camion (finies les barques *rabelos* d'autrefois !) pour y vieillir tranquillement.
De Peso da Régua, 2 routes s'offrent à vous : celle menant à Lamego, de l'autre côté du Douro, et celle partant vers l'est, en fond de vallée, le long du Douro, en direction de Pinhão. Si Lamego mérite définitivement une petite visite, avouons que la route pour Pinhão et les environs de cette petite ville, plus sauvages, séduisent davantage l'œil. Sur environ 27 km, on longe le Douro en restant sur la rive sud du fleuve. Précisons que la vue s'embellit encore quand on quitte la nationale pour se lancer à l'assaut des petites routes sinueuses à flanc de colline.
À quelques kilomètres de Régua, vous pourrez peut-être observer un bateau passant un barrage de retenue : sur la partie navigable du fleuve, entre Porto et Barca d'Alva, les embarcations gravissent une dénivelée de près de 150 m.

LAMEGO (5100) 27 000 hab.

À 16 km au sud de Peso da Régua, sur une sorte de plateau à 500 m d'altitude, voici Lamego. Peu séduisante de prime abord avec ses quartiers modernes sans charme, elle cache un petit centre historique de caractère avec une ancienne cité fortifiée, une intéressante cathédrale, un musée qui mérite vraiment la visite et un joli théâtre. Et puis, perché sur une colline verte dominant magnifiquement le quartier historique, le sanctuaire Nossa Senhora dos Remédios, accessible par un escalier richement décoré et sculpté, qui rappelle le Bom Jesus do Monte près de Braga.

Arriver – Quitter

En bus

Central de Camionagem : *derrière l'office de tourisme et le musée.* • *rede-expressos.pt* • *rodonorte.pt* • Attention, billets en vente à 200 m, dans le kiosque à journaux à côté de l'office de tourisme.

➢ ***Vila Real :*** 3 bus/j. avec *Rede Expressos* et *Rodonorte.* Trajet : env 40 mn.

➢ ***Porto :*** 4 bus/j. avec *Rede Expressos.* Trajet : 2-4h.

Adresse utile

Loja Interativa do Turismo : *rua Regimento de Infantaria, 9.* ☎ *254-099-000.* • *cm-lamego.pt* • *(mairie). En été, tlj 9h-19h ; le reste de l'année, tlj 9h-12h30, 14h-18h.* Grand bâtiment moderne en métal à l'entrée du centre historique.

Où dormir ?

Hotel São Paulo *(plan La vallée du Haut-Douro,* ***10****)* **:** *av. 5 de Outubro, 22 E. ☎ 254-613-114. • hotelsao paulo@sapo.pt • hotelsaopaulo.pt • Doubles 40-45 €. Parking gratuit.* À 200 m du cours central, dans un immeuble moderne en ciment au bord de la route. À l'intérieur surprise : la réception lumineuse et pimpante tranche franchement avec l'extérieur grisâtre. Côté chambres, c'est impeccablement tenu, plus traditionnel, avec un mobilier de bois sombre et la clim. La rue étant relativement passante, celles sur l'arrière offrent une plus grande quiétude. Accueil affable. Très correct pour faire étape.

Où manger ?

Taberna do Porfirio *(plan La vallée du Haut-Douro,* ***10****)* **:** *av. Dr Alfredo Sousa, 6. ☎ 254-697-529. Tlj. Repas 15-20 €.* Sur le cours central, une grande esplanade ombragée, au pied du sanctuaire. En entrant dans cette auberge régionale, les jambons suspendus au plafond et la vitrine pleine de charcuterie invitent à s'attabler. Au comptoir de granit, on peut demander une planche de charcuterie et de fromages. Mais possibilité aussi de profiter d'une cuisine de terroir copieuse en salle. Spécialités : l'*alheira do lamego* (saucisses), les travers de porc ou la *moira* (boudin).

Où dormir ? Où manger dans les environs ?

Quinta da Vinha Morta *(plan La vallée du Haut-Douro,* ***11****)* **:** *rua Jogo da Bola, 7, à Gouviães (près de Tarouca). 968-9-3-598 ou 962-751-0-72. • intadavinhamortacm@gmail.com • À env 13 km au sud-est de Lamego. Double 65 €, petit déj inclus.* Dans un sympathique petit village, entourée d'un jardin, une grande et solide maison en U proposant des chambres simples et rutilantes, de belle taille, au mobilier plutôt rustique en accord avec les vieux murs de pierre. Un grand salon commun avec cheminée pour l'hiver et, en été, une piscine et sa vaste terrasse. Aux commandes, un couple franco-portugais accueillant, ayant ses racines dans le village et qui saura vous aiguiller pour explorer les environs.

Quinta do Terreiro *(plan La vallée du Haut-Douro,* ***13****)* **:** *à* ***Lalim.*** *☎ 254-697-040. 969-373-473. • informacoes@quintadoterreiro.com • quintadoterreiro.com • À env 10 km au sud de Lamego. Double 80 €, petit déj inclus. Repas possible ; env 30 €.* Au cœur d'un village, un charmant manoir-ferme en pierre massif du XIIIe s, où sont toujours cultivées pommes, cerises et pêches. Les chambres se trouvent dans un bâtiment plus moderne (mais déco de caractère à l'intérieur) autour d'une cour-jardin, à côté de la maison principale. Chacune porte le nom d'une personnalité de l'histoire portugaise : Egas Moniz, Miguel Torga... Toutes différentes dans leur style, toutes confortables (clim, bonne literie), elles sont équipées de toilettes d'origine soigneusement restaurées. Vaste jardin avec piscine. Très belle vue sur la campagne aux alentours.

Quinta da Santa Eufemia *(plan La vallée du Haut-Douro,* ***12****)* **:** *à* ***Parada do Bispo.*** *919-040-355. • mtcar valho@sapo.pt • qtastaeufemia.com • À env 15 km au nord-est de Lamego, sur la rive sud du Douro. Double env 60 €, avec petit déj ; maisonnette 2 pers 80 €.* Face à la vallée, avec les vignes en contrebas, voici une adresse sans prétention qui permet de séjourner chez l'habitant, au cœur des vignobles. Les 2 chambres d'hôtes, avec salle de bains à partager, se trouvent à l'étage d'une demeure familiale. Il existe aussi une maisonnette indépendante (pour 2, éventuellement avec un

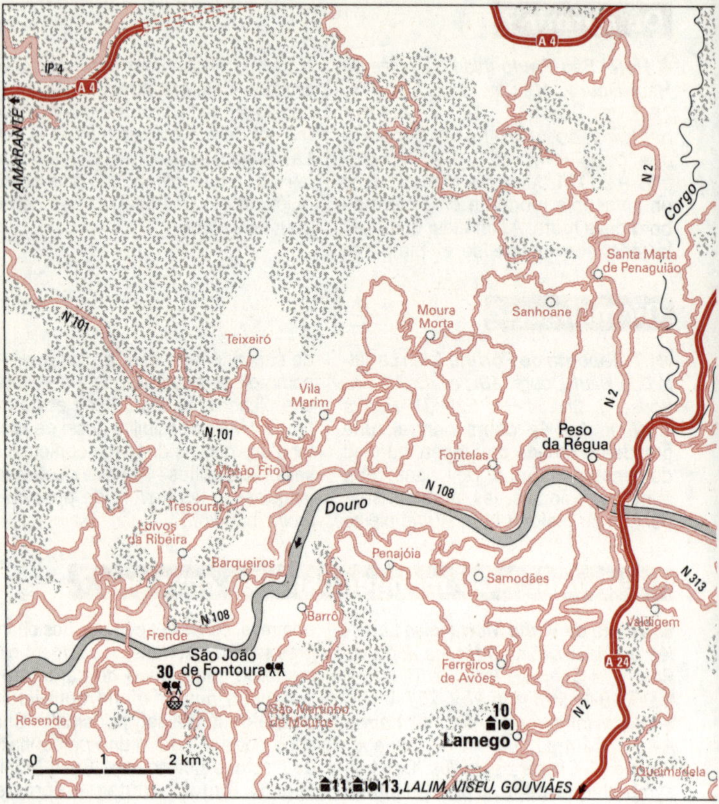

Où dormir ?	14 Hotel Douro
10 Hotel São Paulo	15 Casa Cimeira
11 Quinta da Vinha Morta	16 Casa de Casal de Loivos
12 Quinta da Santa Eufemia	17 LBV House Hotel
13 Quinta do Terreiro	19 Casa dos Barros

enfant) avec coin cuisine et canapé-lit. La charmante propriétaire (francophone) vous guidera volontiers à travers l'exploitation familiale qui produit (et vend) des vins du Douro et du porto.

À voir à Lamego et dans les environs

Sé (cathédrale) : *tlj 9h-12h30, 14h30-19h.* Elle se distingue par sa silhouette basse et trapue, évoquant plus une collégiale, une église de couvent, qu'une cathédrale (comme à Porto). Façade du XIIIᵉ s et portail gothique mêlé de Renaissance, imposant et délicatement sculpté. Elle est le noyau dur historique de la ville

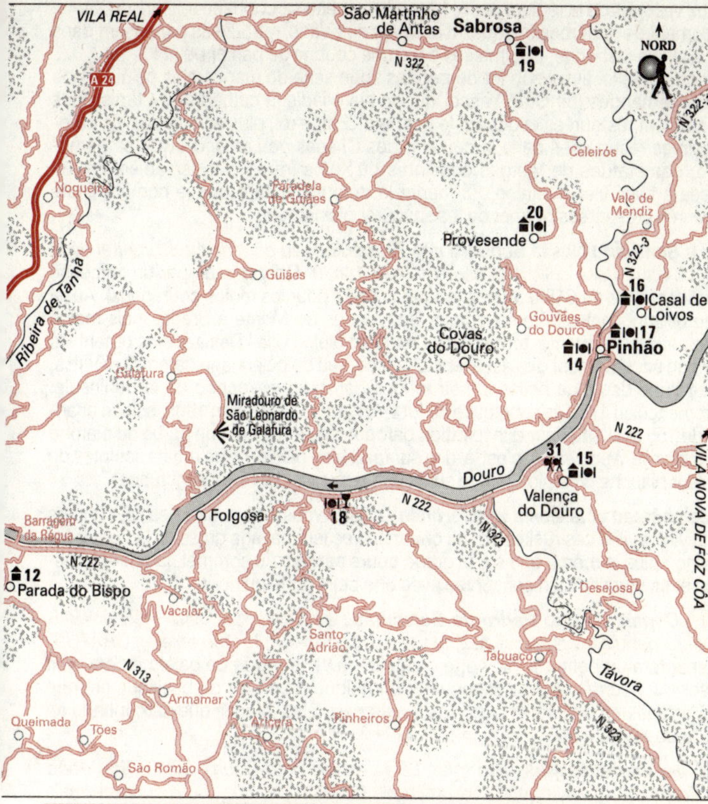

LA VALLÉE DU HAUT-DOURO

	20 Morgadio da Calçada		**18** Bistro Terrace Quinta do Tedo
	Où manger ?		**À voir**
	10 Taberna do Porfirio **14** Restaurant Veladouro et LBV 79		**30** Quinta da Massôrra **31** Quinta do Panascal

depuis que celle-ci reçut en 1147 le statut de cité épiscopale accordé par le 1er roi du Portugal. Intérieur à 3 nefs aux plafonds en trompe l'œil du XVIe s. Quant au cloître, également du XVIe s, il offre de belles colonnes aux chapiteaux ouvragés sur son aile nord.

Museu de Lamego : *largo de Camões. • museudelamego.gov.pt • Dans l'ancien palais épiscopal, près de la gare routière et l'office de tourisme. Tlj 10h-12h30 et 14h-18h sauf certains j. fériés. Entrée : 3 € ; réduc ; gratuit moins de 12 ans.*
Cet édifice majestueux regorge d'œuvres classées « trésors nationaux ». Au rez-de-chaussée, carrosses et chaises à porteurs, statues, pierres tombales et autres

beaux vestiges de la région, parmi lesquels un beau sarcophage sculpté du XIVe s. Également de superbes fresques d'*azulejos* du XVIIe s, retrouvées par hasard dans un palais de Lisbonne, dissimulées sous une couche de papier peint !
L'étage abrite lui aussi son lot de pépites : une série de magistrales peintures de Vasco Fernandes (dit Grão Vasco) qui ornaient jadis la cathédrale, 4 tapisseries brillamment restaurées évoquant le mythe d'Œdipe roi, plusieurs chapelles baroquissimes récupérées dans le couvent des *Chagas de Lamego* avant sa démolition, des statues de Vierges enceintes du XIVe s (rare !)... Indéniablement, un musée à taille très humaine qui mérite le détour d'autant que le nombre limité d'œuvres présentées permet de les savourer pleinement.

Santuário Nossa Senhora dos Remédios : *au bout du cours central de la ville, en haut d'une colline boisée. Tlj 8h30-18h30.* On y grimpe par un immense escalier double de 618 marches (ou par la route pour les moins courageux). Aussi beau et imposant que le sanctuaire Bom Jesus do Monte à Braga, mais moins connu et peu fréquenté, tout en étant situé en pleine ville ! Des *azulejos* ornent les murs de soutènement des escaliers. L'édifice, lieu de pèlerinage datant du XVIIIe s, serait l'une des plus belles constructions baroques et rococo de la péninsule. Commencé en 1750, le sanctuaire ne fut vraiment achevé qu'en 1905, soit un chantier de 155 ans ! Intérieur d'inspiration baroque également et une partie du plafond dans le style Wedgwood, c'est-à-dire sur fond bleu pâle orné de motifs sculptés de couleur blanche. Vue plongeante sur la ville depuis le parvis du sanctuaire.

Le château et la vieille ville fortifiée : hissez-vous jusque dans les rues hautes de la vieille ville. Les ruelles ont du charme avec leur pavage grossier, la vie n'y est pas non plus la même que sur le grand cours central. Au sommet, la tour du château et sa muraille bien conservée avec une belle porte au nord.

Capela de São Pedro de Balsemão : *à 4 km de Lamego. Fléché « Balsemão » depuis le centre. Tlj sauf lun 10h-13h, 14h-17h30 (18h en été). GRATUIT.* Attenante à un petit manoir, cette chapelle du VIIe s pavée de galets est un petit trésor qui pourrait être de l'époque wisigothique. Son plan de basilique est rare au Portugal, en particulier avec ses 3 nefs parallèles. Magnifique sarcophage en pierre du XIVe s.

Quinta da Massôrra (plan La vallée du Haut-Douro, **30**) **:** *à* ***São João de Fontoura,*** *à 23 km au nord-ouest de Lamego par une route superbe mais sinueuse. ☎ 965-053-820. • quintadamassorra.com • Visites normalement tlj 10h-18h, certaines en français ; résa conseillée. Tarif : 7,50 €, incluant la dégustation de 3 vins (10 € oct-avr) ; gratuit moins de 8 ans.* Un petit jardin d'Éden dans un paysage remarquable. Cette magnifique propriété de la famille Cardoso est étagée sur les collines du Douro. On y produit du vin, des fruits (cerises, prunes, pêches, amandes, oranges...) et des châtaignes. Les accueillants propriétaires, Rui Viseu et Anabela Cardoso, sont ingénieur agricole (lui) et économiste (elle).

PINHÃO (5085) 650 hab.

À 27 km à l'est de Peso da Régua, ce gros village fluvial auquel on accède par un autre des ponts créés par Eiffel se niche dans la partie la plus envoûtante des vignobles du Douro. Il vit au rythme du fleuve qui le traverse, rejoint par un petit affluent venu de la montagne. Sincèrement, c'est le site naturel, au pied des monts et des pentes abruptes, et les différentes routes d'accès au bourg, particulièrement belles, qui en font l'attrait et non la bourgade elle-même, sans grand intérêt et touristique, bien que les bords du fleuve joliment aménagés constituent une promenade agréable.

On peut y arriver en train depuis Porto (départ le matin et retour en soirée), un des plus agréables voyages ferroviaires du Portugal. La ligne suit le fleuve Douro en se faufilant dans cette superbe vallée au pied des collines couvertes de champs de vignes en terrasse. On descend dans une petite gare célèbre pour ses *azulejos* polychromes, qui semble sortie d'une époque révolue.

Infos utiles

➢ ***En train de/vers Porto :*** depuis la gare de Campanhã à Porto, 7 trains/j. Trajet : env 2h20. Billet : 10-11 €. Certains trains partent d'abord de São Bento et font une escale à la gare de Campanhã (à 5 mn seulement de São Bento). Dans tous les cas, la plupart continuent directement jusqu'à Pinhão.

Bateau sur le Douro : ***Companhia Turistica do Douro,*** *☎ 254-732-702. • ctdouro.com • Billetterie sur le quai de Pinhão.* Tlj 10h30-17h30 ; compter 10 € pour 1h (8 départs/j. en saison) et 20 € pour 2h (2 départs/j., à 10h30 et 14h30). Une belle manière de découvrir ce coin magnifique, à bord de barques à moteur.

Où dormir à Pinhão et dans les environs ?

Prix moyens

Casa Cimeira *(plan La vallée du Haut-Douro,* ***15****) : rua do Cimo do Povo,* ***Valença do Douro.*** *☎ 254-732-320. 914-550-477. • geral@casacimeira-douro.com • casacimeira-douro.com • À 7 km au sud de Pinhão. Double env 70 €, avec petit déj. Repas sur résa 20 €.* On traverse le village haut perché dominant la vallée et ses ruelles (très) étroites, pour atteindre cette belle demeure bourgeoise avec des chambres réparties autour d'une courette (calme). Murs de vieilles pierres, décoration rustique, salon avec cheminée tout aussi rural que chaleureux. À la table d'hôtes, cuisine locale et familiale, préparée avec des produits frais et naturels du terroir (porc aux prunes, saucisses fumées...). Belle piscine pour finir la journée. Accueillants propriétaires qui connaissent très bien la région.

Hotel Douro *(plan La vallée du Haut-Douro,* ***14****) : rua António Manuel Saraiva, 39, à Pinhão. ☎ 254-732-404. • geral@hotel-douro.pt • hotel-douro.pt • Face à la gare. Double 70 €, petit déj compris.* Petit hôtel bien situé et à taille humaine, avec des couloirs jaune coquille, quelques pans de murs couverts d'*azulejos* et des chambres traditionnelles propres, colorées, avec clim mais une insonorisation un peu légère.

De plus chic à beaucoup plus chic

Casa de Casal de Loivos *(plan La vallée du Haut-Douro,* ***16****) : à* ***Casal de Loivos.*** *☎ 254-732-149. • info@casadecasaldeloivos.com.pt • casadecasaldeloivos.com • À 7 km au nord de Pinhão ; dans le village, c'est l'une des dernières maisons sur la droite (reconnaissable à ses 4 grilles métalliques bombées en façade), avt la montée vers le belvédère. Congés : de mi-déc à fév. Doubles 120-155 €, petit déj inclus. Repas 28 € (sur résa).* La façade discrète, côté rue, dissimule une charmante demeure aristocratique du XVIIe s située dans un emplacement de rêve (panorama à couper le souffle). Depuis 1733 dans la même famille, cette *casa* abrite 8 belles chambres cosy et confortables, au beau mobilier ancien. Possibilité de dîner en terrasse aux beaux jours. La maison produit son propre vin, son huile d'olive, ses oranges et ses amandes. Piscine panoramique et organisation de balades sur le Douro. Que demander de plus ? Une de nos plus séduisantes adresses autour de Pinhão !

LBV House Hotel *(plan La vallée du Haut-Douro,* ***17****) : rua da Galeira, à Pinhão. ☎ 254-738-320. • info@*

lbvhousehotel.com • lbvhousehotel.com • À env 3 km au nord de Pinhão, sur la route de Casal de Loivos. Doubles 87-145 €. Une architecture délibérément contemporaine à flanc de colline, il fallait oser ! C'est l'exact contraire d'une *quinta* d'antan aux gros murs de granit. Le design moderne du bâtiment, le blanc immaculé et lumineux des pièces, se marient bien avec les matériaux locaux, comme ces murs de schiste. Vastes parties communes et, curieusement, certaines chambres pas trop grandes... Cependant, toutes de grand confort et au plaisant design. Belle piscine et jacuzzi.

Où manger à Pinhão et dans les environs ?

De prix moyens à plus chic

🍴 ☂ ***Restaurant Veladouro*** *(plan La vallée du Haut-Douro, **14**) : rua da Praia, 3, sur le port de Pinhão. ☎ 254-738-166. • veladourorestaurante@hotmail.com • Résa conseillée, surtout le w-e. Repas 20-25 €.* Dans une maison traditionnelle en schiste, petit resto tenu par un couple accueillant. Cuisine goûteuse et de qualité servie dans une agréable salle ou sur la terrasse au bord du Douro pour admirer le paysage au coucher du soleil. Mention spéciale pour la *bacalhau* au gratin, le poulpe aux légumes et le chevreau au four (la spécialité).

🍴 ☂ ***LBV 79*** *(plan La vallée du Haut-Douro, **14**) : rua António Manuel Saraiva, 20, à Pinhão. ☎ 254-738-187. • barlbv79@hotmail.com • Sur le port, à côté du Veladouro. Tlj, midi et soir, jusqu'à 22h. Repas 20-25 €.* La nouvelle génération de restos touristiques, cadre résolument contemporain, bar branché au rez-de-chaussée, resto lumineux à l'étage, avec plantes grasses, photos vintage et l'habituel mur de bouteilles. Nappes et serviettes en tissu, vue sur le Douro pour une cuisine classique mais bien tournée. Spécialité de *cabrito assado.*

🍴 🍷 ☂ ***Bistro Terrace Quinta do Tedo*** *(plan La vallée du Haut-Douro, **18**) : à 5 mn à l'est de **Folgosa.** ☎ 935-397-392. • bistroterrace@quintadotedo.com • À env 12 km à l'ouest de Pinhão, par la rive sud (à l'intersection de la N 222 et de la M 512) ; bien visible depuis la route principale. Tlj 10h-19h. Repas 23-30 €.* Vous êtes ici chez un producteur de porto, de vin et d'huile d'olive (visite et dégustation possibles), mais ce bistrot perché sur la colline constitue aussi une belle étape, tant pour la vue (non pas sur le Douro, mais sur un de ses affluents à l'arrière) que pour les papilles. On peut y boire un simple verre, mais aussi y partager de savoureux *petiscos* : choix réduits, prix assez élevés, mais plats savoureux, délicats et inspirés. Le tout à déguster en admirant la vue, soit de la petite salle toute vitrée, soit sur la terrasse ombragée juste à côté.

À voir. À faire

👥 ***Quinta do Panascal*** *(plan La vallée du Haut-Douro, **31**) : à **Valença do Douro.** ☎ 254-732-321 ou 223-742-800. • fonseca.pt • À 5 km au sud-ouest de Pinhão par la N 222 en direction de Peso da Régua. Pâques-oct, tlj 10h-18h30 ; le reste de l'année, tlj 10h-13h, 13h30-18h. Réserver hors saison. Visites audioguidées avec dégustation de 1 à 4 portos. Plusieurs langues dont le français. Compter 10-35 €/pers selon option.* La *quinta* se situe au cœur du domaine viticole qui produit le porto Fonseca. C'est une très belle demeure blanche accrochée à la colline dans un paysage lumineux. Fondée en 1840, la maison Fonseca est une des plus renommées du Portugal. Possibilité de visiter les vignes et les caves, y compris pendant les vendanges. On peut y voir notamment les *lagares,* des cuves traditionnelles en granit.

Nous ne pouvons que vous encourager à vous aventurer sur les petites routes qui grimpent et sinuent dans les collines. On le répète : la vallée vue d'en haut est encore plus admirable. La route menant à ***Covas do Douros*** (en direction de la Quinta Nova) par exemple n'est, certes, pas large, mais offre des points de vue magnifiques. Beau belvédère aussi à ***Casal de Loivos.*** Et pour ceux qui voudraient effectuer une boucle et retourner à Peso da Régua par la rive nord, possibilité de passer par le ***miradouro de São Leonardo de Galafura*** et son panorama très large sur toute la vallée, une vue qui inspira l'écrivain Miguel Torga (d'où l'extrait du volume IX de son *Diáro* figurant sur le mur de la chapelle au sommet).

SABROSA

(5061) 6 300 hab.

De Pinhão, au fond de la vallée du Douro, une superbe route grimpe à flanc de montagne jusqu'à Sabrosa, à 14,5 km au nord. Elle décrit de nombreuses courbes, dans un vaste paysage de vignes en terrasses, d'oliveraies et d'arbres fruitiers : c'est la partie la plus belle et la plus encaissée de la vallée du Haut-Douro. Sabrosa est une petite bourgade qui serait le lieu de naissance de Magellan, le célèbre navigateur (mais des historiens contestent cette thèse). Sa maison natale (ou supposée telle) est une vieille demeure de granit toujours debout au centre du bourg. Privée, elle ne se visite pas mais on peut admirer l'extérieur, où une plaque sur un mur rappelle que Fernão de Magalhães a effectué de 1519 à 1522 la 1re circumnavigation de la terre (pour le compte de l'Espagne et non du Portugal). Pour certains, Magellan serait né à Porto, et pour d'autres, à Ponte da Barca dans le Minho. Un autre grand nom, figure majeure de la littérature portugaise du XXe s, est lui, sans conteste, né dans les environs de Sabrosa, à *São Martinho de Anta* pour être exact : l'écrivain Miguel Torgua (1907-1995 ; voir dans « Homme, Culture, Environnement » la rubrique « Personnages »).

MAGELLAN : MAUDIT HÉROS !

Beaucoup voient en ce navigateur portugais un traître au Portugal, car il se mit au service du roi d'Espagne. En fait, le navigateur avait d'abord sollicité son roi pour que celui-ci finance ses voyages, mais il avait refusé (sans doute ne croyait-il pas à la route du Pacifique pour atteindre les Moluques et Macao). Fernand se tourna alors vers l'Espagne. Il trouva la mort aux Philippines sans avoir lui-même terminé le tour complet du monde. Furieux, le roi du Portugal ne lui pardonna pas : Magellan fut maudit, ses archives détruites, ses biens saisis et son blason martelé... On en effaça toute trace. D'où le doute qui subsiste aujourd'hui sur son lieu de naissance...

Où dormir à Sabrosa et dans les environs ?

Casa dos Barros *(plan La vallée du Haut-Douro,* ***19****)* **:** *rua da Madalena, à Sabrosa. ☎ 961-933-191. • teresa.casadosbarros@gmail.com • http://casa-dos-barros.norte-portugal-hotels.com • Doubles 80-110 €. Repas 30 € (sur résa).* Au centre du village, un merveilleux vieux manoir du XVIIe s couvert de vigne vierge dans un jardin délicieux. La propriétaire, Teresa Canavarro, est la descendante d'une noble lignée de généraux et de notables. Femme chaleureuse, franche et sympathique (et francophone !), elle a joliment restauré et aménagé sa demeure avec imagination. Le résultat, d'un grand confort, est enchanteur, alliance subtile d'ancien et de design moderne. On prend le petit déj dans une très belle salle conservant des cuves en granit *(lagares)* qui servaient à écraser le raisin. Cuisine à l'image de cette excellente maison.

🏠 |●| ***Morgadio da Calçada*** *(plan La vallée du Haut-Douro,* ***20****)* **:** *rua Cabo de Vila, 18, à* ***Provesende.*** *☎ 254-732-218. • mvb@morgadiodacalcada.com • morgadiodacalcada.com • À 8 km au sud de Sabrosa par la N 323. Doubles 90-110 €, petit déj inclus. Menu 25 €.* Au cœur d'un beau petit village blanc perché sur une colline (à 600 m d'altitude), dans un environnement superbe de vignobles, d'oliveraies et d'arbres fruitiers. Ce vieux manoir du XVIIe s consiste en une maison principale où habite le propriétaire, Manuel Villas-Boas, spécialiste de l'œnotourisme, associé à la célèbre maison de porto Niepoort. Les hôtes logent dans un bâtiment en schiste (anciennes écuries) abritant 8 chambres modernes et confortables, à la déco d'une grande sobriété. Piscine dans le jardin, vignoble familial de 5 ha aux alentours. Cave et dégustations sur place. Repas à la demande. Pour couronner le tout : un excellent accueil.

DANS LES ENVIRONS DE SABROSA

Espaço Miguel Torga : *rua Miguel Torga, à* ***São Martinho de Anta.*** *☎ 259-938-017. • espacomigueltorga.pt • À 4 km à l'ouest de Sabrosa. Mar-ven 9h-12h30, 14h-17h30 ; sam-dim 10h-12h30, 14h-18h30 (9h-17h30 nov-mars).* Dans une bâtisse contemporaine de bois, de schiste et de bois que l'on doit au grand architecte Eduardo Souto de Moura, voici un centre dédié à l'enfant du pays : le grand écrivain Miguel Torga. Il s'agit plutôt, en réalité, d'un centre culturel abritant une exposition retraçant l'œuvre et la vie de Torga, mais aussi une librairie, un café et différentes manifestations. Une initiative intéressante pour ceux qui souhaiteraient découvrir à travers le regard de l'écrivain et ses écrits cette région omniprésente dans son œuvre : le ***roteiro Torguiano*** *(parcours Torguiano).* Il suffit pour cela d'aller sur *• espacomigueltorga.pt •* En cliquant sur les différents sites des environs, vous verrez apparaître le texte (traduit) que ceux-ci lui ont inspiré.

LE NORD-EST

• Carte p. 572-573

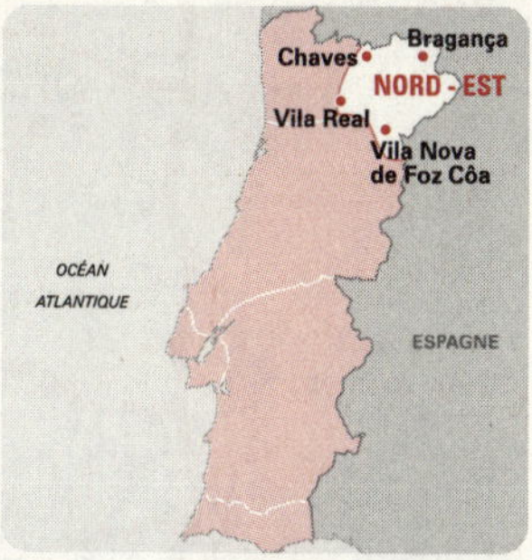

Au nord-est du Portugal, la région du *Trás-os-Montes* (« au-delà des monts ») est la province la plus isolée du pays. Une très belle région, rurale et en marge, injustement oubliée du tourisme (mais cela est en train de changer grâce au réseau routier de plus en plus pratique). Impossible de regretter d'avoir pris le chemin buissonnier pour admirer ces paysages ardents à la palette de couleurs infinie : le vert foncé des chênes et des sapins est entrecoupé de vignes et de vergers, moucheté par le jaune vif des genêts et adouci par le tapis violet de la bruyère. Un vrai tableau !

Quelques villages endormis jalonnent la route entre Chaves et Bragance (674 m d'altitude), 2 jolies villes qui méritent bien une étape. Plus à l'est, vers Miranda do Douro, la végétation se fait plus rase, on arrive sur une sorte de plateau battu par les vents en hiver, un paysage plus âpre de type méditerranéen d'altitude, et pourtant fertile (la vigne, les amandiers et les oliviers y poussent bien). En raison de sa pauvreté ancestrale, le *Trás-os-Montes* fut une terre d'émigration portugaise. Aujourd'hui, beaucoup de migrants (France, Suisse, Allemagne, mais aussi Canada et États-Unis...) sont revenus au pays pour couler une paisible retraite cultivant leurs vergers et lopins de vigne. Ce passé explique peut-être pourquoi la population d'ici est si ouverte et chaleureuse. La gastronomie vous laissera également un bon souvenir (charcuterie de montagne, fromages, vins locaux).

VILA REAL

(5000) 51 000 hab.

À une centaine de kilomètres au nord-est de Porto, Vila Real occupe un site géographique intéressant. La ville s'étend sur le rebord d'une ligne de falaises abruptes au-dessus des gorges de la rivière Corgo. Un grand pont enjambe cette faille rocheuse au fond de laquelle le *rio* caracole depuis l'aube des temps. Vila Real peut servir de ville-étape pour la découverte de la vallée du Haut-Douro. Celle-ci se trouve à 26 km au nord de Peso da Regua.

Arriver – Quitter

Gare routière *(Terminal Rodoviário) : Rua Dom António Valente Fonseca.* Compagnies *Rede Expressos* (☎ *962-060-655* ; • *rede-expressos.pt* •) et *Rodonorte/Santos Viagens* (☎ *259-340-710* ; • *rodonorte.pt* •). Vila Real est un nœud routier important.

➢ ***Amarante :*** 17 bus/j. avec *Rodonorte.* Durée : 30 mn.

➢ ***Bragança :*** une vingtaine de bus/j. avec *Rede Expressos.* Durée : 1h30-1h55.

➢ ***Chaves :*** 8 bus/j. avec *Rodonorte.* Durée : 1h10.

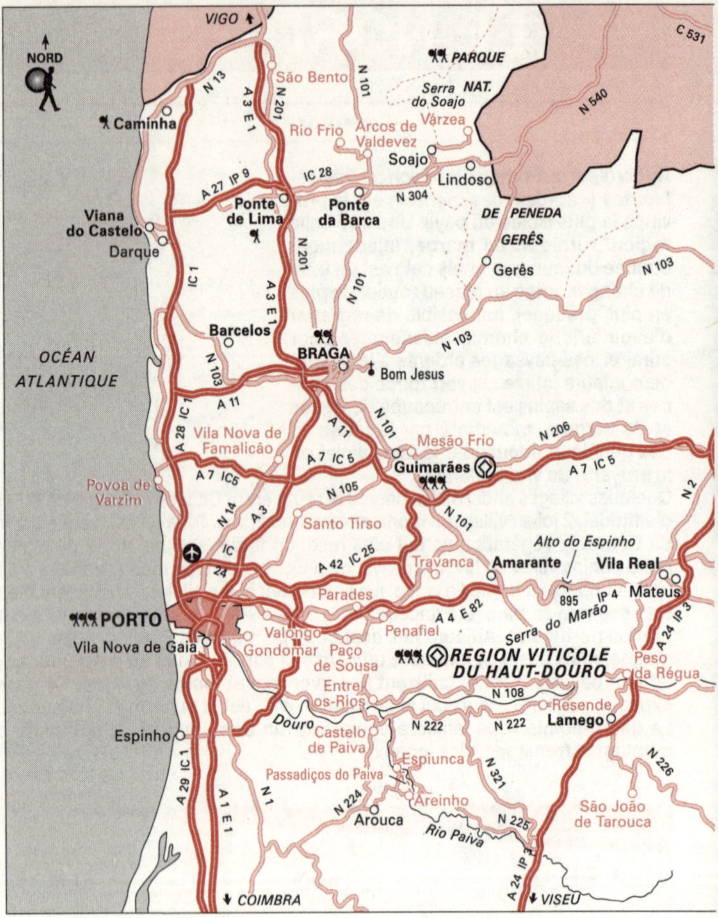

➢ ***Lamego :*** 2-3 bus/j. avec *Rede Expressos* et *Rodonorte.* Durée : 35-45 mn.

➢ ***Coimbra et Lisbonne :*** env 17 bus/j. (moins le w-e) avec *Rede Expressos* et *Rodonorte.* Durée : respectivement 2-4h et 5h.

➢ ***Porto :*** env 15 bus/j. (moins le w-e) avec *Rede Expressos* et *Rodonorte.* Durée : 1h05-1h35.

Adresses utiles

i ***Loja Interativa do Turismo*** *(office de tourisme) : av. Carvalho Araújo, 94. ☎ 259-308-170. • cm-vilareal.pt • Tlj 9h-13h, 14h-18h. Fermé le w-e hors saison.* Dans une belle demeure à la façade manuéline classée au Patrimoine national : la maison de l'Arc. Très bon accueil, professionnel ; excellente doc sur la ville et sa région.

■ ***Centro do parque natural do***

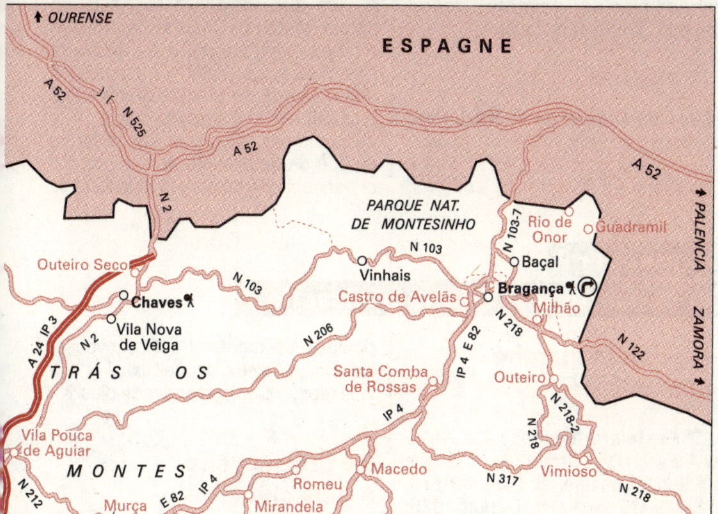

LE TRÁS-OS-MONTES ET LA VALLÉE DU HAUT-DOURO

Alvão : *largo dos Freitas.* ☎ *259-302-830.* ● *icnf.pt* ● *natural.pt* ● *Derrière la mairie. Lun-ven 9h-12h30, 14h-17h30.* Renseignements, cartes et documentations sur le parc. À défaut de cartes détaillées, certaines randos sont balisées.

✉ ***Poste :*** *av. Carvalho Araújo.*

Où dormir ?

Camping

⛺ ***Parque de campismo :*** *rua Dr Manuel Cardona.* ☎ *259-324-724.* ● *campingvilareal.com* ● ♿ *À 10 mn à pied du centre. Depuis l'av. 1º de Maio, tt droit, puis fléché à droite. Ouv de mars à mi-nov. Réception 8h30-17h (22h en été). 2 pers, 1 tente, 1 voiture, env 14 €/nuit. Douche gratuite.* Terrain herbeux ombragé par des pins. Sanitaires rudimentaires mais propres.

Grande piscine payante (réduc campeur). Tennis et restaurant.

Prix moyens

Casa da Quinta de S. Martinho : *rua Padre Fernando Miranda. ☎ 259-323-986. ● quintasaomartinho.com ● Double env 80 €, petit déj compris.* À 2 km du centre-ville et 200 m du palais Mateus. Charmante maison d'hôtes dans une demeure en pierre aux murs épais (fraîcheur assurée en été) couverts de plantes grimpantes. 2 chambres et 2 appartements, à la déco simple, avec vue sur le jardin équipé d'une piscine. Accueil cordial et francophone du couple propriétaire.

Où manger ? Où déguster une bonne pâtisserie ?

De très bon marché à bon marché

Pastelaria Gomes : *rua António Azevedo, 2, un peu plus bas que l'office de tourisme. ☎ 259-309-710. Tlj 8h-19h30 sauf dim.* Depuis 1925, les habitants s'y régalent de pâtisseries et de gâteaux tous succulents. En terrasse ou dans une salle aux tables en gradin, une pause dans cette institution est indispensable.

Casa Lapão : *rua da Misericórdia, 53-55. ☎ 259-324-146. En bas de la rue, à l'arrière de l'office de tourisme. Tlj 8h30-19h30.* Attention au péché de gourmandise ! Les pâtisseries conventuelles de ce petit salon de thé sont redoutablement bonnes... On a aimé le *pão do Milhado*, les *pastéis de Santa Clara* et le *pudim de amendoa* (amandes).

Churrasqueira Ideal : *rua Santa Sofia, 27. ☎ 259-371-165. Dans une rue parallèle à la rue piétonne. Tlj 8h-minuit. Plats 5-10 €.* Une rôtisserie populaire et rassurante, toujours très fréquentée et appréciée pour ses grillades (poulet, brochettes, côtelettes), mais également pour ses tripes, poulpes, escargots et autres joyeusetés. Bon, copieux, accueil jovial et service rapide. Que demander de plus ?

De prix moyens à plus chic

Cais da Villa : *rua Monsenhor Jerónimo do Amaral, estaçao de Comboios. ☎ 259-351-209. ● geral@caisdavilla ● caisdavilla.com ● À 800 m du centre-ville, de l'autre côté de la rivière Tâmega, passer le grand pont (N 313), direction l'ancienne gare ferroviaire ; c'est à 150 m après celle-ci. Tlj, sauf dim soir, 12h30-15h, 19h30-minuit (2h ven-sam). Plats 14-32 €, tapas et petiscos 3-14 €.* Installé dans une annexe de l'ancienne gare, ce resto est de loin ce qu'il y a de mieux à Vila Real. Belle salle alliant l'ancien et le moderne, service jeune, diligent et attentionné, et surtout remarquable cuisine portugaise réinventée par un chef qui s'inspire de la tradition en y mettant sa touche créative. Le menu change souvent, la carte des vins est variée.

À voir

Sur le cours principal, la ***cathédrale*** est une ancienne église de couvent à l'aspect roman, quoique construite à l'époque gothique. Plus bas, l'***hôtel de ville*** bâti au début du XIXe s en style Renaissance italienne avec un bel escalier en pierre à double révolution. À gauche de l'hôtel de ville, la ***maison natale de Diogo Cão*** (environ 1450-1486), découvreur de l'embouchure du fleuve Congo (actuellement le Zaïre) au XIVe s. Elle ne se visite pas. Un peu plus loin, sur l'esplanade du cimetière, vue sur les gorges encaissées au confluent des rivières Cabril et Corgo.

DANS LES ENVIRONS DE VILA REAL

Parque natural do Alvão : *en voiture depuis Vila Real par la N 313. En bus pour Mondim (compagnie* Automondinens*) depuis Amarante (face à l'ancienne gare ferroviaire).* Plusieurs randos balisées sur un site quasi lunaire et qui réserve quelques surprises naturelles, florales et animales (des loups !). Zone montagneuse de plus de 8 000 ha. Pour plus de renseignements, s'adresser au *Centro do parque natural do Alvão* (voir « Adresses utiles »).

Solar *(manoir)* **et Fundação de Mateus :** *à 3 km à l'est de Vila Real, en direction de Sabrosa. ☎ 259-323-121. • casadamateus.com • Tlj 9h30-13h et 14h-18h (18h en hiver). Résa la veille fortement conseillée en saison. Visite guidée seulement, env ttes les heures (max 10 pers) : 13 € ; jardins seuls : 9,50 € ; réduc. Parking : 9,50 € (mieux vaut se garer en dehors de l'enceinte).*

Entrée relativement chère mais visite intéressante. Un des plus beaux *solares* (manoirs) du nord du Portugal. Bien connu des œnophiles, il illustre l'étiquette du célèbre vin de Mateus (d'ailleurs, attention : le vin du domaine en vente ici n'a rien à voir !). Cette très élégante demeure baroque du XVIIIe s appartient aux Albuquerque, l'une des plus anciennes familles du pays. L'ancêtre Afonso de Albuquerque ne fut-il pas gouverneur des Indes portugaises au XVIe s ?

- ***L'extérieur du manoir :*** alliance harmonieuse du granit, des murs blancs éclatants et de fantaisies du Siècle des lumières.
- ***L'intérieur du manoir :*** belle *salle d'entrée* avec blason de la famille au centre du plafond et lampions ouvragés du XVIe s. La *bibliothèque,* créée par l'architecte italien Nasoni au XVIIIe s, abrite environ 600 ouvrages. Plafond impressionnant en châtaignier, jolies crèches en terre cuite avec des soldats dans les couloirs menant aux chambres. Dans le *vestibule des quatre saisons,* tableaux rappelant ceux d'Arcimboldo. À noter, un beau plat hispano-arabe. Dans le *salon des hommes,* belle porcelaine chinoise (du temps où Macao était portugais !). Cabinet en ivoire et table en nacre et écailles de tortue d'inspiration moghole dans le *salon des femmes.* Dans le petit musée, reproduction des *Lusiades* de Camões, illustrée par Fragonard et Gérard en 1817.
- ***Le petit bassin :*** devant l'entrée du manoir.
- ***Le parc :*** joli jardin aux massifs de buis soigneusement taillés. Dans la partie sud, un long ***boyau de verdure,*** taillé dans un massif de résineux, constitue une belle fantaisie végétale. Dans ce boyau, une sorte de grotte lugubre a été installée dans les branches enchevêtrées. Ce monstre végétal aurait de quoi inspirer Tolkien... Chapelle familiale au plafond à caissons peints, un autel à étages (plus c'est haut, plus l'on approche Dieu ; et là, Marie est très, très haut...), et surtout, curiosité des lieux, le *reliquaire de S. Narcimar,* un vrai corps recouvert de soie et d'or, sauf la tête, en cire. Brrr...

Santuário rupestre (Fragas) de Panóias : *à 7 km de Vila Real. ☎ 259-336-322. Accès mal signalisé. Après le solar de Mateus, garder la N 322 ; à 1,5 km au-delà du pont d'autoroute (on traverse Constantim), tourner à gauche au fléchage ; l'accès au site est 500 m plus loin, en face du café* Panóias. *Tlj 9h-12h30, 14h-17h, sauf lun. Entrée : 2 €.*

Monument national depuis 1910, ce sanctuaire est dédié à Sérapis, une divinité d'Asie Mineure, par le truchement d'un sénateur romain local qui en était originaire. Adoré par les Grecs, puis par les Romains, Sérapis faisait partie à ses débuts des divinités les plus vénérées du panthéon égyptien, en compagnie d'Isis. Son culte s'exporta donc jusqu'au nord du Portugal !

Le site de Panóias se compose de 3 rochers granitiques percés de cavités gravées d'inscriptions latines. « Aux dieux infernaux en colère qui vivent ici... » On y sacrifiait rituellement des animaux... Quelques détails ? Ceux-ci étaient immolés et leurs viscères brûlés, puis le sang versé dans de petits bassins. Ce lieu témoigne de l'intense romanisation du Trás-os-Montes, lorsque les mines d'or étaient exploitées dans les environs.

CHAVES

(8400) 41 200 hab.

• Plan p. 577

À 67 km au nord-est de Vila Real et à 110 km au sud-ouest de Bragança, Chaves est une station thermale de renom depuis l'époque romaine ! Contrairement à ce que l'on imagine, la cité n'est pas au fond d'une vallée, ni au pied d'une haute montagne, mais sur une sorte de plateau ondulé traversé par la rivière Tâmega. Petit centre médiéval agréable, dominé par un beau donjon rattaché à un joli fort à plan étoilé, Chaves se découvre à pied facilement au fil des ruelles anciennes. Le monument le plus rare et le plus émouvant est ce vénérable pont romain (pont de Trajan), avec ses grosses arches, une œuvre presque intacte, témoin unique de 2 000 ans d'histoire !

UN PEU D'HISTOIRE

Tout a commencé par *Aquae Flaviae.* Lieu de villégiature des légionnaires et colons romains du temps des empereurs flaviens, cette cité servait de relais sur la route entre Astorga (aujourd'hui près de Léon en Castille-Léon) et la colonie de Braga. L'eau et les sources thermales constituent le fil conducteur de l'histoire de Chaves jusqu'au XXe s. À Chaves, aujourd'hui comme hier, les eaux thermales sortent de terre à 73 °C. On peut la boire mais elle est surtout utilisée pour les soins corporels et pour l'aquathérapie. D'autres sources thermales jaillissent dans d'autres sites de la région, comme à Carvalhelhos, Pedro Salgadas ou Vidago. *O tempora, o mores !*

À Chaves se déroula, en mars 1809, une âpre bataille opposant l'armée portugaise aux armées napoléoniennes dirigées par le maréchal Soult. Une fois Chaves prise, les troupes françaises poursuivirent leur marche vers Braga.

Arriver – Quitter

En bus

Attention, il y a 2 gares routières à Chaves !

Estação Rodonorte *(hors plan par A1,* ***1****)* ***:*** *av. de Santo Amaro, à 100 m au nord de la praça do Brazil (grand rond-point à côté des thermes). ☎ 259-340-710. • rodonorte.pt •*

➢ ***Porto :*** 3 bus/j. Durée : 2h30.

➢ ***Guimarães :*** 5 bus/j. lun-ven, 2 sam. Durée : 1h30-2h35.

➢ ***Lisbonne et Coimbra :*** env 10-12 bus/j. via Amarante ou Viseu. Durée : 4-7h.

➢ ***Vila Real :*** bus ttes les 4h. Durée : 1h05.

Auto Viação do Tâmega *(hors plan par B1,* ***2****)* ***:*** *av. do Estádio, à côté de l'ancienne gare ferroviaire. ☎ 276-332-384 ou 352. • avtamega.com •* Elle abrite *Eurolines,* mais elle dessert aussi les destinations suivantes :

➢ ***Porto :*** 4-8 bus/j. lun-ven, moins le w-e. Durée : 2h15.

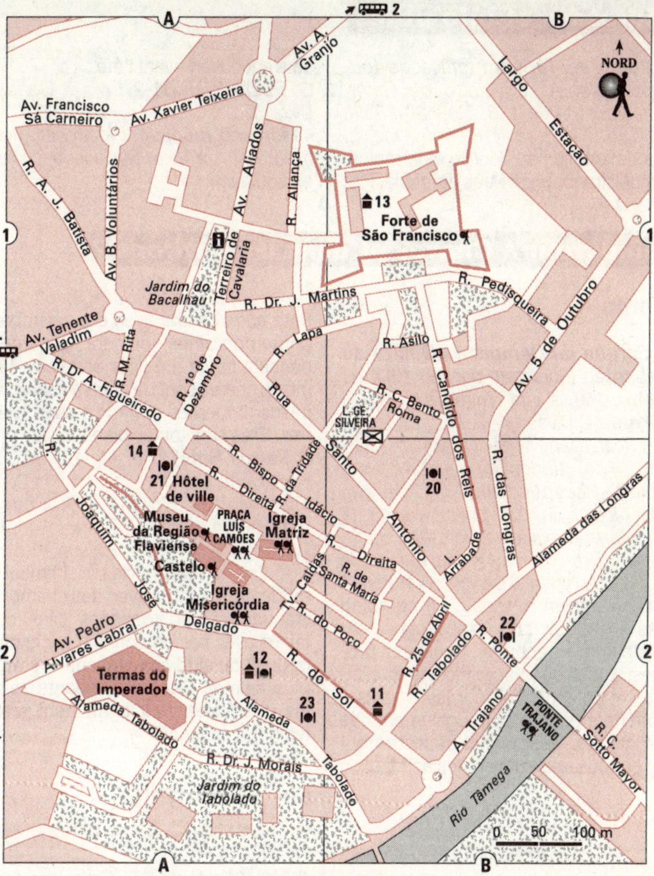

CHAVES

■ **Adresses utiles**

- Posto de Turismo (A1)
- 1 Estação Rodonorte (hors plan par A1)
- 2 Auto Viação do Tâmega (hors plan par B1)

Où dormir ?

- 10 Parque de Campismo Quinta do Rebentão (hors plan par A2)
- 11 Hotel Kátia (B2)
- 12 Petrus Hotel (A2)
- 13 Hotel Forte de São Francisco (B1)
- 14 Hospedaria Florinda (A2)

Où manger ?

- 12 Restaurante Petrus (A2)
- 20 Adega Faustino (B2)
- 21 O Cândido (A2)
- 22 Taberna Benito (B2)
- 23 Restaurante Carvalho (A2)

➢ ***Lisbonne et Coimbra :*** 3-4 bus/j. Durée : respectivement 6-7h et 3-4h.

➢ ***Braga :*** seulement ven à 13h30 et dim à 17h.

➢ ***Vila Real :*** env 5-7 bus/j. (3 le w-e). Durée : 1h15.

➢ ***Bragança :*** 1-2 bus/j. Durée : 2h10.

Adresses et info utiles

Posto de Turismo (office de tourisme, plan A1) : *terreiro de Cavalaria. ☎ 276-009-136. Tlj 9h30-13h30 et 14h30-18h30 (18h nov-mars).* Documentation sur la ville et la région. Accueil francophone très agréable. Pas souvent ouvert avant l'été.

✉ **Poste** (plan B1-2) : *praça General Silveira.*

– **Mercado municipal** (marché) : *mer, à côté du forte de São Neutel.* Haut en couleur.

Où dormir à Chaves et dans les environs ?

Camping

Parque de Campismo Quinta do Rebentão (hors plan par A2, **10**) : *rua Freixo, 109, à* ***Vila Nova de Veiga,*** *à 4 km de Chaves sur la N 2, direction Vila Real, fléché à gauche. ☎ 276-322-733. • parquedecampismo@chaves.pt • Réception 8h-13h, 15h-20h (22h en été). Env 12 € pour 2 avec tente et voiture ; bungalow 2 pers 40 € en hte saison. Pré-réservation indispensable déc-fév.* Au creux d'un vallon verdoyant baigné par un ruisseau, un camping très accueillant dans un environnement très calme et ombragé. Sanitaires propres. Snack sur place. Piscine municipale et pataugeoire pour les enfants à côté (tarif préférentiel). Également des bungalows. Petit circuit pédestre tout autour où l'on peut voir des animaux.

De bon marché à prix moyens

Hospedaria Florinda (plan A2, **14**) : *rua dos Açougues (largo do Anjo). ☎ 276-333-392. • hospedariaflorinda@gmail.com • hospedariaflorinda.com • Doubles 30-40 € selon saison, petit déj compris. Possibilité de pension complète.* Dans une ruelle tranquille de la vieille ville, petit immeuble traditionnel avec balcon en bois abritant une gentille auberge à prix très modérés. 13 chambres modestes mais propres et bien tenues, toutes avec salle de bains et vue sur la rue. Accueil discret et aimable. La bonne affaire des budgets serrés.

Hotel Kátia (plan B2, **11**) : *rua do Sol, 28-32. ☎ 276-324-446. • hotelkatia@sapo.pt • Doubles avec sdb 35-55 € selon bâtiment, taille et saison, parking et petit déj inclus. CB refusées.* Petit hôtel central avec des chambres contemporaines joliment décorées, donnant sur la rue pour certaines. Les moins chères sont de petites chambres moins modernes et parfois sans fenêtres. Elles sont toutes bien tenues.

Petrus Hotel (plan A2, **12**) : *rua da Famíilia de Camões, 20, edificio Solar Flaviense. ☎ 276-351-500. • info@petrushotel.com • petrushotel.com • Doubles 52-62 € selon saison. ½ pens + 10 €/pers. Parking gratuit.* Immeuble moderne et central avec des chambres standard et bien arrangées (clim), certaines avec balcon donnant sur le parc (arbres) ou sur l'arrière (sans vue mais plus calme). Déco changeante selon les chambres. Fait également resto (voir « Où manger ? »).

De prix moyens à beaucoup plus chic

Hotel Forte de São Francisco (plan B1, **13**) : *dans la forteresse. ☎ 276-333-700. 📱 936-543-100. • reservas@fortesaofrancisco.com • fortesaofrancisco.com • Doubles 85-115 € (voire plus pour les suites) selon confort et saison, petit déj inclus ; promos sur Internet.* Une belle réussite que cet ancien couvent franciscain du milieu du XVIIe s inséré dans un fort à la Vauban, devenu un hôtel 4 étoiles moderne. Au fil des couloirs labyrinthiques ponctués par des patios décorés d'œuvres contemporaines, on découvre une soixantaine de chambres élégantes, spacieuses et de grand confort (clim). Superbe piscine, spa et salle de gym sont inclus dans le prix. Tennis, salle de jeux, sauna... Resto à l'image du lieu, donc assez cher.

Où manger ?

Ce n'est pas ici que vous perdrez des kilos ! Chaves est fameux pour son jambon fumé, le *folar* (pain fourré à la charcuterie, aussi appelé « brioche de Pâques ») et les *alheiras* (sortes de saucisses à la viande).

De très bon marché à bon marché

Adega Faustino (plan B2, **20**) **:** *travessa Cândido dos Reis. ☎ 276-322-142. Tlj 12h-minuit sauf dim. Plats 5-9 €.* On passe un grand portail rouge pour entrer dans une grande cave aménagée en resto. Impressionnante charpente apparente et tables rustiques posées sur le pavé. Derrière le comptoir, 5 énormes barriques. Accueil francophone et souriant. La carte est également en français et la cuisine traditionnelle propose autant de viandes que de poissons. Une de nos adresses les plus insolites, de loin ce qu'il y a de mieux à Chaves !

Taberna Benito (plan B2, **22**) **:** *rua dos Ferradores, 24. ☎ 276-907-018. Tlj, sauf lun, 9h-2h (4h sam). Plats 8-15 €.* Juste avant le ponte Trajano, jolie petite maison coiffée d'une véranda en bois, fleurie et toute mignonne. C'est un resto qui ne triche pas avec la qualité et la fraîcheur des produits. Bons *petiscos,* poulpe, morue, steak de dinde, saucisses de porc *(alheira)*... Clientèle d'habitués, tous satisfaits de manger de bonnes choses locales à prix doux.

O Cândido (plan A2, **21**) **:** *rua da Tulha, 14. ☎ 276-325-295. 📱 934-482-063. Tlj midi et soir jusqu'à 23h. Menu 10 € ; plats 6-11 €, vins 4-9 €.* Très central, petit resto de quartier offrant une réjouissante cuisine familiale à prix d'avant les rouges œillets... Patron jovial, clientèle locale et plats bien mitonnés. Entre autres, la *bacalhau à la Cândido,* le *cozido,* la *fejoada...* Gouleyants *vinho verde branco.*

Restaurante Petrus (plan A2, **12**) **:** *resto de l'hôtel homonyme (voir la rubrique « Où dormir ? »). Tlj. Plats 9-15 € ; menu 21 €.* Une bonne table proposant de belles spécialités locales, dont de délicieuses *alheiras* (saucisses typiques de porc et de volaille épicées). Tables soigneusement dressées dans une salle sobre avec un mur de pierre grise. Bonne carte des vins à prix doux. Service très pro et charmant.

De bon marché à prix moyens

Restaurante Carvalho (plan A2, **23**) **:** *largo das Caldas, 4, Jardim do Tabolado. ☎ 276-321-727. • restaurantecarvalho@sapo.pt • Tlj sauf dim soir-lun, jusqu'à 23h. Plats 13,50-25 € ; menu 20-22 €.* L'une des meilleures tables de la ville. Gastronomie régionale : *alheira, arroz de fumeiro,* jambon de Chaves (ouf, quelques demi-doses !)... Bon choix de poisson frais.

À voir. À faire

Ponte romana de Trajano *(pont romain de l'empereur Trajan, plan B2)* **:** il enjambe le rio Tâmega et conserve toujours 10 piles d'origine des Ier-IIe s. Les thermes mis à part, c'est ici l'héritage le plus important de l'empire ; 150 m de long, un vrai travail d'ingénieur pour l'époque ! Au milieu s'élèvent 2 colonnes (elles, ce sont des copies), qui racontent en latin l'histoire du pont et des gens qui l'ont construit sous le règne de l'empereur Trajan.

La **vieille ville** concentre les principaux points d'intérêt. Balade paisible entre les maisons Renaissance aux balcons à encorbellement autour de la *rua Direita.* Quelques tavernes pour goûter aux petits vins locaux et au fameux jambon de la région. Élégante **praça de Camões** *(plan A2)* avec l'hôtel de ville gardé par la statue de dom Alfonso, comte de Barcelos et duc de Bragance, un pilori de style manuélin et, en face, l'**igreja Matriz de Santa Maria Maior** du XIIIe s *(plan A2 ; tlj*

8h-18h sauf lun), bâtie sur les vestiges d'un temple romain. Du beau roman pur jus à 3 travées avec un joli portail, une splendide charpente en bois de châtaignier et de belles orgues ornées de figures grotesques (fixées sur une arche, ce qui est rare !). À côté, tout petit ***musée d'Art sacré*** *(plan A2 ; tlj 9h-12h30, 14h-17h30 ; GRATUIT).* Intérêt limité.
L'***hôtel de ville*** occupe une élégante bâtisse de la 1re moitié du XIXe s, jadis résidence d'un noble et acquise ensuite par la municipalité. Bel équilibre de la façade. À l'intérieur, voir l'escalier monumental.
À côté, dans le renfoncement de la place, l'***igreja da Misericórdia,*** de la fin du XVIIe s, avec une harmonieuse façade ornée de colonnes torses et d'un portique à 3 arcades. Le chœur est entièrement recouvert d'*azulejos* du XVIIIe s illustrant des scènes bibliques. Du baroque pur et dur, avec quelques influences des Philippines. Plafond richement ornementé avec une fresque de la Visitation. Certainement la plus belle église de la ville.

Museu da Região Flaviense *(Musée régional ; plan A2) : palácio dos Duques de Bragança, sur la pl. centrale de la vieille ville. Tlj 9h-12h30, 14h-17h30. Billet : 1 € ; réduc.* Ancien palais des ducs de Bragance de 1739, transformé en caserne, prison militaire puis musée. Quelques éléments de la période romaine (pièces de monnaie, restes de colonnes et de textiles).

Castelo *(château ; plan A2) : praça de Camões, 14. ☎ 276-340-500.* Reconstruit en 1346 par dom Dinis. Il subsiste de la période précédente un massif et beau donjon abritant un petit ***musée militaire*** *(lun-ven 9h-12h30, 14h-17h30 ; le w-e 14h-17h30).* Souvenirs de la période coloniale, armes, dont un célèbre fusil-mitrailleur russe dit « à camembert ». Les courageux grimperont jusqu'au sommet. Beau panorama sur les toits de Chaves et les jolis jardins bordés par les remparts. Quelques canons de bronze et vestiges archéologiques disséminés le long des allées.

Forte de São Francisco *(plan B1) : au nord du vieux centre. Accès libre.* Cet ancien couvent franciscain est enserré dans d'imposantes murailles à la Vauban datant de 1658 avec échauguettes. Ce bel écrin abrite désormais un hôtel de luxe.

– ***Termas do Imperador*** *(thermes ; plan A2) : largo das Caldas. ☎ 276-332-445. • geral.termas@chaves.pt • termasdechaves.com • Bien fléché. Tlj sauf dim ap-m 9h-12h30, 14h-19h. Fermé 15 déc-15 fév. Forfaits journée 60-110 € selon le menu des soins.* Allez, mettez-vous dans le bain de Chaves ! La source sort de terre au rythme de 80 l/s à une température de 73 °C... On y pratique des soins moyennant des forfaits à la journée ou à la semaine. Et pour goûter à l'eau, rendez-vous au *jardim do Tabolado,* juste en face de l'entrée principale. Descendez la rampe et là, une employée vous servira gratuitement un verre de cette eau thérapeutique. Excellent pour les rhumatismes, l'obésité, la goutte, le diabète, le foie, les intestins et l'hypertension.

L'ALCOOL NON, MAIS L'EAU FERRUGINEUSE, OUI !

Si, tard dans la nuit, vous apercevez des jeunes stationnés devant les thermes, eh non, ce n'est pas la dernière boîte à la mode ! Une fontaine d'eau thermale accessible coule en permanence et permettrait, en buvant 3 verres d'affilée, de dessoûler rapidement. Pas dupe, la police patrouille souvent dans le secteur... Ah, la taca taca tac tactique du gendarme !

Manifestations

– ***Grande foire artisanale :*** *ts les mer mat sur l'av. do Estádio.*
– ***Fête d'été de la ville :*** *8 juil.* Feu d'artifice près du pont Mario Soares, visible depuis le pont romain.
– ***Feira dos Santos :*** *3 j. autour de la Toussaint.* Fête d'hiver de la ville.

LA ROUTE DE CHAVES À BRAGANÇA

Ce sont 96 km d'une route qui sinue dans un beau et vaste paysage de landes désolées et de collines piquées de rochers. Aux confins du Portugal et de l'Espagne, le cœur du *Trás-os-Montes* est une région plus âpre, austère même, qui fait figure de secteur enclavé, loin du centre du Portugal. 4 km avant le village de Rebordelo (à 40 km à l'est de Chaves), on jouxte le *canyon du rio Rabaçal.* Au-delà, nombreuses échappées sur la serra de Nogueira et la serra da Coroa, paysages sauvages et assez arides.
À 30 km à l'est de Bragança, le village de *Vinhais* occupe un éperon rocheux, encore habillé de murailles crénelées tournées vers le sud. On y trouve un centre d'interprétation du parc naturel de Montesinho (voir plus loin « Dans les environs de Bragança »).

BRAGANÇA (BRAGANCE)

(5300) 35 000 hab.

• Plan *p. 583*

Ah, l'admirable petite ville ! On le voit tout de suite, il s'est passé quelque chose dans ce site non loin de la frontière de l'Espagne, à 96 km à l'est de Chaves. Sur le plan historique, c'est une cité stratégique qui monte la garde. Une forteresse médiévale se dresse au sommet d'une colline, et aux abords de celle-ci le décor est celui d'un théâtre ancien fort bien conservé : charmantes calades (ruelles) pavées, maisons et demeures nobles, la patine des siècles est bien là. Bragança n'est pas un nom neutre. C'est le nom de la dynastie royale des Bragance. Au départ, ils étaient ducs et dominaient le nord du pays, puis, à partir du début du XVe s, ils continuèrent leur destinée, devenant la famille royale du Portugal qui régna sur le pays de 1640 à 1910.
Aujourd'hui, cette belle petite cité de caractère ne s'endort pas jalousement sur ses lauriers de pierre, au contraire, elle protège son patrimoine : monumentales statues aux ronds-points, aménagements urbains réussis, rives du rio Fervença joliment agencées, jeux d'eau sur toutes les places. Malgré quelques bizarreries architecturales, l'ensemble a du charme. Braçanca est une ville idéale pour rayonner dans les environs et découvrir des paysages plus rudes où poussent néanmoins la vigne en même temps que la lande.

Arriver – Quitter

En bus

Gare routière *(plan A1) : dans l'ancienne gare ferroviaire, aménagée avec goût et modernisme, au bout de l'av. João da Cruz.* Compagnies *Auto Viação do Tâmega* (☎ 276-332-352 ou 384 ; • avtamega.com •), *Rede Expressos* (☎ 966-482-215 ; • rede-expressos.pt •) et *Rodonorte* (☎ 273-300-183 ; • rodonorte.pt •).

➢ ***Braga et Guimarães :*** 5-10 bus/j. 6h-17h15, avec *Rodonorte.* Durée : 3h15-4h30 pour Braga et 3h05-4h20 pour Guimarães.

➢ ***Chaves :*** 5 bus/j. Durée : env 3h.

➢ ***Coimbra et Lisbonne :*** env 13 bus/j. avec *Rodonorte* et *Rede Expressos.* Durée : respectivement 4-5h et 7h. Certains s'arrêtent à Lamego (durée : 3h).

➢ ***Porto :*** env 1 bus/h avec *Rodonorte* et *Rede Expressos.* Durée : 3h-3h30 (2h35 avec les express).

➢ ***Vila Real :*** 1 bus/h avec *Rodonorte* et *Rede Expressos.* Durée : 1h45.

Adresses utiles

Informação Turistica (office de tourisme ; plan A1, **1**) : *av. Cidade de Zamora. ☎ 273-381-273. • cm-braganca.pt • (mairie). Lun-ven 9h30-13h, 14h-17h30.* Excellent accueil en français. Nombreuses infos sur la région du Trás-os-Montes.

Centre d'info du parc naturel de Montesinho (hors plan par A2, **2**) : *dans le parque florestal, au sud de la rivière. ☎ 273-300-400. • icnf.pt • montesinho.com • Passer le pont, puis 2e à droite (en montant) et 1er portail à droite. Lun-ven 9h-13h, 14h-16h.* Accueil jovial et compétent. Fournit les infos sur la faune, la flore, les randonnées à vélo ou à pied et les sites à voir. Carte du parc en vente et topoguides.

✉ **Poste** (correios ; plan A1) : *praça do Professor Cavaleiro Ferreira.*

Où dormir ?

Camping

Camping Cepo Verde : *Lugar da Vinha do Santo, Gondesende, dans le parc naturel de Montesinho. ☎ 273-999-371. • cepoverde@montesinho.com • ♿ Prendre la N 103, direction Vinhais, sur 10 km, fléché à droite, puis suivre la route M 504 sur encore 1 km. Fermé nov-fév. Réception 10h-22h. Empl. tente et voiture, env 18 € pour 2 ; bungalows 45-60 €.* Petit camping campagnard avec seulement 40 emplacements à l'ombre des cerisiers, sur un terrain en terrasses. Sanitaires propres. Piscine payante. Il y a aussi des bungalows pour 2, 4 ou 5 personnes, une écocabane rotative pour 2 personnes et des gîtes ruraux. Abrite aussi le centre d'informations du parc de Montesinho. Ainsi qu'un resto : cuisine locale *(repas 15 €).*

De bon marché à prix moyens

Pousada da juventude (hors plan par A1, **10**) : *av. 22 de Maio, près du forte de S. João de Deus. ☎ 273-329-231. 📱 925-665-084. • pjbraganca@movijovem.pt • ♿ À 1 km du centre. Réception 8h-minuit. Selon saison, lits en dortoir 15-16 €/pers, doubles 35-40 €, apparts 4 pers avec kitchenette 70-75 €. Repas env 7 €. Carte des AJ obligatoire.* Moderne et luxueuse AJ sur une hauteur dominant la ville. Dortoirs (4 lits, non mixtes, non mais) et chambres bien aménagés (avec toilettes privatives ou collectives), parties communes agréables même quand il fait froid sur le plateau, grâce au coin cheminée. En été, pour prendre son petit déj, grande terrasse donnant sur un jardin. Excellent accueil. Laverie, cuisine, resto.

Hotel Tic-Tac (plan A1, **11**) : *rua Emídio Navarro, 85. ☎ 273-331-373. Double env 50 €, petit déj inclus. Menu 10 € ; plats 5-15 €.* Quel nom insolite ! Le *Tic*, c'est un petit immeuble moderne de 3 étages ; le *Tac*, ce sont les aimables propriétaires qui parlent seulement le portugais. Résultat : faites « toc toc » chez *Tic-Tac* et tout marchera bien. Les chambres sont bien tenues et d'un confort très correct (TV, clim). Le resto sert une cuisine simple et copieuse façon « les routiers sont sympa ».

Hotel Tulipa (plan A1, **12**) : *rua Dr Francisco Felgueiras, 8-10. ☎ 273-331-675. • hotel.tulipa@hotmail.com • tulipaturismo.com • Double env 50 €. Petit-déj offert sur présentation de ce guide.* Gentil petit hôtel avec des murs de brique, situé au calme (à côté du cimetière). Abrite des chambres standards très propres, sans fioritures mais rénovées (avec clim). En demander une au 4e étage, côté rue ou sur l'arrière (plus calme). En bas, agréable resto. Et l'accueil adorable ne gâche rien !

Beaucoup plus chic

Pousada São Bartolomeu (plan B2, **13**) : *rua estr. Do Turismo. ☎ 273-331-493. • info@gpousada.com • pousadas.pt • Bien fléché depuis le*

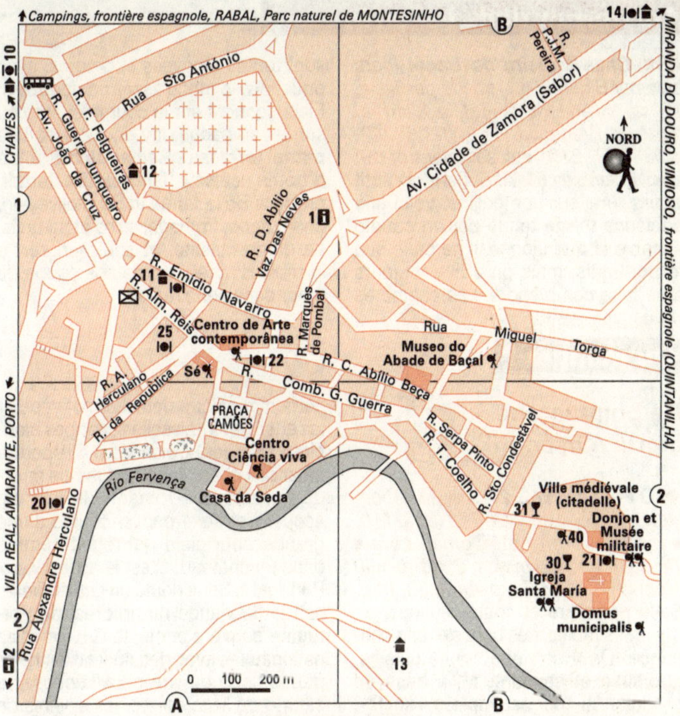

BRAGANÇA

Adresses utiles	**Où manger ?**
1 Informarção Turistica (office de tourisme ; A1)	**20** O Pote (A2)
2 Centre d'info du parc naturel de Montesinho (hors plan par A2)	**21** Tasca do Zé Tuga (B2)
	22 Poças (A1)
	25 Solar Bragançano (A1)
Où dormir ?	**Où boire un verre ?**
10 Pousada da juventude (hors plan par A1)	**30** Taberna do Javali (B2)
11 Hotel Tic Tac (A1)	**31** O Celta Taverna (B2)
12 Hotel Tulipa (A1)	**À voir**
13 Pousada São Bartolomeu (B2)	**40** Museu ibérico do Máscara e do Traje (B2)
14 Casa Moleiro de Baçal (hors plan par B1)	

centre-ville. Doubles 130-220 € selon saison et confort, petit déj inclus. Accrochée à flanc de colline, cette *pousada* offre une vue imprenable sur la forteresse et les maisonnettes blotties dans ses murailles. Accueil pro et confort normalisé d'un 3-étoiles, comme dans toutes les *pousadas*. La plupart disposent d'un balcon et d'une lumineuse petite terrasse. Bonne literie. Seul point un peu critiquable, la déco sans grande originalité et qui date.

Où dormir dans les environs ?

🏠 🍽 ***Casa Moleiro de Baçal*** *(hors plan par B1,* ***14****)* **:** *rua Abade de Baçal, 11, au village de* ***Baçal,*** *à 8 km au nord de Bragança. ☎ 273-326-289. 📱 933-755-219. • casamoleirobacal.com • Doubles 50-70 €.* Dans un petit bourg rural sur une colline, voici une ancienne ferme tenue par un couple aimable et attentionné. Il ne parle que le portugais, mais on arrive toujours à se faire comprendre. Les chambres sont toutes rénovées et propres, avec douche/w-c, donc assez confortables. Elles donnent sur la cour intérieure ou sur la campagne. Il y en a 2 avec une petite terrasse. Remarquable table d'hôtes, cuisine familiale de terroir, produits de la ferme (huile d'olive, vin, charcuterie, fromage) sains et naturels. La dame cuisine, et son mari sert à la table d'hôtes. Un de nos coups de cœur dans cette région.

Où manger ?

De bon marché à prix moyens

🍽 ***O Pote*** *(plan A2,* ***20****)* **:** *rua Alexandre Herculano, 186. ☎ 273-333-710. • restaurante.opote@gmail.com • Tlj, sauf lun et dim soir, 7h30-minuit. Menus 7,50-25 € ; plats 8,50-14 €.* Salle populaire et chaleureuse, avec quelques tables, des bancs et une cheminée. On y sert une bonne cuisine, copieuse et savoureuse, à base de produits du coin estampillés « km 0 ». Accueil cordial des propriétaires, Luzia et António Alves, qui ont vécu 20 ans en France.

🍽 ***Poças*** *(plan A1,* ***22****)* **:** *rua dos Combatentes da Grande Guerra, 200. ☎ 273-331-428. Tlj 12h-14h30, 19h-21h45, sauf mer. Plats 8-14 €. Menu env 20 €.* Dans une salle modernisée avec mezzanine, style cafétéria devenue resto. C'est bon, simple et copieux. Délicieux *arroz de tamboril, bacalhau à Poças, posta à Mirandesa...*

🍽 ***Solar Bragançano*** *(plan A1,* ***25****)* **:** *praça da Sé, 34. ☎ 273-323-875. Tlj sauf lun. Menus midi 12-13 € ; plats 9-15 €.* Un superbe escalier en granit orné d'*azulejos* conduit au 1er étage de cette magnifique demeure patinée par les ans. Vieux vaisseliers, nappes blanches brodées, boiseries... On peut y dîner aux chandelles sur fond de musique classique – romantique. On est accueilli et servi par un couple d'une grande courtoisie qui reçoit comme dans un château. C'est le style « vieux Portugal ». Sans doute un des meilleurs restos de viande du nord-est du Portugal – souvent primé dans les médias nationaux –, avec des spécialités telles que le *naco de vitela à Mirandesa,* le *cabrito de Montesinho,* les *alheiras de Sto Huberto,* le *coelho bravo à la Monsenhor...* Savoureux desserts maison. Agréable courette intérieure ombragée et ouverte en saison.

🍽 ⛱ ***Tasca do Zé Tuga*** *(plan B2,* ***21****)* **:** *rua da Igreja, 66. ☎ 273-381-358. Tlj 12h-23h. Fermé j. fériés. Petiscos, tapas, sandwichs ; menu unique 25 €.* Sur une jolie place de la citadelle, petit resto tenu par Luís Portugal, un chef au nom prédestiné, célèbre pour avoir participé au fameux jeu télévisé *Master Chef.* Viandes, sardines et autres mets cuits au barbecue ont fait sa renommée. Pour grignoter, de savoureux *petiscos* et des tapas. Terrasse agréable et jolie salle. Bon accueil.

Où boire un verre ?

🍷 ⛱ ***Taberna do Javali*** *(plan B2,* ***30****)* **:** *rua Dom Fernão, 46-48. 📱 936-854-789. Tlj sauf lun, jusqu'à minuit.* *O Javali* (« le sanglier »), c'est surtout le nom d'un restaurant chic des environs. Dans la citadelle, c'est une annexe bistrotière, simple et conviviale. Un lieu idéal pour admirer depuis la terrasse ombragée le superbe portail de l'église Santa Maria en sirotant

LE NORD-EST

une *limonada,* voire en grignotant quelques *petiscos.*

🍷 ***O Celta Taverna*** *(plan B2,* ***31****)* **:** *rua da Cidadela, 25. Tlj 14h-2h.* Un beau pub rustique qui pratique le style celtibère sans outrance, juste pour s'amuser. Bonne ambiance tard le soir : c'est le moment ou jamais de venir écluser une chope en terre cuite au son des cornemuses.

À voir. À faire

– ***Bon à savoir :*** tous les musées sont gratuits le dimanche de 10h à 14h.

La ville médiévale

Entourée de remparts du XIIe s, la ville médiévale (citadelle) est l'une des plus jolies places fortes portugaises. Contrairement à beaucoup de cités de ce style, celle-ci n'a pas été vidée de ses habitants, et les boutiques à touristes y sont rares. Perchée sur le haut d'une colline, dominant le reste de la ville, elle a gardé son caractère et son authenticité. Des familles modestes et des gens simples y vivent dans d'humbles maisons restaurées. Beau point de vue sur les alentours depuis le chemin de ronde.

👁👁 ***Le donjon*** *(plan B2)* **:** belle architecture romane qui s'élève à plus de 30 m (on y grimpe en payant). Il abrite un petit ***musée militaire*** très intéressant *(en été, tlj sauf lun et j. fériés 9h-12h, 14h-17h ; entrée : 3 €).* Ne pas manquer le *pelourinho* (pilori), de style gothique, derrière le musée. Sa base, qui représente un sanglier, daterait de la préhistoire.

👁👁 ***Igreja Santa Maria*** *(plan B2)* **:** *en face du donjon. Tlj 9h-17h.* Remarquable portail de style baroque en granit mis en valeur par le mur blanc de la façade. À l'intérieur, très beau plafond polychrome peint en trompe l'œil, supporté par d'austères voûtes en brique et un autel baroque aussi.

👁 ***Domus municipalis*** *(plan B2)* **:** *accolé à l'église. GRATUIT.* Édifice intéressant par son histoire. Unique hôtel de ville de ce genre dans la péninsule. De style roman, il témoigne d'une époque où les franchises communales étaient toutes-puissantes. Le *Domus* était une grande salle de réunion pour les conseils municipaux. À l'intérieur, la grande citerne alimentait les habitants en eau pendant les conflits avec l'Espagne. Condamnés à mourir de soif, ils ont souvent résisté grâce à cette citerne !

👁 ***Museu ibérico da Máscara e do Traje*** *(musée ibérique du Masque et du Costume ; plan B2,* ***40****)* **:** *rua Dom Fernão O Bravo, 24-26. ☎ 273-381-008. • museu.iberico@cm-braganca.pt • museudamascara.cm-braganca.pt • En saison, tlj sauf lun 9h-13h, 15h-18h. En hiver, tlj 9h-13h, 14h-17h, sauf lun. Entrée : 1-2 € ; gratuit dim avt 13h et moins de 10 ans.* Ce musée regroupe un ensemble très intéressant de masques et costumes aux couleurs vives utilisés pendant les traditionnelles fêtes d'hiver. On pourrait, dans certains cas, se croire devant des motifs africains. Il est le fruit de la collaboration transfrontalière entre Bragança et Zamora (son pendant espagnol) et permet notamment de préserver ainsi leur forte culture identitaire régionale.

La ville basse

👁 ***Museu do Abade de Baçal*** *(plan B1-2)* **:** *rua Abílio Beça, 27. ☎ 273-331-595. Tlj sauf lun et j. fériés 10h-12h30, 14h-18h. Entrée : 3 € ; réduc.* Installé dans un ancien palais épiscopal, ce petit musée présente des collections numismatiques, ethnographiques (collection de masques de Transmontanas) et archéologiques dignes d'intérêt. Côté peinture, belle série de *pelourinhos* (piloris) d'Alberto de Sousa.

Centro de Arte contemporânea Graça Morais *(plan A1)* **:** *rua Conselheiro Abílio Beça, 105. ☎ 273-302-410. • centroartegracamorais.cm-braganca.pt • Tlj 10h-18h30 sauf lun. Entrée : env 2 € ; réduc.* Un projet qui émane d'Eduardo Souto Moura, un architecte portugais renommé, titulaire du prix Pritzker 2011. La façade de l'entrée a gardé son caractère ancien (solar dos Vargas, XVIIe s), tandis que, sur l'arrière (rua Emilio Navaro), l'édifice dévoile un style ultramoderne tout en s'intégrant harmonieusement au quartier. Il abrite une expo permanente : « Graça Morais, peintures et dessins 1983-2005 ». Expos temporaires d'excellente qualité. Également un bar-cafèt' et une librairie bien fournie.

Sé *(cathédrale ; plan A1)* **:** rustique, sauf le retable, très lourdement décoré.

Centro Ciência viva *(plan A2)* **:** *rua do Beato Nicolao Dinis. ☎ 273-313-169. • braganca.cienciaviva.pt • Mar-ven 10h-18h, le w-e et j. fériés 11h-19h. Fermé lun. Billet : 2,50 € ; réduc. Billet combiné avec la casa da Seda : 3 €.* Minicité des sciences ayant pour thème les très en vogue énergies renouvelables. Visite hautement instructive.

Casa da Seda *(plan A2)* **:** *rua dos Batoques, 25. ☎ 273-382-207. Tlj 10h-18h, le w-e 11h-19h, sauf lun. Entrée 2,50 €, réduc. Billet combiné avec le centro Clência viva : 3 €.* Résultat de la récupération d'un ancien moulin. Tout, tout, tout, vous saurez tout sur le... ver à soie ! La façon dont on l'élevait et surtout moult détails sur l'industrialisation qui en découla. Celle-ci façonna les paysages que vous avez sous les yeux et fut la principale pourvoyeuse d'emplois de la région.

➢ **Promenade le long du rio Fervença** *(plan A-B2)* **:** *dans le centre-ville.* Très bien aménagé avec de petites passerelles, bassins, bancs originaux et fontaines rigolotes. Un charmant café, *Corredor Verde*, tout au bout de la promenade.

DANS LES ENVIRONS DE BRAGANÇA

Parque natural de Montesinho : *à env 10 km au nord de Bragança. Infos au camping de Cepo Verde à Gondesende, à 12 km à l'ouest de Bragança par la N 103. ☎ 273-999-371. • montesinho.com •*
Région très enclavée et solitaire, loin du vacarme et de l'agitation du monde. Frontalier avec la sierra de la Culebra (Espagne), à une altitude moyenne de 800-900 m et avec un sommet culminant à 1 272 m, le parc de Montesinho couvre une surface de 75 000 ha (la superficie de l'île de Madère). C'est un grand secteur naturel protégé, battu par les vents d'hiver (il y neige souvent) et fortement chauffé par le soleil estival. Il est composé de terres pauvres et rocailleuses, de paysages dépeuplés et sauvages. Amis de la nature et de l'isolement, soyez les bienvenus ! Le parc concentre tout ce qu'il y a de plus sauvage et austère dans la péninsule. Nous sommes loin du surtourisme. Certes, les incendies ont laissé leur empreinte dans ces merveilleuses forêts qui alternent harmonieusement avec des chaos granitiques. Mais la nature reprend vite ses droits.
La végétation d'épineux colore vivement la montagne de jaune, d'ocre, de vert et de violet. Les ruisseaux et les cascades caracolent et, avec un peu de chance, on assiste au retour des troupeaux à la ferme. On peut y voir (si on a beaucoup de chance) des cerfs, des aigles, des renards, des sangliers, des chats sauvages... ou même des cigognes migrantes. On dit même que quelques loups y vivent encore... La vie rurale des nombreux villages (São Julião de Palácios, Vilarinho, Fresulfe, Tuizelo, Seixas, Vilar Seco, Gestosa...) y est pauvre mais préservée, aussi se fait-on discret pour apprécier.
– ***Activités :*** outre la randonnée ou le vélo (certains chemins étaient empruntés par les pèlerins se rendant à Saint-Jacques-de-Compostelle), le parc offre également des parcours à thème (gastronomie, faune et flore, patrimoine), la découverte de fêtes folkloriques... Les aménagements du site, aires de pique-nique et hébergements sont nombreux et bien intégrés.

– ***Informations, renseignements : centre d'interprétation à Vinhais :*** *au bourg de Vinhais, à 35 km à l'ouest de Bragança par la N 103. ☎ 273-771-416 ; ouv tlj 9h-12h30, 14h-17h30.* Plein d'infos sur les randos, villages à visiter en priorité et logements au sein du parc.

➢ Entre Bragança et Miranda do Douro, 83 km de route sinueuse traversent l'une des régions les plus sauvages et les plus déshéritées du nord-est du Portugal. Un paysage de collines plantées d'oliveraies, de lande à la provençale, où des troupeaux de moutons vivent à longueur d'année...

MIRANDA DO DOURO

(5210) 7 500 hab.

À 75 km au sud-est de Bragança (par la belle route N 218 via Vimioso), Miranda do Douro surplombe des gorges rocheuses, telle une sentinelle en face de l'Espagne (région de Castille-Léon). Cette petite cité perchée n'apparaît-elle pas comme un symbole entre 2 pays longtemps rivaux et aujourd'hui amis ? À l'abri de ses robustes murailles, la ville haute offre une superbe cohérence architecturale et constitue une bonne 1re étape à la découverte du Portugal profond. À côté, la ville basse est tournée vers un tourisme moins agréable, mais qu'importe : ce n'est pas là que vous traînerez vos guêtres.

PORTUGNOL

Ici, certaines personnes parlent encore le mirandês, un dialecte mélangeant le portugais et l'espagnol et que l'on retrouve sur les plaques de rues. Une sorte de « portugnol » que même le Petit Prince de Saint-Exupéry s'est mis à parler (il est traduit et vendu dans les librairies du village) ! C'est quand même la 2e langue du pays avec 7 000 adeptes !

Arriver – Quitter

En bus

🚌 ***Gare routière :*** *en contrebas du village en allant vers le barrage.* Compagnie *Rodonorte (☎ 273-432-444 ; • rodonorte.pt •).*

➢ ***Bragança :*** 1 bus/j. Durée : 3h30.
➢ ***Braga :*** 1 bus/j. Durée : 7h25.
➢ ***Lisbonne et Coimbra :*** 5 bus/j. Durée : 7h45-9h (Lisbonne) et 5h40-6h25 (Coimbra).
➢ ***Porto :*** 6 bus/j. Durée : env 4h15.

Adresses utiles

ℹ ***Posto de turismo*** *(office de tourisme)* ***:*** *largo Menino Jesus da Cartolinha ; kiosque en limite de la ville basse. ☎ 273-430-025. • cm-mdouro.pt • Tlj sauf dim 9h-12h30, 13h30-18h (parfois plus tard hors saison).* Bon dépliant énumérant les édifices notables.

✉ ***Poste*** *(correios)* ***:*** *rua do Paço, face à la cathédrale.*

Où dormir ?

Bon marché

⌂ |●| ***Hotel A Morgadinha :*** *rua do Mercado, 57/59. ☎ 273-438-050. 📱 926-389-988. • hotelmorgadinha.pt • Double 40 €, avec petit déj.* L'accueil de Natalia, une dame aimable et enjouée, est la 1re raison pour venir

LE NORD-EST

dormir dans cet hôtel très bien situé. Il y a aussi les chambres impeccables, confortables (avec clim), avec des baies vitrées, jouissant d'une belle vue sur les gorges. De loin la meilleure adresse dans ce quartier.

🏠 |●| ***Alojamento local Santa Cruz :*** *rua Abade Baçal, 61. ☎ 273-431-374. • santacruz.zip@gmail.com • Rue sur la droite, 50 m après l'entrée de la vieille ville. Double avec sdb 35 €, petit déj inclus.* Une belle maison discrète et bien tenue, avec une quinzaine de chambres très sobres. Le soir, on peut apprécier le calme du centre historique, vidé de ses visiteurs. Fait aussi resto *(menu env 10 €).*

Où dormir dans les environs ?

🏠 ***Casas Campo Cimo da Quinta :*** *Chafariz, Pena Branca, à 6 km au nord de Miranda do Douro, sur la route d'Ifanes. 📱 937-766-774. Doubles 45-75 €.* En pleine campagne, une ferme-auberge de caractère ayant gardé sa personnalité rustique, et aménagée intérieurement avec beaucoup de soin. Accueil exceptionnel et chaleureux. Chambres impeccables, aussi confortables qu'à l'hôtel (carrelage, clim, assez bonne literie), toutes avec douche/w-c et vue sur le jardin. Inutile de préciser que les nuits sont très calmes. Également une belle piscine très appréciée en été. Copieux petit déjeuner avec des produits de la ferme.

Où manger ?

|●| ***O Mirandes :*** *rua Dom Dinis, 1. ☎ 273-431-418. Tlj 12h-15h, 19h-22h, sauf lun. En sem, menus du jour 11-12 € ; plats 8-15 €. CB refusées.* De l'extérieur, on pourrait passer devant sans le remarquer tellement il est discret. À midi, les habitués se pressent à l'entrée, la petite salle (avec vue sur la vallée au fond) est souvent pleine. Il s'agit sans doute du meilleur resto de la ville. Les serveuses aimables et bien habillées virevoltent d'une table à l'autre pour porter des plats goûteux et appétissants. Cuisine locale fraîche et plus soignée qu'ailleurs : escalope de veau *(vitela)*, côtelettes de porc (on est en montagne), *bifinhos com cogumelos* (champignons)... Un resto populaire qui ne triche pas et qui aime régaler ses hôtes.

À voir. À faire

🚶🚶 ***Excursions en bateau dans les gorges du Douro*** *(Crucero ambiental del parque natural de arribes del Duero)* **:** *départ au parc nautique, fléché à gauche avt le barrage ; départs à 12h et 13h en sem, à 10h et 17h le w-e et en août ; balade de 1h30 : 18-20 €. Infos : • europarques.com •* À défaut de faire cette excursion fluviale, vue superbe depuis plusieurs points du village.

🚶🚶 ***La cité médiévale :*** c'est le cœur historique de la ville. Ensemble de ruelles pavées, bordées de maisons aux murs blancs chaulés avec des piliers, des linteaux, et des entourages de fenêtre en granit. On note un linteau en accolade ici, des grotesques naïves là, un poteau d'angle torsadé de-ci, une margelle de fenêtre moulurée de-là. Toutes ces ruelles convergent vers le ***largo Dom João II,*** où se tient le *paço municipal* (le musée) surmonté d'une galerie supérieure à colonnes massives, le bel hôtel de ville et le *solar dos ordases.* Ne ratez pas non plus la rua Costanilha, bordée de belles maisonnettes qui part de cette place et descend vers l'ancienne porte principale de la cité.

🚶🚶 ***Museu da Terra de Miranda :*** *praça D. João III. ☎ 273-417-288. Tlj, sauf lun et mar mat, 9h-13h, 14h-18h (17h30 en hiver). Entrée : 2 €.* Rien que l'édifice, une ancienne mairie des XVe-XVIe s, force l'admiration avec ses arcades au rez-de-chaussée et sa galerie à colonnes à l'étage. Intéressante collection de costumes folkloriques et de masques de fête inspirés des traditions païennes (la culture celte arrivait bien jusque-là !). Ils sont accompagnés des instruments de musique ad hoc, comme cette cornemuse en peau de cabri. Section consacrée au tissage (les chaudes capes de berger sont une spécialité régionale) et reconstitution de la chambre d'une personne riche, si simple qu'on imagine aisément le dénuement des plus pauvres. En bas, belle série d'outils agricoles, forge, cuisine d'époque, hutte de berger et étonnante planche à silex utilisée pour séparer le bon grain de l'ivraie. Bref, voilà un petit musée franchement intéressant.

***Sé** (cathédrale) :* *mar 14h-18h ; mer-dim 10h-13h, 14h-18h.* Édifiée en 1552, de proportion démesurée pour la taille du village : la façade en gros granit évoque un petit manoir campagnard coiffé de 2 tours. Les chapelles intérieures débordent de colonnes torses et cannelées, de motifs floraux : un doux mélange de baroque et de classique. Buffet d'orgue agrippé à la tribune, d'un style baroque naïf. Dans le chœur, très belles stalles décorées de fresques champêtres. Des sculptures de Gregório Hernandes ornent le maître-autel.

LA ROUTE ENTRE MIRANDA DO DOURO ET VILA NOVA DE FOZ CÔA

La N 221 traverse un paysage de haut plateau, fertile et verdoyant au printemps, désolé en hiver. Après *Mogadouro,* à 45 km au sud de Mirando do Douro, petite ville à flanc de montagne, les plus pressés iront directement à Vila Nova de Foz Côa (à 105 km au sud de Bragança) à travers des collines moutonnantes. Il existe une autre route, plus longue d'une quarantaine de kilomètres, un itinéraire bis au fil d'une route belle et tranquille. À 30 km au-delà de Mogadouro, garder la N 221 en direction de *Freixo de Espada a Cinta.* Au détour d'un virage, ce gros village apparaît, sur un plateau planté de champs de vignes, d'oliviers et d'orangers et encerclé de collines.

Incroyable de trouver dans cette bourgade isolée une statue de Jorge Álvares, explorateur portugais. Né à Freixo de Espada a Cinta, il fut un des 1ers Européens à mettre les pieds en Chine et à Macao, où il est mort en 1521.

LE ROYAUME DES ENFANTS

À 30 km au sud de Miranda do Douro, à Bemposta, un curé créa en 1956 une république autogérée dont les citoyens étaient composés de 2 000 à 3 000 enfants. Ils frappaient monnaie, géraient une station-service, et un cirque fameux finançait la république. L'endroit accueillait les orphelins et les enfants des rues. Le président n'avait que... 12 ans ! Ce doux rêve prit fin dans les années 1980... Les enfants avaient grandi.

Où dormir ?

Quinta do Salgueiro : *N 221. ☎ 279-652-007. 961-166-460. • info@quintadosalgueiro.com • quintadosalgueiro.com • À 85 km au sud de Miranda do Douro, à 56 km de Vila Nova de Foz Côa et seulement 2,5 km avt Freixo de Espada en venant de Mogadouro. Doubles 75-95 € selon saison ; suites 95-120 €. CB refusées.* Admirable maison, agréable piscine, et adorable accueil. Margarida est une hôtesse comme on les aime, serviable, gentille et francophone. Quant à sa maison, c'est un rêve qu'elle a concrétisé avec beaucoup de goût en adjoignant une aile moderne à sa vieille et vénérable *quinta*. Les matériaux sont nobles (bois, schiste, ardoise), les chambres vastes, les parties communes agréables et le tout meublé avec goût. Les vallonnements alentour couverts d'oliviers ajoutent au charme du lieu, tout comme l'agréable piscine (allez, disons-le, panoramique !).

VILA NOVA DE FOZ CÔA

(5150) 732 hab.

À 104 km au sud de Bragança, sur la route de Guarda, cette petite ville de peu d'intérêt défraya la chronique mondiale au milieu des années 1990. Des archéologues mirent au jour de rares et précieuses gravures rupestres dans un site préhistorique aujourd'hui considéré comme majeur en Europe. Ce parc archéologique de la vallée du Côa est inscrit sur la liste du Patrimoine mondial de l'Unesco.

Arriver – Quitter

En bus

Gare routière : *av. da Misericórdia. En face de l'hôpital.* Compagnies *Rede Expressos* (*☎ 217-524-524 ; • rede-expressos.pt •*) et *Rodonorte* (*• rodonorte.pt •*).

➢ ***Bragança :*** 1 bus/j., le soir, avec *Rede Expressos*. Durée : 1h30.

➢ ***Viseu, Coimbra et Lisbonne :*** 2 bus/j., avec *Rodonorte* et *Rede Expressos*. Durée : respectivement 1h40, 3h20 et 5-6h.

➢ ***Miranda do Douro :*** 1 bus/j., avec *Rodonorte* et *Rede Expressos*. Durée : env 2h.

➢ ***Porto :*** 2 bus/j. Durée : env 4h.

Adresse utile

Office de tourisme : *av. Cidade Nova, angle avec Sacadura Cabral. ☎ 279-760-329. • cm-fozcoa.pt • (mairie). Tlj 9h-12h30, 14h-17h30.* Pour la visite des sites du Paléolithique, adressez-vous au centre du parc (voir plus loin « Dans les environs de Vila Nova de Foz Côa »).

Où dormir ?

Bon marché

Pousada da juventude : *caminho vicinal Currauteles, 5. ☎ 279-764-041. • fozcoa@movijovem.pt • Pas de bus. À 1 km au nord du centre-ville. Fléché sur la N 102. Accueil 8h-minuit. Selon saison, lits en dortoir 14-16 €/pers, doubles 26-40 €, petit déj inclus. Snack.* À la sortie de la ville, une AJ moderne et agréable dans un bâtiment en béton surplombant les collines alentour. Ensemble propre et bien aménagé. Dortoirs impeccables (mixtes ou seulement pour femmes), avec sanitaires en commun, tout comme les chambres (il y a même des familiales), qui sont agréables et de bon confort (toilettes privatives).

Residencial Marina : *av. Gago Coutinho, 4. ☎ 960-202-154. 968-407-642. Proche de l'office de tourisme. • marina.alojamientolocal@gmail.com • Double env 40 € ; petit déj en plus.* Modeste maison blanche avec des volets verts abritant des chambres toutes simples mais propres et de confort suffisant. En demander une donnant sur le patio à l'arrière, plus calme que celles donnant sur le devant côté rue. Accueil souriant.

Prix moyens

Quinta do Chão d'Ordem : *N 102. ☎ 279-762-427. • chaodordem.com • À 7 km au sud de Foz Côa en allant vers Guarda, fléché sur la gauche juste après Muxagata. Doubles 60-65 €. Dîner (seulement pour les clients) 15 €.* Bienvenue dans cette agréable *quinta*, ancienne étape de l'ordre des Templiers ! La proximité de la route est vite oubliée une fois entré dans ce grand domaine de 8 ha, composé de vignes, d'amandiers et surtout d'oliviers (2 043 exactement, parole de routard). La maison de maître a été parfaitement restaurée par Carlos Henriques, le propriétaire francophone (il est aussi guide professionnel), et par son épouse. Elle abrite de grandes chambres et une dizaine d'appartements, avec clim (il fait très chaud en été) et vue sur le domaine. Piscine et tennis. Le grand secret de la maison, c'est l'agriculture biologique, les olives et les raisins, tous récoltés à la main. Ils donnent une délicieuse huile et des vins de Porto remarquables, sans oublier les amandes.

Où manger ?

Bon marché

A Marisqueira : *rua Dr Juiz Mountinho de Andrade, 35. ☎ 279-762-187. Dans la rue piétonne. Tlj sauf dim. Plats 7,50-15 €.* Resto assez populaire. Les jeudi et samedi, ce sont les jours du poulet grillé ; on peut les voir rôtir sur un grand barbecue, dans la rue derrière.

DANS LES ENVIRONS DE VILA NOVA DE FOZ CÔA

Le parc archéologique de la vallée du Côa.

– Bon à savoir : il fait très chaud en été dans cette vallée. La température peut atteindre les 40-50 °C. Prévoir un chapeau, de la crème solaire et de l'eau. Privilégiez le printemps ou l'automne. Quand il pleut... les parapluies sont interdits, afin de ne pas rayer malencontreusement les roches.

– Museu do Côa : *à 3 km du centre-ville, très bien fléché. Point de départ pour le site de Canado do Inferno. ☎ 279-768-260. • arte-coa.pt • Tlj, sauf lun et j. fériés, 9h-19h (le reste de l'année, ferme à 17h30 ou 18h). Entrée : 7 € ; réduc.* Une mise en bouche avant la visite du parc. Les pièces les plus intéressantes sont des pointes d'outils trouvées lors des fouilles. Quelques moulages de gravures et une reconstitution encore timide de l'habitat de « nos ancêtres les Lusitaniens ».

– Centro do parque : *attenant au musée. ☎ 279-768-260. • visitas@arte-coa.pt • arte-coa.pt • Ouv tlj, 9h30-18h au printemps, (19h en été) et 9h-17h30 en hiver. Parc fermé lun nov-mars, 1er janv, dimanche de Pâques, 1er mai et 25 déc. Résa IMPÉRATIVE (à l'avance) : visites mar-dim. Tarif (visite guidée) : 16 €/pers pour chaque site, réduc. Visites nocturnes possibles.* On se rend par ses propres moyens à chaque départ de visite, après quoi les agents du parc vous guident au pied des gravures.

QUAND CRO-MAGNON FAIT BARRAGE

En décembre 1994, lors de la construction d'un barrage dans la vallée du Côa, des gravures du Paléolithique âgées de plus de 30 000 ans (!) furent découvertes. La nouvelle fut cachée pendant 2 ans, provoquant un scandale dans les milieux scientifiques et culturels. Le Sunday Times *parla même de « conspiration » entre EDP (l'EDF portugaise) et l'IPPAR (chargé du patrimoine archéologique) pour préserver l'édification du barrage, au vu d'énormes enjeux économiques : l'ouvrage devait fournir 20 % de la consommation électrique du pays et assurer l'irrigation des terres.*

– ***Le site de Canado do Inferno :*** *départ du Centro do parque arqueológico Vale do Côa.* Visite : 1h30-2h et 1 km de marche.

– ***Le site de Ribeira de Piscos :*** *départ du museu do Côa, à 3 km du centre de Vila Nova de Foz Côa. ☎ 279-764-298. Plusieurs visites/j. à partir de 9h30. Durée : 2h30 et plus de 2 km de marche.* C'est le seul des 3 où l'on puisse voir une représentation humaine.

– ***Le site de Penascosa :*** *départ du centre d'accueil du village de Castelo Melhor, à 15 km au sud-est de Vila Nova de Foz Côa par la N 222 (en direction de Figueira de Castelo Rodrigo). ☎ 279-713-344. Visites tlj en été à partir de 13h30. Durée : 1h30 et 600 m de marche (ça va !).*

Chaque balade est intéressante. Les guides, efficaces et compétents, expliquent les gravures, leur origine et leurs techniques de fabrication (abrasion, piquetage ou silex), mais aussi la flore et la faune du site, les constructions et les légendes locales. Une visite à ne pas rater, à la rencontre des aurochs, cervidés, équidés, cygnes, poissons et bien d'autres, venus de la nuit des temps.

Quinta da Ervamoira : *☎ 279-759-229. 935-263-490 (demander la sympathique Sónia Teixeira, francophone). • museuervamoira@gmail.com • ramospinto.pt • Tlj sauf lun : 4 visites/j. (en français), à partir de 9h30. Durée : 30 mn, dont une partie se fait en 4x4. Résa 2-3 j. à l'avance. Billet : env 10 €/pers (avec dégustation de porto) ; réduc ; gratuit moins de 6 ans.* Visite pratique à enchaîner avec celle du site rupestre de Penascosa. Nous sommes ici dans un des 4 domaines viticoles de la Cie *Ramos Pinto.* En 1974, cette société racheta 150 ha de terres, entre 110 et 340 m d'altitude, pour en faire un projet pilote. Avantage économique : les terrains ne sont pas encaissés comme dans la haute vallée du Douro, les vendanges peuvent être mécanisées. Menacé au début des années 1990 par la construction du barrage de Côa, le domaine a été sauvé de l'immersion. Aujourd'hui, on y produit l'excellent porto *tawny* de 10 ans. Également un charmant petit musée riche en vestiges romains et médiévaux découverts lors de fouilles archéologiques.

HOMMES, CULTURE, ENVIRONNEMENT

ARCHITECTURE

Art roman et art gothique

Vers l'an 1000, les bâtisseurs d'églises, de monastères et de cathédrales du nord du Portugal subirent l'influence française, notamment du Languedoc, de l'Auvergne mais surtout de la Bourgogne. De nombreuses églises et cathédrales portugaises n'ont-elles pas des airs auvergnats ? Un exemple révélateur : la ***cathédrale de Braga,*** 1er grand édifice religieux roman construit vers 1070 sur le modèle de la cathédrale de Saint-Jacques-de-Compostelle, elle-même inspirée de la cathédrale Saint-Sernin de Toulouse.
Au XIIe s, sous l'influence d'Henri de Bourgogne, très lié à l'abbaye de Cluny, le style roman cistercien laisse son empreinte sur l'architecture de plusieurs monastères. L'église Santa Maria d'***Alcobaça,*** consacrée en 1252, est la plus vaste église médiévale du Portugal. Les architectes ont adopté le plan de l'abbaye de Clairvaux (Bourgogne). Dans le même esprit, le ***monastère de Batalha.*** Les murs sont plus hauts, laissent passer plus de lumière, et les fondations sont encore plus solides. Si l'architecture ne fait pas dans la dentelle, les sculptures sont, elles, plus ciselées et plus fines.
Qu'il soit primitif, tardif, ou cistercien, cet art roman, donne une sensation de simplicité et de solidité, avec des lignes droites, comme des forteresses inattaquables. Le tout est souvent construit en granit, sans décoration superflue. Pour se faire une idée de l'art gothique qui succède au style roman, rendez-vous à la ***cathédrale** (sé) **de Coimbra*** ou à celle de ***Porto.***

Style manuélin

Il doit son nom à ***Manuel Ier,*** qui monta sur le trône en 1495, en pleine époque des grandes découvertes. Curieusement, c'est un architecte d'origine française (ou italienne), ***Boytac,*** qui est à la genèse de ce style entre gothique et Renaissance, aux caractéristiques très particulières. À l'opposé des lignes rigides de la période gothique, les piliers se tordent en spirale, sur les voûtes apparaissent de grosses nervures en relief. On a longtemps considéré le style manuélin comme une exaltation des conquêtes, en raison de ses ***motifs inspirés du monde marin*** – cordages, ancres, nœuds –, de la faune et de la flore exotiques, sans oublier la croix de l'ordre du Christ. N'a-t-on pas surnommé ce style manuélin « arquitectura do mar » ou « estilo atlântico » ? Les éléments de ce décor manuélin faisaient aussi partie de l'univers quotidien à l'intérieur du Portugal.
Ce style original, qui symbolise la nouvelle richesse du pays, disparaîtra aussi vite qu'il s'est épanoui, avec la mort du souverain Manuel Ier. S'il ne s'est pas manifesté exclusivement dans l'architecture (orfèvrerie, sculpture), l'exemple le plus fameux du style manuélin est la fenêtre de ***Diogo de Arruda,*** dans le couvent du Christ, à ***Tomar.*** Citons aussi le splendide retable de la Sé Velha de Coimbra, chef-d'œuvre de la sculpture manuéline. Au XIXe s, de nombreux édifices comme la gare du Rossio, à Lisbonne, ont été construits dans un ***style néo-manuélin.***

Art baroque

Son nom vient de *barroco,* mot portugais signifiant « perle irrégulière ». Après la Renaissance, le style baroque prend tout son essor à la fin du XVIIe s et au cours du XVIIIe s, au moment où le Portugal retrouve son indépendance. Les éléments décoratifs se multiplient et l'architecture évolue ensuite vers le *rococo.*

C'est la grande époque de la ***talha dourada,*** ces bois dorés qui recouvrent l'intérieur des églises et, en particulier, les retables des autels et les colonnes torses qui les entourent. D'ailleurs, ce qui frappe le plus, dans le clair-obscur des églises où le baroque domine, c'est l'or. L'or du Brésil qui recouvre les statues de bois et rehausse les fresques, l'or rapporté par les conquérants portugais. Un exemple parmi d'autres ? Le ***Palácio nacional de Mafra.***

Azulejos (prononcer « azoulège »)

Ils font partie du paysage portugais. Support indémodable de l'imaginaire de tout un peuple, on les découvre à chaque angle de rue, dans les jardins publics, les gares, les églises et même chez les particuliers, simplement géométriques ou dépeignant personnages bibliques, scènes de genre ou de vie quotidienne.

Ces carreaux de faïence vernissée ont été introduits au Portugal après la prise de Ceuta, au Maroc, en 1415. Les *azulejos* sont d'abord arabes, puis andalous. D'ailleurs, leur nom vient de l'arabe *al zulaicha,* qui veut dire « petite pierre polie ». Les 1ers *azulejos* fabriqués au Portugal datent de 1584 et sont polychromes.

Après le tremblement de terre de 1755, l'azulejo est judicieusement utilisé pour... restaurer les bâtiments endommagés. On fonde alors la Manufacture royale de céramique du Rato, à Lisbonne. Très vite, la mode se répand : ce ne sont pas seulement les palais ou les chapelles qui s'ornent d'*azulejos,* mais aussi les fontaines, les bancs, les bassins... Pour satisfaire la demande croissante, on fait appel aux Hollandais, qui imposent momentanément leur technique : carreaux à dessins bleus sur fond blanc (Delft). La décoration s'anime, les édifices se couvrent de scènes champêtres. Au XVIIIe s, ***Oliveira Bernardes*** crée une école qui rivalise avec les Hollandais... Les *azulejos* tombent ensuite dans un certain abandon, jusqu'aux réalisations du grand maître ***Luís António Ferreira,*** alias « Ferreira das Tabuletas ». Le mouvement Art déco offre à la céramique murale un renouveau qui se confirme dans les années 1950, grâce à de grands artistes comme ***Jorge Barradas*** et ***Maria Keil.*** Cet art est toujours vivant, comme l'attestent les stations du métro de Lisbonne.

Les amateurs trouveront dans notre chapitre sur Lisbonne quelques indications sur des ateliers d'*azulejos.* ***Attention à vos achats,*** un trafic existe, de nombreuses façades sont pillées. Une brigade *SOS Azulejo* a même été créée pour éviter leur vol !

Art contemporain

Fini les bâtiments massifs de l'époque salazariste. L'interminable pont Vasco da Gama (17 km) à Lisbonne symbolise la dynamique nouvelle de l'architecture portugaise contemporaine. Héritier de Le Corbusier, ***Alvaro Siza Vieira,*** l'un des architectes majeurs de l'époque actuelle, classé parmi les minimalistes, a développé un style fluide, aéré, très lumineux, aux courbes nettes et précises. La reconstruction du quartier du Chiado après l'incendie de 1988, le pavillon du Portugal de l'Expo universelle de 1998 à Lisbonne et l'église de Marco de Canavezes ou la Fundação de Serralues à Porto font partie de ses créations. Autres noms d'architectes portugais notoires : ***Nuno Portas, Fernando Tavora*** et ***Eduardo Souto de Moura.*** Ce dernier a d'ailleurs réalisé le stade de Braga pour la Coupe d'Europe de football 2004.

BOISSONS

Le vin

Les vins portugais sont injustement méconnus alors que leur qualité est plus qu'honorable. Le pays, 9e producteur mondial en 2017, est à la tête d'une trentaine de régions bénéficiant d'une appellation d'origine. Près de 200 cépages différents sont cultivés, donnant des vins très typés, au taux d'alcool généralement plus élevé que les vins français – soleil oblige. Un très bon moyen d'apprendre à les connaître est de se rendre à une dégustation de ***Viniportugal*** (consulter la rubrique « À voir. À faire » dans le quartier « Baixa et Rossio » à Lisbonne). Les exploitations sont souvent petites et produisent des vins très différents d'une région à l'autre.

– Le plus étonnant et de loin le plus connu des vins portugais hors des frontières est le ***vinho verde*** (« vin vert »), produit dans le Nord (Minho et Douro). Très léger, pétillant et blanc (le meilleur), rosé (tout à fait correct) ou rouge foncé (pas terrible), il doit son nom au fait qu'il doit être bu au printemps suivant la récolte. Dans la même région, on trouve aussi le ***vinho maduro*** (mûr), sec mais non pétillant.

– La région du ***Dão*** (centre-nord) donne un vin rouge assez léger et très fruité. Le cépage principal est le *touriga naciónal* (utilisé aussi pour la production de porto).

– La toute petite région du ***Douro,*** au nord, donne des vins parmi les plus aromatiques de tout le Portugal. C'est également là qu'est fabriqué le fameux vin de Porto (et du mousseux à Lamego).

– L'***Alentejo*** possède quantité de jeunes vignes d'une dizaine de cépages, les plus connus étant le *redondo,* le *borba,* le *monsaraz* et le *reguengos,* travaillés selon des méthodes modernes. Ses vins, typés, à la robe rouge-violet, développent des arômes fruités et sont fortement alcoolisés. L'un des meilleurs blancs : le *vidigueira.*

– La région du ***Bairrada*** produit des vins « de table » riches, parfumés et assez corsés, qui passent très bien avec des plats de cochon ou de cabri.

– En ***Estremadura*** (autour de Lisbonne, 1re productrice), on préférera nettement les blancs, à savourer au compte-gouttes le long des innombrables routes des vins qui sillonnent la région.

Autres dérivés alcoolisés

– ***Le moscatel :*** ce vin blanc, doré et doux, est produit dans la serra da Arrábida, au sud de Lisbonne. Il se consomme plutôt en apéritif, ou au dessert, surtout lorsqu'il atteint 20 ou 30 ans d'âge.

– ***L'amêndoa amarga ou amarguinha :*** une liqueur d'amande amère, très douce, typique de l'Algarve.

– ***La ginja :*** cet alcool à base de griottes se trouve dans presque tous les cafés ou *ginjinhas* à Lisbonne. Certaines de ces échoppes, minuscules, ne servent pratiquement que cela, voire de l'*eduardinho* (un autre apéro auquel se mêle un peu d'absinthe).

– ***La liqueur Beirão :*** cette liqueur nationale à base d'herbes, au goût légèrement anisé, est plutôt bue en apéritif.

– ***Le Brandymel :*** ce doux mélange de brandy et de miel, légèrement sirupeux, s'avère un bon digestif.

L'IMPORTANT, C'EST (D'AVOIR) LA CERISE !

La ginja est typiquement lisboète. Au moment de l'apéritif, cette boisson à base de griottes coule à flots dans les typiques ginjinhas de la ville. Parfois, on la déguste dans une petite tasse... en chocolat.

Les *cervejas* (bières) nationales

– ***Sagres :*** la numéro un des marques, contrôlée par Heineken. La *Sagres* peut être blonde, rousse ou stout *(Bohemia),* avec un goût rappelant la *Guinness* pour cette dernière.
– ***Super Bock :*** existe en *lager,* en stout ou au citron et aussi désormais en « éditions saisonnières ». C'est la bière portugaise la plus exportée.
– ***Cristal :*** une blonde légère. La moins chère et pas forcément la meilleure...
– ***Imperial :*** une blonde pas spécifiquement remarquable qu'on trouve souvent à la pression.

Le porto

Le vin de Porto provient de la vallée du Haut-Douro, située dans le nord du Portugal, à une centaine de kilomètres à l'est de la ville qui lui a donné son nom. Si les vignobles régionaux s'étendent sur environ 240 000 ha (avec une vingtaine de cépages cultivés, rouges et blancs), seuls 26 000 ha sont autorisés à produire du porto.
La naissance du doux breuvage commence dans l'euphorie des vendanges. Le jus extrait des raisins passe par la fermentation, qui est rapidement arrêtée par l'adjonction d'un cinquième d'eau-de-vie au volume global (mutage). Le taux d'alcool se situe alors entre 19 et 22°. Viennent le décuvage et le transfert du porto, dûment accompagné de son certificat d'authenticité, à Vila Nova de Gaia, où se trouve la zone des chais, extension exceptionnelle de la région d'appellation contrôlée. C'est là que, paisiblement, solennellement, certains vins pourront atteindre la véritable perfection.
Il existe 2 grandes familles de porto : le *blend* et la famille des « récoltes uniques », issues d'une vendange d'une année.
– Le ***blend*** est réalisé à partir de vins d'assemblage vieillis en fût, donc non millésimés. Une douzaine de cépages entrent dans ces compositions savantes, parmi lesquels le *tinta roriz,* le *tinta barroca,* le *tinta cão...* Le porto jeune, plus doux et plus rouge, est appelé ***red,*** quand le ***ruby*** ou le ***tawny*** sont respectivement plus vieux et, au fur et à mesure, un peu plus roux ou bruns ; il y a aussi le ***white*** issu de raisins blancs, un peu plus vieux que les précédents, que l'on choisira *extra-dry, dry* ou *sweet* selon les goûts. C'est le seul qui doit impérativement être bu (très) frais.

APÉRO OU PAS ?

Le vin de Porto, développé depuis le XVIIe s, connaît son essor avec l'alliance anglaise dès 1703. En revanche, la consommation s'accroît en France avec la 1re Guerre mondiale : les Français se sont vite épris de ce nouveau vin apporté par les soldats britanniques. Curieusement, au Portugal, on le boit à la fin des repas, et en Angleterre, avec le fromage. En revanche, il devient un apéritif très courant dans les bistrots de l'époque.

– Parmi les « récoltes uniques », on trouve les ***reserva,*** qui sont des *tawnies* vieillis au moins 7 ans en fût (mais qui n'évoluent plus une fois mis en bouteilles) ; les ***décimaux,*** qui sont des *tawnies* de 10, 20, 30, voire 40 ans, qui ont gagné au contact du chêne leurs lettres de noblesse ; les ***vintages*** (3 % de la production), considérés comme les rois du porto (et donc les plus chers !), réservés aux millésimes exceptionnels, qui sont élevés 2 ans en fût, puis se bonifient au moins aussi longtemps en bouteille avant d'être mis sur le marché ; et enfin les ***late bottled vintages*** – *LBV* pour les connaisseurs –, vieillis de 4 à 6 ans en foudre mais moins puissants et la capacité de garde plus réduite.
Il faut savoir aussi que la commercialisation du porto n'est légale qu'en bouteille et que la vente de vrac ne peut prétendre à l'appellation car souvent tirée de fonds de cuves plus ou moins arrangés.

Le café

Il se boit tout au long de la journée, décliné sous toutes ses formes, avec ou sans lait.
- ***Uma bica,*** café très serré, équivalent de l'*espresso* italien, est issu du dialecte lisboète. À Porto, on peut donc quelquefois faire semblant de ne pas comprendre ce mot, rivalité oblige... Il faudra alors demander ***um cimbalinho.*** On peut le demander *com cheirinho* (« avec un petit parfum ») pour un zeste d'eau-de-vie.
- La ***carioca*** est un café un peu plus léger.
- Vous préférez un allongé ? Demandez un ***abatanado*** (ou *uma bica cheia*).
- Le ***pingado*** est un café noisette, avec juste une touche de lait.
- Le ***garoto*** est un crème que l'on demande *claro* ou *escuro* (clair ou foncé, soit avec plus ou moins de café), selon le goût.
- Le ***galão*** est un café au lait servi dans un grand verre, là aussi plus ou moins clair.

Le thé

Les amateurs apporteront leur réserve : on en boit très peu au Portugal. Et si on en boit, il n'est pas terrible...

CALÇADA PORTUGUESA

Vous constaterez vite que les trottoirs portugais et les places sont fréquemment constitués de mosaïques faites de minipavés blancs et gris. Cette tradition portugaise remonte au XVIIIe s, voire avant, et s'est généralisée à partir du XIXe s. Tout le travail est réalisé à la main (à l'origine par des forçats, désormais des ouvriers spécialisés), de la casse méticuleuse des petits cubes calibrés jusqu'à leur mise en place. La *calçada portuguesa* permet une richesse créatrice exceptionnelle, par la simple variation des formes des blocs et par leurs combinaisons. Attention, on trébuche fréquemment sur leur surface irrégulière (Mesdames, bannissez les chaussures à talons). Et dans les rues en pente, on glisse carrément sur les pavés lustrés par les passages !

CINÉMA

Bizarrement, le cinéma portugais est plus connu à l'étranger que dans son propre pays ! Le plus fameux des cinéastes portugais était sans doute ***Manoel de Oliveira*** (1908-2015), qui fut longtemps le doyen mondial des cinéastes. Pour ses 100 ans, il recevait en 2008 une Palme d'or à Cannes couronnant toute son œuvre. En 2010, il présentait au même festival *L'Étrange Affaire Angelica.* Il est décédé en avril 2015 à l'âge de 106 ans. L'autre star du cinéma portugais est ***João César Monteiro,*** souvent primé dans les festivals internationaux et décédé en 2003. Oliveira et Monteiro sont des représentants du « Cinema novo » qui vit le jour après la chute de Salazar et la révolution des Œillets (1974). C'est un cinéma original, avec des thèmes récurrents : Dieu, l'amour, la foi, la mort.
Aujourd'hui, une nouvelle génération prend le relais. Parmi elle, ***Pedro Costa*** et son terrifiant *Ossos* sur Lisbonne (présent également en compétition officielle au Festival de Cannes en 2006 avec *En avant jeunesse !,* où l'on assiste à l'immersion de son héros, Ventura, dans les quartiers capverdiens de Lisbonne), mais aussi ***Joaquim Sapinho, Manuela Viegas*** ou encore ***Teresa Villaverde.*** Un des gros succès de ces dernières années est l'*Adam et Ève* de ***Joaquim Leitão,*** avec la délicieuse actrice portugaise ***Maria de Medeiros,*** qui a, depuis, tourné son 1er long-métrage, *Capitaines d'avril,* relatant un épisode marquant de l'histoire du pays, la révolution des Œillets, avec Joaquim Leitão, mais comme acteur cette fois ! En 2016, le sulfureux réalisateur ***João Pedro Rodrigues,*** déjà remarqué pour *O fanstasma* (2000) et *Mourir comme un homme* (2009), sort le déroutant

Ornithologue ; ces œuvres sont remarquées et primées dans les festivals internationaux, qui font de lui l'un des initiateurs d'une nouvelle vague portugaise avec ***Miguel Gomes*** *(Tabou, Les Mille et Une Nuits)* ou de jeunes cinéastes comme ***João Nicolau*** *(John From)* et ***João Salaviza*** *(Montanha).*

Le Portugal vu par des réalisateurs étrangers

Le Portugal a attiré aussi quelques cinéastes étrangers, comme le réalisateur suisse ***Alain Tanner.*** Il y a tourné *Dans la ville blanche* (1983) avec Bruno Ganz dans le rôle d'un mécanicien de marine qui quitte son bateau et traîne dans Lisbonne où il tombe amoureux d'une jolie serveuse, tandis que sa femme l'attend en Allemagne... Avec *Requiem* (1998), Alain Tanner balade son personnage dans les rues de Lisbonne sous un soleil de plomb entre rêve et réalité, passé et présent, selon une adaptation du roman éponyme de Tabucchi (disponible en coll. « Folio », nº 4383, Gallimard).

N'oublions pas non plus *Lisbonne Story* de ***Wim Wenders,*** sorti en 1994, où un ingénieur du son parcourt la capitale pour trouver de la musique correspondant aux images du film muet tourné par un ami, mystérieusement introuvable.

À signaler aussi, le cinéaste américain ***Eugène Green,*** né à New York en 1947, émigré en France dans les années 1960 et naturalisé français. En 2009, il tourne *La Religieuse portugaise* à Lisbonne et en portugais. Le film raconte l'histoire de Julie de Hauranne, une comédienne française venue à Lisbonne pour tourner une adaptation des *Lettres portugaises* de Gabriel de Guilleragues.

En 2010 est sorti le film *Les Mystères de Lisbonne* de ***Raúl Ruiz*** (1941-2011), cinéaste d'origine chilienne, installé en France à partir de 1973. Pour lui, le Portugal est le pays de son cœur, qu'il a fréquenté pendant 30 ans. « Le Portugal, c'est comme le Chili mais en mieux. » Le film est une superbe adaptation d'un roman populaire de l'écrivain portugais Camilo Castelo Branco. Une grande fresque historique et sentimentale qui se passe au XIXe s (voir « Livres de route »).

Au printemps 2013 est sortie en France *La Cage dorée,* un superbe film de ***Ruben Alves,*** jeune acteur et réalisateur franco-portugais. Pour la 1re fois, un fils d'émigrés portugais (sa mère était concierge à Paris) réalise un film sur cette communauté portugaise méconnue et silencieuse. Ruben Alves a fait un très beau film sensible, brillant, intelligent et heureux, à travers lequel il rend un hommage vibrant à sa famille et, à travers elle, à la communauté portugaise de France.

CUISINE

Si simple soit-il, un bon repas porte ici la trace de tous ces voyages, de tous ces territoires qui appartinrent un jour au Portugal, de la cannelle indispensable pour les pâtisseries à l'incontournable poudre de curry... Les tomates et pommes de terre du Nouveau Monde sont de toutes les fêtes, comme l'ail et l'oignon. Les Maures ont planté des citronniers, des orangers, et appris aux Portugais à mélanger les fruits au poisson et à la viande. Ce sont aussi les inventeurs de la ***cataplana,*** un plat du Sud délicieux, qui emprunte son nom à une sorte de tajine typique en cuivre composé d'un plat incurvé et d'un couvercle symétrique. Il permet de cuire lentement à l'étouffée avec des épices, donnant ainsi un goût divin aux fruits de mer, poissons, viandes et légumes qui y mitonnent.

Ce qu'il faut savoir

– ***N'ayez pas peur de jouer les demi-portions !*** Bon nombre de restos proposent sur leur carte en portugais (mais pas toujours sur les cartes en langue étrangère) 2 tailles de plats : ***meia-dose*** (demi-portion, généralement suffisant pour une personne) et ***dose*** (portion entière, que l'on peut prendre pour 2). ***Si vous ne précisez***

pas, on peut vous servir une dose. Là, il faut avoir un énorme appétit ! Le prix d'une demi-portion est moins élevé bien sûr, mais parfois proportionnellement plus cher.

– Le ***prato do dia*** (plat du jour) est servi rapidement car il est déjà préparé, et coûte moins cher que ceux sur la carte.

– Certaines cartes de resto portent la mention « ***refeição compléta*** », ou encore « ***ementa turística*** », ce qui correspond à une sorte de menu comprenant pour un prix fixe une soupe, un plat, une boisson et parfois un dessert ou café. Intéressant. On trouve même des *pratos economicos* servis au comptoir ! Pas cher et bon rapport qualité-prix.

– La plupart des restaurants ont des plages d'ouverture assez larges. De 12h à 15h (voire 16h sur le littoral) au déjeuner et de 19h à 22h ou 23h au dîner. Évidemment, évitez de débarquer à pas d'heure et à 15 personnes dans une petite auberge paumée !

Petiscos et hors-d'œuvre

Pour vous ouvrir l'appétit, le serveur apportera d'autorité à votre table olives, fromage de chèvre, pâté peut-être et corbeille de pain. Vous n'êtes pas intéressé ? Faites-le savoir, il remballera le tout ! Si vous les gardez, sachez qu'ils ne sont pas offerts. La pratique est très répandue ; seules les cantines de quartier y échappent. Mieux vaut choisir soi-même parmi la vaste gamme des *petiscos* – les tapas portugaises. Ceux-ci comprennent charcuterie, petites salades de légumes, *croquetes de carne, pasteles de balcalhau* et autres beignets, fromages, petites assiettes de fruits de mer, sans oublier les escargots *(caracóis),* servis entiers avec tête, antennes, intestins... glurps ! Autres incontournables parmi les hors-d'œuvre : la salade de poulpe, une bonne ***sopa*** de légumes ou de poisson servie tiède, des légumes grillés avec un filet d'huile d'olive...

Côté mer

La voilà, celle que vous attendiez tous : séché ou salé, le ***bacalhau*** (la morue) est indissociable de la cuisine portugaise. Ne dit-on pas des enfants du pays qu'ils ont « le rêve pour vivre et la morue pour survivre » ? On dit aussi qu'il y a 365 manières de la préparer, pour varier chaque jour les plaisirs ! Il y en a peut-être encore davantage, même si, dans la pratique, ce sont toujours un peu les mêmes plats qui reviennent : *bacalhau cozido* (bouillie), *assado* (rôtie), *assado na brasa* (au barbecue), *com nata* (à la crème), *à brás* (délicieuse « morue parmentière », à base d'oignons, de pommes de terre finement coupées, d'œufs brouillés, d'olives noires, de persil), *a gomes de sá* (morue, pommes de terre, oignons, huile, ail, olives noires, lait, œufs durs, le tout cuit au four).

MORUE OU CABILLAUD ?

La morue (bacalhau) *ou cabillaud séché (c'est le même poisson) est incontestablement l'emblème de la cuisine portugaise. Ses pêches miraculeuses nourrirent les Portugais pendant des siècles. Et pourtant, la morue est pêchée bien loin du pays, dans les mers froides, en Islande aujourd'hui, autrefois à Terre-Neuvo. La raison ? Les réserves canadiennes étant épuisées, c'est l'Islande qui a pris le relais. Les pêcheurs islandais livrent la morue au Portugal par avion-cargo ou par camion.*

En fait, la morue n'est que la partie émergée de l'iceberg : les Portugais raffolent des fruits de mer et poissons – qu'ils mangent le plus souvent simplement grillés *(grelhados),* en ragoût ou en ***caldeirada,*** sorte de bouillabaisse aux 1 001 déclinaisons régionales. Parmi les espèces les plus fréquentes figurent *cherne* (mérou, mais attention, derrière ce nom se cache de plus en plus souvent la vorace perche du Nil), *peixe espada* (poisson-épée, à ne pas confondre avec l'espadon),

espadarte (espadon), *pescada* (merlu), *linguado* (sole), *raia* (raie), *enguias d'Aveiro* (anguilles), *polvo* (poulpe)... sans oublier les *sardinhas*, les *lulas* (calamars) et autres *chocos* (seiches) – à Setúbal, ils sont justes frits et servis avec des frites.
Les préparations à base de riz, rappelant les *arroces* et paellas espagnols (en fait d'inspiration arabe), sont fort généreuses. Le classique ***arroz de marisco,*** aux fruits de mer, est délicieux quand il est bien cuisiné. Dans l'Alentejo, du côté de l'estuaire du Sado, on le prépare avec des couteaux *(lingueirãos).* En Algarve, c'est plutôt avec de la lotte *(arroz de tamboril).* Ou, en version plus économique, avec uniquement des *camaraões* (crevettes). Ne confondez pas l'*arroz de marisco* avec l'***açorda de marisco,*** une sorte de panade préparée avec de l'ail, de l'huile, des œufs, de la coriandre, des crevettes, des palourdes, des clovisses et des épices.
Parmi les fruits de mer, les palourdes *(amêijoas)* sont particulièrement appréciées, notamment *à Bulhão Pato,* relevées d'huile, d'ail, de coriandre, de sel, de poivre et de citron à la fin.

Côté terre

Et pourquoi ne pas commencer vos découvertes culinaires par un ***caldo verde,*** un potage de pommes de terre et de choux galiciens émincés, agrémenté de rondelles de saucisse plus ou moins épicée ? Bien qu'originaire du Nord, ce potage est devenu national, et vous avez aussi peu de chances d'y échapper tout comme la morue !
Le porc est la viande préférée des Portugais, que ce soit sous la forme de *lombo* (filet), de *costeletas* (côtes), de *febras* (tranches) ou du savoureux *leitão* ou cochon de lait. Le plat le plus célèbre vient de l'Alentejo : il s'agit de l'emblématique ***carne de porco alentejana,*** une recette de filet de porc cuit à l'étouffée avec coriandre, saindoux, baies de poivron rouge, ail, huile d'olive et... palourdes ! Dans le cochon, tout est bon. On se régalera aussi de saucisses, éventuellement fumées (à commencer par les ***chouriços***), mais aussi des fameuses ***tripas à moda do Porto*** (tripes de veau à la mode de Porto), avec de l'oreille et de la tête de porc. Puisqu'on est à Porto, restons-y avec la ***Francesinha,*** la « petite Française », sorte de croque-madame baignant dans la sauce. C'est d'ailleurs cette dernière qui fera toute la différence entre un pur moment de délectation culinaire ou... un *Titanic* version toast ! Côté viandes rouges, le ***bife à portuguesa*** tient le haut du pavé (sic !) car il s'agit d'un steak servi sur un lit de frites et nappé de tranches de bacon. Attention, les cuissons sont souvent trop à point pour nous autres... Précisez !
Un autre classique à ne pas dédaigner : le ***frango piri piri,*** du poulet grillé enduit d'une sauce à base d'huile d'olive et de piments. Il y a aussi le ***frango no churrasco*** (poulet cuit à la braise), coupé en 2, que l'on mange souvent dans les *churrascarias,* ces restaurants populaires que les Portugais adorent, ou que l'on peut emporter. Mais commandez plutôt un ***cozido à portuguesa,*** sorte de pot-au-feu pour les longues soirées d'hiver. On peut aussi le manger froid en gaspacho comme à Lisbonne. Comme pour tous les ragoûts, on y met ce qu'on a. Dans le Nord, le ***cabrito*** bondit souvent directement du gril vers votre assiette : délicieux. Avec un verre de *vinho verde,* qui a gardé le goût de la pierre et de la terre qui l'a vu naître, et du pain savoureux type ***broa de milo*** (à base de maïs que l'on trouve essentiellement dans le Minho), c'est le bonheur assuré. Quant aux herbes, sachez reconnaître la fameuse triade aromatique que vous trouverez partout : persil, menthe et coriandre.

Quelques autres spécialités

– ***Bifana :*** un sandwich pas cher dans lequel on peut tout glisser, ou presque (et surtout du cochon mariné) !
– ***Sopa da Pedra :*** cette « soupe de pierre », attachée au centre du pays, réunit haricots, oreille de porc, chorizo, lard, pommes de terre, oignons, carottes, ail,

laurier, coriandre et... une pierre bien lavée ! Avec l'ébullition de l'eau, elle s'agite et écrase les ingrédients pour les transformer en soupe.

– ***Canja :*** consommé de poulet avec riz et abats.

– ***Gaspacho à alentejana :*** soupe froide composée d'ail, d'huile, de vinaigre, de tomates, de pain dur, d'origan, de poivron vert, de concombre, le tout non mouliné.

– ***Açorda alentejana*** (ou *sopa alentejana* – plus liquide) **:** pain dur, œufs, huile, ail, coriandre hachée, sel, eau.

– ***Chanfana :*** un ami portugais malicieux tint à nous donner la recette de ce ragoût : « Prenez la plus vieille bique et le plus mauvais des vins... » S'il est traditionnellement préparé à base de chèvre ou de mouton adultes, n'en croyez pas un mot : cette spécialité du centre du pays est délicieuse et gagne encore à être réchauffée.

– ***Feijoada de chocos :*** haricots rouges cuisinés avec des calamars. Il faut goûter, au moins une fois.

– ***Feijoada à Transmontana :*** haricots blancs cuisinés avec des morceaux de porc (différentes parties de l'animal), plusieurs sortes de saucisses et épices. Très consistant !

– ***Farinheiras, alheiras :*** la recette de ces saucisses préparées traditionnellement à base de volaille provient des anciennes communautés marranes (voir la rubrique « Religions et croyances » plus loin), forcées de contourner leur tabou du porc le plus discrètement possible. On les appelle d'ailleurs *maranhos* dans la région de Tomar.

– ***Frango na Púcara*** *(Estremadura)* **:** petit poulet mijoté avec jambon, tomates, échalotes, beurre, moutarde, ail, porto, eau-de-vie, vin blanc, épices... dans un pot en céramique.

Des fromages

– ***Queijo da Serra*** (ou simplement *Serra*) **:** c'est peut-être le meilleur de tous, fabriqué avec le lait des brebis élevées sur les pentes de la serra da Estrela. Onctueux à souhait, on le trouve un peu partout. Il existe plusieurs variétés DOP en Alentejo : celui de **Serpa,** coagulé avec une infusion de pétales secs de chardons, à pâte semi-molle ou bien au goût fruité après affinage ; celui de **Nisa,** frais ou mûr, idéal avec un verre de rouge et des olives ; et celui de **Castelo Branco,** plus piquant mais tout aussi savoureux.

– Il existe de nombreux autres fromages de chèvre, de brebis et de vache, certains dans lesquels on plonge voluptueusement sa cuillère (*amanteigado,* littéralement « comme du beurre »), d'autres à pâte affinée *(curado),* d'autres encore plus durs. Le *solaio,* du côté de Porto, est à la fois dur à l'extérieur et fondant à l'intérieur – parfait pour les indécis ! Vous aurez peut-être du mal à goûter un fromage frais que les Portugais mangent saupoudré de cannelle.

Et des gâteaux

Dans la matinée et plus encore dans l'après-midi, tout le monde converge vers les ***pastelarias,*** où s'alignent, dans les vitrines, des gâteaux très riches en jaune d'œuf et en sucre, aux doux parfums de cannelle, de citron, d'orange, d'amande...

– ***Toucinho do céu :*** sucre, amandes, jaunes d'œufs en plus grande quantité que les blancs, farine, beurre, confiture de *gila* (courge du Mexique)... *Toucinho* veut dire « poitrine » (de porc), car, à l'origine, ces pâtisseries étaient préparées à base de graisse de porc.

– ***Papos de anjo*** *(« estomac » ou « jabot d'ange »)* ***de Trás-os-Montes :*** confiture de fruits, œufs et jaunes supplémentaires, sucre, cannelle.

– ***Barriga de freira*** *(« ventre de nonne »)* **:** sucre, beurre et toujours beaucoup de jaunes d'œufs.

– ***Queijo de figo :*** des couches de figues sèches, amandes effilées, cannelle et chocolat.

– ***Pudim francês ou pudim flan :*** très proche de notre flan.

- ***Leite-creme :*** mêmes ingrédients que pour le flan, mais préparation plus crémeuse.
- ***Arroz doce :*** sorte de riz au lait.
- ***Pastel** (pastéis, au pluriel)* ***de nata :*** flan crémeux dans une pâte feuilletée, délicieux lorsqu'il est servi tiède et saupoudré de cannelle et de sucre glace. Incontournable ! On le décline désormais dans une grande variété de goûts et parfums, moins authentiques.
- Citons encore les ***queijadas de Sintra*** (petits gâteaux au fromage), les ***ovos moles de Aveiro,*** les ***ouriços*** (oursins) d'Ericeira, les profiteroles à la caroube ***(alfarroba)*** en Algarve, les prunes d'Elvas ***(ameixas)*** en eau-de-vie de l'Alentejo, les ***rebuçados de ovos*** (œufs caramélisés) de Portalegre, etc. Et, bien sûr, les ***confitures typiques*** vendues dans les pâtisseries : figues, amandes, châtaignes, *doce de abóbora* (courge), *gila...*

RIEN NE SE PERD !

Pourquoi trouve-t-on tellement de pâtisseries à base de jaunes d'œufs ? Parce que les nonnes des couvents, à qui l'on doit la création de ces petites merveilles, utilisaient beaucoup de blancs d'œufs pour amidonner leurs cornettes. Du coup, il fallait bien utiliser les jaunes d'une façon ou d'une autre... Mais les temps ont changé : les nonnes ne portent plus la cornette, aussi a-t-il fallu trouver une autre utilité au blanc d'œuf. C'est ainsi que la meringue a fait son retour en force dans les pâtisseries !

CURIEUX, NON ?

- ***1re question qu'on pose à un enfant :*** « *Es de quem ?* », ce qui veut dire littéralement « Tu es de qui ? » et qui signifie... « Quel club de foot soutiens-tu ? » et non pas « Qui sont tes parents ? » ! Tous les Portugais dès 5 ans ont un club de foot fétiche.
- ***On fait la queue à l'arrêt de bus.*** Plutôt que d'attendre en « tas » à la française, les Portugais se mettent les uns derrière les autres pour être sûr que le 1er arrivé monte bien le 1er dans le bus.
- ***On prend un billet*** *(senha)* pour faire la queue partout : dans les magasins, les pâtisseries, l'administration, etc. On ne passe rien à l'incivilité. Résultat : les habitués viennent chercher leur billet et repartent pour revenir 20 mn plus tard...
- On mange de la ***soupe*** à tous les repas.
- En France, le ***fromage*** se mange après le plat de résistance et avant le dessert. Au Portugal, il se mange au début du repas, en entrée.
- On fait de la ***confiture de citrouille*** au Portugal.
- Les enfants sont les bienvenus dans les restos.
- Les fêtes de la Saint-Antoine à Lisbonne donnent lieu à 1 mois de fêtes populaires.
- Les amoureux s'offrent un bouquet de basilic à la Saint-Antoine.
- **« *Com licença* » :** on demande la permission avant de fermer une porte, de passer devant quelqu'un, d'entrer chez les gens. On pourrait le traduire en français par « avec votre permission ». On l'utilise pour demander le passage dans un tramway bondé, sur un trottoir très étroit, pour interrompre une discussion, ou avant de poser un plat sur la table dans un resto !
- On ne s'offre pas de fleurs.
- Les Portugais s'invitent très peu chez eux.
- Les Portugais pratiquent rarement l'apéro.
- Le ***bitoque,*** plat national, est un steak servi avec un œuf, des frites et du riz. À tester une fois !
- Il y a beaucoup de manières de demander un café : *pingado, meia de leite, cheio, curto, normal, bica escaldada, galao, carioca* (voir la rubrique « Boissons » plus haut pour les explications).
- ***On coupe la morue*** à la scie circulaire à la poissonnerie. Ça peut surprendre ! Même Landru n'y avait pas pensé !

ÉCONOMIE

Sortant de l'immobilisme salazariste pour embrasser la doctrine libérale européenne, le Portugal a fait un bond en avant spectaculaire après son ***adhésion à l'Union européenne en 1986.*** Les années 1990, en particulier, ont été marquées par une modernisation rapide du pays sur fond de croissance soutenue – dopée par les investisseurs étrangers, attirés par une main-d'œuvre bon marché.
Parmi les secteurs les plus porteurs, citons l'***industrie textile,*** l'***automobile,*** avec notamment la fabrication de composants pour les voitures, les ***matériaux de construction,*** les ***machines-outils,*** la ***pétrochimie,*** l'***industrie du papier,*** le ***liège*** et les ***vins,*** naturellement.

À l'heure des crises

Aux débuts des années 2000, rattrapage bien entamé, le moteur portugais commence à connaître des ratés. Entre 2002 et 2004, le gouvernement de José Manuel Durão Barroso lance un 1er programme drastique d'économies budgétaires. Mais ce n'est rien, encore... À compter de 2009, le Portugal sombre dans la ***crise,*** la croissance passant cette année-là en zone négative. C'est au 1er ministre de centre-droit Pedro Passos Coelho qu'échoit la redoutable tâche de redresser l'économie du pays.
En mai 2011, l'Union européenne et le Fonds monétaire international viennent au secours du pays, au bord de la banqueroute. Ils lui accordent un ***prêt de 78 milliards d'euros*** sur 3 ans. Le plan de sauvetage impose, en contrepartie, un retour sous la barre des 3 % de déficit public d'ici à 2015. La potion est amère pour les Portugais. En l'espace de quelques mois, les impôts sur le revenu et le patrimoine sont fortement augmentés, les prestations sociales réduites, tout comme les salaires. Le SMIC est gelé à 505 € mensuels. Au total, quelque 70 000 postes dans la fonction publique sont supprimés au cours des 4 années suivantes, tandis que les fonctionnaires voient leur semaine de travail s'allonger de 35 à 40h hebdomadaires. 4 jours fériés sont même supprimés ! L'âge de la retraite à taux plein est repoussé à 66 ans. Les conséquences ne se font pas attendre : le climat social se détériore à coups de grèves générales, la pauvreté augmente et la consommation intérieure chute. La croissance est plombée par l'austérité. ***La récession dure 3 ans,*** de 2011 à 2013, ce qui induit des recettes fiscales en baisse... et empêche la réduction du déficit ! ***Le chômage explose*** parallèlement : autour de 9 % en 2009, il atteint plus de 17 % en 2013, au plus fort de la crise. Beaucoup de Portugais s'expatrient en Europe, au Brésil, en Angola...

Sortie de crise

Petit à petit, néanmoins, les réformes portent leurs fruits. Les ***privatisations*** sont conduites efficacement, rapportant presque 2 fois plus que prévu (9 milliards d'euros). Ironie de l'histoire, le principal investisseur se trouve être une ancienne colonie : l'Angola !
En 2014, l'économie portugaise sort de la récession et le taux de chômage décline. L'année suivante, le Portugal rembourse ses dettes au FMI et à l'UE. Fin 2016, la croissance a retrouvé un modeste allant : elle s'établit à 1,4 %. L'année suivante, elle culmine à 3,5% (!), avant de s'effriter à nouveau. Le marché du travail, lui, s'améliore nettement : le chômage est redescendu sous la barre

UNE LOTERIE CONTRE LA FRAUDE FISCALE

Pour jouer, il faut obligatoirement inscrire ses coordonnées sur une facture établie par un commerçant. Cette loterie hebdomadaire incite ainsi les Portugais à réclamer une facture. Malin !

des 10 % de la population active (9,8 %). En 2019, il passe sous les 8 %, puis baisse à 6,5 %. La relance de l'économie par réinjection du pouvoir d'achat, avec augmentation des retraites et des salaires les plus bas (SMIC à 665 € sur 14 mois), couplée à une diminution des impôts, semble porter ses fruits. Le tourisme, plus dynamique que jamais (16 % du PIB !), et la relance de la consommation locale, viennent en soutien. Tout cela en dégageant même, en 2019, un léger excédent budgétaire (+ 0,1 %) et en réussissant, parallèlement, à réduire la dette, encore élevée (passée de 131,4 % du PIB en 2013 à 116,8 % fin 2019). Bruxelles regarde avec surprise ces méthodes loin de l'austérité habituellement prônée !

Et paf, une pandémie !

Là, la pandémie de la Covid-19 frappe durement l'économie nationale au moment où celle-ci avait retrouvé une relative bonne santé grâce au boom du marché immobilier et du tourisme, malgré une bonne gestion sanitaire. L'année 2020 se termine sur une ***récession historique de 7,6 %,*** précipitée tant par la chute de la demande interne que par l'effondrement du tourisme. Comme dans la majeure partie des pays européens, le Portugal est mis à l'arrêt et porte un coup dur à son économie où le tourisme international joue un rôle majeur. Des dispositifs de chômage partiel et des réductions et reports de charges pour les entreprises ont été adoptés, parallèlement à des lignes de crédit garanties par l'État. ***Pas d'aide économique massive*** comme en France, cependant, ce qui s'est traduit par un nombre important de faillites. Pour vous donner une idée, environ ***15 % des adresses de ce guide avaient fermé leurs portes*** à l'été 2021 par rapport à l'avant-Covid, alors même que d'autres difficultés à venir restent probables. Le 1er trimestre 2021 a d'ailleurs été pire que celui de 2020, comptablement parlant (chute du PIB de 5,4 %).
Dans ce contexte, en juin 2021, le Portugal a été le 1er pays de l'Union européenne à bénéficier du vaste plan de relance de 750 milliards, financé conjointement par tous les pays membres au nom de la Commission, destiné à soutenir les économies les plus abîmées par la crise. Le Portugal doit ainsi recevoir une enveloppe de 16 milliards, dont 2 milliards de prêts remboursables. À suivre...

ENVIRONNEMENT

Les parcs

Le Portugal possède des secteurs où la nature a été remarquablement préservée. Si certaines de ses plages atlantiques sont bétonnées, d'autres (en Alentejo), au contraire, livrent au regard des kilomètres de sable fin et vierge. Une vraie bénédiction avec, en toile de fond, d'immenses forêts de pins et des bois de chênes-lièges !
Le Nord est cependant sans doute la région la plus riche pour une découverte « nature » du pays. On y trouve l'unique parc national du Portugal, le ***parque nacional de Peneda-Gerês,*** situé dans la région du Minho. Il s'étend sur plus de 72 000 ha, entre serras, vallées, gorges, torrents et cultures en étage ; daims, chevaux sauvages, aigles royaux et même loups ibériques y vivent.
Le pays compte bien davantage de parcs naturels, où les activités humaines s'intègrent davantage dans le milieu. C'est le cas du côté de Bragança, de Vila Real et dans la ***serra da Estrela,*** la chaîne de montagnes la plus élevée du pays.
Autre micro-région remarquable, le ***parc de la Serra de Sintra,*** aux portes de Lisbonne, dont les vertes forêts méditerranéennes, étendues sur de hautes collines, s'imprègnent de brumes océaniques. De l'autre côté de la capitale, la ***serra da Arrábida*** alterne, elle, sommets rocheux, vallées cultivées, vignes et corniche splendide chutant en falaises sur la côte de la baie de Setúbal. De là, on est presque aux portes de la ***réserve de l'estuaire du Sado*** : un lieu splendide, où

voisinent marais salants et rizières, sous le regard de pléthore de cigognes et d'oiseaux migrateurs. Dans l'Alentejo toujours, la ***serra de São Mamede*** offre des vues assez époustouflantes sur les riches vallées du fleuve Guadiana, et, côté littoral, le ***parque natural do Sodoeste alentejan e da Costa vicentina,*** au nord de Sagres, vous réserve un spectacle superbe tout au long de 100 km de côtes largement sauvages. Et il y a bien sûr, en Algarve, le ***parque natural de Ria Formosa,*** où se retrouvent pas mal d'oiseaux nicheurs.
Pour organiser vos balades, voici 2 bonnes adresses :

■ ***Osmose :*** *rua da Liberdade, 38, 4º dt, Bom Sucesso, 2615-313* ***Alverca.*** *☎ 219-577-199. ● osmose-natureza@sapo.pt ● users.skynet.be/osmose ●* Afin de valoriser à la fois les paysages naturels du Portugal, le monde rural et les économies traditionnelles, l'association Osmose se propose de développer un écotourisme conçu autour du respect de l'environnement et de l'économie locale ; de la pratique de la randonnée pédestre et de la découverte des différents milieux et de l'éducation à l'environnement pour promouvoir une autre conception du voyage.

■ ***Sistemas de Ar Livre*** *(SAL) :* *☎ 265-227-685. ● sal.pt ●* Randonnées pédestres accompagnées, à la journée, déclinées en 3 niveaux de difficulté *(payant, sans résa).*

Pour se renseigner sur l'état de préservation de la nature au Portugal, une autre bonne adresse (qui n'organise pas de circuits) :

■ ***ICNF*** *(Institut de conservation de la nature et des forêts) : av. da República, 16, 1150-191* ***Lisbonne.*** *☎ 213-507-900. ● icnf.pt ● Lun-ven 9h30-12h30, 13h30-16h30.* Infos détaillées sur toutes les zones protégées du pays et les balades que l'on peut y faire. Cliquer sur l'onglet « *turismo de natureza* ».

FADO

Voilà 4 lettres langoureuses, qui s'attardent, pour suggérer une mélodie proprement portugaise. Le fado, c'est LA musique du Portugal. Autant qu'un chant, c'est un cri, une ambiance, un « état d'esprit » selon la célèbre *fadista* ***Amália Rodrigues.*** « Ni gai ni triste », d'après Pessoa lui-même, il incarne la mélancolie et la force de la destinée contre la volonté humaine. Pour le poète Luís de Camões, la saudade est « un bonheur hors du monde » ; pour d'autres auteurs, elle représente une sorte de nostalgie de l'avenir, un sentiment de vide dans l'instant présent. Son origine incertaine et tourmentée se rattache au mot latin *fatum,* le « destin ».

Ce chant de la saudade célèbre la mélancolie née des différents revers de fortune qu'a connus le Portugal dans son histoire si riche : marins perdus en mer ; disparition tragique du jeune roi Sébastien à la bataille de Ksar El Kébir (1578) ; invasions napoléoniennes ; perte du Brésil en 1822, date à laquelle le fado apparaît véritablement. Rapporté du Brésil par la Cour en exil, ce chant, qui était aussi dansé, s'est enraciné et transformé dans le quartier de la Mouraria de Lisbonne, l'ancien quartier des Maures.

SAUDADE

La saudade (prononcer « saoudad ») imprègne l'âme des Portugais. On dit que, durant la colonisation de l'Afrique, les colons exprimaient ainsi leur mal du pays. Saudade, une tristesse empreinte de nostalgie dont Fernando Pessoa disait qu'elle était la « poésie du fado ».

La Severa maudite mais géniale

Née en 1820, dans le quartier de Madragoa à Lisbonne, ***Maria Severa Onofriana*** passe son enfance à l'ombre de sa mère, qui tient une *tasca* où l'on chante le

fado. La maman est déjà bien connue dans le quartier... pour sa barbe. Tous les jours, elle se rase comme un homme. Maria Severa vit dans une maison au nº 2 de la *rua do Capelão* (surnommée la « rue sale ») de la Mouraria, quartier populaire et malfamé de la capitale. Un aristocrate lisboète, Francisco de Paula, tombe fou amoureux de Maria Severa. L'union de l'aristo et de la prolo fait scandale. Le couple s'installe dans un palais de Campo Grande. Lassée du luxe et de la vie oisive, la *fadista* des bas-fonds quitte son gentilhomme bohème et retourne à sa vie dissolue, mélange d'alcool, de fado et de misère. À 26 ans (1846), elle meurt d'une indigestion, dit-on, suite à un repas de pigeons farcis... Une autre version dit qu'elle serait morte de la tuberculose.
Le ***mythe de l'ange noir du fado*** est bel et bien né. Cette « dame aux camélias » version portugaise plonge dans le deuil toute une génération de fadistes et d'artistes. En hommage à Maria Severa, ceux-ci portent un châle noir à franges sur les épaules. Un phénomène social se produit : le fado issu des bas-fonds séduit à présent les beaux quartiers. Bourgeois et aristocrates s'entichent de ces mélopées mélancoliques et de cette histoire d'amour impossible. Pendant longtemps a perduré l'idée que le fado ne pouvait être chanté que par le peuple. Puis, après avoir habité les rues, le fado se professionnalise et conquiert la scène.

Le fado à texte

Dans le même temps se singularise ***le fado de Coimbra,*** repris par le milieu intellectuel de la vieille université. Plus littéraire, il est chanté dans la rue par des interprètes masculins (encore aujourd'hui) vêtus de capes noires, et il donne lieu parfois à des joutes musicales. L'*estado novo* de Salazar a tôt fait de récupérer le fado érigé en art national. Il est chargé de chanter les valeurs morales de la grandeur portugaise. Le cinéma assure son triomphe et celui d'interprètes prestigieux. Trop choyé par la dictature, il connaît un réel discrédit après la révolution de 1974, cantonné aux maisons de folklore réservées aux touristes.

Le fado enfin reconnu

Aujourd'hui, le fado retrouve grâce auprès d'un public tant portugais qu'étranger, surtout depuis son inscription au Patrimoine immatériel de l'humanité par l'Unesco. Débarrassé d'une gangue idéologique qui ne lui a jamais vraiment correspondu, il se contente de véhiculer les mélodies errantes de l'âme lusitanienne, sur les poèmes de ***Fernando Pessoa, David Mourão-Ferreira*** ou ***Florbela Espanca*** – et de tant d'autres, connus ou méconnus, quand la nuit rassemble, au fond d'une ruelle de l'Alfama, voisins et habitués, debout, le verre à la main et la larme (d'émotion) à l'œil.

Gloire des *fadistas*

Après ***Amália Rodrigues*** (1920-1999), qui a longtemps incarné l'image du fado, sur scène comme au cinéma, ***Carlos do Carmo*** a renoué avec une certaine tendance plus engagée. ***José Afonso*** avait lui aussi, en bon chansonnier polémiste, usé des méandres du fado comme détours à l'oppression politique. ***Maria da Fé, José Mário Branco*** ou ***Fernando Machado Soares,*** pour celui de Coimbra, sont aussi des noms connus. La relève est assurée avec, côté hommes, ***Camané.*** Le monde entier connaît aussi la voix de ***Teresa Salgueiro*** du groupe Madredeus, sans que ce soit tout à fait du fado. On a découvert aussi l'image de ***Mísia,*** élevée au rang de chevalier de l'ordre des Arts et Lettres en 2004 par le ministre de la Culture français. La touche de spontanéité et de fraîcheur de ***Cristina Branco*** lui permet de lier, avec bonheur, tradition et modernité. Elle est connue sur la scène internationale, tout comme ***Mariza,*** nouvelle ambassadrice du fado collectionnant les récompenses et les salles combles. ***Mafalda Arnauth*** tire elle aussi les origines de son chant dans le fado, alors que ***Kátia Guerreiro*** et ***Ana Moura*** jouent volontiers dans un registre plus traditionnel.

FUTEBOL

2e religion du pays, le foot alimente la moitié des conversations entre mâles portugais, et son omniprésence sur les écrans de télé de la moindre gargote hypnotise un public de passionnés. La vedette historique du pays s'appelle ***Eusébio.*** Disparu en 2014, le Ballon d'or 1965 était très apprécié des Portugais et soutenait les bonnes causes humanitaires. Sa popularité était telle que 3 jours de deuil national furent décrétés à la suite de son décès. Depuis, d'autres stars du ballon rond affichent fièrement les couleurs de l'équipe nationale comme ***Ricardo Carvalho*** ou ***Cristiano Ronaldo,*** sans oublier l'entraîneur ***José Mourinho,*** sacré meilleur entraîneur du monde à 4 reprises.

2 PASSIONS PORTUGAISES

Football et religion. Pas étonnant qu'une douzaine d'équipes de prêtres (padres) aient des résultats fort honorables. Ils jouent plutôt au futsal (foot en salle)... mais pas en soutane !

Les *sócios* ou supporters-actionnaires se comptent par dizaines de milliers. Leurs cotisations enrichissent surtout les 3 principaux clubs : à Lisbonne Benfica (qui joue au légendaire Estádio da Luz), avec ses 36 titres de champion, et le Sporting Clube de Portugal, et à Porto le FC local (vainqueur de la Ligue des champions en 1987 et 2004 et champion du Portugal à 27 reprises).

En 2004, la grande fierté des Portugais a été d'accueillir le Championnat d'Europe des Nations suivi par un milliard de téléspectateurs. Pour cette occasion, 5 stades ont été entièrement rénovés à Lisbonne, Porto et Guimarães, et 5 autres ont été construits à Aveiro, Braga, Coimbra, Faro et Leiria. Coût total : 800 millions d'euros ! Un effort titanesque pour un pays de 11 millions d'habitants, mais une part de la dépense a été financée par le Fonds de développement de l'Union européenne. Néanmoins, l'argent investi en valait la chandelle : liesse populaire, succès commercial et sportif pour les Portugais arrivés en finale face aux Grecs. Une belle fête ! Dernier exploit en date : lors de l'***Euro 2016,*** le Portugal remporte son 1er titre international (enfin !) face aux Français ! Ronaldo, pourtant blessé lors de la 1re mi-temps, est porté en triomphe. L'équipe entière est adulée par tout un pays, fier d'atteindre le Saint Graal et de prouver au reste de l'Europe qu'il est une grande nation du *futebol.* Hélas, le pays n'a pas renouvelé l'exploit lors de l'Euro 2020.

GÉOGRAPHIE

Le ***Portugal,*** d'une surface de 91 906 km², est situé à l'extrême sud-ouest du continent européen, à l'ouest de la péninsule Ibérique. Mais le Portugal inclut aussi ***les Açores*** (2 355 km²) et ***l'île de Madère*** (741 km²), situées au large des côtes, en plein océan Atlantique, le même océan qui vient lécher les côtes portugaises sur plus de 850 km. Avec une longueur d'environ 560 km et une largeur de quelque 220 km, le Portugal partage sa frontière à l'est avec l'Espagne, sur plus de 1 200 km. Les forêts représentent moins de 36 % du territoire.

Au ***nord du Portugal,*** les régions du Minho et du Tras os Montes (Alto Douro) présentent un caractère de plus en plus accidenté à mesure que l'on va d'ouest en est. Plusieurs chaînes de montagnes découpent le pays, comme la ***serra da Estrela,*** dans le Beira Alta. Dans ce massif se dresse le pic de Torre, un sommet de 1 993 m, qui serait le point culminant du pays s'il n'y avait le volcan Pico Alto (2 351 m), sur l'ilha do Pico, dans les Açores. En hiver, il est possible de skier au Portugal sur les versants du pic de Torre !

Au ***sud du Tage,*** plaines et collines courent jusqu'à l'océan, surtout au bas de l'Alentejo, entre Évora et Beja, sur cette « plaine dorée » qui fait frontière avec l'Espagne et l'Algarve. Sur le littoral, les côtes sont escarpées, érodées, mais on trouve tout de même de petites dunes et des plages de sable fin.

Les fleuves du Portugal

Les plus grands fleuves du Portugal sont le ***Douro,*** qui prend sa source en Espagne et se jette dans l'Atlantique à Porto. Le ***Tage*** naît dans les Monts Universels, au sud de l'Aragon (Espagne), traverse le pays et rejoint l'Atlantique en passant par Lisbonne. Fleuve mythique, il marque une frontière naturelle entre le Nord et le Sud du Portugal. Le ***Guadiana*** est un fleuve international qui marque la frontière avec l'Espagne, d'où il est venu, avant de se jeter dans la mer à Cadix.
On trouve aussi le ***Minho,*** au nord. Il traverse la Galice espagnole, marque la frontière entre l'Espagne et le Portugal sur la dernière partie de son cours (77 km) et se jette dans l'Atlantique à Caminha.
Citons enfin le ***Mondego,*** au centre du pays : contrairement aux autres cours d'eau, il est le seul grand fleuve qui naît au Portugal et coule uniquement dans ce pays. Il baigne Coimbra et rejoint la mer à Figueira da Foz.

HISTOIRE

Les origines : Lusitania

Du IXe au VIIe s av. J.-C., les Phéniciens puis les Grecs s'installent dans la péninsule Ibérique, dont la côte ouest est occupée en grande partie par les ***Lusitani.*** Ils sont relayés d'abord par les Carthaginois au cours du IIIe s av. J.-C., puis par les Romains (en 139 av. J.-C.), qui administrent la région nommée Lusitania Deux grandes voies romaines traversent le Portugal : la voie qui va de Merida (sud Espagne) à Lisbonne, et la voie Lisbonne-Braga. Les cités romaines les plus importantes sont *Bracara Augusta* (Braga), *Pax Julia* (Beja) ou encore *Conimbriga* (Condeixa) ainsi que *Aeminium* (Coimbra) et *Olisipo* (Lisbonne).
Au Ve s apr. J.-C., les Barbares envahissent le pays, et les belles villes romaines ne sont plus que ruines.

1297 : le Portugal dans ses frontières

En 711, les Maures, Arabes et Berbères, venus d'Afrique du Nord, franchissent l'actuel détroit de Gibraltar et se fixent, entre autres, dans le futur État du Portugal. C'est le début d'une période de prospérité, au cours de laquelle les Maures gouvernent avec tolérance et répandent leur culture. Très vite, cependant, un esprit de « reconquête » s'empare de la chrétienté. Des chevaliers français participent à cette sorte de croisade, tel ***Henri de Bourgogne,*** qui épouse la fille d'Alphonse VI, roi de León et de Castille. Il reçoit en dot le « comté portucalense », et devient ainsi comte du Portugal (vers 1095). Son fils ***Alphonse,*** qui lui succède, après avoir remporté ***la victoire d'Ourique*** sur les Maures, se proclame roi du Portugal en 1139. Il fonde la dynastie de Bourgogne, qui régnera jusqu'en 1383. Après la prise de Faro, en 1249, les Maures quittent l'Algarve. Depuis lors, les

LA MORT ABSURDE D'UN PAPE PORTUGAIS

Élu au trône de saint Pierre le 13 septembre 1276, Jean XXI est le seul pape portugais de l'histoire ! Né à Lisbonne sous le nom civil de Pedro Julião, il ne porta pas le bon numéro papal, car il n'y a jamais eu de Jean XX ! Passionné de chirurgie et d'ophtalmologie, il installa un cabinet médical dans le palais des papes de Viterbe (Latium). Le 20 mai 1277, le plancher du local s'effondra sous le poids des livres et du matériel scientifique que sa sainteté avait entassés. 6 mois après son élection, Jean XXI meurt victime de son pesant savoir...

frontières du Portugal reconnues par l'Espagne en 1297 sont sensiblement les mêmes au XXIe s, phénomène unique en Europe. L'occupation musulmane a donc été plus courte qu'en Espagne (de 2 siècles) et a laissé moins de traces...

La dynastie de Bourgogne

Parmi les successeurs d'Alphonse-Henri, il faut citer ***Denis Ier,*** qui fonde en 1290 l'université de Lisbonne qu'il déplace ensuite à Coimbra (1307) et officialise comme langue portugaise celle parlée dans cette ville. La fin du XIVe s est marquée par de nombreux conflits avec la Castille, toujours menaçante, qui rêve d'annexer cet État voisin.

XVe et XVIe siècles : les grandes découvertes

Après la mort de ***Ferdinand Ier,*** en 1383, le grand maître de l'ordre d'Aviz, qui s'est distingué dans la lutte contre la Castille, est proclamé roi par les Cortes sous le nom de ***Jean Ier*** en 1385. La dynastie des Aviz règne sur le Portugal pendant 2 siècles, période de gloire et de prospérité. En effet, dès 1415, la prise de Ceuta est le 1er jalon de l'expansion portugaise. Probablement mû par l'esprit des croisades, Jean Ier confie alors à son fils, l'infant Henrique, dit ***Henri le Navigateur*** (qui deviendra grand maître de l'ordre du Christ), le soin de mener à bien cette politique d'exploration et de conquête. Henri organise à Lisbonne, puis à Lagos en Algarve, les expéditions avec, pour consigne, d'aller le plus loin dans le sud de l'Atlantique le long de la côte africaine. En 1419, Madère est découverte ; de 1427 à 1452, c'est au tour des Açores, puis des îles du Cap-Vert en 1456. Les Portugais y créent des comptoirs, futures villes relativement indépendantes du pouvoir local.

Après la mort d'Henri, en 1460, le rythme des explorations s'accélère : ***Bartolomeu Días*** double le cap des Tempêtes, rebaptisé cap de Bonne-Espérance, puisqu'on avait compris que l'on pourrait atteindre par là les Indes. En conséquence, à Lisbonne, ***Jean II*** repousse les projets d'un certain ***Christophe Colomb,*** un Génois, qui va chercher des fonds ailleurs, en Espagne...

Le traité de Tordesillas (1494) partage le globe en 2 demi-sphères d'influence, portugaise et castillane... En 1495 commence le règne de ***Manuel Ier,*** et les grandes découvertes se poursuivent : les Indes en 1498 ***(Vasco de Gama),*** le Brésil en 1500 ***(Pedro Álvares Cabral),*** puis la Chine en 1511, les Moluques en 1512, le Japon en 1543... Le Portugal est à la tête du ***plus grand empire d'Occident.*** Il recouvre les 5 continents. On parle le portugais du Brésil à Goa, du Mozambique à Macao. Les transformations qui ont découlé de ces découvertes sont énormes.

L'ORIENT NE PERD PAS LE NORD

Autrefois, les grands navigateurs « orientaient » leurs cartes, le haut indiquant l'est (vers Jérusalem et le tombeau du Christ). Avec l'invention de la boussole, le nord s'imposa comme référence au sommet des cartes. Mais l'expression « orienter » la carte est bizarrement restée dans le langage courant.

LA CARAVELLE, UN BATEAU MAL FICHU

Cette coquille de noix était lourde, trapue et bien peu maniable. Son tonnage faible ne pouvait contenir que peu de marchandises. Petite (à peine 20 m de longueur), elle ne transportait qu'une vingtaine de marins. Haute sur l'eau, elle était instable et sensible aux tempêtes. Et pourtant, elle permit les plus grandes découvertes.

XVIe siècle : richesse des tropiques et fin de la dynastie d'Avis

Des nouveaux pays conquis affluent de prodigieuses richesses : or d'Afrique et d'Amérique, tapis de Perse, soieries de Chine et épices des Indes (à l'époque, 1 g de poivre coûtait aussi cher que 1 g d'or). Les anciennes places commerçantes de Méditerranée déclinent au profit de ports occidentaux tels que Lisbonne. Mais, très vite, cette puissance va s'affaiblir : d'abord la population diminue de moitié, 1 million d'habitants étant partis dans les nouvelles colonies ; on troque les métaux précieux contre des céréales, mais on ne cultive plus les terres...
Et c'est dans ce contexte que le roi ***Sébastien Ier*** *(D. Sebastião)* entreprend une hasardeuse expédition au Maroc contre les Maures. Il est tué en 1578, à Alcácer Quibir, et une bonne partie de l'armée est anéantie ou faite prisonnière... 2 ans après la mort du roi Sebastien Ier, ***Philippe II*** d'Espagne est proclamé roi du Portugal. Mais en 1640, les nobles portugais se révoltent : le duc de Bragance devient souverain du Portugal. Cet empire, qui aura tenu 5 siècles, sera le dernier à s'effondrer, lors de la révolution des Œillets en 1974.

Le sébastianisme et le mythe du Cinquième empire

La défaite portugaise de 1578 à ***Alcácer Quibir*** sonne le glas de la dynastie d'Avis et de la grandeur du Portugal. Le ***jeune Sébastien Ier,*** roi âgé de 25 ans, est tué sur le champ de bataille africain sans que personne ne l'ait vu mourir. Le jeune prince aurait-il donc disparu ? Suite à sa disparition nait le mythe du sébastianisme. Déjà un demi-siècle avant sa disparition, un cordonnier illuminé du nom de Bandarra avait prophétisé la fin dramatique du jeune prince. Les Portugais à l'âme mystique se sentirent collectivement coupables de la fin de leur souverain lors de ce désastre militaire.
Ils se mirent à croire à un retour de don Sebastiao qui reviendrait tel un Messie délivrer son peuple du joug espagnol. Le *Desejado* devint l'*Encoberto* (le roi caché), réfugié dans l'Ile des Brumes *(Ilha de Bruma).* Luis de Camões fit l'éloge de celui qui fut « *donné au monde par Dieu* » pour étendre la chrétienté au monde entier. Le roi disparu devint une figure mythique, un être providentiel symbole de courage et de redressement de la nation.
Le ***mythe du sébastianisme messianique,*** un des plus grands de l'histoire du Portugal, se fonde ainsi sur la croyance qu'un jour viendra un sauveur qui relèvera le pays. Il a engendré un autre mythe, celui du ***Cinquième Empire*** *(Quinto Imperio),* un empire chrétien universel, conduit par le Portugal, qui succédera aux empires assyro-babylonien, perse, grec et romain. Le mythe persiste encore de nos jours. Des Portugais pensent que la grandeur du Portugal s'est évanouie provisoirement mais qu'elle reviendra le jour du retour du roi Sébastien.

« L'amitié » anglo-portugaise

Les liens entre le Portugal et l'Angleterre vont se resserrer et les échanges commerciaux s'accroître. Une certaine dépendance vis-à-vis de l'Angleterre se fait jour.
Au milieu du XVIIIe s, le ***marquis de Pombal,*** ministre de *Joseph Ier*, joue un rôle très important dans le développement du pays : il entreprend la reconstruction de Lisbonne après le terrible ***tremblement de terre de 1755*** (Voltaire l'évoque dans *Candide*), la réforme de l'administration, de l'enseignement et de l'armée, et crée le Trésor public ainsi que des manufactures. Lié à l'Angleterre, le Portugal participe à la 1re coalition contre la France révolutionnaire et au blocus continental. ***Napoléon Ier*** n'hésite pas alors à envoyer 3 expéditions en 1807 (Junot), 1809 (Soult) et 1810 (Masséna) qui se heurteront à une vive

résistance anglo-portugaise dont les Français viendront à bout. Le maréchal Soult prend d'assaut Porto le 29 mars 1809. Il s'installe dans la capitale du Nord après avoir affronté de sanglants combats de rue. Chateaubriand prétend que Soult ambitieux avait fait distribuer à la population avant son arrivée des adresses imprimées sous le nom de Nicolas Ier !

L'invasion napoléonienne est une catastrophe sur le plan artistique : de nombreuses œuvres d'art sont volées ou détruites.

La famille royale s'étant enfuie au Brésil (1807), il faut attendre 1821 pour que le roi rentre d'exil. En 1822, le Brésil proclame son indépendance et l'économie portugaise en prend un coup... Tout au long du XIXe s se succèdent coups d'État et guerres civiles, les rivalités politiques entre libéraux et monarchistes allant bon train. Les souverains de l'époque sont des personnages fantasques, comme ***Ferdinand II de Saxe-Cobourg et Gotha*** (1816-1885), roi consort du Portugal de 1837 à 1853, puis régent de 1853 à 1855 à la mort de sa femme Maria de Bragance. Son successeur est Pedro V, mort sans héritier.

LE TRAITÉ LE PLUS SOLIDE AU MONDE

En 1386, le Portugal et l'Angleterre signèrent le traité de Windsor. Pendant la 2de Guerre mondiale, le dictateur Salazar proclama sa neutralité. Winston Churchill invoqua toutefois le traité qui avait plus de 500 ans ! Le Portugal autorisa alors les Britanniques à installer une base navale et aérienne aux Açores en 1943. Ce fut un avantage considérable contre les sous-marins allemands.

RIO DE JANEIRO, CAPITALE DU PORTUGAL

En raison de l'invasion des troupes de Napoléon au Portugal, la famille royale s'établit à Rio de Janeiro en 1808. Rio fut la seule capitale située à l'extérieur d'un royaume. Les plages et l'ambiance durent plaire au roi, puisqu'il ne rentra à Lisbonne qu'en 1821 (donc 6 ans après la chute de Napoléon !).

Salazar

En 1908, le roi ***Charles Ier*** et le prince héritier sont assassinés. 2 ans plus tard, le roi ***Manuel II*** abdique. C'est l'avènement de la république. Associée à un esprit urbain, voire essentiellement lisboète, et suspectée d'anticléricalisme, alors que la majorité de la population est rurale et croit encore aux miracles (celui de Fátima en 1917), elle ne parvient pas à rétablir l'ordre ni à assainir l'économie. En 1926, avec le soulèvement militaire de Braga, s'installe un pouvoir militaire fort. C'est dans ce contexte que le jeune ***Salazar,*** alors professeur d'économie, est sollicité pour remettre les finances à flot et qu'il tient le Portugal à l'écart de la crise de 1929 et de la 2de Guerre mondiale. Au niveau national, la popularité de Salazar repose sur une image de lui-même qu'il cultive avec soin : célibataire n'accumulant aucune richesse personnelle, généreux

LA DERNIÈRE REINE FRANÇAISE

Amélie, la petite-fille de Louis-Philippe, devint reine du Portugal quand son mari Charles Ier monta sur le trône en 1889. À la suite de l'attentat de 1908 qui coûta la vie à son époux, de l'abolition de la monarchie portugaise et de la proclamation de la République, la reine Amélie fut condamnée à l'exil. Elle vécut au Chesnay, près de Versailles, où elle est morte en 1951.

envers les pauvres, il devient difficilement attaquable ; ce qui fait sa réputation de « moine dictateur ». En fait, un seul but l'anime : le pouvoir. Devenu président du Conseil, il instaure en 1933 l'« État nouveau ». Il réussit à obtenir une certaine stabilité monétaire et entreprend une politique de grands travaux (le pont suspendu du Tage) ; le régime n'en reste pas moins dictatorial : la police d'État (la tristement célèbre ***PIDE***) est toute-puissante, les prisons sont pleines de détenus politiques...

UNE VIE BIEN CACHÉE

Salazar jouait le côté célibataire ascétique n'écoutant que les conseils de la vieille gouvernante avec qui il vivait. En 1951, patatras ! Il tomba dingue amoureux d'une journaliste et romancière française, Christine Garnier, venue l'interviewer. La discrétion fut telle qu'on apprit cette liaison bien après le décès du dictateur.

Il est intéressant de constater que le régime de Vichy avait si peu d'idéologie politique qu'il s'inspira grandement du salazarisme :
– retour aux valeurs traditionnelles avec l'éloge du monde paysan ;
– organisation des métiers sur le mode corporatif comme au Moyen Âge. Patrons et ouvriers appartiennent à la même corporation et travaillent dans le même dessein ; les grèves n'ont dès lors plus de raison d'être... ;
– rétablissement de la censure.

À partir de 1960, Salazar s'engage dans une politique militaire absurde en Afrique et, surtout, à contre-courant de celles menées par les autres puissances coloniales européennes ; ce qui a largement contribué à son isolement diplomatique.

Le Portugal mène ainsi pendant une quinzaine d'années une ***guerre coloniale*** sur plusieurs fronts (Guinée-Bissau, Mozambique, Angola et Timor) pour maintenir les lambeaux de son empire. Très coûteuse en hommes et en matériel, incapable d'enrayer la lutte de libération de ces pays, elle engloutit 50 % du budget et impose un service militaire de 4 ans qui pousse sa jeunesse à émigrer, en France notamment. Cette guerre inutile finit donc par mécontenter un certain nombre de jeunes officiers. Ils forment le Mouvement des capitaines. Victime en 1968 d'une hémorragie cérébrale (en tombant de sa chaise !), Salazar quitte le pouvoir et meurt en 1970. Avec le pâle ***Caetano*** à la barre, le pays va à la dérive.

Avril 1974 : la révolution des Œillets

Lorsque, au matin du 25 avril 1974, se déclenche le coup d'État militaire organisé par le ***général de Spínola*** et le Mouvement des capitaines, la police politique n'oppose aucune résistance. Le reste est connu : l'explosion de joie populaire, la fête des Œillets le 1er mai, la fraternisation du peuple avec les soldats qui, éperdus de bonheur, brandissent un œillet rouge au bout du fusil. C'est la fête. Grandiose et pacifique avec un bilan étonnant : aucun mort.

Le Portugal connaît alors un processus de radicalisation qui s'engouffre dans le vide politique de l'après-fascisme. ***Spínola,*** 1er président de la République, démissionne en septembre, remplacé par ***Costa Gomes.*** Un 1er ministre, ***Vasco Gonçalves,*** proche du PC, dirige le pays. Réforme agraire et nationalisations sont les grandes mesures sociales du régime, accompagnées de la fin de la guerre en Afrique et de la décolonisation. Une nouvelle Constitution est édictée, et un Conseil de la révolution est mis en place pour veiller à l'application des réformes et empêcher le retour du fascisme.

Sur le plan des libertés, le peuple portugais connaît pendant un an et demi une sorte de période libertaire où tout est possible, sans répression policière, sous l'œil bienveillant des ***militaires d'extrême gauche*** (notamment le Copcon du ***commandant Otelo de Carvalho***). De nouveaux espaces de liberté sont conquis. Lorsque les habitants d'un quartier ont besoin d'un local pour créer une crèche, ils

occupent une maison vide. Des patrons incompétents sont chassés. Les formes d'organisations autonomes de la population et des travailleurs comme les comités de locataires, commissions ouvrières, etc. se multiplient, réussissant parfois à se fédérer au niveau d'une ville, du pays. Les tensions entre ces formes de pouvoir à la base et les partis politiques traditionnels, dont le parti socialiste de ***Mário Soares,*** ne tardent pas à s'exacerber. De grandes manifestations d'ouvriers, de paysans et de soldats ont lieu tout l'été et tout l'automne 1975.
En novembre de la même année, l'aile modérée du mouvement des Forces armées met un coup d'arrêt à ce que l'ensemble de la classe politique qualifie de « situation anarchique ». Le coup provoque une démoralisation et une démobilisation rapide de la population.

1975-1985 : l'après-révolution

De 1975 à 1985, sur le plan politique, le pays connaît une série de combinaisons politiques de gouvernements hybrides, où le parti socialiste s'allie soit avec la droite (le CDS), soit avec le centre (le parti social-démocrate). Entre-temps, le général ***Eanes,*** difficile à classer politiquement, est élu par 2 fois président de la République. L'érosion politique naturelle du pouvoir provoque en octobre 1985 la baisse de popularité de Mário Soares, qui chute de 35 à 20 % des voix. Malgré tout, ce dernier se présente à l'élection présidentielle qui suit et, contre les pronostics, est élu.
Réélu en 1991, il est obligé de composer avec un 1er ministre social-démocrate qui domine l'Assemblée : ***Aníbal Cavaco Silva.*** Le 14 janvier 1996, Mário Soares, non rééligible, quitte la présidence de la République. Après 50 ans de combats politiques et 2 mandats présidentiels, il décide de devenir un « citoyen comme les autres ». Il décède en janvier 2017, à 92 ans. ***Jorge Sampaio,*** membre du parti socialiste et ancien maire de Lisbonne, lui succède.

Cap sur l'"Europe

Entré dans l'Union européenne en 1986 – pas décisif –, le Portugal cherche immédiatement à s'intégrer. Le fleuron de cette campagne de promotion c'est, l'***Exposition universelle de Lisbonne de 1998,*** organisée pour commémorer le 500e anniversaire du 1er voyage de Vasco de Gama aux Indes. Le thème choisi, « Les océans, un patrimoine pour le futur », résume parfaitement la place de la mer dans l'identité nationale.
En 1999-2000, les socialistes d'***António Guterres*** gouvernent tour à tour avec le soutien du Parti populaire (de droite), ou de la CDU (d'obédience communiste). Mais en décembre 2001, la droite s'impose. ***José Manuel Durão Barroso,*** président en exercice du PSD, devient 1er ministre. Son gouvernement doit affronter une remontée du chômage et mettre en place un budget de rigueur, une politique pas très populaire mais nécessaire, notamment pour répondre aux exigences de Bruxelles. Il sera nommé un an plus tard à la tête de la présidence de la Commission européenne (jusqu'en 2014).
Un an après la parenthèse heureuse de la Coupe d'Europe de football, organisée au Portugal en 2004, les socialistes reviennent au pouvoir grâce à ***José Socrates,*** élu triomphalement. Cela n'empêche pas un social-démocrate, Aníbal Cavaco Silva, d'être porté au pouvoir suprême en 2006 et réélu au 1er tour en 2011 (avec gouvernement de la même couleur, enfin !).
Sociologiquement parlant, le Portugal évolue. Après des débats houleux, les Portugais ont voté par référendum en faveur de la ***dépénalisation de l'avortement*** (à 59,25 %), en 2007. 3 ans plus tard, le ***mariage homosexuel*** a été adopté – ce qui n'a pas empêché le pape Benoît XVI d'attirer foule lors de sa venue ! Le ***traité de Lisbonne,*** qui établit de nouvelles règles qui régissent l'étendue et les modalités de l'action future de l'Union, a aussi été ratifié, sans heurt, en 2008 (par 208 voix contre 21 !).

Crises et croissance : les montagnes russes

En 2009, c'est la crise. Le taux de chômage s'envole et la récession se fait sentir. La tonalité est donnée pour plusieurs années. Fin 2011, la faillite n'est pas loin et le pays doit recourir aux prêts d'urgence européens (à hauteur de 78 milliards).

En 2012 et 2013, le chômage continue sa progression, atteignant 17 %. Les impôts également. Le pouvoir d'achat baisse de façon alarmante. Déjà, certains Portugais s'exilent vers les anciennes colonies, notamment en Angola (dans le pétrole) et au Brésil. Le secteur public est traumatisé par d'importantes restructurations. Grèves et manifestations se succèdent... Mais le déficit refuse obstinément de diminuer, et le Portugal reste scruté à la loupe par les instances financières et par ses voisins européens.

L'année 2014 est marquée par une légère amélioration et, en 2015, le Portugal commence à rembourser ses dettes.

En novembre 2015, ***António Costa,*** secrétaire général du Parti socialiste et maire de Lisbonne, accède au poste de 1er ministre. Avocat, il est le fils de l'écrivain Orlando da Costa, issu d'une famille originaire de Goa (Inde) et installée à Maputo (Mozambique).

Depuis 2016, la présidence est aux mains du socialo-démocrate ***Marcelo Rebelo de Sousa,*** élu à 2 reprises dès le 1er tour !

Sa présidence s'est néanmoins déroulée dès le départ sous un régime de cohabitation, avec une majorité de gauche menée par le 1er ministre ***António Costa*** – renforcé par sa large victoire aux législatives de 2019. Sur le plan international, le socialiste et ancien 1er ministre portugais António Guterres devient secrétaire général de l'ONU en 2016.

Après 2016, le pays a connu ***4 années de forte expansion économique,*** avec recul du chômage et des déficits publics – du jamais vu depuis l'avènement de la démocratie en 1974. C'est surtout la méthode qui a surpris, à Bruxelles comme ailleurs : plutôt que de diminuer les dépenses publiques, réformer le travail et diminuer les protections sociales, le gouvernement de gauche a augmenté le salaire minimum, revu à la hausse les retraites et renforcé les droits des travailleurs. Avec succès : ***le chômage est descendu à 6,5 %*** et les secteurs délaissés, comme le textile, ont connu une embellie. Nouvel eldorado pour les entreprises européennes, le Portugal a vu ***la consommation décoller, l'immobilier flamber*** et ***le tourisme exploser.*** Toutes les planètes se sont alors alignées, avec, parallèlement, la victoire de l'équipe nationale de football à l'Euro 2016, puis du chanteur Salvador Sobral au concours de l'Eurovision en 2017 ! Peut-on pour autant parler d'un modèle portugais ? À voir ! La pandémie de ***coronavirus*** (Covid-19), pas trop destructrice en 2019, l'a été bien davantage en 2020 et continue de frapper durement le pays en 2021 – mais moins que l'Espagne voisine.

MÉDIAS

Votre TV en français : TV5MONDE, la première chaîne culturelle francophone mondiale

Avec ses 11 chaînes et ses 14 langues de sous-titrage, TV5MONDE s'adresse à 370 millions de foyers dans 198 pays par câble, satellite et sur IPTV et est présent dans plus de 3 millions de chambres d'hôtels. Vous y retrouverez de l'information, du cinéma, du divertissement, du sport, des documentaires...

Préparez votre séjour grâce à son site voyage • *voyage.tv5monde.com* •, et sur place, restez connecté avec les applications et le site • *tv5monde.com* • Demandez à votre hôtel le canal de diffusion de TV5MONDE et contactez • *tv5monde.com/contact* • pour toutes remarques.

Radio

On trouve quelques radios françaises « expatriées » comme RFM Portugal (● *rfm.sapo.pt* ●). Pas mal de musique également sur Mega Hits (● *megahits.sapo.pt* ●). Il existe naturellement une radio dédiée au fado, Radio Amalia (amalia.fm), pour les amoureux de cette musique mélancolique. Les autres iront sur les ondes publiques Antena 1, 2 et 3. TSF est une radio généraliste très prisée également. Pas mal de ces radios sont disponibles sur ● *radioonline.com.pt* ●

Presse

On lit beaucoup la presse au Portugal. Une large part fait ses choux gras de l'actualité sportive, avec notamment *A Bola* (● *abola.pt* ●), journal *in-con-tour-na-ble* pour les fans de sport. Les autres journaux font la part belle à l'actualité nationale, avec des quotidiens comme *Diário de Notícias* (● *dn.pt* ●), le journal le plus lu, *Correio da Manhã* (● *cmjornal.xl.pt* ●) ou *Jornal de Notícias* (● *jn.pt* ●). Côté hebdos, on trouve l'*Expresso* (● *expresso.sapo.pt* ●), magazine généraliste, et *Público* (● *publico.pt* ●), le journal de l'intelligentsia portugaise.

Télévision

Il existe 2 chaînes publiques : RTP 1 (● *rtp.pt/play/direto/rtp1* ●) et RTP 2 (● *rtp.pt/rtp2* ●). Mais ce sont les 2 chaînes privées SIC (Sociedade independente de comunicação ; ● *sic.sapo.pt/* ●) et TVI (Televisão independente ; ● *tviplayer.iol.pt/direto/TVI* ●) qui mènent sur le front des audiences. SIC fait exploser l'audimat avec les *telenovelas* brésiliennes très olé-olé. TVI est la petite chaîne qui monte. Bon à savoir, tous les films et séries sont diffusés en v.o. et sous-titrés en portugais : de quoi suivre et même apprendre quelques rudiments de langage. Nous devrions en prendre de la graine !

PERSONNAGES

Les personnages historiques

– ***Calouste Gulbenkian** (1869-1955)* **:** destin étonnant que celui de cet homme d'affaires arménien, né près d'Istanbul et mort à Lisbonne. L'arménien est sa langue maternelle, mais il parle aussi le turc, le perse (sa mère est arménienne de Perse), le français et l'anglais. Il n'a jamais parlé le portugais. Il termine sa formation d'ingénieur et de sciences appliquées au King's College de Londres en 1887. À 20 ans, il effectue un voyage « initiatique et technique » en Transcaucasie (1890) de la mer Noire à Bakou, où il découvre les immenses possibilités pétrolières du Moyen-Orient. En 1889, il publie un récit de voyage écrit en français et édité par Hachette (l'éditeur du *Routard* !) : *La Transcaucasie et la Péninsule d'Apchéron, souvenirs de voyage.* Son destin est déjà fixé : c'est le pétrole qui guidera ses pas. Il crée en 1912 la Turkish Petroleum Company, dans laquelle il associe la Royal Dutch-Shell, la Banque de Turquie, et la Deutsche Bank. Citoyen britannique (depuis 1902), il est aussi conseiller commercial à Paris pour l'Empire ottoman et la Perse. Dès la 1re Guerre mondiale, il touche 5 % sur les revenus pétroliers de sa société. Ses revenus pétroliers dans

MONSIEUR 5 %

Derrière sa réputation de mécène discret et amateur d'art éclairé, Calouste Gulbenkian était d'abord un aventurier et un fin stratège financier, ayant flairé que les champs pétrolifères du Caucase pourraient rapporter gros. C'est ainsi qu'il sut négocier les concessions pétrolières qu'il détenait contre une rente de 5 % des bénéfices annuels à l'origine de son immense fortune.

les années 1930-1950 lui rapportaient en livres sterling l'équivalent annuel de 200 millions d'euros d'aujourd'hui ! Faites le calcul mensuel !
Après 1919 et l'éclatement de l'Empire ottoman, la TPC devient l'*Irak Petroleum Co.* Sa fortune augmente vite. Amateur d'art, collectionneur exigeant, Gulbenkian consacra une partie de ses fabuleux revenus à l'achat des plus belles œuvres artistiques du monde. De 1927 à 1940, il vit en France, entre son hôtel particulier de l'avenue d'Iéna et son manoir des Enclos à Deauville. Séduit par la stabilité du régime salazariste, Gulbenkian vient s'installer à Lisbonne en 1942 (en pleine guerre), où il restera jusqu'à sa mort, en 1955. Il eut la bonne idée de léguer la plus grande partie de sa fortune et toutes ses collections à l'État portugais. Voir aussi le texte du musée Calouste-Gulbenkian à Lisbonne, dans le quartier « Au nord de l'avenida da Liberdade, autour du musée Gulbenkian et Campo Grande ».

– ***Henri le Navigateur*** *(1394-1460)* **:** voir « La forteresse de Sagres » dans le chapitre « L'Algarve ».

– ***Afonso de Albuquerque*** *(1453-1515)* **:** illustre navigateur portugais, surnommé « le Lion des mers d'Asie ». Né à Alhandra (près de Vila Franca de Xira, Ribatejo), il s'empare de Goa (Inde) en 1510 et y implante l'un des plus solides comptoirs portugais (qui restera aux mains des Portugais jusqu'en 1961). Le tombeau de ce véritable fondateur de l'« Empire portugais d'Asie » se trouve dans l'église Nossa Senhora de Graça à Lisbonne.

– ***Pedro Álvares Cabral*** *(1467-1526)* **:** né à Belmonte. Le navigateur découvrit officiellement le Brésil en mars 1500. Son tombeau se trouve à l'église de Graça à Santarém.

– ***Vasco de Gama*** *(1469-1524)* **:** le 22 mai 1498, 4 nefs portugaises accostent à Calicut, sur la côte sud-ouest de l'Inde. Une 1re mondiale ! Vasco de Gama prouve ainsi que l'on peut atteindre l'Asie par la mer en contournant l'Afrique par le cap de Bonne-Espérance. La route des Indes est ouverte. 6 ans seulement après la découverte de l'Amérique par Christophe Colomb, il accomplit le vieux rêve de l'Occident d'atteindre l'Orient (par la mer et par la route de l'Est). Une découverte fabuleuse, qui aura des retombées immédiates sur l'économie portugaise : en 1503, le poivre se vendait 5 fois moins cher à Lisbonne qu'à Venise. On comprend que le Portugal le considère encore comme un héros. Son tombeau se trouve aujourd'hui au mosteiro dos Jerónimos à Lisbonne. Son nom et ses titres de noblesse (dont celui de comte de Cascais) sont toujours portés par l'un de ses descendants, dom Vasco de Teles da Gama, collectionneur et antiquaire à Lisbonne.

– ***Fernand de Magellan*** *(1480-1521)* **:** connu au Portugal sous son vrai nom, Fernão de Magalhães. Après avoir vécu dans les comptoirs portugais d'Asie, il conçoit le projet de rejoindre ces fameuses îles aux Épices et tente sa chance auprès de l'Espagne voisine. Le jeune Charles Quint accepte de financer l'expédition. Objectif de Magellan : atteindre les Moluques par l'ouest, en supposant qu'il existe un passage au sud de l'Amérique. Le 20 septembre 1519, 5 navires avec à leur bord 237 hommes quittent Sanlúcar de Barrameda (Andalousie). Après une traversée de l'Atlantique, ils découvrent au cours de l'hiver 1520 un passage permettant de rejoindre le Pacifique. C'est aujourd'hui le détroit de Magellan en Patagonie. Après une traversée de 3 mois, le 6 mars, 3 îles apparaissent à l'horizon. C'est l'archipel des Mariannes. Puis, arrivé aux actuelles Philippines, il obtient une exclusivité commerciale pour l'Espagne auprès du roi de Cebu. Mais en avril 1521, Lapu-Lapu, le roi de l'île de Mactan, s'insurge contre la présence des Espagnols. Au cours d'un violent combat, Magellan succombe sous les coups le 27 avril. Il n'était qu'à un saut de puce des Moluques. L'ancien mutin Sebastián El-Cano achève ce 1er tour du monde et reçoit tous les honneurs. Le 8 septembre 1522, soit presque 3 ans après leur appareillage, la *Victoria,* portant 18 Européens et 3 indigènes des Moluques, entre dans le port de Séville.

Les hommes politiques

– ***António de Spínola*** *(1910-1996)* **:** son monocle, son allure noble et sa circonspection ont contribué à donner une image mesurée, digne et sobre à la révolution des Œillets. Avant d'être un homme politique portugais, il fut gouverneur de la Guinée (1968-1973). Il se rendit célèbre en dirigeant le coup d'État militaire du 30 avril 1974, qui renversa la dictature de Salazar. Devenu président du Portugal, Spínola s'opposa aux forces de gauche, ce qui entraîna sa démission et son exil.

– ***Mário Soares*** *(1924-2017)* **:** fils de professeur, lui-même diplômé d'histoire, de philo et de droit, ancien prof à la Sorbonne, Soares est surtout le père du socialisme portugais, inlassable opposant à Salazar, cible de la PIDE (police politique), ce qui lui valut 12 arrestations, 3 années de prison et une déportation en 1968 à São Tomé. En 1970, il s'exile en France, qu'il quittera après la Révolution des Œillets. 1er ministre en 1983, puis président en 1986, il mettra fin aux colonies portugaises et organisera le rapatriement des Portugais. Profondément humaniste et européen, sa personnalité dépassait tous les clivages politiques.

– ***Marcelo Rebelo de Sousa*** *(né en 1948)* **:** « Marcelo », comme le surnomment affectueusement les Portugais, est le fils du ministre et gouverneur général du Mozambique, Baltasar Rebelo de Sousa. Cofondateur de l'hebdomadaire *Expresso,* cet analyste politique a bénéficié d'une carrière qui a largement contribué à sa notoriété publique et à sa popularité. Il est élu Président de la République, dès le 1er tour, en 2016 puis en 2021.

Les artistes, les écrivains

– ***Fernando Pessoa*** *(1888-1935)* **:** écrivain né à Lisbonne, auteur du fameux *Livre de l'intranquillité* (Christian Bourgois, 1999), célèbre marcheur, routard avant l'heure aux 72 personnalités ! On retrouve sa statue en bronze à Lisbonne, rua Garrett, accoudée à la terrasse du café *A Brasileira.* C'est l'écrivain portugais le plus traduit et connu dans le monde.

– ***António Lobo Antunes*** *(né en 1942)* **:** écrivain et psychiatre, très marqué par son expérience de soldat et de médecin en Angola pendant la guerre de décolonisation. Il a obtenu le prix Camões en 2007. Ses romans poignants – *Le Cul de Judas, Le Retour des caravelles, La Splendeur du Portugal* – saisissent l'âme du Portugal. La tristesse d'un monde qui s'effondre (l'Empire portugais) dans le fracas des armes n'est que prétexte à dire aussi le plaisir de survivre, tant bien que mal, à cette amertume historique.

– ***José Saramago*** *(1922-2010)* **:** écrivain, prix Nobel de littérature 1998. Originaire du Ribatejo. Autodidacte, ancien manutentionnaire, il s'est révélé à l'écriture, avec pour thème majeur le Portugal, son histoire épique, ses rêves et sa dure réalité. Il a fait scandale, notamment avec *L'Évangile selon Jésus-Christ.*

– ***Amália Rodrigues*** *(1920-1999)* **:** la plus fameuse des chanteuses de fado. Née dans une famille modeste mais dotée d'une prestance et d'une allure de princesse, Amália fut malmenée après la révolution des Œillets par des sectaires qui la traitèrent de fasciste. Or elle ne faisait pas de politique, rien que du grand art et des tournées dans le monde entier : le fado fut toute sa vie. Cette *fadista* émouvante sur la scène comme au cinéma méritait d'être enterrée au Panthéon national.

– ***Maria de Medeiros*** *(née en 1965)* **:** actrice de théâtre avant tout, née à Lisbonne et révélée au cinéma par *Pulp Fiction,* de Quentin Tarantino, où elle jouait la petite amie de Bruce Willis. Elle a réalisé son 1er court-métrage, *La Mort du Prince* (1991), évoquant l'œuvre de Pessoa, puis son 1er long-métrage sur la révolution des Œillets, *Capitaines d'avril,* en 1999. En 2007 est sorti *Je t'aime, moi non plus,* autour du travail de l'artiste et du critique. En 2014, on l'a remarquée dans le biopic d'Abel Ferrara – *Pasolini* –, dans lequel elle joue le rôle de l'actrice Laura Betti.

– ***Maria João Pires*** *(née en 1944)* **:** pianiste de renom, née à Lisbonne, célébrée sur la scène internationale, porte-parole pacifiste des « antiguerre » en Irak en 2003.

– ***Manoel de Oliveira*** *(1908-2015)* **:** cinéaste prolifique (presque un film par an jusqu'à sa mort, à l'âge de 106 ans !). Deneuve, Malkovich, Mastroianni, Piccoli ont tourné avec lui, les yeux fermés, des films d'auteur.
– ***Agustina Bessa-Luís*** *(1922-2019)* **:** souvent surnommée « la Marguerite Yourcenar portugaise ». Tous ses livres ont paru aux éditions Métailié, dont *La Sibylle,* son chef-d'œuvre. Grande figure de la littérature portugaise, elle a dirigé un journal à Porto et a collaboré à certains films de Manoel de Oliveira.
– ***Lio*** *(née en 1962)* : je suis une « brune qui ne compte pas pour des prunes », j'aime les banana split, j'ai été jurée de la *Nouvelle Star* (M6), qui suis-je ? Wanda Maria Ribeiro Furtado Tavares de Vasconcelos, dite *Lio,* née à Mangalde. Lio fut actrice au théâtre *(Le Bébé),* a fait du cinéma *(Mariages !)* et a publié ses mémoires, *Pop Model.*
– ***Linda de Suza*** *(née en 1948)* **:** de son vrai nom Teolinda Lança, née près de Beja, dans l'Alentejo. Elle a ému les foules avec sa *Valise en carton* dans les années 1980, racontant son arrivée en France et ses débuts dans la chanson *Chez Louisette,* à Paris.
– ***Joana Vasconcelos*** *(née en 1971 à Paris)* **:** voici la jeune artiste peintre-vidéaste-sculpteuse qui monte, qui monte... Elle s'amuse à « déconstruire » des œuvres du quotidien, à les exposer à des échelles variables, minuscules ou surdimensionnées dans des couleurs très pop. Certaines de ses œuvres ont été présentées à la Biennale de Venise et sont exposées au musée Berardo (voir plus haut, à Lisbonne, dans le quartier de Belém), ainsi qu'au château de Versailles en 2012. Plus d'infos sur son site : • *joanavasconcelos.com* •

Les sportifs

– ***José Mourinho*** *(né en 1963)* **:** originaire de Setúbal, il était, en 2007, l'entraîneur de football le mieux payé au monde. Il a tout gagné avec le FC Porto : Coupe de l'UEFA, Ligue des champions et championnat du Portugal. Après avoir entraîné le Real Madrid et Chelsea, dont il fut limogé en 2015, il s'occupe désormais de l'équipe de Manchester United, qui remporte la Coupe de la ligue anglaise en 2017. Stratège hors pair, il laisse rarement insensible par ses coups de gueule et son art de la provocation.
– ***Cristiano Ronaldo*** *(né en 1985 sur l'île de Madère)* **:** considéré comme l'un des meilleurs attaquants au monde, il remporte le Ballon d'or en 2008, 2013, 2014, 2016 et 2017. Auteur de plus de 600 buts dans sa carrière, il est le meilleur buteur de l'histoire de la Ligue des champions, du Real Madrid et de la sélection portugaise, dont il est le capitaine depuis 2007. Il surprend tout le monde en filant à la Juventus de Turin après le Mondial 2018.
– Et encore plusieurs autres personnes célèbres à retrouver dans les rubriques « Cinéma », « Fado », « *Futebol* » (voir plus haut) et « Livres de route » (dans « Portugal utile » en début de guide).

POPULATION

En 2020, le Portugal comptait autour de 10,2 millions d'habitants, les Açores et Madère compris. L'essentiel de la population est concentré le long de la façade atlantique, autour de Lisbonne principalement. Suivant une évolution propre au vieux continent, le pays enregistre une augmentation du nombre de personnes âgées, pour une baisse parallèle du nombre de jeunes et du taux de natalité (1,2 enfant par femme, l'un des plus bas d'Europe !). Selon l'Institut portugais des statistiques, le pays pourrait perdre d'ici à 2060 près de 20 % de sa population, et passer de 10,2 à 8,6 millions d'habitants.
Longtemps voué à l'émigration, vers les colonies, en Afrique, vers le Nouveau Monde et vers la France, le pays fait aujourd'hui appel à une population immigrée contrôlée par l'État pour juguler le manque de main-d'œuvre. Mais l'afflux est

encore faible. La majorité des immigrés provient d'Europe de l'Est (d'Ukraine notamment), des anciennes colonies d'Afrique et du Brésil. Et, dans le même temps, le pays voit ses ressortissants chercher du travail ailleurs, pour un salaire supérieur, comme par le passé. Notons aussi un phénomène nouveau avec l'arrivée de nombreux retraités français, attirés par la défiscalisation de leurs revenus.

RELIGIONS ET CROYANCES

Selon une croyance (!), « être portugais, c'est être catholique mais pas forcément pratiquant ». Il est vrai que la ferveur religieuse du Portugal n'a rien à envier aux pays européens profondément catholiques. Inutile d'évoquer Fátima, le Lourdes portugais, et les pèlerinages toujours très suivis de Bom Jesus (Braga), du monastère d'Alcobaça ou encore de Batalha. Tous les dimanches, de nombreux fidèles se pressent dans les églises. Mais, depuis quelques années, ces dernières sont moins fréquentées. Si environ 85 % de la population est catholique, on remarque toutefois la montée des sectes religieuses telles que les Témoins de Jéhovah. D'autres sectes en provenance directe du Brésil font leur apparition progressivement, au grand dam des prêtres, qui voient l'Europe et le progrès social et économique comme les pourfendeurs de la religion catholique. À moins que ce ne fût la séparation de l'État et de l'Église, au sortir de la dictature salazariste en 1976, qui marqua une ouverture progressive du pays vers d'autres cieux. Quant à la religion musulmane, on estime qu'elle regroupe entre 40 000 et 60 000 fidèles.

UN ÉCONOMISTE INTÉGRISTE

La politique de Salazar était animée par des préjugés chrétiens. L'endettement était pour lui assimilé au péché ! Donc la rigueur et l'autarcie s'imposaient. Cette stagnation a développé un chômage terrible qui amena 2 générations de Portugais à fuir leur pays.

Juifs et marranes

Protégées sous la 1re dynastie portugaise (1139-1383), les communautés juives virent leur sort rattrapé par celui des juifs d'Espagne au cours du XVe s. Lors de l'expulsion décrétée par les Rois Catholiques, environ 50 000 juifs espagnols, moyennant finances, trouvèrent refuge au Portugal. Le roi Manuel Ier, sous la pression castillane – il devait épouser une infante d'Espagne –, fut contraint de promulguer un ***édit d'expulsion fixé au 30 juillet 1497.***

À vrai dire, peu de juifs réussirent à quitter le pays. Le roi tenait à les conserver, car il les jugeait essentiels à la bonne marche administrative et économique du royaume. Il interdit donc aux navires d'embarquer les juifs qui se pressaient sur les quais de Lisbonne peu avant la date fatidique, et ordonna leur conversion de force, contre l'avis de l'Église. En août 1497, il n'y avait donc plus « officiellement » de juifs au Portugal, et le mariage avec l'infante, pas vraiment dupe cependant, pouvait avoir lieu. Mais 2 nouvelles castes avaient été créées de fait : les nouveaux chrétiens, juifs convertis, protégés au début par le roi mais soupçonnés pendant des siècles de judaïser en secret, et ***les marranes, « cryptojuifs »*** qui se réfugièrent pour beaucoup dans les montagnes du centre et du nord-est du Portugal (par exemple à Belmonte et à Castelo de Vide). Leur existence ne fut révélée officiellement que sous la République portugaise, en 1925 !

LA LOI DU RETOUR

En 1536, de nombreux juifs furent contraints à l'exil, chassés par l'Inquisition. Pour réparer cette injustice, en 2013, le gouvernement a offert à leurs descendants la possibilité d'obtenir automatiquement la nationalité portugaise.

Les plus chanceux purent s'exiler à Amsterdam (comme les ascendants du philosophe Baruch Spinoza), en France (les ancêtres de Pierre Mendès France et la famille Pereire...) ou au Brésil. En 1536, le pape autorisa la mise en place d'une Inquisition portugaise, et les juifs disparurent définitivement de la place publique, confinés dans la clandestinité pour de longs siècles.

Pendant la 2de Guerre mondiale, de nombreux juifs européens persécutés par le nazisme furent sauvés de la déportation grâce à l'accueil du Portugal et à l'action de certains diplomates, dont ***Aristides de Sousa Mendes,*** consul à Bordeaux. Quoique surveillés par la police politique de Salazar, ils vécurent à Lisbonne presque normalement ou aux alentours de la capitale, sans être livrés aux autorités allemandes. Salazar ne tint pas compte des pressions du Reich car, orgueilleux, il n'aimait pas qu'on lui dictât sa conduite. Plus de 100 000 de ces réfugiés embarqueront ensuite pour l'Argentine ou le Brésil.

UN « JUSTE » INJUSTEMENT MÉCONNU

En 1940, Aristides de Sousa Mendes, consul du Portugal à Bordeaux, accorda 30 000 visas portugais aux réfugiés qui décidèrent d'échapper aux nazis malgré une circulaire de Salazar l'interdisant formellement. Le dictateur portugais ne lui pardonna jamais. L'aristocrate catholique mourut dans la misère en 1954, refusant toute aide de l'État d'Israël.

On ne compte aujourd'hui guère plus de 3 000 juifs au Portugal. Mais la tradition et les cultes ne sont pas éteints.

Pour plus d'infos

- ***Histoire des juifs portugais,*** de Carsten Wilke (Chandeigne, 2007, 272 p.).
- ***La Foi du souvenir, labyrinthes marranes,*** de Nathan Wachtel (Seuil, coll. « La Librairie du XXIe siècle », 2001, 512 p.).
- ***Marrane !,*** d'Eduardo Manet (Hugo & Cie, 2007). Un roman où le jeune Eduardo découvre qu'il n'est ni juif ni catholique, mais tout simplement marrane. Une quête des origines.

SAVOIR-VIVRE ET COUTUMES

Repas

Les heures des repas sont légèrement plus tardives que les nôtres : le déjeuner a lieu vers 14h et le dîner vers 20h. Attention, en dehors de Lisbonne et des stations balnéaires, les restos ferment plutôt vers 22h.

Fumer

La législation sur le tabac interdit de fumer dans les lieux publics depuis le 1er janvier 2007 en dehors des espaces réservés (100 m² réservés dans les bars et les restos).

Courtoisie et art de la parlote

Un petit conseil en passant : les Portugais apprécient rarement nos efforts surhumains pour nous adresser à eux en espagnol. Pour des raisons historiques évidentes, les 2 langues n'ont pas toujours fait bon ménage. L'effort s'avère d'ailleurs souvent inutile, puisque primo on comprend généralement mal la réponse, à moins de maîtriser un max, secundo l'ami interlocuteur répond, 1 fois sur 2, dans un français parfait.

Tout le monde vous le dira, ***les Portugais sont rarement à l'heure pour les rendez-vous.*** Leur gentillesse et leur disponibilité vous feront vite oublier ces quelques minutes de retard. Si vous ne connaissez pas la personne à laquelle vous vous adressez, faites précéder le nom de votre interlocuteur d'un « *Senhor* » pour un homme ou d'un « *Senhora* » pour une femme. Avec l'habitude, on vous tapera facilement sur l'épaule et on vous appellera par votre prénom, c'est bon signe ! Puis on vous fera la conversation, car ici plus qu'ailleurs on aime papoter, quitte à s'arrêter tous les 3 mètres dans la rue pour vous expliquer le pourquoi du comment droit dans les yeux.

Romaria

Essayez d'assister à l'une de ces fêtes : c'est parmi les manifestations les plus typiques du Portugal. Il s'agit en fait de ***processions religieuses,*** avec fêtes en série qui célèbrent le saint de la ville. Toutes ces manifestations s'accompagnent de rites et de coutumes variant d'une région et d'une ville à l'autre. Le soir, en revanche, on célèbre plutôt Bacchus et tous les dieux de la bonne chère !

Noms de famille

Comment distinguer le nom d'usage parmi les nombreux noms que déclinent les Portugais lorsqu'on leur demande leur nom complet ?
Le nom est souvent composé de 2 prénoms et de 2 noms (le dernier nom de la mère suivi du dernier nom du père) : le nom d'usage est alors généralement formé du 1er prénom et du dernier des noms. Cette règle est cependant très souple et vous pourrez rencontrer quelqu'un ayant 4 ou 5 noms de famille et se faisant appeler par son 2e prénom ou par ses 2 prénoms.
Sachez toutefois que le prénom vient normalement avant le nom (y compris dans la plupart des classements alphabétiques) et qu'il est toujours plus aisé de joindre quelqu'un si l'on connaît son nom complet.

SITES INSCRITS AU PATRIMOINE MONDIAL DE L'UNESCO

UNESCO
Organisation des Nations Unies pour l'éducation, la science et la culture
En coopération avec le Centre du patrimoine mondial

Pour figurer sur la liste du Patrimoine mondial, les sites doivent avoir une valeur universelle exceptionnelle et satisfaire à au moins un des 10 critères de sélection. La protection, la gestion, l'authenticité et l'intégrité des biens sont également des considérations importantes. Le patrimoine est l'héritage du passé dont nous profitons aujourd'hui et que nous transmettons aux générations à venir. Nos patrimoines naturel et culturel sont 2 sources irremplaçables de vie et d'inspiration. Ces sites appartiennent à tous les peuples du monde, sans tenir compte du territoire sur lequel ils sont situés. Pour plus d'informations : ● *whc.unesco.org* ●
Au Portugal, les sites que nous traitons dans ce guide sont :
– *le monastère des Hiéronymites (mosteiro dos Jerónimos),* chef-d'œuvre de l'art manuélin – Vasco de Gama et Luís de Camões y sont enterrés –, et *la tour de Belém* (1983), ancienne tour de garde à Lisbonne ;
– *le monastère de Batalha* (1983), édifié pour célébrer la victoire des Portugais sur les Castillans en 1385, de style gothique, influencé par l'art manuélin ;
– *le couvent du Christ* (1983) à Tomar, l'ancien siège des templiers et symbole manuélin de l'ouverture au monde ;
– *le centre historique d'Évora* (1986), l'ancienne résidence des rois du Portugal et ce petit quelque chose qui rappelle le Brésil ;

– *le monastère d'Alcobaça* (1989), du XIIe s, avec les tombeaux des amants malheureux mais réunis, Pedro et Inès de Castro, et chef-d'œuvre du gothique cistercien ;
– *le paysage culturel de Sintra* (1995), la villégiature de Ferdinand II au XIXe s, son château aux influences éclectiques, son jardin, ses couleurs, ses odeurs... ;
– *le centre historique de Porto* (1996), sa gare et ses *azulejos,* sa cathédrale, le *pont Dom Luís I* et le *monastère de Serra do Pilar* ;
– *l'art rupestre préhistorique de la vallée du Côa et de Siega Verde* (1998), des gravures du Paléolithique supérieur – c'était il y a plus de 12 000 ans ;
– *la région viticole du Haut-Douro* (2001), une organisation hors pair du paysage (exception faite peut-être des rizières et des plantations de thé chinoises !) qui donnera le célèbre porto ;
– *le centre historique de Guimarães* (2001), une plaisante ville médiévale ;
– *la ville de garnison frontalière d'Elvas* (2012), en Alentejo, proche de la ville espagnole de Badajoz, avec son impressionnante ceinture de murailles et de fortifications ;
– *la vieille université de Coimbra – Alta et Sofia* (2013) ;
– *le palais de Mafra* (2019) ;
– *le sanctuaire du Bon Jésus à Braga* (2019).

TOURADA

La ***course de taureaux portugaise*** est très différente de la corrida espagnole. Il n'y a pas de lutte à mort entre le taureau et l'homme. Au milieu du XVIIIe s, en effet, à la suite d'une *tourada* au cours de laquelle un noble avait perdu la vie, la mise à mort fut interdite. Cette tauromachie n'en est pas moins cruelle pour autant, car les bêtes, salement blessées, sont abattues quelque temps plus tard.
Autre différence avec la corrida espagnole : au Portugal, elle s'effectue généralement à cheval. L'occasion d'observer la race équine portugaise par excellence : le cheval lusitanien. Autrefois, la corrida à cheval était exclusivement réservée à l'aristocratie. L'art de la tauromachie à pied était pratiqué par les domestiques, qui aidaient généralement leurs maîtres dans leurs combats afin de les sortir de situations... difficiles.
La *tourada* commence par la course à cheval, pendant laquelle les cavaliers *(cavaleiros)* plantent entre les cornes du taureau 6 banderilles *(farpas).* Après avoir reçu les ovations de la foule, le cavalier laisse la place aux *peãos,* hommes à pied, qui, par des figures de cape, fatiguent la bête.
Enfin vient la partie bouffonne de la *tourada* : l'*arrojado.* Les *forcados* (autrefois, ils avaient une fourche), au nombre de 8, essaient de maîtriser l'animal en saisissant la bête par les cornes (protégées par du cuir et terminées par un bout de bois arrondi), le garrot et la queue. Les chocs sont parfois assez violents.
Les courses de taureaux ont lieu généralement une fois par semaine, de Pâques à octobre. Les plus réputées sont celles de Lisbonne, Santarém ou Vila Franca de Xira.

les ROUTARDS sur la FRANCE 2022-2023

(dates de parution sur • *routard.com* •)

Découpage de la FRANCE par le ROUTARD

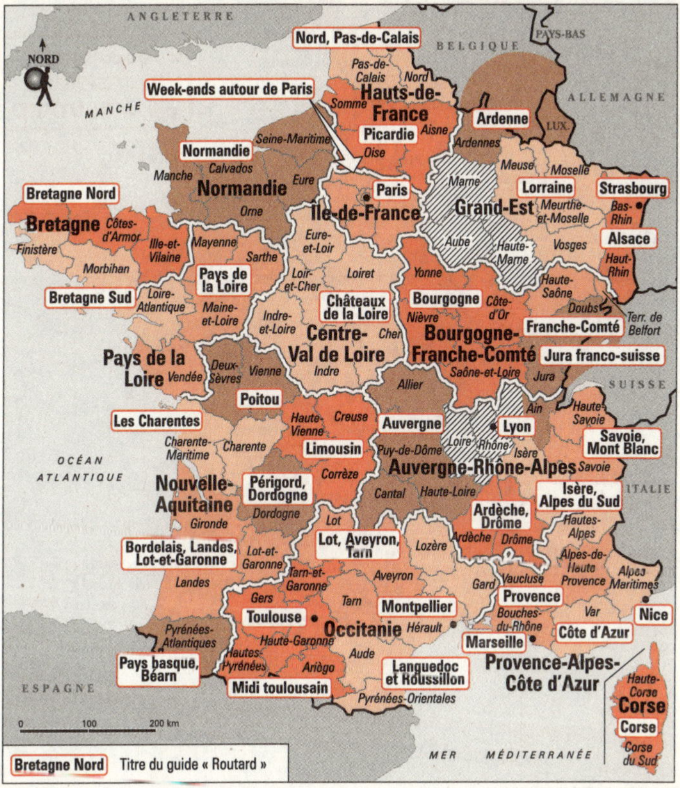

Autres guides sur la France

- Nos meilleurs campings en France
- Nos meilleures chambres d'hôtes en France

Autres guides sur Paris

- Paris
- Paris balades
- Restos et bistrots de Paris
- Le Routard des amoureux à Paris
- Week-ends autour de Paris

Le Routard à vélo

- EuroVelo6
- La Bourgogne du Sud à vélo
- La Flow Vélo
- La Loire à Vélo
- La Vélo Francette
- La Vélodyssée (Roscoff-Hendaye)
- Le Canal des 2 mers à vélo
- Paris Île-de-France à vélo
- ViaRhôna
- Les plus belles escapades à vélo en France

les ROUTARDS sur l'ÉTRANGER 2022-2023

(dates de parution sur • *routard.com* •)

Découpage de l'ESPAGNE par le ROUTARD

Découpage de l'ITALIE par le ROUTARD

Autres pays européens

- Allemagne
- Angleterre, Pays de Galles
- Autriche
- Belgique
- Bulgarie
- Crète
- Croatie
- Danemark, Suède
- Écosse
- Finlande
- Grèce continentale
- Hongrie
- Îles grecques et Athènes
- Irlande
- Islande
- Madère
- Malte
- Norvège
- Pays baltes : Tallinn, Riga, Vilnius
- Pologne
- Portugal
- République tchèque, Slovaquie
- Roumanie
- Suisse

Villes européennes

- Amsterdam
- Berlin
- Bruxelles
- Budapest
- Copenhague
- Dublin
- Lisbonne
- Londres
- Moscou
- Naples
- Porto
- Prague
- Saint-Pétersbourg
- Stockholm
- Vienne

les ROUTARDS sur l'ÉTRANGER 2022-2023

(dates de parution sur • *routard.com* •)

Découpage des ÉTATS-UNIS par le ROUTARD

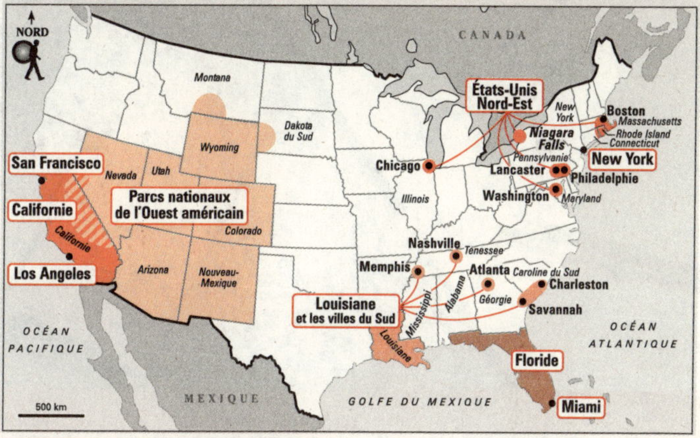

Autres pays d'Amérique

- Argentine
- Brésil
- Canada Ouest
- Chili et île de Pâques
- Colombie
- Costa Rica
- Équateur et les îles Galápagos
- Guatemala, Belize
- Mexique
- Montréal
- Pérou, Bolivie
- Québec et Ontario

Asie et Océanie

- Australie cotes est et nord + Red Centre
- Bali, Lombok
- Bangkok
- Birmanie (Myanmar)
- Cambodge, Laos
- Chine
- Hong Kong, Macao, Canton
- Inde du Nord
- Inde du Sud
- Israël et Palestine
- Istanbul
- Jordanie
- Malaisie, Singapour
- Népal
- Shanghai
- Sri Lanka (Ceylan)
- Thaïlande
- Tokyo, Kyoto et environs
- Turquie
- Vietnam

Afrique

- Afrique du Sud
- Égypte
- Kenya, Tanzanie et Zanzibar
- Maroc
- Marrakech
- Sénégal
- Tunisie

Îles Caraïbes et océan Indien

- Cuba
- Guadeloupe, Saint-Martin, Saint-Barth
- Île Maurice, Rodrigues
- Madagascar
- Martinique
- République dominicaine (Saint-Domingue)
- Réunion

Guides de conversation

- Allemand
- Anglais
- Arabe du Maghreb
- Arabe du Proche-Orient
- Chinois
- Croate
- Espagnol
- Grec
- Italien
- Japonais
- Portugais
- Russe
- G'palémo (conversation par l'image)

Livres-photos/Livres-cadeaux

- 50 voyages à faire dans sa vie
- 52 escapades nature en France (**nouveauté**)
- 52 week-ends coups de cœur en Europe (city trips)
- 52 week-ends coups de cœur en France
- 120 coins secrets en Europe
- 1 200 coups de cœur en France
- 1 200 coups de cœur dans le monde
- Cahier de vacances du Routard
- La France de Stéphane Bern
- Nos plus belles balades et randos en France (**nouveauté**)
- Road Trips Monde
- Road Trips en France
- Sacré : 100 lieux d'inspiration divine (**nouveauté**)
- Voyages
- Voyages : États-Unis
- Voyages : France
- Voyages : Italie

Nous tenons à remercier tout particulièrement Loup-Maëlle Besançon, Thierry Bessou, François Chauvin, Grégory Dalex, Fabrice Doumergue, Cédric Fischer, Carole Fouque, Nicolas George, Michelle Georget, David Giason, Claude Hervé-Bazin, Emmanuel Juste, Dimitri Lefèvre, Fabrice de Lestang, Romain Meynier, Éric Milet, Pierre Mitrano, Jean-Sébastien Petitdemange, Thomas Rivallain et Jean Tiffon pour leur collaboration régulière.

Guillem Aurenche
Jean-Jacques Bordier-Chêne
Gérard Bouchu
Camille Campet
Philippe Coupy
Agnès Debiage
Jérôme Denoix
Tovi et Ahmet Diler
Clélie Dudon
Agustina Ernesta
Alain Fisch
Hermine Frachon
Adrien et Clément Gloaguen
Simon Hafi
Chloé Iacono
Thelem Jolliot-Curie
Maeva Libessart
Marine Lucas
Lise Machu
Louis Nagot
Martine Partrat
Odile Paugam et Didier Jehanno
Orianne Pouchard
Alexia Poulain
Marva Prevost
Alexia Rambaud
Prakit Saiporn
Lara Tantawi
Sarah Toson
Emma Vadillo Quesada

Direction : Sidonie Chollet
Direction éditoriale : Élise Ernest
Édition : Matthieu Devaux, Olga Krokhina, Gia-Quy Tran, Julie Dupré, Amélie Ramond, Margaux Lefebvre, Lucie Léna, Joséphine Bonneau, Morgane Zambrelli et Tony De Sousa
Ont également collaboré : Dorica Lucaci, Brigitte de Vaulx et Jeanne Labourel
Cartographie : Frédéric Clémençon et Aurélie Huot
Contrôle de gestion : Jérôme Boulingre et Yannis Villeneuve
Secrétariat : Julia Lorrain
Fabrication : Nathalie Lautout et Liza Sacco
Relations presse : COM'PROD, Fred Papet. ☎ 01-70-69-04-69.
• *info@comprod.fr* •, Martine Levens (Belgique) et Maureen Browne (Suisse)
Marketing : Clotilde Tougeron et Elise Sylvestre
Couverture : le-bureau-des-affaires-graphiques.com
Silhouette du Routard : Clément Gloaguen (d'après Solé)
Maquette intérieure : le-bureau-des-affaires-graphiques.com, Thibault Reumaux et npeg.fr
Contact Partenariats : Jérôme Denoix • *jeromedenoix@gmail.com* •
Contact Partenariats et régie publicitaire : Florence Brunel-Jars
• *fbrunel@hachette-livre.fr* •

INDEX GÉNÉRAL

INDEX GÉNÉRAL

LISTE DES CARTES ET PLANS

« OSONS LE PAS DE CÔTÉ »

Le surtourisme ? Tous concernés. Et pourtant, à l'écart des grands flux touristiques, il existe plein de pépites méconnues, souvent oubliées des circuits trop encombrés. Ici un site ignoré ; là un quartier secret ; plus loin un village caché au charme discret, avec un troquet d'une autre époque... Il existe une infinité de lieux peinards que l'on a envie de mettre en avant avec ce pictogramme. Un vagabondage enfin calme favorisé aussi par les **visites aux heures creuses.** Vive le *slow trip* !

#osonslepasdecote

IMPORTANT : DERNIÈRE MINUTE

Sauf rare exception, le *Routard* bénéficie d'une parution annuelle à date fixe. Entre 2 dates, des événements fortuits (formalités, taux de change, catastrophes naturelles, conditions d'accès aux sites, fermetures inopinées, etc.) peuvent intervenir et modifier vos projets de voyage. Pour éviter les déconvenues, nous vous recommandons de consulter la rubrique « Guide » par pays de notre site • ***routard.com*** • et plus particulièrement les dernières ***Actus voyageurs.***

Remarque importante aux hôteliers et restaurateurs

Les enquêteurs du *Routard* travaillent dans le plus strict anonymat. Aucune réduction, aucun avantage quelconque, aucune rétribution n'est jamais demandé en contrepartie. Face aux aigrefins, la loi autorise les hôteliers et restaurateurs à porter plainte.

Avis aux lecteurs

Le Routard, ce n'est pas comme le bon vin, il vieillit mal. On ne veut pas pousser à la consommation, mais évitez de partir avec une édition ancienne. Les modifications sont souvent importantes.

Les réductions accordées à nos lecteurs ne sont jamais demandées par nos rédacteurs afin de préserver leur indépendance. Les hôteliers et restaurateurs sont sollicités par une société de mailing, totalement indépendante de la rédaction, qui reste donc libre de ses choix. De même pour les autocollants et plaques émaillées.

Avec routard.com, choisissez, organisez, réservez et partagez vos voyages !

✓ Rejoignez la plus grande communauté francophone de voyageurs : **plusieurs millions d'internautes.**

✓ Échangez avec les routarnautes : forums, photos, avis d'hôtels.

✓ Retrouvez aussi toutes les informations actualisées pour choisir et préparer vos voyages : près de 300 guides destinations, une centaine de dossiers pratiques et un magazine en ligne pour découvrir tous les secrets de votre destination.

✓ Enfin, comparez les offres pour organiser et réserver votre voyage au meilleur prix.

Les **Routards** *parlent aux* **Routards**

Faites-nous part de vos expériences, de vos découvertes, de vos tuyaux et de vos coups de cœur. Aidez-nous à remettre l'ouvrage à jour. Indiquez-nous les renseignements périmés. Faites profiter les autres de vos adresses nouvelles, combines géniales... On adresse un exemplaire gratuit de la prochaine édition à ceux qui nous envoient les meilleurs courriers, pour la qualité et la pertinence des informations.

Quelques conseils cependant :

– Envoyez-nous votre courrier le plus tôt possible afin que l'on puisse insérer vos tuyaux sur la prochaine édition.

– N'oubliez pas de préciser l'ouvrage que vous désirez recevoir, ainsi que votre adresse postale.

– Vérifiez que vos remarques concernent l'édition en cours et notez les pages du guide concernées par vos observations.

– Quand vous indiquez des hôtels ou des restaurants, pensez à signaler leur adresse précise et, pour les grandes villes, les moyens de transport pour y aller. Si vous le pouvez, joignez la carte de visite de l'hôtel ou du resto décrit.

En tout état de cause, merci pour vos nombreux mails.

122, rue du Moulin-des-Prés, 75013 Paris

● ***guide@routard.com*** ● ***routard.com*** ●

Routard Assurance *2022*

Enrichie au fil des années par les retours des lecteurs, *Routard Assurance* reste l'assurance voyage référence des globe-trotters. Tout y est inclus, même la **Covid** : frais médicaux, assistance rapatriement, bagages, responsabilité civile... Avant votre départ, appelez *AVI* pour un conseil personnalisé. Besoin d'une **attestation Covid,** d'un avis médical, d'une prise en charge dans un hôpital ? Téléchargez l'appli mobile *AVI International* pour garder le contact avec *AVI Assistance* et disposer d'un vaste réseau médical à travers le monde. *AVI Assistance* est disponible 24h/24 pour une réponse en temps réel. De simples frais de santé en voyage ? Envoyez les factures à *AVI* dès votre retour, ils vous remboursent sous une semaine. *Le Colisée Gardens, 10 avenue de l'Arche, CS 70126, 92419 Courbevoie Cedex.* ☎ *01-44-63-51-00.* ● *avi-international.com* ● Ⓜ *La Défense.*

Édité par Hachette Livre (58, rue Jean-Bleuzen, CS 70007, 92178 Vanves Cedex, Franc
Photocomposé par Jouve SAS (561, rue Saint-Léonard, 53100 Mayenne, France)
Imprimé par Lego SPA Plant (via Galileo Galilei, 11, 38015 Lavis, Italie)
Achevé d'imprimer : juin 2022
Collection n° 13 - Édition n° 02
15/1320/5
I.S.B.N. 978-2-01-717212-3
Dépôt légal : février 2022

PAPIER À BASE DE FIBRES CERTIFIÉES